2019 2019 2019

中国奶業年鉴

2019

中华人民共和国农业农村部　主管
中国奶业年鉴编辑委员会　编

中国农业出版社
北　京

图书在版编目（CIP）数据

中国奶业年鉴．2019/中国奶业年鉴编辑委员会编
．-- 北京：中国农业出版社，2020.10
ISBN 978-7-109-27331-3

Ⅰ．①中… Ⅱ．①中… Ⅲ．①乳品工业－中国－2019－年鉴 Ⅳ．①F426.82-54

中国版本图书馆 CIP 数据核字（2020）第 176521 号

中国奶业年鉴2019
ZHONGGUO NAIYE NIANJIAN 2019

中国农业出版社出版
地址：北京市朝阳区麦子店街 18 号楼
邮编：100125
责任编辑：程燕　吴洪钟
责任校对：刘丽香
印刷：中农印务有限公司
版次：2020 年 10 月第 1 版
印次：2020 年 10 月北京第 1 次印刷
发行：新华书店北京发行所
开本：889mm×1194mm　1/16
印张：45.5　　插页：20
字数：1750 千字
定价：580.00 元

编辑说明

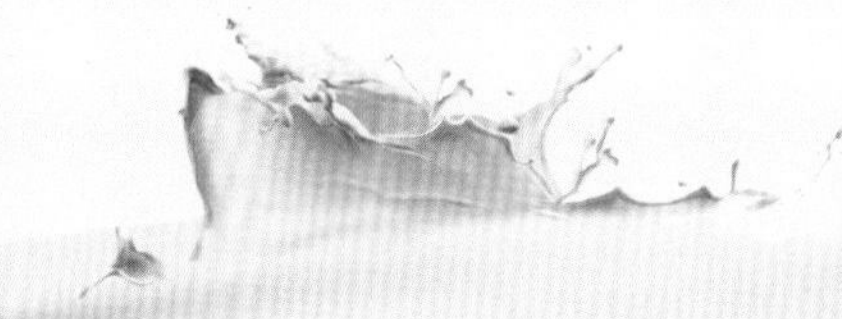

《中国奶业年鉴》是反映我国奶业发展情况的综合性年刊，也是农业农村部（原农业部）年鉴系列中的一部重要产业年鉴，2002年经原农业部批准由中国奶业协会组织编纂，已经连续出版了17卷，2019 卷为第18卷本。《中国奶业年鉴》自出版发行以来，客观记述了我国奶业的发展历程，反映了奶业生产的实际情况，为行业管理部门制定规划、政策和实施决策提供了依据，为奶业生产经营者提供了技术和数据支持，为广大消费者提供了市场和信息引导，是连续出版的资料性工具书，是中国奶业发展的编年史册，也是奶业行业发展的公报。

《中国奶业年鉴》实行编辑委员会领导下的编辑负责制，编辑委员会由农业农村部等部委和各省（自治区、直辖市）农业农村厅（局）、农委、农牧厅、畜牧局等部门的负责人，中国农业科学院、中国农业大学等院校学者专家以及奶业相关企业人士组成，编辑部设在中国奶业协会。为拓宽《中国奶业年鉴》的服务功能，增强其权威性、史存性、科学性和连续性，《中国奶业年鉴》2012卷调整了栏目的名称、结构和顺序；2013卷修订了编纂大纲，增加了条目和附录，细化了条目内容；2014卷增加了索引，进一步方便读者查阅；2019卷增加了D20奶业部分。农业农村部、海关总署、工业和信息化部相关部门为本卷撰写了有关条目。行业数据主要采用国家统计局、海关总署、国家发展和改革委员会的统计数据，部分数据资料由农业农村部畜牧兽医局、全国畜牧总站、中国奶业协会和中国乳制品工业协会等单位提供。国内数据资料范围仅限于内地31个省、自治区、直辖市，不包括香港、澳门特别行政区和台湾地区。各地奶业中的数据有些省份采用畜牧行业统计数据，与本年鉴行业统计栏目中数据有差异，请注意引用。

亩、斤、公里、马力均为非法定计量单位。1亩=1/15公顷，1斤=0.5千克，1公里=1千米，1马力≈0.735千瓦。

《中国奶业年鉴》2019卷中各省、自治区、直辖市按行政区划顺序排列。

《中国奶业年鉴》2019卷所刊载数据一般截至2018年年底，其他部分时效性较强的资料不限于2018年，政策法规及大事记栏目为2019年资料。

《中国奶业年鉴》2019卷的编辑、出版和发行工作得到了各级畜牧兽医行政主管部门、奶业行业协会、国家产业技术体系、科研院校、乳品企业等有关单位和奶业知名专家的大力支持和帮助，在此表示诚挚的感谢！

中国奶业年鉴编辑委员会名单

左玲玲　农业农村部畜牧兽医局畜禽废弃物利用处处长
谷　红　农业农村部畜牧兽医局药政药械处处长
王林昌　农业农村部农垦局行业发展处处长
窦树龙　海关总署动植物检疫监管司动检处处长
范运峰　农业农村部畜牧兽医局综合处二级调研员
颜起斌　农业农村部畜牧兽医局防疫处二级调研员
胡翊坤　农业农村部畜牧兽医局饲料饲草处副处长
江红旗　重庆海关动植物检疫处处长
张军民　中国农业科学院北京畜牧兽医研究所副所长
金红伟　农业农村部农机鉴定总站、农机推广总站养殖机械处处长
刘丑生　全国畜牧总站畜禽种业指导处处长
刘长春　全国畜牧总站奶业与畜产品加工处处长
王志刚　全国畜牧总站体系建设与推广处处长
闫奎友　全国畜牧总站饲料行业指导处处长
杨红杰　全国畜牧总站统计信息处处长
刘海良　全国畜牧总站草业处处长
张书义　全国畜牧总站奶业与畜产品加工处研究员
史怀平　西北农林科技大学教授
黄　勇　中国农垦经济发展中心副处长
张养东　中国农科院北京畜牧兽医研究所副研究员
赵连生　中国农科院北京畜牧兽医研究所副研究员
李　姣　全国畜牧总站畜禽种业指导处
姚　琨　国家奶牛产业技术体系首席科学家办公室
姜贝贝　国家牧草产业技术体系首席科学家办公室
夏兆刚　中绿华夏有机食品认证中心常务副主任
刘光磊　光明牧业有限公司首席畜牧师
刘李萍　光明牧业有限公司媒体经理

地方特约编辑（按行政区划排序）

任　康　北京市畜牧总站高级畜牧师
孟庆江　天津市农业发展服务中心副主任
李贺峰　河北省奶业协会副秘书长
荆　彪　山西省农业农村厅畜牧兽医局副局长
杜　哲　内蒙古自治区农牧厅畜牧局副局长

刘怀野　辽宁省农业农村厅总畜牧师
祁茂彬　辽宁省农业农村厅畜牧产业发展处正处级调研员
迟桂凤　吉林省畜牧业管理局调研员
张维银　黑龙江省奶业协会常务副会长
阿晓辉　黑龙江省奶业协会高级畜牧师
季爱华　上海奶业行业协会副主任
贡玉清　江苏省奶业协会常务副理事长兼秘书长
侯庆永　江苏省奶业协会副秘书长
杨金勇　浙江省畜牧技术推广总站副站长
赵广生　浙江省奶牛业协会秘书长
王明辉　安徽省农业农村厅畜牧处副处长
吴大新　福建省奶业协会秘书长
吴　妍　福建省奶业协会副秘书长
欧阳延生　江西省农业农村厅畜牧兽医局副局长
王　文　山东省畜牧兽医局畜牧处调研员
柴士名　山东省畜牧总站
宋洛文　河南省农业农村厅奶业管理处副处长
李　巍　湖北省农业农村厅畜牧兽医处
刘海林　湖南省奶业协会秘书长
陈三有　广东省畜牧技术推广总站站长
刘建营　广东省奶业协会副秘书长
唐善生　广西壮族自治区畜牧总站
刘　云　海南省农业农村厅畜牧兽医处处长
程文科　海南省农业农村厅畜牧兽医处
潘　川　重庆市农业农村委员会畜牧业处
李自成　四川省奶业协会会长
杨　嵩　四川省畜牧总站
王　燕　贵州省种畜禽种质测定中心
黄艾祥　云南省奶业协会会长
边　珍　西藏自治区农业农村厅畜牧水产处调研员
王鹏飞　陕西省农业农村厅畜牧处
唐　煜　甘肃省农业农村厅畜牧处副处长
张亚君　青海省畜牧总站

吴彦虎　宁夏回族自治区畜牧工作站站长、研究员
王　瑜　宁夏回族自治区畜牧工作站研究员
齐新林　新疆维吾尔自治区畜牧兽医局产业发展处处长
胡永青　新疆畜牧科学院
刘根俊　新疆生产建设兵团农业农村局畜牧处调研员
杨　华　新疆生产建设兵团畜牧兽医总站高级畜牧师

企业特约编辑

赵明星　内蒙古伊利实业集团股份有限公司企业事务总监
张永霞　内蒙古蒙牛乳业（集团）股份有限公司高级总监
王国文　光明乳业股份有限公司行政经理
齐芳华　现代牧业（集团）有限公司总裁办公室主任
吴冰雪　石家庄君乐宝乳业有限公司媒介公关经理
夏志春　北京三元食品股份有限公司总经办主任
闵　杨　西安银桥乳业（集团）有限公司董事长秘书兼总经办主任
赵国柱　内蒙古圣牧高科牧业有限公司人力资源总监
邵　娜　黑龙江飞鹤乳业有限公司对外事务主管
梁学武　黑龙江省完达山乳业股份有限公司副科长
蔡青青　新希望乳业股份有限公司行政部行政经理
刘云祥　中地乳业集团有限公司副总裁
张成柱　济南佳宝乳业有限公司办公室主任
范庆伟　中垦乳业股份有限公司办公室主任
杨　永　河南花花牛乳业集团股份有限公司副总裁
贾　靖　南京卫岗乳业有限公司品牌总监
林　淇　贝因美股份有限公司政府事务经理
翁子帅　广东燕塘乳业股份有限公司投资发展部项目主管
刘西宏　新疆天润乳业股份有限公司行政管理部部长
蓝珍妹　福建长富乳品有限公司外联部长
侯忠岩　辽宁辉山乳业集团有限公司市场总监
雷敬玲　皇氏集团股份有限公司中级工程师
赵林杰　山东得益乳业股份有限公司总裁助理
何玉婷　新疆西域春乳业有限责任公司行政办副主任
周　娟　天津嘉立荷牧业集团有限公司副总经理

中国奶业年鉴编辑部

2019年11月27日，“2019中国奶业20强（D20）峰会”在上海市召开，农业农村部副部长于康震、总畜牧师马有祥出席。图为于康震在峰会上作主旨演讲。

在“2019中国奶业20强（D20）峰会”上，D20企业代表共同启动“助力中国奶业新未来”仪式。

2019年4月24日，党建共建暨纪念“五四”运动100周年奶业青年企业家座谈会在呼和浩特市举办。原农业部副部长、中国奶业协会名誉会长高鸿宾作主旨演讲。

第十届中国奶业大会暨2019中国奶业展览会巡馆期间，农业农村部副部长于康震（右一）、总畜牧师马有祥（中）、畜牧兽医局局长杨振海（左后一）在展位前参观。

2019 年 7 月 12~14 日，第十届中国奶业大会暨 2019 中国奶业展览会在天津市举行，原农业部副部长、中国奶业协会原会长刘成果，原农业部副部长、中国奶业协会名誉会长高鸿宾，与有关领导、专家、企业家代表共同为第十届中国奶业大会暨 2019 中国奶业展览会启幕。

第十届中国奶业大会暨 2019 中国奶业展览会开幕式现场。

中国奶业协会会长、中国工程院院士李德发在“第十届中国奶业大会暨2019中国奶业展览会”开幕式上致欢迎词。

第十届中国奶业大会暨2019中国奶业展览会吸引参展企业490家、展位面积5.6万m^2，参展观众6万人次。展览涵盖奶牛养殖、乳品加工等奶业产业链各个环节。

2019 年 11 月 13 日，农业农村部举行新闻发布会，中国奶业协会副会长兼秘书长刘亚清介绍奶业振兴成效，并回答记者提问。

中国奶业协会组织会员单位自编自导自演的“致敬祖国 70 华诞”文艺汇演，于第十届中国奶业大会暨 2019 中国奶业展览会期间在天津市举行。

京鹏畜牧
KINGPENG HUSBANDRY

DeLaval
利拉伐
自愿挤奶系统
扫一扫
看安德森和V300的故事
快乐的奶牛 轻松的工作 美好的生活
DeLaval
利拉伐中国
北京经济技术开发区东环南路 15 号
邮编：100176
电话：+86 10 5730 2800
传真：+86 10 5730 2999
www.delaval.cn
DeLaval VMS™ V300

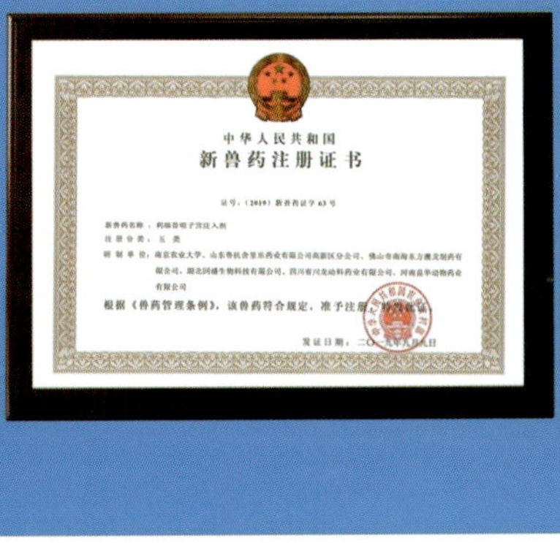

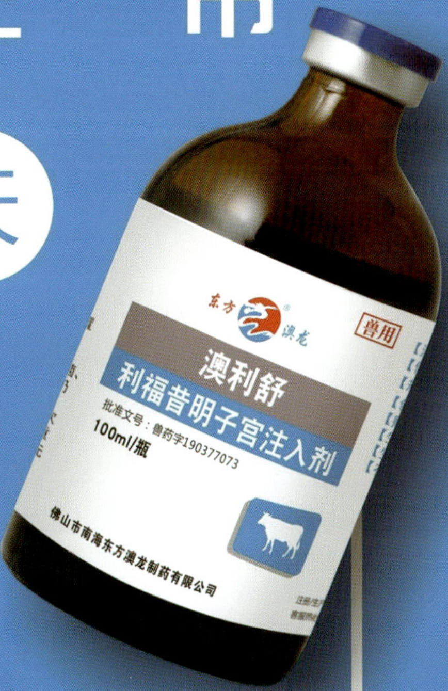

Fanzic http://www.fanzic.cn 原韩国 LG 产电工业风机部

TFP-H100T
叶轮直径:100cm

TFP-H110T
叶轮直径:110cm

TFP-T120ET
叶轮直径:120cm

TFH-F127
叶轮直径:125cm

TFH-F127-CD
叶轮直径:125cm

TFP-F185T
叶轮直径:184cm

智慧牧场整体解决方案架构图

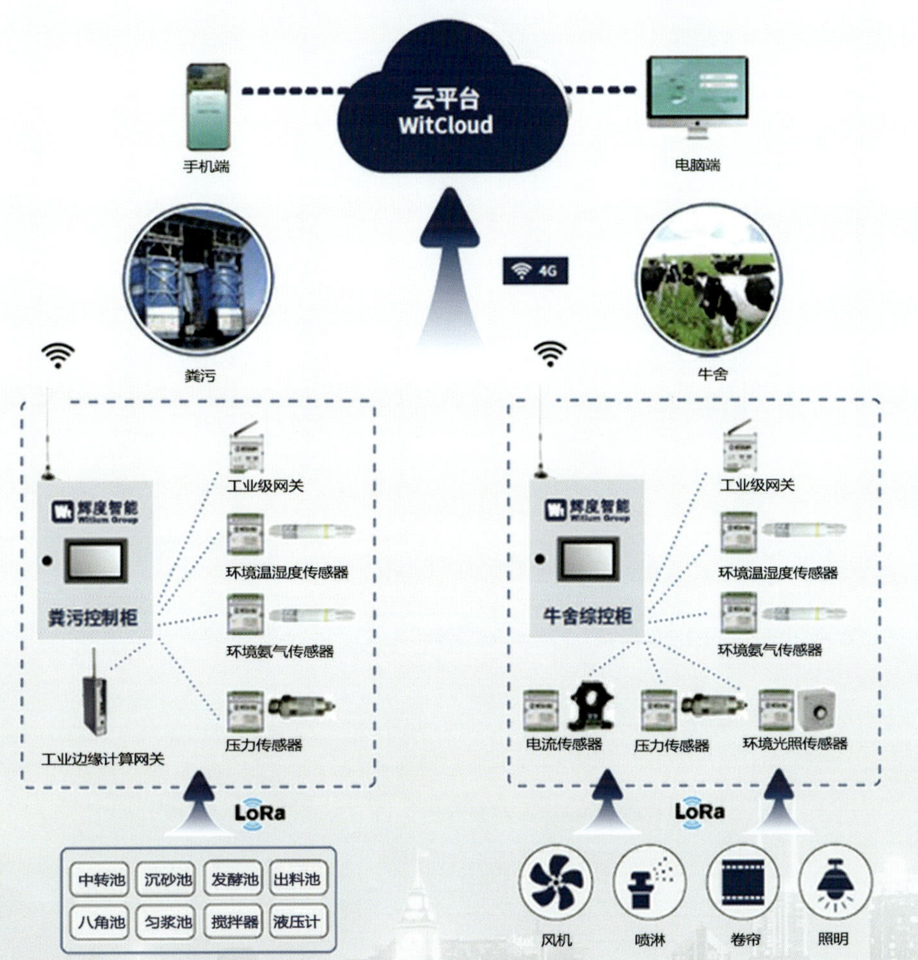

地址：江苏省常州市新北区晋陵北路现代城 电话：0519-85133656 13401657913 13775233926 网址：http://www.fanzic.cn

蒙牛®
MENGNIU
营养你的要强
谷爱凌
梅西
蒙牛
纯牛奶
浓纯营养 航天品质
每100mL 3.2g 蛋白质
净含量：250mL

伊利好营养
健康在一起

优酸乳品牌代言人 周冬雨　伊利品牌代言人 林书豪　伊利品牌代言人 李现　安慕希品牌代言人 迪丽热巴

NSHF™

宁波第二激素厂

国兽药广审（文）2020060073号

（2017）新兽药证字35号

兽药产品批准文号：兽药字110252967

D-氯前列醇钠注射液

右旋PG（取其精华，弃其糟粕）
朝着一个方向努力　不被其反作用同分异构体影响
效果是普通PG的3-5倍

提高奶牛同期发情的受胎率；
提高产后子宫炎净化率；
提高繁殖障碍牛的治疗率；
提高奶牛溶解黄体发情率；

休药期0天，保证了奶质安全。

国内独家拥有D-氯前列醇钠的文号（兽药原字：110252990）
从自产原料药到制剂完整产业链资质的厂家。

生产地址：浙江省宁波市慈溪市宗汉街道人健路28号
电话：0574-63017888　传真：0574-63041888
网址：http://www.nbshusheng.com　E-mail：cgy@nbshusheng.com

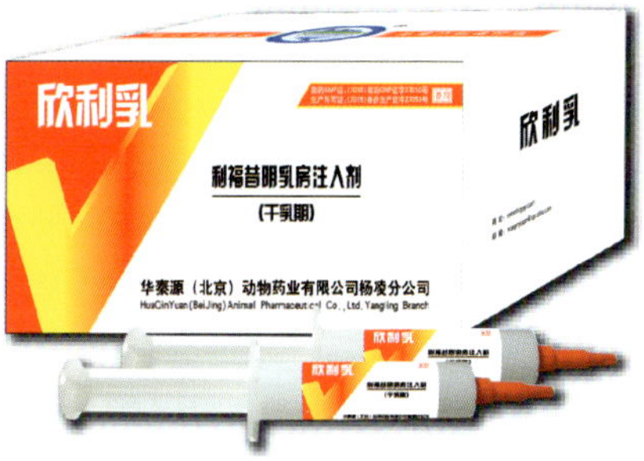

目　录

一、特　载

二、发展综述

三、行业专述

四、各地奶业

五、D20奶业

六、政策法规

七、科学技术

八、国际奶业

九、奶业大事记

十、行业统计

十一、索　引

一、特　载

TEZAI

珍惜七十年辉煌成就　开拓奶产业崭新局面①

2019年是新中国成立70周年，也是中国奶业不断开拓进取、战胜困难挫折、向现代奶业迈进的70年。第十届中国奶业大会暨2019中国奶业展览会以“致敬祖国七十华诞，谱写奶业振兴新篇章”为主题，展示奶业辉煌成就，展望光明未来，对于坚定行业发展信心、加快推进奶业全面振兴具有重要意义。

奶业惠及亿万人民，是关系国计民生的大产业。党中央国务院高度重视奶业发展，习近平总书记、李克强总理多次作出重要批示指示。近年来，特别是党的十八大以来，我们大力开展奶业整顿和振兴，狠抓质量安全监管、技术进步、生产发展和品牌培育，推进现代奶业建设不断迈上新台阶。

一是奶业生产实现历史性跨越。进入新世纪，在市场和政策的双重推动下，我国奶业连续跨越3个千万吨台阶。2018年，全国奶类产量3 176.8万t，人均奶类占有量34.3kg，比2000年增加了3.1倍。牛奶成为日常普通消费品，高温奶、酸奶、巴氏奶和奶粉、奶酪等产品种类齐全、市场供应充足。

二是现代奶业格局基本形成。2018年，全国奶牛规模养殖比例达到61.4%，全部实现了机械化挤奶，奶牛平均单产7.4t，单产9t以上的高产奶牛超过200万头，规模饲养成为奶牛养殖主力军。奶牛吃的是配方料，喝的是干净水，睡的是软卧床。奶业养殖、加工企业的设施装备和技术水平达到世界先进水平，养殖“小散低”的局面得到彻底扭转，小作坊式的乳品加工逐步退出历史舞台。

三是质量安全水平大幅提升。2018年，生鲜乳的乳蛋白和乳脂肪平均值分别达到3.24%和3.83%，规模牧场生鲜乳质量达到发达国家水平，乳制品抽检合格率99.8%，位居食品行业前列。我国多个乳品企业的多款产品在国际质量评比中获奖，婴幼儿配方乳粉登陆港澳和销往国际市场。这充分说明，中国奶业已经完全具备生产优质安全产品的能力。

四是奶业发展机制不断完善。国务院先后两次印发奶业发展指导意见，颁布实施《乳品质量安全监督管理条例》《奶业整顿和振兴规划纲要》等20余项法规制度，公布施行《生乳》国标等200多项乳品质量新标准，出台了促进奶牛标准化规模养殖、发展奶农家庭牧场、振兴奶业苜蓿发展行动、提升国产婴幼儿乳粉行动等多项重大政策举措，初步构建起涵盖全产业链的政策体系，为奶业全面振兴提供了坚实保障。

“宝剑锋从磨砺出，梅花香自苦寒来”，我国奶业取得的巨大成就来之不易，令人振奋。站在新的历史起点上，登高望远，全面建成小康社会的目标即将实现，中华民族伟大复兴的进程加速推进，为振兴奶业提供了难得的机遇。未来中国奶业发展的前景广阔、潜力巨大。

① “珍惜七十年辉煌成就　开拓奶产业崭新局面”一文为2019年7月13日，农业农村部副部长于康震在天津市召开的第十届中国奶业大会上的主旨报告。标题为年鉴编辑部所加。

《国务院办公厅关于推进奶业振兴　保障乳品质量安全的意见》为奶业发展指明了方向和路径。我们要增强信心、抓住机遇，采取有力措施，解决奶业发展中面临的养殖成本高、养殖加工利益联结不紧、干乳制品消费培育不足等问题，推进奶业振兴取得新成效。

一是生产让人民群众满意放心的乳制品。把好乳制品生产、加工、流通等每一道关口，确保上市的每一滴牛奶都安全放心。加快优化乳制品结构，大力发展低温乳制品，增加奶酪、黄油等干乳制品生产，更好满足消费者的多样化需求。实施婴幼儿配方乳粉提升行动，力争用 3 年时间显著提升国产婴幼儿配方乳粉的品质、竞争力和美誉度，提振消费信心。

二是打造具有较强竞争力的奶牛养殖业。加强优质奶源建设，实现“奶畜良种化、饲草优质化、生产规范化”，推动养殖节本提质增效，夯实奶业发展基础。加大粮改饲力度，继续实施奶业振兴苜蓿发展行动，每年新建 100 万亩高产优质苜蓿基地。实施奶牛遗传改良计划，建设国家奶牛核心育种场。支持家庭牧场升级改造，开展奶业竞争力提升科技行动，推广应用奶牛场物联网和智能化设施设备，提升奶牛养殖机械化、信息化、智能化水平。

三是培育具有世界影响力的乳品品牌。建立完善创品牌、推品牌、护品牌的奶业品牌发展机制，培育出一批具有国际和国内影响力的产品品牌、企业品牌，使国产品牌深入人心。全面推进产品创新、技术创新、经营理念和经营模式创新，鼓励乳品企业优化资源配置，增加市场份额，赢得更大市场发展空间。通过举办奶业 D20 峰会、发布中国奶业质量报告、实施小康牛奶公益行动等方式，树立中国奶业品牌良好形象。引导和鼓励企业以“一带一路”倡议深入推进为契机，加强海外布局和宣传推介，增强中国奶业品牌国际影响力。

四是构建融合协调发展的奶业产业链。推动行业牢固树立利益共同体、命运共同体意识，建立养殖加工和谐共生关系。支持奶农发展壮大，推动奶农开办乳制品加工试点，采取差异化生产销售模式，分享加工销售红利。支持乳品企业与奶农同舟共济，签订和履行规范稳定的生鲜乳购销协议。鼓励乳品企业通过自建、收购、参股、托管等方式加强奶源基地建设，提高自有奶源的比例。严格行业自律，引导企业遵守市场秩序规范，相互搭台补台，与同行在公平竞争中发展壮大。

潮平岸阔催人进，风正扬帆当有为。未来有更广阔的疆场等待我们去驰骋，有更伟大的事业等待我们去拼搏。让我们以本次大会为契机，凝聚起同频共振的强大合力，不忘初心，牢记使命，奋发有为，锐意进取，努力开拓奶业全面振兴的崭新局面！

以质量兴牧促进畜牧业转型升级

习近平总书记指出，实施乡村振兴战略，必须深化农业供给侧结构性改革，走质量兴农之路。近日出台的《国家质量兴农战略规划（2018—2022 年）》（以下简称《规划》），对未来五年质量兴农工作进行了具体部署。当前，我国畜牧业正处于转型升级和加快实现现代化的关键阶段，《规划》必将对推进畜牧业高质量发展产生重大而深远的影响。

党的十八大以来，各级畜牧兽医部门坚持以习近平新时代中国特色社会主义思想为指导，坚决贯彻落实党中央、国务院决策部署，紧扣高质量发展主题，持续深化畜牧业供给侧结构性改革。通过开展畜禽养殖标准化示范创建，推动畜禽养殖标准化、现代化；积极支持畜牧业品牌创建工作，培育出一批大而优的全国知名品牌和小而精的地方特色品牌；狠抓生态环保和质量安全，推进畜禽粪污资源化利用，组织开展兽用抗菌药减量使用示范创建，畜牧业绿色高效发展迈出新步伐。当前，畜牧业综合生产能力总体稳固，肉类产量继续保持 8 500 万吨以上，畜禽规模养殖比重达到 60%，畜禽粪污综合利用率达到 70%，畜产品及饲料、兽药等投入品抽检合格率常年保持在较高水平。

与此同时，我国畜牧业生产效率不够高，生产方式相对粗放，与实现高质量发展的要求还有差距，必须唱响质量兴牧主旋律，稳步提升畜牧业综合生产能力和核心竞争力。

第一，加快畜牧业绿色发展步伐。一是促进畜禽养殖提档升级。继续开展畜禽养殖标准化示范创建，到 2022 年创建 500 个生产高效、环境友好、产品安全、管理先进的畜禽养殖标准化示范场。二是推动奶业振兴。深入贯彻落实《国务院办公厅关于推进奶业振兴　保障乳品质量安全的意见》，加强优质奶源基地建设。实施小康牛奶行动，推广国家学生饮用奶计划。三是抓好畜禽粪污资源化利用工作。继续支持整县推进畜禽粪污资源化利用，到 2022 年畜禽粪污综合利用率达到 75% 以上。

第二，严格饲料、兽药等投入品质量安全监管。一是加强饲料原料和添加剂使用管理。修订《饲料添加剂品种目录》，以人用药和非法物质为重点，严厉打击添加目录以外物质生产饲料的违法行为。二是强化饲料质量安全监管。全面贯彻落实质量安全“产”“管”结合要求，推行《饲料质量安全管理规范》。构建全社会齐抓共管的舆论环境。三是推进兽用抗菌药使用减量化行动。深入推进兽用抗菌药使用减量化行动试点工作，组织 100 家畜禽养殖场参加第二批试点。四是加大兽药二维码追溯系统建设工作力度。进一步规范兽药生产企业追溯数据上传工作，在部分具备条件的养殖企业开展追溯试点，逐步实现兽药产品“来源可查、去向可追、责任可究”。

第三，全面提升动物疫病综合防控能力。一是打好非洲猪瘟防控攻坚战。严格疫情报告与处置，进一步强化疫情溯源调查。全面加强疫情防控措施，压实各方责任，落实调运监管，禁止使用餐厨剩余物喂猪等关键防控措施。着力提升防控能力，抓紧开展非洲猪瘟防控关键技术联合攻关，强化基层畜牧兽医体系能力建设。实施非洲猪瘟等重大动物疫病分区防控策略，统一推进动物疫病防控、统一协调生猪及其产品调运监管、统一调整优化相关产业布局，强化区域间沟通协调、联防联控，有效降低疫情扩散风险，保障生猪及产品稳定供应。二是统筹抓好其他重大动物疫病和人畜共患病防控。印发实施国家动物疫病强制免疫计划，落实优先防治病种免疫工作，做好免疫效果监测评价。制定实施国家动物疫病监测与流行病学调查计划。印发实施动物疫病净化指导意见，制定养殖场动物疫病净化评估规范。继续加强重大动物疫病延伸绩效管理。

第四，不断增强品牌竞争力。一是夯实发展基础。完善畜牧业生产标准体系，鼓励具备条件的企业制定执行更高的产品标准，增强品牌市场竞争力。加强全产业链质量安全监管，建立和完善全程质量安全追溯体系，落实企业品牌创建主体责任，全面提升畜牧业品牌的生产管理水平和质量安全基础。二是加大政策支持。加强政策引导、公共服务和监管保护，营造适于畜牧业品牌建设的制度环境。加大在投融资、生产要素供给、政策扶持等方面的优惠力度，鼓励社会资本参与，支持畜牧业品牌建设。加强部门协作，严厉打击山寨仿冒产品，加大畜牧业品牌保护力度。三是强化宣传引导。深入挖掘畜牧业品牌文化内涵，讲好畜牧业品牌故事，增强畜牧业品牌的知名度、美誉度和影响力，提升公众消费信心。

（本文作者为农业农村部总畜牧师马有祥）

来源：2019 年 3 月 24 日人民网 – 美丽乡村频道

中国奶业在转型升级中振兴①

相聚津门，举办盛会，旨在致敬祖国七十华诞，谱写奶业振兴新篇章。在此，我谨代表中国奶业协会，对各位的莅临表示最热烈的欢迎！

回顾70年发展，令人自豪、令人骄傲，中国奶业从百废待兴中起步，在改革开放中发展，在转型升级中振兴。

第一，奶牛养殖产量快速增长，质量显著提升。一是2018年全国奶类产量3 176.8万t，是1949年的146倍。二是标准化规模养殖成为主体，100头以上比重达61.4%，比2008年增加了40多个百分点。三是2018年荷斯坦牛平均单产7.4t，是1949年2.7倍。四是机械装备水平提高，规模牧场机械挤奶达到100%。五是生乳质量安全水平大幅提升，生乳乳蛋白率平均3.2%以上，乳脂肪率3.8%以上，菌落总数和体细胞数持续下降，质量安全水平达到国际先进水准。

第二，乳品加工产量迅猛增长，质量明显改善。2018年，全国乳制品产量2 687.1万t，乳制品生产企业587家，规模以上乳企实现销售额3 398.9亿元，与1949年相比，均有上万倍的增长。数量增长的同时，质量也在提高。生鲜乳和乳制品抽检合格率99%以上，在食品中领先。

第三，乳品消费数量大幅增加，种类更加丰富。2018年奶类人均占有量34.3kg，是1949年的76倍。目前，市场乳制品品类齐全、供应充足。

第四，奶业品牌影响力显著提升。近年来，奶业品牌建设突飞猛进，伊利、蒙牛、光明、君乐宝、飞鹤等一批中国乳企正在不断加快国际化的步伐，扬帆出海，积极“走出去”，搭建新的竞争生态圈。伊利、蒙牛双双跃居全球乳企前10强，彰显了中国奶业品牌强势崛起。

《国务院办公厅关于推进奶业振兴 保障乳品质量安全的意见》就奶业振兴作出明确部署，农业农村部第九部委《关于进一步促进奶业振兴的若干意见》作出明确分工，提出到2025年我国奶类产量力争达到4 500万t，下一步关键是抓好落实。奶业振兴要树立问题导向，要努力解决好产品供需结构不平衡、产业竞争力不强、消费培育不足等突出问题。要深入贯彻落实《意见》精神，各奶业企业和各有关方面要凝心聚力、奋勇拼搏，各级奶业协会要认真履行“协调、服务、维权和自律”职能，为政府、为企业、为会员做好服务工作。重点引导乳品企业优化乳制品产品结构，统筹发展液态乳制品和干乳制品。强化科技支撑，逐步提高奶业国际竞争力。推进生鲜乳价格协商机制建设，密切养殖加工利益联结。加强奶业宣传展示，树立奶业良好形象，引导和增加乳品消费。实施奶业品牌战略，培育优质品牌，引领奶业发展。倡导行业诚信自律，构建奶业诚信平台，创建奶业诚信体系。

让我们不忘初心再出发，正视差距补短板，汇聚起高质量发展的磅礴力量，谱写奶业发展史上更加光彩夺目的新篇章！

---

①“中国奶业在转型升级中振兴”一文为2019年7月13日，中国奶业协会会长李德发在天津市召开的第十届中国奶业大会上的致辞。标题为年鉴编辑部所加。

认清奶业形势　负重逆势前行①

即将过去的戊戌年，波云诡谲、跌宕起伏，中国乃至世界经济都处在百年未有之大变局当中，急剧变化、深度调整，不确定性、不稳定性大幅增加，形势相当严峻。有人说，2018 年是前十年当中最糟糕的一年，但同时也是后十年当中最好的一年。

2018 年，美国贸易政策变化和英国脱欧公投，对世界经济，特别是金融市场造成了强烈冲击和严重影响。德意志银行研究报告表明，前 11 个月，全球 89% 的资产为负收益，这是自 20 世纪 100 多年来最差的一年，世界银行甚至断言，以此为起点，世界经济将步入以低增长和系统性风险为主要特征的“阴暗十年”。

世界经济低迷徘徊，中国经济也是困难重重，险象环生。未来，中国经济最大、最严重、最强烈的冲击和影响，不是房地产调控、淘汰落后产能或者环境治理，而是不断升级的中美贸易摩擦。这两年中国经济已经进入下行通道，2018 年 GDP 增长只有 6.7%，改革开放 40 年平均增速为 9.1%，现在又节外生枝地出现了中美贸易摩擦。中国和美国是全球两个最大的经济体和贸易体，两国 GDP 相加占全球的 40%，两国贸易的恶性摩擦，不仅影响全球，更直接影响两国经济。目前，中美双边贸易额 6 300 亿美元，美对中出口 1 300 亿美元，中对美出口 5 000 亿美元，2018 年摩擦逐步升级，中国 60% 以上的企业受到影响，更冲击了次生市场。据同花顺统计，2018 年年底沪深两市市值 43.51 万亿元，同比下跌 23.28%，蒸发了 13.2 万亿元，94% 的股民亏损，人均 9.1 万元。现在官方对 2018 年经济的描述是稳中有进、稳中有忧，这是客观的，但是是谁进了？谁退了？忧大于喜？还是喜大于忧？再或是喜忧参半？ 2018 年中国采购经理指数为 52.6%（综合），处于合理景气区间，比较稳定，但中小企业只有 48%，相当疲软，甚至有衰退迹象。因此，近两个月才有密集的支持中小企业、民营企业的政策出台，这些政策是否有效，能否提振信心，还有待观察。但可以看出，风险是存在的，民营企业占全国税收的 50%，占 GDP 的 60%，占就业的 80%，占新增就业的 90%，稳不住直接影响全局。

这里，让我感到比较意外的是，在如此严峻的形势下，整个奶业仍然比较平稳，而且稳中有进。2018 年，整个奶业承受了来自多方面的压力，监管的压力，消费降级的压力，特别是环保以及饲料、人工成本上升的压力，只加征关税一项，每千克原料奶成本就上升了 1 元。一个环境治理关闭了多少养殖场，但即便如此，我们的奶业依然能够逆势而上，2018 年前三季度伊利利润超过 50 亿元，上半年蒙牛利润超过 15 亿元，飞鹤销售一路攀升、一飞冲天，君乐宝登陆港澳、其乐融融，现代牧业、卫岗、长富、燕塘、得益各有千秋，都有不俗的表现。整个行业表现不错，特别是加工企业，盈利增加效益更好。目前最大的问题是上游养殖企业亏损严重，亏损面超过 50%。必须高度警觉、努力破解，这是振兴奶业的基础和关键。

但是，大家对这个问题也不必过度担心和忧虑。政府已经充分认识到了问题的严重性。2018

① “认清奶业形势　负重逆势前行”一文为 2019 年 1 月 12 日中国奶业协会名誉会长高鸿宾在中国奶协七届理事会二次会议上对中国奶业的岁末寄语。标题为年鉴编辑部所加。

年国务院办公厅出台了《关于推进奶业振兴 保障乳品质量安全的意见》，之后农业农村部等九部委又配套发布了《关于进一步促进奶业振兴的若干意见》，意见明确：2020年，奶源自给率70%以上，优质苜蓿自给率80%以上；2025年，全国奶类产量力争达到4 500万t。这两个文件提出了准确的战略定位，制定了具体目标及一系列支持政策和措施。大家要充分利用政策，但切记不必心有奢望，以为两个文件就能化解我们面临的所有困难和根本问题。

展望2019年，经济形势扑朔迷离、很不明朗，但可以肯定的是：一是中国经济有足够的韧性和潜力，可以保持均速稳步增长。二是中国奶业面临的各种压力，不仅不会消失，反而可能持续增加。比如说，进口奶制品的压力、居高不下的成本。面对复杂严峻的形势，万科的口号是“活下去”。因此，我们要提振信心，更要审时度势调整自己、逆势而行、自强图存。大家各有优势，亦可各辟蹊径。

我们奶协有600多家会员单位，规模不同、模式各异，处在不同层次、不同阶段，为了帮助、支持企业发展，奶协更努力、更多地提供各种力所能及的有效服务，在这次会议上秘书处针对各类企业面临的共性问题，请来了几位专家就品牌战略、法律风险作专题讲座，希望有所裨益。在此基础上，是否可以再考虑增加服务，比如说企业诊断，请各类有丰富经验的专家，针对不同企业特别是中小企业，帮助他们深入分析，研究如何进行调整和改变，促进适应新形势，做到逆势而行，力求更大发展。总之，困难很多，但是前景光明。

科学研判疫情影响　助推奶业恢复增长①

在新冠肺炎疫情防控的关键时期，在这春回大地复工复产的吃劲时刻，我谨代表中国奶业协会，向大家道一声特别的问候和祝福。很高兴参加今天中荷奶业发展中心组织的论坛，下面按照李胜利首席科学家的建议，我跟大家分享当前奶业的问题、行业的作为和今后发展建议，供大家参考！

第一，新冠肺炎疫情的发生，短期内冲击了社会与经济的发展，影响了乳品消费和奶业生产

新冠肺炎疫情给全球经济发展带来影响。据专家预测，总体而言，若未来疫情得到有效控制，疫情对全球经济发展的影响有限。具体来说，有五点冲击。一是冲击了居民消费。春节是居民消费的旺季，疫情防控需要，居民外出受限，交通、住宿、餐饮、旅游、娱乐等相关消费严重抑制，非必需居家用品购买量严重下降。二是冲击了劳动就业。疫情防控需要，员工延期返岗，劳动就业率降低。三是冲击了企业发展。复工复产率低，产能恢复较慢，成本上涨较快，资金链运转困难，企业有面临亏损或倒闭风险。四是冲击了国际贸易。一些国家对国与国之间限制客运和货运，切断了贸易正常途径，影响了服务贸易、货物进出口和跨境投资。五是冲击了金融市场。受疫情影响，社会发展和经济增长受阻，市场信心受挫，应对不好，容易造成金融市场波动。

就奶业而言，受疫情影响，产业链秩序遭受冲击，生产面临困难和挑战。一是市场需求难释放，一季度乳品销售量价齐降。受疫情影响，旺季不旺，销售没有达到预期。据不完全统计，2月10日前，一、二线城市各大商超乳品销量同比大多下降50%以上，中国奶业20强企业的销售额同比下滑53.3%，环比下降67.8%。同时受产品保质期的限制，企业为快速减少积压，盘活资金流，不得不以买赠、打折等形式开展促销，刺激消费市场，乳制品价格间接下降。二是乳品企业产能受限，

① “科学研判疫情影响 助推奶业恢复增长”一文是2020年3月12日，中国奶业协会副会长兼秘书长刘亚清在中荷奶业发展中心线上直播会议中的主旨报告。报告深度分析当前奶业的形势和问题，充分肯定了行业的作为，并针对性地提出了今后发展建议。

喷粉承压。由于人员和原料供应短缺，部分生产线停工待产，整个乳业的产能缩减。为保障产业链最低限的运转，很多加工企业采取喷粉转存原奶，截至 3 月 3 日，中国奶业 20 强企业每天喷粉奶量仍高达 1.5 万 t，企业负重承压。三是养殖企业受成本、销售双层挤压，夹缝求生存。生鲜乳需求下降，收购价格持续走低，据农业农村部对我国奶业主产省近 7 周生鲜乳收购价格监测，从每千克 3.87 元降至 3.77 元，下降 2.6%。据协会对中小牧场的奶价监测，近两个月，生鲜乳收购价平均每千克下降 0.3~0.6 元不等。同时饲料成本上涨 5%~10%，淘牛及小公牛无法售出，资金回流受阻。中小牧场的生存空间进一步缩小。

但值得庆幸，在习近平总书记的亲自指挥和党中央的坚强领导下，疫情防控形势持续向好，国家及时出台各种利好政策，为统筹兼顾疫情防控和社会经济发展双赢奠定了基础，提供了保障。我们相信疫情的冲击是暂时的、是短期的、是有限度的，中国经济稳定向好、长期向好的趋势没有改变。

同样，从 2 月下旬开始，随着疫情防控形势持续向好及国家复工复产政策的进一步落实，全国除湖北外，牧场生产、生鲜乳收购、企业运营、市场销售等产业链秩序开始逐步恢复。据不完全统计，截至 3 月 8 日，低温产品的销售恢复达到 84% 左右；常温奶恢复速度较慢，恢复比例约在 70%，奶业总体向好态势有序回升。

第二，面对冲击与挑战，行业谋篇蓄势，以待厚积薄发

面对汹涌而来的疫情，面对渴望相助的行业，协会以见叶知秋的敏锐及时把握了动与静的态势，防控与复产的对接，现实与未来的统筹三个要素，应对生产、劳力和消费三个短期硬核因素的制约，立足危难之际责任、担当和社会回报的体现，传递出企业影响力、知名度和品牌效应的长远布局。在这个特殊时期，协会综合各方面的现实，利用中国奶业协会网站和微信公众号两个平台，谋划了系列举措，主要体现在以下几个方面：

发出了一个声音：新冠肺炎的防控是一场由习近平总书记亲自指挥亲自部署的人民战争、总体战和阻击战，既有持续不松劲的要求，也有阶段性的重点。1 月 25 日，协会及时开通奶协网站，启动 8 个公众号推广群（春节假期暂停），涉及单位 1 000 多家，人员 3 000 多人。开辟“通知公告”“科学防控”“资源分享”“地方博览”等 22 个专栏，累计发布信息 700 余条，及时传达党中央国务院的声音和有关部委及地方的具体要求，听从统一号令，助力协会会员有力、有序和有节做实疫情防控，全体奶业人兢兢业业，辛勤付出，做到令行禁止。

弘扬了一脉精神：这场突如其来的疫情，给产业带来了冲击，造成了损失。我们奶业在自身身处困境的情况下，慷慨捐款送物，传递出我们奶业人大爱无疆的可贵品质和崇高精神。协会迅速启动“战疫情奶业特别报道”，精心策划“共克时艰我们在行动”宣传主题，率先开辟“守护健康”等专栏，对协会会员援助行动进行了系列报道，截至 3 月 11 日，蒙牛、伊利、飞鹤、君乐宝等 163 家奶企累计捐款捐物 17.60 亿元。其中 5 亿元以上 1 家，1 亿元以上 3 家，1 000 万元以上 18 家。向公众传递了奶业品牌的担当和回报，向社会展示了企业的大爱精神，向世界宣告中国企业的品质内涵。

体现了一种担当：疫情的影响是全方位的，对奶业而言，不论是乳品加工企业，还是养殖企业，还是供应商，中国奶业协会和全体会员站在“以人民为中心”的战略高度，情系奶农，做了以下五个方面的工作：

1. 从 1 月 24 日起中国奶业协会陆续收到湖北、浙江、安徽、河北、甘肃、新疆等来自全国各地的奶农诉求，从生鲜乳无法运输被迫倒奶、奶牛断料、奶价下降到资金流周转困难等问题，协会迅速与农业农村部等政府相关部门建立奶农问题直报通道，客观详实地反映奶农问题并跟进解决，促进了防控期间稳产保供系列政策的出台及落实。

2. 协会从守护全产业价值出发，宣传倡导行业风险共担、利益共享。各大企业纷纷向奶农伸出援手，伊利预计全年预算50亿元，从金融、物资、技术多方面驰援牧场渡难关；蒙牛提出保收购、保供应、保运力、保资金、保运营五大保障举措全方位维护奶业，3~5月计划30亿元资金提前预付奶款，全年预计100亿元授信规模提振农牧民信心，保障合作牧场持续经营和稳定发展；光明乳业率先承诺“不拒收一滴奶”；三元、君乐宝、完达山、长富等企业也纷纷按照合同约定去执行，携手上游，共渡难关。

3. 为保养殖场的安全，协会与伊利集团联合编写发布《奶牛场新冠肺炎疫情防控手册》，指导奶牛场有效预防疫情，保障奶牛场员工身体健康。

4. 为促进消费，蒙牛集团出面，中国奶业协会联合全国卫生产业企业管理协会、中国营养学会、中国乳制品工业协会发布《中国居民奶及奶制品消费指导》，促进提升全民营养健康水平，筑牢全民防控战“疫”基础。

5. 多方位为企业提供法律支持，大力宣传国家有关部门特殊时期法律服务工作指引，同时依托协会律师团，分类科普疫情期间企业劳动用工、生产经营、员工个人等方面可能涉及的法律问题，积极协调为企业提供及时有效的法律援助。

站在这特殊时期，我们可以说中国奶业人的担当是务实担当，是全产业链的担当，必将会成为历史性的担当。

铸就了一片希望：随着疫情防控的推进，疫情形势积极好转，“统筹做好疫情防控和经济社会发展”摆上日程，企业全面复工复产进程加快、加大和加强。中国奶业协会及时发布《倡议》，倡导行业进一步做好稳产保供。相继推出“蓄能营”“学习借鉴”“服务创新”等专栏，分享企业应对危机、转型升级、创新发展的成功案例、先进理念等内容；借助“名家观点”“营养健康”等专栏，系列分享大营养、大健康与大智慧，重磅推出名家大作《会吃才有健康》系列科普短文。为生产信心和消费信心的提升传递了正能量。此外，围绕复工复产重点强化了五方面内容：

一是助力新闻媒体宣传。主动融入“人民网人民好医生公益援助联盟”，联合新华网等10多家媒体，累计发布信息1 000余条，阅读量上千万次，提高了行业的影响力。

二是推荐报道企业稳产保供举措。分享伊利、蒙牛、光明、君乐宝、飞鹤、首农、卫岗、现代牧业、中地、圣牧、中鼎、澳亚等乳品加工和养殖企业的百余篇复工复产和供应保障等行动纪实，彰显了企业的水平和能力。

三是名家观点解读。对马云抗疫复产三点建议、稻盛和夫的《把萧条当作再发展的飞跃台》和《疫情后的中国产业的嬗变与管理升级》等名家见地进行推荐和解读，为企业家创新求变提供理念指导，为企业复工复产提供理论武装。

四是启动监测协调机制。1月31日开始，链接31个省（自治区、直辖市）奶业协会和相关部门、中国奶业20强企业及5家观察员企业、200余家奶牛养殖场和近90家乳品加工厂建立信息监测渠道，对接农业农村部、发展改革委等部委相关部门建立沟通协调机制，及时了解生产情况，及时反映存在问题，为相关决策和政策出台提供了一线情况。

五是全面宣传利好政策。通过协会网站和微信公众号，及时宣传报道党中央、国务院，以及各部委与地方，不同时期发布的各项政策和举措，累计30多项，有效指导企业应对疫情危机和复工复产，让广大奶业人从中看到了希望，坚定了信心，鼓舞了干劲。

在助力疫情防控阻击战中，在稳产保供和抗击疫情中，各省（市、自治区）奶业协会，各专业委员会，各副会长、常务理事、理事，以及广大会员，同舟共济、众志成城，充分发挥自身优势，主动作为、及时作为、积极作为，发出了行业声音，弘扬了行业精神，体现了行业担当，铸就了行业希望。特别是湖北省奶业协会，身处疫情主阵地，力克种种困难，积极奉献爱心，积极帮助企业排忧解难，危难面前彰显责任和使命。

奶业及奶业人的这些行动和举措，有开拓有创新，扎实而高效，增强了社会影响，农业农村部“畜牧兽医动态简报”专刊登载，民政部“动态简报”给予高度关注。同时，也受到了相关领导的高度肯定，于康震副部长专门批示：奶协和行业主动作为，积极担当，善举播大爱，弘扬正能量，值得充分肯定！高鸿宾名誉会长、李德发会长、马有祥总经济师、李金祥总兽医师、杨振海局长、马纯良司长、高廷敏司长等领导，分别给予高度评价。

第三，科学研判疫情后发展形势，坚定信心鼓舞干劲推动奶业加快恢复和增长

虽然各有关方面采取了多种有效措施，但新冠肺炎疫情对我国奶业造成较大冲击。越是在这个时候，越要用全面、辩证、长远的眼光看待我国奶业，就如何加快恢复和增长，我谈几点意见：

1. 科学研判形势，坚定发展信心。目前，全国大型企业复工率超过95%，中小型企业复工率超过50%。实现“疫情防控和社会经济发展”双胜利有基础、有条件、有保障。我国奶业振兴的基本面没有改变，奶业振兴的政策环境总体向好。乳品消费需求拉动日趋增强，乳品企业发展生产的积极性很高。去年，我国乳品消费市场首次突破5 000万t，但人均日消费水平不足100g，仅为世界平均水平的1/3，差距就是潜力，也是动力。可以坚信，疫情过后，乳品消费将会反弹，我国人均乳品消费水平将继续提高，消费市场将进一步扩大，目前乳品销售困难是暂时的、阶段性的。只要行业坚定信心，化危机为发展机遇，就能变压力为动力，就一定能在年内实现奶业恢复和增长。

2. 推动建立利益联结机制，加强奶业创新和变革。这次防控新冠肺炎疫情充分表明，奶牛养殖企业和乳品加工企业签订乳品购销合同，建立稳定的利益联结机制具有诸多好处，形成了风险共担、利益共享的产业格局，有效地增强了奶业抵御市场风险的能力，促进了一二三产业协调发展。中小规模奶牛养殖企业也要像大企业那样，积极主动与乳品加工企业签订乳品购销合同，提高抵御市场风险的能力，乳品加工企业也要积极主动与中小规模养殖企业，建立稳定的利益联结机制，努力解决原料奶不足和平稳供应问题。要充分利用各项利好政策，提升养殖、加工和储藏运输能力。目前，农业农村部印发通知，突出加强奶牛养殖、乳制品加工软硬件设施装备改造升级，提高奶牛单产、乳品质量和养殖效益。重点培育适度规模奶牛养殖主体，夯实奶业振兴的养殖基础。补助标准每头奶牛5 000元，补助建设内容涉及养殖设施改造、饲草料生产供应、废弃物资源化利用、乳制品生产加工、信息化智能化建设。奶业行业，不要错过这次疫情带来的发展机遇，应进一步加大创新和变革力度，要查缺补漏、完善提高，加强运营模式、发展模式、组织模式、管理模式、工作模式、沟通模式的创新和变革，努力提升决策水平和落实能力。

3. 努力调整乳品结构，积极推动乳品消费。在统筹发展液态乳制品和干乳制品的基础上，要增加功能型乳粉、风味型乳粉生产。积极开发奶酪产品，满足广大乳品消费者需求的同时，还可有效调节生鲜乳季节性余缺，发展潜力巨大。围绕提高乳品消费水平，倡导科学饮奶，培育国民食用乳制品的习惯的主题，大力推广国家学生饮用奶计划，2020年10月，协会将在河北石家庄市召开第十一届中国奶业盛会，重点是搭建会展平台，助力企业推动乳品消费。乳品企业应创新和优化销售模式，在保持大型商超销售份额的同时，积极增加线上购销比重，努力满足乳品消费者需求。

4. 加强国际交流与合作，提升我国奶业国际竞争力。开放促发展，要珍惜和加强国与国间的奶业交流与合作。中荷两国奶业合作领域广泛、空间巨大。要总结经验，承前启后，开创全球奶业合作的典范。

梅花香自苦寒来。我相信，历经疫情的洗礼，中国发展一定会更加美好。同样，经过疫情的磨练，中国奶业发展也一定会更加灿烂。让我们凝心聚力、让我们携手同行，为打赢疫情防控战，为奶业全面恢复发展，为助力夺取脱贫攻坚战全面胜利而努力奋斗！

中共中央　国务院关于抓好“三农”领域重点工作确保如期实现全面小康的意见

（2020年1月2日）

党的十九大以来，党中央围绕打赢脱贫攻坚战、实施乡村振兴战略作出一系列重大部署，出台一系列政策举措。农业农村改革发展的实践证明，党中央制定的方针政策是完全正确的，今后一个时期要继续贯彻执行。

2020年是全面建成小康社会目标实现之年，是全面打赢脱贫攻坚战收官之年。党中央认为，完成上述两大目标任务，脱贫攻坚最后堡垒必须攻克，全面小康“三农”领域突出短板必须补上。小康不小康，关键看老乡。脱贫攻坚质量怎么样、小康成色如何，很大程度上要看“三农”工作成效。全党务必深刻认识做好2020年“三农”工作的特殊重要性，毫不松懈，持续加力，坚决夺取第一个百年奋斗目标的全面胜利。

做好2020年“三农”工作总的要求是，坚持以习近平新时代中国特色社会主义思想为指导，全面贯彻党的十九大和十九届二中、三中、四中全会精神，贯彻落实中央经济工作会议精神，对标对表全面建成小康社会目标，强化举措、狠抓落实，集中力量完成打赢脱贫攻坚战和补上全面小康“三农”领域突出短板两大重点任务，持续抓好农业稳产保供和农民增收，推进农业高质量发展，保持农村社会和谐稳定，提升农民群众获得感、幸福感、安全感，确保脱贫攻坚战圆满收官，确保农村同步全面建成小康社会。

一、坚决打赢脱贫攻坚战

（一）全面完成脱贫任务。脱贫攻坚已经取得决定性成就，绝大多数贫困人口已经脱贫，现在到了攻城拔寨、全面收官的阶段。要坚持精准扶贫，以更加有力的举措、更加精细的工作，在普遍实现“两不愁”基础上，全面解决“三保障”和饮水安全问题，确保剩余贫困人口如期脱贫。进一步聚焦“三区三州”等深度贫困地区，瞄准突出问题和薄弱环节集中发力，狠抓政策落实。对深度贫困地区贫困人口多、贫困发生率高、脱贫难度大的县和行政村，要组织精锐力量强力帮扶、挂牌督战。对特殊贫困群体，要落实落细低保、医保、养老保险、特困人员救助供养、临时救助等综合社会保障政策，实现应保尽保。各级财政要继续增加专项扶贫资金，中央财政新增部分主要用于“三区三州”等深度贫困地区。优化城乡建设用地增减挂钩、扶贫小额信贷等支持政策。深入推进抓党建促脱贫攻坚。

（二）巩固脱贫成果防止返贫。各地要对已脱贫人口开展全面排查，认真查找漏洞缺项，一项一项整改清零，一户一户对账销号。总结推广各地经验做法，健全监测预警机制，加强对不稳定脱贫户、边缘户的动态监测，将返贫人口和新发生贫困人口及时纳入帮扶，为巩固脱贫成果提供制度保障。强化产业扶贫、就业扶贫，深入开展消费扶贫，加大易地扶贫搬迁后续扶持力度。扩大贫困地区退耕还林还草规模。深化扶志扶智，激发贫困人口内生动力。

（三）做好考核验收和宣传工作。严把贫困退出关，严格执行贫困退出标准和程序，坚决杜绝数字脱贫、虚假脱贫，确保脱贫成果经得起历史检验。加强常态化督导，及时发现问题、督促整改。开展脱贫攻坚普查。扎实做好脱贫攻坚宣传工作，全面展现新时代扶贫脱贫壮阔实践，全面宣传扶贫事业历史性成就，深刻揭示脱贫攻坚伟大成就背后的制度优势，向世界讲好中国减贫生动故事。

（四）保持脱贫攻坚政策总体稳定。坚持贫困县摘帽不摘责任、不摘政策、不摘帮扶、不摘监管。强化脱贫攻坚责任落实，继续执行对贫困县的主要扶持政策，进一步加大东西部扶贫协作、对口支援、定点扶贫、社会扶贫力度，稳定扶贫工作队伍，强化基层帮扶力量。持续开展扶贫领域腐败和作风问题专项治理。对已实现稳定脱贫的县，各省（自治区、直辖市）可以根据实际情况统筹安排专项扶贫资金，支持非贫困县、非贫困村贫困人口脱贫。

（五）研究接续推进减贫工作。脱贫攻坚任务完成后，我国贫困状况将发生重大变化，扶贫工作重心转向解决相对贫困，扶贫工作方式由集中作战调整为常态推进。要研究建立解决相对贫困的长效机制，推动减贫战略和工作体系平稳转型。加强解决相对贫困问题顶层设计，纳入实施乡村振兴战略统筹安排。抓紧研究制定脱贫攻坚与实施乡村振兴战略有机衔接的意见。

二、对标全面建成小康社会加快补上农村基础设施和公共服务短板

（六）加大农村公共基础设施建设力度。推动“四好农村路”示范创建提质扩面，启动省域、市域范围内示范创建。在完成具备条件的建制村通硬化路和通客车任务基础上，有序推进较大人口规模自然村（组）等通硬化路建设。支持村内道路建设和改造。加大成品油税费改革转移支付对农村公路养护的支持力度。加快农村公路条例立法进程。加强农村道路交通安全管理。完成“三区三州”和抵边村寨电网升级改造攻坚计划。基本实现行政村光纤网络和第四代移动通信网络普遍覆盖。落实农村公共基础设施管护责任，应由政府承担的管护费用纳入政府预算。做好村庄规划工作。

（七）提高农村供水保障水平。全面完成农村饮水安全巩固提升工程任务。统筹布局农村饮水基础设施建设，在人口相对集中的地区推进规模化供水工程建设。有条件的地区将城市管网向农村延伸，推进城乡供水一体化。中央财政加大支持力度，补助中西部地区、原中央苏区农村饮水安全工程维修养护。加强农村饮用水水源保护，做好水质监测。

（八）扎实搞好农村人居环境整治。分类推进农村厕所革命，东部地区、中西部城市近郊区等有基础有条件的地区要基本完成农村户用厕所无害化改造，其他地区实事求是确定目标任务。各地要选择适宜的技术和改厕模式，先搞试点，证明切实可行后再推开。全面推进农村生活垃圾治理，开展就地分类、源头减量试点。梯次推进农村生活污水治理，优先解决乡镇所在地和中心村生活污水问题。开展农村黑臭水体整治。支持农民群众开展村庄清洁和绿化行动，推进“美丽家园”建设。鼓励有条件的地方对农村人居环境公共设施维修养护进行补助。

（九）提高农村教育质量。加强乡镇寄宿制学校建设，统筹乡村小规模学校布局，改善办学条件，提高教学质量。加强乡村教师队伍建设，全面推行义务教育阶段教师“县管校聘”，有计划安排县城学校教师到乡村支教。落实中小学教师平均工资收入水平不低于或高于当地公务员平均工资收入水平政策，教师职称评聘向乡村学校教师倾斜，符合条件的乡村学校教师纳入当地政府住房保障体系。持续推进农村义务教育控辍保学专项行动，巩固义务教育普及成果。增加学位供给，有效解决农民工随迁子女上学问题。重视农村学前教育，多渠道增加普惠性学前教育资源供给。加强农村特殊教育。大力提升中西部地区乡村教师国家通用语言文字能力，加强贫困地区学前儿童普通话教育。扩大职业教育学校在农村招生规模，提高职业教育质量。

（十）加强农村基层医疗卫生服务。办好县级医院，推进标准化乡镇卫生院建设，改造提升村

卫生室，消除医疗服务空白点。稳步推进紧密型县域医疗卫生共同体建设。加强乡村医生队伍建设，适当简化本科及以上学历医学毕业生或经住院医师规范化培训合格的全科医生招聘程序。对应聘到中西部地区和艰苦边远地区乡村工作的应届高校医学毕业生，给予大学期间学费补偿、国家助学贷款代偿。允许各地盘活用好基层卫生机构现有编制资源，乡镇卫生院可优先聘用符合条件的村医。加强基层疾病预防控制队伍建设，做好重大疾病和传染病防控。将农村适龄妇女宫颈癌和乳腺癌检查纳入基本公共卫生服务范围。

（十一）加强农村社会保障。适当提高城乡居民基本医疗保险财政补助和个人缴费标准。提高城乡居民基本医保、大病保险、医疗救助经办服务水平，地级市域范围内实现“一站式服务、一窗口办理、一单制结算”。加强农村低保对象动态精准管理，合理提高低保等社会救助水平。完善农村留守儿童和妇女、老年人关爱服务体系。发展农村互助式养老，多形式建设日间照料中心，改善失能老年人和重度残疾人护理服务。

（十二）改善乡村公共文化服务。推动基本公共文化服务向乡村延伸，扩大乡村文化惠民工程覆盖面。鼓励城市文艺团体和文艺工作者定期送文化下乡。实施乡村文化人才培养工程，支持乡土文艺团组发展，扶持农村非遗传承人、民间艺人收徒传艺，发展优秀戏曲曲艺、少数民族文化、民间文化。保护好历史文化名镇（村）、传统村落、民族村寨、传统建筑、农业文化遗产、古树名木等。以“庆丰收、迎小康”为主题办好中国农民丰收节。

（十三）治理农村生态环境突出问题。大力推进畜禽粪污资源化利用，基本完成大规模养殖场粪污治理设施建设。深入开展农药化肥减量行动，加强农膜污染治理，推进秸秆综合利用。在长江流域重点水域实行常年禁捕，做好渔民退捕工作。推广黑土地保护有效治理模式，推进侵蚀沟治理，启动实施东北黑土地保护性耕作行动计划。稳步推进农用地土壤污染管控和修复利用。继续实施华北地区地下水超采综合治理。启动农村水系综合整治试点。

三、保障重要农产品有效供给和促进农民持续增收

（十四）稳定粮食生产。确保粮食安全始终是治国理政的头等大事。粮食生产要稳字当头，稳政策、稳面积、稳产量。强化粮食安全省长责任制考核，各省（自治区、直辖市）2020年粮食播种面积和产量要保持基本稳定。进一步完善农业补贴政策。调整完善稻谷、小麦最低收购价政策，稳定农民基本收益。推进稻谷、小麦、玉米完全成本保险和收入保险试点。加大对大豆高产品种和玉米、大豆间作新农艺推广的支持力度。抓好草地贪夜蛾等重大病虫害防控，推广统防统治、代耕代种、土地托管等服务模式。加大对产粮大县的奖励力度，优先安排农产品加工用地指标。支持产粮大县开展高标准农田建设新增耕地指标跨省域调剂使用，调剂收益按规定用于建设高标准农田。深入实施优质粮食工程。以北方农牧交错带为重点扩大粮改饲规模，推广种养结合模式。完善新疆棉花目标价格政策。拓展多元化进口渠道，增加适应国内需求的农产品进口。扩大优势农产品出口。深入开展农产品反走私综合治理专项行动。

（十五）加快恢复生猪生产。生猪稳产保供是当前经济工作的一件大事，要采取综合性措施，确保2020年年底前生猪产能基本恢复到接近正常年份水平。落实“省负总责”，压实“菜篮子”市长负责制，强化县级抓落实责任，保障猪肉供给。坚持补栏增养和疫病防控相结合，推动生猪标准化规模养殖，加强对中小散养户的防疫服务，做好饲料生产保障工作。严格落实扶持生猪生产的各项政策举措，抓紧打通环评、用地、信贷等瓶颈。纠正随意扩大限养禁养区和搞“无猪市”、“无猪县”问题。严格执行非洲猪瘟疫情报告制度和防控措施，加快疫苗研发进程。加强动物防疫体系建设，落实防疫人员和经费保障，在生猪大县实施乡镇动物防疫特聘计划。引导生猪屠宰加工向养殖集中区转移，逐步减少活猪长距离调运，推进“运猪”向“运肉”转变。加强市场监测和调控，做好猪肉保供稳价工作，打击扰乱市场行为，及时启动社会救助和保障标准与物价上涨挂钩联动机

制。支持奶业、禽类、牛羊等生产，引导优化肉类消费结构。推进水产绿色健康养殖，加强渔港建设和管理改革。

（十六）加强现代农业设施建设。提早谋划实施一批现代农业投资重大项目，支持项目及早落地，有效扩大农业投资。以粮食生产功能区和重要农产品生产保护区为重点加快推进高标准农田建设，修编建设规划，合理确定投资标准，完善工程建设、验收、监督检查机制，确保建一块成一块。如期完成大中型灌区续建配套与节水改造，提高防汛抗旱能力，加大农业节水力度。抓紧启动和开工一批重大水利工程和配套设施建设，加快开展南水北调后续工程前期工作，适时推进工程建设。启动农产品仓储保鲜冷链物流设施建设工程。加强农产品冷链物流统筹规划、分级布局和标准制定。安排中央预算内投资，支持建设一批骨干冷链物流基地。国家支持家庭农场、农民合作社、供销合作社、邮政快递企业、产业化龙头企业建设产地分拣包装、冷藏保鲜、仓储运输、初加工等设施，对其在农村建设的保鲜仓储设施用电实行农业生产用电价格。依托现有资源建设农业农村大数据中心，加快物联网、大数据、区块链、人工智能、第五代移动通信网络、智慧气象等现代信息技术在农业领域的应用。开展国家数字乡村试点。

（十七）发展富民乡村产业。支持各地立足资源优势打造各具特色的农业全产业链，建立健全农民分享产业链增值收益机制，形成有竞争力的产业集群，推动农村一二三产业融合发展。加快建设国家、省、市、县现代农业产业园，支持农村产业融合发展示范园建设，办好农村“双创”基地。重点培育家庭农场、农民合作社等新型农业经营主体，培育农业产业化联合体，通过订单农业、入股分红、托管服务等方式，将小农户融入农业产业链。继续调整优化农业结构，加强绿色食品、有机农产品、地理标志农产品认证和管理，打造地方知名农产品品牌，增加优质绿色农产品供给。有效开发农村市场，扩大电子商务进农村覆盖面，支持供销合作社、邮政快递企业等延伸乡村物流服务网络，加强村级电商服务站点建设，推动农产品进城、工业品下乡双向流通。强化全过程农产品质量安全和食品安全监管，建立健全追溯体系，确保人民群众“舌尖上的安全”。引导和鼓励工商资本下乡，切实保护好企业家合法权益。制定农业及相关产业统计分类并加强统计核算，全面准确反映农业生产、加工、物流、营销、服务等全产业链价值。

（十八）稳定农民工就业。落实涉企减税降费等支持政策，加大援企稳岗工作力度，放宽失业保险稳岗返还申领条件，提高农民工技能提升补贴标准。农民工失业后，可在常住地进行失业登记，享受均等化公共就业服务。出台并落实保障农民工工资支付条例。以政府投资项目和工程建设领域为重点，开展农民工工资支付情况排查整顿，执行拖欠农民工工资“黑名单”制度，落实根治欠薪各项举措。实施家政服务、养老护理、医院看护、餐饮烹饪、电子商务等技能培训，打造区域性劳务品牌。鼓励地方设立乡村保洁员、水管员、护路员、生态护林员等公益性岗位。开展新业态从业人员职业伤害保障试点。深入实施农村创新创业带头人培育行动，将符合条件的返乡创业农民工纳入一次性创业补贴范围。

四、加强农村基层治理

（十九）充分发挥党组织领导作用。农村基层党组织是党在农村全部工作和战斗力的基础。要认真落实《中国共产党农村基层组织工作条例》，组织群众发展乡村产业，增强集体经济实力，带领群众共同致富；动员群众参与乡村治理，增强主人翁意识，维护农村和谐稳定；教育引导群众革除陈规陋习，弘扬公序良俗，培育文明乡风；密切联系群众，提高服务群众能力，把群众紧密团结在党的周围，筑牢党在农村的执政基础。全面落实村党组织书记县级党委备案管理制度，建立村“两委”成员县级联审常态化机制，持续整顿软弱涣散村党组织，发挥党组织在农村各种组织中的领导作用。严格村党组织书记监督管理，建立健全党委组织部门牵头协调，民政、农业农村等部门共同参与、加强指导的村务监督机制，全面落实“四议两公开”。加大农村基层巡察工作力度。强化基层纪检监察组织与村务监督委员会的沟通协作、有效衔接，形成监督合力。加大在青年农民中发展党员力度。持续向贫困村、软弱涣散村、集体经济薄弱村派驻第一书记。加强村级组织运转经费保障。健全激励村干部干事创业机制。选优配强乡镇领导班子特别是乡镇党委书记。在乡村开展“听党话、感党恩、跟党走”宣讲活动。

（二十）健全乡村治理工作体系。坚持县乡村联动，推动社会治理和服务重心向基层下移，把更多资源下沉到乡镇和村，提高乡村治理效能。县级是“一线指挥部”，要加强统筹谋划，落实领导责任，强化大抓基层的工作导向，增强群众工作本领。建立县级领导干部和县直部门主要负责人包村制度。乡镇是为农服务中心，要加强管理服务，整合审批、服务、执法等方面力量，建立健全统一管理服务平台，实现一站式办理。充实农村人居环境整治、宅基地管理、集体资产管理、民生保障、社会服务等工作力量。行政村是基本治理单元，要强化自我管理、自我服务、自我教育、自我监督，健全基层民主制度，完善村规民约，推进村民自治制度化、规范化、程序化。扎实开展自治、法治、德治相结合的乡村治理体系建设试点示范，推广乡村治理创新性典型案例经验。注重发挥家庭家教家风在乡村治理中的重要作用。

（二十一）调处化解乡村矛盾纠纷。坚持和发展新时代“枫桥经验”，进一步加强人民调解工作，做到小事不出村、大事不出乡、矛盾不上交。畅通农民群众诉求表达渠道，及时妥善处理农民群众合理诉求。持续整治侵害农民利益行为，妥善化解土地承包、征地拆迁、农民工工资、环境污染等方面矛盾。推行领导干部特别是市县领导干部定期下基层接访制度，积极化解信访积案。组织开展“一村一法律顾问”等形式多样的法律服务。对直接关系农民切身利益、容易引发社会稳定风险的重大决策事项，要先进行风险评估。

（二十二）深入推进平安乡村建设。推动扫黑除恶专项斗争向纵深推进，严厉打击非法侵占农村集体资产、扶贫惠农资金和侵犯农村妇女儿童人身权利等违法犯罪行为，推进反腐败斗争和基层“拍蝇”，建立防范和整治“村霸”长效机制。依法管理农村宗教事务，制止非法宗教活动，防范邪教向农村渗透，防止封建迷信蔓延。加强农村社会治安工作，推行网格化管理和服务。开展农村假冒伪劣食品治理行动。打击制售假劣农资违法违规行为。加强农村防灾减灾能力建设。全面排查整治农村各类安全隐患。

五、强化农村补短板保障措施

（二十三）优先保障“三农”投入。加大中央和地方财政“三农”投入力度，中央预算内投资继续向农业农村倾斜，确保财政投入与补上全面小康“三农”领域突出短板相适应。地方政府要在一般债券支出中安排一定规模支持符合条件的易地扶贫搬迁和乡村振兴项目建设。各地应有序扩大用于支持乡村振兴的专项债券发行规模。中央和省级各部门要根据补短板的需要优化涉农资金使用结构。按照“取之于农、主要用之于农”要求，抓紧出台调整完善土地出让收入使用范围进一步提高农业农村投入比例的意见。调整完善农机购置补贴范围，赋予省级更大自主权。研究本轮草原生态保护补奖政策到期后的政策。强化对“三农”信贷的货币、财税、监管政策正向激励，给予低成本资金支持，提高风险容忍度，优化精准奖补措施。对机构法人在县域、业务在县域的金融机构，适度扩大支农支小再贷款额度。深化农村信用社改革，坚持县域法人地位。加强考核引导，合理提升资金外流严重县的存贷比。鼓励商业银行发行“三农”、小微企业等专项金融债券。落实农户小额贷款税收优惠政策。符合条件的家庭农场等新型农业经营主体可按规定享受现行小微企业相关贷款税收减免政策。合理设置农业贷款期限，使其与农业生产周期相匹配。发挥全国农业信贷担保体系作用，做大面向新型农业经营主体的担保业务。推动温室大棚、养殖圈舍、大型农机、土地经营权依法合规抵押融资。稳妥扩大农村普惠金融改革试点，鼓励地方政府开展县域农户、中小企业信用等级评价，加快构建线上线下相结合、“银保担”风险共担的普惠金融服务体系，推出更多免抵押、免担保、低利率、可持续的普惠金融产品。抓好农业保险保费补贴政策落实，督促保险机构及时足额理赔。优化“保险 + 期货”试点模式，继续推进农产品期货期权品种上市。

（二十四）破解乡村发展用地难题。坚守耕地和永久基本农田保护红线。完善乡村产业发展用地政策体系，明确用地类型和供地方式，实行分类管理。将农业种植养殖配建的保鲜冷藏、晾晒存贮、农机库房、分拣包装、废弃物处理、管理看护房等辅助设施用地纳入农用地管理，根据生产实际合理确定辅助设施用地规模上限。农业设施用地可以使用耕地。强化农业设施用地监管，严禁以农业设施用地为名从事非农建设。开展乡村全域土地综合整治试点，优化农村生产、生活、生态空间布局。在符合国土空间规划前提下，通过村庄整治、土地整理等方式节余的农村集体建设用地优先用于发展乡村产业项目。新编县乡级国土空间规划应安排不少于 10% 的建设用地指标，重点保障乡村产业发展用地。省级制定土地利用年度计划时，应安排至少 5% 新增建设用地指标保障乡村重点产业和项目用地。农村集体建设用地可以通过入股、租用等方式直接用于发展乡村产业。按照“放管服”改革要求，对农村集体建设用地审批进行全面梳理，简化审批审核程序，下放审批权限。推进乡村建设审批“多审合一、多证合一”改革。抓紧出台支持农村一二三产业融合发展用地的政策意见。

（二十五）推动人才下乡。培养更多知农爱农、扎根乡村的人才，推动更多科技成果应用到田间地头。畅通各类人才下乡渠道，支持大学生、退役军人、企业家等到农村干事创业。整合利用农业广播学校、农业科研院所、涉农院校、农业龙头企业等各类资源，加快构建高素质农民教育培训体系。落实县域内人才统筹培养使用制度。有组织地动员城市科研人员、工程师、规划师、建筑师、教师、医生下乡服务。城市中小学教师、医生晋升高级职称前，原则上要有 1 年以上农村基层工作服务经历。优化涉农学科专业设置，探索对急需紧缺涉农专业实行“提前批次”录取。抓紧出台推进乡村人才振兴的意见。

（二十六）强化科技支撑作用。加强农业关键核心技术攻关，部署一批重大科技项目，抢占科技制高点。加强农业生物技术研发，大力实施种业自主创新工程，实施国家农业种质资源保护利用工程，推进南繁科研育种基地建设。加快大中型、智能化、复合型农业机械研发和应用，支持丘陵山区农田宜机化改造。深入实施科技特派员制度，进一步发展壮大科技特派员队伍。采取长期稳定的支持方式，加强现代农业产业技术体系建设，扩大对特色优势农产品覆盖范围，面向农业全产业链配置科技资源。加强农业产业科技创新中心建设。加强国家农业高新技术产业示范区、国家农业科技园区等创新平台基地建设。加快现代气象为农服务体系建设。

（二十七）抓好农村重点改革任务。完善农村基本经营制度，开展第二轮土地承包到期后再延长 30 年试点，在试点基础上研究制定延包的具体办法。鼓励发展多种形式适度规模经营，健全面向小农户的农业社会化服务体系。制定农村集体经营性建设用地入市配套制度。严格农村宅基地管理，加强对乡镇审批宅基地监管，防止土地占用失控。扎实推进宅基地使用权确权登记颁证。以探索宅基地所有权、资格权、使用权“三权分置”为重点，进一步深化农村宅基地制度改革试点。全面推开农村集体产权制度改革试点，有序开展集体成员身份确认、集体资产折股量化、股份合作制改革、集体经济组织登记赋码等工作。探索拓宽农村集体经济发展路径，强化集体资产管理。继续深化供销合作社综合改革，提高为农服务能力。加快推进农垦、国有林区林场、集体林权制度、草原承包经营制度、农业水价等改革。深化农业综合行政执法改革，完善执法体系，提高执法能力。

做好“三农”工作，关键在党。各级党委和政府要深入学习贯彻习近平总书记关于“三农”工作的重要论述，全面贯彻党的十九届四中全会精神，把制度建设和治理能力建设摆在“三农”工作更加突出位置，稳定农村基本政策，完善新时代“三农”工作制度框架和政策体系。认真落实《中国共产党农村工作条例》，加强党对“三农”工作的全面领导，坚持农业农村优先发展，强化五级书记抓乡村振兴责任，落实县委书记主要精力抓“三农”工作要求，加强党委农村工作机构建设，大力培养懂农业、爱农村、爱农民的“三农”工作队伍，提高农村干部待遇。坚持从农村实际出发，因地制宜，尊重农民意愿，尽力而为、量力而行，把当务之急的事一件一件解决好，力戒形式主义、官僚主义，防止政策执行简单化和“一刀切”。把党的十九大以来“三农”政策贯彻落实情况作为中央巡视重要内容。

让我们更加紧密地团结在以习近平同志为核心的党中央周围，坚定信心、锐意进取，埋头苦干、扎实工作，坚决打赢脱贫攻坚战，加快补上全面小康“三农”领域突出短板，为决胜全面建成小康社会、实现第一个百年奋斗目标作出应有的贡献！

（新华社北京2月5日电）

中共中央 国务院关于坚持农业农村优先发展做好“三农”工作的若干意见

（2019年1月3日）

今明两年是全面建成小康社会的决胜期，“三农”领域有不少必须完成的硬任务。党中央认为，在经济下行压力加大、外部环境发生深刻变化的复杂形势下，做好“三农”工作具有特殊重要性。必须坚持把解决好“三农”问题作为全党工作重中之重不动摇，进一步统一思想、坚定信心、落实工作，巩固发展农业农村好形势，发挥“三农”压舱石作用，为有效应对各种风险挑战赢得主动，为确保经济持续健康发展和社会大局稳定、如期实现第一个百年奋斗目标奠定基础。

做好“三农”工作，要以习近平新时代中国特色社会主义思想为指导，全面贯彻党的十九大和十九届二中、三中全会以及中央经济工作会议精神，紧紧围绕统筹推进“五位一体”总体布局和协调推进“四个全面”战略布局，牢牢把握稳中求进工作总基调，落实高质量发展要求，坚持农业农村优先发展总方针，以实施乡村振兴战略为总抓手，对标全面建成小康社会“三农”工作必须完成的硬任务，适应国内外复杂形势变化对农村改革发展提出的新要求，抓重点、补短板、强基础，围绕“巩固、增强、提升、畅通”深化农业供给侧结构性改革，坚决打赢脱贫攻坚战，充分发挥农村基层党组织战斗堡垒作用，全面推进乡村振兴，确保顺利完成到2020年承诺的农村改革发展目标任务。

一、聚力精准施策，决战决胜脱贫攻坚

（一）不折不扣完成脱贫攻坚任务。咬定既定脱贫目标，落实已有政策部署，到2020年确保现行标准下农村贫困人口实现脱贫、贫困县全部摘帽、解决区域性整体贫困。坚持现行扶贫标准，全面排查解决影响“两不愁三保障”实现的突出问题，防止盲目拔高标准、吊高胃口，杜绝数字脱贫、虚假脱贫。加强脱贫监测。进一步压实脱贫攻坚责任，落实最严格的考核评估，精准问责问效。继续加强东西部扶贫协作和中央单位定点扶贫。深入推进抓党建促脱贫攻坚。组织开展常态化约谈，发现问题随时约谈。用好脱贫攻坚专项巡视成果，推动落实脱贫攻坚政治责任。

（二）主攻深度贫困地区。瞄准制约深度贫困地区精准脱贫的重点难点问题，列出清单，逐项明确责任，对账销号。重大工程建设项目继续向深度贫困地区倾斜，特色产业扶贫、易地扶贫搬迁、生态扶贫、金融扶贫、社会帮扶、干部人才等政策措施向深度贫困地区倾斜。各级财政优先加大“三区三州”脱贫攻坚资金投入。对“三区三州”外贫困人口多、贫困发生率高、脱贫难度大的深度贫

困地区，也要统筹资金项目，加大扶持力度。

（三）着力解决突出问题。注重发展长效扶贫产业，着力解决产销脱节、风险保障不足等问题，提高贫困人口参与度和直接受益水平。强化易地扶贫搬迁后续措施，着力解决重搬迁、轻后续帮扶问题，确保搬迁一户、稳定脱贫一户。加强贫困地区义务教育控辍保学，避免因贫失学辍学。落实基本医疗保险、大病保险、医疗救助等多重保障措施，筑牢乡村卫生服务网底，保障贫困人口基本医疗需求。扎实推进生态扶贫，促进扶贫开发与生态保护相协调。坚持扶贫与扶志扶智相结合，加强贫困地区职业教育和技能培训，加强开发式扶贫与保障性扶贫统筹衔接，着力解决“一兜了之”和部分贫困人口等靠要问题，增强贫困群众内生动力和自我发展能力。切实加强一线精准帮扶力量，选优配强驻村工作队伍。关心关爱扶贫干部，加大工作支持力度，帮助解决实际困难，解除后顾之忧。持续开展扶贫领域腐败和作风问题专项治理，严厉查处虚报冒领、贪占挪用和优亲厚友、吃拿卡要等问题。

（四）巩固和扩大脱贫攻坚成果。攻坚期内贫困县、贫困村、贫困人口退出后，相关扶贫政策保持稳定，减少和防止贫困人口返贫。研究解决收入水平略高于建档立卡贫困户的群众缺乏政策支持等新问题。坚持和推广脱贫攻坚中的好经验好做法好路子。做好脱贫攻坚与乡村振兴的衔接，对摘帽后的贫困县要通过实施乡村振兴战略巩固发展成果，接续推动经济社会发展和群众生活改善。总结脱贫攻坚的实践创造和伟大精神。及早谋划脱贫攻坚目标任务2020年完成后的战略思路。

二、夯实农业基础，保障重要农产品有效供给

（一）稳定粮食产量。毫不放松抓好粮食生产，推动藏粮于地、藏粮于技落实落地，确保粮食播种面积稳定在16.5亿亩。稳定完善扶持粮食生产政策举措，挖掘品种、技术、减灾等稳产增产潜力，保障农民种粮基本收益。发挥粮食主产区优势，完善粮食主产区利益补偿机制，健全产粮大县奖补政策。压实主销区和产销平衡区稳定粮食生产责任。严守18亿亩耕地红线，全面落实永久基本农田特殊保护制度，确保永久基本农田保持在15.46亿亩以上。建设现代气象为农服务体系。强化粮食安全省长责任制考核。

（二）完成高标准农田建设任务。巩固和提高粮食生产能力，到2020年确保建成8亿亩高标准农田。修编全国高标准农田建设总体规划，统一规划布局、建设标准、组织实施、验收考核、上图入库。加强资金整合，创新投融资模式，建立多元筹资机制。实施区域化整体建设，推进田水林路电综合配套，同步发展高效节水灌溉。全面完成粮食生产功能区和重要农产品生产保护区划定任务，高标准农田建设项目优先向“两区”安排。恢复启动新疆优质棉生产基地建设，将糖料蔗“双高”基地建设范围覆盖到划定的所有保护区。进一步加强农田水利建设。推进大中型灌区续建配套节水改造与现代化建设。加大东北黑土地保护力度。加强华北地区地下水超采综合治理。推进重金属污染耕地治理修复和种植结构调整试点。

（三）调整优化农业结构。大力发展紧缺和绿色优质农产品生产，推进农业由增产导向转向提质导向。深入推进优质粮食工程。实施大豆振兴计划，多途径扩大种植面积。支持长江流域油菜生产，推进新品种新技术示范推广和全程机械化。积极发展木本油料。实施奶业振兴行动，加强优质奶源基地建设，升级改造中小奶牛养殖场，实施婴幼儿配方奶粉提升行动。合理调整粮经饲结构，发展青贮玉米、苜蓿等优质饲草料生产。合理确定内陆水域养殖规模，压减近海、湖库过密网箱养殖，推进海洋牧场建设，规范有序发展远洋渔业。降低江河湖泊和近海渔业捕捞强度，全面实施长江水生生物保护区禁捕。实施农产品质量安全保障工程，健全监管体系、监测体系、追溯体系。加大非洲猪瘟等动物疫情监测防控力度，严格落实防控举措，确保产业安全。

（四）加快突破农业关键核心技术。强化创新驱动发展，实施农业关键核心技术攻关行动，培育一批农业战略科技创新力量，推动生物种业、重型农机、智慧农业、绿色投入品等领域自主创新。

建设农业领域国家重点实验室等科技创新平台基地，打造产学研深度融合平台，加强国家现代农业产业技术体系、科技创新联盟、产业创新中心、高新技术产业示范区、科技园区等建设。强化企业技术创新主体地位，培育农业科技创新型企业，支持符合条件的企业牵头实施技术创新项目。继续组织实施水稻、小麦、玉米、大豆和畜禽良种联合攻关，加快选育和推广优质草种。支持薄弱环节适用农机研发，促进农机装备产业转型升级，加快推进农业机械化。加强农业领域知识产权创造与应用。加快先进实用技术集成创新与推广应用。建立健全农业科研成果产权制度，赋予科研人员科技成果所有权，完善人才评价和流动保障机制，落实兼职兼薪、成果权益分配政策。

（五）实施重要农产品保障战略。加强顶层设计和系统规划，立足国内保障粮食等重要农产品供给，统筹用好国际国内两个市场、两种资源，科学确定国内重要农产品保障水平，健全保障体系，提高国内安全保障能力。将稻谷、小麦作为必保品种，稳定玉米生产，确保谷物基本自给、口粮绝对安全。加快推进粮食安全保障立法进程。在提质增效基础上，巩固棉花、油料、糖料、天然橡胶生产能力。加快推进并支持农业走出去，加强“一带一路”农业国际合作，主动扩大国内紧缺农产品进口，拓展多元化进口渠道，培育一批跨国农业企业集团，提高农业对外合作水平。加大农产品反走私综合治理力度。

三、扎实推进乡村建设，加快补齐农村人居环境和公共服务短板

（一）抓好农村人居环境整治三年行动。深入学习推广浙江“千村示范、万村整治”工程经验，全面推开以农村垃圾污水治理、厕所革命和村容村貌提升为重点的农村人居环境整治，确保到2020年实现农村人居环境阶段性明显改善，村庄环境基本干净整洁有序，村民环境与健康意识普遍增强。鼓励各地立足实际、因地制宜，合理选择简便易行、长期管用的整治模式，集中攻克技术难题。建立地方为主、中央补助的政府投入机制。中央财政对农村厕所革命整村推进等给予补助，对农村人居环境整治先进县给予奖励。中央预算内投资安排专门资金支持农村人居环境整治。允许县级按规定统筹整合相关资金，集中用于农村人居环境整治。鼓励社会力量积极参与，将农村人居环境整治与发展乡村休闲旅游等有机结合。广泛开展村庄清洁行动。开展美丽宜居村庄和最美庭院创建活动。农村人居环境整治工作要同农村经济发展水平相适应、同当地文化和风土人情相协调，注重实效，防止做表面文章。

（二）实施村庄基础设施建设工程。推进农村饮水安全巩固提升工程，加强农村饮用水水源地保护，加快解决农村“吃水难”和饮水不安全问题。全面推进“四好农村路”建设，加大“路长制”和示范县实施力度，实现具备条件的建制村全部通硬化路，有条件的地区向自然村延伸。加强村内道路建设。全面实施乡村电气化提升工程，加快完成新一轮农村电网改造。完善县乡村物流基础设施网络，支持产地建设农产品贮藏保鲜、分级包装等设施，鼓励企业在县乡和具备条件的村建立物流配送网点。加快推进宽带网络向村庄延伸，推进提速降费。继续推进农村危房改造。健全村庄基础设施建管长效机制，明确各方管护责任，鼓励地方将管护费用纳入财政预算。

（三）提升农村公共服务水平。全面提升农村教育、医疗卫生、社会保障、养老、文化体育等公共服务水平，加快推进城乡基本公共服务均等化。推动城乡义务教育一体化发展，深入实施农村义务教育学生营养改善计划。实施高中阶段教育普及攻坚计划，加强农村儿童健康改善和早期教育、学前教育。加快标准化村卫生室建设，实施全科医生特岗计划。建立健全统一的城乡居民基本医疗保险制度，同步整合城乡居民大病保险。完善城乡居民基本养老保险待遇确定和基础养老金正常调整机制。统筹城乡社会救助体系，完善最低生活保障制度、优抚安置制度。加快推进农村基层综合性文化服务中心建设。完善农村留守儿童和妇女、老年人关爱服务体系，支持多层次农村养老事业发展，加强和改善农村残疾人服务。推动建立城乡统筹的基本公共服务经费投入机制，完善农村基本公共服务标准。

（四）加强农村污染治理和生态环境保护。统筹推进山水林田湖草系统治理，推动农业农村绿色发展。加大农业面源污染治理力度，开展农业节肥节药行动，实现化肥农药使用量负增长。发展生态循环农业，推进畜禽粪污、秸秆、农膜等农业废弃物资源化利用，实现畜牧养殖大县粪污资源化利用整县治理全覆盖，下大力气治理白色污染。扩大轮作休耕制度试点。创建农业绿色发展先行区。实施乡村绿化美化行动，建设一批森林乡村，保护古树名木，开展湿地生态效益补偿和退耕还湿。全面保护天然林。加强“三北”地区退化防护林修复。扩大退耕还林还草，稳步实施退牧还草。实施新一轮草原生态保护补助奖励政策。落实河长制、湖长制，推进农村水环境治理，严格乡村河湖水域岸线等水生态空间管理。

（五）强化乡村规划引领。把加强规划管理作为乡村振兴的基础性工作，实现规划管理全覆盖。以县为单位抓紧编制或修编村庄布局规划，县级党委和政府要统筹推进乡村规划工作。按照先规划后建设的原则，通盘考虑土地利用、产业发展、居民点建设、人居环境整治、生态保护和历史文化传承，注重保持乡土风貌，编制多规合一的实用性村庄规划。加强农村建房许可管理。

四、发展壮大乡村产业，拓宽农民增收渠道

（一）加快发展乡村特色产业。因地制宜发展多样性特色农业，倡导“一村一品”“一县一业”。积极发展果菜茶、食用菌、杂粮杂豆、薯类、中药材、特色养殖、林特花卉苗木等产业。支持建设一批特色农产品优势区。创新发展具有民族和地域特色的乡村手工业，大力挖掘农村能工巧匠，培育一批家庭工场、手工作坊、乡村车间。健全特色农产品质量标准体系，强化农产品地理标志和商标保护，创响一批“土字号”“乡字号”特色产品品牌。

（二）大力发展现代农产品加工业。以“粮头食尾”、“农头工尾”为抓手，支持主产区依托县域形成农产品加工产业集群，尽可能把产业链留在县域，改变农村卖原料、城市搞加工的格局。支持发展适合家庭农场和农民合作社经营的农产品初加工，支持县域发展农产品精深加工，建成一批农产品专业村镇和加工强县。统筹农产品产地、集散地、销地批发市场建设，加强农产品物流骨干网络和冷链物流体系建设。培育农业产业化龙头企业和联合体，推进现代农业产业园、农村产业融合发展示范园、农业产业强镇建设。健全农村一二三产业融合发展利益联结机制，让农民更多分享产业增值收益。

（三）发展乡村新型服务业。支持供销、邮政、农业服务公司、农民合作社等开展农技推广、土地托管、代耕代种、统防统治、烘干收储等农业生产性服务。充分发挥乡村资源、生态和文化优势，发展适应城乡居民需要的休闲旅游、餐饮民宿、文化体验、健康养生、养老服务等产业。加强乡村旅游基础设施建设，改善卫生、交通、信息、邮政等公共服务设施。

（四）实施数字乡村战略。深入推进“互联网＋农业”，扩大农业物联网示范应用。推进重要农产品全产业链大数据建设，加强国家数字农业农村系统建设。继续开展电子商务进农村综合示范，实施“互联网＋”农产品出村进城工程。全面推进信息进村入户，依托“互联网＋”推动公共服务向农村延伸。

（五）促进农村劳动力转移就业。落实更加积极的就业政策，加强就业服务和职业技能培训，促进农村劳动力多渠道转移就业和增收。发展壮大县域经济，引导产业有序梯度转移，支持适宜产业向小城镇集聚发展，扶持发展吸纳就业能力强的乡村企业，支持企业在乡村兴办生产车间、就业基地，增加农民就地就近就业岗位。稳定农民工就业，保障工资及时足额发放。加快农业转移人口市民化，推进城镇基本公共服务常住人口全覆盖。

（六）支持乡村创新创业。鼓励外出农民工、高校毕业生、退伍军人、城市各类人才返乡下乡创新创业，支持建立多种形式的创业支撑服务平台，完善乡村创新创业支持服务体系。落实好减税降费政策，鼓励地方设立乡村就业创业引导基金，加快解决用地、信贷等困难。加强创新创业孵化

平台建设，支持创建一批返乡创业园，支持发展小微企业。

五、全面深化农村改革，激发乡村发展活力

（一）巩固和完善农村基本经营制度。坚持家庭经营基础性地位，赋予双层经营体制新的内涵。突出抓好家庭农场和农民合作社两类新型农业经营主体，启动家庭农场培育计划，开展农民合作社规范提升行动，深入推进示范合作社建设，建立健全支持家庭农场、农民合作社发展的政策体系和管理制度。落实扶持小农户和现代农业发展有机衔接的政策，完善“农户＋合作社”“农户＋公司”利益联结机制。加快培育各类社会化服务组织，为一家一户提供全程社会化服务。加快出台完善草原承包经营制度的意见。加快推进农业水价综合改革，健全节水激励机制。继续深化供销合作社综合改革，制定供销合作社条例。深化集体林权制度和国有林区林场改革。大力推进农垦垦区集团化、农场企业化改革。

（二）深化农村土地制度改革。保持农村土地承包关系稳定并长久不变，研究出台配套政策，指导各地明确第二轮土地承包到期后延包的具体办法，确保政策衔接平稳过渡。完善落实集体所有权、稳定农户承包权、放活土地经营权的法律法规和政策体系。在基本完成承包地确权登记颁证工作基础上，开展“回头看”，做好收尾工作，妥善化解遗留问题，将土地承包经营权证书发放至农户手中。健全土地流转规范管理制度，发展多种形式农业适度规模经营，允许承包土地的经营权担保融资。总结好农村土地制度三项改革试点经验，巩固改革成果。坚持农村土地集体所有、不搞私有化，坚持农地农用、防止非农化，坚持保障农民土地权益、不得以退出承包地和宅基地作为农民进城落户条件，进一步深化农村土地制度改革。在修改相关法律的基础上，完善配套制度，全面推开农村土地征收制度改革和农村集体经营性建设用地入市改革，加快建立城乡统一的建设用地市场。加快推进宅基地使用权确权登记颁证工作，力争2020年基本完成。稳慎推进农村宅基地制度改革，拓展改革试点，丰富试点内容，完善制度设计。抓紧制定加强农村宅基地管理指导意见。研究起草农村宅基地使用条例。开展闲置宅基地复垦试点。允许在县域内开展全域乡村闲置校舍、厂房、废弃地等整治，盘活建设用地重点用于支持乡村新产业新业态和返乡下乡创业。严格农业设施用地管理，满足合理需求。巩固“大棚房”问题整治成果。按照“取之于农，主要用之于农”的要求，调整完善土地出让收入使用范围，提高农业农村投入比例，重点用于农村人居环境整治、村庄基础设施建设和高标准农田建设。扎实开展新增耕地指标和城乡建设用地增减挂钩节余指标跨省域调剂使用，调剂收益全部用于巩固脱贫攻坚成果和支持乡村振兴。加快修订土地管理法、物权法等法律法规。

（三）深入推进农村集体产权制度改革。按期完成全国农村集体资产清产核资，加快农村集体资产监督管理平台建设，建立健全集体资产各项管理制度。指导农村集体经济组织在民主协商的基础上，做好成员身份确认，注重保护外嫁女等特殊人群的合法权利，加快推进农村集体经营性资产股份合作制改革，继续扩大试点范围。总结推广资源变资产、资金变股金、农民变股东经验。完善农村集体产权权能，积极探索集体资产股权质押贷款办法。研究制定农村集体经济组织法。健全农村产权流转交易市场，推动农村各类产权流转交易公开规范运行。研究完善适合农村集体经济组织特点的税收优惠政策。

（四）完善农业支持保护制度。按照增加总量、优化存量、提高效能的原则，强化高质量绿色发展导向，加快构建新型农业补贴政策体系。按照适应世贸组织规则、保护农民利益、支持农业发展的原则，抓紧研究制定完善农业支持保护政策的意见。调整改进“黄箱”政策，扩大“绿箱”政策使用范围。按照更好发挥市场机制作用取向，完善稻谷和小麦最低收购价政策。完善玉米和大豆生产者补贴政策。健全农业信贷担保费率补助和以奖代补机制，研究制定担保机构业务考核的具体办法，加快做大担保规模。按照扩面增品提标的要求，完善农业保险政策。推进稻谷、小麦、玉米完全成本保险和收入保险试点。扩大农业大灾保险试点和“保险＋期货”试点。探索对地方优势特

色农产品保险实施以奖代补试点。打通金融服务"三农"各个环节，建立县域银行业金融机构服务"三农"的激励约束机制，实现普惠性涉农贷款增速总体高于各项贷款平均增速。推动农村商业银行、农村合作银行、农村信用社逐步回归本源，为本地"三农"服务。研究制定商业银行"三农"事业部绩效考核和激励的具体办法。用好差别化准备金率和差异化监管等政策，切实降低"三农"信贷担保服务门槛，鼓励银行业金融机构加大对乡村振兴和脱贫攻坚中长期信贷支持力度。支持重点领域特色农产品期货期权品种上市。

六、完善乡村治理机制，保持农村社会和谐稳定

（一）增强乡村治理能力。建立健全党组织领导的自治、法治、德治相结合的领导体制和工作机制，发挥群众参与治理主体作用。开展乡村治理体系建设试点和乡村治理示范村镇创建。加强自治组织规范化制度化建设，健全村级议事协商制度，推进村级事务公开，加强村级权力有效监督。指导农村普遍制定或修订村规民约。推进农村基层依法治理，建立健全公共法律服务体系。加强农业综合执法。

（二）加强农村精神文明建设。引导农民践行社会主义核心价值观，巩固党在农村的思想阵地。加强宣传教育，做好农民群众的思想工作，宣传党的路线方针和强农惠农富农政策，引导农民听党话、感党恩、跟党走。开展新时代文明实践中心建设试点，抓好县级融媒体中心建设。深化拓展群众性精神文明创建活动，推出一批农村精神文明建设示范县、文明村镇、最美家庭，挖掘和树立道德榜样典型，发挥示范引领作用。支持建设文化礼堂、文化广场等设施，培育特色文化村镇、村寨。持续推进农村移风易俗工作，引导和鼓励农村基层群众性自治组织采取约束性强的措施，对婚丧陋习、天价彩礼、孝道式微、老无所养等不良社会风气进行治理。

（三）持续推进平安乡村建设。深入推进扫黑除恶专项斗争，严厉打击农村黑恶势力，杜绝"村霸"等黑恶势力对基层政权的侵蚀。严厉打击敌对势力、邪教组织、非法宗教活动向农村地区的渗透。推进纪检监察工作向基层延伸，坚决查处发生在农民身边的不正之风和腐败问题。健全落实社会治安综合治理领导责任制。深化拓展网格化服务管理，整合配优基层一线平安建设力量，把更多资源、服务、管理放到农村社区。加强乡村交通、消防、公共卫生、食品药品安全、地质灾害等公共安全事件易发领域隐患排查和专项治理。加快建设信息化、智能化农村社会治安防控体系，继续推进农村"雪亮工程"建设。坚持发展新时代"枫桥经验"，完善农村矛盾纠纷排查调处化解机制，提高服务群众、维护稳定的能力和水平。

七、发挥农村党支部战斗堡垒作用，全面加强农村基层组织建设

（一）强化农村基层党组织领导作用。抓实建强农村基层党组织，以提升组织力为重点，突出政治功能，持续加强农村基层党组织体系建设。增加先进支部、提升中间支部、整顿后进支部，以县为单位对软弱涣散村党组织"一村一策"逐个整顿。对村"两委"换届进行一次"回头看"，坚决把受过刑事处罚、存在"村霸"和涉黑涉恶等问题的村"两委"班子成员清理出去。实施村党组织带头人整体优化提升行动，配齐配强班子。全面落实村党组织书记县级党委备案管理制度。建立第一书记派驻长效工作机制，全面向贫困村、软弱涣散村和集体经济空壳村派出第一书记，并向乡村振兴任务重的村拓展。加大从高校毕业生、农民工、退伍军人、机关事业单位优秀党员中培养选拔村党组织书记力度。健全从优秀村党组织书记中选拔乡镇领导干部、考录乡镇公务员、招聘乡镇事业编制人员的常态化机制。落实村党组织5年任期规定，推动全国村"两委"换届与县乡换届同步进行。优化农村党员队伍结构，加大从青年农民、农村外出务工人员中发展党员力度。健全县级党委抓乡促村责任制，县乡党委要定期排查并及时解决基层组织建设突出问题。加强和改善村党组织对村级各类组织的领导，健全以党组织为领导的村级组织体系。全面推行村党组织书记通过法定

程序担任村委会主任，推行村“两委”班子成员交叉任职，提高村委会成员和村民代表中党员的比例。加强党支部对村级集体经济组织的领导。全面落实“四议两公开”，健全村级重要事项、重大问题由村党组织研究讨论机制。

（二）发挥村级各类组织作用。理清村级各类组织功能定位，实现各类基层组织按需设置、按职履责、有人办事、有章理事。村民委员会要履行好基层群众性自治组织功能，增强村民自我管理、自我教育、自我服务能力。全面建立健全村务监督委员会，发挥在村务决策和公开、财产管理、工程项目建设、惠农政策措施落实等事项上的监督作用。强化集体经济组织服务功能，发挥在管理集体资产、合理开发集体资源、服务集体成员等方面的作用。发挥农村社会组织在服务农民、树立新风等方面的积极作用。

（三）强化村级组织服务功能。按照有利于村级组织建设、有利于服务群众的原则，将适合村级组织代办或承接的工作事项交由村级组织，并保障必要工作条件。规范村级组织协助政府工作事项，防止随意增加村级组织工作负担。统筹乡镇站所改革，强化乡镇为农服务体系建设，确保乡镇有队伍、有资源为农服务。

（四）完善村级组织运转经费保障机制。健全以财政投入为主的稳定的村级组织运转经费保障制度，全面落实村干部报酬待遇和村级组织办公经费，建立正常增长机制，保障村级公共服务运行维护等其他必要支出。把发展壮大村级集体经济作为发挥农村基层党组织领导作用的重要举措，加大政策扶持和统筹推进力度，因地制宜发展壮大村级集体经济，增强村级组织自我保障和服务农民能力。

八、加强党对“三农”工作的领导，落实农业农村优先发展总方针

（一）强化五级书记抓乡村振兴的制度保障。实行中央统筹、省负总责、市县乡抓落实的农村工作机制，制定落实五级书记抓乡村振兴责任的实施细则，严格督查考核。加强乡村振兴统计监测工作。2019 年各省（自治区、直辖市）党委要结合本地实际，出台市县党政领导班子和领导干部推进乡村振兴战略的实绩考核意见，并加强考核结果应用。各地区各部门要抓紧梳理全面建成小康社会必须完成的硬任务，强化工作举措，确保 2020 年圆满完成各项任务。

（二）牢固树立农业农村优先发展政策导向。各级党委和政府必须把落实“四个优先”的要求作为做好“三农”工作的头等大事，扛在肩上、抓在手上，同政绩考核联系到一起，层层落实责任。优先考虑“三农”干部配备，把优秀干部充实到“三农”战线，把精锐力量充实到基层一线，注重选拔熟悉“三农”工作的干部充实地方各级党政班子。优先满足“三农”发展要素配置，坚决破除妨碍城乡要素自由流动、平等交换的体制机制壁垒，改变农村要素单向流出格局，推动资源要素向农村流动。优先保障“三农”资金投入，坚持把农业农村作为财政优先保障领域和金融优先服务领域，公共财政更大力度向“三农”倾斜，县域新增贷款主要用于支持乡村振兴。地方政府债券资金要安排一定比例用于支持农村人居环境整治、村庄基础设施建设等重点领域。优先安排农村公共服务，推进城乡基本公共服务标准统一、制度并轨，实现从形式上的普惠向实质上的公平转变。完善落实农业农村优先发展的顶层设计，抓紧研究出台指导意见和具体实施办法。

（三）培养懂农业、爱农村、爱农民的“三农”工作队伍。建立“三农”工作干部队伍培养、配备、管理、使用机制，落实关爱激励政策。引导教育“三农”干部大兴调查研究之风，倡导求真务实精神，密切与群众联系，加深对农民感情。坚决纠正脱贫攻坚和乡村振兴工作中的形式主义、官僚主义，清理规范各类检查评比、考核督导事项，切实解决基层疲于迎评迎检问题，让基层干部把精力集中到为群众办实事办好事上来。把乡村人才纳入各级人才培养计划予以重点支持。建立县域人才统筹使用制度和乡村人才定向委托培养制度，探索通过岗编适度分离、在岗学历教育、创新职称评定等多种方式，引导各类人才投身乡村振兴。对作出突出贡献的各类人才给予表彰和奖励。

实施新型职业农民培育工程。大力发展面向乡村需求的职业教育，加强高等学校涉农专业建设。抓紧出台培养懂农业、爱农村、爱农民“三农”工作队伍的政策意见。

（四）发挥好农民主体作用。加强制度建设、政策激励、教育引导，把发动群众、组织群众、服务群众贯穿乡村振兴全过程，充分尊重农民意愿，弘扬自力更生、艰苦奋斗精神，激发和调动农民群众积极性主动性。发挥政府投资的带动作用，通过民办公助、筹资筹劳、以奖代补、以工代赈等形式，引导和支持村集体和农民自主组织实施或参与直接受益的村庄基础设施建设和农村人居环境整治。加强筹资筹劳使用监管，防止增加农民负担。出台村庄建设项目简易审批办法，规范和缩小招投标适用范围，让农民更多参与并从中获益。

当前，做好“三农”工作意义重大、任务艰巨、要求迫切，除上述8个方面工作之外，党中央、国务院部署的其他各项工作必须久久为功、狠抓落实、务求实效。

让我们紧密团结在以习近平同志为核心的党中央周围，全面贯彻落实习近平总书记关于做好“三农”工作的重要论述，锐意进取、攻坚克难、扎实工作，为决胜全面建成小康社会、推进乡村全面振兴作出新的贡献。

（新华社北京2月19日电）

中共中央办公厅　国务院办公厅印发《关于促进小农户和现代农业发展有机衔接的意见》

近日，中共中央办公厅、国务院办公厅印发了《关于促进小农户和现代农业发展有机衔接的意见》，并发出通知，要求各地区各部门结合实际认真贯彻落实。

《关于促进小农户和现代农业发展有机衔接的意见》全文如下。

党的十九大提出，实现小农户和现代农业发展有机衔接。为扶持小农户，提升小农户发展现代农业能力，加快推进农业农村现代化，夯实实施乡村振兴战略的基础，现就促进小农户和现代农业发展有机衔接提出如下意见。

一、重要意义

发展多种形式适度规模经营，培育新型农业经营主体，是增加农民收入、提高农业竞争力的有效途径，是建设现代农业的前进方向和必由之路。但也要看到，我国人多地少，各地农业资源禀赋条件差异很大，很多丘陵山区地块零散，不是短时间内能全面实行规模化经营，也不是所有地方都能实现集中连片规模经营。当前和今后很长一个时期，小农户家庭经营将是我国农业的主要经营方式。因此，必须正确处理好发展适度规模经营和扶持小农户的关系。既要把准发展适度规模经营是农业现代化必由之路的前进方向，发挥其在现代农业建设中的引领作用，也要认清小农户家庭经营很长一段时间内是我国农业基本经营形态的国情农情，在鼓励发展多种形式适度规模经营的同时，完善针对小农户的扶持政策，加强面向小农户的社会化服务，把小农户引入现代农业发展轨道。

（一）促进小农户和现代农业发展有机衔接是巩固完善农村基本经营制度的重大举措。小农户是家庭承包经营的基本单元。以家庭承包经营为基础、统分结合的双层经营体制，是我国农村的基本经营制度，需要长期坚持并不断完善。扶持小农户，在坚持家庭经营基础性地位的同时，促进小农户之间、小农户与新型农业经营主体之间开展合作与联合，有利于激发农村基本经营制度的内在活力，是夯实现代农业经营体系的根基。

（二）促进小农户和现代农业发展有机衔接是推进中国特色农业现代化的必然选择。小农户是我国农业生产的基本组织形式，对保障国家粮食安全和重要农产品有效供给具有重要作用。农业农村现代化离不开小农户的现代化。扶持小农户，引入现代生产要素改造小农户，提升农业经营集约化、标准化、绿色化水平，有利于小农户适应和容纳不同生产力水平，在农业现代化过程中不掉队。

（三）促进小农户和现代农业发展有机衔接是实施乡村振兴战略的客观要求。小农户是乡村发展和治理的基础，亿万农民群众是实施乡村振兴战略的主体。精耕细作的小农生产和稳定有序的乡村社会，构成了我国农村独特的生产生活方式。扶持小农户，更好发挥其在稳定农村就业、传承农耕文化、塑造乡村社会结构、保护农村生态环境等方面的重要作用，有利于发挥农业的多种功能，体现乡村的多重价值，为实施乡村振兴战略汇聚起雄厚的群众力量。

（四）促进小农户和现代农业发展有机衔接是巩固党的执政基础的现实需要。小农户是党的重要依靠力量和群众基础。党始终把维护农民群众根本利益、促进农民共同富裕作为出发点和落脚点。扶持小农户，提升小农户生产经营水平，拓宽小农户增收渠道，让党的农村政策的阳光雨露惠及广大小农户，有利于实现好、维护好、发展好广大农民根本利益，让广大农民群众的获得感、幸福感、安全感更加充实、更有保障、更可持续。

二、总体要求

（一）指导思想。以习近平新时代中国特色社会主义思想为指导，全面贯彻党的十九大和十九届二中、三中全会精神，坚持小农户家庭经营为基础与多种形式适度规模经营为引领相协调，坚持农业生产经营规模宜大则大、宜小则小，充分发挥小农户在乡村振兴中的作用，按照服务小农户、提高小农户、富裕小农户的要求，加快构建扶持小农户发展的政策体系，加强农业社会化服务，提高小农户生产经营能力，提升小农户组织化程度，改善小农户生产设施条件，拓宽小农户增收空间，维护小农户合法权益，促进传统小农户向现代小农户转变，让小农户共享改革发展成果，实现小农户与现代农业发展有机衔接，加快推进农业农村现代化。

（二）基本原则

——政府扶持、市场引导。充分发挥市场配置资源的决定性作用，更好发挥政府作用。引导小农户土地经营权有序流转，提高小农户经营效率。注重惠农政策的公平性和普惠性，防止人为垒大户，排挤小农户。

——统筹推进、协调发展。统筹兼顾培育新型农业经营主体和扶持小农户，发挥新型农业经营主体对小农户的带动作用，健全新型农业经营主体与小农户的利益联结机制，实现小农户家庭经营与合作经营、集体经营、企业经营等经营形式共同发展。

——因地制宜、分类施策。充分考虑各地资源禀赋、经济社会发展和农林牧渔产业差异，顺应小农户分化趋势，鼓励积极探索不同类型小农户发展的路径。不搞一刀切，不搞强迫命令，保持足够历史耐心，确保我国农业现代化进程走得稳、走得顺、走得好。

——尊重意愿、保护权益。保护小农户生产经营自主权，落实小农户土地承包权、宅基地使用权、集体收益分配权，激发小农户生产经营的积极性、主动性、创造性，使小农户成为发展现代农业的积极参与者和直接受益者。

三、提升小农户发展能力

（一）启动家庭农场培育计划。采取优先承租流转土地、提供贴息贷款、加强技术服务等方式，鼓励有长期稳定务农意愿的小农户稳步扩大规模，培育一批规模适度、生产集约、管理先进、效益明显的农户家庭农场。鼓励各地通过发放良技良艺良法应用补贴、支持农户家庭农场优先承担涉农建设项目等方式，引导农户家庭农场采用先进科技和生产力手段。指导农户家庭农场开展标准化生产，建立可追溯生产记录，加强记账管理，提升经营管理水平。完善名录管理、示范创建、职业培训等扶持政策，促进农户家庭农场健康发展。

（二）实施小农户能力提升工程。以提供补贴为杠杆，鼓励小农户接受新技术培训。支持各地采取农民夜校、田间学校等适合小农户的培训形式，开展种养技术、经营管理、农业面源污染治理、乡风文明、法律法规等方面的培训。新型职业农民培育工程和新型农业经营主体培育工程要将小农户作为重点培训对象，帮助小农户发展成为新型职业农民。涉农职业院校等教育培训机构要发挥专业优势，优先做好农村实用人才带头人示范培训。鼓励各地通过补贴学费等方式，引导各类社会组织向小农户提供技术培训。

（三）加强小农户科技装备应用。加快研发经济作物、养殖业、丘陵山区适用机具和设施装备，推广应用面向小农户的实用轻简型装备和技术。建立健全农业农村社会化服务体系，实施科技服务小农户行动，支持小农户运用优良品种、先进技术、物质装备等发展智慧农业、设施农业、循环农业等现代农业。引导农业科研机构、涉农高校、农业企业、科技特派员到农业生产一线建立农业试验示范基地，鼓励农业科研人员、农业技术推广人员通过下乡指导、技术培训、定向帮扶等方式，向小农户集成示范推广先进适用技术。

（四）改善小农户生产基础设施。鼓励各地通过以奖代补、先建后补等方式，支持村集体组织小农户开展农业基础设施建设和管护。支持各地重点建设小农户急需的通田到地末级灌溉渠道、通村组道路、机耕生产道路、村内道路、农业面源污染治理等设施，合理配置集中仓储、集中烘干、集中育秧等公用设施。加强农业防灾减灾救灾体系建设，提高小农户抗御灾害能力。

四、提高小农户组织化程度

（一）引导小农户开展合作与联合。支持小农户通过联户经营、联耕联种、组建合伙农场等方式联合开展生产，共同购置农机、农资，接受统耕统收、统防统治、统销统结等服务，降低生产经营成本。支持小农户在发展休闲农业、开展产品营销等过程中共享市场资源，实现互补互利。引导同一区域同一产业的小农户依法组建产业协会、联合会，共同对接市场，提升市场竞争能力。支持农村集体经济组织和合作经济组织利用土地资源、整合涉农项目资金、提供社会化服务等，引领带动小农户发展现代农业。

（二）创新合作社组织小农户机制。坚持农户成员在合作社中的主体地位，发挥农户成员在合作社中的民主管理、民主监督作用，提升合作社运行质量，让农户成员切实受益。鼓励小农户利用实物、土地经营权、林权等作价出资办社入社，盘活农户资源要素。财政补助资金形成的资产，可以量化到小农户，再作为入社或入股的股份。支持合作社根据小农户生产发展需要，加强农产品初加工、仓储物流、市场营销等关键环节建设，积极发展“农户＋合作社”“农户＋合作社＋工厂或公司”等模式。健全盈余分配机制，可分配盈余按照成员与合作社的交易量（交易额）比例、成员所占出资份额统筹返还，并按规定完成优先支付权益，使小农户共享合作收益。扶持农民用水合作组织多元化创新发展。支持合作社依法自愿组建联合社，提升小农户合作层次和规模。

（三）发挥龙头企业对小农户带动作用。完善农业产业化带农惠农机制，支持龙头企业通过订单收购、保底分红、二次返利、股份合作、吸纳就业、村企对接等多种形式带动小农户共同发展。鼓励龙头企业通过“公司＋农户”“公司＋农民合作社＋农户”等方式，延长产业链、保障供应链、完善利益链，将小农户纳入现代农业产业体系。鼓励小农户以土地经营权、林权等入股龙头企业并采取特殊保护，探索实行农民负盈不负亏的分配机制。鼓励和支持发展农业产业化联合体，通过统一生产、统一营销、信息互通、技术共享、品牌共创、融资担保等方式，与小农户形成稳定利益共同体。

五、拓展小农户增收空间

（一）支持小农户发展特色优质农产品。引导小农户拓宽经营思路，依靠产品品质和特色提高自身竞争力。各地要结合特色优势农产品区域布局，紧盯市场需求，深挖当地特色优势资源潜力，引导小农户发展地方优势特色产业，形成“一村一品、一乡一特、一县一业”。探索建立农业产业到户机制，制订“菜单式”产业项目清单，指导小农户自主选择。支持小农户发挥精耕细作优势，引入现代经营管理理念和先进适用技术装备，发展劳动密集化程度高、技术集约化程度高、生产设施化程度高的园艺、养殖等产业，实现小规模基础上的高产出高效益。引导小农户发展高品质农业、绿色生态农业，开展标准化生产、专业化经营，推进种养循环、农牧结合，生产高附加值农产品。实施小农户发展有机农业计划。

（二）带动小农户发展新产业新业态。大力拓展农业功能，推进农业与旅游、文化、生态等产业深度融合，让小农户分享二三产业增值收益。加强技术指导、创业孵化、产权交易等公共服务，完善配套设施，提高小农户发展新产业新业态能力。支持小农户发展康养农业、创意农业、休闲农业及农产品初加工、农村电商等，延伸产业链和价值链。开展电商服务小农户专项行动。支持小农户利用自然资源、文化遗产、闲置农房等发展观光旅游、餐饮民宿、养生养老等项目，拓展增收渠道。

（三）鼓励小农户创业就业。鼓励有条件的地方构建市场准入、资金支持、金融保险、用地用电、创业培训、产业扶持等相互协同的政策体系，支持小农户结合自身优势和特长在农村创业创新。健全就业服务体系，扩大农村劳动力转移就业渠道，鼓励农村劳动力就地就近就业，支持农村劳动力进入二三产业就业。支持小农户在家庭种养基础上，通过发展特色手工和乡村旅游等，实现家庭生产的多业经营、综合创收。

六、健全面向小农户的社会化服务体系

（一）发展农业生产性服务业。大力培育适应小农户需求的多元化多层次农业生产性服务组织，促进专项服务与综合服务相互补充、协调发展，积极拓展服务领域，重点发展小农户急需的农资供应、绿色生产技术、农业废弃物资源化利用、农机作业、农产品初加工等服务领域。搭建区域农业生产性服务综合平台。创新农业技术推广服务机制，促进公益性农技推广机构与经营性服务组织融合发展，为小农户提供多形式技术指导服务。探索通过政府购买服务等方式，为小农户提供生产公益性服务。鼓励和支持农垦企业、供销合作社组织实施农业社会化服务惠农工程，发挥自身组织优势，通过多种方式服务小农户。

（二）加快推进农业生产托管服务。创新农业生产服务方式，适应不同地区不同产业小农户的农业作业环节需求，发展单环节托管、多环节托管、关键环节综合托管和全程托管等多种托管模式。支持农村集体经济组织、供销合作社专业化服务组织、服务型农民合作社等服务主体，面向从事粮棉油糖等大宗农产品生产的小农户开展托管服务。鼓励各地因地制宜选择本地优先支持的托管作业环节，不断提升农业生产托管对小农户服务的覆盖率。加强农业生产托管的服务标准建设、服务价格指导、服务质量监测、服务合同监管，促进农业生产托管规范发展。实施小农户生产托管服务促进工程。

（三）推进面向小农户产销服务。推进农超对接、农批对接、农社对接，支持各地开展多种形式的农产品产销对接活动，拓展小农户营销渠道。实施供销、邮政服务带动小农户工程。完善农产品物流服务，支持建设面向小农户的农产品贮藏保鲜设施、田头市场、批发市场等，加快建设农产品冷链运输、物流网络体系，建立产销密切衔接、长期稳定的农产品流通渠道。打造一批竞争力较强、知名度较高的特色农业品牌和区域公用品牌，让小农户分享品牌增值收益。加大对贫困地区农产品产销对接扶持力度，扩大贫困地区特色农产品营销促销。

（四）实施“互联网＋小农户”计划。加快农业大数据、物联网、移动互联网、人工智能等技

术向小农户覆盖，提升小农户手机、互联网等应用技能，让小农户搭上信息化快车。推进信息进村入户工程，建设全国信息进村入户平台，为小农户提供便捷高效的信息服务。鼓励发展互联网云农场等模式，帮助小农户合理安排生产计划、优化配置生产要素。发展农村电子商务，鼓励小农户开展网络购销对接，促进农产品流通线上线下有机结合。深化电商扶贫频道建设，开展电商扶贫品牌推介活动，推动贫困地区农特产品与知名电商企业对接。支持培育一批面向小农户的信息综合服务企业和信息应用主体，为小农户提供定制化、专业化服务。

（五）提升小城镇服务小农户功能。实施以镇带村、以村促镇的镇村融合发展模式，将小农户生产逐步融入区域性产业链和生产网络。引导农产品加工等相关产业向小城镇、产业园区适度集中，强化规模经济效应，逐步形成带动小农户生产的现代农业产业集群。鼓励在小城镇建设返乡创业园、创业孵化基地等，为小农户创新创业提供多元化、高质量的空间载体。提升小城镇服务农资农技、农产品交易等功能，合理配置集贸市场、物流集散地、农村电商平台等设施。

七、完善小农户扶持政策

（一）稳定完善小农户土地政策。保持土地承包关系稳定并长久不变，衔接落实好第二轮土地承包到期后再延长三十年的政策。建立健全农村土地承包经营权登记制度，为小农户“确实权、颁铁证”。在有条件的村组，结合高标准农田建设等，引导小农户自愿通过村组内互换并地、土地承包权退出等方式，促进土地小块并大块，引导逐步形成一户一块田。落实农村承包地所有权、承包权、经营权“三权”分置办法，保护小农户土地承包权益，及时调处流转纠纷，依法稳妥规范推进农村承包土地经营权抵押贷款业务，鼓励小农户参与土地资源配置并分享土地规模经营收益。规范土地流转交易，建立集信息发布、租赁合同网签、土地整治、项目设计等功能于一体的综合性土地流转管理服务组织。

（二）强化小农户支持政策。对新型农业经营主体的评优创先、政策扶持、项目倾斜等，要与带动小农生产挂钩，把带动小农户数量和成效作为重要依据。充分发挥财政杠杆作用，鼓励各地采取贴息、奖补、风险补偿等方式，撬动社会资本投入农业农村，带动小农户发展现代农业。对于财政支农项目投入形成的资产，鼓励具备条件的地方折股量化给小农户特别是贫困农户，让小农户享受分红收益。

（三）健全针对小农户补贴机制。稳定现有对小农生产的普惠性补贴政策，创新补贴形式，提高补贴效率。完善粮食等重要农产品生产者补贴制度。鼓励各地对小农户参与生态保护实行补偿，支持小农户参与耕地草原森林河流湖泊休养生息等，对发展绿色生态循环农业、保护农业资源环境的小农户给予合理补偿。健全小农户生产技术装备补贴机制，按规定加大对丘陵山区小型农机具购置补贴力度。鼓励各地对小农户托管土地给予费用补贴。

（四）提升金融服务小农户水平。发展农村普惠金融，健全小农户信用信息征集和评价体系，探索完善无抵押、无担保的小农户小额信用贷款政策，不断提升小农户贷款覆盖面，切实加大对小农户生产发展的信贷支持。支持农村商业银行、农村合作银行、村镇银行等农村中小金融机构立足县域，加大服务小农户力度。支持农村合作金融规范发展，扶持农村资金互助组织，通过试点稳妥开展农民合作社内部信用合作。鼓励产业链金融、互联网金融在依法合规前提下为小农户提供金融服务。鼓励发展为小农户服务的小额贷款机构，开发专门的信贷产品。加大支农再贷款支持力度，引导金融机构增加小农户信贷投放。鼓励银行业金融机构在风险可控和商业可持续的前提下扩大农业农村贷款抵押物范围，提高小农户融资能力。

（五）拓宽小农户农业保险覆盖面。建立健全农业保险保障体系，从覆盖直接物化成本逐步实现覆盖完全成本。发展与小农户生产关系密切的农作物保险、主要畜产品保险、重要“菜篮子”品种保险和森林保险，推广农房、农机具、设施农业、渔业、制种等保险品种。推进价格保险、收入保险、天气指数保险试点。鼓励地方建立特色优势农产品保险制度。鼓励发展农业互助保险。建立第三方灾害损失评估、政府监督理赔机制，确保受灾农户及时足额得到赔付。加大针对小农户农业保险保费补贴力度。

八、保障措施

（一）加强组织领导。各级党委和政府既要注重培育新型农业经营主体，又要重视发挥好小农户在农业农村现代化中的作用，把贯彻落实扶持引导小农户政策和培育新型农业经营主体政策共同作为农村基层工作的重要方面，在政策制定、工作部署、财力投放等各个方面加大工作力度，齐头并进，确保各项政策落到实处。

（二）强化统筹协调。农业农村部门要发挥牵头组织作用，各地区各有关部门要加强协作配合，完善工作机制，形成工作合力。将推进扶持小农户发展与实施乡村振兴战略、打赢脱贫攻坚战统筹安排，推动各项工作做实做细。

（三）注重宣传指导。做好政策宣传，加强调查研究，及时掌握小农户发展的新情况新问题，系统总结小农户与现代农业发展有机衔接的新经验新做法新模式，营造促进小农户健康发展的良好氛围。

农业农村部门要会同有关部门，对本意见实施落实情况进行跟踪分析和评估，重要工作进展情况及时向党中央、国务院报告。

（新华社北京2019年2月21日电）

中共中央办公厅　国务院办公厅印发《地方党政领导干部食品安全责任制规定》

近日，中共中央办公厅、国务院办公厅印发了《地方党政领导干部食品安全责任制规定》，并发出通知，要求各地区各部门认真遵照执行。

《地方党政领导干部食品安全责任制规定》全文如下。

第一章　总　则

第一条　为了进一步落实食品安全党政同责要求，强化食品安全属地管理责任，健全食品安全工作责任制，保障人民群众“舌尖上的安全”，根据有关党内法规和国家法律，制定本规定。

第二条　本规定所称食品安全包括食用农产品质量安全。

本规定所称分管食品安全工作是指分管食用农产品质量安全监管、食品安全监管等工作。

本规定所称食品安全相关工作是指卫生健康、生态环境、粮食、教育、政法、宣传、民政、建设、文化、旅游、交通运输等行业或者领域与食品安全紧密相关的工作，以及为食品安全提供支持的发展改革、科技、工信、财政、商务等领域工作。

第三条　本规定适用于县级以上地方各级党委和政府领导班子成员（以下统称地方党政领导干部）。

第四条　实行地方党政领导干部食品安全责任制，必须坚持以习近平新时代中国特色社会主义思想为指导，增强“四个意识”、坚定“四个自信”、做到“两个维护”，牢固树立以人民为中心的发展思想，贯彻落实食品安全“四个最严”的要求，深入实施食品安全战略，承担起“促一方发展、保一方平安”的政治责任，不断提高食品安全工作水平，努力增强人民群众的获得感、幸福感、安全感。

第五条　建立地方党政领导干部食品安全工作责任制，应当遵循以下原则：

（一）坚持党政同责、一岗双责，权责一致、齐抓共管，失职追责、尽职免责；

（二）坚持谋发展必须谋安全，管行业必须管安全，保民生必须保安全；

（三）坚持综合运用考核、奖励、惩戒等措施，督促地方党政领导干部履行食品安全工作职责，确保党中央、国务院关于食品安全工作的决策部署贯彻落实。

第六条　地方各级党委和政府对本地区食品安全工作负总责，主要负责人是本地区食品安全工作第一责任人，班子其他成员对分管（含协管、联系，下同）行业或者领域内的食品安全工作负责。

第二章　职　责

第七条　地方各级党委主要负责人应当全面加强党对本地区食品安全工作的领导，认真贯彻执行党中央关于食品安全工作的方针政策、决策部署和指示精神，上级党委的决定和相关法律法规要求，职责主要包括：

（一）组织学习贯彻习近平总书记关于食品安全工作的重要指示批示精神和党中央关于食品安全工作的方针政策、决策部署，不断提高地方党政领导干部的政治站位，增强做好食品安全工作的责任感和使命感；

（二）全面加强党对本地区食品安全工作的领导，将食品安全工作作为向党委全会报告的重要内容；

（三）建立健全党委常委会委员食品安全相关工作责任清单，督促党委常委会其他委员履行食品安全相关工作责任，并将食品安全工作纳入地方党政领导干部政绩考核内容；

（四）开展食品安全工作专题调研，召开党委常委会会议或者专题会议，听取食品安全工作专题汇报，及时研究解决食品安全工作重大问题，推动完善食品安全治理体系；

（五）加强食品安全工作部门领导班子建设、干部队伍建设和机构建设，不断提升食品安全治理能力；

（六）协调各方重视和支持食品安全工作，加强食品安全宣传，把握正确舆论导向，营造良好工作氛围。

第八条　地方各级政府主要负责人应当加强对本地区食品安全工作的领导，认真贯彻执行党中央、国务院关于食品安全工作的方针政策、决策部署和指示精神，上级党委和政府、本级党委的决定和相关法律法规要求，职责主要包括：

（一）领导本地区食品安全工作，组织推动地方政府落实食品安全属地管理责任；

（二）坚持新发展理念，正确处理发展和安全的关系，将食品安全工作纳入本地区国民经济和社会发展规划、政府工作重点，并接受人大、政协的监督；

（三）建立健全本地区食品安全监管责任体系，明确本级政府领导班子成员食品安全工作责任和政府相关部门食品安全工作职责，指导督促政府领导班子成员和相关部门落实工作责任；

（四）加强食品安全监管能力、执法能力建设，整合监管力量，优化监管机制，提高监管、执法队伍专业化水平，建立健全食品安全财政投入保障机制，保障监管、执法部门依法履职必需的经费和装备；

（五）开展食品安全工作专题调研，组织召开政府常务会议、办公会议或者专题会议，听取本地区食品安全工作汇报，及时研究解决食品安全工作突出问题；

（六）落实高质量发展要求，推进食品及食品相关产业转型升级，不断提高产业发展水平。

第九条　地方各级党委常委会其他委员应当按照职责分工，加强对分管行业或者领域内食品安全相关工作的领导，协助党委主要负责人，统筹推进分管行业或者领域内食品安全相关工作，督促指导相关部门依法履行工作职责，及时研究解决分管行业或者领域内食品安全相关工作问题。

第十条 地方各级政府分管食品安全工作负责人应当加强对本地区食品安全监管工作的领导，具体负责组织本地区食品安全监管工作，职责主要包括：

（一）协助党委和政府主要负责人落实食品安全属地管理责任，组织制定贯彻落实党中央、国务院关于食品安全工作的方针政策、决策部署和指示精神，上级以及本级党委和政府的决定和相关法律法规的具体措施；

（二）组织开展食品安全工作专题调研，研究制定本地区食品安全专项规划、年度重点工作计划，统筹推进本地区食品安全工作；

（三）组织协调食品安全监管部门和相关部门，及时分析食品安全形势，研究解决食品安全领域相关问题，推动完善“从农田到餐桌”全链条全过程食品安全监管机制；

（四）组织推动食品安全监管部门和相关部门建立信息共享机制，推进“互联网+”食品安全监管，不断提升食品安全监管效能和治理能力现代化水平；

（五）组织实施食品安全风险防控、隐患排查和专项治理，坚决防范系统性、区域性食品安全风险；

（六）组织制定食品安全事故应急预案，及时组织开展本地区食品安全突发事件应对处置和调查处理；

（七）组织开展食品安全工作评议考核，督促本级政府相关部门和下级政府落实食品安全工作责任；

（八）组织开展食品安全普法和科普宣传、安全教育、诚信体系建设等工作，推动食品安全社会共治。

第十一条 地方各级政府领导班子其他成员应当按照职责分工，加强对分管行业或者领域内食品安全相关工作的领导，协助政府主要负责人，统筹推进分管行业或者领域内食品安全相关工作，督促指导相关部门依法履行工作职责，及时研究解决分管行业或者领域内食品安全相关工作问题。

第三章　考核监督

第十二条 地方各级党委和政府应当对落实食品安全重大部署、重点工作情况进行跟踪督办。

第十三条 地方各级党委应当结合巡视巡察工作安排，对地方党政领导干部履行食品安全工作职责情况进行检查。

第十四条 地方各级党委和政府应当充分发挥评议考核“指挥棒”作用，推动地方党政领导干部落实食品安全工作责任。

第十五条 跟踪督办、履职检查、评议考核结果应当作为地方党政领导干部考核、奖惩和使用、调整的重要参考。因履职不到位被追究责任的地方党政领导干部，在评优评先、选拔任用等方面按照有关规定执行。

第四章　奖　惩

第十六条 地方党政领导干部在食品安全工作中敢于作为、勇于担当、履职尽责，有下列情形之一的，按照有关规定给予表彰奖励：

（一）及时有效组织预防食品安全事故和消除重大食品安全风险隐患，使国家和人民群众利益免受重大损失的；

（二）在食品安全工作中有重大创新并取得显著成效的；

（三）连续在食品安全工作评议考核中成绩优秀的；

（四）作出其他突出贡献的。

第十七条　地方党政领导干部在落实食品安全工作责任中有下列情形之一的，应当按照有关规定进行问责：

（一）未履行本规定职责和要求，或者履职不到位的；

（二）对本区域内发生的重大食品安全事故，或者社会影响恶劣的食品安全事件负有领导责任的；

（三）对本区域内发生的食品安全事故，未及时组织领导有关部门有效处置，造成不良影响或者较大损失的；

（四）对隐瞒、谎报、缓报食品安全事故负有领导责任的；

（五）违规插手、干预食品安全事故依法处理和食品安全违法犯罪案件处理的；

（六）有其他应当问责情形的。

第十八条　地方党政领导干部有本规定第十七条所列情形的，按照干部管理权限依规依纪依法进行问责。涉嫌职务违法犯罪的，由监察机关依法调查处置。

第十九条　地方党政领导干部及时报告失职行为并主动采取补救措施，有效预防或者减少食品安全事故重大损失、挽回社会严重不良影响，或者积极配合问责调查，并主动承担责任的，按照有关规定从轻、减轻追究责任。对工作不力导致重大或者特别重大食品安全事故，或者造成严重不良影响的，应当从重追究责任。

第五章　附　则

第二十条　乡镇（街道）党政领导干部，各类开发区管理机构党政领导干部，参照本规定执行。

第二十一条　本规定由市场监管总局会同农业农村部解释。

第二十二条　本规定自 2019 年 2 月 5 日起施行。

（新华社北京 2019 年 2 月 24 日电）

中共中央　国务院
关于深化改革加强食品安全工作的意见

（2019 年 5 月 9 日）

食品安全关系人民群众身体健康和生命安全，关系中华民族未来。党的十九大报告明确提出实施食品安全战略，让人民吃得放心。这是党中央着眼党和国家事业全局，对食品安全工作作出的重大部署，是决胜全面建成小康社会、全面建设社会主义现代化国家的重大任务。现就深化改革加强食品安全工作提出如下意见。

一、深刻认识食品安全面临的形势

党的十八大以来，以习近平同志为核心的党中央坚持以人民为中心的发展思想，从党和国家事业发展全局、实现中华民族伟大复兴中国梦的战略高度，把食品安全工作放在“五位一体”总体布局和“四个全面”战略布局中统筹谋划部署，在体制机制、法律法规、产业规划、监督管理等方面采取了一系列重大举措。各地区各部门认真贯彻党中央、国务院决策部署，食品产业快速发展，安全标准体系逐步健全，检验检测能力不断提高，全过程监管体系基本建立，重大食品安全风险得到控制，人民群众饮食安全得到保障，食品安全形势不断好转。

但是，我国食品安全工作仍面临不少困难和挑战，形势依然复杂严峻。微生物和重金属污染、农药兽药残留超标、添加剂使用不规范、制假售假等问题时有发生，环境污染对食品安全的影响逐渐显现；违法成本低，维权成本高，法制不够健全，一些生产经营者唯利是图、主体责任意识不强；新业态、新资源潜在风险增多，国际贸易带来的食品安全问题加深；食品安全标准与最严谨标准要求尚有一定差距，风险监测评估预警等基础工作薄弱，基层监管力量和技术手段跟不上；一些地方对食品安全重视不够，责任落实不到位，安全与发展的矛盾仍然突出。这些问题影响到人民群众的获得感、幸福感、安全感，成为全面建成小康社会、全面建设社会主义现代化国家的明显短板。

人民日益增长的美好生活需要对加强食品安全工作提出了新的更高要求；推进国家治理体系和治理能力现代化，推动高质量发展，实施健康中国战略和乡村振兴战略，为解决食品安全问题提供了前所未有的历史机遇。必须深化改革创新，用最严谨的标准、最严格的监管、最严厉的处罚、最严肃的问责，进一步加强食品安全工作，确保人民群众“舌尖上的安全”。

二、总体要求

（一）指导思想。以习近平新时代中国特色社会主义思想为指导，全面贯彻党的十九大和十九届二中、三中全会精神，坚持和加强党的全面领导，坚持以人民为中心的发展思想，紧紧围绕统筹推进“五位一体”总体布局和协调推进“四个全面”战略布局，坚持稳中求进工作总基调，坚持新发展理念，遵循“四个最严”要求，建立食品安全现代化治理体系，提高从农田到餐桌全过程监管能力，提升食品全链条质量安全保障水平，增强广大人民群众的获得感、幸福感、安全感，为实现“两个一百年”奋斗目标和中华民族伟大复兴的中国梦奠定坚实基础。

（二）基本原则

——坚持安全第一。把保障人民群众食品安全放在首位，坚守安全底线，正确处理安全与发展的关系，促一方发展，保一方安全。

——坚持问题导向。以维护和促进公众健康为目标，从解决人民群众普遍关心的突出问题入手，标本兼治、综合施策，不断增强人民群众的安全感和满意度。

——坚持预防为主。牢固树立风险防范意识，强化风险监测、风险评估和供应链管理，提高风险发现与处置能力。坚持“产”出来和“管”出来两手抓，落实生产经营者主体责任，最大限度消除不安全风险。

——坚持依法监管。强化法治理念，健全法规制度、标准体系，重典治乱，加大检查执法力度，依法从严惩处违法犯罪行为，严把从农田到餐桌的每一道防线。

——坚持改革创新。深化监管体制机制改革，创新监管理念、监管方式，堵塞漏洞、补齐短板，推进食品安全领域国家治理体系和治理能力现代化。

——坚持共治共享。生产经营者自觉履行主体责任，政府部门依法加强监管，公众积极参与社会监督，形成各方各尽其责、齐抓共管、合力共治的工作格局。

（三）总体目标

到2020年，基于风险分析和供应链管理的食品安全监管体系初步建立。农产品和食品抽检量达到4批次/千人，主要农产品质量安全监测总体合格率稳定在97%以上，食品抽检合格率稳定在98%以上，区域性、系统性重大食品安全风险基本得到控制，公众对食品安全的安全感、满意度进一步提高，食品安全整体水平与全面建成小康社会目标基本相适应。

到2035年，基本实现食品安全领域国家治理体系和治理能力现代化。食品安全标准水平进入世界前列，产地环境污染得到有效治理，生产经营者责任意识、诚信意识和食品质量安全管理水平明显提高，经济利益驱动型食品安全违法犯罪明显减少。食品安全风险管控能力达到国际先进水平，从农田到餐桌全过程监管体系运行有效，食品安全状况实现根本好转，人民群众吃得健康、吃得放心。

三、建立最严谨的标准

（四）加快制修订标准。立足国情、对接国际，加快制修订农药残留、兽药残留、重金属、食品污染物、致病性微生物等食品安全通用标准，到2020年农药兽药残留限量指标达到1万项，基本与国际食品法典标准接轨。加快制修订产业发展和监管急需的食品安全基础标准、产品标准、配套检验方法标准。完善食品添加剂、食品相关产品等标准制定。及时修订完善食品标签等标准。

（五）创新标准工作机制。借鉴和转化国际食品安全标准，简化优化食品安全国家标准制修订流程，加快制修订进度。完善食品中有害物质的临时限量值制定机制。建立企业标准公开承诺制度，完善配套管理制度，鼓励企业制定实施严于国家标准或地方标准的企业标准。支持各方参与食品安全国家标准制修订，积极参与国际食品法典标准制定，积极参与国际新兴危害因素的评估分析与管理决策。

（六）强化标准实施。加大食品安全标准解释、宣传贯彻和培训力度，督促食品生产经营者准确理解和应用食品安全标准，维护食品安全标准的强制性。对食品安全标准的使用进行跟踪评价，充分发挥食品安全标准保障食品安全、促进产业发展的基础作用。

四、实施最严格的监管

（七）严把产地环境安全关。实施耕地土壤环境治理保护重大工程。强化土壤污染管控和修复，开展重点地区涉重金属行业污染土壤风险排查和整治。强化大气污染治理，加大重点行业挥发性有机物治理力度。加强流域水污染防治工作。

（八）严把农业投入品生产使用关。严格执行农药兽药、饲料添加剂等农业投入品生产和使用规定，严禁使用国家明令禁止的农业投入品，严格落实定点经营和实名购买制度。将高毒农药禁用范围逐步扩大到所有食用农产品。落实农业生产经营记录制度、农业投入品使用记录制度，指导农户严格执行农药安全间隔期、兽药休药期有关规定，防范农药兽药残留超标。

（九）严把粮食收储质量安全关。做好粮食收购企业资格审核管理，督促企业严格落实出入厂（库）和库存质量检验制度，积极探索建立质量追溯制度，加强烘干、存储和检验监测能力建设，为农户提供粮食烘干存储服务，防止发霉变质受损。健全超标粮食收购处置长效机制，推进无害化处理和资源合理化利用，严禁不符合食品安全标准的粮食流入口粮市场和食品生产企业。

（十）严把食品加工质量安全关。实行生产企业食品安全风险分级管理，在日常监督检查全覆盖基础上，对一般风险企业实施按比例“双随机”抽查，对高风险企业实施重点检查，对问题线索企业实施飞行检查，督促企业生产过程持续合规。加强保健食品等特殊食品监管。将体系检查从婴幼儿配方乳粉逐步扩大到高风险大宗消费食品，着力解决生产过程不合规、非法添加、超范围超限量使用食品添加剂等问题。

（十一）严把流通销售质量安全关。建立覆盖基地贮藏、物流配送、市场批发、销售终端全链条的冷链配送系统，严格执行全过程温控标准和规范，落实食品运输在途监管责任，鼓励使用温控标签，防止食物脱冷变质。督促企业严格执行进货查验记录制度和保质期标识等规定，严查临期、过期食品翻新销售。严格执行畜禽屠宰检验检疫制度。加强食品集中交易市场监管，强化农产品产地准出和市场准入衔接。

（十二）严把餐饮服务质量安全关。全面落实餐饮服务食品安全操作规范，严格执行进货查验、加工操作、清洗消毒、人员管理等规定。集体用餐单位要建立稳定的食材供应渠道和追溯记录，保证购进原料符合食品安全标准。严格落实网络订餐平台责任，保证线上线下餐饮同标同质，保证一次性餐具制品质量安全，所有提供网上订餐服务的餐饮单位必须有实体店经营资格。

五、实行最严厉的处罚

（十三）完善法律法规。研究修订食品安全法及其配套法规制度，修订完善刑法中危害食品安全犯罪和刑罚规定，加快修订农产品质量安全法，研究制定粮食安全保障法，推动农产品追溯入法。加快完善办理危害食品安全刑事案件的司法解释，推动危害食品安全的制假售假行为“直接入刑”。推动建立食品安全司法鉴定制度，明确证据衔接规则、涉案食品检验认定与处置协作配合机制、检验认定时限和费用等有关规定。加快完善食品安全民事纠纷案件司法解释，依法严肃追究故意违法者的民事赔偿责任。

（十四）严厉打击违法犯罪。落实“处罚到人”要求，综合运用各种法律手段，对违法企业及其法定代表人、实际控制人、主要负责人等直接负责的主管人员和其他直接责任人员进行严厉处罚，大幅提高违法成本，实行食品行业从业禁止、终身禁业，对再犯从严从重进行处罚。严厉打击刑事犯罪，对情节严重、影响恶劣的危害食品安全刑事案件依法从重判罚。加强行政执法与刑事司法衔接，行政执法机关发现涉嫌犯罪、依法需要追究刑事责任的，依据行刑衔接有关规定及时移送公安机关，同时抄送检察机关；发现涉嫌职务犯罪线索的，及时移送监察机关。积极完善食品安全民事和行政公益诉讼，做好与民事和行政诉讼的衔接与配合，探索建立食品安全民事公益诉讼惩罚性赔偿制度。

（十五）加强基层综合执法。深化综合执法改革，加强基层综合执法队伍和能力建设，确保有足够资源履行食品安全监管职责。县级市场监管部门及其在乡镇（街道）的派出机构，要以食品安全为首要职责，执法力量向一线岗位倾斜，完善工作流程，提高执法效率。农业综合执法要把保障农产品质量安全作为重点任务。加强执法力量和装备配备，确保执法监管工作落实到位。公安、农业农村、市场监管等部门要落实重大案件联合督办制度，按照国家有关规定，对贡献突出的单位和个人进行表彰奖励。

（十六）强化信用联合惩戒。推进食品工业企业诚信体系建设。建立全国统一的食品生产经营企业信用档案，纳入全国信用信息共享平台和国家企业信用信息公示系统。实行食品生产经营企业信用分级分类管理。进一步完善食品安全严重失信者名单认定机制，加大对失信人员联合惩戒力度。

六、坚持最严肃的问责

（十七）明确监管事权。各省、自治区、直辖市政府要结合实际，依法依规制定食品安全监管事权清单，压实各职能部门在食品安全工作中的行业管理责任。对产品风险高、影响区域广的生产企业监督检查，对重大复杂案件查处和跨区域执法，原则上由省级监管部门负责组织和协调，市县两级监管部门配合，也可实行委托监管、指定监管、派驻监管等制度，确保监管到位。市县两级原则上承担辖区内直接面向市场主体、直接面向消费者的食品生产经营监管和执法事项，保护消费者合法权益。上级监管部门要加强对下级监管部门的监督管理。

（十八）加强评议考核。完善对地方党委和政府食品安全工作评议考核制度，将食品安全工作考核结果作为党政领导班子和领导干部综合考核评价的重要内容，作为干部奖惩和使用、调整的重要参考。对考核达不到要求的，约谈地方党政主要负责人，并督促限期整改。

（十九）严格责任追究。依照监管事权清单，尽职照单免责、失职照单问责。对贯彻落实党中央、国务院有关食品安全工作决策部署不力、履行职责不力、给国家和人民利益造成严重损害的，依规依纪依法追究相关领导责任。对监管工作中失职失责、不作为、乱作为、慢作为、假作为的，依规依纪依法追究相关人员责任；涉嫌犯罪的，依法追究刑事责任。对参与、包庇、放纵危害食品安全违法犯罪行为，弄虚作假、干扰责任调查，帮助伪造、隐匿、毁灭证据的，依法从重追究法律责任。

七、落实生产经营者主体责任

（二十）落实质量安全管理责任。生产经营者是食品安全第一责任人，要结合实际设立食品质量安全管理岗位，配备专业技术人员，严格执行法律法规、标准规范等要求，确保生产经营过程持续合规，确保产品符合食品安全标准。食品质量安全管理岗位人员的法规知识抽查考核合格率要达到90%以上。风险高的大型食品企业要率先建立和实施危害分析和关键控制点体系。保健食品生产经营者要严格落实质量安全主体责任，加强全面质量管理，规范生产行为，确保产品功能声称真实。

（二十一）加强生产经营过程控制。食品生产经营者应当依法对食品安全责任落实情况、食品安全状况进行自查评价。对生产经营条件不符合食品安全要求的，要立即采取整改措施；发现存在食品安全风险的，应当立即停止生产经营活动，并及时报告属地监管部门。要主动监测其上市产品质量安全状况，对存在隐患的，要及时采取风险控制措施。食品生产企业自查报告率要达到90%以上。

（二十二）建立食品安全追溯体系。食用农产品生产经营主体和食品生产企业对其产品追溯负责，依法建立食品安全追溯体系，确保记录真实完整，确保产品来源可查、去向可追。国家建立统一的食用农产品追溯平台，建立食用农产品和食品安全追溯标准和规范，完善全程追溯协作机制。加强全程追溯的示范推广，逐步实现企业信息化追溯体系与政府部门监管平台、重要产品追溯管理平台对接，接受政府监督，互通互享信息。

（二十三）积极投保食品安全责任保险。因食品安全问题造成损害的，食品生产经营者要依法承担赔偿责任。推进肉蛋奶和白酒生产企业、集体用餐单位、农村集体聚餐、大宗食品配送单位、中央厨房和配餐单位主动购买食品安全责任保险，有条件的中小企业要积极投保食品安全责任保险，发挥保险的他律作用和风险分担机制。

八、推动食品产业高质量发展

（二十四）改革许可认证制度。坚持“放管服”相结合，减少制度性交易成本。推进农产品认证制度改革，加快建立食用农产品合格证制度。深化食品生产经营许可改革，优化许可程序，实现全程电子化。推进保健食品注册与备案双轨运行，探索对食品添加剂经营实行备案管理。制定完善食品新业态、新模式监管制度。利用现有相关信息系统，实现全国范围内食品生产经营许可信息可查询。

（二十五）实施质量兴农计划。以乡村振兴战略为引领，以优质安全、绿色发展为目标，推动农业由增产导向转向提质导向。全面推行良好农业规范。创建农业标准化示范区。实施农业品牌提升行动。培育新型农业生产服务主体，推广面向适度规模经营主体特别是小农户的病虫害统防统治专业化服务，逐步减少自行使用农药兽药的农户。

（二十六）推动食品产业转型升级。调整优化食品产业布局，鼓励企业获得认证认可，实施增品种、提品质、创品牌行动。引导食品企业延伸产业链条，建立优质原料生产基地及配套设施，加强与电商平台深度融合，打造有影响力的百年品牌。大力发展专业化、规模化冷链物流企业，保障生鲜食品流通环节质量安全。

（二十七）加大科技支撑力度。将食品安全纳入国家科技计划，加强食品安全领域的科技创新，引导食品企业加大科研投入，完善科技成果转化应用机制。建设一批国际一流的食品安全技术支撑机构和重点实验室，加快引进培养高层次人才和高水平创新团队，重点突破“卡脖子”关键技术。依托国家级专业技术机构，开展基础科学和前沿科学研究，提高食品安全风险发现和防范能力。

九、提高食品安全风险管理能力

（二十八）加强协调配合。完善统一领导、分工负责、分级管理的食品安全监管体制，地方各级党委和政府对本地区食品安全工作负总责。相关职能部门要各司其职、齐抓共管，健全工作协调联动机制，加强跨地区协作配合，发现问题迅速处置，并及时通报上游查明原因、下游控制危害。在城市社区和农村建立专兼职食品安全信息员（协管员）队伍，充分发挥群众监督作用。

（二十九）提高监管队伍专业化水平。强化培训和考核，依托现有资源加强职业化检查队伍建设，提高检查人员专业技能，及时发现和处置风险隐患。完善专业院校课程设置，加强食品学科建设和人才培养。加大公安机关打击食品安全犯罪专业力量、专业装备建设力度。

（三十）加强技术支撑能力建设。推进国家级、省级食品安全专业技术机构能力建设，提升食品安全标准、监测、评估、监管、应急等工作水平。根据标准分类加快建设7个食品安全风险评估与标准研制重点实验室。健全以国家级检验机构为龙头，省级检验机构为骨干，市县两级检验机构为基础的食品和农产品质量安全检验检测体系，打造国际一流的国家检验检测平台，落实各级食品和农产品检验机构能力和装备配备标准。严格检验机构资质认定管理、跟踪评价和能力验证，发展社会检验力量。

（三十一）推进“互联网+食品”监管。建立基于大数据分析的食品安全信息平台，推进大数据、云计算、物联网、人工智能、区块链等技术在食品安全监管领域的应用，实施智慧监管，逐步实现食品安全违法犯罪线索网上排查汇聚和案件网上移送、网上受理、网上监督，提升监管工作信息化水平。

（三十二）完善问题导向的抽检监测机制。国家、省、市、县抽检事权四级统筹、各有侧重、不重不漏，统一制定计划、统一组织实施、统一数据报送、统一结果利用，力争抽检样品覆盖到所有农产品和食品企业、品种、项目，到2020年达到4批次/千人。逐步将监督抽检、风险监测与评价性抽检分离，提高监管的靶向性。完善抽检监测信息通报机制，依法及时公开抽检信息，加强不合格产品的核查处置，控制产品风险。

（三十三）强化突发事件应急处置。修订国家食品安全事故应急预案，完善事故调查、处置、报告、信息发布工作程序。完善食品安全事件预警监测、组织指挥、应急保障、信息报告制度和工作体系，提升应急响应、现场处置、医疗救治能力。加强舆情监测，建立重大舆情收集、分析研判和快速响应机制。

十、推进食品安全社会共治

（三十四）加强风险交流。主动发布权威信息，及时开展风险解读，鼓励研究机构、高校、协会、媒体等参与食品安全风险交流，科学解疑释惑。鼓励企业通过新闻媒体、网络平台等方式直接回应消费者咨询。建立谣言抓取、识别、分析、处置智能化平台，依法坚决打击造谣传谣、欺诈和虚假宣传行为。

（三十五）强化普法和科普宣传。落实“谁执法谁普法”普法责任制，对各类从事食品生产经营活动的单位和个人，持续加强食品安全法律法规、国家标准、科学知识的宣传教育。在中小学开展食品安全与营养教育，有条件的主流媒体可开办食品安全栏目，持续开展“食品安全宣传周”和食品安全进农村、进校园、进企业、进社区等宣传活动，提升公众食品安全素养，改变不洁饮食习俗，避免误采误食，防止发生食源性疾病。普及健康知识，倡导合理膳食，开展营养均衡配餐示范推广，提倡“减盐、减油、减糖”。

（三十六）鼓励社会监督。依法公开行政监管和处罚的标准、依据、结果，接受社会监督。支持行业协会建立行规行约和奖惩机制，强化行业自律。鼓励新闻媒体准确客观报道食品安全问题，有序开展食品安全舆论监督。

（三十七）完善投诉举报机制。畅通投诉举报渠道，落实举报奖励制度。鼓励企业内部知情人举报食品研发、生产、销售等环节中的违法犯罪行为，经查证属实的，按照有关规定给予奖励。加强对举报人的保护，对打击报复举报人的，要依法严肃查处。对恶意举报非法牟利的行为，要依法严厉打击。

十一、开展食品安全放心工程建设攻坚行动

围绕人民群众普遍关心的突出问题，开展食品安全放心工程建设攻坚行动，用5年左右时间，以点带面治理“餐桌污染”，力争取得明显成效。

（三十八）实施风险评估和标准制定专项行动。系统开展食物消费量调查、总膳食研究、毒理学研究等基础性工作，完善风险评估基础数据库。加强食源性疾病、食品中有害物质、环境污染物、食品相关产品等风险监测，系统开展食品中主要危害因素的风险评估，建立更加适用于我国居民的健康指导值。按照最严谨要求和现阶段实际，制订实施计划，加快推进内外销食品标准互补和协调，促进国民健康公平。

（三十九）实施农药兽药使用减量和产地环境净化行动。开展高毒高风险农药淘汰工作，5年内分期分批淘汰现存的10种高毒农药。实施化肥农药减量增效行动、水产养殖用药减量行动、兽药抗菌药治理行动，遏制农药兽药残留超标问题。加强耕地土壤环境类别划分和重金属污染区耕地风险管控与修复，重度污染区域要加快退出食用农产品种植。

（四十）实施国产婴幼儿配方乳粉提升行动。在婴幼儿配方乳粉生产企业全面实施良好生产规范、危害分析和关键控制点体系，自查报告率要达到100%。完善企业批批全检的检验制度，健全安全生产规范体系检查常态化机制。禁止使用进口大包装婴幼儿配方乳粉到境内分装，规范标识标注。支持婴幼儿配方乳粉企业兼并重组，建设自有自控奶源基地，严格奶牛养殖饲料、兽药管理。促进奶源基地实行专业化、规模化、智能化生产，提高原料奶质量。发挥骨干企业引领作用，加大产品研发力度，培育优质品牌。力争3年内显著提升国产婴幼儿配方乳粉的品质、竞争力和美誉度。

（四十一）实施校园食品安全守护行动。严格落实学校食品安全校长（园长）负责制，保证校园食品安全，防范发生群体性食源性疾病事件。全面推行“明厨亮灶”，实行大宗食品公开招标、集中定点采购，建立学校相关负责人陪餐制度，鼓励家长参与监督。对学校食堂、学生集体用餐配送单位、校园周边餐饮门店及食品销售单位实行全覆盖监督检查。落实好农村义务教育学生营养改善计划，保证学生营养餐质量。

（四十二）实施农村假冒伪劣食品治理行动。以农村地区、城乡结合部为主战场，全面清理食品生产经营主体资格，严厉打击制售“三无”食品、假冒食品、劣质食品、过期食品等违法违规行为，坚决取缔“黑工厂”“黑窝点”和“黑作坊”，实现风险隐患排查整治常态化。用2~3年时间，建立规范的农村食品流通供应体系，净化农村消费市场，提高农村食品安全保障水平。

（四十三）实施餐饮质量安全提升行动。推广“明厨亮灶”、餐饮安全风险分级管理，支持餐饮服务企业发展连锁经营和中央厨房，提升餐饮行业标准化水平，规范快餐、团餐等大众餐饮服务。鼓励餐饮外卖对配送食品进行封签，使用环保可降解的容器包装。大力推进餐厨废弃物资源化利用和无害化处理，防范“地沟油”流入餐桌。开展餐饮门店“厕所革命”，改善就餐环境卫生。

（四十四）实施保健食品行业专项清理整治行动。全面开展严厉打击保健食品欺诈和虚假宣传、虚假广告等违法犯罪行为。广泛开展以老年人识骗、防骗为主要内容的宣传教育活动。加大联合执法力度，大力整治保健食品市场经营秩序，严厉查处各种非法销售保健食品行为，打击传销。完善保健食品标准和标签标识管理。做好消费者维权服务工作。

（四十五）实施“优质粮食工程”行动。完善粮食质量安全检验监测体系，健全为农户提供专业化社会化粮食产后烘干储存销售服务体系。开展“中国好粮油”行动，提高绿色优质安全粮油产品供给水平。

（四十六）实施进口食品“国门守护”行动。将进口食品的境外生产经营企业、国内进口企业等纳入海关信用管理体系，实施差别化监管，开展科学有效的进口食品监督抽检和风险监控，完善企业信用管理、风险预警、产品追溯和快速反应机制，落实跨境电商零售进口监管政策，严防输入

型食品安全风险。建立多双边国际合作信息通报机制、跨境检查执法协作机制，共同防控食品安全风险。严厉打击食品走私行为。

（四十七）实施“双安双创”示范引领行动。发挥地方党委和政府积极性，持续开展食品安全示范城市创建和农产品质量安全县创建活动，总结推广经验，落实属地管理责任和生产经营者主体责任。

十二、加强组织领导

（四十八）落实党政同责。地方各级党委和政府要把食品安全作为一项重大政治任务来抓。落实《地方党政领导干部食品安全责任制规定》，明确党委和政府主要负责人为第一责任人，自觉履行组织领导和督促落实食品安全属地管理责任，确保不发生重大食品安全事件。强化各级食品安全委员会及其办公室统筹协调作用，及时研究部署食品安全工作，协调解决跨部门跨地区重大问题。各有关部门要按照管行业必须管安全的要求，对主管领域的食品安全工作承担管理责任。各级农业农村、海关、市场监管等部门要压实监管责任，加强全链条、全流程监管。各地区各有关部门每年12月底前要向党中央、国务院报告食品安全工作情况。

（四十九）加大投入保障。健全食品和农产品质量安全财政投入保障机制，将食品和农产品质量安全工作所需经费列入同级财政预算，保障必要的监管执法条件。企业要加大食品质量安全管理方面的投入，鼓励社会资本进入食品安全专业化服务领域，构建多元化投入保障机制。

（五十）激励干部担当。加强监管队伍思想政治建设，增强“四个意识”，坚定“四个自信”，做到“两个维护”，忠实履行监管职责，敢于同危害食品安全的不法行为作斗争。各级党委和政府要关心爱护一线监管执法干部，建立健全容错纠错机制，为敢于担当作为的干部撑腰鼓劲。对在食品安全工作中作出突出贡献的单位和个人，按照国家有关规定给予表彰奖励，激励广大监管干部为党和人民干事创业、建功立业。

（五十一）强化组织实施。各地区各有关部门要根据本意见提出的改革任务和工作要求，结合实际认真研究制定具体措施，明确时间表、路线图、责任人，确保各项改革举措落实到位。国务院食品安全委员会办公室要会同有关部门建立协调机制，加强沟通会商，研究解决实施中遇到的问题。要严格督查督办，将实施情况纳入对地方政府食品安全工作督查考评内容，确保各项任务落实到位。

（新华社北京5月20日电）

二、发展综述

FAZHAN ZONGSHU

2018 年我国奶业生产与消费概况

一、奶牛养殖

（一）奶类产量

2018 年，全国奶类产量 3 176.8 万 t，同比增长 0.9%，比 2013 年增长 1.9%（图 2-1）。其中，牛奶产量 3 074.6 万 t，同比增长 1.2%；羊奶等其他奶类产量 102.2 万 t。我国是世界奶业生产大国之一，奶类产量占全球总产量的 3.8%。

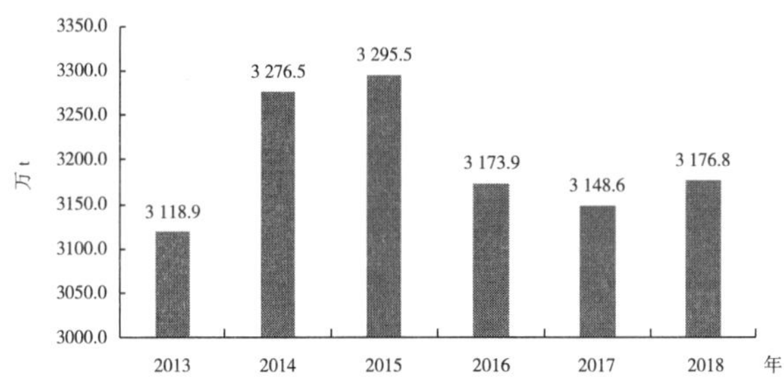

图 2-1　2013—2018 年全国奶类产量

数据来源：国家统计局

（二）规模化养殖水平

2018 年，全国奶牛场（户）平均存栏奶牛 155 头，同比增加 41 头，增幅 36.0%；规模化养殖进程进一步加快，100 头以上规模化养殖比重为 61.4%，同比提高 3.1 个百分点，比 2013 年提高 20.3 个百分点（图 2-2）。

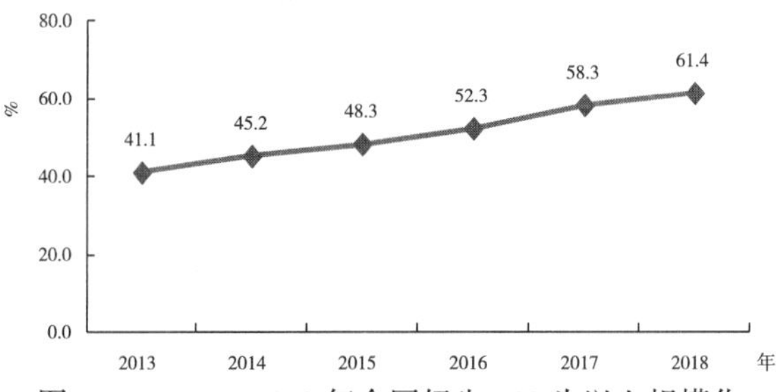

图 2-2　2013—2018 年全国奶牛 100 头以上规模化养殖比重变化

数据来源：农业农村部

（三）奶牛单产水平

2018 年，全国奶牛平均单产 7.4t，同比增长 0.4t。1 400 个存栏 100 头以上的规模牧场奶牛生产性能测定结果显示，奶牛测定日平均产奶 30.0kg，折合 305 天产奶量 9.1t（表 2-1）。

表 2-1　2013—2018 年规模牧场奶牛平均单产

年度	参测牛只（万头）	日产奶量（kg/ 天）
2013	52.9	24.3
2014	73.8	25.8
2015	79.5	27.8
2016	100.5	28.1
2017	120.2	29.0
2018	123.8	30.0

数据来源：中国奶业协会

（四）生鲜乳价格

2018 年 10 个奶业主产省份全年生鲜乳平均收购价格为 3.46 元 /kg，同比下降 0.6%，生鲜乳价格持续处于较低水平（图 2-3）。

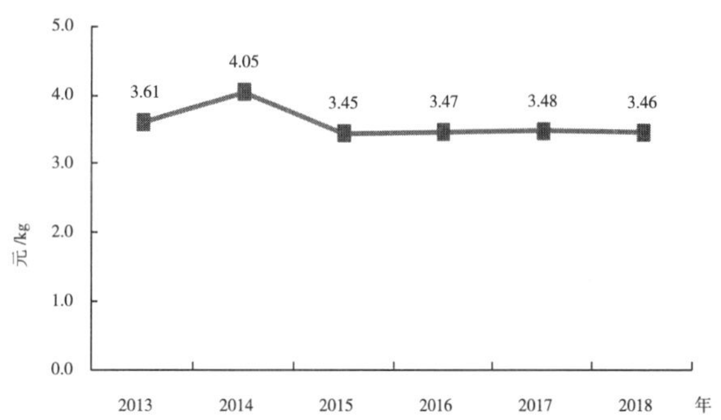

图 2-3　2013—2018 年奶业主产省份生鲜乳平均价格趋势

数据来源：农业农村部

二、乳制品加工

（一）乳制品产量

2018 年，全国规模以上乳制品加工企业（年主营业务收入 2 000 万元以上，下同）乳制品产量 2 687.1 万 t，比 2013 年下降 0.4%。其中，液态奶产量 2 505.5 万 t，比 2013 年增长 7.3%；奶粉产量 96.8 万 t，比 2013 年下降 39.1%（图 2-4）。

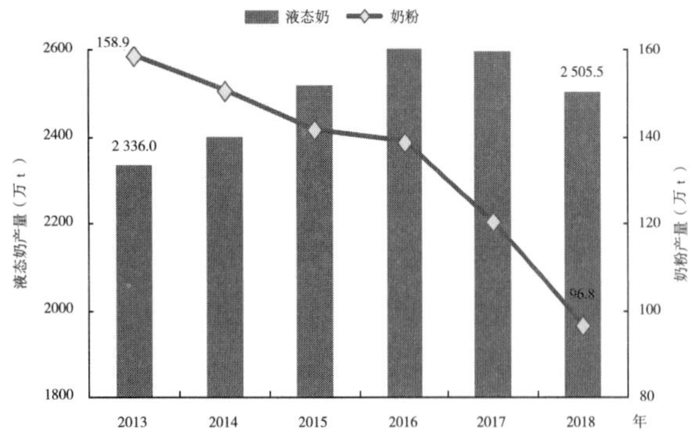

图 2-4　2013—2018 年全国乳制品产量变化

数据来源：国家统计局

（二）乳制品加工业集中度

2018 年，全国规模以上乳制品加工企业 587 家，同比减少 24 家，比 2013 年减少 71 家。

（三）乳制品价格

2018 年，全国牛奶平均零售价格为 11.6 元 /kg，同比上涨 0.9%，比 2013 年上涨 19.6%；酸奶平均零售价格为 14.4 元 /kg，同比上涨 1.4%，比 2013 年上涨 13.4%；国产品牌婴幼儿配方乳粉平均零售价格为 179.8 元 /kg，同比上涨 4.6%，比 2013 年上涨 15.0%（图 2-5）。

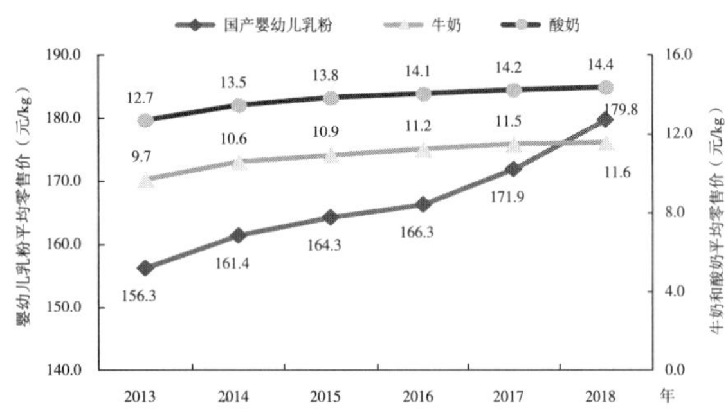

图 2-5　2013—2018 年国产乳制品平均零售价格

数据来源：商务部

（四）乳制品销售额和利润

2018 年，全国规模以上乳制品制造企业主营业务收入 3 398.9 亿元，同比下降 5.3%，比 2013 年增长 20.0%；利润总额 230.4 亿元，同比减少 5.9%，比 2013 年增长 27.9%（图 2-6）。

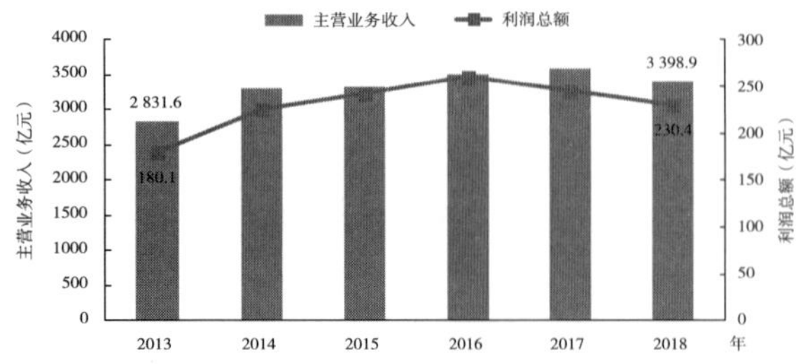

图 2-6　2013—2018 年全国乳制品加工企业主营业务收入和利润情况

数据来源：国家统计局

三、乳制品及相关产品进出口

（一）乳制品进口

2018 年，中国进口乳制品 274.3 万 t，同比增长 7.8%，比 2013 年增长 53%（图 2-7）；进口总额 106.5 亿美元，同比增长 14.8%，比 2013 年增长 48.5%。2018 年进口乳制品折合生鲜乳 1 616 万 t。2018 年进口数量最大的前 4 种乳制品分别是大包奶粉、液态奶、乳清粉、婴幼儿配方乳粉，分别占总进口量的 30.2%、24.6%、20.3% 和 15.7%。

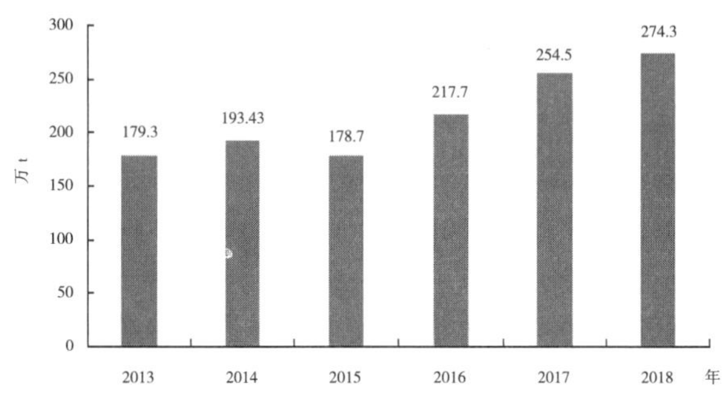

图 2-7　2013—2018 年中国进口乳制品数量

数据来源：海关总署

从进口来源国看，排前六位的分别是新西兰 105.6 万 t，占 38.5%；美国 30.9 万 t，占 11.3%；德国 27.8 万 t，占 10.1%；法国 22.8 万 t，占 8.3%；荷兰 20.2 万 t，占 7.4%；澳大利亚 18.5 万 t，占 6.7%。其他国家 48.5 万 t，占 17.7%（图 2-8）。

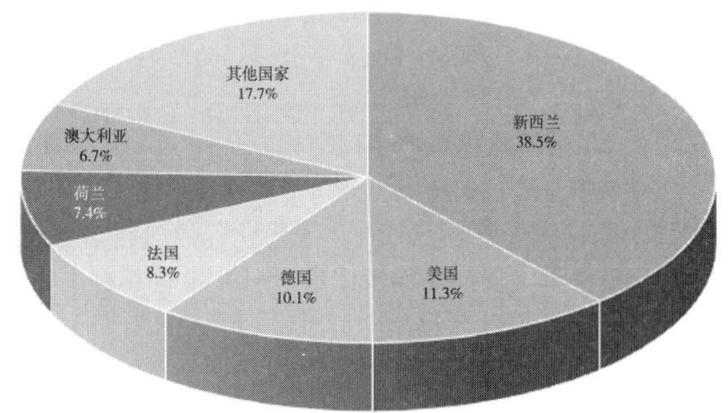

图 2-8　2018 年全国进口乳制品来源国

数据来源：海关总署

（二）奶牛和苜蓿进口

国产奶牛自繁自育数量增加，进口种用奶牛大幅度下降。2018 年，全国进口种用奶牛 3.3 万头，同比下降 37.7%，比 2013 年下降 43.0%；平均进口价格 1 805.8 美元 / 头，同比下降 10.9%，比 2013 年下降 30.7%。

2018 年，进口苜蓿干草 138.1 万吨，同比下降 1.3%，比 2013 年增长 82.7%（图 2-9）；平均进口价格 323 美元 /t，同比上涨 6.6%，比 2013 年下降 13.1%。

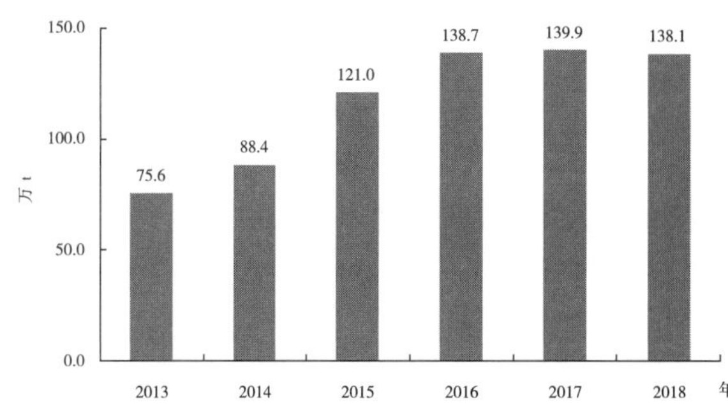

图 2-9　2013—2018 年全国进口苜蓿干草数量

数据来源：海关总署

（三）乳制品出口

2018 年，全国乳制品出口总量 4.70 万 t，同比增长 16.0%，比 2013 年增长 30.2%；出口总额 3.69 亿美元。

婴幼儿配方乳粉出口量 1.54 万 t，同比增长 94.9%；出口额 3.0 亿美元，同比增长 184.6%。

四、乳制品消费

2018 年，全国人均乳制品消费量折合生鲜乳为 34.3kg，约为世界平均水平的 1/3，主要以液态奶消费为主。2018 年，美国人均奶酪消费 17.2kg，折合生鲜乳 172kg；欧盟人均奶酪消费 18.3kg，折合生鲜乳 183kg；中国人均奶酪消费 0.1kg，折合生鲜乳 1kg，差距较大。

（中国奶业协会、农业农村部奶及奶制品质量监督检验测试中心）

2018 年我国乳品质量安全概况

一、奶牛养殖卫生安全

奶牛养殖环境和卫生条件是保障生鲜乳质量安全的基本要求。2018 年，继续规范奶牛场选址与建设，完善奶牛场装备设施，保障饲草料供应，强化生鲜乳储运及生鲜乳收购站管理，不断改善奶牛养殖环境和卫生条件。

（一）奶牛场建设

2018 年，全国奶牛存栏 100 头以上的规模养殖场 5 124 个。规模奶牛养殖场严格按照《中华人民共和国畜牧法》等法律法规的规定，执行《奶牛标准化规模养殖生产技术规范》，加强动物防疫和生鲜乳质量安全管理，实现了标准化、规范化建设与生产。

（二）奶牛场设施装备

近年来，奶牛场的机械化、信息化、智能化装备和关键技术推广应用加快，质量安全保障能力进一步加强。自 2017 年起中国规模奶牛养殖场 100% 实现机械化挤奶，比 2012 年提高了 10 个百分点。2018 年，全国 93% 的规模奶牛养殖场配备了全混合日粮（TMR）搅拌车，同比提高了 3 个百分点。

（三）优质饲草料供应

苜蓿和青贮玉米是奶牛的主要粗饲料。2018 年，全国优质苜蓿种植面积 550 万亩，干草产量为 220 万 t，同比减少 31 万 t，比 2013 年增加 118.9 万 t（图 2-10）。优质苜蓿可满足 200 万头泌乳奶牛饲喂需求。

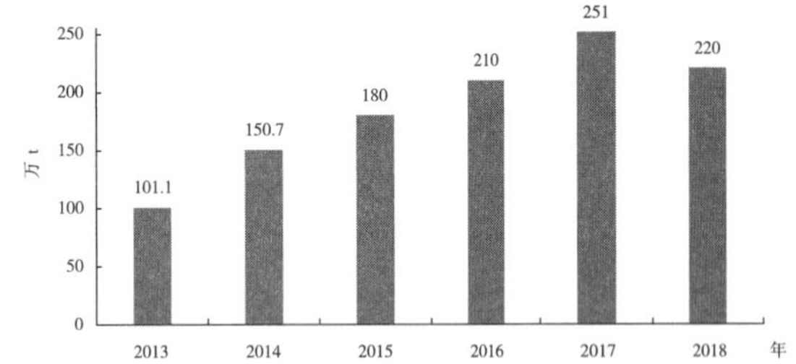

图 2-10　2013—2018 年全国优质苜蓿产量情况

数据来源：农业农村部

（四）生鲜乳收购站和运输车

通过严格落实生鲜乳收购站发证六项规定，执行《生鲜乳收购站标准化管理技术规范》，生鲜乳收购站的基础设施、机械设备、质量检测、操作规范、管理制度和卫生条件显著提升。生鲜乳收购站运输车监督管理系统对全国 4 582 个生鲜乳收购站和 5 113 辆运输车进行了信息化、精准化管理，实现监管全覆盖，保障生鲜乳质量安全。

二、生鲜乳质量安全

生鲜乳质量安全指标中，乳蛋白、乳脂肪是衡量生鲜乳营养价值的主要指标，杂质度、酸度、相对密度、非脂乳固体是体现生鲜乳理化性质的指标，菌落总数、体细胞数、黄曲霉素 M_1 是反映生鲜乳卫生状况的主要指标，铅、铬是判断生鲜乳是否受到重金属污染的主要指标，三聚氰胺、革皮水解物是判断生鲜乳中是否存在人为添加违禁物的指标。

农业农村部从 2009 年开始实施生鲜乳质量安全监测计划，重点监测生鲜乳收购站和运输车，检测指标包括乳蛋白、乳脂肪、杂质度、酸度、相对密度、非脂乳固体、菌落总数、体细胞数、黄曲霉素 M_1、铅、铬、三聚氰胺、革皮水解物等多项指标，累计抽检生鲜乳样品约 22 万批次（图 2-11）。

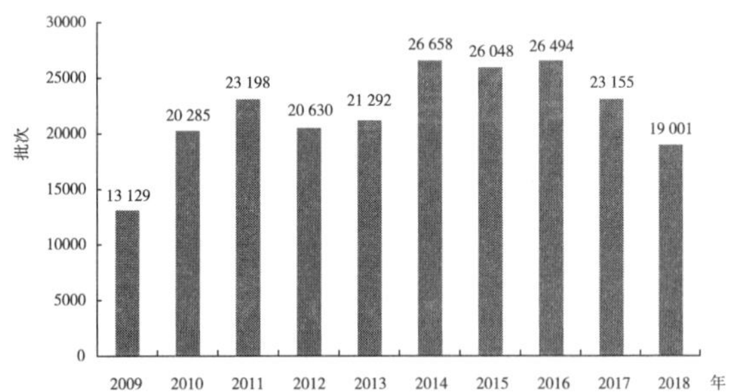

图 2-11　2009—2018 年抽检生鲜乳样品批次数

数据来源：农业农村部

（一）乳蛋白

乳蛋白是乳的主要成分之一，是反映牛奶营养品质的指标。乳蛋白含量国家标准为≥ 2.8g/100g。

2018 年，农业农村部对 3 299 批次生鲜乳样品进行监测，乳蛋白含量平均值为 3.25g/100g，同比增长 0.62%，远高于国家标准（图 2-12），规模牧场生鲜乳样品乳蛋白含量平均值为 3.36g/100g（图 2-13）。

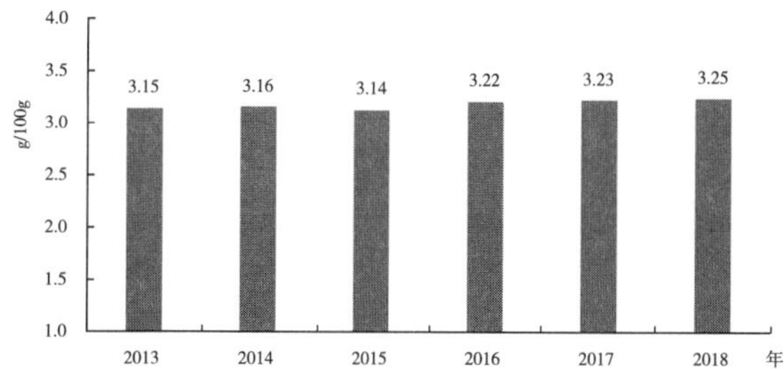

图 2-12　2013—2018 年全国生鲜乳样品中乳蛋白含量平均值

数据来源：农业农村部

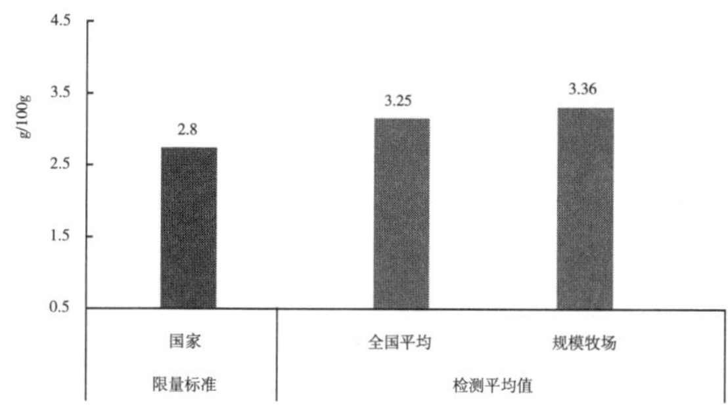

图 2-13　2018 年全国生鲜乳样品中乳蛋白含量与国家标准的比较情况

数据来源：农业农村部

（二）乳脂肪

乳脂肪是乳的主要成分之一，是反映牛奶营养品质的指标。乳脂肪含量国家标准为≥ 3.1g/100g。

2018 年，农业农村部对 3 299 批次生鲜乳样品进行监测，乳脂肪含量平均值为 3.84g/100g，同比增长 1.05%，远高于国家标准（图 2-14），规模牧场生鲜乳样品乳脂肪含量平均值为 3.94g/100g（图 2-15）。

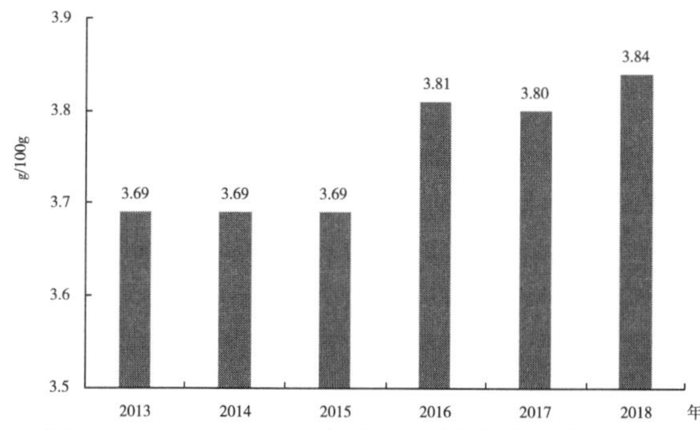

图 2-14　2013—2018 年全国生鲜乳样品中乳脂肪含量平均值

数据来源：农业农村部

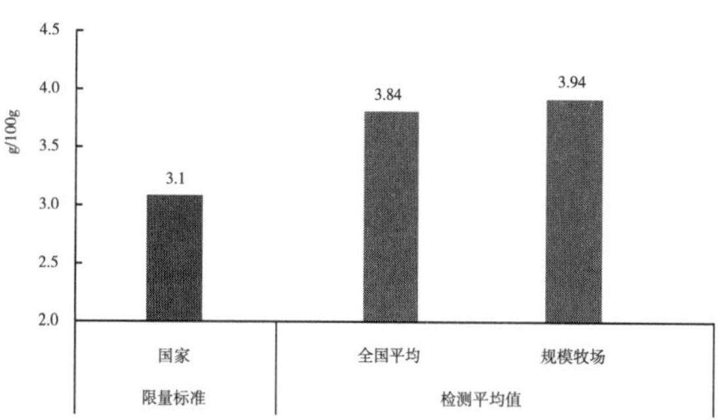

图 2-15　2018 年全国生鲜乳样品中乳脂肪含量与国家标准的比较

数据来源：农业农村部

（三）非脂乳固体

非脂乳固体是生鲜乳中除脂肪和水分外营养物质的总称。非脂乳固体含量国家标准为≥ 8.1g/100g。

2018 年，农业农村部对 3 298 批次生鲜乳样品进行监测，非脂乳固体含量平均值为 8.9g/100g，同比持平，高于国家标准（图 2-16）。

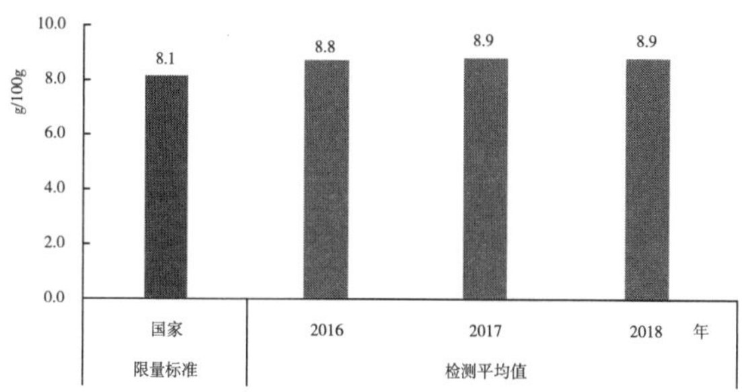

图 2-16　2016—2018 年全国生鲜乳样品中非脂乳固体含量与国家标准的比较

数据来源：农业农村部

（四）杂质度

杂质度是指生鲜乳中含有杂质的量，是衡量生鲜乳洁净度的重要指标，国家标准为≤ 4.0mg/kg。

2018 年，农业农村部对 3 298 批次生鲜乳样品进行监测，杂质度均符合国家标准，全年抽检合格率为 100%。

（五）酸度

酸度是评价生鲜乳新鲜程度的指标。国家标准规定，牛奶酸度范围为 12~18°T。

2018 年，农业农村部对 3 296 批次生鲜乳样品进行监测，牛奶酸度平均值为 13.91°T，符合国家标准。

（六）相对密度

相对密度是反映生鲜乳是否掺水的重要指标，国家标准为 20℃ /4℃≥ 1.027。

2018 年，农业农村部对 3 298 批次生鲜乳样品进行监测，相对密度平均值为 1.031，高于国家标准（图 2-17）。

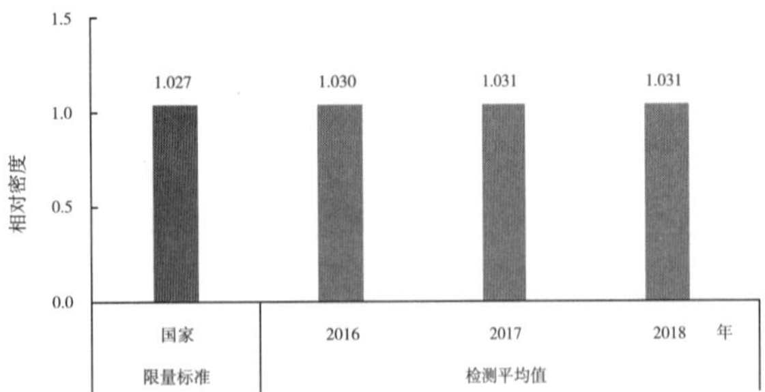

图 2-17　2016—2018 年全国生鲜乳样品中相对密度平均值与国家标准的比较

数据来源：农业农村部

（七）菌落总数

菌落总数是反映奶牛场卫生环境、挤奶操作环境、牛奶保存和运输状况的一项重要指标。生鲜乳中菌落总数过高，不仅会影响牛奶的口感，还可能使乳制品中的细菌数超标，从而对人体健康造成影响。世界各国都对生鲜乳中的菌落总数进行了限定。菌落总数的国家标准为≤ 200 万 CFU/mL。

2018 年，农业农村部对 3 299 批次生鲜乳样品进行监测，菌落总数平均值为 29.5 万 CFU/mL，同比降低 5.75%。另对 200 个规模牧场生鲜乳样品进行监测，菌落总数平均值为 7.2 万 CFU/mL，低于全国平均水平（图 2-18、图 2-19）。

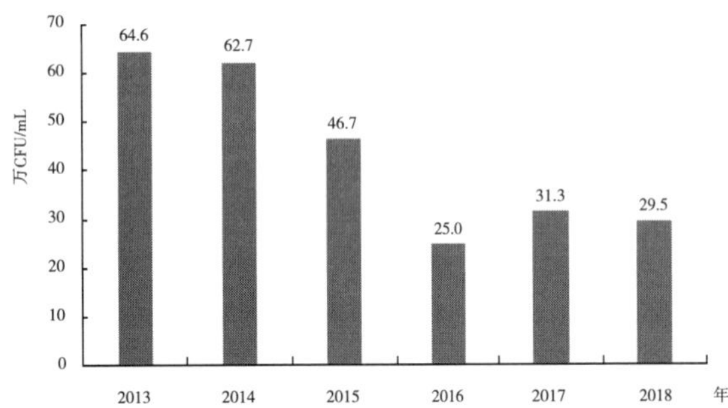

图 2-18　2013—2018 年全国生鲜乳样品中菌落总数平均值

数据来源：农业农村部

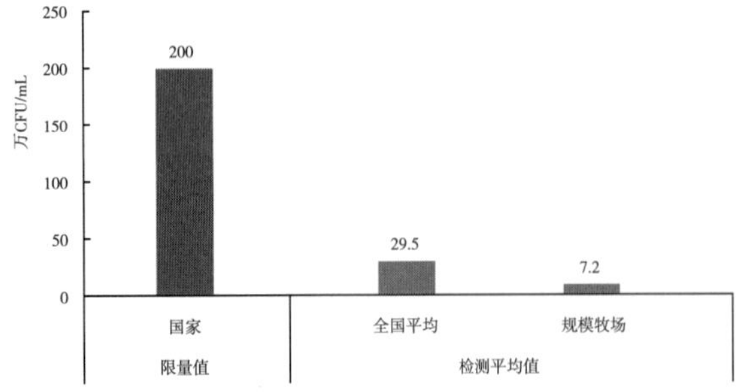

图 2-19　2018 年全国生鲜乳样品中菌落总数平均值与国家标准的比较

数据来源：农业农村部

（八）体细胞数

体细胞数是衡量奶牛乳房健康状况和生鲜乳质量的一项重要指标，当奶牛乳房受到感染或伤害时，体细胞数会明显增加。体细胞数越高，生鲜乳中致病菌和抗生素残留的污染风险越大，对乳品质量的影响也越大。欧盟和新西兰规定生鲜乳中体细胞数≤ 40 万个 /mL，美国规定体细胞数≤ 75 万个 /mL（A 级奶、B 级奶），中国暂未规定。

2018 年，农业农村部对 3 299 批次生鲜乳样品进行监测，体细胞数平均值为 33.04 万个 /mL，低于欧盟、新西兰和美国标准，规模牧场生鲜乳样品的体细胞数平均值 22.1 万个 /mL，低于全国平均水平（图 2-20）。

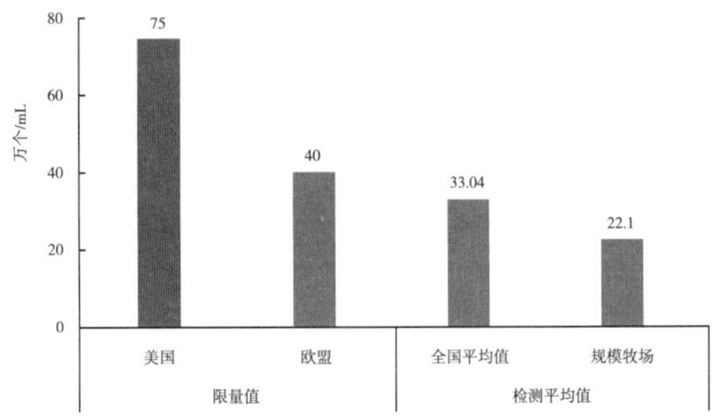

图 2-20　2018 年中国生鲜乳样品中体细胞数与美国、欧盟标准的比较

数据来源：农业农村部

（九）黄曲霉素 M_1

2018 年，农业农村部对 14 566 批次生鲜乳样品进行监测，黄曲霉素 M_1 检出样品的平均值为 0.055μg/kg，远低于国家标准（≤ 0.5μg/kg）（图 2-21）。

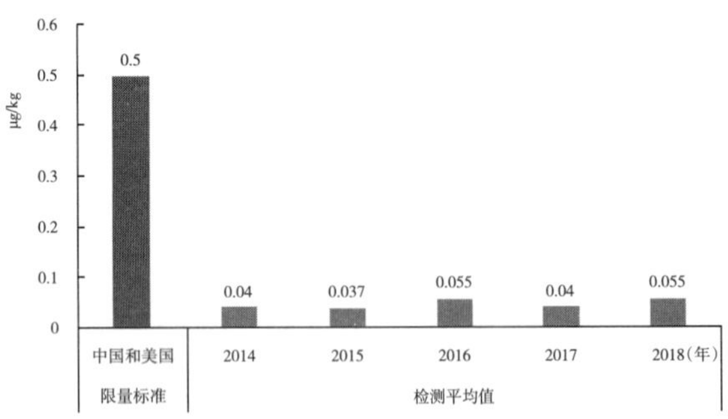

图 2-21　2014—2018 年全国生鲜乳样品中黄曲霉素 M_1 平均值与中国、美国标准的比较

数据来源：农业农村部

（十）铅

生鲜乳中铅含量的国家标准为≤ 0.05mg/kg。2018 年，农业农村部对 3 780 批次生鲜乳样品进行监测，铅检出样品的平均值为 0.031mg/kg，远低于国家标准（图 2-22）。

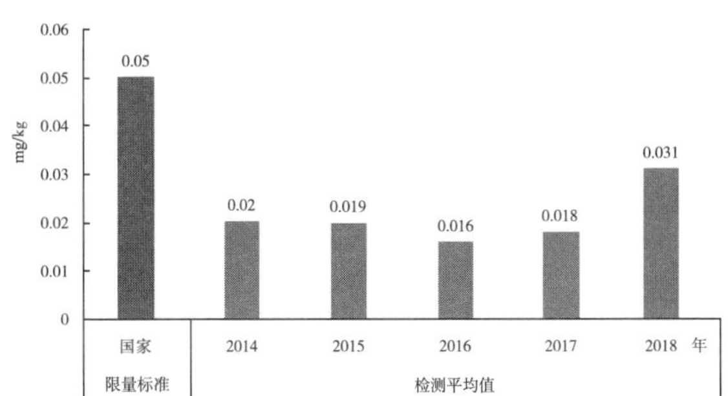

图 2-22 2014—2018 年全国生鲜乳样品中铅含量的平均值与国家标准的比较

数据来源：农业农村部

（十一）铬

生鲜乳中铬含量的国家标准为≤ 0.3mg/kg。2018 年，农业农村部对 3 780 批次生鲜乳样品进行监测，铬检出样品的平均值为 0.09mg/kg，远低于国家标准（图 2-23）。

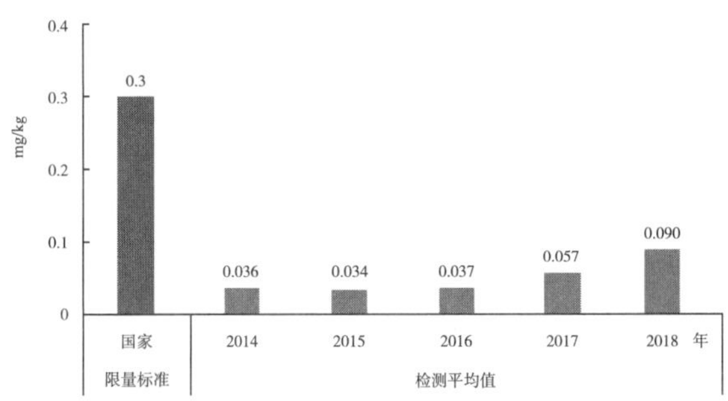

图 2-23 2014—2018 年全国生鲜乳样品中铬含量的平均值与国家标准的比较

数据来源：农业农村部

（十二）三聚氰胺

生鲜乳中三聚氰胺的国家标准为≤ 2.5mg/kg。2018 年，农业农村部对 9 289 批次生鲜乳样品进行监测，结果均未检出三聚氰胺，抽检合格率 100%（图 2-24）。

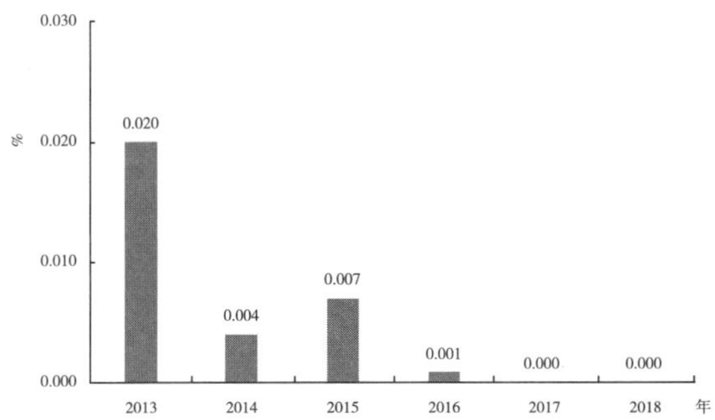

图 2-24 2013—2018 年全国生鲜乳样品中三聚氰胺检出率

数据来源：农业农村部

（十三）革皮水解物

2009 年 2 月，革皮水解物被列入《食品中可能违法添加的非食用物质名单》中，禁止在乳及乳制品中添加，不得检出。

2018 年，农业农村部对 5 035 批次生鲜乳样品进行监测，均未检出革皮水解物。

三、乳制品质量安全

（一）与国内其他食品比较

2018 年，国家市场监管总局抽检食品样品约 24.9 万批次，总体平均抽检合格率为 97.6%，与 2017 年持平。乳制品抽检合格率为 99.7%，同比提高 0.5 个百分点；婴幼儿配方乳粉抽检合格率为 99.9%，同比提高 0.4 个百分点（表 2-2）。

表 2-2 2018 年乳制品与食品抽检合格率比较

抽样	食品	乳制品	婴幼儿配方乳粉
合格比例（%）	97.6	99.7	99.9

数据来源：国家市场监管总局

（二）进口乳制品未准入境情况

2018 年，各进境口岸从来自 13 个国家或地区的乳制品中检出未准入境产品共计 62 批次，约 177.9 吨。主要未准入境的事实为未按要求提供证书或合格证明材料、超过保质期、超范围使用食品添加剂、霉菌超标、菌落总数超标。所有未准入境的乳制品均已在口岸退运或销毁。

2018 年，未准入境的婴幼儿配方乳粉 2 批次、儿童乳粉 2 批次，约 42.9t，其中澳大利亚 2 批次、瑞士 2 批次（表 2-3）。

表 2-3 进口乳制品未准入境情况表

项目	未准入境乳制品、国别及不合格批次
类型	奶酪（28）、乳粉（3）、发酵乳（12）、灭菌乳（6）、婴儿配方食品（2）、炼乳（2）、黄油（6）、其他乳及乳制品（3）
进口国家	大洋洲：澳大利亚（5） 欧　洲：法国（26）、意大利（6）、白俄罗斯（3）、德国（2）、瑞士（2）、比利时（2）、西班牙（1）、荷兰（1）、丹麦（1） 北美洲：美国（5） 亚　洲：越南（7）、马来西亚（1）

数据来源：海关总署

四、结　论

2018 年监测结果表明，我国生鲜乳及乳制品质量安全风险可控，整体状况良好。

第一，生鲜乳中乳蛋白、乳脂肪等质量指标达到较高水平。监测结果表明，2013—2018 年，生鲜乳中乳蛋白和乳脂肪平均水平高于《食品安全国家标准 生乳》中的标准，生鲜乳质量水平大幅提升。

第二，生鲜乳中各项安全指标达到标准。菌落总数、黄曲霉素 M_1、杂质度、酸度、铅、铬等监测平均值均符合我国限量标准,体细胞数平均值符合欧盟限量标准,表明我国奶牛养殖环境和奶牛健康状况显著改善,奶源优质安全。

第三,生鲜乳中不存在人为添加三聚氰胺、革皮水解物等违禁添加物的现象,生鲜乳收购、运输行为规范。自婴幼儿乳粉事件以来,通过不断强化生鲜乳质量安全监管,有效遏制了违禁添加等违法行为。

第四,继续把婴幼儿配方乳粉作为食品安全监管的重中之重,综合施策从严管理,加大婴幼儿配方乳粉进口产品的监管力度,严禁检测不合格乳制品进入我国,并依法对未准入境产品做退货或销毁处理,保护了消费者权益。

(中国奶业协会、农业农村部奶及奶制品质量监督检验测试中心)

三、行业专述

HANGYE ZHUANSHU

【遗传改良】

奶牛良种工程建设

种业是农业的“芯片”，是现代农业的“生命线”。《中共中央 国务院关于实施乡村振兴战略的意见》明确提出要“加快发展现代农作物、畜禽、水产、林木种业，提升自主创新能力”。良种是先进生产力的集中表现，对畜牧业发展的贡献率超过40%，奶牛良种繁育体系建设更是我国奶业振兴的基础。党的十八大以来，农业农村部会同地方各级农牧部门认真贯彻《畜牧法》及配套法规，推进实施奶牛等6个畜种遗传改良计划，推动落实现代种业提升工程，不断完善奶牛良种繁育体系建设，进一步夯实了种业发展基础。

2018年，农业农村部继续深入实施现代种业提升工程，进一步强化国家奶牛生产性能测定能力，对畜禽新品种的生产性能进行测定评价，为新品种推广和种业监管提供技术支撑。支持黑龙江省家畜遗传资源保护中心承担国家奶牛生产性能测定中心项目建设，安排中央预算内投资基本建设资金1 363万元；支持湖北省畜禽开发实业公司承担奶牛生产性能测定中心改扩建项目建设，安排中央预算内投资基本建设资金1 132万元；同时，继续支持河南省奶牛生产性能测定中心承担奶牛生产性能测定中心扩建项目建设、山东省农业科学院奶牛研究中心承担济南历城区奶牛生产性能测定中心建设项目建设。

奶牛生产性能测定中心项目建设大幅提高了奶牛品种代谢、生理生化、基因、生产性能等方面测定水平，为品种是否符合推广生产条件提供了权威保障；通过对奶牛生产性能测定的数据材料进行分析评估，为联合开展奶牛品种选育和改良奠定了研究基础；通过承担奶牛良种性能测定任务，出具种奶牛质量报告，为奶业产业高质量发展提供了有力支撑。

（农业农村部种业管理司，袁志鹏）

2018 年我国奶牛生产性能测定概况

奶牛生产性能测定作为一项奶牛群科学管理和遗传改良的基础性工作，在农业农村部项目的推动和带动下，从 2008 年开始在全国大范围展开，经过 10 多年各方面的共同努力，截至 2018 年，奶牛生产性能测定工作整体向好并稳步推进。

一、参测牛数创历史新高

据中国奶业协会国家奶牛数据中心统计，2018 年参加测定的泌乳牛数量达到了 123.8 万头，较 2008 年参测之初增加了 99.3 万头。参加测定的牛场从最开始的 592 个增加到现在的 1 454 个。

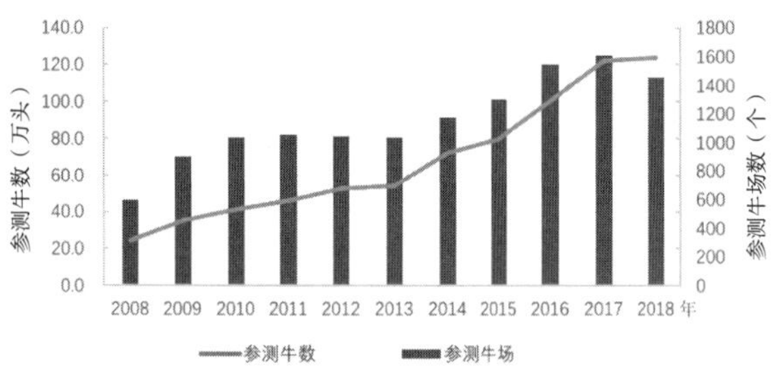

图 3-1　2008—2018 年参测牛数与参测牛场变化趋势

二、参测质量不断提升

2008—2018 年的 11 年间，测定日平均产奶量、乳脂率和乳蛋白率稳步提升，体细胞数稳步下降，牛场管理水平逐年提高，从传统经验型饲养管理逐步向数字化管理过渡，越来越趋于科学化。

图 3-2　2008—2018 年牛只平均日产奶量和体细胞数变化趋势

2018 年度参测数据质量水平比 2017 年有所提升，其中奶牛测定日平均奶量达到了 30.0kg，比 2017 年提高了 1.0kg；平均乳脂率 3.94%，比 2017 年提高了 0.05 个百分点；平均乳蛋白 3.36%，比 2017 年提高了 0.01 个百分点；平均体细胞数为 26.2 万个 /mL，比 2017 年减少 2.5 万个 /mL。

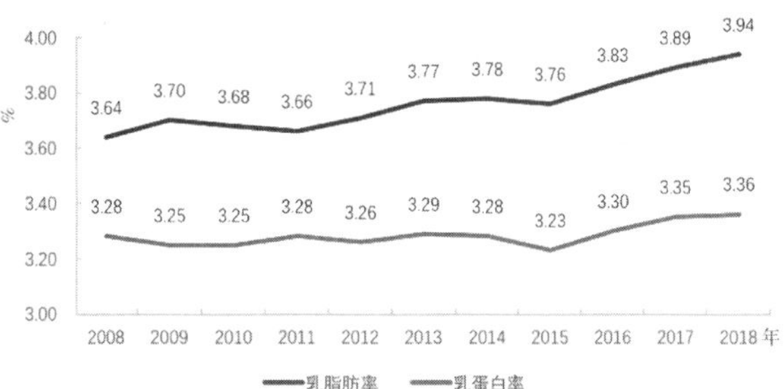

图 3-3　2008—2018 年牛只平均乳脂肪率、乳蛋白率变化趋势

三、参测牛场结构不断优化

2008—2018 年的 11 年间，不同奶牛存栏的牛场数量不断变化。存栏 50 头以下、50~99 头和 100~199 头规模牛场不断减少，存栏 200~499 头、500~999 头和 1 000 头以上规模牛场不断增多，证明我国奶牛养殖行业的养殖模式正在向集约化养殖迈进。具体情况如图 3-4 所示。

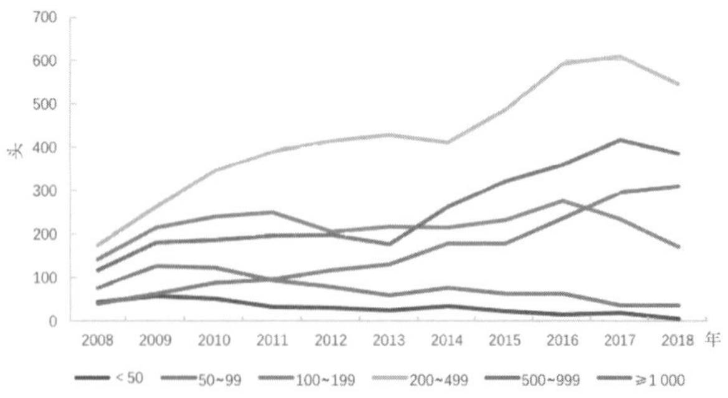

图 3-4　2008—2018 年不同牛只规模牧场数量

2018 年，我国不同规模下的牧场比例：规模小于 50 头的有 6 个，占 0.4%；50~99 头的有 35 个，占 2.4%；100~199 头的有 171 个，占 11.8%；200~499 头的有 546 个，占 37.6%；500~999 头的 387 个，占 26.6%；1 000 头及以上的有 309 个，占 21.3%。可以发现在我国中型牧场占比最大（图 3-5）。

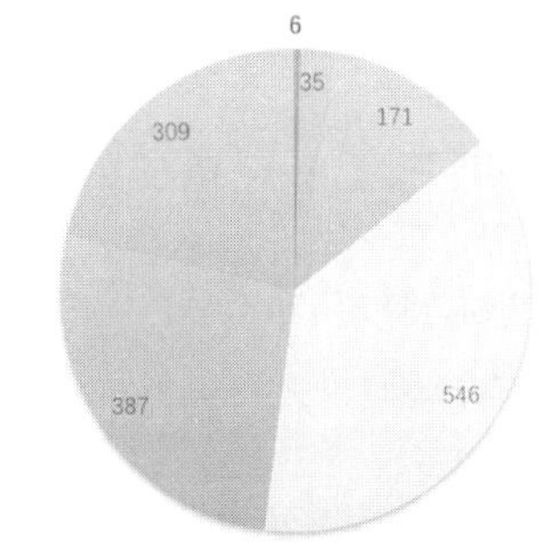

图 3-5　不同存栏规模牛场数量

牧场规模越大，牛场的精细化管理程度越高，其DHI 参测质量越好，主要体现在日产奶量不断增多，以及体细胞数明显减少（图 3-6）。

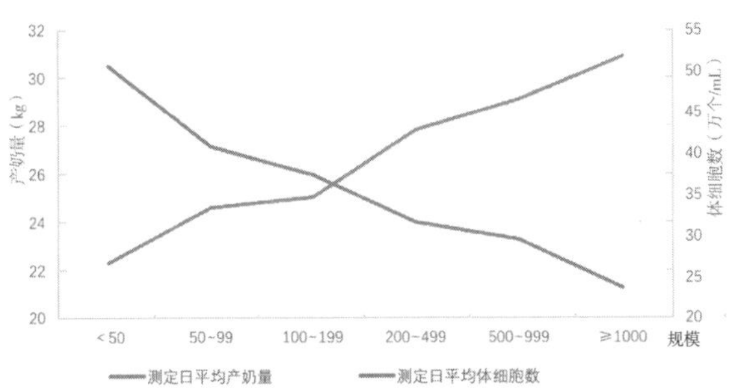

图 3-6　2018 年不同存栏规模下牛只日均产奶量和体细胞数变化趋势

四、各地方参测情况

2018 年各地方奶牛生产性能测定工作稳步推进，参加测定的省份达到了 26 个（图 3-7）。

我国奶业主产省份（河北、山西、内蒙古、辽宁、黑龙江、山东、河南、陕西、宁夏、新疆）参测牛数99.2 万头，占全国总参测量的 80%。按照国家统计局2018 年各省份奶牛存栏的一半作为估算泌乳牛数，参测比例最高的是河南 64%，较高的有河北 41%、黑龙江34%、宁夏 31%、山西 29%（图 3-8）。

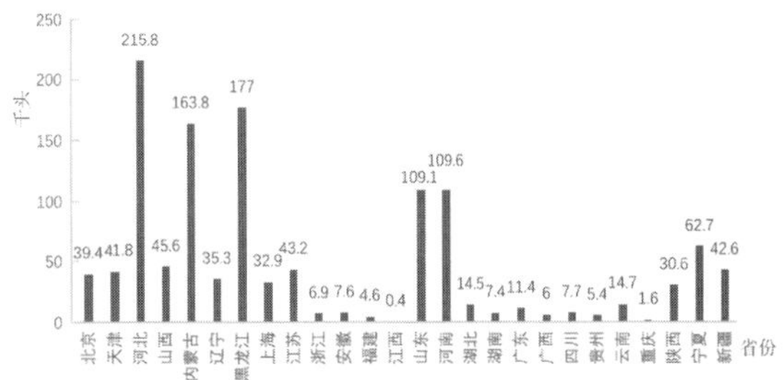

图 3-7　2018 年各地区 DHI 测定情况

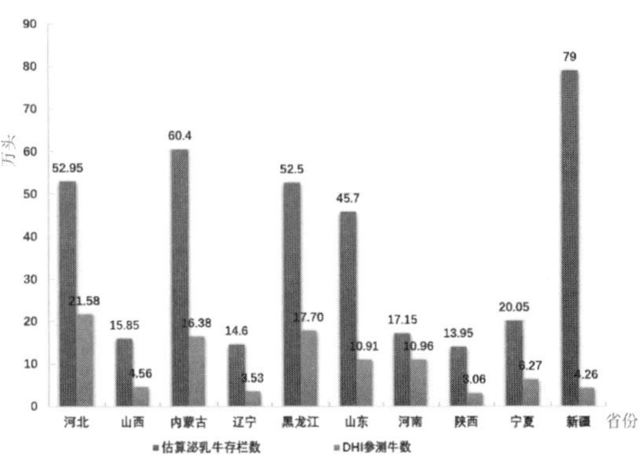

图 3-8　2018 年我国奶业生产省份 DHI 参测情况

五、全国参测能力

2018 年各地奶牛生产性能测定工作，全部趋于稳定，测定中心数量达到了 35 家（表 3-1）。

表 3-1　2018 年全国奶牛生产性能测定中心名称列表

省份	编号	奶牛生产性能测定中心名称
北京市	1101	北京奶牛中心奶牛生产性能测定实验室
天津市	1201	天津市奶牛发展中心
河北省	1301	河北省畜牧业协会奶牛生产性能测定中心
山西省	1401	山西省畜牧遗传育种中心（山西省奶牛生产性能测定管理站）
内蒙古自治区	1501	内蒙古西部良种奶牛繁育中心
	1502	内蒙古优然牧业有限责任公司 DHI 实验室
	1503	内蒙古赛科星家畜种业与繁育生物技术研究院有限公司 DHI 测定中心
	1505	内蒙古富牧科技有限公司
辽宁省	2101	沈阳乳业有限责任公司奶牛生产性能测定中心
	2102	辽宁省畜牧业发展中心 DHI 中心
吉林省	2201	白城市畜牧总站 DHI 测定中心

（续）

省份	编号	奶牛生产性能测定中心名称
黑龙江省	2301	黑龙江省畜牧总站DHI中心
	2302	大庆市萨尔图区新科畜牧技术服务中心
	2303	黑龙江省农垦科学院畜牧兽医研究所DHI中心
上海市	3101	上海奶牛育种中心有限公司
江苏省	3201	南京卫岗乳业检测中心
	3202	江苏省奶牛生产性能测定中心
安徽省	3401	安徽省畜禽遗传资源保护中心DHI实验室
山东省	3701	山东省农业科学院奶牛研究中心奶牛生产性能测定实验室
	3702	山东华田牧业科技有限责任公司
河南省	4101	河南省奶牛生产性能测定有限公司
	4102	洛阳市奶牛生产性能测定服务中心
湖北省	4201	湖北省畜禽育种中心
湖南省	4301	湖南省DHI中心
广东省	4401	广州市奶牛研究所有限公司奶牛生产性能检测中心
	4402	广东省种畜禽质量检测中心
广西壮族自治区	4501	广西壮族自治区畜禽品种改良站广西奶牛DHI检测中心
四川省	5101	新希望生态牧业有限公司DHI测定中心
	5102	四川省畜牧总站
云南省	5301	昆明市奶牛生产性能测定中心
重庆市	5501	重庆天友DHI测定中心
陕西省	6101	陕西省奶牛DHI中心
宁夏回族自治区	6401	宁夏奶牛DHI测定中心
新疆维吾尔自治区	6501	新疆维吾尔自治区乳品质量监测中心
	6502	新疆兵团农八师畜牧兽医工作站

（中国奶业协会养殖业发展部）

2018 年中国荷斯坦青年公牛全基因组检测概况

2012 年，我国开始利用自己构建的奶牛参考群体和基因组选择技术平台，开展荷斯坦种公牛全基因组检测工作。截至 2018 年 12 月底，全国共累计 31 家公牛站 3 032 头青年荷斯坦公牛参加了全基因组检测（表 1）。

2018 年，中国荷斯坦公牛基因组选择仍然沿用性能指数 GCPI，作为中国奶牛基因组选择性能指数（Genomic China Performance Index）。GCPI 指数包括产奶量（Milk）、乳脂率（Fatpct）、乳蛋白率（Propct）、体细胞评分（SCS）等生产性状和体型总分（Type）、泌乳系统（MS）、肢蹄（F&L）等体型性状。GCPI 计算公式如下：

$$GCPI = 20 \times \left[30 \times \frac{GEBV_{Milk}}{800} + 15 \times \frac{GEBV_{Fatpct}}{0.3} + 25 \times \frac{GEBV_{Propct}}{0.12} + 5 \times \frac{GEBV_{Type}}{5} + 10 \times \frac{GEBV_{MS}}{5} + 5 \times \frac{GEBV_{FL}}{5} - 10 \times \frac{GEBV_{SCS} - 3}{0.46} \right] + 500$$

式中：$GEBV_i$ 为第 i 性状的合并基因组估计育种值。

利用中国荷斯坦公牛基因组选择参考群体平台，结合青年公牛基因组检测的 SNP 基因型信息，用 GBLUP 方法估计公牛的各性状基因组直接育种值，并与其系谱育种值进行标准化后加权合并，计算得到 GCPI。计算系谱指数所用公牛系谱由各公牛站提供（表 3–2）。公牛父亲和外祖父各项育种值，采用国际公牛组织（INTERBULL）2018 年 12 月发布数据。

表 3–2　2018 年全国公牛站参加基因组检测情况

公牛站号	公牛站名	参测总数（头）	公牛站号	公牛站名	参测总数（头）
111	北京首农畜牧发展有限公司奶牛中心	322	361	江西省天添畜牧育种有限公司	4
121	天津市奶牛发展中心	135	371	山东省种公牛站有限责任公司	14
131	河北品元畜禽育种有限公司	214	373	山东奥克斯畜牧种业有限公司	214
132	秦皇岛全农精牛繁育有限公司	18	374	先马士畜牧（山东）有限公司	53
133	亚达艾格威（唐山）畜牧有限公司	88	411	河南省鼎元种牛育种有限公司	138
141	山西省畜牧遗传育种中心	71	413	南阳昌盛牛业有限公司	5
151	内蒙古天和荷斯坦牧业有限公司	83	414	洛阳市洛瑞牧业有限公司	14
155	内蒙古赛科星繁育生物技术（集团）股份有限公司	264	441	广州市奶牛研究所有限公司	4
			511	成都汇丰动物育种有限公司	14
211	辽宁省牧经种牛繁育中心有限公司	18	531	云南恒翔家畜良种科技有限公司	27
212	大连金弘基种畜有限公司	174	532	大理五福畜禽良种有限责任公司	28
222	吉林省德信生物工程有限公司	21	611	陕西秦申金牛育种有限公司	20
231	黑龙江省博瑞遗传有限公司	129	612	西安市奶牛育种中心	73
232	大庆市银螺乳业有限公司	88	631	青海正雅畜牧良种科技有限公司	15
311	上海奶牛育种中心有限公司	311	641	宁夏四正种牛育种有限公司	59
322	南京利农奶牛育种有限公司	19	651	新疆天山畜牧生物工程股份有限公司	278

根据2018年中国荷斯坦牛遗传评估结果，经统计得出，参测共3 032头公牛，其中GCPI最高值为3 613，最低值为–1 647，平均值为1 416。各分项评估性状育种值的最高值、最低值、整体平均值和排名前50位公牛的平均值见表3–3。

通过对数据分析发现，GCPI值大于3 000的共有69头，2 000~3 000的有741头，1 000~2 000的有1 280头，0~1 000的有756头，小于0的有186头，如图3–9所示。

表3–3　各分项育种值情况

项目	产奶量（kg）	乳脂率（%）	乳蛋白率(%)	体细胞评分	体型总分	泌乳系统评分	肢蹄评分
最高值	4 061	0.38	0.24	29.54	27.89	28.90	4.60
最低值	–2 741	–0.46	–0.12	–20.52	–22.90	–26.86	1.10
整体平均值	1 250	–0.01	0.01	4.14	4.13	3.06	2.72
排名前50均值	3 127	0.22	0.13	20.89	19.82	23.30	3.98

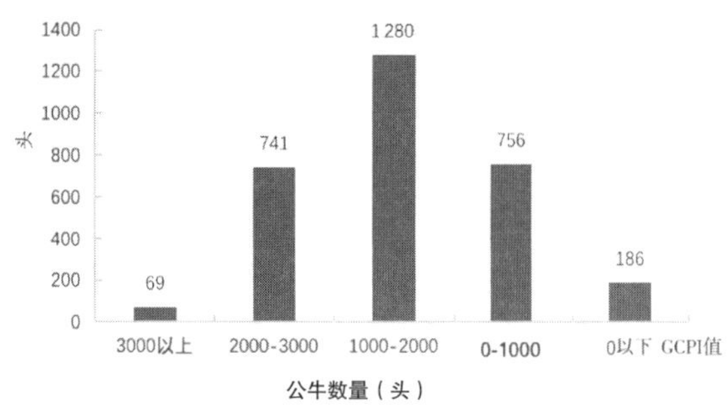

图3–9　不同分值下基因组检测牛只分布情况

在基因组检测的3 032头公牛中，已经有1 230头公牛拥有了后裔测定成绩。

通过基因组选择可以实现公牛的早期选择，进而可以节约待定青年公牛的养殖成本，提高奶牛种公牛的平均选育效益。通过直接使用基因组选择的冻精，不仅提高了奶牛育种的世代间隔，增加了遗传进展，直接降低了奶牛育种企业的运行成本，增加企业收益。

（中国奶业协会养殖业发展部、中国奶牛数据中心）

公牛站、核心育种场、观光牧场

一、种公牛站

（一）基本情况

截至2018年年底，全国共有42个种公牛站获得种畜禽生产经营许可证。种公牛站从业人员共1 876人，具有大专以上学历的专业技术人员1 096人，其中具有高级技术职称217人，中级技术职称266人。冻精产品质量检验员114人，执业兽医67人。

（二）种公牛存栏情况

42个种公牛站存栏种公牛4 252头，比上年减少89头；品种与上年相比，减少了海子水牛、徐州黄牛。

采精种公牛存栏3 155头，较上年减少77头。其中荷斯坦牛791头，乳肉兼用西门塔尔牛263头，褐牛58头，三河牛50头，娟姗牛22头，牦牛97头，奶水牛160头，肉用西门塔尔牛1 011头，夏洛来牛129头，利木赞牛95头，安格斯牛119头，其他肉用品种种公牛360头。

后备种公牛存栏1 097头，较上年减少12头。其中荷斯坦牛 395 头，乳肉兼用西门塔尔牛54头，褐牛28头，三河牛210头，娟姗牛5头，牦牛10头，奶水牛37头，肉用西门塔尔牛234头，夏洛来牛29头，利木赞牛21头，安格斯牛28头，其他肉用品种后备种公牛46头。

（三）冻精产销情况

全年生产冻精3 240.6万支，头均生产冻精1.03万支，产量同比下降6.4%。生产荷斯坦牛冻精614万支，占冻精生产总量的18.9%，冻精产量同比下降29.7 %。生产兼用牛冻精423 万支，占冻精生产总量的13.1%，冻精产量同比下降9.2%；其中生产乳肉兼用西门塔尔牛冻精248万支，同比下降14.4%。生产娟姗牛冻精10.9万支，同比下降46.3%。生产肉用牛冻精2 192.7万支，占冻精生产总量的67.7 %，冻精产量同比增长4.3 %；其中生产肉用西门塔尔牛冻精1 573.6万支、夏洛来牛冻精189.3万支、利木赞牛冻精119.7万支、安格斯牛冻精100.4万支。

全年推广销售冻精2 618.6万支，较上年增加16.4%。销售荷斯坦牛冻精587.1万支，占冻精销售总量的22.4%，销量同比增长 37.8%。销售兼用牛冻精254万支，占冻精销售总量的9.7 %，销量同比下降14%；其中乳肉兼用西门塔尔牛冻精销售188.4万支，同比增长12.9%。 销售娟姗牛冻精13.6万支，同比增长83.8%。销售肉牛冻精1 764万支，占冻精销售总量的67.4%，销量同比增长16 %；其中销售肉用西门塔尔牛冻精1 395.6万支，夏洛来牛冻精111.9万支，利木赞牛冻精84万支，安格斯牛冻精63.1万支。

二、国家奶牛核心育种场

2018年6月，《国务院办公厅关于推进奶业振兴保障乳品质量安全的意见》印发，提出“大力引进和繁育良种奶牛，打造高产奶牛核心育种群，建设一批国家核心育种场”。经过组织申报、遴选，最终公布了第一批10家国家奶牛核心育种场，其中1家是新疆褐牛核心育种场，9家是荷斯坦牛核心育种场。国家奶牛核心育种场存栏荷斯坦牛2.6万头，其中核心群母牛5 023头，牛乳平均乳脂肪率3.9%，乳蛋白率3.3%，体细胞数13.8万个/mL，305天产奶量达到12t，年度向育种企业等提供后备公牛268头。国家奶牛核心育种场的建设，弥补了我国奶牛育种工作的短板，对于保障奶牛种源供给能力，提高良种化水平具有重要意义。

表3-4　2018年遴选的国家奶牛核心育种场名单

序号	单 位	所在省份
1	北京首农畜牧发展有限公司奶牛中心良种场	北京市
2	石家庄天泉良种奶牛有限公司	河北省
3	内蒙古犇腾牧业有限公司第十二牧场	内蒙古自治区
4	大连金弘基种畜有限公司丛家牛场	辽宁省
5	光明牧业有限公司金山种奶牛场	上海市
6	东营神州澳亚现代牧场有限公司	山东省
7	河南花花牛畜牧科技有限公司	河南省
8	贺兰中地生态牧场有限公司	宁夏回族自治区
9	塔城地区种牛场	新疆维吾尔自治区
10	新疆天山畜牧生物工程股份有限公司良种繁育场	新疆维吾尔自治区

表3-5　第二批休闲观光牧场名单

序号	名单
1	山西泓祁奶牛主题乐园
2	山西九牛欢乐牧场
3	黑龙江红星森林有机牧场
4	浙江佳乐乳业九峰牧场
5	浙江泰顺云岚牧场
6	江西牛牛乳业现代牧场
7	山东合力牧业乡间牧场
8	山东台儿庄祥和乳业庄园
9	河南南阳三色鸽农牧观光园
10	湖南德人牧业小镇
11	陕西优利士乳业零距离牧场
12	新疆朗青休闲观光牧场

（全国畜牧总站畜禽种业指导处，李姣、刘丑生）

【进口奶牛检疫】

2018年进口奶牛检疫情况分析

一、2018年我国进口奶牛情况

（一）数量与国家

2018年，我国进口奶牛30批次，共124 255头，同比增长13.63%；进口奶牛的主要来源国为澳大利亚、乌拉圭、新西兰，分别为90 203头、17 268头、16 784头，占进口奶牛总数的72.59%、13.90%、13.51%。通过对2016—2018年我国进口奶牛数量（图3-10）分析发现，我国奶牛的进口总数已趋于平稳，最大的来源国均为澳大利亚，其他三个来源国的进口量受品质、疫情、价格等因素影响波动较大。

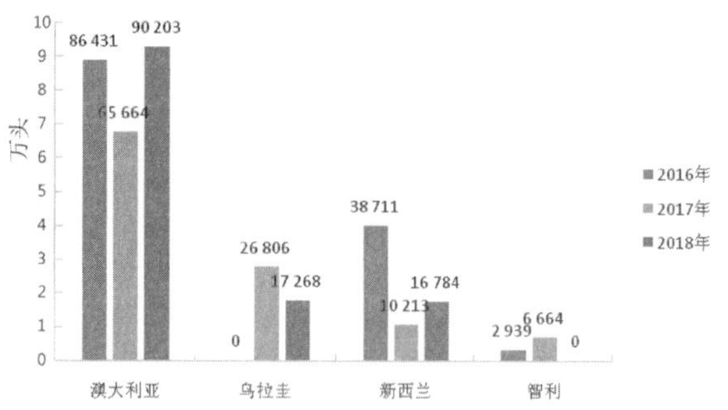

图3-10 2016—2018年我国进口奶牛情况

（二）进口奶牛检出不合格情况

海关总署在进口奶牛检疫过程中，需实施境外检疫（包括境外农场检疫和境外隔离检疫）、境内隔离检疫等监管措施，通过这一系列的检疫工作将感染疫病和临床检查不合格的奶牛逐步筛选淘汰。2018年，我国共检疫进口奶牛185 897头，检出不合格数量为61 642头，淘汰率为33.16%。其中，检出感染疫病的数量为24 054头，另外37 588头奶牛因临床检查发现体格消瘦、跛行外伤、乳房炎症、皮肤疾病等原因而被淘汰。

根据数据统计发现（图3-11），澳大利亚进口奶牛的淘汰率相对较高，为38.20%，在境外检疫时已淘汰37.56%；其次为新西兰，淘汰率为18.03%，在境外检疫时已淘汰17.43%；第三为乌拉圭，淘汰率为11.26%，在境外检疫时已淘汰10.31%。澳大利亚淘汰率较高，主要由于澳大利亚荷斯坦牛全球认可度较高，连续多年大规模出口，导致国内农场存栏奶牛整体质量有所下降。虽然奶牛进口存在较大风险，但有效的境外检疫已将98%以上的不合格奶牛挡在国门之外，明显降低了疫情传入的风险。

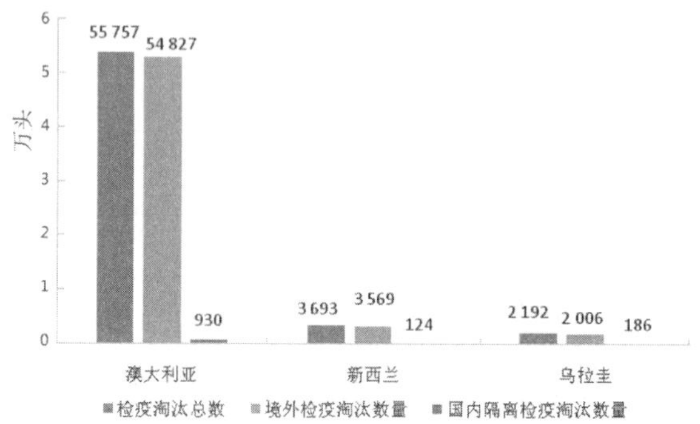

图3-11 2018年我国进口奶牛检疫淘汰情况

（三）进口奶牛检出疫病情况

2018年，因检出疫病感染而被淘汰的进口奶牛共计24 054头，疫病淘汰率为12.94%。经统计分析发现（图3-12），澳大利亚奶牛的疫病淘汰率相对较高，为15.50%；其次为新西兰，疫病淘汰率为6.27%；疫病淘汰率最低的为乌拉圭，仅为0.76%。

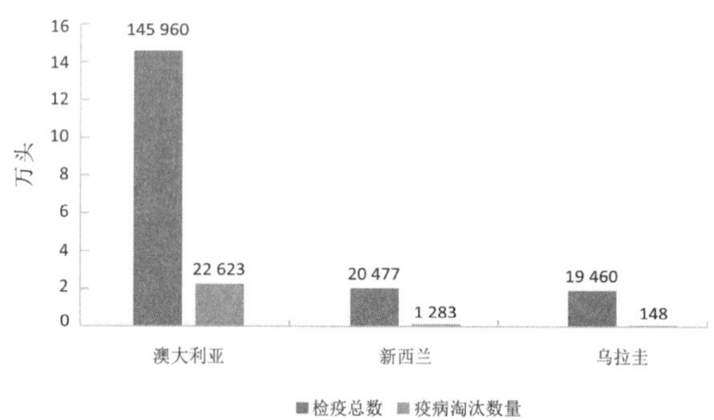

图3-12 2018年我国进口奶牛疫病淘汰情况

二、2018年我国进口奶牛疫病检出情况

（一）澳大利亚

根据《中国从澳大利亚输入牛的检疫和卫生要求议定书》要求，从澳大利亚进口奶牛须检疫7种疫病，即蓝舌病（Blue tongue，BT）、副结核病（Johne's disease，JD）、赤羽病（Akabane）、牛传染性鼻气管炎（Infectious bovine rhinotracheitis，IBR）、牛病毒性腹泻（Bovine viral diarrhea，BVD）、牛地方流行性白血病（Enzootic bovine leucosis，EBL）和鹿流行性出血热（Epizootic hemorrhagic disease of deer，EHD）。2018年，从澳大利亚进口奶牛中检出疫病共22 623头，其

中IBR占疫病检出总数的72.25%，与2016年（63.00%）、2017年（62.78%）相比，占比有所增加。IBR较高的占比，说明IBR在澳洲普遍流行，由于澳大利亚对IBR不采取防控措施，牛群感染率一直较高。虽然澳大利亚是蓝舌病疫区，但根据议定书要求，所有进口奶牛必须在中澳双方认可的蓝舌病非疫区的农场出生并长大，或过去6个月在该农场饲养，所以进口奶牛的蓝舌病占比较低，仅为0.29%。由此可知，实施风险分类管理和非疫区划分，既能促进动植物产品贸易发展，又能有效降低疫病传入的风险。Akabane、BVD、JD占比在7%左右，说明在澳大利亚有一定流行性；EBL和EHD占比均小于0.50%，为散发性疫病（图3-13）。

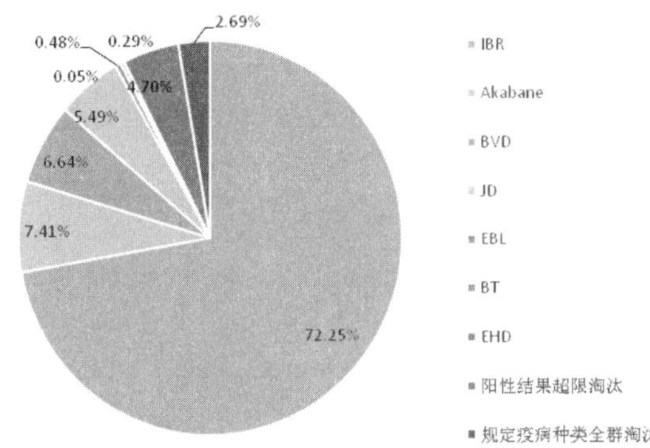

图3-13　2018年澳大利亚进口奶牛疫病检出情况

（二）新西兰

根据《中国从新西兰输入牛的检疫和卫生要求议定书》要求，从新西兰进口奶牛须检疫5种疫病，即牛结核病（Tuberculosis bovine，TB）、JD、EBL、IBR和BVD。2018年，从新西兰进口奶牛中检出疫病共1 283头，其中IBR占疫病检出总数的82.84%。与澳大利亚一样，新西兰也不对IBR采取防控措施，因此牛群IBR感染率很高。BVD占比为10.40%，与2016年（1.00%）、2017年（9.71%）相比，占比有所增加，说明该疫病已具有一定流行性。JD、EBL和TB也有检出，但数量较少，说明新西兰对奶牛的疫病防控体系较为完善，防控措施也较为有效（图3-14）。

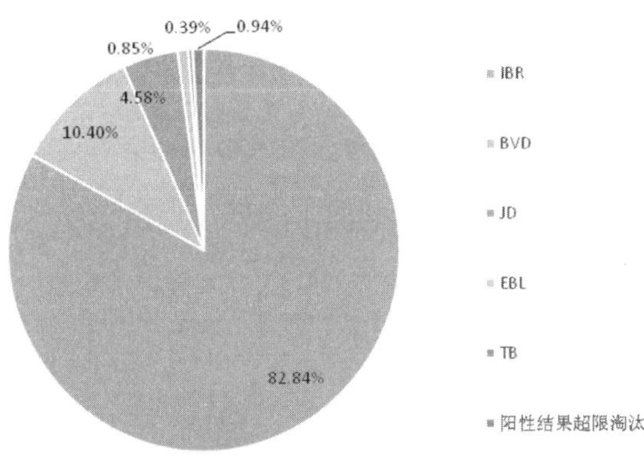

图3-14　2018年新西兰进口奶牛疫病检出情况

（三）乌拉圭

根据《中国从乌拉圭输入牛的检疫和卫生要求议定书》要求，从乌拉圭进口奶牛须检疫6种疫病，即口蹄疫（Foot and mouth disease，FMD）、TB、JD、布氏杆菌病（Brucelliasis）、EBL和BVD。2018年，从乌拉圭进口奶牛中检出疫病共148头，且疫病感染情况较为单一。其中，IBR为主要检出疫病，占疫病检出总数的58.11%；其次是EBL和JD，占比分别为26.35%、15.54%（图3-15）。

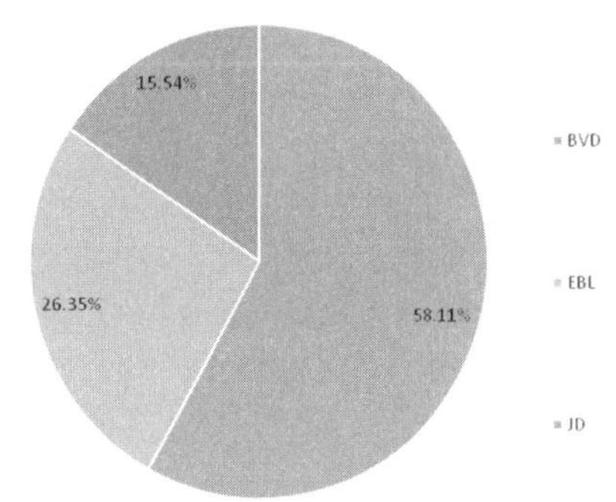

图3-15　2018年乌拉圭进口奶牛疫病检出情况

三、进境口岸、隔离检疫场和使用单位分布情况

（一）进口奶牛进境口岸和隔离检疫场分布情况

2018年，我国进口奶牛主要从河北、天津、山东、江苏等口岸入境。其中，从河北口岸进口奶牛46 640头，占总数的37.54%，进口奶牛数量首次超过天津口岸（见图3-16），与产业布局、地理位置、口岸效能等因素有关。隔离检疫场分布情况与各口岸进口奶牛数量相一致，主要集中在河北、天津、山东、江苏等地，便于入境后立即开展检疫工作。

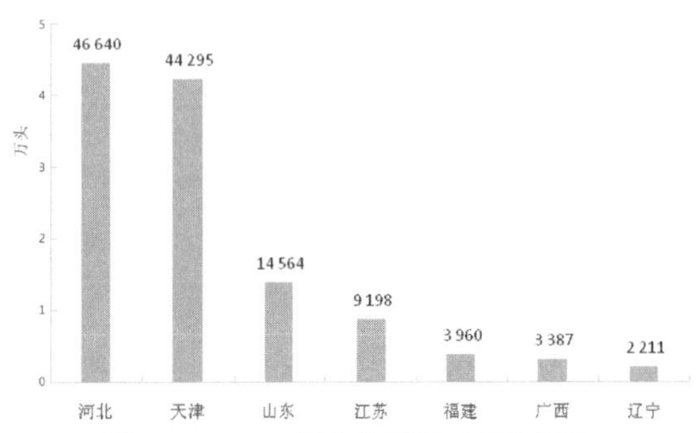

图3-16　2018年各地区进口奶牛情况

（二）进口奶牛使用单位分布情况

2018年，进口奶牛使用单位共30余家，主要位于内蒙古、山东、贵州、宁夏等地，其中39.48%的进口奶牛运往内蒙古地区。进口奶牛使用单位的分布情况与当地畜牧业发展情况密切相关。

（海关总署，窦树龙、季新成；重庆海关，江红旗、殷静、李盟）

【饲草饲料】

振兴奶业苜蓿发展行动

苜蓿是奶牛等草食动物的重要优质饲草，被誉为“牧草之王”。从2012年起，中央财政每年安排3亿元专项资金，在奶牛主产省份和苜蓿优势区建设50万亩高产优质苜蓿示范基地。

2018年，在河北、山西、内蒙古、辽宁、黑龙江、安徽、山东、河南、陕西、甘肃、青海、宁夏、新疆以及黑龙江农垦总局开展高产优质苜蓿示范创建，全年完成80万亩高产优质苜蓿基地建设任务。

在项目带动和市场拉动下，我国苜蓿生产能力快速提高，实现了产量和质量的“双提升”。截至2018年年底，全国优质苜蓿种植面积达到550万亩，干草产量220万吨，满足了200万头泌乳奶牛的饲喂需求。每头奶牛饲喂苜蓿增加效益在1 000元以上。

（农业农村部畜牧兽医局奶业处）

2018年全国饲料工业发展概况

2018年是我国饲料工业波澜起伏的一年，面对中美贸易摩擦和非洲猪瘟疫情等多重挑战，全行业积极应对，采取有效措施，保持了平稳发展态势。全年工业饲料产值和产量双增长，产品结构适应性调整，行业规模化程度和集中度进一步提升，企业产业链调整重组步伐加快。

一、饲料工业总产值快速增长

全国饲料工业总产值8 872亿元，同比增长5.7%；总营业收入8 689亿元，同比增长6.0%。其中，饲料产品产值7 869亿元、营业收入7 753亿元，同比分别增长5.8%、6.2%，增速与上年相比有较大幅度提高；饲料添加剂产品产值944亿元、营业收入875亿元，同比分别增长4.9%、5.3%，增幅比上年大幅收窄；饲料机械产品产值59亿元、营业收入61亿元，同比分别增长1.5%、1.1%，发展态势平稳。

二、饲料总产量小幅增长

全国饲料总产量22 788万t，同比增长2.8%，产品类别和品种结构呈现不同涨跌趋势。从类别看，表现为“一增两降”。其中，配合饲料20 529万t、同比增长4.6%，浓缩饲料1 606万t、同比下降13.4%，添加剂预混合饲料653万t、同比下降5.1%。从品种看，表现为“猪弱禽强、水产反刍快涨”。其中，猪饲料9 720万t、同比下降0.9%，蛋禽饲料2 984万t、同比增长1.8%，肉禽饲料6 509万t、同比增长8.2%，水产饲料2 211万t、同比增长6.3%，反刍动物饲料1 004万t、同比增长8.9%，其他饲料360万t、同比下降10.7%。

三、饲料添加剂产量较快增长

全国饲料添加剂产品总量1 094万t，同比增长5.8%；其中，直接制备饲料添加剂1 035万t、同比增长5.3%，生产混合型饲料添加剂59万t、同比增长15.3%。从主要品种看，氨基酸、矿物元素、酶制剂和微生物制剂等产品产量分别达285万t、567万t、17万t和15万t，同比分别增长21.5%、13.8%、55.8%和36.9%，酶制剂和微生物制剂等生物饲料产品呈现强劲上升势头。

四、生产规模化程度进一步提高

全国万吨规模以上饲料生产厂达3 742家，比上年增加196家，饲料产量占总产量的94.6%，比上年增加1.6个百分点；其中，10万t规模以上厂家数量达656家，比上年增加81家，饲料产量占总产量的49.7%，比上年增加5.4个百分点。全国有8家单厂产量超过50万t，单厂产量最大的厂家规模达114万t。万吨以下厂家饲料产量占比降至5.4%，比上年减少1.6个百分点。

五、产业集中度继续提升

全国工业饲料十强省合计产量占全国比重71.3%，比上年提高1.7个百分点。饲料产量超千万吨的省份达11个，比上年新增1个；山东和广东的单省产量首次突破3 000万t，总产值分别达1 353亿元和1 187亿元，总产量和产值均比第二梯队前列的省份多一倍。全国有4家企业集团年产量超过1 000万t，比上年增加2家，合计产量 4 760 万 t，占全国产量比重为 21%。

六、企业产业链布局出现新变化

受养殖业行情和产业形势变化影响，饲料企业加快调整产业结构和产业链布局。部分以商品饲料为主的企业加快向下游养殖业发展，部分产能转为生产自用饲料，有 7 家年产百万吨以上的企业集团商品饲料产量降幅超过 20%。部分企业面对养殖风险大、行业竞争加剧的挑战，逐步调整经营策略，实施产业转型，发展新的业务板块，个别企业饲料产量锐减一半以上。部分企业为优化产能布局，实现产品结构多样化，扩大市场占有率，加快收购兼并步伐，不断做大做强。

（农业农村部畜牧兽医局饲料饲草处）

2018 年我国苜蓿和燕麦发展情况

一、苜蓿和燕麦种植情况

就苜蓿种植情况看，2018 年我国紫花苜蓿的年末保留面积为 2 978.72 万亩，同比下降 52.15%；其中农区为 487.87 万亩，同比降幅达 88.06%，牧区为 2 490.85 万亩，同比增幅为 16.56%。紫花苜蓿种植主要分布在甘肃、内蒙古、宁夏、辽宁和吉林 5 省（自治区），种植面积分别为 1 112.00 万亩、750.32 万亩、600.00 万亩、129.00 万亩和 119.59 万亩，占全国紫花苜蓿年末保留面积的 91.02%。2018 年我国紫花苜蓿产量为 1 393.72 万 t，同比下降 52.49%。

表 3-6　2018 年我国苜蓿种植区域分布情况

单位：万亩、万 t

省份	年末保留面积	总产量
内蒙古	750.32	300.13
甘肃	1 112.00	444.80
青海	9.40	4.70
宁夏	600.00	360.00
西藏	19.13	21.86
河北	37.14	24.40
山西	80.00	40.00
辽宁	129.00	51.60
吉林	119.59	47.84
黑龙江	32.00	12.80
山东	16.00	12.80
安徽	10.00	11.00
河南	24.00	22.00
重庆	1.00	0.80
四川	39.14	39.00

注：数据来源于国家牧草产业体系全国生产摸底统计数据

就燕麦种植情况看，2018 年我国燕麦种植面积为 426.68 万亩，同比下降 32.26%；其中农区为 140.54 万亩，同比降幅达 44.09%，牧区为 286.14 万亩，同比降幅为 23.70%。燕麦种植主要分布在甘肃、内蒙古、河北、山西和吉林 5 省（自治区），种植面积分别为 129.00 万亩、120.38 万亩、64.70 万亩、30.00 万亩和 30.00 万亩，占全国燕麦种植面积的 87.67%。2018 年我国燕麦产量为 222.45 万 t，同比下降 44.33%。

表 3-7　2018 年我国燕麦种植区域分布情况

单位：万亩、万 t

省份	年末保留面积	总产量
内蒙古	120.38	72.23
西藏	26.76	10.70
甘肃	129.00	51.60
宁夏	10.00	5.00
河北	64.70	26.36
山西	30.00	18.00
吉林	30.00	18.00
黑龙江	3.20	1.92
河南	0.50	0.50
四川	12.14	18.14

注：数据来源于国家牧草产业体系全国生产摸底统计数据

二、商品苜蓿草和燕麦草情况

一方面，由于 2018 年商品牧草的全国统计数据尚未发布；另一方面，甘肃和宁夏是我国苜蓿和燕麦的主产省份，2018 年两省（自治区）苜蓿和燕麦种植面积占全国苜蓿和燕麦种植面积比重分别达到 57.47% 和 32.58%。因此梳理概括商品苜蓿草和商品燕麦草在甘肃和宁夏的发展情况具有一定的现实意义。

就商品苜蓿的生产发展情况而言，2018 年甘肃和宁夏商品苜蓿种植面积共为 355 万亩，苜蓿干草产量约为 185 万 t。甘肃商品苜蓿的种植区域主要分布在河西走廊和河东地区，其中，河西走廊商品苜蓿种植面积 80 万亩，二级以上苜蓿干草产量约 60 万 t；河东地区商品苜蓿种植 150 万亩，三级以上苜蓿干草产量约 70 万 t。宁夏的商品苜蓿主要分布在川区和山区，其中川区商品苜蓿种植 40 万亩，二级以上苜蓿干草产量约 30 万 t；山区商品苜蓿种植 85 万亩，三级以上苜蓿干草产量约 25 万 t。

就商品燕麦草的生产发展情况而言，2018 年甘肃和宁夏商品苜蓿种植面积共为 130 万亩，苜蓿干草产量约为40万t。甘肃商品燕麦草的种植区域主要分布在河西走廊和河东地区，其中，河西走廊商品苜蓿种植面积60万亩，总产量约30万t，B型和A型燕麦干草各占50%；河东地区商品燕麦种植50万亩，以收获青贮燕麦为主，销售市场主要针对定西周边及西藏、四川等区域。宁夏的商品燕麦主要分布在川区和山区，其中川区商品燕麦种植15万亩，以A型为主，总产量约7万t；山区商品燕麦种植5万亩，总产量约2万t。

三、我国苜蓿和燕麦发展趋势及存在的问题与建议

随着居民肉类消费需求的不断增加，畜牧业快速发展，以及“粮改饲”和“振兴奶业苜蓿行动计划”等政策的加持，牧草产业迎来较大发展机遇，牧草市场需求不断增加，尤其是苜蓿、燕麦等优质牧草市场供不应求。近十年来，苜蓿和燕麦发展趋势总体向好但波动剧烈，提高优质饲草的综合生产能力仍然面临诸多挑战。

当前，牧草生产注重种植环节而忽视后续环节现象突出，牧草长势良好并不意味着能完全得到有效产量和应有效益，牧草刈割、打捆、运输和储存等环节也需要高度重视。在实地调研中能经常看到，由于农户对苜蓿等优质牧草收储不正确、不及时，出现大量牧草腐坏于地的现象，与大型企业标准化、专业化生产形成鲜明对比。机械设备问题较为严峻。其一，近年来，虽然得到快速发展，但与国外机械品牌，如约翰·迪尔、克拉斯等相比，国产牧草生产机械还存在差距。目前，牧草机械购置补贴主要针对国产机械，进口机械质量好但价格也高，增加了牧草的生产成本。其二，牧草机械化生产的社会化服务体系仍不健全。从赤峰市阿鲁科尔沁旗调研得知，部分地区具有专业化的牧草生产机械服务组织，牧草生产机械的社会化服务体系较为完善。但是，国内绝大多数地区还不具备该类条件，南方地区尤为突出。南方多数区域地处山区，牧草规模化生产难以实现，生产所需小型机械依旧缺乏。

提高优质牧草的综合生产能力离不开管理理念的提升和技术进步的加速。提高牧草生产者的管理理念，不能只重视种植端而忽略了后续的田间管理以及适时的刈割、晾晒，包括后续的分级销售等都要给予充分的重视。此外，牧草机械问题也要重点关注。在财政能力允许的情况下，适当提高进口机械的补贴标准；此外鼓励牧草机械制造企业加强国际合作，坚持引进、消化与自主创新相结合；继续推进地方牧草产业技术创新战略联盟和草业协会等建设，探索建立研发者、生产者和使用者的对话机制，提升技术创新成果的转化速度。

（国家牧草产业技术体系首席科学家张英俊）

草原生态保护补助奖励政策

2018年，中央安排草原生态保护补助奖励资金187.6亿元，继续在内蒙古、新疆、甘肃、青海等13省（自治区）实施草原生态保护补助奖励政策。按照目标、任务、责任、资金“四到省”和任务落实、补助发放、服务指导、监督管理、建档立卡“五到户”的基本原则，对牧民实行草原禁牧补助、草畜平衡奖励、牧民生产资料补贴等政策措施，共安排草原禁牧面积12.1亿亩，草畜平衡面积26.05亿亩。目前，13省（自治区）的草原补奖政策落实情况总体良好，各项补奖任务和资金有效落实到了草场和牧户，取得了显著的生态、经济和社会效益。

（农业农村部畜牧兽医局饲料饲草处）

2018年生鲜乳、玉米和豆粕价格情况

2018年生鲜乳价格略低于上年。主产省份生鲜乳平均价格为3.46元/kg，同比下降0.6%。全年生鲜乳价格先降后升，呈现出显著的季节性特征。年初至7月，主产省生鲜乳价格持续下降，7月份降至全年最低点3.37元/kg，之后开始回升，12月份涨至3.59/kg，为全年最高。下半年生鲜乳价格回升，主要受两方面因素影响：一是乳制品需求旺盛；二是中美贸易摩擦导致苜蓿、豆粕价格上涨，增加了生鲜乳生产成本。

玉米价格小幅上升。2018年玉米平均价格为2.04元/kg，同比上涨6.8%。从走势来看，全年玉米价格呈现N形走势，在波动中基本保持平稳。12月玉米价格为2.08元/kg，相比年初的1.98元/kg，上涨0.1元/kg。

豆粕价格在波动中上涨。2018年豆粕平均价格为3.42元/kg，同比上涨2.1%。全年豆粕价格走势经历M形走势，1~4月和6~10月上涨，4~6月和10~12月下降，年末比年初上涨4.5%。

（农业农村部畜牧兽医局监测信息处，付松川）

【质量安全监管】

饲料质量安全监管、“瘦肉精”专项监测

【饲料质量安全监管】2018年4月12日，农业农村部办公厅印发《2018年全国饲料质量安全监管工作方案》（农办牧〔2018〕21号），部署在全国30个省（自治区、直辖市）开展商品饲料监督抽检和执行《饲料质量安全管理规范》现场检查，切实保障饲料质量安全。全年抽检各类饲料产品7 424批次，饲料产品总体合格率为93.2%。其中，配合饲料3 717批次，合格率92.5%；浓缩饲料1 138批次，合格率90.5%；精料补充料421批次，合格率96.9%；添加剂预混合饲料1 133批次，合格率93.9%；饲料添加剂383批次，合格率97.1%；混合型饲料添加剂237批次，合格率94.9%；动物源性饲料原料174批次，合格率92.5%；植物性饲料原料168批次，合格率99.4%；其他饲料原料46批次，合格率95.7%；宠物饲料7批次，合格率100%。针对不同产品性质特点，分别进行卫生、禁限用药物和牛羊源成分等指标检测。其中，对7 219批次样品进行卫生指标检测，发现178批次不合格产品，不合格率2.5%；对5 286批次样品进行禁限用药物指标检测，发现118批次不合格产品，不合格率2.2%；对119批次样品进行牛羊源成分指标检测，发现6批次不合格产品，不合格率5.0%。

从监测结果看，2018年采取“双随机”抽样检测，采样范围进一步扩大，检测指标大幅度增加，导致全国饲料产品抽检总体合格率有所降低，但饲料产品质量安全状况总体仍处于较好水平。从具体指标看，真菌毒素和重金属超标、超量使用药物饲料添加剂、违规添加禁用药物、产品质量控制不严等问题仍然存在。

2018年，继续组织开展饲料中非法添加物摸底筛查，强化饲料中新型未知物质检测方法研究。针对行业反馈集中、风险隐患突出的饲料中病原微生物、矿物原料中重金属污染等潜在安全风险，组织开展隐患排查，持续跟踪监测，进一步完善主动防控风险的技术体系。

【“瘦肉精”专项监测】2018年5月8日，农业农村部办公厅印发《2018年“瘦肉精”专项监测工作方案》，组织对河北、山西等27个省（自治区、直辖市）的2 250家生猪、3 100家肉牛、2 550家肉羊养殖场（户）开展的养殖环节“瘦肉精”监督抽检，共抽取23 700批次样品，监测合格率100%。对内蒙古等10个重点省份育肥后期的501家肉牛、499家肉羊养殖场（户）开展的β-受体激动剂类违禁物质排查，共抽取3 300批次样品，监测合格率100%。对北京、上海等8省（自治区、直辖市）活畜运输环节“瘦肉精”监督抽检，共抽检2 400辆运输车，抽检7 200批次样品，共发现4头肉牛“瘦肉精”阳性。监测合格率99.8%。

组织国家饲料质量监督检验中心（北京）及11个省级饲料质检机构的技术人员，分别赴河北、内蒙古、辽宁、吉林、山东等5个肉牛肉羊主产省份21个县128家养殖场，飞行抽检牛羊尿液样品466份和牛羊组织样品80份，全部牛羊组织样品均未检出β-受体激动剂类违禁物质，仅吉林省4个肉牛尿液中检出克仑特罗。

（农业农村部畜牧兽医局饲料饲草处）

生鲜乳质量安全

2018年，农业农村部按照《乳品质量安全监督管理条例》《生鲜乳生产收购管理办法》等规定，生产和监管并重，监测和执法并举，加强对奶牛场、奶站、运输车三个重点环节监管，实行生鲜乳收购和运输许可管理，推行政府抽检、奶站和乳品企业自检的乳品质量检验检测制度，着力构建严密的全产业链质量安全监管体系。

一是推进监管信息化。在全国运行奶站和运输车监管监测信息系统，实时掌握奶站和运输车的运行和变化情况，对全国所有奶站和运输车实现精准化、全时段管理。全国4 600多个生鲜乳收购站和5 100多辆运输车，全部纳入监管，持证经营。

二是推进监管制度化。连续第10年开展生鲜乳专项整治行动，并派出8个督查组对重点省份进行督导检

查。落实各地奶站、奶车专人监管制度，做到不漏站、不漏车。落实监管频次制度，定期对奶站、奶车进行巡查监管，特别是对婴幼儿配方乳粉奶源的奶站、运输车和奶牛场全部建档立案，纳入重点监管。2018年，全国累计出动执法人员3.8万人次，检查奶站16 514个次、运输车13 660辆次，限期整改奶站279家、运输车156辆，取缔和吊销奶站78个、运输车29辆。

三是推进监测常态化。连续第10年组织实施生鲜乳质量监测计划，2018年，抽检生鲜乳样品1.8万批次，开展婴幼儿配方乳粉奶源质量安全专项监测和飞行抽检，重点对婴幼儿乳粉奶源相关的奶站和运输车进行全覆盖抽检，建立婴幼儿配方乳粉奶源质量安全追溯体系。

四是发布《中国奶业质量报告》。通过权威数据全面呈现我国乳品质量安全状况，宣传奶业质量安全监管的措施和成效。2017年，我国生鲜乳乳蛋白率抽检平均值3.2%，乳脂肪抽检平均值3.8%，分别高出生乳国家标准0.4个和0.7个百分点，达到发达国家水平。三聚氰胺等违禁添加物抽检合格率连续9年保持100%，生鲜乳抽检合格率99.8%，质量水平处于历史最好时期。

（农业农村部畜牧兽医局奶业处）

2018年奶牛兽药残留监控情况

一、实施牛奶兽药残留监控计划

为加强兽药残留监控，保障动物源性食品安全，科学指导养殖环节安全、科学用药，2018年继续组织实施动物及动物产品兽药残留监控计划，重点对主要畜禽产品以及容易引发问题的产品开展检测，加大抽检的覆盖面和抽检频率，充分发挥残留监控计划发现问题、查找隐患的作用。同时，要求各地严格执行抽样、检测规定，及时、准确、如实上报检测结果，及时做好阳性样品的跟踪监测和追溯工作。各检测机构按照《2018年动物及动物产品兽药残留监控计划》要求，持续加大奶牛养殖场（户）、生鲜乳收购站抽检力度，全年共对1 175批次牛奶样品进行了兽药残留检测，检测项目包括β-内酰胺类、阿维菌素类、氟喹诺酮类、磺胺类、甲砜霉素、林可胺类和大环内酯类、地塞米松激素药物、四环素类等共计8类34种药物，合格率100%。

二、实施兽用抗菌药综合治理行动

一是组织开展兽药残留监控和动物源细菌耐药性监测。印发年度动物及动物产品兽药残留监控计划、动物源细菌耐药性监测计划，对主要畜禽产品9大类80种兽药残留进行检测；耐药性监测的病原菌种类由原来5种增加到8种，监测的药物品种重点增加了喹烯酮等9种促生长药物饲料添加剂，为风险评估和安全再评价提供支撑。据统计，2018年全国共检测畜禽产品兽药残留样品8 678批，超标3批，合格率99.97%。二是启动实施全国兽用抗菌药使用减量化行动。印发《农业农村部办公厅关于开展兽用抗菌药使用减量化行动试点工作的通知》《兽用抗菌药使用减量化行动试点工作方案（2018—2021年）》，在全国首批选择100家畜禽养殖场开展了兽用抗菌药使用减量化行动试点。发布养殖场兽用抗菌药使用减量评定方法和考核标准。三是淘汰3种风险隐患兽药产品。2018年1月11日发布农业部公告第2638号，停止在食品动物中使用喹乙醇、氨苯胂酸、洛克沙胂3种兽药。四是组织研究制定药物饲料添加剂退出方案。多次组织全国兽药残留与耐药性控制专家委员会专题评估研讨药物饲料添加剂退出问题，初步形成了相关方案。五是营造兽用抗菌药综合治理良好社会氛围。以“科学使用兽用抗菌药”百千万接力公益行动和“兽药规范使用”微信公众号为载体，加强规范用药科普宣传，共举办科普活动1 120多场，覆盖养殖场户21 000多户。举行“兽用抗菌药使用减量化行动启动仪式”，得到人民日报、农民日报、央视网等67家主流社会媒体和行业媒体的关注，52家行业自媒体转发。

（农业农村部畜牧兽医局药政药械处）

2018年全国奶牛疫病防控情况

2018年，农业农村部深入贯彻落实《动物防疫法》《中共中央办公厅 国务院办公厅关于创新体制机制推进农业绿色发展的意见》《国务院办公厅关于推进奶业振兴 保障乳品质量安全的意见》相关规定，按照《国家中长期动物疫病防治规划（2012—2020年）》《国家布鲁氏菌病防治计划（2016—2020年）》要求，坚持预防为主、综合防治的措施，指导各地加大奶牛疫病防治工作，有效应对突发疫情，防控工作取得突出成效。2018年有2个省发生奶牛口蹄疫疫情，发病53头，有13省份发生奶牛布鲁氏菌病疫情，发病2 802头，有10省份发生奶牛结核病病疫情，发病1 002头，奶牛重大动物疫情总体保持稳定，有力地保障了奶牛养殖业的持续稳定健康发展。

一是加强基础免疫工作。制定并印发《2018年国家动物疫病强制免疫计划》，抓好全国口蹄疫和部分地区牛羊的春秋两季集中免疫和日常补免，确保免疫密度和质量。组织开展春秋季防控工作大检查，奶牛口蹄疫平均免疫密度99%以上，免疫合格率97%以上；布鲁氏菌病一类地区应免奶牛平均免疫密度98%以上。

二是加强监测预警和形势分析。农业农村部印发《2018年国家动物疫病监测与流行病学调查计划》，组织各地有关单位科学开展动物疫病日常监测与专项流行病学调查工作，定期组织专家对口蹄疫等重大动物疫病疫情形式进行分析，及时掌握奶牛疫病的相关情况。

三是大力推进奶牛布病结核病净化。农业农村部大力推进奶畜布鲁氏菌病和结核病净化工作，要求严格落实“免、检、管、杀、消”的综合性防治措施，积极开展布鲁氏菌病净化区和净化场建设，大力推广布鲁氏菌病防控试点示范，创新布病防治模式，探索从养殖场到奶产品的全链条布鲁氏菌病净化。

四是加强应急处置。进一步完善疫情应急预案，充实物资储备，完善应急防控机制，加强应急值守，强化应急培训和演练，提高应急处置能力。对发生疫情的奶牛进行严格的扑杀和消毒措施，严防疫情扩散，并按照《病死及病害动物无害化处理技术规范》做好患病畜的无害化处理工作。

五是强化人畜共患病防控。2018年农业农村部在内蒙古自治区锡林浩特市召开布鲁氏菌病综合防控技术培训班，农业农村部副部长于康震对奶牛布鲁氏菌病防控做了重点要求，要切实做好奶牛布鲁氏菌病和结核病防控工作，培育健康奶牛畜群，为奶业振兴助力。同时组织重点省份召开会议，全面部署各项工作，指导各地做好免疫、监测、净化等综合防控措施。

六是加强监督监管。发布农业农村部公告第2号，进一步加强畜禽移动监管，减少畜禽长距离移动，降低动物疫病传播风险；规范动物产地检疫和屠宰检疫，不断强化公路动物卫生检查站和屠宰场的监督检查，严格落实查证验物制度，维护养殖业生产安全和畜禽产品质量安全。

（农业农村部畜牧兽医局防疫处）

【机械补贴】

2018年农业机械购置补贴政策实施和奶业机械装备应用情况

一、2018年农业机械购置补贴状况

2018年，各级农业农村、财政部门密切配合，认真贯彻落实《2018—2020年农机购置补贴实施指导意见》，扎实推进农机购置补贴政策实施，全年共实施中央财政农机购置补贴资金174亿元，扶持163万户农户购置机具191万台（套）。与往年相比，各省补贴范围均有所扩大，重点新增了支持农业绿色发展的机具，如河南、湖南、四川、山东等生猪大省将清粪机、粪污固液分离机等畜禽粪污资源化利用机具纳入补贴范围。为发挥农机购置补贴政策支持引导农机新技术、新产品推广应用的重要作用，自2018年起，将新产品补贴试点范围由10个省扩大到全国。2018年，16个省（自治区、直辖市）及计划单列市提出了35个次的新产品试点品目，涉及农业废弃物利用处理、畜牧养殖等方面的创新产品，补贴资金规模约1.8亿元，有效促进了农机产品技术创新和研发、生产、应用，为满足实施乡村振兴战略对机械化的新需求迈出了重要步伐。

自2007年以来，农业部积极贯彻落实《国务院关于促进奶业持续健康发展的意见》，支持振兴民族奶业，逐步将在用急需的奶业装备纳入农机购置补贴范围，截至2018年，除动力装备等通用设备外，仅挤奶机、饲料搅拌机、贮奶（冷藏）罐、青饲料收获机等奶业专用设备中央财政补贴购置67 151万台（套），补贴额达21.7亿元，补贴政策拉动奶业装备市场投入超过70亿元。目前全国挤奶机保有量9.72万台（套），鱼骨式、并列式挤奶机已经普及，转盘式挤奶机也逐步成为更新重点，挤奶机器人也开始应用，规模化牧场实现了100%机械化挤奶，90%的牧场配备全混合日粮（TMR）搅拌车，奶业机械化正向智能化迈进，农机购置补贴政策实施对提升我国奶牛养殖产业机械化水平效果显著。

二、主要奶业机械应用现状

1. 青贮收获机。2018年全国青饲料收获机保有量在4.86万台，较2017年增长6.8%。2018年度中央财政补贴4 360台，补贴金额20 495万元，2009年以来累计补贴机具数量21 929台，10年中央财政累计补贴额101 094万元。2017年全国机械化青贮秸秆数量9 254.46万t。目前规模化奶牛养殖场多将玉米全株青贮作为奶牛饲料，并更加注重青贮收获机的作业质量，特别是籽粒破碎的要求。在用青饲料收获机中具备籽粒破碎功能的多为功率段在420马力以上的国外品牌，如克拉斯、约翰·迪尔、纽荷兰、科洛尼等，有的大型乳企要求奶源牧场需使用某特定型号机具收获以保证青贮质量。国产设备以美诺、美迪为代表，主要满足中低端客户需求，近些年国内企业正加强技术研发，陆续推出中高马力段并具备籽粒破碎功能的设备，预计未来3年在450马力段附近国产设备和进口设备将重新划分市场。

2.TMR制备机。2018年央财政补贴购置饲料搅拌机类产品1 251台，补贴金额2 800万元，2009年以来累计补贴机具数量16 823台，10年来中央财政累计补贴额39 846.68万元。2007年以来，农业部大力推广TMR制备机，目前已经成为奶牛规模化养殖的必备设备，产品从国外设备“一统天下”到目前国产设备除自走式TMR制备机外，固定式和牵引式设备基本能够替代国外进口设备，如国科、澳新、捷腾等品牌有较好的市场口碑。伴随着养殖业结构调整和发展，TMR制备机应用从小型卧式转变为大型立式为主，并向精准配方大型固定式饲喂站和自走式TMR制备机趋势发展。

3. 挤奶机。2018年全国挤奶机保有量在9.72万台，较2017年减少2.7%。2018年度中央财政补贴71台（套），较2017年减少50%，补贴金额704万元，2009年以来累计补贴机具数量19 789台，10年来中央财政累计补贴额56 556.9万元。2017年机械挤奶的家畜数量（折算成羊单位）为4 220.67万个，占总产奶家畜的44.2%。挤奶设备也是2007年以来农业部重点推广的产品，在用产品中国外品牌占多数，国内企业组装为主。5年来奶牛养殖业受多种因素影响经济效益不佳，牧场挤奶设备更新和新装项目较少，从补贴机具数量也有较明显反映。至2018年奶牛养殖效益开始好转，挤

奶机向信息化智能化升级进程明显，挤奶机器人、转盘式和快放并列式挤奶机成改造项目和新项目的首选。

4. 贮奶（冷藏）罐。贮奶（冷藏）罐是奶牛养殖的必备设备，2009 年开始农业部开始对这类产品补贴，2018 年度中央财政补贴 92 台（套），补贴金额 137 万元，2009 年以来累计补贴机具数量 8 610 台（套），10 年来中央财政累计补贴额 19 546.31 万元。贮奶运输罐和冷藏罐都属于耐用品，更新较慢，市场上两个变化的趋势明显，一是专业化冷链物流促使专用生鲜乳运输车替代传统车背运输罐，老旧运输罐逐渐被淘汰，由于专用车需要改装资质，只有少部分企业经过增扩能力和寻求合作具备了生产资质，如四方力欧、新东轻工、青岛天福等企业；二是传统冷藏罐被速冷设备和奶仓替代。传统冷藏罐的降温速度无法同速冷设备相比，专用生鲜乳运输车配合速冷设备和奶仓是新建牧场和改造的首选。因速冷设备在购机补贴目录中未单列，同时鉴定指南中尚未明确，导致速冷设备尚未享受补贴。随着新鉴定办法实施，新鉴定指南和鉴定大纲发布，相关问题将会在 2019 年之后逐步得到解决。

5. 粪污处理设备。畜禽粪污处理设备 2018 年统计全国保有量为 6.51 万台（套）。2018 年，《农业农村部办公厅关于加快推进畜禽粪污资源化利用机具试验鉴定有关工作的通知》（农办机〔2018〕29 号）要求将清粪机、粪污固液分离机、撒肥机等 10 种已有推广鉴定大纲的产品列为加快鉴定推广的畜禽粪污资源化利用机具，为下一步将相关产品纳入补贴，进入推广的快车道做好了准备。目前奶牛养殖场广泛使用的设备有清粪机、固液分离机，另外好氧发酵罐在近两年也开始应用。在政策支持和政府引导下，一批畜禽养殖废弃物资源化利用装备会得到快速推广和应用，将有效解决奶牛养殖的环保瓶颈。

（农业农村部农机试验鉴定总站，金红伟）

【学生饮用奶】

国家“学生饮用奶计划”推广工作概况

2000年8月，农业部等七部（委、局）联合启动实施了国家“学生饮用奶计划”，18年来，农业、教育、卫生、市场监督管理等政府部门给予了大力支持，各省（自治区、直辖市）“学生饮用奶计划”工作机构给予了积极配合，各级负责领导、专家学者、生产企业、推广学校和其他各界力量也给予了大力支持，国家“学生饮用奶计划”得以稳步推进。截至2018年年底，全国学生饮用奶日均供应量1 845万份，惠及中小学生2 200万人，覆盖全国31个省（自治区、直辖市）的6万所学校。“学生饮用奶计划”的顺利实施，对改善和提高我国中小学生营养健康水平、促进乳品消费和奶业振兴都起到了积极作用。全国共有在册中国学生饮用奶生产企业112家，隶属于68家集团公司，分布在全国的28个省（自治区、直辖市）（除福建、海南以及西藏外），日处理生鲜乳总能力超过5万t。在中国奶业协会备案的学生饮用奶奶源基地309家，存栏泌乳奶牛超过35万头，日均生产生鲜乳近万t。

2013年，国家“学生饮用奶计划”推广工作整体移交中国奶业协会后，协会认真贯彻落实农业部等七部门印发的《关于调整学生饮用奶计划推广工作方式的通知》精神，严格按照食品安全、奶业管理等相关法律法规的要求，积极推动国家“学生饮用奶计划”的推广实施，开展的主要工作和取得的成效有：

一、颁布修订推广办法，制定团体标准，推广工作实现了有法可依、有标可循

2013年，在遵守食品和奶业相关法规标准的基础上，中国奶业协会组织专家制定颁布了《国家“学生饮用奶计划”推广管理办法（试行）》，为适应新的形势，2017年对之进行了修订。同时，对标国家标准，对接国际标准，中国奶业协会制定颁布了《学生饮用奶 生牛乳》《学生饮用奶 纯牛奶》《学生饮用奶 灭菌调制乳》《学生饮用奶 奶源基地管理规范》《学生饮用奶 中国学生饮用奶标志》5项有关学生饮用奶的团体标准。办法和标准的制定出台，规范了学生饮用奶生产，有效提高了质量安全水平。

二、强化质量监管，规范校内操作，转变认定方式，学生饮用奶质量安全有保障，推广工作管理方式有创新

学生饮用奶是具有特殊性和重要性的乳制品，必须强化质量监管。经过沟通协调，2016年，国家卫生计生委将学生饮用奶列入国家食品安全风险监测计划；农业部在生鲜乳质量安全监管中，特别重视学生饮用奶原料奶的质量安全；国家质检总局专项抽检177批次入校奶制品，全部检验合格。

为规范校内安全储存和科学饮用，中国奶业协会联合中国学生营养与健康促进会，连续四年开展“国家学生饮用奶计划推广示范学校”认定试点工作。其中2018年近110家中小学校提交了申报材料，经专家认定评估，省级学生营养与健康促进会（协会）、疾病预防控制中心、学生饮用奶主管机构审查通过，并经中国奶业协会与中国学生营养与健康促进会综合审定，最终批准命名57所学校为“国家学生饮用奶计划推广示范学校”，这些学校分布在四川、山东、内蒙古、河南、宁夏、河北、湖北、云南等8个省（自治区、直辖市）。截至目前，全国共4批189所学校通过认定，这些学校成为确保国家“学生饮用奶计划”安全实施、促进青少年健康成长的标杆。

此外，为实现管理创新，建立“国家学生饮用奶计划推广管理信息系统”，对推广工作（包括学生饮用奶生产企业和学生奶奶源基地的认定和备案）实施全程信息化管理，管理系统的模块不断增加，技术不断升级，功能不断完善。

三、强化宣传，动员各方力量，开展培训交流，“学生饮用奶计划”稳步推进

为展示推广情况，2014年和2017年，中国奶业协会分别发布了《国家学生饮用奶计划进展》《新时期国家学生饮用奶计划推广》白皮书。同时，联合中央电视台、

人民日报、经济日报、农民日报、中国教育报、中国教育新闻网等媒体，通过视频报道、发表文章、开辟专栏等，对国家“学生饮用奶计划”进行多种方式的宣传。在中国奶业协会网站、微信公众号和中国学生饮用奶计划网站，以及《中国奶牛》杂志等平台开展日常宣传。在“520中国学生营养日”和“世界学生饮奶日”等重要节日以及中国奶业大会和展览、中国奶业20强CD201峰会等重要活动期间，对国家“学生饮用奶计划”进行了专门宣传和展示。

联络走访各级两会代表，就学生饮用奶相关事宜发起提案建议；推动国家“学生饮用奶计划”与农村义务教育学生营养改善计划等项目有机结合，互相促进；与中国教育学会体育卫生分会合作，积极支持“饮奶加运动，健康伴成长”学生体质升级计划主题活动，培养孩子的健康意识；联合营养、教育、基金会等其他组织推动学生营养立法进程。

联合科研机构、高校、企业等组织有关培训，总结工作进展，交流工作经验，提高了奶源基地和加工企业的管理水平，促进了学生饮用奶质量安全水平的提高。2014—2017年，在中国奶业大会同期组织召开国家“学生饮用奶计划”推广工作会议；2014—2018年分别在昆明、重庆、湛江、三亚、福州组织召开国家“学生饮用奶计划”推广交流会议。2018年推广交流会上，北京大学医学部公共卫生学院教授马冠生、农业农村部食物与营养发展研究所副所长孙君茂、中国疾病预防控制中心营养与健康所学生营养室副主任张倩、福建省学生营养改善计划领导小组办公室副研究员郑永红分别就学生餐现状问题与对策、乳制品营养教育与消费引导、国际开展学生饮用奶计划情况以及福建省的营养改善计划实施情况等作了专题报告。伊利、蒙牛、新希望、利乐中国等企业代表分别介绍了学生奶过程管控与规范管理、食育教育与学生奶推广、公益事业促进学生奶可持续发展、可持续包装促进学生奶推广等情况。

虽然计划推广取得良好成效，但与国际学生饮用奶推广以及国内学生饮奶的巨大需求相比，推广工作仍然艰巨，覆盖范围不够大、生产和推广缺少政策和资金支持等问题仍然突出。2018年6月，国务院办公厅印发《关于推进奶业振兴 保障乳品质量安全的意见》（国办发〔2018〕43号）（以下简称《意见》），明确提出“大力推广国家学生饮用奶计划，增加产品种类，保障质量安全，扩大覆盖范围”，在对计划推广指明了方向的同时，也提出了更高的要求，对国家“学生饮用奶计划”来说既是机遇也有挑战。为贯彻落实《意见》精神，中国奶业协会将加大推广力度，重点围绕研究制定推广工作规划、推动增加产品种类、加大宣传与健康教育、加强专家与科技支撑、加强学生奶推广规范管理、争取政策和经费支持等方面开展工作。

（中国奶业协会，姚远、罗俊、赵伟、李栋）

四、各地奶业

GEDI NAIYE

北京市

【奶类生产】截至2018年年底，北京市奶牛存栏75 236头，其中成乳牛42 812头。饲养品种以荷斯坦牛为主，其他品种奶牛有少量存栏。北京市奶牛养殖分布在12个区，主要集中于通州区、密云区、顺义区、延庆区、房山区、大兴区和昌平区。

表4-1 2018年北京市奶牛存栏情况

地区	奶牛存栏量（头）	成乳牛存栏量（头）
全市	75 236	42 812
通州区	19 860	11 708
密云区	13 907	7 985
顺义区	11 746	6 037
延庆区	11 339	6 819
房山区	7 923	4 307
大兴区	5 382	2 855
昌平区	4 166	2 735
平谷区	493	153
朝阳区	187	80
海淀区	182	114
怀柔区	44	13
门头沟区	7	6

2018年全市生牛奶产量310 551.13t，比2017年下降17.01%。全市各区生牛奶产量与2017年相比均呈下降趋势。其中，怀柔区比上年下降92.25%，降幅最大；其次为平谷区，下降55.98%。

表4-2 2017—2018年北京市生牛奶产量

单位：t，%

地区	2018年	2017年	同比增长
全市	310 551.1	374 212.9	−17.01
朝阳区	217.5	285.8	−23.90
丰台区	21.0	36.0	−41.67
海淀区	1 109.4	1 662.1	−33.25
房山区	34 239.6	35 171.5	−2.65
通州区	78 082.6	91 082.5	−14.27
顺义区	35 102.7	45 386.6	−22.66
昌平区	24 714.8	24 760.5	−0.18
大兴区	32 206.5	63 365.5	−49.17
门头沟区	20.7	23.5	−11.91
怀柔区	219.0	2 824.9	−92.25
平谷区	896.2	2 035.7	−55.98
密云区	64 020.2	66 599.4	−3.87
延庆区	39 701.0	40 979.1	−3.12

【乳品加工】北京市具有乳制品生产许可证的企业有20家，分布于朝阳、海淀、丰台、门头沟、房山、通州、顺义、昌平、大兴、平谷、怀柔、密云和延庆。

表4-3 北京市乳制品生产企业及主要产品

序号	企业名称	主要产品名称	所属区
1	北京健生饮料有限公司	乳制品[液体乳（发酵乳）]	朝阳
2	北京三元食品股份有限公司	乳制品[液体乳（巴氏杀菌乳、调制乳、灭菌乳、发酵乳）、其他乳制品（奶油、干酪）]	海淀
3	北京圣祥乳制品厂	乳制品[液体乳（发酵乳）]	丰台
4	北京龙泉乳品公司	乳制品[液体乳（发酵乳）其他乳制品（再制干酪）]	门头沟
5	奥德华乳品（北京）有限公司	乳制品[液体乳（巴氏杀菌乳、发酵乳）、其他乳制品（奶油）]	房山
6	蒙牛乳业（北京）有限责任公司	乳制品[液体乳（灭菌乳、调制乳、发酵乳）蛋白饮料]	通州
7	北京科尔沁乳业有限公司	乳制品[液体乳（发酵乳、灭菌乳）]	通州
8	蒙牛高科乳制品（北京）有限责任公司	乳制品[液体乳（发酵乳）]	通州

（续）

序号	企业名称	主要产品名称	所属区
9	北京光明健能乳业有限公司	乳制品［液体乳（灭菌乳、调制乳、巴氏杀菌乳、发酵乳）］	顺义
10	北京超凡食品有限公司	乳制品［液体乳（发酵乳）、其他乳制品（干酪、奶油）］	顺义
11	北京艾莱发喜食品有限公司	乳制品［液体乳（巴氏杀菌乳、灭菌乳)、其他乳制品（奶油）］	顺义
12	北京天辰乳业有限公司	乳制品［液体乳（巴氏杀菌乳、灭菌乳、发酵乳、调制乳）］	顺义
13	北京三元食品股份有限公司乳品四厂	乳制品［乳粉（调制乳粉）、其他乳制品（奶油、稀奶油、干酪、再制干酪）］	昌平
14	北京和润乳制品厂	乳制品［液体乳（巴氏杀菌乳、发酵乳）、其他乳制品（奶油、干酪）］	大兴
15	北京乳旺食品有限公司	乳制品［液体乳（调制乳）］	平谷
16	达能乳业（北京）有限公司	乳制品［液体乳（发酵乳）］	怀柔
17	北京鸿达乳品有限公司	乳制品［液体乳（发酵乳）、其他乳制品（奶油、干酪）］	怀柔
18	北京百思乐乳业有限公司	蛋白饮料［含乳饮料(乳酸菌饮料)］	怀柔
19	内蒙古伊利实业集团股份有限公司北京乳品厂	乳制品[液体乳（发酵乳）、乳粉（全脂乳粉）]	密云
20	北京归原生态农业发展有限公司	乳制品[液体乳（巴氏杀菌乳、发酵乳)]	延庆

北京市乳品企业的产品涵盖了几乎所有的乳制品种类，但在产品形式上以发酵乳、灭菌乳、巴氏杀菌乳和调制乳等液态乳制品为主。2018 年全市乳制品产量 56.0 万 t，其中液体乳产量 53.6 万 t。

【奶源基地】紧紧围绕北京“四个中心”功能建设和“疏整促”“调转节”等重点工作，按照高质量发展的总体要求，以“供给侧结构性改革”和“京津冀协同发展”为主线，加强优质奶源基地建设，优化奶业生产布局，实施标准化生产，保障乳品质量安全和有效供给，有效推进首都“菜篮子”生鲜乳保障体系建设。全市登记备案的规模奶牛养殖场 62 家。其中，设计规模 500 头及以上的奶牛养殖场 53 家，占 85.5%。奶牛良种覆盖率 100%。

表 4–4　2018 年北京市备案的规模化奶牛养殖场分布情况

单位：个

地区	500 头以下	500~999 头	1 000~1 999 头	2 000 头及以上	合计
大兴区			1	2	3
延庆区	2	9	5		16
密云区			2	3	5
通州区	2	2	6	5	15
房山区		3	1	1	5
顺义区	1	4	4	2	11
平谷区	1				1
昌平区	3		1	2	6
合计	9	18	20	15	62

备注：数据来自 2018 年北京市畜禽养殖场（小区）登记备案统计数据

表 4–5　2018 年北京市备案的规模化奶牛养殖场名录

单位：头

序号	名称	设计规模	品种
1	北京海华云都生态农业有限公司	10 000	荷斯坦
2	北京市北务广峰养殖场	3 500	荷斯坦
3	北京市三元绿荷奶牛养殖中心金银岛牧场	3 500	荷斯坦
4	北京中地畜牧科技有限公司	3 000	荷斯坦
5	北京鼎晟誉玖牧业有限责任公司	2 600	荷斯坦
6	北京首农畜牧发展有限公司渠头牛场	2 500	荷斯坦
7	北京首农畜牧发展有限公司绿荷第一牧场	2 500	荷斯坦

（续）

序号	名称	设计规模	品种
8	北京首农畜牧发展有限公司绿荷分公司半截河牛场	2 300	荷斯坦
9	北京鼎晟誉玖牧业有限责任公司奶牛二场	2 200	荷斯坦
10	北京首农畜牧发展有限公司绿荷牛业分公司（南口三牛场）	2 000	荷斯坦
11	北京首农畜牧发展有限公司绿荷牛业分公司（南口二牛场）	2 000	荷斯坦
12	北京首农畜牧发展有限公司绿荷分公司草厂牛场	2 000	荷斯坦
13	北京首农畜牧发展有限公司绿荷分公司中以牛场	2 000	荷斯坦
14	北京绿荷牛业有限责任公司（创辉牛场）	2 000	荷斯坦
15	北京圣兴达养殖有限公司	2 000	荷斯坦
16	北京市福乐奶牛场	1 600	荷斯坦
17	北京市久兴养殖场	1 500	荷斯坦
18	北京首农畜牧发展有限公司三堡牛场	1 500	荷斯坦
19	北京雄特牧业有限公司	1 400	荷斯坦
20	北京首农畜牧发展有限公司小务牛场	1 400	荷斯坦
21	北京首农畜牧发展有限公司绿荷分公司里二泗牛场	1 400	荷斯坦
22	北京康源奶牛养殖有限责任公司	1 300	荷斯坦
23	北京绿源宇鑫奶牛养殖专业合作社	1 300	荷斯坦
24	北京三元绿荷奶牛养殖中心太和牛场	1 300	荷斯坦
25	北京三石奶牛场有限公司	1 200	荷斯坦
26	北京首农畜牧发展有限公司奶牛中心（北京奶牛中心良种场）	1 150	荷斯坦
27	北京梦渌通养殖有限公司	1 000	荷斯坦
28	北京昭阳牧场	1 000	荷斯坦
29	北京三农嘉华农牧业科技有限公司	1 000	荷斯坦
30	北京延照富民奶牛养殖中心	1 000	荷斯坦
31	北京鑫运奶牛养殖场	1 000	荷斯坦
32	北京利源永兆养殖中心	1 000	荷斯坦
33	北京大地群生养殖专业合作社	1 000	荷斯坦
34	北京市漷县昌华养殖场	1 000	荷斯坦
35	北京兴旺富民养殖场	1 000	荷斯坦
36	北京东方古运奶牛养殖有限公司	900	荷斯坦
37	北京市马坡肖家坡明仁奶牛养殖场	800	荷斯坦
38	北京兴利鹏奶牛养殖中心	800	荷斯坦
39	北京金鑫园奶牛中心	800	荷斯坦
40	北京方旭养殖中心（延庆方旭养殖中心）	800	荷斯坦
41	北京双萍养殖有限公司	800	荷斯坦
42	北京中加永宏科技有限公司（赵营牛场）	800	荷斯坦
43	北京小段奶牛合作社	700	荷斯坦
44	北京富农兴牧奶牛养殖合作社	700	荷斯坦
45	北京星宝奶牛场	700	荷斯坦
46	北京市向阳奶牛场	600	荷斯坦
47	北京市建雄养殖有限公司	600	荷斯坦
48	北京天意兴旺养殖专业合作社（北京天意双兴养殖专业合作社）	600	荷斯坦
49	北京森茂种植有限公司	600	荷斯坦
50	北京旺龙达奶牛养殖合作社	510	荷斯坦
51	北京民禾诚奶牛专业合作社	500	荷斯坦
52	北京拥军利民奶牛专业合作社	500	荷斯坦

（续）

序号	名称	设计规模	品种
53	北京瑞林奶牛养殖中心	500	荷斯坦
54	中国农业机械化科学研究院北京农机试验站	460	荷斯坦
55	北京市涛辉奶牛养殖场	402	荷斯坦
56	北京市龙湾承三养殖场	400	荷斯坦
57	北京东五里营金牛养殖中心	400	荷斯坦
58	中央军委机关事务管理总局南口农副业基地（原名中国人民解放军总参谋部信息化部南口生活供应服务中心）	300	荷斯坦
59	北京金东牛场	300	荷斯坦
60	北京金龙腾达养殖场	300	荷斯坦
61	北京世信太平洋生物科技有限公司	210	荷斯坦
62	北京市马驹桥大盟养殖中心	200	荷斯坦

备注：数据来自 2018 年北京市畜禽养殖场（小区）登记备案统计数据

【奶农组织】技术服务体系。北京市通过市、区、乡镇、村四级技术服务体系、奶牛产业技术体系北京市创新团队和奶业社团组织机构，有效地整合了全市的科技、人才和产业资源，开展服务体系创新工作，创立了多种形式的技术服务模式，全方位服务于奶牛产业发展，为北京奶业的健康发展提供了政策、科技与人才的支撑。

奶业社团组织机构。2018 年北京市登记备案的奶业社团组织机构共有 6 家，分布于全市 5 个区。在协助政府进行行业管理、服务行业、维护奶农和行业的合法权益、促进北京奶业产业的健康发展等方面发挥了重要作用（表 4–6）。

表 4–6　北京市奶业社团组织机构

序号	名称	业务主管单位	登记证号
1	北京市奶业协会	无（已脱钩）	0010029
2	北京市延庆区奶牛联合会	延庆区农村工作委员会	1810082
3	北京市延庆区张山营镇同心奶牛协会	延庆区张山营镇人民政府	1810111
4	北京市延庆区延庆镇奶牛养殖协会	延庆区延庆镇人民政府	1810104
5	北京市延庆区永宁镇奶牛联合会	延庆区永宁镇人民政府	1810127
6	北京市大兴区采育镇奶业产销协会	大兴区采育镇人民政府	1410118
7	北京市大兴区奶业协会	大兴区动物卫生监督管理局	1410051
8	北京市大兴区采育镇奶牛养殖协会	大兴区动物卫生监督管理局	1410084
9	北京市怀柔区怀北镇奶业协会	北京市怀柔区农业农村局	1610199
10	北京市怀柔区怀柔镇日兴奶业协会	北京市怀柔区农业农村局	1610185
11	北京市怀柔区杨宋镇奶业协会	北京市怀柔区农业农村局	1610068
12	北京市怀柔区奶业协会	北京市怀柔区农业农村局	1610053
13	平谷区刘家店镇奶牛养殖协会	北京市平谷区刘家店镇人民政府	1510090
14	平谷区马昌营镇奶牛协会	北京市平谷区马昌营镇人民政府	1510074
15	北京市顺义区奶业协会	北京市顺义区动物卫生监督管理局	1210062
16	北京市顺义区顺鑫农奶牛合作社	北京市顺义区仁和地区办事处	1210047
17	北京昌平奶业协会	北京市昌平区农业服务中心	1110038
18	北京市昌平区兴寿镇奶牛协会	北京市昌平区兴寿镇人民政府	1110127
19	北京市房山区长阳镇奶牛协会	房山区长阳镇政府	1010097
20	北京市密云区小母牛项目服务中心	密云区农村工作委员会	1730016
21	北京市门头沟区奶牛协会	北京市门头沟区农业农村局	910002

【政策法规】地方标准。北京市制定与奶牛产业相关的现行有效地方标准共计 10 项，对推动本地区奶牛产业规范、健康、有序发展起到了积极作用。

表 4-7　北京市奶牛产业地方标准

标准号	标准中文名称	实施日期
DB11/T 150.1-2019	奶牛饲养管理技术规范第 1 部分：育种	2019/10/1
DB11/T 150.2-2019	奶牛饲养管理技术规范第 2 部分：繁殖	2019/10/1
DB11/T 150.3-2019	奶牛饲养管理技术规范第 3 部分：饲养与饲料	2019/10/1
DB11/T 150.4-2019	奶牛饲养管理技术规范第 4 部分：卫生防疫	2019/10/1
DB11/T 1332-2016	奶牛机械挤奶操作规范	2016/8/1
DB11/T 1021-2013	奶牛电子耳标技术规范	2014/2/1
DB11/T 868-2012	生鲜乳贮运技术规范	2012/9/1
DB11/T 631-2009	有机生鲜乳生产技术规范	2009/5/1
DB11/T 425-2018	牛场舍区、场区、缓冲区环境质量要求	2019/1/1
DB11/T 708-2010	生鲜乳收购站建设与管理技术规范	2010/8/1

（北京市畜牧总站，任康）

天津市

【奶畜养殖】2018年天津市奶牛存栏11.3万头，同比下降5.4%，成母牛年均单产8.5t。生鲜乳产量48.04万t，同比减少7.7%。奶产品（即生牛奶）产值16.53亿元，占牧业产值的17.3%。天津市奶畜养殖场主要分布在武清区、静海区、宝坻区、滨海新区、宁河区和北辰区。

2018年，在市场压力和奶牛养殖结构调整的大环境下，许多奶牛养殖场纷纷进行调整或弃养，奶牛存栏数小幅下降，生鲜乳产量随之下降，但奶牛标准化规模养殖水平迅速提高，规模牧场技术水平、设施设备和管理水平不断进步，奶牛饲养环境和生产条件显著改善，生鲜乳质量水平稳步提升。在国家和市政府有关政策支持和引导下，以开放、绿色、创新为理念，天津奶业进入高标准、高质量发展阶段，实现了牧场的规模化、标准化、机械化、良种化、信息化，促进了种、养、加、销产业融合发展，具有显著的现代都市型奶业特点。

【乳品加工】至2018年年末，全市乳品加工企业共计10家，其中本市乳企5家，在津外埠乳企5家。分别为天津海河乳业有限公司、天津华明乳业有限公司、天津津河乳业有限公司、天津中芬乳业有限公司、弗里生（天津）乳制品有限公司（原子母乳业）、天津光明梦得乳品有限公司、天津完达山乳品有限公司、天津伊利乳品有限责任公司、蒙牛乳制品（天津）有限责任公司、天津三元乳业有限公司。

2018年乳品加工企业年收购原奶量39.17万t，乳制品总产量48.09万t。乳制品种类主要包括巴氏杀菌奶、UHT奶、酸奶、乳饮料，产量分别为1.31万t、14.41万t、17.9万t和3.43万t。天津海河乳业作为农业产业化国家重点龙头企业和本土乳品市场领军企业，充分发挥优质奶源优势，突出城市乳业定位，大力推广巴氏杀菌奶。2018年生产销售巴氏杀菌奶9 097t，实现低温奶本地化，销售有机奶产品1枚，产量341t。

【市场消费】2018年生鲜乳价格呈现较为鲜明的季节性特点，先降后升。1~6月，生鲜乳行情颓势延续，且明显低于2017年同期水平，7~12月开始逐步回升，稍高于2017年同期水平，其中，9月与2017年同期持平。全年平均价格3.51元/kg，同比下降1.43%，生鲜乳价格继续保本微利（图4–1）。

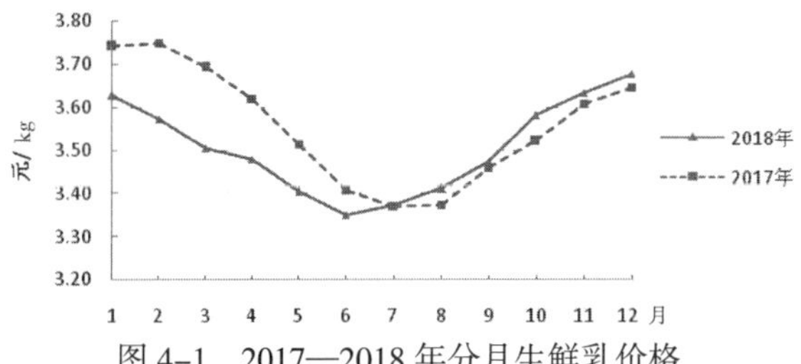

图4–1　2017—2018年分月生鲜乳价格

受进口乳制品冲击，乳企限量收购生鲜乳，超出定量的采取低价收购；进口奶制品进一步挤占消费份额，进口奶粉替代生鲜乳原料奶，种种因素导致奶牛养殖整体形势不容乐观。

【奶源基地】规模养殖。2018年，全市共有奶牛养殖场98个，存栏规模300头以下的奶牛养殖场7个，存栏规模300～499头的奶牛养殖场25个，存栏规模500～999头的奶牛养殖场35个，存栏规模1 000～1 999头的奶牛养殖场19个，存栏规模2 000头及以上的奶牛养殖场12个。

奶牛规模化养殖水平的提高，极大促进了机械化和标准化发展。牧场规模化、标准化实现100%，DHI参测率达到60%，良种优质冻精使用率100%，TMR饲喂率100%，机械化挤奶率100%，80%以上牧场实现了智能化管理，生鲜乳运输环节GPS监控全覆盖。

DHI测定。2018年，天津市扩大了奶牛生产性能测定项目。2018年农技推广奶牛生产性能测定（DHI）项目任务数2.14万头，落实国家补助资金149.8万元，天津市新增奶牛生产性能测定项目任务数1万头，落实天津市补助资金70万元。DHI参测奶牛场共计56个，参测牛头数42 368头，成母牛参测率60%，提供有效数据22.7万余条。天津市奶牛生产性能测定体系已形成，奠定了天津市奶牛育种工作发展的基石，为天津市奶牛遗传改良工作打下了坚实基础。

牧草种植。全年生产苜蓿青贮4万t、苜蓿干草6 000t，苜蓿裹包青贮生产得到进一步发展。继续推进青贮玉米、燕麦等优质饲草料种植，开展饲草料品种区域试验，完成54个饲草料品种评价筛选工作，示范推广青贮玉米、燕麦等饲草料品种5个，示范面积2 000hm²。全市青贮玉米收贮面积1.7万hm²，平均单产38t/hm²，收贮量达到65万t左右。开展规模化奶牛养殖场青贮饲料质量评估分析，形成90份评估分析报告。实施全市饲草业调查与统计监测工作。

疫病防控情况。2018年没有重大疫情发生。按照国家相关规定实行人畜共患布鲁氏菌病强制免疫，对奶牛进行全群免疫。组织开展春秋两季奶牛口蹄疫、结核病检测，奶牛结核病继续保持净化标准。奶牛场各级管理人员和技术人员，在生产中坚持防重于治的原则，注意疾病的诊断与检测，提早发现和预防奶牛疾病，更好地发挥奶牛生产性能，延长奶牛生产寿命，提高奶牛场经济效益。奶牛场兽医工作者、奶业科研人员和动物疾病防控、卫生监督相关部门共同为奶业健康发展保驾护航。

【奶农组织】技术培训。2018年为提高奶业技术水平，进一步加强奶牛养殖技术培训和技术推广服务工作。以“奶业增效”为总目标，组织开展奶牛养殖技术培训；全年组织专题技术培训6期、主题沙龙3次，累计受益从业人员620余人次。以问题为导向，点对点培训指导，开展现场技术服务和技术指导60余次，电话咨询56人次。

【政策法规】为推进奶业振兴，保障乳品质量安全，提振广大群众对国产乳制品信心，进一步提升奶业竞争力，根据《国务院办公厅关于推进奶业振兴 保障乳品质量安全的意见》（国办发〔2018〕43号），出台了《天津市人民政府办公厅关于推进奶业振兴 保障乳品质量安全的实施意见》，意见中提出了关于促进奶业振兴发展、保障优质安全乳品有效供给的有关规定。

【质量监管】2018年，生鲜乳质量安全监管工作继续保持高压态势，已成为常态化、常规化工作。重点对三聚氰胺，β－内酰胺酶、硫氰酸钠、碱类物质、革皮水解物、黄曲霉毒素等进行监测，开展全市生鲜乳质量安全监督监测460站次，检测2 185批次，合格率100%，确保生鲜乳质量安全。

【奶业大事】2018年开始，实施奶牛饲料营养消化率检测项目，评估奶牛饲料营养及消化吸收率，在奶牛科学养殖、精准饲喂、节能减排、降低饲养成本等方面发挥了重要作用，同时为制定奶牛饲养标准和牛奶质量提供数据依据。

8月24日，按照《农业农村部 人力资源和社会保障部 中华全国总工会关于举办2018年中国技能大赛——全国农业行业职业技能大赛的通知》（农人发〔2018〕4号）要求以及《农业农村部办公厅关于印发〈2018年中国技能大赛全国农业行业职业技能大赛（家畜繁殖员）实施方案〉的通知》（农办牧〔2018〕38号）的总体部署，市奶业发展服务中心会同市奶牛产业技术体系联合承办了2018年中国技能大赛——全国农业行业职业（家畜繁殖员）技能大赛天津地区选拔赛，来自全市8个区的33名参赛选手经过角逐，最终评选出一等奖1名、二等奖2名和三等奖3名。来自嘉立荷牧业集团有限公司示范奶牛场的高传银、嘉立荷牧业集团有限公司第十四奶牛场的李越超、天津奶牛发展中心的孙广坤获得前三名，代表天津市参加全国职业技能大赛决赛，并在全国决赛中取得好成绩。本次比赛是天津市首次举办家畜繁殖员技能大赛，对提升基层技术人员水平，完善繁育技术体系，振兴天津奶业起到了积极作用。

（天津市农业发展服务中心，王永颖）

河北省

【奶类生产】2018年，河北奶类产量391万t，奶牛存栏105万头，均居全国第三位；300头以上奶牛养殖场（区）存栏比例占98%。石家庄、唐山、张家口、保定四大奶业优势区域奶牛存栏、奶类产量均占全省总量的70%以上。

河北奶业发展立足现有产业基础，推动坝上草原牧区、山前平原农牧结合区和黑龙港流域农草牧结合区奶牛养殖企业向饲草饲料丰富、生态容量大的区域转移，乳品加工企业向奶源基地转移。

2018年，河北大力推进牧场智能化管理，印发了《河北省智能奶牛场建设内容》《河北省智能奶牛场建设验收程序及标准》，坚持引进和自主培育相结合，加快建设育繁推一体化的良种繁育体系，完成全省15万头奶牛生产性能测定。实施粮改饲和振兴奶业苜蓿发展行动，唐山市、保定市和奶业大县整市整县推进粮改饲，全株青贮玉米、苜蓿等优质饲草种植面积达到10万hm^2，调整农业种植结构，打造优质饲草料基地。

【乳品加工】河北现有取得乳制品生产许可证的乳制品加工企业45家，其中，隶属于伊利集团4家、蒙牛集团7家、三元集团3家、君乐宝公司9家，日处理生鲜乳能力合计约1.6万t。45家企业中，乳粉加工企业15家，其中取得婴幼儿乳粉生产资质6家，婴幼儿配方乳粉产能达到15.5万t。

2018年，河北乳制品产量365.29万t，同比增长6.41%，其中液体乳357.42万t，同比增长6.30%。乳制品产量和液体乳产量均连续4年居全国第一位，其中乳粉产量4.99万t，居全国第四位。

河北实施龙头带动战略，君乐宝乳业石家庄鹿泉铜冶镇年产液奶19.8万t、威县年产液态奶6万t和鹿泉铜冶年产2.2万t奶粉的工厂陆续开工建设。

【质量监管】印发了《关于印发2018年河北省农产品及投入品质量安全监测计划的通知》《河北省农业厅关于开展生鲜乳收购站运输车交叉检查的通知》，组织开展了生鲜乳质量专项整治和“两证”排查活动。

河北实行生鲜乳质量定期分级抽检联动制度，省级主管部门对所有生鲜乳收购站每年抽检1次，市级主管部门对辖区内所有生鲜乳收购站半年抽检1次，县级主管部门每季度抽检1次，省、市、县每年联合对生鲜乳收购站、运输车辆进行1次全覆盖现场检查。河北建立了6个市级、46个县级生鲜乳收购站网络视频监管平台，实现生鲜乳收购站、乳企和市、县农牧主管部门之间的互联互通、实时监控；全省乳企通过“河北省生鲜乳监管日报告平台”每日报送生鲜乳收购数量及检测结果。

【奶源基地】省级奶价协调机制对奶源基地建设发挥了一定的作用。由河北省畜牧兽医局、河北省奶源管理办公室、河北省畜牧业监测预警服务中心、河北省奶业协会，君乐宝、蒙牛、伊利、河北三元等乳企，以及养殖场（区）代表组成的河北省生鲜乳价格协调委员会，召开了四次生鲜乳价格协调会，协商确定交易参考价格，公布了2018年度第二、第三、第四季度和2019年第一季度生鲜乳参考价格，并及时在相关媒体进行发布，维护了河北省生鲜乳收购秩序，得到了牧场、乳企和社会的广泛认同。

【奶业振兴】2018年，河北奶业振兴工作取得明显进展，乳品质量品质全面提升。一是完善质量标准体系，对标世界一流标准，制定高于或相当于奶业发达国家水平的标准体系，以标准升级带动产品升级，以产品升级促进消费升级；二是推进企业技术创新，君乐宝乳业组建婴幼儿奶粉检测中心，申报国家企业技术中心、企业国家重点实验室和国家级国际合作基地，开展婴幼儿配方奶粉生产工艺优化技术研究等技术研究，完成4项科技成果和10项发明专利；三是坚守质量和安全底线，落实乳品企业质量安全第一责任，全面推行HACCP、IMS、GMP管理体系，实行生产、包装、运输、储存、销售等环节的全过程标准化管理。

乳品知名品牌创建亮点突出。一是提升品牌知名度，君乐宝获中国质量奖提名奖；二是扩大市场影响力，君乐宝乳业在香港第三方检测机构开展的“小鱼亲测”婴幼儿配方奶粉抽检中，16个品牌婴幼儿奶粉进行超过1 000种有毒物质检测，获得“绿鱼”安全等级，是目前内地唯一登陆香港、澳门市场销售乳品企业；三是加强消费体验，君乐宝世界级奶业小镇借力石家庄旅发大会全面提档升级，新建33.33 hm^2 的文化花海、生态农业果蔬产业园、犊牛产房等项目，让到访的国内外游客近距离感受君乐宝的品质实力和品牌魅力。

【奶业大事】3月3日，河北省奶业振兴座谈会在正定召开。省农业农村厅副厅长、畜牧兽医局局长张强，畜牧兽医局副局长顾传学出席会议。厅属业务部门，奶牛创新团队、草业创新团队，奶源管理办公室，河北省奶业协会负责人或岗位专家等37人参加了会议。

3月5日，十三届全国人大一次会议在人民大会堂隆重开幕。全国人大代表、河北省奶业协会理事长、君乐宝乳业集团总裁魏立华出席会议。魏立华代表在会前就奶业发展等议题做了深入的调查研究，针对国内奶业发展现状，向大会提出了关于加强对奶业扶持、全力推动奶业高质量发展的建议，建议有关部门加大对奶业发展的政策扶持力度，同时加强对奶业的正面宣传，为国产奶业发展营造良好的政策和舆论环境，进一步提振民众对于国产奶业的消费信心。

4月3日 农业农村部种业管理司印发《关于开展2019年奶牛、肉牛和肉羊核心育种场遴选工作的通知》。

4月12日 省委副书记赵一德主持召开奶业振兴专题工作会议。赵一德与省直有关部门、部分乳品企业、奶业生产大县负责同志和专家进行深入交流，仔细询问制约奶业发展的突出问题，协调解决市、县和企业反映的具体困难，研究支持奶业发展的具体政策措施。副省长时清霜出席会议。

4月29日，2019年河北省奶农大会在石家庄召开。河北省畜牧兽医局副局长顾传学、中国奶业协会副秘书长张智山、全国畜牧总站牧业发展处处长杨红杰等出席大会。河北省11个市的畜牧主管部门组织700多家规模奶牛场场长、技术人员和部分省畜牧业协会会员、养牛学分会会员以及奶牛产业创新团队、草产业创新团队成员共1 000余人参加了大会。

5月24日，唐山市发展和改革委员会官网发布信息表示，投资5亿元的河北君乐宝乳业集团第18家生产工厂落户唐山，预计2019年10月正式投产。

5月24日，河北省人民政府省长许勤主持召开省长办公会，专题研究《河北省加快奶业振兴行动计划》。许勤强调，要深入贯彻习近平总书记“让祖国的下一代喝上好奶粉”“希望国产品牌在市场中起主导作用”等重要指示精神，认真落实国务院常务会议部署要求，按照省委、省政府安排部署，以实施乡村振兴战略为总抓手，以农业供给侧结构性改革为主线，以高质量发展为方向，对标国际一流水平，加快构建现代奶业产业体系，勇扛民族奶业振兴大旗，在全国率先建成奶业振兴示范省，加快推动河北奶业发展进入世界先进行列。

6月3~5日，国务院副总理、国务院扶贫开发领导小组组长胡春华在河北调研督导脱贫攻坚工作，调研督导期间到保定市双丰牧业、保定市兄弟牧业和石家庄君乐宝乳业公司考察实地了解奶牛标准化规模养殖、优质奶源基地建设和乳制品生产全过程质量控制等情况。

10月22日，河北省人民政府省长许勤主持召开省政府常务会议，研究《河北省奶业振兴规划纲要（2018—2025年）》。会议指出，要坚决贯彻习近平总书记关于奶业振兴的系列重要指示，时刻牢记总书记在张家口市视察乳品企业时“让祖国的下一代喝上好奶粉”的嘱托，认真落实全国奶业振兴工作推进会议部署要求，进一步提高政治站位，把奶业振兴放在特殊重要的位置抓实抓好。按照河北省农业供给侧结构性改革三年行动计划提出的科技、绿色、品牌、质量农业发展方向，大力实施绿色优质奶源基地建设、乳制品加工领军企业培育、产品质量提升和乳品知名品牌创建工程，打造世界一流的奶源基地、世界一流的乳品加工企业、世界一流的乳品品质、世界一流的乳品品牌，努力率先建成奶业振兴示范省，为祖国下一代生产好奶粉。

（河北省奶业协会，李贺峰）

石家庄市

【奶畜养殖】全市奶牛存栏18.88万头，奶产量65.14万t，品种主要是中国荷斯坦牛，年均单产7.6t。2018年石家庄坚持绿色发展导向，立足现有产业基础，按照“种好草、养好牛、产好奶”的要求，加强规划引导，加大政策扶持。巩固发展行唐、新乐、鹿泉、藁城、正定五大奶业优势区域。充分发挥石家庄君乐宝、河北三元等婴幼儿乳粉企业的产能优势，在鹿泉区、行唐县、新乐市等县（市、区）建设婴幼儿乳粉奶源基地。建设以奶业为主导产业的鹿泉区国家级现代农业园区。

遗传改良方面，坚持引进和自主培育相结合，加快建设育繁推一体的良种繁育体系，促进奶牛饲养水平和生产性能提高。积极开展奶牛生产性能测定，本年度共检测奶牛场171家，检测样品52 277批次。每月提供生产性能测定报告。建立培育高产奶牛核心群，积极推进省生产乳粉用高产奶牛胚胎移植项目，2018年争取省级项目资金150万元，涉及晋州市、鹿泉区750枚胚胎，准胎率达到40%。

【乳品加工】在石家庄市收购生鲜乳的大型乳品生产企业主要有6家（蒙牛、伊利、君乐宝、河北三元、山东万宝、石家庄明旺），都能按收购合同数量收购生鲜乳，超出合同的部分大多低于市场价格予以收购。2018年，石家庄生鲜乳收购价格市场平稳。据监测，全市奶站年均价格3.67元/kg，生鲜乳生产成本平均在3.10元/kg左右，奶牛养殖处于微利状态。

石家庄市大的乳品加工企业有3家，分别为石家庄君乐宝乳业有限公司、河北三元食品有限公司和石家庄明旺乳业有限公司。

君乐宝乳业集团成立于1995年，经过23年发展，已经成为河北省目前最大的乳制品加工企业，是农业产业化国家重点龙头企业、国家高新技术企业、国家乳品研发技术分中心，现有员工9 000余人，在河北、河南、江苏、吉林等地建有16个生产工厂。业务范围包括婴幼儿奶粉、低温酸奶、常温液态奶、牧业四大板块，建立起涵盖奶业全产业链的运营布局，上下游协同发展，为消费者提供营养、健康、安全的乳制品。君乐宝乳粉2014年在全国率先通过了BRC和IFS双重认证，2015年成为首个通过欧盟BRC A+顶级认证的奶粉品牌，2016年又获得了BRC AA+顶级认证。2018年乳制品产量达到139万t，婴幼儿乳粉产量达到8.3万t，增长率连续多年在全行业领先。

河北三元食品有限公司于2008年12月注册成立，注册资金215 772.55万元，是上市公司北京三元食品股份有限公司的全资子公司，隶属于北京首都农业食品集团。主导产品为奶粉和液体奶。河北三元婴幼儿配方乳粉被授予“河北省名牌产品”称号，是河北省内首家通过诚信管理体系认证的企业，是河北省农业产业化重点龙头企业、国家高新技术企业。2016年在石家庄新乐市建设完成了河北三元工业园项目，项目总投资18亿元，占地40 hm^2，设计年产乳粉4万t、液态奶25万t，生产婴幼儿配方乳粉、常温奶、巴氏杀菌乳、酸牛奶等，日处理鲜奶能力1 000t。所有奶粉采用集团自有自控优质牧场奶源，原奶主要指标达到欧盟标准，平均产奶量达到世界先进水平。2018年，河北三元销售收入12亿元。

石家庄明旺乳业有限公司是台湾旺旺集团在河北省投资建设的第一家乳品生产企业，位于行唐县上方乡，主要产品UHT液态奶、炼乳、果蔬饮料、植物蛋白饮料等，2018年销售额达1.7亿元。

【奶源基地】全市有197个奶牛养殖场（区），全部实现了管道式机械化挤奶，饲喂全株青贮玉米。使用全混合日粮（TMR）、奶牛卧床、冷风机和自动饮水等先进技术比例达到95%以上。养殖场粪污处理设施装备配套率达到80%以上，资源化利用率达到90%，规模化养殖率达到100%。养殖场区全部安装视频网络监控系统，实现了24小时的实时监控。

开展智能奶牛场建设。共争取省智能奶牛场项目建设资金2 330万元。用于奶牛场的信息化设施建设和设备购置，实现奶牛发情自动提示、挤奶自动计量、TMR混合自动控制、环境自动监测。项目通过申报，确定本市井陉、高邑、元氏、晋州、新乐、栾城、藁城7个县（市、区）48家奶牛养殖场实施建设，省农业农村厅确定南京丰顿科技股份有限公司、银川奥特信息技术股份公司、北京国科诚泰农牧设备有限公司、阿牧网云（北京）科技有限公司4家项目承建单位，供48家奶牛场自由选择实施建设。项目建设完成后，可实现系统数据互通互联，与乳企、河北省DHI中心软件系统准确对接，数据上传河北省省级奶牛养殖云平台，为全省奶牛育种、质量安全追溯提供支撑，实现与国际先进奶牛养殖方式并轨。

推进牧场转型升级。君乐宝公司在行唐设计存栏5 000头的石家庄君盛牧业有限公司已建设完成并投入使用，现存栏奶牛3 500头；位于新乐市的中元牧业有限公司现已存栏奶牛1.7万头，奶牛养殖标准化、规模化水平显著提高。本市已有4家奶牛场通过国际良好农业GAP认证。

疫病防治。2018年奶牛养殖未发生重大疫情。大部分奶牛养殖场（区）在畜牧部门指导下，由驻场兽医进行常规的程序免疫和消毒，重点是春秋两季口蹄疫免疫检测和奶牛结核病、布鲁氏菌病的检疫和净化。2018年县级动物疫病预防控制机构对辖区内所有奶牛进行了1次布鲁氏菌病检测，并以县为单位集中连片推进奶牛布鲁氏菌病和结核病净化工作，形成净化区，检测结果没有大的疫情发生。继续推进乳品企业对生鲜乳收购站凭“两病”检测证明收购生鲜乳制度，倒逼奶牛场切实抓好布鲁氏菌病防控工作。2018年奶牛场奶牛仍以乳房炎、消化不良、肢蹄病等常见病为主。近年来，由于大力推进乳粉用标准化奶牛养殖场建设，奶牛饲养管理水平已明显提高，绝大多奶牛养殖场区都能做到“以防为主、防重于治”，对常见多发病能做到“早发现，早治疗”。有的奶牛场在收奶量紧缩的情况下，直接淘汰低产牛、病牛，有效降低了养殖成本。加强移动监管，对转场或外调奶牛，动物卫生监督机构严格按规定实施检疫，对跨省引进的奶牛严格调运审批手续并落实隔离观察制度，限制奶牛从高风险区向低风险区移动。

【质量监管】奶站管理方面，全市197家奶站全部取得了生鲜乳收购许可证，全部与乳品加工企业签订了生鲜乳收购合同，安装了视频监控网络系统，运输车全部安装了GPS定位系统，实现了市、县畜牧部门在生鲜乳的生产收购、储存运输各环节的全程实时监管；奶站和奶牛养殖场（区）实行一体化建设。

一是每年定期组织开展两次奶站专项整治活动，县级每季度开展一次奶站集中整治行动。重点对生鲜乳运输车持证情况、生鲜乳收购站各项制度落实情况、档案管理和检测情况进行检查，确保奶站“十项制度、一项操作”规程落实到位。明确专人负责农业部生鲜乳收购站运输车监管系统平台，及时查看平台两证信息变化，确保奶站信息的准确性和时效性。

二是强化人员培训。市级每年组织开展两次奶站法人（负责人）及技术人员培训，强化奶站质量安全责任人意识，完善各项档案记录，健全监管工作台账，提高奶站标准化规范化管理水平。

三是推行奶站视频监控系统外包服务。通过招标采购，签订奶站视频监控系统外包服务合同，负责全市奶站视频监控系统维护和检修，确保监控系统的正常运行。

四是加大执法检查力度。始终保持奶站监管的高压态势，严厉打击非法收购运输“黑窝点”、无证和超范围收购、一证多用套用等违法行为，突出抓反面典型，震慑不法分子，确保生鲜乳质量安全。

生鲜乳质量监测方面，根据《关于印发2018年河北省农产品及投入品质量安全监测计划的通知》（冀农业安发〔2018〕6号）精神，石家庄市印发了关于认真落实冀农业安发〔2018〕6号文件的通知，在保证完成部、省级生鲜乳抽测任务的基础上，按计划要求对全市奶站和生鲜乳运输车进行轮检。同时，要求各县（市、区）所有奶站每个月抽检一遍，行唐奶牛养殖大县每两个月抽检一遍。2018年，市本级共抽检奶样510批，检测三聚氰胺、β－内酰胺酶、碱类物质等6项指标，检测结果全部合格。

全面落实生鲜乳收购数量大幅波动及质量不合格48小时调查追溯制度，明确专人负责河北省生鲜乳日报告网络平台，实时查看乳品企业每日报告的检测不合格生鲜乳和交奶数量大幅波动情况，及时通告相关县畜牧部门到场调查处理，确保质量不合格生鲜乳在48小时内处理完成。2018年，乳品企业共检测8.23万批次，报告不合格生鲜乳173批次，占0.2%。

【奶农组织】石家庄市奶业协会于2005年5月成立，本协会是由乳品企业、奶牛场、奶农及相关业务单位自愿组成的地方性、行业性、非营利性社会团体组织，是社会团体法人，是跨部门、跨所有制的非营利性质的行业组织，主要职能是协助政府进行行业管理，在行业中发挥协调、服务、维护、自律的作用，维护会员和行业的合法权益。河北三元食品有限公司、君乐宝乳业集团分别担任石家庄市奶业协会理事长和秘书长。现有会员44人，理事单位及单位代表20人，常务理事单位及单位代表16人，副理事长单位及单位代表10人。协会积极与政府协作，2018年组织召开了三次价格协调会，在传达奶业人心声、促进奶源基地建设、协调供需矛盾、稳定奶源市场秩序、破解奶业发展难题上都做出了积极贡献。

【政策法规】重点贯彻落实了河北省农业农村厅、河北省财政厅联合印发的《2018年乳发业发展项目实施方案》(冀农业财发〔2018〕27号)和河北省财政厅《关于下达2018年省级乳粉业发展专项资金的通知》（冀财农〔2018〕25号）文件精神。

【奶业大事】2018年，君乐宝依托优致牧场建成一座占地200 hm^2 的世界级奶业小镇。建设15个功能区，形成科普教育、生态种植、示范养殖、休闲观光为一体的综合小镇。以旅游传播奶业文化，以科技打造优质品牌，将一二三产业有机融合，打造成一条完整的奶业产业链。

（*石家庄市农业农村局，席立朋、陈素梅*）

唐山市

【奶类生产】唐山市自然地理条件优越，气候温和，四季分明，日照充足，雨量丰沛，是著名的玉米种植带，饲草饲料及作物秸秆资源丰富，为发展奶牛养殖提供了有利条件。唐山市交通便捷，毗邻京津，地处华北与东北的咽喉要地，区位优势十分明显，发展奶业市场条件得天独厚。因此，在加快建设现代畜牧业发展的同时，提出打造全国最大的绿色、安全牛奶生产基地的发展思路，全力推动奶业发展，主要生产指标连续多年保持快速增长，并形成了汇集蒙牛、伊利、三元等国内多家知名品牌的乳品加工企业集群。

唐山市是全国农区养奶牛最多的区域，截至2018年年底，全市奶牛存栏21万头，2018年鲜奶产量135万t，成年母牛年平均单产已达8t（2013年奶牛平均单产为5.9t）。唐山市奶业已形成以丰润、滦南、滦县、丰南、迁安、开平、汉沽、乐亭等县（市、区）为重点的优势产业带，在这个区域内，奶牛养殖量、鲜奶产量均占全市总量的80%以上，其中芦台天成奶牛场是本省奶牛平均单产最高的奶牛养殖场，该场全群平均单产可达11 t以上（此数据是经省奶牛DHI生产性能测定中心测定后评定的）。同时近几年涌现了滦县首农新绿洲现代牧场有限公司、恒天然（玉田）牧场有限公司等一批优质高产牧场。

【乳品加工】唐山市辖区内有5家乳品加工企业，分别为位于丰润区的蒙牛乳业（唐山）有限责任公司，其拥有9条TBA/22型无菌灌装生产线、2条TBA/22型无菌灌装生产线、3条TBA19/125S生产线、1条A3-200S生产线、1条TBA8/1 000B生产线、1条A3-250高速利乐钻生产线，1条A3SPEED-125生产线，主要生产液体奶系列，包括白奶、乳饮料和儿童奶系列；位于滦南县的蒙牛乳业（滦南）有限责任公司，其拥有世界最先进的无菌灌装机制造商瑞典利乐公司提供的生产线26条（其中22型机2条，TFA3型机6条和百利包生产线15条，康美包3条），同时可以生产纯牛奶、花色奶、乳饮料三个不同品种的产品；位于汉沽管理区的唐山市三元食品有限公司，其主导产品为奶粉和液体奶，生产许可证核定产品范围为液体乳(调制乳、灭菌乳）和乳粉（全脂乳粉）；位于迁安市的迁安三元食品有限公司，主要生产设备为具有世界先进水平的瑞典利乐-拉伐公司生产的管式超高温灭菌机3套，500利乐枕无菌包装机2台，百利包包装机4台，超高温液态奶生产线六条及为调剂奶源余缺而建设的奶粉生产线1套，百利包无菌灌装生产线两条，利乐公司A3柔性利乐砖高速包装设备壹套及附属设施。公司主要生产的产品有：超高温灭菌乳及含乳饮料。产品品种主要有：纯牛奶、早餐奶、巧克力牛奶等调制乳及纤果汇乳饮料；位于滦县的滦县伊利乳业有限责任公司，一期项目共有灌装生产线19条，生产品种包括纯牛奶、营养舒化奶、优酸乳等，二期项目采用瑞典、德国等国际先进生产技术和设备，主要生产“金典奶、营养舒化奶、QQ星儿童奶、学生奶”等伊利高端系列产品。

【市场消费】2018年，受国内外经济形势影响，鲜奶销售不畅，收购价格持续走低，奶牛存栏数量有所下降。生鲜乳收购价格规模场在3.6元/kg左右。随着奶牛养殖收益的明显下降，部分奶农选择淘汰低产奶牛来降低养殖成本，实在经营不下去的养殖小区则选择主动停产关闭。原因主要有以下几点：

一是近两年来，进口低价乳制品冲击与消费增长放缓是当前奶业发展面临的主要挑战。受其影响，国内乳品企业在进口低价原料奶的同时，对国内奶牛场通过降低收购价格、不定期限收等手段进行调控，致使部分养殖场处于微利或亏损状态，严重影响了奶牛养殖的积极性。

二是奶业利益联结机制不健全。乳品加工企业、规模奶牛养殖场、饲料饲草种植农民专业合作社利益联结机制尚未形成。特别是乳品加工企业和规模奶牛养殖场利益联结机制不健全，奶源紧张时，乳品加工企业争抢奶源；供大于求时，出现限收、拒收现象，影响奶业健康持续发展。

三是奶业发展受融资、环保等多重因素制约。奶业发展从“三聚氰胺事件”以来，经历了由散养模式到小区化饲养再到牧场化转变的渐进式发展历程。伴随着快速发展，也出现了一些现实问题，部分奶牛规模场（区）距村庄较近，由于环保因素及禁养区、限养区划定制约，这部分奶牛养殖场很难享受国家现行补贴政策，奶牛场融资困难，自身生存面临挑战。

四是国内消费者对国产乳制品消费信心仍显不足。2008年的三聚氰胺事件至今，中国乳业已发生很大变化，牛奶的乳蛋白率、体细胞数等多项指标都达到或超过了国际标准，已经能够提供出高品质、高安全的原料奶，但国内消费者对国产乳品消费信心仍显不足，在选购乳制品时，还有不少消费者青睐进口产品。

【奶源基地】唐山市共有212个奶牛养殖场，所有奶牛养殖小区全部实现向牧场化转型，所有奶牛养殖场（区）实现规模化养殖、机械化挤奶、TMR饲喂，全部采用奶牛卧床技术。

作为奶业大市，加快奶业转型升级是提高农民收入、打造高效畜牧业、建设奶业强市的必要途径。一是积极与滦南蒙牛、丰润蒙牛、滦县伊利等乳企协作，引导乳企实行生鲜乳收购优质优价原则，通过政策扶持和价格杠杆，推进奶牛养殖小区向牧场转型。截至2018年年底，全市所有奶牛养殖小区已全部转型升级为牧场。二是大力提高标准化养殖水平。奶牛卧床、冷风机、玉米青贮机、管道式数字化挤奶机等设施使用率有较大幅度提升，全市奶牛规模养殖场100%实现管道式机械化挤奶，全部采用了TMR饲喂技术，有80%以上的奶牛养殖场采用了全株玉米青贮饲喂奶牛，60%以上的场使用了奶牛卧床和冷风机，有18个场参与了DHI测定。三是进一步提高智能化、信息化养殖水平。通过实施智能奶牛场建设项目，给奶牛场配备奶量自动计量、奶牛发情、TMR混合自动化控制、环境监控等设施设备，实现对奶牛场的信息化管理，提升奶牛场智能化水平。2018年唐山市有59家奶牛场承担此项目，省级补贴资金2 650万元。

在完善利益联结机制方面。引导鼓励乳企与奶农建立更加稳固的利益联结关系，实现风险共担、利益共享，进一步规范生鲜乳购销行为，稳定生鲜乳收购秩序。一是加强生鲜乳购销合同（示范文本）签订和履行的监督检查，要求乳企与生鲜乳收购站全部签订3年以上长期购销合同。二是严格执行生鲜乳收购参考价格。督促乳企严格按照省生鲜乳价格协调会发布的全省生鲜乳交易参考价格收购生鲜乳，稳定奶牛养殖收益预期。三是发挥第三方仲裁检测重要作用，充分发挥唐山市畜牧水产品质量监测中心第三方仲裁重要作用，绝不允许乳企无故限收拒收生鲜乳，充分构建公开、公平、公正的市场环境。

【奶农组织】奶业涉及原奶生产、乳品加工、乳品销售和进出口等乳业链条各环节，生产过程中随机因素多。所以，除了加强政府及其主管部门的协调机制外，还必须辅之以行业组织的自律、监督、协调等手段。唐山市及各县（市、区）奶业协会自主地开展有益于加强行业管理的各类活动，发挥行业协会协调、服务、维权、自律的功能，强化行业管理、规范行业秩序、提供社会化服务，对唐山的乳业发展起到了辅助推动作用。

通过树立典型，发挥示范引导作用，进而全面提高全市奶牛养殖水平。一是总结典型经验，建立示范基地。总结撰写芦台天成奶牛养殖场养殖先进经验和典型做法，被《中国畜牧业》刊发，在全国发行。确定中奥奶牛养殖场等3个养殖场为示范基地，开展新技术集成应用，并以点带面推广到其他养殖场。二是通过比武竞赛提高基层队伍素质。2018年，唐山市组队参加2018年中国技能大赛——全国农业行业职业（家畜繁殖员）技能大赛河北选拔赛，唐山市代表队的团体总分在所有地市代表队中排名第二，获得团体二等奖和优秀组织单位奖。三是宣传推广种养结合典型，促进一二三产业融合。滦县兴源奶牛养殖专业合作社与河北农业大学合作，成立兴源家庭牧场，用牛粪发酵生产双孢菇，采摘后的"培养料"还田，用于种植青贮玉米，形成了完整的农业循环经济模式。

【质量监管】始终把乳品质量安全放在优先地位，强化质量安全监管体系建设，推进奶业安全发展。一是建立了以市畜牧水产品质量监测中心为主体、县级农产品质检站为基础的生鲜乳监测体系，实施生鲜乳质量安全监测计划和专项整治行动，确保生鲜乳质量安全；二是通过县级、乳企生鲜乳收购站网络视频监管平台和生鲜乳运输车GPS定位系统，实时监控生鲜乳收购站及运输车的运行情况。三是充分运用省生鲜乳信息监管平台发布的预警信息，督促县（区、局）核实导致生鲜乳不合格的原因并及时处置，坚决落实生鲜乳收购数量大幅波动和质量不合格48小时追溯机制，严把奶源质量安全关。

奶站管理方面。2018年年底，唐山市共有奶站212个，全部发放了生鲜乳收购许可证和生鲜乳准运证明。全部奶站"六项制度"齐全、各项记录完备，挤奶、冷却、储藏、运输设施符合规定要求，且全部采用了封闭式管道挤奶方式，鲜奶运输执行"两证一单"制度。加强对奶站的监督管理，完善原料奶价格形成机制，定期发布收购指导价格使原料奶定价公平合理、有据可依。完善生鲜乳购销机制，乳粉企业与配套奶站签订和执行购销合同，加强企业自律，维护正常的生鲜乳收购秩序，严厉打击收购散奶、降低收奶标准、抢奶等不正当竞争行为。对不履行合同规定随意变更交奶企业的奶站和蓄意扰乱收购秩序的乳品企业，采取媒体通报、取消申请国家扶持项目资格、列入黑名单等措施加以惩罚。乳粉企业对合同奶站全程监督，保证生鲜乳质量。建设奶站视频网络监控系统和生鲜乳运输车辆GPS定位系统，实现生鲜乳生产、运输环节的全程信息化监管。

（唐山市农业农村局，田永利、李春）

山西省

【奶畜养殖】据畜牧部门统计，2018年年末全省奶牛存栏38.46万头，同比下降12.98%。品种主要为荷斯坦牛，主要分布于山西省的中部和北部地区。奶牛存栏3 000头以上的县（市、区）21个，包括朔州市山阴县、应县、朔城区、怀仁县，晋中市祁县、平遥县，忻州市忻府区、定襄县、繁峙县，大同市阳高县、天镇县、云岗区、新荣区、广灵县、云州区、平城区、浑源县，晋中市榆次区，太原市小店区、尖草坪区，临汾市翼城县，奶牛存栏数33.7万头。2018年年底，饲养100头以上奶牛的规模养殖场（户）存栏24.76万头，规模养殖比重为64.4%。

2018年，全省奶山羊存栏7.51万只，比上年同期下降44.16%。主要品种为洪洞奶山羊。奶山羊主要分布于大同、晋中、临汾、运城4市，存栏6.71万只，占全省存栏总数的89.32%。奶山羊存栏2 000只以上的有10个县（市、区），包括洪洞县、平遥县、万荣县、灵丘县、临汾市尧都区、闻喜县、芮城县、祁县、霍州市、汾阳市，共存栏5.66万只，占全省存栏总数的74.96%。

2018年，山西省奶类总产量达到131.67万t，同比下降5.49%。其中牛奶产量130.24万t，同比下降5.19%；羊奶1.43万t，同比下降26.38%。朔州市牛奶产量达到57.24万t，同比增长0.33%，占全省牛奶产量的43.47%。

截至2018年12月，全省运营的生鲜乳收购站262个，其中乳品企业开办16个，奶畜养殖场开办92个，奶农合作社开办154个，除阳泉市、晋城市外，其他9个市均有生鲜乳收购站。生鲜乳运输车193辆。

【乳品加工】2018年全省乳制品加工企业共14个，其中太原市2个、大同市2个、晋中市2个、朔州市4个、阳泉1个，长治市1个、晋城市1个、临汾市1个。全省乳制品种类包括巴氏杀菌乳、UHT奶、奶粉和乳饮料。其中，中小型乳制品加工企业主要生产巴氏杀菌乳，部分企业还生产酸奶和乳酸饮料。全省无婴幼儿配方乳粉生产企业。

【市场消费】2018年，全省生鲜乳平均收购价为2.94元/kg，平均交售价格为3.26元/kg，分别比2017年降低0.06元/kg和0.21元/kg。

山西市场销售乳制品的品牌主要为本土品牌古城、九牛、牧同和外来品牌伊利、蒙牛、夏进、君乐宝、现代牧业、三元等；巴氏杀菌乳主要有入户、商超和奶吧销售三种形式，市场消费量呈现增长的趋势。

【奶源基地】省外乳品企业在山西省组建的公司没有开展奶源基地建设，本省多数乳品企业自建有奶源基地，如古城乳业集团、大同市牧同乳业有限公司、太原九牛牧业、阳曲县瑞美乳业、长治市牧村乳业、长治市九牛寨乳业等，山西维尔生物乳制品公司有参股奶牛养殖基地。

DHI测定。2018年农业农村部下达山西省DHI测定项目经费91万元，测定任务1.3万头产奶牛。全年参测牛场57个，累计测定奶牛34 982头。全年12个月全部参加测定的牛场32个，占56.14%；参加6次以上的牛场49个，占85.96%，均为历年来最高。57个参测牛场日头均产奶量30.47kg，平均乳脂肪率3.78%、乳蛋白率3.44%、乳糖4.9%、干物质13.00%，各项指标与上年度基本持平，均显著高于国家生鲜乳标准。省DHI测定中心全年共完成牛场服务111场次，行程近7万km。牛场服务的内容主要包括指导牛场采样、整理档案、解读DHI报告、发放后测冻精、安装牧场管理软件、奶机检测等。

荷斯坦青年公牛后裔测定。2018年共发放冻精15 844支，配种记录4 060支，定胎记录801条，产犊记录580条，活母犊数412头。

【政策法规】2018年，山西省继续承担国家“振兴奶业苜蓿发展行动”高产优质苜蓿示范项目建设任务，安排全省高产优质苜蓿示范建设项目种植任务1 666.67hm^2，建设资金1 500万元。苜蓿草产品质量得到明显提高，单产可达到12t/hm^{2}以上；粗蛋含量达到19%以上，相对饲用价值达到100%。奶牛饲喂示范区苜蓿产品后，乳蛋白率达到3.2%，乳脂肪率达到3.74%。苜蓿草产品质量达到国家标准2级以上，粗蛋白质含量20.2%，酸性洗涤纤维26.1%，中性洗涤纤维35.3%。在苜蓿优势产区和奶牛主产区建设高产优质苜蓿示范片区，通过组织苜蓿标准化生产加工，强化科技支撑、突出产品质量，转变传统饲草生产加工方式，实现苜蓿增产提质，逐步建立健全新型的苜蓿饲草产业体系。同时，中央安排奶牛养殖场建设项目资金4 800万元，省级安排支持奶业大省建设资金4 000万元，保障实现山西奶业振兴目标。

【质量监管】2018年，山西省共完成生鲜乳监测1 310批次，其中：农业部监测781批次（生鲜乳违禁物质专项监测403批次、异地抽检180批次、生乳国标95批次、奶畜散养户指标监测103批次）；省级监测529批次（例行监测404批次、兽药残留监测125批次）。生鲜乳违禁物质专项检测项目：三聚氰胺、革皮水解物、碱类物质、β－内酰胺酶、硫氰酸钠、黄曲霉素$M_1$6种违禁添加物；生乳国标检测项目：冰点、酸度（牛奶）、非脂乳固体、杂质度、相对密度、黄曲霉素M_1、蛋白质、脂肪、菌落总数；奶畜散养户检测项目：蛋白质、脂肪、体细胞、黄曲霉素M_1、碱类物质、β－内酰胺酶、苯甲酸。兽药残留监测项目：甲砜霉素。例行监测项目：三聚氰胺。所有受检的生鲜乳质量均符合国家标准。

扎实开展生鲜乳专项整治，对奶源基地和乳制品加工企业原料奶及主要产品质量安全控制措施进行监督检查。重点打击无证收购运输、非法添加等，以及生鲜乳生产、收购和运输过程中各类违法违规行为。对备案的奶畜养殖场、生鲜乳收购站、运输车信息管理及监管制度常态化、散户养殖规范化等内容开展整治。加强监管体系建设。在全面落实全省生鲜乳质量安全监管责任分解的基础上，进一步完善生鲜乳收购站、运输车、奶牛养殖场（户）质量安全责任主体和监管责任主体，及时更新落实监管责任人的信息联系方式，做好建档造册工作。继续坚持落实已建立的各项监管责任制度，进一步强化现场监管记录、案件查处记录、档案管理等痕迹化管理措施。确实做到质量安全责任主体明确、监管责任无缝隙全覆盖，确保全年不发生重大的质量安全事件。

【奶业大事】根据《国务院办公厅关于推进奶业振兴 保障乳品质量安全的意见》（国办发〔2018〕43号）及农业农村部等九部委联合印发的《关于进一步促进奶业振兴的若干意见（农牧发〔2018〕18号）》文件精神，对全省奶业主产市进行了两次奶业情况调研，起草了《关于推进奶业振兴 保障乳品质量安全的实施意见（征求意见稿）》，并征求了省发改委、省财政厅、省委宣传部、省互联网信息办公室、省工业和信息化厅、省教育厅、省自然资源厅、省生态环境厅、省交通运输厅、省科学技术厅、省卫生健康委、省司法厅、省市场监督管理局、国家税务总局山西税务局、山西银保监局、中国人民银行太原分行、太原海关、省农业农村厅各相关处室以及11个市的相关单位意见，在此基础上对实施意见进行了修改完善，同时省司法厅进行了合法性审查，为出台实施意见做好基础工作。

（山西省农业农村厅畜牧兽医局，荆彪）

太 原 市

【奶畜养殖】2018年，全市奶类总产量9.43万t。奶牛存栏2.10万头。奶牛品种为荷斯坦牛，主要分布于阳曲县、清徐县、小店区、尖草坪区、晋源区，其存栏量占全市存栏总量的95%。2018年生鲜乳收购均价为3.70元/kg。

【乳品加工】2018年全市拥有乳品加工企业（本地）4家，分别为蒙牛太原分公司、山西九牛牧业有限公司、山西维尔生物乳制品有限公司、阳曲瑞美乳业有限公司。全年4家企业处理鲜奶10.27万t，其中生产巴氏杀菌乳0.51万t，UHT奶8.91万t，酸奶0.57万t，乳饮料0.28万t。乳品企业年销售总额7.66亿元，利润0.37亿元。

【奶源基地】全市现有规模奶牛养殖场100头以上的养殖小区和养殖场16个，其中1 000头以上规模养殖场2个，500~999头的规模养殖场4个，200~499头规模养殖场7个，100~199头规模奶牛养殖场3个，全市规模化奶牛场存栏11 441头，年产生鲜乳5.17万t。奶牛养殖入园率达95%以上。全市拥有生鲜乳收购站13个，生鲜乳运输车辆8辆。2018年奶牛布鲁氏杆菌病检疫6 856头，结核病检疫6 030头，均无阳性；口蹄疫免疫3.5万头次。

饲草饲料。2018年全市人工牧草种植面积5 382hm^2，其中：苜蓿面积687hm^2，专用青贮玉米面积4 695hm^2。2018年全市有3家具备单独生产奶牛配合饲料企业，其中：太原市小店区腾雄飞饲料厂生产能力26t/h，实际年产量7 769t；山西太原易大饲料厂生产能力15t/h，年产量1 559t；山西广联畜禽有限公司生产能力10t/h，年产量9 100t。

【质量监管】开展生鲜乳质量安全专项整治工作，重点抓落实，首先签订“生鲜乳质量安全责任状”，明确生鲜乳收购站、运输车监管责任人。二是强化生鲜乳收购站和运输车日常监管。重点对生鲜乳收购站和运输车标准化管理、生鲜乳质量检验、不合格生鲜乳处理、安全制度落实等方面进行监督检查。三是对全市13个生鲜乳收购站和8辆运输车辆进行检查，全部合格，符合农业农村部制定的标准。严查“两证一单”，规范生鲜乳收购站收购记录、检测记录、销售记录“三记录”的建立；严格按照《生鲜乳生产收购管理办法》和《生鲜乳收购站标准化管理技术规范》要求，加强收购站监督管理，提高生鲜乳收购站标准化水平。继续实施《生鲜乳收购站质量安全“黑名单”制度》，推进生鲜乳收购站诚信体系建设，落实了企业职责。根据农业农村部和省农业农村厅安排，制定了《2018年全市生鲜乳质量安全监测工作计划》，认真开展生鲜乳质量安全检测工作。圆满完成了农业农村部下达的2018年生鲜乳随机抽检22个批次、例行采样20个批次、异地抽检26个批次（天津）以及省农业农村厅国际乳抽检30个批次的任务，合格率100%。完成了农业农村部85个样品的沙门氏菌和金黄色葡萄菌检测任务。加强对鲜奶直销奶源基地的监管力度，制定监测计划，开展定期抽检。加大对奶牛散养户的监管工作，对奶牛散养户逐一登记，建立养殖档案。积极推进标准化奶牛养殖小区和标准化生鲜乳收购站建设，鼓励奶牛散养户入驻奶牛养殖小区。加大对奶牛散养户生鲜乳抽检力度，从源头上杜绝生鲜乳质量安全隐患。

提高奶牛生产性能测定中心服务能力，扩大测定奶牛范围，做到所有规模牧场全覆盖，通过测定牛奶成分调整饲草料配方，实现奶牛精准饲喂管理。全市13个规模奶牛场参加了DHI测试，参加DHI测试的奶牛头数达到5 000头，圆满地完成了省农业农村厅下达的测试任务。用测试数据指导生产管理，通过对数据的采集与分析，发现问题，提出合理解决方案。

（太原市乳品监察管理站，陈新慧）

附表 1　山西省奶畜养殖场（小区）名录

序号	名称	供奶企业	养殖场	小区	全群存栏（头）	成母畜存栏（头）	奶畜品种	成母畜年单产（t）	年总产量（t）	是否参加 DHI	是否应用 TMR	是否国家学生饮用奶奶源基地	是否有机奶源基地	有机奶产量（t）	有机奶源认证机构	是否为布鲁氏菌病及结核净化创建场或示范场
1	太原市清徐县长兴奶牛场	山西古城乳业集团八分厂	√		208	115	荷斯坦	7.0	805	√	√					
2	山西省遗传育种中心	散卖	√		110	85	荷斯坦	6.0	510	√	√					
3	太原众和养殖有限公司	山西众和乳业	√		320	150	荷斯坦	6.5	1 000	√	√				√	
4	太原市牧冠乳业有限公司	山西众和乳业	√		330	160	荷斯坦	9.0	1 400	√	√					2019 年开始创建
5	太原市阳曲县瑞美乳业有限公司	太原瑞美乳业	√		320	165	荷斯坦	7.0	1 200	√	√	√				
6	太原市阳曲县亿源乳业有限公司	山西古城乳业集团八分厂	√		230	110	荷斯坦	5.0	550							
7	山西旺祥源牧业有限公司	晋中伊利	√		801	467	荷斯坦	9.6	3 073	√	√					
8	太原市兴达良种奶牛养殖基地	蒙牛乳业（太原）有限公司	√		591	310	荷斯坦	8.7	2 138	√	√					
9	太原市天翼聚养殖有限公司	蒙牛乳业（太原）有限公司	√		1 018	581	荷斯坦	7.8	3 170	√	√					
10	太原茂兴牧业有限公司	蒙牛乳业（太原）有限公司	√		270	176	荷斯坦	8.4	1 282	√	√					
11	山西旺达农牧科技有限公司	山西众和	√		684	402	荷斯坦	8.7	2 238	√	√					
12	太原市小店区和诚奶牛养殖专业合作社	蒙牛乳业（太原）有限公司	√		903	518	荷斯坦	8.7	3 337	√	√					
13	太原市小店区四季旺养殖专业合作社	山西古城乳业集团八分厂	√		432	235	荷斯坦	7.8	1 389	√	√					
14	太原强牛种养殖有限公司	散卖	√		186	120	荷斯坦	6.9	450							
15	山西瑞馨雪养殖有限公司	散卖	√		162	80	荷斯坦	6.6	300							
16	山西九牛农业开发有限公司	晋中伊利	√		4 876	3 692	荷斯坦	10.5	28 875	√	√					标准化示范场
17	山西古城乳业农牧有限公司	山西古城乳业集团有限公司	√		1 469	853	荷斯坦	9.2	6 520	√	√	√				
18	朔州市山阴县宝发奶牛专业合作社	山西古城乳业集团有限公司		√	273	135	荷斯坦	7.8	876							
19	朔州市山阴县保和养殖专业合作社	山西古城乳业集团有限公司		√	402	241	荷斯坦	8.3	1 665		√					
20	朔州市山阴县保乐养殖专业合作社	山西古城乳业集团有限公司		√	347	237	荷斯坦	8.5	1 670		√					
21	朔州市山阴县犇佳养殖有限公司	山西古城乳业集团有限公司	√		1 033	535	荷斯坦	9.4	4 176		√					
22	朔州市山阴县斌城养殖专业合作社	山西古城乳业集团有限公司		√	386	238	荷斯坦	8.6	1 700		√					
23	朔州市山阴县秉宗养殖专业合作社	山西古城乳业集团有限公司		√	260	139	荷斯坦	8.0	924		√					
24	朔州市山阴县郴晖养殖专业合作社	山西古城乳业集团有限公司		√	195	103	荷斯坦	7.8	668							
25	朔州市山阴县诚信奶牛专业合作社	山西古城乳业集团有限公司		√	328	164	荷斯坦	8.3	1 130		√					
26	朔州市山阴县春旺养殖专业合作社	内蒙古伊利		√	965	495	荷斯坦	9.3	3 771		√					
27	朔州市山阴县春喜奥养殖专业合作社	山西古城乳业集团有限公司		√	271	115	荷斯坦	7.8	746		√					
28	朔州市山阴县道武养殖专业合作社	山西古城乳业集团有限公司		√	249	138	荷斯坦	8.3	952		√					
29	朔州市山阴县德旺养殖专业合作社	蒙牛乳业（太原）有限公司		√	327	154	荷斯坦	7.5	959		√					
30	朔州市山阴县德永奶牛专业合作社	山西古城乳业集团有限公司		√	466	215	荷斯坦	8.6	1 537	√	√	√				
31	朔州市山阴县佃豹奶牛专业合作社	内蒙古伊利		√	268	158	荷斯坦	7.7	1 013		√					

（续）

序号	名称	供奶企业	养殖场	小区	全群存栏（头）	成母畜存栏（头）	奶畜品种	成母畜年单产（t）	年总产量（t）	是否参加 DHI	是否应用 TMR	是否国家学生饮用奶奶源基地	是否有机奶源基地	有机奶产量（t）	有机奶源认证机构	是否为布鲁氏菌病及结核净化创建场或示范场
32	朔州市山阴县岗义奶牛专业合作社	内蒙古伊利		√	535	276	荷斯坦	9.0	2 060		√					
33	朔州市山阴县广秀奶牛专业合作社	蒙牛乳业（太原）有限公司		√	1 005	412	荷斯坦	9.3	3 080		√					
34	朔州市山阴县贵山奶牛专业合作社	蒙牛乳业（太原）有限公司		√	337	183	荷斯坦	8.4	1 279		√					
35	朔州市山阴县海春奶牛专业合作社	内蒙古伊利		√	972	486	荷斯坦	9.3	3 608		√					
36	朔州市山阴县和昌奶牛养殖专业合作社	蒙牛乳业（太原）有限公司		√	252	126	荷斯坦	7.7	806		√					
37	朔州市山阴县和平养殖专业合作社	山西古城乳业集团有限公司		√	335	167	荷斯坦	8.6	1 192		√					
38	朔州市山阴县恒康养殖专业合作社	山西古城乳业集团有限公司		√	492	266	荷斯坦	8.0	1 765		√					
39	朔州市山阴县弘杰养殖专业合作社	山西古城乳业集团有限公司		√	187	96	荷斯坦	7.4	591							
40	朔州市山阴县红日奶牛专业合作社	山西古城乳业集团有限公司		√	227	129	荷斯坦	8.4	903		√					
41	朔州市山阴县宏利奶牛养殖专业合作社	山西古城乳业集团有限公司		√	482	310	荷斯坦	8.7	2 239		√					
42	朔州市山阴县侯安维畜牧专业合作社	山西古城乳业集团有限公司		√	465	230	荷斯坦	8.3	1 586		√					
43	朔州市山阴县厚泽养殖专业合作社	山西古城乳业集团有限公司		√	237	145	荷斯坦	8.1	977		√					
44	朔州市山阴县华盛养殖专业合作社	河北新希望天香乳业有限公司		√	357	221	荷斯坦	7.8	1 430		√					
45	朔州市山阴县慧丰奶牛养殖专业合作社	山西古城乳业集团有限公司		√	268	155	荷斯坦	7.5	965							
46	朔州市山阴县计金养殖专业合作社	山西古城乳业集团有限公司		√	356	180	荷斯坦	7.3	1 094							
47	朔州市山阴县济民农牧专业合作社	山西古城乳业集团有限公司		√	185	107	荷斯坦	7.2	640							
48	朔州市山阴县佳联农业发展有限责任公司奶业分公司	内蒙古伊利	√		1 029	551	荷斯坦	9.4	4 241		√					
49	朔州市山阴县建成养殖专业合作社	山西古城乳业集团有限公司		√	342	187	荷斯坦	7.9	1 224		√					
50	朔州市山阴县建铭奶牛专业合作社	山西古城乳业集团有限公司		√	122	76	荷斯坦	7.4	466							
51	朔州市山阴县建银农民养殖专业合作社	山西古城乳业集团有限公司		√	175	87	荷斯坦	7.0	505							
52	朔州市山阴县金茂源奶牛专业合作社	山西古城乳业集团有限公司		√	337	178	荷斯坦	7.3	1 076							
53	朔州市山阴县金元养殖专业合作社	山西古城乳业集团有限公司		√	246	122	荷斯坦	7.8	790							
54	朔州市山阴县景峰奶牛专业合作社	山西古城乳业集团有限公司		√	168	92	荷斯坦	6.8	521							
55	朔州市山阴县九根畜牧专业合作社	山西古城乳业集团有限公司		√	568	275	荷斯坦	8.5	1 944		√					
56	朔州市山阴县军世奶牛养殖专业合作社	山西古城乳业集团有限公司		√	318	167	荷斯坦	8.6	1 191		√					
57	朔州市山阴县开儒养殖专业合作社	山西古城乳业集团有限公司		√	343	163	荷斯坦	7.6	1 029		√					
58	朔州市山阴县康平养殖专业合作社	山西古城乳业集团有限公司		√	246	136	荷斯坦	8.2	926		√					
59	朔州市山阴县康泰奶牛专业合作社	内蒙古伊利		√	1 039	610	荷斯坦	9.0	4 483		√					

（续）

序号	名称	供奶企业	养殖场	小区	全群存栏（头）	成母畜存栏（头）	奶畜品种	成母畜年单产（t）	年总产量（t）	是否参加DHI	是否应用TMR	是否国家学生饮用奶奶源基地	是否有机奶源基地	有机奶产量（t）	有机奶源认证机构	是否为布鲁氏菌病及结核净化创建场或示范场
60	朔州市山阴县亢祥养殖专业合作社	山西古城乳业集团有限公司		√	308	141	荷斯坦	7.4	868							
61	朔州市山阴县亮福养殖专业合作社	山西古城乳业集团有限公司		√	311	165	荷斯坦	8.3	1 138		√					
62	朔州市山阴县梅海奶牛养殖专业合作社	山西古城乳业集团有限公司		√	207	119	荷斯坦	7.3	720							
63	朔州市山阴县美荣奶牛专业合作社	内蒙古伊利		√	525	275	荷斯坦	8.3	1 895		√					
64	朔州市山阴县民裕奶牛专业合作社	山西古城乳业集团有限公司		√	296	138	荷斯坦	8.1	929		√					
65	朔州市山阴县明大养殖专业合作社	内蒙古伊利		√	474	275	荷斯坦	8.4	1 918		√					
66	朔州市山阴县明亮奶牛专业合作社	山西古城乳业集团有限公司		√	428	208	荷斯坦	8.8	1 521		√	√				
67	朔州市山阴县强盛养殖专业合作社	山西古城乳业集团有限公司		√	318	155	荷斯坦	8.1	1 044		√					
68	朔州市山阴县全福奶牛专业合作社	山西古城乳业集团有限公司		√	196	98	荷斯坦	7.2	587							
69	朔州市山阴县全兴奶牛专业合作社	山西古城乳业集团有限公司		√	169	97	荷斯坦	7.6	612							
70	朔州市山阴县瑞和养殖专业合作社	山西古城乳业集团有限公司		√	152	96	荷斯坦	7.7	615							
71	朔州市山阴县塞北畜牧发展有限责任公司	蒙牛乳业（太原）有限公司	√		337	178	荷斯坦	8.3	1 228		√					
72	朔州市山阴县顺风养殖专业合作社	山西古城乳业集团有限公司		√	193	102	荷斯坦	7.2	610		√					
73	朔州市山阴县顺友奶牛养殖专业合作社	山西古城乳业集团有限公司		√	163	88	荷斯坦	8.4	614		√					
74	山阴县顺源奶牛专业合作社	山西古城乳业集团有限公司		√	491	219	荷斯坦	7.6	1 383		√					
75	朔州市山阴县泰和牧业专业合作社	山西古城乳业集团有限公司		√	1 016	537	荷斯坦	8.8	3 854		√					
76	朔州市山阴县桃仁养殖专业合作社	山西古城乳业集团有限公司		√	365	196	荷斯坦	8.0	1 302		√					
77	朔州市山阴县天牧农牧有限责任公司	蒙牛乳业（太原）有限公司		√	317	188	荷斯坦	8.6	1 345		√					
78	朔州市山阴县天喜牧业有限公司	蒙牛乳业（太原）有限公司	√		3 373	2 019	荷斯坦	9.5	15 923		√					
79	朔州市山阴县万斤生态养殖专业合作社	河北新希望天香乳业有限公司		√	363	238	荷斯坦	8.8	1 740		√					
80	朔州市山阴县万雄养殖专业合作社	内蒙古伊利		√	1 053	680	荷斯坦	9.3	5 251		√					
81	朔州市山阴县为民养殖专业合作社	山西古城乳业集团有限公司		√	198	105	荷斯坦	7.4	646							
82	朔州市山阴县围牧现代养殖专业合作社	山西古城乳业集团有限公司		√	366	175	荷斯坦	8.6	1 252		√					
83	朔州市山阴县伟业奶牛养殖专业合作社	山西古城乳业集团有限公司		√	156	88	荷斯坦	7.5	546							
84	朔州市山阴县文春养殖专业合作社	山西古城乳业集团有限公司		√	217	142	荷斯坦	7.7	908							
85	朔州市山阴县文义养殖专业合作社	蒙牛乳业（太原）有限公司		√	255	143	荷斯坦	8.6	1 023		√					
86	朔州市山阴县新星奶牛专业合作社	蒙牛乳业（太原）有限公司		√	1 060	485	荷斯坦	8.8	3 483		√					

（续）

序号	名称	供奶企业	养殖场	小区	全群存栏（头）	成母畜存栏（头）	奶畜品种	成母畜年单产（t）	年总产量（t）	是否参加DHI	是否应用TMR	是否国家学生饮用奶奶源基地	是否有机奶源基地	有机奶产量（t）	有机奶源认证机构	是否为布鲁氏菌病及结核净化创建场或示范场
87	朔州市山阴县鑫海奶牛养殖专业合作社	河北新希望天香乳业有限公司		√	305	155	荷斯坦	8.0	1 031		√					
88	朔州市山阴县鑫龙养殖专业合作社	山西古城乳业集团有限公司		√	122	63	荷斯坦	7.3	383		√					
89	朔州市山阴县鑫兴养殖专业合作社	山西古城乳业集团有限公司		√	268	123	荷斯坦	7.5	766							
90	朔州市山阴县兴隆奶牛养殖专业合作社	内蒙古伊利		√	645	358	荷斯坦	9.5	2 825		√					
91	朔州市山阴县修江奶牛专业合作社	山西古城乳业集团有限公司		√	197	93	荷斯坦	8.2	633		√					
92	朔州市山阴县阳普奶牛专业合作社	河北新希望天香乳业有限公司		√	510	233	荷斯坦	8.8	1 702		√					
93	朔州市山阴县义仁奶牛专业合作社	山西古城乳业集团有限公司		√	187	111	荷斯坦	7.6	701							
94	朔州市山阴县驿惠养殖专业合作社	山西古城乳业集团有限公司		√	242	130	荷斯坦	8.4	905		√					
95	朔州市山阴县驿泽奶牛专业合作社	蒙牛乳业（太原）有限公司		√	1 753	887	荷斯坦	9.8	7 215		√					
96	朔州市山阴县益丰奶牛养殖专业合作社	蒙牛乳业（太原）有限公司		√	1 045	532	荷斯坦	8.6	3 368		√					
97	朔州市山阴县溢鑫奶牛专业合作社	山西古城乳业集团有限公司		√	468	225	荷斯坦	7.5	1 402		√					
98	朔州市山阴县樱桃养殖专业合作社	蒙牛乳业（太原）有限公司		√	489	258	荷斯坦	8.4	1 803		√					
99	朔州市山阴县永和奶牛养殖专业合作社	山西古城乳业集团有限公司		√	280	165	荷斯坦	7.7	1 053							
100	朔州市山阴县永胜养殖专业合作社	山西古城乳业集团有限公司		√	222	123	荷斯坦	7.4	756							
101	朔州市山阴县永通奶牛专业合作社	蒙牛乳业（太原）有限公司		√	410	224	荷斯坦	8.2	1 526		√					
102	朔州市山阴县宇丰养殖专业合社	山西古城乳业集团有限公司		√	199	124	荷斯坦	7.8	803							
103	朔州市山阴县宇霞奶牛专业合作社	山西古城乳业集团有限公司		√	167	95	荷斯坦	7.6	601							
104	朔州市山阴县玉盛奶牛专业合作社	蒙牛乳业（太原）有限公司		√	176	93	荷斯坦	8.3	642		√					
105	朔州市山阴县玉英养殖专业合作社	内蒙古伊利		√	527	256	荷斯坦	8.6	1 827		√					
106	朔州市山阴县塬升农牧专业合作社	山西古城乳业集团有限公司		√	115	63	荷斯坦	7.5	392							
107	朔州市山阴县振东奶牛养殖合作社	山西古城乳业集团有限公司		√	713	308	荷斯坦	8.3	2 123		√					
108	朔州市山阴县正和奶牛专业合作社	山西古城乳业集团有限公司		√	587	304	荷斯坦	8.3	2 096		√					
109	朔州市山阴县志强养殖专业合作社	山西古城乳业集团有限公司		√	150	80	荷斯坦	7.8	520							
110	朔州市山阴县志仁奶牛专业合作社	蒙牛乳业（太原）有限公司		√	253	142	荷斯坦	7.5	885		√					
111	朔州市山阴县忠梁奶牛养殖专业合作社	山西古城乳业集团有限公司		√	141	82	荷斯坦	8.1	552		√					
112	朔州市山阴县子林养殖专业合作社	内蒙古伊利		√	1 080	658	荷斯坦	9.6	5 165	√	√					
113	朔州市山阴县紫鹏奶牛专业合作社	山西古城乳业集团有限公司		√	380	188	荷斯坦	7.7	1 204							
114	朔州市山阴中荷奶牛原种基地有限公司	蒙牛乳业（太原）有限公司	√	√	446	253	荷斯坦	8.8	1 849		√					
115	朔州市建海农牧有限公司	蒙牛乳业（太原）有限公司	√	√	139	87	荷斯坦	7.7	556		√					

（续）

序号	名称	供奶企业	养殖场	小区	全群存栏（头）	成母畜存栏（头）	奶畜品种	成母畜年单产（t）	年总产量（t）	是否参加DHI	是否应用TMR	是否国家学生饮用奶奶源基地	是否有机奶源基地	有机奶产量（t）	有机奶源认证机构	是否为布鲁氏菌病及结核净化创建场或示范场
116	朔州市玉收农牧有限公司第一分公司	内蒙古伊利	√	√	1 538	773	荷斯坦	9.4	6 035		√					
117	朔州市朔城区明金奶牛养殖专业合作社	内蒙古伊利	√		720	290	荷斯坦	9.9	2 880		√					
118	朔州市朔城区国雄奶牛养殖专业合作社	山西古城乳业集团有限公司	√		480	390	荷斯坦	5.5	2 160		√					
119	朔州市朔城区小营向前奶牛养殖专业合作社	内蒙古伊利	√		470	230	荷斯坦	10.1	2 340		√					
120	朔州市朔城区继山奶牛养殖专业合作社	内蒙古伊利	√		360	210	荷斯坦	8.2	1 728		√					
121	朔州市朔城区乔光奶牛养殖专业合作社	内蒙古伊利	√		420	210	荷斯坦	11.1	2 340		√					
122	朔州市朔城区田苏奶牛养殖专业合作社	山西古城乳业集团有限公司	√		420	240	荷斯坦	9.7	2 340		√					
123	朔州市朔城区兴牛富养殖专业合作社	山西古城乳业集团有限公司	√		408	360	荷斯坦	5.0	1 800		√					
124	朔州市朔城区国前奶牛养殖专业合作社	山西古城乳业集团有限公司	√		360	189	荷斯坦	8.3	1 584		√					
125	朔州市朔城区通乐奶牛养殖专业合作社	河北新希望	√		350	246	荷斯坦	4.3	1 080		√					
126	朔州市旺畜源养殖有限公司	山西古城乳业集团有限公司	√		340	136	荷斯坦	9.2	1 260		√					
127	朔州市朔城区福生源奶牛养殖专业合作社	河北新希望	√		360	110	荷斯坦	8.1	900		√					
128	朔州市朔城区诚信奶牛养殖专业合作社	湖北兴兴奶业	√		380	30	荷斯坦	13.3	400		√					
129	朔州市朔城区牧康源奶牛养殖有限公司	山西三央乳业	√		320	160	荷斯坦	4.5	720		√					
130	朔州市朔城区鸿开奶牛养殖专业合作社	湖北兴兴奶业	√		260	100	荷斯坦	6.9	690		√					
131	朔州市朔城区富营奶牛养殖专业合作社	内蒙古伊利	√		950	500	荷斯坦	10.8	5 400		√					
132	朔州市绿诚农牧有限公司	内蒙古伊利	√		499	306	荷斯坦	8.2	2 520		√					
133	朔州建芳奶牛养殖有限公司	内蒙古伊利	√		500	240	荷斯坦	9.1	2 185		√					
134	朔州市来旺乳业有限公司	山西三央乳业	√		250	98	荷斯坦	7.3	720		√					
135	朔州立新养殖有限公司	内蒙古伊利	√		145	70	荷斯坦	7.7	540		√					
136	应县辉煌养殖有限公司	河北新希望集团		√	1 200	400	荷斯坦	7.0	2 800	√	√					
137	应县富川农牧专业合作社	内蒙古伊利		√	1 000	400	荷斯坦	6.5	1 300	√	√					
138	应县乾丰养殖专业合作社	内蒙古伊利		√	500	260	荷斯坦	6.9	1 794	√	√					

（续）

序号	名称	供奶企业	养殖场	小区	全群存栏（头）	成母畜存栏（头）	奶畜品种	成母畜年单产（t）	年总产量（t）	是否参加DHI	是否应用TMR	是否国家学生饮用奶奶源基地	是否有机奶源基地	有机奶产量（t）	有机奶源认证机构	是否为布鲁氏菌病及结核净化创建场或示范场
139	应县日福奶牛专业合作社	古城		√	440	275	荷斯坦	5.9	743	√	√					
140	应县营大奶牛养殖专业合作社	新希望集团		√	600	240	荷斯坦	7.2	1 368	√	√					
141	应县梦雄养殖专业合作社	古城		√	120	60	荷斯坦	5.0	302	√						
142	应县日忠奶牛养殖专业合作社	古城		√	450	300	荷斯坦	5.5	1 375	√	√					
143	应县银宗奶牛养殖专业合作社	古城		√	320	180	荷斯坦	7.4	718	√	√					
144	朔州市玉收农牧有限公司	伊利		√	2 260	1 450	荷斯坦	9.8	10 446	√	√					
145	应县喜风奶牛养殖专业合作社	河南科迪乳业		√	200	120	荷斯坦	3.9	273	√						
146	应县东方奶牛养殖专业合作社	内蒙古伊利		√	330	150	荷斯坦	7.5	825	√	√					
147	应县兴望奶牛养殖专业合作社	古城		√	611	383	荷斯坦	5.0	1 400	√	√					
148	应县联富养殖专业合作社	古城		√	270	180	荷斯坦	3.5	550	√	√					
149	应县仁何富民养殖专业合作社	新希望天香乳业		√	350	200	荷斯坦	5.0	920	√	√					
150	应县吉安养殖专业合作社	山阴新城联盟		√	430	241	荷斯坦	2.0	480	√	√					
151	恒天然（应县）牧场有限公司（牛铃牧场）	伊利		√	12 057	5 724	荷斯坦	10.2	51 345	√	√					
152	恒天然（应县）牧场有限公司（阳光牧场）	春雨香、绿雪、云南皇氏、佳宝		√	10 338	5 443	荷斯坦	9.8	51 013	√	√					
153	恒天然（应县）牧场有限公司（水边牧场）	北京八喜、苏州绿雪		√	6 423	3 724	荷斯坦	9.5	30 400	√	√					
154	应县源泉奶牛养殖专业合作社	古城		√	230	80	荷斯坦	4.3	350	√	√					
155	应县思云奶牛养殖专业合作社	古城		√	483	301	荷斯坦	4.5	1 260	√	√					
156	朔州市龙首山盛源牧业有限公司	内蒙古伊利		√	1 450	530	荷斯坦	8.5	3 560	√	√					
157	应县乳泉东海养殖专业合作社	河南科迪乳业		√	180	94	荷斯坦	3.3	281	√						
158	朔州市怀仁市天顺牧业有限公司	蒙牛乳业（太原）有限公司	√		735	432	荷斯坦	10.1	3 832	√	√					
159	朔州市怀仁市犇康牧场	山西古城乳业集团有限公司	√		563	328	荷斯坦	7.3	3 299	√	√					
160	朔州市怀仁市鑫浩奶牛养殖场	内蒙古伊利	√		366	262	荷斯坦	5.0	1 320	√	√					
161	朔州市怀仁市富博养殖场	山西古城乳业集团有限公司	√		370	170	荷斯坦	7 041	1 230		√					
162	朔州市怀仁市下湿庄奶牛养殖场	内蒙古伊利	√		880	480	荷斯坦	10.8	1 230	√	√					
163	朔州市怀仁市中源农牧专业合作社	河北君乐宝	√		420	200	荷斯坦	9.0	4 830		√					
164	山西仁德牧业有限公司	内蒙古伊利	√		3 461	1 536	荷斯坦	9.3	1 765	√	√					
165	大同市云冈区四方高科农牧有限公司	牧同、蒙牛、伊利	√		5 146	3 078	荷斯坦	9.5	29 241	√	√	√				
166	大同市良种奶牛有限责任公司	牧同、蒙牛、伊利	√		2 350	1 730	荷斯坦	9.7	13 677	√	√	√				
167	大同市南郊区永成畜牧有限责任公司	光明	√		3 000	1 260	荷斯坦	8.1	10 230	√	√					
168	南郊区佳林奶农专业合作社	蒙牛	√		385	260	荷斯坦	8.1	2 117	√	√					

（续）

序号	名称	供奶企业	养殖场	小区	全群存栏（头）	成母畜存栏（头）	奶畜品种	成母畜年单产（t）	年总产量（t）	是否参加DHI	是否应用TMR	是否国家学生饮用奶奶源基地	是否有机奶源基地	有机奶产量（t）	有机奶源认证机构	是否为布鲁氏菌病及结核净化创建场或示范场
169	大同市鑫源奶牛养殖专业合作社	伊利	√		500	170	荷斯坦	6.8	1 160	√	√					
170	大同市三鑫奶牛养殖专业合作社	蒙牛	√		310	140	荷斯坦	7.0	985	√	√					
171	大同市南郊区永兴奶牛养殖专业合作社	朔州星辰中联奶业有限公司奶站	√		280	120	荷斯坦	6.7	805	√	√					
172	阳高县犇犇畜牧有限公司	伊利	√		750	350	荷斯坦	9.0	3 500	√	√					
173	阳高县信一奶牛养殖场	天香乳业	√		380	220	荷斯坦	9.0	1 200	√	√					
174	阳高县杨家堡奶牛养殖专业合作社	伊利	√		360	210	荷斯坦	8.5	1 200		√					
175	阳高县奇园盛畜牧有限公司	天津星辰乳业联盟	√		363	220	荷斯坦	9.5	1 500	√	√					
176	阳高县富达养牛专业合作社	伊利	√		650	400	荷斯坦	8.5	3 000		√					
177	阳高县海泉奶牛养殖专业合作社	伊利	√		480	280	荷斯坦	7.5	2 200		√					
178	阳高县新义奶牛养殖专业合作社	天津星辰乳业联盟	√		420	260	荷斯坦	7.0	1 500		√					
179	阳高县宏腾奶牛养殖专业合作社	天津星辰乳业联盟	√		150	65	荷斯坦	7.0	500		√					
180	阳高县永顺奶牛养殖专业合作社	天津星辰乳业联盟	√		165	75	荷斯坦	7.0	500		√					
181	阳高县承厚奶牛养殖专业合作社	伊利	√		420	290	荷斯坦	8.5	2 500		√					
182	阳高县瑞清奶牛养殖专业合作社	伊利	√		490	285	荷斯坦	8.5	2 500		√					
183	阳高县大联畜牧有限公司	天津星辰乳业联盟	√		350	160	荷斯坦	7.5	600		√					
184	山西椿林奶站	蒙牛乳业公司	√		822	403	德系西门达尔	7.9	3 204		√					
185	大同市云州区诚宏阳奶站	蒙牛乳业公司	√		467	305	荷斯坦	6.2	1 896		√					
186	大同县犇犇奶站	河南科迪乳业有限公司	√		316	165	荷斯坦	4.7	780		√					
187	大同县恒升奶站	伊利乳业公司	√		1 960	815	荷斯坦	10.7	8 784		√					
188	天镇中地生态牧场有限公司	伊利	√		12 600	7 130	荷斯坦	11.1	79 143	√	√					
189	桃园奶牛养殖专业合作社	伊利	√		800	450	荷斯坦	10.7	4 803	√	√					
190	兴发奶牛繁育有限公司	伊利	√		1 000	600	荷斯坦	10.8	6 480	√	√					
191	吉泰种养专业合作社	天津星辰联盟	√		480	248	荷斯坦	9.0	2 232		√					
192	晋丰种养专业合作社	保定新希望	√		381	162	荷斯坦	9.5	1 539		√					
193	兴旺奶站专业合作社	天津星辰联盟	√		380	220	荷斯坦	9.8	2 156		√					
194	天阳奶站专业合作社	天津星辰联盟	√		380	230	荷斯坦	10.0	2 300							
195	华多万隆畜牧有限公司	天津星辰联盟	√		363	260	荷斯坦	10.5	2 730		√					
196	天富养殖专业合作社	天津星辰联盟	√		300	230	荷斯坦	9.4	2 162							
197	大同市天和牧业有限公司	蒙牛公司	√		2 300	700	荷斯坦	8.0	5 600		√					
198	大同市南郊区新世纪奶牛养殖有限责任公司	伊利	√		527	260	荷斯坦	7.0	1 820		√					
199	大同市南郊区晟牛养殖专业合作社		√		320	160	荷斯坦	9.0	960							

（续）

序号	名称	供奶企业	养殖场	小区	全群存栏（头）	成母畜存栏（头）	奶畜品种	成母畜年单产（t）	年总产量（t）	是否参加DHI	是否应用TMR	是否国家学生饮用奶奶源基地	是否有机奶源基地	有机奶产量（t）	有机奶源认证机构	是否为布鲁氏菌病及结核净化创建场或示范场
200	伊磊牧业有限责任公司	蒙牛（太原公司）			3 800	952	西门塔尔	9.5	11 800	√	√					
201	晋中榆次博瑞牧业有限公司南张奶站	蒙牛乳业（太原）有限公司	√		867	442	荷斯坦	9.0	13 572		√					
202	晋中市百合园奶牛养殖专业合作社陈侃奶站	山西古城乳业集团八分厂	√		321	268	荷斯坦	7.2	648		√					
203	晋中榆次博瑞牧业有限公司北胡乔奶站	太原众和乳业	√		278	186	荷斯坦	6.6	580		√					
204	晋中市晋阳奶牛养殖专业合作社奶站	蒙牛乳业（太原）有限公司	√		975	368	荷斯坦	8.4	1 552		√					
205	晋中市榆次区锦宏奶牛养殖专业合作社奶站	山西古城乳业集团八分厂	√		718	520	荷斯坦	8.5	1 850		√					
206	晋中盛康养殖专业合作社奶站	蒙牛乳业（太原）有限公司	√		1 020	837	荷斯坦	12.0	7 752		√					
207	山西聚牛农牧开发发限公司	山西古城乳业集团八分厂	√		422	303	荷斯坦	7.7	1 380		√					
208	晋中市东宏奶牛养殖专业合作社奶站	山西古城乳业集团八分厂	√		471	294	荷斯坦	7.0	1 450		√					
209	晋中市百合园奶牛养殖专业合作社郝庄奶站	山西古城乳业集团八分厂	√		261	179	荷斯坦	6.6	688		√					
210	晋中市百合园奶牛养殖专业合作社逯村奶站	山西古城乳业集团八分厂	√		104	66	荷斯坦	7.0	236		√					
211	晋中市云禄奶牛养殖专业合作社奶站	山西古城乳业集团八分厂	√		459	286	荷斯坦	8.0	1 200		√					
212	晋中市义源养殖专业合作社大张义收奶站	山西古城乳业集团八分厂	√		486	395	荷斯坦	8.7	1 500		√					
213	晋中市东兴养殖专业合作社奶站	山西古城乳业集团八分厂	√		800	450	荷斯坦	8.8	2 875		√					
214	晋中德辉乳业有限公司	山西古城乳业集团八分厂	√		308	200	荷斯坦	7.5	580		√					
215	晋中市昔阳县大寨绿草湾牧业有限公司	昔阳县绿草湾鲜奶吧			207	19	荷斯坦	5.7	108							
216	晋中市兴牧养殖专业合作社		√		110	70	荷斯坦	8.9	624		√					
217	晋中市太谷县普源泰奶牛养殖有限公司	晋中伊利	√		1 300	450	荷斯坦	6.2	2 800		√					
218	晋中市太谷县丽荣养殖专业合作社	山西古城乳业集团八分厂	√		230	90	荷斯坦	6.0	540		√					
219	晋中市太谷县昌晟农牧专业合作社	长治九牛寨乳业有限公司	√		450	180	荷斯坦	6.7	1 200		√					
220	山西冠牲园牧业有限公司	蒙牛乳业（太原）有限公司	√		483	296	荷斯坦	8.1	1 620							
221	晋中市祁县九牛农业开发有限公司	祁县九牛农业开发有限公司	√		6 637	3 059	荷斯坦	10.8	36 000	√	√					
222	晋中市祁县泓润牧业有限公司	晋中伊利	√		820	443	荷斯坦	12.9	4 680	√	√					
223	晋中市祁县金昌源农牧业开发有限公司	蒙牛乳业（太原）有限公司	√		468	286	荷斯坦	8.4	1 080							

（续）

序号	名称	供奶企业	养殖场	小区	全群存栏（头）	成母畜存栏（头）	奶畜品种	成母畜年单产（t）	年总产量（t）	是否参加 DHI	是否应用 TMR	是否国家学生饮用奶奶源基地	是否有机奶源基地	有机奶产量（t）	有机奶源认证机构	是否为布鲁氏菌病及结核净化创建场或示范场
224	晋中市祁县泓祁牧业有限公司	祁县祁泓奶吧	√		249	108	荷斯坦	7.7	596							
225	晋中市祁县犇腾牧业有限公司	山西古城乳业集团八分厂	√		652	293	荷斯坦	7.9	2 190							
226	晋中市祁县犇鑫牧业有限公司	山西古城乳业集团八分厂	√		263	114	荷斯坦	7.7	721							
227	晋中市寿阳县东牧养殖场		√		53	20	奶山羊	0.6	10							
228	晋中市平遥县民盛奶牛专业合作社		√		315	70	荷斯坦	6.0	230							
229	忻州市银山湖奶牛养殖有限公司	晋中伊利	√		737	336	荷斯坦	9.0	2 341	√	√					
230	山西忻华农业有限责任公司	蒙牛乳业（太原）有限公司	√		358	210	荷斯坦	6.0	717	√	√					
231	忻州市忻府区百牛堂牧业专业合作社	蒙牛乳业（太原）有限公司		√	510	295	荷斯坦	5.0	625	√	√					
232	忻州市忻府区玉水养殖专业合作社	蒙牛乳业（太原）有限公司	√		606	239	荷斯坦	7.0	1 056	√	√					
233	忻州市忻府区乳源种养殖专业合作社	蒙牛乳业（太原）有限公司	√		454	260	荷斯坦	7.0	1 066	√	√					
234	忻州市忻府区顺玉奶牛养殖专业合作社	蒙牛乳业（太原）有限公司		√	359	200	荷斯坦	4.0	320		√					
235	忻州市忻府区建峰养殖专业合作社	蒙牛乳业（太原）有限公司		√	350	220	荷斯坦	5.0	472	√	√					
236	忻州市忻府区南曹民强奶业专业合作社	蒙牛乳业（太原）有限公司		√	505	289	荷斯坦	5.0	559	√	√					
237	忻州市忻州市万旺奶牛养殖有限公司	蒙牛乳业（太原）有限公司	√		860	380	荷斯坦	9.0	2 458	√	√					
238	忻州市忻府区德和万里养殖专业合作社	蒙牛乳业（太原）有限公司		√	104	45	荷斯坦	5.0	107		√					
239	忻州市忻府区和氏璧奶牛养殖专业合作社	蒙牛乳业（太原）有限公司		√	138	87	荷斯坦	6.0	255		√					
240	忻州市定襄县犇腾奶站	蒙牛乳业（太原）有限公司	√		271	157	荷斯坦	9.0	1 156	√	√					
241	忻州市繁峙县银河畜牧发展有限公司	晋中伊利乳业有限公司	√		1 440	690	荷斯坦	9.0	6 903	√	√					
242	忻州市繁峙县辉煌实业有限责任公司	晋中伊利乳业有限公司	√		560	290	荷斯坦	9.0	2 189	√	√					
243	忻州市山西河滩奶牛育种有限公司	内蒙伊利乳业有限公司	√		758	329	荷斯坦	7.0	1 528	√	√					
244	忻州市山西草原河滩畜牧开发有限公司	内蒙伊利乳业有限公司	√		1 327	603	荷斯坦	9.0	5 209	√	√					
245	忻州市山西欣业农牧公司奶站	蒙牛乳业（太原）有限公司	√		817	531	荷斯坦	5.0	1 259	√	√					
246	运城市平陆县老城奶牛养殖场	西安伊利泰普克饮品有限公司	√		410	270	荷斯坦	6.8	1 836		√					
247	运城市临猗县卓晟奶牛合作社	奶吧	√		63	39	荷斯坦	5.3	208							
248	运城市通和顺奶牛饲养有限公司	奶吧	√		580	240	荷斯坦	4.5	1 000		√					
249	运城市安宏鑫农牧有限公司	运城市周边市区、奶吧	√		260	100	荷斯坦	4.5	420		√					

（续）

序号	名称	供奶企业	养殖场	小区	全群存栏（头）	成母畜存栏（头）	奶畜品种	成母畜年单产（t）	年总产量（t）	是否参加DHI	是否应用TMR	是否国家学生饮用奶奶源基地	是否有机奶源基地	有机奶产量（t）	有机奶源认证机构	是否为布鲁氏菌病及结核净化创建场或示范场
250	运城市新绛县润泽养殖有限公司	西安银桥乳业	√		348	118	荷斯坦	4.8	529		√					
251	山西泰茂园牧业有限公司	西安银桥乳业	√		533	342	荷斯坦	6.5	2 145	√	√					
252	山西永济市超人奶业有限责任公司	西安伊利泰普克饮品有限公司	√		1 594	818	荷斯坦	11.0	9 000	√	√	√				
253	临汾市三农奶牛养殖有限公司奶站	晋中伊利乳业有限公司		√	545	240	荷斯坦		115	√	√					
254	临汾市曲沃县郇村生鲜乳收购站	晋中伊利乳业有限公司		√	211	121	荷斯坦		7	√	√					
255	临汾市翼城县芸翊生鲜乳收购站	西安银桥乳业有限公司	√		643	347	荷斯坦		262	√	√					
256	临汾市翼城县富华生鲜乳收购站	西安银桥乳业有限公司	√		2 011	1 021	荷斯坦		773	√	√					
257	临汾市翼城县长峰生鲜乳收购站	西安银桥乳业有限公司	√		1 492	847	荷斯坦		669	√	√					
258	临汾市公孙恒茂祥养殖专业合作社	晋中伊利乳业有限公司		√	500	300	荷斯坦		155	√	√					
259	临汾市乡宁县惠民牧业有限责任公司生鲜乳收购站	晋中伊利乳业有限公司	√		213	145	荷斯坦		16	√	√					
260	长治市裕昌牧业有限公司	九牛寨	√		151	88	荷斯坦		280	√	√					
261	长治市郊区鑫旺养殖专业合作社	九牛寨	√		68	40	荷斯坦		120							
262	潞城区神农畜牧科技园养殖有限公司	河南花花牛	√		596	280	荷斯坦	5.0	2 000		√					
263	黎城绿源牧业有限公司	无	√		72	14	荷斯坦	6.0	84	√	√					
264	长治市新艺光大养殖有限公司	无	√		67	28	荷斯坦	4.0	102							
265	吕梁市临县朝阳农牧有限公司	蒙牛乳业（太原）有限公司	√		1 380	860	荷斯坦	8.0	4 400		√	√				

附表2 山西省乳制品生产企业名录

序号	名称	生产许可证号码	年收购原奶量（t）	平均支付价格（元/kg）	其中：自有奶源量（t）	年乳制品产量（t）	其中：巴氏杀菌乳（t）	UHT奶（t）	酸奶（t）
1	山西维尔生物乳制品有限公司	SC10514010110997	4 000	3.50	2 700	3 500	2 000		1 500
2	阳曲县瑞美乳业有限公司	SC1051401220145X	1 200	3.80	1 200	1 200	720		480
3	蒙牛乳业（太原）有限公司	SC10514010101898	87 965	3.60				83 249	
4	山西九牛牧业股份有限公司	SC10514010801508	11 950	3.90	11 950	11 950	2 390	5 856	3 704
5	山西古城乳业集团有限公司	SC10614062100116	67 958	3.39	6 952	75 579	3 915	39 894	8 326
6	阳泉田园乳业有限公司	SC10514031110428	3 400	4.00	2 400	3 379	887	2 290	202
7	晋城市晋大农牧产业有限公司	SC10514052502356	3 650	3.60	2 100	4 285	3 214	214	857
8	山西古城乳业集团八分厂	SC10514070101757	45 540 057	3.23	4 434 620	23 903	1 038		2 111
9	晋中伊利	SC10514072701583	177 216	3.61	180	180 083	120 000		
10	长治市九牛寨乳业有限公司	SC10514042710746	1 100	4.20		3 521	1 179	600	779
11	大同市牧同乳业有限公司	SC10514021100724	36 500	3.60	36 500	36 500	360	27 370	8 770

（续）

序号	奶粉（t）	婴配粉（t）	奶油（t）	奶酪（t）	乳饮料（t）	产品销售区域	年销售收入（万元）	利润（万元）	是否为国家学生饮用奶认定企业	有机产品（枚）	有机认证机构	有机产品品类1及数量（枚）	有机产品品类2及数量（枚）	有机产品品类3及数量（枚）
1						山西区域	2 800	65						
2						太原、忻州、榆次	720	亏损（因财务费用）	√					
3					2 833	山西区域	60 382	2 592	√					
4						山西省内	12 700	1 030						
5	3 260				20 183	山西省内各地及浙江、福建、河南、江西、湖南、广西、上海、重庆等地	74 504	5 219	√					
6						阳泉市	2 504	18						
7						晋城周边区域	4 317	327						
8					1 484	山西区域	14 482	1 614	√					
9				60 000	187 981	全国	110 246	6 683	√					
10					963	山西区域	624	−181						
11						山西、内蒙古	13 000	1 230	√					

内蒙古自治区

【奶类生产】2018 年，内蒙古奶牛存栏 120.8 万头，同比下降 2.1%。全年牛奶产量 565.6 万 t，同比增长 2.3%。牛奶人均占有量 291.8kg。全区生鲜乳平均价格 3.28 元/kg，比上年下降 3.53%。

表 4-8 2018 年内蒙古各盟市牛奶产量

地区	牛奶产量（万 t）
内蒙古自治区	565.60
呼和浩特市	158.17
包头市	62.96
乌海市	0.22
赤峰市	38.16
通辽市	32.56
鄂尔多斯市	16.97
呼伦贝尔市	55.87
巴彦淖尔市	56.93
乌兰察布市	34.28
兴安盟	37.85
锡林郭勒盟	61.17
阿拉善盟	10.45

【乳品加工】近年来，内蒙古各级政府积极支持大型乳品企业建设乳业创新园区，开展营养健康、加工技术、包装技术、食品安全风险等研究应用；推动乳企调整优化产品结构，鼓励扩大婴幼儿配方奶粉、奶酪等干乳制品生产，研究开发适合城乡不同消费群体的乳制品。同时，支持中小乳品加工企业进入食品产业园，加强与上下游中小企业配套合作，实施标准化生产，走“专精特新”发展道路。在城市和人口密集区开展巴氏奶生产，发展“自有牧场 + 奶吧”等产销模式，培育巴氏奶消费群体。开发羊奶等特色奶制品生产，推动中小乳制品企业差异化发展。2018 年内蒙古乳制品产量 254.8 万 t，同比下降 3.26%，占全国的 9.5%。其中液体乳产量 237.10 万 t，占全国的 9.5%；乳粉产量 9.59 万 t，占全国的 10%。全区年销售收入 500 万元以上的乳品加工企业 89 家，实现销售收入 1 632.6 亿元，占规模以上农畜产品加工企业销售总额的 49.2%。伊利、蒙牛、圣牧高科 3 个乳品企业分别实现营业收入 795.5 亿元、689.8 亿元和 21.6 亿元，分别排国内奶业 20 强的第一位、第二位和第八位；伊利、蒙牛分列全球乳业第九位、第十位。拥有伊利、蒙牛、特仑苏等 9 个乳业中国驰名商标。各类民族奶食品生产加工厂年加工产值 10.12 亿元，加工奶酪产量达到 6 842t，占全国自产干奶酪类产量的 70% 以上。

【奶源基地】奶源生产基地主要分布在嫩江、西辽河、黄河三大流域和呼伦贝尔、锡林郭勒两大草原五大奶牛优势养殖区域，全区 80% 的奶牛集中在这五大优势区域的 26 个旗（县市、区）。依托区位条件和自然资源，全区自西向东形成了各具特色、特点鲜明的奶源生产优势产业带。在呼和浩特市、包头市为主的沿黄地区，以荷斯坦牛养殖为主，重点建设优质高产奶源基地；在呼伦贝尔市、锡林郭勒盟两大草原牧区，以三河牛、西门塔尔牛等乳肉兼用品种为主，兼顾荷斯坦牛，重点培育特色绿色有机奶源基地；在呼伦贝尔市农区和兴安盟嫩江流域及通辽市、赤峰市西辽河流域，以荷斯坦牛为主，推动乳肉兼用牛生产，发展高标准、高质量奶源基地；在中西部盟市贫困旗（县、区）鼓励发展萨能等品种奶山羊养殖，建设高品质奶源基地。

依托“粮改饲”和高产优质苜蓿、轮作等项目，实施奶牛饲草料保障能力提升工程，因地制宜推进饲草料生产，加快商品草生产发展。中西部黄河流域，以种植中苜紫花苜蓿、草原杂花苜蓿、甘农系列杂花苜蓿等品种为主；东部西辽河 – 嫩江流域，以种植草原杂花苜蓿、中苜紫花苜蓿、图牧紫花苜蓿、公农系列紫花苜蓿等品种为主；北部牧区寒冷地区，以种植呼伦贝尔杂花苜蓿、草原杂花苜蓿等品种为主。在嫩江、西辽河、黄河流域的玉米主产区和奶牛优势区，采取“以养带种”方式推动区域种植结构调整，大力发展青贮玉米生产，推进饲草料种植和奶牛养殖配套衔接，就地就近保障饲草料供应。2018 年，全区高效节水灌溉苜蓿种植面积超过 13.3 万 hm^2，青贮玉米种植面积达到 88 万 hm^2。

向乳品企业交售牛奶的养殖场全部实现规模化生产和机械化挤奶，奶牛良种率达到 98%，规模养殖场泌乳牛平均单产超过 8t。奶牛饲养由“秸秆 + 玉米”为主的饲养方式转向“苜蓿 + 全株青贮 + 精料补充料”的全价日粮饲喂，全混合日粮饲养技术普及率达到 100%。全区规模牧场生鲜乳中的乳脂肪率、乳蛋白率分别达到 3 .7%、3.39%，菌落数平均 1.9 万个 /mL，与国家标准相比，乳脂肪率、乳蛋白率分别高出 19% 和 21%。各项理化指标和卫生指标均高于《生乳》国家标准，达到美国、欧盟等国家的水平。

【质量监管】对 714 个存栏 100 头以上奶牛养殖场开展了生产信息备案统计，纳入农业农村部直联直报信息系统，加强规模化奶牛养殖场备案登记管理。516 个发证生鲜乳收购站、724 辆生鲜乳运输车全部纳入国家生鲜乳收购站和运输车监督管理系统。分上下半年对 800 批次生鲜乳样品开展抽检，监测指标覆盖三聚氰胺、革皮水解物、β – 内酰胺酶和黄曲霉毒素 M_1 四类违禁物质，加强风险隐患排查，抽检合格率 100%，全区生鲜乳质量安全状况总体保持良好。

【法规政策】利用畜禽标准化规模养殖场建设项目、奶牛养殖大县种养结合整县推进试点和畜禽粪污资源化利用整县推进项目，支持养殖场升级改造，推广干清粪、微生物发酵技术，加快雨污分离、污水回收利用，累计支持改造升级建设养殖场 2 854 个。通过畜禽粪污资源化利用整县项目的实施，26 个奶牛养殖大县实现粪污资源化利用整县治理全覆盖。全区奶牛规模养殖场通过源头减量、过程控制、末端利用的治理路径，推广粪污全量收集还田利用、粪污专业化能源利用、粪便垫料回用、发酵床等 4 种模式，初步构建起养殖场双向小循环、乡镇多向中循环、县域立体大循环的粪污资源化利用框架，实现了县域内养殖粪污减量化生产、无害化处理、资源化利用的目标。全区畜禽粪污综合利用率达到 78.38%。2 858 个规模养殖场得到改造升级，其中大型规模养殖场改造升级 1 668 个，部分实现了智能化处理粪污。规模养殖场粪污处理设施装备配套率达到 88.86%。

（内蒙古自治区农牧厅畜牧局，杜哲）

辽宁省

【奶畜养殖】2018年全省奶牛存栏约30.1万头，同比下降13.3%，牛奶产量131.8万t，同比增长10.1%。奶牛养殖结构由荷斯坦和娟姗两大品种组成，全省荷斯坦牛存栏占96.5%，娟姗牛存栏量占3.5%。奶牛养殖主要分布在法库县、沈阳市沈北新区、大连市金普新区、抚顺县、义县、凌海市、阜新蒙古族自治县、彰武县、宽甸满族自治县、康平县、西丰县、建平县和铁岭县等13个重点县（市、区）。

【乳品加工】全省有生产许可证的乳制品加工企业24家，日处理生鲜乳能力5 000t左右，加工能力完全能够满足发展需要。全省乳制品规模以上企业累计实现产值53.5亿元以上，同比增长22.5%；产品产量68.7万t以上，同比增长4.5%；实现主营业务收入44亿元以上，同比增长13.4%。在优化产品结构方面，呈现出产品多元化发展态势。

【奶源基地】一是积极构建现代奶牛遗传改良技术体系。组建了“辽宁省牛育种与高效生产技术创新团队”，承担了奶牛生产性能测定、奶牛遗传改良测定等国家和省计划项目，为养殖场改善饲养管理、提高奶牛单产等方面起到积极的推动作用。以奶牛标准化养殖、DHI测定、国家奶牛大县种养结合整县推进等项目为依托，重点扶持规模化奶牛场粪污处理利用、饲草料地配套、养殖设施改造等方面的设施建设和设备购置，有效推动了奶牛生产方式转变。大力推广应用TMR日粮饲喂、全株青贮玉米饲喂和机械化挤奶等实用技术，有效提高了奶牛养殖水平。二是加大招商引资力度，积极引进现代化奶牛养殖企业。阜新市政府对企业引进奶牛给予补贴，与内蒙古优然牧业有限责任公司签订万头奶牛养殖示范牧场项目，该项目设计存栏规模12 000头荷斯坦牛，总投资约4.8亿元。三是推进种养一体化发展。全省苜蓿种植面积达到1.73万hm^2，建成国家高产优质苜蓿示范区0.67万hm^2，青贮玉米种植达到3.53万hm^2，实现优质饲料种植、饲料加工、奶牛饲养、乳品生产一体化经营模式的比例达到60%以上。四是全力发展环境友好型养殖。严格执行规模养殖场环评报告书制度和排污许可制度，加强奶牛养殖污染防治工作。同时，依法加大处罚力度，以监促治，督促养殖业主切实履行“谁养殖、谁治理”的污染防治主体责任。

全省奶牛良种冻精应用率达100%，DHI参测率达10%以上，泌乳奶牛年均单产为7 500kg，位居国内前列。奶源基地以义县、法库、彰武、建平、西丰等县为主，均为现代化程度高、生产管理完善、经营时间较长的奶牛养殖企业，且每家企业均同省内乳品加工企业建立了长期、稳定的供销关系，具备较强的市场生存和抗风险能力。

【政策法规】为贯彻落实《国务院办公厅关于推进奶业振兴 保障乳品质量安全的意见》，2018年9月，印发了《辽宁省人民政府办公厅关于推进奶业振兴 保障乳品质量安全的实施意见》（辽政办发〔2018〕42号）。实施意见出台后，省农业农村厅会同省生态环境厅等共22个单位认真落实，取得显著成效。农业农村部等九部委《关于进一步促进奶业振兴的若干意见》下发后，省农业农村厅按照要求会同相关单位起草了《辽宁省奶业振兴方案》。

【质量监管】全省有生鲜乳收购站166个，主要分布在沈阳、大连、锦州、阜新、铁岭等地，其中乳制品生产企业开办的23个、奶畜养殖场开办的102个、奶农专业生产合作社开办的41个。全省共核发生鲜乳运输车辆准运证168个。依托生鲜乳收购站运输车监督管理系统，对生鲜乳收购站和运输车辆进行统一、实时监管，全部实现在线出证，生鲜乳收购站标准化、信息化水平不断提升。农业农村部连续多年对辽宁省生鲜乳收购站、运输车进行现场检查，达标率达100%。2018年全省各级监督机构采取例行性、飞行性监督检查生鲜乳收购站达263家次，出动监督人员785人次，全年全省无生鲜乳案件发生。同时加强了自产自销和现制现售乳品质量安全监管工作。

（辽宁省农业发展服务中心，林广宇）

沈阳市

【奶畜养殖】2018年，全市奶牛总存栏数9.87万头，其中荷斯坦牛7.72万头、成母牛存栏数6.12万头，主要分布在法库县等9个县（市、区）。2018年全市牛奶总产量49.61万t。

【乳品加工】2018年，沈阳市共有3家乳品加工企业，分别是辽宁辉山乳业集团、蒙牛乳业（沈阳）有限责任公司、辽宁伊利乳业有限责任公司，整体设计年加工能力36.45万t，日处理生鲜奶能力达到998t。2018年乳制品总产量30.9万t（未含辽宁辉山乳业集团），产品主要有巴氏杀菌乳、超高温灭菌乳（UHT）、酸奶和乳饮料等。

【奶源基地】2018年，全市共有53个奶牛养殖场，存栏300头以上的奶牛养殖场（区）共44个，其中：存栏规模300~500头的奶牛养殖场（区）7个，存栏规模500头以上的奶牛养殖场（区）37个。奶牛养殖场（区）机械化挤奶率达100%；37个养殖场安装使用信息化管理系统软件；配备了全混合日粮（TMR）搅拌设备，实施了TMR饲喂技术。目前，沈阳市奶牛养殖场主要是从澳大利亚、新西兰、英国等国进口种系纯正的荷斯坦和娟姗牛，实行现代化自营牧场集中养殖，并且引进TMR全混合日粮喂养系统，实现全天候喂养。年单产达 8t 以上，原奶指标均达到欧盟标准。其中辉山乳业法库县登士堡牧场建筑为 60 位转盘榨乳厅，6 栋全封闭恒温奶牛舍及饲草饲料作业区。娟姗牛的榨乳转盘是国内第一家使用的榨乳转盘设备，这是一个 60 位的全功能数据控制的转盘，每小时可以给 420 头奶牛挤奶。

2018 年，共计完成粮改饲种植面积 1.67 万 hm^2，青贮饲料收贮量 64.97 万 t；组织沈北新区开展完成 1 233.33hm^2 苜蓿草种植项目；建设青黄贮窖 9 128.79m^3。市、区两级畜牧兽医行政主管部门落实强制免疫计划，口蹄疫等重点疫病免疫密度保持 100%。开展奶牛布鲁氏菌病、结核病检疫和评估认证，坚持按程序做好口蹄疫 O 型、亚洲 I 型和 A 型三个亚型的免疫工作，加强扑杀净化。加强奶牛养殖场动物防疫监管，实施动物卫生风险评估，根据风险等级实施分类监管。奶牛粪污处理方式主要是采用堆积发酵后还田、生物有机肥、燃料块和牛粪生产沼气等无害化处理模式。

【质量监管】全市共有生鲜乳收购站 56 家，其中奶牛养殖合作社开办的奶站 4 家，规模养殖场 52 家。按照农业农村部和省畜牧局的要求，2018 年对生鲜乳样品三聚氰胺、革皮水解物、碱类物质、β－内酰胺酶、β－内酰胺类药物残留、氟喹诺酮类药物残留等抽检检测 1 427 批次，合格率 100%。

沈阳市为进一步做好生鲜乳质量安全监管工作，紧紧围绕以生鲜乳质量安全为中心，强化领导，加强生鲜乳收购站、准运车辆规范化管理，确保生鲜乳质量安全。根据《乳品质量安全监督管理条例》《生鲜乳收购管理办法》等相关规定，在全市范围内开展生鲜乳质量安全专项整治活动，加强生鲜乳质量安全监管。一是落实生鲜乳质量安全监管责任。各县（市、区）按照要求抓好生鲜乳安全生产管理工作，严格落实属地管理责任，进一步规范生鲜乳生产收购和监管工作。二是严格奶站和运输车日常监管，重点是婴幼儿配方乳粉奶源基地质量安全监管。实现对奶站和运输车辆的常态化监管，并在奶源基地设置公示牌，将生鲜乳收购站、生鲜乳运输车辆全部纳入监管范围，确保生鲜乳质量安全。三是强化生鲜乳质量安全监督和执法。采取定期抽检和随机抽检相结合的工作方法，增加对奶站和运输车的检测频次，严厉查处非法添加剂等行为，确保全市不发生生鲜乳质量安全事件。四是加强生鲜乳收购站管理系统、畜牧业统计监测系统实时监管和生产监测。进一步规范操作使用，加强与省畜牧兽医局监管部门沟通，每月定时提醒各县（市、区）完成相关信息录入，并实施市级初审。

（沈阳市农业农村局，钟波）

大 连 市

【奶畜养殖】2018 年，大连市奶牛存栏量 1.18 万头，牛奶产量 5.67 万 t。截至年末，全市年存栏 50 头以上的奶牛规模化养殖场（小区）计 14 家，奶牛存栏量约 1 万头，占全市奶牛存栏量的 85%。奶牛养殖区域主要集中在金普新区、旅顺口区、瓦房店市和普兰店区，存栏量占全市总存栏量的 98%。

【乳品加工】大连市乳品加工企业共有 4 家，其中，牛乳加工企业 3 家，羊乳加工企业 1 家。牛乳加工企业原料全部来自本市取得生鲜乳收购许可证的奶牛养殖场，羊乳加工企业原料部分来自陕西省羊乳收购站，部分来自当地奶羊养殖户。牛乳企业销售区域为大连市，羊乳销售区域为全省。

【奶源基地】大连市养殖规模比较小，但所有奶站全部实现机械挤奶和全混合日粮（TMR）技术。2018 年，全市青贮玉米种植面积 1 466.67hm^2，单产 48t/hm^2，总产量 7.04 万 t。奶畜养殖场主要采取堆粪场和污水氧化塘方式处理粪污，粪污全部还田利用。每年定期开展监测和流调，按照免疫方案对所有奶牛进行 A 型口蹄疫强制免疫，对乳用牛羊开展“两病”净化。

【质量监管】大连市认真贯彻《乳品质量安全监督管理条例》和《生鲜乳生产收购管理办法》，严格规范生鲜乳生产、收购、运输行为，加强生鲜乳收购站规范管理，保障生鲜乳质量安全。2018 年，大连市关停 1 个生鲜乳收购站，截至年底，共有生鲜乳收购站 12 个，其中 9 个为奶牛养殖场或养殖户设立，3 个为乳品加工企业设立。全市共有生鲜乳运输车辆 8 辆。制定了《2018 年生鲜乳质量安全例行监测方案》和《2018 年畜产品快速检测方案》，对生鲜乳收购站及运输车辆及奶畜养殖户开展生鲜乳专项整治，并进行监督抽检。形成了三级质量监测体系，即：奶站和运输车等经营主体每天开展自检，县级监管人员每月抽检开展定性监测，市级监管人员每季抽检开展风险监测和不定期监督抽检。全年共监测生鲜乳样品 382 批次，其中：定量监测 122 批次，定性检测 260 批次。主要检测项目为三聚氰胺、革皮水解物、碱类物质、β－内酰胺酶四类违禁添加物和氟喹诺酮类药物残留，合格率为 100%，全年未发生生鲜乳质量安全事件。

（大连市农业农村局，刘一帆）

阜 新 市

【奶畜养殖】2018 年，阜新市奶牛存栏 6.04 万头，其中能繁母牛 3.09 万头，牛奶产量 18.5 万 t，运营奶站 30 家。阜新市奶牛主要养殖区域分布在阜新蒙古族自治县和彰武县，分别占全市奶牛存栏量的 9.4% 和 88%。全市奶牛饲养量和人均鲜奶占有量均居全省前列。阜新市奶牛养殖主要有三种模式：一是乳品企业自建基地。利用企业资金、技术等优势，建设高标准的现代化奶牛规模饲养场。彰武县辉山乳业建设 3 000 头规模的奶牛饲养场 15 个，总饲养规模达到 4 万头，作为企业稳定、优质、安全的原料基地。二是个人独资建设规模化奶牛牧场。牧场的基础设施建设、奶牛引进等由投资人独自投入，建成的牧场生产区、管理区、生活区、粪污处理区分开，且布局合理，建立场长负责制，实行企业化管理。全市年存栏 100 头以上奶牛规模化养殖场 46 家，奶牛平均单产达到 7t。三是成立奶牛养殖专业合作社。全市成立奶牛养殖专业合作社 102 个。

【乳品加工】阜新伊利乳品有限责任公司落户于阜新蒙古族自治县，企业总资产 1.36 亿元，4 条生产线全部引进国际一流水平的超高温无菌奶生产设备。2010 年 4 月，伊利集团在阜新蒙古族自治县民族工业园区高科技大道投资 5.6 亿元成立阜新伊利乳品有限责任公司，全部引进国外先进的液态奶生产线及加工技术，主要生产纯牛奶、高端奶、乳饮料等系列产品。公司于 2018 年新增 4 条安慕希酸奶产品生产线，2018 年实现产值 10.5 亿元。

【奶源基地】阜新市奶牛品种以荷斯坦牛为主，主要情况如下：

1. 奶牛养殖场改扩建。阜新市优然牧业有限责任公司投资 4.8 亿元，在彰武县西六镇建设奶牛养殖示范牧场，设计存栏规模 1.2 万头。

2. 青贮种植：2018 年阜新市共完成青贮玉米 82.69 万 m^3 、牧草 69.53 万 t。

3. 生鲜乳收购价格。2018 年阜新市生鲜乳全年平均价格为 3.29 元 /kg。

【奶农组织】阜新市成立奶牛养殖专业合作社。将中、小规模奶牛养殖户集中起来成立奶牛养殖专业合作社，实行统一饲养管理、统一防检疫、统一饲料配制、统一用药、统一销售的“五统一”管理模式。建立“公司 + 合作社 + 养殖户”的经营体制，使奶牛养殖户、奶站经营者和加工企业形成一个利益共享、风险共担的整体。

【政策法规】阜新市委、市政府高度重视奶业的发展，为深入贯彻落实《国务院办公厅关于推进奶业振兴 保障乳品质量安全的意见》（国办发〔2018〕43 号）和《辽宁省人民政府办公厅关于推进奶业振兴 保障乳品质量安全的实施意见》（辽政办发〔2018〕42 号），进一步提升奶业竞争力，出台了《阜新市人民政府办公室关于推进奶业振兴 保障乳品质量安全的实施意见》（阜政办发〔2018〕115 号），确立了优先发展奶业的思路，以降成本、优结构、提质量、创品牌、增活力为着力点，突出草畜配套，种养结合，强化标准规范、科技创新、政策扶持、执法监督和消费培育，加快构建现代奶业产业体系、生产体系、经营体系，不断提高奶业发展质量效益和竞争力，大力推进奶业现代化。坚持全产业链发展模式，建立奶农和乳品企业之间稳定的利益联结机制，大力发展包括“互联网 + ”、保险、抵押、贷款等多方面内容的生产性服务业，建设风险共担、利益共享的奶业新型经营主体，实现三次产业融合发展。

【质量监管】一是健全法规标准体系。认真贯彻落实乳品质量安全法律法规和标准，健全生鲜乳生产、收购、运输和加工、销售等管理制度。开展乳品国家标准执行情况跟踪评价工作，严格按照乳品安全卫生要求，建立生鲜乳质量分级体系，引导优质优价监督指导企业依法依规生产。二是加强乳品生产全程管控。加强源头管理，监督指导养殖者建立完善饲料、兽药等投入品使用记录和采购审核制度，严格落实兽药处方药采购管理制度，严格执行休药期和泌乳期用药规定。引导奶牛养殖散户将生鲜乳销售到合法的生鲜乳收购站。严格生鲜乳采购、运输车辆管理，鼓励乳制品生产企业建设或收购生鲜乳收购站，并将生鲜乳质量安全检测关口前移至生鲜乳收购站，提前管控风险隐患。对生鲜乳收购站、运输车、乳品企业实行精准化、全时段管理，依法取缔不合格主产经营主体。实施乳品质量安全监测计划，实现生鲜乳收购站和运输车辆年度监测全覆盖。健全乳品质量安全风险评估制度，及时发现并消除风险隐患。三是推进行业诚信体系建设。支持乳品企业开展质量安全承诺活动和诚信文化建设，建立企业诚信档案。充分依托全国信用信息共享平台、国家企业信用信息公示系统和省信用数据交换平台，推动税务、工信和市场监管等部门实现乳品企业信用信息共享。建立乳品企业“黑名单”制度和市场退出机制，加强社会舆论监督，形成市场性、行业性、社会性约束和惩戒。

（阜新市农业农村局，张璐）

附表 1　辽宁省奶牛养殖场（小区）名录

序号	名称	供奶企业	养殖场	小区	全群存栏(头)	成母畜存栏(头)	奶畜品种	成母畜年单产(t)	年总产量(t)	是否参加DHI	是否应用TMR	是否国家学生饮用奶奶源基地	是否有机奶源基地	有机奶产量(t)	有机奶源认证机构	是否为布鲁氏菌病及结核净化创建场或示范场
1	沈阳淑珍进口种牛养殖专业合作社	伊利	√		240	200	荷斯坦	7.0	1 200		√					
2	铁西汇鑫奶牛养殖场	伊利	√		270	180	荷斯坦	9.0	1 500		√					
3	辽宁世领自营牧场有限公司曙光奶牛养殖场	伊利	√		2 131	2 024	荷斯坦	9.0	17 000		√					
4	辽宁世领自营牧场有限公司立新牛场	辉山乳业	√		1 787	1 572	娟姗	5.0	9 500	√	√					
5	沈阳市武顺木业有限公司	本溪木兰花乳业		√	303	227	荷斯坦	8.0	1 100	√	√					
6	辽宁世领自营牧场有限公司朱家堡奶牛养殖场	辉山乳业	√		1 843	1 617	荷斯坦	6.5	10 511		√					
7	辽宁世领自营牧场有限公司马刚现代化奶牛养殖场	辉山乳业	√		1 003	845	荷斯坦	6.3	5 324		√					
8	辽宁辉山乳业集团汪盛牧业有限公司马古奶牛养殖场		√		2 067		娟珊 / 荷斯坦				√					
9	沈阳隆顺奶牛场	吉林大力乳业	√		300	220	荷斯坦	6.5	1 430		√					
10	辽中区银河奶牛场	蒙牛乳业	√		154	96	荷斯坦	8.5	750		√					
11	辽中区彤昊奶牛场	本溪木兰花乳业	√		176	110	荷斯坦	6.5	715		√					
12	敖牛堡奶牛场	辉山乳业	√		2 586	2 087	荷斯坦	9.7	18 346	√	√	√				
13	八家子奶牛场	辉山乳业	√		2 255	1 926	荷斯坦	7.0	11 075		√					
14	大康奶牛场	辉山乳业	√		2 609	2 149	荷斯坦	9.3	19 607	√	√	√				
15	登士堡奶牛场	辉山乳业	√		3 124	2 461	荷斯坦	8.3	17 304		√					
					2 126	1 619	娟姗	5.4	9 656							
16	吕家堡奶牛场	辉山乳业	√		2 224	1 924	荷斯坦	8.5	16 059		√					
17	庙台山奶牛场	辉山乳业	√		2 215	1 537	荷斯坦	8.0	11 900	√	√					
18	彭家奶牛场	辉山乳业	√		2 253	1 788	荷斯坦	8.0	13 636		√					
19	栖霞堡奶牛场	辉山乳业	√		2 328	26	荷斯坦				√					
20	四架山奶牛场	辉山乳业	√		2 277	1 841	荷斯坦	7.0	11 990		√					
21	王树行奶牛场	辉山乳业	√		2 106	1 671	荷斯坦	7.0	11 984	√	√					
22	秀水河奶牛场	辉山乳业	√		2 246	1 788	荷斯坦	7.5	14 074		√					
23	杨家堡奶牛场	辉山乳业	√		2 118	1 748	荷斯坦	7.6	14 018		√					
24	大三家奶牛场	辉山乳业	√		2 368	1 903	荷斯坦	8.3	15 887	√	√					
25	哈户硕奶牛场	辉山乳业	√		2 372	1 874	荷斯坦	7.2	13 297	√	√					
26	靠边屯奶牛场	辉山乳业	√		2 242	1 880	荷斯坦	6.3	10 379		√					
27	拉马章奶牛场	辉山乳业	√		2 264	1 865	荷斯坦	7.6	14 457		√					
28	李家堡奶牛场	辉山乳业	√		2 450	2 065	荷斯坦	8.7	16 250		√					
29	麻子泡奶牛场	辉山乳业	√		2 379	1 933	荷斯坦	8.3	15 329		√					

（续）

序号	名称	供奶企业	养殖场	小区	全群存栏（头）	成母畜存栏（头）	奶畜品种	成母畜年单产（t）	年总产量（t）	是否参加DHI	是否应用TMR	是否国家学生饮用奶奶源基地	是否有机奶源基地	有机奶产量（t）	有机奶源认证机构	是否为布鲁氏菌病及结核净化创建场或示范场
30	七家子奶牛场	辉山乳业	√		2 223	1 649	荷斯坦	6.5	11 728	√	√	√				
31	石桩子奶牛场	辉山乳业	√		2 322	1 762	荷斯坦	7.4	13 695		√					
32	双台子奶牛场	辉山乳业	√		2 226	1 884	荷斯坦	7.4	13 019	√	√	√				
33	孙家屯奶牛场	辉山乳业	√		2 164	1 791	荷斯坦	7.0	12 751		√					
34	太平山奶牛场	辉山乳业	√		1 540	1 425	荷斯坦	5.9	10 340	√	√					
35	团山子奶牛场	辉山乳业	√		2 633	1 848	荷斯坦	8.8	18 276		√					
36	腰达房奶牛场	辉山乳业	√		2 276	1 771	荷斯坦	6.8	12 288	√	√					
37	榆树坨子奶牛场	辉山乳业	√		1 869	1 601	荷斯坦	6.7	11 920		√					
38	法库县晟楠养殖场	蒙牛乳业	√		340	170	荷斯坦	7.5	1 100		√					
39	两家子奶牛场	辉山乳业	√		2 277	1 855	荷斯坦	8.5	16 206		√					
40	石头奶牛场	辉山乳业	√		2 153	1 950	荷斯坦	9.1	17 964		√					
41	唐僧庙奶牛场	辉山乳业	√		2 266	1 973	荷斯坦	9.1	18 281	√	√	√				
42	沈阳金秋实牧业有限公司奶站	蒙牛乳业	√		682	354	荷斯坦	8.0	2 980	√	√					
43	辽宁辉山乳业集团太平牧业有限公司新民一年奶牛养殖场	自供	√		2 038	1 100	荷斯坦	7.0	7 700	√	√					
44	新民市繁苒奶牛场奶站	伊利	√		375	210	荷斯坦	6.5	1 365	√	√					
45	辽宁辉山乳液集团太平牧业有限公司新民二奶牛养殖场	自供	√		2 154	1 325	荷斯坦	6.2	8 215	√	√					
46	新民市顺腾奶牛养殖基地奶站	蒙牛乳业	√		300	177	荷斯坦	7.0	1 564		√					
47	新民市姚堡乡和盛发养殖场奶站	沈阳鲜奶吧	√		172	148	荷斯坦	6.8	660		√					
48	新民市民富养殖专业合作社奶站	新民奶吧	√		200	110	荷斯坦	7.0	750	√	√					
49	新民市吕隆奶牛养殖专业合作社奶站	于洪区奶吧		√	350	130	荷斯坦	8.0	1 040		√					
50	新民市毓然奶牛养殖场奶站	蒙牛乳业	√		350	310	荷斯坦	7.0	2 300	√	√					
51	新民市新权奶牛养殖场奶站	沈阳碰碰凉冷饮公司	√		105	75	荷斯坦	3.0	220							
52	新民市贵赫奶牛养殖场奶站	吉林广泽	√		280	150	荷斯坦	3.0	450							
53	新民市亿鑫源牛场奶站	沈阳鲜奶吧	√		80	58	荷斯坦	7.0	258							
54	大连金弘基种畜有限公司阿尔滨牛场	大连心乐乳业	√		1 014	691	荷斯坦	10.5	7 150	√	√					
55	大连金弘基种畜有限公司程家牛场	大连心乐乳业	√		688	320	荷斯坦	9.8	2 950	√	√					
56	大连金弘基种畜有限公司丛家牛场	大连心乐乳业	√		986	512	荷斯坦	10.2	5 050	√	√					
57	大连心乐乳业有限公司	大连心乐乳业	√		1 856	1 032	荷斯坦	11.0	7 800	√	√					
58	大连和大奶牛饲养有限公司	大连和大奶牛有限公司	√		538	276	荷斯坦	8.5	1 500		√					
59	大连盛丰畜牧业发展有限公司	大连三寰乳业有限公司	√		1 006	462	荷斯坦	9.5	5 000	√	√					

（续）

序号	名称	供奶企业	养殖场	小区	全群存栏（头）	成母畜存栏（头）	奶畜品种	成母畜年单产（t）	年总产量（t）	是否参加DHI	是否应用TMR	是否国家学生饮用奶奶源基地	是否有机奶源基地	有机奶产量（t）	有机奶源认证机构	是否为布鲁氏菌病及结核净化创建场或示范场
60	大连市金州区三寰奶牛良种繁育基地	大连三寰乳业有限公司	√		2 114	1 108	荷斯坦	10.0	9 588		√					
61	大连盛大牧业有限公司	大连三寰乳业有限公司	√		960	960	荷斯坦	11.0	3 000	√	√					
62	大连裕源牧业有限公司	大连三寰乳业有限公司	√		600	300	荷斯坦	9.0	2 800	√	√					
63	鞍山市恒利奶牛场	鞍钢乳业有限公司	√		515	150	荷斯坦，蒙贝利亚杂交	8.5	1 080	√	√	√				
64	海城市佳鑫牧业发展有限公司	自用	√		317	110	荷斯坦	8.0	880		√					
65	辽宁佳和牧业有限公司	辽宁伊利乳业有限公司	√		760	450	荷斯坦	4.1	1 458	√	√	√				
66	鞍钢乳业奶牛场	鞍钢乳业有限公司	√		920	630	荷斯坦	7.0	4 500	√	√					
67	鞍山市安达奶牛养殖有限公司	鞍钢乳业有限公司	√		399	202	荷斯坦	6.3	1 263		√					
68	鞍山市顺鑫畜牧业发展有限责任公司	沈阳市碰碰凉冷饮厂	√		200	90	荷斯坦	5.4	300	√	√					
69	辽宁辉山乳业集团峡河牧业有限公司小林现代化奶牛养殖场	丹东升泰乳业有限公司			1 834		荷斯坦				√					
70	辽宁辉山乳业集团峡河牧业有限公司峡河现代化奶牛养殖场	丹东升泰乳业有限公司			1 851		荷斯坦				√					
71	辽宁辉山乳业集团百花牧业有限公司百花现代化奶牛养殖场	丹东市派波乳业有限公司			2 490		荷斯坦				√					
72	辽宁辉山乳业集团救兵牧业有限公司马和现代化奶牛养殖场	辽宁伊利乳业有限责任公司			770		荷斯坦				√					
73	本溪爱民牛仁牧业有限责任公司	牛仁鲜奶吧	√		280	120	荷斯坦	9.0	1 080		√					
74	本溪醇源牧业农民专业合作社	本溪木兰花乳业公司	√		155	50	荷斯坦	3.0	200							
75	东港市升泰奶牛场		√		700	400	荷斯坦	9.3	3 000		√					
76	凤城市升泰奶牛场		√		840	434	荷斯坦	10.6	4 600		√					
77	丹东市派波乳业有限公司		√		570	260	荷斯坦	8.0	2 100		√					
78	宽甸中地生态牧场有限公司		√		4 317	2 069	荷斯坦	9.0	18 620		√					
79	锦州市松山新区建华奶牛合作社	益多乐		√	330	230	荷斯坦	5.0	1 150		√					
80	恒盛奶牛养殖专业合作社	锦州市双羊乳业	√		300	160	荷斯坦	13.5	2 160							
81	凌海市康乐奶牛专业合作社	锦州市双羊乳业	√		220	120	荷斯坦	13.5	1 620							
82	凌海市嘉隆畜禽养殖专业合作社	锦州市益多乐乳业	√		200	150	荷斯坦	8.0	1 200							
83	北镇市荣强奶牛养殖专业合作社	伊利	√		212	104	荷斯坦	10.0	1 022		√					
84	吴希有奶牛养殖场	栏花	√		162	110	荷斯坦	5.0	475		√					
85	锦州市益多乐乳业有限公司奶牛养殖基地	锦州市益多乐乳业公司	√		224	130	荷斯坦	6.5	850		√					
86	锦州市太和区大薛乡众兴奶牛场	阜蒙县伊利乳业公司	√		186	120	荷斯坦	4.6	550		√					

（续）

序号	名称	供奶企业	养殖场	小区	全群存栏(头)	成母畜存栏(头)	奶畜品种	成母畜年单产(t)	年总产量(t)	是否参加DHI	是否应用TMR	是否国家学生饮用奶奶源基地	是否有机奶源基地	有机奶产量(t)	有机奶源认证机构	是否为布鲁氏菌病及结核净化创建场或示范场
87	锦州市太和区伊园养殖场	锦州市益多乐乳业公司	√		160	110	荷斯坦	4.1	450							
88	黑山县宏驰奶牛养殖专业合作社	阜新伊利乳品有限公司	√		550	400	荷斯坦	8.0	3 000		√					
89	黑山县鑫源养殖场	本溪木兰花乳业	√		260	230	荷斯坦	5.6	900							
90	黑山县白金奶牛场	锦州双八乳业	√		180	180	荷斯坦	5.6	700							
91	黑山县芳山镇得润养殖场	伊利	√		300	240	荷斯坦	9.0	2 000							
92	义县胜道牧业有限公司（常家屯）	辉山乳业	√		2 213	1 938	荷斯坦	9.1	17 045		√					
93	义县荷光牧业有限公司（车坊）	辉山乳业	√		1 824	1 728	娟姗	7.8	12 663		√					
94	义县荷光牧业有限公司（东六台）	辉山乳业	√		1 898	1 645	荷斯坦	5.2	9 463		√					
95	义县光华牧业有限公司（高家屯）	辉山乳业	√		2 163	1 870	荷斯坦	7.7	14 271		√					
96	义县龙邦牧业有限公司（河夹心）	辉山乳业	√		2 487	1 840	荷斯坦	6.3	10 252		√					
97	义县澳华牧业有限公司（四台子）	辉山乳业	√		2 087	1 910	娟姗	6.0	11 722		√					
98	义县澳华牧业有限公司（小荒地）	辉山乳业	√		2 155	1 743	荷斯坦	7.0	11 534		√					
99	义县胜道牧业有限公司（新庄子）	辉山乳业	√		2 243	1 936	荷斯坦	7.1	12 414		√					
100	义县光华牧业有限公司（徐三家）	辉山乳业	√		1 876	1 644	荷斯坦	6.3	10 726		√					
101	义县前杨奶农专业合作社	阜新伊利乳品有限公司	√		480	210	荷斯坦	10.0	2 100	√	√					
102	义县日红升奶牛养殖专业合作社	阜新伊利乳品有限公司	√		360	300	荷斯坦	8.0	1 600		√					
103	义县众鑫奶牛养殖专业合作社	阜新伊利乳品有限公司	√		60	28	荷斯坦	6.0	200		√					
104	众兴奶站	北山农垦牧业分公司	√		289	143	荷斯坦	9.0	1 200							
105	大石桥市恒源牧场	当地奶吧	√		56	36	荷斯坦	4.0	144							
106	润天奶牛场	锦州双巴乳业	√		189	120	荷斯坦	6.0	700							
107	光辉奶牛场	伊利	√		465	320	荷斯坦	6.0	1 800							
108	养息牧场		√		43		荷斯坦				√					
109	森林奶农专业合作社	伊利	√		380	240	荷斯坦	7.6	1 800		√					
110	后新秋镇自强奶农专业合作社	伊利	√		320	200	荷斯坦	7.5	1 500		√					
111	兴隆牧场	伊利	√		840	480	荷斯坦	9.0	4 300	√	√					
112	东六镇官山牧场		√		50		荷斯坦				√					
113	东六镇日生奶农专业合作社	伊利	√		400	210	荷斯坦	6.7	1 400	√	√					
114	彰武县明罡奶农专业合作社	伊利	√		320	190	荷斯坦	6.7	1 270		√					
115	彰武县东六镇占元牧场	伊利	√		340	200	荷斯坦	8.0	1 600		√					
116	满堂红乡万合奶农专业合作社	伊利	√		380	260	荷斯坦	6.0	1 500		√					
117	东六镇牛兴奶农专业合作社	伊利	√		310	190	荷斯坦	6.0	1 100		√					
118	彰武县龙腾奶牛专业合作社	伊利	√		520	390	荷斯坦	6.5	2 500	√	√					
119	彰武县梓馨奶牛养殖场		√		52		荷斯坦				√					

（续）

序号	名称	供奶企业	养殖场	小区	全群存栏（头）	成母畜存栏（头）	奶畜品种	成母畜年单产（t）	年总产量（t）	是否参加DHI	是否应用TMR	是否国家学生饮用奶奶源基地	是否有机奶源基地	有机奶产量（t）	有机奶源认证机构	是否为布鲁氏菌病及结核净化创建场或示范场
120	彰武县金鑫奶农专业合作社	伊利	√		330	220	荷斯坦	6.5	1 400		√					
121	彰武县苇子沟镇殿荣养殖场		√		310		荷斯坦				√					
122	辽宁辉山乳业集团彭家牧业有限公司彰武一场	辉山乳业	√		2 340	2 120	荷斯坦	8.2	17 300		√					
123	辽宁辉山乳业集团彭家牧业有限公司彰武二场	辉山乳业	√		2 200	1 850	荷斯坦	8.3	15 000		√					
124	辽宁辉山乳业集团彭家牧业有限公司彰武三场	辉山乳业	√		1 990	1 680	荷斯坦	8.8	14 700		√					
125	辽宁辉山乳业集团彭家牧业有限公司彰武四场	蒙牛乳业	√		1 890	1 620	荷斯坦	8.0	13 000		√					
126	辽宁辉山乳业集团四合城牧业有限公司三官牛场		√		1 440	4	荷斯坦				√					
127	辽宁辉山乳业集团福兴地牧业有限公司后新秋牛场		√		3 400		荷斯坦				√					
128	辽宁辉山乳业集团四合城牧业有限公司刘家牛场		√		3 000		荷斯坦				√					
129	辽宁辉山乳业集团秀水牧业有限公司红星牛场		√		3 400		荷斯坦				√					
130	辽宁世领自营牧场有限公司三道沟牛场		√		3 400	3	荷斯坦				√					
131	辽宁辉山乳业集团五峰牧业有限公司二土牛场	辉山乳业	√		1 620	1 480	荷斯坦	8.2	12 100		√					
132	辽宁辉山乳业集团五峰牧业有限公司大五牛场	辉山乳业	√		1 540	1 320	荷斯坦	8.0	11 000		√					
133	辽宁辉山乳业集团五峰牧业有限公司新屯二奶牛场	辉山乳业	√		2 200	1 800	荷斯坦	8.0	14 000		√					
134	辽宁辉山乳业集团福兴地牧业有限公司哈大冷牛场	辉山乳业	√		1 900	1 700	荷斯坦	8.0	13 700		√					
135	辽宁辉山乳业集团五峰牧业有限公司石岭子牛场	辉山乳业	√		2 400	2 150	荷斯坦	8.0	17 400		√					
136	辽宁辉山乳业集团五峰牧业有限公司二道河子牛场	辉山乳业	√		2 250	2 010	荷斯坦	8.3	16 600		√					
137	阜蒙县碱锅奶牛专业合作社	阜新伊利乳品有限公司	√		582	405	荷斯坦	8.0	3 504	√	√					
138	阜蒙县顺达奶牛养殖专业合作社	阜新伊利乳品有限公司	√		400	250	荷斯坦	8.0	1 600	√	√					
139	利晟源牧业养殖场	阜新伊利乳品有限公司	√		386	220	荷斯坦	8.8	1 440	√	√	√				
140	同富奶牛养殖场	阜新伊利乳品有限公司	√		720	720	荷斯坦	8.5	3 650		√					
141	丰源奶牛养殖专业合作社	鞍钢乳业	√		426	315	荷斯坦	3.5	1 095		√					

（续）

序号	名称	供奶企业	养殖场	小区	全群存栏(头)	成母畜存栏(头)	奶畜品种	成母畜年单产(t)	年总产量(t)	是否参加DHI	是否应用TMR	是否国家学生饮用奶奶源基地	是否有机奶源基地	有机奶产量(t)	有机奶源认证机构	是否为布鲁氏菌病及结核净化创建场或示范场
142	国强肉牛专业养殖合作社	阜新伊利乳品有限公司	√		240	150	德系西门塔尔	6.0	900		√					
143	富民奶牛养殖专业合作社	阜新伊利乳品有限公司	√		300	160	荷斯坦	6.0	1 000							
144	海文奶牛合作社	阜新伊利乳品有限公司	√		320	210	荷斯坦	8.0	1 680	√	√					
145	昌达奶牛养殖合作社	阜新酥康鲜奶吧	√		130	80	荷斯坦	4.0	320	√	√					
146	辽阳环野养殖有限公司	辽阳市奔月食品公司	√		1 152	650	荷斯坦	8.1	4 730	√	√					
147	博旺良种奶牛养殖专业合作社	沈阳蒙牛有限公司	√		550	402	荷斯坦	10.8	3 500	√	√					
148	大洼县明氏奶牛养殖专业合作社			√	213	94	荷斯坦	6.5	311							
149	大洼县曦然畜牧养殖专业合作社			√	147	58	荷斯坦	6.7	207							
150	盘锦金昌畜牧有限公司	蒙牛乳业（沈阳）公司	√		1 050	725	荷斯坦	8.9	6 450		√					
151	盘锦乳泉奶牛养殖有限公司	蒙牛乳业（沈阳）公司	√		450	260	荷斯坦	7.7	2 000		√					
152	铁岭宏牛牧业有限公司	铁岭市大牛乳品公司	√		1 268	519	荷斯坦	8.4	4 900	√	√					
153	辽宁顶好牧业有限公司	铁岭市大牛乳品公司	√		390	180	荷斯坦	7.0	1 000		√					
154	昌图县溢康奶牛养殖专业合作社	沈阳蒙牛			1 120	886	荷斯坦	9.5	6 000		√					
155	清河区南台奶牛养殖小区	前马奶牛养殖小区		√	442	340	荷斯坦	7.0	1 240							
156	清河区前马奶牛养殖小区	本溪木兰花乳业		√	635	411	荷斯坦	7.0	1 502							
157	铁岭县百思特牧业养殖基地	伊利	√		450	200	荷斯坦	9.0	1 800							
158	铁岭县平顶堡万兴养殖场	大牛乳品公司	√		130	80	荷斯坦	5.0	400							
159	辽宁辉山乳业集团丰源牧业有限公司德兴奶牛养殖场	辽宁辉山乳业	√		2 300	2 300	荷斯坦	8.9	17 000	√	√					
160	辽宁辉山乳业集团金星牧业有限公司丰乐奶牛养殖场		√		1 800		荷斯坦				√					
161	辽宁辉山乳业集团金星牧业有限公司青山奶牛养殖场		√		3 100		荷斯坦				√					
162	辽宁辉山乳业集团丰源牧业有限公司神树奶牛养殖场	辽宁辉山乳业	√		2 200	2 200	荷斯坦	9.2	18 000	√	√					
163	辽宁辉山乳业集团金星牧业有限公司寿山奶牛养殖场		√		2 000		荷斯坦				√					
164	辽宁辉山乳业集团金星牧业有限公司富民奶牛养殖场		√		1 000		荷斯坦				√					
165	辽宁辉山乳业集团丰源牧业有限公司雅泽奶牛养殖场	辽宁辉山乳业	√		2 400	2 300	荷斯坦	8.8	16 000	√	√					
166	建平县沙海安兴牧业有限公司	伊利平庄分公司	√		1 485	902	荷斯坦	10.0	7 600	√	√					
167	建平县八家农场源润奶牛专业合作社	伊利平庄分公司	√		670	341	荷斯坦	7.8	2 200	√	√					

（续）

序号	名称	供奶企业	养殖场	小区	全群存栏(头)	成母畜存栏(头)	奶畜品种	成母畜年单产(t)	年总产量(t)	是否参加DHI	是否应用TMR	是否国家学生饮用奶奶源基地	是否有机奶源基地	有机奶产量(t)	有机奶源认证机构	是否为布鲁氏菌病及结核净化创建场或示范场
168	北票市西官营玉祥奶牛养殖专业合作社	朝阳奶吧		√	108	80	荷斯坦	6.0	410							
169	北票市五间房镇利民奶牛养殖专业合作社	朝阳振海乳制品厂		√	319	203	荷斯坦	2.0	395							
170	北票市天华奶牛养殖牧场	朝阳振海乳制品厂	√		370	205	荷斯坦	4.0	810							
171	山嘴奶站	朝阳奶吧	√		89	82	荷斯坦	5.0	410	√	√					
172	金研养殖有限公司	阜新伊利	√		298	208	荷斯坦	5.0	1 040	√	√					
173	红崖子镇晟昕养殖专业合作社	阜新伊利乳品有限公司	√		315	285	荷斯坦	5.0	1 460							
174	徐大堡镇善源养殖专业合作社	锦州双八乳业	√		216	198	荷斯坦	5.5	1 095							

附表2 辽宁省乳制品生产企业名录

序号	名称	生产许可证号码	年收购原奶量（t）	平均支付价格（元/kg）	其中：自有奶源量（t）	年乳制品产量（t）	其中：巴氏杀菌乳（t）	UHT奶（t）	酸奶（t）
1	辽宁伊利有限公司	SC10521011300068	167 959	3.70	105 374	158 991	167 959	148 274	19 685
2	蒙牛乳业（沈阳）有限责任公司	SC10521011300951	110 000	3.70		150 000		54 000	92 000
3	大连三寰乳业有限公司	SC10521020400094	22 519	3.60	9 588	21 106	13 326	5 149	2 632
4	大连心乐乳业有限公司	SC10521021302324	18 253	4.10	8 414	20 162	12 816	489	5 871
5	大连和大奶牛饲养有限公司	SC10521021301135	1 500	4.00	1 500	1 500	1 200		300
6	大连九羊乳业股份有限公司	SC10521028200803	1 440			1 836		1 080	180
7	完达山鞍山乳品有限公司	SC10521030300061	9 800	3.70		12 392	354	5 220	5 196
8	鞍钢实业集团乳业有限公司	SC10521030600015	8 800	3.70	6 000	8 000	4 000		4 000
9	本溪木兰花乳业有限责任公司	SC10521050400142	12 982	3.80	3 300	13 275	4 779		3 363
10	丹东升泰乳业有限公司	SC10521068100459	7 234	4.70	7 234	7 992	1 488		3 227
11	丹东派波乳业有限公司	SC10521060215047	2 000	4.00	2 000	2 000	1 500		300
12	锦州双八乳业有限公司	SC10521078300021	4 616	3.30	1 980	4 407	101		4 306
13	锦州益多乐乳业有限公司	SC10521071100293	3 960	3.60	1 600	4 158	2 313		1 345
14	阜新绿山羊奶乳业有限公司	SC10521090100045			263	261	220		41
15	阜新伊利乳品有限责任公司	SC10521090000011	186 160	3.70		142 296	88 759		37 121
16	辽阳市奔月食品有限公司	SC10521100400016	1 388	3.20	1 388	1 286	400		886
17	铁岭市大牛乳品有限公司	SC10621120000050	8 000	3.60	6 000	5 000	1 200	2 000	1 400
19	朝阳市双塔区振海乳制品厂	SC10521130200525	720	3.40		800			800

（续）

序号	奶粉（t）	婴配粉（t）	奶油（t）	奶酪（t）	乳饮料（t）	产品销售区域	年销售收入（万元）	利润（万元）	是否为国家学生饮用奶认定企业	有机产品（枚）	有机认证机构	有机产品品类1及数量（枚）	有机产品品类2及数量（枚）	有机产品品类3及数量（枚）
1						全国各地	142 497	1 730						
2						东北、内蒙古	163 808	4 602						
3						大连市	14 957	2 910						
4					986	大连市	13 510	824						
5						大连市	1 300	20	√					
6					576	辽宁省								
7					1 622	辽宁省	8 382	–848						
8						鞍山市	8 000	800						
9					5 133	辽宁省及周边	10 877	500						
10					1 193	丹东市	5 135	50						
11					20	丹东市	1 500							
12						辽宁省	3 586	383						
13					500	辽宁省	2 887	74						
14						辽宁省	336	2						
15					16 416	全国各地	108 012	8 151						
16						辽阳市、鞍山市	1 487	56						
17	100				300	全国各地	4 000	20	√					
19						辽宁、内蒙古	600	60						

吉林省

【奶类生产】2018年，吉林省奶牛存栏15.1万头，主要品种为中国荷斯坦和西门塔尔，牛奶产量38.83万t。中国荷斯坦牛主要分布在长春、吉林、四平、白城、松原5个地区，西门塔尔牛主要分布在松原市，以上地区奶牛存栏数量占全省总量的96%。

【乳品加工】吉林省正常生产的规模以上乳制品生产企业6个。生产婴幼儿配方乳粉的企业3个。2018年收购生鲜乳总量139 313.91t，同比增长72.8%，其中自有奶源量5 100t。乳制品总产量150 294.96t，同比增长35.67%。其中：巴氏杀菌乳8 681.06t，同比降低33.03%；超高温灭菌（UHT）奶30 267.65t，同比增长10.27%；酸奶80 688.7t，同比增长86.48%；乳饮料21 243.93t，同比增长1.04%；奶粉80t；婴幼儿配方乳粉8 469t；奶酪621.58t，同比增长198.27%。乳制品生产企业收购生鲜乳收购总量和乳制品产量上升，巴氏杀菌乳产量下降，奶酪、酸奶、UHT奶产量大幅上涨，乳饮料产量同比微增。2018年乳制品生产企业销售收入147 173.35万元，同比下降1.04%，利润12 825.55万元，同比增长145.84%。

【市场消费】吉林省人均牛奶占有量14.36千克。在市场上销售的乳制品种类主要有UHT奶、奶粉、酸奶、巴氏杀菌乳、含乳饮料、干乳制品等。产品种类丰富，产地多样化。入户销售的乳制品主要有巴氏杀菌乳和酸奶，以本地乳制品企业生产的产品为主。销售量较大的为UHT奶。

【奶源基地】吉林省存栏规模1 000头以上的奶牛养殖场（小区）6个，奶牛存栏25 872头。规模养殖场的生鲜乳主要销往蒙牛、伊利、飞鹤、广泽、雀巢、君乐宝等乳企。规模养殖场多数使用全混合日粮（TMR）技术，部分使用生产性能测定（DHI）技术。青贮玉米种植面积1.67万hm^2，平均单产45t/hm^2，总产量75万t。在全省范围内对奶牛开展口蹄疫强制免疫，每年至少进行两次检查考核，确保应免奶牛免疫密度达到100%。开展奶牛布鲁氏菌病、结核病检疫监测，加强扑杀净化工作。奶牛粪污处理方式主要是全量收集、堆积发酵后还田，少数养殖场（小区）采用了生物有机肥、压制燃料块和沼气等处理模式。

吉林省乳品加工企业收购生鲜乳平均价格为3.59元/kg，同比下降2.45%。生鲜乳收购站收购生鲜乳价格平均为2.92元/kg，同比上涨2.46%；销售价格平均为3.34元/kg，同比基本持平。大部分养殖场不盈利，处于亏损和保本状态。

【质量监管】全面贯彻《乳品质量安全监督管理条例》，深入实施“农业质量年”活动，保障生鲜乳质量安全。一是开展生鲜乳专项整治。吉林省畜牧业管理局制定了《吉林省2018年生鲜乳专项整治行动实施方案》，通过统一时间、统一任务实施生鲜乳专项整治，对奶畜养殖场、生鲜乳收购站、运输车开展巡查检查和监督抽查，严厉打击无证收购、运输生鲜乳和非法添加等各类违法违规行为，扎实推进监管信息化、常态化、精准化和散户养殖规范化，保持生鲜乳质量安全监管高压态势，确保生鲜乳质量安全水平。同时要求各地畜牧主管部门落实责任，细化时间安排和整治措施，保障生鲜乳专项整治行动取得实效。二是开展生鲜乳质量安全监测工作。对生鲜乳收购站和运输车监测全覆盖，不留监管空白，以监测计划为抓手，落实监管责任。结合监测计划实施，加强收购站和运输车监督管理，按照“谁发证、谁监管”的原则，加强证前许可和证后监管，确保收购站和运输车具备法定资质条件，坚决取缔不合格的收购站和运输车。截至2018年年末，全省有生鲜乳收购站53个，其中：乳企开办的5个，养殖场开办的23个，奶农专业生产合作社开办的25个。全年完成生鲜乳专项监测和婴幼儿配方乳粉奶源基地质量安全监测123批次，检测结果均合格。

（吉林省畜牧业管理局，迟桂凤）

长春市

【奶畜养殖】截至2018年年末，全市奶牛存栏3.87万头，品种主要是中国荷斯坦牛，少数是黑白花奶牛。奶类总产量6.0万t，养殖产值2.05亿元，占畜牧养殖业总产值342亿元的0.6%，同比下降0.1%。长春市奶牛养殖主要集中在榆树市、九台区、农安县等县（市、区）。

1. 奶牛存栏呈下降趋势。2018年全市奶牛存栏3.87万头，同比下降了4.4%；牛奶总产量6.0万t，同比下降17.8%。

2. 奶业生产情况整体下滑，但规模化养殖水平提高。2017年，全市存栏100头以上的规模奶牛养殖场11家，年末存栏量占全市奶牛存栏的60.8%；2018年100头以上的规模奶牛养殖场8家，年末存栏量占全市奶牛存栏的86.12%。2017年全市有生鲜乳收购站10家，2018年全市有生鲜乳收购站7家，奶站的机械化挤奶率达到100%。

【乳品加工】长春市只有吉林省乳业集团广泽有限公司1家乳制品加工企业，主要产品类别：UHT奶、酸奶、巴氏杀菌乳、奶酪及乳饮料等五大类100余个品种。广泽有限公司在市场的占有率正在逐步提高，份额越来越大，生产形势较好，发展前景比较乐观。

【市场消费】本市乳制品销售市场品牌及种类繁多，蒙牛、伊利、辉山、雀巢、光明、完达山等国内知名品牌以及本地的广泽有限公司的产品在超市、市场均有销售，产品类型主要以UHT奶、酸奶、各种乳饮料，平均价格约为12元/kg，国内外各大品牌的多种成人及婴幼儿配方奶粉在本市也均有销售。

广泽有限公司还在市区内入户配送新鲜的巴氏杀菌乳，价格约为18元/kg。

从本市奶类市场的巴氏杀菌乳、UHT奶、酸奶、奶粉等产品的消费看，UHT奶消费量居首位，占奶类消费量的一半左右，奶粉销量排在第二位，第三位是酸奶，最后一位是巴氏杀菌乳。

【奶源基地】全市生鲜乳收购站7家，比上年减少了3家。其中，榆树市3家，九台区3家，农安县1家。平均每月生鲜乳生产3 517t，同比减少257t，下降6.8%。2018年长春市生鲜乳收购价格为3.0~3.6元/kg，与上年同期变化不大，比较稳定。

在本市收购生鲜乳的乳制品企业3家。其中榆树市的奶站全部销售给黑龙江双城市雀巢乳品有限公司，九台区和农安县的奶站销售给吉林省乳业集团广泽有限公司、黑龙江双城市雀巢乳品有限公司和内蒙古伊利集团股份有限公司。

奶牛疫病防控主要由各县（市、区）动物疫病预防控制中心和各乡镇畜牧兽医站共同完成；乡镇畜牧兽医站主要负责奶牛免疫；动物疫病预防控制中心负责布鲁氏菌病、结核病疫病检测等健康检查，发现阳性病畜及时上报并扑杀，未发现阳性奶牛。

奶牛养殖场粪便处理方式。堆积发酵的占90%；压块的占10%，用于地炉燃烧取暖。大多数奶牛养殖场的粪污资源利用设施需要更新改造。

通过对奶牛养殖场的调查，按照收购生鲜乳价格计算，只有管理水平较高的少数饲养场略有盈余，大部分奶牛养殖场处于保本或亏损状态。

【奶农组织】全市共成立3个奶农专业合作社，其中榆树市成立了2个奶农合作社、农安县成立了1个奶农合作社。合作社每年组织培训班两次。主要对荷斯坦牛良种繁育、品种改良技术、荷斯坦牛养殖中的饲养管理、原料奶生产和质量控制、全混合日粮（TMR）配置、青黄贮饲料调制、疫病防控、养殖环境等多个方面进行培训。授课分理论课程与实训课程，并与学员们现场沟通交流，专家教授解答大家的咨询提问，收到了理想的学习效果，提高了奶农科学饲养水平，交流了经验，最终促进节本增效、增收，引导奶农向标准化规模养殖方向发展，实现现代化科学养殖。

【政策法规】在《长春市“十三五”畜牧业发展规划》中，提出加快构建奶牛良种繁育体系，加强繁改基础设施投入，使之成为良种繁育、推广、示范于一体的繁育体系。同时，加强人工授精站点建设，积极推广奶牛性控技术，提高奶牛质量。同时，以推进规模化、标准化、清洁化为重点，加强奶牛生产基地建设，推动畜牧业由传统饲养方式向标准化规模生产转变，由数量扩张向数质并重内涵型增长转变，积极推进食源性优质安全畜禽养殖基地建设。

【质量监管】全市共有生鲜乳收购站7家，全部实现集中式机械化挤奶，每月采集奶站信息进行生鲜乳统计监测。目前生鲜乳运输车辆共有3辆，证件齐全且都在有效期内。

长春市畜牧业管理局对生鲜乳质量安全监管工作非常重视，紧紧围绕生鲜乳质量安全为中心，强化领导，加强对生鲜乳收购站的监管工作，采取日常监管和专项整治相结合的措施。一是坚持属地管理的原则，明确落实具体单位及责任人，奶站监管具体由各县（市、区）畜牧局负责，日常监管由各乡镇畜牧站负责，并指定质量监督员专门负责奶站管理，对挤奶过程进行全程监管，采取留样和定期抽样制度，每年对奶站至少抽样两次。同时对奶牛的饲养环节进行监管，包括奶牛使用的饲料和兽药。二是强化责任追究。建立责任追究制度，明确责任分工，具体工作落实到人，一级对一级负责，哪一级出现问题，就追究哪一级的责任，哪个人出现问题就追究哪个人的责任。三是强化督导检查。在对奶站进行日常监管的同时，加强督导检查的力度，定期不定期地进行巡回检查，及时发现隐患，及时进行整改和完善。加强违法的追究和处理力度，形成高压打击态势。四是加强食品卫生知识宣传。首先加强《畜牧法》和《农产品质量安全法》《乳品质量安全监督管理条例》等法律法规宣传，一方面强化企业经营者守法经营的自觉性和法律意识，另一方面让老百姓懂得食品安全知识，自觉抵制不安全食品行为，建立起依法维权的自觉行为。五是对生鲜乳收购站及运输车信息情况实行月报表制度。各乡镇畜牧站监管人员每月至少一次进行现场检查监管，并填写好监管记录。监管人员24小时开机，实行24小时监控。

（长春市畜牧总站，张会民）

白 城 市

【奶畜养殖】截至2018年12月末，白城市规模养殖奶牛总存栏30 933头，其中成母牛存栏16 572头，日奶产量301.6t，全年总产奶量110 084t，主要品种为荷斯坦，在白城市5个县（市、区）均有分布，其中位于镇赉县的瑞信达原生态牧业有限公司奶牛存栏总量为13 466头，占全市总量的43.5%。2018年，全市奶业产值约占牧业产值的5%，奶牛养殖产业呈现出规模逐步萎缩的局面。

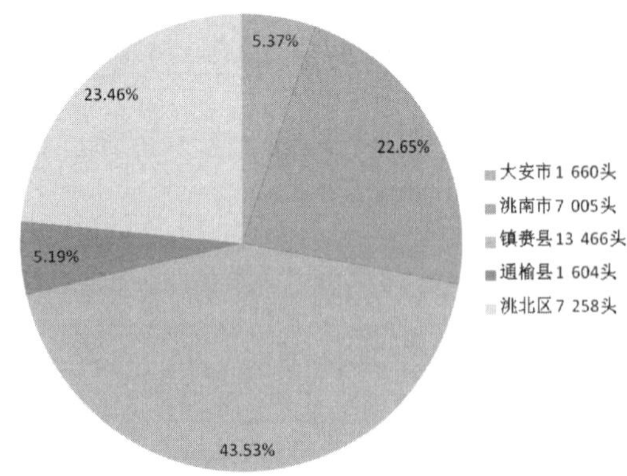

图 4–2　2018 年白城市各县（市、区）养殖奶牛存栏量占全市总存栏量情况

【乳品加工】白城市有乳品加工企业 3 个：白城龙丹乳业科技有限公司、白城市阿宝乳制品有限公司、飞鹤（镇赉）乳品有限公司。

白城龙丹乳业科技有限公司 2018 年收购原奶量 2 500t，主要产品为婴幼儿配方奶粉，总产量 1 000t，销售区域为全国范围，销售收入 4 572 万元，利润 200 万元。

白城市阿宝乳制品有限公司 2018 年实际加工生鲜乳 210t，主要产品为巴氏杀菌奶和酸奶，主要销售区域为洮北区，销售收入约 184 万元。

镇赉飞鹤乳业有限公司 2018 年实际加工生鲜乳的数量为 18 383t，产值为 29 547 万元、销售额为 47 896 万元，主要生产的品种为飞睿、精粹贝艾尔、舒贝诺，产品销售地域为全国，收购生鲜乳来源为飞鹤自建牧场。

【市场消费】2018 年白城市牛奶人均占有量约为 50 千克，牛奶制品消费量 15 千克，人均消费 120 元。

白城市各超市销售牛奶制品的厂家有蒙牛、伊利、广泽雅士利、完达山、飞鹤等；主要品种有巴氏杀菌纯牛奶、超高温灭菌奶、风味益生菌酸牛奶（草莓味、大枣味、原味等）；婴幼儿奶粉国产的主要品种有雅士利、雀巢、贝因美、完达山育儿康，进口品种有惠氏、雅培、安婴宝等。市场消费特点和发展趋势是以纯牛奶为主，其次为酸牛奶。

表 4–9　白城市各大超市部分乳品价格表

乳品名称	规格	单价
伊利纯牛奶	180ml/ 袋	2.40 元
完达山纯牛奶	180ml/ 袋	2.40 元
蒙牛风味酸牛奶（原味）	100g/ 盒	1.50 元
完达山风味发酵乳	100g/ 盒	1.50 元
蒙牛冠益乳酸牛奶（原味）	100g/ 盒	2.20 元
蒙牛高钙低脂牛奶	250ml/ 盒	3.20 元
蒙牛利乐枕高钙牛奶	240ml/ 袋	2.50 元
伊利利乐枕纯牛奶	240ml/ 袋	2.20 元
完达山利乐枕高钙牛奶	240ml/ 袋	2.60 元

【奶源基地】2018 年，白城市奶牛存栏 50 头以上规模的养殖场（小区）数量 24 个，其中存栏 100~299 头的养殖场 5 个，存栏量 837 头；存栏 300~499 头的养殖场 11 个，存栏量 4 280 头；存栏 500~999 头的养殖场 5 个，存栏量 3 425 头；存栏 1 000 头以上规模的养殖场 3 个，存栏量 17 310 头，分别占总存栏量的 3%、16% 13%、65%，全部为机械挤奶，全部应用全混合日粮（TMR）技术饲喂。

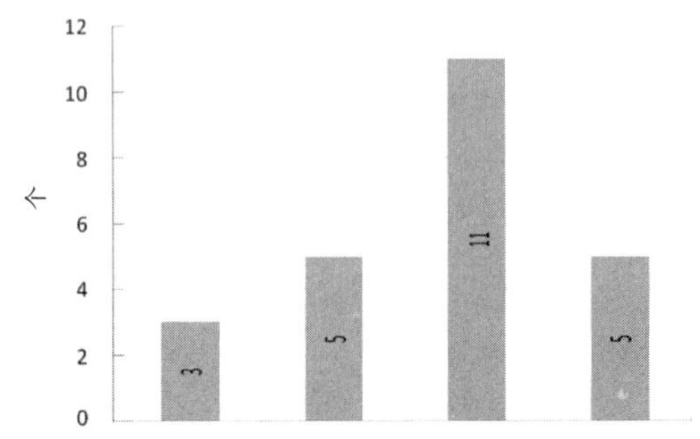

图 4–3　2018 年白城市不同规模养殖场数

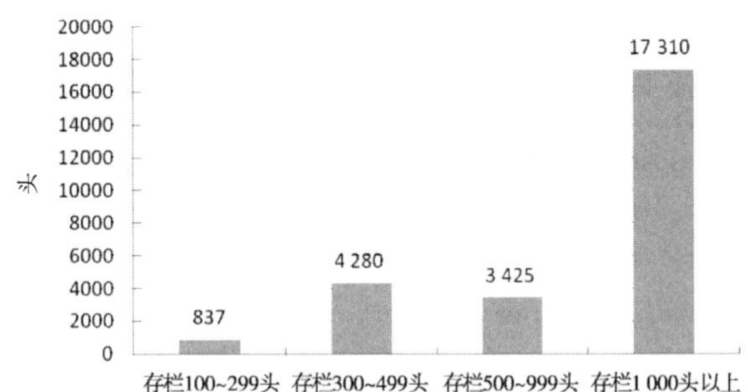

图 4–4　2018 年白城市不同规模养殖场存栏量

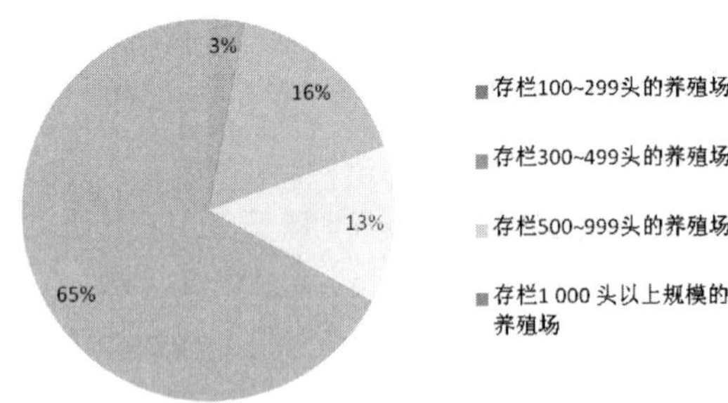

图 4–5　2018 年白城市不同规模养殖场存栏量所占总存栏量比重

在生产性能测定（DHI）方面，镇赉县、大安市的养殖场全部实行 DHI，洮南市祥宇牧场以及洮北区兴盛奶牛养殖有限公司也已实行。

饲草种植情况。2018 年，白城市以种植青贮玉米为主，种植面积为 5 862.33hm^2，单产 22.34t/ hm^2，总产量 130 990t。

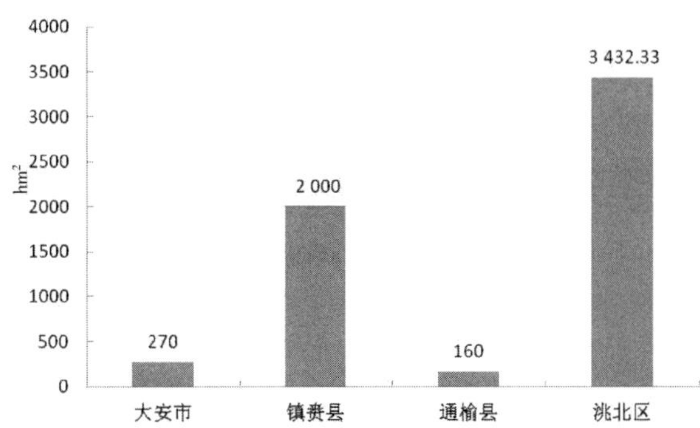

图 4-6　2018 年白城市各县（市、区）青贮玉米种植面积

疫病防控情况。各县（市、区）畜牧兽医站工作人员对辖区内奶牛养殖场（小区）的疫病防控情况实行了包保责任制，扎实开展奶牛的重大动物疫病的防控工作，做到及时、统一、全面，一直以来未发生大规模疫情。

粪污处理方式。采用干清粪方式，对固体粪便进行好氧堆肥发酵处理，实施就地就近还田利用。

生鲜乳收购价格。年均收购价格为 3~3.6 元 /kg。

奶牛养殖场、户收入情况。2018 年以来，乳企收购要求标准提高，生鲜乳销售价格回落，养殖利润空间缩小。白城市奶牛产业经济效益急速下滑，养殖场收入大幅下降，整体处于亏损状况。其中洮南市各养殖场亏损 10 万 ~30 万元，大安市亿芊源奶畜牧场亏损 55 万元，源源牧业亏损 200 万元。

【奶农组织】2018 年在市、县畜牧总站的组织下，聘请有关专家进行了多次授课培训，内容包括奶牛科学饲养管理、养殖场规划建设转型升级、奶站操作规范、生鲜乳质量安全等方面知识；参训人员包括场区管理员、饲养员、技术工作人员等。

【政策法规】白城市畜牧业管理局以发展现代畜牧业为主要方向，以转变养殖方式为主线，以增加农民收入为核心，进一步完善龙头企业建设，强化标准化规模养殖场（小区）建设，建立健全畜牧服务体系，从而提升市场竞争力，同时对《乳品质量安全监督管理条例》和《生鲜乳生产收购管理办法》等有关法规和扶持政策进行了大力宣传，努力增强养殖信心，促进全市奶业健康快速发展。

【质量监管】2018 年，白城市强化生鲜乳监测，加强对生鲜乳生产收购、运输环节监督检查，组织培训强化奶站管理者及奶户对违禁物质添加危害性的认识，提高生鲜乳收购站、运输车标准化管理水平，有效保障生鲜乳质量安全。

2018 年共完成《生乳》国标指标监测、生鲜乳质量安全异地抽检、生鲜乳专项监测等生鲜乳抽检 135 批次，全部奶样均检测合格。

（白城市畜牧总站，何思洋）

附表1 吉林省奶牛养殖场（小区）名录

序号	名称	供奶企业	养殖场	小区	全群存栏（头）	成母畜存栏（头）	奶畜品种	成母畜年单产（t）	年总产量（t）	是否参加DHI	是否应用TMR	是否国家学生饮用奶奶源基地	是否有机奶源基地	有机奶产量（t）	有机奶源认证机构	是否为布鲁氏菌病及结核净化创建场或示范场	备注
1	镇赉县瑞信达原生态牧业有限公司	飞鹤乳业有限公司	√		13 466	7 326	荷斯坦	10.0	65 000		√						
2	吉林省牧硕养殖有限公司	广泽、伊利、雀巢	√		5 476	3 177	荷斯坦	10.0	37 000	√	√	√					
3	北京首农畜牧发展有限公司白城分公司	蒙牛乳业（乌兰浩特）有限责任公司	√		3 054	1 736	荷斯坦	9.0	13 352		√						
4	白城市恒利源乳业有限公司	蒙牛乳业（乌兰浩特）有限责任公司	√		1 715	730	荷斯坦	9.0	4 633		√						
5	榆树市财源牧业有限公司	雀巢	√		1 101	600	荷斯坦	7.0	4 213		√						
6	九台广源牧业有限公司	雀巢	√		1 060	550	荷斯坦	6.0	3 600		√						
7	榆树市团山鲜奶收购站	雀巢	√		1 101	600	荷斯坦	7.0	4 213								
8	吉林省牧硕养殖有限公司	广泽、伊利、雀巢	√		5 476	3 177	荷斯坦	10.0	37 000	√	√	√				√	
9	九台广源牧业有限公司	雀巢	√		1 060	550	荷斯坦	6.0	3 600		√						

（续）

序号	名称	供奶企业	养殖场	小区	全群存栏（头）	成母畜存栏（头）	奶畜品种	成母畜年单产（t）	年总产（t）	是否参加DHI	是否应用TMR	是否国家学生饮用奶奶源基地	是否有机奶源基地	有机奶产量（t）	有机奶源认证机构	是否为布鲁氏菌病及结核净化创建场或示范场	备注
10	镇赉县瑞信达原生态牧业有限公司	飞鹤乳业有限公司	√		13 466	7 326	荷斯坦	10.0	65 000		√						
11	北京首农畜牧发展有限公司白城分公司	蒙牛乳业（乌兰浩特）有限责任公司	√		3 054	1 736	荷斯坦	9.0	13 352		√						
12	白城市恒利源乳业有限公司	伊利	√		1 715	730	荷斯坦	9.0	4 633		√						
13	洮南市香儒奶牛有限责任公司	蒙牛乳业有限责任公司（乌兰浩特）事业部	√		850	607	荷斯坦	5.8	3 124		√						
14	白城市兴盛奶牛养殖有限公司	伊利	√		820	406	荷斯坦	10.0	3 909	√	√						

附表2　吉林省乳制品生产企业名录

序号	名称	生产许可证号码	年收购原奶量（t）	平均支付价格（元/kg）	其中：自有奶源量（t）	年乳制品产量（t）	其中：巴氏杀菌乳（t）	UHT奶（t）	酸奶（t）
1	广泽乳业有限公司	SC10522010819127	46 664	3.52		69 446	2 681	30 268	23 189
2	吉林市春光乳业有限责任公司	SC10522020431800	8 000	3.30	4 800	10 000	6 000		3 000
3	四平君乐宝乳业有限公司	SC10522030324640	63 600	3.73		62 300			54 500
4	白城龙丹乳业科技有限公司	SC10522080028448	2 500	3.50		1 000			
5	飞鹤（镇赉）乳品有限公司	SC10522082103179	17 830	4.00		6 039			
6	吉林贝因美乳业有限公司	SC12922240302651	720	3.50	300	1 510			
7	吉林省乳业集团广泽有限公司	SC10522010819127	46 664	3.52		69 446	2 681	17 897	23 189
8	白城龙丹乳业科技有限公司	SC10522080028448	2 500	3.50					
9	白城市阿宝乳制品有限贵公司	SC10522080232311	210	3.00	210	210	147		63
10	飞鹤（镇赉）乳品有限公司	SC10522082103179	17 830	4.00		6 039	17 830		

（续）

序号	奶粉（t）	婴配粉（t）	奶油（t）	奶酪（t）	乳饮料（t）	产品销售区域	年销售收入（万元）	利润（万元）	是否为国家学生饮用奶认定企业	有机产品（枚）	有机认证机构	有机产品品类1及数量（枚）	有机产品品类2及数量（枚）	有机产品品类3及数量（枚）
1				6 216	12 444	东北三省	56 301	6 361						
2					1 000	吉林省	12 000	800						
3					7 800	石家庄	39 300	64						
4		1 000				全国	4 572	200						
5		6 039				全国	26 000	4 900						
6	80	1 430				浙江、安徽	9 000	500						
7				622	12 444	东北三省	56 301	6 361						
8		1 000				全国	4 572	200						
9						白城	184	19						
10	6 039	6 039				全国	26 000	4 900						

黑龙江省

【奶畜养殖】据国家统计局黑龙江调查总队核定，2018年全省奶牛存栏105万头，生鲜乳产量456万t，分别占全国总量的10%和14.5%。全省现有100头以上规模奶牛场620家，设计存栏能力74万头，其中正常运营524家，设计存栏能力68万头。524家正常运营奶牛场现存栏奶牛44万头，产奶牛存栏20.3万头，日产生鲜乳4 984.6t，奶牛平均单产达到8t。2018年，黑龙江省奶源供应处于紧张平衡状态，“卖奶难”状况得到改善，奶牛养殖形势整体趋好。

苜蓿价格大幅上涨，奶牛场用替代原料倒逼成本下降。2018年6月，受中美贸易摩擦影响，黑龙江省主要粗饲料原料苜蓿和重要精饲料原料豆粕价格持续走高，特别是苜蓿，2018年年初美国进口苜蓿平均价格为2 700元/t，国产苜蓿1 800元/t。2018年年末美国进口苜蓿平均价格上涨到3 600~3 700元/t，国产苜蓿上涨到2 500元/t，分别上涨了1 000元/t和700元/t。精饲料原料豆粕价格也出现了小幅上涨，由年初的3 440元/t，上涨到年末的3 650元/t。黑龙江省奶牛场积极调整饲料配方，寻找替代饲料原料，如用地产羊草、麦秸和青贮玉米替代苜蓿等，降低了生产成本，6月为黑龙江省奶牛场成本下行的拐点，进入低成本阶段，同时黑龙江省奶业协会又对50家奶牛场的乳指标进行统计，营养指标乳脂肪和乳蛋白保持平稳，并未出现下降。

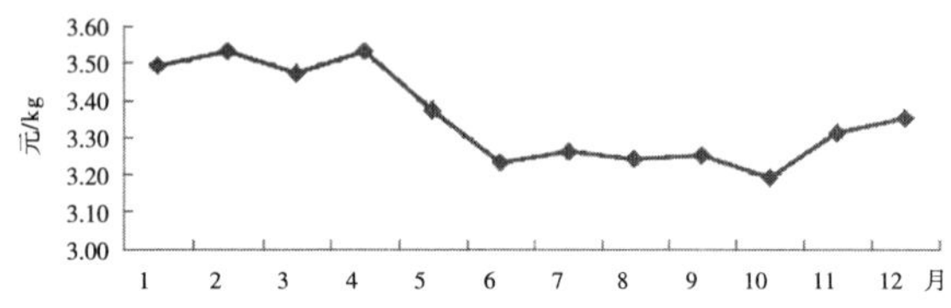

图4-7　2018年黑龙江省50家规模化奶牛场生乳月度生产成本

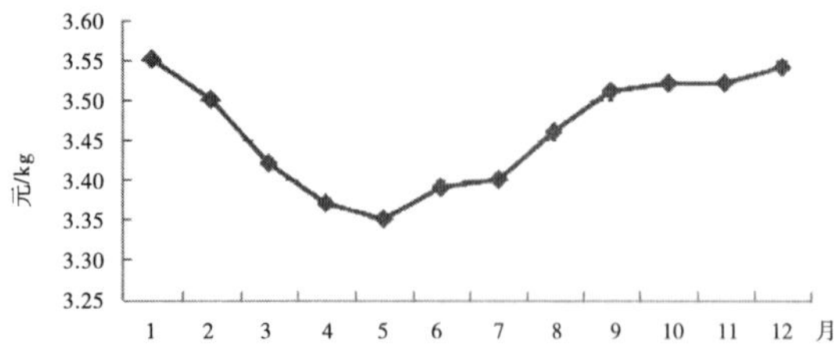

图4-8　2018年黑龙江省50家规模化奶牛场生乳月度价格

奶价稳中有升，奶牛养殖总体盈利。通过对黑龙江省50家信息奶牛场（全省随机选择）进行数据统计，全年生乳价格走势与历年基本相同，呈现“两头高中间低”态势，奶价下行的4~7月为季度性价格调整，全年生乳平均价格为3.46元/kg，千克奶生产成本3.35元，单产7.5t的奶牛每年可以获利825元，一些管理规范、生鲜乳品质好的规模化奶牛养殖场头均收益达到了2 000元，奶牛养殖场总体盈利，奶牛养殖形势渐好。

奶牛场环保压力大，牛场须投入大量人物财力。一方面，黑龙江省没有针对奶牛场的经济合理的粪污处理方式，能达到国标排放标准的奶牛场较少，多数奶牛场需要再次处理稀释后排放；另一方面，奶牛场配备的耕地、草原严重不足，大量的粪污无处消纳。各级政府环保部门对黑龙江省奶牛场开展环保监察和督查，2018年中央环保督查组进驻黑龙江，要求更加严格，如齐齐哈尔市某奶牛场因育成牛运动场没有做防渗处理，花费400万元修建的运动场只能弃用；哈尔滨市辖区某奶牛场，因雨季排水沟外泄，接受环保、畜牧和林业等部门的联合驻场检查后，猪肉价格需要投入大额资金修建处理防泄设施。县级环保部门向多家奶牛场下达了行政处罚决定书，也有地区下达了奶牛场“关停转”的通知，各奶牛场环保压力增大，成为制约奶牛场发展的重要问题。如果下一步养殖企业需缴纳环保税，将进一步加重奶牛场的负担。

非洲猪瘟后牛肉需求增加，为奶牛场提供了新的利益增长点。非洲猪瘟后，猪肉价格急降后报复性反弹，全面走高，肉类消费开始转向牛肉，牛肉需求量增加，大型淘汰奶牛的价格已经达到12 000元/头，奶公犊价格出现了与母犊持平甚至反超的现象，个别奶牛场已有利用奶牛群发展肉牛及乳肉兼用牛的思路，牛肉中短期的需求为奶牛场提供了新的利润增长点。

【乳品加工】黑龙江省自主培育了完达山、飞鹤、摇篮、红星等知名企业，同时引进雀巢、伊利、蒙牛、光明、贝因美等国际国内大型企业，形成了龙头带动、品牌集中、品类齐全的加工体系。

截至2018年年底，全省有乳制品加工企业75家，日处理生鲜乳能力达2.1万t，产能居全国第一位。其中规模以上企业53家，日处理生鲜乳能力占生鲜乳处理总量的96%。全省婴幼儿配方粉生产企业达到32家。

黑龙江省是国内最大的奶粉和婴幼儿配方乳粉产业基地。2018年，全省乳制品产量155.3万t，约占全国（2 687万t）的5.8%。其中，液体乳产量118万t，约占全国（2 506万t）的4.7%；乳粉产量37.3万t，约占全国（97万t）的38%，全省婴幼儿配方乳粉产量17万t，约占国产婴幼儿配方乳粉产量的28%（全国产量60万t左右）、国内消费量的20%。2018年，全省乳制品工业规模以上企业实现主营业务收入352亿元，约占全国（3 600亿元左右）的10%，上缴税金20亿元左右。

乳制品走高端化发展路线。黑龙江省高端乳制品——婴幼儿配方乳粉已占20%的国内消费市场份额。蒙牛乳业、伊利乳业的高端产品特仑苏、金典等30%的产量出自黑龙江省，光明乳业33%的高端酸奶莫斯利安在黑龙江省生产。在此基础上，惠丰乳业计划改造升级 1 条奶酪生产线，达产后每天可加工鲜奶 200t。飞鹤乳业在克东县新建年产 4 万 t 高端婴幼儿配方乳粉厂，达产后每年产值 30 亿元。伊利乳业在林甸投资 20 亿元，新建 26 条生产线的液态奶加工厂，生产安慕希、利乐冠等高端产品，年产 40 万 t。蒙牛乳业在尚志市新增 1 条高速枕式生产线，达产后可新增日处理能力 52t，年产 1.5 万 t 液态奶。已有为高端，再建仍为高端，确定了黑龙江省为高端乳制品基地的地位。

垄断性乳企使用大包粉数量仍居高不下。新西兰恒天然全脂大包装奶粉售价号称是中国乳业的风向标，2018 年黑龙江省奶业协会对其价格进行了 24 次跟踪（图 4–9），2018 年船边交货价最高点是在 4 月 17 日，价格为 20 780 元 /t，折合成鲜奶为 2.99 元 /kg，远远低于黑龙江省 3.46 元 /kg 的平均奶价，垄断性乳企为保证自已产品的价格竞争力，使用新西兰大包粉的数量仍然较大。

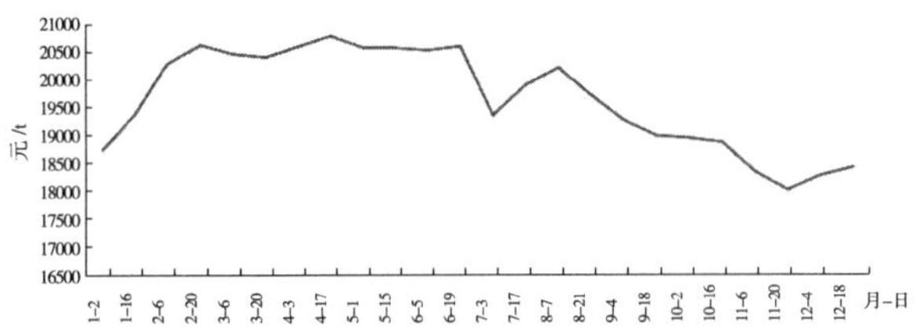

图 4–9　2018 年新西兰全脂大包装奶粉价格

【市场消费】黑龙江省乳制品消费水平低于全国平均水平，主要是因为寒冷地区习惯消费肉类和酒精饮料，相应乳制品消费量就较少。2018 年，全省人均消费乳制品仅 29 千克，人均乳制品消费支出为 251.6 元。

2018 年，黑龙江省学生饮用奶供应企业有伊利、完达山、飞鹤 3 家乳品企业，学生奶奶源基地牧场数达到 21 家。全年学生奶产量达到 24.85 万 t，完成 12.427 亿盒学生奶的配送，对学生奶计划的推广发挥了重要作用。

【奶源基地】生鲜乳交易参考价格：黑龙江省生鲜乳价格协调委员会通过成本测算，并综合征求奶牛养殖户（场）、乳品加工企业的意见，确定并发布生鲜乳交易参考价格。2018 年第一季度机械化榨乳的生鲜乳交易参考价格执行中准价格 3.45 元 /kg，最低不低于 3.10 元 /kg；第二季度机械化榨乳的生鲜乳交易参考价格执行中准价格 3.40 元 /kg，最低不低于 3.10 元 /kg；第三季度机械化榨乳的生鲜乳交易参考价格执行中准价格 3.40 元 /kg，最低不低于 3.15 元 /kg；第四季度机械化榨乳的生鲜乳交易参考价格执行中准价格 3.45 元 /kg，最低不低于 3.2 元 /kg，此价格均为乳品企业结算到奶农的价格。

粪污处理：黑龙江省主要采用自然堆肥发酵、牛粪压块、牛粪生产沼气等处理方式，常用的方式是固液分离后进入氧化池进行三级氧化，但仍有关键技术未攻克，第三级氧化结束后多数无法完全达到国家排放标准。

【政策法规】在落实好国家 1 840hm^2 高产优质苜蓿示范建设项目的基础上，加大良种牧草种植补助力度，鼓励利用休耕土地、盐碱草原进行牧草种植，给予适度政策性补贴。在国家粮改饲项目基础上，在全省范围内，扶持以全株玉米为重点的青贮饲料生产，每吨补贴 60 元，对青贮饲料生产应补尽补。实施新一轮草原补奖政策，加快“三化”草原治理，提高草产品产量和质量，促进养殖业节本增效。

【质量监管】生乳：黑龙江省生鲜乳收购站和运输车全部使用农业农村部生鲜乳收购站管理系统在线发证，100% 持证经营。全省 2018 年年末有生鲜乳收购站 468 家（2010 年最多时 3 260 家），生鲜乳运输车辆 469 台（2010 年最多时 1 533 台）。生鲜乳收购站全部为牧场或小区自建的收购站，运输车以企业自购和专业公司租赁为主。2018 年完成国家生鲜乳质量安全风险监测任务 2 700 批次，主要检测了三聚氰胺、碱类物质、硫氰酸钠、β－内酰胺酶、黄曲霉毒素 M_1、亚硝酸盐等指标，抽检合格率达到 100%，生鲜乳质量安全状况良好。

乳制品：2018 年 4 月 2 日，黑龙江省食品药品监督管理局官网发布 2018 年第 15 期食品安全监督抽检情况公告，抽检乳制品 13 批次，未检出不合格样品；2018 年 5 月 16 日，抽检 26 类食品 663 批次样品，抽样检验项目合格样品 650 批次，乳制品 5 批次，乳制品无不合格样品。

【奶业大事】1 月 5 日，由黑龙江省奶业协会主办、完达山哈尔滨奶牛养殖有限公司轮值承办的 2018 年黑龙江省规模化奶牛场精英联合会第一次会议在双城雀巢奶牛养殖 DFI 培训中心举行，来自全省各地的 30 家规模化奶牛场负责人或代表参加了会议。

2 月 27 日，黑龙江省人大农业林业委员会回函，关于黑龙江省奶业协会递交的《关于畜禽养殖粪污治理与农业配套耕作制度立法的建议》，“目前启动该项立法时机还不成熟，待条件成熟后再研究启动立法”。

3 月 22~23 日，由黑龙江省奶业协会主办，惠丰乳业公司协办的 2018 年第一季度黑龙江省主要乳制品企业奶源管理负责人联席会议在大庆市召开，黑龙江省规模乳品企业的奶源负责人和奶业主产市、县的奶办主任参会。

3 月 27 日，黑龙江省奶业协会常务副会长张维银带队一行 8 人，赴内蒙古呼和浩特市的蒙牛集团和伊利集团，参观生产厂，了解企业文化，并与企业高层座谈和交流。

4 月 2~5 日，黑龙江省奶业协会与黑龙江省畜牧业协会和黑龙江省饲料工业协会联合举办了东北三省畜牧业交易会暨首届哈尔滨牧博会高端论坛，总展出面积达 24 000m^2，参展企业 491 家，专业观众 36 000 多人次。期间，黑龙江省奶业协会与内蒙古乳业时报联合举办了主题为“黑土地上‘白金’产业的升级之策”的乳业高峰论坛，来自东北三省的乳业专家、乳业管理者、乳企负责人等共同交流探讨了这个议题。

4 月 26 日，黑龙江省食药监局印发了《黑龙江省乳制品监督管理工作制度的通知》(黑食药监规〔2018〕8号)，包括行政许可、监督检查、风险分级、约谈制度和产品追溯制度等15条，进一步完善了乳制品监管运行机制，落实监管责任，保证乳制品安全。

同日，由黑龙江省奶业协会主办、凯斯纽荷兰(哈尔滨)机械有限公司承办的2018年黑龙江省规模化奶牛场精英联合会第二次会议在哈尔滨市召开。黑龙江省规模化奶牛场精英联合会成员30余家牧场到会，同时有30余个牧场及供给侧单位通过云平台终端参会。

4月27~28日，2018中国国际乳业大会暨第十六届中国国际奶业展览会在哈尔滨举行。会议主题是“新时代、新需求、新乳业”。总展出面积达2.5万m^2，内容涵盖养殖、加工、消费全产业链，设乳制品品牌、创新消费、加工和技术设备、畜牧养殖、生物质能源综合利用、奶酪文化节及配套活动等6个展区。来自36个国家的800多家企业参会参展。此次奶业盛会包括 开幕式、主题论坛、专题会议、学术研讨、国际峰会、新业态沙龙、经验共享、技术培训、展览现场等9个方面的21项活动。

5月9日，完达山乳业举办“献爱心、助成长——中国小康牛奶”公益助学捐赠活动，本次捐赠地为黑龙江省饶河县第一小学，活动共捐赠2万包学生奶，以提升寒门学子的身体素质。黑龙江省奶业协会常务副会长张维银参加捐赠仪式并致辞。

5月31日，贝因美中国牛奶小康行动公益助学捐赠活动在黑龙江省安达市和平小学礼堂举行，安达市150名学生代表参加了捐赠仪式并领取了捐赠奶粉，黑龙江省奶业协会常务副会长张维银参加活动并致辞。

6月1日，黑龙江省奶业协会制订并下发了《黑龙江省学生饮用奶奶源基地管理办法》，分为总则、申报条件、申报及认定程序、监督审核管理和附则5部分，要求黑龙江省境内获得学生奶奶源基地资格的奶牛养殖场和申请学生饮用奶奶源基地认定的奶牛养殖场遵照执行。

6月20日，由黑龙江省奶业协会主办，尚志蒙牛公司承办的2018年第二季度乳企奶源负责人联谊会在尚志市召开，省内9家规模乳企奶源负责人、奶业主产市、县奶办负责人和黑龙江省奶业协会基层工作站负责人参加了会议。

6月22日，黑龙江省奶业协会组织召开了“335560全株玉米青贮制作”(335560：干物质>30%、淀粉>30%、ADF<25%、NDFD>0%、乳酸>6%、丁酸=0)云平台培训会议。50家会员奶牛场在线参加了培训，并在安达市畜牧兽医局设立了观看分会场。

7月9日，黑龙江省奶业协会在安达市贝因美乳业有限公司召开了黑龙江省生鲜乳质量安全保障诚信体系建设推进会，在协会的见证下，贝因美和奶农方共同签署了《黑龙江省生鲜乳质量安全保障承诺书》。协会秘书长杜海涛解读了国务院办公厅下发的《关于推进奶业振兴 保障乳品质量安全的意见》；安达示范基地负责人闵友贵介绍了2017年安达市工作开展情况；贝因美奶源部部长李忠民针对奶业形势做了详细的分析。推进会提升了牧场业主对行业和企业的信心。

7月18~20日，中共中央政治局委员、国务院副总理胡春华在黑龙江调研奶业工作先后来到齐齐哈尔市甘南县、富裕县和哈尔滨市双城区，实地考察奶牛养殖小区、奶农合作社、规模化牧场、乳品生产企业、乳业工程技术研究中心等，详细了解奶牛标准化规模养殖、生鲜乳销售、婴幼儿配方乳粉生产和质量管理情况，并与养殖户、企业负责人、科技人员和基层干部深入交流。胡春华指出，推进奶业振兴，必须抓住关键环节，着力提高供给体系的质量和效率。要加强优质奶源基地建设，就地就近保障高产优质饲草料供应，加强良种奶牛繁育推广，深入开展养殖标准化示范创建，促进养殖节本增效。要健全以奶农为核心的生产经营体系，积极发展家庭牧场，培育壮大奶农合作社，扶持合作社和养殖场建设加工厂。要加大对奶农政策扶持力度，培育引进专业人才，增强奶农市场竞争和抵御风险能力。要做强做优乳制品加工业，支持企业创新研发。要建立全过程乳品质量安全监管和追溯体系，严厉打击违法行为，保障乳品质量安全。

7月25~27日，黑龙江省奶业协会秘书长杜海涛带领专家组一行4人，分别到伊利公司学生奶供奶牛场——林甸优然牧业永合牧场和四合牧场、光明公司学生奶供奶牛场——富裕光明生态示范奶牛场、飞鹤公司学生奶供奶牛场——克东瑞信达原生态公司、完达山公司学生奶供奶牛场——九三农垦盛澳合作社等奶牛场走访，现场查验了奶牛场相关证照，以及6个月原奶检测报告、DHI报告、饲料检测相关报告、水质检测报告等，实地查看奶牛场各功能区，指出牛场存在的影响乳制品质量安全的关键点，并探讨了解决方法。

8月9~10日，由黑龙江省奶业协会主办，大连和实生物技术应用有限公司承办，黑龙江省主要乳品企业奶源部、北京国科诚泰农牧设备有限公司及长春博瑞农牧集团股份有限公司协办的“335560青贮工程师全封闭实战特训营”在大庆市开营。通过如何检测青贮制作品质，讲解青贮制作的关键技术点，两天的系统培训，为黑龙江省130余家奶牛场培训了专门的青贮工程师。

8月20日，受兰西县远大镇人民政府和北京首农畜牧发展有限公司兰西分公司委托，黑龙江省奶业协会组成由常务副会长张维银带队的5人专家组，对其奶牛场存栏的750头荷斯坦成母牛进行评定，经过查验资料和现场评估，出具了评定报告和评定结论，作为奶牛场进行资产处置时的依据。

8月24日，黑龙江省奶业协会下发了《关于维护我省奶源基地秩序 规范生鲜乳行为的通知》，要求奶牛场抵制扰乱奶源秩序的行为，禁止个别地区奶贩子跨区跨省收购鲜奶，低买高卖损害奶农的利益，同时以适当方式反补奶农，倡导在协会的见证下，农企双方签订生鲜乳购销合同。

9月10日，黑龙江省奶牛场全面进入青贮收割季，黑龙江省奶业协会联合凯斯纽荷兰公司，组成了5个青贮收割作业队，保证奶牛场青贮的适时抢收。同时，黑龙江省奶业协会与大连和实公司专家为每个奶牛场都建立了青贮指导微信群，通过指导32家奶牛场全面掌握“335560”技术，完成了22万t青贮的制作。使青贮制作更趋向于专业化、标准化和细节化，减少了青贮的损失，提高了青贮的品质。

9月20日，2018年第三季度主要乳制品企业奶源管理负责人联席会议召开，会议轮值单位为黑龙江伊利乳业有限责任公司。黑龙江省规模乳企奶源负责人和奶业主产市、县的奶办、奶协和黑龙江省奶业协会基层工作站人员参会。参会人员参观了伊利公司生产厂，通报了近期奶业形势，分享伊利乳业奶源管理经验，各企业奶源负责人汇报了情况，并对2018年第四季度黑龙江省生鲜乳交易参考价格提出了建议。

9月27日，由上海光明牧业有限公司首席畜牧师、总经理助理刘光磊带队，富裕光明生态、双城米特利和光明哈川奶牛场场长和技术负责人组成的10人考察团到大庆市田然牧业走访考察，田德甫和田健超两位场长介绍了企业情况，交流了高青贮日粮利用技术。

9月30日，黑龙江省奶业协会常务副会长张维银和秘书长杜海涛，来到齐齐哈尔泰来县，走访正在建设的飞鹤乳业泰来加工厂，参观新投产的泰来县飞鹤绿能牧业公司，了解50万只奶山羊项目进展及投入产出情况。

10月30~31日，黑龙江省奶业协会组织黑龙江省10家奶牛场到吉林农科院农产品加工所观摩学习，在副所长李盛钰及其团队的指导下，利用两天时间学习了切达奶酪和马苏里拉奶酪的手工制作方法。

11月5日，由黑龙江省奶业协会主办，黑龙江省华测检测技术有限公司承办，黑龙江省食药局乳制品监管处指导的2018黑龙江省乳制品生产质量管理研讨会在哈尔滨举办。来自黑龙江省40家乳品企业百余人参加了会议。黑龙江省食品药品监督管理局乳制品监管处处长张叶莉、国家乳制品发展中心主任姜毓君、黑龙江省绿色食品研究院主任姜连阁、黑龙江华测检测有机实验室主管陈莎莎、乳制品专项实验室主管宋戈等领导和专家，针对《乳制品监管趋势》《乳制品国家标准法律法规动态解析》及乳及乳制品的检测和检验内容进行了分享和讲解。

11月25~27日，由大庆市畜牧兽医局主办，黑龙江省奶业协会承办的2018年第一期大庆市以色列奶牛牧场管理技术培训班在大庆市举办，本次培训班采取场长班和技术员班两班并行的方式进行，来自大庆市的150名场长和技术员分别参加了培训。培训结束后，组织60余位场长和技术员到林甸县众晔奶牛场观摩学习了以色列阿菲金奶牛场信息化管理技术。

12月13~14日，黑龙江省第四季度奶源负责人联席会议在齐齐哈尔市召开，黑龙江省规模化乳企奶源负责人和奶业主产市、县奶办主任、省奶业协会工作站负责人等参加了会议。飞鹤乳业作为承办单位介绍了原生态大型牧场管理经验，黑龙江省奶业协会对2018年1~10月奶业信息进行分享，各乳企汇报了2018年第四季度奶源基地情况及2019年度计划，轮值会长单位进行了工作交接，同时通过会议讨论征求开展奶源管理环节评优事宜，并为黑龙江省即将发布的2019年第一季度黑龙江省生鲜乳交易参考价格提出建议。

12月19~21日，由大庆市畜牧兽医局主办，黑龙江省奶业协会承办的大庆市以色列奶牛牧场管理技术第二期培训班在大庆市开班，来自大庆市的130名场长和技术员参加了培训，30余位场长和技术员到杜蒙犇康奶牛场实操学习。

2018年，黑龙江省奶业协会跟踪恒天然乳业集团环球乳制品交易活动价格，每月编译2期，全年编译24期，通过邮箱发送给黑龙江省规模化乳品企业、规模化奶牛场和奶业行政管理人员，并通过微信公众平台和网站向外发布，年合计点击量2万余次，对黑龙江省奶业工作者全面了解当前奶业形势具有借鉴意义。

黑龙江省奶业协会在今日头条注册了头条号，每个工作日摘选1条饮奶健康知识发表在今日头条平台，将农业部奶业管理办公室和全国畜牧总站联合出版的《奶业科普百问》丛书中的饮奶知识融合到奶业头条中，2018年全年头条推荐量160万次，头条阅读量13万次，向消费者普及健康饮奶知识，同时宣传黑龙江省地产奶源。

（黑龙江省奶业协会，张维银、阿晓辉）

附表1 黑龙江省奶牛养殖场（小区）名录

序号	名称	供奶企业	养殖场	小区	全群存栏（头）	成母畜存栏（头）	奶畜品种	成母畜年单产（t）	年总产量（t）	是否参加DHI	是否应用TMR	是否国家学生饮用奶奶源基地	是否有机奶源基地	有机奶产量(t)	有机奶源认证机构	是否为布鲁氏菌病及结核净化创建场或示范场
1	哈尔滨完达山奶牛养殖有限公司	完达山	√		4 400	2 260	荷斯坦	9.5	23 000	√	√	√				
2	青冈县山东屯荷斯坦奶牛繁育场	贝因美	√		800	420	荷斯坦	10.5	2 680	√	√					
3	八五一一农场完达山良种奶牛场	完达山	√		1 384	700	荷斯坦	10.5	7 000	√	√					
4	绥化市裕达牧业	伊利	√		1 696	804	荷斯坦	11.0	8 000	√						
5	富裕光明生态示范养殖有限公司	光明	√		5 156	2 882	荷斯坦	10.5	23 100	√	√	√				
6	林甸众晔奶牛场	伊利	√		1 567	1 260	荷斯坦	10.0	11 600	√	√	√				
7	安达澳森牧业有限公司	伊利	√		4 000	2 200	荷斯坦	10.3	21 805	√	√	√				
8	哈尔滨上禾牧业有限责任公司	雀巢	√		2 950	1 590	荷斯坦	9.0	41 000	√	√					
9	黑龙江省龙佳生态牧业有限公司	伊利	√		5 000	2 200	荷斯坦	10.0	22 000	√	√	√				
10	雀巢DFI观光奶牛场	雀巢	√		1 300	650	荷斯坦	11.0	7 150	√	√					
11	牡丹江红星天野第六现代牧业有限公司	红星	√		1 400	1 300	荷斯坦	9.0	12 000	√	√		√	12 000	欧盟爱克赛尔有机认证和中国有机认证	√

附表 2　黑龙江省乳制品生产企业名录

序号	名称	生产许可证号码	年收购原奶量（t）	平均支付价格（元/kg）	其中：自有奶源量（t）	年乳制品产量（t）	其中：巴氏杀菌乳（t）	UHT 奶（t）	酸奶（t）
1	哈尔滨太子乐乳业有限公司	SC10523011100176				6 551			
2	黑龙江农垦全乳元乳业有限责任公司	SC10523300150038	813	3.50	813	378			
3	肇州县摇篮乳业有限责任公司	SC10523062150298	1 132	3.50	706	670			
4	依安县摇篮乳业有限责任公司	SC10523022350623	1 300	3.50	200	600			
5	青冈亚华乳多宝乳业有限责任公司	SC10523122302904	3 000	3.50	5 000	1 200			
6	黑龙江省完达山乳业股份有限公司		395 262	3.58	305 262	355 000	31 442	206 028	59 017
7	黑龙江贝因美乳业有限公司	SC10523128150184	33 333	3.77	10 793	19 981			
8	黑龙江惠丰乳品有限公司大庆分公司		40 000	3.60		29 200			29 050

（续）

序号	奶粉（t）	婴配粉（t）	奶油（t）	奶酪（t）	乳饮料（t）	产品销售区域	年销售收入（万元）	利润（万元）	是否为国家学生饮用奶数认定企业	有机产品（枚）	有机认证机构	有机产品品类1及数量（枚）	有机产品品类2及数量（枚）	有机产品品类3及数量（枚）
1	298	6 253				河南、安徽、浙江、江西、四川、广东、湖南、重庆、山东、福建等	108 862	5 443						
2	61	317				山东、河南、安徽	1 966	10.5						
3	141	529				四川、湖南、湖北、吉林、安徽、山东、江西、江苏、河北、河南、广西、广东、福建、陕西	2 855	45						
4	65	535				湖南、湖北、山东、黑龙江、广东、安徽、河南、河北	3 300	18						
5	200	1 000				湖南、湖北、广东、广西、山东、河南、河北等	8 000	200						
6	13 421	14 201	566		30 325	全国	501 400	27 000	√	1 093 487	中国质量认证中心/杭州格律	有机液奶 1 042 887	有机奶粉 50 600	
7	17 000	2 840	141				56 213							
8				150		黑龙江、辽宁、吉林	23 360	525						

备注：自有奶源指来自自建和参建（控股、参股）牧场（小区）的原奶。有机产品数量单位为“枚”指获得有机标志的数量。有机产品品类指液态奶、酸奶、奶粉、奶酪等大类。

上海市

【奶畜养殖】上海奶牛养殖的历史比较长，可追溯到1840年以前，大群奶牛规模化养殖也有60多年的历史，在长期的饲养过程中积累了丰富的技术和管理经验，具有明显的优势。上海是我国近代奶业的发源地，是中国奶业经济最发达的地区之一，是农业农村部确定的全国奶牛发展优势区域之一。

上海奶牛养殖实现了百分之百适度规模化、标准化；百分之百参加生产性能测定和良种登记；百分之百实施机械化挤奶和全程冷链质量控制、按质论价；百分之百实行特定疫病强制免疫和检疫。

2010—2018年，上海各郊区和光明食品集团奶牛单产平均每年增加297kg，其中光明食品集团、金山区和嘉定区平均单产较高，每年的增幅也较快（图4–10、表4–10）。

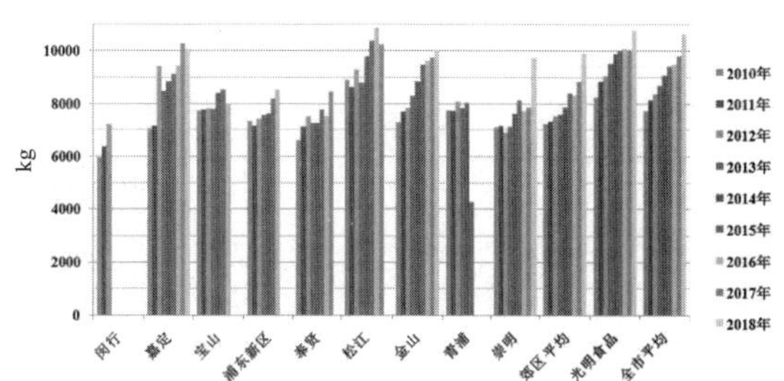

图4–10　2010—2018年上海郊区和光明食品集团奶牛单产情况

【奶源基地】2018年上海奶牛生产情况分两部分来统计分析，第一部分是归属为上海市的奶牛场的数据；第二部分是非上海市的奶牛场的数据（包括光明牧业在外地的奶牛场和原上海郊区近几年搬迁到上海周边地区异地养殖的奶牛场，这些奶牛场的生鲜乳绝大部分交给光明乳业）。

数据统计说明。归属为上海市的奶牛场：29个奶牛场，奶牛存栏53 748头，包括光明食品集团所属的海丰、申丰奶牛场（江苏大丰）和练江奶牛场（安徽歙县）。

表4–10　2010—2018年上海郊区和光明食品集团奶牛单产情况

单位：kg

地区	2010年	2011年	2012年	2013年	2014年	2015年	2016年	2017年	2018年
闵行	5 959	6 368	7 197	–	–	–	–	–	–
嘉定	7 059	7 157	9 410	8 493	8 851	9 144.96	9 458.29	10 276.03	10 067.47
宝山	7 734	7 774	7 831	7 808	8 401	8 529.50	8 020.92	3 235.96②	–
浦东新区	7 323	7 155	7 444	7 563	7 622	8 184.28	8 534.68	1 543.54③	–
奉贤	6 614	7 137	7 525	7 262	7 245	7 769.91	7 552.27	8 458.89	931.96④
松江	8 909	8 636	9 291	8 789	9 789	10 393.56	10 890.31	10 249.83	5 278.87⑤
金山	7 286	7 709	7 846	8 286	8 817	9 483.09	9 619.34	9 755.27	10 040.44
青浦	7 745	7 734	8 098	7 848	8 049	4 280.87①	–	–	–
崇明	7 093	7 148	6 899	7 133	7 627	8 128.97	7 728.20	7 890.51	9 738.33
郊区平均	7 241	7 319	7 531	7 585	7 873	8 406.85	8 317.95	8 844.54	9 916.59
光明食品	8 256	8 853	9 058	9 529	9 897	10 023.20	10 098.34	10 057.50	10 770.36
全市平均	7 731	8 148	8 376	8 702	9 078	9 356.98	9 486.46	9 807.12	10 638.10

① 为青浦区2015年1~5月的平均产量（4 281kg），6月退养，奶牛场全部关闭。
② 为宝山区2017年1~4月的平均产量（3 236kg），5月退养，奶牛场全部关闭。
③ 为浦东新区2017年1~2月的平均产量（1 454kg），3月退养，奶牛场全部关闭。
④ 为奉贤区2018年1~2月的平均产量（932kg），3月退养，奶牛场全部关闭。
⑤ 为松江区2018年1~5月的平均产量（5 279kg），6月退养，奶牛场全部关闭。

非上海市的奶牛场：20多个奶牛场，5万余头奶牛，包括光明牧业在外地的如江苏、浙江、安徽、湖北、河南、山东、天津、黑龙江等奶牛场和原上海郊区近几年搬迁到江苏的奶牛场。

2018年上海奶牛生产概况（归属为上海市的奶牛场）。2018年年底上海市饲养荷斯坦牛53 748头，比2017年的64 708头减少了10 960头，下降16.94%，其中上海市本地存栏27 486头，比2017年的37 368头减少9 882头，下降26.45%。上海市域外（江苏海丰和安徽练江奶牛场）存栏26 262头，比2017年的27 340头减少1 078头，下降3.94%。2018年生鲜乳总产量31.91万t，比2017年的34.35万t下降7.1%；2018年成乳牛平均单产10 638.10千克，比2017年的9 807.12kg增长8.47%；2018年年底奶牛场29个（全部为规模化奶牛场），比2017年的38个下降23.68%（表4–11）。

表 4-11　2018 年上海奶牛生产概况（归属为上海的奶牛场）

单位	总头数	其中				规模场		生鲜奶总产量（万 kg）	成乳牛平均单产（kg）	上市生鲜奶总量（万 kg）
		成乳牛	育成牛	发育牛	犊牛	牧场数	头数			
合计	53 748	29 778	4 624	10 790	8 556	29	53 748	33 598.46	10 638.10	31 912.56
上年周期	64 708	34 284	5 389	14 365	10 670	38	64 708	361 89.70	9 807.12	34 349.67
比上年同期增减 %	−16.94	−13.14	−14.20	−24.89	−19.81	−23.68	−16.94	−7.16	8.47	−7.10
郊区平均	6 921	3 620	614	1321	1 366	10	6 921	4 851.55	9 916.59	4 700.14
嘉定区	801	420	80	184	117	1	801	426.03	10 067.47	403.69
金山区	3 567	1 863	276	634	794	6	3 567	2 015.91	10 040.44	1 949.10
崇明区	2 553	1 337	258	503	455	3	2 553	2 209.79	9 738.33	2 153.75
光明食品集团	46 827	26 158	4 010	9 469	7 190	19	46 827	28 746.91	10 770.36	27 212.42

注：闵行区从 2013 年起、青浦区从 2016 年起、浦东新区从 2017 年 3 月起、宝山区从 2017 年 5 月起、奉贤区从 2018 年 2 月起、松江区从 2018 年 5 月起已经没有奶牛养殖场。

表 4-12　2018 年上海奶牛养殖规模情况

饲养规模（头）	牧场数（个）	占总牧场数比例（%）	奶牛数（头）	占总头数比例（%）
101~200	2	6.9	278	0.52
201~500	2	6.9	733	1.36
501~1 000	11	37.93	6 621	12.32
1 001 ~ 10 000	12（其中后备牛场 1）	41.38	21 830	40.62
10 000 头以上	2	6.9	24 286	45.18
合计	29	100	53 748	100

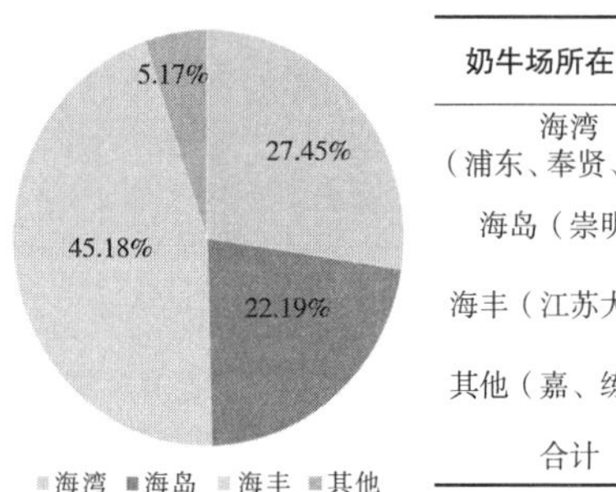

奶牛场所在区域	头数	占比（%）
海湾（浦东、奉贤、金山）	14 756	27.45（27.21）
海岛（崇明）	11 929	22.19（28.26）
海丰（江苏大丰）	24 286	45.18（39.31）
其他（嘉、练江）	2 777	5.17（5.22）
合计	53 748	100

注：（）中为 2017 年的%，2018 年和 2017 年相比，海湾和其他几乎没有变化，海岛减少 6%，海丰增加 6%

图 4-13　2018 年上海奶牛养殖区域分布

饲养规模（头）	奶牛数（头）	占总头数的（%）
101~200	278	0.52
200~500	733	1.36
501~1 000	6 621	12.32
1 001~10 000	21 830	40.62
10 000 头以上	24 286	45.18
合计	53 748	100

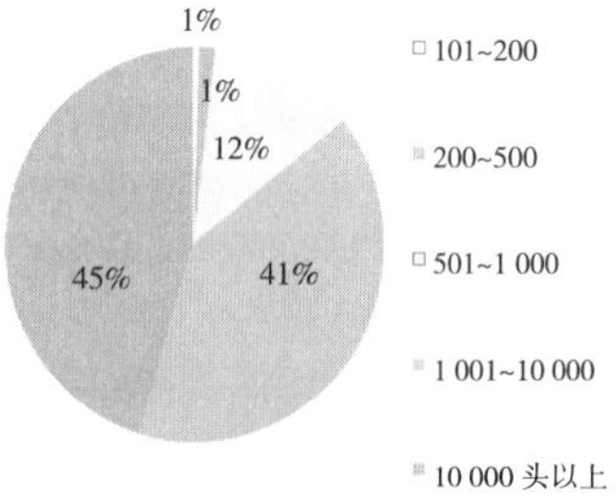

图 4-11　2018 年上海奶牛场养殖规模分布（按奶牛头数统计）

牛群结构	头数	占比（%）
成乳牛	29 778	55.40
育成牛	4 624	8.60
发育牛	10 790	20.08
犊牛	8 556	15.92
合计	53 748	100

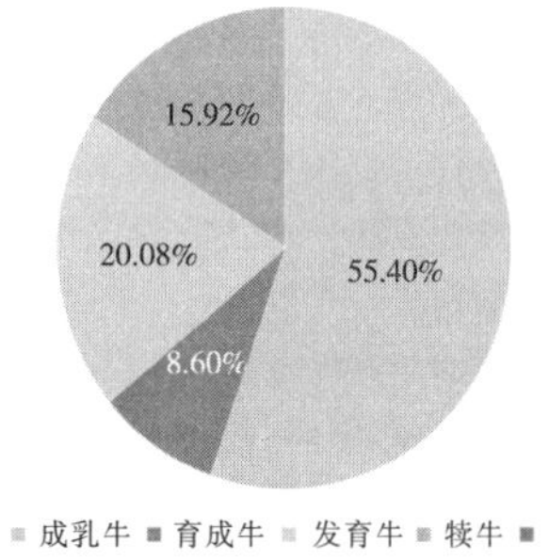

图 4-14　2018 年上海牛群结构分布

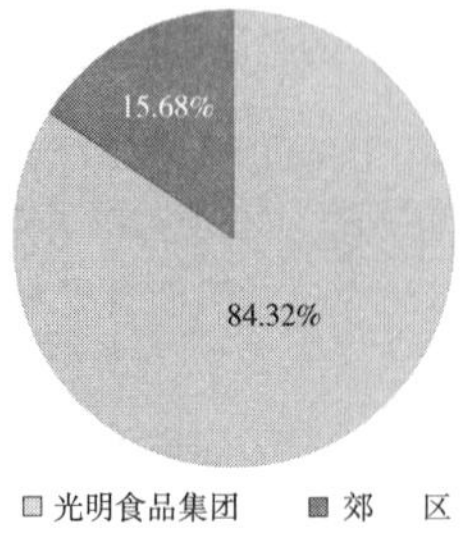

奶牛场归属	头数	占比（%）
光明牧业（17 个奶牛场）	45 322	84.32
郊区（金山 6、崇明 4、嘉定 1、希迪，共 12 个奶牛场）	8 426	15.68
合计	53 748	100

图 4-12　2018 年上海奶牛养殖归属划分情况

产量水平（t）	头数	占比（%）
6~7	1	3.45
8~9	2	6.90
9~10	11	37.93
10~11	11	37.93
11~12	2	6.90
>12	1	3.45
后备牛	1	3.45
合计	53 748	100

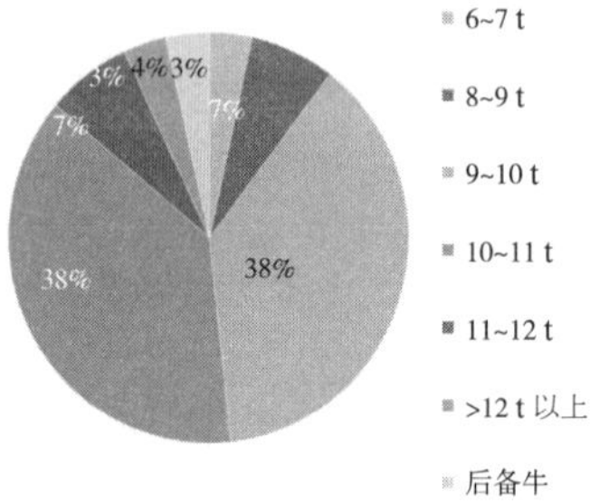

图 4-15　2018 年上海奶牛平均单产分布（按牧场数统计）

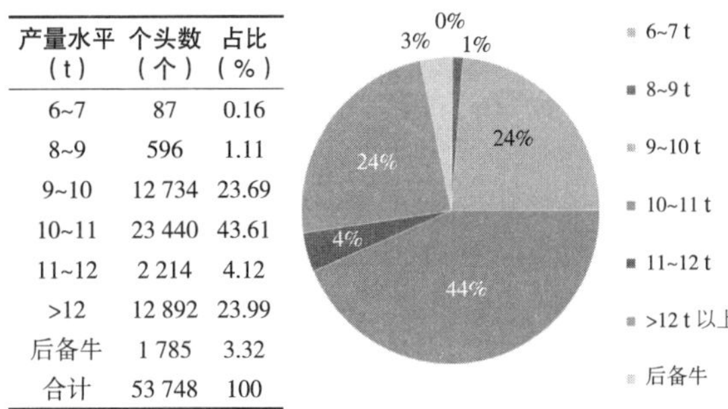

产量水平（t）	个头数（个）	占比（%）
6~7	87	0.16
8~9	596	1.11
9~10	12 734	23.69
10~11	23 440	43.61
11~12	2 214	4.12
>12	12 892	23.99
后备牛	1 785	3.32
合计	53 748	100

图 4-16　2018 年上海奶牛平均单产分布（按牛头数统计）

2018 年上海异地奶牛养殖概况（非上海市的奶牛场）。包括光明牧业在外地的奶牛场和原上海郊区近几年搬迁到上海周边地区异地养殖的奶牛场，奶牛存栏 52 745 头，其中成乳牛 28 461 头，这些奶牛场的生鲜乳绝大部分交给光明乳业。

一是光明牧业在外地的 13 个奶牛场，共饲养奶牛 37 694 头，其中成乳牛 20 425 头。成乳牛单产 12t 以上的奶牛场 1 个，10~11t 的奶牛场 8 个，9~10t 的奶牛场 3 个，4~5t 的奶牛场 1 个（为娟姗牛场）（表 4-14）。

二是原上海郊区近几年搬迁到上海周边地区（江苏）的奶牛场 12 个，共饲养 15 051 头奶牛，其中成乳牛 8 036 头。成乳牛单产 12t 以上的奶牛场的 1 个，11~12t 的 1 个，10~11t 的 4 个，9~10t 的 4 个，8~9t 的 2 个（表 4-15）。

【乳品加工】乳品加工企业情况。2018 年上海奶业行业协会乳品加工委员会成员分别是光明乳业股份有限公司华东中心工厂、上海乳品四厂有限公司、光明乳业股份有限公司奉贤分厂（永安）、上海乳品一厂分厂、上海晨冠乳业有限公司、上海花冠营养乳品有限公司、多美滋婴幼儿食品有限公司、上海纽贝滋营养乳品有限公司、上海必诺食品检测技术服务公司、上海德诺产品检测有限公司、上海恩波露食品有限公

表 4-13　上海市 2018 年成乳牛生产情况（按单产排名）

单产排名	牧场	归属	总头数（头）	成乳牛（头）	平均单产（kg）	比上年同期增减（kg）
1	江苏申牛牧业有限公司申丰奶牛场	光明牧业	12 892	7 175	12 016	1 612
2	上海希迪乳业有限公司	浦东新区	1 505	765	11 505	1 450
3	光明牧业有限公司鸿星奶牛场	光明牧业	709	492	11 188	946
4	光明牧业有限公司集团种奶牛场	光明牧业	849	673	10 950	947
5	江苏申牛牧业有限公司海丰奶牛场	光明牧业	11 394	6 248	10 747	526
6	上海市金山区钱圩八字奶牛场	金山区	191	118	10 699	702
7	上海振华奶牛有限公司	金山区	806	439	10 560	-494
8	光明牧业有限公司至江奶牛场	光明牧业	1 026	793	10 422	687
9	上海牛奶练江鲜奶有限公司	光明牧业	1 889	992	10 297	17
10	上海市金山区金山卫畜牧水产场	金山区	359	193	10 154	-266
11	光明牧业有限公司星火奶牛一场	金山区	756	436	10 148	238
12	金山区廊下畜牧种场（创业奶牛场）	金山区	602	335	10 093	567
13	上海超华奶牛养殖专业合作社（场）	嘉定区	801	420	10 067	-209
14	光明牧业有限公司金山种奶牛场	光明牧业	4 767	2 672	10 004	136
15	光明牧业有限公司跃进奶牛二场	光明牧业	763	567	9 934	420
16	光明牧业有限公司五四奶牛场	光明牧业	1 405	867	9 909	247
17	光明牧业有限公司东风奶牛场	光明牧业	739	612	9 899	128
18	光明牧业有限公司星火奶牛二场	光明牧业	1 196	660	9 831	471
19	金山区海光奶牛场	金山区	374	146	9 823	-36
20	光明牧业有限公司跃进奶牛一场	光明牧业	1 692	1 052	9 819	171
21	光明牧业有限公司新东奶牛场	光明牧业	1 813	1 289	9 659	10
22	光明牧业有限公司中星奶牛场	光明牧业	1 560	820	9 532	-50
23	上海忆南奶牛养殖有限公司	金山区	1 235	632	9 503	-286
24-25	上海申烨奶牛场（+申烨分场）	崇明区	1 957	997	9 497	453
26-27	上海达彬奶牛场（+达彬分场）	崇明区	596	340	8 500	964
28	上海牛奶练江鲜奶有限公司有机牧场	光明牧业	87	63	6 278	290
29	光明牧业有限公司佳辰后备牛场	光明牧业	1 785			
总计	29 个奶牛场		53 748	29 796	10 638	831

表 4-14　光明牧业在外地的 13 个奶牛场生产情况

单产排名	牧场	归属	总头数（头）	成乳牛（头）	平均单产（kg）	比上年同期增减（kg）
1	浙江荷斯坦牧业有限公司	光明牧业浙江	1 534	758	12 061	1 052
2	德州光明生态示范奶牛养殖有限公司	光明牧业山东	2 867	1 546	10 971	1 584
3	天津神农牧场	光明牧业天津	777	388	10 760	1 600
4	富裕光明生态示范场	光明牧业黑龙江	4 984	2 743	10 615	238
5	富裕哈川合作社	光明牧业黑龙江	1 907	1 201	10 612	1 426
6	江阴健能牧业有限公司	光明牧业江苏	783	375	10 588	631
7	武汉光明生态示范奶牛场有限公司	光明牧业湖北	2 952	1 514	10 377	211
8	光明牧业有限公司江阴祝塘牧场	光明牧业江苏	896	501	10 296	432
9	河南滑县生态牧场	光明牧业河南	10 107	5 302	10 235	117
10	天津市今日健康乳业有限公司	光明牧业天津	3 048	1 708	9 856	46
11	哈尔滨双城米特利农业发展有限公司	光明牧业黑龙江	2 901	1 676	9 131	1 317
12	光明牧业有限公司黄梅奶牛场	光明牧业湖北	4 528	2 444	9 116	431
13	浙江荷斯坦牧业有限公司娟姗牛场	光明牧业浙江	410	269	4 447	4 447
合计	13 个奶牛场		37 694	20 425	10 162	

表 4-15　原上海郊区搬迁到江苏的 12 个奶牛场生产情况

单产排名	牧场	归属	总头数（头）	成乳牛（头）	平均单产（kg）	比上年同期增减（kg）	备注
1	常熟市申福奶牛二场	上海荷斯坦	1 995	1 186	12 013	+788	
2	常熟市申福奶牛一场	上海荷斯坦	1 490	843	11 052	+258	
3	锡城奶牛场	上海荷斯坦	1 152	571	10 631	+700	
4	徐州永浩奶牛养殖有限公司	原上海郊区	2 730	1 370	10 300	+100	
5	泰兴市建清牧业有限公司	原上海郊区	650	325	10 215		
6	泰兴市蒙源奶业发展有限公司	原浦江奶牛场	1 035	515	10 200	-300	1、夏天因环保因素大幅度减少喷淋次数 2、第四季因进口苜蓿草涨价，减少使用量
7	太仓市华忠奶牛场	原上海郊区	1 400	800	9 950	+200	
8	江苏宝源生态牧业有限公司	原宝山 / 天天源	1 580	860	9 650		2017 年投产 2 个月，无法比较
9	新月奶牛场（陈七弟）	原上海郊区	638	344	9 500		
10	海门（上海）福源牧业有限公司	原练塘奶牛场	477	240	9 022	+382	
11	长安奶牛场（曹决根）	原上海郊区	1 034	480	8 300		
12	高桥奶牛场（管大兴）	原上海郊区	870	502	8 000		
合计	12 个奶牛场		15 051	8 036			

司、明治乳业（苏州）有限公司上海分公司、通用磨坊（中国）投资有限公司、恒天然商贸（上海）有限公司、上海农产品质量安全检测中心、杭州味全食品有限公司。本地 2018 年奶制品有巴氏杀菌乳、UHT 奶、奶粉、酸奶、奶酪。

【市场消费】2018 年，上海市城镇居民人均奶制品（折合成原料奶）消费量 40kg，各种乳制品消费量：鲜奶 30kg、奶粉 0.9kg，酸奶 10kg、奶酪 0.9 kg。

2018 年，光明学生饮用奶公司全年销售额 2.53 亿元，与 2017 年同期销售收入相比略有上升。覆盖 23 个省份，日均供应学生饮用奶近 100 万盒。

经讨论协商，2018 年上半年上海地区生鲜乳收购基础价格为 3.75 元 /kg，结算时间为 1~6 月；下半年上海生鲜乳收购基础价为 3.77 元 /kg，结算时间为 7~12 月。同时执行规模奖励和优质优价奖励。2018 年开始实施“生鲜乳收购季节差价”和为奶牛场“两病”净化制定的《上海地区奶牛场等级评定及奖惩办法》。具体计算方法为：生鲜乳实际结算价 = 基础价 + 按质论价（脂肪、蛋白、体细胞、微生物、冰点等）+ 规模分级奖励 + 季节差价 +“两病”净化奖惩。2019 年

表 4–16　2018 年上海市原料奶按质论价体系

基准价价格计算				
经双方协商，2018 年 1 月 1 日起至 6 月 30 日收购价 3.75 元 /kg。光明乳业推出牧场分级奖励措施。 计算方法：乳脂肪含量 × 脂肪单价 + 乳蛋白含量 × 蛋白单价 = 每 kg 生奶价格				
1% 脂肪单价（元）	1% 蛋白单价（元）	标准价（元 /kg）	脂肪比例	蛋白比例
0.45	0.63	3.75	45%	55%
经双方协商，2018 年 7 月 1 日起至 12 月 31 日收购价 3.77 元 /kg。乳脂肪率 >3.7%、乳蛋白率 >3.3% 的部分不再加价。 计算方法：乳脂肪含量 × 脂肪单价 + 乳蛋白含量 × 蛋白单价 = 每 kg 生奶价格				
1% 脂肪单价（元）	1% 蛋白单价（元）	标准价（元 /kg）	脂肪比例	蛋白比例
0.46	0.63	3.77	45%	55%
冰点				
–0.504 ~ –0.500			扣 0.04 元 /kg	
–0.507 ~ –0.505			扣 0.02 元 /kg	
–0.549 ~ –0.508			不奖不扣	
>–0.549			可以拒收	
≤ –0.500			可以拒收	

1 月 1 日起增加嗜冷菌指标。

2018 年光明乳业在上海地区收购生鲜乳 222 504.04t，平均收购价格（光明乳业结算给奶农的价格）为 4.36 元 /kg。此结算价的平均质量指标：乳脂肪率 3.72%、乳蛋白率 3.22%、细菌数 1.83 万 CFU/mL、体细胞数 23.26 万 CFU/mL，各项质量指标比 2017 年均有进步（数据来源：光明乳业华东奶源部）。其结果和上海地区生鲜乳按质论价第三方检测机构上海市农产品质量安全检测中心对 2018 年上海地区生鲜乳按质论价测试结果（乳脂肪 3.72%、乳蛋白质 3.26%、细菌数 1.79 万 CFU/mL、体细胞数：22.14 万个 /ml）基本一致。

其他指标：牛奶抗生素残留量检测为阴性的判为“合格奶”，若为阳性，判为“不合格奶”；牛奶黄曲霉素 M_1 残留量≥ 0.5mg/kg 的，判为“不合格奶”；牛奶亚硝酸盐含量 >0.2mg/kg 的，判为“不合格奶”；重金属、农药残留超标、拒收。

表 4–17　光明乳业 2018 年牧场分组奖励规则

等级	成乳牛规模或年生鲜乳交售量	分组奖励（元 /kg）
A	500 头以上或 4 000t 以上	0.12
B	301~500 头或 2 400~4 000t	0.09
C	101~300 头或 800~2 4000t	0.06
D	100 头及以下或 800t 以下	上半年为 0

备注：结算价 = 基础价 + 按质论价（乳脂肪、乳蛋白、体细胞、微生物、冰点）+ 分级奖励。

【质量监管】

生鲜乳质量和价格情况。以国际标准生产优质牛奶，生鲜乳质量明显提高 。上海以国际标准生产优质牛奶，从 1995 年以来，在提高奶源质量上狠下功夫。上海地区生鲜乳质量在全国处于领先水平。现行生鲜乳收购检测为乳脂肪率、乳蛋白率、细菌数、抗生素残留、黄曲霉素 M_1、冰点、亚硝酸盐、体细胞数等八大指标，以严格的标准，用经济杠杆手段，引导奶牛场生产优质生鲜乳，来获取更高的经济效益。

为进一步规范奶牛养殖场生鲜乳生产和管理，提高生鲜乳质量安全水平，提升消费者对乳制品的消费体验，促进上海地区奶业持续健康发展，从 2019 年 1 月 1 日起上海地区生鲜乳收购增加嗜冷菌指标的奖罚。

稳步推进优质乳工程，全面提升生鲜乳质量 。从 2017 年 8 月 1 日起，对上海地区生鲜乳微生物及体细胞项目进行调整，提高标准，确保上海地区生鲜乳收购的质量。

2017 年光明乳业全面实施优质乳工程，组建专业团队，制定了严格的巴氏杀菌乳内控标准，并在国家奶业科技创新联盟专家指导下开展实施了 46 项优化措施，12 月以优异成绩通过项目验收，被国家奶业科技创新联盟授予副理事单位及优质乳工程示范基地。

2018 年 6 月，光明乳业的上海永安、浙江乔司、江苏南京、湖北武汉、广州光明、北京光明和四川成都等 7 家乳品加工厂，以及提供原料的奶牛场全面通过了优质乳工程的考核验收。7 月 7 日，光明乳业召开优质乳工程验收会，标志着光明乳业旗下巴氏奶生产工厂全部通过验收，优倍鲜奶全面开启 75℃鲜活时代。建立了品质优异、充满活性、绿色低碳的产业发展模式。

光明乳业连续三年（2015—2017 年）发布《食品安全白皮书》，从牧场到终端、全产业链严把质量关。2017 版白皮书与前两版相比较，扩展了食品安全的外延，从关注食品安全，关注全产业链的质量升级，到进一步关注营养与健康，关注绿色环保。

光明乳业践行“绿色理念、绿色设计、绿色制造”，从牧场、工厂设计之初即实行最严格的生态环境保护制

表 4–18　2018 年上海地区生鲜乳按质论价第三方检测机构测试结果

月份	脂肪（%）	蛋白质（%）	冰点（℃）	体细胞（万个 /mL）	菌落总数（万 cfu/mL）	黄曲霉素 M_1（μg/kg）	抗生素残留	亚硝酸盐（mg/kg）
1 月	3.78	3.26	–0.538	21.1	1.50	未检出（<0.01）	阴性	未检出（<0.2）
2 月	3.72	3.25	0.539	21.2	1.11	未检出（<0.01）	阴性	未检出（<0.2）
3 月	3.73	3.24	–0.540	22.2	1.34	未检出（<0.01）	阴性	未检出（<0.2）
4 月	3.64	3.24	–0.540	22.1	1.44	未检出（<0.01）	阴性	未检出（<0.2）
5 月	3.60	3.24	–0.540	21.2	1.87	未检出（<0.01）	阴性	未检出（<0.2）
6 月	3.66	3.25	0.540	22.0	1.90	未检出（<0.01）	阴性	未检出（<0.2）
7 月	3.67	3.20	–0.540	23.6	2.59	未检出（<0.01）	阴性	未检出（<0.2）
8 月	3.64	3.25	–0.540	25.6	1.52	未检出（<0.01）	阴性	未检出（<0.2）
9 月	3.76	3.33	–0.542	24.7	1.20	未检出（<0.01）	阴性	未检出（<0.2）
10 月	3.82	3.30	0.542	22.4	3.04	未检出（<0.01）	阴性	未检出（<0.2）
11 月	3.76	3.26	–0.534	20.1	3.21	未检出（<0.01）	阴性	未检出（<0.2）
12 月	3.79	3.28	–0.542	19.5	0.83	未检出（<0.01）	阴性	未检出（<0.2）
平均	3.72	3.26	0.540	22.14	1.79	未检出（<0.01）	阴性	未检出（<0.2）

资料来源：上海市农产品质量安全检测中心

度，致力于绿色发展。

生鲜乳按质论价第三方检测结果（见表 4–18）。

生鲜乳价格形成机制和 2018 年上海地区生鲜乳价格。上海实行奶价协商机制历史悠久，从 20 世纪 80 年代开始就已经出现。当时的按质论价还只是单纯的以乳脂肪论价，计价检测机构隶属于牛奶公司，当时上海还没有第三方检测机构。

2000 年 2 月 15 日，经上海市政府批准，由上海市农委会同市技监局、物价局、卫生局联合发布了《上海市生鲜牛乳质量管理暂行办法》，正式在上海市实施生鲜牛乳第三方按质论价检测。自此，上海生鲜乳交售开始实施第三方检测。

上海市生鲜乳按质论价指标体系经历了很长一段过程，从 20 世纪 80 年代至今，一共经过 6 个阶段。

第一阶段（1996 年 6 月至 2000 年 3 月）：以生鲜乳中的乳脂肪和乳蛋白作为计价依据。第二阶段（2000 年 3 月至 2002 年 12 月）：增加了抗生素残留和细菌数计价与考核。第三阶段（2002 年 12 月至 2004 年 5 月）：增加了黄曲霉素 $M_1 \leq 0.5\mu g/kg$ 的指标。第四阶段（2004 年 5 月至 2006 年 6 月）：增加了牛奶冰点测试的合格范围和亚硝酸盐指标的考核。第五阶段（2006 年 6 月至 2015 年）：将体细胞纳入计价体系。第六阶段（2016 年至今）：全面推行优质奶工程 。2019 年 1 月 1 日起增加嗜冷菌指标。

上海生鲜乳价格协商的过程和方法，包括以下 9 个方面：确立《生鲜乳价格形成机制和实施方案》；选举产生奶农代表；确定生鲜乳全成本调查方法；确定生鲜乳全成本调查样本牧场；实施生鲜乳全成本调查；发布生鲜乳全成本调查结果；协商生鲜乳收购基础价；发布生鲜乳收购基础价；特殊事件的补充协商机制。

2015 年上海市发改委向市委、市政府提出，生鲜乳价格退出政府定价目录，推进奶价的市场化改革，由市场决定收购价格，从而退出基本由政府主导的价格决定机制。

2015 年以后，由上海奶业行业协会组织上海地区奶牛场生鲜乳生产成本调查，在生鲜乳生产成本调查的基础上，组织召开有光明乳业、奶农和奶协代表参加的生鲜乳价格协商会，每半年讨论一次，确定生鲜乳半年收购价格。

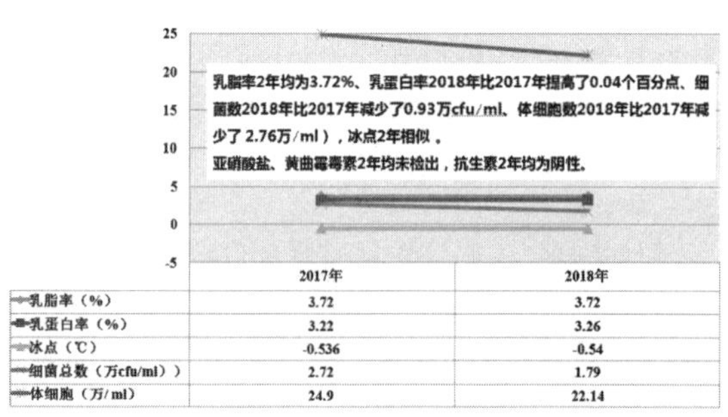

图 4–17　2017—2018 年上海地区生鲜乳质量情况

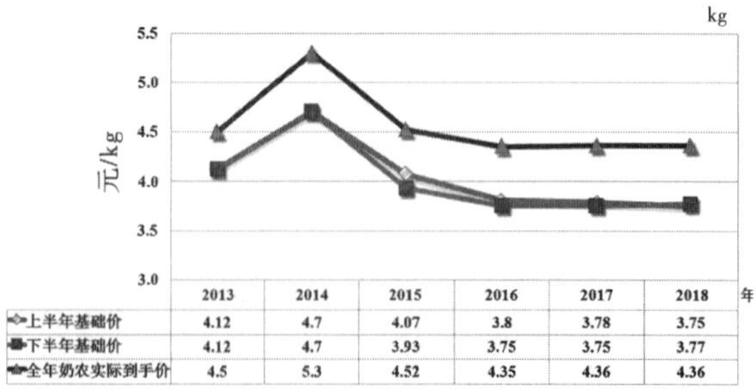

图 4–18　2013—2018 年上海地区生鲜乳基础价、收购价格比较

【奶业大事】1 月 8 日，按照本市生鲜乳价格协商机制规定，奶农代表、光明乳业代表和奶协三方召开 2018 年上半年上海生鲜乳收购基础价协商会议，协会秘

书长朱从余主持会议。经充分协商，最终达成一致意见，2018 年上半年上海生鲜乳收购基础价为 3.75 元 /kg，原有的优质优价、分级奖励、乳脂肪率、乳脂白率封顶等方案保持不变。菌落总数检测由原每旬改为每车检测。生鲜乳价格执行期从 2018 年 1 月 1 日至 6 月 30 日。

2 月 5~6 日，协会副秘书长王光文到海丰上海农场等参加由市畜牧办组织的“光明食品集团畜牧场环保设施改造”项目的立项考察，项目实施单位涉及 6 个奶牛场 34 572 头奶牛。

3 月 16 日，上海奶业行业协会第七届四次理事会在光明乳业股份有限公司总部会议室召开。协会秘书长朱从余总结了上海奶协 2017 年工作，并对 2018 年协会工作要点作了报告，对 2017 年协会财务收支情况作了报告；副秘书长王光文对 2017 年吸纳新会员单位情况作了介绍。大会通过增补理事单位 1 家，即昆山新莱洁净应用材料股份有限公司；增补副会长单位 1 家，即江苏宝源生态牧业有限公司。会议期间，特为 2016–2017 年通过验收的光明牧业有限公司金山种奶牛场等 17 家学生奶奶源基地举行授牌仪式。

3 月 30 日，上海奶协组织上海郊区奶牛场关于粪污治理、资源化利用实施方案技术等牧场环保培训，郊区 16 家牧场全部参加。

4 月 11 日，上海奶协秘书长朱从余等一行 13 名代表参加了在北京召开的中国奶业协会第七届会员代表大会暨 2018 新时代奶牛发展大会。会议认真贯彻党的十九大和全国两会精神，面向新时代，适应新形势，加快推进中国奶业转型升级。大会总结了协会第六届会员代表大会以来的工作，选举产生新一届协会领导，听取新一届协会会长讲话。

5 月 3 日，上海奶业行业协会秘书长朱从余带队，与上海市农产品质量安全检测中心就 2017 年“上海奶协委托农检中心实施上海市生鲜乳进厂采样监督”项目，和“上海奶协组织有关会员单位参加农检中心承办的乳品企业实验室能力验证”等 2018 年合作项目，进行了充分的交流与讨论，并达成一致意见。

5 月 8~11 日，由上海奶业行业协会秘书长朱从余带队，对光明乳业华东中心工厂、纽贝滋乳品有限公司、上海恩波露食品有限公司、多美滋婴幼儿食品有限公司等 7 家乳品加工企业进行了走访调研，对各企业目前的经营状况、产品开发和项目合作等问题进行了交流与沟通，并协调各乳粉企业参加国家认监委 2018 年能力验证计划。

6 月 5 日，经市社团局审核，上海奶协顺利通过 2017 年年检，办理了年检通过手续。

6 月 8~12 日，上海奶协组织协会全体党员赴江西井冈山和南昌参加为期 5 天的考察学习，通过参观八一起义纪念馆、井冈山革命历史博物馆、北山烈士陵园、小井红军医院、黄洋界哨口等，并组织学习讨论，使大家受到深刻的革命英雄主义和爱国主义的教育。

6 月 26 日，上海市生鲜乳成本调查专家小组会议在上海奶协召开。上海市发改委邵国华、市农委畜牧兽医办孙立彬参加会议。会议由协会秘书长朱从余主持。上海奶业行业协会生鲜乳成本调查工作组对 8 个成本调查点 2017 年 5 月至 2018 年 4 月期间相关成本数据进行统计测算说明，经上海市生鲜乳成本调查专家小组审核确认：上海地区奶牛场 2018 年下半年生鲜乳生产成本为 3.92 元 /kg，并批准公示。

6 月 20~27 日，上海奶协乳品加工委员会主任顾佳升、副秘书长王光文受国家奶业科技创新联盟的委托，对光明乳业上海永安、浙江乔司、江苏南京、湖北武汉和四川成都等 5 家乳品加工厂，以及提供优质乳原料的上海星一、浙江富伦、江苏宝源、武汉生态、湖北黄梅和四川邛崃等 6 家奶牛场进行了优质乳工程考核、验收。

6 月 28~30 日，上海奶协秘书长朱从余带领 15 名代表，参加在成都召开的“‘一带一路’世界奶业新动能・奶业颁奖盛典”第九届中国奶业大会暨 2018 中国奶业展览会。会上听取了中国奶业高质量发展十年颂主旨报告和“一带一路”倡议解读。参加了“一带一路”奶业联盟启动仪式、奶业颁奖盛典以及 14 个专题高层论坛。

7 月 5 日，上海奶协秘书长朱从余主持召开奶农代表、光明乳业代表、奶协三方协商会议，确定 2018 年下半年上海地区生鲜乳收购基础价为 3.77 元 /kg，原有的优质优价、分级奖励、乳脂肪率、乳蛋白率封顶、“两病”检测和奶价挂钩等方案保持不变，菌落总数检测由原每旬改为每车次检测，确保上海生鲜乳质量不断提高。

7 月 7 日，上海市奶业行业协会秘书长朱从余应邀参加光明乳业 9 家乳品厂通过优质乳工程验收会，光明乳业旗下巴氏奶生产工厂全部通过验收。

7 月 29 日，为贯彻落实《国务院办公厅关于推进奶业振兴　保障乳品质量安全的意见》精神，上海奶业行业协会秘书长朱从余受邀参加在宁夏银川召开的中国奶业协会秘书长委员会及部分奶企负责人座谈会，为与会人员详细介绍了上海生鲜乳价格协商机制建立和运行的做法和经验。

8 月 1 日，由上海市畜牧办、市动物疫控中心和上海奶业行业协会共同组织，上海家畜（奶牛）繁殖员职业技能鉴定工作在上海畜牧兽医培训中心开展，全市有 39 名繁殖员报名参加职业技能鉴定。

9 月 21 日，在上海市浦东新区尚悦湾广场，上海奶业行业协会与上海市食品安全工作联合会、浦东新区食品安全管理协会、陆家嘴市场监督管理所共同举办了 2018 年上海市食品安全宣传周（乳品专场）活动。光明乳业股份有限公司、恒天然商贸（上海）有限公司等 7 家知名乳品企业以及 3 家产品检测中心参加了此次宣传活动。由上海奶协、市食安联、上海检测中心等专家组成的咨询团队在现场解答市民提问，推广普及乳品知识。

11 月 1 日，第十九届光明牧业论坛暨第十一届长三角奶业大会在江苏盐城召开，会议由上海奶业行业协会秘书长朱从余主持。本次论坛的主题是“新时代、新征程、新未来”，旨在探讨新形势下奶业新技术、新思路、新成就和新方向。会议代表同时赴光明牧业申丰奶牛场参观学习。

11月29日，上海奶业行业协会乳品加工委员会组织开展实验室能力测试活动。组织上海两家第三方检测机构（上海市农产品质量安全检测中心、上海德诺产品检测有限公司），对乳品加工企业的检测能力、检测水平进行验证，分别对营养类的乳脂肪、乳蛋白、钙（3项），安全类的黄曲霉素 M_1、亚硝酸盐、铅（3项）出盲样。各乳品企业检测人员进行检测，检测结果与标准样比对，以验证各企业检测水平。测试结果在上海奶业行业协会乳品加工委员会范围内公布，评出每个项目的前两名，将在2019年理事会上表彰奖励。

11月30日，上海奶业行业协会组织“5个成本调查点（奶牛场）的生鲜乳成本调查”培训，调查周期为2017年11月至2018年10月，为2019年上半年上海地区生鲜乳收购价格的讨论与协商工作打下基础。协会副秘书长王光文参加培训并提出要求。

12月4日，根据市农委转发《上海市新闻出版局关于换发2019年度连续性内部资料性出版物准印证的通知》（沪新出报〔2018〕114号）的要求，上海奶协秘书处会议讨论决定：从2019年起停办《长三角奶业》杂志，改办《长三角奶业通讯》，每月一期，作为内部交流资料，免费发放会员单位。

12月4日，上海奶协和光明乳业生产中心奶源部联合举办生鲜乳中嗜冷菌管控技术培训。上海、江苏奶牛场负责人和质量管理人员80余人参加了培训。

12月7日，上海奶协秘书长朱从余、常务副秘书长王光文一行到光明乳业股份有限公司，拜访公司党委书记、董事长濮韶华，就协会近年来对实施优质乳工程所做的工作和上海地区生鲜乳收购实施“季节差价”的概况进行了交流；对“上海地区生鲜乳收购价格协商机制”以及“上海地区生鲜乳第三方检测与质量控制”等各项工作进行了详细的介绍。濮韶华董事长对上海奶协的工作表示充分肯定和认同，并就协会2019年换届工作进行了沟通和交流。

12月19日，上海市生鲜乳成本调查专家小组会议在上海市奶协召开。市发改委领导、市农委畜牧办主任李建颖参加了会议，会议由协会秘书长朱从余主持。会上，经上海奶业行业协会生鲜乳成本调查工作组对5个成本调查点2017年11月至2018年10月期间相关成本数据进行统计和测算，并经上海市生鲜乳成本调查专家小组审核确认：上海地区奶牛场2017年11月至2018年10月生鲜乳生产成本为3.95元/kg，并批准公示。

12月期间，中国奶业协会为有效促进我国奶业持续健康发展，就《国务院办公厅关于推进奶业振兴 保障乳品质量安全的意见》，组织4家生鲜乳价格协商机制推广代表省份（上海、黑龙江、河北、山东）编发《生鲜乳价格协商机制经验做法专报》，重点分享建立生鲜乳价格协商机制的指导思想、组织形式、制度体系、价格测算等具体做法，供政府部门作宏观管理和决策参考，供其他省份建立或完善生鲜乳价格与协商机制作示范参考。

（上海奶业行业协会，朱从余、季爱华）

江苏省

【奶畜养殖】据畜牧行业统计，2018年，全省奶牛存栏14.0万头，牛奶产量65.8万t。存栏奶牛100头以上规模比重达98.47%。奶牛养殖区域特色明显，牛奶产量排名前10位的县（市、区）分别是盐城市大丰区、泗洪县、兴化市、睢宁县、丰县、射阳县、徐州市铜山区、常熟市、连云港市徐圩新区、张家港市，10个县（市、区）年末奶牛存栏9.0万头，占全省奶牛存栏总量的64.3%，牛奶产量40.66万t，占全省牛奶总产量的61.8%。

表4-19　2018年江苏省各设区市奶牛存栏和牛奶产量

设区市别	奶牛存栏（万头）	牛奶产量(t)
南京市	0.29	17 190
无锡市	0.28	15 697
徐州市	2.88	131 727
常州市	0.03	825
苏州市	0.99	71 300
南通市	0.38	18 374
连云港市	0.89	36 958
淮安市	0.62	22 764
盐城市	3.27	157 438
扬州市	0.33	16 444
镇江市	0.18	11 458
泰州市	1.44	78 508
宿迁市	2.39	79 121
合 计	13.99	657 803

数据来源：畜牧行业统计

表4-20　2018年江苏省生鲜牛奶产量前10名的县（市、区）

县（市、区）	奶牛存栏（头）	牛奶产量（t）
盐城市大丰区	25 188	113 390
泗洪县	17 000	55 172
兴化市	6 909	38 802
睢宁县	8 800	38 380
丰 县	7 474	36 218
射阳县	4 812	29 909
徐州市铜山区	7 176	29 678
常熟市	3 811	24 042
连云港市徐圩新区	5 715	21 768
张家港市	3 127	19 226

数据来源：畜牧行业统计

【乳品加工】全省共有43家乳制品加工企业，其中液体乳加工企业38家，2018年规模以上乳品企业（年主营收入2 000万元以上）乳制品总产量约162万t，其中液体乳产量150万t。全省有7家企业注册使用中国学生饮用奶标志，23家企业注册使用江苏学生饮用奶标志。全省乳品行业有农业产业化国家重点龙头企业3家，省级龙头企业11家。

【市场消费】2018年，全省居民家庭平均每人奶和奶制品消费量15.1kg，城镇常住居民家庭平均每人奶和奶制品消费量17.3kg，农村常住居民家庭平均每人奶和奶制品消费量11.0kg；全体居民家庭人均消费奶类15.6kg，全省居民家庭奶类消费量125万t。江苏省内奶源供应和乳品加工量相比差距较大，全省生鲜乳产量50万t，生鲜乳人均占有量6.2kg。乳品加工企业以鲜奶（巴氏杀菌乳、酸奶）等冷链产品为主，以送奶入户和奶点为主要销售渠道,呈现出鲜明的城市型乳业特征。

【奶源基地】据畜牧业务部门统计，2018年全省奶牛养殖场户225个，其中存栏奶牛50头以上规模场159个，存栏奶牛14.0万头，规模养殖比重为99.2%；存栏奶牛500头以上规模场65个，存栏奶牛11.7万头，占全省奶牛养殖总数的83.6%，规模养殖结构继续优化。奶牛养殖生产方式转变，组织开展奶牛DHI测定，推广奶牛TMR日粮饲喂技术，奶源基地奶牛单产水平不断提升，大中型规模养殖场奶牛年单产均达到7t以上，部分奶牛场奶牛年单产突破10t。

表4-21　2018年江苏省奶牛规模养殖情况

存栏规模分类	场（户）数	存栏数（头）	规模比重(%)
1~49头	66	1 131	0.81
50~99头	14	1 026	0.73
100~199头	30	4 712	3.36
200~499头	50	16 189	11.55
500~999头	33	25 135	17.93
1 000~1 999头	21	30 144	21.50
2 000~4 999头	7	24 314	17.34
5 000头以上	4	37 569	26.79
合计	225	140 220	

数据来源：畜牧行业统计

【奶农组织】江苏省奶业协会组织开展了全省奶业先进工作者、优秀牧场和优秀加工企业评选表彰活动，授予毛忠成等10位同志为“先进工作者”、南通大生源牧业有限公司等4家单位为“优秀牧场”、徐州绿健乳品饮料有限公司等4家单位为“优秀企业”、扬州华兴乳业有限公司等3家单位为“优秀学生饮用奶推广企业。12月26~27日，省奶业协会举办2018年会暨奶业高质量发展培训班，解读《省政府办公厅关于推进奶业振兴保障乳品质量安全的实施意见》，邀请有关专家就奶牛外貌鉴定、体况评分、奶牛营养、DHI测定方面进行授课培训。

【质量监管】全省生鲜乳收购站48个，生鲜乳运输车93辆。全省围绕生产、收购、运输三个环节，组织开展质量监督检查，检查奶畜养殖场、收购站和运输车的规范运行情况，加大对风险隐患较大、问题易发地区的监督检查力度，对督查发现的问题，及时监督企业认真落实整改措施，确保乳品质量安全。专项整治行动期间，全省共出动执法人员1 409人次，检查奶站300站次，检查运输车537车次，抽检总批次1 152次，整改生鲜乳收购站3个，整改生鲜乳运输车2辆。组织开展部、省级生鲜乳质量安全检验877批次，检测项目为三聚氰胺、β－内酰胺酶、黄曲霉毒素M_1、铅、铬、汞、砷、硫氰酸钠、碱类物质等，全省生鲜乳质量总体安全。

【奶业大事】11月16日，省政府办公厅出台《关于推进奶业振兴保障乳品质量安全的实施意见》（苏政办发〔2018〕93号），明确了江苏奶业发展要大力推进现代化、推动高质量发展走在前列的目标定位。

江苏省奶业协会核准徐州绿健乳品饮料有限公司、南京卫岗乳业有限公司、江苏君乐宝乳业有限公司为江苏学生饮用奶生产企业，许可使用江苏学生饮用奶标志；核准扬州市润扬乳业有限公司延续注册，继续使用江苏学生饮用奶标志。

（江苏省奶业协会，侯庆永）

浙江省

【奶畜养殖】近年来，浙江省奶牛行业持续低迷。业务数据统计分析，2018年全省奶牛存栏4.05万头，能繁母牛2.28万头，分别比上年下降5.3%、6.22%；奶类总产量17.76万t，其中牛奶产量17.72万t，分别比上年下降1.72%、1.82%。奶牛养殖区域化明显，主要集中在金华市、杭州市、宁波市及温州市，4市奶牛存栏占总存栏的78.42%，其中金华市奶牛饲养量居全省首位，占总存栏的35.14%。面对低价进口奶粉和液态奶、养殖环境成本提高对浙江奶业的持续冲击，50头以下的养殖场（户）数同比下降29.47%。规模养殖场（户）为提高效益，引进高产奶牛，淘汰低产奶牛，整体养殖水平不断提升，全省泌乳牛年平均单产为7.77t，其中宁波市奶牛养殖水平较高，年单产达9.64t，泌乳牛单产比上年提高4.72%。此外，浙江省内尚无认定的有机奶源基地。

【乳品加工】浙江省有获得乳制品及婴幼儿配方乳粉生产许可证的生产企业16家，其中婴幼儿配方乳粉生产企业3家，液态羊奶生产企业2家。主要乳品加工企业的日处理鲜奶能力约2 500t，2018年生产乳制品49.5万t，销售额123亿元。本土化的乳制品加工企业有杭州新希望双峰乳业有限公司、宁波市牛奶集团有限公司、泰顺县一鸣生态农业有限公司、金华佳乐乳业有限公司、浙江一景生态牧业有限公司、浙江美丽健乳业有限公司等，市场规模小，以本省或本市销售为主，品牌影响力和市场占有率较低。

此外，在UHT液体奶、奶粉等品类趋于饱和、市场竞争激烈条件下，消费潜力大、增长快、附加值高的固体乳制品（如奶油、奶酪、蛋白粉、蛋白液）市场逐渐兴起。

【市场消费】牛奶消费量逐年上升，尤其是低温鲜奶和酸奶在一线城市增速明显，二线城市的增速主要来源于伊利、光明、蒙牛的常温酸奶的快速覆盖。高端消费群体逐年增加，主要集中在光明、新希望双峰、味全、伊利、蒙牛等品牌。在超市销售的主要是伊利、蒙牛、光明、新希望双峰、味全等。以1kg普通巴氏杀菌乳为例，光明15~16元，新希望双峰14~15元，蒙牛14~16元，一鸣13~14元。温州一鸣食品股份有限公司主要以奶吧形式销售，深受年轻消费者青睐；浙江美丽健乳业集团、浙江一景乳业股份有限公司以家庭订奶和特殊渠道销售为主，以生产地为主要销售区域；浙江光明牧业有限公司、杭州新希望双峰乳业有限公司兼顾超市销售、配送。

【奶源基地】据业务统计，截至2018年年底，全省有养殖户210户，同比下降23.08%；存栏50头以上的奶牛场76家，占总存栏的96.08%；存栏500头以上的奶牛场24家，占总存栏的72.88%。全省存栏100头以上的养殖场（户），全部实现机械挤奶，TMR技术应用比例85%以上，开展生产性能测定（DHI）的场（户）比例达40%。挤奶机、贮奶罐、冷藏罐等设备虽已纳入机械购置补贴范围，但2018年无企业申请购买。台州、温州等地以小规模养殖户为主，基础设施比较简陋，往往为降低成本而使用低价低质冻精配种，奶牛生产水平相对较低。

2018年全省生鲜乳全年收购价为4.4元/kg左右。随着《国务院办公厅关于推进奶业振兴 保障乳品质量安全的意见》（国办发〔2018〕43号）、农业农村部等九部门《关于进一步促进奶业振兴的若干意见》（农牧发〔2018〕18号）文件出台，奶源价格回暖，价格提升迅速，养殖户利润空间逐渐提升，中小规模养殖户年净收入约7 000元/头，1 000头以上奶牛场净收入约4 000元/头。

【奶农组织】2018年11月24~25日，浙江省奶业协会在杭州市淳安县召开年度技术交流会和五届三次理会会，30余个会员单位的饲料、兽药、技术专家等60余人参加会议。会上就中美贸易摩擦趋势、奶牛养殖技术进行了深入探讨和交流。协会前任会长、浙江大学刘建新教授到场讲解并深入企业进行技术指导。

【政策法规】2018年，继续实施后备母牛补贴和奶牛良种补贴政策，对后备母牛按每头后备母牛500元标准给予补贴。全省7 618头后备奶牛享受补贴380.9万元，其中省财政资金201.89万元，地方财政配套179.01万元。

奶牛良种补贴政策不变，中央财政取消补贴政策后，省财政安排116.63万元，通过政府采购公开招标程序，采购奶牛冷冻精液7.78万支。

【质量监管】为强化生鲜乳质量安全监管，2018年按照农业农村部专项整治方案要求，健全监管机制，组织开展了奶站专项检查，严格审查奶站及运输车辆资质条件，加大生鲜乳质量监测力度，严厉打击奶源环节违法违规行为。截至2018年年底，全省有生鲜乳收购站40家，运输车38辆，对杭州市、温州市等6个地区生鲜乳质量安全专项监测90批次，抽检生鲜乳收购站30家、生鲜乳运输车34辆、生鲜乳散养户6家。

【奶业大事】浙江李子园食品股份有限公司获2018年度金华市人民政府质量奖。此奖项由金华市政府于2009年设立，授奖对象为金华市辖内从事产品生产（含农产品加工）、工程建设、服务提供、环境保护、医疗教育的组织，在行业内质量领先、技术创新、品牌优秀、效益突出的企业。

2018年9月，杭州新希望双峰乳业有限公司获批农业农村部国家乳制品加工技术研发专业中心，以微生物技术质量控制、功能性成分研究、安全管理与检测为主要研究方向。中心由杭州新希望乳业有限公司搭建，浙江科技学院、浙江省农业科学院、杭州市食品药品检验研究院共同参与。

杭州新希望双峰乳业有限公司被指定为2018年第14届国际泳联（FINA）世界游泳锦标赛（25m）定点供应企业。

（浙江省奶业协会，赵广生；浙江省畜牧技术推广总站，高慧、李奎）

杭州市

【奶畜养殖】2018年杭州市奶牛存栏6 150头，奶山羊存栏1 370只，其中能繁母牛3 100头，能繁奶山羊750只。生鲜牛奶总产量2.6万t，生鲜羊奶总产量110t，其中本市乳品企业收购2.7万t；两家奶山羊企业基本自产自销。泌乳牛平均年产量8.4t、奶山羊300kg。杭州两家乳品加工企业生鲜乳年均收购价4 350元/t，奶牛养殖平均年净收入375元/头，生鲜乳产值总计11 810万元。

【乳品加工】杭州市现有乳品加工企业4家，其中羊奶加工企业2家。年收购生鲜牛奶51 571t，自有奶源9 377t，乳制品总产量64 294t，其中巴氏杀菌乳32 130t、UHT奶1 155t、酸奶31 009t，实现销售产值5.97亿元、利润2 933万元。巴氏杀菌乳和酸奶的生产依然是本市乳品企业的主导产品。

【市场消费】本市乳制品市场主要销售的乳品品牌有光明、新希望双峰、一鸣、蒙牛、伊利等。在超市销售的主要是光明、新希望双峰、蒙牛、伊利等品牌，一鸣乳业品牌主要以奶吧形式销售。从本市乳制品消费市场发展趋势看，超高温灭菌奶消费一直呈下降态势。

【奶源基地】全市奶牛产业产能基本平稳。2018年奶牛存栏量比2017年减少109头，下降1.7%，其中能繁母减少35头。存栏下降的主要原因是品种自然淘汰，自2016年起杭州区域的奶牛养殖场基本没有变化，保持在6个，分别是杭州萧山富伦奶牛场、建德新希望牧业有限公司奶牛场、杭州振兴牧业有限公司奶牛场、临安龙岗沃坞奶牛场、杭州萧山牛奶有限公司奶牛场、浙江星野集团有限公司杭江奶牛场。

养殖条件与技术得到提高，泌乳奶牛单头奶产量提高，年头均单产达到8.4t。从设施上看，规模牛场全部配备了全日粮混合制备机，挤奶设备均为机械式，并从管道式逐步升级为鱼骨式智能信息化挤奶设备，喷淋降温消毒系统得到普遍应用；从养殖模式上看，散栏式饲养、发酵床垫料等生产模式得到推广；从育种上看，积极应用国外高产奶牛冻精、高产奶牛胚胎移植等技术，技术应用水平位居全省前列。养殖条件与技术的提高，促进泌乳牛单产逐年提高，2018年奶牛年均产奶量比2014年增加0.73t，比2014年提高9.5%。

业主抗风险意识增强。全市奶牛养殖场均有多年养殖经验，历经多次市场波动考验，风险意识强，与乳品企业有较为稳定的订单联系，双方对于合同的执行相对比较规范。

形成了生鲜乳定价联合协商机制。全市6家奶牛养殖场与乳品厂加大了协商力度，与乳制品加工企业签订年度或多年购销合同，价格则按年度进行随行就市再核定。其中4家规模奶牛场销售给杭江（光明）乳品企业、2家销售给新希望双峰；除这种主导方式外，个别奶牛场正探索养殖场鲜奶直供模式，而新建立的奶羊养殖企业基本实现自产自销，年产值1 500万元。

【奶农组织】2018年5月，杭州市奶业协会主管部门杭州市委、杭州市人民政府农业和农村工作领导小组办公室通知，根据《市委办公厅　市人民政府办公厅关于印发〈杭州市行业协会商会与行政机关脱钩实施方案〉的通知》（杭委办发〔2017〕31号）和有关配套政策文件精神，按照《关于开展第三批全市性行业协会商会与行政机关脱钩工作的通知》（杭社清理规范办〔2018〕1号）要求，协会脱钩工作启动，到2018年年底，工作基本结束。

协会每季度召开一次协会常务理事会议，协调全市奶业生产，每年组织协会会员进行2~3次技术培训、参观学习。

【政策法规】自协会脱钩后，2009年出台的《杭州市人民政府办公厅转发市农办等部门关于促进奶业稳定健康发展扶持办法（试行）的通知》（杭政办函〔2009〕149号）已经自行废止，原用于高产奶牛和生鲜乳收购补助取消。

【质量监管】全市每年开展奶牛“两病”监测，2018年共监测奶牛场6个、奶牛6 000余头次，同时每年制订生鲜乳检测年度计划，检测内容包括氯霉素、磺胺类、链霉素、β－内酰胺类、三聚氰胺、黄曲霉素M_1等内容。2018年，开展了一次全市生鲜乳收购站全面大检查，主要检查内容包括“两证一单”执行情况、监管责任落实、质量安全管理等方面。在日常工作中，执行“两证一单”和监管责任人备案制度，对生鲜乳收购站进行常效管理，生鲜乳生产实行月报制度。2018年，取得生鲜乳收购许可证的生鲜乳收购站有10家，其中规模奶牛场6家，乳制品加工企业2家；有生鲜乳运输车9辆，其中自有3辆，租用6辆。

（杭州市农业农村局，王霄杰、孔利水）

金华市

【奶畜养殖】2018年金华市奶牛存栏1.42万头，成母牛存栏0.87万头，年奶产量6.54万t。奶牛主要分布在婺城区、金东区、开发区和兰溪市，奶牛规模养殖场（小区）20个，占总存栏的87.05%。全市奶牛平均单产达到7.51t，最高达到12t。据调查，中美贸易摩擦后，苜蓿草由2 600~2 700元/t上涨到3 300~3 400元/t，燕麦草由2 300元/t上涨到2 500元/t，同比涨幅分别达27%和8.7%，造成养殖成本增加。当地乳品企业鲜奶收购基准价4.0元/kg，比2017年同期略有上升。

养殖区域布局进一步优化。经过“五水共治”（治污水、防洪水、排涝水、保供水、抓节水）、水环境整治及禁限养区制度落实后，全市奶牛养殖区域布局得到进一步优化，区域布局更加合理，形成了以婺城区和金东区辖内 7 个乡镇（街道）为主的奶业经济带。

养殖条件与技术得到提高。规模牛场基本应用全混合日粮（TMR）技术，挤奶设备均为机械式，并从管道式逐步升级为鱼骨式智能信息化挤奶设备，喷淋降温消毒系统得到普遍应用；散栏式饲养、发酵床垫料等生产模式得到推广；不少养殖场户使用优质高产冻精，提高良种覆盖率。原料奶质量显著提高，鲜奶乳蛋白率≥ 3.26%，乳脂肪率≥ 3.75%，细菌数≤ 10 万 CFU/mL，体细胞数≤ 20 万个 /mL，乳产品质量安全得到有效保障。

奶牛业绿色发展初显成效。结合乡村振兴，积极挖掘养殖业多方功能，推动“牧旅融合”提档升级，实现奶牛养殖经济效益、社会效益和生态效益的统一。全市有 5 家奶牛养殖场（小区）创建了省级美丽牧场。浙江光明牧业有限公司（佳乐公司九峰牧场）被农业农村部确定为第二批全国休闲观光牧场，成为全省典型标杆，并向社会公开推介，吸引大量游客。金华一康农业发展有限公司奶牛场和浙江光明牧业有限公司被农业农村部评为奶牛标准化养殖示范标杆场，金华一康农业发展有限公司、浙江光明牧业有限公司和金东区乐乐牧场先后通过省无公害产地认定。

【乳品加工】金华市现有乳制品加工企业 2 家，年收购原料奶 3.72 万 t，自有奶源 2.72 万 t，乳制品总产量 17.65 万 t，其中巴氏杀菌乳 0.08 万 t、UHT 奶 0.60 万 t、酸奶 2.40 万 t，奶酪 0.01 万 t，乳饮料 14.56 万 t。实现销售产值 16.85 亿元、利润 1.57 亿元。乳饮料和酸奶的生产是本市乳品企业的主导产品。

【市场消费】本市乳制品市场主要销售的品牌有光明、蒙牛、伊利、佳乐、一鸣、现代牧业等。在超市销售的主要是光明、蒙牛、伊利、佳乐、现代牧业等品牌，一鸣乳业品牌主要以奶吧形式销售。从本市乳制品消费市场发展趋势看，超高温灭菌奶和酸奶消费平稳且占主导地位。

【奶源基地】2018 年，全市奶牛存栏 50 头以下的场（户）11 个、存栏 50~99 头的场（户）3 个、存栏 100~199 头的场（户）1 个、存栏 200~499 头的场（户）11 个、存栏 500~999 头的场（户）4 个、存栏 1 000~1 999 头的场（户）4 个。全市 20 个奶牛规模养殖场（小区）全部实行机械挤奶，19 个规模养殖场（小区）应用全混合日粮（TMR）技术，8 个规模养殖场（小区）开展奶牛生产性能测定（DHI）。

虽然受中美贸易摩擦影响，草料价格上涨，奶牛养殖成本增长，但受益于奶牛养殖技术不断进步，水平不断提升，养殖效益仍然不错，每头奶牛年可获得利润 3 000~4 000 元，前景看好。

【奶农组织】全市奶牛养殖企业以及乳品加工企业成立了金华市奶牛互保协会和金华市乳品行业协会。金华市乳品行业协会会员 48 人，金华市奶牛互保协会会员 58 人。

【政策法规】2018 年各级财政共下达补助资金 220 万元，主要用于优质后备母牛补助。

【质量监管】全市共有奶站 14 家，其中婺城区 4 家，金东区 6 家，兰溪市 1 家，开发区 3 家。有生鲜乳运输车共 15 辆，全部核发准运证。每年制订生鲜乳检测年度计划，每季度开展 2 次生鲜乳质量安全检测，检测内容包括 β－内酰胺类、革皮水解物、碱类物质、三聚氰胺、黄曲霉毒素 M_1 等。根据《生鲜乳收购站日常监管评分规则》和《生鲜乳收购站标准化管理》要求，对生鲜乳收购站每月开展一次评分和每月开展不少于两次巡查。

（金华市畜牧兽医局，高士寅、倪晓峰、胡雅君）

宁 波 市

【奶畜养殖】2018 年，宁波市奶牛存栏数 5 838 头，其中成乳牛 3 200 头，同比分别下降 13.06% 和 13.19%；养殖场主要分布在慈溪市、余姚市、鄞州区、镇海区和江北区等，奶牛存栏减少与全市推进的“五水共治”，及饲料成本上涨而奶价持续低迷等有关。2018 年全市奶类总产量 3.08 万 t，同比下降 4.74%。全市 2018 年奶业产值达到 2.28 亿，占全市牧业产值的 6.11%。

【乳品加工】全市乳品加工企业 1 家，为宁波牛奶集团有限公司，年生产能力 10 万 t。2018 年收购原料奶 3.2 万 t，年生产乳制品产量 3.41 万 t，其中：巴氏杀菌乳 1.53 万 t、灭菌奶 0.34 万 t、酸奶 1.02t、乳饮料 0.54 万 t，企业年销售额 94 153 万元，利润 10 828 万元。

【市场消费】本市乳制品市场主要是涌优和光明两个品牌。随着海淘等网购消费的普及，澳洲等国外液态奶逐渐涌入本市消费市场。

【奶源基地】奶业规模养殖情况。截至 2018 年年底，全市奶牛养殖场（户）共 8 个，其中存栏 100~499 头的场（户）5 个、存栏 985 头、年产奶 4 614t；500~999 头的场（户）2 个、存栏 1 755 头、年产奶 7 709t；1 000 头以上的场（户）1 个、存栏 3 080 头、年产奶 16 000t。按照头均单产 8.79t、每头每天养殖成本 80 元计算，奶牛养殖年净收入为 500~1 500 元 / 头。

生鲜乳收购情况。奶牛养殖场（户）所产生鲜乳主要有宁波牛奶集团、蒙牛乳业、光明乳业和温州一鸣等收购，其中十八牧场和涌优奶牛养殖场专业合作社所产的生鲜乳全部销往宁波牛奶集团，生鲜乳收购基准价 3.8 元 /kg 左右；联盛牧场所产生鲜乳销往光明乳业，收购价约为 4.5 元 /kg。

奶业机械情况。所有奶牛场均采用机械挤奶，并应用固定式和移动式全混合日粮（TMR）技术。全市 80% 存栏的奶牛采用挤奶厅或管道式挤奶。由于采购目录和政府采购价格等因素，农户对机械购置补贴积极性总体不高。近两年部分养殖场或饲料加工企业利用慈东片滩涂地等，采用订单形式鼓励农户种植青贮玉米等，大大推动了当地农业种植结构调整，形成了“榨菜+青贮玉米”的种植模式，2018年全市苜蓿种植面积2 000hm²，青贮玉米种植7 000hm²。全市奶牛单产平均8.79t，其中最高达到10.5t，总产量3.08万t。奶牛单产的提高主要是养殖场转变养殖观念，在提高群体选育的基础上，提高青饲料品质，选择全株玉米、进口苜蓿和TMR技术的应用等。从2016年起，宁波宁兴涌饲料有限公司建立的裹包TMR饲料已投入生产，生产的反刍动物发酵类饲料产品已经在浙江、福建等60余家客户中使用；该公司积极开发当地的玉米秸秆、水稻秸秆、果蔬边角料、酒糟等农产品副产物等，通过订单模式建立本地原料基地5 000hm²，合计带动农户数量1 600多户，2018年完成销售收入11 490万元，生产产值9 601万元。

粪污处理情况。为解决本市奶牛粪污处理问题，发酵牛床养殖模式得到推广应用，可减少正常排粪量的2/3以上，从而大大降低了养殖场的后继粪污处理难度，但由于制作牛床垫料等价格的居高不下和牛床维护成本等因素，一定程度上制约了其推广力度。其他牛场粪污处理方式继续以建造沼气池和氧化塘、有机肥加工生产等方式来解决。

DHI测定工作。自2011年5月本市启动奶牛场品种登记DHI测定工作以来，宁波奶牛集团十八牧场等4家规模奶牛场坚持开展DHI测定工作，具体由山东奥克斯畜牧种业有限公司负责测定。

【奶农组织】本市尚未组建奶农合作社和协会。目前，奶农的技术服务工作主要由市奶牛良补供精单位山东奥克斯畜牧种业有限公司负责提供良种选配、疾病防控和饲养管理等服务，该公司7年来已为本市10余个奶农7 000余头奶牛建立了良种选配档案等。

【政策法规】2018年，全市继续实行后备母牛补贴政策。市农业局、财政局制定下发的《关于印发宁波市后备奶牛补贴资金管理办法的通知》（甬农发〔2012〕52号、甬财政农〔2012〕142号），规定后备母牛按每头500元的标准进行补助。2018年全市对3 161头后备母牛共补助财政资金135.415万元，其中市级89.955万元、县级45.46万元。由于种种原因，多年来部分县（市、区）的配套补助资金一直未到位，如宁海县得丰牧业有限公司因环保问题，业主同意拆迁，但因拆迁资金未到位，多年来一直无法搬迁，相应的政策性资金也一直未落实到位。

根据《宁波市奶牛良补项目实施方案》（甬农〔2012〕91号）文件精神，2018年共安排奶牛良种补贴资金94.90万元，用于补助全市9户奶农存栏的7 261头奶牛冻精，并继续将性控冻精按每剂补助100元的标准纳入市级补助范畴。

【质量监管】根据《浙江省生鲜乳收购站行政许可现场审验评分标准》和省畜牧兽医局制订的《生鲜乳收购站日常监管评分规则》，开展了生鲜乳收购站的换证和清理整顿，2018年全市生鲜乳收购站总数有4家，全市有生鲜乳运输车7辆，全部实现持证运输，并对许可证到期的1家生鲜乳收购站进行重新审验换证。

（宁波市畜牧兽医局，王亚琴）

附表 1　浙江省奶牛养殖场（小区）名录

序号	名称	供奶企业	养殖场	小区	全群存栏（头）	成母畜存栏（头）	奶畜品种	成母畜年单产（t）	年总产量（t）	是否参加DHI	是否应用TMR	是否国家学生饮用奶奶源基地	是否有机奶源基地	有机奶产量（t）	有机奶源认证机构	是否为布鲁氏菌病及结核净化创建场或示范场
1	浙江省风山奶牛养殖有限公司	浙江美丽健乳业有限公司	√		1 186	628	荷斯坦	9.5	6 150	√	√	√				
2	金华市一康农业发展有限公司	浙江金华市佳乐乳业有限公司 杭州杭江乳品厂	√		1 334	694	荷斯坦	9.5	6 700	√	√					
3	金华市国佳牧业有限公司上盛村养殖场	浙江金华市佳乐乳业有限公司		√	1 783	1 332	荷斯坦	7.5	9 990	√	√					
4	金华市琅峰奶牛专业合作社	浙江金华市佳乐乳业有限公司	√		562	398	荷斯坦	9.2	3 800		√					
5	金华市下杨牧业有限公司	浙江金华市佳乐乳业有限公司	√		368	206	荷斯坦	8.5	2 079	√	√					
6	金华市婺城区金根松奶牛场	浙江金华市佳乐乳业有限公司	√		180	140	荷斯坦	8.0	1 100	√	√					
7	金华市筱溪奶牛专业合作社	蒙牛乳业（金华）有限公司		√	246	180	荷斯坦	7.0	1 260	√	√					
8	金华市婺城区荣阳牧场	浙江一鸣食品股份有限公司	√		278	205	荷斯坦	6.8	1 320		√					
9	金华市上六奶牛专业合作社	蒙牛乳业（金华）有限公司		√	719	450	荷斯坦	8.0	2 880		√					
10	金华市婺城区王旭春奶牛养殖场	浙江金华市佳乐乳业有限公司		√	390	260	荷斯坦	8.0	1 880	√	√					
11	金华市婺城区宋家奶牛养殖场	浙江一鸣食品股份有限公司		√	680	463	荷斯坦	9.0	4 167		√					
12	金东区含香奶牛生态养殖场	温州一鸣乳业	√		312	258	荷斯坦	8.7	2 245		√					
13	金华市金东区方志龙奶牛场	温州一鸣乳业	√		153	130	荷斯坦	8.5	1 080		√					
14	金华市佳惠农业发展有限公司曹宅分公司	金华佳乐乳业		√	1 625	833	荷斯坦	8.4	6 900		√					
15	金华市乐乐奶牛养殖专业合作社	宁波牛奶集团公司		√	535	356	荷斯坦	8.6	3 060		√					
16	金华市兴旺奶牛养殖专业合作社	温州一鸣乳业、宁波牛奶集团公司（各 50%）		√	760	432	荷斯坦	9.1	3 930		√					
17	金华市智勇奶牛专业合作社	温州一鸣乳业	√		760	600	荷斯坦	7.5	4 500		√					
18	浙江光明牧业有限公司	浙江金华市佳乐乳业有限公司	√		1 458	778	荷斯坦	12.0	9 500	√	√					
19	浙江光明牧业有限公司	浙江金华市佳乐乳业有限公司	√		390	272	娟姗	6.0	1 500	√	√					
20	金华市惠君奶牛专业合作社	温州一鸣食品股份有限公司		√	672	423	荷斯坦	7.0	3 100		√					
21	浙江鸿益养殖有限公司	蒙牛乳业（金华）有限公司	√		350	195	荷斯坦	7.0	1 365		√					
22	树健牧业有限公司	树健牧业有限公司	√		102	76	荷斯坦	8.4	655							
23	浙江省衢州市佳苑牧业有限公司	伊利龙游工厂	√		618	420	荷斯坦	9.0	3 200		√					√
24	嘉兴市王店镇东兴奶牛场	上海光明乳业	√		509	256	美系荷斯坦	10.9	2 439	√	√	√				

（续）

序号	名称	供奶企业	养殖场	小区	全群存栏（头）	成母畜存栏（头）	奶畜品种	成母畜年单产（t）	年总产量（t）	是否参加DHI	是否应用TMR	是否国家学生饮用奶奶源基地	是否有机奶源基地	有机奶产量（t）	有机奶源认证机构	是否为布鲁氏菌病及结核净化创建场或示范场
25	嘉兴市荣中奶牛有限公司	上海光明乳业	√		580	310	美系荷斯坦	10.6	3 321	√	√	√				正在创建
26	嘉善县新景奶牛场	上海光明乳业	√		193	96	美系荷斯坦	8.5	816	√	√	√				
27	海滨张德林奶牛场	浙江一鸣食品股份有限公司	√		230	180	荷斯坦	4.0	720		√					
28	乐清市成丰畜牧专业合作社	浙江一鸣食品股份有限公司	√		410	315	荷斯坦	7.5	2 350		√					
29	浙江一鸣股份有限公司	浙江一鸣食品股份有限公司	√		1 510	703	荷斯坦	10.0	7 555	√	√					
30	瑞安市健丰奶牛饲养场	浙江一鸣食品股份有限公司	√		120	76	荷斯坦	6.5	480		√					
31	瑞安市利民奶牛场	浙江一鸣食品股份有限公司	√		296	200	荷斯坦	9.0	1 800		√					
32	台州市鸿福畜牧养殖专业合作社	台州一鸣乳业		√	750	420	荷斯坦	6.0	2 100		×					
33	杭州萧山富伦奶牛场	浙江省杭江牛奶公司乳品厂	√		1 236	603	荷斯坦	9.5	5 730	√	√	√				√
34	杭州萧山牛奶有限公司	伊利集团	√		1 048	500	荷斯坦	9.0	4 500	√	√					
35	浙江星野集团有限责任公司杭江奶牛场	杭江乳品厂	√		1 130	620	奶牛	7.6	4 710	√	√					
36	杭州云泉约牧业有限公司	杭州云泉约牧业有限公司	√		385	261	萨能奶山羊	0.6	156.6							
37	临安市龙岗沃坞奶牛养殖场	浙江省杭江牛奶公司乳品厂	√		520	300	荷斯坦奶牛	9.5	2 850	√	√					
38	杭州正兴牧业有限公司	浙江省杭江牛奶公司乳品厂	√		1 133	540	荷斯坦奶牛	10.1	5 743	√	√					
39	建德新希望牧业有限公司	杭州新希望双峰乳业有限公司	√		690	341	奶牛	9.5	3 243	√	√	√				√
40	浙江葆元牧业有限公司	浙江葆元牧业有限公司	√		735	420	奶山羊	0.6	150							
41	浙江一景乳业股份有限公司	浙江一景乳业股份有限公司/ 龙游伊利乳业有限责任公司	√		3 631	1 736	荷斯坦 黑白花	10.0	158 740		√					

附表 2　浙江省乳制品生产企业名录

序号	名称	生产许可证号码	年收购原奶量（t）	平均支付价格（元/kg）	其中：自有奶源量（t）	年乳制品产量（t）	其中：巴氏杀菌乳（t）	UHT 奶（t）	酸奶（t）
1	浙江美丽健乳业有限公司	SC10533052100080	8 800	5.10	8 800	11 300	5 300	830	4 960
2	宁波牛奶集团十八牧场	330005010049	32 000	4.50	28 000	34 092	15 341	3 409	10 227
3	浙江李子园食品股份有限公司	SC10533070302196	3 504	3.10		128 198	35	55.28	35
4	浙江金华市佳乐乳业有限公司	SC10533070202334	33 669	4.17	27 239	48 265	763	5 902	23 933
5	浙江百强乳业有限公司	SC11033038100222	313	4.10		10 324(炼乳 1 700t、调味甜奶素 7 000t）			
6	熊猫乳品集团股份有限公司	SC20133032701129				25 716(都为炼乳）			
7	浙江一鸣食品股份有限公司	SC10533032600625	59 017	4.61	7 555	94 400	11 800	300	27 600
8	温州先福食品有限公司	SC10633039900026				6 000			
9	浙江一景乳业股份有限公司	SC10533068300158	7 800	5.60	7 800	7 800	4 680		3 120
10	杭州新希望双峰乳业有限公司	SC10533011010328	30 576	4.24	6 900	33 235	13 626	4 985	13 626
11	浙江省杭江牛奶公司乳品厂	SC10533010410342	26 413	4.56	4 040	30 784	9 911	5 929	14 945

（续）

序号	奶粉（t）	婴配粉（t）	奶油（t）	奶酪（t）	乳饮料（t）	产品销售区域	年销售收入（万元）	利润（万元）	是否为国家学生饮用奶认定企业	有机产品（枚）	有机认证机构	有机产品品类1及数量（枚）	有机产品品类2及数量（枚）	有机产品品类3及数量（枚）
1					210	浙江	11 572	716	√					
2					5 114	浙江	94 153	10 828	√	1 642 500	CQC	鲜奶 1 642 500		
3					128 063	浙江等23个省份	80 735	13 359						
4				102	17 565	金华、丽水、衢州	87 804	2 302						
5					1 624	浙江省	8 024	241						
6						全国各地	44 038	11 211						
7					54 700	江苏、浙江、上海、福建	102 333	16 602	√					
8					6 000	全国各地	2 021	303						
9						绍兴、杭州	1 100	501						
10					997	杭州、上海	35 325	1 810	√					
11					5 863	华东、华南、华北、华中	25 321	2 826						

安徽省

【奶畜养殖】安徽省是畜牧业大省，2018年肉蛋奶总产610.8万t，同比增长1.8%，产量居全国第10位。其中奶类总产量30.8万t，同比增长3.2%，产量居全国第21位。截至2018年年末，全省奶牛存栏11.09万头，其中荷斯坦牛10.8万头，占全省奶牛数的97%。作为畜牧业大省，安徽省奶业虽然总量不大，但规模养殖比重高于全国28个百分点；养殖集中度高，淮南、蚌埠、合肥、马鞍山4市占比80%以上，千头以上规模奶牛场存栏占全省75%以上；加工水平高，17家乳制品加工企业加工能力100多万t。现代、伊利、蒙牛、益益、中羊等大型乳企和秋实草业等产业链现代化龙头企业，业已成为安徽省奶业发展的领头羊和中坚力量。

【乳品加工】安徽乳制品加工企业年加工能力达100万t，主要生产超高温灭菌奶、巴氏消毒酸奶、巴氏杀菌乳、低温酸奶、含乳饮料、婴幼儿奶粉，加工产品的门类较丰富。加工企业主要是蒙牛、伊利、新希望等集团公司和地方乳制品生产企业。乳制品主要在本省和邻省的上海、江苏、浙江市场销售，产量、产值不断增加，发展势头良好。市场消费以超高温灭菌乳、巴氏杀菌酸奶为主，低温巴氏乳、低温酸奶占比不高，以国产乳制品消费为主，进口乳制品消费的比重较低，且消费量徘徊不前。随着消费者对乳制品认知的提高，乳制品除安全外，品质（营养成分、风味、口感）将会成为消费者选择产品的重要依据。

【奶源基地】全省奶牛养殖规模：万头以上约占70%，1 000~5 000头约占12%，100~999头约占12%，100头以下约1%（小区）。机械挤奶比例达100%，全混合日粮（TMR）技术应用90%以上。粪污处理方式基本是固液分离，固体做有机肥、牛床垫料，发酵后回田；液体产沼气、发酵后浇灌，达标排放。

生产性能测定。2018年安徽省畜禽遗传资源保护中心DHI实验室承担农业农村部分配的1 000头奶牛生产性能测定的任务，在此基础上继续推进全省奶牛生产性能测定（DHI）工作，在安徽省奶牛优势养殖区域合肥、淮南、六安、滁州等部分规模奶牛场组织实施，对规模场开展奶牛生产性能免费测定，指导奶牛养殖者科学管理牛群，提高饲养管理水平和经济效益。建立奶牛生产性能测定数据库，组织开展奶牛品种登记工作。2018年全省年内实际完成3 500头奶牛的生产性能测定工作。参测牛群改良分析结果显示：结合生产性能测定的报告解读应用，进一步提高了奶牛饲养管理水平，降低了生产成本。乳脂肪率、乳蛋白率、产奶量等指标均有提高和改善，奶牛年单产能力提高390千克，体细胞数进一步降低，由年初的54.21万个/mL降低至44.32万/mL。积极推进奶牛生产性能测定工作，2018年加大宣传力度，通过多种形式向广大养殖场户宣传DHI测定工作的具体内容、重要意义，调动牛场参与积极性，为积极推进DHI测定技术创造良好氛围。

生鲜乳价格。据省畜牧部门监测，2018年生鲜乳年均价格3.72元/kg，较上年同期下降3.4%。全年当中生鲜乳最高价3.88元/kg，最低价3.59元/kg。

【质量监管】按照农业农村部的统一部署，全省各级畜牧兽医部门认真贯彻落实《安徽省人民政府办公厅关于印发安徽省2018年食品药品安全重点工作安排的通知》（皖政办秘〔2018〕86号）、《安徽省农业委员会关于印发2018年农产品质量安全专项整治方案的通知》（皖农质函〔2018〕440号）要求，在全省范围内开展生鲜乳违禁物质专项整治行动，强化对生鲜乳违禁物质专项整治行动的督查和对生鲜乳收购站的规范清理，组织开展生鲜乳中违禁物专项监测和飞行检查。按照《农业部生鲜乳质量安全监测工作规范》和《生鲜乳抽样方法》，在当地畜牧（奶业）主管部门配合下，完成检查19个生鲜乳收购站、85辆运输车。监督检测样品总数104批次，样品中的三聚氰胺、革皮水解物，均未超过判定标准，合格率100%。完成了生鲜乳国标安全指标专项监测，检测结果均未超过判定标准，合格率100%。农业部畜产品检测中心（辽宁）对安徽生鲜乳收购站及运输车进行抽样，全部合格。

【奶农组织】建有安徽省奶业协会，协会有会员215名。主要参与奶业政策制定；促进政府与企业间信息交流；协调养殖与加工企业；协助中国奶协管理安徽国家学生饮用奶的工作；组织省内奶业科技工作者开展奶业相关科技研究、牧场服务等工作；组织召开安徽奶业论坛大会、安徽奶业政策解读等专项会议，传达奶业政策和新知识。

【政策法规】2018年12月7日，印发了《安徽省人民政府办公厅关于推进奶业振兴　保障乳品质量安全的实施意见》（皖政办〔2018〕56号）。实施意见紧密结合安徽实际，一是科学确立了奶业发展思路。重点是强调优质安全、绿色发展，以规模化养殖场户为发展主力军，以稳定提高奶牛数量、主攻单产水平、提升乳品质量为发展主线，不断提高奶业发展的质量、效益和竞争力。二是确定了安徽省奶业发展的目标任务。到2020年奶产量达到50万t以上，年均增长16.2%。从安徽省总量较小的实际出发，保持适度增速，为全国奶产量恢复性增长作出贡献。到2020年，规模养殖比重（存栏100头以上）达到90%以上，养殖废弃物综合利用率达到80%以上，产品监督抽检合格率达到99%以上。到2025年，奶业综合生产力大幅提升，龙头企业乳制品加工水平进一步提高，奶牛规模养殖比重、乳品质量安全水平达到全国领先水平。三是确定了安徽省支持奶业发展的政策。主要是贯彻落实国办发〔2018〕43号和皖政办〔2018〕56号文件精神。主要包括：粪污资源利用整县推进项目。2017年以来，中央和省财政先后安排7亿元，在安徽省59个县（市、区）实施，

2019年将实现全覆盖。19个国家畜牧大县，每个县中央投资3 600万~6 000万元；40个省级整县推进项目县，每个县平均安排1 000万元左右。支持高产优质苜蓿示范建设项目。主要对连片种植苜蓿达200hm^{2}以上的饲草种植企业进行支持，中央财政补贴9 000元/hm^2。大力发展粮改饲项目。2016年以来，中央财政每年安排安徽资金4 500万元左右，粮改饲种植面积1.8万hm^{2}左右，按2 505元/hm^{2}的补贴标准，计划收贮优质饲草料80多万t。主要是调动市场主体收贮、使用青贮玉米、优质饲草料积极性。奶牛养殖政策性保险。安徽省奶牛保险金额，最高不超过6 000元/头；费率为8%，保费480元/头。养殖场（户）承担20%。

（安徽省农业农村厅畜牧处，杨林、单昌盛；安徽省畜禽遗传资源保护中心，唐俊；安徽省奶业协会，王志耕）

合肥市

【奶畜养殖】截至2018年年末，全市奶牛存栏2.65万头，同比下降2.04%，奶产量9.95万t，同比增长2.53 %。

奶牛养殖主要分布在长丰县、肥东县，鲜奶收购价格3.75~3.8元/kg。

【乳品加工】全市共有乳品加工企业4个，设计年加工产能93万t。产品主要分为鲜纯牛奶、酸奶、乳酸饮料、冰淇淋等。

【奶源基地】合肥市奶牛规模养殖场分布于肥东和长丰两县。肥东县现有奶牛规模养殖场一家，为现代牧业。长丰县有奶牛规模养殖场3家，分别是安松奶牛、伊利宋岗牧场及伊利陈留牧场。

2018年全市存栏奶牛2.65万头中，存栏500头左右的奶牛场1个，存栏5 000~10 000头的奶牛场2个，存栏10 000头以上的1个。奶牛规模化程度达到100%。主要奶牛品种为中国荷斯坦牛，现代牧业集团和伊利畜牧有限公司从澳大利亚、新西兰引进澳洲荷斯坦和新西兰荷斯坦牛品种。

技术推广。邀请专家对全市规模养殖企业进行专门培训，重点培训奶牛良种引进与繁育、生产过程管控、疫病综合防控、饲舍设计建造、设施购置使用、养殖污染防控、养殖企业申报环评等知识，帮助企业全面了解掌握标准化养殖内容和要求，提高企业主动实行标准化养殖的意识，促进全市标准化养殖的普及推广。

疫病防治。按照国家规定对奶牛实行口蹄疫强制免疫外，合肥市按照《布鲁氏菌病防治技术规范》和《牛结核病防治技术规范》要求，加大对奶牛结核、布鲁氏菌病的监测力度，每年对全市存栏奶牛逐头检测。对净化过程中扑杀的奶牛，按照国家标准给予补贴。2018年，全年无重大疫情和疾病的发生。

【质量监管】一是开展生鲜乳专项检查，合肥市业务主管部门联合长丰县、肥东县共同对全市存栏50头以上的奶牛养殖场（小区）进行了专项检查，重点对用药、动物防疫和治疗等记录建立情况、是否使用和添加国家明令禁止的药品和添加剂、严格执行休药期规定等进行检查，共检查18家次，纠正违规行为8起。同时加大对4家生鲜乳收购站及其运输车辆的管理力度，严防违法违规行为的发生。二是以开展动物防疫条件专项检查为契机，加强对奶牛养殖场跨省引进情况，淘汰牛只的数量、去向和处置，以及病死牛无害化处理情况等进行逐场、逐户检查，进一步规范跨省引进种用乳用动物、淘汰牛只、病死牛的处置工作。三是加大检测力度，共完成农业农村部、安徽省例行抽样检测3次，共抽取生鲜乳样品28个，检测全部合格。

（合肥市农业农村局，俞倩洁）

蚌埠市

【奶畜养殖】2018年全市荷斯坦牛存栏4.45万头，其中成年母牛2.2万头，年产牛奶产量20万t，年产值8.3亿元，约占牧业产值的7.6%。

【乳品加工】现有乳品加工企业3家，分别为现代牧业日加工能力600t（设计产能），和平乳业日加工能力400t（设计产能），福淋乳业日加工能力200t（设计产能），产品主要为鲜纯牛奶、酸奶、乳酸饮料、普通奶粉等。

【奶源基地】全市奶牛养殖基地5个：现代牧业（五河）牧场存栏38 000头、龙子湖区和平乳业奶牛育种中心存栏5 000头、固镇县汉邦牧业存栏900头、怀远县金河奶牛养殖有限公司存栏350头、高新区荒白山养殖场存栏300头。奶牛规模养殖比重达到100%，牧场均采用全混合日粮（TMR）技术饲养和机械化挤奶，奶牛年平均单产8t以上，生鲜乳年平均销售价格为3.8~4.5元/kg。现代牧业（五河）牧场、和平乳业奶牛育种中心为部级标准化示范场。

蚌埠市紧紧围绕“保供给、保安全、保生态”的总体要求，积极推进低碳循环模式攻关，着力实施种养结合发展，现代牧业（蚌埠）牧场项目在五河县建成占地233.33hm^{2}的牧场，是全国最大的奶牛单体牧场。同步引进秋实草业公司，流转6 666.67hm^{2}土地，建立优质苜蓿种植基地，形成“畜—沼—草—畜”的生态农业系统，既为奶牛养殖提供了优质饲草，又充分消纳了牧场沼液。通过资金、项目扶持，支持汉邦牧业、和平乳业、金河公司等奶牛规模化养殖主体自建或与种植大户合作，发展全株青贮玉米种植基地3 333.33hm^2。

【政策法规】贯彻落实《安徽省人民政府办公厅关于推进奶业振兴 保障乳品质量安全的实施意见》，蚌埠市将奶业振兴纳入《蚌埠市人民政府关于推进六次产业发展的政策意见》扶持范围。扶持政策：农业产业化基金规模的10%，优先支持乳制品加工企业；乳制品及品牌获得省级农业产业化专项资金奖补的，按照1:1配套；规模奶牛养殖场自建或合作建设有机肥加工厂生产的商品有机肥奖补200元/t；新（扩）建奶牛存栏能力300头、500头以上的，分别给予15万元、25万元一次性奖补；规模奶牛养殖场流转土地自建苜蓿、青贮玉米等饲草种植基地的，给予土地流转3 000元/hm^2一次性补贴；对纳入省级农机购置补贴机具范围内的奶牛加工设备等机械，实行应补尽补。同时，落实奶牛政策性保险，全市参保奶牛3.6万头。

【质量监管】全市5家奶牛养殖企业、5个奶站和14辆生鲜乳运输车纳入系统管理，健全饲料、兽药投入品使用和生鲜乳收购销售、运输等台账管理制度，每年对生鲜乳收购、运输环节开展抽样检测。加强对奶牛疫病的检测和防控，强制进行口蹄疫免疫，全覆盖开展奶牛布鲁氏菌病和结核病普查和检测，净化牛群。

（蚌埠市畜牧兽医局，苏锡胜）

马鞍山市

【奶畜养殖】本市奶畜养殖品种主要是荷斯坦牛。2018年年末，存栏奶牛6 900头，同比下降19.81%；奶类总产量3.66万t，同比下降13.9%。全市共有1个奶牛养殖企业，即现代牧业（集团）马鞍山牧场，位于博望区丹阳镇。

【乳品加工】本市现有乳品加工企业2家，即蒙牛乳业（马鞍山）有限公司和蒙牛高科乳制品（马鞍山）有限公司，乳制品总产量近35万t，其中巴氏杀菌乳1.8万t、UHT奶2.7万t、酸奶16万t、奶酪54t、乳饮料8万t，年销售收入60多亿元，利润近2.8亿元。

【奶源基地】现代牧业（集团）马鞍山牧场是本市奶源核心基地，2018年存栏6 900多头，泌乳牛3 115头，年产原奶3.66万t，日产原奶110t，泌乳牛平均年单产最高可达到10.3t，生鲜乳收购年均价格为3.8元/kg。牧场采用了先进的散栏式工业化养牛方式，采用机械挤奶和全混合日粮（TMR）技术，使用进口冻精进行奶牛品种改良。牧场粪污处理设施比较先进，配套建设了粪污处理系统、厌氧发酵系统、沼气净化系统、沼气发电系统和余热回收系统、沼液贮存、运输和利用装置以及其它附属设施，沼渣作为垫料回用，沼气作为能源发电、供热，沼液作为有机肥还田，奶牛养殖过程中产生的废弃物基本上实现了资源化利用。

技术推广。2018年重点推广4项奶牛养殖技术，即：奶牛生产性能测定与日粮调控技术，优质后备奶牛培育综合配套技术，奶牛养殖信息化平台——牧云大数据分析系统，奶牛性控冻精应用技术。

【疫病防治】一是按照国家规定对奶牛实行A型口蹄疫强制免疫；二是按照《布鲁氏菌病防治技术规范》和《牛结核病防治技术规范》要求，每年对存栏奶牛全部进行“两病”检测；三是指导现代牧业（集团）马鞍山牧场做好布鲁氏菌病净化创建申报准备工作。

【质量监管】2018年组织实施了生鲜乳专项整治行动。一是严格审查运输车资质条件。重点对运输车的资质进行重新审核，建档立案，重点对运输车标准化管理、安全制度落实等方面进行监督检查。二是加大生鲜乳质量安全抽检力度。组织实施2018年生鲜乳质量安全监测计划，监测覆盖所有奶牛养殖场，检测指标为三聚氰胺、黄曲霉毒素M_1，全年完成30个样品检测任务，合格率均为100%。三是严厉打击违法违规行为。实行监测与执法联动，行政与司法衔接，对生鲜乳生产、收购和运输过程中的违法违规行为，发现一起，查处一起，绝不手软。四是强化主体责任。运输车经营主体和奶牛养殖企业落实质量安全首负责任，并签订生鲜乳质量安全责任状。

（马鞍山市农业农村局，谢长明）

福建省

【奶畜养殖】2018年福建省奶牛存栏41 171头，奶类产量143 097t，鲜牛奶产量138 239t，同比分别增长6.0%、5.7%和5.4%。能繁母牛20 137.1头。

福建省奶业主产区位于闽北的南平市，主要包括延平区、建阳区、建瓯市、邵武市、顺昌县、浦城县、政和县等县（市、区），福州市、莆田市、泉州市、漳州市、厦门市、宁德市的24个县（市、区）也饲养少量荷斯坦牛。南平市奶牛存栏28 177头，奶牛存栏量约占全省奶牛存栏量的2/3，其中成乳牛存栏14 995头，平均年单产约9.2 t。延平区奶牛存栏14 771头，鲜奶产量76 975 t；建瓯市奶牛存栏3 573头，鲜奶产量17 724t；建阳区奶牛存栏5 129头，鲜奶产量25 256t；顺昌县奶牛存栏2 038头，鲜奶产量12 149t。

奶水牛主要分布在漳州市等的5个县（市、区），奶水牛存栏7 564头、水牛奶产量9 832.3t。能繁母牛7 564头、年单产780~2 200kg。其中芗城区奶水牛存栏1 364头、水牛奶产量1 909.6t；长泰县奶水牛存栏1 644头、水牛奶产量2 301.6t；平和县奶水牛存栏978头、水牛奶产量1 271.4t；龙海市奶水牛存栏1 760头、水牛奶产量2 510t；漳浦县奶水牛存栏1 250头、水牛奶产量1 625t。

奶山羊存栏主要分布在南安市、屏南县、龙岩市、新罗区、莆田市、涵江区、永定县、长汀县、上杭县、永安县、尤溪县、厦门市、同安区等12个县（市、区），萨能奶山羊存栏9 714头，羊奶产量4 857t。

【乳品加工】2018年，福建省乳品企业10家，乳制品总产量191 546.36t，其中液态奶产量150 714.23t，干乳制品40 832.13t。福建省乳品企业以长富乳品、澳牛、宏宝露、闽牛、台农、久牧等加工低温巴氏鲜奶为主，其他酸奶、乳饮料、奶粉为辅。

福建鲜奶量3/4由本省企业加工，接近1/4销售到广东、浙江、湖北等周边省份乳品企业。虽然全省多年来主推巴氏鲜奶，但是液态奶的生产加工还是保持10万t左右，还有3万多t鲜奶要依靠伊利、蒙牛、燕塘、一民等周边的省份乳企消化，福建液态奶还缺乏能统领福建品牌的企业，目前以伊利、蒙牛、光明等常温奶、酸奶占主导市场，在福建年销售总额达到100多亿元。

乳品企业主要生产液态奶和奶粉两大类。液态奶企业有长富、澳牛、宏宝露、闽牛、碧海、台农、久牧、骏牧；奶粉企业有明晨冠。其中，福建长富公司蝉联中国奶业D20联盟20强，主要生产巴氏鲜奶产品，日加工鲜奶超过300 t，年销售额12亿多元，获得中国奶业最具影响力品牌企业、奶业脊梁企业、优质乳工程示范工厂和示范牧场等多项殊荣，成为全国首家通过中国优质乳工程全牧场、全品项巴氏鲜奶验收的乳品企业；明一国际集团营养品有限公司是一家奶粉生产企业，年销售额23亿元，在本省建宁县建有明一国际生态高新科技园项目，总投资26.7亿元，系“省重点和省行动计划项目”，拥有得天独厚的地理资源和自然环境，按照国家AAAA级工业旅游景区标准，建设666.67hm^{2}奶牛规模化养殖基地，打造长江以南产能最大、设备最先进的乳制品暨婴幼儿营养品生产基地。园区占地27.8hm^2，分两期建设，共新建标准厂房18.2万m^2，新上全自动干湿法乳粉生产线6条，年产乳粉等营养品2.5万t。

福建奶业的主要问题：冬季鲜奶太多，乳品企业要喷粉，夏天鲜奶又不够。因鲜奶收购价问题乳品企业与奶牛养殖企业的矛盾凸显，还需进一步协调。虽然全省的奶类产品总产量较小，但奶源的质量较好，本土乳品企业以加工低温巴氏鲜奶和酸奶为主，奶酪将成为福建省部分奶企的高端乳制品。为繁荣市场，今后应在品种、花色上多做文章，以应对全球奶业市场的挑战。

【市场消费】福建省由于奶源质量优良，长期致力于低温巴氏鲜奶产品生产，福建液态奶生产企业主要生产低温巴氏杀菌乳、酸奶，总体情况良好，但奶粉企业因受国际奶粉市场价格影响销售滑坡严重。2018年，乳品销售总量100多万t，60%靠外来奶制品供应全省市场。2018年全省（不含厦门市）鲜奶平均支付价3.6~5.8元/kg，水牛奶平均支付价12元/kg，羊奶平均支付价9.0元/kg。

低温巴氏杀菌乳、超高温灭菌奶、酸奶、奶粉等乳制品，在福建大小超市都有销售。飞鹤、明一、君乐宝，伊利、完达山等国产品牌奶粉呈现多方竞争的态势，伊利和蒙牛在超高温灭菌奶占据优势地位，而低温巴氏杀菌乳则以本土的长富、澳牛、宏宝露、闽牛、台农、久牧等为主。其中，低温巴氏杀菌乳和酸奶销售渠道，有商场销售和液态奶加工企业配送到户，冷链销售网络分布全省各县（市、区），包括社区连锁便利店，其中低温巴氏杀菌乳还销售到广东、江西、浙江等周边省份。

以长富公司为例，长富立足于“优质乳工程”和武夷山优质生态资源，传播“天然活性营养”消费价值，持续培育“喝好奶，喝当天”消费习惯，强化“每日配送，每日新鲜”和“每日配送，活菌更多”的市场占位，品类教育土壤培育初见成效。大力推动体验营销，让客户近距离感受生态环境，普及品类知识，并进行圈层传播，直击消费者心灵，具有资源的杠杆效应，获客成本最低。

总体来说，全省的乳品消费市场良好，奶业市场竞争有序。

表 4-22　2018 年福州市部分超市乳制品价格调查表

品 牌	品 名	规格	价格（元）	品 牌	品 名	规格	价格（元）
长 富	天然牧场纯牛奶	250ml × 24	79.80		金典有机纯牛奶	250ml × 12	61.80
	高钙奶	250ml × 24	69.80		金领冠珍护婴儿配方奶粉	900 g（0~6 月、一段）	398.00
	精品纯牛奶	250ml × 24	59.80				
	致纯牛奶	250ml × 12	53.80		金领冠珍护婴儿配方奶粉	900 g（6~12 月、二段）	378.00
	双岐酸奶	125g × 8	20.00				
	鲜牛奶	1L/ 盒	14.50		金领冠珍护婴儿配方奶粉	900 g（12~36 月、三段）	358.00
	益生菌原味酸牛奶	100*8	10.90		老年奶粉	900 g / 听	72.90
	乳酸菌饮品	200ml	5.00		中老年奶粉	800 g / 听	109.00
	鲜牛奶	221ml	3.50	蒙 牛	特仑苏有机梦幻纯牛奶	250ml × 12	79.20
	可可牛奶	221ml	3.50		特仑苏低脂奶	250ml × 12	68.00
澳 牛	进口纯牛奶	250ml × 12	59.80		特仑苏纯牛奶	250ml × 12	65.00
	纯牛奶	250ml × 24	64.80		纯甄酸牛奶	200 ml × 12	66.00
	原味酸奶	250ml × 24	49.80		纯牛奶	250ml × 20	56.00
	酸奶优	250ml × 24	31.80		纯甄酸牛奶利乐钻	200ml × 10	38.80
	红枣酸牛奶	100 g × 8 杯	16.80		特仑苏有机纯牛奶	250ml × 12	79.20
	原味酸牛奶	100 g × 8 杯	10.50		高钙奶	250ml × 24	67.20
	优酸乳	250ml × 24	48.00		酸酸乳草莓味	250ml × 20	29.90
	高钙牛奶	250ml × 20	45.80		高钙奶低脂奶	250ml × 24	76.80
	儿童成长牛奶	200ml × 15	48.80	明一	天籁贝宝系列婴儿奶粉（1 段）	900g/ 听	398.00
	高钙儿童牛奶	200ml × 15	49.80				
	巴氏杀菌乳	221ml/ 袋	3.80		天籁贝宝系列较大婴儿奶粉（2 段）	900g/ 听	398.00
	巴氏酸牛奶（活菌）	100g × 8 杯	14.80		天籁贝宝系列幼儿奶粉（3 段）	900g/ 听	398.00
	巴氏酸牛奶（樱桃味）	270g/ 杯	14.80				
伊 利	纯牛奶	250ml × 24	65.80		牧栏纯系列婴儿奶粉（有机 1 段）	800g/ 听	428.00
	金典纯牛奶	250ml × 12	65.00		牧栏纯系列较大婴儿奶粉（有机 2 段）	800g/ 听	428.00
	安慕希原味酸奶	250ml × 12	51.00				
	纯牛奶	250ml × 20	41.80		牧栏纯系列幼儿奶粉（有机 3 段）	800g/ 听	428.00
	优酸乳	250ml × 24	38.80		中老年高钙高铁奶粉	900g/ 听	118.00
	纯牛奶	250ml × 20	43.80		中老年高钙高铁奶粉	400g/ 袋	46.00
	儿童成长牛奶	190ml × 15	59.80		加锌铁营养米粉	500g/ 听	56.80
	原生 DHA 纯牛奶	195ml × 12	68.00		加锌铁营养米粉	225g/ 盒	21.80
	舒化高钙型无乳糖牛奶	220ml × 12	49.80	雀巢	键心中老年奶粉	800g/ 听	126.20
	安慕希风味酸奶	250ml × 12	54.00		键心老年奶粉	800g/ 听	167.80

表 4-23　2018 年福建长富乳品有限公司低温产品价格表

区域					南平市延平区	福州、莆田、宁德、龙岩、三明、南平（不含延平区）及江浙地区	漳州	厦门、泉州	江西上饶市	江西赣州市	浙江江山市
序号	产品包装、品名		规格	单位	建议零售价（元）	建议零售价（元）	建议零售价（元）	建议零售价（元）	建议零售价（元）	建议零售价（元）	建议零售价（元）
1	袋装系列	长富巴氏 100% 鲜牛奶	221ml	袋	3.30	3.50	3.50	4.00	3.80	4.00	4.00
2		长富巴氏可可牛奶	221ml	袋	3.30	3.50	3.50	4.00	3.80	4.00	4.00
3		长富巴氏高钙甜奶	221ml	袋	3.30	3.50	3.50	4.00	3.80	4.00	4.00
4		长富巴氏高钙低脂奶	221ml	袋	3.30	3.50	3.50	4.00	3.80	4.00	4.00
5		长富巴氏黑谷物牛奶	221ml	袋	3.30	3.50	3.50	4.00	3.80	4.00	4.00
6		长富巴氏谷物麦香奶	221ml	袋	3.30	3.50	3.50	4.00	3.80	4.00	4.00
7		长富草莓乳饮品	221ml	袋	3.30	3.50	3.50	4.00	3.80	4.00	4.00
8		长富酸乳酪活性乳酸菌乳饮品	221ml	袋	3.30	3.50	3.50	4.00	3.80	4.00	4.00
9		长富巴氏 100% 鲜牛奶	180ml	袋	2.50	3.00	3.00	3.50	3.00	3.00	3.00
10	屋顶盒系列	长富巴氏 100% 鲜牛奶	250ml	盒	4.00	4.30	4.80	5.00	4.50	5.00	5.00
11		长富巴氏 100% 鲜牛奶	500ml	盒	7.50	8.00	8.80	8.80	8.50	8.50	8.50
12		长富巴氏 100% 鲜牛奶	1 000ml	盒	13.50	14.50	15.50	15.50	15.00	15.00	15.00
13		长富“致鲜”巴氏 100% 鲜牛奶	475ml	盒	9.50	9.50	10.00	10.00	10.00	10.00	10.00
14		长富“致鲜”巴氏 100% 鲜牛奶	950ml	盒	18.00	18.00	19.00	19.00	18.00	18.00	18.00
15		长富“武夷牧场”儿童巴氏 100% 鲜牛奶	200ml	盒	3.80	4.00	4.60	4.60	4.50	4.50	4.50
16		长富“武夷牧场”儿童巴氏奶麦香型	200ml	盒	3.80	4.00	4.60	4.60	4.50	4.50	4.50
17		长富“武夷牧场”儿童巴氏奶优佳型	200ml	盒	3.80	4.00	4.60	4.60	4.50	4.50	4.50
18		长富“武夷牧场”儿童巴氏奶维衡型	200ml	盒	3.80	4.00	4.60	4.60	4.50	4.50	4.50
19		长富“武夷牧场”儿童水果味发酵乳	150g	盒	3.80	4.00	4.60	4.60	4.50	4.50	4.50
20		长富“武夷牧场”儿童纯净型发酵乳	135g	盒	3.80	4.00	4.60	4.60	4.50	4.50	4.50
21		长富“雪儿”活性益生菌发酵乳	250ml	盒	5.00	5.50	5.50	5.50	6.00	6.00	6.00
22		长富“雪儿”活性益生菌发酵乳	500ml	盒	9.00	10.00	10.00	10.00	10.00	10.00	10.00
23		长富吃活菌活菌型乳酸菌乳饮品	950ml	盒	23.00	23.00	23.00	23.00	23.00	23.00	23.00
24	八连杯	长富纯酸奶	125g×8 杯	件	18.40	18.40	18.40	18.40	20.00	20.00	20.00
25		长富双歧发酵乳	125g×8 杯	件	20.00	20.00	20.00	20.00	22.40	22.40	22.40
26		长富草莓酸奶	125g×8 杯	件	18.40	18.40	18.40	18.40	20.00	20.00	20.00
27		长富益生菌原味发酵乳	100g×8 杯	件	13.60	13.60	13.60	13.60	16.00	16.00	16.00

（续）

区域					南平市延平区	福州、莆田、宁德、龙岩、三明、南平（不含延平区）及江浙地区	漳州	厦门、泉州	江西上饶市	江西赣州市	浙江江山市
序号		产品包装、品名	规格	单位	建议零售价（元）	建议零售价（元）	建议零售价（元）	建议零售价（元）	建议零售价（元）	建议零售价（元）	建议零售价（元）
28		长富益生菌草莓发酵乳	100g×8 杯	件	13.60	13.60	13.60	13.60	16.00	16.00	16.00
29		长富红枣酸奶	100g×8 杯	件	16.00	16.00	16.00	16.00	16.00	16.00	16.00
30	酸奶小点	长富酸奶小点黄桃大麦风味酸乳	115+30g	杯	6.00	6.00	6.00	6.00	6.00	6.00	6.00
31		酸奶小点蓝莓椰果风味酸乳	115+30g	杯	6.00	6.00	6.00	6.00	6.00	6.00	6.00
32		长富酸奶小点草莓蔓越莓树莓风味酸乳	115+30g	杯	6.00	6.00	6.00	6.00	6.00	6.00	6.00
33	纸杯	长富巴氏 100% 鲜牛奶	200ml	杯	4.00	4.00	4.00	5.00	4.00	4.00	4.00
34		长富吃活菌活菌型乳酸菌乳饮品	200ml	杯	5.00	5.00	5.00	5.00	5.00	5.00	5.00
35		长富搅拌型鲜活发酵乳	125g	杯	3.00	3.00	3.00	3.00	4.00	4.00	4.00
36	玻璃瓶	长富巴氏 100% 鲜牛奶	200ml	瓶	7.00	7.00	7.00	8.00	7.00	7.00	7.00

【奶源基地】2018年奶牛存栏41 171万头，全省有奶牛养殖规模场27家，其中18家企业养殖规模超过千头，全省拥有5家国家级标准化示范场、9家省级标准化示范场。

福建长富乳品有限公司作为省级龙头企业，也是福建省目前唯一的中国奶业D20企业联盟成员，现与13个牧场建立长期供奶关系。奶牛存栏总数16 147头，能繁母牛9 455头，年可供鲜奶95 693.1t，平均成乳牛年单产9.5t。

牧场采用全封闭管道鱼骨或转盘挤奶方式，牛奶与空气零接触，杜绝二次污染，确保了原料奶的高品质。原料奶菌落总数＜10万CFU/mL，优于国标20倍，并实现无抗化，达到欧盟原奶质量标准。

在国内首家引进全自动转盘挤奶机、全自动喂料机，开创了现代化牧场的先河。对采购的饲料进行常规营养成分检测和霉菌毒素的检测，强化采购、交货、储存、喂养前等多个环节的管控。

采用现代化、标准化的管理模式。所有牧场每头牛都有编号和“身份证”，建立独立档案，奶牛的生日、体重、谱系、胎次、产奶记录、有无病史等都有据可查。通过企业内部追溯系统，实现原奶供应生产记录可存储、流向可跟踪、储运信息可查询。一旦出现问题，对每批次的每罐奶都可追溯，能迅速查清奶源来自哪个牧场，并立即加以解决。这相较于主要依托收购散户奶源进行生产的企业，有着不可比拟的优势。

在防疫管理上，依托当地畜牧主管部门每年春秋两次全群牛的结核病检疫和布鲁氏菌病检疫，检疫情况良好。每年完成两次口蹄疫疫苗全群预防注射，建立健康奶牛饲养区。

在环境治理上，牧场建有环保处理设施，采取零排放工艺，污粪先进行固液分离，沼液用于灌溉牧草种植基地，固体晒干，制成有机肥销售。采取达标排放工艺，固液分离后，沼液处理增加固形物去除及好氧处理装置，做到达标排放。

为了保障生鲜牛奶卫生质量，牧场全部采用管道化机器挤奶，5个牧场先后引进当时国际最先进的德国韦斯伐利亚48位转盘挤奶台挤奶。挤奶设备都配备有清洗和冷却贮存设备。牛奶离开母体中后实现了牛奶的全部封闭，全程冷藏，整个挤奶、运输、生产过程不与外界接触，从而最大限度地保障了牛奶的新鲜和营养。原料奶各项指标均优于国标特级奶标准，其卫生指标已经达到欧、美等乳业发达国家水平，生鲜奶菌落总数<5万CFU/mL。散栏饲养是现代奶牛业的发展趋势，也是牧场发展的首选。有10个牧场年先后引进意大利尤尼法斯特、斯达特公司的TMR全自动喂料车或固定式搅拌站。正是基于十几年来牧场坚守原奶质量高品质，打造安生放心奶，从各环节把控管理，保证了每一滴牛奶的安全品质。也正是通过这些年努力，长富牛奶在广大消费者中树立了极高的知名度，长富公司日销售巴氏杀菌乳250多t。

南平市建阳区佳鸣牧业有限公司创立于2016年，其前身是一家专业从事奶牛饲养30余年、长期以供应生鲜乳为主的大型现代化养殖企业，2002年率先拥有现代化韦斯伐利亚48位转盘式自动挤奶设备、有机肥场等配套附属设备，企业占地20hm^2，饲养奶牛1 600余头。2017年，公司研发的富含硒元素牛奶经中国检验认证集团福建有限公司检测，硒元素含量达0.064mg/kg。打造成了福建第一家具有科技研发、循环利用、观光旅游为一体的大型农业产业化田园综合体园区。

福建省鲜奶收购参照福建长富乳品有限公司奶价执行。长富公司的奶价制定遵循公开、公平、公正和平等协商的原则，以长期合同为立足点，以社会责任和企业担当为抓手，以原料奶质量指标为计价依据，实现优质优价。原料奶价格一年一定，年初制定，全年执行，合作双方实现全流程公开、透明。具体规则如下。

原料奶价格制订流程：价格每年调整一次；公司有关部门综合考虑全国奶业形势、全国奶价情况、周边省份奶价情况、饲料价格变动情况、企业自身情况、牧场养殖情况等因素，于每年12月左右提供调研报告，提出下一年度奶价建议；董事会审议奶价建议；公司有关部门根据董事会会议精神与各牧场负责人商谈奶价，形成初步共识；公司有关部门向董事会反馈商谈奶价情况及牧场诉求；董事会根据商谈奶价情况，考虑牧场诉求，确定最终价格方案，由公司有关部门通报各牧场；签定价格协议；执行。

制定科学的价格体系：原料奶按不同季节确定不同价格，每年价格分为冬季价、夏季价、暖季价三种价格，每个季节价格差异约14%；原料奶实行分级计价，根据乳脂、乳蛋白的含量对原料奶进行分级计价，共分四级，每级价格相差200~300元/t；原料奶实行冬、夏季奶量差别计价，设定冬、夏季奶量比率，对于超过比率部分的奶量实行差别计价；乳脂率净含量计价，设定原料奶基准价，在基准价的基础上计算出每千克乳脂价格，然后根据原料奶实际乳脂率计算出对应数量的乳脂金额；乳蛋白率净含量计价，设定原料奶基准价，在基准价的基础上计算出每千克乳蛋白价格，然后根据原料奶实际乳蛋白率计算出对应数量的乳蛋白金额；脂蛋比（脂肪和蛋白质的比值）计价，设定一个合理的脂蛋比区间，在区间内按计价公式计算价格，在区间外，按一定比例考核计价；冰点考核计价，对于冰点值低于国标执行两档考核计价；微生物含量考核计价，设定微生物考核值，高于考核值执行三档考核扣款，低于考核值执行三档考核奖励；体细胞考核计价，设定体细胞考核值，高于考核值执行三档考核扣款，低于考核值执行一档考核奖励；耐热菌残留考核计价，设定耐热菌残留考核值，高于考核值执行一档考核扣款；牛体健康指标考核计价，设定牛体健康指标考核值，高于考核值执行一档考核扣款；牧场评级考核分数计价，该指标为定量和定性相结合的考核计价指标，公司设定一个对牧场全面评估的标准，公司5个部门组织联合评估小组，定期对每个牧场进行全面评估，根据评估标准进行对照检查并进行打分，不同的分数执行不同的价格，共分四档考核价格。

总之，为了保证原料奶品质，实现优质优价，福建省制定了复杂而又严谨的价格体系，根据冬天和夏天奶量增减情况，还对鲜奶12月至翌年5月递减700元/t，6~11月递增700元/t，使得全年收奶每车奶的价格均不同。该价格体系对于乳品公司和牧场的可持续发展意义重大。福建其他乳品企业参照长富公司的价格标准，2018年平均单价为4 771.42元/t。

【奶农组织】福建省奶业协会是福建唯一的奶业行业组织，2012年6月成立，8月成立中共福建省奶业协会党支部。协会努力发挥政府与企业的桥梁、纽带作用，分别在推进福建低温巴氏杀菌乳发展、落实奶牛良种冻精补贴和品种改良政策、示范标准牧场建设、深入开展行业调研活动、加强奶业行业宣传力度、开展奶牛养殖技术培训、支持福建奶源基地建设、引导乳品企业发展壮大以及加强福建奶业对外交流等方面做出了自己的贡献，特别在"放心奶"和学生饮用奶两方面积极工作，取得了一定的成绩。

3月21日，福建省奶业协会与美国杜邦公司在南平市举办首届2018年福建青贮饲料大会，美国杜邦公司承办并派专家演讲，福建省各相关养殖、种植企业代表100多人参加培训。协会也依托奶业经销商企业为当地奶牛养殖场举办多期牧场种植技术培训，深受奶牛养殖场管理人员和技术人员的欢迎。

福建省奶业协会积极推进福建好奶源、宣传生产优质的低温巴氏杀菌乳，积极推进国家优质乳工程项目在福建长富公司实施，力推增加产品花色品种，繁荣牛奶市场，让老百姓喝上"放心奶"。

福建省奶业协会主办的"食安汇"微信公众号，从2016年8月开始运营，2018年共发文43篇，总阅读数23 872次。订阅号围绕宣传行业重大政策、普及科学饮奶知识、倡导健康饮奶习惯、关注下一代营养健康等主题，在内容创作上遵循新媒体传播规律、贴近网民的阅读习惯，借助节庆日向公众普及健康知识，不断探索新的采编、排版方式，深入浅出，质量和趣味性并重。

2013年11月28日，南平市养殖户在延平区成立了南平市福牛奶牛专业合作社，是福建省第一个奶牛专业合作社，由7个大型牧场以股份制形式入股，在自愿、平等、民主、互利原则的基础上组建的。2018年福牛合作社已拥有奶牛9 532头，其中泌乳牛5 171头，2018年鲜奶总产量达54 829 t，平均单产9.9 t。同时，还建成了全国首家专业合作社奶牛用品超市，把挤奶配件、防疫药品、消毒用品、配种器械等集中起来展销，大大便利了牧场以及养殖户。此外，福牛合作社还提供养殖育种、疾病防控等专业技术服务和培训。

【政策法规】2018年，福建省推出了一系列政策来推动全省奶业的健康发展。

2018年5月25日【内部明电】《福建省农业厅办公室关于开展2018年生鲜乳专项整治行动的通知》（闽农综明传〔2018〕150号）。

2018年7月9日福建省农业厅关于征求《福建省人民政府办公厅关于推进奶业发展　保障乳品质量安全的六条措施（征求意见稿）意见的函》（闽农牧函〔2018〕600号），贯彻国办发〔2018〕43号文件。

2018年8月17日《福建省政府办公厅关于推进奶业发展　保障乳品质量安全若干措施的通知》（闽政办〔2018〕72号）。

2018年10月23日【内部明电】《福建省农业厅贯彻落实省政府办公厅关于推进奶业发展 保障乳品质量安全若干措施的通知》（闽农综明传〔2018〕327号）。

【质量监管】2018年福建省根据农业农村部和省委、省政府关于农产品质量安全的有关部署，为了确保生鲜乳质量安全，对生鲜乳质量实行安全监管，下发了《福建省农业厅办公室关于开展2018年生鲜乳专项整治行动的通知》。

根据专项整治方案，福建主要在三个方面加强了生鲜乳安全监管：一是强化奶站和运输车日常监管。重点对奶站和运输车标准化管理、生鲜乳质量检验、不合格生鲜乳处理、安全制度落实等方面进行监督检查，对不符合条件的停业整顿，经整顿仍不合格的，坚决予以取缔。二是强化主体责任。省农业厅督促奶站和运输车经营主体落实质量安全首负责任，加强监督检查。三是严厉打击违法违规行为。监测与执法联动，行政与司法衔接，省农业农村厅对生鲜乳生产、收购和运输过程中的违法违规行为，发现一起，查处一起。

在2018年度的专项整治行动中，福建全省共出动监督执法人员309人次，检查奶牛养殖场、生鲜乳收购站、运奶车184场（站、次、车），抽检生鲜乳45批次。经检测，全部合格。全省共有生鲜乳收购站27个，运奶车15部，全部核发生鲜乳收购许可证或运输许可证，奶站及运奶车100%纳入监管。

【奶业大事】3月21日，福建省奶业协会与美国杜邦公司在南平市举办首届2018年福建青贮饲料大会，美国杜邦公司承办并派专家演讲，福建省各相关养殖、种植企业代表100多人参加培训。

4月11日，中国奶业协会第七届会员代表大会在北京召开，福建省奶协会长、副会长、秘书长等8人参加。大会选举福建明一国际营养品集团有限公司为中国奶业协会副会长单位，明一集团总裁林强为中国奶业协会副会长，福建省奶业协会副会长兼秘书长吴大新、福建长富乳品有限公司总经理蔡永康为常务理事，福建省闽牛乳业有限公司总经理林纪智、福建澳牛乳业有限公司总经理叶松景、晨冠生物科技有限公司总经理王世钗、秋田（福建）农牧有限公司总经理高科文为理事。

4月16日，"五一"劳动节前夕，福建省总工会决定，授予福建长富乳品有限公司"福建省五一劳动奖状"。

6月1日，福建长富乳品有限公司2018公益助学启动仪式在南平水南学校举行，参加启动仪式的领导、嘉宾有中国奶业协会副秘书长张智山、福建省奶业协会副会长兼秘书长吴大新、延平区政府和教育局以及长富乳品公司领导等。

8月20日，由中国奶业协会、福建省奶业协会支持，福建长富乳品有限公司承办的第二届中国优质乳工程巴氏鲜奶发展论坛在福建厦门举办，国家奶业科技创新联盟正式公布了优质乳工程标准，填补了长期以来行业标准的空白。

10月22日，中国奶业协会副会长兼秘书长刘亚清、副秘书长周振峰，福建省奶业协会副会长兼秘书长吴大新等到明一国际营养集团有限公司福州空港基地、福建长富乳品有限公司考察调研，两家公司领导分别介绍了各自生产运营情况。刘亚清副会长兼秘书长肯定了明一、长富公司在福建奶业的影响力。

11月29日，福建省奶业协会在三明市碧海乳业有限公司召开会员代表座谈会，贯彻传达学习《福建省政府办公厅关于推进奶业发展　保障乳品质量安全若干措施的通知》（闽政办〔2018〕72号）；福州、南平、三明等会员企业代表30人参加会议。

12月20日，2018国家"学生饮用奶计划"推广交流会在福州召开。中国奶业协会副会长兼秘书长刘亚清，中国奶业协会副秘书长张智山、战略发展委员会常务副秘书长刘琳，中国奶业协会副秘书长李栋、周振峰、陈绍祜，教育部体卫艺司原巡视员廖文科，农业农村部食物与营养发展研究所副所长孙君茂，福建省学生营养改善计划领导小组办公室副研究员郑永红，北京大学医学部公共卫生学院教授马冠生，中国疾病预防控制中心营养与健康所学生营养室主任张倩，中国学生营养与健康促进会副秘书长孟文瑞，利乐中国公共事务副总裁牟晓燕、商务副总裁于朔等出席会议，各省（自治区、直辖市）学生饮用奶计划工作机构负责人、学生饮用奶生产企业学生奶项目负责人等180余人参加了会议；福建省奶业协会副会长兼秘书长吴大新代表福建奶协做了发言。

12月27日，福建省奶协部分副会长、监事、理事、副秘书长、会员座谈会在福州召开。会议由协会副会长兼秘书长吴大新主持。学习国办发〔2018〕43号和闽政办〔2018〕72号文件；讨论推荐"十佳乳品销售企业和十佳牧场"名单等。

（福建省奶业协会，吴妍、吴大新）

附表 1　福建省奶牛养殖场（小区）名录

序号	名称	供奶企业	养殖场	小区	全群存栏（头）	成母畜存栏（头）	奶畜品种	成母畜年单产（t）	年总产量（t）	是否参加DHI	是否应用TMR	是否国家学生饮用奶奶源基地	是否有机奶源基地	有机奶产量（t）	有机奶源认证机构	是否为布鲁氏菌病及结核净化创建场或示范场
1	南平市长源牧业有限公司	福建长富乳品有限公司	√		1 492	850	荷斯坦	10.0	8 295		√					福建省奶牛布鲁氏菌病非免疫净化场
2	南平市丰旺畜牧养殖有限公司	福建长富乳品有限公司	√		1 003	588	荷斯坦	9.7	5 113		√					
3	建瓯市富雅饲草饲料有限公司	福建长富乳品有限公司	√		1 072	543	荷斯坦	9.6	6 074		√					
4	南平亢绿盛牧业有限公司	福建长富乳品有限公司	√		1 093	614	荷斯坦	8.8	5 409		√					国家牛结核病净化示范场、牛布鲁氏菌病净化示范场
5	建瓯市小雅牧业有限公司	福建长富乳品有限公司	√		1 434	809	荷斯坦	8.5	6 297		√					
6	顺昌县富泉农业发展有限公司	福建长富乳品有限公司	√		2 038	1 187	荷斯坦	10.3	12 149		√					
7	南平市富洋牧业有限公司	福建长富乳品有限公司	√		1 211	658	荷斯坦	9.5	6 070		√					福建省奶牛布鲁氏菌病非免疫净化场
8	福建南平禾原牧业有限公司	福建长富乳品有限公司	√		1 560	841	荷斯坦	10.5	10 307		√					
9	福建省南平市南山生态园有限公司	福建长富乳品有限公司	√		1 078	586	荷斯坦	10.4	7 227		√					
10	福建省南平市荣发牧业有限公司	福建长富乳品有限公司	√		1 150	461	荷斯坦	9.1	5 667		√					
11	建瓯市东源生态牧业有限公司	福建长富乳品有限公司	√		1 067	550	荷斯坦	9.6	5 353		√					
12	南平市建阳区嘉远生态农业科技有限公司	福建长富乳品有限公司	√		1 403	794	荷斯坦	8.4	7 300		√					
13	南平市建阳区吉翔牧业有限公司	福建长富乳品有限公司	√		2 038	974	荷斯坦	10.4	10 430		√					
14	南平市三田牧业有限公司	蒙牛金华乳品有限公司	√		1 143	663	荷斯坦	8.5	5 844	√	√					
15	南平市新曙光农业发展有限公司	蒙牛金华乳品有限公司	√		900	450	荷斯坦	9.0	4 050	√	√					
16	南平市延平区大横生态牧业有限公司	伊利乳业公司	√		977	840	荷斯坦	9.2	7 300	√	√					
17	南平市延平区常坑生态牧业有限公司		√	（后备牛）	800		荷斯坦				√					
18	南平市富益牧业有限公司	广东燕塘乳业股份有限公司	√		1 078	576	荷斯坦	9.2	5 311	√	√					

（续）

序号	名称	供奶企业	养殖场	小区	全群存栏（头）	成母畜存栏（头）	奶畜品种	成母畜年单产（t）	年总产量（t）	是否参加DHI	是否应用TMR	是否国家学生饮用奶奶源基地	是否有机奶源基地	有机奶产量（t）	有机奶源认证机构	是否为布鲁氏菌病及结核净化创建场或示范场
19	南平市福延牧业有限公司	广东燕塘乳业有限公司	√		1 286	703	荷斯坦	9.9	6 380	√	√					
20	福建南平市建阳区佳鸣牧业公司	澳牛公司	√	/	1 688	928	荷斯坦	8.1	7 526	√	√					
21	福建南平市政和县兴和乳业有限公司	澳牛公司	√	/	900	500	荷斯坦	8.0	4 000	√	√					
22	福建南平市蒲城县坑沿牧业公司	伊利乳业公司	√	/	910	450	荷斯坦	8.2	3 668	√	√					
23	福建南平市蒲城县高胜牧业公司	伊利乳业公司	√	/	856	430	荷斯坦	8.0	3 440	√	√					
24	三明市碧海乳业有限公司	碧海乳业公司	小溪、陈大		967	531	荷斯坦	6.0	3 192							
25	福建省闽牛乳业有限公司	福建省闽牛乳业有限公司	小溪、陈大		1 335	747	荷斯坦	6.2	4 635							
26	福清犇鸿牧业有限公司	伊利乳业公司	√		1 265	897	荷斯坦	9.7	7 300	√	√					
27	福清市盛泽农牧有限公司	龙游伊利乳业有限公司	√		1 538	1 108	荷斯坦	10.0	10 000		√					
28	周宁县和谐牧业有限公司	浙江省一鸣乳业有限公司	√		600	400	荷斯坦	8.0	3 200		√					
29	秋田农牧（福建）有限公司	厦门久牧乳业有限公司	√		2 100	1 400	萨能奶山羊	0.5	700							
30	福建南安市裕农牧有限公司	台农（厦门）农牧有限公司	√		2 100	1 600	萨能奶山羊	0.5	800							

附表 2　福建省乳制品生产企业名录

序号	名称	生产许可证号码	年收购原奶量（t）	平均支付价格（元 /kg）	其中：自有奶源量（t）	年乳制品产量(t)	其中：巴氏杀菌乳（t）	UHT 奶（t）	酸奶(t)
1	福建长富乳品有限公司	SC10635070200033	95 487	4.78	91 373	93 102	70 157	13 071	6 186
2	明一国际营养品集团有限公司	SC20135018200349				40 127			
3	福建宏宝露乳业股份有限公司	SC10635018100465	15 000	5.00	15 000	27 000	6 000	5 000	4 000
4	福建澳牛乳业有限公司	SC10535072200214	13 000	5.00	13 000	16 000		13 000	
5	福建省闽牛乳业有限公司	sc10535040200152	6 593	5.00	4 635	6 875	3 975		1 951
6	三明市碧海乳业有限公司	SC10535040200793	3 192	5.00	3 192	3 201	2 643		408
7	晨冠生物科技有限公司	SC10535098200011				705			
8	台农（厦门）农牧有限公司	SC10535021201939	1 384	5.52		4 351	4 342		9.223
9	厦门久牧乳业有限公司	sc10635021100386	645	9.00		645	185		
10	福建骏牧乳业股份有限公司	SC10535052500146				273			93

（续）

序号	奶粉（t）	婴配粉（t）	奶油（t）	奶酪（t）	乳饮料（t）	产品销售区域	年销售收入（万元）	利润（万元）	是否为国家学生饮用奶认定企业	有机产品（枚）	有机认证机构	有机产品品类1及数量（枚）	有机产品品类2及数量（枚）	有机产品品类3及数量（枚）
1					3 686	福建省及江西省、浙江省部分地区	129 984	10 065						
2	40 127	38 923				全国	236 065	15 689		133 192	北京五岳华夏管理技术中心	牧栏纯婴儿配方乳粉 108 262	牧栏纯较大婴儿配方乳粉 10 800	牧栏纯幼儿配方乳粉 14 130
3					12 000	福建省	23 000	15 000 000						
4					3 000	福建省	15 000	10 000 000						
5					949	福建省	7 891	201						
6					150	福建省	4 957	173						
7		705				上海市	2 707	1 873						
8						福建省及周边	1 908	435						
9					460	福建省	1 600	200						
10					180	福建省		30						

备注：自有奶源指来自自建和参建（控股、参股）牧场（小区）的原奶。有机产品数量单位为“枚”指获得有机标志的数量。有机产品品类指液态奶、酸奶、奶粉、奶酪等大类。

江西省

【奶畜养殖】2018年，全省奶业养殖数量和规模基本稳定。年末全省奶牛存栏3.21万头，同比增长1.04%；牛奶产量9.63万t，同比增长1.43%。区域化养殖更加集中，进贤县、于都县等9个县区奶牛存栏占全省总量93.86%。奶牛规模化比重不断上升，达91.07%，奶类质量不断提升，奶牛平均单产不断提高，年平均达6.42t，现代化牧场（管理水平好）平均单产达8.32t。

全省存栏奶牛50~199头的规模养殖场125个；存栏200~499头的规模养殖场（小区）4个；存栏500~999头的规模养殖场（小区）3个。奶站和生鲜乳运输车辆也保持基本稳定，现有5个奶站分布在牛奶重点产区，拥有10辆生鲜乳运输车。

表4-24 2018年各主要养殖地区奶牛存栏及产量情况

地区	场（户）（个）	年末奶牛存栏（头）	牛奶产量（t）
南昌市	101	8 611	35 834
赣州市	817	9 564	42 302
抚州市	157	4 007	12 916
吉安市	3	1 307	4 125
萍乡市	1	628	3 219
宜春市	21	1 275	4 452

表4-25 2018年主要养殖县（市、区）奶牛养殖情况

县（市、区）	奶牛存栏（头）	年奶产量（t）	说明
南昌县	5 074	20 083	
进贤县	4 407	20 052	
抚州市东乡区	2 898	12 998	
南昌经开区	486	1 152	
奉新县	1 253	4 026	
芦溪县	628	3 219	
吉安市吉州区	2 127	8 869	含西门塔尔挤奶牛516头
抚州市临川区	413	1 502	
于都县	8 538	35 246	

【奶源基地】奶牛养殖基地区域化集中化饲养态势明显。全省奶牛生产基地主要集中在南昌县、进贤县、南昌市新建区、抚州市东乡区、奉新县、吉安市吉州区、于都县、芦溪县、南昌经开区等9个县区，奶牛存栏占全省93.86%。奶牛标准化规模养殖场项目建设和奶牛良种补贴政策的实施，促进了全省奶牛养殖业进一步向规模化标准化发展。阳光、牛牛等企业和规模化牧场大多采用了全混合日粮（TMR）技术应用。

表4-26 2018年奶牛规模饲养情况

规模（头）	场（户）（个）	年末存栏（头）	牛奶产量（t）
1~4	244	816	3 672
5~9	226	1 555	7 746
10~19	415	4 717	20 007
20~49	706	22 530	78 022
50~99	102	4 359	20 479
100~199	23	1 962	8 021
200~499	4	1 701	6 863
500~999	3	2 745	13 109

随着散户的逐步退出，奶牛养殖向标准化规模化现代化转变，集中机械化挤奶常态化。2018年奶牛规模养殖场机械化挤奶比重达85%，全省奶牛养殖户机器挤奶达76%。主要挤奶机有利拉伐、广东乐宝等。分散且养殖规模小的养殖户仍以手工挤奶为主，养殖小区或规模场周围的小户送奶多以不锈钢奶桶送到奶站。阳光、牛牛等企业和规模化牧场大多采用了挤奶厅集中机械化挤奶。

【乳品加工】全省鲜奶年加工能力达30万t。现有乳制品生产经营许可的乳品企业7家，分别是江西美庐乳业有限公司、江西于都屏山牧场奶业有限公司、萍乡大富乳业有限公司、江西阳光乳业有限公司、江西牛牛乳业有限公司、江西金薄金生态科技有限公司、江西雄鹰乳业有限公司。其中，有3家取得婴幼儿配方奶粉生产经营许可，分别是江西美庐乳业有限公司、江西金薄金生态科技有限公司、江西雄鹰乳业有限公司。取得学生奶生产经营许可的只有1家，为江西牛牛乳业有限公司。

表4-27 7家乳品加工企业生产情况

名称	企业性质	主要产品
江西美庐乳业有限公司	民营企业	奶粉、婴幼儿奶粉
江西于都屏山牧场奶业有限公司	民营企业	液态奶
萍乡大富乳业有限公司	股份制企业	液态奶
江西阳光乳业有限公司	股份制企业	液态奶、奶粉
江西牛牛乳业有限公司	民营企业	液态奶、学生奶
江西金薄金生态科技有限公司	股份制企业	液态奶、奶粉、婴幼儿奶粉
江西雄鹰乳业有限公司	股份制企业	奶粉、婴幼儿奶粉

全省2018年运行的奶站5家，分别是阳光乳业中心站、南湖农场奶站、于都高山青草奶业公司黄沙收奶站、江西牛牛乳业有限公司兴桥奶牛基地奶站、阳光东乡红星乳业有限公司。

【奶农组织】根据《省委办公厅、省政府办公厅关于印发〈江西省行业协会商会与行政机关脱钩实施方案〉的通知》（赣办字〔2016〕94号）要求，和《中共江

西省农业厅委员会办公室关于开展领导干部和公务员在行业协会商会兼任职务清理工作的通知》（赣农党办字〔2018〕2号）的文件精神，江西省奶业协会于2018年4月21日注销。

【质量监管】2018年1月24日，为进一步规范本省婴幼儿配方乳粉标签标识，加强对婴幼儿配方乳粉和相关食品生产经营者的监督管理，根据《食品药品监管总局办公厅关于开展婴幼儿配方乳粉标签标识规范和监督检查工作的通知》（食药监办食监一〔2016〕168号）要求，江西省食品药品监督管理局制定了《江西省婴幼儿配方乳粉标签标识规范和监督检查工作方案》。强调了婴幼儿配方乳粉标签标识规范和监督检查，加大日常的检查力度，以确保乳制品安全。

2018年7月9日，为深入贯彻《乳品质量安全监督管理条例》《生鲜乳生产收购管理办法》，以及《关于进一步加强生鲜乳质量安全监管工作意见》（赣牧函〔2015〕21号）文件精神，落实生鲜乳质量安全监管责任制，严格生鲜乳收购站和运输车的监管，进一步加强生鲜乳质量安全检测和执法，确保生鲜乳质量安全，江西省制定了《2018年全省生鲜乳专项整治行动方案》。主要是检查生鲜乳质量安全监管责任落实情况，一是生鲜乳质量安全监管责任主体、分工、责任人和监管措施落实情况；二是奶畜养殖场、生鲜乳收购站开办者和运输车经营者的经营主体责任落实情况；三是2018年生鲜乳质量安全监测计划执行情况，包括监测计划抽检覆盖范围（是否全覆盖）、监测指标设定情况、风险隐患排查情况，及生鲜乳收购站、运输车许可等监管情况。

（江西省畜牧技术推广站，宁财）

山东省

山东省是农区奶业大省，也是乳品生产消费大省。近年来，山东奶业结构调整深化、整体素质提升、质量水平稳定向好，处于产业转型升级加速期。

【奶畜养殖】一是奶畜生产持续发展。2018 年全省奶牛存栏 91.4 万头，牛奶产量 225.1 万 t，居全国第四位。全省奶牛规模养殖比重达到 78%，发展万头以上奶牛场 19 处；省级以上标准化奶牛示范场 302 处。2018 年全省奶牛平均单产达到 7.6t，部分奶牛场平均单产达到 10t 以上。全省养殖废弃物综合利用率达 86.8%，高出目标任务 8.8 个百分点。

奶山羊是山东的特色产业，2018 年全省奶山羊存栏 58.6 万只，羊奶产量 11.4 万 t，均居全国第二位；崂山奶山羊、文登奶山羊是我国四个奶山羊品种中产奶量比较高的两个品种。

二是产业结构布局更加优化。依托加工企业发展奶源基地，围绕半岛奶业生产区和济南都市奶业圈，以 30 个奶牛生产大县和 15 个奶山羊生产大县进行重点区划布局。

主要包括青岛、烟台、威海、潍坊、东营、济南、淄博、泰安、德州、滨州 10 个市的 30 个奶牛生产大县，2018 年奶牛存栏 62.70 万头，牛奶产量 146.54 万 t，分别占全省总量的 68.6% 和 65.1 %。该区域牛群良种化程度高，东营市部分大型规模牛场的奶牛单产水平达到 10t 以上。

三是支撑服务体系不断健全。全省建有 3 家奶牛种公牛站，其中山东奥克斯畜牧种业有限公司建立了种子母牛群，实现了种公牛优秀种质的自主培育，年生产细管冻精 200 万支、性控冻精 10 万支。在省农科院奶牛中心、省畜牧总站、青岛畜牧兽医研究所建有 3 处 DHI 测定实验室，测定的规范化程度、数据质量、服务效果明显提高，全省奶牛 DHI 测定能力超过 10 万头。全省奶牛预混料生产加工企业超过 10 家，产品供应省内外。

【乳品加工】2018 年全省规模乳品加工企业 61 家，年加工能力达到 400 万 t。得益乳业年加工能力发展到 30 万 t，2018 年销售收入达 8.8 亿元；蒙牛、伊利、光明等在山东均设有乳品加工厂。2018 年，全省乳制品产量 251 万 t，占全国的 8.6%；乳制品销售收入 300 亿元，占全国的 8.4%。省内巴氏杀菌乳、超高温灭菌乳、酸乳、干酪、奶油、炼乳等产品种类齐全，基本满足了城乡居民多样化的消费需求；婴幼儿奶粉以外来品种为主。

全省乳品业生产发展趋势：

一是乳制品企业标准化生产逐渐规范。受行业的规范管理，市场竞争力提升的要求，全省乳制品加工企业不断提高生产能力和设施设备现代化水平，产品质量管控水平不断提升，促使全省乳业品牌不断做大，品质逐渐提升。

二是乳制品产品种类比较齐全。全省市场上巴氏杀菌乳、超高温灭菌乳、酸乳、乳粉、干酪、奶油、炼乳等产品种类齐全，液态奶中巴氏杀菌乳、酸奶制品逐渐被人们认可；干乳制品中的干酪、炼乳也逐渐被人们接受。

三是地方性乳企优势逐渐显现。受区域性限制，巴氏鲜奶在一定区域范围内，建立相对独立和封闭的销售网络，确定了区域性市场的龙头地位，逐渐占有市场，主打常温奶品牌，通过十余年的快速发展，竞争优势较为突出。

【市场消费】2018 年山东省人均奶类占有量 23.81kg，城镇居民人均乳制品消费量约 35.0kg，比 2000 年增加一倍；农村居民人均乳制品消费量约为 12.5kg，比 2000 年增加 10 倍多。据调查，全省商场、超市出售的巴氏杀菌乳平均价格 15 元 /kg 左右，超高温灭菌乳平均价格 13 元 /kg 左右，酸奶平均价格 15.4 元 /kg 左右。

市场消费特点及发展趋势：一是消费者品牌意识逐渐增强。全省 80% 以上居民对乳制品消费，从品牌角度、营养角度、口味等方面进行选择，大品牌依旧是首选，认为大品牌、大企业从生产工艺、品质控制等方面把关较严格，产品质量可靠。

二是消费低温奶意识逐渐增强。随着营养知识的普及，大家逐渐认识到巴氏奶、巴杀酸奶及风味酸奶的营养健康好处，受到老人、孩子们的喜爱，消费意识逐渐增强。

三是全省三四线城市跃入消费升级拐点。受益于城镇化加速、近年来棚改货币化带来农村与城市居民财富提升以及供给侧改革带来部分上游工厂员工薪资水平改善，三四线区域消费能力呈现加速上行态势，同时，乳企降价拉动需求竞争力增强。

【奶源基地】一是奶源基地建设逐步完善。发展奶牛标准化规模养殖，加快基础设施和信息化系统建设，2018 年全省 100 头以上奶牛场 860 个，其中万头牧场 19 处，规模养殖数量占比 78%。推进生鲜乳收购站规范化建设和标准化管理。建立配套饲草饲料基地，提高奶牛生产水平和牛奶品质。全省苜蓿种植已发展到 6 666.67hm^2，2018 年，落实中央财政资金 23 823 万元，完成粮改饲项目收储面积 11.35 万 hm^2，收储青贮玉米等优质饲草料 445.72 万 t，带动粮改饲收储面积 17.33 万 hm^2，调减玉米种植面积 5% 以上，年收储全株玉米青贮等饲草料 750 多万 t，为牛羊养殖提供了充足的饲料保障。

二是奶业科技得到推广应用。近几年，全省围绕奶畜养殖、乳品质量检测、设施装备等关键环节，开展技术研究和推广应用。3 个奶牛生产性能测定中心，测定牧场 208 个、参测奶牛 10.08 万头，开展生产性能跟踪监测服务，筛选优质高产奶牛，以大数据分析指导全省牛群结构优化。鼓励 TMR 精准饲喂、挤奶厅自动计量、发情监测监控系统应用，实现牧场智能化生产管理。加强口蹄疫防控和布鲁氏菌病、结核等人畜共患病的监测净化工作。采用"互联网+"等多种方式开展奶牛养殖技术骨干培训，提高奶业整体技术水平。

三是粪污综合利用率不断提高。近几年，按照粪污减量化生产、无害化处理、资源化利用原则，配套建设粪污贮存、处理、利用设施，推广垫料回用、污水还田、异味消除等技术，引导奶牛养殖场与果菜茶种植基地签订合作协议，就地就近消纳粪污。推进整县制粪污资源化利用，培育畜牧环保新产业。

【奶农组织】全省建立各级奶类合作组织10个左右，奶农合作社20多个，服务社员300多个。各类合作组织开展奶农培训13次，培训奶农2 600人次。几年来，不断创新奶业服务模式，加强基层畜牧兽医技术推广队伍建设，加快培育奶业社会化服务组织，完善奶牛养殖社会化服务体系。鼓励科研单位、大中院校、龙头企业的科技人员及社会各类服务组织积极开展良种繁育、饲养管理、疫病防控、生产资料采购、产品加工销售等精准服务，全面提高奶业生产经营水平。加快奶业信息化、机械化，推进奶畜养殖、乳品加工、质量检测智能化，发展智慧奶业。

【政策法规】《国务院办公厅关于推进奶业振兴保障乳品质量安全的意见》下发后，省长龚正、副省长于国安作出批示，要求抓紧制定全省具体实施方案。山东省畜牧兽医局立即组织起草《山东省加快推进奶业振兴的实施方案》，并派出4个调研组赴8个奶业大市开展实地调研，3次邀请有关企业、科研院所和有关市地畜牧兽医部门人员座谈研讨，8月形成了方案的初稿。9月，结合全国奶业振兴推进会议精神，组织方案修改完善、征求意见、专家论证、部门会商，形成了方案的送审稿，报省政府办公厅，提请省政府常务会议审议。2019年1月，根据农业农村部等九部委《关于进一步促进奶业振兴的若干意见》及省政府领导同志批示要求，省畜牧兽医局对原方案再次进行修改完善，送有关省直部门（单位）征求意见并会签，再次提请省政府常务会议研究。

2015年起，山东省建立了生鲜乳价格协调机制，在省政府统一领导下，成立由物价、畜牧、工商等部门以及行业协会、乳制品生产企业、生鲜乳收购者、奶畜养殖者代表组成的省生鲜乳价格协调委员会。根据生鲜乳成本价格，按照生鲜乳生产、销售、加工各环节都能获得合理利润原则，确定生鲜乳交易参考价。协调委员会通过公告形式，原则上每季度发布一次生鲜乳交易参考价，已连续发布17次，初步发挥了规范市场价格形成机制、合理保护产业相关利益者的作用，有效规避了圈子经济、市场投机、恶性竞争、价格不透明、买卖双方信息不对称等诸多问题，在奶牛养殖者和乳品加工者等市场参与主体之间建立信任，使市场定价、交易更加有序，促进了全省奶业生产健康稳定发展。

【质量监管】2018年全省组织开展生鲜乳专项整治行动，加强对奶畜养殖、生鲜乳收购站、运输车三个重点环节监管。行动期间，全省共出动执法人员3 452人次，检查奶站1 574站次，检查运输车1 090车次，整改、取缔、吊销生鲜乳收购站84个，涉及生鲜乳运输车35辆。实施生鲜乳质量安全监督抽检，2018年共安排生鲜乳质量安全监测和风险评估5 679批次，其中部级生鲜乳质量安全监测1 290批次，省、市、县抽检3 669批次，部、省级生鲜乳质量安全风险评估各360批次，监测范围覆盖全省，生鲜乳质量安全水平稳步提高。全省503个生鲜乳收购站、513辆运输车全部实现在线发证，实现生鲜乳收购运输监管监测信息一体化管理。

【奶业大事】5月29日，由全国畜牧总站组织的"全国高产奶牛育种与繁殖技术培训班"在济南市举办。全国畜牧总站总畜牧师石有龙、山东省畜牧兽医局副局长戴文超、全国畜牧总站奶业与畜产品加工处副处长马金星、山东省畜牧总站站长曲绪仙出席开班仪式。来自全国17省份的30家奶牛核心育种场负责人和技术骨干，共计80余人参加培训。

8月7日，山东省畜牧总站在济南举办了山东省首届"青贮饲料质量评鉴大赛暨GEAF青贮计划齐鲁行活动"。大赛由省畜牧总站站长曲绪仙主持，全国畜牧总站饲料行业指导处处长刘海良、省畜牧兽医局副局长戴文超出席并讲话，全省畜牧系统及企业人员200余人参加。借助评鉴比赛形式，启动全省青贮饲料评鉴工作，激励了奶牛养殖场户对青贮技术的探索；结合技术培训，提高青贮质量和安全，有效推动了粮改饲工作的深入和高效优质畜牧业发展。

8月22日，山东省畜牧总站与山东农牧循环产业联盟"粮改饲"分盟共同发起成立山东省青贮饲料质量评鉴大数据服务中心。省畜牧总站下发了《建设山东省青贮饲料质量评鉴大数据服务中心实施优质青贮行动计划方案》，在全省首次建立了256个青贮饲料测报站和中心技术支撑的联动体系。

9月11日，全国家畜繁殖员职业技能竞赛总决赛在石家庄举办，现场操作以奶牛繁殖为主。山东省畜牧总站副站长刘展生带队参加，山东代表队荣获全国第三名。

9月19~20日，农业农村部畜牧兽医局在德州市禹城市召开粮改饲工作推进现场会议，农业农村部畜牧兽医局副局长孔亮出席并讲话。省畜牧兽医局局长唐建俊致辞，副局长戴文超作典型发言。财政部、农业农村部有关司局、农民日报社、中国农业科学院北京畜牧兽医研究所等相关人员、17个粮改饲试点省份管理部门负责人以及山东省各市畜牧兽医局相关负责人共120余人参加会议。

10月29日，在济南召开山东省奶牛养殖关键技术培训班。山东省畜牧总站副站长刘展生出席培训班，山东农业大学教授王中华、青岛农业大学教授孙国强等讲授了奶牛养殖围产期饲养管理、奶牛福利化养殖等关键技术，与会学员100多人参加培训。培训学员参观了山东省畜牧业博览会，学习了牧场养殖新型设备及粪污处理技术方法等。

10月30日，2018年全国奶牛生产性能测定高峰论坛在济南举办。原农业部副部长刘成果、中国奶业协会副会长兼秘书长刘亚清、山东省畜牧兽医局副局长戴文超、山东省畜牧总站站长曲绪仙参会、中国农业大学教授张沅、农业农村部畜牧兽医局副调研员卫琳、全国畜牧总站奶业与畜产品加工处副处长马金星和中国农业大学教授张胜利出席论坛。论坛介绍了我国DHI项目历程及中国荷斯坦牛10年遗传进展情况。全国畜牧总站标物制备实验室李丽丽博士交流了DHI标准物质制备及与国际接轨情况，先进DHI中心代表山东省农业科学院奶牛研究中心李建斌博士和牧场代表河南省澳美牧业有限公司王居强博士对本单位DHI相关工作进行了深度分享。

（山东省畜牧总站，柴士名；山东省畜牧兽医局，王丰强）

济南市

【奶畜养殖】济南市2018年奶牛存栏5.34万头，其中能繁母牛3.11万头，主要分布在平阴县、章丘区、长清区、济阳县 、商河县，其奶牛存栏数占总存栏数的92%。2018年奶类总产量23.8万t，奶牛种群规模较上年相比明显减少，但管理水平有所提升，单产水平不断提高。全年平均奶价为3.4元/kg，与上年同期基本持平。

【乳品加工】2018年本地共有乳品加工企业6个，日处理鲜奶能力达到2 100t，其中合资企业1个、地方自建企业3个。

【市场消费】2018年人均奶类占有量47.6kg，农村住户牛羊奶人均消费量为28.5kg，城镇居民奶及奶制品年人均支出金额为320元，占消费支出的1.2%。对当地乳制品消费市场调查发现，超市乳制品品牌主要有伊利、蒙牛、光明、佳宝、君乐宝、完达山等品牌。低温奶市场占有率不断提升，接近50%。超高温灭菌乳在农村市场还占据主导地位，其中包括外国品牌的液态奶，巴氏杀菌乳主要为当地乳品企业生产，价格为5.0 ~ 8.5元/500g。

【奶源基地】 2018年， 存栏50~99头的有16个场（户）、100~199头的有14个场（户）、200~499头的有24个场（户）、500~999头的有5个场（户）、1 000头以上5个场（户）；奶牛养殖小区14个，奶牛存栏0.8万头。标准化规模养殖场64个，奶牛存栏5.34万头。2018年年末共有奶站35个，其中乳品加工企业自建的10个，奶农专业合作社建设14个，奶畜养殖场12个。奶站日均收奶550t。2018年机械化挤奶率达到100%。疫病防治方面，常规防疫、检疫和强制免疫相结合，免疫率达100%，无重大疫病发生。

【奶农组织】基层奶农经济合作组织情况：奶农协会共1个，包括农户600户，存栏奶牛4.54万头；奶农合作社共14个，包含农户69户，存栏奶牛0.8万头。

【政策法规】为提高奶业现代化水平，加快优质奶牛种群扩繁速度，提升全市奶牛种群的生产性能和经济效益，济南市在全市范围内大力推广奶牛优质性控冻精的使用。

【质量监管】在生鲜乳质量安全监管工作中，要求各县区坚持“三到位”和“四检查”制度。“三到位”：一是制度建设到位，十项制度一规程和奶牛小区（场）四项制度全部上墙；二是记录到位，生鲜乳收购、销售和检测记录等档案材料齐备，有清洗消毒记录、不合格奶处理，有留样记录，使生鲜乳质量可寻根、可追溯；三是监督管理到位，实行市级监管人员每季度抽查、县区监管人员每月巡查、监管责任人日常检查的层层监管督导制度，把好源头、管好出口。“四检查”：一查牛奶质量状况，督促生鲜乳收购站加强常规检测；二查器具环境消毒状况，指导和监督生鲜乳收购站落实卫生防疫消毒措施；三查冷链设施运转状况，指导生鲜乳收购站加强设施设备维护，确保生鲜奶不变质；四查销售运输状况，对销售运输过程进行监督，杜绝各种人为添加违禁物或有害物的现象发生。

通过多种形式和渠道加强生鲜乳质量安全知识宣传和技术培训，提高从业者质量意识和安全生产能力，结合奶牛良种补贴、生鲜乳收购站机械设备购置补贴、奶牛标准化规模养殖补贴和奶牛生产性能测定（DHI）等项目，积极引导奶牛标准化规模养殖，夯实生鲜乳质量安全基础。

2018年共完成省级及以上抽检任务190批次，市级及以下抽检任务110批次，经检测单位反馈均无不合格样品。

【奶业大事】 2018年，济南佳宝乳业有限公司在长清区投资建设济南佳宝乳业有限公司生态牧场，计划总投资4.1亿元，建设万头奶牛生态牧场。

2018年，伊利股份有限公司在平阴县注册成立济南悠然牧业有限责任公司。注册资金1亿元，计划建设万头奶牛养殖基地，工程于2018年7月开工，当年12月完工，已有6 000头奶牛投入生产。

（济南市农业农村局，李新民）

青岛市

【奶畜养殖】2018年年末，全市奶牛存栏8.78

表 4-28　青岛市获乳制品、婴幼儿配方乳粉生产许可企业名单

序号	企业名称	产品名称	许可生产产品
1	青岛雀巢有限公司	乳制品	液体乳（调制乳）、其他乳制品（炼乳、奶油）
2	柏札莱（青岛）食品有限公司	乳制品	其他乳制品（奶酪）
3	青岛新希望琴牌乳业有限公司	乳制品	液体乳(巴氏杀菌乳、灭菌乳、调制乳、发酵乳)
4	青岛迎春乐食品有限公司	乳制品	液体乳（巴氏杀菌乳、灭菌乳、调制乳、发酵乳）
5	迈高乳业（青岛）有限公司	乳制品	乳粉（调制乳粉）
		婴幼儿配方乳粉	婴幼儿配方乳粉（干法工艺）
6	圣元营养食品有限公司	乳制品	乳粉（调制乳粉）
		婴幼儿配方乳粉	婴幼儿配方乳粉（干法工艺）
7	青岛索康食品有限公司	乳制品	乳粉（调制乳粉）
		婴幼儿配方乳粉	婴幼儿配方乳粉(干湿法复合工艺)

万头，较 2017 年存栏下降 2.27%，其中莱西市、即墨区存栏量占全市总存栏量的 83.89%，奶牛规模化养殖区域进一步集中。

【乳品加工】全市从事液态奶加工和婴幼儿配方乳粉生产的乳制品生产企业共 7 家，其中从事液态奶加工的乳制品生产企业共 4 家，新希望琴牌乳业有限公司和青岛迎春乐食品有限公司生产的研发新发酵乳品种增多，市场占有率快速提升。获婴幼儿配方乳粉生产许可的企业共 3 家，分别为迈高乳业（青岛）有限公司、圣元营养食品有限公司和青岛索康食品有限公司。

【市场消费】对当地乳制品消费市场调查发现，超市乳制品品牌主要有伊利、蒙牛、光明、君乐宝、新希望、迎春乐、得益等品牌。超高温灭菌乳市场占有率最大，国外品牌的液态奶也越来越多，巴氏杀菌乳和发酵乳市场份额上升较快，其中巴氏杀菌乳主要为当地乳品企业（新希望、迎春乐）生产，价格为 7.5 ~ 12.2 元 /500g。

【奶源基地】全市加大了集约化、标准化和规模化养殖的扶持力度，规模化养殖比例上升，特别是存栏 100 头以上规模养殖的发展较快。2018 年年底青岛市共有国家级标准示范场 11 家，省级示范场 9 家。规模化奶牛场采用机械挤奶、全混合日粮（TMR）饲喂工艺，参加生产性能测定（DHI）的奶牛场（合作社）有 20 余家。奶业机械如 TMR 搅拌车等设备获得农机购置补贴。青岛市苜蓿和青贮玉米种植面积、单产和总产量均较 2017 年有较大增长。疫病防控情况总体良好，未发生重大疫情。粪污处理方式方面，奶牛生态发酵床养殖处理模式已形成比较成熟的运作经验，实现了农牧结合、种养循环，为全市养殖废弃物资源化利用工作向纵深开展提供了可复制、可借鉴的样板。

生鲜乳收购年均价格 3.4 ~ 3.9 元 /kg，个别牧场管理经营好的每头奶牛年净收入 1 500 ~ 2 500 元，大多数牧场处于保本状况。

【奶农组织】青岛市奶业协会由青岛市民间组织管理局批准注册，成立于 1992 年，协会是非营利性的行业组织社会团体法人。青岛市现有奶农合作社 80 家，其中莱西市现有奶农合作社 50 家。2018 年举办奶农技术培训班 6 期，培训奶农 600 余人次。

【政策法规】为推进贯彻落实《国务院办公厅关于推进奶业振兴　保障乳品质量安全的意见》，7 月 13 日，青岛市推进奶业振兴、保障乳品质量安全座谈会在莱西市举办。

【质量监管】按照农业农村部要求，制定了《2018 年生鲜乳质量安全专项整治方案》。强化生产环节、收购环节、运输环节生鲜乳质量安全监管，严厉打击非法添加有毒有害物质、非法收购运输经营生鲜乳等违法犯罪行为。全年共检查生产经营企业 1 800 余家次，出动执法人员约 5 000 人次，媒体宣传 4 起，发放宣传材料 1 万余份，指导培训 59 场次 470 余人次。全年累计无害化处理不合格生鲜乳 40 批次共计 104.5t。

【奶业大事】2018 年 6 月，青岛新希望琴牌乳业有限公司获得中共青岛市委宣传部发出的以“上海合作组织青岛峰会新闻中心”为发起方的“感谢状”。

2018 年 10 月 31 日至 11 月 1 日，第 33 届山东省畜牧博览会在济南国际会展中心举行，青岛新希望琴牌乳业有限公司获评“改革开放 40 周年山东畜牧业领军企业”。

（青岛市畜牧工作站，孙友德）

淄博市

【奶畜养殖】淄博市奶畜养殖以奶牛为主，2018 年年底奶牛存栏 3.88 万头，较 2017 年基本持平；牛奶产量 14.3 万 t，同比增长 0.7%。淄博市奶牛养殖主要集中在高青县、桓台县和临淄区，其中高青县是淄博市传统奶牛养殖大县。2018 年年底高青县奶牛存栏 3.35 万头，年产生鲜牛乳 11.94 万 t，奶业年产值占全县牧业产值的 40% 左右，各项生产数据稳居淄博市第一位。高青县内奶牛已全部实现集中饲养，存栏 500 头以上的

奶牛规模化饲养场（区）共15处。国家级奶牛标准化示范场2处，省级奶牛标准化示范场2处，通过无公害生鲜牛乳产地认证11处。淄博市立足奶牛业发展基础，以集约型、规模化奶牛养殖为重点，突出沿黄区域优势，通过加大投入、整合资源、创新机制、强化监管，调动广大奶农的积极性，强力推进奶牛养殖方式转变，配套建设奶牛产业技术支撑服务和组织运营体系，逐步形成了现代化奶牛生产模式和产业体系，逐步发展了以高青县黑里寨镇、木李镇为中心的奶牛核心产业区，奶牛业产出水平、产品质量和综合效益显著提高，形成了以奶牛产业带动畜牧产业、畜牧产业拉动现代农业、现代农业促动社会主义新农村建设的良好局面。

【乳品加工】山东得益乳业股份有限公司是本市目前最大的一家乳品加工生产企业，是一家集生态化农业种植、规模化奶牛养殖、智能化乳品加工、现代化低温物流、数字化营销服务于一体的山东低温奶制造企业，是农业产业化国家重点龙头企业、中国奶业协会副会长单位、中国乳制品工业协会副理事长单位、国家奶业科技创新联盟优质乳工程示范基地、第十一届全运会乳制品独家供应商及唯一指定专用奶、全国液态奶消费者满意度“七冠王”单位。2018年6月，公司获得上海合作组织青岛峰会高级赞助商、上海合作组织青岛峰会指定乳制品两项荣誉。

山东得益乳业为国家学生饮用奶认定企业，年收购原奶量19.07万t，其中自有奶源量8.09万t；年乳品总产量19.78万t，主要有酸奶、巴氏杀菌乳、UHT奶、乳饮品、奶酪五大类乳产品，其中年生产酸奶11.89万t、巴氏杀菌乳7.15万t、UHT奶0.48万t、乳饮品0.24万t、奶酪90t。山东得益乳业多年来专注低温奶领域，形成了种、养、加配送全链条自控的经营模式。强化“抓两头控中间”的产业链差异化优势，一头抓源头建设：加大对牧场种、养一体化的投入，确保原料奶质量安全可控；一头抓销售服务：八大渠道密集覆盖，自控直营模式，统一管理、统一标准、统一服务，不断升级订购送奶服务；同时，整合国际资源布控中间过程：自动化生产车间、先进的加工工艺及检测水平、国际科研团队加盟全面保障产品品质。实现从源头牧场到百姓餐桌的全程“生态产业链”自控。公司现有社区、商超、代理、零售、连锁、团购、特通、电商八大渠道，密集覆盖了山东全省并辐射北京、河北、河南、安徽、江苏等周边部分省份。

产业主要优势：一是建设一二三产业融合生态循环奶业基地，保证奶源新鲜、安全；二是实施优质乳工程，保留更多活性营养，得益乳业40多年一直坚持低温奶战略，不断优化巴氏奶杀菌工艺，更多保留牛奶的天然活性营养物质，产品中的乳铁蛋白含量高达24 mg/kg，是普通常温奶的20倍；三是技术合作深度国际化，高尖技术护航安全品质；四是全链条质量安全管理体系，国际先进检测设备，确保产品新鲜安全；五是全程冷链可追溯，24小时新鲜直达。2~6℃是牛奶的黄金储藏温度，为实现冷链的全程控制，打造完善了“得益冷链物流控制体系”；六是信息化互联互通，“益家订”服务零距离，每天营养呵护100万个家庭。

【市场消费】2018年，淄博市人均奶类占有量30kg左右，乳制品消费量约18kg，人均年消费约200元。市场销售乳制品品牌以伊利、蒙牛、得益、佳宝、光明为主，其中山东得益作为淄博市当地乳品企业，在市场销售中占主要地位；在农村市场，有部分原奶通过农户订购直接消费，奶牛场送奶入户；婴幼儿奶粉品牌众多，贝因美、飞鹤、爱他美、惠氏等国内外品牌商超均有售，很多家长热衷国外奶粉品牌，通过代购购买喜宝、爱他美等国外奶粉，国内品牌飞鹤系列最受追捧。高青县作为奶源大县，鲜奶吧发展迅速，现已有鲜奶吧数十家，消费者对巴氏杀菌乳认知度较高，鲜奶吧市场潜力巨大。

【奶源基地】淄博市奶畜养殖以集约化、规模化、标准化、生态化的现代养殖模式为发展方向，全市存栏100头以上奶牛场，存栏量占比95.2%。规模化、标准化养殖场（区）逐渐取代散养模式，发展适度规模、标准化养殖成为发展现代奶业的重要措施。其中高青县已全部实现规模化养殖，桓台县、临淄区规模养殖比重在95%以上。科学调整奶业发展布局，对现有奶畜养殖场（区）分类施策，指导整合规模较小、管理落后的奶畜养殖场（区），鼓励发展标准化奶畜养殖场（区），积极帮助改建、新建、扩建的标准化奶畜养殖场争取相关优惠政策和扶持补贴。合理引导建设生鲜乳收购站，全部采用机械挤奶，逐步推进TMR全混合日粮技术、DHI生产性能测定体系的应用，养殖场内青贮设施比较配套，粗饲料普遍使用全株玉米秸秆青贮饲料，精饲料多数用浓缩料或预混料。完善各级疫病防控体系，强化重大动物疫病防控能力，淄博市每年组织春、秋两季重大动物疫病防控，强化疫情监测，科学研判疫情，免疫牛、羊80万头只，免疫合格率85%以上。督促养殖场（区）严格开展奶畜排泄物、污染物无害化处理，大型养殖场粪污处理配有相对应的粪污处理发酵棚、沉淀池、沼气池等粪污设施。

山东得益乳业奶牛养殖场在粪污资源化利用工作中多措并举，建设有堆粪大棚、污水存储池等设施，将牛粪及污水进行无害化处理，牛粪收集采用自动刮粪板，进行固液分离，已经投资1 000万元实施污水处理设施和液态有机肥项目，雨污分流，从根本上解决粪污横流和污染扰民的问题，真正实现了达标排放。粪污处理模式重点采用“三分离一净化”的方式，即运用雨污分离、干湿分离、固液分离、生态净化处理系统，对奶牛粪污进行处理。为牧场提供牛粪牛床垫料10 760t，处理固体粪便量177 000t，年处理污水量170 000t，粪便无害化处理与资源化利用率达100%。污水无害化处理与资源化利用率达100%。污水采用工艺：废水→格网→SBR池→消毒（储存）池→（沼气发酵）→稳定塘→农田灌溉。粪尿通过粪道进入集污池，经过搅拌、上料、镜面筛的处理后含固率在33%以上，保证了干粪的发酵，再与稻壳、石灰混合形成优质廉价的卧床垫料，分离出的肥料污水经过氧化塘曝晒、氧化后进行还田处理，是上好的有机肥料。固体/液体有机肥通过管道或者运输车输送到周边1 333.33hm^{2}土地替代化肥。实现粪便污水达标处理排放，改善养殖场生产环境，具有很好的生态效益。公司的粪污治理大胆创新，在传统工艺的基础上实现新突破，有许多创新点。一是污水处理系统在充分借鉴工业和生活污水处理的基础上，工艺更合理，流程更实用，操作更简单，维护更方便，运行成本更低。二是通过专业人员进行专业设计，后期进行管道铺设，实现周边1 333.33hm^{2}种植区域的灌溉，既解决了牧场的粪污处理的问题，又从粪污处理中获取收益，一举多得。

【奶农组织】全市奶站共39家，分布在高青县、临淄区、桓台县，其中高青县20家，临淄区7家，桓台县12家。2018年淄博市各县区畜牧兽医局组织了规范养殖培训10余场，举办生鲜乳质量安全类培训班，培训奶业生产从业人员1 000余人次。

【政策法规】2018年，共争取国家级“粮改饲”示范县项目2个，现代畜牧业示范县项目1个，基层农技推广体系改革与建设项目4个，争取省级以上扶持资金2 104万元。高青县奶牛养殖大县种养结合整县推进试点项目继续实施，争取省级以上项目资金6 000万元。扎实推进得益乳业生态循环奶业基地项目建设，项目总投资10.74亿元，规划建设面积200hm^2，流转种植用地1 333.33hm^2，计划2021年建设完成。高青县、临淄区实施粮改饲项目，推动种养一体化进程。同时把奶业粪污治理作为工作重点，兴建有机肥加工厂，加快粪污无害化处理、资源化利用进程。

【质量监管】2018年，淄博市开展生鲜乳专项整治、生鲜乳抽检及生鲜乳收购站“双随机”检查活动，确保乳品质量。根据《2018年全市畜产品质量安全专项整治方案》工作安排，市畜牧兽医局及各县区相关部门，在奶牛养殖重点区域，重点打击无证收购运输、非法添加等生鲜乳生产、收购和运输过程中各类违法违规行为。对奶畜养殖场备案，生鲜乳收购站、运输车信息化管理，监管制度常态化，散户养殖规范化等开展整治。共出动执法人员438人次，检查生鲜乳收购站及奶牛散养户206家次，发放宣传材料13 143份，组织培训4次，共培训人员78人次，查处问题5起并责令其按时整改；认真完成《淄博市畜牧兽医局关于开展2018年全市畜产品质量安全监测工作的通知》工作要求，监督各县区共完成134批次生鲜乳抽样，经检测全部合格；按照“双随机一公开”监管工作要求，市畜牧兽医局下发了《关于开展2018年生鲜乳收购站双随机检查工作的通知》，在全市范围开展了生鲜乳收购站“双随机”检查。从全市生鲜乳监管人员名录库中随机抽取了9名人员组成3个检查组，对全市范围内随机抽取的包括临淄区、桓台县、高青县的6家生鲜乳收购企业进行现场检查。检查组工作人员严格按照检查要求，通过查阅资料、实地现场查看与现场评价，与县区生鲜乳收购站管理人员及企业负责人进行座谈交流等形式，对生鲜乳企业的生产及经营情况进行了全面检查，对排查出的卫生问题和档案记录等要求及时整改，并部署了下一步工作。

【奶业大事】2018年4月，淄博市畜牧兽医局在临淄区组织了全市突发重大动物疫情应急演练，提高了应对突发疫情能力。

2018年4月，高青县畜牧兽医局举办了全县生鲜乳质量安全培训班。全县生鲜乳生产、收购环节相关负责人100余人，以及伊利、蒙牛、得益、光明、三元等乳品加工企业奶源负责人参会。

2018年6月，全市开展夏季生鲜乳质量安全专项检查，重点检查夏季生鲜乳细菌总数超标及违法添加过氧化氢的违法行为。

2018年，为加强安全监管体系建设，配合省畜牧兽医局完成抽样检测721批次，组织完成市级抽检1 530批次，“瘦肉精”和生鲜乳三聚氰胺抽检合格率99.97%。

（淄博市畜牧兽医局，董炳敏）

东营市

【奶畜养殖】据畜牧行业统计，2018年年底，全市奶牛存栏70 039头，能繁母牛47 976头，奶类总产量393 832.45t，均为牛奶，产值为137 841.3575万元，奶业产值占牧业产值的14.68%。东营市奶牛养殖主要集中于河口区、垦利区和广饶县，占全市奶牛养殖量的90%以上。近年来，东营市紧紧围绕现代生态奶业生产基地建设这条主线，不断加大政策扶持力度，推动东部奶牛产业优势区建设，建成农业高新区生态奶牛养殖园区、河口仙河奶牛园区、广饶丁庄奶牛园区、神州澳亚奶牛园区等大型现代奶业园区，形成了以华澳大地、澳亚牧业为代表的现代奶牛循环产业体系。随着国外高产奶牛的不断引进和高产奶牛冻精细管及性控冻精细管的推广应用，高产奶牛覆盖率达98%，产奶牛年均单产达9t以上。年均单产鲜奶10t以上的奶牛养殖场5家，现建成乳制品加工企业2家，生鲜乳收购站27个，生鲜乳专用运输车55辆，机械化挤奶率100%。

下一步，东营市将依托6个万头牧场及3个乳品加工基地，实施品牌战略，加快推进优质奶源基地建设，拉动产业链的放射状延伸。

【乳品加工】东营市现有乳品加工企业3家，其中，山东恩泽乳品有限公司成立于2011年8月，建有日处理生鲜乳300t奶粉和日处理生鲜乳500t液态奶项目各1个，主要生产“奈高”牌巴氏奶、酸奶、配方奶、乳饮料，及“广北”牌全脂奶粉、甜奶粉、脱脂粉。2018年乳制品总产量20 000t，产值5 000余万元。

俄罗斯 FOODUNION 公司与新加坡澳亚集团联合成立的东营富友联合澳亚乳业有限公司，投资 1.2 亿美元建设日加工鲜奶能力 740t 的乳制品加工项目于 2017 年 10 月完工，2018 年 6 月 23 日两条调制乳生产线正式投产，2018 年 9 月中旬两条鲜奶生产线投产，4 条生产线全部正常运行。2018 年加工原奶 2 200t，产出 1 817t。

东营安和乳业有限公司是一家主要生产原料奶粉企业，年奶粉产量为 6 000t，产值 1 亿元。

【市场消费】据不完全统计，2018 年，东营市年人均奶类占有量为 200kg 左右，乳制品年消费为 27kg 左右，人均乳制品消费支出 348 元。当地乳制品市场主要销售的液态奶的品牌有佳宝、蒙牛、伊利、光明、得益、君乐宝，价格为 50~100 元 / 箱，其中主要品牌为蒙牛，价格为 3.5 元 / 盒；酸奶主要品牌为伊利，价格为 6 元 / 盒。奶粉主要有贝因美、味全、合生元、多美滋、喜康宝、惠氏、雀巢等，价格为 85~350 元 /kg。入户巴氏杀菌乳为 11 元 /kg 左右。

【奶源基地】东营市存栏奶牛 100 头以上的规模养殖场 31 家（包括 1 家在建万头奶牛场），存栏 63 704 头，占奶牛养殖比重达 90.96%，机械挤奶比例为 100%，14 家奶牛场参与了 DHI 测定。生鲜乳收购为 3.5~4.0 元 /kg，生鲜乳饲料成本为 2 元 /kg 左右，综合成本为 3 元 /kg。养殖场（户）奶业养殖头均年净收入 1 000~2 000 元。

2018 年，全市收购青贮饲料 70.71 万 t，带动青贮玉米种植面积 31.5 万 hm^2，青贮单产约为 2.2t/hm^2。2018 年东营市积极推进山东省粮改饲示范县项目，获上级批复资金 3 500 万元。其中，28 个奶牛养殖场参与实施该项目，获补贴资金 2 290.15 万元。

在粪污处理设施建设上，强化粪污农牧循环综合利用，推行生态化科学养殖方式，4 个奶牛养殖场实施了 2018 年畜禽粪污资源化利用项目，项目总投资 260 万元，市财政补贴资金 122.5 万元。截至 2018 年年底，全市规模奶牛场均配套了粪污处理设施，其中 6 个万头奶牛场及部分规模场建设了粪污干湿分离、沼气生产系统，生产的沼气主要用于牧场生产生活用能，剩余部分用于发电或甲烷提纯，沼渣作为高质量牛床垫料和土壤改良的优质肥料，沼液可在牧场冲洗系统中再循环利用或作为青贮地肥料，形成可持续发展的循环绿色经济产业链。

疫病防控方面，大多数奶牛场每年开展二次疫苗接种，接种疫苗既有政府免费提供的 A 型灭活疫苗和 O 型 – 亚洲 I 型二价灭活疫苗，也有各养殖场根据自身需要自行采购的疫苗。制定消毒工作方案，购入大量消毒物资，定时开展消毒灭源工作，保证养殖场区清净无疫。同时，密切监控布鲁氏菌病和结核病等威胁奶牛产业的重大疾病，主动建立全市统一格式的养殖档案，规范养殖。

【奶农组织】全市培育奶牛合作社 9 家，2018 年举办奶农培训班 3 期，培训农民 100 余人次。

【政策法规】 2018 年，东营市实施了《2018 年山东省粮改饲示范县项目》（鲁牧计财发〔2018〕44 号），项目资金 3 500 万元，每 t 青贮补助不超过 57 元，其中，28 个奶牛养殖场参与实施了该项目。

2018 年 2 月，东营市畜牧局联合东营市财政局印发了《关于组织实施 2018 年畜禽养殖废弃物资源化利用项目的通知》（东牧字〔2018〕22 号），市财政补贴资金 1 000 万元，推进畜禽养殖粪污处理设施配建工程、大型畜禽养殖废弃物集中处理中心和种养结合示范点建设，其中 4 个规模奶牛养殖场参与实施参与实施的该项目。

【质量监管】东营市紧紧围绕奶牛养殖场、生鲜乳收购站、生鲜乳运输车等重点环节加强监管工作。一是加强安排部署。研究制定了年度监督抽检方案、风险抽检方案、综合整治方案，明确了部门人员监管责任和企业的主体责任，强化工作任务落实。二是狠抓生鲜乳违禁物质专项整治和兽用抗菌素专项整治。强化对全市奶站和奶类运输车辆监管，严格投入品管理，大力宣传相关法律法规，严厉打击假冒伪劣兽药饲料及各类使用违禁投入品的违法行为。全年分季度对全市所有奶站奶样进行抽检，抽检奶样 42 批次，检测结果全部合格。

【奶业大事】2018 年 7 月，东营市河口区东营神州澳亚现代牧场有限公司向农业农村部提交了“国家级核心育种场”申请，10 月 18 日，农业农村部安排专家组对该公司进行了现场验收，对牧场的创建工作给予了高度肯定，提出进一步规范的意见建议，并于 11 月 26 日批复为“国家级核心育种场”（农办种〔2018〕21 号）并授牌。

2018 年 12 月，山东大地乳业有限公司通过农业农村部验收，获评国家级畜禽养殖标准化示范场（农办牧〔2018〕79 号）。

（东营市畜牧兽医工作站，仲崇岳、刘学森）

烟 台 市

【奶畜养殖】截至 2018 年年底，烟台市奶牛存栏 5.41 万头，其中成母牛约存栏 3 万头；奶山羊存栏 31.54 万只。奶类总产量 33.95 万 t，其中牛奶产量 27.89 万 t。奶业产值占牧业产值的比重约为 7%。奶牛养殖主要集中在莱阳市和牟平区，占全市奶牛存栏量的 77%。全市始终坚持以规模化促标准化、以标准化提升规模化的总体思路，加快奶牛养殖方式转变，加大科技创新力度，大力发展奶牛标准化规模养殖，促进了全市奶牛业持续健康发展。奶牛养殖主要呈现以下特点。

一是精细化管理水平持续提升。全面强化精细化饲养管理技术应用，提高奶牛生产性能，确保生鲜乳安全。2018 年，在全市深入推广应用奶牛分群饲养、TMR 饲喂、机械挤奶、铺设牛床等精细化饲养管理技术，奶牛单产水平显著提高。全市规模奶牛场全部采用分群饲养、机械挤奶、TMR 搅拌车饲喂和铺设牛床。

二是优质饲草使用率持续提高。全面强化优质粗饲料饲喂技术，提升奶牛单产水平和生鲜乳质量。2018 年，全市规模奶牛场中，有 95% 以上的奶牛场泌乳牛饲喂优质苜蓿、羊草和青贮玉米等粗饲料，其中使用进口优质苜蓿的奶牛场占 75% 左右，少数经济实力稍弱的规模奶牛场选择国内优质羊草和青贮等粗饲料饲喂奶牛。深入推动规模奶牛场"玉米秸秆发酵生产高蛋白饲草技术"试点项目开展，在规模奶牛场大力推广使用发酵玉米秸秆、全株玉米等优质饲草饲料作物饲喂奶牛。

三是品种改良步伐持续加快。全面强化奶牛品种改良技术，提高奶牛良种化程度和单产水平。2018 年，规模奶牛场在引进高产奶牛、使用优质性控冻精等方面投入进一步加大，有力推进了奶牛品种改良步伐。全市规模奶牛场仍全部饲养荷斯坦牛，平均单产 7 000 多 kg，比 2008 年提高了 1 000kg。山东荷斯坦奶牛繁育中心是全市奶牛存栏规模最大、奶牛单产水平最高的奶牛场，常年存栏奶牛 2 500 多头，成年母牛年均单产达到 9 000kg，全部引自美国、澳大利亚和新西兰等国家。

四是粪污无害化处理水平显著提高。全面强化奶牛场粪污处理，提高奶牛粪便的无害化处理和综合利用水平。2018 年，全市有 90% 以上的规模奶牛场建起沼气工程，实现了粪污无害化处理，并对所产沼气进行了充分利用；约有 7% 的规模奶牛场配套建设了有机肥厂，利用奶牛粪便加工有机肥，实现了奶牛废弃物肥田、丰产、富民的目标，社会效益、生态效益十分显著。

【乳品加工】全市共有烟台益生源乳业有限公司、烟台长生乳品有限公司、山东绿源唯品乳业有限公司 3 个乳品加工企业，年设计单班生产能力 3.13 万 t，2018 年实际加工乳品 1.01 万 t，实现销售收入 1.58 亿元。乳品加工主要以液态奶加工为主，面向社会订购，采取送奶入户、入单位（宾馆）、入奶吧、入超市等方式销售。

【市场消费】2018 年，全市人均奶类占有量为 53 千克，乳及乳制品人均消费量为 62 千克。从商场和超市调查来看，全市主要销售乳制品类别、品牌和价格情况：巴氏杀菌乳。伊利纯牛奶 2.5 元 /180mL，光明优倍 6 元 /200mL，得益优麦 5 元 /220g，得益鲜境 10 元 / 450mL，益生源牛奶 3 元 /243mL。超高温灭菌奶。蒙牛特仑苏 4.58 元 /250mL，伊利舒化奶 3.9 元 /220mL，金典有机奶 5.37 元 /250mL，伊利纯牛奶 2.33 元 /250mL，蒙牛纯牛奶 2.7 元 /240mL。酸奶。蒙牛纯甄 4.1 元 / 200g，伊利安慕希 5.3 元 /205g，光明莫斯利安 3.75 元 / 200mL，光明畅优 8.3 元 /280mL。婴幼儿奶粉。合生元 368 元 /900g，美赞臣 122 元 /400g，伊利金领冠 358 元 / 900mL，贝因美 195 元 /1 000g，飞鹤 284 元 /700g。其他奶粉。伊利中老年奶粉 29.1 元 /400g，雀巢全家营养 79 元 /850g，雀巢怡养中老年奶粉 92 元 /850g，蒙牛金装多维高钙 69.9 元 /800g。入户奶。巴氏杀菌乳益生源 3 元 /243mL，得益酸奶 4 元 /200mL。

【奶源基地】2018 年，全市存栏 100 头以上的奶牛养殖场户达到 71 家，其中存栏 100~199 头的 24 家，存栏 200~499 头的 33 家，存栏 500~999 头的 10 家，存栏 1 000~1 999 头的 2 家，存栏 2 000 头及以上的 2 家。全市建起奶牛良种繁育场 3 个，存养良种奶牛 3 000 多头；建起奶牛冷配改良站（点）130 处，年冷配改良奶牛 4 万多头；全市奶牛良种覆盖率达到 100%。规模奶牛场坚持开展布病和结核病的监测与净化，并认真做好口蹄疫疫病防控工作。全市规模奶牛场利用粪污生产沼气或有机肥比例达到 97% 以上。2018 年全年生鲜乳收购价格稳定在 3.4~3.8 元 /kg，养殖场户保本经营或略有赢利。

【奶农组织】全市共有奶业合作社 65 个，坚持面向奶农采取多种方式开展奶业技术培训和指导。一方面，充分发挥畜牧兽医技术专家顾问团的作用，积极为奶农开展各类技能培训，2018 年专门举办奶牛标准化养殖及疫病防治技术培训班 26 次，培训农民 2 200 多人次；召开现场观摩会 8 次，现场培训农民 260 多人。另一方面，认真搞好技术咨询服务工作，通过专业合作社咨询服务公开电话，2018 年共答复各类咨询 1 900 多个，涉及奶牛供应、兽药饲料使用、生鲜乳及饲料市场价格、牧草种子供应及种植技术、奶牛饲养场建设和饲养管理技术、奶牛养殖政策项目等问题，及时帮助会员解决疑难问题。

【质量监管】全市共有生鲜乳收购站 29 个，其中奶农专业合作社开办 4 个，奶牛养殖场开办 23 个，乳品加工企业开办 2 个。在生鲜乳质量安全监管方面，继续采取以下措施：一是全面落实监管责任。市、县两级主管部门均成立了奶业管理办公室，安排专人负责生鲜乳收购站建设与管理工作；设立了生鲜乳质量安全举报电话和邮箱并向社会公开；组织各县市区畜牧主管部门与辖区内的生鲜乳收购站和监管人员签订了生鲜乳收购站质量责任书、生鲜乳收购站监管人员责任书和监管人员责任书，切实将监管责任落实到人。二是切实强化日常监管。全面实行生鲜乳收购站派驻监管员制度，强化日常监管，从生鲜乳收购、运输、出售等环节进行全程监管，确保不出现问题；全面落实生鲜乳准运制度，以生鲜乳运输准运证明和交接单为重点，加强对生鲜乳运输车辆的监督检查，确保运输环节的生鲜乳质量；规范完善生鲜乳收购站内部管理制度，统一了生鲜乳收购、销售、监测、交接单等有关记录格式和内容。三是切实强化产品质量监测。充分利用部、省、市三级质检机构，有计划地加大对生鲜乳的统一抽检力度。2018 年，本市的生鲜乳生产和收购环节均没有检测出三聚氰胺或其他违禁添加物质，生鲜乳产品质量连续八年抽检合格率达到 100%。四是坚持开展监督执法。积极开展生鲜乳专项整治行动，抽调力量组成生鲜乳专项整治小组，深入基层进行生鲜乳收购和运输环节执法检查。2018 年，全市共出动执法人员 100 余人次，对生鲜乳收购站和生鲜乳运输车开展了一次拉网式排查和一次"双随机一公开"检查，全市没有发现非法收购生鲜乳、倒买倒卖不合格生鲜乳、中转站转运等违法违规行为，生鲜乳生产经营秩序良好。

【奶业大事】龙口格润富德牧业有限公司总投资2.5亿元、设计存栏规模10 000头的现代化奶牛养殖基地建成投产，从荷兰引进乳肉兼用型西门塔尔牛2 000多头。莱阳、海阳深入推进国家级“粮改饲”示范县项目实施，争取上级补助资金1 400万元。

（烟台市畜牧兽医局，刘玉华）

泰安市

【奶畜养殖】2018年，泰安市奶牛存栏9.3万头，奶产量27.68万t，同比分别下降6.4%、0.8%。岱岳区、肥城市、宁阳县3个县（市、区）奶牛存栏超过万头；奶牛个体单产提高到7t，标准化奶站发展到83家，规模饲养比重达95%；乳品加工企业达到5家，日加工鲜奶能力达到1 300多t，奶业从业者近万人，年创产值30多亿元，占农业产值比重达到15%，奶业富民的作用日益凸显。奶牛饲养的专业化、区域化特征明显，优势产业带开始形成，现代奶业体系初步建立，成为名副其实的“山东奶业第一市”。主要特点：

一是领导高度重视，创新发展思路。2003年，市政府研究制定了《关于实施奶业富民工程　加快促进奶牛业发展的意见》，成立了由市长任组长，分管副书记、副市长任副组长，财政、土地、金融、发改、畜牧等22部门共同组成的奶业富民工程领导小组，同时成立了贷款、调牛、技术服务和物资保障4个指挥部，制定了贷款、土地、考核、奖励等一系列政策和措施，明确了各部门职责，形成发展合力。本市奶业发展，也得到了上级领导的高度重视，给予了政策上的大力支持。特别是近年来，泰山区、岱岳区、新泰市、肥城市、宁阳县5个县（市、区）被国家新一轮奶业发展规划列为优势产业发展县；岱岳区、宁阳县等县区争取了粮改饲、种养结合整县推进等项目，获得大量的扶持资金，这些扶持资金助推了本市奶业腾飞。

二是实施奶牛数字化养殖，推进现代奶业发展。通过引进和推广先进的管理模式和成套的适用技术，加快提高奶牛养殖的科技水平，推进奶业现代化发展进程。泰山区台资企业鲁宝乳业引进的乳成分在线分析仪，能够在奶牛挤奶的同时，在线检测原料奶的各种成分，实现了行业生产及技术的数字化管理，建立以奶牛精准养殖、现代联合育种、奶源可追溯管理、优质巴氏奶生产为主要特征的现代奶业生产组织与技术体系，使奶牛养殖水平有了跨越式提升。

三是调整产业结构，发展观光牧场。近年来，本市认真贯彻落实省委、省政府以及省畜牧兽医局、省旅游局相继出台的关于发展高效、生态、特色畜牧业及观光旅游畜牧业的一系列意见，充分依托旅游资源和畜牧资源优势，把奶业与旅游业有机融合，将第一产业向第三产业逐步延伸，规划建设了金兰乳业等一批生态观光牧场，为畜牧业转方式、调结构开辟了新路子，得到了省畜牧兽医局领导的充分肯定。

四是加强粪污治理，加快推进绿色奶业发展。岱岳区、宁阳县实施粮改饲项目，推动种养一体化进程。各县（市、区）依托大型奶牛场兴建了锦利源、元溢生物、金兰等一批有机肥加工企业，加快粪污无害化处理、资源化利用进程。奶牛发酵床养殖模式进一步推广，降低污水产生量，改善牛只健康状况，有利于雨污分离。

五是加大信贷、保险等支撑服务体系建设，补齐奶业保障短板。认真贯彻落实国家强农、惠农、富农政策，积极推动奶业保险开展，保险对本市现代奶业发展的保障能力不断提升，为奶业防灾减灾、灾后恢复生产、生产行情稳定发挥了积极作用。全市畜牧业保险承保机构发展到5家，大力开展奶牛政策性保险，2018年全市奶牛政策保险投保1.9万头，保费收入571.89万元，赔付养殖户769.7万元，有效应对动物疫病带来的养殖风险。牛奶价格指数险继续实施，完善了畜牧业发展支撑保障体系，有效化解了畜牧养殖风险和市场风险，为现代畜牧业发展提供了“双保险”。2018年生鲜乳价格指数险4万t，为稳定奶业生产做出了突出贡献。

【乳品加工】本市有影响力的牛奶加工生产龙头企业主要是蒙牛乳业泰安公司、亚奥特乳业、伊特乳业、安康乳业、伊金兰乳业，他们立足企业自身特点，做好市场定位与产品开发，取得了新的发展。蒙牛乳业泰安公司调整产品结构，增加高毛利产品比例，2018年销售收入达到26.7亿元，利润1.07亿元。亚奥特乳业公司坚持新鲜战略，立足区域市场，重点发力低温奶市场，2018年利润2 000万元。

【市场消费】全市人均奶类占有量达到57.5kg，乳制品消费量逐年上升，消费支出也水涨船高。乳制品人均消费量40kg左右，人均支出600元左右。本市销售主要乳制品品牌有蒙牛、伊利、亚奥特、得益、佳宝、君乐宝等。亚奥特普通酸奶售价2.30元/200g，佳宝售价1.60元/160g，得益售价2.8元/230g。亚奥特入户巴氏杀菌乳袋装价格2.30元/230g，奶吧巴氏杀菌乳10元/kg。近年来，乳品市场变化较快，传统UHT奶份额逐步下降，巴氏杀菌乳随着奶吧的兴起，进一步挤占UHT奶份额。青少年则是巴氏杀菌乳和酸奶的主力消费者。随着对乳品营养认识的深化，巴氏杀菌乳、酸奶将会被更多消费者认可，奶酪的消费量也有所上升。本地乳品企业重点发展低温奶，蒙牛、伊利则侧重常温奶市场。金兰奶牛养殖有限公司积极向消费环节拓展，日产鲜奶14t，加工3t供应奶吧，产品以巴氏杀菌乳和酸奶为主，经济效益显著。

【奶源基地】全市奶业规模化、标准化水平不断提高。2018年年底，规模饲养比重达到95%以上，存栏50~99头、100~199头、200~499头、500~999头和

1 000头及以上的牧场分别占总存栏的11.1%、8.96%、10.9%、23.3%和57.5%，规模化水平进一步提升。国家级奶牛标准化示范场9家，省级标准化示范场18家。规模场全部实行机械化挤奶，95%推广应用TMR技术，36家规模场开展了DHI测定。牛粪多采用堆肥的处理方式，大型奶牛场大多建设了沼气发电、沼气池等粪污处理设施。依托大型奶牛场建设有机肥厂6处，产能达到15万t，实现了资源利用化。全年收购价格为3.1~4.0元/kg。

【奶农组织】鼓励企业通过订单收购、建立风险基金、返还利润、参股入股等多种形式，与奶农结成稳定的产销关系，形成紧密的利益联结机制和龙头带产业、产业促龙头的良好发展局面。

【质量监管】为切实加强生鲜乳收购站监督管理工作，深入推行“双随机一公开”监管模式。对各县（市、区）生鲜乳收购站开展了突击性拉网式检查。9月，在全市8个（县、市、区）开展了生鲜乳专项整治行动，活动共计检查奶站186站次，运输车75车次，整改18家次，进一步规范了生鲜乳生产、收购和运输行为。落实奶畜养殖与生鲜乳生产收购环节监督抽检、异地抽检、进货查验、从重处罚、收购站“黑名单”等5项制度，强化和完善体制建设。全市生鲜乳收购站64家，生鲜乳运输车43辆，全年共对27个奶站、36辆运输车进行了复验换证。组织实施2018年生鲜乳质量安全监测计划，开展生鲜乳中违禁添加物专项监测，开展生鲜乳质量安全异地抽检，自主开展2018年全市生鲜乳抽检，对其中违禁物质、抗生素残留等指标进行检测，经检测全部合格。

【奶业大事】泰山区、岱岳区在三年试点后，继续开展生鲜乳价格指数险，养殖户积极投保意愿强烈，承保生鲜乳价格指数险4万t。奶牛保险承保规模进一步扩大，政策险承保1.9万头，为奶业生产提供更多保障。

（泰安市畜牧兽医局，侯磊）

附表 1　山东省奶牛养殖场（小区）名录

序号	名称	供奶企业	养殖场	小区	全群存栏（头）	成母畜存栏（头）	奶畜品种	成母畜年单产（t）	年总产量（t）	是否参加DHI	是否应用TMR	是否国家学生饮用奶奶源基地	是否有机奶源基地	有机奶产量(t)	有机奶源认证机构	是否为布鲁氏菌病及结核净化创建场或示范场
1	济南佳宝一牧	佳宝乳业	√		2 650	1 430	荷斯坦/娟珊	9.0	12 870	√	√					
2	济南佳宝畜牧有限公司	佳宝乳业	√		2 711	1 390	荷斯坦	9.8	13 600	√	√					
3	鲁源奶牛场	佳宝乳业		√	676	465	荷斯坦	8.0	2 880	√	√					
4	山东高速生物工程有限公司	佳宝乳业	√		1 702	926	荷斯坦	9.2	7 000	√	√					
5	济南长明牧业有限公司	佳宝乳业	√		500	177	荷斯坦	9.5	1 280	√	√					
6	现代牧业（商河）有限公司	佳宝乳业	√		23 000	15 000	荷斯坦	11.0	130 000	√	√					
7	高青县凤德奶牛养殖专业合作社	得益乳业	√		550	300	荷斯坦	8.0	1 260		√					
8	淄博市润客农业发展有限公司	得益乳业	√		520	240	荷斯坦	9.0	2 073	√	√					
9	淄博荣英牧业有限公司	得益乳业	√		738	276	荷斯坦	9.0	2 484	√	√					
10	高青县现元奶牛养殖专业合作社	得益乳业	√		513	352	荷斯坦	9.5	2 000	√	√					
11	高青聚益牧业有限公司	得益乳业	√		510	196	荷斯坦	8.0	1 488	√	√					
12	高青县丙申奶牛养殖专业合作社	得益乳业	√		850	497	荷斯坦	10.0	5 009	√	√					
13	高青县犇犇奶牛养殖专业合作社	得益乳业	√		510	318	荷斯坦	8.7	2 600	√	√					
14	高青县剑涛奶牛养殖专业合作社	得益乳业	√		630	380	荷斯坦	7.0	1 700		√					
15	青城镇国胜牧场	得益乳业	√		521	368	荷斯坦	7.2	2 600		√					
16	花沟镇鑫泰牧场	得益乳业	√		530	280	荷斯坦娟姗牛	8.5	2 380	√	√					
17	高青县昊然牧场	得益乳业	√		530	300	荷斯坦	9.0	2 500	√	√					
18	高青县顺腾奶牛养殖专业合作社	得益乳业	√		638	328	荷斯坦	8.0	1 825		√					
19	山东得益乳业股份有限公司高青分公司	得益乳业	√		5 240	2 085	荷斯坦	10.0	14 734	√	√	√				
20	山东得益乳业股份有限公司高青第二牧场	得益乳业	√		3 650	1 900	荷斯坦	10.0	21 900	√	√	√				
21	淄博临淄庚源晨奶牛专业合作社	得益乳业	√		520	480	荷斯坦	6.0	1 570		√					
22	山东祥和乳业有限责任公司奶牛养殖场	祥和乳业	√		4 600	2 900	荷斯坦	7.5	21 750	√	√	√	√	1 830	北京中安质环认证中心	√
23	东营市阳光庄园牧业有限责任公司	伊利乳业	√		1 150	425	荷斯坦	10.0	3 600	√	√					
24	东营区龙居牧然奶牛养殖场	伊利乳业	√		190	120	荷斯坦	8.0	800		√					
25	东营区天源奶牛养殖场	伊利乳业	√		368	242	荷斯坦	7.0	900		√					

（续）

序号	名称	供奶企业	养殖场	小区	全群存栏（头）	成母畜存栏（头）	奶畜品种	成母畜年单产（t）	年总产量（t）	是否参加DHI	是否应用TMR	是否国家学生饮用奶奶源基地	是否有机奶源基地	有机奶产量(t)	有机奶源认证机构	是否为布鲁氏菌病及结核净化创建场或示范场
26	东营仙河澳亚现代牧场有限公司	伊利乳业	√		12 137	6 342	荷斯坦	12.3	78 160	√	√					
27	东营神州澳亚现代牧场有限公司	伊利乳业	√		12 507	6 566	荷斯坦	12.5	82 213	√	√					
28	东营神州澳亚现代牧场有限公司新户分公司	伊利乳业	√		11 800	6 407	荷斯坦	12.6	80 566	√	√					
29	东营市金海岸农业开发有限公司	伊利乳业	√		400	200	荷斯坦	8.5	1 700	√	√					
30	垦利区金浩家庭农场	伊利乳业	√		260	102	荷斯坦	8.0	680		√					
31	东营市东旭牧业有限公司	伊利乳业	√		480	150	荷斯坦	8.4	1 100		√					
32	东营市丰和农牧业有限公司	伊利乳业	√		530	330	荷斯坦	9.0	1 950	√	√					
33	垦利区兴发奶牛养殖场	伊利乳业	√		480	260	荷斯坦	8.6	2 200		√					
34	垦利区牛圈奶牛养殖场	伊利乳业	√		480	240	荷斯坦	9.0	2 160		√					
35	垦利区东九奶牛养殖场	伊利乳业	√		400	160	荷斯坦	9.0	1 400		√					
36	垦利区新营奶牛养殖场	伊利乳业	√		380	150	荷斯坦	9.0	1 350		√					
37	东营澳亚现代牧场有限公司	蒙牛乳业	√		7 940	6 013	荷斯坦	13.0	68 185	√	√					
38	山东大地乳业有限公司	蒙牛乳业	√		8 354	4 590	荷斯坦、娟珊牛	10.5	55 752	√	√					
39	东营天驰牧业有限责任公司	蒙牛乳业	√		3 994	683	荷斯坦、娟珊牛	10.4	8 404	√	√					
40	东营市柏拉蒙奶牛繁育有限公司	蒙牛乳业	√		1 472	734	荷斯坦	9.0	6 300	√	√					
41	广饶县大王镇阳光奶牛场	蒙牛乳业	√		522	273	荷斯坦	9.3	2 600	√	√		√	2 600	北京五岳华夏管理技术中心	√
42	山东宏润农业科技发展有限公司	蒙牛乳业	√		346	272	荷斯坦	8.2	240		√					
43	海阳市盛景奶牛场	蒙牛乳业	√		650	350	荷斯坦	9.5	3 600	√	√					
44	格润富德农牧科技股份有限公司	蒙牛乳业	√		2 629	1 630	西门塔尔	5.1	8 365		√					
45	山东荷斯坦奶牛繁育中心有限公司	烟台益生乳业	√		2 520	1 350	荷斯坦	9.5	10 300	√	√					
46	烟台市牟平区长生奶牛场	雀巢乳业	√		454	216	荷斯坦	8.5	1 730	√	√					
47	烟台托玛斯畜牧养殖有限公司	雀巢乳业	√		580	365	荷斯坦	9.0	3 100	√	√					
48	烟台市荷牧园牧业有限责任公司	雀巢乳业	√		860	516	荷斯坦	10.0	5 100	√	√					

（续）

序号	名称	供奶企业	养殖场	小区	全群存栏（头）	成母畜存栏（头）	奶畜品种	成母畜年单产（t）	年总产量（t）	是否参加DHI	是否应用TMR	是否国家学生饮用奶奶源基地	是否有机奶源基地	有机奶产量（t）	有机奶源认证机构	是否为布鲁氏菌病及结核净化创建场或示范场
49	莱阳市团旺镇宏德奶牛养殖场	雀巢乳业	√		780	429	荷斯坦	10.0	4 200	√	√					
50	莱阳市冯格庄乳源奶牛养殖场	雀巢乳业	√		680	290	荷斯坦	9.9	2 871	√	√					
51	朝日绿源农业高新技术有限公司	雀巢乳业	√		1 798	920	荷斯坦	10.5	9 450	√	√					
52	莱阳市谭格庄惠农奶牛养殖专业合作社	雀巢乳业	√		800	400	荷斯坦	8.2	3 200	√	√					
53	莱阳市河洛昌盛养牛场	雀巢乳业	√		680	390	荷斯坦	9.1	3 100	√	√					
54	莱阳市谭格庄镇新利奶牛养殖专业合作社	雀巢乳业	√		680	380	荷斯坦	9.1	3 185	√	√					
55	烟台元华肉牛养殖有限公司	雀巢乳业	√		750	508	荷斯坦	8.2	3 280	√	√					
56	邹城市牧兴奶牛饲养专业合作社	蒙牛乳业	√		430	390	荷斯坦	3.4	1 326	√	√					
57	金乡县康华乳业有限公司	蒙牛乳业	√		810	390	荷斯坦	8.5	1 860		√					
58	红山奶牛有限公司	蒙牛乳业	√		500	150	荷斯坦	7.6	730		√					
59	山东万祥牧业有限公司	蒙牛乳业	√		820	410	荷斯坦	10.5	4 305		√					√
60	任城汇源养殖场	蒙牛乳业	√		620	400	荷斯坦	8.2	2 080	√	√					
61	现代牧业（汶上）有限公司	蒙牛乳业	√		7 400	4 947	荷斯坦	9.2	45 660	√	√					
62	汶上县汇鑫牧业有限公司	蒙牛乳业	√		560	340	荷斯坦	8.0	2 720		√					
63	富民奶牛养殖有限公司	蒙牛乳业	√		780	520	荷斯坦	8.9	4 678	√	√					
64	山东中汇奶牛养殖有限公司	蒙牛乳业		√	2 800	1 700	荷斯坦	8.5	6 200	√	√					
65	山东安山牧业有限公司	蒙牛乳业	√		800	500	荷斯坦	9.0	2 920		√					
66	泰安金兰奶牛养殖有限公司	亚奥特乳业	√		1 800	1 100	荷斯坦	9.5	5 840	√	√					
67	泰安市岱岳区满庄镇国晟奶牛养殖场	亚奥特乳业	√		650	320	荷斯坦	7.6	1 750		√					
68	泰安市汇丰奶牛养殖专业合作社	亚奥特乳业	√		780	400	荷斯坦	9.5	2 700	√	√					
69	泰安市三喜奶山羊养殖场	亚奥特乳业	√		866	408	萨能、崂山奶山羊	0.8	306		√					
70	新泰市林河奶牛养殖专业合作社	亚奥特乳业	√		1 500	1 000	荷斯坦	9.0	9 000	√	√					
71	新泰市旺达畜禽养殖有限公司	亚奥特乳业	√		520	290	荷斯坦	8.6	2 400		√					
72	龙头泉牧业有限公司	亚奥特乳业	√		570	400	荷斯坦	10.0	4 000	√	√					
73	肥城市牧源奶牛养殖有限公司	亚奥特乳业	√		659	400	荷斯坦	8.5	2 975	√	√					
74	肥城市牧和养殖有限公司	亚奥特乳业	√		2 062	650	荷斯坦	8.2	6 400	√	√					√

（续）

序号	名称	供奶企业	养殖场	小区	全群存栏（头）	成母畜存栏（头）	奶畜品种	成母畜年单产（t）	年总产量（t）	是否参加DHI	是否应用TMR	是否国家学生饮用奶奶源基地	是否有机奶源基地	有机奶产量(t)	有机奶源认证机构	是否为布鲁氏菌病及结核净化创建场或示范场
75	泰安澳亚现代牧场	亚奥特乳业	√		9 769	6 102	荷斯坦	11.1	69 342	√	√					√
76	肥城市新百利奶牛养殖专业合作社	亚奥特乳业	√		1 296	600	荷斯坦	10.0	6 000	√	√					√
77	宁阳丰庆牧场有限公司	亚奥特乳业	√		950	360	荷斯坦	8.5	3 100	√	√					
78	宁阳县恒源奶牛养殖场	亚奥特乳业	√		590	210	荷斯坦	10.2	2 200	√	√					
79	泰安市顺顺牧业有限公司	亚奥特乳业	√		700	364	荷斯坦	11.2	3 600	√	√					
80	宁阳县永森奶牛养殖场	亚奥特乳业	√		1 300	560	荷斯坦	10.0	5 000	√	√					
81	宁阳县溢源奶牛养殖专业合作社	亚奥特乳业	√		1 110	380	荷斯坦	10.9	4 160	√	√					
82	宁阳县鑫阳奶牛养殖专业合作社	亚奥特乳业	√		560	220	荷斯坦	9.4	2 080	√	√					
83	宁阳县华丰华鑫奶牛养殖场	亚奥特乳业	√		760	300	荷斯坦	10.5	3 000	√	√					
84	宁阳县奥力牧业有限公司	亚奥特乳业	√		500	276	荷斯坦	10.0	3 000	√	√					
85	宁阳县磁窑镇大磨庄恒新奶牛场	亚奥特乳业	√		560	300	荷斯坦	10.5	3 000	√	√					
86	宁阳县小胡奶牛养殖专业合作社	亚奥特乳业	√		850	400	荷斯坦	11.0	3 300	√	√					
87	宁阳县华丰华元奶牛养殖场	亚奥特乳业	√		500	250	荷斯坦	9.8	3 000	√	√					
88	宁阳县芝峰奶牛养殖专业合作社	亚奥特乳业	√		1 000	500	荷斯坦	10.5	3 200	√	√					
89	山东圣力牧业有限公司	亚奥特乳业	√		1 000	500	荷斯坦	11.0	3 200	√	√					
90	宁阳县东犇奶牛养殖有限公司	伊利乳业	√		500	260	荷斯坦	9.7	3 000	√	√					
91	泰安市岱岳区其闯养殖有限公司	伊利乳业	√		780	450	荷斯坦	9.1	4 106	√	√					
92	山东泰山安康生态乳业有限公司	伊利乳业	√		672	390	娟姗奶牛	9.1	3 559	√	√					√
93	旺达奶牛专业合作社	伊利乳业		√	600	300	荷斯坦、弗莱维赫	8.0	2 400	√	√					
94	鲁冠牧业	伊利乳业	√		550	204	荷斯坦	10.2	3 232	√	√					
95	醇源牧场有限公司	伊利乳业	√		14 825	6 861	荷斯坦	9.0	60 050		√					
96	德州市维多利亚农牧有限公司	伊利乳业	√		15 000	7 800	荷斯坦	10.0	55 000	√	√		√			√
97	禹城市梁家镇和顺祥养殖专业合作社	光明乳业	√		520	360	荷斯坦	9.0	4 000		√					
98	平原县盛源奶牛养殖专业合作社	光明乳业	√		560	390	荷斯坦	5.8	2 260	√	√					
99	平原县旺祥奶牛养殖专业合作社	光明乳业	√		1 150	720	荷斯坦	6.2	4 460	√	√					
100	临邑县绿康奶牛养殖场	光明乳业	√		550	352	荷斯坦	9.0	2 560		√					
101	德州光明生态示范奶牛养殖公司	光明乳业	√		2 805	1 490	荷斯坦	11.0	15 500	√	√					

（续）

序号	名称	供奶企业	养殖场	小区	全群存栏（头）	成母畜存栏（头）	奶畜品种	成母畜年单产（t）	年总产量（t）	是否参加DHI	是否应用TMR	是否国家学生饮用奶奶源基地	是否有机奶源基地	有机奶产量（t）	有机奶源认证机构	是否为布鲁氏菌病及结核净化创建场或示范场
102	陵县康深牧业有限公司	光明乳业	√		859	490	荷斯坦	11.5	4 600	√	√					
103	德州市陵城区犇牛养殖场	光明乳业	√		690	400	荷斯坦	6.0	2 520		√					
104	武城县锦兰奶牛养殖专业合作社	光明乳业	√		760	680	荷斯坦	7.0	5 000	√	√					
105	宁津县佳宁奶牛养殖专业合作社	光明乳业	√		608	298	荷斯坦	9.0	2 500		√					
106	乐陵市阳光奶牛养殖专业合作社	光明乳业	√		1 000	600	荷斯坦	7.0	1 500		√					
107	嘉立荷（山东）牧业有限公司	光明乳业	√		10 152	4 711	荷斯坦	5.8	25 600	√	√					
108	乐陵市金亿奶牛养殖专业合作社	光明乳业	√		2 000	1 500	荷斯坦	8.5	10 000	√	√					
109	郓城县新鑫奶牛专业合作社	银香乳业	√		355	218	荷斯坦	6.5	1 050		√					√
110	郓城县晨新养殖专业合作社	银香乳业	√		510	230	荷斯坦	6.8	1 100		√					√
111	郓城县润丰奶牛养殖场	银香乳业	√		350	200	荷斯坦	6.3	1 000		√					√
112	山东广春牧业股份有限公司	银香乳业	√		1 218	780	荷斯坦	8.0	4 500							
113	山东莱河乳业有限公司奶牛养殖厂	莱河乳业	√		1 080	480	荷斯坦	8.5	4 032	√	√	√				√
114	银香伟业赵楼牧场	银香乳业	√		3 600	1 900	荷斯坦、娟姗	9.8	18 620	√	√					
115	银香伟业第二牧场	银香乳业	√		9 987	3 890	荷斯坦	9.5	36 955							
116	银香伟业第三牧场	银香乳业	√		10 822	4 240	荷斯坦	9.2	39 008							
117	山东莱河乳业有限公司奶牛养殖厂	莱河乳业	√		1 080	480	荷斯坦	8.5	4 032	√	√	√				√
118	莒南县阜康奶牛场	蒙牛乳业	√		520	360	荷斯坦	7.5	2 000	√	√					
119	费县恒发奶牛场	蒙牛乳业	√		720	361	荷斯坦	8.8	2 500	√	√					
120	费县盛旺奶牛场	蒙牛乳业		√	610	290	荷斯坦	8.8	2 500	√	√					
121	临沂亿牛达奶业发展有限公司	蒙牛乳业	√		470	270	荷斯坦、娟姗牛	6.5	1 600		√					
122	临沂农丰畜牧发展有限公司	蒙牛乳业	√		1 300	700	荷斯坦	8.0	3 726	√	√					
123	临沂高新区富康奶牛养殖专业合作社	蒙牛乳业		√	820	320	荷斯坦	8.0	2 500		√					
124	河东区富源奶牛养殖场	蒙牛乳业	√		859	568	荷斯坦	6.6	1 700	√	√					
125	兰山区澳蒙奶牛养殖农民专业合作社	蒙牛乳业		√	486	302	荷斯坦	7.2	2 220	√	√					

（续）

序号	名称	供奶企业	养殖场	小区	全群存栏（头）	成母畜存栏（头）	奶畜品种	成母畜年单产（t）	年总产量（t）	是否参加DHI	是否应用TMR	是否国家学生饮用奶奶源基地	是否有机奶源基地	有机奶产量(t)	有机奶源认证机构	是否为布鲁氏菌病及结核净化创建场或示范场
126	临沂市兰山区彦春奶牛养殖农民专业合作社	蒙牛乳业		√	2 670	1 200	荷斯坦	9.0	7 300		√					
127	临沂尚氏牧业有限公司	蒙牛乳业	√		350	162	荷斯坦	9.0	1 642	√	√					
128	沂南县双泉奶牛养殖有限公司	蒙牛乳业	√		530	450	荷斯坦	6.4	2 430		√					
129	沂南县双泉奶牛养殖专业合作社	蒙牛乳业		√	560	470	荷斯坦	6.4	2 540		√					
130	沂南县蒙山奶牛养殖有限公司	蒙牛乳业	√		520	400	荷斯坦	9.0	3 600		√					
131	沂南县彩蒙奶牛养殖有限公司	伊利乳业	√		745	455	荷斯坦	6.5	2 550	√	√					
132	沂南县宜泉奶牛养殖有限公司	伊利乳业	√		670	360	荷斯坦	7.3	2 660	√	√					
133	沂南县鑫兴奶牛养殖专业合作社	伊利乳业		√	710	360	荷斯坦	6.3	2 880							
134	沂南县瑞沣奶牛养殖专业合作社	伊利乳业	√		501	386	荷斯坦	6.8	1 260		√					
135	沂南县天合奶牛养殖专业合作社	伊利乳业		√	722	486	荷斯坦	6.8	2 117							
136	沂水县鹏犇养殖场	伊利乳业		√	580	300	荷斯坦	6.5	1 950		√					
137	沂水县国亮奶牛养殖专业合作社	伊利乳业		√	380	200	荷斯坦	6.0	1 200		√					
138	新源奶牛场	伊利乳业	√		396	285	荷斯坦	6.0	1 300	√	√					
139	马站盛伊奶牛养殖场	伊利乳业	√		380	278	荷斯坦	6.8	840		√					
140	沂水县东盛奶牛专业合作社	伊利乳业	√		305	305	荷斯坦	6.0	600		√					
141	兴禹奶牛养殖专业合作社	伊利乳业		√	480	360	荷斯坦	6.8	1 620							
142	瑞禾奶牛场	伊利乳业		√	361	120	荷斯坦	6.5	300		√					
143	盛晏奶牛养殖专业合作社	伊利乳业	√		425	300	荷斯坦	7.0	1 200							
144	沂水县京援奶牛专业合作社	伊利乳业	√		611	410	荷斯坦	6.0	1 400	√	√					
145	临沭县恒大牧业服务有限公司	伊利乳业	√		695	450	荷斯坦	8.0	3 600	√	√					
146	临沭县齐力奶牛养殖场	伊利乳业		√	1 054	550	荷斯坦	6.0	3 300	√	√					
147	临沭县利源奶牛场	伊利乳业		√	516	360	荷斯坦	6.0	2 160	√	√					
148	临沭县前庄奶牛养殖专业合作社	伊利乳业		√	560	360	荷斯坦	6.7	1 100	√	√					
149	临沭县翔源奶牛场	伊利乳业	√		920	600	荷斯坦	8.0	4 800	√	√					
150	罗庄区茂源养殖专业合作社	君乐宝乳业	√		680	380	荷斯坦	8.0	2 560		√					
151	罗庄区玉龙奶牛养殖专业合作社	君乐宝乳业	√		240	190	荷斯坦	6.8	940							

（续）

序号	名称	供奶企业	养殖场	小区	全群存栏（头）	成母畜存栏（头）	奶畜品种	成母畜年单产（t）	年总产量（t）	是否参加DHI	是否应用TMR	是否国家学生饮用奶奶源基地	是否有机奶源基地	有机奶产量(t)	有机奶源认证机构	是否为布鲁氏菌病及结核净化创建场或示范场
152	临沂市高都奶牛养殖基地	君乐宝乳业	√		750	410	荷斯坦	8.5	2 000	√	√					
153	益善房养殖有限公司	君乐宝乳业		√	700	500	荷斯坦	6.3	60		√					
154	罗庄区兆营养殖合作社	君乐宝乳业	√		750	320	荷斯坦	6.6	2 112		√					
155	罗庄区亿牛养殖专业合作社	君乐宝乳业	√		1 000	400	荷斯坦	8.0	3 200		√					
156	新星牧业	君乐宝乳业	√		240	180	荷斯坦	7.5	1 000	√	√					
157	兰陵县锦帅奶牛养殖场	君乐宝乳业	√		800	580	荷斯坦	7.0	1 700		√					
158	兰陵县汶河奶牛养殖专业合作社	君乐宝乳业		√	1 032	683	西门塔尔	8.5	2 372	√	√					
159	临沂诺干牧业有限责任公司	君乐宝乳业	√		4 919	2 672	荷斯坦	10.9	29 232	√	√					

附表2　山东省乳制品生产企业名录

序号	名称	生产许可证号码	年收购原奶量（t）	平均支付价格（元/kg）	其中：自有奶源量（t）	年乳制品产量（t）	其中：巴氏杀菌乳（t）	UHT 奶（t）	酸奶（t）
1	济南佳宝乳业有限公司	SC10537011300356	300 000	4.15	100 000	350 000	80 000	50 000	200 000
2	山东兴牛乳业有限公司	913700006613999603	6 250	3.60		6 250	3 900		2 350
3	旺旺食品有限公司	91370100735773274D	45 000	3.98	45 000	45 000			
4	章丘爱心奶业有限公司	JY23701810057256	6 000	3.00	6 000	100	40	20	40
5	济南伊利乳业有限责任公司	SC10537012400189	204 217	3.40		350 400		345 400	
6	山东得益乳业股份有限公司	SC10637039913023	190 708	3.62	80 925	197 786	71 453	4 848	118 976
7	山东祥和乳业有限责任公司	SC10637040500101	4 000	4.20	4 000	4 800	3 000	800	300
8	山东恩泽乳品有限公司	SC10637052300106	4 718	4.25	2 151	2 207	847	129	1 231
9	东营安和乳业有限公司	SC10537052300940	50 000	3.50		6 000			
10	富友联合澳亚乳业有限公司	SC10537050300189	2 200	3.10		1 817			
11	烟台益生源乳业有限公司	SC10537061100297	4 000	4.54	4 000	3 600	3 200		400
12	山东绿源唯品乳业有限公司	913706826731564212	5 654	5.76	5 654	5 480		5 480	
13	济宁三强乳业有限公司	SC10537081109576	6 000	3.50		7 000	3 000	400	2 500
14	山东亚奥特乳业有限公司	QS370905010068 QS370906011310	55 000	3.95	25 000	55 000	28 000	27 000	
15	山东泰山安康生态乳业公司	SC10637091112048			3 000				
16	蒙牛乳业泰安有限责任公司	SC11037090100044	350 000	3.87		360 600		228 400	103 000
17	临沂格瑞食品有限公司	SC10537139800328	8 000	3.60	20 000	20 000	1 600	2 400	10 600
18	山东白羚乳业有限公司	91371323312925416G	360	3.40	65	360			375
19	沂水县御膳香乳业有限公司	SC10637132300202	1 550	3.10	1 300	1 490		1 370	
20	光明乳业（德州）有限公司	SC10637140100137	99 776	3.68		106 268		30 102	76 166
21	东君乳业（禹城）有限公司	SC10637148200546	1 500	4.20	65 000	6 500	2 500	1 500	4 000
22	山东莱河乳业有限公司	SC10637172200419	4 032	3.50		4 320	2 000	1500	1 000
23	山东银香大地乳业有限公司	SC10137172100079	94 000	4.50	94 000	50 000	6 000		5 000

备注：自有奶源指来自自建和参建（控股、参股）牧场（小区）的原奶。有机产品数量单位为“枚”指获得有机标志的数量。有机产品品类指液态奶、酸奶、奶粉、奶酪等大类。

（续）

序号	奶粉（t）	婴配粉（t）	奶油（t）	奶酪（t）	乳饮料（t）	产品销售区域	年销售收入（万元）	利润（万元）	是否为国家学生饮用奶认定企业	有机产品（枚）	有机认证机构	有机产品品类1及数量（枚）	有机产品品类2及数量（枚）	有机产品品类3及数量（枚）
1					20 000	全国	280 000	20 000	√					
2						济南及周边	4 500	600						
3														
4						济南、章丘	60	10						
5				5 000		全国	227 600							
6				88	2 421	山东、山西、河北、江苏	106 481	5 830	√					
7					700	山东省及周边省份	4 800	–218		55 000	北京中安质环认证中心	巴氏杀菌乳5 000	灭菌乳50 000	
8	693					山东省			√					
9	6 000					全国	10 000	1 200						
10														
11						烟台及周边县市	4 300	168						
12						全国	11 546	866						
13					200	济宁地区	3 600	500						
14					4 000	山东省、河北、河南	42 000	2 500	√					
15						泰安及周边	3 200	270						
16					88 814	山东大区、河南大区、安徽大区、江苏大区、津冀大区	267 000	10 700	√					
17				5 400	50 000	山东地区	12 556.62	40.37						
18					3 650	一二线城市	980	12						
19				180	10 000	全国	1 980	108						
20						全国	92 108	6 884						
21			33	59	63 000	全国	39 376	3 635						
22						菏泽市及周边	2 200	230	√					
23					49 000	曹县及周边	23 000	1 000	√	640	南京国环、北京五洲恒通	300t	300t	40t

河南省

【奶畜养殖】河南深入推进奶业振兴，贯彻落实《国务院办公厅关于推进奶业振兴 保障乳品质量安全的意见》为工作主线，贯彻《河南省人民政府关于支持肉牛奶牛产业发展的若干意见》，促进奶业供给侧结构性改革和转型升级，全省奶业保持了平稳健康发展态势。

一是加快奶源基地建设，充分发挥两牛发展专项资金政策拉动作用，2018 年新建奶牛场 13 个、新建畜位 13 810 个。其中花花牛睢县瑞亚、新蔡县豫信瑞亚两个 5 000 头奶牛场项目已经建成投产。配合内蒙古优然牧业来豫投资建设大型奶源基地，推进一批规模奶牛场新建项目落地。

二是积极遴选国家级奶牛核心群育种场，河南花花牛畜牧科技有限公司顺利通过农业农村部现场验收并公布，成为河南省首个国家级奶牛核心群育种场。

三是持续开展奶牛单产提升行动，奶牛饲养管理水平逐年提升。完成奶牛生产性能测定 7.1 万头，参测奶牛场 160 多家。参测牛只平均日单产达到 28.06kg，305 天产奶量 8 324.1kg，平均乳脂肪率 4.07%，乳蛋白率 3.34%，平均体细胞 25.04 万个 /mL。完成荷斯坦牛品种登记 15.4 万头，登记奶牛场 213 家。积极实施测料养牛项目，基本建成奶牛饲料营养成分数据库，建成生产中可应用的近红外模型 5 个，启动制定《河南省花生秧质量分级标准》，建设运行了 10 个花生秧机械化收获贮存示范点和花生秧电商平台 1 个。

四是积极发展奶业新业态新模式。按照《2017—2020 年河南省休闲观光牧场创建工作方案》，积极发展奶业新业态，指导南阳三色鸽农牧示范园休闲观光牧场创建，并通过验收，被农业农村部列入第二批国家级休闲观光牧场向全国公布和推介。已有郑州昌明、洛阳生生、南阳三色鸽 3 家休闲观光牧场入围农业农村部公布名单，数量位居全国第一。西峡县立足资源优势，积极发展奶山羊产业，被省畜牧局确定为全省奶山羊产业示范县；全县存栏奶山羊已达 1.1 万只，健羊牧业羊奶加工厂顺利通过省工信委行业准入并建成投产。

五是持续开展“健康中原——牛奶伴您行”奶业公益行动，在《大河报》开辟奶业科普专栏，以“百日百题”形式传播奶业知识。在河南电视台法制频道、公共频道、新农村频道等播放奶业公益宣传片近百期次，通过省直工会客户端开展奶业知识有奖竞赛活动，印制了《奶业科普百问》1 万多册向民众发放。推动省内主要乳品企业开展“小康牛奶行动”公益助学活动，在《河南畜牧兽医》杂志和畜牧兽医信息网开设奶业宣传专栏，均取得良好效果。

【乳品加工】做大做强乳品加工龙头企业，焦作蒙牛百亿产业园区建设项目进展顺利，核心工厂投资 2 500 万元的污水处理、清洁能源项目已建成投用；投资 2 亿元、新增 10 万 t 产能、22 亿元产值的 3 条生产线已完成立项。河南花花牛马寨 20 万 t 乳品加工、正阳君乐宝 18 万 t 乳品加工及万头生态观光牧场项目、上蔡牛硕奶农办加工项目、西峡健羊 10 万 t 羊奶加工等项目已建成投产。组织学习考察台湾、陕西、山东等地发展优质乳经验，推进优质乳工程实施，指导河南花花牛乳业开展优质乳工程认证。

【奶农组织】6 月 14 日，省畜牧总站在新乡市举办了 2018 年全省奶牛品种登记技术培训班。总结全省奶牛品种登记工作开展情况，并对奶牛品种登记工作提出了进一步要求，明确 8 个试点省辖市要加快项目实施进度，要求其他市、县学习成功经验的基础上，结合当地实际，认真搞好筹划，积极有效地开展工作，合力推进奶牛品种登记在全省全面实施。组织安排了技术培训，有关专家围绕奶牛品种登记数据分析与利用、体型外貌评定和数据采集及软件操作等做了详细讲解，对奶牛体型外貌评定进行了现场操作演示，并对参加培训的技术人员逐一现场考核，对考核合格者颁发了河南省奶牛品种登记技术培训结业证书。对获得奶牛品种登记“优秀牧场”“先进牧场”的奶牛场和获得“先进市站”的畜牧技术推广站进行了表彰。

10 月 6 日，河南省奶业协会表彰“河南省十佳奶牛养殖企业”和“河南省高产奶牛单产十大状元”。为推动全省奶业高质量发展，省奶业协会按照“自愿、公平、公正、公开”的原则，经自愿申报、专家评定等程序，评选出了河南瑞亚牧业有限公司等“河南省十佳奶牛养殖企业”和“河南省高产奶牛单产十大状元”，举行了颁奖典礼。获得奶牛单产金牛奖的是洛阳卓凡养殖专业合作社编号为 41CZER014A31 的奶牛，305 天奶产量为 14 178.82 千克。焦作乾丰、河南荣华、洛阳爱荷、辉县晨光、安阳千牧源等 9 家养殖企业的牛只分别获得了银牛奖和铜牛奖。

9 月 17~23 日，省奶业协会及郑州、开封、驻马店、邓州等奶业主产市、县奶业负责人和企业代表赴台湾开展了优质乳工程及休闲观光牧场考察。考察团先后参观了桃园县味全埔心观光牧场、苗栗县飞牛观光牧场、花莲县新光兆丰休闲农场和苗栗县四方鲜乳酪故事馆，实地考察了台湾优质乳工程有关情况。通过参观、考察和交流，考察团认为台湾省在奶业发展的一些做法值得学习借鉴。

11 月 5 日，蒙牛集团奶源运营南部大区牧场主大学培训在邓州市盛全牧业公司举办。国家奶业体系专家赵全刚、刘德占教授现场教学，示范操作宾州筛、环境温湿度检测仪、热成像等专业仪器设备，开展采集数据分析并进行现场诊断、现场指导，向牧场主提出了改进全株玉米青贮、精饲料加工、改善奶牛卧床、控制预防乳房炎等一系列具体建议和技术措施。同时举办了牧场经营管理专题报告会，为牧场主们带来一场技术运营及品控管理的知识大餐。蒙牛集团牧场主大学是公益项目，通过技术帮扶、人才培养、金融帮扶等形式，实现奶源降本增效和提升产品品质双赢。

11月9日，省奶业协会、省种牛遗传性能测定中心联合主办了全省奶业高质量发展研讨会。举办了“利用DHI数据管控乳腺炎及规模牧场的标准挤奶流程”“奶牛疾病防控技术”“新时期奶业高质量发展”“规模奶牛场奶牛育种”“规模奶牛场技术服务关键控制点”“如何利用基因组与DHI技术提高牧场效益”等专题讲座。举行了河南省奶牛生产性能测定中心新址落成揭牌仪式，会议代表参观了新建成的检测实验室。同期，召开了2018年省奶业协会常务理事会，就当前奶业发展存在的热点问题开展研讨，并对重点工作进行了部署。

【政策法规】河南省持续实施支持肉牛奶牛产业发展政策，支持新建畜位500头以上的奶牛标准化规模养殖场项目建设，对新建1个奶牛畜位省财政按不超过2 000元的标准予以奖补。对奶牛规模养殖场开办现制现售生鲜乳乳饮品店等给予补助、对创建休闲观光牧场给予奖补。支持良种繁育体系建设，进口荷斯坦奶牛每头补助1 000元，进口奶牛育种胚胎每枚补助5 000元。

河南省承担农业农村部振兴奶业苜蓿发展行动项目。中央财政安排河南省建设高产优质苜蓿示范片区800hm^2、资金720万元。根据中央及本省有关扶贫精神，整合360万元由卢氏县、嵩县、淅川县及台前县4个深度贫困县使用，剩余资金360万元用于洛阳市和唐河县项目建设，扶持种植高产优质苜蓿400hm^2。

实施国家粮改饲试点项目，全省56个试点县完成粮改饲面积6.67万hm^2，完成农业农村部下达目标任务5.33万hm^{2}的110%，示范带动全省饲料作物种植面积14.33万hm^2。

【质量监管】贯彻落实《乳品质量安全监督管理条例》和国家有关要求，依法履行监管职责，提高监管能力，提升全省生鲜乳质量安全监管水平。举办了全省生鲜乳质量安全监管法律法规培训班，对18个省辖市、10个省管县市的生鲜乳监管人员和执法人员、28个乳品加工企业奶源部负责人进行奶业法律法规知识培训。持续实行分类监管，落实监管责任制，明确各级责任人员；严格证前许可和证后监管，站、车全部实现在线出证、证件二维码管理；全面落实部、省级生鲜乳监测计划，集中组织监督抽样和现场检查，检查对象按照“双随机一公开”的程序和要求在系统中随机抽取确定，监测检查结果全省通报。完成部、省级监测任务1 506批次。积极开展生鲜乳专项整治，强化主体责任落实，印发奶站规章制度、告知书、责任公示牌等6 000余套，印发奶畜散户告知书4 100份；积极探索生鲜乳第三方检测，试点单位由上年的3个增加到5个；发送监管警示信息15条，受众22 095人次。

【奶业大事】7月18日，河南省畜牧局、河南省财政厅联合印发《2018年河南省支持肉牛奶牛产业发展资金项目实施方案》(豫牧计〔2018〕46号)，支持实施肉牛奶牛标准化规模场建设、奶业新业态发展、进口优质奶牛和肉牛奶牛胚胎补贴等项目。

7月18日，河南省畜牧局、河南省财政厅联合印发《2018年粮改饲试点项目工作实施方案》(豫牧计〔2018〕47号)，支持规模化草食家畜养殖场（企业、合作社）或专业青贮饲料收购企业（合作社）等，大力推进粮改饲试点县调整玉米种植结构，扩大青贮玉米等饲草料种植面积、增加收贮量，基本实现奶牛规模场青贮玉米全覆盖。

12月18日，河南省人民政府办公厅印发《河南省奶业振兴行动计划》，计划提出，到2020年，奶业综合生产能力显著提升，300头以上规模养殖比重达到80%以上，奶类产量达到300万t。产业布局更加优化，奶业生产与生态协同发展，养殖废弃物资源化利用率达到80%以上。粮改饲面积不断扩大，优质饲草基地建设取得明显成效。乳品加工能力稳步提升，产品结构进一步优化。消费信心显著增强，乳品消费明显增长。到2025年，奶类产量达到500万t，培育产值超百亿元乳品加工企业1家、超50亿元企业3家以上。实现奶牛养殖规模化、标准化，全面构建现代奶业产业体系、生产体系、经营体系和质量安全体系，在奶源基地、产品加工、乳品质量和产业竞争力等方面进入全国先进行列。

12月19日，全省畜禽养殖废弃物资源化利用现场会暨奶业振兴工作推进会在驻马店市平舆县召开，进一步贯彻落实全国畜禽养殖废弃物资源化利用和奶业振兴工作会议精神。各省辖市、省直管县市政府主管领导、农业（畜牧）局长，全省66个畜牧大县、30个奶业重点县政府主要负责人，10家乳制品加工重点龙头企业主要负责人、省直有关部门负责人近200人参加了会议，会议规格、会议规模前所未有。

（河南省畜牧局奶业管理办公室，宋洛文）

郑州市

【奶类生产】2018年全市奶牛存栏1.27万头，其中成母牛0.57万头；奶类总产量5万t，其中牛奶产量4.99万t。存栏100头以上规模奶牛场（区）19个，分布在中牟县、荥阳市等县（市、区）。主要呈现以下特点：

一是规模化养殖程度进一步提高。为应对奶业生产严重下滑的局面，2015年起开展奶牛场（小区）转型升级行动，通过淘汰低产奶牛、小区牧场化转型、规模场技术托管等措施，2018年年底牧场化率达到99%，同比提升近26个百分点。

二是机械化生产水平明显增强。规模场和养殖小区机械化挤奶率100%；95%以上牧场配备了全混合日粮（TMR）搅拌车；大型青贮收割机、自动清粪、自动饮水等设施设备和技术相继应用于奶业生产，奶业规模化、标准化、机械化水平均居全省前列。

三是奶牛单产水平明显提升。通过严格选育、全方位开展奶牛单产提升行动，机械化、智能化、信息化和关键生产技术的加快推广应用，奶牛科学分群和精细化管理，取得明显效果，多数规模奶牛场单产水平达到7t以上，高产奶牛的比例逐渐增加，牛群结构更趋合理，生产力水平逐年提升。

四是生鲜乳品质和质量安全水平达历史高点。据2018年生鲜乳第三方检测数据报告，生鲜乳中乳蛋白和乳脂肪率分别平均达到3.15%和3.66%以上，生鲜乳品质明显提高，远超国家标准；全年共抽检生鲜乳1 926批次，体细胞不合格样品仅1批次，药残、添加物不合格样品仅2批次，生鲜乳质量安全水平明显提升。

五是奶牛存栏量和生鲜乳产量下降。郑州市正在创建国家中心城市，围绕郑州市建设现代化大都市的总体规划，区域布局进一步调整，城市规划区面积进一步扩大，同时随着黄河滩区的治理，原规划的沿黄绿色奶牛养殖带内的奶牛养殖场（区）全部拆迁，加之奶业发展形势持续低迷，奶牛存栏同比减少2.04万头，下降61.6%；生鲜乳产量同比减少18.34万t，下降78.5%。

六是积极培育发展观光奶业。为应对奶业发展持续低迷的现状，促进奶业多元化发展，鼓励并引导荥阳市昌明科技有限公司利用现有资源发展观光奶业，经过各方努力，郑州昌明奶牛科普乐园列为“亲子互动”典型模式向全国推介，开辟了本市奶业宣传及科普教育基地，成为本市第一个畜牧业对大众开放的窗口。2018年接待儿童及家长7.2万余人次，既宣传了奶牛科普知识，又带动了牛奶消费。

【乳品加工】全市有河南花花牛乳业集团股份有限公司、郑州光明乳业有限公司等5家乳品加工企业，年设计加工能力60.01万t，实际年加工量18.41万t，其中代加工奶粉0.11万t，巴氏消毒奶0.28万t，UHT奶1.32万t，酸奶13.76万t，乳饮料2.94万t，年销售收入19.80亿元。其产品主要有常温酸牛奶、低温酸牛奶、巴氏杀菌乳、常温纯牛奶及牛奶饮料等。

【市场消费】2018年全市人均占有牛奶量达28kg，城镇居民人均消费支出26 256元，农村居民人均消费支出15 105元。

通过对大商新玛特、丹尼斯、世纪联华等超市乳制品销售情况进行调查，其销售乳制品种类及价格如下：

一是纯牛奶、酸牛奶类。市场上销售的纯牛奶和酸牛奶主要来自河南花花牛乳业集团股份有限公司、蒙牛乳业有限公司、伊利乳业公司等。

花花牛纯牛奶：小白袋，规格16包×180g，售价39.9元。

花花牛益生菌酸奶：规格16包×180g，售价39元。

伊利纯牛奶：无菌砖，规格16盒×250mL，售价48元。

蒙牛纯牛奶：无菌砖，规格16盒×250mL，售价42元。

二是婴幼儿奶粉类。销售的产品主要有飞鹤、伊利、三元、君乐宝品牌。

飞鹤星飞帆1~3段婴幼儿奶粉，售价298元/700g。

伊利金领冠珍护1~3段婴幼儿配方奶粉，售价348元/900g。

三元爱欣宝1~3段婴幼儿奶粉，售价258元/800g。

君乐宝乐铂1~3段婴幼儿奶粉，售价176元/808g。

【奶源基地】据统计，2018年全市存栏100头以上规模奶牛场（区）19个，其中存栏1 000头及以上场（区）4个，占规模奶牛场总数的21%；500~999头场（区）3个，占规模奶牛场总数的16%；300~499头场（区）6个，占规模奶牛场总数的26%；200~299头场（区）6个，占规模奶牛场总数的31.6%。

人工牧草种植面积达800hm^2，其中苜蓿种植面积600hm^2。青贮技术得到广泛应用，全株青贮玉米种植4 133.33hm^2，年青贮量达到25.13万t，其中全株玉米青贮15.13万t。19个奶牛场参加河南省奶牛生产性能测定，参测奶牛头数达到8 319头。奶牛场粪污处理方面，大部分规模奶牛场采用雨水、粪污水分离，粪污水采用三级沉淀池分离，定期抽取沉淀液；牛舍采用人工干清粪或刮粪板清粪，并集中到贮粪场发酵处理。

2018年利用省肉牛奶牛产业发展专项资金项目，完成支持奶业新业态发展项目9项，其中开办现制现售生鲜乳饮品店补助8个，支持创建休闲观光牧场1个。每个开办现制现售生鲜乳饮品店补助5万元，休闲观光牧场补助170万元，合计补助资金210万元，有力地推动了奶业消费新业态的发展。

【奶农组织】郑州市奶业协会会长单位为河南省奶牛生产性能测定中心，现有会员单位70个，会员90人。2018年，协会参与承办河南省奶业高质量发展研讨会，邀请国内外知名专家对牧场管理者及技术人员进行授课，累计培训人数240人。

【质量监管】全市有生鲜乳收购站19个，其中奶牛养殖场开办的生鲜乳收购站18个，奶牛养殖合作社开办的生鲜乳收购站1个；生鲜乳运输车辆19辆。加强生鲜乳质量安全监管主要有以下几项措施：

一是进一步完善和提升了生鲜乳收购站、运输车辆的视频监控系统。在生鲜乳生产全程视频监控的基础上，同时给生鲜乳运输车辆安装视频监控系统，并在河南花花牛乳业集团有限公司郑州分公司、河南花花牛股份有限公司和郑州妙可乳业有限公司同步安装视频监控，实现了生鲜乳运输过程全程GPS定位和在线视频监控，实现了生鲜乳全程可追溯。

二是扎扎实实开展生鲜乳专项整治活动。从5月开始，开展为期3个月的生鲜乳质量安全专项整治行动，全面集中清理审查生鲜乳收购站和运输车资质条件，检查生鲜乳质量安全监管责任落实情况、奶畜养殖场、生鲜乳收购站、运输车监管情况、奶畜散养户是否纳入监管等。

2018年以来，全市共出动执法人员210人次，检查奶站69站次，检查运输车辆46车次，对4家已无生鲜乳生产、收购、销售行为的生鲜乳收购站和6辆停运的运输车注销证照，媒体宣传1次，发放宣传材料306份，指导培训10场次，指导培训人员45人次，有力地推动生鲜乳专项整治行动各项工作的开展。

三是实施风险分类监管，加强日常巡查，强化责任落实。第一，对生鲜乳收购站和运输车辆明确两级监管责任人，监管要求和联系方式公示在显著位置，接受广泛的监督和督促。第二，认真落实日常巡查。对奶牛养殖场和生鲜乳收购站实行定期巡查和不定期检查制度，现场检查并填写巡查记录，发现问题及时整改。第三，加强抽检检测。2018年抽检生鲜乳样品40批次，其中生鲜乳收购站5批次，运输车辆抽35批次，检测β-内酰胺酶、黄曲霉素M_1、碱类物质等项目，检测指标全部合格。同时配合农业农村部完成了2次异地检查和抽检（7月和9月各1次），检查生鲜乳收购站10个、运输车辆72辆，抽检生鲜乳样品93批次，检查和检测指标全部合格。

四是开展生鲜乳第三方检测试点工作。按照省畜牧局统一部署，制定了试点方案，通过政府采购招标了河南省奶牛生产性能测定中心承担市生鲜乳第三方检测项目，实行现场快速检测与实验室检测相结合的方式，开展第三方检测的工作，把好奶源第一道关，帮助奶农解决争议。为了进一步提升检测效果，在抽查花花牛检测站所属奶站的同时，对郑州市内10余家规模牧场进行了抽样检测，并将进一步扩大到所有牧场，实现对郑州市规模化奶牛场抽检全覆盖。2018年9~12月，抽样534批次，各项理化检测3 264批次，药物及非法添加物检测3 598批次。检测以来没有奶农对加工企业的检测结果提出异议，对生鲜乳质量安全监管起到了风险预警作用。

（郑州市农委畜牧管理处，曹杨军）

洛阳市

奶业是健康中国、强壮民族不可或缺的产业，是食品安全的代表性产业，是农业现代化的标志性产业和一二三产业协调发展的战略性产业。近年来，洛阳市奶业规模化、标准化、产业化水平不断提升，初步形成了全产业链生产模式，正处在向高效种养业和绿色食品业转型升级的关键时期。

【奶畜养殖】奶牛存栏方面：受多种因素影响，2018年洛阳市奶牛存栏3.6万头，同比下降49%，奶类总产量15.98万t，同比下降44%，其中牛奶产量15.43万t，同比下降52%。奶牛品种方面：全市以养殖中国荷斯坦牛为主，占99.8%，只有生生乳业有150头乳肉兼用的西门塔尔牛。平均单产方面：据调查，全市奶牛平均单产7.83t，高产奶牛可达12t。单产8~10t的场共7个，占总数的20%，孟津爱荷9.9t，全省排名第四，偃师隆鑫9.87t，全省排名第六。5~8t的场23家，占66%，5t以下的场5家，占14%，最低的场单产不足4t。经营模式方面：正在进行小区转牧场行动，牧场化率74%左右。奶站建设和生鲜乳销售方面：截至2018年年底，全市共有36个生鲜乳收购站，其中洛阳科迪巨尔、洛阳阿新奶业、洛阳生生奶业3家本地企业收购的奶源占总产量的45%，其余生鲜乳由蒙牛、伊利、安徽六合新希望、郑州光明、君乐宝等企业收购。技术力量方面：全市奶牛养殖场（区）技术人员配备率达到90%以上，性控冻精使用率占77.4%，全部开展了奶牛品种登记，其中参加DHI测定约占80%，为奶牛精细化管理奠定了良好的基础。

【质量监管】截至2018年年底，洛阳市共有持证生鲜乳收购站36个，持证生鲜乳运输车23辆，持证率均达到100%，保证了牛奶100%来自持证的奶牛养殖场（区）。

多措并举强化生鲜乳质量安全监管。一是依法规范生鲜乳收购运输许可。按照上级部门有关文件要求通过生鲜乳收购站运输车监督管理系统进行奶业监管，要求全市各地严格验收标准，做好资料归档，做好许可工作；对到期的许可证除系统自动提醒外，还通过其他方式及时督促许可人按时换证，确保许可工作落实到位；加强对系统的行政许可的监管，及时督促对系统提醒许可即将到期或到期的生鲜乳收购站、生鲜运输车所在的有关县（市、区）处理，有效地维护了许可的严肃性。二是继续实施生鲜乳质量安全信息化追溯体系建设。根据省畜牧局文件精神，2018年计划在本市每个持证运营的生鲜乳收购站建设生鲜乳电子交接系统1套，洛阳市建设任务已全部完成，该系统的建成对于完善奶业监管手段，促进奶业向标准化、数字化方向发展大有裨益，能够进一步加大生鲜乳质量安全监管力度，进一步防范乳品质量安全问题的发生。三是开展生鲜乳质量安全检测行动，按照省畜牧局文件要求，洛阳市农业农村局组织开展生鲜乳抽检行动，对全市所有生鲜乳收购站和运输车进行全覆盖，有计划地抽检，同时配合农业农村部和省畜牧局奶业办公室进行生鲜乳质量安全飞行抽检和例行监测，通过多种方式的抽检监控生鲜乳质量安全。

【市场消费】2018年，洛阳市人均占有牛奶量达到21.62kg。

通过对洛阳市大型超市等商场乳制品销售情况进行了调查，其销售乳制品种类及价格如下：

一是纯牛奶、酸牛奶类。市场上销售的纯牛奶和酸牛奶主要来自伊利公司、蒙牛公司、光明公司、夏进公司、洛阳巨尔乳业有限公司和洛阳生生乳业有限公司，此外还有君乐宝、花花牛、德亚、澳牧等公司。

伊利安慕希高端原味牛奶230g×10袋，售价78元；伊利安慕希香草205g×12袋，售价66元；伊利舒化高钙奶220mL×12袋，售价52.8元；伊利金典纯牛奶250mL×12袋，售价65元；伊利纯牛奶250mL×20

袋，售价50元。蒙牛纯甄酸牛奶200g×12盒，售价66元；蒙牛特仑苏纯牛奶250mL×12盒，售价66元。德亚酸牛奶200mL×10袋，售价65元；德亚进口儿童牛奶汪汪队版200mL×10袋，售价65.8元。捷森全脂牛奶礼盒240mL×10袋，售价115元；安佳脱脂牛奶礼盒250mL×10袋，售价66元；尼平河脱脂牛奶礼盒200mL×10袋，售价79元，澳牧纯牛奶250mL×12袋，售价125元。光明优+纯牛奶200mL×12袋，售价48元。三元极致纯牛奶250mL×12袋，售价39.8元。夏进原味益酸乳250mL×20袋，售价28元。巨尔澳牛牧场纯牛奶180g×16袋，售价25.6元；巨尔特品酸牛奶180g×20袋，售价20元。花花牛高加索210g×12袋，售价66元。君乐宝开啡尔发酵乳（炭烧）200g×12袋，售价47.5元。

二是婴幼儿奶粉类。销售的产品主要有惠氏、美素佳儿、雅培、爱他美、诺优能、飞鹤、伊利、雀巢、君乐宝等品牌。奶粉的适用阶段以月龄划分，其中1段适用0~6月龄婴儿，2段适用6~12月龄的较大婴儿，3段适用12~36月龄的幼儿，4段适用36~72月龄的儿童，此外还有为妈妈补充营养的妈妈奶粉。

惠氏启赋婴儿配方奶粉（1段），429元/900g；惠氏启赋较大婴儿配方奶粉（2段），429元/900g；惠氏启赋幼儿配方奶粉（3段），409元/900g；惠氏启赋妈妈粉，358元/800g。

美素佳儿婴儿配方奶粉（1段），268元/900g；美素佳儿较大婴儿配方奶粉（2段），268元/900g；美素佳儿幼儿配方奶粉（3段），228元/900g；美素佳儿儿童配方奶粉（4段），198元/900g；美素佳儿妈妈粉，288元/900g；

雅培菁挚纯净王leva婴儿配方奶粉（1段），349.2元/900g；雅培菁挚纯净王leva较大婴儿配方奶粉（2段），331.2元/900g；雅培菁挚纯净王leva儿童配方奶粉（3段），278元/900g；雅培菁挚纯净王leva儿童配方奶粉（4段），278元/900g；

爱他美卓萃婴儿配方奶粉（1段），365元/900g；爱他美卓萃较大婴儿配方奶粉（2段），355元/900g；爱他美卓萃幼儿配方奶粉（3段），345元/900g。

诺优能婴儿配方奶粉（1段），218元/900g；诺优能较大婴儿配方奶粉（2段），198元/900g；诺优能幼儿配方奶粉（3段），145元/900g；诺优能幼儿配方调制乳粉（4段），145元/900g。

飞鹤星飞帆婴儿奶粉（1段），312.8元/700g；飞鹤星飞帆较大婴儿奶粉（2段），261.8元/700g；飞鹤星飞帆幼儿奶粉（3段），261.8元/700g；飞鹤星蕴孕产妇奶粉，144元/700g。

伊利金领冠珍护婴儿配方奶粉（1段），368元/900g；伊利金领冠珍护较大婴儿配方奶粉（2段），378元/900g；伊利金领冠珍护幼儿配方奶粉（3段），358元/900g。

雀巢能恩金盾婴儿配方奶粉（1段），258元/900g；雀巢能恩金盾较大婴儿配方奶粉（2段），228元/900g；雀巢能恩金盾幼儿配方奶粉（3段），204元/900g。

君乐宝乐臻婴儿配方奶粉（1段），296元/800g；君乐宝乐臻较大婴儿配方奶粉（2段），296元/800g；君乐宝乐臻幼儿配方奶粉（1段），296元/800g。

【政策法规】为振兴洛阳奶业，洛阳市通过实施奶业单产提升行动带动奶业企业转型并取得明显成效。一是加速了低产牛淘汰，一些单产不超过5t的奶牛基本被淘汰，提高了奶牛群体生产性能。二是加强了原奶指标检测，促使奶牛营养水平提高，优质牧草苜蓿、洋草、全株玉米推广力度加大。三是养殖场规划设计进一步规范。受国家奶牛大县资金支持及蒙牛、伊利等原奶收购加工企业竞争影响，新建奶牛养殖场各功能区更加合理，办公、生活、养殖、挤奶、粪污处理相对独立；栏位、卧床、挤奶厅、消毒室设计更加人性化；净污道分设、雨污分离、排污清粪设计更科学；改造挤奶设施，建造标准牛舍；采用TMR机、自动取草、自动刮粪机械，温控设备，加快奶企硬件建设。四是新技术新设备得到广泛应用。TMR机、自动取草机、自动刮粪机、温控设备采用率提高；性控技术、全日粮混合技术、环境控制技术、粪污处理技术、DHI测定、品种登记新技术普及率逐年提高。全市有TMR机32家、占84%，参加DHI测定场26家、占68%，参加奶牛品种登记33家、占87%。五是品种改良力度加大，国家良种补贴政策的实施，国外优秀种牛冻精的引进，加快了品种改良速度。六是畜牧部门监管力度加大，掺假、劣质原奶生产受到遏制，抽检合格率100%。七是奶牛单产和原奶质量大幅提升。2010年前奶牛单产平均不足5t，目前达7.83 t；乳蛋白、乳脂肪含量大幅提升，体细胞数下降，原奶质量明显提升。

（洛阳市农业农村局，李铭）

湖北省

【奶畜养殖】2018年全省奶牛存栏4.5万头，牛奶总产量达到12.81万t。全省奶牛养殖主要分布在黄冈、武汉、宜昌、咸宁等地。另外，由于近年来采取有效措施加大奶水牛品种改良，奶水牛养殖在全省得到一定发展。全省奶水牛养殖主要分布在襄阳、荆门、随州、孝感等地，具有代表性的奶水牛养殖企业是湖北劲牛牧业有限公司，品种以地中海奶水牛为主。

【乳品加工】随着湖北省奶业标准化、规模化水平不断提升，乳品生产总量稳步增长，乳品加工企业发展迅速。全省奶制品加工企业设计总加工能力超过180万t，国内伊利集团、蒙牛集团和光明乳业等大型乳制品企业均在本省建设加工基地和产业园区。

【市场消费】市场主要销售品牌有光明、蒙牛、伊利、友芝友、九州乳业等。主要乳制品超市销售价格：蒙牛每日鲜语鲜牛奶1L装销售价格29.8元；光明健能AB100原味桶装酸奶1.25L销售价格29.8元，光明优倍高品质桶装鲜奶1.2L销售价格22.50元，光明纯鲜牛奶950mL销售价格15.80元；友芝友原味酸牛奶屋顶包950mL销售价格15.80元，友芝友抢鲜巴氏鲜牛乳950mL销售价格19.00元；九州乳业屋顶酸奶950g销售价格19.80元。省内中小型养殖场也开始探索“养殖基地＋奶吧”的经营模式，代表性企业为宜昌市俏牛儿牧业公司和湖北劲牛牧业公司。

【奶源基地】全省奶牛养殖以规模化养殖为主，据部门统计，2018年存栏100头及以上的规模场（户）23个，其中1 000头及以上的6个。

饲草饲料。在全省草牧业快速发展和青贮玉米需求旺盛的带动下，优质牧草种植面积逐年扩大，草产业链得到了延伸，价值链得到了拓展。省内种植业与养殖业结合日益紧密，农业内部产业融合得到加强，在一定程度上解决了牛羊优质饲草料来源问题。部分新型农业经营主体以农业优势资源为依托，将种养业某些环节甚至整个环节连接一起，形成了农业内部紧密协作、循环利用、一体化发展。部分牛羊养殖主体在满足自身养殖需要的基础上，开展青贮饲料产品的种植和加工销售。形成以草牧业养殖为中心，产业链向前向后延伸，实现“以一为主，接二连三”产加销一条龙发展模式。

DHI测定。2018年湖北省参加DHI测定的奶牛场有19个（含1个奶水牛场），其中5 000头规模奶牛场4个，参测奶牛数量达到1.39万头；参测6次以上的牛只达到1.11万头，完成了农业农村部下达的年度生产任务；全年共计检测奶样达到8.77万头份，有效数据达到80%以上。2018年，全省参测奶牛日均产奶量达到28kg，平均乳脂率3.73%，平均乳蛋白率3.38%。其中，参测奶牛日均产奶量已较2010年的17.9kg提升了10.1kg。2018年，湖北DHI实验室硬件进行了改造升级，共投入国家现代种业项目资金1 132万元，新增仪器设备10台、软件1套。其中，乳成分及体细胞检测速度由原来的200个/h提高到1 400个/h，检测指标由原来的9个增加到20多个；液相色谱分析仪和细菌总数分析仪可用于牛奶抗生素残留和细菌总数检测，扩展了DHI服务项目。湖北DHI实验室整体检测能力和服务能力达到国内领先水平。

粪污处理方式。主要采取有机肥加工厂和沼气、农田利用等方式，全省开始奶牛“场床一体化”养殖模式的推广。

【奶农组织】湖北省奶牛行业协会自2017年10月成立后，一直加强自身组织建设，2018年协会成立了党支部。在产业发展方面，一是加强对省内奶牛养殖生产经营主体在奶牛养殖、环境保护、疫病防控、牛奶加工等各个环节专业培训与指导，2018年举办培训班6次。二是主动履行社会责任，参与精准扶贫行动，组织协会成员单位向贫困山区学校捐奶捐物，价值100多万元。三是组织国家级专家组对学生奶源基地生产企业进行考核与评估。四是引导协会成员单位开展粪污资源化利用模式的探索，积极推广“场床一体化”养殖技术。五是加强乳制品消费引导，强化学生奶推介队伍培训，组建了巴氏灭菌乳等优质鲜乳制品的专业推广团队。

【政策法规】2019年1月4日，印发了《湖北省人民政府办公厅关于推进奶业振兴保障乳品质量安全的实施意见》。一是明确了全省奶业发展的指导思和总体目标。提出到2025年，全省奶业生产优质高效布局合理。奶业供给侧结构性改革取得实质性成效，奶业现代化建设取得明显进展。乳制品供给和消费需求更加契合，武汉、襄阳、宜昌等主要城市及周边的奶源基地形成规模，以保障市民高品质鲜乳制品供给的都市型奶业生产布局初步建成。全省100头以上规模化养殖比重超过90%，奶源自给率从8.6%提升到25%，奶牛年平均单产水平达到8 500kg。原奶产量50万t，奶业产值达到100亿元。养殖废弃物综合利用率达到100%。二是明确了全省奶业振兴发展的主要任务。主要从加强优质奶源基地建设、强化乳制品质量安全监管、完善乳制品生产、加工、流通体系等方面入手，全面推进全省奶业振兴。三是制定了科学可行的保障措施。主要从财政投入力度、强化金融保险等资源联动支持、落实配套政策、切实加强组织领导等方面为全省奶业发展保驾护航。意见明确要求各级政府要加大支持力度，统筹相关资金支持奶业振兴工作。重点支持良种繁育及推广、青贮饲料种植收储补助、奶牛标准化示范创建、奶牛场疫病净化和病死奶牛无害化处理、养殖废弃物资源化利用、生鲜乳收购站标准化建设、生鲜乳收购运输监管体系建设、本土奶业品牌复兴战略等。

【质量监管】全省建立了完善的生鲜乳监测体系，常年开展生鲜乳质量安全监测工作，有力保障了生鲜乳质量安全。2018年全省生鲜乳违禁物专项检测148个批次，覆盖了全省24个生鲜乳收购站、30台运输车。具体包括：完成生鲜乳专项监测48批次，检测了三聚氰胺、革皮水解物、碱类物质、硫氰酸钠、β-内酰胺酶、黄曲霉素 M_1 等6项指标，检测结果均合格；完成生鲜乳质量安全异地抽检40批次，检测了三聚氰胺、革皮水解物、碱类物质、硫氰酸钠、β-内酰胺酶、黄曲霉素 M_1、铅、铬、汞、砷等10项指标，检测结果均合格；完成生鲜乳国家标准指标监测60批次，检测了冰点、酸度、非脂乳固体、杂质度、相对密度、黄曲毒素 M_1、蛋白质、脂肪、菌落总数、体细胞等10项指标，检测结果均合格。

全省生鲜乳收购站（点）24个，生鲜乳运输车30台。为加强奶站与生鲜乳运输车管理，一是要求各地严格按照《食品安全法》《乳品质量安全监督管理条例》等法律法规，按照县级以上人民政府对本行政区域内生鲜乳质量安全负总责，各级畜牧兽医主管部门负监管责任，奶畜养殖者、生鲜乳收购站开办者和运输车经营者负第一责任的要求，认真落实各级责任。二是要求各地加强奶站和运输车的监督管理，按照“谁发证、谁监管”的原则，加强证前许可和证后监管，确保辖区内营运的生鲜乳收购站和运输车具备法定资质条件，坚决取缔不合格的奶站和运输车。按照“四个最严”的要求，开展生鲜乳质量安全执法工作，严打非法收购运输行为，严防不合格生鲜乳流入市场。三是按照全年监测计划要求，由省兽药监察所完成了生鲜乳抽样任务，把开展生鲜乳质量安全监测工作作为落实监管责任的重要抓手，切实加强生鲜乳质量安全监管。

（湖北省畜牧兽医局，梅波）

湖南省

【奶畜养殖】湖南省奶畜种类以荷斯坦牛为主，养殖少量娟姗牛和奶山羊，奶山羊的养殖数量呈逐年增长势头。2018 年，全省奶牛存栏 27 600 头，其中娟姗牛存栏 420 头，生鲜奶总产量 9.8 万 t，成年母牛头均单产 5.8t，规模化牧场平均单产 7t；全省奶山羊存栏 8 200 只，羊奶总产量 1 490t，同比涨幅分别为 5.1% 和 12.9%。2018 年度较 2017 年度全省奶牛存栏量基本持平，奶类产量略有提升。2018 年全省奶业总产值 48.98 亿元，其中奶牛养殖产值 3.98 亿元，乳品加工业产值 45 亿元，振兴有基础。2018 年全省奶畜养殖业平稳发展，饲养方式持续改进，精细化管理水平不断提高，但受奶源价格低迷的影响，奶牛养殖业利润仍然微薄。

从产业分布看，全省奶畜养殖形成了 4 个产业优势区。一是以南山牧场为代表的草山资源区，是湖南传统的奶牛养殖区，主要集中在邵阳市城步苗族自治县，奶业已成为城步县域经济发展的支柱产业、扶贫攻坚的重要产业。该区域内有南山牧业、彝牧科技 2 家奶业龙头企业。地处该县的南山牧场以草山放牧方式饲养奶牛，以小区化的方式管理、集中挤奶、统一收奶、统一防疫、统一饲料供应，已建成的奶牛小区 15 个投入运营。城步苗族自治县提出“打造南方奶业第一县”的发展目标，发展奶牛养殖基地乡镇场 4 个、基地村 19 个，奶牛存栏数 1.35 万头，占全省奶牛的 48.9%；近年来，城步大力发展奶山羊养殖，现已建立万只存栏规模养殖场 1 个，千只存栏规模种羊场 1 个，存栏奶山羊数量为 6 500 只，奶山羊存栏数为全省的 79.3%。二是以常德为代表的洞庭湖平原饲草供应优势区。该区域内土地资源丰富，且优质、平坦，适合青贮玉米、苜蓿草等饲草机械化种植和收割，发展适度规模的奶牛养殖，代表企业有金健乳业、德人牧业；奶牛存栏数为 6 000 头，占全省奶牛存栏数的比例 21.7%。三是以长沙市为代表的城市消费型奶业区。瞄准乳品消费市场，发展城郊型奶业，以市场消费带动奶业发展；该区域内聚集有新希望南山、皇氏集团优氏乳业、湖南光明、优卓牧业等中大型乳企；其中皇氏集团优氏乳业、优卓牧业就地发展种养加销一体化发展模式，优卓牧业牧场建成投产，优氏乳业新建规模化牧场完成基础设施建设。四是承接沿海地区产业转移奶业发展区。以永州为代表，发展中大型规模牧场，面向粤、港等地提供优质奶源，江华温氏乳业 5 000 头规模牧场建成投产，现存栏 3 800 头，占全省奶牛存栏数的比例为 13.8%。

从养殖规模看，全省平均存栏数 200 头以上的规模场（小区）存栏比例占全省奶牛养殖量的 90% 以上，新建牧场均为千头以上存栏规模，农户散户养殖基本退出，规模化程度较 2012 年提高 60 个百分点。从奶畜品种看，由传统的纯饲养荷斯坦牛到以荷斯坦牛为主，向娟姗牛、奶山羊等多品种养殖格局转变。从奶源品质看，2018 年生鲜乳抽检合格率 100%，体细胞数平均在 30 万个 /mL 以内、细菌总数在 25 万 CFU/mL 以内，乳脂肪、乳蛋白率平均分别达 3.45% 和 3.15%，各项指标优于国标。

【乳品加工】2018 年，湖南省共有乳制品以及涉乳生产企业 18 家，其中总产值过亿元的企业 8 家；乳制品总产量 31 万 t，其中液态乳 25 万 t。全省奶品生产加工有三种类型：一是奶粉，以进口或国产优质奶粉为原料，生产加工灌装、袋装奶粉，年产值达 19 亿元以上，主要有澳优、合生元等知名品牌企业；二是液态奶，以生鲜乳为原料，生产低温奶（巴氏杀菌乳和酸奶）和高温灭菌乳，全省有液态奶生产企业 8 家，2018 年总产值约 12 亿元；三是复原乳和含乳饮料，以外购奶粉为原料，生产瓶装听装常温乳饮料，省内企业年产值约 14 亿元。全省乳制品加工业的奶源来源依靠外调，本土奶源供应严重不足；干乳制品和含乳饮料生产企业的主要原料全部需外调，液态奶生产企业奶源以本地奶源为主、部分企业需要完全依靠省外调运奶源。本年度液态奶产品生产特点为巴氏杀菌乳、酸奶等低温奶产品持续稳定增长。

全省共有生鲜奶收购站 12 个（其中长沙 4 个、邵阳 4 个、常德 3 个，永州 1 个），生鲜乳运输车 14 辆（其中长沙 2 辆、邵阳 6 辆、常德 3 辆，永州 3 辆），2018 年度收购鲜奶 42 300t。

【市场消费】湖南省常驻人口为 6 898.75 万人，其中城镇常驻人口超过 3 700 万人，从人口基数看湖南奶制品市场消费潜力巨大。据调查，2018 年城镇居民人均乳制品（折合成原料奶）消费量 18.9kg，农村居民人均乳制品（折合成原料奶）消费量 7.9kg；城镇和农村人均奶类消费支出分别为 402 元和 162.6 元。2018 年，湖南省乳制品消费总量基本稳定；消费结构不断调整，城镇居民消费酸奶、巴氏杀菌乳等低温奶产品比例上升，低温液态奶消费增长速度较常温奶明显加快；奶粉消费以婴幼儿奶粉为主，消费总量呈快速增长；农村居民消费以常温奶、乳饮料等产品为主。

湖南省乳制品消费市场中，2018 年本土品牌市场份额略有上升，但省外品牌和产品仍占主导地位；本省液态奶品牌有“金健”“新希望南山”“南山草原”“皇氏优氏”“优卓”“德人牧香”“湘密”等，在湖南境内生产销售的全国性液态奶品牌有“光明”“旺仔”；在湖南省内生产销售的奶粉品牌有“澳优”“南山”“倍慧”“合生元”。

2018 年湖南省生产销售的主要乳制品品牌、规格及价格如下：巴氏杀菌奶有新希望南山、南山草原、金健、皇氏优氏、优卓、德人牧香，150~200mL，3.2~8.0 元；超高温灭菌奶有新希望南山、金健、皇氏优氏、湘密、南山草原，200~250mL，2.8~4.8 元；酸奶有光明、新希望南山、派派、金健、皇氏优氏、南山草原，120~250mL，2.5~8.0 元；奶粉品牌有澳优、倍慧、南山、合生元，900g，148~428 元。

【奶源基地】2018 年，湖南皇氏优氏科技有限公司牧场破土动工，预计 2019 年新增存栏奶牛 1 000 头。

全年奶牛存栏量在100~499头的场（小区）16个，存栏总数为4 800头，占全省比重为17.4%；500~999头的场4个，存栏总数为2 800头，占比10.1%；1 000~2 999头的养殖场4个，存栏总数为4 732头，占全省的比重为17.1%；存栏规模在3 000头及以上的养殖场1个，存栏3 800头，占全省奶牛数的13.8%。

全省奶牛养殖实现机械化挤奶全覆盖，规模化牧场100%采用TMR饲喂，畜舍环境人工控制、自动清粪系统、青贮玉米机械化收割、污水自动处理系统等装备不断完善，现代化程度不断提高。奶牛生产性能（DHI）测定在省内6个规模化牧场或小区开展，参测母牛头数2 800头。

省内奶牛养殖的草料以干草、青贮玉米为主。据统计，2018年全省规模化奶牛场青干草中羊草、苜蓿、燕麦草占比达95.0%，外调比例占97.0%；三种青干草到场价格分别为1 580元/t、3 050元/t、2 560元/t，粗饲料综合成本较东北、西北牧草主产区高31.8%。粗饲料本地化供应方面，主要为全株青贮玉米和禾本科青草，其中青贮玉米全年种植面积约1 423.73hm^2，平均单产为57t/hm^2，总产量8.12万t。

疫病防控方面，全省各级动物疫病防检部门全力抓好奶牛疫病防控工作，奶牛养殖场（小区）奶牛“两病”检疫工作覆盖率为100%；按要求定期接种疫苗；全年无重大动物疫病发生。在粪污处理上，散养户主要采用粪污直接还田（地），规模化养殖场采用粪便生产有机肥或发酵处理后种植牧草的方式处理。

2018年全省规模化奶牛场平均原料奶直接饲料成本2.44元/kg，平均原料奶的综合成本4.01元/kg，比全国平均原料奶的综合成本约高1元/kg；全省原料奶收购价格年度平均4.21元/kg，利润空间为0.2元/kg。

【奶农组织】全省有省级奶业行业协会1个、县级行业协会1个、奶牛养殖合作社5个，参与协会和合作社的会员和成员共185人。2018年全省共组织相关的培训班、考察学习等活动共10次，培训奶牛养殖户和相关技术人员320人次。加强了与兄弟省份的互动，2018年5月与湖北省奶协联合举办高峰论坛一期。为加强协会会员单位的信息传送与业务交流，促进专家与对接企业之间联系的紧密度，2018年在湖南省奶业协会微信平台和网站，解答会员提出的相关技术咨询、发布行业信息及政策等600多次。

【政策法规】2018年，《国务院办公厅关于推进奶业振兴 保障乳品质量安全的意见》（国办发〔2018〕43号）和农业农村部等九部委《关于进一步促进奶业振兴的若干意见》（农牧发〔2018〕18号）下发后，省委、省政府领导分别批示要求加快意见落实。由省农委印发的《湖南省农业委员会关于推进湖南奶业振兴 保障乳品质量安全的实施意见》（湘农发〔2018〕134号），提出如下目标和措施：一是主要目标增加100头以上规模场养殖比重超过90%要求。二是主要措施中突出抓好重点难点工作，支持优质奶源基地建设，发展奶牛家庭牧场，提高奶业质量安全和发展水平；理顺奶牛养殖与乳品加工的利益联结，保护奶农利益；强化乳品质量安全监管推进奶业诚信体系建设；宣传引导乳制品消费，大力推广学生奶，培育湖南省奶业品牌，带动奶业生产发展；完善保障措施，积极争取政策支持。重点突出质量安全监管和学生奶推广工作。各市州畜牧（兽医）部门按照湖南省畜牧水产局的统一安排，对相关的政策组织实施。挤奶机械、全混合日粮设备以及饲草料收购设备纳入了农业机械购置补贴范畴，全省范围内实施了粪污治理并予以专项补贴，奶畜养殖粪污资源化利用纳入“畜禽粪污资源化利用整县推进项目”范畴。

【质量监管】各市州畜牧（兽医）水产部门按照省畜牧水产局统一安排，组织实施2018年湖南省生鲜乳质量安全监测计划，加大监督抽检力度，确保监测覆盖所有生鲜乳收购站和运输车。配合做好省部级生鲜乳抽检工作，全省全年共抽检生鲜乳样品65批次，对每个生鲜乳收购站、运输车抽检5次。重点监测三聚氰胺、革皮水解物和β-内酰胺酶、碱类物质和硫氰酸钠等5种违禁添加物，以及黄曲霉素M_1、大观霉素、铅等物质，及时发现和排除质量安全风险隐患，严厉打击违法违规行为，全年生鲜乳安全监测抽检合格率100%。

按照《国务院办公厅关于加强农产品质量安全监管工作的通知》（国办发〔2013〕106号）、农业部办公厅关于印发《2018年农产品质量安全工作要点》的通知和《湖南省2018年生鲜乳违禁物质专项整治行动》的要求，湖南省农业委员会制定了《2018年农产品质量安全专项整治工作方案》，其中有生鲜乳违禁物质专项整治方案。2018年重点在长沙、常德、邵阳、永州4个市的奶牛养殖县和奶牛养殖重点区域全面开展生鲜乳违禁物质专项整治行动。生鲜乳违禁物质专项整治行动采取行政监管和乳品企业自管相结合、日常监管与突击检查相结合、项目实施与执法监管相结合的监管方式，全面落实生鲜乳质量安全监管责任制。督促各市、县制定生鲜乳违禁物质专项整治方案，明确整治工作任务和工作责任，层层签订生鲜乳质量安全监管责任状，每个生鲜乳收购站和运输车都要明确监管责任人，使其在有效监管之下运营。2018年对全省生鲜乳收购站和生鲜乳运输车的质量安全生产情况进行二次全覆盖专项检查，检查奶站45站次，检查运输车50车次，出动执法人员567人次；举办监管人员、生鲜乳收购、运输车从业人员培训，共培训430人次；生鲜乳质量安全监管体系完善，各项日常监管措施到位，在专项整治行动中没有发现生鲜乳添加违禁物的行为。此外，严格落实属地管理责任，对所有生鲜乳生产、收购、运输企业和个人签订责任状，每个季度至少对所属生鲜乳监管对象进行一次检查，指出发现的问题，提出整改要求，并认真填写执法检查笔录，加盖执法单位公章，交被检查单位，对违反法律法规行为坚决依法进行处理。

【奶业大事】2018年5月23日，农业农村部公布了第三批全国奶业休闲观光牧场名单，湖南优卓牧业产业园顺利通过专家组审核，成为面向全国推介的休闲观光牧场。

（湖南省奶业协会，刘海林、樊志坚）

广东省

【奶畜养殖】截至2018年年底，广东省存栏荷斯坦牛4.8万头，其中成母牛2.6万头；奶水牛0.4万头，其中成母牛0.26万头。牛奶总产量19.86万t，其中，荷斯坦牛奶产量19.59万t，成母牛年平均单产7.43t；奶水牛产量2743t，成母牛年平均单产1.04t。荷斯坦牛主要分布粤北、珠江三角洲和粤西地区，存栏前五位分别是清远市1.2万头、广州市0.82万头、惠州市0.67万头、肇庆市0.41头、湛江市0.25万头，占广东省21个地级市荷斯坦牛存栏总量的69.8%；奶水牛存栏4115头，主要分布在佛山市、揭阳市、广州市、清远市、湛江市等地。全省荷斯坦牛养殖户306户，存栏100头以上的有38户，存栏奶牛4.39万头，占全省的91.5%。

【乳品加工】全省登记在册的生鲜奶收购站36个，主要分布在广州、惠州、清远等大中城市。生鲜奶生产收购运输全部实行持证经营和运输车辆准运证管理。全省有液态奶生产企业28家，其中液态奶年产量过万吨的企业为广东燕塘、深圳晨光、广州光明、广州风行和蒙牛清远等5家企业，广东燕塘乳业股份有限公司已于2014年12月在深圳A股挂牌上市（股票代码002732）。

【市场消费】2017年，广东省居民家庭人均奶类消费7.7kg,其中，城镇居民人均消费9.7kg，农村居民人均3.3kg。全省每年奶类消费量约为80万t，每年向港澳供应生鲜奶及其制品约2万t。广东市场乳制品销售的主要品牌是燕塘、风行、香满楼、光明、蒙牛、伊利等。市场上也有娟姗鲜牛奶出售。广东本地消费者倾向于购买本地乳企生产的液态奶产品。

【奶源基地】广东奶牛规模化养殖水平较高，其中奶牛存栏在1 000头及以上的养殖场有15家，存栏奶牛占全省奶牛存栏总量的71.7%，500 ~ 999头的占14.8%，200 ~ 499头的占9.2%，100 ~ 199头的占1.0%。广东牧场荷斯坦牛100%实现机械化挤奶，生鲜奶的质量和卫生指标均好于国家标准。根据广东省2008年以来参测DHI项目奶牛场统计数字显示，乳蛋白平均含量为3.3g/100g，乳脂肪平均含量为3.8g/100g，体细胞数平均在30万个/mL左右。2018年，广东燕塘乳业、广州风行乳业成为华南地区首批通过优质乳工程验收的企业。

广东省生鲜奶的购销全部实行订单生产。一般是每年11~12月，广东省奶业协会主持召开生鲜奶购销沟通协调会（包括奶农之间、乳品企业之间、奶农与乳品企业之间），并于12月底前在行业内发布生鲜奶购销参考价，同时组织奶农与乳品加工企业共同签定下一年度的生鲜奶购销合同，明确规定生鲜奶供应的时间、数量、质量、价格、检测方法与奖罚条款等。这样一来，下一年奶农就可以专心地养健康牛，出优质奶，不用担心市场销路；而乳品加工企也就可以全力做好乳品加工与市场开发，不用担心奶源问题。

生鲜奶收购实行优质优价，2018年生鲜奶价格为5 300 ~ 5 500元/t。生鲜奶除每天供港50多t外，全部用于生产液体奶（包括巴氏鲜奶、纯牛奶和酸奶等），没有用于奶粉加工。

【政策法规】2018年，广东省为扶持奶牛养殖业发展，采取了各项措施。

一是贯彻落实奶业振兴意见。为贯彻落实《国务院办公厅关于推进奶业振兴 保障乳品质量安全的意见》（国办发〔2018〕43号）和《农业农村部 发展改革委 科技部 工业和信息化部 财政部 商务部 卫生健康委 市场监管总局 银保监会关于进一步促进奶业振兴的若干意见》（农牧发〔2018〕18号），根据省领导批示指示精神和省政府办公厅的办理意见，结合全省奶业生产的实际情况，广东省农业农村厅草拟了《转发农业农村部 发展改革委 科技部 工业和信息化部 财政部 商务部 卫生健康委 市场监管总局 银保监会关于进一步促进奶业振兴的若干意见（征求意见稿）》，提出贯彻落实意见措施。

二是奶牛生产性能测定项目。2018年，广东省种畜禽质量检测中心奶牛生产性能测定实验室共完成农业农村部和省农业农村厅累计下达的5 000头奶牛测定任务，全年合计测定样品5万余个。广州市奶牛研究所有限公司奶牛生产性能测定中心全年测定奶牛6 000余头。

三是开展休闲观光牧场申报活动。根据《农业部办公厅关于推荐第二批休闲观光牧场的通知》（农办牧〔2018〕3号）要求，组织专家对广东省申报的牧场进行实地考察和审核评选，并上报推荐材料。

四是学生饮用奶奶源基地评估。根据广东燕塘乳业股份有限公司的申请，对韶关市武江区兴农畜牧有限公司、广州从化市鳌头燕龙奶牛场、开平市粤顺牧业有限公司进行了现场评估认定，并将评估结果向中国奶业协会提交备案，经中国奶业协会审核合格并给予奶源基地备案编号。

【奶农组织】一是进一步完善各项内部管理制度。在省民政厅的领导下，按照《广东省行业协会管理条例》和《广东省奶业协会章程》，定期组织召开理事会议，按时上交年检报告等。

二是积极发展新会员，不断壮大会员队伍。协会已有团体会员108家，会员遍及牧草饲料、兽药药械、畜牧乳品设备、奶畜养殖、乳品加工销售等行业的生产经营、科研教学和技术推广单位，协会在行业的影响力显著提升。

三是为加强南方地区奶业行业的交流与合作，2018年出版4期《南方奶业》。同时，继续加强南方奶业网站建设，及时报道和更新各类奶业政策法规、牛奶知识、会展信息、奶牛养殖技术和乳品加工技术等信息文章。

四是开展形式多样范围广泛的技术培训。3月10

日，协会组织乳品加工企业负责人、设备部等部门负责人参观第二十五届中国国际包装工业展览会；3月23日，协会联合广州汇旺生物科技有限公司等公司在广州凤凰山宾馆举办奶牛养殖新技术研讨会；4月11日，协会组织有关单位参加中国（广东）荷兰农业和物流合作交流会；5月24~25日在白云万达希尔顿酒店举办牧场热应激管理专题技术论坛。6月28~30日，组织相关单位参加中国奶业协会主办的中国奶业颁奖盛典和中国奶业高质量发展十年颂活动；8月28~29日，协会联合佛山嘉斯特生物科技有限公司在广州市天虹宾馆举办广东高产奶牛技术研讨会。组织选手参加9月12~13日在石家庄市举行的全国农业行业职业技能大赛总决赛，广州华美牛奶有限公司选手发挥稳定，成绩优异，荣获农业农村部颁发的“优秀选手”证书。

五是认真开展技术咨询服务。协会积极为会员单位提供奶牛饲养管理、牧场饲料等方面的市场信息咨询；为会员提供包括参加省著名商标评选、出国考察学习、职称晋升等方面的推荐意见和证明材料；为会员单位奶牛场搬迁补偿出具专家评估意见等。

六是积极开展奶业公益宣传活动。为提升国民对中国奶业的信心，普及牛奶知识，促进牛奶消费，客观系统地展示中国奶业发展的真实情况，在中国奶业协会、中国晚报工作者协会的支持下，协会联合《乳业时报》举行“大国出好奶，好奶强国民”——全国优质奶源牧场巡礼采风活动。

七是充分发挥桥梁纽带作用，认真做好沟通协调工作。积极开展生鲜乳购销协调工作。在认真做好生鲜乳生产成本调查的基础上，每年年底前组织奶畜养殖和乳品加工企业，开展生鲜乳购销价格协调，发布生鲜乳购销参考价，有力地促进了生鲜乳市场的协调稳定。

八是积极主动工作，努力完成上级有关部门委托任务。受广东省畜牧技术推广总站委托，省有关部门认真做好生鲜乳收购站统计监测汇总工作，按时上报每月统计表至农业农村部，实时监测全省各地生鲜乳收购许可证与运输车辆准运证信息的录入和更新等；协助开展奶业生产统计工作，认真做好奶牛养殖和乳品加工企业生产统计工作。

【质量监管】组织相关质检机构对生鲜乳收购站和运输车进行了检查及监督抽样，2018年，全省共出动执法人员625人次，检查生鲜乳收购站41个、奶牛场252个，检测生鲜乳样品440批次，监测覆盖全部生鲜乳收购站、登记备案的运输车和规模奶牛场，受检生鲜乳中三聚氰胺等违禁添加物、抗生素等多项指标检测结果均合格。

（广东省奶业协会，陈三有、刘建营）

广西壮族自治区

【奶畜养殖】据畜牧部门统计，2018年广西奶牛存栏6.45万头，其中能繁母牛3.99万头；奶类总产量8.53万t。存栏奶牛中，荷斯坦牛存栏1.59万头，能繁母牛1.13万头；奶水牛存栏4.86万头，能繁母水牛2.86万头。荷斯坦牛奶产量5.32万t，水牛奶产量3.21万t。

广西奶业呈现两大优势区域发展。荷斯坦牛养殖以南宁、贺州、柳州、来宾、贵港、崇左6个市为中心产区，2018年荷斯坦牛存栏1.38万头，占广西荷斯坦牛总数的86.79%；奶水牛已向规模场或小区养殖方向发展，以钦州、北海、玉林、南宁4个市为主要产区，2018年奶水牛存栏4.81万头，占广西奶水牛存栏总数的98.97%。

2018年广西奶类产值为5.88亿元(其中水牛奶2.95亿元)，占广西牧业产值1 166.91亿元的0.50%。

2018年荷斯坦牛奶收购价格5.50元/kg，水牛奶收购价格9.20元/kg。饲养1头年产1.6t的奶水牛年可获利3 000元左右，广西奶水牛养殖户有1.03万户。

广西奶业的特色是水牛奶业，发展方向为荷斯坦牛和奶水牛并重，突出抓好奶水牛发展。在广西壮族自治区人民政府的推动下，广西水牛奶业加大发展力度，生产连年增长，已经发展成为振兴广西农村经济、增加农民收入的一个重要产业，随着广西各级政府对这一产业的重视和支持，今后广西奶水牛业发展将稳步推进，持续稳步增长。

【乳品加工】2018年，广西获得食品生产许可证的乳制品企业有15家，其中婴幼儿配方乳粉企业1家。2018年，广西乳制品产量为34.79万t，其中液态乳32.54万t，占93.54%；乳粉产量（含婴幼儿配方乳粉）3 442t，占0.99%。

广西加工水牛乳制品的企业有广西皇氏甲天下乳业股份有限公司、广西壮牛乳业有限公司、广西百菲乳业有限公司、广西桂牛水牛乳业股份有限公司和崇左市天添乳品厂，2018年实际加工水牛奶产品4.57万t，主要有巴氏杀菌乳、酸奶、UHT奶、乳饮料等系列50多个品种，包装有瓶装、杯装、袋装、听装和利乐包装等，部分产品和奶酪远销广东、湖南、北京、上海、黑龙江等20多个省份以及香港。

【市场消费】2018年，广西总人口5 659万人，人均奶类占有量为1.51kg。

【奶源基地】2018年，广西存栏奶牛100头规模以上的奶牛养殖小区（场）共40个，其中南宁市18个、钦州市4个、柳州市4个、北海市4个、玉林市3个、来宾市2个、贵港市2个、防城港市1个、贺州市1个、崇左市1个，存栏奶牛2.33万头，占广西奶牛存栏的36.11%，奶牛品种主要有荷斯坦牛、娟姗牛和奶水牛。存栏规模100~300头的小区（场）19个，301~500头规模8个，501~1 000头规模7个，1 000头规模以上6个。属于奶企自建的奶牛养殖小区（场）共12个，国有单位办的3个，私营公司办的13个，合作社或个体办的12个。

2018年广西在粗饲料开发与利用方面，重点抓好高产优质牧草（桂牧1号等）和优质农副产品（玉米秆、甘蔗叶、菠萝渣等）种植开发利用以及“粮改饲”项目实施工作，较好地解决了奶牛养殖业所需粗饲料问题。全年推广种植单一高产牧草（桂牧1号等象草）2.57万hm^2、青贮专用玉米8 000hm^2，实施冬闲田种草2 726.67hm^2；科学利用农作物秸秆饲料化利用863万t。2018年广西“粮改饲”项目，中央财政补助资金1 780万元，工作任务是粮改饲种植面积7 133.33hm^2、饲草料收贮32.1万t；至年底共完成粮改饲种植面积9 306.67hm^2、完成任务的130.46%，收贮优质饲草料32.1043万t、完成任务的100.01%。

2018年广西继续抓好奶牛疫病防控工作。主要是落实责任，严格动物疫病防控；加强规模养殖场管理，强化动物疫病（主要是口蹄疫、结核病、布鲁氏菌病）的免疫、监测和净化，坚决淘汰染病阳性奶畜；大力推广应用奶牛生态健康养殖技术。2018年广西奶牛养殖业无重大疫情发生。

【奶农组织】2018年，广西奶业协会和广西日报传媒集团共同举办了“广西奶业百姓口碑榜”评选活动，采用“网络投票+线下问卷+专家评审”相结合方式进行综合评审，最后，组委会评选出了年度最受消费者喜爱的牛奶、乳饮及牧场等3类奖项，广西皇氏甲天下乳业股份有限公司、广西石埠乳业有限责任公司、广西百菲乳业有限公司、广西桂牛水牛乳业股份有限公司、广西壮牛乳业有限公司、广西巴弗罗牧业投资有限公司和广西来宾绿健牧业有限公司7家企业的16种奶产品分获各奖项。

2018年，广西各级畜牧部门继续加强奶农技术培训，组织开展有关法规、生态养殖技术、饲养管理、疫病防治等培训班48期，培训学员3 200人次，发放宣传资料2 300份。

【政策法规】2018年6月22日，广西壮族自治区人民政府办公厅印发了《广西畜禽养殖废弃物资源化利用工作考核办法（试行）》的通知（桂政办发〔2018〕65号）。该考核办法共13条，其中第八条明确：评分按《考核指标及评分细则》进行；考核满分100分，结果分为优秀、合格、不合格三个等级。

2018年是《广西壮族自治区食品安全追溯管理办法（试行）》实施的第一年，该办法共分总则、食品安全追溯体系建设、食品安全追溯信息内容、监督管理、附则等五章三十一条，重点解决食品安全追溯管理职责、追溯体系建设主体责任、追溯体系建设内容和建设方式等问题，强调了“五个明确”。

一是明确食品安全追溯管理的适用对象和范围。本办法适用于食品生产经营企业建立食品安全追溯体系及食品药品监管部门的指导和监督管理。

二是明确食品安全追溯监督管理的部门职责和任务。食品药品监管部门应加强食品安全追溯管理工作，依法监督、检查、指导和督促食品生产经营企业建立食品安全追溯体系，对没有建立追溯体系、追溯体系不能有效运行的，要依法依规处理。建立部门协作机制，促使食品、食用农产品追溯体系有效衔接。

三是明确食品安全追溯体系建设主体责任。食品生产经营企业是第一责任人，是食品安全追溯体系建设的责任主体，应当依法建立健全食品安全追溯管理制度，建设追溯体系，切实履行法律责任。

四是明确食品安全追溯体系建设主要内容。规定了食品生产、销售、餐饮企业建设追溯体系应当具备和记录的基本内容，以及确保追溯体系正常运行的基本要求。

五是明确食品安全追溯体系建设主要方式。鼓励和支持食品生产经营企业采用信息化技术建设食品安全追溯系统，鼓励和引导优先在婴幼儿配方乳粉、乳制品、食用植物油、白酒、肉制品等产品中应用食品安全电子追溯。不具备信息化条件的生产经营企业，可采用纸质记录等实现可追溯。鼓励和支持行业协会、第三方建设公正的追溯管理信息平台。

【质量监管】2018年，广西持有生鲜乳收购许可证的生鲜乳收购站共32个，其中乳制品企业奶站22个，养殖场奶站3个，合作社奶站7个。分布如下：南宁市15个、钦州市6个、柳州市3个、贵港市2个、北海市1个、来宾市1个、防城港市1个、玉林市1个、贺州市1个、崇左市1个。

已核发生鲜乳运输许可证的运输车辆共27辆，归属于乳制品企业自有25辆，其他2辆。

2018年广西在生鲜乳质量监管方面主要把好三关。一是认真落实生鲜乳质量安全监管责任。2018年，广西各级政府管理部门高度重视生鲜乳质量安全监管工作，列为年度重点工作之一，以文件形式下达监管任务，狠抓各级监管责任的落实。主要是明确各级畜牧部门生鲜乳质量安全监管责任主体，细化监管措施及具体规定；落实奶畜养殖者、生鲜乳收购站开办者和运输车经营者的经营主体责任。严格审核生鲜乳收购站经营主体和运输车辆的资质条件，严格生鲜乳收购许可证和生鲜乳准运许可证发放。

二是强化监督检查，确保任务完成。严格按照《乳品质量安全监督管理条例》和《生鲜乳生产收购管理办法》等有关规定要求，根据农业农村部和广西下达的年度生鲜乳质量安全监测工作任务，进行2次以上全覆盖监督检查和抽样检测，100%完成年度监督检查和抽样检测任务。

在监督检查工作中，强化四项措施。第一，强化奶牛养殖和生鲜乳档案记录的检查，确保档案记录完整和真实；第二，严查违禁添加和使用禁用物质的行为，规范投入品的使用；第三，严格生鲜乳的溯源和不合格生鲜乳的销毁工作，确保不合格生鲜乳的无害化处理；第四，加强生鲜乳质量安全抽检，确保产品质量安全。2018年广西共完成三聚氰胺、黄曲霉素M_1、β－内酰胺酶、革皮水解物、碱类物质、硫氰酸钠等6个项目41批生鲜乳专项监测任务，结果均符合规定，合格率为100%。

三是加强培训，做好奶业生产统计。2018年，广西根据生鲜乳质量安全监管工作需要，举办了2期广西生鲜乳质量安全监管和奶业生产统计培训班，参训人员为各有关市、县生鲜乳质量安全部门负责人、抽样检测工作人员、直联直报平台填报人员、统计人员以及生鲜乳收购站负责人、重点乳品生产企业质量监管负责人，共计280人。通过培训学习，强化了责任意识，规范了生鲜乳质量安全监管工作程序，提高了广西奶业管理的技术水平和执法水平。

【奶业大事】2018年5月17日和6月22日，先后印发了《广西壮族自治区人民政府关于同意建立广西畜禽养殖废弃物资源化利用工作厅际联席会议制度的批复》（桂政函〔2018〕85号）和《广西畜禽养殖废弃物资源化利用工作考核办法（试行）》的通知（桂政办发〔2018〕65号）。

（广西壮族自治区畜牧总站，唐善生；广西壮族自治区农业农村厅，孙旭波）

海南省

【奶畜养殖】2018年年末，海南省奶牛存栏934头，其中三亚380头，澄迈408头，儋州63头，昌江83头。全年牛奶产量1 879t。奶牛养殖企业主要有4家，分布在三亚、澄迈、儋州、昌江。海南奶牛养殖以规模养殖场为主，集约化、设施化、标准化程度较高。奶业产值占畜牧业产值比重较低。近年来随着鲜奶需求增加，奶牛养殖成逐渐上升状态。

【乳品加工】海南省共4家奶企，海南艾森牧业有限公司（位于澄迈县）拥有专门的乳制品加工厂，配备检测实验室和运输车；三亚雪古丽现代生态综合开发有限公司（位于三亚）拥有小型乳制品加工厂，配备检测室和运输车，采用以色列阿菲金挤奶设备，具有自动脱杯功能，自动筛查抗生素，若检测到不合格奶，挤奶杯自动脱落；其他2家未生产商品奶。市场产品主要分为巴氏杀菌乳、酸奶和乳酸菌饮料，其中巴氏杀菌乳仅占一小部分。因受限于市场需求和养殖成本，复原乳生产的酸奶在本地市场占有率较大；少量鲜牛奶以个人定制、高档酒店供应为主。

【市场消费】海南本地市场的各大乳品企业均有进入，本地品牌以“艾森”和“雪古力”为主，主要生产巴氏杀菌乳、复原乳酸奶和乳酸菌饮料等，规格多为150g/杯或150mL/杯，市场售价为3~5元。

【奶源基地】奶牛养殖基地4个，设计均为规模养殖场，全部应用全混合日粮（TMR）技术。牧草主要种植玉米、象草等青绿饲料，苜蓿等优质干草依靠岛外输入。

【质量监管】根据农业农村部和省农业农村厅下达的监测计划，结合本省实际情况，全年对海南艾森牧业有限公司和三亚雪古丽现代生态综合开发有限公司（海南新海乳业）公司进行检查、抽样，抽取35批次生鲜乳样品，检测黄曲霉素 M_1、三聚氰胺、碱类物质等项目指标。其中黄曲霉素 M_1 和三聚氰胺项目采用快速法进行筛选，结果均小于检测限；碱类物质采用MRT/B 7-2016《生乳中碱类物质的测定》进行测定，结果均为阴性。现场检查、抽检中，未发现非法使用违禁药物和滥用药物情况。

（海南省农业农村厅，程文科）

重庆市

【奶畜养殖】据相关统计，截至2018年年底，重庆市奶牛存栏1.22万头、同比下降18.12%，产奶量4.89万吨、同比下降3.34%，奶业产值约2.6亿元，约占全市牧业产值的0.5%。奶牛品种主要为中国荷斯坦奶牛，还有少量的娟姗奶牛，成母牛年单产约7.9t。奶牛养殖区域分布在巴南、合川、荣昌、长寿、黔江、垫江、渝北、巫溪、云阳、綦江。奶牛养殖以规模养殖为主，受环保压力增大及成本提高等因素影响，奶牛规模养殖呈现缩量趋势，小规模奶牛场户逐步减少规模，中大型奶牛场呈现出规模减量但奶牛个体单产提高的情况；供乳品加工企业的奶源全部实现规模化养殖；散养户主要是在远郊区县。

【乳品加工】截至2018年年底，全市有乳制品加工企业2家，分别是重庆市天友乳业股份有限公司和重庆光大集团乳业股份有限公司，乳制品总产量约23.76万t，其中巴氏杀菌乳2.55万t，UHT奶11.87万t，酸奶7.69万t，奶粉0.28万t（含婴配粉720t），乳饮料1.37万t；获得有机产品认证有4个，其中液体奶和酸奶各2个，有机奶源0.31万t。乳品加工企业在本地资源条件受限的情况下，把奶源基地逐步扩大到宁夏、陕西、四川等省份，市外奶源基地经过几年建设已发展壮大，乳品加工企业对本市奶源的依赖程度明显降低，也给重庆市本地奶牛产业发展带来一定影响，奶源数量呈现逐步减少的趋势。同时市场上存在少量鲜奶经简单消毒后直接上市销售或以奶吧形式销售的情况。

【市场消费】据不完全统计，2018年全市居民人均奶和奶制品消费量12.64kg。目前，重庆市场上销售的乳制品主要有巴氏杀菌奶、超高温灭菌奶、酸奶、婴幼儿奶粉等；市场上乳企的本地品牌有天友和光大等，外地品牌有伊利、蒙牛、光明、百吉福、纽仕兰、安佳、养乐多、娃哈哈、旺仔等；目前，巴氏杀菌奶、酸奶规格一般为盒装或袋装，袋装规格主要为200mL ~ 250mL，价格为2 ~ 5元，盒装规格主要为200mL ~ 2 000mL，价格为3 ~ 20元。目前，全市奶制品市场消费特点以巴氏杀菌奶、超高温灭菌奶、酸奶等为主，随着社会经济的快速发展、居民经济收入的普遍提高，全市奶类市场消费发展趋势将呈现持续增长的状态。

【奶源基地】截至2018年年底，重庆奶牛规模养殖场12家，奶牛规模化率约66.7%。全市奶牛规模养殖场基本完成了转型升级的结构性调整，将栓系式喂养改成了散栏式喂养和分群管理；将手推式挤奶改成了管道式或厅式挤奶，千头以上规模奶牛场基本实现了机械化挤奶；注重饲养管理，已将精粗料分开饲喂改成了TMR全混合日粮饲喂，养殖方式发生了根本改变；重庆天友等乳企重视奶牛个体繁育指标，重点对高产奶牛开展了生产性能测定（DHI）；各奶牛场和养殖小区在设施设备上进行了升级改造，牛场软硬件得到极大改善。各规模奶牛场重点对口蹄疫、布鲁氏菌病等传染病进行了防控；在规模奶牛场开展了雨污分流、固液分离等为主的粪污处理方式。2018年，全市两家乳制品企业支付牛奶均价约为4.5元/kg，奶牛养殖户年净收入约2 500元/头（按成母牛单产7.9t/计），100头规模奶牛场年净收入约20万元，基本保证了奶牛养殖的盈利状况。规模养殖场采取自繁自养的模式更新牛源、扩大养殖规模，自购国内外冻精或性控冻精，没有对外购买和引进奶牛，依靠本市牛场自繁，更新淘汰一些老病残牛，全市牛群规模略有增加，保持了现有牛群的稳定。

【奶农组织】本市的奶农合作社主要有位于荣昌区的重庆市渝西奶牛专业合作社和位于垫江县的重庆市新曲奶牛养殖专业合作社、农福生态奶牛养殖股份合作社等；奶农培训主要由收奶企业和当地畜牧部门进行技术培训。

【政策法规】2018年，除享受国家扶持政策中的奶牛保险外，重庆奶牛养殖没有享受中央资金和项目的扶持，本市的奶牛保险政策：每头保费500元，国家补贴400元，养殖户承担100元，保险金额1万元，全市保险约6 000余头。2018年，重庆市畜牧技术推广总站完成了《奶牛标准化规模养殖场建设规范》地方标准修订稿的送审工作；重庆光大集团乳业股份有限公司完成了《乳品冷链物流作业规范》等地方标准的申报工作。

【质量监管】2018年，重庆市印发了《关于开展2018年生鲜乳质量安全监测工作的通知》（渝农发〔2018〕46号），制定了重庆2018年生鲜乳质量安全监测计划。监测抽检覆盖所有奶站和运输车，监测指标覆盖国家公布的所有违禁添加物。严格按照《农业部生鲜乳质量安全监测工作规范》要求，迅速落实了抽检数量、项目和时间要求，在黔江、渝北、合川、南岸、巴南、长寿、荣昌、巫溪、开州、云阳、垫江等10个设立生鲜乳收购站的区县共计抽检了60批次（含农业农村部30个批次）的生鲜乳样品。所检样品检测结果全部合格。

【奶业大事】2018年，为贯彻落实《国务院办公厅关于推进奶业振兴　保障乳品质量安全的意见》（国办发〔2018〕43号）精神，推进重庆奶业振兴，保障乳品质量安全，重庆市农业委员会组织全市部分奶牛养殖重点区县、西南大学、市畜牧科学院、市畜牧总站、乳品企业及农委相关处室等单位的领导和专家，召开了就如何推进奶业振兴实施意见的工作推进及意见征求的座谈会。

2018年，重庆市天友乳业股份有限公司通过工业和信息化部的审核与评定，获得国家级“两化融合”管理体系评定证书；在第九届中国奶业大会上被中国奶业协会授予“最有影响力品牌企业”称号；在重庆市经济和信息化委员会、重庆市国有资产监督管理委员会主办的“改革开放40年重庆品牌风云榜”评选活动中，荣登“改革开放40年重庆品牌风云榜”；淳源有机鲜牛奶、百特有机纯牛奶荣获“重庆名牌农产品”称号。

（重庆市农业农村委员会，潘川；重庆市畜牧技术推广总站，李发玉、张科）

附表 1 重庆市奶牛养殖场（小区）名录

序号	名称	供奶企业	养殖场	小区	全群存栏（头）	成母畜存栏（头）	奶畜品种	成母畜年单产（t）	年总产量（t）	是否参加DHI	是否应用TMR	是否国家学生饮用奶奶源基地	是否有机奶源基地	有机奶产量(t)	有机奶源认证机构	是否为布鲁氏菌病及结核净化创建场或示范场
1	重庆市天翼牧业发展有限公司	重庆市天友乳业股份有限公司	√		970	580	中国荷斯坦	10.0	5 800	√	√	√				
2	重庆市天友纵横牧业发展有限公司两江奶牛养殖场	重庆市天友乳业股份有限公司	√		550	330	中国荷斯坦	9.5	3 100	√	√		√	3 100	北京中绿华夏有机食品认证中心	
3	重庆市天合牧业发展有限公司	重庆市天友乳业股份有限公司	√		600	360	中国荷斯坦	9.5	3 400	√	√	√				
4	重庆蒙揽农业开发有限责任公司	重庆市天友乳业股份有限公司	√		360	210	中国荷斯坦	8.0	1 700		√					
5	重庆市新曲奶牛养殖专业合作社	重庆市天友乳业股份有限公司	√		140	80	中国荷斯坦	7.5	600		√	√				
6	重庆市文顺奶牛养殖场	重庆市天友乳业股份有限公司	√		150	90	中国荷斯坦	7.0	630		√					
7	巫溪县文鑫农牧有限公司	重庆市天友乳业股份有限公司	√		330	200	中国荷斯坦	8.0	1 600		√					
8	云阳县林久农牧综合开发有限责任公司	重庆市天友乳业股份有限公司	√		220	130	中国荷斯坦	7.8	1 000		√					
9	重庆市渝西奶牛专业合作社	重庆市天友乳业股份有限公司	√		210	120	中国荷斯坦	7.5	900		√					
10	重庆一牛农业发展有限公司	重庆市天友乳业股份有限公司	√		204	142	中国荷斯坦	6.1	972		√					
11	重庆泰基科技发展有限公司	重庆光大集团乳业股份有限公司	√		2 400	1 500	荷斯坦、娟姗	荷斯坦8.2、娟姗 5.5	10 950	√	√	√				√
12	重庆市垫江县农福生态奶牛养殖股份合作社	重庆光大集团乳业股份有限公司	√		210	130	中国荷斯坦	5.0	700	√	√	√				√

备注：1. 本表所指奶畜包括奶山羊、奶绵羊、奶水牛、牦牛、骆驼、驴等产商品奶家畜。请在养殖场或小区列中选择打勾；如参加 DHI、为学生奶奶源基地、认证为有机奶源基地等，请在相应表格中打勾。布病、结核净化示范场或创建场请标明疫病净化具体级别；

2. 数据截至 2018 年年底。

附表 2　重庆市乳制品生产企业名录

序号	名称	生产许可证号码	年收购原奶量（t）	平均支付价格（元/kg）	其中：自有奶源量（t）	年乳制品产量（t）	其中：巴氏杀菌乳（t）	UHT 奶（t）	酸奶(t)
1	重庆市天友乳业股份有限公司	乳品一厂：91500112450384259D 乳品二厂：91500108709413777H 黄河乳业：916405217999068578	138 757	4.43	19 184	220 614	22 589	114 131	69 814
2	重庆光大集团乳业股份有限公司	SC10550010509096	11 596	4.51	10 403	16 859	2 878	4 572	7 050

（续）

序号	奶粉(t)(含婴配粉)	婴配粉(t)	奶油(t)	奶酪(t)	乳饮料(t)	产品销售区域	年销售收入(万元)	利润(万元)	是否为国家学生饮用奶认定企业	有机产品(枚)	有机认证机构	有机产品品类1及数量(枚)	有机产品品类2及数量(枚)	有机产品品类3及数量(枚)	有机产品品类4及数量(枚)
1	2 761	723			11 319.61	重庆、四川、贵州、广州、海南等	212 957	8 831	√	71 264 968	北京中绿华夏有机食品认证中心	190mL瓶装淳源有机鲜牛奶：1 236 736；250mL天佑百特有机纯牛奶：66 590 000。合计：67 826 736	200g瓶装淳源有机酸牛奶2 418 810；250g利乐冠淳源有机酸牛奶1 019 422。合计：3 438 232	200g瓶装淳源有机酸牛奶2 418 810；250g利乐冠淳源有机酸牛奶1 019 422。合计：3 438 232	
2					2 359.55	重庆	24 855	884	√						

四川省

【奶类生产】2018年年末，四川省牛存栏量约为824.3万头，奶牛养殖本省存栏11.20万头，由于多种原因奶牛存栏同比下降36.4%；本地生牛乳产量为64.2万t。四川菊乐、四川新希望异地投资建设甘肃张掖、金昌、武威和宁夏吴忠、白银等五地合作牧场存栏奶牛3.2万头。异地建设牧场生鲜乳运回四川加工达300t以上。四川三州高原牧区挤奶牦牛约为120万头，牦牛奶产量20.5万t。2018年进口改良种用牛42头。配合、混合饲料产量1 076.2万t，其中配合料产量803.13万t、混合饲料272.9万t。本省产鲜牛奶人均占有量7.7kg。

2018年四川省鲜奶价格保持稳定，全省规模化牧场（小区）产鲜奶交售价4.00 ~ 4.50元/kg，收奶站收购价格3.50 ~ 4.00元/kg，收奶站平均交售工厂价为4.00元/kg，牦牛奶收购价格为7元/kg。

【乳品加工进口】2018年四川省乳制品产量110.4万t，其中液态奶产量101.4万t、奶粉产量0.4万t。乳制品加工原料本省生产仅能满足1/3，其余加工原料需从省外和进口解决。全年经成都海关进口液态奶553.6t，其中进口液奶549.8t、酸奶3.8t；进口干乳制品21 010.3t，其中进口奶粉18 698.5t、炼乳0.1t、乳清1 501.7t、奶油762.1t、奶酪47.9t。另有相当部分国外产乳制品经其他区域海关进口入川。

【奶类市场】四川省是一个乳制品消费大省，年消费各类乳类制品380万t以上，消费金额达到400亿元。其中，成都市城镇居民年人均乳制品消费达到483元，农村居民人均消费15.7kg。

全省经审定在四川推广学生饮用奶企业17家，其中7家为本地企业，在本省建有奶源基地的企业7家。

【奶源基地】四川省100头以上规模奶牛场（小区）103个，规模化比重为41%。其中国家级和省级奶牛标准化示范场25个，7个规模场通过GAP评定，14个规模化奶牛场成为学生饮用奶奶源基地示范牧场；无公害畜牧产品场12个。四川省高原牦牛产奶牧民自行加工食用为主，剩余牦牛奶主要被阿坝牦牛红原乳业有限公司、甘孜州康定蓝逸高原食品有限公司和若尔盖高原之宝牦牛乳业有限公司（四川省目前唯一一家婴幼儿奶粉生产基地）收购用于加工，收奶期为每年5-9月。

四川省建有奶牛生产性能测定中心两家：新希望生态牧业有限公司奶牛DHI测定中心和四川省畜牧总站奶牛DHI测定中心。2018年两中心分别测定奶牛1 800头和3 000余头。参测奶牛平均日产奶量为29.2kg，年泌乳量为5 040kg，305天校准奶产量为9 800kg，乳脂肪含量3.74g/100g，乳蛋白含量3.32g/100g，测定日平均体细胞数为34.5万个/mL，低于全国平均水平。

四川省入选全国奶牛良种补贴种公牛站1个即成都汇丰动物育种有限公司。

【政策法规】奶牛疫病防治全部纳入各地畜牧兽医部门归口管理。奶牛场对口蹄疫防控普遍采用春秋两季规范预防，对效价不达标个体采用补防注射一次疫苗。对口蹄疫、结核病、布鲁氏菌病严格按规定检疫防控，全年无重大疫情。对挤奶机、冷藏罐和贮奶罐、青贮饲料加工机具实行农机具购置补贴；奶牛繁殖用冻精给予良种补贴；按政策奶牛政策性保险中各级财政补贴保费的80%，养殖户承担剩余的20%。保费为300元/头、年，保额为6 000元/头。

【质量监管】全省现有生鲜乳收购站32家，其中奶农专业合作社开办9家，奶畜养殖场开办7家，乳品企业开办16家。生鲜乳运输车77辆。开展生鲜乳专项监测2次，婴幼儿配方乳粉奶源质量安全检测1次，生鲜乳国标指标监测4次，奶畜散养户监测2次；开展生鲜乳异地抽检监测2次。共计检测样品257批次，检测三聚氰胺、革皮水解物、黄曲霉素M_1等指标2 135项次。开展生鲜乳收购站、运输车现场检查2次，检查收购站、运输车80次。全年未测出违规添加物，未发生生鲜乳重大质量安全事件。

【奶业大事】4月27日，新希望乳业股份有限公司首次公开发行股票招股说明书公布，本次拟公开发行85 371 067股，募集资金约5.04亿元。

7月14日，法国驻成都总领事馆在成都举办法国国庆庆典。高原之宝受邀出席，为现场的中外人士提供了来自青藏高原的有机牦牛奶及牦牛奶酪。

12月3日，广东佛山南海区对口扶贫四川甘洛县建丹麦红牛奶牛场项目正式落地。项目总投资8 300万元，包括2 000头规模丹麦红牛奶牛观光牧场、1 000头丹麦红牛肉牛养殖场，133.33hm^{2}高山蔬菜、牧草种植场。

四川菊乐、四川新希望异地建设甘肃张掖、金昌、武威和宁夏吴忠、白银等牧场，其中存栏规模万头的牧场2座，2 000~5 000头的牧场3座，奶牛存栏量将在1年内达到设计规模。

成都红旗连锁股份有限公司在新西兰投资定点加工液奶产品回国，2018年年底利用自有商超连锁进入居民消费市场。

（四川省畜牧总站，杨嵩；四川省奶业协会，李自成）

成都市

【奶类生产】2018年年末，全市牛存栏7.36万头，其中奶牛存栏1.91万头，全年生鲜乳产量8.80万t。全市生鲜乳产量排名前五的分别为邛崃市、金堂县、青白江区、彭州市、崇州市，产量分别为3.81万t、0.96万t、0.80万t、0.74万t和0.70万t。

2018年成都市有生鲜乳收购站10家，收购生鲜乳平均价格为3.80元/kg，交售平均价格3.91元/kg。新希望华西乳业、四川菊乐、成都伊利、成都光明4家乳品生产企业收购生牛奶均价为4.26元/kg。

【乳品加工】全市有新希望华西乳业、四川菊乐、成都伊利、成都光明4家乳品生产企业，具备较好的乳制品生产条件，生产设备先进，日处理鲜奶能力1 000t。2018年乳制品产量约75.0万t，其中液态奶产量43.0万t，含乳饮料制品30.0万t、冰淇淋2.0万t；销售产值约45亿元。

【奶类市场】本市奶制品消费潜力巨大，乳品市场需求连年持续增长，城镇居民年人均奶制品消费额483元，农村居民年消费奶及奶制品15.7kg。

本市学生饮用奶供应企业有四川菊乐和新希望华西乳业2家，年生产销售学生奶0.55万t。

【奶源基地】2018年，全市100头以上奶牛规模养殖场 23个，存栏奶牛12 979头，规模比重为68.08%，其中邛崃伊利杨坝牧场获评国家级示范场，四川新希望华西牧业清泉牧场获评省级标准化示范场。

在成都市域内拥有四川省种公牛站1个：成都汇丰动物育种有限公司。存栏种公牛46头，品种包括娟姗牛、荷斯坦牛、西门塔尔牛和蜀宣花牛。

2018年成都市饲料总产量为308.70万t。精料补充料6.62万t，其中奶牛饲料4.54万t；反刍动物浓缩饲料0.62万t，其中奶牛饲料180t；反刍动物预混料饲料1.13万t，其中奶牛饲料0.48万t。

成都天然草地总面积15.75万hm^2，其中可利用面积3.15万hm^2，人工种草面积1.0万hm^2，当年新增种草面积0.65万hm^2，人工种草以紫花苜蓿、高丹草、墨西哥玉米、黑麦草、早熟禾、高羊茅为主，可利用农隙地面积55.34万hm^2。

【政策法规】奶牛疫病防治全部纳入各地畜牧兽医部门归口管理。奶牛场对口蹄疫防控普遍采用春秋两季规范预防，对效价不达标个体，采用补防注射一次疫苗。对口蹄疫、结核病、布鲁氏菌病严格按规定检疫防控，全年无重大疫情。对挤奶机、冷藏罐和贮奶罐实行农机具购置补贴。奶牛政策性保险中各级财政补贴保费的80%，养殖户承担剩余的20%。保费为300元/头，保额为6 000元/头。

【质量监管】2018年，全市共发证许可生鲜乳收购站10家（乳品企业开办2家、奶农合作社开办5家、奶畜养殖场开办3家），生鲜乳运输车14辆。

2018年，成都市对奶站执法检查41次，检查运输车29次，出动执法人员365人次，共抽样544个样，合格率100%；区县抽检样品483个，市级农产品检测中心例行抽检生鲜乳146批次样品，所判定指标检测结果均符合要求，全部合格。未发现无证收购运输生鲜乳、生鲜乳中非法添加违禁添加物、压级压价扰乱生鲜乳收购市场秩序、倒买倒卖不合格生鲜乳以及不按规定对不合格生鲜乳进行销毁、无害化处理等违法行为，未发生生鲜乳质量安全事件。

【奶业大事】2018年7月，成都菊乐乳业在甘肃省张掖市甘州区石岗墩循环畜牧产业园区立项，由甘肃前进牧业科技有限责任公司与成都菊乐企业（集团）股份有限公司合作组建的甘肃德瑞牧业有限公司暨1万头奶牛养殖基地建成投产，已存栏奶牛6 000多头。新希望乳业在宁夏吴忠市和甘肃白银市分别租用当地牧场合作建设奶源基地，存栏奶牛3 000多头，开创了异地牧场合作新模式。

（成都市动物疫病预防控制中心，周立新；四川省奶业协会，李自成）

贵州省

【奶类生产】2018年，贵州省奶类总产量4.58万t，与上年相比增长4.09%，奶牛存栏1.5万头，与上年相比下降16%。奶牛品种主要为荷斯坦牛，有少量娟姗牛，全省奶牛分布在贵阳市清镇市、开阳县、修文县，遵义市红花岗区，黔南州都匀市、独山县，黔东南州凯里市。其中，贵阳市奶牛存栏占全省的92.25%以上。全省生鲜牛乳平均交售价格为4.6~6.0元/kg。

【乳品加工】全省主要乳品加工企业有7个，2018年乳品企业销售总额13.2亿元，利润0.3亿元。乳制品产量12.01万t，其中，巴氏杀菌乳2.11万t，UHT奶（超高温杀菌乳）3.9万t，酸奶4.7万t，乳饮料1.3万t。与上年同期比较，巴氏杀菌乳下降，UHT奶、酸奶、乳饮料增加。本地乳业未生产配方奶粉。

【市场消费】2018年，全省城镇居民人均消费鲜奶5.60kg，贵州主要品牌有山花、好一多、贵草、圣恒、皇氏、伊利、蒙牛、澳优、新希望、欧亚、现代牧业、遵义、光明、来思儿等，同类产品价格相差不大。据市场消费调查，收入水平、消费习惯、购买的便利性、营养知识、保健意识、质量和价格等是影响液态奶消费行为的主要因素，由于对乳制品不同的消费理念以及价格等因素，UHT奶在贵州占有较大市场消费比例。城镇居民人均液态奶消费量稳定，市场正处于成熟阶段，农村居民人均液态奶消费量随着生活水平的不断提高，市场处于成长阶段。消费者在超大仓储和超市购买液态奶的比例仍在不断上升，同时，网购销售比例也在提高。

【奶源基地】据行业统计数据，2018年全省奶牛养殖场（户）共101个。其中，1～49头规模88个，存栏奶牛642头，占4.25%；50～99头规模1个，存栏奶牛70头，占0.46%；100～199头规模3个，存栏奶牛498头，占3.29%；200～499头规模3个，存栏奶牛849头，占5.61%；500～999头规模0个；1 000~1 999头规模3个，存栏奶牛3 990头，占26.38%；2 000头及以上规模3个，存栏奶牛9 077头，占60.01%。

全省奶牛养殖以规模养殖场（户）为主，挤奶方式为集中到挤奶平台机械化挤奶，大多采用TMR（全混合日粮）技术。

【奶农组织】全省有奶农合作社7个，贵阳市组建了合作社组织周边农户种草，通过种养循环有效解决粪污消纳问题，独山县建立了奶牛合作社，开展奶牛养殖技术、牧草种植、疾病防治等培训。

【政策法规】为贯彻落实《国务院办公厅关于推进奶业振兴　保障乳品质量安全的意见》(国办发〔2018〕43号)，省政府出台了促进贵州奶业振兴、保障乳品质量安全的文件。

【质量监管】全省共有7个奶站，全部由乳制品生产企业开办，均已取得《生鲜乳收购许可证》，生鲜乳收购没有中间环节。质量安全监管方面狠抓中央有关精神和农业农村部相关工作要求的贯彻落实，制定全省2018年生鲜乳质量安全监测工作计划，明确了生鲜乳及运输车辆监管组织工作、抽检数量及送样时间、监测对象和要求、监测方式、工作进度等内容，检测项目包括：三聚氰胺、碱类物质和革皮水解物、β－内酰胺酶等，检测合格率100%。

【奶业大事】贵阳三联乳业有限公司新建1条日加工50t酸奶生产线，贵州好一多乳业股份有限公司新建1条日加工100t液态奶（酸奶）自动化生产线，两项目均于2018年12月完成验收并投入生产。

（贵州省农业农村厅，谢劲松、王燕、唐霞、张游宇、罗玉洁）

附表1　贵州省奶牛养殖场（小区）名录

序号	名称	供奶企业	养殖场	小区	全群存栏（头）	成母畜存栏（头）	奶畜品种	成母畜年单产（t）	年总产量（t）	是否参加DHI	是否应用TMR	是否国家学生饮用奶奶源基地	是否有机奶源基地	有机奶产量(t)	有机奶源认证机构	是否为布鲁氏菌病及结核净化创建场或示范场
1	贵阳三联乳业有限公司开阳龙岗基地	贵阳三联乳业有限公司	√		2 886	1 501	荷斯坦、娟姗	6.9	11 436		√					
2	贵阳中博农牧业有限公司清镇卫城基地	贵阳三联乳业有限公司	√		4 532	2 736	荷斯坦	9.0	28 000		√					
3	贵阳三联乳业有限公司观山湖坪山基地	贵阳三联乳业有限公司	√		1 355	781	荷斯坦	10.4	8 152		√					
4	贵阳三联乳业有限公司清镇杨昌洞奶牛小区	贵阳三联乳业有限公司		√	260	112	荷斯坦	4.3	410							
5	贵阳三联乳业有限公司息烽青山奶牛养殖小区	贵阳三联乳业有限公司		√	158	98	荷斯坦	4.3	380							
6	贵州贵之鲜牧业有限公司谷堡基地	贵州好一多乳业股份有限公司	√		2 537	1 732	荷斯坦	8.6	14 895		√					
7	贵州好一多乳业股份有限公司六桶基地	贵州好一多乳业股份有限公司	√		2 540	1 812	荷斯坦	8.4	15 221		√					
8	贵州省黔东南州永丰牛奶场	贵州省黔东南州永丰牛奶场	√		196	118	荷斯坦	4.5	536							
9	贵州高原乳业有限公司	贵州高原乳业有限公司	√		412	402	荷斯坦	5.7	1 297							
10	贵州牧草种籽繁殖场	贵州牧草种籽繁殖场	√		182	116	娟姗	5.5	634		√					
11	独山县上司镇打羊奶牛养殖小区	贵州牧草种籽繁殖场		√	408	290	荷斯坦	3.0	870							
	合计				15 466	9 698			81 832							

备注：本表所指奶畜包括奶山羊、奶绵羊、奶水牛、牦牛、骆驼、驴等产商品奶家畜。请在养殖场或小区列中选择打勾；如参加DHI、为学生奶奶源基地、认证为有机奶源基地等，请在相应表格中打勾。布病、结核净化示范场或创建场请标明疫病净化具体级别

附表 2　贵州省乳制品生产企业名录

序号	名称	生产许可证号码	年收购原奶量（t）	平均支付价格（元/kg）	其中：自有奶源量（t）	年乳制品产量（t）	其中：巴氏杀菌乳（t）	UHT 奶（t）	酸奶（t）
1	贵阳三联乳业有限公司	SC10552018110131	78 089	5.00	37 825	94 315	4 881	38 916	39 733
2	贵州好一多乳业股份有限公司	sc11052012300012	16 000	6.00	16 000	18 000	12 000	100	5 880
3	贵州省黔东南州永丰牛奶场	SCI0552260111082	536	4.60	536	536	405		131
4	贵州高原乳业有限公司	SC10552270110231	1 297	5.00	1 140	1 297	908		389
5	贵州牧草种籽繁殖场	sc10552272610074	1 504	5.15	600	1 453	1256		116
6	铜仁御诺生态牧业科技有限公司	SC10552060211749				2 500			500
7	皇氏遵义市乳制品有限公司		2 212	4.76	42	1 958	1675		190
	合计		99 639	4.36	56 143	120 059	21 125	39 016	46 939

（续）

序号	奶粉（t）	婴配粉（t）	奶油（t）	奶酪（t）	乳饮料（t）	产品销售区域	年销售收入（万元）	利润（万元）	是否为国家学生饮用奶认定企业	有机产品（枚）	有机认证机构	有机产品品类1及数量（枚）	有机产品品类2及数量（枚）	有机产品品类3及数量（枚）
1					10 784	贵州、湖南、厦门、重庆、广西	95 000	4 100						
2					20	贵州省	28 000							
3						凯里市	432							
4						贵州省	1 298	132						
5					81	贵州省	1 681	151						
6					2 000	贵阳、铜仁、长沙、四川、广东	4 000							
7					93		1 713	−1 445						
合计					12 978		132 124	2 938						

备注：自有奶源指来自自建和参建（控股、参股）牧场（小区）的原奶。有机产品数量单位为“枚”指获得有机标志的数量。有机产品品类指液态奶、酸奶、奶粉、奶酪等大类。

云南省

【奶类生产】2018年，云南省荷斯坦牛存栏11.28万头。其中，昆明市奶牛存栏3.2万头，主要分布在宜良县、晋宁区、嵩明县、石林彝族自治县、阳宗海管委会、寻甸回族彝族自治县、五华区、安宁市；大理州奶牛存栏6.0万头，主要分布在洱源县、大理市、弥渡县、祥云县、鹤庆县、剑川县、宾川县、巍山县；红河州奶牛存栏1.15万头，主要分布在个旧市、弥勒县、泸西县、建水县。云南省牛奶总产量47.13万t，其中昆明市牛奶产量10.94万t，奶类产值6.05亿元，占牧业产值的4.8%；大理州牛奶产量20万t，奶业产值10亿元，占牧业产值的5%；红河州牛奶产量3.12万t，奶业产值1.48亿元，占牧业产值的1.19%。云南省奶水牛存栏2.04万头、其中成母牛0.9万头，主要分布在德宏州（芒市、盈江县、陇川县）、保山市（腾冲市）、大理州（大理市、巍山县、鹤庆县）、文山州（广南县），水牛奶产量0.71万t，产值约0.7亿元。云南省奶山羊存栏50.24万只，主要分布在昆明市（石林县）、曲靖市（陆良县）、红河州（开远市、弥勒市、建水县），羊奶产量8.94万t，产值约5亿元。牦牛存栏7.24万头，其中能繁母牛3.71万头，奶产量1.09万t，产值约1亿元，主要分布在云南迪庆藏族自治州。云南省奶类总产量58.36万t，奶业总产值30亿元。荷斯坦奶牛养殖规模化程度逐年提高，除了标准化奶牛养殖场外，主要采用奶牛小区及合作社集中饲养、统一挤奶的模式，奶业成为当地农民的主要收入来源之一。

云南奶业特色明显，具有荷斯坦牛、奶水牛、乳肉兼用型西门塔尔牛、牦牛和奶山羊多元化发展的较为完善的奶业生产、加工和销售体系。2018年云南省奶业生产的总体趋势表现为“稳中有降”，特别是大理州洱海环保限养政策的实施，导致奶牛养殖数量持续下滑。云南奶业机遇与挑战并存，继续推进奶牛标准化规模养殖，同时发展适度规模的家庭牧场，提高养殖效益，积极探索适合本省的产业化发展模式。

【乳品加工】2018年，云南省有乳品加工企业18个（见附表2），其中昆明市6个、大理州5个、红河州4个、德宏州1个（水牛奶加工）、腾冲市1个（水牛奶加工）、楚雄州1个。由于经营管理等各方面原因，部分乳企处于停产状态。2018年乳制品总产量49.33万t，其中巴氏杀菌乳2.81万t，UHT奶19.68万t，酸奶16.41万t，含乳饮料10.21万t，奶粉0.22万t。全省乳品加工产值达45.08亿元。

云南乳品加工业较上一年度稳中有升，乳品加工呈现多样化，酸奶发展势头良好，升幅较大，而常温奶、乳饮料市场有所下滑，说明消费者的营养健康意识不断提高。各乳品企业更加重视奶源基地建设，大力引进国外优秀荷斯坦牛，建设标准化奶牛场。作为奶业发展的新模式，云南省鲜奶吧产业发展稳中有进，全省鲜奶吧数量达20余家，但规模、质量参差不齐，仍需要加强监管，任重道远。

【市场消费】2018年，云南省人均奶类占有量约为18.0kg，人均乳制品（折合成生奶）消费量16.0kg。云南省内市场主要的乳制品品牌有省外的蒙牛、伊利、光明等，省内的雪兰、欧亚、蝶泉、来思尔、七彩云、乍甸、艾爱等。根据品牌、包装和产品质量，云南市场主要产品销售价格：巴氏杀菌乳（鲜奶）1.62~2.16元/100g；低温酸奶1.33~3.90元/100g；常温酸奶2.16~3.70元/100g；常温调制乳1.10~3.90元/100g；常温乳饮料0.97~1.50元/100g；常温纯奶1.02~1.83元/100g；婴幼儿奶粉（1阶段）24.00~53.89元/100g；中老年奶粉6.75~13.44元/100g。

消费者偏爱酸奶，其次是巴氏杀菌乳，奶粉消费群体主要为婴幼儿和中老年人。巴氏杀菌乳（鲜奶）和酸奶发展势头良好，市场消费量逐年增加。乳制品遵循大众消费特点，尽量使其多样化，口味与营养俱佳。

【奶源基地】奶牛场。全省100头以上奶牛规模养殖场70个，其中荷斯坦奶牛场58个、奶水牛场12个；规模养殖场奶牛存栏5.8万头，其中荷斯坦5.5万头、奶牛水0.3万头；奶产量20.42万t，其中荷斯坦奶产量20.16万t，水牛奶产量0.26万t。存栏1 000头以上规模养殖场13个，501~1 000头17个，101~500头40个。

奶站。云南省录入生鲜乳监督管理系统的奶站有209个，其中乳品企业开办143个、占68.1%，奶畜养殖场开办26个、占12.9%，奶农专业合作社开办40个、占19%。

机械挤奶。机械化挤奶站165个，机械化挤奶率达78.9%，比2017年增加2.5个百分点。

生鲜乳准运。取得生鲜乳运输车准运证123辆，随车携带生鲜乳交接单。

TMR应用。云南省有26家标准化荷斯坦奶牛场应用TMR，其中昆明市37个规模化奶牛场（合作社）有7个牧场应用TMR，TMR应用率18.9%。

奶牛生产性能测定（DHI）。2018年，全省参测奶牛场（含奶水牛场）13个，其中昆明市2个，其他市州11个，每月测定样品数在7 000个以上，共采集样品91 156个，检测样品91 043个，上报中国奶协数据处理中心90 553条数据，出具DHI管理报告156份。

种草。苜蓿种植面积7 853.33hm^2，干草平均产量30t/hm^2，总产量23.56万t；云南省在11个市州33个县（市、区）实施粮改饲项目，种植全株青贮玉米面积4.15万hm^2，完成收储182万t，平均收储价格350~380元/t，平均产量45t/hm^2。

疫病防控。主要由省、市、县各级动物疫病预防控制中心、动物卫生监督所监督管理，以防为主、防治结合，将强制免疫和疫情监测工作作为重点，每年进行两次三联疫苗注射，确保100%的免疫密度；每年至少进行一次奶牛“两病”检疫及扑杀净化工作，并实施动物标识管理、跨境奶牛引种检疫审批、产地检疫、运输检疫监督等。

粪污处理方式。一是沼气工程模式：在相关政府部门的引导和支持下，规模奶牛场普遍采用沼气工程技术；二是有机肥或还田模式：奶牛粪便生产有机肥，用于种花或种植有机蔬菜，云南省实施效果明显，奶牛粪便污水还田作肥料为传统而经济有效的处置方法，个体分散户养牛粪便污水处理均采用该法；三是自然处理模式：主要采用氧化塘、土地处理系统或人工湿地等自然处理系统对养殖场粪便污水进行处理。

奶价与定价。2018年度荷斯坦牛奶收购价：昆明片区平均奶价4.4元/kg，大理片区平均奶价4.4元/kg，红河州平均奶价4.2元/kg，全省平均收购价约4.3元/kg，奶价较上年度小幅上升；生鲜水牛奶收购价为10元/kg，山羊奶收购价为6元/kg，与上年度基本持平。在国家食品安全标准《生奶》（GB19301-2010）基础上，云南乳企生奶收购按质论价（根据乳脂肪、乳蛋白含量，细菌数、酸度等）。

养牛效益。中国荷斯坦牛养殖户养殖年净收入2 500元/头，奶水牛年净收入约3 500元/头。

【奶农组织】奶业协会。有云南省奶业协会、昆明市奶业协会，大理州奶业协会以及昆明市宜良县奶业协会、晋宁市奶业协会、大理市奶业协会等。

奶农培训。云南省农业农村厅、云南省奶业协会、云南省现代农业奶牛产业技术体系组织了3次全省范围的“奶牛现代养殖技术”培训班。昆明市组织全市奶业从业人员参加省内外会议和技术培训8期100余人次。

【政策法规】2018年，印发《云南省人民政府办公厅关于推进奶业振兴 保障乳品质量安全的实施意见》（云政办发〔2018〕96号）。

云南省奶业扶持政策：能繁奶牛保险政策；畜牧良种补贴政策；粮改饲试点项目补助政策；奶牛标准化规模养殖小区（场）建设扶持政策；优质冻精改良补助政策。

【质量监管】（1）生鲜乳质量安全监管责任落实；（2）开展了奶畜养殖场、生鲜乳收购站、运输车监管情况检查；（3）开展了生鲜乳质量安全监测与执法情况检查；（4）开展了服务、培训及宣传。

2018年，昆明市动物卫生监督所和昆明市奶业协会开展每月一次对全市奶牛养殖场（合作社）奶样抽检，项目为黄曲霉素M_1、三聚氰胺、氯霉素，全年共抽检样品1 640批次，未检出不合格样品，昆明市生鲜乳质量安全状况良好。先后40余人次协助农业农村部生鲜乳检测中心、云南省饲料检测所对昆明市生鲜乳抽检，抽检覆盖全市的所有生鲜乳收购站和运输车辆，共抽检生鲜乳85余批次。全年共组织了2期生鲜乳质量安全监管技术培训班，培训150余人次，培训对象包括奶牛场技术负责人、技术人员，动物卫生监督所负责人和技术骨干，培训内容为奶牛养殖新技术和生鲜乳质量安全监管技术等。

【奶业大事】2018年12月15日，云南省奶业协会第三届会员大会在昆明云安会都会议中心召开，原农业部常务副部长、中国奶业协会名誉会长刘成果，中国奶业协会张智山副秘书长，国家奶牛产业技术体系首席科学家、中国农业大学李胜利教授，《荷斯坦》杂志主编豆明，云南省农业农村厅二级巡视员寸强、草山饲料处处长徐祖林，昆明市动监所党总支书记孟兴祥等到会指导。协会64名会员参加了会议，选举产生了新一届领导班子，云岭产业技术领军人才、云南农业大学黄艾祥教授当选新一届会长。

（云南省奶业协会，黄艾祥）

昆 明 市

【奶畜养殖】据昆明市统计局统计，截至2018年年底，昆明市奶牛存栏总数3.2万头，比2017年的4.09万头下降了21.76%，全市鲜奶产量10.94万t，与2017年的10.67万t相比，增长了2.53%。2018年，昆明市关闭了2个奶牛养殖小区。全市年产奶总量总体平衡，主要得益于奶牛标准化养殖场的建设、奶牛品种改良和生产管理水平的提高，特别是DHI测定工作的推广应用。奶牛集中分布在宜良、晋宁、嵩明、石林、东川、寻甸、五华、安宁，主要为荷斯坦牛。

表4-29 2018年昆明市奶牛主要养殖县（市、区）情况

县（市、区）	奶牛存栏（头）	成乳牛存栏（头）	牛奶产量（t）	奶牛年单产（kg）
五华区	149	14	179	8 800
东川区	25	20	232	9 931
寻甸县	882	608	1 002	8 799
晋宁区	9 450	7 716	31 271	4 053
宜良县	10 974	6 167	42 903	6 957
石林县	2 333	1 679	12 579	7 492
嵩明县	8 042	3 364	20 603	6 124
安宁市	174	139	597	4 165
合计	32 029	19 707	109 366	5 550

全市现有标准化规模奶牛场7个（石林生态牧场、宜良绿盛美地、晋宁尼摩合、五华众维、寻甸赛优、寻甸稼竜、嵩明富达），存栏奶牛5 897头，占全市总存栏的18.4%，平均单产达8.5t；奶牛养殖小区（合作社）29个，存栏奶牛2.14万头，占总存栏的67.8%，平均单产达4.5t。

2018年昆明市奶类生产总量为11.85万t，其中荷斯坦牛奶10.94万t，山羊奶0.91万t。荷斯坦牛年单产达到5 550kg，奶山羊年单产为465kg。

表 4-30 2018 年度昆明市标准化奶牛场养殖情况

序号	牧场名称	奶牛现存栏			年产奶量(t)	泌乳牛	青年牛	备注
		荷斯坦	西门塔尔	娟姗				
1	石林生态牧场	2 290		43	18 061	1 426	609	
2	宜良绿盛美地	206	14		515	128	78	
3	晋宁尼摩合	884	2	28	6 012	642	134	
4	嵩明富达	418			3 260	377	79	
5	五华众维	503	7		2 988	305	112	
6	寻甸赛优	724			3 600	581	136	
7	寻甸稼竜	783			3 450	316	221	
	合计	5 803	23	71	37 886	3 750	1 369	

表 4-31 2018 年昆明市奶畜养殖情况

奶类产量(万t)	荷斯坦牛				奶山羊		
	牛奶产量(万t)	年末存栏(头)	成乳牛存栏(头)	单产(kg)	山羊奶产量(万t)	存栏(只)	年末单产(kg)
11.85	10.94	32 029	19 707	5 550	0.91	19 664	465

2018 年全市牧业产值 125.99 亿元，比上年增长 4.4%；奶类产值 6.05 亿元，与 2017 年的 6.06 亿元基本持平，奶类产值占牧业产值的 4.8%。

由于昆明市奶牛养殖规模化程度高，主要是集中饲养、统一挤奶的模式，所以奶牛养殖是奶业产区农民的主要收入来源，占其总收入的 85%。

昆明市 2018 年荷斯坦牛奶收购标准：乳脂肪含量 3.1g/100g、乳蛋白含量 2.85g/100g、无抗奶、体细胞数≤ 80 万个 /mL、菌落总数≤ 200 万 CFU/mL。全年牛奶收购实行按质论价，平均收购价 4.4 元 /kg，较 2017 年的 3.8 元 /kg 提高了 16%。每年奶吧生鲜乳用量达到 860t，收购价为 5.0 元 /kg。昆明市山羊奶收购价为 6 元 /kg。

【乳品加工】昆明市 2018 年乳品加工企业 5 个，即昆明雪兰牛奶有限责任公司、昆明市海子乳业有限公司、七彩云乳业股份有限公司、伊利集团牛奶有限责任公司云南分公司、昆明龙腾生物乳业有限公司。另外，还有 3 家奶吧加工巴氏奶。

昆明市 2018 年乳品加工实际产量 21.69 万 t，销售收入 20.45 亿元，利润 13 966 万元。

昆明雪兰牛奶有限责任公司（含海子和七彩云）：生产乳制品 16 万 t，其中巴氏杀菌乳 1.47 万 t、UHT 奶 6.05 万 t、酸奶 7.7 万 t、含乳饮料类 0.638 万 t；昆明市龙腾生物乳业有限公司生产羊奶粉 800t、酸奶 300t。另外，昆明市三个奶吧企业 2018 年共生产巴氏奶 860t。

【市场消费】2018 年昆明市人均奶类占有量 19.63kg，人均支出 302 元。巴氏杀菌乳消费量与上年相比变化不大，但 UHT 奶，酸奶的消费量显著增加。主要产品为伊利集团的 UHT 奶、酸奶。

表 4-32 2018 年昆明市乳制品生产情况

巴氏杀菌乳(万t)	UHT奶(万t)	酸奶(万t)	含乳饮料(万t)	消费趋势
1.47	6.05	7.7	6.38	消费升级，巴氏奶和酸奶消费需求增长明显

【奶源基地】2018 年，全市共有生鲜乳收购站 39 个，均持有生鲜乳收购许可证，且在有效期内。其中乳企开办的奶站有 4 个，奶牛养殖场开办的奶站有 8 个，合作社开办的奶站有 27 个，机械化挤奶率达 85%。生鲜乳收购站中，生鲜牛奶收购站有 34 个，机械化挤奶率达 100%；生鲜羊奶收购站 5 个，全部为手工挤奶。

表 4-33 2018 年不同规模养殖场（小区）规模及数量

养殖场规模(头)	数量(个)	生产情况(kg/头·年)
100 头及以下	0	4 800~9 100
101~500 头	16	
501~1 000 头	14	
1 000 头以上	6	

共有生鲜奶运输专用车 34 辆，其中，生鲜乳收购站自有 17 辆，乳制品企业自有 17 辆。34 个生鲜牛奶收购站运输车辆均为冷藏专用车，有冷藏设备，均有生鲜乳准运证，均随车携带生鲜乳交接单，生鲜牛奶贮奶罐及运输车辆均定期清洁消毒。

2018 年，石林新鹏牧业有限公司新建了一个奶牛标准化养殖场，项目位于石林县石林镇西北部松子园村，项目占地 17.33hm^2，总建筑面积 3.3 万 m^2。项目建成达产后场内形成常年存栏荷斯坦母牛 2 000 头，其中产奶牛 1 500 头、后备牛 500 头。年生产原料奶 13 500t。奶牛场基础建设已经完成，计划 2019 年年底投产。

石林锦牧奶牛场（原石林映山牧场）饲养后备奶牛 600 余头。

饲养奶牛的精料部分，绝大多数养牛户以玉米面为主，适当添加预混料或浓缩料精、盐、钙和酸碱平衡剂。预混料和浓缩料精主要使用云南农业大学生产的金田园牌，四川生产的普瑞纳牌、正大饲料等。青绿饲料、粗饲料各合作社使用情况不尽相同，粗饲料主要是干稻草，青贮饲料主要是玉米秸秆青贮。标准化奶牛场饲草饲料按奶牛饲养管理规范执行。

品种改良一直按国家奶牛良种补贴执行，全部奶牛均享受国家奶牛良种补贴。2018年昆明市动物卫生监督所购买挪威红牛冻精200枚，在石林生态牧场使用，第一批挪威红牛与荷斯坦杂交牛已经出生。

疫病防控以防为主、防治结合，将强制免疫和疫情监测工作作为重点，每年至少进行一次结核病、布鲁氏菌病检疫及扑杀净化工作。每年两次口蹄疫疫苗注射，确保100%的免疫密度，并实施动物标识管理，引种检疫、产地检疫等。

【奶农组织】昆明市奶业协会于2015年4月11日进行了换届选举。有两个县级奶业协会，分别是宜良县奶业协会、晋宁县奶业协会。

昆明市奶业协会组织全市奶业从业人员参加省内外的会议和技术培训8期130余人次，组织25名会员参加在成都举办的第九届中国奶业大会。

【质量监管】生鲜乳质量监管。2018年，配合农业农村部、云南省动物卫生监督所、昆明市动物卫生监督所共检测生鲜乳1 640批，合格率100%。

一是根据云南省农业农村厅、昆明市农业农村局等上级部门的要求，积极配合昆明市动物卫生监督所，以奶牛合作社、生鲜乳收购站、运输环节为监测重点，加大对生鲜乳的抽检力度。共抽检生鲜乳1 356余批次，进行了三聚氰胺、黄曲霉素M_1、氯霉素、β－类抗生素、四环素类、磺胺类、庆大霉素等有毒有害物质残留的监测。

二是积极配合农业农村部每年一次对全市生鲜乳收购站及生鲜乳运输环节抽检。按照《生鲜乳收购站标准化管理现场检查内容和判定标准》《生鲜乳运输车现场检查内容和判定标准》的要求进行现场检查。共抽检生鲜乳85批次，其中收购环节45批次，运输环节40批次，主要检测三聚氰胺、革皮水解物、碱类物质、硫氰酸纳、β－内酰胺酶5种违禁添加物，抽检样品全部合格，有效促进了昆明市生鲜乳质量安全监管工作，杜绝了违法经营行为。

三是加强对奶吧的原料奶检测，每周进行一次抽样，严格对营养指标、安全指标及卫生指标检测把关。共检测奶吧送检奶样165批次。

昆明市动物卫生监督所对奶牛养殖环节使用的饲料、兽药等投入品进行监管指导，并指导乳品企业和各奶牛养殖基地进行优质奶源生产加工，确保奶制品质量安全。

昆明市建立主管部门抽检、乳品加工企业普检和奶站自检的三位一体质量安全检测保障体系，切实保障了昆明市牛奶质量安全。

奶牛生产性能测定。2018年测定奶牛场13个，其中昆明市2个，其他市州11个，每月测定样品数在7 000份以上。2018年共上报中国奶牛数据处理中心9万条数据；出具DHI检测报告156份，出具DHI牧场管理报告156份。

（昆明市动物卫生监督所，周亚平）

附表 1　云南省奶牛养殖场（小区）名录

序号	名称	供奶企业	养殖场	小区	全群存栏（头）	成母畜存栏（头）	奶畜品种	成母畜年单产（t）	年总产量（t）	是否参加DHI	是否应用TMR	是否国家学生饮用奶奶源基地	是否有机奶源基地	有机奶产量（t）	有机奶源认证机构	是否为布鲁氏菌病及结核净化创建场或示范场
1	石林新希望雪兰牧业有限公司	昆明雪兰牛奶有限责任公司	√		2 290	1 426	荷斯坦	12.7	18 061	√	√	√				
2	云南新希望雪兰牧业科技有限公司	昆明雪兰牛奶有限责任公司	√		2 400	1 595	荷斯坦	13.4	21 308	√	√	√				
3	陆良新希望雪兰奶牛养殖有限公司	昆明雪兰牛奶有限责任公司	√		3 100	1 870	荷斯坦	12.8	23 889	√	√	√				
4	云南绿盛美地农牧发展有限公司	昆明雪兰牛奶有限责任公司		√	201	103	荷斯坦	5.0	515	√	√					
5	宜良九乡阿格里乳牧业有限公司	昆明雪兰牛奶有限责任公司		√	225	123	荷斯坦	6.7	829							
6	嵩明兴瑞和奶牛养殖有限公司	昆明雪兰牛奶有限责任公司		√	1 526	655	荷斯坦	4.1	2 711							
7	嵩明会新奶牛养殖专业合作社	昆明雪兰牛奶有限责任公司		√	2 400	789	荷斯坦	4.5	3 574							
8	昆明绿源养殖有限公司	昆明雪兰牛奶有限责任公司		√	535	157	荷斯坦	5.4	847							
9	晋宁晋城十里奶牛农民专业合作社	昆明雪兰牛奶有限责任公司		√	1 213	581	荷斯坦	4.4	2 553							
10	晋宁晋城兴隆奶牛农民专业合作社	昆明雪兰牛奶有限责任公司		√	2 761	712	荷斯坦	5.1	3 644							
11	晋宁晋城月表奶牛专业合作社	昆明雪兰牛奶有限责任公司		√	960	408	荷斯坦	4.9	2 000							
12	晋宁牛恋现代奶牛养殖场	昆明雪兰牛奶有限责任公司		√	460	253	荷斯坦	7.7	1 950							
13	宜良县兴达奶牛养殖场	昆明雪兰牛奶有限责任公司		√	494	295	荷斯坦	5.5	1 614							
14	宜良县瓦窑奶牛养殖场	昆明雪兰牛奶有限责任公司		√	215	90	荷斯坦	5.2	467							
15	宜良县胜利奶牛养殖专业合作社	昆明雪兰牛奶有限责任公司		√	517	280	荷斯坦	5.8	1 632							
16	宜良县木希奶牛养殖专业合作社	昆明雪兰牛奶有限责任公司		√	213	102	荷斯坦	4.9	503							
17	宜良县鑫磊奶牛养殖场	昆明雪兰牛奶有限责任公司		√	215	105	荷斯坦	4.1	427							
18	宜良县锦秀奶牛养殖专业合作社	昆明雪兰牛奶有限责任公司		√	205	95	荷斯坦	5.3	506							
19	宜良森琦奶牛养殖专业合作社	昆明雪兰牛奶有限责任公司		√	256	111	荷斯坦	9.0	993		√					
20	宜良县奶初源奶牛养殖专业合作社	昆明雪兰牛奶有限责任公司		√	716	245	荷斯坦	7.5	1 836							
21	宜良县华达奶牛养殖专业合作社	昆明雪兰牛奶有限责任公司		√	567	250	荷斯坦	6.1	1 517							
22	嵩明牧兴奶牛养殖专业合作社	昆明雪兰牛奶有限责任公司		√	2 468	790	荷斯坦	4.7	3 725							
23	通海县云江奶牛养殖场（普通合伙）	昆明雪兰牛奶有限责任公司		√	718	230	荷斯坦	4.6	1 049							
24	晋宁晋城宏尚奶牛农民专业合作社	昆明雪兰牛奶有限责任公司		√	793	235	荷斯坦	5.5	1 299							
25	嵩明杨林大家利奶牛养殖场	昆明雪兰牛奶有限责任公司		√	415	215	荷斯坦	4.4	953							
26	宜良县顺兴裕奶牛养殖专业合作社	昆明雪兰牛奶有限责任公司		√	186	82	荷斯坦	4.0	312							
27	宜良县光华奶牛规模养殖场	昆明雪兰牛奶有限责任公司		√	648	520	荷斯坦	4.0	1 420							

（续）

序号	名称	供奶企业	养殖场	小区	全群存栏（头）	成母畜存栏（头）	奶畜品种	成母畜年单产（t）	年总产量（t）	是否参加DHI	是否应用TMR	是否国家学生饮用奶奶源基地	是否有机奶源基地	有机奶产量（t）	有机奶源认证机构	是否为布鲁氏菌病及结核净化创建场或示范场
28	嵩明县明新奶牛养殖场有限公司	云南伊利乳业有限责任公司	√		511	312	荷斯坦	3.7	2 100							
29	嵩明县犇腾奶牛养殖有限公司	昆明雪兰牛奶有限责任公司		√	340	190	荷斯坦	3.7	750							
30	嵩明县金国养殖有限公司	昆明雪兰牛奶有限责任公司		√	960	720	荷斯坦	3.4	1 140							
31	龙街龙渔多	昆明雪兰牛奶有限责任公司		√	489	305	荷斯坦	3.7	545							
32	嵩明县东达种养殖专业合作社	昆明雪兰牛奶有限责任公司		√	465	140	荷斯坦	3.1	320							
33	嵩明县富达养殖有限公司	云南伊利乳业有限责任公司	√		710	325	荷斯坦	6.4	2 560		√					
34	晋宁尼摩合奶牛专业合作社	云南伊利乳业有限责任公司	√		884	642	荷斯坦	9.4	6 013		√					√
35	晋宁区晋城联盟奶牛养殖合作社	云南伊利乳业有限责任公司		√	513	252	荷斯坦	4.9	1 235							
36	石林春草原奶牛专业合作社	云南伊利乳业有限责任公司		√	250	150	荷斯坦	5.0	750							
37	昆明五华区众维奶牛养殖专业合作社	云南伊利乳业有限责任公司	√		503	305	荷斯坦	9.8	2 988		√					√
38	寻甸赛优牧业有限公司	云南伊利乳业有限责任公司	√		724	581	荷斯坦	6.2	3 601		√					√
39	寻甸稼竜畜牧养殖有限公司	云南伊利乳业有限责任公司	√		783	316	荷斯坦	10.9	3 449	√	√					√
40	云南新希望蝶泉牧业有限公司	云南新希望邓川蝶泉乳业有限公司	√		1 620	846	荷斯坦	9.5	8 400	√	√	√	√	800	南京国环有机产品认证中心	√
41	洱源县鑫农养殖专业合作社	云南新希望邓川蝶泉乳业有限公司	√		216	101	荷斯坦	3.6	261							√
42	孟伏营机械化挤奶站	云南新希望邓川蝶泉乳业有限公司	√		142	114	荷斯坦	3.6	334							√
43	西街机械化挤奶站	云南新希望邓川蝶泉乳业有限公司	√		97	22	荷斯坦	3.6	73							√
44	陈官机械化挤奶站	云南新希望邓川蝶泉乳业有限公司	√		95	36	荷斯坦	3.6	156							√
45	古诏机械化挤奶站	云南新希望邓川蝶泉乳业有限公司	√		106	37	荷斯坦	3.6	139							√
46	赶香营机械化挤奶站	云南新希望邓川蝶泉乳业有限公司	√		63	63	荷斯坦	3.6	51							√
47	巍山县巍山牧场	云南皇氏来思尔乳业有限公司	√		705	357	荷斯坦	8.4	2 735	√	√	√				
48	剑川县剑川好方向牧场	云南皇氏来思尔乳业有限公司	√		328	220	荷斯坦	9.1	1 900		√					

（续）

序号	名称	供奶企业	养殖场	小区	全群存栏（头）	成母畜存栏（头）	奶畜品种	成母畜年单产（t）	年总产量（t）	是否参加DHI	是否应用TMR	是否国家学生饮用奶奶源基地	是否有机奶源基地	有机奶产量（t）	有机奶源认证机构	是否为布鲁氏菌病及结核净化创建场或示范场
49	感通奶牛养殖场	云南皇氏来思尔乳业有限公司	√		260	170	荷斯坦	8.5	1 533		√	√				
50	吉峰奶牛养殖场	云南皇氏来思尔乳业有限公司	√		98	56	荷斯坦	5.4	224							
51	祥云欧亚农业科技开发有限公司	云南欧亚乳业有限公司	祥云欧亚奶牛养殖场		352	140	荷斯坦、娟姗	9.5	1 330	√	√	√				
52	弥渡县金润良种奶牛场	云南欧亚乳业有限公司	√		320	176	荷斯坦	9.0	1 584	√	√	√				
53	神野牧场	云南欧亚乳业有限公司	√		360	300	荷斯坦	7.5	2 250	√	√	√				
54	灿明牧场	云南欧亚乳业有限公司	√		100	40	荷斯坦	5.5	220	√	√					
55	益新牧场	云南欧亚乳业有限公司	√		160	72	荷斯坦	7.9	569	√	√					
56	国荣牧场	云南欧亚乳业有限公司	√		220	140	荷斯坦	8.0	1 120	√	√					
57	鹤庆县现代农业庄园有限公司	云南欧亚乳业有限公司	鹤庆欧亚牧场		2 116	1 693	荷斯坦、娟姗	12.0	20 316	√	√		√	5 337	北京五洲恒通认证有限公司	
58	个旧市鸡街镇隆盛奶牛养殖专业合作社	个旧市鸡街镇隆盛奶牛养殖专业合作社	√	√	1 460	745	荷兰牛	6.7	3 396	√		√				
59	云南乍甸乳业有限责任公司	云南乍甸乳业有限责任公司	√	√	328	145	荷兰牛	7.6	1 080	√	√	√	√	5 580	北京五洲恒通认证有限公司	
60	红河家旺奶牛养殖有限公司	云南乍甸乳业有限责任公司	√	√	215	112	荷兰牛	6.5	820							
61	弥勒市佛亨牧业有限责任公司	云南乍甸乳业有限责任公司	√	√	1 680	144	荷兰牛	6.8	4 139							
62	云南牛牛牧业股份有限公司	云南伊利乳业有限责任公司	√	√	5 015	1 980	荷兰牛	9.8	19 404	√	√	√				
63	盈江县牧丰养殖场	自行销售（奶吧）	√		39	20	荷斯坦奶牛	2.5	44							
64	大理州家畜繁育指导站（奶水牛）	云南皇氏来思尔乳业有限公司	√		72	42	摩拉 尼里	1.0	33	√						

（续）

序号	名称	供奶企业	养殖场	小区	全群存栏（头）	成母畜存栏（头）	奶畜品种	成母畜年单产（t）	年总产量（t）	是否参加DHI	是否应用TMR	是否国家学生饮用奶奶源基地	是否有机奶源基地	有机奶产量（t）	有机奶源认证机构	是否为布鲁氏菌病及结核净化创建场或示范场
65	巍山县幸福奶水牛养殖小区	云南皇氏来思尔乳业有限公司		√	400	250	摩杂、尼杂	1.8	450							
66	巍山县幸福奶水牛养殖小区	云南皇氏来思尔乳业有限公司		√	200	120	摩杂、尼杂	1.8	216							
67	鹤庆县松桂奶水牛养殖小区	云南皇氏来思尔乳业有限公司		√	160	90	摩杂、尼杂	1.6	144							
68	滇滩腾超养殖场	腾冲艾爱乳业公司	√		400	280	奶水牛	1.8	110							
69	固东鸿福养殖场	腾冲艾爱乳业公司	√		280	169	奶水牛	1.8	84							
70	腾冲龙川江农业开发有限公司	腾冲艾爱乳业公司	√		326	266	奶水牛	1.8	93							
71	界头奶水牛养殖合作社	腾冲艾爱乳业公司		√	1 330	856	奶水牛	1.8	580							
72	曲石奶水牛养殖合作社	腾冲艾爱乳业公司		√	340	298	奶水牛	1.8	124							
73	明光麻栗奶水牛养殖合作社	腾冲艾爱乳业公司		√	613	481	奶水牛	1.8	266							
74	中和约圆奶水牛养殖合作社	腾冲艾爱乳业公司		√	211	148	奶水牛	1.8	76							
75	马站乡奶水牛养殖小区	腾冲艾爱乳业公司		√	130	106	奶水牛	1.8	31							
76	团田蒲川奶水牛养殖合作社	腾冲艾爱乳业公司		√	322	244	奶水牛	1.8	101							
77	芒市勐戛镇赵苍达奶水牛养殖场	芒市禾牛科技有限责任公司鲜奶吧，部分自销	√		32	23	奶水牛	2.5	46		√					
78	芒市勐戛镇芒丙奶水牛养殖专业合作社	自行销售（奶吧）		√	66	27	奶水牛	1.7	41							
79	德宏民诚养殖专业合作社	芒市禾牛科技有限责任公司鲜奶吧	√		40	13	奶水牛	1.5	13							
80	张建国（包括董兴荣和郑安辉）养殖场	芒市禾牛科技有限责任公司鲜奶吧，部分自销	√		28	14	奶水牛	1.8	18							
81	朱贵周养殖场	自行销售（奶吧）	√		17	8	奶水牛	1.5	12							
82	赵万达养殖场	自行销售（奶吧）	√		19	9	奶水牛	2.1	15							
83	盈江弄璋文明奶水牛养殖小区	自行销售（奶吧）		√	56	42	奶水牛	1.5	62	√						
84	盈江旧城宏发奶水牛养殖小区	自行销售（奶吧）		√	87	63	奶水牛	1.3	18	√						
85	陇川县张老大奶水牛养殖场	腾冲市艾爱摩拉牛乳业有限公司	√		15	9	奶水牛	2.0	9	√						
86	陇川县许有增奶水牛养殖场	腾冲市艾爱摩拉牛乳业有限公司	√		11	5	奶水牛	2.1	10	√						
87	陇川县张定建奶水牛养殖场	腾冲市艾爱摩拉牛乳业有限公司	√		10	5	奶水牛	2.2	8	√						

（续）

序号	名称	供奶企业	养殖场	小区	全群存栏（头）	成母畜存栏（头）	奶畜品种	成母畜年单产（t）	年总产量（t）	是否参加DHI	是否应用TMR	是否国家学生饮用奶奶源基地	是否有机奶源基地	有机奶产量（t）	有机奶源认证机构	是否为布鲁氏菌病及结核净化创建场或示范场
88	陇川县叶超留奶水牛养殖场	腾冲市艾爱摩拉牛乳业有限公司	√		11	5	奶水牛	2.4	6	√						
89	陇川县聂大行奶水牛养殖场	腾冲市艾爱摩拉牛乳业有限公司	√		10	3	奶水牛	2.4	10	√						
90	陇川县李文发奶水牛养殖场	腾冲市艾爱摩拉牛乳业有限公司	√		21	12	奶水牛	2.0	13	√						
91	陇川县董有强奶水牛养殖场	腾冲市艾爱摩拉牛乳业有限公司	√		11	5	奶水牛	1.7	5	√						
92	陇川县韩永传奶水牛养殖场	腾冲市艾爱摩拉牛乳业有限公司	√		18	7	奶水牛	2.3	8	√						
93	陇川县陈昌寿奶水牛养殖场	腾冲市艾爱摩拉牛乳业有限公司	√		6	2	奶水牛	1.9	3	√						
94	陇川县陈德金奶水牛养殖场	腾冲市艾爱摩拉牛乳业有限公司	√		12	4	奶水牛	2.0	5	√						
95	德宏奶水牛合计				470	256		2.0	300							

附表 2　云南省乳制品生产企业名录

序号	名称	生产许可证号码	年收购原奶量（t）	平均支付价格（元 /kg）	其中：自有奶源量（t）	年乳制品产量（t）	其中：巴氏杀菌乳（t）	UHT 奶（t）	酸奶（t）
1	云南欧亚乳业有限公司	SC 10553290113000	76 855	3.80	27 200	128 507	5 600	70 300	26 607
2	昆明雪兰牛奶有限责任公司	SC 10553011110668	94 063	4.29	44 873	113 973	14 670	42 529	46 962
3	云南伊利乳业有限责任公司	QS 530106010651 QS 530105011769	66 184	4.50	40 634	102 000		18 000	30 000
4	云南皇氏来思尔乳业有限公司	SC 10553290101054	66 239	3.71	2 624	86 312	2 614	28 525	43 755
5	云南新希望邓川蝶泉乳业有限公司	91532930218860337E	42 656	4.21	7 536	42 906		29 280	12 200
6	云南乍甸乳业有限责任公司	91532501217881507J	14 582	4.20	1 080	17 000	4 800	7 000	4 200
7	昆明龙腾生物乳业有限公司	SC 10553012207005	7 200	6.00（羊奶）		900	100		100
8	腾冲市艾爱摩拉牛乳业有限责任公司	SC 10553052213032	1 465	8.50（水牛奶）		1 430	96	1 080	180
9	春和牧野鲜奶餐吧	鲜奶吧（餐饮）	210	5.00	210	210	160		50
10	芒市禾牛科技有限责任公司鲜奶吧	鲜奶吧（餐饮）	39	8（水牛奶）	6	38	33		3
11	云南华农乳业有限公司	QS 532306010397							
12	昆明七彩云乳业股份有限公司	QS530105011228（雪兰托管）							
13	昆明市海子乳业有限公司	QS 530005010417（雪兰托管）							
14	弥勒市羊妈妈乳制品厂	QS 5300 2801 0013（羊奶）							
15	石林雨欧畜牧产品开发有限公司	QS（羊奶产品）							
16	大理银河乳业有限责任公司	QS 532905011100（停产）							
17	云南多喝乳业有限责任公司	QS 532505010886（停产）							
18	红河云牛乳业有限责任公司	QS 532505011735（停产）							
19	德宏祥祥乳业有限公司	SC 10653310325621（停产）							
20	大理金花乳业有限责任公司	QS 532905011246（停产）							
2018 年合计			369 493	4.18（荷斯坦）、8.50（水牛奶）、6.00（羊奶）	124 163	493 276	28 073	196 714	164 058

（续）

序号	奶粉（t）	婴配粉（t）	奶油（t）	奶酪（t）	乳饮料（t）	产品销售区域	年销售收入（万元）	利润（万元）	是否为国家学生饮用奶认定企业	有机产品（枚）	有机认证机构	有机产品品类1及数量（枚）	有机产品品类2及数量（枚）	有机产品品类3及数量（枚）
1					26 000	覆盖全省，辐射全国绝大部分省份	116 487	6 500	√					
2					9 812	云南、贵州、四川、广西、北京等	103 709	7 169	√	820 908	南京国环有机产品认证中心	低温鲜牛奶 212 808	低温酸奶 608 100	
3					54 000	云南、贵州、广西	92 814	6 497						
4				9	11 409	云南、四川、重庆、贵州、广西、广东、湖南	61 416	5 886	√					
5	1 340		86		18 149	云南、四川、重庆及华东、华北、华南、华中	49 403	1 583	√	174 600	南京国环有机产品认证中心	174 600		
6					1 000	云南、深圳、贵州、广西等	14 808	543	√		北京五洲恒通认证有限公司			
7	800					网络销售	8 000	300						
8			48	26		云南、北京、上海、电商平台	3 680	211						
9						昆明地区	400							
10					2	德宏州芒市	64	5						
11														
12														
13														
14														
15														
16														
17														
18														
19														
20														
	2 140		134	35	120 372		450 781	28 694						

西藏自治区

【奶类生产】2018 年，全区奶业按照《西藏自治区（万头）奶牛养殖示范基地建设规划（2017—2020 年）》要求，狠抓奶牛品种改良、奶源基地建设、完善设施设备、扩大饲草料基地建设、强化科研攻关，以拉萨市"万户百场十中心"工程为代表的奶业基地初具规模，全区奶牛良种化水平不断提高，规模化养殖场数量持续增加；养殖设施化、生产规范化、防疫制度化、粪污无害态势正在形成，奶产品质量安全得到提升，奶业发展已成为助推农牧业经济、促进农牧民增收的重要举措。2018 年，全区奶牛存栏 98 万头，其中优质奶牛 15 万头；引进奶牛 0.7 万头；一般奶牛 82.35 万头。奶类产量 50.5 万 t，同比增长 19%。

【乳品加工】截至 2018 年年底，全区有一定规模的奶制品加工企业 8 家，分别是高原之宝牦牛乳业、西藏年河乳业发展有限公司、拉萨圣吉雪乳业、西藏康园食品、林芝地区贡布乳业、西藏藏地吉农乳业、山南雅砻惠民乳业、山南乃东结莎利群。主要产品品种为高原特色牦牛乳、有机乳、风味酸乳，共有 30 余个品种，规模以上企业产值达到 8 亿元。

【政策法规】实施牲畜良种补贴政策，按照《西藏农区黄牛改良项目实施方案（2013—2020 年）》品种改良和布局要求，2018 年完成黄牛改良 13.62 万头，落实良种补贴资金 2 043 万元。2018 年通过自治区财政下达西藏农牧业项目基建支出，安排奶牛养殖场改造升级建设项目 9 个，投入资金 1.13 亿元。

【奶源基地】建设奶牛标准化养殖场 19 个。全区奶牛存栏规模为 100~300 头的奶牛养殖小区已达到 34 个，1 000 头养殖规模的 3 家，共存栏奶牛 6 725 头，平均单产 3.5t 左右。

2018 年，共完成高标准人工饲草建设面积 4.5 万 hm^2。各地市充分利用低产田、弃耕地、荒滩荒地开展人工种草，促进粮经饲三元种植结构调整。同时，通过种草养畜、种草养地，形成粮草兼顾、农牧结合、循环发展的新型种养结构。

（西藏自治区农牧厅畜牧水产处，边珍）

陕西省

【奶畜养殖】2018 年，陕西省奶牛存栏 27.9 万头，较 2017 年下降 1.9%；奶山羊存栏 208 万只，较 2017 年增长 22.4%。奶类产量 166.8 万 t，较 2017 年增长 6%，其中牛奶产量 109.8 万 t，较 2017 年增长 2.3%。

陕西省奶牛主要分布在关中地区 5 市 1 区（即西安市、宝鸡市、咸阳市、铜川市、渭南市和杨凌示范区），奶牛存栏和牛奶产量分别占陕西省的 95.4% 和 95.1%。

陕西省奶山羊主要分布在关中地区，奶山羊存栏和羊奶产量分别占陕西省的 97.8% 和 98.4%。

奶山羊是陕西特色畜牧产业，2018 年，陕西省作出了“培育千亿级奶山羊全产业链”的决策部署，陕西省财政安排 1.2 亿元用于奶山羊产业发展，主要打造陇县、富平、乾县 3 个全产业链示范县、千阳奶山羊良种繁育示范县和西安临潼等 11 个奶山羊基地县区。

【乳品加工】2018 年，陕西省乳制品总产量 116 万 t，同比下降 19.1%。产值约 160 亿元，奶粉产量居全国第 2 位、液态奶产量居全国 7 位。

【市场消费】2018 年，全省人均奶类占有量 43.1kg，较 2017 年增加 5kg；全省居民人均奶类消费 287.1 元，较 2017 年增加 45 元。

【奶源基地】行业统计数字显示，陕西省存栏奶牛 100 头以上养殖场 331 个，较 2017 年减少 52 个。

DHI 测定。2018 年度陕西省奶牛 DHI 测定中心接受送检牛场（包括青海及重庆两个牛场）40 家，较上年减少 12 家牧场，参测奶牛 2.69 万头，较上年度减少 0.15 万头，测定样品 188 006 头份，报送数据量 2.08 万条，制作 DHI 测定报告 367 批份。2018 年度参测场奶牛 305 天产奶量平均达到 9 128.6kg，单产达到 8t 以上的牛场有 27 家，单产 8t 以上的奶牛场在参测奶牛场中占比较上年度提高了 15.58 个百分点。其中参测的 40 个规模奶牛场中，305 天产奶量达到 10t 以上的牛场有 6 家，9 ~ 10t 的有 8 家，8 ~ 9t 的 13 家。生鲜牛乳质量稳定，参加 DHI 奶牛生产性能测定的全部 40 家规模奶牛场的平均乳脂肪含量为 4.08g/100g，乳蛋白为 3.39g/100g，乳糖为 5.01g/100g，总固型物为 12.85%，平均体细胞数为 24.19 万个 /mL，乳品质量与上年相比维持稳定。

饲草种植。2018 年国家高产优质苜蓿示范建设项目投资 1 565 万元，在陕西省新种植 1 740hm^2 高产优质苜蓿。中央投资 7 070 万元，在西安市临潼区、阎良区，宝鸡市陇县、千阳县、眉县、岐山县，咸阳市泾阳县、乾县、三原县、武功县，渭南市合阳县、蒲城县，延安市子长县，榆木市神木县，以及铜川市、省农垦集团实施粮改饲试点项目，种植青贮玉米 2.83 万 hm^2，全株青贮 127 万 t。

养殖效益。全省牛奶平均价格为 3.38 元 /kg，较 2017 年上涨 6%。1 ~ 2 月牛奶收购价格波动较大，价格均低于 2017 年度同期各月价格 3 ~ 12 月牛奶收购价格较 2017 年同期均有持续的增长，2018 年 9 月以来，陕西牛奶收购价格增长幅度较大。按成母牛计算，奶牛养殖户亏损约为 300 元 / 头，规模场盈利约为 100 元 / 头。

全省羊奶平均价格约为 7 元 /kg，较 2017 年上涨 47%。羊奶是季节性销售，每年 3 月中下旬开始集中销售，3 ~ 4 月羊奶价格高，最高超过 9 元 /kg，5 月以后稳定在 7.5 元 /kg 左右。从全省 2018 年奶山羊生产监测点监测的收益情况汇总来看，散养户平均每只成年母羊年收益 1 833 元，规模场每只年收益为 1 291 元。

【质量监管】2018 年完成生鲜乳监测任务 1 486 批次，检测项目 8 823 个，覆盖了省内所有奶站和生鲜乳运输车。主要对奶站和生鲜乳运输环节的三聚氰胺、革皮水解物、β－内酰胺酶等违禁添加物进行抽检，监测结果合格率 100%；对婴幼儿配方乳粉奶源基地卫生指标黄曲霉素 M_1 和国家明令禁止的违禁添加物三聚氰胺等，监测结果合格率 100%。

（陕西省农业农村厅畜牧处，王鹏飞）

甘肃省

【奶畜养殖】据统计，2018年甘肃省奶牛存栏29.9万头，同比增长3%；牛奶产量40.5万t，同比增长2%。主要分布在张掖市甘州区、临泽县、民乐县，武威市凉州区，临夏回族自治州临夏县，定西市安定区、临洮县，兰州市榆中县、红古区、七里河区、永登县，白银市景泰县、靖远县、平川区，酒泉市肃州区，金昌市金川区。2018年安排生猪家禽奶牛标准化规模养殖场建设等项目向奶业倾斜，引导和支持奶牛养殖场（户）改扩建、小区牧场化改造、散户入场和增加饲草供给，奶业生产由粗放式散养向标准化规模养殖转变，以养殖场、专业合作社为主的奶业发展格局基本形成。充分依托各级畜牧技术推广部门等单位力量，进场入户对奶农进行全面培训。引导奶牛规模养殖场严格按照标准化生产各项技术规范，开展奶牛养殖场标准化建设和升级改造，特别加强了粪污处理和资源化利用，从源头上保障生鲜乳质量安全。

【乳品加工】2018年全省共有乳品加工企业34家，产品主要是本地巴氏杀菌乳、UHT奶、奶粉、酸奶和干酪素，产量为32.85万t，其中液体乳产量为31万t，乳粉和干酪素产量为1.85万t，全行业实现工业总产值近27亿元。在发展过程中，引进了伊利、三元等国内知名企业，发展壮大了兰州庄园、甘肃燎原等本土企业，全省乳制品加工能力逐步提升。

【市场消费】全省人均奶类占有量为15.36kg，乳制品消费量城镇人均16.6kg，农村为6.6kg。当地市场主要销售的乳制品品牌有蒙牛、伊利、庄园、燎原、雪顿等，其中庄园巴氏杀菌乳210g瓶装3.6元，超高温灭菌奶200g×16袋42.9元，酸奶180g×12袋54.9元，燎原婴幼儿奶粉900g价格为298~458元，成人乳粉454g价格为188元。牛奶消费市场呈现出消费量逐步攀升、消费种类偏好增加和本地乳品认可度趋升的特点。

【奶源基地】2018年全省奶牛规模养殖比重达到71.5%，据畜牧业统计与监测数据显示，1~49头规模的奶牛场占31.9%，50~99头的占4.74%，100~999头的占9.3%，1 000头以上的占54.06%。机械挤奶比例为83.8%，全混合日粮（TMR）技术在大中型奶牛场已普遍应用，生产性能测定（DHI）只有甘肃农垦天牧乳业公司正在建设，尚未全面投入使用。紫花苜蓿面积为96.67万hm^2，形成了自产自用型、生态功能型、商品生产型三类饲草种植加工型态，苜蓿价格为2 160元/t，较上年上涨了20%。通过“三改两分离再利用”技术和肥料化、能源化等典型技术推广，促进了奶牛规模养殖的节能减排和节本增效。据初步调查，通过设施改造和技术提升，1 000头以上的奶牛养殖场年节约用水约30%，每头奶牛年节约垫料200元。据全省15个价格监测点监测，2018年年底生鲜乳收购均价为3.63元/kg，与年初基本持平，大多数奶牛场仍然处于较低利润局面。随着奶价长期在低位徘徊，散养奶农逐步退出奶业生产，标准化、规模养殖已逐步成为行业主流。

【奶农组织】依据全国畜牧业统计与监测系统显示，甘肃省奶农合作社有36家，存栏奶牛15 547头。合作市南木杰奶牛养殖农民专业合作社等5家被认定为2018年省级农民专业合作社。12月15日，甘肃省副省长常正国出席全省推动农民专业合作社有效发挥带动作用培训班结业仪式，并作培训班总结。

【政策法规】2018年8月13日，甘肃省政府办公厅印发了《关于推进奶业振兴 保障乳品质量安全的实施意见》（甘政办发〔2018〕160号），提出了甘肃省奶业振兴的总体思路、主要目标，从建设优质奶源基地、培育奶业全产业链、强化乳品质量安全监管、加强乳品消费引导四方面进行了安排部署。安排生猪家禽奶牛标准化规模养殖场建设项目3 800万元，现代畜牧业全产业链项目资金11 000万元，粮改饲资金8 529万元，着力向奶产业倾斜，引导和支持奶牛养殖场（户）改扩建、小区牧场化改造、散户入场和增加饲草供给，提高标准化生产水平。

【质量监管】制定了《2018年生鲜乳质量安全监督管理和专项整治行动方案》和《2018年生鲜乳质量安全和国标指标监测工作实施方案》，各地奶业主管部门与奶畜养殖者、生鲜乳收购者签订生鲜乳质量安全目标责任书，认真组织开展了生鲜乳质量安全专项整治行动，出动执法人员1 289人次，共检查奶站405站次，检查运输车562车次，责成整改生鲜乳收购站8个，生鲜乳运输车9辆。全省共完成1 765批样品的抽样检测任务，合格率100%。从3月初开始，组织临夏、兰州、酒泉、武威、平凉5个散户奶农较多的市州开展了为期一个月的散户奶农生鲜乳质量安全专项检查，依法取缔长期不运行的奶站2个、运输车1辆。经检查，全省共有奶畜散户11 618家，存栏奶牛9.33万头，年产生乳量13.3万t，直接上市零售的有4 866家，生鲜乳92 064t。

【奶业大事】1月18日，中国乳制品工业协会在北京召开首届中国乳业质量年会及中乳协第六届理事会二次会议，燎原乳业产品被评为2017年主流品牌婴幼儿配方乳粉“质量金奖”和“质量优秀奖”。

5月22日，中共中央政治局常委、全国政协主席汪洋在国务院扶贫办主任刘永富、中央统战部副部长张裔炯、甘肃省委书记林铎等陪同下，莅临甘肃华羚乳品集团考察调研。

7月27日，甘肃省农牧厅组织省工信委、省食品药品监督管理局、省质监局部门责任人，以及乳品加工和奶牛养殖企业负责人就贯彻落实《国务院办公厅关于加快推进奶业振兴 保障乳品质量安全的意见》进行了座谈，省农业农村厅巡视员阎奋民主持召开座谈会。厅机关相关处室和厅属单位负责人参加会议。

11月21日，在湖北省宜昌市举办的全国“动物疫病净化技术推广培训——示范创建专题”培训会上，甘肃农垦天牧乳业有限公司被中国动物疫病预防控制中心评为“动物疫病净化创建场”并授牌。

12月16日，在甘肃省侨联代表团访问巴基斯坦之际，甘肃燎原乳业集团与南亚国际成功签署了合作协议，本次成功签约标志着甘肃燎原乳业集团正式开始全面实施全球化战略，为燎原乳业走向世界迈出了重要的一步。

12月29日，甘肃农信杯“改革开放40年·40人”表彰活动在甘肃省大剧院举行，甘肃华羚实业集团董事长敏文祥等40人受到表彰，被授予“改革开放40年·40人”荣誉称号，这是乳品行业唯一入选的人员。

（甘肃省畜牧兽医局畜牧处，张爱文）

青海省

【奶畜养殖】2018年青海省牛存栏563.31万头。其中荷斯坦牛存栏19.76头万头，比上年下降了20.61%，能繁母牛14.50万头，比上年下降19.31%。主要分布在西宁市、海东市，存栏分别为8.44万头、5.98万头。牦牛存栏506.57万头，比上年增长5.32%，其中能繁母牛254.99万头，比上年增加6.10%。主要分布在海北州、黄南州、海南州、果洛州、玉树州、海西州，牦牛存栏分别为45.91万头、52.68万头、58.10万头、92.89万头、185.33万头、34.31万头。

2018年，青海省奶类总产量为46.00万t，比上年下降1.58%。其中，奶牛奶产量27.41万t，比上年下降了4.93%；牦牛奶产量18.59万t，比上年增长3.80%。

【乳品加工】2018，年青海省乳品加工企业，主要产品有巴氏杀菌乳、UHT奶、酸奶及乳饮料。年销售收入达209 763.54万元、利润为6 311.63万元、乳制品总产量达101 173.29t。其中：巴氏杀菌乳8 123.55t、UHT奶54 433.94t、酸奶35 218.2t、奶粉817.6t、乳饮料2 580t。

【市场消费】2018年，全省人均奶类占有量64.32kg，超市主要销售的乳制品品牌为圣湖、小西牛、天露、青藏牧场、伊利、蒙牛、光明、庄园等品牌，巴氏杀菌乳规格为180mL和200mL，价格为1.8~2.5元，超高温灭菌奶规格为180mL和250mL，价格为2.1~7.7元，原味酸奶规格为150g和200g，价格为2.4~4.0元，风味酸奶规格为140g和180g，价格为3.3~4.0元。

【奶源基地】2018不同规模养殖场（户）数量及其生产情况见表4–34。

表4–34　2018年青海省规模养殖场（户）情况

存栏规模	场（户）数（个）	年存栏数（头）	产奶量（t）
1~49头	43 341	142 501	172 633
50~99头	78	4 489	8 096
100~199头	14	1 955	6 040
200~499头	8	2 669	9 396
500~999头	5	3 437	9 600
1 000~1 999头	1	1 908	5 026
2 000~4 999头	2	4 339	18 699

通过规模养殖场建设、良种奶牛引进、良种补贴等一系列项目的实施，奶牛散养户和低产牛逐步退出养殖环节，牛群结构进一步得到优化，种养加一体化运营加快推进。2018年存栏100头以下的场（户）数由上年的76 725户减少到43 419户，下降了43.41%。粪污处理采用“干清粪、粪污防雨防渗集中堆积加工有机肥”技术。

2018年生鲜乳收购均价为3.05元/kg；受奶牛养殖成本上涨，牛奶价格下滑等因素影响，青海省奶牛养殖效益有所下滑，产业发展压力较大，奶牛养殖处于持续亏损状态，奶牛养殖依赖政府扶持现象明显。

畜禽良种繁育及推广。2018年全省从国外引进荷斯坦牛2 000头，省级财政投资1 000万元，自筹1 985.175万元。其中，西宁市1 165头，每头补贴5 000元，计582.5万元；海东市750头，每头补贴5 000元，计375万元：贵德县85头，每头补贴5 000元，计42.5万元。2018年发放良补冻精12.19万剂，其中荷斯坦牛2.98万剂、乳用西门塔尔牛9.21万剂。

规模养殖场建设。2018年青海省规模养殖场（小区）建设项目，中央财政投入资金4 000万元，主要用于标准化规模养殖场提升改造建设、粪污资源化利用等。

农机购置补贴，2018年规模养殖场农机补贴项目，投资431.425万元，其中中央财政资金398.186万元、省级财政资金33.293万元，主要购置收割机、饲草料加工及挤奶设备等。

饲草饲料。2018年粮改饲项目中央财政投入资金5 433万元。全省种植玉米、燕麦、苜蓿等饲草料共计30.1万hm^2，其中玉米种植面积达8.50万hm^2、苜蓿种植面积为0.35万hm^2、燕麦21.25万hm^2。年产青贮玉米、燕麦共计90.5万t，青干草37.34万t。

疫病防治。2018年，全省各级兽医机构认真贯彻全国重大动物疫病防控工作会议精神，全省未发生区域性重大动物疫情和重大畜产品质量安全事件，保障了畜禽生产安全、畜产品质量安全、公共卫生安全和生态环境安全。

【政策法规】2018年，青海省人民政府办公厅出台了《关于推进奶业振 兴保障乳品质量安全实施意见》（青政办〔2018〕158号）。

【质量监管】为全面掌握生鲜乳质量状况，修订《生乳》国家标准提供数据支撑，保证生鲜乳质量安全，根据《农业农村部关于开展2018年生鲜乳质量安全监测工作的通知》（农牧发〔2018〕1号）及《农业农村部办公厅关于开展2018年〈生乳〉国标指标监测工作的通知》（农办牧〔2018〕12号）的文件要求和青海省农业农村厅《关于开展2018年度青海省生鲜乳质量安全监测工作的通知》精神，制定了《青海省2018年生鲜乳国标指标监测工作实施方案》。

2018年完成了西宁市、海东市和海南藏族自治州6个县市21家生鲜乳收购站及14辆运输车的生鲜乳抽样检测工作，全年共抽检生鲜乳样品165批，检测项目共计12项，分别为三聚氰胺、黄曲霉素M_1、碱类物质、菌落总数、酸度、杂质度、相对密度、乳蛋白、乳脂肪、非脂乳固体、冰点、体细胞。生鲜乳样品合格率100%。在抽样监测的同时，对省内生鲜乳收购站和生鲜乳运输车，按照生鲜乳收购站、生鲜乳运输车辆标准化管理检查内容和判定标准的要求进行了检查，合格率达 100%。

严格审核生鲜乳收购站和运输车资质条件，严把准入门槛，按照修订的《生鲜乳收购经营许可行政审批办事指南》和《生鲜乳准运证明行政审批办事指南》，严格审核生鲜乳收购站和运输车资质条件，严把准入门槛，确保发证收购站和运输车达到规定要求。规范发证程序，切实做到“谁发证、谁负责、谁监管”，规范了生鲜乳收购秩序。进一步健全和规范档案管理，完善生鲜乳管理系统和生鲜乳收购站监测月报制度。

2018 年，全省共有 21 个生鲜乳收购站和 14 辆运输车，主要分布在西宁市、海东市、海南藏族自治州的 6 个县市，其中乳品加工企业开办的收购站 5 家、奶牛养殖场（户）开办的收购站 13 家、奶农合作社开办的收购站 3 家，机械化挤奶站比例为 71%。

（青海省畜牧总站，张惠萍）

西宁市

【奶类生产】2018 年，西宁市存栏奶牛 8.44 万头，其中荷斯坦牛 7.71 万头，同比下降 38.32%，能繁母牛 3.69 万头。

2018 年奶类总产量达到 15.23 万 t，同比下降 9.28%；全市奶自给率达到 71.73%。主要分布湟中县、湟源县及大通县。

【乳品加工】全市从事乳品加工企业有 20 余家，较大规模的只有 4 家，年设计生产能力均可达 9 万 t，但实际加工量仅为其加工能力的一半。全市共生产酸奶系列、液奶系列、奶粉系列等近 30 个品种，拥有天露、圣湖、青海老酸奶、小西牛等乳品品牌 10 余个。

【市场消费】2018 年本市乳制品销售市场上的省内主要品牌为圣湖、小西牛、天露、青海湖等，省外品牌以伊利、蒙牛、光明、庄园为主。其中成品液态奶规格多为 250ml 百利包包装或纸盒包装，价格为 3.5~6.0 元；酸奶产品因品牌和风味不同，价格差异较大，原味酸奶规格多为 200g 包装，价格为 2.5~4.0 元，风味酸奶 200g 包装价格为 4~4.5 元；巴氏杀菌乳规格为 200mL，价格为 1.5~1.8 元。

【奶源基地】近年来虽然政府扶持力度加大，但西宁市奶牛饲养仍以小规模生产，分散的农户饲养为主，50 头以下的规模养殖场（户）有 21 148 户，100 头以上养殖场（户）仅有 12 户，其中学生饮用奶奶源基地 2 户。西宁市现有天然草场 38.4 万 hm^2，2018 年全市种植优质牧草 4 万 hm^2，粪污处理方式多采用堆积发酵和有机肥加工处理。

近年来，随着国家和省、市各级政府对奶源基地建设的重视，规模养殖场改扩建的补助资金也明显增加，2018 年西宁市从澳大利亚引进荷斯坦牛、西门塔尔牛 1 165 头，省财政投入补助资金 582.5 万元，自筹资金 1 151.625 万元。

疫病防治。各养殖场高度重视疫病防控，县、乡两级动物防疫机构实行技术承包和指导，疫苗采购列入计划，制定相应的免疫程序，并积极配合省、市动物防疫部门开展“两病”监测等。

【质量监管】2018 年西宁市生鲜乳收购站 16 个，其中乳品企业开办 5 个、合作社开办 2 个、养殖场开办 9 个。机械化挤奶率达到 63%。对 16 家生鲜乳收购站及运输车进行生鲜乳抽样检测工作，全年共抽检生鲜乳样品 151 批，均未检出三聚氰胺、碱类物质和革皮水解物，β－内酰胺酶呈阴性，合格率均为 100%。

按照属地化管理的原则，技术人员对管辖的生鲜乳收购站，加强监管、落实工作责任，严把生鲜乳质量安全。市、县区两级密切配合，积极落实监管责任。

【存在问题】奶牛养殖方面存在的主要问题：一是奶牛散养户占比大，散养户奶牛存栏占 1/3，大多数散养户仍采用传统的饲养方式，对标准化饲养管理、牛群选种选配不够重视，饲养水平低，单产低。二是品种良莠不齐，西宁市虽然从国外引进优质荷斯坦牛，但数量较少，主要集中在几个大型规模养殖场。大多数小型规模养殖场和奶牛散养户的奶牛品质较差，影响了奶牛养殖业整体质量和经济效益的提高。三是奶牛养殖户与乳品加工企业没有签订长期的购销合同，形成企业得不到奶源保障、奶牛养殖户得不到利益保障的局面。

【发展思路】根据《全国奶业发展规划（2016—2020 年）》，加快推进西宁市奶业规模化、集约化、标准化和产业化发展步伐，适应市场经济、增加农民收入、满足人民日益增长的需求。坚持基础条件设施化、饲养规模化、乳品优质化、生产集约化、奶业产业化、保障体系化。继续坚持奶业项目建设和养殖小区建设，引进优良奶牛品种，创造企业乳业品牌，积极打造奶业发展新优势。

【发展举措】通过走规模化推进的路子，实现奶业总量的迅速扩充。一是培育和扩大种植适合本市草场生长的优良牧草品种，饲草种植面积每年稳定在 4 万 hm^2 左右。二是加强饲草的收获、运输、青贮、配送等集成技术要素，通过“公司＋基地＋农户”的经营方式，提高饲草产业的商品转化率，提高企业效益，增加农民收入，促进奶业健康持续发展。三是继续开展奶牛良种引进工作。

发展龙头企业、家庭牧场、奶农专业合作组织等新型经营主体，提高组织化程度和风险抵御能力。支持加工企业自建、收购、参股、托管养殖场，提高自有奶源比例，促进一二三产业融合发展。

大力发展生态牧场为主的标准化养殖业，稳定奶源、扩大生产。同时，提高企业深加工度，加强对乳品的综合利用和深度加工，提高加工的综合效益。

加强乳品加工企业、养殖基地、养殖农户之间市场对接机制，带动农村专业合作组织、养殖大户和广大农户扩大奶牛养殖规模，提高农民组织化程度和产业化水平。

推动标准化养殖模式。一是提高优质牧草青贮制作工艺和质量，提升优质饲料营养水平，优化日粮结构，有效降低奶牛日粮成本，提高饲料效率。二是确保饲料质量安全，提高饲料转化率和生鲜乳质量和品质。三是强化奶牛繁殖技术管理，提高生产效率，减少繁殖疾病发病率。四是开展奶牛粪污资源化利用，推进种养一体化养殖模式，生态、经济循环发展。

（西宁市农牧和扶贫开发局，陈仲瑾）

海东市

【奶畜养殖】截至2018年年末，海东市牛存栏31.13万头，较上年增长0.39%，占草食畜存栏的15.29%，其中奶牛存栏5.98万头、黄牛存栏11.39万头、牦牛存栏13.77万头，分别占牛存栏数的19.21%、36.59%、44.20%。能繁母牛存栏14.78万头，较上年下降8.39%，其中奶牛能繁母牛存栏3.74万头，黄牛能繁母牛存栏5.7万头、牦牛能繁母牛存栏5.34万头。

2018年，海东市牛奶总产量5.81万t，较上年下降14.31%。其中牦牛奶产量0.32万t，较上年增长10.34%。荷斯坦牛是本市主要的奶牛品种，市内两区（平安、乐都）四县（互助、民和、化隆、循化）（黄）河湟（水）谷地均有分布，主产区是民和、互助、乐都。

规模化标准化比重提高，养殖规模扩大，散养户退出，奶牛养殖机械化，自动化水平提高，但是由于乳品加工企业少，缺乏低温奶冷链配送体系，城乡居民奶制品消费中场（户）生产的鲜奶仍占很大比重。

全市奶业总产值4.65亿元，占牧业产值的12.08%。其中，饲养环节产值4.37亿元；乳制品产值2 805.37万元。

【乳品加工】2018年，市内有3家乳制品加工企业，其中循化县胖子农牧开发有限公司年加工原奶量527t；民和县湟乳乳制品有限公司和青海雲牧牦牛生物乳业有限公司年收购原奶量11 230t，收购价平均为3.6元/kg，年生产乳制品5 071t，其中巴氏杀菌乳264t，酸奶4 086t、奶粉721t，销售收入5 164.2万元，利润410.26万元，产品主要销往青海、甘肃。生鲜乳年均收购价格为3.2~4.0元/kg，养殖户和奶牛养殖场处于亏损状态。

【市场消费】2018年，海东市城乡居民奶制品消费支出人均268.09元，其中：鲜奶支出70.01元/人，鲜奶消费量9.39kg/人；奶粉支出60.4元/人，奶粉消费量0.24kg/人，约折合鲜奶1.68kg/人；酸奶支出62.43元/人，酸奶消费量6.3kg/人，约折合鲜奶6.3kg/人；其他奶制品支出75.25元/人，折合鲜奶10.22kg/人。由此计算本市年人均牛奶消费量27.59kg（全市2018年城乡居民人口172.64万人），按本市2018年牛奶产量5.81万t计算，自产牛奶除去满足本市城乡居民消费以外，尚剩余1.05万t销往外地。

海东市乳制品加工企业主要以自产自销的方式生产，乳制品品牌主要为湟乳乳制品，900g灌装奶粉为95元/桶，300g袋装奶粉为18元/袋。海东市场和超市销售的都是常温奶。

【奶源基地】奶牛饲养量及良种化程度。2018年全市存栏荷斯坦牛3.05万头，能繁母畜2.02万头。

2018年，海东从从澳大利亚引进荷斯坦牛、西门塔尔牛750头，省财政投入补助资金375万元，自筹资金741.75万元。

2018年，由于开展了规模养殖场环保整治工作，到年底正常生产运转的奶牛规模养殖场只剩10家，机械挤奶比例达80%以上，规模化奶牛养殖场采用全混合日粮（TMR）技术，只有青海天露乳业乐都良种奶牛繁育中心进行生产性能测定。同时该场也是结核净化创建场及国家学生饮用奶奶源基地。

2018年，实施了奶牛良种补贴，每头奶牛每年补助良种细管冻精2枚(每枚15元，共30元)。奶牛疫病防控严格执行国家相关法律法规规定，按属地管理原则由动物卫生监督部门责任人和各养殖场签订了防疫工作承包责任书，专门监督承包养殖场的疾病防控工作，对养殖场防疫合格证书发放进行严格审批，各养殖场严格按照相关粪污处理的规章制度对产生的粪污进行发酵无害化处理，在保障防疫工作的同时实现了废弃物循环利用的双重目标。

奶牛场粪污处理采用干清粪的方式，做到雨污分流，尿液污水进行三级沉淀。牛粪首先进行堆积发酵还田或制造有机肥处理，做到牛场粪污零排放、零污染，全面实现奶牛场粪污资源化利用。

近年来随着政府扶持力度增大，虽然奶牛规模化养殖兴起，但海东市奶牛饲养仍以小规模生产，分散的农户饲养为主，50头以下的规模养殖场（户）有12 928户，100头以上养殖场（户）仅有5家。

【奶农组织】各级奶业合作组织积极开展工作，发挥桥梁和纽带作用，帮助奶农和规模养殖场搞好日常饲养管理、繁殖育种、疫病防控等工作，积极开展技术交流与饲养管理技术培训工作，促进了全市奶业的发展。奶牛养殖面临的主要问题是经费不足、利益联结机制还不完善、协会组织还不够规范等。

【质量监管】海东市共4个生鲜乳收购站、2辆生鲜乳运输车，机械挤奶率75%；全年共抽检生鲜乳样品14批次，合格率100%。市、县区两级密切配合，积极落实监管责任。加强奶牛养殖场、生鲜乳收购站和运输车的监管等专项整治工作，对各生鲜乳收购站和运输车辆采取了现场检查，重点对机械挤奶生鲜乳收购站的消毒区、待挤区、挤奶厅、贮奶间、化验室、设备间、更衣间、办公室等功能设施的运行情况，场所环境卫生、挤奶与贮奶设备、人员情况、生产与质量控制记录、购销合同等进行了督查整治。

各级质监、食品监督、工商等部门定期或不定期对乳制品生产企业进行检查，从鲜乳生产、收购、加工、奶牛兽药残留监控、饲料质量等环节进行督促检查，对检查中发现问题的奶站从鲜奶生产、收购、销售记录、档案、鲜奶检测等方面要求整改，对于整改后仍然不合格的生鲜乳收购站，则收回生鲜乳生产许可证。

（海东市畜牧兽医站，李智花）

附表1　青海省奶牛养殖场（小区）名录

序号	名称	供奶企业	养殖场	小区	全群存栏（头）	成母畜存栏（头）	奶畜品种	成母畜年单产（t）	年总产量（t）	是否参加DHI	是否应用TMR	是否国家学生饮用奶奶源基地	是否有机奶源基地	有机奶产量（t）	有机奶源认证机构	是否为布鲁氏菌病及结核净化创建场或示范场
1	民和县忠杰奶牛养殖场		√		450	266	荷斯坦	2.9	767		√					
2	民和成军养殖专业合作社		√		120	89	荷斯坦	2.5	220		√					
3	马聚垣奶牛养殖小区			√	147	90	荷斯坦	5.0	450		√					
4	民和三荣养殖专业合作社		√		283	278	荷斯坦	4.5	900		√					
5	青海圣源牧场有限公司	青海青海湖乳业有限责任公司	√		890	570	荷斯坦	7.2	4 200		√	√				√
6	互助县恒德茂养殖农民专业合作社		√		124	26	荷斯坦	5.6	146							
7	青海天露乳业有限责任公司乐都良种奶牛繁育中心	青海天露乳业有限责任公司	√		1 900	906	荷斯坦	7.5	6 800	√	√	√	√	297.5	辽宁通正检测有限公司	√
8	循化县胖子农牧开发有限公司	循化县胖子农牧开发有限公司	√		280	90	荷斯坦	5.8	527							
9	循化县三江牦生态有限公司		√		67	32	荷斯坦	4.2	135							
10	循化县德林农牧开发有限公司		√		130	65	荷斯坦	2.8	182							
11	青海圣亚高原牧场有限公司	青海青海湖乳业有限责任公司	√		2 372	1 339	荷斯坦	7.8	9 259	√	√	√				√
12	青海互邦农业开发有限公司	青海互邦农业开发有限公司	√		510	270	荷斯坦	6.0	1 400		√					
13	青海藏地堂生物科技开发有限公司	青海好朋友乳业有限公司	√		363	291	荷斯坦	6.0	1 500		√					
14	湟源旺泉奶牛养殖专业合作社		√		145	95	荷斯坦	1.7	161		√					
15	湟源源波奶牛养殖专业合作社		√		160	100	荷斯坦	2.2	220							
16	湟源拓鑫奶牛养殖专业合作社		√		130	110	荷斯坦	6.8	751							
17	湟源玉成盛奶牛养殖专业合作社		√		260	180	荷斯坦	2.5	446							
18	湟源全林农民养殖专业合作社		√		78	38	荷斯坦	6.7	256							
19	湟源云祥奶牛养殖专业合作社		√		46	30	荷斯坦	6.5	196							
20	湟源泉兴奶牛养殖专业合作社		√		43	39	荷斯坦	2.5	96							
21	湟源玉梅奶牛养殖专业合作社		√		59	37	荷斯坦	4.8	179							
22	大通县锦绣生态农业发展有限公司	青海好朋友乳业有限公司	√		315	275	荷斯坦	6.3	1 730		√					
23	海南州沙珠玉村大连海村养殖场	青海雪峰牦牛乳业有限责任公司	√		335	110	荷斯坦	6.5	700		√					
24	青海天露贵德良种奶牛繁育有限公司	青海天露乳业有限责任公司	√		800	206	荷斯坦	7.0	1 545	√	√					

备注：本表所指奶畜包括奶山羊、奶绵羊、奶水牛、牦牛、骆驼、驴等产商品奶家畜。请在养殖场或小区列中选择打勾；如参加DHI、为学生奶奶源基地、认证为有机奶源基地等，请在相应表格中打勾。布鲁氏菌病、结核净化示范场或创建场请标明疫病净化具体级别

附表 2 青海省乳制品生产企业名录

序号	名称	生产许可证号码	年收购原奶量（t）	平均支付价格（元/kg）	其中：自有奶源量（t）	年乳制品产量（t）	其中：巴氏杀菌乳（t）	UHT 奶（t）	酸奶（t）
1	青海天露乳业有限责任公司	SC10563010502579	23 750	4.10	8 345	23 750	5 937	14 535	3 278
2	青海青海湖乳业有限责任公司	SC10563010201430	14 445	4.20	14 445	15 576		11 347	3 919
3	青海雪峰牦牛乳业有限责任公司	SC10563252101104	9 588	3.18	400	11 186	1 023	3 356	6 711
4	青海好朋友乳业有限公司	SC10563010302557	2 990	4.60		2 990		1 196	1 674
5	青海互邦农业开发有限公司	SC10563012202769	1 400	4.00	1 400	1 400	900		500
6	青海天源乳业有限公司	SC10563012302635	3 500	3.20	1 500	3 460			3 460
7	青海小西牛生物乳业股份有限公司	SC10563010502538	32 000	3.20	15 000	37 500		24 000	11 590
8	民和湟乳乳制品有限公司	SC105632105010901	9 430	3.20		2 944			2 223
9	循化县胖子农牧开发有限公司	JY16321280007917		4.00	527	264	264		263
10	青海雲牧牦牛生物乳业有限公司	SC10563212601358	1 800	4.00		1 600			1 600

（续）

序号	奶粉(t)	婴配粉(t)	奶油(t)	奶酪(t)	乳饮料(t)	产品销售区域	年销售收入(万元)	利润(万元)	是否为国家学生饮用奶认定企业	有机产品(枚)	有机认证机构	有机产品品类1及数量(枚)	有机产品品类2及数量(枚)	有机产品品类3及数量(枚)
1						青海省	19 000	863	√					
2					310	全国	132 460	1 026						
3	97					青海省、华南、华北、西南．东北	10 878	515						
4					360	全国	5 361	647						
5						青海省	1 500	350						
6						青海省	3 400	450						
7					1 910	全国	32 000	2 050						
8	721					全国	3 060	149						
9						青海省	304	91						
10						青海省及甘肃省部分区域	1 800	170						

备注：自有奶源指来自自建和参建（控股、参股）牧场（小区）的原奶。有机产品数量单位为“枚”指获得有机标志的数量。有机产品品类指液态奶、酸奶、奶粉、奶酪等大类。

宁夏回族自治区

【奶畜养殖】奶业是宁夏推进农业现代化建设和促进农民增收的战略性主导产业。2018 年，全区存栏荷斯坦牛 60 万头，居全国第 7 位；鲜奶总产量 231 万 t，居全国第 7 位，同比增长 5.6%；成母牛年均单产 8 000kg，居全国第 4 位；人均鲜奶占有量 336kg，居全国第 1 位；以银川市、吴忠市为核心，中卫市、石嘴山市为两翼的奶业优势产区，奶牛存栏和奶产量分别占全区的 98.6% 和 98.7%；生鲜乳平均乳脂肪和乳蛋白含量分别达到 3.8g/100g 和 3.2g/100g，体细胞数低于 29 万个 /mL，主要质量卫生指标均优于国内平均水平，达到欧盟标准，是我国重要的优质高端乳制品原料生产基地。

【乳品加工】2018 年，宁夏有乳品加工企业 22 家，正常生产的有 19 家，乳制品加工总产值达到 104.13 亿元，其中，伊利、蒙牛、夏进三家乳企产值分别为 41.5 亿元、37.28 亿元和 13.85 亿元，占全区乳制品加工企业总产值的 88.95%，宁夏已成为伊利和蒙牛重要的优质奶源生产基地。全年加工乳制品总量约 121.55 万 t，其中常温奶 90 万 t（占乳制品总量的 74%），发酵乳 13.2 万 t，调制乳和乳饮料 9.2 万 t，巴氏杀菌乳 0.3 万 t，乳粉 2.2 万 t（含全脂乳粉和婴配粉），脱脂牛奶 2 万 t，蛋白类产品 0.27 万 t（含蛋白粉、乳酪、干酪素等），脂肪类产品 1.8 万 t（奶油等），冰品 1.2 万 t，其他 1.38 万 t。

【市场消费】主要乳制品品牌及产品：蒙牛（纯牛奶、酸奶、冰淇淋）、伊利（纯牛奶、酸奶、冰淇淋）、夏进（纯牛奶、酸奶、乳酸菌饮料）、金河（纯牛奶、酸奶、蛋白粉）、北方（纯牛奶、酸奶、乳饮料）等。夏进生产的枸杞奶畅销区内外，金河、塞尚乳业生产的奶酪、蛋白粉等精深加工产品，赢得消费者喜爱。

【奶源基地】2018 年，宁夏共有奶牛养殖场（户）313 个，其中，存栏奶牛 100 头以下的场（户）83 个，存栏奶牛 0.8 万头；100 ~ 199 头的场（户）18 个，存栏 0.32 万头；200 ~ 499 头的场（户）20 个，存栏 0.97 万头；500 ~ 999 头的场（户）55 个，存栏 5.42 万头；1 000 头以上的场（户）137 个，存栏 52.49 万头。存栏 200 头以上标准化规模奶牛场达到 212 个，其中，国家级标准化示范场 25 个，规模化养殖比例达到 98% 以上。建成银川市月牙湖、吴忠市五里坡、孙家滩和宁夏农垦贺兰山奶业集团等集约化奶牛养殖基地，贺兰中地牧业、中宁天宁牧业等一批大型牧场的基础设施、机械设备、生产水平和管理能力均达到国内一流水平。

规模奶牛养殖场全混合日粮（TMR）饲喂、全株玉米青贮加工利用技术、机械化挤奶与冷链储运推广应用率达到 100%，奶牛生产性能测定（DHI）技术在奶产业核心产区的 39 个规模奶牛场应用，年测定泌乳牛 5.9 万头。全区青贮玉米种植面积达到 8.33 万 hm^2，加工制作全株玉米青贮 396 万 t。其中，粮改饲种植面积 4.43 万 hm^2，加工调制 220.6 万 t 以上；优质牧草种植面积 8.48 万 hm^2，其中，新增紫花苜蓿种植 1.92 万 hm^2，建设高产优质苜蓿示范基地达 4 253.33 万 hm^2，优质高产苜蓿饲草基地达到近 2.67 万 hm^2，推广种植甜高粱、冬牧 70 黑麦等一年生优质饲草 6.55 万 hm^2，年加工优质苜蓿青贮 15 万 t、苜蓿干草 20 万 t，黑麦草青贮 1.7 万 t、青干草 2.3 万 t。

实施养殖大县种养结合整县推进试点和畜禽粪污资源化利用等项目，配套完善奶牛粪污收集、存储、处理、利用等设施设备，推广应用粪污厌氧发酵（沼气工程）、污水清洁回用、粪便垫料利用、粪污全量还田种养结合等 8 种粪污资源化利用主导技术和模式，全区畜禽养殖粪污处理设施装备配套率达到 80.6%、综合利用率达到 88.7%。

宁夏规模化奶牛养殖场生鲜乳年平均收购价 3.66 元 /kg，成年奶牛头均盈利 3 000 ~ 4 000 元。

【政策法规】支持乳品加工企业扩大生鲜乳收购。鼓励年收购本区鲜奶 10 万 t 以上的乳品加工企业扩大生鲜乳收购，对与奶牛养殖场（户）建立企农利益联结机制，日新增收购鲜奶 200t 以上，每 t 补贴 100 元。鼓励新投产的乳品加工企业扩大生鲜乳收购，日收购鲜奶 200t 以上，每 t 补贴 100 元。

拓展婴幼儿配方奶粉市场。支持奶业加工企业生产拓展婴幼儿配方奶粉市场，每生产销售 1t 婴幼儿配方奶粉补贴 1 000 元。

支持奶牛养殖企业粪污资源化利用。支持存栏成年母牛 1 000 头以上的奶牛养殖企业开展粪污资源化利用，验收达标的，按照成年母牛实际存栏量，每头一次性补贴 500 元，补贴资金主要用于奶牛养殖企业新建或改造粪污处理设施设备。

实施畜牧业物联网项目，在奶业优势区域选择规模达到 1 000 头以上的牛场通过引进、示范视频监控、发情监测、全混合日粮饲喂监控、牧场信息化管理系统实现牛场信息化管理，对完成项目建设任务并通过验收合格的牛场，一次性给予以奖代补资金 25 万元。

粮改饲试点扩大到 14 个县（市、区），其中，银川市在贺兰县，中卫市中宁县、沙坡头区、吴忠市利通区、青铜峡市 5 个奶业优势县区共安排资金 5 500 万元开展粮改饲试点，扩大青贮玉米种植面积。

开展节本增效科技示范，对标国内外先进管理理念和技术，示范推广了奶牛良种选育、高效繁殖、奶牛生产性能测定（DHI）、优质粗饲料加工利用、高效日粮配制与饲喂、隐性乳房炎防控和奶公犊持续育肥等 7 项综合配套技术，覆盖了 35.5% 的奶牛群，实现节本增效 5 033 万元。

【质量监管】2018 年，宁夏认真落实农业农村部生鲜乳专项整治行动工作要求，坚持问题导向，紧盯关键环节，加大抽检力度，强化执法监督，以奶站监管和生鲜乳检测为抓手，层层压实生鲜乳质量安全监管责任，加大监管力度，提升监管水平，全面完成了农业农村部下达的监测任务，生鲜乳监测合格率达到100%，三聚氰胺、β－内酰胺酶、碱类物质、硫氰酸钠和革皮水解物抽检合格率连续6年达到100%，生鲜乳违禁添加物抽检合格率连续10年保持100%。

宁夏现有生鲜乳收购站214家（含婴幼儿配方乳粉奶源3家），其中，乳企开办13家，奶牛养殖场101家，奶农合作社100家。生鲜乳运输车435辆。生鲜乳质量安全监测实现“三个全覆盖”：所有奶站和运输车抽检全覆盖；国家公布的所有违禁物品种监测全覆盖；所有奶站和运输车标准化建设现场检查全覆盖。生鲜乳收购站和运输车全部实现系统备案管理，网上申报审核，在线出证，二维码扫码查询等，生鲜乳质量安全监管信息实现了可追溯。加大饲料生产和饲喂环节质量安全监测力度，严厉打击非法添加、超范围、超剂量添加兽药等违法行为，违法案件查处率达到100%。依法加强对生鲜乳生产、收购和运输等重点环节的监管，确保生鲜乳质量安全。

【奶业大事】5月17～19日，由农业农村部奶业管理办公室、国家奶牛产业技术体系、宁夏回族自治区农牧厅联合主办，吴忠市政府承办的国家奶牛“金钥匙”技术示范现场会在宁夏吴忠市召开。中国农业大学教授、国家奶牛产业技术体系首席科学家李胜利等40余名行业专家、200余名牧场技术人员参加了本次活动。

7月，中国农业大学与吴忠市农牧局共同创建的“中国农业大学宁夏吴忠教授工作站”正式成立。教授工作站研究团队由中国农业大学孙英教授牵头，李国学、李季、李彦明、宫小燕、罗文海等7名专家及6名博士研究生共同组成。教授工作站按照“一控两减三基本”的要求，以试验、示范推广循环农业、养殖粪污肥料化利用和污染物减排技术为重点，推进区域生态循环农业发展。

7月24日，宁夏畜牧工作站、中国农业大学等单位申报的自治区农业育种专项“优质高产奶牛选育”二期项目（2019–2023年）实施方案通过了自治区科技厅、财政厅组织的专家论证。项目依托国内奶牛育种平台和科技人才，结合宁夏奶牛良种资源，从优质高产奶牛遗传育种技术、优质后备公牛培育及优质高产奶牛安全健康养殖技术3个方面开展研究，着力建立宁夏地区优质高产奶牛选育技术体系。

8月15日，2018年国际奶牛新技术大会暨粮改饲与奶牛绿色发展技术集成模式研究与示范项目大会在吴忠市召开。大会以“绿色发展　提质增效”为主题，25位国内外奶牛生产一线的著名技术专家和管理专家做了专题报告，报告内容涵盖粗饲料质量与管理、奶牛营养与健康及牧场高效管理等方面。

9月13日，在银川市召开的科技支宁——东西部合作推进会上，吴忠国家农业科技园区被确定为“中国宁夏奶业研究院”并正式揭牌。园区借用“外脑”于2017年8月成立院士专家工作站，邀请中国科学院院士李天来领衔，联合沈阳农业大学、宁夏大学、宁夏农科院等高校与科研单位，吸纳10余名研究人员，组成研发团队，把最前沿的科技引进吴忠市，共同在产业研究、成果转化、学术交流等方面开展有效的实践和探索。

11月，贺兰中地牧场生态有限公司被评选为国家奶牛核心育种场。

12月14日，吴忠市奶牛养殖业协会成立大会召开。会议审议通过了协会章程和选举办法，选举产生了第一届吴忠市奶牛养殖业协会理事会、监事会、会长、副会长、秘书长。

（宁夏回族自治区畜牧工作站，王瑜、封元）

银川市

【奶畜养殖】奶产业是银川市“1+2+4”特色优势产业中的两强之一。近年来，银川市紧紧围绕现代农业示范区建设，以提质增效为抓手，以建设贺兰山东麓沿山奶牛高产核心示范区为重点，强力打造宁夏优质奶源基地和优质奶牛繁育基地。同时，积极推进奶牛种养结合项目建设，在奶牛养殖场大力开展粪污资源化利用技术推广，种养结合绿色发展已经成为银川市奶产业发展的新趋势。截至2018年年底，银川市奶牛存栏19.4万头，其中，成母牛11.28万头，牛奶总产量85.9万t。奶业产值155.3亿元，占牧业总产值的48.6%。全市奶牛规模化比例达到99%以上，随着奶牛卧床式圈舍改造、物联网推广、专业化管理软件普及，奶牛养殖集约化、饲养技术精准化、牧场管理信息化等一批新技术的推广普及，奶牛单产明显增加，牛群结构更加合理。

【乳品加工】银川市现有乳品加工企业9家，分别为明旺、塞尚、金河、忆美、贺兰山、夏进昊尔、春天然、北方、蒙牛，日设计加工能力约4 000t，月收购生鲜乳45 000t，生鲜乳平均收购价为3.3元/kg，主要产品有奶粉、巴氏杀菌乳、UHT奶、酸奶、乳饮料、奶油、奶酪等，由于市场销售拓展缓慢，一些乳品加工企业实际生产量远达不到设计生产能力，效益不佳甚至亏损。

【市场消费】2018年，银川市人均奶类占有量为290kg，城镇居民人均乳制品年消费支出297元，农村居民人均乳制品年消费支出106.25元。

【奶源基地】截至2018年年底，全市有奶牛规模养殖户65户，奶牛规模化比例达到99%以上，存栏200~999头的规模养殖场28个，存栏奶牛2.74万头；存栏1 000~2 999头规模养殖户27个，存栏奶牛7.17万头；存栏3 000头以上规模养殖户10个，奶牛9.27万头；机械挤奶比例达到100%，全混合日粮（TMR）技术应用率100%，有21个牛场参加生产性能测定（DHI）测定。苜蓿和青贮玉米种植面积分别为5 466.67hm^{2}和

1.41 万 hm^2，粪污处理方式主要以“干湿分离垫料利用 + 肥水”利用为主，生鲜乳收购年均价格 3.4 元 /kg，成年奶牛年均盈利 3 000 元 / 头。

【政策法规】2018 年，银川市启动畜禽出户入园工程，要求在年底前，全市畜禽散养户全部实现出户入园集中式养殖。银川市市级预算对完成工作目标的各县（市、区）奖励 5 000 万元，并且市财政计划每年投入 1 000 万元，用于对集中养殖园区的升级改造、畜禽粪污资源化综合利用和标准化建设等方面的扶持。

对龙头企业和合作社进行补贴，补贴 5 家牧场，共补贴资金 100 万元。

实施 2017—2018 年农业农村部种养结合整县推进试点项目，共争取中央资金 5 000 万元，在贺兰县、兴庆区开展规模奶牛养殖场粪污治理。

银川市本级财政安排资金 150 万元，用于完善规模养殖场粪污处理设施、设备。

按照自治区补贴政策对集中连片高产苜蓿种植补贴，达到 33.33hm^2（33.33hm^2 为一个单元）给予 9 000 元 /hm^2 补贴。

奶牛保险投入。2018 年政府在奶牛保险方面共投入资金 205.42 万元，其中，奶牛养殖保险 132.12 万元，基础母牛养殖险 23.31 万元，牛奶价格指数保险 49.99 万元。

【质量监管】严格实施《乳品质量安全监督管理条例》《生鲜乳生产收购管理办法》，严把生鲜乳收购站的准入关，要求所有生鲜乳收购站做到主体明确、证照齐全。每年定期或不定期开展生鲜乳质量安全隐患排查监测。依法严厉打击在生鲜乳中添加有害物质的违法行为，同时加强宣传培训工作，进一步强调和提高守法经营意识及质量安全责任意识。完善和落实各收奶站点卫生和质量安全制度，严防在生产、收购、运输环节添加任何物质，确保了原料奶安全。2018 年全市共出动执法人员 350 人次，执法车辆 110 辆次，举办生鲜乳质量安全培训班 5 期，培训奶站管理人员 350 人次。共抽检生鲜乳奶样 510 份，送检的奶样通过农业农村部、自治区兽药饲料监察所的检测化验，三聚氰胺、革皮水解蛋白、碱类物质等检验项目全部符合规定，生鲜乳合格率达到 100%。

（银川市畜牧兽医技术推广服务中心，蔡建伟）

吴 忠 市

【奶畜养殖】2018 年，全市奶牛存栏 27 万头，其中泌乳牛 11.3 万头，牛奶产量 98.6 万 t，泌乳牛平均单产 8 500 kg。集中力量建设了孙家滩、五里坡、青铜峡沿山等奶牛养殖核心区。全年生鲜乳销售收入 28.4 亿元，占农业总产值的 20.8%；乳制品销售收入 70 亿元。实现了一二三产业融合发展，有力促进了农业增效、农民增收。

按照自治区“1+4”特色优势产业布局，以促进奶牛提质增效为核心，以发展现代奶业和生产优质安全生鲜乳为目标，以加快奶业转型升级为主线，吴忠市借助奶产业传统区位优势和资源优势，扩基地、强龙头、做品牌、活市场，大力实施奶产业提质增效行动，奶产业规模化、标准化、集约化、品牌化水平稳步提升，被伊利、蒙牛集团确定为黄金奶源基地，被中国奶牛技术体系首席专家李胜利称之为“奶牛的天堂、乳企的福地”。通过集成与示范推广精准化健康养殖技术，严格对标管理，因地制宜创建适度规模经营模式和种养结合生态养殖模式，实现奶牛养殖“两提一降一控”（提高牛群单产和生鲜乳理化指标，降低体细胞数，控制生鲜乳细菌数）和奶牛场经营“一缩一降两提高”（缩短牛群胎间距，降低千克奶生产成本，提高全群牛头均产奶量和牛场总体经济收益）目标，促进奶业健康和谐发展、奶农稳定持续增收。

【乳品加工】吴忠市现有乳制品加工企业 10 家，其中，国家级龙头企业 1 家、自治区级龙头企业 3 家。全市乳制品加工企业鲜奶日加工处理能力 3 800t，企业与牧场订单收购率达到 100%。日生产收购鲜奶 2 700t，其中，伊利公司日收购鲜奶 1 000t，蒙牛日收购 700t，夏进公司日收购鲜奶 280t，雪泉日收购鲜奶 20t，其余运往四川新希望、上海光明、河北君乐宝等企业。2018 年 1 月，吴忠市人民政府与伊利集团签订了《投资合作协议》，伊利集团在完成伊利二期、三期及饲料加工项目的基础上，继续在吴忠金积工业园区投资建设“吴忠奶产业园液态奶项目”。项目规划预计总投资约 16.5 亿元，项目全部达产后可新增液态奶设计产能 1 700t/ 日、实现年产值约 56.6 亿元、年均纳税额近 2 亿元。

【市场消费】2018 年，全市居民人均奶类（折合成原料奶）占有量 523kg，主要乳制品品牌及产品：夏进（巴氏有机奶、爵品、纯牛奶、甜牛奶、酸牛奶、发酵老酸奶、乳制饮料）、伊利（金典有机奶、营养舒化奶、儿童 QQ 星、安慕希系列酸奶）等。吴忠市实施农业品牌提升行动，引导支持企业争创中国驰名商标、宁夏著名商标和宁夏名牌产品。夏进牧场奶源被认证为有机奶，产品发展到五大系列，销售至全国 200 多个大中城市。借助伊利品牌优势，宁夏伊利 30 条液态奶生产线所产安慕希、金典、舒化、QQ 星系列高端产品畅销国内外，实现加工产值 49.5 亿元。

【奶源基地】截至 2018 年年底，吴忠市共有奶牛养殖场（户）103 个，规模化养殖比例达 98%，头均单产 8.5t，头均养殖效益 4 000 元。实施了奶牛良种工程和科技提升工程，健全了奶牛良种繁育体系、饲料配送体系和疫病防控体系，奶牛良种率达到 100%。建成国家级标准化示范养殖场 1 家，自治区级标准化示范养殖场 8 家。推广了 DHI 测定、性控胚胎、精准饲喂、健康养殖等技术，机械化挤奶、全混合日粮（TMR）饲喂、全株玉米青贮饲喂技术推广应用率达到100%，DHI测定技术在12个规模奶牛场推广应用。在粪污资源化利用方面，重点推广了种养结合、深度处理、垫料回用和集中处理等粪污处理模式，牧场配套建设粪便堆肥发酵、雨污分流、粪污处理等设施。加强兽医社会化服务体系、牧场疫病自防体系、疫病监测预警信息体系、疫病防控可追溯体系的建设，确保了奶产业的健康发展。

【奶农组织】吴忠市现有奶牛规模养殖场（专业合作社）103家。通过政策扶持，规范了生产、经营、服务行为。奶农专业合作社在协调奶企双方利益，做好奶农生产、技术、资金、信息、销售等服务方面发挥了积极作用，进一步促进了奶农合作社组织的发展。同时，“龙头企业+合作社+奶农”产加销一体化的紧密利益共同体逐步建立。

【政策法规】2018年，吴忠市制定下发了《奶产业提质增效行动工作方案》，明确了奶产业发展扶持的重点环节、措施办法、目标任务；筹资7 000万元创建了奶产业风险基金，在贷款担保、贴息等方面加大对奶产业加工龙头企业和养殖企业的扶持，全年共撬动奶产业贷款2.1亿元，有效地解决了企业融资难的问题。

自治区农业财政项目。鼓励年收购自治区鲜奶10万t以上的乳品加工企业扩大生鲜乳收购，对建立企农利益联结机制，日新增收购鲜奶200t以上的奶牛养殖场（户），每t补贴100元。鼓励新投产的乳品加工企业扩大生鲜乳收购，日收购鲜奶200t以上，每t补贴100元。支持奶业加工企业生产拓展婴幼儿配方奶粉市场，按销售税票核算，每生产销售1t婴幼儿配方奶粉补贴1 000元。伊利获取补贴资金1 215万元。

粮改饲试点项目。补助资金3 300万元，主要用于生产加工优质全株玉米青贮饲料，引黄灌区各县每t补助标准不超过50元，山区各县每t补助标准不超过60元。

畜禽粪污资源化利用补贴。补助资金2 230万元，扶持养殖场配套完善粪污资源化利用设施设备，资金按照自治区财政补贴20%、县级财政配套30%、经营主体自筹50%的比例筹措。

【质量监管】严格生鲜乳收购站许可管理，严厉打击非法收购运输“黑窝点”和各种违禁添加行为，加强生鲜乳抽样检测，对全市奶站、运输车辆抽检做到全覆盖。按照“落实制度、严格发证、强化监管、确保质量”的原则，以奶站监管和生鲜乳检测为抓手，层层落实生鲜乳质量安全监管责任，扎实开展生鲜乳违禁物质专项整治行动，三聚氰胺、β－内酰胺酶、碱类物质等抽检合格率达到100%。生鲜乳违禁添加物抽检合格率100%。开展饲料生产和饲喂环节质量安全监测，严厉打击非法添加、超范围、超剂量添加兽药等违法行为，违法案件查处率达到100%。

（吴忠市畜牧水产中心，周磊、王欣）

附表 1 宁夏回族自治区奶牛养殖场（小区）名录

序号	名称	供奶企业	养殖场	小区	全群存栏（头）	成母畜存栏（头）	奶畜品种	成母畜年单产（t）	年总产量（t）	是否参加DHI	是否应用TMR	是否国家学生饮用奶奶源基地	是否有机奶源基地	有机奶产量（t）	有机奶源认证机构	是否为布鲁氏菌病及结核净化创建场或示范场
1	宁夏农垦贺兰山奶业有限公司奶牛一场	蒙牛	√		1 280	899	荷斯坦	10.6	9 549	√	√					
2	宁夏农垦贺兰山奶业有限公司奶牛二场	蒙牛	√		1 230	680	荷斯坦	11.2	7 592	√	√					
3	宁夏农垦贺兰山奶业有限公司奶牛三场	伊利	√		1 101	826	荷斯坦	12.3	10 127	√	√					
4	宁夏农垦贺兰山奶业有限公司连湖奶牛场	伊利	√		1 200	752	荷斯坦	11.1	8 360	√	√					
5	石嘴山市益农金禾奶牛养殖有限公司	伊利	√		1 340	847	荷斯坦	9.1	7 737	√	√					
6	宁夏银川市忠良农业开发有限公司	伊利	√		1 210	993	荷斯坦	9.6	9 526	√	√					
7	宁夏贺兰山奶牛原种繁育有限公司	蒙牛	√		1 300	899	荷斯坦	11.2	10 021	√	√					
8	宁夏上陵牧业股份有限公司	蒙牛	√		1 810	1 126	荷斯坦	8.1	9 069	√	√					
9	青铜峡市盛康牧业有限责任公司	蒙牛	√		1 450	1 103	荷斯坦	10.0	11 023	√	√					
10	灵武市韩氏生态农业开发有限公司	蒙牛	√		800	455	荷斯坦	9.9	4 509	√	√					
11	石嘴山市卉丰农林牧场	蒙牛	√		901	583	荷斯坦	8.9	5 162	√	√					
12	宁夏荷利源奶牛原种繁育有限公司	蒙牛	√		1 420	984	荷斯坦	10.4	10 268	√	√					
13	宁夏农垦贺兰山奶业有限公司灵武奶牛三场	蒙牛	√		1 890	1 539	荷斯坦	9.6	14 702	√	√					
14	宁夏翔达牧业科技有限公司	蒙牛	√		3 640	3 285	荷斯坦	8.8	29 012	√	√					
15	贺兰县金牧养殖有限公司	蒙牛	√		980	611	荷斯坦	10.3	6 300	√	√					
16	宁夏合欣养殖专业合作社	蒙牛	√		912	686	荷斯坦	9.5	6 515	√	√					
17	贺兰中地生态牧场有限公司	伊利	√		11 300	7 778	荷斯坦	10.3	80 319	√	√	√	√	21 472	北京五岳华夏管理技术中心	
18	宁夏中地畜牧养殖有限公司	蒙牛	√		10 298	7 203	荷斯坦	10.7	77 037	√	√					
19	宁夏夏进综合牧业开发有限公司	夏进	√		7 900	4 200	荷斯坦	9.3	39 093	√	√					
20	宁夏金宇浩兴农牧业股份有限公司	伊利	√		6 850	2 029	荷斯坦	9.7	19 736	√	√					
21	吴忠优然牧业有限责任公司	伊利	√		2 340	1 744	荷斯坦	10.3	17 920	√	√					
22	宁夏汇丰源牧业股份有限公司	蒙牛	√		3 010	2 299	荷斯坦	9.1	20 968	√	√					
23	吴忠市小西牛养殖有限公司（吴忠）	伊利	√		1 980	1 654	荷斯坦	8.9	14 779	√	√					
24	宁夏农垦贺兰山奶业有限公司平吉堡第六牧场	蒙牛	√		8 760	3 127	荷斯坦	10.3	32 333	√	√					
25	宁夏农垦贺兰山奶业有限公司茂盛牧场	蒙牛	√		8 555	3 181	荷斯坦	10.4	33 124	√	√					

（续）

序号	名称	供奶企业	养殖场	小区	全群存栏（头）	成母畜存栏（头）	奶畜品种	成母畜年单产（t）	年总产量（t）	是否参加DHI	是否应用TMR	是否国家学生饮用奶奶源基地	是否有机奶源基地	有机奶产量（t）	有机奶源认证机构	是否为布鲁氏菌病及结核净化创建场或示范场
26	银川茂林养殖专业合作社	蒙牛	√		1 790	1 412	荷斯坦	10.1	14 228	√	√					
27	吴忠新希望牧业有限公司	新希望	√		1 789	1 399	荷斯坦	8.9	12 456	√	√					
28	吴忠优牧源奶牛养殖专业合作社	伊利	√		1 744	1 418	荷斯坦	9.0	12 824	√	√					
29	宁夏夏进奶牛繁育科技有限公司	夏进	√		980	614	荷斯坦	10.2	6 251	√	√	√				

备注：本表所指奶畜包括奶山羊、奶绵羊、奶水牛、牦牛、骆驼、驴等产商品奶家畜。请在养殖场或小区列中选择打勾；如参加 DHI、为学生奶奶源基地、认证为有机奶源基地等，请在相应表格中打勾。布病、结核净化示范场或创建场请标明疫病净化具体级别

附表 2　宁夏回族自治区乳制品生产企业名录

序号	名称	生产许可证号码	年收购原奶量（t）	平均支付价格（元/kg）	其中：自有奶源量（t）	年乳制品产量（t）	其中：巴氏杀菌乳（t）	UHT 奶（t）	酸奶（t）
1	宁夏伊利乳业有限责任公司	SC10564030200130	847 095	3.70		603 697		483 544	76 231
2	蒙牛乳业（银川）有限公司	SC10564010500185	558 053	3.62		280 711		227 372	25 579
3	宁夏蒙牛乳制品有限责任公司	SC10564010500193	数据已同蒙牛乳业（银川）有限公司合并						
4	宁夏夏进乳业集团股份有限公司	SC10564030200017	182 669	3.34	40 150	223 815	505	132 328	14 816
5	宁夏夏进昊尔乳品有限公司	SC10564010500097	上报数据同总部合并						
6	宁夏金河科技股份有限公司	SC10564012200013	7 736	3.80		21 934			10 110
7	宁夏塞尚乳业有限公司	SC10564012200675	35 905	3.64		6 079			
8	中宁县黄河乳业有限公司	SC12964052100985	22 366	3.87		2 760			
9	宁夏亿美生物科技有限公司	SC10264022100300	9 500	3.87		8 980			
10	吴忠恒枫乳业有限公司	SC10564030200269	41 067	2.61		5 090			
11	宁夏北方乳业有限责任公司	SC10564012100692	18 000	3.50	9 100	13 200	1 500	7 300	1 100
12	银川东君乳业有限公司	SC10664012200522	670	3.44		23 300			
13	宁夏雪泉乳业有限公司	SC10564030200734	3 823	3.60		3 786			
14	宁夏伊友乳业有限公司	SC10564030200679	32 080	2.74		3 855			
15	宁夏银川平吉堡乳品厂	SC10564010500048	360		360	360			360
16	宁夏春天然乳品股份有限公司	SC10564010500030	822		822	769	769		
17	吴忠市银湖乳品有限公司	SC10564030200662	代加工						
18	宁夏恒大乳业有限公司	SC12964030200112	代加工						
19	吴忠市物华乳品饮料有限公司	SC10664030200699	乳饮料企业						
20	青铜峡市众乐乳业有限公司	SC10564038100455	停产						
21	宁夏蓝天乳业有限公司	SC10564030200806	停产						
22	宁夏明旺乳业有限公司	SC10564012200579	停产						

（续）

序号	奶粉（t）	婴配粉（t）	奶油（t）	奶酪（t）	乳饮料（t）	产品销售区域	年销售收入（万元）	利润（万元）	是否为国家学生饮用奶认定企业	有机产品（枚）	有机认证机构	有机产品品类1及数量（枚）	有机产品品类2及数量（枚）	有机产品品类3及数量（枚）
1			11 242		28 914	全国	407 519	23 868						
2					15 240	全国	228 200	26 400						
3														
4	261				63 391	全国	140 000	11 574	√	10175870	方园	有机纯牛奶 5 838 528	常温酸奶 4 183 295	低温酸奶 154 047
5														
6				21	11 857	全国	15 200	1 427						
7			5 160	13		全国	20 081	1 532						
8		739				全国	14 700							
9							25 000							
10	5 090					集团公司内部	11 740							
11					3 300	宁夏、甘肃、内蒙古、陕西、山西，青海、北京、吉林	9 676	1 690						
12					23 300	全国	12 800							
13							1 900							
14	3 855					全国	8 239	285						
15						宁夏	144	60						
16						宁夏	706							
17														
18														
19														
20														
21														
22														

新疆维吾尔自治区

【奶畜养殖】截至2018年年末，全区奶牛存栏147.43万头，牛奶产量194.9万t，较上年增长1.6%，生鲜乳平均收购价3.6元/kg，较上年增长2.9%。总体上奶牛存栏量大，奶产量相对较低。

奶牛主要品种有荷斯坦牛、西门塔尔牛和新疆褐牛。年末荷斯坦牛存栏46.2万头，主要分布在天山北坡、伊犁河谷、塔额盆地和巴音郭楞蒙古族自治州、阿克苏地区。乳肉兼用型的新疆褐牛是自治区奶牛养殖的特色品种，以草原放牧和半舍饲半放牧为主，存栏51.7万头，主要分布在伊犁、塔城及阿勒泰，占全区褐牛存栏的91%；西门塔尔牛存栏49.5万头，主要分布在南疆地区，北疆主要分布在规模养殖场，散户养殖较少。

【乳品加工】行业规模。2018年年末，全区注册备案乳品加工企业48家，日处理生鲜乳能力6 500t，日平均加工量约1 700t。全区年销售额过亿元的企业11家，其中6家企业过3亿元，1家销售额破15亿元。已有天润、麦趣尔、花园、新农等4家乳品企业上市，1家乳企入选国家D20企业。

乳制品产量。2018年年末，全区乳制品产量约62.7万t，其中液态奶60.5万t，干乳制品2.2万t。乳制品产量较2016年年末增加7.7万t，增长14%。

乳制品结构。乳制品有天润、西域春、花园、麦趣尔、新农、瑞源、金绿成、南达、盖瑞等10余个主要品牌，产品有UHT奶、酸奶、巴氏奶、奶粉、干酪、婴幼儿奶粉及乳饮料等近10个系列200余个品种。近年来，受国外乳制品进口冲击，区内干乳制品特别是奶粉生产大幅下滑，大部分以奶粉生产为主的乳品企业关闭、减产或转产，奶粉产量由2013年的约4.5万t下降到2018年的1.2万t左右。而液奶生产大幅提升，特别是酸奶、奶啤产量增长较快。

此外，新疆马、驴、骆驼资源丰富，2018年年末存栏分别为89.4万匹、54.6万头和18万峰，存栏数均居全国首位。已开发有驴乳粉、含驴乳饮料、驼奶粉、驼酸奶等产品，填补了国内空白，且前景看好。

【市场消费】全区居民人均全年乳制品消费量20.99千克。其中，城镇居民人均全年乳制品消费量30.36千克，农村居民人均全年乳制品消费量仅13.24千克。全区居民人均全年乳制品消费支出183元，占食品烟酒消费支出的4.2%。其中，城镇居民人均乳制品消费支出328元，占食品烟酒消费支出的5.2%；农村居民人均乳制品消费支出63元，仅占食品烟酒消费支出的2.36%。城镇居民与农村居民消费量差距很大，农村居民消费增长速度缓慢。

【奶源基地】规模养殖。2018年年末，全区100头以上规模奶牛养殖场（小区）439个，存栏32.5万头（其中，荷斯坦牛30万头）。其中，自治区290个（存栏100~499头235个，存栏500~999头30个，1 000头以上规模养殖场25个）；兵团149个（存栏100~499头71家，500~999头28家，1 000头以上奶牛场50家）。近年来呼图壁种牛场、天润乳业、西部牧业建成了一批标准化奶牛场，提升了规模化水平。规模养殖场（小区）养殖品种主要以荷斯坦牛为主，是商品奶的主要来源。

饲草料供应。2018年年末，全区苜蓿种植面积16.32万hm^2，干草产量161.3万t；青贮玉米种植面积19.26万hm^2，青贮产量987.84万t。其中，北疆地区苜蓿种植面积达到11.62万hm^2，占种植总面积的71.22%；干草产量122万t，占75.6%；青贮玉米种植面积占全区的54%，产量占全区的69.5%。总体来看，

表4–35　2018年新疆主要乳品加工企业生产销售情况

序号	乳品企业名称	年收购原奶量（t）	年乳制品产量（t）	其中：巴氏杀菌乳（t）	UHT奶（t）	酸奶（t）	奶粉（t）	奶酪（t）	乳饮料（t）	年设计加工能力（万t）	产品年外销量（万t）	年销售收入（万元）
1	天润乳业	146 000	150 000	3 953	37 509	89 730	260	22	18 526	30	5.5	150 000
2	西域春乳业	80 300	79 000	5 000	39 000	35 000				37	1.5	65 052
3	新农乳业	54 750	37 000	1 410	26 500	6 500	2 590			14	0.2	33 760
4	花园乳业	43 800	44 003	271	24 719	15 314	1 170		2 527	15	0.2	31 699
5	西牧乳业	29 739	10 692		5 497	2 699	2 497			9	1.3	16 327
6	新疆蒙牛乳业	29 261	37 975		16 519	10 750			10 706	9		24 566
7	麦趣尔	29 466	29 808	2 814	23 652	2 000			3 340	7	0.1	21 398
8	乌鲁木齐伊利食品	18 250	21 989		13 200				8 789	7		13 000
9	克拉玛依绿成乳业	25 360	16 571	2 915	7 549	6 107				6	0.4	12 550
10	瑞源乳业	14 100	13 500		5 820	7 420		70	190	3	0.1	14 000
11	南达新农业	11 704	11 850	10	7 693	4 024	123		820	9	0.1	10 692
	合计	482 730										

奶牛所需优质饲草料北疆地区相对充裕，能够满足养殖需求，南疆地区较为短缺。

养殖效益。规模养殖场每头奶牛年养殖总成本约24 600元（含人工、饲草饲料、相关服务、土地、机械设备折旧及各项管理费用等），总产出为26 600元，净利润约2 000元，而小规模及散养户每头奶牛年养殖总成本约为12 800元，总产出14 600元，净利润为1 800元，均低于全国平均水平。

粪污处理。2018年全区粪污处理投资总额达5 000万元，奶牛养殖场粪污处理设施配套率约60%，养殖废弃物资源化利用率约75%。随着全社会环境意识不断增强，对养殖场污染防治提出了新的更高要求，今后一段时期，粪污处理仍是发展奶牛规模养殖需要解决的重点问题。

【奶农组织】全区成立有奶业协会11家，奶农专业合作组织177个。协会与合作组织在搭建学术交流、开展科技服务、加强行业培训、信息交流与咨询服务等方面发挥了很大作用。协会协办的《新疆畜牧业》奶业专刊、与国家奶牛产业技术体系合作举办的奶牛“金钥匙”技术培训等收到了很好效果。昌吉州在2019年成立了“天山北麓奶产业联盟”，成员涵盖了奶牛养殖、饲草饲料加工及销售、乳品加工及销售、技术服务等领域33家企业，联盟的成立，在引领该区域种好草、养好牛、产好奶、创品牌等方面，实现经济主体强强联合，逐步建立“科学化、标准化、规模化、集约化”的产业发展体系，推动区域奶产业稳步良性发展方面，起到了强有力的促进作用。

【政策法规】2018年10月，自治区人民政府办公厅印发《关于加快推进奶业振兴　保障乳品质量安全的实施意见》（新政办发〔2018〕116号），指导各地开展奶业振兴工作。

【质量监管】2018年年末，全区生鲜乳收购站80个，其中机械化挤奶站72个，占比90%；生鲜乳运输车85辆。全区从构建奶站运营管理新秩序、提高奶站机械化水平、建立质量安全监督长效机制、规范奶农生产行为等四方面入手，推动各地实现生鲜乳生产、收购、管理规范化。初步建立了自治区、市、县、乡四级生鲜乳质量安全监管检测网络，建成自治区、市级质量检测中心3个，实现了全区所有生鲜乳收购站、运输车监管全覆盖，国家公布的违禁添加物检测全覆盖。2018年，对畜牧业综合信息平台奶业子系统进行了优化整合。投资210万元，加快生鲜乳收购站、运输车信息化监控设施建设，支持全区90个生鲜乳收购站购买相关设施设备，实现与自治区奶业子系统的联网。为8个地（州、市）及区本级配备了“生鲜乳移动抽样终端”，提高了监测工作信息化、精准化水平。

2018年，全区共出动执法人员426人次，现场检查生鲜乳收购站170站次，现场检查运输车157辆次。配合农业农村部生鲜乳质量安全异地抽样检查组完成了2次异地抽检。全区完成抽检生鲜乳1 258批次，其中各地自检1 138批次，自治区抽检生鲜乳120批次，检测合格率99.7%；现场检查生鲜乳收购站及运输车辆达标率100%。

全区参加奶牛生产性能测定的奶牛24 740头，参测规模化牛场30个，在测奶牛平均日产奶量26.3 kg，平均乳脂肪含量3.7g/100g、乳蛋白含量3.24g/100g。

（新疆维吾尔自治区畜牧兽医局，齐新林、胡永青）

附表1 2018年新疆规模牛场数据统计

单位：头

序号	地（市、州）	县（市、区）	类别	养殖场（户）名称	养殖种类	品种	负责人	总存栏	其中能繁母畜存栏
1	昌吉回族自治州	昌吉市	养殖场	昌吉市正飞牛业养殖有限责任公司	奶牛	荷斯坦牛、乳用西门塔尔牛	夏建军	500	150
2	昌吉回族自治州	昌吉市	养殖场	新疆朗青畜牧业有限公司	奶牛	荷斯坦牛	杨勇	580	240
3	昌吉回族自治州	昌吉市	养殖场	新疆天山畜牧生物工程股份有限公司	奶牛	荷斯坦牛	李刚	870	400
4	昌吉回族自治州	昌吉市	养殖场	新疆机场（集团）天缘绿色产业有限责任公司昌吉市佃坝镇佃坝村生鲜乳收购站	奶牛	荷斯坦牛	许先查	300	180
5	昌吉回族自治州	呼图壁县	养殖场	呼图壁县丑梦园奶牛养殖场	奶牛	荷斯坦牛、新疆褐牛	吴佩东	760	381
6	昌吉回族自治州	呼图壁县	养殖场	新疆呼图壁种牛场有限公司牧一场	奶牛	荷斯坦牛	王胜利	3 570	1 668
7	昌吉回族自治州	呼图壁县	养殖场	新疆呼图壁种牛场有限公司牧二场	奶牛	荷斯坦牛	王胜利	2 080	1 172
8	昌吉回族自治州	呼图壁县	养殖场	新疆呼图壁有限公司种牛场牧三场	奶牛	荷斯坦牛、乳用西门塔尔牛	王胜利	2 250	1 097
9	昌吉回族自治州	呼图壁县	养殖场	新疆呼图壁种牛场有限公司牧五场	奶牛	荷斯坦牛	王胜利	5 169	1 825
10	昌吉回族自治州	呼图壁县	养殖场	新疆呼图壁种牛场有限公司牧四场	奶牛	荷斯坦牛	王胜利	3 158	1 682
11	昌吉回族自治州	呼图壁县	养殖场	新疆呼图壁种牛场有限公司牧六场	奶牛	荷斯坦牛	王胜利	2 000	1 051
12	昌吉回族自治州	呼图壁县	养殖场	新疆呼图壁种牛场有限公司牧七场	奶牛	荷斯坦牛	王胜利	2 200	1 200
13	昌吉回族自治州	呼图壁县	养殖场	新疆呼图壁种牛场有限公司牧八场	奶牛	荷斯坦牛	王胜利	800	
14	昌吉回族自治州	玛纳斯县	养殖场	玛纳斯现代良种牛繁育有限公司	奶牛	荷斯坦牛	刘晓君	2 000	1 200
15	昌吉回族自治州	奇台县	养殖场	新疆豪子畜牧业有限公司	奶牛	荷斯坦牛、乳用西门塔尔牛	马特	2 182	1 410
16	昌吉回族自治州	奇台县	养殖场	奇台县润源奶牛养殖场	奶牛	荷斯坦牛	马勇	80	30
17	昌吉回族自治州	吉木萨尔县	养殖场	吉木萨尔县润源牧商有限责任公司	奶牛	荷斯坦牛	王义忠	900	450
18	伊犁哈萨克自治州	伊宁市	养殖场	南岸新区财信农业发展有限公司	奶牛	荷斯坦牛	焦健	114	65
19	伊犁哈萨克自治州	巩留县	养殖场	巩留县巩留镇库尔旦牛羊育肥养殖场	奶牛	新疆褐牛	凯恩斯	980	575
20	伊犁哈萨克自治州	巩留县	养殖场	巩留县热西提养殖场	奶牛	新疆褐牛	热西提	200	120
21	伊犁哈萨克自治州	察布查尔锡伯自治县	养殖场	察布查尔锡伯自治县关佳现代畜牧业有限公司	奶牛	荷斯坦牛	关小勇	120	65
22	伊犁哈萨克自治州	新源县	养殖场	新源县牧骏牧业发展有限责任公司	奶牛	新疆褐牛	朱金波	650	380
23	伊犁哈萨克自治州	新源县	养殖场	别斯托别乡荷斯坦牛养殖场	奶牛	荷斯坦牛	陈新建	275	160
24	伊犁哈萨克自治州	新源县	养殖场	韩氏奶牛养殖场	奶牛	新疆褐牛	韩传疆	295	156
25	伊犁哈萨克自治州	新源县	养殖场	伊犁新疆褐种牛场	奶牛	新疆褐牛	哈克木·沙塔尔	340	200
26	伊犁哈萨克自治州	新源县	养殖场	新源县努尔拜牛羊养殖场	奶牛	新疆褐牛	努尔拜·斯德克	130	65
27	伊犁哈萨克自治州	昭苏县	养殖场	昭苏县昭苏马场森源褐牛繁育有限公司	奶牛	新疆褐牛	朱德富	223	133
28	伊犁哈萨克自治州	昭苏县	养殖场	伊犁种马场新疆褐牛养殖基地	奶牛	新疆褐牛	欧阳文	500	300

（续）

序号	地（市、州）	县（市、区）	类别	养殖场（户）名称	养殖种类	品种	负责人	总存栏	其中能繁母畜存栏
29	伊犁哈萨克自治州	尼勒克县	养殖场	尼勒克县牧强种畜有限公司	奶牛	新疆褐牛	陈发金	505	254
30	伊犁哈萨克自治州	尼勒克县	养殖场	尼勒克县喀拉托别乡新牧源奶牛标准化养殖场	奶牛	新疆褐牛	伊允刚	296	175
31	乌鲁木齐市	乌鲁木齐县	养殖场	新疆爱吉美农业科技开发有限公司	奶牛	荷斯坦牛	买苏木·马合木提	100	
32	乌鲁木齐市	天山区	养殖场	新疆维吾尔自治区国营乌鲁木齐种牛场、褐牛繁育中心	奶牛	新疆褐牛	方季青	1 000	600
33	克拉玛依市	克拉玛依区	养殖场	克拉玛依绿成农业开发有限责任公司奶牛一场	奶牛	荷斯坦牛	陈建国	1 700	1 020
34	克拉玛依市	克拉玛依区	养殖场	新疆鸿升现代农牧业科技发展有限公司	奶牛	荷斯坦牛	魏程力	1 050	560
35	哈密市	巴里坤哈萨克自治县	养殖场	巴里坤县农牧兴达责任有限公司	奶牛	荷斯坦牛	韩彦福	162	90
36	博尔塔拉蒙古自治州	精河县	养殖场	精河县大河沿子镇新农公司奶牛养殖场	奶牛	其他	吐尔逊.赛来	300	150
37	巴音郭楞蒙古自治州	焉耆回族自治县	养殖场	焉耆县海宇农牧科技开发有限责任公司奶牛养殖小区	奶牛	荷斯坦牛	邱丽颖	150	80
38	阿克苏地区	阿克苏市	养殖场	阿克苏市富民畜牧养殖有限责任公司托普鲁克富民养殖场	奶牛	乳用西门塔尔牛	吐尔洪·热西丁	103	69
39	阿克苏地区	阿克苏市	养殖场	阿克苏市依杆其乡奶牛场	奶牛	荷斯坦牛、乳用西门塔尔牛	陈光荣	360	109
40	喀什地区	疏附县	养殖场	新疆南达乳业有限公司奶牛场	奶牛	荷斯坦牛	林乐荣	1 537	900
41	塔城地区	额敏县	养殖场	额敏县渼运生态农业有限公司	奶牛	荷斯坦牛、乳用西门塔尔牛	方瑞琴	750	400
42	塔城地区	沙湾县	养殖场	沙湾天润生物有限责任公司	奶牛	荷斯坦牛	刘宗元	2 000	1 100
43	塔城地区	塔城市	养殖场	塔城地区种牛场	奶牛	新疆褐牛	颜庭生	230	120
44	塔城地区	和布克赛尔蒙古自治县	养殖场	新疆全荣投资集团有限责任公司	奶牛	新疆褐牛、其他	王肃宁	300	150
45	阿勒泰地区	福海县	养殖场	福海县黄花沟万头优质肉牛养殖示范基地	奶牛	乳用西门塔尔牛	孙贵波	743	150
46	阿勒泰地区	哈巴河县	养殖场	哈巴河县嘉汇达牧业有限责任公司	奶牛	新疆褐牛、其他	祝艺	170	120
47	阿勒泰地区	哈巴河县	养殖场	哈巴河县福泰农牧养殖有限公司奶牛标准化规模养殖场（小区）建设项目	奶牛	新疆褐牛	徐新全	100	60
48	乌鲁木齐市	达坂城区	合作社	乌鲁木齐升达天源养殖专业合作社奶牛养殖场	奶牛	荷斯坦牛	苏涛	136	73
49	乌鲁木齐市	达坂城区	合作社	乌鲁木齐市绿鲜纯牲畜养殖农民专业合作社奶牛养殖场	奶牛	荷斯坦牛	马斌	192	110
50	乌鲁木齐市	米东区	合作社	乌鲁木齐市穆萨兴旺养殖合作社	奶牛	荷斯坦牛	马云	130	78
51	乌鲁木齐市	米东区	合作社	乌鲁木齐芦草瑾瑜畜牧养殖合作社	奶牛	荷斯坦牛	高晓东	807	484
52	乌鲁木齐市	米东区	合作社	乌鲁木齐市成功惠农养殖专业合作社	奶牛	荷斯坦牛	李宗兰	260	130
53	乌鲁木齐市	米东区	合作社	乌鲁木齐众合惠农牛羊养殖农民专业合作社	奶牛	荷斯坦牛	刘江	260	156
54	乌鲁木齐市	米东区	合作社	乌鲁木齐市欣悦生态畜禽养殖农民合作社	奶牛	荷斯坦牛	马虎英	100	60
55	乌鲁木齐市	米东区	合作社	乌鲁木齐市永胜兴业养殖农民专业合作社	奶牛	荷斯坦牛	韩燕	200	100
56	克拉玛依市	克拉玛依区	合作社	克拉玛依市碧海源奶业农民合作社	奶牛	荷斯坦牛	王吉红	286	171
57	哈密市	伊州区	合作社	哈密市二堡镇锦顺牛羊养殖农民专业合作社	奶牛	荷斯坦牛	谢力盘·艾买提	200	120
58	哈密市	伊州区	合作社	哈密市好家园农民养殖专业合作社	奶牛	荷斯坦牛	于兵福	125	68

（续）

序号	地 （市、州）	县 （市、区）	类别	养殖场（户）名称	养殖种类	品种	负责人	总存栏	其中能繁母畜存栏
59	哈密市	巴里坤哈萨克自治县	合作社	蒲生畜牧养殖专业合作社	奶牛	荷斯坦牛	王彦财	185	82
60	昌吉回族自治州	昌吉市	合作社	昌吉市新苗奶业专业合作社	奶牛	荷斯坦牛、新疆褐牛	孙兆辉	520	200
61	昌吉回族自治州	昌吉市	合作社	昌吉市新峰奶牛养殖专业合作社	奶牛	荷斯坦牛、乳用西门塔尔牛	张峰	1 150	350
62	昌吉回族自治州	昌吉市	合作社	昌吉市阿什里乡布拉合奶业专业合作社	奶牛	荷斯坦牛	陶文慧	400	180
63	昌吉回族自治州	呼图壁县	合作社	呼图壁县联丰奶牛养殖农民专业合作社	奶牛	荷斯坦牛	田恒新	330	170
64	昌吉回族自治州	呼图壁县	合作社	呼图壁县刘氏奶牛养殖农民专业合作社	奶牛	荷斯坦牛	刘汉林	350	125
65	昌吉回族自治州	呼图壁县	合作社	呼图壁县五工台镇东风奶牛养殖农民专业合作社	奶牛	荷斯坦牛、乳用西门塔尔牛	徐付东	268	120
66	昌吉回族自治州	呼图壁县	合作社	呼图壁县石梯子乡加乐恩草畜养殖农民专业合作社	奶牛	乳用西门塔尔牛	姚新艳	180	160
67	昌吉回族自治州	奇台县	合作社	奇台县西地镇桥子村忠富奶牛养殖专业合作社	奶牛	荷斯坦牛	孙忠	100	45
68	昌吉回族自治州	奇台县	合作社	奇台县西北湾镇满营湖牧业村建大养殖合作社	奶牛	荷斯坦牛	张建功	98	43
69	昌吉回族自治州	奇台县	合作社	奇台县半截沟镇石河子村江布拉克草畜联营合作社	奶牛	荷斯坦牛	哈布拉提.加斯仆	150	75
70	昌吉回族自治州	奇台县	合作社	奇台县吉布库镇二马场村克列牧业专业合作社	奶牛	荷斯坦牛	哈尼买提	340	170
71	昌吉回族自治州	奇台县	合作社	奇台县东湾镇大泉村润泉奶牛养殖合作社	奶牛	荷斯坦牛	马建明	160	85
72	昌吉回族自治州	吉木萨尔县	合作社	吉木萨尔县雄成奶牛养殖合作社	奶牛	荷斯坦牛	马雄超	300	150
73	昌吉回族自治州	吉木萨尔县	合作社	吉木萨尔县大有乡永新奶牛养殖专业合作社	奶牛	荷斯坦牛	窦长寿	320	320
74	昌吉回族自治州	吉木萨尔县	合作社	吉木萨尔县大有乡兴牧奶业供销专业合作社	奶牛	荷斯坦牛	柳军	194	194
75	昌吉回族自治州	吉木萨尔县	合作社	吉木萨尔县泉子街镇绿康奶牛养殖合作社	奶牛	荷斯坦牛	王存义	500	258
76	昌吉回族自治州	吉木萨尔县	合作社	吉木萨尔县二工镇天乳畜牧养殖专业合作社	奶牛	荷斯坦牛	李文强	190	30
77	昌吉回族自治州	吉木萨尔县	合作社	吉木萨尔县二工镇天泉养殖专业合作社	奶牛	荷斯坦牛	艾斯卡尔	240	125
78	昌吉回族自治州	吉木萨尔县	合作社	吉木萨尔县二工镇天牧养殖专业合作社	奶牛	荷斯坦牛、乳用西门塔尔牛	郭成武	280	140
79	昌吉回族自治州	吉木萨尔县	合作社	天源奶牛养殖专业合作社	奶牛	荷斯坦牛	芦跃江	300	260
80	伊犁哈萨克自治州	伊宁市	合作社	伊宁市新生源奶牛养殖专业合作社养殖场	奶牛	荷斯坦牛	王和平	880	480
81	伊犁哈萨克自治州	伊宁市	合作社	伊宁市英翔奶牛养殖专业合作社养殖场	奶牛	荷斯坦牛	王玖公	330	180
82	伊犁哈萨克自治州	伊宁市	合作社	伊宁市喀尔墩乡依西尔牛羊养殖合作社	奶牛	荷斯坦牛、新疆褐牛、其他	托合提亚尔	520	265
83	伊犁哈萨克自治州	伊宁市	合作社	伊宁市达达木图乡新世纪养殖合作社	奶牛	荷斯坦牛	郭学利	235	125
84	伊犁哈萨克自治州	伊宁市	合作社	伊宁市托格拉克乡上托格拉克村尼亚孜养殖小区	奶牛	荷斯坦牛	尼亚孜·孜亚吾敦	98	50
85	伊犁哈萨克自治州	伊宁县	合作社	伊宁县萨木于孜撒拉湖牛羊养殖专业合作社	奶牛	新疆褐牛	阿布都热合曼·加马力顿	120	65

（续）

序号	地（市、州）	县（市、区）	类别	养殖场（户）名称	养殖种类	品种	负责人	总存栏	其中能繁母畜存栏
86	伊犁哈萨克自治州	伊宁县	合作社	伊宁县喀什乡喀拉巴克村泰比畜牧养殖专业合作社	奶牛	新疆褐牛	阿不都西提·阿不都克力木	196	133
87	伊犁哈萨克自治州	伊宁县	合作社	伊宁县愉群翁乡上皇宫村兄弟联营牛羊育肥专业合作社	奶牛	新疆褐牛	马金明	354	165
88	伊犁哈萨克自治州	伊宁县	合作社	伊宁县温亚尔乡温海奶牛养殖专业合作社	奶牛	新疆褐牛	海米提·阿合买提	470	252
89	伊犁哈萨克自治州	伊宁县	合作社	伊宁县多浪农场夏特勒克农畜专业合作社	奶牛	新疆褐牛	尼加提·肖开提	136	75
90	伊犁哈萨克自治州	伊宁县	合作社	伊宁县维吾尔玉其温乡宝田农畜专业合作社	奶牛	新疆褐牛	高宝天	360	196
91	伊犁哈萨克自治州	伊宁县	合作社	喀什乡托提温村金东养殖专业合作社	奶牛	新疆褐牛	禹金东	120	55
92	伊犁哈萨克自治州	察布查尔锡伯自治县	合作社	察布查尔锡伯自治县爱新舍里镇永圆畜牧专业合作社	奶牛	荷斯坦牛	曙昌	130	65
93	伊犁哈萨克自治州	察布查尔锡伯自治县	合作社	琼博乐乡努尔西门塔尔牛养殖合作社	奶牛	荷斯坦牛、乳用西门塔尔牛	吐尔孙江·艾米尔丁	560	320
94	伊犁哈萨克自治州	霍城县	合作社	霍城县宁远养殖农牧专业合作社	奶牛	荷斯坦牛	马壮学	70	60
95	伊犁哈萨克自治州	霍城县	合作社	霍城县惠远镇花山奶牛专业合作社	奶牛	荷斯坦牛	艾尼瓦尔·艾买提	150	80
96	伊犁哈萨克自治州	霍城县	合作社	霍城县秦鹏养殖专业合作社	奶牛	荷斯坦牛	秦建国	300	150
97	伊犁哈萨克自治州	霍城县	合作社	霍城县佳业养殖专业合作社	奶牛	荷斯坦牛	李前锋	180	90
98	伊犁哈萨克自治州	霍城县	合作社	霍城县多德养殖场农民专业合作社	奶牛	荷斯坦牛、新疆褐牛	刘玲	200	120
99	伊犁哈萨克自治州	新源县	合作社	新源县坎苏乡康苏牛羊养殖专业合作社	奶牛	新疆褐牛	吾姆鲁扎克·萨特巴了得	190	95
100	伊犁哈萨克自治州	新源县	合作社	同呼吸奶牛养殖专业合作社（牛）	奶牛	新疆褐牛	赛尔兰	200	100
101	伊犁哈萨克自治州	新源县	合作社	新源县巴斯塔吾养殖专业合作社	奶牛	新疆褐牛	巴合提努尔·苏力坦哈孜	320	170
102	伊犁哈萨克自治州	新源县	合作社	新源县阿勒玛勒乡伊农丰养殖专业合作社	奶牛	新疆褐牛	马启龙	1 000	500
103	伊犁哈萨克自治州	新源县	合作社	新源县致富养殖专业合作社	奶牛	新疆褐牛	杨全坤	300	150
104	伊犁哈萨克自治州	新源县	合作社	新源县则克台镇沃奔养殖专业合作社	奶牛	新疆褐牛	达莫拉·吾布拉克	130	65
105	伊犁哈萨克自治州	新源县	合作社	新源县吐尔根乡唐海养殖专业合作社	奶牛	新疆褐牛	达吾列提克里特·阿布斯拜提	178	89
106	伊犁哈萨克自治州	新源县	合作社	新源县吐尔根乡苏赛养殖专业合作社	奶牛	新疆褐牛	安·居马汗	80	40
107	伊犁哈萨克自治州	新源县	合作社	新源县诚联牲畜养殖合作社	奶牛	新疆褐牛	柴超	50	25

（续）

序号	地（市、州）	县（市、区）	类别	养殖场（户）名称	养殖种类	品种	负责人	总存栏	其中能繁母畜存栏
108	伊犁哈萨克自治州	新源县	合作社	新源县那拉提镇阔克斯依尔奶牛养殖专业合作社	奶牛	新疆褐牛	加尔肯	60	30
109	伊犁哈萨克自治州	昭苏县	合作社	昭苏县洪纳海乡喀拉苏村卡尔瓦尼褐牛农民专业合作社	奶牛	新疆褐牛	买买江·吾布拉洪	180	100
110	伊犁哈萨克自治州	昭苏县	合作社	昭苏县昭苏马场双峰新疆褐牛养殖农业专业合作社	奶牛	新疆褐牛	巴音	130	78
111	伊犁哈萨克自治州	昭苏县	合作社	昭苏县金牧场新疆褐牛养殖专业合作社	奶牛	新疆褐牛	叶尔肯江·努尔买买提	200	120
112	伊犁哈萨克自治州	昭苏县	合作社	昭苏县昭苏镇波斯坦褐牛养殖专业合作社	奶牛	新疆褐牛	马合麦江·阿巴汗	210	110
113	伊犁哈萨克自治州	昭苏县	合作社	喀拉苏镇巴尔格津村曙合拉新疆褐牛养殖专业合作社	奶牛	新疆褐牛	兰明	220	132
114	伊犁哈萨克自治州	昭苏县	合作社	昭苏县乌尊布拉克乡生鲜乳收购站	奶牛	新疆褐牛	杨道明	620	430
115	伊犁哈萨克自治州	特克斯县	合作社	特克斯县春牧牲畜养殖农民专业合作社	奶牛	新疆褐牛	阿合买提江·阿不都江	210	210
116	伊犁哈萨克自治州	特克斯县	合作社	特克斯县苏图克新疆褐牛养殖农民专业合作社	奶牛	荷斯坦牛、新疆褐牛	木沙江·玉苏阿洪	650	390
117	伊犁哈萨克自治州	特克斯县	合作社	特克斯县肉那克奶牛养殖专业合作社	奶牛	新疆褐牛	库尔班江·阿布都里银	420	110
118	伊犁哈萨克自治州	特克斯县	合作社	特克斯县绿河双峰养殖农民专业合作社	奶牛	新疆褐牛	苏生发	300	170
119	伊犁哈萨克自治州	特克斯县	合作社	特克斯县康畜养殖育肥农民专业合作社	奶牛	新疆褐牛	杨占荣	240	150
120	伊犁哈萨克自治州	特克斯县	合作社	特克斯县乔拉克铁热克乡白泉奶牛养殖农民专业合作社	奶牛	荷斯坦牛	马全才	299	155
121	伊犁哈萨克自治州	特克斯县	合作社	特克斯县绿海奶牛养殖专业合作社	奶牛	新疆褐牛	马克太·阿尼亚提	120	100
122	伊犁哈萨克自治州	特克斯县	合作社	特克斯县鸿运养殖农民专业合作社	奶牛	新疆褐牛	潘万义	120	60
123	伊犁哈萨克自治州	尼勒克县	合作社	尼勒克县加哈乡犇犇牛羊养殖专业合作社	奶牛	新疆褐牛	马士军	220	132
124	伊犁哈萨克自治州	尼勒克县	合作社	尼勒克县苏布台乡尤喀克买里村艾力热意牛羊养殖专业合作社	奶牛	新疆褐牛	吐尔干江·力瓦洪	150	80
125	伊犁哈萨克自治州	尼勒克县	合作社	尼勒克县利丰养殖专业合作社	奶牛	新疆褐牛	徐志龙	490	280
126	伊犁哈萨克自治州	尼勒克县	合作社	尼勒克县加哈乌拉斯台乡库克拜村百温泉牛羊养殖专业合作社	奶牛	新疆褐牛	唐加勒克·铁留汉	100	60
127	伊犁哈萨克自治州	尼勒克县	合作社	尼勒克县乌拉斯台乡多格金村安平褐牛养殖专业合作社	奶牛	新疆褐牛	赛春艳	180	100
128	伊犁哈萨克自治州	尼勒克县	合作社	尼勒克县马场农业连布隆标准化奶牛养殖小区	奶牛	新疆褐牛	肉孜	228	130
129	伊犁哈萨克自治州	巩留县	合作社	奥尔塔买里奶牛养殖小区	奶牛	新疆褐牛	郭金彪	287	125
130	巴音郭楞蒙古自治州	焉耆回族自治县	合作社	焉耆县兴民奶牛养殖专业合作社	奶牛	荷斯坦牛	杜子军	230	180
131	巴音郭楞蒙古自治州	焉耆回族自治县	合作社	焉耆县兴盛奶牛养殖专业合作社	奶牛	荷斯坦牛	高尚才	260	160

（续）

序号	地（市、州）	县（市、区）	类别	养殖场（户）名称	养殖种类	品种	负责人	总存栏	其中能繁母畜存栏
132	巴音郭楞蒙古自治州	焉耆回族自治县	合作社	焉耆县兴农奶牛养殖专业合作社	奶牛	荷斯坦牛	关喜杰	280	180
133	巴音郭楞蒙古自治州	焉耆回族自治县	合作社	焉耆县三利奶牛养殖专业合作社	奶牛	荷斯坦牛	王国东	210	75
134	巴音郭楞蒙古自治州	焉耆回族自治县	合作社	焉耆县钰翔牛羊育肥养殖专业合作社	奶牛	荷斯坦牛	马超	269	120
135	巴音郭楞蒙古自治州	焉耆回族自治县	合作社	焉耆县兴焉奶牛养殖专业合作社	奶牛	荷斯坦牛	张春霞	290	180
136	巴音郭楞蒙古自治州	焉耆回族自治县	合作社	焉耆县艾沙江奶牛养殖专业合作社	奶牛	荷斯坦牛	艾山江·吾守	180	48
137	巴音郭楞蒙古自治州	焉耆回族自治县	合作社	焉耆县瑞邦畜牧养殖专业合作社	奶牛	荷斯坦牛	陈俊峰	320	100
138	巴音郭楞蒙古自治州	博湖县	合作社	博湖县博艺畜牧养殖专业合作社	奶牛	荷斯坦牛、乳用西门塔尔牛	张玉奎	130	95
139	塔城地区	塔城市	合作社	塔城市阿西尔乡世豪养殖专业合作社	奶牛	新疆褐牛	马长富	150	75
140	塔城地区	塔城市	合作社	塔城市阿西尔乡恒泽养殖专业合作社	奶牛	新疆褐牛	周荣强	90	40
141	塔城地区	塔城市	合作社	塔城市喀拉哈巴克乡幸福之家养殖合作社	奶牛	乳用西门塔尔牛、新疆褐牛、其他	杜广水	90	50
142	塔城地区	塔城市	合作社	塔城市阿西尔乡润昌养殖专业合作	奶牛	新疆褐牛	陈南辉	280	140
143	塔城地区	塔城市	合作社	塔城市也门勒乡三宫村养殖小区	奶牛	荷斯坦牛、乳用西门塔尔牛	王建军	80	40
144	塔城地区	额敏县	合作社	额敏县天钻养殖专业合作社	奶牛	乳用西门塔尔牛、新疆褐牛	王治东	180	90
145	塔城地区	额敏县	合作社	额敏县民合奶业养殖专业合作社	奶牛	荷斯坦牛、乳用西门塔尔牛、新疆褐牛	刘月娥	260	130
146	塔城地区	额敏县	合作社	额敏县振兴养殖专业合作社	奶牛	荷斯坦牛、乳用西门塔尔牛、新疆褐牛	曹振新	250	130
147	塔城地区	额敏县	合作社	额敏县凯旭科技养殖专业合作社	奶牛	荷斯坦牛、乳用西门塔尔牛	黄新为	450	230
148	塔城地区	额敏县	合作社	额敏县盛兴养殖专业合作社	奶牛	新疆褐牛	也尔肯别克	200	100
149	塔城地区	额敏县	合作社	额敏县溯源养殖专业合作社	奶牛	乳用西门塔尔牛、其他	李正文	400	200
150	塔城地区	额敏县	合作社	山河源养殖专业合作社	奶牛	其他	马义林	80	40
151	塔城地区	额敏县	合作社	额敏县实强养殖专业合作社	奶牛	荷斯坦牛、乳用西门塔尔牛、新疆褐牛	李长廉	246	130
152	塔城地区	沙湾县	合作社	沙湾县乌兰乌苏镇众意农业专业合作社	奶牛	荷斯坦牛	张颂成	400	220
153	塔城地区	沙湾县	合作社	沙湾县易源养殖农民专业合作社	奶牛	荷斯坦牛	易洪源	100	60
154	塔城地区	沙湾县	合作社	沙湾县乌兰乌苏镇黑土地农业专业合作社	奶牛	荷斯坦牛	刘勇	300	150
155	塔城地区	沙湾县	合作社	沙湾县百益农养殖专业合作社	奶牛	荷斯坦牛	王金虎	300	150
156	塔城地区	沙湾县	合作社	沙湾县乌兰乌苏镇众意合作社	奶牛	娟姗牛	张颂成	400	200
157	塔城地区	沙湾县	合作社	沙湾县乌兰乌苏镇黑土地合作社	奶牛	荷斯坦牛	刘勇	300	150
158	塔城地区	和布克赛尔蒙古自治县	合作社	和布克赛尔蒙古自治县牧丰奶牛养殖专业合作社	奶牛	荷斯坦牛、新疆褐牛	丁孝民	80	40
159	阿勒泰地区	阿勒泰市	合作社	阿勒泰市阿苇滩镇阿依波拉提养殖专业合作社	奶牛	荷斯坦牛	海拉提·开根	80	260
160	阿勒泰地区	阿勒泰市	合作社	阿勒泰市一牧场巴彦褐牛繁育专业合作社	奶牛	新疆褐牛	热依汗·阿布杜热合曼	102	80

（续）

序号	地（市、州）	县（市、区）	类别	养殖场（户）名称	养殖种类	品种	负责人	总存栏	其中能繁母畜存栏
161	阿勒泰地区	阿勒泰市	合作社	阿勒泰市切木尔切克镇阿拉陶养殖专业合作社	奶牛	荷斯坦牛	阿布里汗·阿合坦	260	220
162	阿勒泰地区	阿勒泰市	合作社	阿勒泰市一牧场吾木提褐牛繁育专业合作社	奶牛	荷斯坦牛	加马力汗·木哈买提	112	30
163	阿勒泰地区	阿勒泰市	合作社	洪德孜良种牲畜引进专业合作社	奶牛	新疆褐牛	米努瓦尔别克	110	60
164	阿勒泰地区	富蕴县	合作社	富蕴县杜热镇山农农民专业合作社	奶牛	新疆褐牛	马红军	184	110
165	阿勒泰地区	富蕴县	合作社	富蕴县吐尔洪乡桌马特种畜培育及育肥专业合作社	奶牛	新疆褐牛	马丁·桌勒德拜	150	90
166	阿勒泰地区	福海县	合作社	阿尔达乡海逸瑞泰畜牧科技农民专业合作社	奶牛	新疆褐牛	帕尔哈提·哈斯木	210	148
167	阿勒泰地区	福海县	合作社	金城牛羊发展农民专业合作社	奶牛	新疆褐牛	张晓纳	220	50
168	阿勒泰地区	福海县	合作社	福海县解乡解特阿热勒村幸福养殖农民专业合作社	奶牛	新疆褐牛	金恩斯·哈米提	150	50
169	阿勒泰地区	福海县	合作社	马米新疆褐牛养殖农民专业合作社	奶牛	新疆褐牛	马米·马达尼亚提	320	80
170	阿勒泰地区	福海县	合作社	福海县齐乡达利雅特色奶业农民专业合作社	奶牛	新疆褐牛	特列吾别克·沙米依合	100	30
171	阿勒泰地区	福海县	合作社	福海县一农场振兴养殖农民专业合作社	奶牛	乳用西门塔尔牛、新疆褐牛	赵江河	160	50
172	阿勒泰地区	福海县	合作社	解乡尚仁养殖农民专业合作社	奶牛	乳用西门塔尔牛、新疆褐牛	田仕仁	100	20
173	阿勒泰地区	哈巴河县	合作社	哈巴河县萨尔布拉克镇阿热斯农牧养殖专业合作社	奶牛	荷斯坦牛	胡安别克阿西木	130	80
174	阿勒泰地区	哈巴河县	合作社	哈巴河县萨尔塔木乡建忠养殖专业合作社	奶牛	新疆褐牛、其他	赵建忠	200	180
175	阿勒泰地区	哈巴河县	合作社	群宝养殖专业合作社	奶牛	荷斯坦牛、新疆褐牛	王志军	80	60
176	阿勒泰地区	哈巴河县	合作社	哈巴河县阿拉吾乐养殖合作社	奶牛	其他	木合买提·胡马尔别克	120	100
177	阿勒泰地区	哈巴河县	合作社	哈巴河县加依勒玛乡升元畜牧专业合作社	奶牛	其他	丁金泰	250	228
178	阿勒泰地区	哈巴河县	合作社	哈巴河县克尔达拉养殖专业合作社	奶牛	其他	赵灵芳	250	150
179	阿勒泰地区	哈巴河县	合作社	哈巴河县加依勒玛乡阿热夏勒养殖专业合作社	奶牛	新疆褐牛、其他	霍森别克·阿合买提汗素力坦	215	129
180	阿勒泰地区	哈巴河县	合作社	哈巴河县齐巴尔镇阿塔特克养殖专业合作社	奶牛	新疆褐牛	吾吉提·哈斯木	90	54
181	阿勒泰地区	哈巴河县	合作社	哈巴河县源盛养殖专业合作社	奶牛	新疆褐牛	杨志强	230	138
182	阿勒泰地区	哈巴河县	合作社	哈巴河县巴斯陶养殖专业合作社	奶牛	荷斯坦牛、新疆褐牛、其他	努尔古丽·希卡	180	108

（续）

序号	地（市、州）	县（市、区）	类别	养殖场（户）名称	养殖种类	品种	负责人	总存栏	其中能繁母畜存栏
183	阿勒泰地区	青河县	合作社	青河县金峰养殖农民专业合作社	奶牛	新疆褐牛	努尔赛力克·马合赞	200	120
184	阿克苏地区	库车县	合作社	库车爬达养殖专业合作社	奶牛	荷斯坦牛、乳用西门塔尔牛	艾比布拉·伊马木	120	85
185	阿克苏地区	阿瓦提县	合作社	阿瓦提县园丁养殖农民专业合作社奶牛养殖场	奶牛	荷斯坦牛、乳用西门塔尔牛、其他	买买提托乎尼亚孜	223	119
186	克孜勒苏柯尔克孜自治州	阿图什市	合作社	上阿图什镇恰克马克农民专业合作社奶牛养殖小区	奶牛	荷斯坦牛	多力坤·阿不力孜	150	83
187	克孜勒苏柯尔克孜自治州	阿图什市	合作社	阿图什市阿湖乡静河养殖农民专业合作社奶牛养殖小区	奶牛	荷斯坦牛	阿不来提·吐尔地	200	110
188	克孜勒苏柯尔克孜自治州	阿图什市	合作社	阿图什市阿扎克乡吾玛提养殖农民专业合作社奶牛养殖小区	奶牛	荷斯坦牛	买合木提·亚尔买买提	300	165
189	克孜勒苏柯尔克孜自治州	阿克陶县	合作社	阿克陶县乐家养殖专业合作社养殖场	奶牛	乳用西门塔尔牛、其他	依斯马伊力·亚森	62	36
190	喀什地区	喀什市	合作社	伊孜巴萨尔农民专业合作社	奶牛	荷斯坦牛	艾力江·阿布都拉	50	15
191	喀什地区	喀什市	合作社	金牛合作社	奶牛	荷斯坦牛	司马义·艾麦提	60	20
192	喀什地区	喀什市	合作社	喀什市白钻农畜产品农民专业合作社	奶牛	荷斯坦牛	塞米·阿吉	50	28
193	喀什地区	喀什市	合作社	喀什市瓦甫奶牛标准化养殖小区	奶牛	荷斯坦牛	王俊杰	224	
194	喀什地区	泽普县	合作社	泽普县古丽思米提畜禽养殖专业合作社	奶牛	荷斯坦牛	古丽思米提努尔买提	60	32
195	喀什地区	疏勒县	合作社	疏勒县洋达曼乡6村奶牛养殖协会	奶牛	荷斯坦牛	麦麦提希热普	500	400
196	博尔塔拉蒙古自治州	精河县	家庭牧场（养殖大户）	亚森·卡斯木家庭牧场	奶牛	其他	亚森·卡斯木	340	204
197	博尔塔拉蒙古自治州	精河县	家庭牧场（养殖大户）	木沙江家庭牧场	奶牛	其他	木沙江	280	168
198	博尔塔拉蒙古自治州	精河县	家庭牧场（养殖大户）	罗华江家庭牧场	奶牛	其他	罗华江	120	72
199	伊犁哈萨克自治州	察布查尔锡伯自治县	家庭牧场（养殖大户）	伊犁夏特里克家庭牧场	奶牛	荷斯坦牛	日夏提·库尔班	65	35
200	伊犁哈萨克自治州	新源县	家庭牧场（养殖大户）	对山拜家庭牧场	奶牛	新疆褐牛	对山拜	155	78
201	伊犁哈萨克自治州	新源县	家庭牧场（养殖大户）	吐尔江牧场	奶牛	新疆褐牛	吐尔江	200	100

（续）

序号	地 （市、州）	县 （市、区）	类别	养殖场（户）名称	养殖种类	品种	负责人	总存栏	其中能繁母畜存栏
202	伊犁哈萨克自治州	新源县	家庭牧场（养殖大户）	阿布都海尼家庭牧场	奶牛	新疆褐牛	阿布都海尼	300	150
203	塔城地区	塔城市	家庭牧场（养殖大户）	马占全家庭牧场	奶牛	乳用西门塔尔牛、新疆褐牛	马占全	180	90
204	塔城地区	塔城市	家庭牧场（养殖大户	穆学虎家庭牧场	奶牛	荷斯坦牛、新疆褐牛	穆学虎	110	60
205	塔城地区	塔城市	家庭牧场（养殖大户）	张成云家庭牧场	奶牛	新疆褐牛	张成云	110	55
206	塔城地区	额敏县	家庭牧场（养殖大户）	李大伟家庭牧场	奶牛	其他	李大伟	50	30
207	阿勒泰地区	阿勒泰市	家庭牧场（养殖大户）	侯军委奶牛养殖户	奶牛	乳用西门塔尔牛、其他	侯军委	101	65
208	阿勒泰地区	阿勒泰市	家庭牧场（养殖大户）	加尔恒·哈拜奶牛养殖户	奶牛	乳用西门塔尔牛、其他	加尔恒·哈拜	70	42
209	阿勒泰地区	福海县	家庭牧场（养殖大户）	博塔莫因养殖家庭农场	奶牛	新疆褐牛	王彦贵	315	180

注：根据各地（市、州）上传农业农村部养殖场直联直报信息平台数据整理。

附表2 2018年新疆主要乳品企业生产经营情况调查表（按年销售总额排序）

序号	乳品企业名称	设计日加工能力（t）	日均收奶量（t）	日均加工鲜奶量（t）	主要乳制品品牌	年乳品销售数量（t）									年销售总额（万元）	年利润（万元）
						巴氏杀菌乳	UHT奶	酸奶	奶粉	奶酪	婴儿粉	乳饮料	黄油	小计		
1	新疆天润生物科技股份有限公司	800	400	400	天润	3 953	37 509	89 730	260	22		18 526		150 000	150 000	12 000
2	新疆西域春乳业有限责任公司	1 000	220	220	西域春	5 000	39 000	33 000						77 000	65 052	2 259
3	新疆石河子花园乳业有限公司	300	120	120	花园	271	24 719	15 314	1 170			2 527		44 000	32 000	650
4	新疆蒙牛乳业有限公司	300	80	80	蒙牛	16 519	10 750					10 706		38 000	25 000	
5	麦趣尔集团股份有限公司	200	65	65	麦趣尔	23 653	2 815	2 001				3 340		31 808	23 734	1 145
6	阿拉尔新农乳业有限责任公司	300	150	150	新农	1410	26 500	6 500	2 590					37 000	22 000	258
7	新疆石河子西牧乳业	300	80	80	西悦		5 497	2 699	2 497					10 700	16 000	164
8	沙湾盖瑞乳业有限责任公司	120	70	70	盖瑞		7 965	15 035						23 000	15 000	930
9	新疆澳利亚乳业有限公司	100	40	40				14 300	200					14 500	15 000	150
10	新疆瑞源有限公司	100	40	40	瑞源		5 820	7 420		70		190		13 500	14 000	2150
11	乌鲁木齐伊利食品有限责任公司	200	50	50	伊利		13 200					8 789		22 000	13 000	50
12	克拉玛依绿成农业开发有限责任公司乳品厂	200	70	70	金绿成	2 915	7 549	6 107						16 571	12 550	亏损
13	南达新农业股份有限公司	300	30	30	南达	10	7 693	4 024	123			820		11 800	10 700	
14	新疆旺源驼奶实业有限公司	60	6	6	旺源	530			207					737	10 057	1 433
15	新疆维维天山雪乳品有限公司	200	30	25	天山雪		10 000	6 000						16 000	5 000	500
16	沿步拉克食品厂	10	3	3	沿步拉克食品厂			900						900	3 670	110
17	新疆伊源乳业股份有限公司	400	10	10	伊源（商标）	60	216	2 520	60			120		2 976	2 322	−1 040
18	新疆三宇乳业	60	8	8	三宇	100	200	1 463	36					1 800	1 800	78
19	新疆天牛乳业有限公司	200	20	20	思味特				280					280	1 500	
20	阿勒泰哈纳斯乳业有限公司	40	9	9	哈纳斯				300					300	1 400	−57
21	新疆福仁源乳业有限公司	3	3		酸奶、奶酪			900		29				929	900	120
22	察布查尔县阳光乳品厂	20	4	4	阿亿澜			800		40				840	780	50
23	新疆伊哈牧场乳业有限责任公司	300		试生产阶段					120					120	672	70
24	昭苏县新天雪乳制品有限责任公司	120	15	15	康素				200					200	600	−6
25	青河县梦园生物科技有限公司	5	1	2	青裕林、疆梦园、驴奶先生				4					4	（400~500）	200
26	昌吉市康利来食品有限公司	50	5	5	纳热特		1 475					497		1 972	444	−37
27	那拉乳业	100	12	12	驼奶粉，羊奶粉				160					160	439	

（续）

序号	乳品企业名称	设计日加工能力（t）	日均收奶量（t）	日均加工鲜奶量（t）	主要乳制品品牌	年乳品销售数量（t）									年销售总额（万元）	年利润（万元）
						巴氏杀菌乳	UHT奶	酸奶	奶粉	奶酪	婴儿粉	乳饮料	黄油	小计		
28	伊宁市阿纳迪雅儿酸奶厂	10	1	1	阿纳迪雅儿			511						511	409	61
29	伊犁嘉可思食品有限公司	20	9	9	嘉可思					62				62	400	23
30	和布克赛尔县牧羊人奶制品合作社	2	1	1	“赛尔山”奶疙瘩					30				30	300	30
31	佳和乳业	200			酸奶，奶酪			50		10				60	248	
32	布尔津县诺干乳业有限公司	8			奶酪					13				13	198	−155
33	乌尊布拉克乡新疆褐牛产销专业合作社	1	1	1	乌孙大草原					5				5	60	30
34	阿勒玛勒镇乔番达尔食品加工厂	1			无			2		1			1	3	4	2
35	热合曼莫依东酸奶加工店	1			拖布里其			100						100	2	
36	新疆石河子娃哈哈启力乳业有限公司	200	40	40	娃哈哈				1 750					1 750		50
	合计	6 231	1 593	1 586		54 421	200 908	209 376	9 957	282		45 515	1	519 631	445 242	21 218

注：本数据根据调查摸底各地州及企业填报数据整理，与统计局数据有出入。

新疆生产建设兵团

【奶畜养殖】2018年年底，新疆兵团奶牛存栏23.41万头，比上年减少1.56万头，同比下降6.2%。其中荷斯坦牛存栏17.5万头，比上年减少1.0万头，荷斯坦牛主要分布在农一师、农七师、农八师、农十二师，分别存栏2.61万头、3.37万头、7.06万头、0.82万头，占新疆兵团荷斯坦牛存栏数的79%；新疆褐牛3.8万头，主要分布在农四师、农九师和农十师；西门塔尔牛2.11万头，各师均有分布。2018年年底，新疆兵团奶牛能繁母畜存栏17.36万头。本地及杂交改良牛牛存栏26.5万头，主要分布在农四师、农九师、农十师、农六师、农十二师、农十三师，其土种牛存栏数占兵团土种牛存栏总数的75%以上。

奶类总产量71.83万t。其中，牛奶总产量71.67万t，比2017年增加3.57万t，同比增长5.2%；羊奶0.16万t。

2018年兵团原料奶实现产值28.4亿元，占牧业产值的15.3%。上半年生鲜乳收购价格2.9~3.3元/kg，进入8月以后，价格稳步上升，12月达到3.4~3.8元/kg。原奶生产成本3.2~3.5元/kg，奶牛养殖处于微利状态。

【乳品加工】截至2018年年底，兵团辖区内有石河子花园乳业、新疆天润乳业、新农乳业、石河子娃哈哈启力乳业、石河子乳旺乳业、石河子西牧乳业等16家乳企，日加工处理鲜奶能力总计2 600t，年加工能力达到90万t以上。产品主要包括大包装工业奶粉、巴氏杀菌乳、UHT奶、酸奶、奶酪等，大包装奶粉销往内地，液态奶主要在疆内销售。2018年乳品企业加工鲜奶36.4万t，生产液态奶26.1万t、固体和半固体乳1.28万t、奶粉1.03万t。石河子花园乳业、新疆天润乳业和新农乳业为兵团控股上市乳品企业，石河子花园乳业和石河子西牧乳业是新疆区域内仅有的两家婴幼儿配方奶粉生产许可企业。乳制品行业增长缓慢，年总产值增幅降低，利润增幅下降。

【市场消费】2018年兵团人均奶类占有量231kg，人均乳制品（折合成鲜奶）消费34.6kg，其中人均消费纯牛奶26.4kg、酸奶5.8kg、奶粉0.3kg。人均用于奶类消费支出约为415元。

新疆商场、超市乳制品销售品牌及种类繁多，蒙牛、伊利、光明、麦趣尔等国内知名品牌以及本地的花园、新农、西域春、天润、南达产品均有销售，产品类型主要有UHT奶、酸奶、各种乳饮料、奶粉、巴氏杀菌乳。

消费者偏爱酸奶，其次是纯牛奶，巴氏杀菌乳排第三位。奶类消费群体主要为婴幼儿和中老年人，其次是中小学生。酸奶和巴氏杀菌乳发展势头良好，市场消费量逐年增加。绝大部分新疆消费者倾向于购买本地乳企生产的液态奶产品。

【奶源基地】兵团奶牛养殖场（户）共7 874户。其中：1~29头规模7 455户，存栏量10.5万头，其中成母牛存栏6.6万头；30~99头规模305户，存栏量1.8万头，成母牛存栏1.3万头；存栏规模达100头以上荷斯坦牛场（小区）114个，存栏量11.6万头，其中成母牛存栏7.8万头。奶牛规模化养殖总体水平达到57%，其中，100~199头规模场16户，200~499头规模场32户，500~999头规模场22户，1 000~1 999头规模场32户，2 000~4 999头规模场12户。从奶牛规模养殖情况看，饲养户数逐年趋减，户均养殖规模逐年趋增，呈现出规模化牛场趋增和散户趋减的态势。

配备TMR饲喂机械134台（套），青贮玉米收割机58台，苜蓿收获机械145台，清粪机械110台。机械化挤奶设备150余（套），机械化集中挤奶比例达到80%以上。具备粪污处理设施（干粪）的规模场个数为141个，占比为99%（堆肥腐熟还田处理120个、沼气工艺处理2个、有机肥加工4个、委托处理模式2个、牛床垫料4个、其他9个），拥有清粪机械119台，具备污水处理利用的规模场个数为115个。

通过落实重大动物疫病防控责任，一年3次集中免疫和月月补免，牛口蹄疫累计免疫46.5万头，免疫抗体平均合格率达80%以上。开展牛布鲁氏菌病检测14.63万份，阳性率0.78%，结核检疫22.9万头，阳性率0.22%；发现阳性畜进行无害化扑杀处理，净化了奶牛养殖环境。奶牛乳房炎、子宫内膜炎等发病率逐年下降。

饲草料基地建设。2018年种植籽实玉米7.13万hm²，青贮玉米正播1.91万hm²，青贮玉米复播62.07万hm²，青贮饲草总量191.9万t，苜蓿保留面积4.09万hm²，种植其他饲草2.18万hm²。农副产品收贮117.8万t。

农作物秸秆饲料化利用工作实施范围涵盖13个师的129个团场，各师主要以增加农作物种植面积、提高秸秆机械收获率和推广“三贮一化”技术提高秸秆饲料化利用率来增加农作物秸秆饲料化利用量，全兵团共增加6.2万t。

品种改良。奶牛品种改良主要通过人工授精技术，2018实际使用奶牛冻精36.5万剂，参配母牛16.3万头，奶牛性控冻精配种2.0万头。奶牛冻精冷配技术覆盖率达到93%以上。通过冷配项目带动，兵团奶牛良种率达到65%以上。兵团规模化牛场奶牛平均单产7.8t以上。

奶站及运输车管理。截至2018年12月底，有生鲜乳收购站108家，均为发证奶站，全年新建2个奶站，因奶源不足等因素关停18个规模较小的奶站。奶站全部机械集中挤奶，其中，开办主体为加工企业的29个，奶畜养殖场的69个，奶农合作社的10个。对从业人员进行了相关奶业法律培训、生鲜乳生产收购、卫生安全、化学品管理的培训。奶站建立了卫生管理、质量安全保障、工作规程、挤奶操作、留样等制度。生鲜乳收购、销售、检测等记录较完备，奶牛防疫、检疫、冶病、抗奶、酒精阳性乳记录处置清晰。

生鲜乳收购站硬件设施基本完善，可保障兵团范围内生鲜乳的正常收购及其质量安全。现有运输车59辆，核发了59个生鲜乳准运证，准运证核发比例100%。运输车辆严格初检和交接：进口和出口用铅封，并详细记录数量、领取时间、各个铅封号码，双方签字确认。初检合格后，填写生乳交接单，详细记录生鲜乳收购站名称、生鲜乳收购经手人、生鲜乳数量、押运员、司机、车牌号、出发时间、出发时生鲜乳温度、到达时间、到达时生鲜乳温度、收购企业名称、企业收奶人员签名，签字确认。

【质量监管】根据农业部2018年生鲜乳质量安全计划，兵团各级严格从生产、收购和运输三个关键环节进行了监督检查，全年开展现场检查174次，其中检查收购站113个，检查运输车61辆，对现场抽检的生鲜乳进行检验，共检测三聚氰胺174批次、黄曲霉素$M_1$174批次、β-内酰胺酶101批次、革皮水解物101批次、碱类物质73批次、硫氰酸钠73批次，均为合格。生鲜乳质量安全监测及监管行动覆盖兵团各级奶站，检测指标覆盖卫生部公布的违禁添加物，确保兵团范围内生鲜乳质量安全。

（新疆生产建设兵团畜牧兽医工作总站，杨华）

附表1　2018年新疆生产建设兵团奶畜养殖场（小区）名录

养殖场	全群存栏（头）	成母畜存栏（头）	后备牛存栏(头）	奶畜品种	是否应用TMR
四团二牛场	1 015	650	365	荷斯坦	√
四团三牛场	1 420	888	432	荷斯坦	√
新农一场	1 125	621	504	荷斯坦	√
新农二场	1 346	787	559	荷斯坦	√
新农三场	1 116	727	389	荷斯坦	√
天润建融一牧场	2 250	1 289	797	荷斯坦	√
天润建融二牧场	2 218	1 363	733	荷斯坦	√
天润建融三牧场	1 795	1 040	637	荷斯坦	√
十团奶牛场	1 548	1 052	496	荷斯坦	√
30团良种奶牛繁育中心	3 304	3 000	304	荷斯坦	√
西部准噶尔牧业股份有限公司	3 157	2 874	283	荷斯坦	√
新疆芳草天润牧业有限公司	2 115	1 884	231	荷斯坦	√
一牧场	1 610	777	833	荷斯坦	√
祥盛通牧业	1 414	767	647	荷斯坦	√
天澳四牧场	1 406	978	428	荷斯坦	√
天澳五牧场	1 582	1 029	553	荷斯坦	√
天澳六牧场	1 696	787	909	荷斯坦	√
天澳八牧场	1 568	749	819	荷斯坦	√
天澳九牧场	1 515	1 000	515	荷斯坦	√
润达牧业	2 276	1 301	975	荷斯坦	√
11连小区	1 665	999	340	荷斯坦	√
东润牧业	1 665	999	340	荷斯坦	√
133团红光牧业（西部牧业133牛场）	1 760	720	1 040	荷斯坦	√
133团天盈牧业	1 638	855	783	荷斯坦	√
西部牧业	2 376	2 055	321	荷斯坦	√
曙瑞牧业	1 815	1 550	265	荷斯坦	√
克拉玛依祥瑞牧业有限责任公司	1 151	985	150	荷斯坦	√
三盈牛场	1 722	1 033	689	荷斯坦	√
西牧一牛场	2 292	1 375	917	荷斯坦	√
30连牛场	1 466	1 060		荷斯坦	√
7连军垦天汇	2 634	1 127		荷斯坦	√
7连奶牛场	1 989	1 200	789	荷斯坦	√
西部牧业中心牛场	2 700	2 180	350	荷斯坦	√

（续）

养殖场	全群存栏（头）	成母畜存栏（头）	后备牛存栏(头）	奶畜品种	是否应用 TMR
泉旺牧业牛场	1 850	1 350	370	荷斯坦	√
利群牛场	1 992	1 519	473	荷斯坦	√
西锦牧业	1 882	1 229	377	荷斯坦	√
娃哈哈	1 125	657	207	荷斯坦	√
娃哈哈一牛场	1 410	769	641	荷斯坦	√
娃哈哈二牛场	1 343	729	614	荷斯坦	√
阜瑞牛场	2 217	1 320	897	荷斯坦	√
梦园牧业	1 519	605	539	荷斯坦	√
五一农场十一连奶牛养殖小区	1 833	922	456	荷斯坦	
三坪农场一连奶牛养殖小区	1 096	627	269	荷斯坦	√
新疆天润西山烽火台示范奶牛场	1 073	542	531	荷斯坦	√
天润公司沙湾牛场	2 127	1 003	1 124	荷斯坦	√

附表 2　2018 年新疆生产建设兵团乳制品生产企业名录

名称	日处理鲜奶能力（t）	实际年处理鲜奶量（t）	其中：巴氏杀菌乳（t）	UHT 奶（t）	酸奶（t）	奶粉（t）	其他（t）	年销售收入（万元）	利润（万元）
新农乳业	460	42 173		30 135	6 955	598		18 910	144
六师大草原乳业	50	106			95			217	70
124 团天天乳业	200	2 550				300		850	60
澳利亚乳业	250	12 432	91		13 675	232		2 009	-355
新疆石河子花园乳业	400	45 944	298	27 166	16 829	1 501	2 821	43 440	660
新疆西牧乳业	200	7 300		4 332	2 967			6 902	
石河子娃哈哈启力乳业	200	14 460				1 807			
新疆乳旺乳业	300	43 800				43 800		15 768	
新疆天润乳业	430	154 000	3 063	58 372	89 369	161	14 187	142 000	11 310

五、D20奶业

D20 NAIYE

内蒙古伊利实业集团股份有限公司

【奶源基地】从聚焦食品安全风险管理到关注消费者品质体验，从卓越质量管理到引领消费者品质观，伊利集团逐步由质量管理向品质管理升级。2018年，集团加快战略目标迈进速度，明确了2030年成为“全球乳业第一”、挺进“全球健康食品5强”的战略路线图，质量领先战略同时也升级为品质领先战略，伊利品质管理迈向新高度。

伊利在业内率先建立完善的产品追溯程序。奶源基地从奶牛出生即为其建立养殖档案，原奶运输过程实现全程可视化GPS跟踪，原奶入厂后采用条码扫描，随机编号检测；同时，建立了生产过程的产品批次信息跟踪表、关键环节的电子信息记录系统、质量管理信息的综合集成系统和覆盖全国的ERP网络系统，实现了产品信息可追溯的全面化、及时化和信息化。

伊利围绕产品品质积极建立智能工厂，除了组建自动化生产线和使用自动码垛，通过信息化系统实现了从研发、成本管控、品质保障到产品流通全过程的数据挖掘与分析，敏锐地捕捉生产制造环节的食品安全风险，使食品安全链条变得可视化、可数据化。

伊利在行业内率先探索和建立了标准化、规模化牧场SOP管理，即将现代牧场养殖、管理的所有流程和环节以统一规范、统一标准、统一格式清晰地梳理和描述出来。该SOP包括理论和实践，涵盖牧场12个管理方面，内容全面、专业精细。通过将SOP导入牧场，有利于科学地指导牧场的专业养殖和日常管理，从而提升牧场管理水平，提高牧场单产，降低生产成本，从源头控制原奶质量。

【乳品加工】2018年乳制品行业产量。根据国家统计局信息显示，2018年，国内乳品加工行业进入统计范围的企业有587家，较上年减少24家，共计实现销售收入3 399亿元，比上年（可比口径）增长10.7%，利润总额230亿元，比上年（可比口径）减少1.4%。

根据国家统计局数据，统计范围内企业，全年加工和制造各类乳品产量2 687万t，比上年（可比口径）增长4.4%，2018年全国液态奶产量2 505.5万t，同比增长4.3%，干乳制品产量181.5万t，同比增长5.7%。

2018年伊利乳制品产量、销量见表5-1。

各品类发展趋势。常温液态乳制品目前在一二线城市的人均消费量接近日韩水平，但是在三四线及以下城市依然差距较大。未来随着产品的品质升级和渠道不断下沉，常温液态乳品市场仍会有较大的增长空间。

表5-1 2018年伊利乳制品产量、销量

分产品	生产量（t）	销售量（t）	生产量比上年增减（%）	销售量比上年增减（%）
液体乳	8 107 138	8 081 286	11.88	11.18
奶粉及奶制品	109 477	109 007	16.18	15.78
冷饮产品	398 504	393 087	4.48	2.70

【市场消费】伊利各品类市场占有率见表5-2。

表5-2 伊利在细分市场中的份额（基于零售额计算）

细分市场	市场份额（%）	份额同比增减百分点（个）
液态类+奶粉合计	21.9	0.9
常温液态奶合计	36.8	2.3
低温液态奶合计	16.6	0.5
奶粉合计	7.5	0.5
婴幼儿奶粉	5.8	0.6
成人奶粉（含孕妇粉）	24.4	−0.6

注：数据来源于尼尔森零研数据。

低温液态奶目前的增速相对常温要慢一些。但长期来看，年轻消费群体会逐渐成为消费主力，他们的消费习惯会更偏向于低温产品。同时，随着冷链运输技术的不断发展，低温液态奶市场（行业）也会有较大的发展空间。

婴幼儿配方奶粉业务方面，虽然2018年新出生人口下降，但随着产品的不断升级、消费者对国产婴幼儿配方奶粉品牌的认可度提升等，未来整体市场仍有增长空间。奶粉注册制的实施，使得中小品牌逐步退出市场。此外，随着人口老龄化趋势，以中老年配方奶粉为代表的功能性营养品需求不断增加。所以，未来国内奶粉市场仍有较大的增长空间。

伊利年销售收入及利润。2018年伊利实现营收795.5亿元，同比增长16.7%，实现盈利64.5亿元，同比增长7.5%。其中液体乳产品实现主营业务收入656.79亿元，同比增长17.8%；奶粉及奶制品收入

80.45 亿元，同比增长 25.1%；冷饮产品收入 49.97 亿元，同比增长 8.49%（表 5-3）。

表 5-3　伊利年销售收入情况

分产品	营业收入（亿元）	营业成本（亿元）	毛利（亿元）	毛利率（%）
液体乳	656.79	425.52	231.27	35.21
奶粉及奶制品	80.45	36.38	44.07	54.78
冷饮产品	49.97	27.45	22.52	45.06

【国际化】伊利作为亚洲乳业第一的中国乳业龙头，率先开启了“全球织网”战略布局，在全世界乳业发达地区构建覆盖全球资源体系、全球创新体系、全球市场体系的骨干大网，不断深化全球合作。以“让世界共享健康”为梦想，伊利持续推动“成为全球最值得信赖的健康食品提供者”的企业愿景实现。在欧洲，伊利联手荷兰瓦赫宁根大学建立伊利欧洲创新中心，这是中国乳业与海外研发机构达成的最为重要的战略合作之一；在美洲，伊利联合美国一流大学、科研机构，主导实施了“中美食品智慧谷”；在大洋洲，伊利在有“黄金奶源带”之称的新西兰投资 30 亿元，建立了伊利大洋洲生产基地。2014 年 11 月 21 日，国家主席习近平与新西兰时任总理约翰·基共同为伊利大洋洲生产基地揭牌，该项目是全球最大一体化乳业基地之一，覆盖科研、生产、深加工、包装等多个领域，总体投资额高达 30 亿元人民币，创造了中新两国投资规模的新纪录。仅一年时间，该基地一期的收奶量和产量增长了近 30%。此外，两国领导人共同见证了伊利集团分别与占据新西兰全境约 42% 原奶产量的怀马特市，以及南岛唯一的农业和食品专业大学——林肯大学签署战略合作协议，并参观了中新农牧业技术展览伊利展台，了解伊利产品等相关情况。无论从两国领导人的重视程度，还是协议签署数量，以及是项目投资额度，伊利集团都刷新了两国经贸合作的多项历史纪录。2019 年 8 月，伊利正式完成了对新西兰第二大乳业合作社威仕兰的收购。

2018 年 10 月，伊利 Joyday 冰淇淋成功登陆印度尼西亚，在东南亚全面上市。同年，伊利集团收购泰国本土最大的冰淇淋企业 Chomthana。2019 年 9 月 18 日，伊利宣布旗下高端酸奶品牌安慕希正式登陆新加坡、缅甸、越南等东南亚市场。伊利集团正在印度尼西亚投资建厂，预计 2021 年正式投入使用。

【社会责任】作为行业龙头企业，公司积极履行企业社会责任，在 2018 年公司精准扶贫规划中，全面贯彻《国务院关于印发“十三五”脱贫攻坚规划的通知》精神，结合公司核心业务优势，在健康扶贫、教育脱贫、产业扶贫、社会扶贫等方面持续投入，不断打造“立足产业、立体扶贫、精准担当”的精准扶贫新模式。

健康扶贫。公司联合中国红十字基金会推进“伊利营养 2020”之中国小康牛奶公益行动，聚焦贫困地区儿童营养改善需求，投入 2 100 万元，跨越全国 25 个省、130 个市、县，捐赠伊利学生奶 624 万盒，让更多的孩子享受到牛奶的营养与健康；发起“伊利营养 2020”之营养扶贫计划，向山西、陕西等特/贫困地区捐赠价值 1 150 万元的奶粉，开展营养公益讲座，帮助儿童、孕产妇以及老人提高营养健康水平；联合中华红丝带基金，开展“伊利营养 2020”之金领冠母爱计划凉山行，捐赠价值 215 万元的金领冠婴幼儿配方奶粉；联合北京春晖博爱儿童救助公益基金会，实施“金领冠母爱计划”，捐赠价值 35 万元的伊利金领冠珍护婴幼儿奶粉，帮扶孤残儿童 270 余名。

教育脱贫。2018 年公司联合中国儿童少年基金会，推进“伊利未来公园”公益项目，投入 280 万元，向陕西、江西、河南、河北、浙江、内蒙古等地的 33 万名中小学生普及科普知识；联合中国西部人才开发基金会，推进“伊利方舟”公益项目，投入 400 万元，开展 70 余场儿童安全专项培训，重点关注农村留守儿童，帮扶超过 1 万名留守儿童。

产业扶贫。公司联合中国青年创业就业基金会，发起“伊利营养 2020”之中国青年创业扶贫行动，投入 500 万元，通过资金扶持、培训活动等形式，支持山西石楼、灵丘等贫困县青年创业扶贫工作。

社会扶贫。2018 年公司投入 65 万元，落实内蒙古自治区武川县大路壕村水利灌溉项目专项扶贫方案，增加土地灌溉面积，促进农业增产和农民增收。

【奶业大事】2005 年 11 月 16 日，伊利与北京奥组委正式签约，牵手北京奥运会，成为国内唯一一家符合奥运标准、为 2008 年奥运会提供乳制品的企业。

2009 年 5 月 25 日，伊利牵手上海世博会，成为国内唯一一家符合世博标准、为 2010 年上海世博会提供乳制品的企业。

2014 年 1 月，习近平总书记视察伊利，对企业发展和食品安全提出了殷切希望。随后，伊利正式全面启动“质量领先战略”，将食品安全工作延伸至全球产业链上的所有合作伙伴，系统性构建全球质量管理体系。

2014 年 8 月 11 日，伊利集团与 SGS（瑞士通用公证行）、LRQA（英国劳氏质量认证有限公司）和 Intertek（英国天祥集团）达成战略合作，升级伊利全球质量安全管理体系。伊利全球质量管理体系达到了 ISO9001 质量管理标准、乳制品 HACCP 食品安全管理标准、ISO14001 环境管理标准和 OHSAS18000 职业健康安全管理标准等的要求。

2014 年 11 月，伊利集团液态奶、奶粉、酸奶、冷饮事业部全部通过 FSSC22000 食品安全体系认证，成为中国第一家全线产品通过此全球性食品安全管理标准体系认证的乳品企业。这是伊利集团全球质量管理体系升级的阶段性成果，不仅实现了从原材料、生产到成品的全过程食品安全保障，而且为伊利产品进入欧洲以及全球市场获取了通行证。

2015 年 11 月，根据全球健康食品产业新趋势，伊利将质量管理工作战略升级为“质量领先 3210 战略”，聚焦“全球最优品质”，持续升级全球质量管理体系。具体而言，“3”是指打造世界一流学习型、专业化质量人才队伍，建立包括原料、产品、卫生、工艺、基础设施等在内的世界一流质量标准，生产世界一流品质的产品；“2”是指升级全球质量领先管理体系，以及端到端全链条的质量自主管理模式；“1”是指对全链条不满足食品安全和产品质量要求的过程和结果坚决实行一票否决；“0”是指保证零食品安全事件。

2017 年 8 月 30 日，北京冬奥组委与伊利集团正式签约并对外宣布：伊利集团成为北京 2022 年冬奥会和冬残奥会官方唯一乳制品合作伙伴。伊利成为中国唯一同时服务夏季奥运和冬季奥运的健康食品企业。

2017 年，伊利提出建立“全产业链质量管理生态圈”的战略图景。通过利益共享机制，伊利将集结全产业之力为消费者舌尖上的安全保驾护航，全产业链上的每个人都是食品安全的创造者、把关者和守护者。

2018 年 9 月，伊利欧洲研发中心正式升级为伊利欧洲创新中心。创新中心已经成为公司与世界顶级科研、教学机构开展创新合作的桥梁，吸引越来越多的行业专家在健康食品领域进行科技前沿的探索。

2018 年 10 月，公司“Joy Day”冰淇淋在印度尼西亚多个城市成功上市，该款产品是经过深入的市场调研和精心研发，率先面向印度尼西亚及其他东南亚市场推出的高品质产品，同时也是公司国际化战略迈出的重要一步。

2018 年 11 月，公司收购泰国本土最大冰淇淋企业 THE CHOMTHANA COMPANY LIMITED，从“全球织网”到打造“全球智慧链”，再到“让世界共享健康”，公司的国际化步伐不断加快。

（内蒙古伊利实业集团股份有限公司）

内蒙古蒙牛乳业（集团）股份有限公司

【奶源基地】截至2018年年底，蒙牛奶源生鲜乳日收购量超过14 000t，奶牛存栏近100万头，奶牛平均单产8.7t。公司下属牧场机械化挤奶率达100%，全混合日粮饲喂实现100%覆盖，生鲜乳100%来自规模化、集约化牧场，参控股牧场奶量占蒙牛总收奶量45%以上（现代、富源、圣牧等），使得蒙牛在优质奶源供应方面更具优势。

各区域奶业养殖头均年净收入达4 000元，5 000头奶牛场年净收入达2 000万元。蒙牛全国合作牧场苜蓿种植面积近350万亩，青贮玉米种植面积300余万亩。蒙牛积极推动牛群生产性能（DHI）的测定，以反映牛群及牛只个体的生产性能、饲养管理、繁殖配种、乳房保健及疾病防治等方面的准确信息。科学有效地对牛群进行管理，充分发挥牛群的生产潜力，进而提高经济效益。

疫病防控方面，严格按照国家相关规定、行业标准执行检验检疫。粪污处理采用发酵、堆肥两种方式处理后形成有机肥进行还田。发酵工艺方面，粪污发酵后进行干湿分离，产生的沼气用于发电或作为锅炉燃料。沼液作为有机肥还田，沼渣作为牛只卧床垫料使用。堆肥工艺方面，粪污收集后进行堆肥，发酵后变成有机肥进行还田。

【市场消费】蒙牛集团市场份额领先并引领行业增长。

【国际化】蒙牛是中国最早“走出去”的乳品企业，目前海外业务主要有以下几个方面：

第一，引入国外战略合作方。法国Danone（达能）、丹麦Arla Foods（阿拉福兹）分别是蒙牛的第二、第三大战略股东。

第二，海外并购项目，分别是旗下富源国际在澳大利亚的乳品加工投资项目、在美国的牧草投资项目。

并购澳大利亚乳品企业，引进乳品加工技术，助力海外市场开拓。2016年富源国际收购了澳洲乳品加工企业BURRA FOODS AUSTRALIA。该公司是澳大利亚高端乳制品生产商之一，成立于1991年，拥有100年历史的乳制品加工厂位于维州东部的Korumburra镇。产品销往30多个国家，特别在东北亚、东盟和中东受到全球闻名的食品加工企业信赖。公司愿景是使用最新技术、世界上最优质的奶源以满足全世界对澳洲乳制品的使用需求。公司是澳大利亚仅有的几个采用了牛奶低温分离技术的生产企业之一。牛奶在较低的温度进行分离，此技术可将细菌生长速度降低到最小水平，同时可保证原奶的最大天然营养成分和价值。低温、新鲜的原奶通过超滤膜，将主要的营养成分进行浓缩，同时减少水分和乳糖的含量，造就了脂肪含量低、蛋白质含量高、营养价值丰富的牛奶，同时口味极佳。

并购美国HayKingdom公司，为国内牧场提供稳定的饲料来源。2016年富源国际收购了上游牧草加工企业Haykingdom（草王）。草王位于美国加利福尼亚州，成立于1980年代，长期以来一直致力于牧草加工、牧草种植和牧草出口等业务，与很多草农保持常年合作。主要产品包括：苜蓿草、苏丹草、燕麦草、百慕大草等；主要销售地区包括中国大陆、日本、韩国、中国台湾、中东等。

第三，在海外投资建厂。

一是在新西兰形成了生产、加工、研发的全产业链布局。雅士利新西兰乳业有限公司位于新西兰怀卡托市，2013年9月开始投建，2015年11月16日正式投产，是中国奶粉品牌在海外打造的第一个世界一流的生产基地。总投资2.2亿新西兰元（约11亿元人民币），年产能为基粉50 000t、成品25 000t，员工人数共计99人，占地面积70 000 ㎡。

雅士利新西兰工厂于2016年通过CNCA的境外食品企业注册，同时也是大洋洲第一个在CFDA的婴幼儿配方注册新政首批名单中获得两个系列6个配方的婴配企业（由雅士利新西兰工厂生产、原装进口的菁珀和菁跃两大系列婴幼儿配方奶粉于2017年8月3日通过婴幼儿配方注册制）。

雅士利新西兰乳业与多家知名供应商及当地牧场建立了稳定合作关系，包括恒天然、OCD、DSAM和欧洲乳清。同时在新西兰开展了广泛的研发合作。2014年11月，雅士利集团与新西兰奥克兰大学达成战略合作协议，共同推进婴幼儿营养、食品安全等领域的研究工作。2016年，雅士利集团与奥克兰大学研发机构UniServices和Agresearch研究院合作开展婴儿配方奶粉的临床喂养研究，研究升级的婴儿配方奶粉对婴儿肠道和免疫功能的影响。

2018年，蒙牛携手鹏欣集团，与新西兰Asure Quality（安硕）集团及ThelandTahi Farm联合签署了特仑苏新西兰专属牧场合作项目四方协议，与Massey University（梅西大学）签订了在食品营养健康研究、乳制品研发方面开展紧密合作的协议。至此，蒙牛在大洋洲打通了从奶源到生产销售、自主研发到质量管控的全部环节，开创了中国乳品企业海外全产业链布局的先河。

二是在印度尼西亚西爪哇省勿加西县投资建立乳制品工厂。工厂于2018年12月29日正式建成投产。这家工厂占地面积1.5万m^2，于2017年11月立项、2018年3月开工建设，总投资额达5 000万美元，设计日产能260t、年产值1.6亿美元。未来五年，将为当地提供1 000余个就业机会，目前已有约100名印度尼西亚籍员工在岗。工厂主要生产低温酸奶和乳酸菌饮料，YoyiC系列产品已在印度尼西亚主要城市的12 000余家商铺全面上市。未来还将扩展到常温酸奶及常温乳酸菌饮料等多个品类。同时推进 YoyiC 产品出口到新加坡、马来西亚、中国香港等市场，为更多消费者提供优质的产品。

【社会责任】蒙牛集团践行企业社会责任主要包括以下方面：

参与小康牛奶行动——营养普惠计划。2018 年，蒙牛在全国范围开展营养普惠捐奶行动，完成 20 万提的捐赠目标，覆盖全国 19 个省（直辖市）、91 个县区的 137 所学校，受捐赠学生 21 880 人，其中超过 11 000 人属于贫困户。此外，蒙牛在全国开展 42 场“营养与健康推广日活动”，每场活动邀请 100~200 名学生家长参与，让家长了解学生奶在学校的安全和规范管理的细节，增进学生在校饮奶的信心，并通过营养专家举行牛奶课堂讲座，让学生家长了解课间饮奶为学生的健康成长带来的巨大好处，教育普及近 1 万户家庭。

技术扶贫——“牧场主大学”项目。整合行业内最具实战经验的百余位国内外专家，组成顶级讲师团、客服团，进行系统的知识培训、技术帮扶，帮助牧场主及奶源技术人员提升科学养牛意识，提升牧场整体运营水平。每一场培训都采取现场评估、牧场答疑、专题报告、技术沙龙、跟踪回访的形式开展，现场给出专业解决提升方案，精准解决问题。2018 年，“牧场主大学”项目共开展 30 余场次培训，免费帮助近 5 000 人学习奶牛饲养技术，帮扶合作伙伴提升效益超过 1 亿元。

互联网精准扶贫——“牛人说”线上牧业知识平台。为了脱离资金人员和地域的限制，让更多养牛人从蒙牛获益，蒙牛利用互联网技术创新开发“牛人说”牧业知识分享平台，并在蒙牛微信服务号上设置了入口。养牛人只需使用智能手机，就能随时随地通过图文、语音等多种形式向顶级牧业专家提问，甚至接受多名专家“会诊”。2018 年，“牛人说”会员数量同比增加 1 300 余户，增长近 80%。问答和知识文章、微课视频等阅览量稳定，平均每条阅览量超 300 人次，系统总阅览量超 40 万人次。

产业扶贫——西藏“净土乳业”项目。受限于相对落后的技术与管理水平，西藏液态奶年产量不足 30 万 t，规模以上企业液态奶产量更是不足 1 万 t。西藏“净土乳业”项目于 2016 年 6 月启动，蒙牛在资金援建、奶牛养殖、工厂布局设计、主体设备选型、工艺创新、基建工程把关、流程制度制定等环节，提供全方位、多层次的专业化支持。2018 年 9 月，项目在拉萨市正式投产运营，标志着西藏拥有了首个自主品牌的现代化乳品加工厂。为实现产业扶贫的目标，项目将按 5 ∶ 3 ∶ 2 的比例再分配纯利润，50% 用于扩大再生产，30% 用于贫困群众的分红，20% 作为拉萨市城关区扶贫滚动发展资金。项目占地 62.81 亩，一期设计产能投产后预计日处理原奶 150t，液态奶年产量 5 万 t，年产值可达 5.5 亿元。该项目可直接提供 270 余人的就业岗位，间接带动饲草种植、奶牛养殖等产业链其他方面就业 2.5 万余人，实现农牧民增收致富。

乡村振兴扶贫——贫困地区对口帮扶项目。蒙牛积极响应定点扶贫号召，自 2014 年开始用心做好呼和浩特市和林格尔县羊群沟乡圪洞坪村的对口扶贫工作。多次到圪洞坪村开展扶贫工作调研，积极为扶贫村修建蓄水池、道路、水井等基础设施，保障村民的基本生活。

2018 年年初，蒙牛向和林格尔县捐赠 100 万元，为全县贫困人口代缴贫困人口意外身故、残疾、意外住院医疗补充、重大疾病住院补充保险费用，并分两批次为全县贫困户发放牛奶，为和林格尔县扶贫脱贫工作注入了新的动力。

2018 年，蒙牛出资 40 万元，为圪洞坪村成功打了一眼地下深水井，解决了村民几十年来“吃水难”的民生问题，造福了当地百姓。截至 2018 年年底，蒙牛累计遍访全区 156 个地区，共有 72 眼深水爱心井出水，受益农牧民达 20 万人。

2018 年，在广西隆安县，蒙牛拨付 100 万的扶贫资金，支持扶贫产业项目的开展，并采购当地生产厂家铂洋价值 13.6 万元的香蕉浆作为产品原料，带动当地经济发展。在西藏洛扎县，蒙牛开展学生奶营养普惠计划项目，对县里的 1 800 名贫困小学生及 3~6 岁学龄前儿童免赠送学生奶 1 505 件。

【奶业大事】2018 年 2 月 24 日，蒙牛集团签约阿根廷球星里奥 • 梅西（Lionel Messi）为品牌代言人。这是继成为 2018 FIFA 世界杯全球官方赞助商后，蒙牛世界杯营销战役的又一重大举措。

3 月 24 日，蒙牛 CEO 卢敏放出席在北京钓鱼台国宾馆举办的中国发展高层论坛，并进行了《以文化驱动开启中国企业大发展的时代之门》的主题发言，并创造性地提出了乳业进入“4U 时代”。

3 月 27 日晚，蒙牛乳业（02319.HK）在香港发布的 2017 年度业绩公告显示，蒙牛全年实现收入 601.56 亿元人民币，同比增长 11.9%，净利润达 20.48 亿元。

5 月 27 日，在 2018 中国国际大数据产业博览会“工业互联网”高端对话上，蒙牛 CEO 卢敏放发表主题演讲——《拥抱工业互联网　迎接乳业数字新时代》，分享传统乳业在工业互联网时代探索并引领“乳业数字新时代”的创新成果。

6 月 3 日，旨在助力青少年足球发展、带领中国足球少年走向俄罗斯世界杯的蒙牛《踢球吧！少年强》活动在上海东方体育中心举行盛大出征仪式。

6 月 5~6 日，奶牛金钥匙技术示范蒙牛示范专场活动在河北廊坊举行。

6 月 9 日，上海合作组织（以下简称上合组织）成员国元首理事会第十八次会议在山东青岛举行。作为上合组织实现首次扩员后的第一次工商论坛，上合组织工商论坛于 6 月 6 日率先开幕，揭开中国此次重要主场外交活动的序幕。蒙牛乳业集团作为上合组织工商论坛的官方合作伙伴，以世界级品质的特仑苏、纯甄小蛮腰、蒂兰圣雪、冠益乳等明星产品服务于中外嘉宾。

7 月 30 日，全球乳业论坛组织第五届亚太乳业峰会在银川拉开帷幕。大会首日发布重磅消息，蒙牛 CEO 卢敏放当选该组织董事，成为董事会中首位来自中国企业的成员。

8 月 14 日，国家技术标准创新基地（乳业）启动会在北京召开。作为乳业唯一的国家技术标准创新基地的筹建承担单位，蒙牛将利用这一平台，凝集众力，通过标准创新，在降成本、优结构、提质量、创品牌、增活力等方面发力，以世界级标准促进世界级品质，带动全行业做大做强，振兴中国乳业。

9 月 7 日，由蒙牛集团技术援建的西藏“净土乳业”项目在拉萨市正式投产运营。这标志着西藏拥有了首个自主品牌的现代化乳品加工厂，雪域高原的乳业发展迈入了新的篇章。

9 月 27 日，2018 年中国奶业 20 强（D20）峰会在内蒙古自治区呼伦贝尔市召开。作为峰会承办方，蒙牛集团与其他 19 家企业共同发布《中国奶业 D20 联盟呼伦贝尔宣言》，向全社会郑重承诺，将通过大力提振奶业的各个环节，振兴民族奶业，筑梦健康中国。作为本次峰会的承办方，蒙牛将继续以国际化作为公司核心发展战略，以拥抱全球化作为公司发展方向，不断推进中国奶业做强做优，将世界品质的产品奉献给消费者，让更多奶农分享奶业发展红利。

10 月 15 日，以“新一代乳业”为主题的 2018 年 IDF 世界乳业峰会在韩国大田举行。蒙牛集团 CEO 卢敏放作为中国企业家代表，在当天的全球乳业峰会领袖论坛上发表题为《亚洲乳业发展洞察：从亚洲走向世界》的讲话。

11 月 5 日，首届进博会召开，蒙牛集团 CEO 卢敏放出席开幕式并出席国际乳业合作论坛，做了题为《携手同行，共享全球乳业未来》的主旨演讲。

11 月 29 日，蒙牛印度尼西亚 YoyiC 工厂开业，蒙牛全球化布局再落一子。印度尼西亚工厂是中国企业在东南亚布局的首个乳制品生产基地，将实现本地生产、本地销售。

12 月 6 号，蒙牛集团客户会召开，为蒙牛集团成立以来规模最大的一次客户年会，近万名经销商代表、蒙牛员工参加。会上，蒙牛集团 CEO 卢敏放做了《天生要强共赢冠军》的主题报告。

［内蒙古蒙牛乳业（集团）股份有限公司，张永霞、王晓春、高翔、林笛、宋丽、王俊威、侯丽芳、马磊）］

光明乳业股份有限公司

光明乳业业务始于 1911 年，主要从事各类乳制品的开发、生产及销售，是中国领先的高端乳品引领者。

经过 100 多年的发展，光明乳业已成长为一家大型国有股份制上市公司，逐步确立了“乳业为主体，牧业、物流为两翼”的发展格局。旗下主营产品涵盖牛奶、酸奶、奶粉、奶酪、黄油、果汁、冰品、烘焙等多个品类；拥有“致优”“优倍”“畅优”“如实”“莫斯利安”“优+”等明星品牌资源。业务范围辐射至全国31个省（自治区、直辖市），并与新西兰等国家和地区开展海外业务交流。

作为农业产业化国家重点龙头企业，拥有中国食品行业唯一一家国家重点实验室——乳业生物技术国家重点实验室，光明乳业不断致力于改革创新，始终践行国有企业的责任与担当，积极参与食品安全社会共治，大力推进从牧场到终端的全产业链质量追溯体系建设，真正确保消费者“舌尖上的安全”，让更多人感受美味和健康的快乐。

【奶源基地】2018 年光明乳业共存栏奶牛 75 145 头，其中成母牛存栏 41 508 头。生鲜乳总产量达 46 万多吨，成母牛年均单产超 10t，其中有两个牧场成母牛年单产超过 12 t。奶牛养殖分布在上海（含崇明）、江苏、浙江、河南、山东、天津、湖北、黑龙江共 26 个牧场，分传统拴系饲养（8 个牧场）和现代化散栏饲养（18 个牧场）两种模式。

表 5-4 不同规模牧场奶牛存栏所占比例

规模（头）	比例（%）
≥ 10 000	43
5 000~9 999	12
3 000~4 999	10
1 000~2 999	28
<1 000	7

光明乳业所有牧场均采用全混合日粮（TMR）饲喂技术，使用立式 TMR 设备，分固定式和移动式两种。牧场均采用机械挤奶，挤奶设备包含三种类型：管道式挤奶（传统拴系牧场）、并列式挤奶、转盘挤奶。所有牧场都参加奶牛生产性能测定（DHI），每月采集乳样送上海奶牛 DHI 检测中心进行检测。

2018 年光明乳业生乳质量达到历史最高水平。其中，体细胞数平均 15.88 万个 /mL，连续 8 年下降，小于 15 万个 /mL 的占 40%；生乳中微生物含量 15.88 万个 /mL。

2018 年光明乳业收贮青贮共计 31 万多吨。其中青贮麦子种植近 8 500 亩，青贮麦子总产量 1.3 万 t；青贮玉米种植约 3 万亩，青贮玉米产量近 4 万 t。除青贮玉米和青贮麦子外，试验种植了少量青贮高粱。

2018 年光明乳业下属牧场未发生重大动物疫情。牧场主要免疫口蹄疫（O 型、A 型和亚 Ⅰ 型），每年免疫 3 次，免疫后抗体合格率均在 95% 以上（低于 90% 全群补免），另外牧场进行梭菌免疫。牧场监控疫病为牛结核杆菌病、布鲁氏菌病，每年两次检疫。同时对牛病毒性腹泻病毒（BVDV）、牛呼吸道合胞体病毒（IBRV）、牛副结核进行监控。

牧场粪污处理：牧场产生的粪污经固液分离后，分为固体牛粪和液体污水。固体牛粪处理主要分三种：烘干（或者发酵）后作为牛床垫料，干物质达到 60% 以上；由第三方制作有机肥后销售；与第三方合作直接还田。固液分离产生的液体处理分以下三种：直接纳管处理；经氧化塘或沼气发酵后还田处理；牧场污水处理达标后排放。

【乳品加工】光明乳业在全国拥有 16 家生产企业，主要生产新鲜牛奶、酸奶；常温牛奶、酸奶；奶粉、奶酪等各类乳制品。2018 年，公司乳制品总产量达 1 105 570t，其中液态奶产量为 946 229t，干乳制品产量为 159 341t。

光明乳业秉承“质量是根，品牌为魂”的经营理念，忠实履行企业社会责任，坚持为消费者奉献最安全、最优质的产品。公司以“逐步成长为受尊敬的世界级企业”为目标，落地实施“18165 品质光明战略”，完成了新一轮的质量管理体系升级。公司连续三年发布了企业质量白皮书，并在 2019 年升级发布“卓越质量管理体系”。在国家相关部门及行业协会的支持下，公司建立了行业唯一的液态奶质量追溯体系，率先通过了优质乳工程验收，也是食品行业内唯一一家与中国探月工程中心开展质量管理对标的企业。光明乳业旗下的华东中心工厂是全球最大、最先进的液态奶加工工厂之一，也是国内第一家采用世界级制造（WCM）管理的企业。截至 2018 年年底，光明乳业共有 6 家工厂通过日本 JIPM 审核，其中北京、广州、富裕、华东中心 4 家工厂获得 TPM 优秀奖，乳品四厂通过 TPM 优秀继续奖终审，成为国内首家获得此项殊荣的乳制品工厂。

【市场消费】在国家大力拉动消费市场的背景下，国内液态奶市场处于消费升级阶段，巴氏杀菌奶消费量逐步提升，呈现两位数的高增长。光明作为全国乳企领先品牌，秉持新鲜理念，率先推进全国巴氏杀菌奶布局，2018 年已占据 34.1% 的全国市场份额。光明巴氏杀菌奶以华东为核心区域，辐射华中、华北、华南、西南等省会及上线城市 160 多个。光明勇于自我挑战，领“鲜”无止境，开启“巴奶新革命”，将杀菌工艺温度降低至 75℃，使鲜牛奶更加新鲜，牛乳中的营养成分和功能得到最大限度的保留和利用。“优倍”高品质鲜奶成为全国巴氏杀菌奶第一品牌，占据领先地位。

为更好满足消费者“新鲜到家”的需求和体验，2019 年光明“随心订送奶到家服务”将扩张至 38 个城市。光明旗下“优倍”“致优”鲜奶等产品通过送奶到家服务，满足了中高端消费群体“新鲜、营养、高品质”的饮奶需求。随着光明鲜奶在全国市场渗透率的提高，带动了行业整体巴氏杀菌奶的消费升级。

“光明”牌新鲜酸奶秉承“捍卫国人肠道健康，提供美味享受”的理念，不断创新研发，推陈出新，2018年占据9.6%的全国市场份额。旗下有帮助肠道通畅功能的、含有光明独有专利菌株植物乳杆菌ST-III的“畅优”、捍卫肠道免疫力功能的“健能”、提供美味享受的“赏味”、天然无负担的“如实”等系列产品，为消费者提供了多种产品选择。

光明莫斯利安作为国内首创巴氏热处理风味发酵乳，开创了常温酸奶品类革命，带动整个液态奶品类实现百亿级增长。2018年占据15.1%的全国市场份额。光明莫斯利安为迎合消费者对便利性的需求，继续持续升级，延展并创新多个饮装产品，全面焕新再起航。

光明超高温灭菌乳在全国渠道布局持续推进，产品升级上不断创新。2018年占据2.4%的全国市场份额。旗下“优+”品牌将新增功能性产品、开发更高端的高蛋白牛奶新品，进入运动、电竞等细分市场，满足更高层次及年轻消费者细分需求。

2018年，光明乳业营业总收入达209.86亿元，实现净利润5.27亿元。其中液态奶收入（巴氏杀菌奶、超高温灭菌奶、酸奶、乳酸菌饮品等）124.3亿元，其他乳制品（婴幼儿奶粉、成人奶粉、奶酪等）54.48亿元。

【国际化】近年来，光明乳业不断推动公司的国际化发展，布局海外，加强海外投资实体的管理，拥有海外优质、稳定、可靠的奶源及生产基地，适应国内外市场需求，不断加大产业升级和创新力度，推动乳制品及品牌的国际化，提升公司的国际品牌形象和竞争力。

光明乳业目前在中国香港、以色列、开曼群岛等地设有子公司，在新西兰有投资实体——Synlait Milk Limited（以下简称新莱特），持有其39%的股份，为其最大股东。新莱特是一家创新型乳品加工企业，总部位于新西兰坎特伯雷中心地区，在奥克兰和北帕默斯顿均设有分部，目前有600多名员工。新莱特致力于将专业农业与最先进的加工技术相结合，产品品种由单一的工业奶粉发展到婴幼儿奶粉、液态奶、奶酪、乳铁蛋白、奶油等高附加值系列产品，产品销往全球30多个国家和地区。新莱特于2013年7月23日在新西兰证券交易所挂牌上市，并在2016年11月在澳大利亚证券交易所挂牌交易，实现两地上市。

通过加强海外子公司管理，新莱特运营效率不断提升，产品结构不断优化，与光明乳业实现有效联动，积极推动新莱特生产的优质乳制品进入中国市场，实现光明乳业、新莱特在市场上的双赢。

公司还积极与以色列、西班牙、希腊等地的乳制品公司探讨品牌或乳制品方面的国际合作，提升公司在国内外市场的地位，拓宽公司的乳制品品类，促进产品升级，实现市场及产品的多元化、国际化。

为引导乳制品行业发展，推动光明乳业全产业链的科技创新与产品创新，公司还将与世界著名企业、高校、科研机构合作建立国际化创新体系，建立集创新项目合作、技术交流以及重大课题联合攻关为一体的平台。通过资源整合，发挥合作方在配料、菌种、工艺、设备、包装、研发领域的优势，整合各领域的创新成果，集成应用到光明乳业创新乳制品中，推出具有领先核心科技和市场影响力的产品，实现共赢。

【社会责任】光明乳业作为一家有高度社会责任感的乳品企业，积极贯彻国家精准扶贫的战略思想，从健康扶贫、营养扶贫大局出发，以改善贫困地区学生营养健康状况为宗旨，热心关爱未成年人，助力学生健康饮奶行动。

2018年，光明乳业向安徽、陕西、江西、内蒙古、山东、河南等省份的16个贫困县共捐赠10万箱学生奶产品，价值480万元，惠及91所学校近10万名学生，用自己的爱心为贫困儿童送上温暖的光明力量。2019年，光明乳业持续关注未成年人健康饮奶现状，携手各贫困县开展公益行动。如：与上海市崇明区横沙乡党委、乡政府合作，开启“营养奶工程”计划，确保学生喝上放心奶；向陕西省安康市恒口示范区（试验区）草庵九年制学校等3所中小学捐赠48 000盒学生奶；向海口市演丰镇中心小学捐赠96 000包价值24万元的学生奶产品。

2018年，光明乳业携手中华少年儿童慈善救助基金会，参与“关爱新生命”公益活动，捐赠奶粉12 000罐，价值超300万元，旨在切实提高困境儿童的生活质量，提供物质帮助、丰富精神世界，并积极倡导全社会对中国困境儿童群体提供更多的关注、理解与帮助。

为了更好帮助奶农、奶站提高饲养水平，提升奶源质量，确保原料奶的优质稳定，2018年光明乳业在上海、山东、天津举行了多场光明奶源TSCP行动之奶牛场防暑降温技术培训会。培训会采用牧场现场观摩交流和专家技术讲座相结合的形式，旨在解决牧场在夏季防暑降温工作中存在的重点、难点问题，最大限度缓解热应激对奶牛产量、牛只健康的影响，提高夏季奶源均衡供应能力和奶源质量。培训会受到了热烈欢迎，参与培训的奶农、牧场技术人员达120人。

【奶业大事】光明乳业在企业发展进程中，发挥资本优势，不断拓展资源，通过兼并、收购等形式，优化自身业务和产业链扩容，推动企业战略转型和升级。同时苦练内功，加强科学管理，通过提质增效，推动公司的管理质量和水平更上一层楼，不断向世界级目标靠拢。

2018年6月7日，光明乳业旗下特色渠道“随心订送奶到家服务”获2018年首批“上海品牌”认证，成为行业内唯一通过“上海品质”认证的食品企业。

2018年6月22日，光明乳业先后完成了上海奶牛研究所有限公司和上海乳品培训研究中心有限公司的股权收购项目，将进一步增加光明乳业奶牛养殖产业和乳制品生产的研发能力。

2018年7月7日，光明乳业召开优质乳工程验收会，旗下巴氏奶生产工厂全部通过验收，优倍鲜奶全面开启75℃鲜活时代。

2018年7月18日，武汉光明工厂扩产迁建项目正式破土动工，设计生产规模共64条生产线，年产各类奶制品24.3万吨。项目将打造光明乳业在华中地区的技术样板工厂，有利于扩大公司在华中地区的生产能力，满足当地市场需求；有利于优化产品结构，提升产品市场竞争力；有利于加强公司在华中地区的布局，扩大销售规模，提升盈利能力。

2018年11月5~10日（进博会期间），光明乳业领鲜物流成为首届中国国际进口博览会期间唯一一家展馆内餐饮企业食品供应保障物流配送企业。

2018年11月19日，光明乳业收购上海牛奶棚食品有限公司66.27%股权。项目将通过整合牛奶棚的门店渠道资源，优化升级商业模式、品牌和门店，与公司现有业务形成有效协同，推动光明乳业特色渠道建设。

2018年11月26日，光明牧业金山种奶牛场顺利通过国家奶牛核心育种场现场评审。

2018年12月24日，光明乳业收购上海益民食品一厂有限公司100%股权。上海益民食品一厂成立于1950年，主要生产经营"光明"牌冷冻饮品、糖果制品、速冻食品、饼干。光明乳业收购整合后将进一步丰富公司的产品品类，弥补冷饮业务空白，并通过品牌和产品升级，开发中高端系列产品，满足市场需求。

（光明乳业股份有限公司，王国文）

附表1　光明乳业股份有限公司奶牛养殖场（小区）名录

序号	名称	地址	养殖场	小区	全群存栏（头）	成母畜存栏（头）	奶畜品种	成母畜年单产（kg）	年总产量（kg）	是否参加DHI	是否应用TMR	是否国家学生饮用奶奶源基地	是否有机奶源基地	有机奶产量（t）	有机奶源认证机构	是否为布鲁氏菌病及结核净化创建场或示范场
1	荷斯坦金山种奶牛场	上海市金山区廊下镇永光路1588号	√		4 743	2 672	荷斯坦	10 004	26 229 156	√	√	√				
2	星火奶牛一场	上海市奉贤区海湾镇海兴路1458号	√		753	436	荷斯坦	10 148	4 252 534	√	√	√				
3	星火奶牛二场	上海市奉贤区海湾镇海农路606号	√		1 188	660	荷斯坦	9 831	6 292 887	√	√	√				
4	上海申星奶牛场	上海市奉贤区海湾镇随塘河路1505号	√		1 550	820	荷斯坦	9 532	8 217 838	√	√	√				
5	上海光明荷斯坦牧业有限公司江阴祝塘牧场	江苏省江阴市祝塘景阳村大宅里村	√		896	501	荷斯坦	10 296	5 214 395	√	√					
6	江阴健能牧业有限公司	江苏省江阴市霞客镇璜塘青南村	√		783	375	荷斯坦	10 588	3 728 051	√	√					
7	天津光明荷斯坦牧业有限公司蓟县分公司	天津市蓟县别山镇发电厂东侧王杠庄村	√		774	388	荷斯坦	10 760	4 362 232	√	√	√				
8	浙江荷斯坦牧业有限公司	浙江省金华市婺城区汤溪镇石羊村	√		1 531	758	荷斯坦	12 061	9 430 262	√	√					
					406	269	娟姗	4 447	377 541	√	√					
9	武汉光明生态示范奶牛场有限公司	湖北省武汉东西湖区辛安渡农场工业园50号	√		2 952	1 514	荷斯坦	10 377	15 706 789	√	√					
10	德州光明生态示范奶牛养殖有限公司场长	山东德州市陵县陵城镇马庄村	√		2 865	1 546	荷斯坦	10 971	16 337 006	√	√					
11	富裕光明生态示范奶牛养殖有限公司	黑龙江省齐齐哈尔市富裕县友谊乡勤联村	√		4 984	2 743	荷斯坦	10 615	28 514 973	√	√	√				
12	富裕县光明哈川奶牛饲养专业合作社	黑龙江省齐齐哈尔市富裕县小哈洲村	√		1 906	1 201	荷斯坦	10 612	10 508 973	√	√					
13	滑县光明生态示范奶牛养殖有限公司	河南省滑县万古镇武家庄村	√		10 115	5 310	荷斯坦	10 235	45 284 308	√	√					
14	五四奶牛场	上海市奉贤区海湾镇五四公路3701号	√		1 405	867	荷斯坦	9 909	11 744 611	√	√	√				
15	至江奶牛场	上海市崇明区长江农场西首	√		1 022	793	荷斯坦	10 422	8 220 409	√	√					
16	东风奶牛一场（东风）	上海市崇明区东风公路699号	√		739	612	荷斯坦	9 899	6 383 037	√	√	√				
17	东风奶牛二场（集团种）	上海市崇明区谊西路180号	√		846	673	荷斯坦	10 950	7 789 903	√	√	√				
18	红星奶牛场	上海市崇明区红星农场内	√		706	492	荷斯坦	11 188	5 575 250	√	√					
19	新东奶牛场	上海市崇明区新海农场	√		1 807	1 289	荷斯坦	9 659	11 933 969	√	√	√				√
20	跃一奶牛场	上海市崇明区北沿公路3732号	√		1 692	1 052	荷斯坦	9 819	10 222 542	√	√	√				

（续）

序号	名称	地址	养殖场	小区	全群存栏（头）	成母畜存栏（头）	奶畜品种	成母畜年单产（kg）	年总产量（kg）	是否参加DHI	是否应用TMR	是否国家学生饮用奶奶源基地	是否有机奶源基地	有机奶产量（t）	有机奶源认证机构	是否为布鲁氏菌病及结核净化创建场或示范场
21	跃二奶牛场	上海市崇明区跃进农场南首	√		761	567	荷斯坦	9 934	5 373 041	√	√	√				
22	佳辰后备牛场	上海市崇明区东风公路 699 号	√		1 785		荷斯坦			√	√	√				
23	江苏申牛牧业有限公司海丰奶牛场	江苏省大丰市海丰农场海丰奶牛场五大队民丰路	√		11 389	6 248	荷斯坦	10 747	68 794 053	√	√	√				
24	江苏申牛牧业有限公司申丰奶牛场	江苏省大丰市海丰农场海丰奶牛场五大队民丰路	√		12 892	7 157	荷斯坦	12 016	83 567 638	√	√					
25	湖北黄梅牧场	湖北省黄冈市黄梅县大河镇大屋村	√		4 528	2 444	荷斯坦	9 116	22 263 965	√	√					
26	黑龙江米特利牧场	黑龙江省哈尔滨市双城区长产村 102 国道东侧	√				荷斯坦	9 131		√	√					
27	天津市今日健康乳业有限公司	天津市北辰区双口镇立新园林场内	√				荷斯坦	9 856		√	√					
28	瀛博奶牛场	上海市崇明区崇明农场	√	已关闭					4 120 728							
29	上海奶牛育种中心				71	65	公牛									
30	陕西秦申金牛育种有限公司				56	56	公牛									
合计					75 145	41 508		10 511	430 446 091							

备注：本表所指奶畜包括奶山羊、奶绵羊、奶水牛、牦牛、骆驼、驴等产商品奶家畜。本表奶畜养殖场指企业在中国及海外自建和参建（控股、参股）牧场（小区）。请在养殖场或小区列中选择打勾；如参加 DHI、为学生奶奶源基地、认证为有机奶源基地等，请在相应表格中打勾。布鲁氏菌病、结核净化示范场或创建场请标明疫病净化具体级别。

附表 2　光明乳业股份有限公司乳制品生产企业名录

序号	名称	生产地点	生产许可证号码	年收购原奶量（t）	平均支付价格（元/kg）	其中：自有奶源量（t）	年乳制品产量（t）	其中：巴氏杀菌奶（t）	UHT 奶（t）	酸奶（t）
1	上海永安乳品有限公司	上海市奉贤区海湾镇永华路 1 号	SC10531012001047	19 729	4.50	10 301	24 148	1 562	7 528	4 271
2	成都光明乳业有限公司	四川省成都市东三环路二段航天路 9 号	SC10551010800030	15 000	4.50		24 826	1 911		15 921
3	北京光明健能乳业有限公司	北京市顺义区林和开发区内林河大街 14 号	SC10611130310647	33 996	3.70		47 169	6 046	14 478	13 708
4	黑龙江光明佳原乳品有限公司	黑龙江省佳木斯市汤原县汤原镇文化街 123 号	SC10523082800019	13 256	3.80		12 504		12 504	
5	湖南光明乳品有限公司	湖南省长沙市望城经济开发区望城大道 69 号	SC10543011200165	4 744	3.90		20 069			5 859
6	上海乳品四厂有限公司	上海市奉贤区海湾镇海兴路 1750 号	SC10531012001071	83 382	4.60	41 981	80 716	70 203		9 732
7	光明乳业（泾阳）有限公司	陕西省西咸新区泾河新城泾干大街西段 2 号	SC10561042300013	14 800	4.00		23 479		14 401	
8	天津光明梦得乳品有限公司	天津市北辰区风电产业园永信道 16 号	SC10512011302613	73 324	4.00		82 712		15 405	64 004
9	郑州光明乳业有限公司	河南省新郑市和庄镇神州路南段	SC10541018400032	35 627	4.10	20 210	37 236		7 361	29 875
10	广州光明乳品有限公司	广州开发区永和经济区新庄二路 38 号	SC10544011600445	11 774	3.90		49 184	3 403		40 457
11	武汉光明乳品有限公司	武汉市东西湖区张柏路 1 号	SC10542011200055	72 104	4.10	14 467	120 737	9 610		78 573
12	光明乳业（德州）有限公司	山东省德州市经济开发区晶华路北首	SC10637140100137	91 365	3.90	90 509	119 638		48 110	66 286
13	黑龙江省光明松鹤乳品有限责任公司	黑龙江省富裕县	SC10523022700877	92 834	3.90	92 834	77 706		42 942	28 883
14	南京光明乳品有限公司	江苏省南京市江宁区禄口街道来凤路 2 号	SC10532011501911	25 475	4.30		40 548	26 241		21 451
15	呼伦贝尔光明乳品有限公司	内蒙古呼伦贝尔市鄂温克族自治旗	SC10515072400126	4 164	3.90		4 739		4 739	
16	华东中心工厂	上海市闵行区紫东路 489 号	SC10531011200677	289 202	4.40	112 603	309 371	131 941	80 750	86 423

备注：本表包括在中国及海外的生产企业。自有奶源指来自自建和参建（控股、参股）牧场（小区）的原奶及长期稳定合作牧场的原奶。有机产品数量单位为“枚”指获得有机标志的数量。有机产品品类指液态奶、酸奶、奶粉、奶酪等大类。

（续）

序号	奶粉（t）	婴配粉(t)	奶油（t）	奶酪（t）	乳饮料（t）	产品销售区域	年销售收入（万元）	利润（万元）	是否为国家学生饮用奶认定企业	有机产品（枚）	有机认证机构	有机产品品类1及数量（枚）	有机产品品类2及数量（枚）	有机产品品类3及数量（枚）
1				797	9 990	巴氏杀菌奶：华东、华南、华中、华北 UHT 奶：全国	25 061	521	√					
2					6 994	四川、重庆、云南、贵州	21 139	532						
3					12 936	巴氏杀菌奶：华北地区 UHT 奶：全国	34 260	1 178	√					
4						UHT 奶：全国	12 203	2 568						
5					14 210	湖南	11 365	1 747						
6			780			上海及华东部分城市	61 459	7 601						
7					9 079	全国	14 749	836	√					
8					3 303	全国	75 781	2 225						
9						全国	34 413	2 454						
10					5 324	广东、广西、海南、福建	54 007	−6 443						
11					32 554	湖北、湖南、江西、成都、河南等	83 764	8 611						
12					5 243	全国	83 809	7 084						
13	1 939	1 653	123		2 166	全国	95 094	11 719		3 173 112	中国质量认证中心	3 173 112		
14						上海、江苏	35 159	4 412						
15						全国	3 098	−1 240	√					
16				2 523	7 734	全国	252 260	12 817	√					

现代牧业（集团）有限公司

【奶源基地】截至2018年年底，现代牧业在全国建成万头规模牧场26个，奶牛存栏量23.15万头，其中成母牛13.43万头，占比58%。年产鲜奶127.9万t，日产量3 503t，同比增长8.2%；原奶总销量125.1万t，同比增长8.92%。依托“牧草种植、奶牛养殖、牛奶加工一体化”全产业链模式，现代牧业引领奶牛规模化养殖行业，成为国内高品质原奶供应商及优质乳加工制造者。

牧场采用先进的散栏式工业化养殖方式，100%采用全自动TMR喂养、机械挤奶，实现了养殖规模化、自动化，管理先进，饲喂科学，牛奶品质优异。

除0~6月龄犊牛外，其他牛群均饲喂全混合日粮（TMR），且均为自配料（青贮类、干草类、蛋白类、淀粉类、短纤维类原料进行混合搅拌），不同牛群配方均由现代牧业营养中心制定，各牧场接到营养中心下发的配方后，严格按照配方准确执行不同阶段牛只日粮。

奶业机械购置补贴方面，现代牧业2018年涉及养殖场改造、环保设施提升改造共计补贴4 848万元，具体如下：标准化养殖小区项目补贴170万元，对牧场牛舍、设备改造进行补贴；数字农业项目补贴1 200万元，助力牧场建设信息化、数字化平台及技术提升；粪污治理、沼气工程项目共计补贴2 396万元，为牧场改造粪污处理系统、铺设沼肥还田管道、购置环保设施等；风沙源治理项目、锅炉改造、沼气工程等项目共计补贴1 082万元，对牧场青贮窖、锅炉、沼气系统进行改造和提升。

现代牧业的企业订单饲草种植面积107万亩。2018年青贮收割季，全集团累计收割134.8万t优质青贮，质量标准再升级、采收重量再创新高。为进一步控制成本，2018年7月成立粗饲料部，以需求为导向整合周边资源，优化采购管理，增加青贮用量。

疫病防控方面，现代牧业按照国家相关规定要求严格执行各项消毒、免疫、检疫工作，同时考虑各牧场区域周边的特殊情况，以当地畜牧部门要求为基础，建立了有效的牧场卫生防疫系统。安全生产方面，为切实保障员工在工作过程中的职业健康与人身安全，现代牧业建立了集团、牧场、部门三层级的职业健康管理机构。各技术中心依据生产一线实际情况，制定有效的安全操作流程。集团严格遵守国家关于职业健康防护等相关法律法规，提供符合法规要求的合格足量的劳动防护用品、防护设施。

粪污处理方面，公司立足于资源化循环利用、无废弃物排放的目标，构建起一条“饲草种植—奶牛养殖—粪污处理—沼气发电—沼肥还田”的绿色循环产业链。每期牧场都配建了大型沼气发电设施和沼肥综合利用设施，采用沼气发酵无害化处理模式，将万头奶牛的牛粪吸收、消化并进行无害化处理。年产沼气1.5亿m^3、粪肥640万t、沼渣181万m^3，沼气转化蒸汽88万t、发电自用4 837万kW·h，每年直接效益2亿元；年减少碳排放54.6万t，碳交易潜力价值1 092万元，实现了生产过程中再生能源的循环利用。

2018年原奶平均售价为3.85元/kg，同比略升0.52%。公司通过精细化饲养及优化饲料结构，原奶现金成本控制在2.45元/kg，其中饲料成本1.89元/kg，与2017年基本持平。截至2018年年底，成乳牛年单产达10.1t，同比增加0.3t；受益于产销稳步提升，原奶销售总收入录得48.33亿元，同比增长9.85%；2018年公司的现金流状况大幅好转，经营活动的现金净流入为14.06亿元，同比大幅增加。

【市场消费】2018年，现代牧业87.36%的原料奶销售给蒙牛，金额达到42.22亿元。

现代牧业下游品牌奶业务方面，公司下游与蒙牛合营的工厂于2018年二季度正式成立。受惠于销售模式的改变，品牌奶业务实现盈利。2018年现代牧业品牌奶销售额为10.17亿元，整体销售额同比增长了8%。现代牧业品牌奶以“15年坚持只做牧场奶”的定位重新推出市场，借助蒙牛的品牌策略，以“国际金奖、航天品质”双重背书，提升公司品牌奶的知名度及信赖感，平均零售价实现上涨。

【社会责任】第一，现代牧业推行“企业+基地+农户”的饲草产业化经营模式，签约配套牧草种植基地超过130万亩，辐射带动牧场周边6万余户农户，年收入6.18亿元。

通过捐赠饲料与奶牛、解决当地贫困户就业等“授人以渔”的扶贫方式，直接或间接帮扶脱贫1 000余户。

从2006年开始，牧场积极主动与牧场所在地及周边农户签订种植合同，走“公司+基地+农户”带动农民发展的路线，坚持服务基地、服务农户，始终把农户的利益放在第一位，与农户结成了紧密相联的利益共同体。

一是实行统一供种、统一种植规程、统一施肥用药、统一收购的“四统一”服务。牧场还专门聘请专家为种植户提供无偿技术服务，常年免费为农户提供从栽种、管理，到病虫害防治，以及协助组织农户实行机械化作业，联系收割机械等一条龙服务。同时为牧场无偿提供种植青贮所需的沼液、沼渣等有机肥，并现场指导使用。最终作物由现代牧业统一收购回牧场，成为优质的饲料。

二是采取保护价收购，实行优质优价，减少农民经营的市场风险。在与农户订立种植合同的同时，就确定了产品的收购价格，采取保护价订购。当市场价格高于保护价时，按市场价收购；当市场价格低于保护价时，则按保护价收购，从而使农民收益得到了根本保障。

牧场种植项目在全国26个牧场所在地推行，每个牧场均建设有2万亩左右的青贮玉米种植基地，全国范围内总面积达70多万亩，通过牧场订单农业拉动，每亩可增收200~500元，每户每年可增收900~3 000元，涉及安徽、陕西、河北、黑龙江、山东、四川、内蒙古等多个省份近4.9万多户农户。

第二，提供稳定工作岗位，吸纳当地农民就业，加强继续教育培训。

根据现代牧业统计，每个牧场本身可以增加就业岗位200~500人，月平均工资在2 500元以上，年增加收入至少3万元。农民通过身份转换，可以提高素质和技能，促进当地文化、精神文明程度的整体提升，促进新农村建设。同时，公司内部会定期开展多样化的培训，涉及管理、专业知识、专业技能等各方面，整体提升农民的素养。

【奶业大事】2018年4月，现代牧业与蒙牛的合资工厂完成股权转让。

2018年9月，现代牧业与中信环境签署合作框架意向书，计划对公司非核心业务能源资产整合出售，提升资产利用率和产能效益。

2018年12月，现代牧业向蒙牛出售下游生产的闲置资产，优化公司资产结构、整合资源，既有助于回笼资金减少负债，也有助于公司聚焦上游业务，提高运营效率。

（现代牧业（集团）有限公司，齐芳华）

附表 1　现代牧业（集团）有限公司奶牛养殖场（小区）名录

序号	名称	地址	养殖场	小区	全群存栏（头）	成母畜存栏（头）	奶畜品种	成母畜年单产（t）	年总产量（t）	是否参加 DHI	是否应用 TMR	是否国家学生饮用奶奶源基地	是否有机奶源基地	有机奶产量(t)	有机奶源认证机构	是否为布鲁氏菌病及结核净化创建场或示范场
1	现代牧业（集团）有限公司	安徽省马鞍山市博望区丹阳镇	√		6 738	3 725	荷斯坦	10.7	43 499		√					
2	现代牧业（汶上）有限公司	山东省济宁市汶上县郭仓镇	√		7 607	4 769	荷斯坦	9.3	42 999		√					
3	现代牧业（商河）有限公司	山东省济南市商河县沙河镇苗家村	√		23 782	13 114	荷斯坦	11.8	149 193		√	√				
4	现代牧业（合肥）有限公司	安徽省合肥市肥东县白龙镇长王村	√		18 767	11 165	荷斯坦	9.7	104 539		√					
5	现代牧业（蚌埠）有限公司	安徽省蚌埠市五河县朱顶镇新庄	√		37 762	22 009	荷斯坦	9.8	193 382		√					
6	现代牧业洪雅有限公司	四川省眉山市洪雅县东岳镇千秋村	√		6 632	3 733	荷斯坦	9.3	31 895		√					
7	现代牧业（宝鸡）有限公司	陕西省宝鸡市眉县青化乡	√		17 570	9 579	荷斯坦	9.7	86 169		√					
8	现代牧业（和林格尔）有限公司	内蒙古呼和浩特市和林格尔县盛乐经济园区东区	√		10 924	6 135	荷斯坦	10.8	63 038		√	√				
9	现代牧业（察北）恒盛有限公司	河北省张家口市察北管理区白塔管理处	√		5 257	3 126	荷斯坦	10.4	30 469		√					
10	现代牧业（察北）有限公司（察一）	河北省张家口市察北管理区白塔管理处	√		6 913	4 108	荷斯坦	9.9	40 452		√					
11	现代牧业（察北）有限公司（察二）	河北省张家口市察北管理区白塔管理处	√		15 062	8 895	荷斯坦	9.7	84 900		√					
12	现代牧业（塞北）有限公司（塞一）	河北省张家口市塞北管理区管理区	√		7 137	4 074	荷斯坦	10.0	36 904		√	√				
13	现代牧业（塞北）有限公司（塞二）	河北省张家口市塞北管理区管理区	√		10 947	6 452	荷斯坦	10.0	61 762		√	√				
14	现代牧业（塞北）有限公司（塞三）	河北省张家口市塞北管理区管理区	√		10 413	6 060	荷斯坦	10.3	59 647		√	√				
15	现代牧业（塞北）有限公司（塞四）	河北省张家口市塞北管理区管理区	√		9 818	5 945	荷斯坦	10.9	59 411		√	√				
16	现代牧业（通辽）有限公司	内蒙古通辽市辽河镇西乌兰花村	√		11 167	6 521	荷斯坦	10.0	61 295		√	√				

（续）

序号	名称	地址	养殖场	小区	全群存栏（头）	成母畜存栏（头）	奶畜品种	成母畜年单产（t）	年总产量（t）	是否参加 DHI	是否应用 TMR	是否国家学生饮用奶奶源基地	是否有机奶源基地	有机奶产量(t)	有机奶源认证机构	是否为布鲁氏菌病及结核净化创建场或示范场
17	现代牧业（双城）有限公司	黑龙江省哈尔滨双城区农丰镇永久村	√		18 258	10 840	荷斯坦	9.1	92 106		√					
18	现代牧业（尚志）有限公司	黑龙江省尚志市乌吉密乡	√		6 776	4 065	荷斯坦	9.3	37 205		√					
合计	现代牧业（集团）有限公司		26 个		23.15 万	13.43 万	荷斯坦	10.1	127.89 万							

备注：本表所指奶畜包括奶山羊、奶绵羊、奶水牛、牦牛、骆驼、驴等产商品奶家畜。本表奶畜养殖场指企业在中国及海外自建和参建（控股、参股）牧场（小区）。请在养殖场或小区列中选择打勾；如参加 DHI、为学生奶奶源基地、认证为有机奶源基地等，请在相应表格中打勾。布病、结核净化示范场或创建场请标明疫病净化具体级别。

附表2　现代牧业（集团）有限公司乳制品生产企业名录

序号	名称	生产地点	生产许可证号码	年收购原奶量（t）	平均支付价格（元/kg）	其中：自有奶源量(t)	年乳制品产量（t）	其中：巴氏杀菌奶(t)	UHT奶（t）	酸奶（t）
1	现代牧业（蚌埠）有限公司	安徽省蚌埠市五河县朱顶镇现代牧业园区	SC10534032200010	61 985	4.00				61 828	
2	合肥蒙牛现代牧业乳制品有限公司	安徽省合肥市肥东县白龙镇工业聚集区	SC10534012200020	19 467	4.23	19 467	21 392			21 392

备注: 本表包括在中国及海外的生产企业。自有奶源指来自自建和参建(控股、参股)牧场(小区)的原奶及长期稳定合作牧场的原奶。有机产品数量单位为“枚”指获得有机标志的数量。有机产品品类指液态奶、酸奶、奶粉、奶酪等大类。

（续）

序号	奶粉（t）	婴配粉（t）	奶油（t）	奶酪（t）	乳饮料（t）	产品销售区域	年销售收入（万元）	利润（万元）	是否为国家学生饮用奶认定企业	有机产品（枚）	有机认证机构	有机产品品类 1 及数量（枚）	有机产品品类 2 及数量（枚）	有机产品品类 3 及数量（枚）
1						全国	53 831	3 940						
2						华东区域	15 981	2 080						

石家庄君乐宝乳业有限公司

君乐宝乳业集团成立于1995年，已发展成为集种植、养殖、加工、销售、研发为一体的大型综合性乳业集团，是河北省最大的乳制品加工企业，农业产业化国家重点龙头企业、国家高新技术企业。现有员工10 000余人，共有17个生产工厂，10个现代化大型牧场。以奶粉、低温发酵乳、常温液态奶、牧业4个事业部为引擎，现有品项200个，建立起涵盖奶业全产业链的运营布局，致力于为消费者提供营养、健康、安全的乳制品。2018年，集团整体销售收入130亿元，居全国第四位。

【奶源基地】2018年，君乐宝乳业集团共有奶源基地181个，年生鲜乳收购总量90万t，其中自建牧场奶量占35%。奶牛存栏20万头，规模化养殖比例100%。

企业自建大型标准化万头牧场10个，奶牛存栏6.7万头，基础牛群均为澳大利亚纯种荷斯坦牛。自建牧场广泛引进世界先进的奶牛养殖技术，设计采用世界先进的散栏式工业化饲养方式，实现全混合日粮（TMR）喂养、全自动挤奶及粪污处理，牧场生鲜乳质量达到国际先进水平，乳蛋白、菌落总数、体细胞数等主要指标优于日本和欧盟标准，奶牛平均年单产近10t。

企业合作牧场171家，奶牛存栏13.3万头，主要分布在河北、河南、山东、江苏、吉林等10余个省份。对所有合作的奶牛养殖场，集团推行“利益共享模式”，建立统一规范的管理制度及标准，实现了奶牛科学养殖、精细化管理和全链条监管保障，同时保障牧场长期收益，奶价形成、结算机制公开透明，严格执行政府指导价和最低保护价且整体高于行业平均水平，为合作牧场提供全方位的金融支持及免费技术培训。

【乳品加工】君乐宝乳业集团经营保持良性增长，生产规模持续扩大。截至2018年年底，在河北、江苏、河南、吉林等地建有17个生产工厂，其中河北省13家，主要分布在石家庄、保定、张家口、唐山地区，河南省驻马店1家，吉林省四平1家，江苏省徐州2家，年产能共计180万t，河北省产能占比68%。

近年来，君乐宝不断引进先进工艺设备，推进工业化、信息化发展融合。其中，液奶工厂引进世界最先进的德国斯托克无菌冷灌装设备，以及瑞典利乐公司灌装设备，为产品品质提供强有力的保障。奶粉工厂采用丹麦、瑞士、法国、德国、澳大利亚、新西兰等世界领先的婴儿奶粉生产技术和装备，建设成国际领先水平的全自动配方奶粉生产线，配套全自动仓储物流中心，开创了电商物流自动发运系统，确保产品以最安全、最便捷、最省时的方式供应给消费者。凭借在智能制造领域的突出表现，君乐宝成功入围工信部2017年智能制造试点示范项目名单。

【市场消费】2018年集团整体销售收入达到130亿元，同比增长28%，增速在行业内遥遥领先。

“涨芝士啦”芝士酸奶上市一年销售2亿包，开创芝士酸奶品类；“白小纯”纯牛奶异军突起，成为常温铺货的“尖刀”；君乐宝奶粉产销量4.6万t，进入国产奶粉第一阵营。

在品牌发展方面，调研显示，2018年君乐宝主营区域知名度87%，目标人群呈现年轻趋势，关联产品突出奶粉品类，消费者图谱分析上呈现可信可靠的感情联想；企业认知上，消费者认为君乐宝是不断创新、产品丰富的品牌。君乐宝已由区域品牌逐步提升为全国性品牌。

【国际化】君乐宝非常注重产品的创新研发，每年将总销售收入的5%以上用于科研开发，建立了国际、国内两个创新平台和全员创新管理体系。国际方面，建立了以项目为纽带的产学研国际联合研发平台，与美国范德堡大学、爱尔兰农业与食品发展部、以色列领先油脂、荷兰皇家帝斯曼等全球领先高校、科研院所和企业开展合作，推动科技创新和产品研发。

【社会责任】企业的生存发展与社会息息相关、与国家命运相连。君乐宝乳业集团在实现自身发展壮大的同时，积极承担社会责任，采用“产业扶贫+项目扶贫+营养扶贫”模式，努力探索从输血式扶贫到造血式扶贫的转变，将扶贫“基因”融入到企业发展的核心。

君乐宝在河北威县、行唐、灵寿等地以产业扶贫及项目扶贫等形式助力精准扶贫，通过土地流转增加农民收入、订单农业保障农民收益等多种模式，带动当地经济发展和农民增收。

与此同时，君乐宝持续关注青少年健康成长，践行营养扶贫。君乐宝积极响应“中国小康牛奶行动”，2017年以来，累计向贫困地区捐赠价值近2 000万元的优质学生奶；连续7年独家支持河北省中学生“自强之星”大型公益评选活动，为评选出的100多位自强不息、品学兼优的“自强之星”捐助助学金。

2015年，君乐宝发起成立河北省君乐宝公益基金会，近年来为社会捐款捐物超亿元。基金会连续4年举办“牛奶的行走”大型公益活动，募集善款300多万元，向河北省贫困地区学生捐赠牛奶。基金会还连续多年对张家口、邢台、保定等地区开展精准扶贫，并向中国光彩事业基金会捐款100万元，用于支持贵州省毕节市织金县修建水窖、发展种植养殖业、危房改造。

【奶业大事】2016年8月26日，中国奶业20强（D20）峰会暨奶业振兴大会在河北石家庄举办。峰会期间，包括东道主君乐宝在内的中国奶业20强企业共同签署《中国奶业振兴宣言》，向全社会郑重承诺，做放心产业、做优质产业、做和谐产业、做开放产业，以好牛奶、好奶粉、好乳品赢得消费者，赢得信誉和尊重，自强不息，奋力拼搏，引领带动民族奶业全面振兴。

2017 年 1 月 24 日，中共中央总书记、国家主席、中央军委主席习近平考察了君乐宝乳业在张家口投资兴建的婴幼儿奶粉企业——君乐宝旗帜乳业。习近平总书记对企业实行“种植、养殖、加工零距离一体化”、确保质量安全最优化的做法表示肯定，勉励企业创新经营理念，积极开拓市场，在创造良好效益的同时带动当地经济发展和周边农民增收。在详细了解企业生产经营特色和食品安全保障工作后，习近平总书记表示：“让祖国的下一代喝上好奶粉，我一直很重视。”习近平总书记强调，党中央采取了很多举措支持国产奶业发展，希望国产品牌在市场中起主导作用。创品牌的过程中，信誉很重要，科技很重要，既要有高的标准，更要每一步脚踏实地、扎扎实实，持之以恒抓好饲料、养殖、加工、销售各个环节，最后让市场说话，让群众说话。

2018 年 3 月 8 日，全国人大代表、君乐宝乳业集团总裁魏立华出席十三届全国人大一次会议期间，对奶业高质量发展进行了深入解读。他提出，奶业高质量发展，就是要做到“四个最”，即质量最优、品牌最强、百姓最放心、消费者最满意。充分展示了以君乐宝为代表的国产奶业对未来发展的清晰认知和高度自信，引起了与会人士的热烈共鸣。

2018 年 6 月 4 日，国务院副总理胡春华到君乐宝乳业集团考察调研，对君乐宝特别是君乐宝奶粉取得的发展成果给予肯定，鼓励君乐宝加大科研创新力度，进一步做大做强，努力建成全国一流的乳制品企业。

2018 年 10 月，君乐宝旗帜婴幼儿奶粉全产业链专家见证暨新品发布会在张家口召开。君乐宝旗帜首创养殖加工全产业链一体化模式，鲜奶挤出后通过全封闭低温管道直达生产车间，从挤奶到加工不到 2 小时，最大限度保留牛奶中的营养物质，开创了奶粉“鲜活”品类，使得国产婴幼儿配方乳粉在“鲜活”这一领域实现了品质超越。

2018 年 11 月 2 日，在第三届中国质量奖颁奖大会上，君乐宝乳业集团喜获“中国质量奖提名奖”殊荣，这是中国乳品企业首次获得中国质量领域的最高荣誉。

（石家庄君乐宝乳业有限公司，郭柯宇）

附表1　石家庄君乐宝乳业有限公司奶牛养殖场（小区）名录

序号	名称	地址	全群存栏（头）	成母畜存栏（头）	奶畜品种	成母畜年最高单产（t）	年总产量（t）	是否参加DHI	是否应用TMR	是否国家学生饮用奶奶源基地	是否有机奶源基地	有机奶产量（t）	有机奶源认证机构	是否为布鲁氏菌病及结核净化创建场或示范场	有机奶源认证机构	是否为布鲁氏菌病及结核净化创建场或示范场
1	乐源牧业威县有限公司	河北省邢台市威县赵村乡前寺庄村	1 382	4 271	荷斯坦	12.0	44 143	√	√	√				√		
2	乐源君邦牧业威县有限公司	河北省邢台市威县赵村镇前赵村	9 480	5 027	荷斯坦	11.9	53 443	√	√	√						
3	乐源牧业行唐有限公司	河北省石家庄市行唐县城寨乡南豆庄村北	1 640	1 004	荷斯坦	8.6	7 610	√	√	√	√	7 300	杭州格律认证有限公司			
4	石家庄君盛牧业有限公司	河北省石家庄市行唐县北河乡安家峪村西南	4 296	2 524	荷斯坦	10.8	15 251	√	√	√						
5	旗帜婴儿乳品股份有限公司	河北省张家口市察北管理区	22 550	11 284	荷斯坦	12.0	107 000		√							
6	乐源牧业正阳有限公司	河南省驻马店市正阳县兰青乡吴庄村余楼	9 409	4 616	荷斯坦	9.7	43 080	√	√							
7	河北乐源牧业有限公司	河北省石家庄市鹿泉区铜冶镇西任村优质牧场	4 212	2 294	荷斯坦	10.2	19 869	√	√	√				√		
8	徐州乐源牧业有限公司	江苏省丰县顺河镇工业大道南	2 843	1 373	荷斯坦	11.3	14 535	√	√	√				√		

备注：本表所指奶畜包括奶山羊、奶绵羊、奶水牛、牦牛、骆驼、驴等产商品奶家畜。本表奶畜养殖场指企业在中国及海外自建和参建（控股、参股）牧场（小区）。请在养殖场或小区列中选择打勾；如参加DHI、为学生奶奶源基地、认证为有机奶源基地等，请在相应表格中打勾。布鲁氏菌病、结核净化示范场或创建场请标明疫病净化具体级别。

附表 2　石家庄君乐宝乳业有限公司乳制品生产企业名录

序号	名称	生产地点	生产许可证号码	年收购原奶量（t）	平均支付价格（元/kg）	其中：自有奶源量（t）	年乳制品产量（t）	其中：巴氏杀菌奶（t）	UHT 奶（t）	酸奶（t）
1	石家庄君乐宝乳业有限公司	河北石家庄	SC10513011300130	114 675	3.82	22 804	138 178		61 723	43 228
2	石家庄君乐宝乐时乳业有限公司	河北石家庄	SC10513011300084	60 048	3.68	13 176	92 204			73 840
3	河北君乐宝君恒乳业有限公司	河北石家庄	J1210041262603	1 611	4.13		618			
4	石家庄永盛乳业有限公司	河北石家庄	SC10513011300017	197 230	3.71	19 195	294 346			247 800
5	保定君乐宝乳业有限公司	河北保定	SC10513060500111	45 046	3.68		48 277		41 588	
6	旗帜婴儿乳品股份有限公司	河北张家口	SC10513070700046	15 212	3.89	15 212	5 734			
7	江苏君乐宝乳业有限公司	江苏丰县	SC10532032100036	81 718	3.95	15 523	96 601	6 559	10 408	81 608
8	河北君乐宝君源乳业有限公司	河北石家庄	SC12913011300193	74 542	3.99	74 542	24 932			
9	正阳君乐宝乳业有限公司	河南正阳	SC10541172400014	46 606	3.88	11 754	67 264			50 501
10	石家庄君乐宝太行乳业有限公司	河北行唐	SC12913012500050	681 820	4.05	681 820	15 622			
11	四平君乐宝乳业有限公司	吉林四平	SC10522030324640	61 909	3.73		62 302			54 502

（续）

序号	奶粉－成人粉（t）	婴配粉（t）	奶油（t）	奶酪（t）	乳饮料（t）	产品销售区域	年销售收入（万元）	利润总额（万元）	是否为国家学生饮用奶认定企业	有机产品（枚）	有机认证机构	有机产品品类1及数量（枚）	有机产品品类2及数量（枚）	有机产品品类3及数量（枚）
1					33 227	全国	947 840	38 378	√					
2					18 364									
3	562	55												
4					46 546									
5					6 689									
6	731	4 003												
7					4 585				√					
8	1 073	23 859												
9					16 763									
10	294	13 244												
11					7 800									

备注：本表包括在中国及海外的生产企业。自有奶源指来自自建和参建（控股、参股）牧场（小区）的原奶及长期稳定合作牧场的原奶。有机产品数量单位为“枚”指获得有机标志的数量。有机产品品类指液态奶、酸奶、奶粉、奶酪等大类。

北京三元食品股份有限公司

【奶源基地】2018 年三元食品旗下奶牛全群共存栏 154 400 头，其中成母牛存栏 76 019 头，生鲜乳总产量 730 680t。养殖区域主要集中在京津冀地区。有机奶源主要分布在河北承德市及三河市，2018 年有机原料奶总产量 14 782t。

现有奶户按养殖规模统计见表 5-5，牧场机械化挤奶比例达 100%，全混合日粮（TMR）技术应用达到 100%，参加生产性能测定（DHI）的牧场占 85% 以上。疫病防控情况方面，所有奶户都能提供春秋两季当地畜牧兽医主管部门出具的“两病”检疫、免疫证明。粪污处理基本实现干湿分离处理方式。生鲜乳收购加工按工厂所在区域划分见表 5-6，奶牛养殖头均年净收入 3 000 元左右（成乳牛）。

表 5-5 规模养殖比例

存栏规模（头）	<200	（200~499）	（500~999）	≥ 1000
存栏范围户数	7	61	39	37
比例（%）	4.86	42.36	27.08	25.69

表 5-6 各区域生鲜乳年均收购价格

区域	北京	天津	河北迁安	山东潍坊	河北新乐	河南新乡	江苏连云港	广西柳州
单价（元 /kg）	3.57	3.49	3.52	3.68	3.59	3.61	3.98	4.28

【乳品加工】三元食品现有 17 家乳制品生产厂，生产液态奶、奶粉、奶酪、冰品及其他奶制品等百余品种，日均处理鲜奶约 2 000t。在海外拥有加拿大阿瓦隆乳业公司艾莱发喜新西兰食品有限公司、法国圣休伯特公司等生产基地。

公司全年乳制品总产量 513 013t，其中：巴氏杀菌奶 93 229t、UHT 奶 210 958t、酸奶 149 472t、奶粉 7 601t、婴配粉 4 067t、奶油 2 248t、奶酪 5 630t、乳饮料 25 441t。

【市场消费】2018 年全国整体液态奶销售额 1 607 亿元，其中三元 25 亿元，市场占有率 1.6%；北京整体液态奶销售额 71 亿元，三元 17 亿元，占比 24%。公司年销售收入 731 485 万元，尽管总体增速放缓，但就销售额而言，超高温杀菌奶仍然是目前市场的最大细分。值得注意的是，进口包装奶（主要是超高温杀菌奶）销售额和销售量的增速都有所下降。根据中国进出口统计数据，2018 年进口包装奶总销售额为 9.13 亿美元，比上年增长了 3.8%，而 2017 年的相应数据为 37.5%；进口总量为 673 300t，只增长了 0.9%，增长率明显低于 2017 的 5.3%。除了海关政策的改变，进口包装奶的衰落折射出超高温杀菌奶在一、二级城市（进口奶的主要市场）的激烈竞争，也表明了消费者渴望更新鲜的奶，而进口奶产品通常保质期较长，但由于中国消费者对进口奶源高度认可，进口奶品牌仍然能享有一席之地。

随着中国消费者对新鲜与日俱增的需求以及食品营养知识的不断提升，巴氏奶在牛奶市场的销售份额逐年增加。该细分在 2014—2018 年也获得最快增长。目前，该细分市场相对比较分散，主要由区域型企业占据。值得注意的是，中国酸奶市场（包括乳酸菌饮料在内）已经成为全球销售量第一大市场。事实上，在常温酸奶的带动下，酸奶市场从 2014 年已开始加速发展。在创新方面，酸奶也是乳制品总体市场中最活跃的品类之一。

【国际化】近几年，三元食品结合企业战略规划，制定了符合自身发展的并购标准，重点围绕“品牌有历史，市场有份额，产品有特色，企业有业绩，行业有规模”等收购标准，依托现有产业政策和行业整合契机，树立振兴民族品牌的目标，加大境内外资源的整合力度；不断深耕打造差异化、健康化、高品质产品，寻找具有发展潜力的拳头产品以及优势品牌，引进专利技术和先进工艺，同时打造国内国外两个市场。

2018 年，三元食品收购法国圣休伯特公司（St Hubert）。法国圣休伯特成立于 1904 年，是法国家喻户晓的品牌，在法国、意大利及周边国家市场占有率第一，经营情况良好。主要产品为植物基健康涂抹酱、植物基酸奶、植物基饮料及甜品、有机产品系列等。

圣休伯特产品定位高端、有机、健康，产品线方面与三元食品具有互补协同效应，本次交易符合三元食品在优质健康食品及乳品方面的战略投资方向，从长远角度来看具有以下积极影响：引进健康产品，进一步丰富产品线，树立高端品牌形象；实现协同效应，更广泛的业务区域分布以及交叉销售机会；增强三元食品管理经验和国际运营能力；引进先进的生产工艺和专利技术加以应用；利用平台及资源，有助于三元食品其他产品品牌的拓展合作，发展国内国外两个市场。

【社会责任】三元食品历经 60 余年发展，始终把助力全民健康、服务社会作为企业发展的义务和责任。

一是开展“三元乳业，爱的奉献”——华东大区向环卫工人捐赠活动。3 月 16 日，常温奶事业部华东大区新泰市代理商新汶万宝与新泰市青云联华购物中心举办“三元乳业，爱的奉献”捐赠活动，为 140 余名新泰市环卫工人代表送去1 400余盒牛奶、700余套杯具，感谢环卫工人为美化城市和方便市民出行所付出的辛勤劳动。

二是为爱传递正能量，积极参与扶贫捐赠活动。5月24日，三元食品对河北省阜平县大台乡东板峪店村苗圃希望小学进行了图书捐赠。三元食品与北京人民广播电台、阜平县教育局、然尔图书馆、然尔阅读校园联盟的领导及工作人员，苗圃小学全体师生参加了此次爱心捐赠活动。

三元食品以实际行动践行“关爱未来、奉献社会”的责任理念，自2016年9月起，启动了精准扶贫项目，向河北省提供了10万册扶贫手册，并对河北省62个贫困县的10万名0~7岁的儿童开展为期5年的一对一健康扶贫。作为D20企业成员之一，三元食品以积极推动公益事业为己任，关心中国儿童全面成长，用实际行动践行公益之心。公司积极参与国家学生饮用奶计划和营养改善计划，为全国20余个省（自治区、直辖市）近百万名中小学生每天供应学生奶。

未来，三元食品将继续坚持以消费者为核心，打造中国良心奶业的旗帜和标杆企业，助力中国奶业振兴和全面小康社会建设。

【奶业大事】2018年，三元股份联手复星收购法国圣休伯特公司（St Hubert），三元食品借助圣休伯特先进的生产工艺和技术，为消费者带来更高品质更有营养的健康食品。同年11月，加拿大阿瓦隆乳业有限公司（Avalon）和法国圣休伯特公司在首届中国国际进口博览会中精彩亮相，展示了三元食品通过全球智慧更好地满足中国消费者对美好健康生活的需求。

4月，三元食品亮相2018中国国际乳业合作大会，用科技创新引领乳业消费升级。三元用科技创新不断提升产品科技含量，保证产品品质安全，带动乳业市场消费升级，实现企业产品转型升级。

7月，三元食品国家母婴乳品健康工程技术研究中心通过科技部现场验收，中心具备了优良的母婴乳品工程化技术开发与应用条件，提升了母婴乳品技术创新、成果转化应用和开放服务等方面能力和水平，取得了显著的经济社会效益，为母婴乳品产业发展提供了有力的支撑；中心构建了一支技术水平高、工程化开发能力强的创新团队，实现了人才技术和经济的良性循环，具有良好的自我发展能力和发展前景。三元食品将方向助力国家母婴乳品健康工程技术中心朝着国家级技术中心方向努力，真正发挥科技力量。

9月，三元食品亮相中国奶业20强（D20）峰会，三元与其他19家企业共同发布《中国奶业D20联盟呼伦贝尔宣言》,向全社会郑重承诺,将通过大力推进养殖、加工、奶粉、效益、消费的振兴，振兴民族奶业，筑梦健康中国。

（北京三元食品股份有限公司，夏志春、马煜桐）

附表 1　北京三元食品股份有限公司奶牛养殖场（小区）名录

序号	名称	地址	养殖场	小区	全群存栏（头）	成母畜存栏（头）	奶畜品种	成母畜年单产（t）	年总产量（t）	是否参加 DHI	是否应用 TMR	是否国家学生饮用奶奶源基地	是否有机奶源基地	有机奶产量（t）	有机奶源认证机构	是否为布鲁氏菌病及结核净化创建场或示范场
1	北京首农畜牧发展有限公司中以牛场	北京市通州区永乐店镇德仁务村东	√		1 901	1 079	荷斯坦	11.0	11 073	√	√	√				
2	北京首农畜牧发展有限公司半河牛场	北京市通州区永乐店镇半截河村东	√		1 926	780	荷斯坦	10.0	8 109	√	√					
3	北京首农畜牧发展有限公司渠头牛场	北京市通州区于家务乡渠头村	√		2 274	1 697	荷斯坦	10.0	17 573	√	√					
4	北京首农畜牧发展有限公司三堡牛场	北京市通州区永乐店镇三堡村	√		1 355	758	荷斯坦	10.0	7 527	√	√					
5	北京首农畜牧发展有限公司草厂牛场	北京市通州区漷县镇草厂村东	√		1 867	1 034	荷斯坦	10.0	10 613	√	√					
6	北京首农畜牧发展有限公司小务牛场	北京市通州区永乐店镇小务村东	√		1 280	700	荷斯坦	11.0	7 162	√	√					
7	北京首农畜牧发展有限公司第一牧场	北京市通州区于家务乡渠头村东	√		2 375	1 261	荷斯坦+娟姗	11.0	12 316	√	√	√				
8	北京首农畜牧发展有限公司金银岛牧场	北京大兴区庞各庄镇保安庄村西	√		2 839	1 525	荷斯坦	12.0	17 611	√	√	√				
9	北京首农畜牧发展有限公司绿牧园牛场	北京市大兴区魏善庄镇苑上村北	√		916	453	荷斯坦	11.0	5 206	√	√					
10	北京首农畜牧发展有限公司长三牛场	北京市房山区长阳镇保合庄村南	√		1 331	745	荷斯坦	12.0	8 274	√	√					
11	北京首农畜牧发展有限公司长四牛场	北京市房山区长阳镇保合庄村南	√		1 266	681	荷斯坦	11.0	7 158	√	√	√				
12	北京首农畜牧发展有限公司圣兴达牛场	北京市房山区琉璃河镇官庄村南古城道北侧	√		1 835	973	荷斯坦	11.0	10 983	√	√					
13	北京首农畜牧发展有限公司南口二场	北京市昌平区南口镇南口农场南	√		1 837	1 060	荷斯坦	11.0	11 510	√	√					
14	北京首农畜牧发展有限公司南口三场	北京市昌平区南口镇南口农场西南	√		1 114	620	荷斯坦	11.0	7 070	√	√					
15	北京首农畜牧发展有限公司第二牧场	天津市宝坻区牛道口镇郑各庄村北	√		3 122	1 683	荷斯坦	10.0	17 168	√	√					

（续）

序号	名称	地址	养殖场	小区	全群存栏（头）	成母畜存栏（头）	奶畜品种	成母畜年单产（t）	年总产量（t）	是否参加DHI	是否应用TMR	是否国家学生饮用奶奶源基地	是否有机奶源基地	有机奶产量（t）	有机奶源认证机构	是否为布鲁氏菌病及结核净化创建场或示范场
16	北京首农畜牧发展有限公司雄特牛场	北京市顺义大孙各庄村东	√		1 194	635	荷斯坦	10.0	6 499	√	√					
17	北京首农畜牧发展有限公司创辉牛场	北京大兴区采育镇大皮营村南	√		1 604	701	荷斯坦	11.0	7 858	√	√					
18	北京首农畜牧发展有限公司里二泗牛场	北京市通州区张家湾镇坨堤村南	√		1 232	551	荷斯坦	10.0	5 567	√	√					
19	北京首农畜牧发展有限公司金鑫园牛场	北京市延庆县沈家营八里店北	√		724	383	荷斯坦	11.0	4 128		√					
20	北京首农畜牧发展有限公司顺三牛场	北京市顺义区龙湾屯镇丁甲庄村	√		315	183	荷斯坦	10.0	1 837	√	√					
21	北京首农畜牧发展有限公司小段牛场	北京市顺义区大小孙各庄镇小段村	√		700	388	荷斯坦	10.0	3 792	√	√					
22	北京首农畜牧发展有限公司良种场	北京市延庆县延庆农场北	√		1 476	693	荷斯坦	12.0	7 622	√	√	√				
23	北京首农畜牧发展有限公司河南分公司	河南省延津县新兴农场	√		4 506	2 382	荷斯坦	10.0	23 352	√	√					
24	北京首农畜牧发展有限公司河北首农	河北省定州市高棚镇纽店村	√		20 064	10 751	荷斯坦＋娟姗	8.0	90 913	√	√	√				
25	北京首农畜牧发展有限公司山东分公司	山东省寿光市田柳镇东头村北	√		4 750	2 575	荷斯坦	10.0	23 737	√	√					
26	北京首农畜牧发展有限公司滦县分公司	河北省唐山市滦县新城205国道北滦河商厦东侧	√		7 980	4 203	荷斯坦＋娟姗	9.0	35 880		√					
27	北京首农畜牧发展有限公司邢台分公司	河北省邢台市宁晋县大曹庄管理区东工业园区泰丰路南侧	√		1 853	974	荷斯坦	12.0	11 108	√	√	√				
28	承德三元晓雅奶牛养殖有限责任公司一牧场分公司	河北省承德市围场县黄土坎乡大墙村	√		1 450	666	荷斯坦	13.0	8 400	√	√	√	√	8 432	北京中合金诺认证中心有限公司	
29	三河顺发奶牛养殖有限公司	河北省三河市皇庄镇韶道庵村南	√		1 307	595	荷斯坦	10.0	6 004	√	√					

（续）

序号	名称	地址	养殖场	小区	全群存栏（头）	成母畜存栏（头）	奶畜品种	成母畜年单产（t）	年总产量（t）	是否参加 DHI	是否应用 TMR	是否国家学生饮用奶奶源基地	是否有机奶源基地	有机奶产量（t）	有机奶源认证机构	是否为布鲁氏菌病及结核净化创建场或示范场
30	北京三石奶牛场有限公司	北京市昌平区流村镇西峰山村	√		390	178	荷斯坦	12.0	2 093	√	√					
31	北京东方古运奶牛养殖有限公司	北京市通州区西集镇武辛庄村	√		827	325	荷斯坦	11.0	3 449	√	√					
32	北京中加永宏科技有限公司	北京市房山区琉璃河镇赵营村	√		342	120	荷斯坦	9.0	1 097	√	√					
33	天津市佳禾牧业有限公司	天津市武清区大碱厂镇洪家庄村	√		928	347	荷斯坦	10.0	3 359	√	√					
34	定兴县兴民养殖场	河北省定兴柳卓乡受坊村	√		299	124	荷斯坦	10.0	1 186	√	√					
35	北京利源永兆养殖中心	北京市延庆区旧县镇大柏老村	√		1 019	276	荷斯坦	9.0	2 562	√	√					
36	北京华成牧业有限公司	北京市大兴区青云店镇西鲍辛庄村委会东 1000 米	√		472	190	荷斯坦	13.0	2 393	√	√					
37	固安县创辉奶牛养殖有限公司	河北省廊坊市固安县柳泉镇高沿村	√		895	391	荷斯坦	12.0	4 507	√	√					
38	北京宏兴成养殖有限公司	北京市大兴区采育镇龙门庄村	√		459	157	荷斯坦	10.0	1 631	√	√					
39	北京富农兴牧奶牛养殖中心（普通合伙）	北京市延庆区旧县镇大柏老村	√		691	251	荷斯坦	11.0	2 848	√	√					
40	廊坊市东兴富强牧业有限公司	河北生廊坊市广阳区北甸村北	√		502	270	荷斯坦	7.0	1 888	√	√					
41	三河市富祥奶牛养殖有限公司	河北省三河市皇庄镇葛中马坊	√		1 849	533	荷斯坦	12.0	6 605	√	√		√	6 351	杭州万泰认证有限公司	
42	北京延照富民奶牛养殖中心	北京市延庆区延庆镇赵庄村	√		544	246	荷斯坦	13.0	3 085	√	√					
43	北京市建雄养殖有限责任公司	北京市延庆区旧县镇旧县村南	√		284	127	荷斯坦	9.0	1 186	√	√					
44	北京旺龙达奶牛养殖合作社	北京市延庆区张山营镇黑龙庙村	√		202	64	荷斯坦	7.0	435	√	√					
45	香河春山养殖有限公司	河北省香河县刘宋镇程官屯村林海巷 6 号	√		373	136	荷斯坦	13.0	1 770	√	√					

（续）

序号	名称	地址	养殖场	小区	全群存栏（头）	成母畜存栏（头）	奶畜品种	成母畜年单产（t）	年总产量（t）	是否参加DHI	是否应用TMR	是否国家学生饮用奶奶源基地	是否有机奶源基地	有机奶产量（t）	有机奶源认证机构	是否为布鲁氏菌病及结核净化创建场或示范场
46	农标普瑞纳（廊坊）饲料有限公司霸州养殖分公司	河北省廊坊市霸州市煎茶铺镇七间房村南	√		210	70	荷斯坦	9.0	664	√	√					
47	怀来县玉滔奶牛养殖专业合作社	河北省怀来县东八里乡东八里村	√		1 006	513	荷斯坦	13.0	6 719	√	√					
48	北京瑞林奶牛养殖中心	北京市延庆区井庄镇井庄村	√		364	158	荷斯坦	11.0	1 764	√	√					
49	北京市石家营养殖专业合作社	北京市顺义区马坡镇石家营村光明大街18号	√		178	81	荷斯坦	8.0	612	√	√					
50	北京市福乐奶牛场	北京市通州区永乐店镇东河庄村	√		600	185	荷斯坦	9.0	1 749	√	√					
51	北京青云福瑞奶牛养殖场	北京市大兴区青云店镇五村	√		456	190	荷斯坦	12.0	2 250	√	√					
52	北京绿源宇鑫奶牛养殖专业合作社	北京市通州区永乐店镇三堡村村委会东	√		468	150	荷斯坦	8.0	1 221	√	√					
53	北京诚远盛隆养殖有限责任公司	北京市昌平区沙河镇踩河新村	√		227	56	荷斯坦	9.0	506	√	√					
54	北京东五里营金牛养殖中心	北京市延庆区延庆镇东五里营村南	√		302	70	荷斯坦	8.0	556	√	√					
55	北京金龙腾达养殖场	北京市延庆区旧县镇小柏老村西	√		157	69	荷斯坦	9.0	649	√	√					
56	怀来县土木镇银海鑫兴牧场	河北省怀来县土木火车站南50米	√		1 317	788	荷斯坦	11.0	8 928	√	√					
57	北京鑫运奶牛养殖场	北京市延庆区康庄镇郭家堡村东南	√		541	248	荷斯坦	12.0	2 876	√	√					
58	北京长阳益民奶牛专业合作社	北京市房山区长阳镇阳城环路1号	√		423	247	荷斯坦	5.0	1 259	√	√					
59	固安县柳泉镇振超养殖厂	河北省固安县柳泉镇振超养殖厂	√		363	137	荷斯坦	10.0	1 396	√	√					
60	廊坊市永业奶牛养殖有限公司	河北省廊坊市广阳区九州镇王码村	√		476	178	荷斯坦	9.0	1 621	√	√					
61	北京科润维德生物技术有限责任公司	北京市海淀区苏家坨镇前沙涧村东	√		162	46	荷斯坦	11.0	522	√	√					

（续）

序号	名称	地址	养殖场	小区	全群存栏（头）	成母畜存栏（头）	奶畜品种	成母畜年单产（t）	年总产量（t）	是否参加 DHI	是否应用 TMR	是否国家学生饮用奶奶源基地	是否有机奶源基地	有机奶产量（t）	有机奶源认证机构	是否为布鲁氏菌病及结核净化创建场或示范场
62	迁安市智联农牧有限公司	河北省迁安市大五里乡贯头山村	√		569	244	荷斯坦	10.0	2 519	√	√					
63	滦南县海龙奶牛养殖场	河北省滦南县程庄镇潘戴庄村	√		496	247	荷斯坦	9.0	2 190	√						
64	迁安市民健农牧有限公司	河北省迁安市建昌营西安村西	√		170	60	荷斯坦	7.0	402							
65	昌黎县玉杰奶牛养殖专业合作社	河北省昌黎县朱各庄镇大樊各庄村	√		369	129	荷斯坦	10.0	1 241		√					
66	迁安市二牛畜牧养殖有限公司	河北省迁安市太平庄乡东蛇探峪村	√		1 295	418	荷斯坦	11.0	4 563	√	√					
67	遵化市铁厂美富养牛场	河北省遵化市铁厂镇铁厂村	√		559	189	荷斯坦	8.0	1 467	√						
68	滦县茂源牧场（普通合伙）	河北省滦县小马庄镇光水坨村北	√		527	177	荷斯坦	10.0	1 752	√	√					
69	滦南县明赫奶牛养殖有限公司	河北省滦南县宋道口镇大二里村东	√		568	230	荷斯坦	8.0	1 935		√					
70	乐亭县天园奶牛养殖专业合作社	河北省乐亭县古河乡东新庄村	√		600	162	荷斯坦	11.0	1 825							
71	迁安市广原奶牛养殖科技有限公司	河北省迁安市赵店子镇三港湾村	√		1 127	447	荷斯坦	12.0	5 168	√	√					
72	秦皇岛浩轩生态农业经济示范园（普通合伙）	河北省卢龙县木井镇侯庄子村	√		765	335	荷斯坦	10.0	3 285	√	√					
73	昌黎县鑫丰奶牛养殖专业合作社	河北省昌黎县安山镇党各庄村	√		387	124	荷斯坦	11.0	1 402	√						
74	唐山市丰润区金明奶农农民专业合作社	河北省唐山市丰润区火石营镇后刘城子村	√		214	95	荷斯坦	7.0	694							
75	昌黎县青源奶牛养殖专业合作社	河北省昌黎县龙家店镇垂柳庄村	√		356	136	荷斯坦	9.0	1 256							
76	滦南县福兴奶牛养殖场	河北省滦南县扒齿港镇东水清庄村东	√		380	190	荷斯坦	9.0	1 653	√	√					
77	唐山浩金畜牧养殖有限公司	河北省滦南县扒齿港镇吴戴庄村南	√		1 510	400	荷斯坦	9.0	3 789	√	√					

（续）

序号	名称	地址	养殖场	小区	全群存栏（头）	成母畜存栏（头）	奶畜品种	成母畜年单产（t）	年总产量（t）	是否参加 DHI	是否应用 TMR	是否国家学生饮用奶奶源基地	是否有机奶源基地	有机奶产量（t）	有机奶源认证机构	是否为布鲁氏菌病及结核净化创建场或示范场
78	滦南县龙顺奶牛养殖场	河北省滦南县扒齿港镇后龙坨村	√		209	97	荷斯坦	10.0	942	√	√					
79	滦县隆泉奶牛养殖专业合作社	河北省滦县王店子镇大高庄村	√		402	151	荷斯坦	9.0	1 424		√					
80	滦县店坨泽生牧场	河北省滦县古马镇店坨村	√		297	130	荷斯坦	9.0	1 234							
81	唐山市丰润区绿欣源畜牧养殖场	河北省唐山市丰润区泉河头镇东孝义村	√		228	135	荷斯坦	11.0	1 526	√	√					
82	滦县东川养殖场	河北省滦县古马镇小霍庄子村	√		650	168	荷斯坦	10.0	1 632		√					
83	久金牧场	天津市北辰区	√		430	260	荷斯坦	8.0	1 500		√					
84	旺达牧场	河北省玉田县	√		680	260	荷斯坦	9.0	2 500		√					
85	恩芝牧场	天津市北辰区	√		550	350	荷斯坦	8.0	2 800		√					
86	凤虎牧场	天津市静海区	√		850	350	荷斯坦	6.0	2 100		√					
87	金源牧场	河北省青县	√		700	450	荷斯坦	9.0	3 000		√					
88	东盛牧场	天津市静海区	√		510	230	荷斯坦	7.0	1 096		√					
89	蓄驰牧场	天津市静海区	√		521	290	荷斯坦	8.0	2 349		√		√			
90	耐康牧场	河北省青县	√		2 200	1 100	荷斯坦	8.0	8 250		√					
91	隆达牧场	天津市静海区	√		1 265	800	荷斯坦	8.0	3 300		√					
92	定州市汇林牧业有限公司	河北省定州市怀德营村	√		96	45	荷斯坦	6.0	263	√	√					
93	高邑县千秋优种奶牛有限公司	河北省高邑县城东国营苗圃	√		493	188	荷斯坦	8.0	1 533	√	√					
94	石家庄市藁城市河牧奶牛养殖服务专业合作社	河北省藁城市梅花镇许家庄村	√		227	129	荷斯坦	8.0	1 000	√	√					
95	石家庄市藁城区金瑞奶牛养殖服务专业合作社	河北省藁城区北桥寨村	√		584	331	荷斯坦	8.0	2 811	√	√					
96	石家庄市藁城区六合养殖场	河北省藁城市张家庄镇鲍家庄村东	√		514	320	荷斯坦	10.0	3 103	√	√					
97	石家庄市藁城区荣祥奶牛饲养专业合作社	河北省藁城市东桥寨村	√		502	190	荷斯坦	8.0	1 436	√	√					

（续）

序号	名称	地址	养殖场	小区	全群存栏（头）	成母畜存栏（头）	奶畜品种	成母畜年单产（t）	年总产量（t）	是否参加 DHI	是否应用 TMR	是否国家学生饮用奶奶源基地	是否有机奶源基地	有机奶产量（t）	有机奶源认证机构	是否为布鲁氏菌病及结核净化创建场或示范场
98	石家庄市藁城区裕丰奶牛养殖中心	河北省藁城市西关镇前西关村东	√		508	212	荷斯坦	9.0	1 810	√	√					
99	河北红山乳业有限公司	河北省隆尧县尹村镇霍庄村	√		496	164	荷斯坦	8.0	1 351	√	√					
100	河北金瑞康养殖有限公司	河北省定州市号头庄乡唐家庄村	√		196	67	荷斯坦	7.0	467	√	√					
101	晋州市北白滩鼎利奶牛场	河北省晋州市北白滩村	√		411	189	荷斯坦	7.0	1 285	√	√					
102	晋州市周家庄农牧业有限公司	河北省晋州市周家庄乡北王庄村	√		1 291	550	荷斯坦	9.0	4 830	√	√					
103	石家庄市栾城区积发养殖场	石家庄市栾城区南高乡前庄村	√		313	112	荷斯坦	8.0	869	√	√					
104	平山县柏润农业科技开发有限公司	石家庄市平山县上三汲乡川坊村	√		578	296	荷斯坦	9.0	2 519	√	√					
105	平山县兴达养殖专业合作社	石家庄平山县上三汲乡郎家村	√		311	116	荷斯坦	7.0	868	√	√					
106	平山县涌森养殖专业合作社	石家庄市平山县两河乡卢家庄村	√		347	110	荷斯坦	8.0	840	√	√					
107	石家庄市诚鑫牧业有限公司	石家庄市藁城市南孟镇南乡村	√		467	214	荷斯坦	9.0	2 029	√	√					
108	石家庄菁冉牧业有限公司	石家庄市行唐县王下口村	√		598	372	荷斯坦	10.0	3 701	√	√					
109	石家庄润民生态奶业有限公司	石家庄市栾城区西营乡前牛村西	√		210	77	荷斯坦	9.0	723	√	√					
110	辛集市润翔乳业有限公司	石家庄市辛集市马庄乡北营村	√		862	452	荷斯坦	11.0	4 776	√	√					
111	行唐县东家奶牛养殖小区	石家庄市行唐县只里乡东家村	√		585	329	荷斯坦	10.0	3 304	√	√					
112	行唐县上方乡东井底村奶牛养殖场	石家庄市行唐县上方乡东井底村	√		322	165	荷斯坦	9.0	1 424	√	√					
113	行唐县寨里利民奶牛养殖小区	石家庄市行唐县独羊岗乡寨里北岗林	√		320	148	荷斯坦	9.0	1 347	√	√					

（续）

序号	名称	地址	养殖场	小区	全群存栏（头）	成母畜存栏（头）	奶畜品种	成母畜年单产（t）	年总产量（t）	是否参加 DHI	是否应用 TMR	是否国家学生饮用奶奶源基地	是否有机奶源基地	有机奶产量（t）	有机奶源认证机构	是否为布鲁氏菌病及结核净化创建场或示范场
114	行唐县鑫泉养殖小区	石家庄市行唐县翟营乡康庄村南	√		327	206	荷斯坦	10.0	2 008	√	√					
115	元氏县康顺奶牛养殖场	石家庄市元氏县因村镇故城村北	√		788	268	荷斯坦	9.0	2 525	√	√					
116	元氏县绿康奶牛养殖场	元氏县杜村	√		513	190	荷斯坦	9.0	1 701	√	√					
117	元氏县铁达奶牛养殖有限公司	石家庄市元氏县铁屯	√		719	359	荷斯坦	9.0	3 263	√	√					
118	赵县永兴牧业有限公司	石家庄市赵县北王里镇永兴村东	√		626	232	荷斯坦	10.0	2 235	√	√					
119	正定泓源奶牛养殖场	石家庄市正定县西平乐乡南化村	√		350	121	荷斯坦	9.0	1 095	√	√					
120	正定县旭盛奶牛养殖专业合作社	石家庄市正定县北早现乡北早现村	√		498	167	荷斯坦	8.0	1 256	√	√					
121	中元牧业有限公司	石家庄市新乐市木村乡木村北沙河南岸	√		17 466	9 687	荷斯坦	11.0	103 541	√	√	√				
122	青岛犇鑫奶牛养殖场	山东省青岛莱西市望城街道办事处林泉庄村东	√		595	206	荷斯坦	8.0	1 619	√	√					
123	潍坊恒祥养殖有限公司	山东省潍坊市寒亭区朱里镇西镇村	√		846	312	荷斯坦	9.0	2 668	√	√					
124	青岛绿草源牧场	山东省青岛市平度市兰底镇蔡家辛庄	√		761	321	荷斯坦	9.0	2 937	√	√					
125	潍坊市寒亭区团结奶牛养殖专业合作社	山东省潍坊市寒亭区寒亭街办袁家埠村	√		271	111	荷斯坦	8.0	886	√	√					
126	莱阳市谭格庄圣牧养殖场	山东省烟台市莱阳市谭格庄镇西王家庄村	√		397	113	荷斯坦	6.0	725	√	√					
127	山东世本农业科技股份有限公司	山东省高密市柏城镇横一路路北	√		224	104	荷斯坦	8.0	799	√	√					
128	潍坊照亮奶牛养殖场	山东省潍坊市寒亭区固堤街道办事处李家沿村	√		339	114	荷斯坦	8.0	889	√	√					
129	青岛京海奶牛养殖专业合作社	山东省青岛莱西市龙水街道办事处龙一村 86 号	√		249	67	荷斯坦	9.0	571	√	√					

（续）

序号	名称	地址	养殖场	小区	全群存栏（头）	成母畜存栏（头）	奶畜品种	成母畜年单产（t）	年总产量（t）	是否参加 DHI	是否应用 TMR	是否国家学生饮用奶奶源基地	是否有机奶源基地	有机奶产量（t）	有机奶源认证机构	是否为布鲁氏菌病及结核净化创建场或示范场
130	青岛建新奶牛专业合作社	山东省莱西市河头店镇捉马台村	√		372	170	荷斯坦	8.0	1 428	√	√					
131	高青县顺腾奶牛养殖专业合作社	山东省高青县花沟镇庄家村	√		429	141	荷斯坦	8.0	1 079	√	√					
132	高青县光军奶牛养殖专业合作社	山东省高青县黑里寨镇西小王村	√		356	84	荷斯坦	8.0	693	√	√					
133	高青县风德奶牛养殖场	山东省高青县黑里寨镇店头王村	√		437	144	荷斯坦	8.0	1 106	√	√					
134	莱西市七里庄奶牛养殖场	山东省青岛市莱西市姜山镇七里庄村	√		274	144	荷斯坦	8.0	1 214	√	√					
135	临朐县汇明养殖场	山东省潍坊市临朐县东城街道胡梅涧村	√		315	110	荷斯坦	8.0	904	√	√					
136	潍坊市涟军养殖场	山东省潍坊市寒亭区朱里街办狮子行村	√		387	141	荷斯坦	7.0	1 041	√	√					
137	青岛犇腾奶牛养殖专业合作社	山东省青岛市莱西市河头店镇东钟芝村东北	√		269	86	荷斯坦	6.0	524	√	√					
138	即墨市于永超奶牛养殖场	即墨市金口镇于家庄村村西	√		152	77	荷斯坦	8.0	580	√	√					
139	潍坊市寒亭区茂盛奶牛养殖专业合作社	山东省潍坊市寒亭区朱里镇河滩社区圈子村	√		362	108	荷斯坦	8.0	872	√	√					
140	平度市仁祥奶牛场	青岛平度市仁兆镇文化路 14 号	√		271	92	荷斯坦	8.0	690	√	√					
141	平度市田庄镇硕丰奶牛养殖场	平度市田庄镇东前疃村东南	√		226	76	荷斯坦	8.0	600	√	√					
142	平度市张书波养牛场	平度市田庄镇东前疃村东南	√		217	73	荷斯坦	8.0	569	√	√					
143	江苏三元双宝乳业有限公司奶牛分公司	江苏省连云港市东辛农场	√		1 590	876	荷斯坦	9.0	7 950	√	√	√	√	540	杭州格律认证有限公司	
144	东辛小区	江苏省连云港市东辛农场		√	440	339	荷斯坦	6.0	2 196	√	√	√				

备注：本表所指奶畜包括奶山羊、奶绵羊、奶水牛、牦牛、骆驼、驴等产商品奶家畜。本表奶畜养殖场指企业在中国及海外自建和参建（控股、参股）牧场（小区）。请在养殖场或小区列中选择打勾；如参加 DHI、为学生奶奶源基地、认证为有机奶源基地等，请在相应表格中打勾。布鲁氏菌病、结核净化示范场或创建场请标明疫病净化具体级别。

附表2 北京三元食品股份有限公司乳制品生产企业名录

序号	名称	生产地点	生产许可证号码	年收购原奶量（t）	平均支付价格（元/kg）	其中：自有奶源量（t）	年乳制品产量（t）	其中：巴氏杀菌奶（t）	UHT奶（t）	酸奶（t）
1	北京三元食品股份有限公司	北京市	SC10511150810031	217 590	3.57	103 355	237 028	90 498	38 315	92 358
2	北京三元食品股份有限公司乳品四厂	北京市	SC10511140210065	177	3.30	177	5 488			
3	天津三元乳业有限公司	天津市	SC10512022300241	24 504	3.49	10 782	24 457		24 457	
4	迁安三元食品有限公司	河北省唐山市	SC10513028300120	39 431	3.52	17 744	51 972		51 543	
5	河北三元食品有限公司	河北省石家庄市	SC10513018400046	133 401	3.56	62 699	103 623		48 292	42 846
6	唐山三元食品有限公司	河北省唐山市	SC12913020900010	1 771	3.48	1 134	749			
7	山东三元乳业有限公司	山东省潍坊市	SC10637070400024	22 343	3.56	5 362	26 808	1	13 270	10 600
8	江苏三元双宝乳业有限公司	江苏省连云港市	SC10532070300509	10 456	3.98	10 456	10 022	1 394	7 011	1 272
9	新乡市三元食品有限公司	河南省新乡市	SC10541072500442	28 654	3.60	5 731	34 032		24 257	1 666
10	甘肃三元乳业有限公司	甘肃省张掖市	SC10562070200977	3 792	4.10	3 792	4 296	0	3 047	149
11	柳州三元天爱乳业有限公司	广西壮族自治区柳州市	SC10545020500353	3 488	4.28	3 488	2 607	1 336	533	133
12	湖南太子奶集团生物科技有限责任公司	湖南省株洲市	SC10543020100021			224 720	11 931		233	447

备注：本表包括在中国及海外的生产企业。自有奶源指来自自建和参建（控股、参股）牧场（小区）的原奶及长期稳定合作牧场的原奶。有机产品数量单位为“枚”指获得有机标志的数量。有机产品品类指液态奶、酸奶、奶粉、奶酪等大类。

（续）

序号	奶粉－成人粉（t）	婴配粉（t）	奶油（t）	奶酪（t）	乳饮料（t）	产品销售区域	年销售收入（万元）	利润总额（万元）	是否为国家学生饮用奶认定企业	有机产品（枚）	有机认证机构	有机产品品类1及数量（枚）	有机产品品类2及数量（枚）	有机产品品类3及数量（枚）
1			1 819	2 525	51		412 802	9 379						
2	1 756			3 105	596		98 410	−767						
3							13 613	78						
4			429				29 026	564						
5	5 845	3 319	6		1 872		123 326	3 395	√		北京中绿华夏有机食品认证中心	极致有机纯牛奶 极致有机鲜牛奶 匠心60年有机纯牛奶		
6	0	749					5 990	−858						
7					2 937									
8					345		9 848	151	√		北京中绿华夏有机食品认证中心	极致有机纯牛奶 极致有机鲜牛奶 匠心60年有机纯牛奶		
9					7 785		20 637	−24	√		北京中绿华夏有机食品认证中心	极致有机纯牛奶 极致有机鲜牛奶 匠心60年有机纯牛奶		
10						西部地区	4 344	−1 813						
11					605		3 929	64						
12					11 251		9 561	−943						

西安银桥乳业（集团）有限公司

【奶源基地】2018年银桥乳业有奶源基地58个，存栏奶牛7.2万余头，其中成母牛存栏4.3万余头，年鲜牛奶产量330 090t；奶源分布区域覆盖陕西、山西、河南、甘肃、宁夏等省（自治区），其中陕西关中4市为主要产区，奶牛养殖重点区域有西安市临潼区、阎良区，咸阳市泾阳县，渭南市合阳县、华阴市、富平县，宝鸡市眉县、麟游县；有机奶源基地位于宁夏吴忠市，年产有机鲜奶5 000t。

银桥奶源基地奶牛存栏100头以上规模养殖率达到100%，其中奶牛存栏100~199头占10.3%，存栏200~499头占37.9%，存栏500~999头占32.8%，存栏1 000头及以上占19%；牧场100%实现机械化挤奶，100%应用全混合日粮（TMR）机械饲喂。

DHI测定。银桥奶源基地参加生产性能测定（DHI）的规模牧场达到52个，覆盖率89.7%。测定牛场305d平均产奶量8 522kg，平均日产奶量27.9kg。305d产奶量在7 000~8 000kg的养殖场16个，8 000~9 000kg的20个，9 000kg以上的16个。从测定结果来看，平均乳脂肪率4.05%，平均乳蛋白率3.28%，平均体细胞数为25.1万个/mL，其中体细胞数小于50万个/mL的牛场占92%。

饲草种植。2018年银桥奶源基地参加陕西高产优质苜蓿示范场建设，种植紫花苜蓿900 hm^2，苜蓿干草平均单产12t/ hm^2，苜蓿干草总产量10 800t；种植优质青贮玉米9 300 hm^2，平均单产37.5t/ hm^2，青贮玉米总产量达348 750t。

疫病防控。陕西省动物卫生监督所于2018年3月27~29日在西安举办了全省重大动物疫病免疫等防控技术培训班，解读《2018年动物疫病强制免疫计划实施方案》和《陕西省重大动物疫病强制免疫先打后补试点工作实施方案》。银桥所有旗下牧场积极落实奶牛口蹄疫免疫工作，应免密度达到100%，免疫抗体监测合格率达到100%。进一步规范了奶牛养殖场兽用抗菌药的使用，引导牧场开展抗菌药减量化工作。

粪污处理方式。银桥奶源基地粪污处理方式主要有两种：第一种方式是牛粪干清，堆积发酵用作农家肥还田，占比87%；第二种方式是用牛粪制作沼气，沼渣经干湿分离、堆积发酵后用作卧床垫料，沼液作为液肥用于还田灌溉，占比13%。

养殖效益。2018年银桥乳业生鲜乳收购年均价格3.6元/kg，上半年市场奶价低迷，7~12月份奶价持续上涨，达到3.8~4元/kg。随着下半年奶价进入上行周期，奶牛养殖结束连续几年的低迷期开始盈利，2018年奶牛养殖头均年净收入达到2 150元，奶牛场头均年净收入达到3 700元。

【乳品加工】质量安全再上台阶。银桥不断夯实品质根基，持续升级质量管理体系。奶源基地转型升级进一步加快，新开发优质牛奶奶源基地1个，羊奶奶源基地4个，鲜奶各项指标达到历史最好水平。顺利通过食品生产示范企业体系检查及名牌产品现场复评。制定下发15个企业标准，新增28个验收标准，修订更改151个验收规定。5月1日液态奶追溯正式纳入陕西省乳品追溯系统，标志着集团奶粉、液奶质量追溯体系双轨向前。贝多检测中心6月顺利通过国家CNAS体系认证。整体来看，集团2018产品质量稳中向好。国家所有批次产品抽检及出厂合格率均为100%。

研发创新精准发力。银桥把提供高质量科技供给作为主攻方向，满足市场升级和消费需求，促进产品向价值链中高端迈进。“奶粉保健+”模式初步确立，完成26个新品开发，涵盖牛奶粉、羊奶粉、功能保健奶粉、特医产品等品类。婴幼儿配方粉系列“阳光恩护”新品顺利上市，液奶推出小白袋纯牛奶、炭烧酸奶、无添加原点牧场高品发酵乳等10款新品，完成蓝莓奶昔、羊乳酸奶等17个新产品储备。围绕改革开放40周年和银桥成立40周年主题，集团所有品类产品加快包装改版升级，多元产品矩阵不断加强，创新研发能力持续提升。

【市场消费】经济运行稳中向好。银桥坚定不移贯彻新发展理念，以市场为主体，以销售为龙头，奶粉、常温、低温、直投、电商五大事业部进位争先，集团整体盈利水平大幅上升。婴幼儿配方乳粉实现两位数增长，省外市场同比增长达210%。羊奶粉抢抓机遇，快速提升，销售额较2017年同期翻番。常温板块冲刺应对竞品竞争，主力大单品“核桃花生枕”和主推新品“阳光冠+有机纯牛奶”继续保持增长。低温销售下半年连续6个月同比增长。直投以“快”“新”“鲜”战略为主线，布局西安、渭南两大主力市场。电商事业部降本增效成果显著，实现奶粉液奶全线盈利。

【社会责任】银桥乳业深入贯彻党的十九大精神，以习近平新时代中国特色社会主义思想为指引，以五星级非公有制党组织为基础，将幸福银桥建设和精准扶贫、职工生活、社会责任等方面相结合。银桥自2017年启动“牛奶助学公益活动”以来，已先后向安康市、渭南市、江西革命老区等贫困地区的青少年儿童及家庭捐赠了价值50多万元的银桥产品。2019年2月，银桥联合郭明义爱心团队，成立银桥集团爱心分队，对西安市临潼区83户特困户进行精准帮扶，助力临潼区脱贫攻坚。

【奶业大事】

1978年，西安市相桥乳品厂建立。

1991年，晋升为国家二级企业。

1995年，组建西安银桥企业集团。

1996年，率先通过ISO9000国际质量管理体系和产品质量认证。

2001年，“银桥”系列液态奶隆重上市。

2002年3月，“秦俑”婴幼儿奶粉荣获“国家免检产品”称号。

2002年5月，银桥被国家八部委认定为“中国学生饮用奶定点生产企业”。

2002年9月，“秦俑”奶粉荣获“中国名牌产品”称号。

2002年12月，被国家九部委认定为农业产业化国家重点龙头企业。

2003年，银桥在新加坡成功上市。

2004年，“银桥”牛奶、“秦俑”奶粉荣获“国家免检产品”称号。

2005年9月，“银桥”牛奶、“秦俑”奶粉荣获“中国名牌产品”称号。

2008年，荣获“全国食品安全示范单位”称号。

2009年，董事长刘华国当选“第二届全国道德模范”，是乳品界唯一的一位。

2012年，银桥通过“诚信管理体系认证”。

2013年，银桥牛奶被认定为“欧亚经济论坛唯一指定乳品”。

2015年8月，成为中国奶业D20企业联盟成员。

2016年3月，集团党委被授予“五星级非公有制企业党组织”荣誉称号。

2016年4月，银桥乳业与新西兰威士兰乳业公司签署《全面战略合作伙伴关系备忘录》。

2017年1月，“阳光宝宝”婴幼儿配方奶粉荣获“2016年度质量金奖”。

2017年2月，荣获“2016年度西安市质量管理奖”。

2017年8月，中国乳协授予银桥“中国乳业领军企业”称号。

2017年12月，荣获“中国乳业领军品牌”。

2018年8月，协办中国乳制品工业协会第二十四次年会。

2018年，银桥集团科学研判，精准施策，经济运行总体平稳，盈利水平大幅提升，对外合作取得突破，管理基础不断夯实，品牌影响力进一步扩大，销售、生产、质量等主要指标持续向好，全年实现生产总值41亿元，企业发展稳中有进，稳中提质，获“中国奶业杰出企业”“改革开放40周年优秀民营企业”等多项荣誉，受到省委、省政府和市委、市政府的多项表彰。

〔西安银桥乳业（集团）有限公司，闵杨〕

附表 1　西安银桥乳业（集团）有限公司奶牛养殖场（小区）名录

序号	名称	地址	养殖场	小区	全群存栏（头）	成母畜存栏（头）	奶畜品种	成母畜年单产（t）	年总产量（t）	是否参加DHI	是否应用TMR	是否国家学生饮用奶奶源基地	是否有机奶源基地	有机奶产量（t）	有机奶源认证机构	是否为布鲁氏菌病及结核净化创建场或示范场
1	陕西农得利现代牧业发展有限公司	陕西省西安市临潼区相桥街道姚家村	√		625	389	荷斯坦	9.1	3 540	√	√					
2	西安市临潼区永平养殖场	陕西省西安市临潼区相桥街道新李村	√		590	350	荷斯坦	8.2	2 870	√	√					
3	西安市临潼区卫南王遂奶牛场	陕西省西安市临潼区相桥街道朝阳村	√		193	121	荷斯坦	7.8	950	√	√					
4	西安市临潼区王彭牛场	陕西省西安市临潼区相桥街道朝阳村	√		210	125	荷斯坦	7.9	1 000	√	√					
5	西安凯旋奶业有限责任公司	陕西省西安市临潼区相桥街道朝阳村	√		550	331	荷斯坦	8.9	2 950	√	√					
6	西安昕洋牧业有限责任公司	陕西省西安市临潼区相桥街道朝阳村	√		848	525	荷斯坦	9.5	5 000	√	√					
7	西安市临潼区经社奶牛小区	陕西省西安市临潼区相桥街道朝阳村		√	150	90	荷斯坦	7.3	660		√					
8	西安市临潼区兴王奶牛三厂	陕西省西道市临潼区相桥街道朝阳村	√		510	311	荷斯坦	8.2	2 560	√	√					
9	西安市临潼区银桥科技示范奶牛场	陕西省西安市临潼区相桥街道北王村	√		310	188	荷斯坦	8.6	1 620	√	√					
10	西安市临潼区八里奶牛小区	陕西省西安市临潼区相桥街道八里村		√	180	112	荷斯坦	7.3	900		√					
11	西安市临潼区新市奶牛养殖场	陕西省西安市临潼区新市街道新市村	√		412	260	荷斯坦	8.5	2 210	√	√					
12	西安市兴盛源牧业有限公司	陕西省西安市临潼区任留街道垣头村	√		610	390	荷斯坦	9.3	3 630	√	√					
13	西安市临潼区交口新民孙宾奶牛小区	陕西省西安市临潼区交口街道新民村		√	160	101	荷斯坦	7.5	760		√					
14	西安市阎良区文强奶牛养殖示范园	陕西省西安市阎良区凤凰路街道三贤村三南组	√		415	255	荷斯坦	8.9	2 270	√	√					
15	西安阎良区海文养殖专业合作社	陕西省西安市阎良区凤凰路街道三贤村新东组	√		420	267	荷斯坦	10.2	2 730	√	√					
16	西安市阎良区牧歌畜牧养殖专业合作社	陕西省西安市阎良区关山镇代家村	√		450	267	荷斯坦	8.8	2 350	√	√					

（续）

序号	名称	地址	养殖场	小区	全群存栏（头）	成母畜存栏（头）	奶畜品种	成母畜年单产（t）	年总产量（t）	是否参加DHI	是否应用TMR	是否国家学生饮用奶奶源基地	是否有机奶源基地	有机奶产量（t）	有机奶源认证机构	是否为布鲁氏菌病及结核净化创建场或示范场
17	西安市阎良区华源奶牛养殖厂	陕西省西安市阎良区新兴街道井家村	√		220	140	荷斯坦	7.9	1 110	√	√					
18	周至县终南镇丰禾畜牧场	陕西省西安市周至县终南镇勒马村	√		230	136	荷斯坦	7.8	1 070	√	√					
19	户县群星奶牛养殖专业合作社	陕西省西安市户县余下镇东屯村	√		250	145	荷斯坦	7.6	1 110	√	√					
20	咸阳永兴畜牧有限公司	陕西省咸阳市渭城区正阳街道张闫村	√		370	215	荷斯坦	7.8	1 680	√	√					
21	咸阳汉凌农牧有限责任公司	陕西省咸阳市渭城区正阳街道马家堡村	√		296	168	荷斯坦	7.7	1 300	√	√					
22	三原徐木北鹿奶牛养殖专业合作社	陕西省咸阳市三原县徐木发展服务中心冯家顺村	√		620	360	荷斯坦	8.2	2 960	√	√					
23	泾阳县佳丰源牧业有限公司	陕西省咸阳市泾阳县兴隆镇符庄村	√		1 325	810	荷斯坦	8.9	7 210	√	√					
24	陕西澳美慧科技有限公司一场	陕西省咸阳市泾阳县三渠镇梁宋村	√		9 875	6 210	荷斯坦	11.0	68 310	√	√	√				
25	陕西澳美慧科技有限公司二场	陕西省咸阳市泾阳县安吴镇	√		3 669	2 250	娟姗牛	7.8	17 600	√	√					
26	大荔县朝邑镇兰空奶牛养殖场	陕西省渭南市大荔县朝邑镇广济村	√		750	455	荷斯坦	8.3	3 780	√	√					
27	蒲城天天奶牛养殖有限公司	陕西省渭南市蒲城县永丰镇坞坭村	√		350	215	荷斯坦	7.8	1 677	√	√					
28	华康乳业有限责任公司	陕西省渭南市华阴市岳庙街道康营村	√		265	160	荷斯坦	7.6	1 220	√	√					
29	华阴市宏泰奶牛场	陕西省渭南市华阴市五方管区董城村	√		202	121	荷斯坦	7.9	960	√	√					
30	西安草滩牧业有限公司	陕西省渭南市华阴市华西镇	√		7 981	5 213	荷斯坦	11.3	58 900	√	√					
31	合阳兴隆牧业公司	陕西省渭南市合阳县杨家庄乡杨家庄村	√		854	510	荷斯坦	8.9	4 540	√	√					
32	韩源牧业有限公司	陕西省渭南市合阳县同家庄镇杨家庄村	√		870	523	荷斯坦	9.1	4 760	√	√					

（续）

序号	名称	地址	养殖场	小区	全群存栏（头）	成母畜存栏（头）	奶畜品种	成母畜年单产（t）	年总产量（t）	是否参加DHI	是否应用TMR	是否国家学生饮用奶奶源基地	是否有机奶源基地	有机奶产量(t)	有机奶源认证机构	是否为布鲁氏菌病及结核净化创建场或示范场
33	合阳县富千家牧业有限公司	陕西省渭南市合阳县同家庄镇新堡村	√		420	251	荷斯坦	9.0	2 260	√	√					
34	合阳县兴隆乳业有限公司	陕西省渭南市合阳县同家庄镇	√		750	430	荷斯坦	8.5	3 660	√	√					
35	合阳县翱翔养殖场	陕西省渭南市合阳县路井乡	√		320	185	荷斯坦	7.8	1 443	√	√					
36	陕西晟杰实业有限公司	陕西省渭南市合阳县金峪镇解庄村	√		1 290	785	荷斯坦	9.2	7 230	√	√	√				
37	合阳县腾达牧业有限公司	陕西省渭南市合阳县坊镇	√		610	401	荷斯坦	8.0	3 210	√	√					
38	合阳县翊东有限责任公司	陕西省渭南市合阳县城关镇东庄子村	√		850	503	荷斯坦	8.7	4 400	√	√					
39	富平县隆仁奶牛养殖专业合作社	陕西省渭南市富平县流曲镇碳村	√		560	325	荷斯坦	7.5	2 440	√	√					
40	陕西嘉润生态农业有限公司	陕西省渭南市富平县流曲镇大岗村	√		615	380	荷斯坦	8.2	3 120	√	√					
41	富平县新胜奶牛养殖专业合作社	陕西省渭南市富平县流曲镇藏村	√		160	94	荷斯坦	7.8	740	√	√					
42	富平县鑫牛奶牛养殖有限公司	陕西省渭南市富平县流曲镇	√		145	87	荷斯坦	7.9	690	√	√					
43	富平县佳牧奶牛养殖专业合作社	陕西省渭南市富平县宫里镇大樊村三组	√		280	181	荷斯坦	8.0	1 500	√	√					
44	富平县腾龙养殖专业合作社	陕西省渭南市富平县到贤镇庄镇新移村四组	√		210	120	荷斯坦	7.8	940	√	√					
45	富平县芳蕾农牧发展有限公司	陕西省渭南市富平县到贤镇庄镇村仁义组	√		340	205	荷斯坦	8.1	1 670	√	√					
46	现代牧业（宝鸡）有限公司	陕西省宝鸡市眉县横渠镇曹梁村	√		15 670	8 300	荷斯坦	11.5	21 900	√	√					
47	麟游县秦牧生态牧业有限公司	陕西省宝鸡市麟游县酒房镇大庄村菜子山组	√		1 560	965	荷斯坦	9.5	9 170	√	√					
48	新绛县润泽养殖有限公司	山西省运城市新绛县泽掌镇泽掌村	√		360	230	荷斯坦	8.2	1 890	√	√					
49	山西泰茂园牧业有限公司	山西省运城市新绛县龙兴镇仁美村	√		610	370	荷斯坦	9.0	3 330	√	√					

（续）

序号	名称	地址	养殖场	小区	全群存栏（头）	成母畜存栏（头）	奶畜品种	成母畜年单产（t）	年总产量（t）	是否参加DHI	是否应用TMR	是否国家学生饮用奶奶源基地	是否有机奶源基地	有机奶产量（t）	有机奶源认证机构	是否为布鲁氏菌病及结核净化创建场或示范场
50	翼城县长峰农工商实业有限公司	山西省临汾市翼城县唐兴镇治南村	√		1 026	630	荷斯坦	9.2	5 800	√	√					
51	翼城县芸翊畜牧业有限公司	山西省临汾市翼城县南梁镇西政村	√		353	210	荷斯坦	8.2	1 730	√	√					
52	翼城县富华养殖有限公司	山西省临汾市翼城县里岩镇老官庄村	√		875	530	荷斯坦	9.1	4 830	√	√					
53	三门峡市纯厚牧业有限公司	河南省三门峡市湖滨区磁钟乡磁钟村	√		380	231	荷斯坦	7.9	1 830		√					
54	多多牧业养殖场	河南省三门峡市陕县西张村镇水淆村	√		540	312	荷斯坦	7.8	2 440		√					
55	河南天谷农业有限公司	河南省三门峡市陕县张茅乡白土村	√		1 650	1 010	荷斯坦	8.8	8 890	√	√					
56	三门峡市人和牧业有限公司	河南省三门峡市陕州区西张村镇窑头村	√		650	425	荷斯坦	7.5	3 190		√					
57	环县甘牧源牧业有限公司	甘肃省庆阳市环县木钵镇	√		2 325	1 400	荷斯坦	9.0	12 600	√	√					
58	宁夏夏进综合牧业开发有限公司	宁夏回族自治区吴忠市利通区孙家滩种畜场	√		5 500	3 256	荷斯坦	9.3	5 000	√	√		√	5 000	方圆标志认证集团	
59	陕西嘉润生态农业有限公司	陕西省渭南市富平县流曲镇大岗村		√	4 010	3 025	关中奶山羊	0.7	2 118							
60	渭南市富平县思瑞奶山羊养殖专业合作社	陕西省渭南市富平县留古镇孝义村		√	3 723	2 950	关中奶山羊	0.7	1 918							
61	渭南市临渭区文强奶山羊养殖专业合作社	陕西省渭南市临渭区官底镇		√	3 855	3 086	关中奶山羊	0.7	2 160							
62	蒲城县金羊奶山羊养殖专业合作社奶站	陕西省渭南市蒲城县苏坊镇姚古村		√	4 313	3 279	关中奶山羊	0.6	1 901							

备注：本表所指奶畜包括奶山羊、奶绵羊、奶水牛、牦牛、骆驼、驴等产商品奶家畜。本表奶畜养殖场指企业在中国及海外自建和参建（控股、参股）牧场（小区）。请在养殖场或小区列中选择打勾；如参加 DHI、为学生奶奶源基地、认证为有机奶源基地等，请在相应表格中打勾。布鲁氏菌病、结核净化示范场或创建场请标明疫病净化具体级别。

附表2 西安银桥乳业（集团）有限公司乳制品生产企业名录

序号	名称	生产地点	生产许可证号码	年收购原奶量（t）	平均支付价格（元/kg）	其中：自有奶源量（t）	年乳制品产量（t）	其中：巴氏杀菌奶（t）	UHT奶（t）	酸奶（t）
1	西安银桥乳业（集团）有限公司	西安市临潼区经济开发区银桥大道99号	SC12961011500930	414 573	3.60	85 910	404 452	16 275	256 752	96 667

备注：本表包括在中国及海外的生产企业。自有奶源指来自自建和参建（控股、参股）牧场（小区）的原奶及长期稳定合作牧场的原奶。有机产品数量单位为"枚"指获得有机标志的数量。有机产品品类指液态奶、酸奶、奶粉、奶酪等大类。

（续）

序号	奶粉（t）	婴配粉（t）	奶油（t）	奶酪（t）	乳饮料（t）	产品销售区域	年销售收入（万元）	利润（万元）	是否为国家学生饮用奶认定企业	有机产品（枚）	有机认证机构	有机产品品类1及数量（枚）	有机产品品类2及数量（枚）	有机产品品类3及数量（枚）
1	10 697	24 061			23 097	全国	413 967	15 385	√	4 500 000	中绿华夏认证中心	有机纯牛奶 2 050 000	常温酸奶 2 450 000	

内蒙古圣牧高科牧业有限公司

【奶源基地】圣牧寓意为“圣洁沙漠、有机牧场”。圣牧公司的主产业基地位于内蒙古乌兰布和沙漠腹地，由黄河古道千年冲击形成，方圆百里纯天然、无污染。沙漠环境纯净，人迹罕至，有效隔离，过滤了外源污染与病毒，形成了圣牧奶源基地的天然环境保障。

截至2018年12月31日，圣牧公司自建牧场35座，奶牛存栏112 605头，其中成母牛72 773头；2018年度原料奶总产量为680 503t，其中有机原料奶总产量为364 207t。圣牧公司的牧场分布在内蒙古呼和浩特市、巴彦淖尔市、阿拉善盟和鄂尔多斯市范围内，其中有机牧场分布在巴彦淖尔市、阿拉善盟和鄂尔多斯市范围内；牧场存栏规模绝大部分为2 000~5 000头；均采用并列式或转盘式挤奶设备，采用TMR饲养技术，开展DHI的牧场比例为72.72%。

圣牧公司所在地区的奶业机械购置补贴和规模养殖场改扩建补助政策实施情况较好，均已享受该方面的政策。公司建立了完善的免疫防疫制度和保健流程，起到很好的效果，近年来未发生过奶牛传染性疾病。

2018年度圣牧常规原料奶的销售单价为3 519元/t，相比2017年度的3 414元/t增幅为3.08%。

圣牧公司通过多年在乌兰布和沙漠的潜心耕耘，目前已开发建设有机饲草料基地14 666 hm^2，可提供27.3万t青贮玉米、2.8万t青贮苜蓿、2.04万t干草苜蓿饲料。已建成1座年产7万t的有机肥料加工厂，6座液体肥生产厂，为种植基地配套328套有机液体肥施肥系统，为牧场配套了9座年处理25万 m^3 粪污的腐熟牛粪加工厂，保障了有机饲草种植的肥料需求，建立了完整的有机饲草种植管理体系，为有机产业链的发展模式打下了坚实的基础。

圣牧公司采用养殖信息管理配合营养饲喂精细化管理，提升配方管理、投料精准性、效率对比，对科湃腾系统及TMR功能升级开发，对TMR饲喂全过程进行监控，避免饲料配料及撒料过程中的人为因素造成的误差，把饲料配制投喂精确度控制到理想范围，而且可以对前期饲料配方设计、中期饲料混料生产、后期饲料投放饲喂进行追溯查询。

营养饲喂方面，牧场给推草车安装GPS设备，有效监控推草机使用情况，提升现场管理细节，提高奶牛干物质采食量。采用先进设备热成像仪、风速仪等监控草料是否发生二次发酵，风扇位置和方向是否合理，监控牛舍环境，以便降低热应激对奶牛的影响。升级发酵料配方，控制成本，采用裹包、灌肠苜蓿青贮制作工艺，提高原料的品质，强化源头、过程、现场三方面细节管控，提高饲料利用效率，实现效益最大化。

圣牧公司立足高品质，充分利用沙漠有机的天然优势，打造优质乳蛋白含量≥3.5g/100g的圣牧全程有机液态奶产品，产品通过国标有机认证和欧盟有机认证，连续七届获得上海国际有机食品博览会金奖。

【市场消费】圣牧公司2018年实现销售收入28.9亿元，毛利达9.4亿元。其中自有品牌全程有机液态奶销售收入达7.9亿元，占整体销售收入的比重达到27.3%。

2018年12月24日，圣牧公司与蒙牛集团订立协议售出下游液态奶业务51%的股权。凭借与蒙牛的合作，圣牧公司在有效补充营运资金需求的同时，也将取得乳品业务的协调发展。

【社会责任】圣牧公司不断探索可持续、带动当地产业发展与带动当地农牧民脱贫的治沙新经济模式，始终坚持参与社会慈善与公益事业，以实际行动回馈社会对圣牧公司信赖。2018年，圣牧公司为支持当地教育文化活动捐赠400万元，积极参与当地政府提出的“百企扶百村”精准扶贫活动，为当地村民捐赠价值30万元的安格斯肉犊牛，并提供饲养、兽医、繁育技术帮扶；公司有210人次志愿者参与630小时的公益志愿活动。

（内蒙古圣牧高科牧业有限公司，张家旺）

附表 1　内蒙古圣牧高科牧业有限公司奶牛养殖场（小区）名录

序号	名称	地址	养殖场	小区	全群存栏(头)	成母畜存栏（头）	奶畜品种	成母畜年单产（t）	年总产量（t）	是否参加 DHI	是否应用 TMR	是否国家学生饮用奶奶源基地	是否有机奶源基地	有机奶产量（t）	有机奶源认证机构	是否为布鲁氏菌病及结核净化创建场或示范场
1	内蒙古圣牧高科牧业有限公司（巴彦淖尔）第 1 牧场	内蒙古磴口县沙金苏木巴音宝力格嘎查	√		5 334	4 048	荷斯坦	10.2	41 330	√	√		√	41 330	北京中绿华夏有机食品认证中心 / 北京爱科赛尔认证中心有限公司	√
2	内蒙古圣牧高科牧业有限公司（巴彦淖尔）第 2 牧场	内蒙古巴彦淖尔市磴口县沙金套海苏木巴音宝力格嘎查	√		9 539	6 271	荷斯坦	9.6	60 202	√	√		√	60 202	北京中绿华夏有机食品认证中心 / 北京爱科赛尔认证中心有限公司	√
3	内蒙古圣牧高科牧业有限公司（巴彦淖尔）第 3 牧场	内蒙古磴口县沙金苏木巴彦温都尔毛道嘎查第三牧场	√		2 156	1 518	荷斯坦	8.6	13 085	√	√					√
4	内蒙古圣牧高科牧业有限公司（巴彦淖尔）第 5 牧场	内蒙古磴口县沙金苏木巴彦温都尔毛道嘎查第五牧场	√		2 922	2 074	荷斯坦	8.5	17 629	√	√					√
5	内蒙古圣牧高科牧业有限公司（巴彦淖尔）第 7 牧场	内蒙古磴口县沙金苏木白音温都尔嘎查	√		4 200		荷斯坦				√					√
6	内蒙古圣牧高科牧业有限公司（巴彦淖尔）第 8 牧场	内蒙古磴口县沙金苏木那仁宝勒格嘎查	√		4 541	3 965	荷斯坦	9.5	37 747	√	√		√	37 747	北京中绿华夏有机食品认证中心 / 北京爱科赛尔认证中心有限公司	√
7	内蒙古圣牧高科牧业有限公司（鄂托克旗）第 9 牧场	内蒙古鄂托克旗蒙西镇伊克布拉格嘎查	√		2 211	1 396	荷斯坦	9.9	13 779	√	√					√
8	内蒙古圣牧高科牧业有限公司（巴彦淖尔）第 10 牧场	内蒙古磴口县沙金苏木那仁宝力格嘎查	√		2 165	1 263	荷斯坦	9.0	11 367		√					√
9	内蒙古圣牧高科牧业有限公司（巴彦淖尔）第 11 牧场	内蒙古磴口县沙金苏木那仁宝力格嘎查	√		3 075	2 051	荷斯坦	9.3	19 115		√					√
10	内蒙古圣牧高科牧业有限公司（巴彦淖尔）第 12 牧场	内蒙古巴彦淖尔市磴口县沙金套海苏木那仁宝力格嘎查	√		4 523	2 460	荷斯坦	9.2	22 632	√	√					√
11	内蒙古圣牧高科牧业有限公司（巴彦淖尔）第 13 牧场	内蒙古磴口县沙金苏木那仁宝力格嘎查	√		3 825	2 869	荷斯坦	9.2	26 481		√		√	26 481	北京中绿华夏有机食品认证中心 / 北京爱科赛尔认证中心有限公司	√

（续）

序号	名称	地址	养殖场	小区	全群存栏（头）	成母畜存栏（头）	奶畜品种	成母畜年单产（t）	年总产量（t）	是否参加DHI	是否应用TMR	是否国家学生饮用奶奶源基地	是否有机奶源基地	有机奶产量（t）	有机奶源认证机构	是否为布鲁氏菌病及结核净化创建场或示范场
12	内蒙古圣牧高科牧业有限公司（阿拉善盟）15牧场	内蒙古阿拉善左旗敖伦布拉格镇和平嘎查村	√		4 416	3 633	荷斯坦	9.5	34 659	√	√		√	34659	北京中绿华夏有机食品认证中心/北京爱科赛尔认证中心有限公司	√
13	内蒙古圣牧高科牧业有限公司（巴彦淖尔）第16牧场	内蒙古磴口县沙金苏木那仁宝勒格嘎查	√		3 698	1 659	荷斯坦	9.5	15 744	√	√					√
14	内蒙古圣牧高科牧业有限公司（巴彦淖尔）第17牧场	内蒙古磴口县沙金苏木那仁宝力格嘎查	√		3 869	3 021	荷斯坦	9.7	29 304		√		√	29304	北京中绿华夏有机食品认证中心/北京爱科赛尔认证中心有限公司	√
15	内蒙古圣牧高科牧业有限公司（巴彦淖尔）第18牧场	内蒙古磴口县沙金苏木巴音温都尔嘎查	√		2 123	1 613	荷斯坦	9.2	14 888	√	√					√
16	内蒙古圣牧高科牧业有限公司（巴彦淖尔）第19牧场	内蒙古磴口县沙金苏木巴音温都尔嘎查	√		2 139	1 575	荷斯坦	9.2	14 553	√	√					√
17	内蒙古圣牧高科牧业有限公司（巴彦淖尔）第20牧场	内蒙古磴口县沙金温都尔嘎查	√		2 537	1 670	荷斯坦	8.7	14 446	√	√					√
18	内蒙古圣牧高科牧业有限公司（巴彦淖尔）第21牧场	内蒙古磴口县沙金苏木那仁宝力格嘎查	√		5 491	3 966	荷斯坦	10.0	39 581	√	√		√	39581	北京中绿华夏有机食品认证中心/北京爱科赛尔认证中心有限公司	√
19	内蒙古圣牧高科牧业有限公司（阿拉善盟）第22牧场	内蒙古阿拉善盟阿拉善左旗敖伦布拉格镇和平嘎查境内	√		4 073	2 836	荷斯坦	10.0	28 360		√		√	2836	北京中绿华夏有机食品认证中心/北京爱科赛尔认证中心有限公司	√
20	内蒙古圣牧高科牧业有限公司（阿拉善盟）第23牧场	内蒙古阿拉善盟阿拉善左旗敖伦布拉格镇和平嘎查境内	√		3 602	2 378	荷斯坦	9.2	21 925		√		√	21925	北京中绿华夏有机食品认证中心/北京爱科赛尔认证中心有限公司	√
21	内蒙古圣牧高科牧业有限公司（巴彦淖尔）第25牧场	内蒙古磴口县沙金苏木巴音温都尔嘎查	√		5 635		荷斯坦				√	√	√		北京中绿华夏有机食品认证中心/北京爱科赛尔认证中心有限公司	√

（续）

序号	名称	地址	养殖场	小区	全群存栏（头）	成母畜存栏（头）	奶畜品种	成母畜年单产（t）	年总产量（t）	是否参加 DHI	是否应用 TMR	是否国家学生饮用奶奶源基地	是否有机奶源基地	有机奶产量（t）	有机奶源认证机构	是否为布鲁氏菌病及结核净化创建场或示范场
22	内蒙古圣牧高科牧业有限公司（阿拉善盟）第 27 牧场	内蒙古阿拉善左旗敖伦布拉格镇和平嘎查村	√		5 505	4 143	荷斯坦	10.8	44 620	√	√	√	√	44620	北京中绿华夏有机食品认证中心 / 北京爱科赛尔认证中心有限公司	√
23	内蒙古圣牧高科牧业有限公司（呼和浩特）第 1 牧场	内蒙古和林格尔县盛乐经济园区开发区东区	√		2 801	2 506	荷斯坦	9.7	24 308	√	√					
24	内蒙古圣牧高科牧业有限公司（呼和浩特）第 2 牧场	内蒙古呼和浩特市北什轴乡麻合理村第二牧场	√		2 291	1 931	荷斯坦	8.8	16 993	√	√	√				
25	内蒙古圣牧高科牧业有限公司（呼和浩特）第 5 牧场	内蒙古呼和浩特市土默特左旗把什乡那什图村	√		1 655	1 210	荷斯坦	8.8	10 648	√	√	√				
26	内蒙古圣牧高科牧业有限公司（呼和浩特）第 6 牧场	内蒙古呼和浩特市土默特左旗察素旗镇恼木汗村	√		1 698	1 458	荷斯坦	9.0	13 122	√	√					
27	内蒙古圣牧高科牧业有限公司（呼和浩特）第 7 牧场	内蒙古呼和浩特市土默特左左旗三俩乡北得力图村南 500 米	√		2 023	1 653	荷斯坦	8.9	14 695	√						
28	内蒙古圣牧高科牧业有限公司（呼和浩特）第 8 牧场	内蒙古呼和浩特市土默特左旗把什乡大圪贲村	√		2 772	2 106	荷斯坦	8.5	17 796	√	√					
29	内蒙古圣牧高科牧业有限公司（呼和浩特）第 10 牧场	内蒙古和林格尔县舍必崖乡小甲赖村	√		1 875	1 782	荷斯坦	8.2	14 666	√	√					
30	内蒙古圣牧高科牧业有限公司（呼和浩特）第 11 牧场	内蒙古和林格尔县舍必崖乡董家营村	√		1 725	1 210	荷斯坦	8.2	9 934	√	√					
31	内蒙古圣牧高科牧业有限公司（呼和浩特）第 12 牧场	内蒙古土默特左左旗只几梁乡只几梁村	√		2 530	2 358	荷斯坦	8.9	21 010	√	√					
32	内蒙古圣牧高科牧业有限公司（呼和浩特）第 13 牧场	内蒙古呼和浩特市托克托县新营子乡黑城村	√		2 134	1 869	荷斯坦	8.5	15 887	√	√					
33	内蒙古圣牧高科牧业有限公司（呼和浩特）第 15 牧场	呼和浩特市土默特左左旗铁帽乡苏卜盖村北侧	√		3 522	281	荷斯坦				√					
34	合计				112 605	72 773		9.4	680 503					364207		

黑龙江飞鹤乳业有限公司

飞鹤乳业始建于1962年，是中国最早的奶粉生产企业之一，58年来专为中国人研制奶粉。飞鹤凭借“更适合”的产品、差异化的定位、前瞻性的布局，2016年跃居国产婴幼儿奶粉第一品牌，2017年高端婴幼儿粉同期增长超过200%，再创国产婴幼儿高端奶粉销售增长佳绩。2018年11月7日，销售额突破100亿元，成为中国婴幼儿奶粉行业首个突破百亿元的企业，引领中国奶业加速进入“品牌时代”。

【奶源基地】飞鹤依托齐齐哈尔北纬47°“黄金奶源带”的天然优势和得天独厚的生态优势，着眼于专属产业集群建设布局，打造了国内唯一集饲草种植、饲料加工、专属牧场、现代化乳品加工厂于一体的产业集群，“从种好一棵牧草”开始的全程可控，坚持专属牧场新鲜生牛乳一次成粉。

飞鹤坚持将奶源的源头上移，通过布局发展了4个紧密合作的专属农场，从源头饲料上保障奶源品质。2018年，飞鹤专属农业公司种植了20 000hm² 玉米、青贮、苜蓿、燕麦等优质饲草，承担着飞鹤专属牧业公司及齐齐哈尔市县域内部分养殖大户与养殖场饲草饲料的供应，率先实现了《国务院办公厅关于推进奶业振兴保障乳品质量安全的意见》中“推进饲草料种植和奶牛养殖配套衔接，就地就近保障饲草料供应”的要求。飞鹤拥有2个20万t的亚洲最先进的饲料加工厂，是专属产业集群的“第一车间”，使飞鹤成为全国率先把饲草饲料种植、精饲料加工纳入整个产业集群的婴幼儿奶粉企业，从源头上解决了奶源安全问题。

在牧场建设上，飞鹤专属牧业公司，即原生态牧业建设了多个国际领先的大型万头示范牧场，开创了中国北方地区生态型奶牛生产新模式，是黑龙江省全群进口优质荷斯坦奶牛养殖规模最大、单产水平最高的第一家香港上市公司。目前，共有7座专属牧场，分布在克东县、克山县和甘南县。牛群存栏总量65 000余头，年产奶量近36万t。在鲜奶品质上，企业坚持“以牛为本”与科技管理同步，飞鹤专属牧场鲜奶微生物含量低于5 000个/mL、体细胞数小于20万个/mL，乳脂肪率、乳蛋白率分别在4.2%和3.4%以上，安全性和品质超过欧盟标准，达到世界一流。在牧场建设上，牧场规划和设计尽最大可能使用机械设备，实现自动化，全部采用国际先进挤奶系统、TMR饲喂系统、自动喷淋送风系统、自动清粪系统、粪污自动处理系统等。制定合理标准饲养管理流程，生产细节全部流程化，做到可追溯核查检验结果。同时，飞鹤注重生态环境保护，在牧场发展过程中积极与当地政府配合，推进粪污转化利用项目，补足企业生态环境的短板。并建设“规模化生物天然气与有机肥循环综合利用”项目，探索出种养加一体化的生态循环模式，实现了用地与养地相结合，有效保护了生态环境。

【乳品加工】飞鹤目前拥有及运营5座乳品加工厂，分布于黑龙江、吉林两省，工厂生产产品以婴幼儿配方奶粉为主，2018年婴幼儿配方奶粉及成人奶粉产品的总产能达10万t。同时，飞鹤加拿大工厂、泰来工厂、吉林工厂二期工程均正在建设中。

为保证产品的品质，飞鹤工厂的生产车间均配备了世界一流的加工设备，实现了生产的管道化、自动化、密闭化和标准化。在生产加工环节上，企业始终坚守“品质不能为任何事情让路”的铁律，坚决执行“不合格原辅料不得入厂，不合格产品不得出厂”的准则，对鲜奶、原材料、半成品、成品进行24小时全程跟踪检验，经过25道检验工序、300逾次检验，确保出厂合格率100%，率先实现了国办发〔2018〕43号提出的2020年发展目标。

飞鹤乳业投入大量资金建立了各工厂实验室，且配置了国内国际先进的符合质量控制国际标准的高科技检验仪器，保证生乳、过程产品、成品等的在线理化指标、营养素、维生素、矿物质、污染物限量等指标及时有效检测和数据反馈，同时，对开发新检验方法提供了有力保障。飞鹤乳业核心婴配粉工厂均建立了全分析实验室，包括鲜奶检验室、工序检验室和感官实验室、化学实验室、微生物实验室等。实验室依据CNAS-CL01（等同于ISO/IEC 17025）及其应用说明、相关规则、准则、指南等要求，建立实验室管理体系，并稳定有效运行。飞鹤核心工厂实验室于2018年先后顺利通过CNAS认可。实验室依据GB10765、GB10767、GB19301等食品安全国家标准，对鲜奶、原辅材料、环境、包材、半成品、成品、工序等进行过程监测和每批产品的全项检验监测工作，以确认产品的质量及安全符合国家及行业的内控标准，以及生产环境、生产过程、流通渠道、货架稳定性等进行追踪、监控及数据分析，检测项目260余项。同时开展189项次与国内多家认证认可的检验机构进行能力对比工作，有效提升了实验室整体能力，促进企业内部质量管控水平。从质量体系、检测能力、技术水平和管理水平，多维度提升实验室整体水平，确保检测结果准确性。2018年实验室积极参与食品安全国家标准跟踪评价工作，并成为国家卫建委检验方法类食品安全国家标准协作组，及时准确反馈标准执行中遇到及存在问题。

在50多年的经营中，飞鹤一直注重和实施产业的质量保证和管理，有完善的以预防为主的全员、全过程、专属产业集群安全质量管理体系，包括农业管理、牧业管理、原辅材料供应商管理、研发和项目阶段的质量设计、生产过程中严格的质量控制、实验室检测、仓储、物流及经销环节的质量管理，层层把关，确保交付到消费者手里的是符合法规和标准安全、满足顾客期望的优质、健康产品。飞鹤乳业先后通过 ISO9001 质量管理体系，FSSC22000 食品安全管理体系认证，并获得中国食品安全示范单位、首届黑龙江省人民政府质量奖等荣誉。

【市场消费】2016—2018 年，飞鹤分别实现收入 37.24 亿元、58.87 亿元、103.92 亿元，分别实现利润 4.06 亿元、11.60 亿元、22.42 亿元。

超高端星飞帆婴幼儿配方奶粉由飞鹤于 2010 年推出上市，目前已成为飞鹤旗下一款超级大单品，星飞帆系列产品的收入已由 2016 年的 7.12 亿元增加至 2018 年的 51.08 亿元，复合年增长率达 168.0%。2015—2019 年，星飞帆获得世界食品品质评鉴大会金奖“五连冠”；2017—2019 年连续三年入围世界乳制品创新大奖，是中国婴幼儿奶粉行业首家获此殊荣的品牌。

臻爱倍护是飞鹤旗下第二大单品，自上市以来倍受消费者青睐。乳铁蛋白是臻爱倍护的核心卖点，乳铁蛋白是母乳中重要的蛋白质之一，是母乳中核心免疫有抑菌作用，帮助宝宝抵抗致病菌，助力宝宝健康成长。2016—2018 年，连续三年荣获世界食品品质评鉴大会金奖，成为飞鹤第二个获此奖项的婴幼儿奶粉品牌。

臻稚有机是飞鹤重点培育的第二增长极单品。2017 年 1 月飞鹤臻稚有机婴幼儿奶粉上市，为了将真正的有机奶粉奉献给中国千千万万的宝宝，臻稚在牧场、生牛乳、生产、原料等方面获得了国家级的有机认证。

【品牌建设】飞鹤作为国内最早研发生产婴幼儿奶粉的品牌企业，特别是“更适合中国宝宝体质”的定位，迅速打开和占领国内市场，叫响生态安全品牌。推广生态原产地、全过程监管、安全可追溯，赢得了消费者的深度信任。推行互动式体验，观光牧场、开放工厂，让消费者近距离接触专属产业集群；倡导以专业化服务，拉近与消费者的距离，飞鹤营养顾问团队育婴师资格证持有率达 97%，2018 年开展品牌推广活动 33 万余场。强化线上线下一体化服务。飞鹤在渠道布局上极具前瞻性，现有大中型超市、母婴系统、宝宝店等终端门店 10.2 万余家；入驻天猫、京东等大型电商平台，微商网商遍布全国；400 客服热线、微信公众号、“星妈会”等在线咨询平台 24 小时服务。

飞鹤重视品牌营销与消费者互动，加深消费者对品牌内涵的理解。同时，飞鹤在专属产业集群追溯体系进行升级，实现追溯 App、微信公众号的手机移动端追溯查询。

【国际化】飞鹤拥有完整的研发和项目技术团队，整合全球研发资源，与国内外领先科研机构成立合作平台，与哈佛医学院合作建立了飞鹤 - 哈佛 BIDMC 营养实验室，搭建了美国波士顿、中国北京、中国甘南实验室，构建以企业为主体、产学研深度融合的技术创新体系，不断增强集突破性、引领性、平台化于一体的创新能力。合作平台可以对奶粉原料以及成品的关键性指标进行深入分析与检测，为产品创新和品质保障提供支持。

2018 年是改革开放 40 周年，伴随“一带一路”建设向纵深推进，全球化进程在中国品牌之间逐步渗透，中国乳业共同体也随之而来。2017 年，飞鹤在加拿大金斯顿建设了第一家婴幼儿奶粉工厂，向加拿大输出婴幼儿奶粉领域丰富的生产经验、研发实力、设备工艺等，填补了加拿大没有婴幼儿奶粉生产经验和技术的空白。同时，飞鹤通过婴幼儿奶粉高附加值的产品，解决了加拿大市场上因奶源过剩带来的浪费及附加值不高的问题，实现了奶源价值最大化及行业可持续发展。

【社会责任】多年来，飞鹤持续践行“尽己所能，反哺社会”的企业社会公益理念，在济困、助学、助医等领域，推进健康扶贫和教育扶贫工程，聚焦深度贫困地区和特殊贫困群体，采取精准有效帮扶措施，用企业大爱温暖帮扶受助群体。

在公益的道路上，飞鹤乳业从未停止过自己的脚步。为资助贫困学生，成立了飞鹤乳业助学基金会。2018 年成立了慈善基金会。十几年来，飞鹤乳业向社会累计捐赠总额已近 4 亿元。

作为中国奶业 20 强成员，积极响应政府号召，2017—2018 年，在中国小康牛奶行动中，飞鹤共捐赠学生奶粉 4 000 箱，总价值 1 891 200 元，惠及学生 18 327 人次，援助学校 48 所，涉及 3 省 8 地市，其中包括 1 个国家扶贫开发工作重点县。

为表彰飞鹤乳业对国家脱贫攻坚事业做出的卓越贡献，2018 年 10 月 17 日，国务院扶贫办等单位授予飞鹤乳业“2018 年全国脱贫攻坚奖奉献奖”和“全国‘万企帮万村’精准扶贫行动先进民营企业”称号。

【奶业大事】2015 年 8 月 18 日，时任中央政治局委员、国务院副总理汪洋在中国奶业 D20 峰会上对飞鹤乳业给予充分肯定。

2016 年 5 月 5 日，全国人大党委会副委员长陈竺到飞鹤乳业视察。

2017 年 7 月 27 日，由农业部倡议、中国奶业 D20 企业联盟主办、飞鹤乳业承办的 2017 中国奶业 20 强（D20）峰会在黑龙江省齐齐哈尔市举行。

2017 年 11 月 3 日，国家食药监总局副局长郭文奇到飞鹤乳业视察调研。

2018 年 8 月，中央政治局委员、国务院副总理胡春华到飞鹤乳业视察调研。

2018 年 11 月 1 日，中共中央总书记、国家主席、中央军委主席习近平主持召开民营企业座谈会并发表重要讲话。飞鹤乳业董事长冷友斌作为民营企业家代表参加了会议。

（黑龙江飞鹤乳业有限公司，邵娜）

附表 1　黑龙江飞鹤乳业有限公司奶牛养殖场（小区）名录

序号	名称	地址	养殖场	小区	全群存栏(头)	成母畜存栏(头)	奶畜品种	成母畜年单产(t)	年总产量(t)	是否参加DHI	是否应用TMR	是否国家学生饮用奶奶源基地	是否有机奶源基地	有机奶产量(t)	有机奶源认证机构	是否为布鲁氏菌病及结核净化创建场或示范场
1	黑龙江克东和平原生态牧业有限公司	黑龙江省齐齐哈尔市克东县万发村克东和平原生态牧场	√		6 310	5 065	荷斯坦奶牛	10.6	51 808		√		√	8 200	中国质量认证	
2	黑龙江克东瑞信达原生态牧业有限公司	黑龙江省齐齐哈尔市克东县润津乡克东瑞信达原生态牧场	√		11 343	8 017	荷斯坦奶牛	10.5	82 863	√	√	√				
3	黑龙江甘南瑞信达原生态牧业有限公司	黑龙江省齐齐哈尔市甘南县富裕屯甘十村甘南瑞信达原生态牧场	√		10 484	5 538	荷斯坦奶牛	11.2	62 242		√					
4	镇赉瑞信达原生态牧业有限公司	吉林省镇赉县黑鱼泡镇大围子村镇赉瑞信达原生态牧场	√		13 487	7 326	荷斯坦奶牛	10.5	76 353		√					
5	克东勇进原生态牧业有限公司	黑龙江省齐齐哈尔市克东县金城乡克东勇进牧场	√		8 121	3 735	荷斯坦奶牛	11.3	40 853	√	√					
6	克山瑞信诚牧业有限公司	黑龙江省齐齐哈尔市克山县古城镇前进村一屯克山瑞信诚牧业有限公司	√		8 872	3 132	荷斯坦奶牛	11.1	5 611		√					
7	拜泉瑞信诚牧业有限公司	黑龙江省齐齐哈尔市拜泉县双河村拜泉瑞信诚牧业有限公司	√		5 027		荷斯坦奶牛				√					

备注：本表所指奶畜包括奶山羊、奶绵羊、奶水牛、牦牛、骆驼、驴等产商品奶家畜。本表奶畜养殖场指企业在中国及海外自建和参建（控股、参股）牧场（小区）。请在养殖场或小区列中选择打勾；如参加 DHI、为学生奶奶源基地、认证为有机奶源基地等，请在相应表格中打勾。布鲁氏菌病、结核净化示范场或创建场请标明疫病净化具体级别。

附表 2　黑龙江飞鹤乳业有限公司乳制品生产企业名录

序号	名称	生产地点	生产许可证号码	年收购原奶量（t）	平均支付价格（元/kg）	其中：自有奶源量（t）	年乳制品产量（t）	其中：巴氏杀菌奶(t)	UHT奶(t)	酸奶（t）
1	飞鹤（甘南）乳品有限公司	黑龙江省甘南县生态工业新区	SC10523022550075	65 547	3.96	62 060	29 803			
2	黑龙江飞鹤乳业有限责任公司	黑龙江省克东县克东镇庆祥街	SC10523023050069	35 860	4.33	26 143	17 533	5 843		
3	飞鹤（龙江）乳品有限公司	黑龙江省龙江县黑岗乡	SC10523022150089	61 668	3.82	56 923	25 112			
4	飞鹤（镇赉）乳品有限公司	黑龙江省白城市镇赉县镇赉镇幸福东路443号	SC10522082103179	18 232	3.94	18 232	7 207			
5	黑龙江尚禾谷营养食品有限公司	黑龙江省拜泉县拜泉镇拜泉工业示范基地	SC10623023100149	1 589	3.46	793	1 825			

（续）

序号	奶粉（t）	婴配粉（t）	奶油（t）	奶酪（t）	乳饮料（t）	产品销售区域	年销售收入（万元）	利润（万元）	是否为国家学生饮用奶认定企业	有机产品（枚）	有机认证机构	有机产品品类1及数量（枚）	有机产品品类2及数量（枚）	有机产品品类3及数量（枚）
1	568	29 234				全国				968 532	中国质量认证中心	968 532		
2	2 498	9 193				全国			√	1 712 070	中国质量认证中心	1 205 570	506 500	
3	4 488	20 625				全国	1 039 192	224 225						
4	398	6 809				全国								
5	1 825					全国								

备注：本表包括在中国及海外的生产企业。自有奶源指来自自建和参建（控股、参股）牧场（小区）的原奶及长期稳定合作牧场的原奶。有机产品数量单位为“枚”指获得有机标志的数量。有机产品品类指液态奶、酸奶、奶粉、奶酪等大类。

黑龙江省完达山乳业股份有限公司

【奶源基地】完达山乳业奶源基地地处北纬42°~47°，是世界上仅存的三大黑土带之一，是举世公认的“黄金奶源带”。多年来，完达山乳业在黑龙江省农垦总局的领导和支持下，不断加大对奶源基地的投入和培育力度，全力推进规模化养殖，奶源基地模式转型升级，目前公司基地规模化养殖比例达到100%。全部实现TMR饲喂、机械化挤奶，现奶牛存栏10万余头，年产鲜奶40余万t，主要分布在黑龙江垦区内。完达山乳业积极引进和学习世界先进的奶牛饲养管理技术，加大生鲜乳质量安全品质提升，奶牛单产水平、质量指标不断提升，奶牛单产平均达到8t以上，牛奶质量达到或者超过欧盟标准，规模牧场平均乳脂肪率4.0%，乳蛋白率3.3%，微生物10万个/mL以内，体细胞数20万个/mL以内。

【乳品加工】完达山乳业股份有限公司系北大荒集团控股公司，现有20家分、子公司，14家加工企业，工厂主要分布在黑龙江、河北、天津、辽宁等地。完达山乳业年加工鲜奶能力113万t，年加工乳制品能力68万t，其中粉类工厂年产能8.9万t，液奶工厂年产能59.3万t。以生产婴幼儿配方乳粉、成人奶粉、常低温液态奶、米豆制品及保健食品为主，拥有安力聪、元乳、亲蓓、黑沃牧场、艾菲娅、达卡、妍轻等明星产品。2018年共生产各类乳制品35.5万t，其中粉类2.82万t，液态奶32.68万t。

【市场消费】完达山主销产品为奶粉和液态奶。奶粉目前已经实现全国布局，除西藏、台湾、港澳外，在其他省份均有产品销售。主销渠道为商超、KA、婴童和电商。液态奶主要围绕东北、华北、华东等市场销售，并逐步向华中、西南等地扩展。

2018年销售收入50.14亿元，利润2.7亿元。

【社会责任】60年的发展中，完达山不忘初心，本着对青少年健康成长的深切关注，2001年开始推广学生奶并实施助学行动。近20年来，完达山学生奶从征订、配送、储藏、领取、分发、饮用、空包回收等各个环节严格执行国家学生奶生产标准，以不可复制的奶源优势和先进的生产工艺，持续为中国青少年提供新鲜、绿色、营养、健康的优质乳品。

5月9日上午，完达山乳业“献爱心、助成长——中国小康牛奶”公益助学捐赠仪式在内蒙古莫力达瓦达斡尔族自治旗第二民族小学举行，这是继饶河站后，完达山乳业“中国小康牛奶行动”的再次起航。本次捐赠活动共捐赠36 000包学生饮用奶，供200名学生在校免费饮奶一年。

7月3日，由工业和信息化部发起、中国乳制品工业协会组织的“中国乳业领军企业赴革命老区扶贫帮困捐赠活动”启动仪式在江西省赣州市章贡区举行。公司作为中国乳业领军企业参加了此次大型公益活动，向赣州市章贡区贫困户捐赠价值10万余元的牛奶产品。

【奶业大事】2018年4月1日，全国人民代表大会农业与农村委员会主任委员陈锡文率领全国人大农业与农村委员会调研组来公司视察调研。

2018年4月28日，中国国际乳业大会期间，完达山举办健康营养推介会，在纪念完达山成立60周年的同时，现场推出了具有浓郁企业文化的“将军牧场”系列成人奶粉。

2018年6月26日，法国驻沈阳总领事马克·拉米一行到访完达山阳光乳业公司，参观考察公司乳品加工现场并洽谈战略合作。

2018年8月8日，在四川省成都市举办的第十二届中国品牌节上，“完达山”牌牛初乳产品被大会选为“国礼”赠送给与会外国友人和嘉宾。

2018年完达山菁采荣登美国纳斯达克大屏。

2018年完达山品牌价值达328.69亿，较上年增幅11.82%，排中国500最具价值品牌排行榜第146名，至此完达山已连续15年上榜。

2018年9月9日，亚洲品牌500强排行榜发布，完达山乳业凭年60年产品抽检合格率100%的品质坚守，一举荣获“亚洲十大公信力品牌”“中国（行业）十大领军品牌”大奖，连续8次入围亚洲品牌500强，列排行榜第236位，在中国乳企中排第3位。

（黑龙江省完达山乳业股份有限公司，梁学武）

附表1　黑龙江省完达山乳业股份有限公司奶牛养殖场（小区）名录

序号	名称	地址	养殖场	小区	全群存栏(头)	成母畜存栏(头)	奶畜品种	成母畜年单产(t)	年总产量(t)	是否参加DHI	是否应用TMR	是否国家学生饮用奶奶源基地	是否有机奶源基地	有机奶产量(t)	有机奶源认证机构	是否为布鲁氏菌病及结核净化创建场或示范场
1	北安农垦军弘奶牛养殖专业合作社	黑龙江省五大连池市二龙山农场八区	√		704	195	荷斯坦	8.0	1 226		√					
2	北安农垦鑫旺牧场专业合作社	黑龙江省北安市赵光农场第九管理区29队	√		1 550	810	荷斯坦	9.0	6 664		√					
3	北安农垦长鑫牧场专业合作社	黑龙江省北安市长水河农场第二管理区第一居民组	√		1 627	884	荷斯坦	9.0	7 555	√	√					
4	九三农垦七星泡农场鑫顺奶牛养殖场鲜奶收购站	黑龙江省七星农场第一管理区	√		348	148	荷斯坦	8.0	654		√					
5	黑龙江省九三农垦荣达奶牛养殖专业合作社	黑龙江省七星农场第一管理区（原3队）	√		1 254	697	荷斯坦	9.0	6 546	√	√					
6	黑龙江省九三农垦鑫澳奶牛养殖专业合作社鲜奶收购站	黑龙江省嫩江农场第四管理区	√		1 428	810	荷斯坦	9.0	5 886	√	√					
7	黑龙江省牡丹江农垦隆盛奶牛养殖专业合作社	虎林市庆丰农场第七管理区	√		4 108	2 041	荷斯坦	10.0	19 716	√	√					
8	黑龙江省牡丹江农垦朝卫奶牛养殖专业合作社	黑龙江省密山市八五七农场7连	√		854	438	荷斯坦	9.0	3 870	√	√					
9	黑龙江省牡丹江农垦互利养牛专业合作社	黑龙江省虎林市八五〇农场	√		660	309	荷斯坦	7.0	1 800		√					
10	黑龙江省牡丹江农垦千牧奶牛养殖场	黑龙江省密山市八五一一农场第七作业站	√		1 412	666	荷斯坦	11.0	7 000	√	√					√
11	黑龙江省宝泉岭农垦川南奶牛养殖农民专业合作社	黑龙江省鹤岗市萝北县军川农场第三十九居民组南区奶牛场1栋1号	√		786	358	荷斯坦	7.0	2 160	√	√					
12	哈尔滨完达山奶牛养殖有限公司军川分公司	黑龙江省鹤岗市萝北县军川农场第三十九队1幢1号	√		1 654	895	荷斯坦	10.0	8 000	√	√					
13	黑龙江红兴隆农垦犇犇奶牛养殖农民专业合作社	黑龙江省双鸭山市宝清县八五二农场五分厂六队	√		1 490	859	荷斯坦	9.0	7 900	√	√					
14	黑龙江省红兴隆农垦牧源现代奶牛农民专业合作社	黑龙江省集贤县二九一农场十五作业站	√		756	488	荷斯坦	9.0	6 500	√	√					
15	黑龙江省宝泉岭农垦鸿铭奶牛养殖农民专业合作社	黑龙江省农垦总局宝泉岭管局江滨农场七队六排四委一栋	√		253	139	荷斯坦	6.0	2 000		√					
16	嫩北农场连新牧场	黑龙江省嫩江县九三管理局嫩北农场第八管理区	√		550	230	荷斯坦	8.0	1 800		√					

（续）

序号	名称	地址	养殖场	小区	全群存栏（头）	成母畜存栏（头）	奶畜品种	成母畜年单产（t）	年总产量（t）	是否参加DHI	是否应用TMR	是否国家学生饮用奶奶源基地	是否有机奶源基地	有机奶产量（t）	有机奶源认证机构	是否为布鲁氏菌病及结核净化创建场或示范场
17	红五月农场红澳牧场	黑龙江省嫩江县九三管理局红五月农场原十六队	√		1 579	767	荷斯坦	9.0	6 309	√	√					
18	大西江农场麒源牧场	黑龙江省嫩江县九三管理局大西江农场第五管理区（原十二队）	√		1 076	577	荷斯坦	9.0	4 500	√	√					
19	建边农场广源牧场	黑龙江省嫩江县九三管理局建边农场第四管理区第四居民组	√		528	304	荷斯坦	9.0	1 497		√					
20	荣军农场荣祥牧场	黑龙江省农垦总局九三管理局荣军农场B区3委3号	√		310	210	荷斯坦	8.0	339		√					
21	嫩北农场融福牧场	黑龙江省农垦总局九三管理局嫩北农场二队	√		1 218	813	荷斯坦	9.0	6 566	√	√					
22	山河农场德胜牧场	黑龙江省农垦总局九三管理局山河农场第六管理区	√		980	693	荷斯坦	9.0	6 004	√	√					
23	鹤山农场鹤源牧场	黑龙江省农垦总局九三管理局跃进二连	√		1 596	783	荷斯坦	10.0	7 002	√	√					
24	哈尔滨完达山奶牛养殖有限公司	黑龙江省哈尔滨市松北区对青山镇	√		4 200	2 200	荷斯坦	10.0	18 500	√	√	√	√	17 000	中国质量认证中心	动物疫病净化创建场
25	黑龙江省牡丹江农垦牧丰奶牛养殖专业合作社	黑龙江省八五一〇农场杨木林子管理区第五作业站	√		4 318	2 199	娟姗+荷斯坦	9.0	15 815	√	√	√				
26	黑龙江省牡丹江农垦金沙奶牛饲养专业合作社	黑龙江省密山市八五五农场场部东区	√		845	423	荷斯坦	9.0	3 400	√	√					
27	黑龙江省牡丹江农垦金澳奶牛饲养专业合作社	黑龙江省密山市855农场16作业站	√		3 144	1 671	荷斯坦	9.0	16 397	√	√					
28	黑龙江省牡丹江农垦双峰奶牛养殖专业合作社	黑龙江省密山市裴德镇	√		1 719	813	荷斯坦	10.0	8 178	√	√					
29	黑龙江省牡丹江农垦将军奶牛养殖专业合作社	黑龙江省密山市八五一一农场第三管理区第十一作业站39栋	√		5 230	2 434	荷斯坦	10.0	22 531	√	√					
30	黑龙江省牡丹江农垦鑫兴奶牛养殖专业合作社	黑龙江省八五一一农场第二管理区第八作业站	√		950	580	荷斯坦	9.0	4 543	√	√					
31	密山市兴凯镇湛军奶牛养殖场	黑龙江省密山市8511农场8队	√		292	174	荷斯坦	8.0	1 641	√	√					
32	黑龙江省牡丹江农垦源泉奶牛养殖专业合作社	黑龙江省密山市8511农场第一作业区第四作业站	√		1 793	807	荷斯坦	10.0	6 730	√	√					

（续）

序号	名称	地址	养殖场	小区	全群存栏（头）	成母畜存栏（头）	奶畜品种	成母畜年单产（t）	年总产量（t）	是否参加DHI	是否应用TMR	是否国家学生饮用奶奶源基地	是否有机奶源基地	有机奶产量（t）	有机奶源认证机构	是否为布鲁氏菌病及结核净化创建场或示范场
33	黑龙江省牡丹江农垦振东奶牛养殖专业合作社	黑龙江省密山市八五一一农场第一管理区第五作业站	√		650	342	荷斯坦	11.0	3 243	√	√					
34	黑龙江省牡丹江农垦宝峰奶牛养殖专业合作社	黑龙江省鸡西市密山八五一一农场六队	√		360	188	荷斯坦	7.0	1 245		√					
35	黑龙江省牡丹江农垦安兴奶牛养殖专业合作社	黑龙江省虎林市八五八农场	√		1 548	803	荷斯坦	10.0	7 500	√	√					
36	黑龙江省牡丹江农垦云都奶牛养殖专业合作社	黑龙江省虎林市云山农场第三管理区第六作业站	√		1 197	775	荷斯坦	9.0	4 666	√	√					
37	科菲特牧业（富裕）科技有限公司九三分公司	黑龙江省九三管理局鹤山农场二队	√		2 399	1 184	荷斯坦	9.0	10 890	√	√	√				
38	黑龙江省九三农垦洪兴奶牛养殖专业合作社	黑龙江省九三管理局鹤山农场第十管理区	√		550	280	荷斯坦	8.0	1 559		√					
39	黑龙江宝惠农牧有限公司	黑龙江省九三管理局尖山农场二十二队	√		1 319	742	荷斯坦	10.0	7 526	√	√	√				
40	黑龙江省荣军农场荣康牧场（荣康1）	黑龙江省九三管理局荣军农场三队	√		1 486	793	荷斯坦	11.0	6 590	√	√					
41	黑龙江省荣军农场荣康牧场荣康2	黑龙江省九三管理局荣军农场第五管理区	√		310	148	荷斯坦	9.0	1 010		√					
42	天津完达山畜牧养殖有限公司	天津市武清区南蔡村镇苏羊坊村	√		415	199	荷斯坦	10.0	2 000	√	√					
43	恒天然（玉田）牧场有限公司	河北省唐山市玉田县石臼窝镇王建庄村	√		29 000	15 000	荷斯坦	9.0	140 000		√					
44	天津市武清区富泉奶牛养殖场	天津市武清区城关镇西门外	√		332	178	荷斯坦	10.0	1 700	√	√					
45	天津市静海区文成养殖场	天津市静海区双塘镇杨家园村	√		440	217	荷斯坦	11.0	2 400	√	√					
46	青县瑞信奶牛养殖服务专业合作社	河北省青县瑞信奶牛养殖服务专业合作社	√		240	146	荷斯坦	10.0	1 400		√					
47	昌黎县靖安镇大勇奶牛养殖场	河北省昌黎县靖安镇吴各庄村	√		355	180	荷斯坦	7.0	1 300		√					
48	现代牧业（商河）有限公司	山东省济南市商河县沙河镇政府驻地	√		24 000	13 000	荷斯坦	12.0	160 000	√	√					
49	山东万宝乳业有限公司	山东省临朐县辛寨镇政府驻地	√		2 700	1 100	荷斯坦	10.0	11 000	√	√					
50	天津市润丰奶牛养殖有限公司	天津市静海区双塘镇李靖庄村东	√		444	132	荷斯坦	10.0	1 300	√	√					
51	廊坊玖茂牧业有限公司	河北省廊坊市永清县管家务回族乡南北陈村	√		460	250	荷斯坦	10.0	1 300		√					

（续）

序号	名称	地址	养殖场	小区	全群存栏（头）	成母畜存栏（头）	奶畜品种	成母畜年单产（t）	年总产量（t）	是否参加DHI	是否应用 TMR	是否国家学生饮用奶奶源基地	是否有机奶源基地	有机奶产量（t）	有机奶源认证机构	是否为布鲁氏菌病及结核净化创建场或示范场
52	宁晋县鼎康奶牛养殖场	河北省邢台市宁晋县纪昌庄乡砖河村	√		257	212	荷斯坦	6.0	1 278		√					
53	大曹庄管理区华峰奶牛养殖场	河北省邢台市宁晋县徐家河乡泊里庄村	√		287	220	荷斯坦	6.0	1 387		√					
54	衡水市桃城区华生奶牛养殖专业合作社	河北省衡水市桃城区赵圈镇胡家堂村	√		198	144	荷斯坦	9.0	1 278		√					
55	宁晋县惠泽牧业有限公司	河北省邢台市宁晋县北河庄镇素邱村	√		204	147	荷斯坦	9.0	1 278		√					
56	宁晋县京辉奶牛养殖场	河北省邢台市宁晋县北河庄镇塔底村	√		180	131	荷斯坦	6.0	730		√					
57	高邑县祥瑞牧业有限公司	河北省石家庄市高邑县中韩乡西韩庄村	√		364	167	荷斯坦	6.0	986		√					
58	宁晋县新康辉奶牛养殖场	河北省邢台市宁晋县纪昌庄乡东和睦村	√		275	225	荷斯坦	7.0	1 533		√					
59	辛集市鑫升奶牛养殖有限公司	河北省石家庄市辛集市和睦井镇红旗营村	√		605	480	荷斯坦	6.0	3 103		√					
60	大曹庄管理区兴农奶牛养殖场	河北省邢台市宁晋县徐家河乡盐场后村	√		274	197	荷斯坦	6.0	1 278		√					
61	大曹庄管理区众犇奶牛养殖场	河北省邢台市宁晋县徐家河乡榆树庄村	√		260	177	荷斯坦	6.0	1 095		√					
62	保定徐水区天晨养殖场	河北省保定市徐水区户木乡屯庄村	√		554	334	荷斯坦	9.0	2 700	√	√	√				
63	行唐县昊成奶牛养殖专业合作社	石家庄行唐县独羊岗乡河合村	√		214	164	荷斯坦	8.0	1 100		√					
64	河北鑫旺食品有限公司	石家庄行唐县南桥镇东市庄村	√		254	195	荷斯坦	8.0	1 100		√					
65	徐水县康盛奶牛专业合作社	河北省保定市徐水区崔庄镇郑庄村	√		244	166	荷斯坦	8.0	900		√					
66	保定市清苑区春意隆奶牛养殖场	河北省保定市清苑区臧村镇刘庄村	√		426	309	荷斯坦	8.0	2 000	√	√					

备注：本表所指奶畜包括奶山羊、奶绵羊、奶水牛、牦牛、骆驼、驴等产商品奶家畜。本表奶畜养殖场指企业在中国及海外自建和参建（控股、参股）牧场（小区）。请在养殖场或小区列中选择打勾；如参加 DHI、为学生奶奶源基地、认证为有机奶源基地等，请在相应表格中打勾。布鲁氏菌病、结核净化示范场或创建场请标明疫病净化具体级别。

附表2　黑龙江省完达山乳业股份有限公司乳制品生产企业名录

序号	名称	生产地点	生产许可证号码	年收购原奶量（t）	平均支付价格（元/kg）	其中：自有奶源量（t）	年乳制品产量（t）	其中：巴氏杀菌奶（t）	UHT奶（t）	酸奶（t）
1	黑龙江完达山哈尔滨乳品有限公司	黑龙江省哈尔滨市道里区迎宾路集中区太湖北街1号	SC10523300900893	6 703		6 703	47 582			
2	黑龙江完达山阳光乳业有限公司	黑龙江省哈尔滨高新技术产业开发区迎宾路集中区崂山路2号	SC10523300900885	145 232		145 232	130 874			
3	天津完达山乳品有限公司	天津市武清开发区泉发路28号	SC10512011400176	94 521		10 920	114 934			
4	完达山鞍山乳品有限公司	辽宁省鞍山市铁西区协作路6号	SC10521030300061	6 399			11 714			
5	保定完达山乳品有限公司	河北省保定市高阳县高保路东河路口	SC10513062800012	4 452		4 452	7 114			
6	河北完达山贝兰德乳业有限公司	河北省邢台市宁晋县城西城管理区	SC10513052800272	10 752		10 752	14 595			
7	黑龙江省完达山乳业股份有限公司九三分公司	黑龙江省农垦九三管理局局直荣军南街24-1号	SC10523300601300	15 992		15 992	5 995			
8	北安完达山乳品有限公司	北安市铁西区五委	SC10523118100908	37 278		37 278	9 206			
9	黑龙江省完达山乳业股份有限公司双城分公司	哈尔滨双城市经济技术开发区堡旭大道2号	SC10523018250136	0		0	40			
10	黑龙江省完达山乳业股份有限公司军川分公司	黑龙江省鹤岗市萝北县宝泉岭垦区军川乳品厂三号楼	SC10523300100975	19 606		19 606	2 672			
11	黑龙江省完达山乳业股份有限公司八五一一分公司	密山市兴凯镇八五一一农场场部	SC10523300402519	54 327		54 327	10 274			
合计	黑龙江省完达山乳业股份有限公司			395 262	3 578	305 262	355 000	31 442	206 028	59 017

备注：本表包括在中国及海外的生产企业。自有奶源指来自自建和参建（控股、参股）牧场（小区）的原奶及长期稳定合作牧场的原奶。有机产品数量单位为“枚”指获得有机标志的数量。有机产品品类指液态奶、酸奶、奶粉、奶酪等大类。

（续）

序号	奶粉（t）	婴配粉（t）	奶油（t）	奶酪（t）	乳饮料（t）	产品销售区域	年销售收入（万元）	利润（万元）	是否为国家学生饮用奶认定企业	有机产品（枚）	有机认证机构	有机产品品类 1 及数量（枚）	有机产品品类 2 及数量（枚）	有机产品品类 3 及数量（枚）
1														
2										1 042 887	中国质量认证中心	有机鲜牛奶：929 775 枚	有机纯牛奶：113 112 枚	
3														
4														
5														
6														
7		4 952												
8		4 109	566							50 600	杭州格律	有机中老年奶粉：18 600 枚	有机孕妇奶粉：32 000 枚	
9		5 140												
10														
11														
合计	13 421	14 201	566		30 325	全国	501 400	27 000	是	1 093 487	中国质量认证中心/杭州格律	有机液奶：1 042 887 枚	有机奶粉：50 600 枚	

新希望乳业股份有限公司

【奶源基地】截至2018年年末，新希望乳业股份有限公司旗下有11家规模化牧场，奶牛总存栏数19 740头，其中成母牛12 205头，牛奶总产量107 889t，牛奶销量104 175t，成母牛年单产9.5t。牛只主要为来自澳大利亚、新西兰和乌拉圭的优质荷斯坦牛。公司奶牛养殖区域主要分布于四川和云南、华东与西北片区，包括四川洪雅县四川新希望奶牛养殖有限公司和云南洱源县云南新希望蝶泉牧业有限公司2个有机牧场，年产有机奶2 500t。公司饲养规模在500头以上养殖场共11个，其中501~1 000头规模化牧场1个；1 001~2 000头规模化牧场7个；2 001~3 000头规模化牧场2个；3 000头以上规模化牧场1个。所有牧场均实现100%机械化挤奶。奶业养殖头均年净收入1 032元，奶牛场年净收入共1 260万元。

公司奶牛养殖全部采用国际先进的全混合日粮（TMR）车调制及配送奶牛日粮。自2015年1月起推行奶牛群体改良计划（DHI测定），加入中国奶业协会“中国奶牛生产性能测定分析检测中心”，连续5年持续监控、分析奶牛生产水平与各项牛奶指标。2018年、2019年连续两年享受农业农村部奶牛生产性能测定政府补贴14.7万元。牧场所购拖拉机等奶业机械均享受农机购置补贴，其中8个牧场享受规模化养殖场改扩建补贴，从2014年至今共享受规模化养殖场改扩建补助1 634万元。

公司每年从牧场周边收购青贮11万t，青贮玉米种植面积约4万余亩，带动周边农户致富。疫病防控非常严格，牧场工作人员进入生产区需要穿着工作服、工作鞋。经过紫外线和喷雾消毒通道、洗手消毒后方可进入。每周2次对包括牛舍地面、卧床、运动场、道路、挤奶通道和待挤区消毒，严格做好牛只“两病”检疫工作。牧场通过奶牛场粪污循环利用与种养一体化模式，实现粪污循环利用，促进生态农业和循环农业发展。粪污收集后经固液分离、发酵、晾晒杀菌，用于有机肥生产及制作牛床垫料；污水通过氧化塘处理，进行农业灌溉、种养循环。

【乳品加工】新希望乳业旗下共有14家工厂，2018年乳制品生产总量为548 518t，其中液态奶547 178t，奶粉1 340t。

新希望乳业推行分公司产供销一体化的独立经营主体的管理模式，总部生产中心负责产能规划统筹、管理流程标准建立，分公司生产部门负责具体的生产全面管理工作；公司采用以销定产的模式，生产组织推行年、月、周（日）三级计划体系，低温奶实行三天滚动计划，常温奶则实行周计划。

【市场消费】新希望品牌各品类的西南市场占有率约18%（包括入户和商超两种形式的巴氏杀菌奶、超高温灭菌奶、酸奶等）。新希望乳业致力于为用户提供优质鲜活的乳品，坚持“鲜”战略，以“中国优质乳工程”为全体系质量管控的标准，以及母品牌在科技、供应链、管理多维度进行赋能，以实现多品牌、多工厂、多产品线协同发展，同频共振，通过洞察年轻消费群体的需求，探索“新鲜、新潮、新科技”，以满足消费者千人千面的个性化需求，成为新鲜一代的选择。

【社会责任】新希望乳业历时8年打造了“希望有你”公益平台，多次向贫困地区学校进行公益捐赠。该平台旨在通过创新技术和手段实现人人公益，促使公益效能最大化。对于城市孩子，新希望乳业带去寓教于乐的“食育课堂”，从小培养他们的健康理念；针对贫困山区儿童，则通过“希望有你”平台进行公益捐赠和营养助力。精准的一对一公益令孩子们真切从牛奶教育中受益终身。

通过“中国小康牛奶行动”，新希望乳业发挥自己多年的牛奶公益经验，为孩子们提供健康安全的课间一杯奶，助力中国好未来。2018年，新希望乳业共捐赠22 000件、约52.88万盒学生饮用奶，同时开展捐赠书本、捐赠资金、爱心课堂等形式的公益活动，共同为山区学生健康助力。

同时，新希望乳业“希望有你”爱心小分队携中国奶协、吾乐公益等机构到四川省乐山市峨边县六丰小学，通过教育帮扶当地贫困家庭的孩子，为孩子们捐赠价值10万元的电教设备。

公司积极响应国家精准扶贫号召，持续通过产业扶贫、就业扶贫、技术扶贫等方式助力脱贫攻坚，截至2018年年底累计帮扶建档立卡户及困难人口2 515人次。其中，产业扶贫主要通过产业联合，结合乳业上游业态，结合前端奶牛养殖饲草饲料的需要，引导帮扶当地贫困户科学种植青贮玉米，然后与其签订合作协议，参与过程种植及收割，以此共赢，带动贫困户创业增收，持续经营，尽快脱贫致富；就业扶贫主要通过开展贫困户专场招聘及有针对性的帮扶，凡符合岗位需求优先录用，并通过持续性培训培养提升职业技能，提高就业能力，拓宽职业发展路径；技术扶贫主要通过奶牛科学饲养的知识、技能的导入，帮助贫困地区的困难户了解、熟悉、掌握科学养牛的知识，增强专业技能。

此外，新希望乳业还以现有优势，做奶牛养殖优质、高效、低碳的行业领先者。示范牧场牛群年单产达12t，创建国内一流优质原奶供应基地群，引入先进科学的奶牛养殖技术，在四川、云南、华东、西北等区域，组织和带动区域奶农培训800余人。

【奶业大事】2018年6月29日，在“第六届中国好鲜奶·新鲜盛典”上，新希望首家提出打造科技型快消品的“芯”乳业。把体验式营销融入食育教育导入，消费者参观人数达10万人次，粉丝转换达10%。乳企第一家打造IP黑小优，EPR玩转双微、电商平台，品牌声量位列行业第四，荣登乳企第二梯队榜首。

2018 年，新希望三牧、白帝、南山 3 家公司、7 家自有牧场、4 家合作牧场通过优质乳工程验收，以 9 家优质乳工厂居行业第一位。72℃杀菌的“黄金 24 小时”鲜牛乳，作为优质乳工程的独家标志性成果惊艳上市。研发中心获“乳品营养与功能四川省重点实验室”认证，与荷兰万豪劳伦斯坦大学、瑞典查尔姆斯科技大学、江南大学建立产学研平台，双峰公司通过“国家乳制品加工技术研发专业中心”认证，成为国家级技术平台。成都检验中心通过“中国合格评定国家认可委员会（CNAS）”现场评审，具备与第三方检测机构同台竞技的能力，可按规范使用 CNAS 国家实验室认可标志和 ILAC 国际互认联合标志。石林新希望雪兰牧业有限公司获批为云南省农业产业化重点龙头企业。

2018 年公司联手 IBM 与虹信启动财务共享建设。历时半年，共享一期全面上线，开启乳业财经变革新篇章。“鲜”战略带动冷链资源加速布局，冷柜管理系统，精准定位近 30 000 台冷柜，高效管理固定资产 4 500 万元，有力保障营销冷链网络建设。SRM 系统一期上线，采购共享平台搭建初步完成，透明度、公允度、规范度进一步提升。

2018 年 4 月，新希望“初心”产品荣获亚洲地区最具影响力食品行业盛会——FBIF 食品饮料创新论坛“最佳食•香”奖。

6 月，新希望被中国乳协、国际乳品联合会中国国家委员会授予“2018 年优秀乳品加工企业科技创新企业”荣誉称号。

7 月，在第九届中国奶业大会暨 2018 中国奶业展览会上，新希望乳业股份及川乳、白帝、双峰、琴牌、南山、雪兰、天香等 8 家公司在大会上获杰出企业、最具影响力品牌企业、奶业脊梁企业、科技创新企业四类奖项。

8 月，在中国乳制品工业协会第 24 次年会上，新希望乳业荣获中国乳制品工业协会授予的“乳品质量安全管理优秀企业”荣誉称号，所报送的“优质益生菌选育及其发酵乳产业化关键技术”获得技术进步二等奖。

10 月，在 2018 中国乳业资本论坛上，新希望乳业喜获“2018 中国乳业最具成长力奖”。

11 月，成都市锦江区委、区政府授予公司“锦江区百强民营企业”称号；在 2018 中国食品安全年会上，被中国食品安全委员会组委会授予“百家诚信示范单位”“管理创新二十佳案例”荣誉证书。在 2018 梅花传播业大展暨梅花创新奖颁奖典礼上，24 小时“学霸妈妈”互动营销荣获最佳内容营销创新银奖。

12 月，在 2018 践行消费者至上表彰会上，新希望乳业荣膺“2018 践行消费至上杰出企业”称号。

（新希望乳业股份有限公司行政部）

附表 1 新希望乳业股份有限公司奶牛养殖场（小区）名录

序号	名称	地址	养殖场	小区	全群存栏（头）	成母畜存栏（头）	奶畜品种	成母畜年单产（t）	年总产量（t）	是否参加DHI	是否应用 TMR	是否国家学生饮用奶奶源基地	是否有机奶源基地	有机奶产量（t）	有机奶源认证机构	是否为布鲁氏菌病及结核净化创建场或示范场
1	四川新希望奶牛养殖有限公司示范牧场	四川省眉山市洪雅县阳平路 66 号	√		1 005	568	荷斯坦	9.0	5 499	√	√	√	√	1 800	南京国环有机产品认证中心	
2	四川新希望奶牛养殖有限公司天然牧场	四川省眉山市洪雅县阳平路 67 号	√		922	464	荷斯坦	8.9	3 343	√	√	√				
3	四川新希望华西牧业有限公司	成都市青白江区清泉镇金龙村 4 组	√		1 154	893	荷斯坦 娟姗牛	8.3	8 029	√	√	√				
4	石林新希望雪兰牧业有限公司	云南省昆明市石林县鹿阜街道老挖村	√		2 366	1 424	荷斯坦	9.6	12 957	√	√	√				
5	云南新希望雪兰牧业科技有限公司	云南省曲靖市陆良县大莫古镇太平哨居委会新哨居民小组	√		2 492	1 587	荷斯坦	10.3	15 949	√	√	√				
6	陆良新希望雪兰奶牛养殖有限公司	云南省曲靖市陆良县芳华镇戚家山村委会	√		3 207	1 845	荷斯坦	9.1	17 064	√	√	√				
7	云南新希望蝶泉牧业有限公司	云南大理州洱源县三营镇永乐村北沙河以北	√		1 621	878	荷斯坦	9.2	8 246	√	√	√	√	700	南京国环有机产品认证中心	
8	建德新希望牧业有限公司	浙江省建德市更楼街道石岭村	√		696	373	荷斯坦	9.4	3 243	√	√	√				
9	山东唯品牧业有限公司	山东省莱阳市沐浴店镇朝日绿源农业园	√		1 803	967	荷斯坦	9.7	9 324	√	√	√				布鲁氏菌病净化示范场
10	吴忠新希望牧业有限公司	宁夏吴忠市利通区孙家滩开发区吴家沟村	√		2 721	1 695	荷斯坦	8.6	13 445	√	√					
11	靖远新希望牧业有限公司	甘肃省靖远县东升乡东兴村	√		1 753	1 511	荷斯坦	8.3	10 790	√	√					
合计					19 740	12 205			107 889							

备注：本表所指奶畜包括奶山羊、奶绵羊、奶水牛、牦牛、骆驼、驴等产商品奶家畜。本表奶畜养殖场指企业在中国及海外自建和参建（控股、参股）牧场（小区）。请在养殖场或小区列中选择打勾；如参加 DHI、为学生奶奶源基地、认证为有机奶源基地等，请在相应表格中打勾。布鲁氏菌病、结核净化示范场或创建场请标明疫病净化具体级别。

附表 2　新希望乳业股份有限公司乳制品生产企业名录

序号	名称	生产地点	生产许可证号码	年收购原奶量（t）	平均支付价格（元/kg）	其中：自有奶源量（t）	年乳制品产量（t）	其中：巴氏杀菌奶（t）	UHT 奶（t）	酸奶（t）
1	杭州新希望双峰乳业有限公司	杭州市余杭区新洲路 836 号	SC10533011010328	31 300	4.15	13 700	33 268	13 655	7 402	11 937
2	安徽新希望白帝乳业有限公司	安徽省合肥市肥东县开发区镇西路 55 号	SC10534012200126	18 597	4.16		20 806	3 725	9 823	6 949
3	青岛新希望琴牌乳业有限公司	青岛市胶州市经济技术开发区太湖路 6 号	SC10637028100848	53 000	3.95	4 700	42 954	9 120	15 947	17 887
4	河北新希望天香乳业有限公司	河北省保定市满城区新兴产业园区新希望路 8 号	SC10613060500018	81 385	3.53		76 805	352	33 216	32 443
5	西昌新希望三牧乳业有限公司	四川省西昌市安宁镇马坪坝村	SC10551340100016	9 517	4.24	3 666	10 953	1 573	3 020	3 115
6	昆明市海子乳业有限公司	昆明经开区阿拉街道办事处海子村委会旁	SC10553011113025	13 602	3.90	9 431	20 470			20 470
7	昆明雪兰牛奶有限责任公司	昆明经济技术开发区云大西路 66 号	SC10553011110668	60 068	4.29	31 736	67 238	9 681	43 550	8 968
8	七彩云乳业有限公司	云南省昆明阳宗海风景名胜区七甸工业园区大哨片区	SC10553012115057	20 394	3.66	20 394	23 738	4 990		17 447
9	四川新希望乳业有限公洪雅阳平分公司	四川省眉山市洪雅县临江路 12 号	SC10551142300017	44 166	4.20	29 500	59 999		46 434	
10	新希望双喜乳业（苏州）有限公司	江苏省苏州高新区鹿山路 49 号	SC10532050500426	9 347	4.25	1 410	17 380	8 181	1 556	4 348
11	山东绿源唯品乳业有限公司	山东省烟台市莱阳市龙大工业园	SC10537068200750	5 647	5.76	5 647	4 963	4 963		
12	湖南新希望南山液态乳业有限公司	湖南省长沙市望城区雷锋大道 108 号	SC10543011200116	12 484	4.12	无	15 343	1 162	4 157	9 096
13	四川新华西乳业有限公司	成都市郫都区川菜园区永兴东路 9 号	SC10551012400098	69 682			93 631	28 357	9 835	42 219
14	云南新希望邓川蝶泉乳液有限公司	云南省大理州洱源县邓川镇新州街 88 号	SC10553293016421	42 656	4.15	7 536	60 970		29 280	12 200
合计				471 844		127 720	548 518	85 760	204 220	187 080

（续）

序号	奶粉（t）	婴配粉（t）	奶油（t）	奶酪（t）	乳饮料（t）	产品销售区域	年销售收入（万元）	利润（万元）	是否为国家学生饮用奶认定企业	有机产品（枚）	有机认证机构	有机产品品类1及数量（枚）	有机产品品类2及数量（枚）	有机产品品类3及数量(枚)
1					273	华东区域			√					
2					309	华东地区			√					
3						山东地区为主，国内销售			√					
4					10 794				√					
5					3 245	四川凉山州			√					
6						云南、广西、贵州								
7					5 040	云南、广西、贵州			√					
8					1 302	云南省内及贵州、广西等其他部分省外市场				995 000	南京国环有机产品认证中心	液态奶：265 000	酸奶 730 000	
9					13 565	四川、重庆			√	686 476	南京国环有机产品认证中心	液态奶：686 476		
10					3 295	华东			√					
11						全国								
12					928				√					
13					13 219	四川、重庆地区			√	668 288	南京国环有机产品认证中心	液态奶：668 288		
14	1 340				18 149				√	174 588	南京国环有机产品认证中心	液态奶：174 588		
合计	1 340				70 118					2 524 352				

备注：本表包括在中国及海外的生产企业。自有奶源指来自自建和参建（控股、参股）牧场（小区）的原奶及长期稳定合作牧场的原奶。有机产品数量单位为“枚”指获得有机标志的数量。有机产品品类指液态奶、酸奶、奶粉、奶酪等大类。

中地乳业集团有限公司

【奶源基地】截至2018年年底，公司已在国内建设了9座现代化、规模化的生态牧场，并配套优质高产牧草种植基地，分别位于北京顺义区、天津滨海新区、河北文安县、山西天镇县、辽宁宽甸满族自治县、内蒙古商都县、宁夏贺兰县及山东沂南县。奶牛总存栏64 439头，其中成母牛存栏36 630头，年生鲜乳总产量387 664t。

为夯实规模化牧场可持续健康发展基础，公司通过从澳洲、新西兰引进种子母牛，使用北美高产优质遗传基因加以改良，建立了遗传水平较高的高产奶牛基础群体。公司牧场全部参加生产性能测定（DHI），建立"高产、优质、长寿"的育种目标，优化"中地育种指数"和选择评价体系，科学选种选配，促使牛群单产水平逐年提高。通过全基因组检测、活体采卵和胚胎移植等技术，加速了牛群的整体遗传进展，建立了种子母牛核心群,公司宁夏贺兰牧场入选首批"国家奶牛核心育种场"。

为推进牛群科学营养和牧场数字化管理，公司建立了奶牛粗饲料常规营养指标数据库和生产数据库，搭建了营养评价体系，从原料品质检测、营养标准制定与评估等方面实现了科学营养、精准饲喂和高效养殖，提高了饲料转化效率，提升了生产性能。同时，应用牧场智能化管理系统——Dairy Comp 305（DC305）的大数据综合统计与分析，发挥数据对科学营养和生产管理的强有力指导作用，实现了规模化牧场运营的数字化管理。

为提升奶牛养殖现代化水平，提升生产运营效率，公司积极推进牧场装备配置的现代化进程。配置TMR自走式一体机精准饲喂，全部采用80位重型转盘式和并列式挤奶机高效挤奶，采用犊牛自动饲喂系统健康养殖，应用奶牛发情自动监测系统高效繁殖，粪污处理干湿分离实现生态循环。

为使规模化牧场环境友好协同发展，公司着力推进规模化牧场种养一体化生态循环发展进程，大力流转土地配套，发展本土化粗饲料。截至2018年年底，公司累计流转土地5 660 hm^2 用于苜蓿、玉米等青贮饲料种植，其中种植苜蓿3 166 hm^2，单产为14.4t/ hm^2（折合成干草）；玉米2 467 hm^2，单产为49.5t/ hm^2 (DM > 30%)。不仅实现了粪肥资源化利用的种养一体化生态循环发展，同时保证了牧场粗饲料的有效供给和牛奶食品安全。特别是优质苜蓿青贮的大量使用，不仅提高了牛奶质量和奶牛单产，而且解决了对进口优质苜蓿的依赖，降低了养殖成本。同时，公司建立并实施奶牛疫病防控、常见病诊疗、病死牛无害化处理等牧场各生产环节的奶牛疫病防控与安全体系，为规模化生态牧场健康发展奠定了坚实基础，也为生鲜乳生产建立了安全保障体系。

【乳品加工】近年来，公司依托自有奶源优势，积极布局产业链下游。目前，公司已在宁夏贺兰及辽宁丹东等地全面开展乳制品加工项目的推进工作。其中，宁夏贺兰湿法配方奶粉项目预计年产婴幼儿配方奶粉2万t；辽宁丹东液态奶加工项目预计年产酸奶等液态奶产品15万t。

【社会责任】作为优质生鲜乳生产基地，公司以食品安全生产为己任，无论是牛奶理化指标还是质量指标均达到行业领先。同时，作为龙头企业，除了示范推广良种良法、标准化流程、数字化管理模式、优质粗饲料加工调制特别是半干苜蓿青贮制作及粪肥资源化利用等先进的生产和发展模式外，还积极参与扶贫攻坚，通过奶牛托管、提供就业岗位等途径，着力推进并解决建档立卡户脱贫。

（中地乳业集团有限公司，何举）

附表　中地乳业集团有限公司奶牛养殖场（小区）名录

序号	名称	地址	养殖场	小区	全群存栏（头）	成母畜存栏（头）	奶畜品种	成母畜年单产（t）	年总产量（t）	是否参加DHI	是否应用TMR	是否国家学生饮用奶奶源基地	是否有机奶源基地	有机奶产量（t）	有机奶源认证机构	是否为布鲁氏菌病及结核净化创建场或示范场
1	北京中地畜牧科技有限公司	北京市顺义区大孙各庄镇赵家峪村龙尹路100号	√		1 454	833	荷斯坦	10.2	8 395	√	√					
2	内蒙古中地乳业有限公司	内蒙古乌兰察布市商都县七台镇西坊子村南	√		5 661	3 267	荷斯坦	10.9	35 720	√	√	√				
3	贺兰中地生态牧场有限公司	宁夏贺兰县洪广镇高荣村西侧爱依河东侧	√		11 737	6 466	荷斯坦	12.3	77 090	√	√					
4	宁夏中地畜牧养殖有限公司	宁夏贺兰县洪广镇高荣村西侧爱依河东侧	√		10 539	6 545	荷斯坦	11.7	75 200	√	√					
5	宽甸中地生态牧场有限公司	辽宁省宽甸县青椅山镇太平村	√		5 244	3 002	荷斯坦	11.2	35 380	√	√					
6	天镇中地生态牧场有限公司	山西省大同市天镇县卅里铺乡二十里铺村东1000米	√		12 156	7 082	荷斯坦	10.7	71 300	√	√					
7	廊坊中地生态牧场有限公司	河北省文安县新桥工业区第一生产队（滩里镇刘营村东）	√		11 563	6 284	荷斯坦	10.4	65 740	√	√					
8	天津中地畜牧养殖有限公司	天津市滨海新区太平镇窦庄子村东侧大沽洼地段	√		6 306	3 537	荷斯坦	10.6	34 600	√	√					

备注：本表所指奶畜包括奶山羊、奶绵羊、奶水牛、牦牛、骆驼、驴等产商品奶家畜。本表奶畜养殖场指企业在中国及海外自建和参建（控股、参股）牧场（小区）。请在养殖场或小区列中选择打勾；如参加DHI、为学生奶奶源基地、认证为有机奶源基地等，请在相应表格中打勾。布鲁氏菌病、结核净化示范场或创建场请标明疫病净化具体级别。

济南佳宝乳业有限公司

【奶源基地】济南佳宝乳业有限公司现有自营牧场3个，存栏黑白花荷斯坦奶牛1万多头，加上合作饲养小区120个，总计可控奶牛12万头，其中母牛5万头，年单产9t，年生鲜乳总产量40万t，养殖区域主要分布在济南市章丘区、平阴县、济阳区、高河县及泰安市等周边区域，尚没有通过认证的有机奶源。佳宝自营三大牧场全部采用机械化挤奶、全混合日粮技术，参加DHI测试，是国家学生饮用奶奶源基地。疫病防控措施到位，粪污统一机械化无公害处理，是布鲁氏菌病及结核净化创建场。各区域生鲜乳收购年平均价格3.83元/kg。

【乳品加工】佳宝乳业加工厂有3个，分别为常温灭菌奶生产厂、低温巴氏奶厂以及酸奶工厂各1个，分别生产低温巴氏奶10万t、UHT灭菌奶10万t、低温酸奶20万t和乳饮料5万t。销售以山东、北京、天津及周边省份为主，是国家学生饮用奶定点生产企业，企业及产品通过FSSC22000、HACCP、ISO14001、ISO18001等多体系认证，是中国名牌产品，农业产业化国家重点龙头企业。企业一直在积极调整产品结构，向低温奶转变，大力发展送奶到户及自动售卖机系统，发展网上销售，企业发展呈现出良好的势头。

【市场消费】佳宝乳品主要有巴氏杀菌奶、超高温灭菌奶、酸奶和含乳饮料四大类，销售渠道有市内流通、省内商超、送奶入户，团购及学生奶等，入户产品以巴氏杀菌奶和酸奶为主，济南市场占有率75%以上，进入商超的产品包括全品项，济南市场占有率30%以上，山东省市场占有率10%左右。2018年销售收入27.5亿元，利税2亿元，净利润1亿元左右。

【国际化】佳宝乳业目前正在合作的国际企业有新西兰恒天然、印度尼西亚澳雅，以产品代工为主，下一步正在探讨与恒天然公司的深度合作，合作建立新研发中心，共同开发新的酸奶产品。目前，企业尚未在海外建厂，产品也未销往国外。

【社会责任】三年来，佳宝公司通过小康牛奶行动，每年给各种学校捐赠牛奶2万提以上，价值120万元，包含因天气受灾、贫困老人、军转干部、养老院等社会捐赠，三年共计捐赠牛奶近8万提，价值近500万元，受众学生10万人。每年组织奶农进行业务培训近100场，培训奶农上万人次。

【奶业大事】佳宝乳业是山东省工业旅游示范企业和工业旅游示范基地，每年接待外宾、各级政府人员、同行以及学生参观交流研学等近5万人次，是山东省食品行业的形象工程。

2014年，投资1.8亿元新建亚洲酸奶样板工厂，全部由利乐公司设计安装，采用国家发明专利技术直流罐装，生产几十个品种酸奶，日产能600吨。

2015年，根据当时国家环保大形势，公司率先进行燃气锅炉改造，投资3 000万元将原燃煤锅炉全部改造为天然气锅炉，大大增加企业运营成本，但也是企业承担社会责任的重要举措。同年，企业通过社会责任体系认证。

2016年，企业投资2 000万元对制冷机房和低温成品仓库液氨制冷改造为氟立昂制冷，减少安全生产隐患，并通过安全生产标准化国家二级认证。

2017年，积极参加中国奶业协会组织的小康牛奶行动，为贫困学校当年捐赠价值120万元以上的牛奶，履行社会责任。

2018年，投资4.5亿元的万头生态牧场建设项目启动，年底召开首届经销商大会。

2019年，赞助泉城首届马拉松赛事，参赛选手2万人，观众10万人，央视体育频道直播，企业组织了数百人方阵参赛，取得良好的宣传效果。

（济南佳宝乳业有限公司，张成柱）

附表1　济南佳宝乳业有限公司奶牛养殖场（小区）名录

序号	名称	地址	养殖场	小区	全群存栏（头）	成母畜存栏（头）	奶畜品种	成母畜年单产（t）	年总产量（t）	是否参加DHI	是否应用TMR	是否国家学生饮用奶奶源基地	是否有机奶源基地	有机奶产量（t）	有机奶源认证机构	是否为布鲁氏菌病及结核净化创建场或示范场
1	济南佳宝乳业有限公司第一牧场	济南市长清区	3个	120	120 000	50 000	荷斯坦	9	40万	√	√	√				√

备注：本表所指奶畜包括奶山羊、奶绵羊、奶水牛、牦牛、骆驼、驴等产商品奶家畜。本表奶畜养殖场指企业在中国及海外自建和参建（控股、参股）牧场（小区）。请在养殖场或小区列中选择打勾；如参加DHI、为学生奶奶源基地、认证为有机奶源基地等，请在相应表格中打勾。布鲁氏菌病、结核净化示范场或创建场请标明疫病净化具体级别。

附表 2　济南佳宝乳业有限公司乳制品生产企业名录

序号	名称	生产许可证号码	年收购原奶量（t）	平均支付价格（元 /kg）	其中：自有奶源量（t）	年乳制品产量（t）	其中：巴氏杀菌奶（t）	UHT 奶（t）	酸奶（t）
1	济南佳宝乳业有限公司	济南市长清区明发路 1999 号	SC10537011300356	40	4	30	35 万	10 万	20 万

（续）

序号	奶粉（t）	婴配粉（t）	奶油（t）	奶酪（t）	乳饮料（t）	产品销售区域	年销售收入（万元）	利润（万元）	是否为国家学生饮用奶认定企业	有机产品（枚）	有机认证机构	有机产品品类1及数量（枚）	有机产品品类2及数量（枚）	有机产品品类3及数量（枚）
1					5万	山东省及周边	275 000	20 000	√					

备注：本表包括在中国及海外的生产企业。自有奶源指来自自建和参建（控股、参股）牧场（小区）的原奶及长期稳定合作牧场的原奶。有机产品数量单位为“枚”指获得有机标志的数量。有机产品品类指液态奶、酸奶、奶粉、奶酪等大类。

中垦乳业股份有限公司

【奶源基地】公司中国荷斯坦牛、娟姗牛全群存栏3.5万头，年产生鲜乳20.1万t。奶牛养殖分布在宁夏、陕西、重庆、四川等地，有机奶源产量9 619t，分布于宁夏、陕西、重庆三地。公司旗下有万头牧场2个，千头规模以上牧场6个，规模化养殖比例达100%，全部采用机械化挤奶、全混合日粮（TMR）技术，有5个奶牛场参加生产性能测定（DHI）。青贮玉米、牧草种植面积6 667hm^2，制作优质青贮13万t。各牧场按照“三大标准”体系均建立了完善的疫病防控系统，粪污处理采用“干湿分离－沼气发酵－沼液还田－沼渣制作有机肥”的无害化处理方式。

牧场配置了先进的挤奶设备，使用自动刮粪板、固液分离、厌氧发酵设备等先进治污设备，同时通过“智慧牧场”项目，建设了TMR自动饲喂系统，引进了阿菲金、Feedwatch精准饲喂系统等先进管理软件，建设了信息采集及网络体系。通过推行精准饲喂、精准管理，以及提升牧场的信息化和智能化管理水平，从而提高牧场的经营管理水平，实现可持续发展。

中垦乳业高度重视食品安全和规范管理，已先后通过ISO9001质量管理体系、ISO22000食品安全管理体系、乳制品HACCP体系、良好农业规范（GAP）、良好生产规范（GMP）、ISO14001环境管理体系、OHSAS18001职业健康安全管理体系、诚信管理体系共8个体系认证。

【乳品加工】中垦乳业拥有3个现代化的液态奶加工厂和1个婴儿奶粉加工厂，年乳制品加工能力达60万t以上；建有1个省级博士后科研工作站，1个省级乳品工程中心；拥有2个农业产业化国家重点龙头企业，5个省级农业产业化重点龙头企业；产品销售区域辐射重庆、四川、陕西、天津、北京、河南等10余个省份。2018年实现液态奶销量22万余吨，销售收入22亿元。

天友乳业。一是液体乳品种多，产能较大。天友乳业液体乳日产能1 210t，年产能40万t，其中低温奶日产能520t，常温奶日产能690t。低温奶包括巴氏杀菌乳、巴氏杀菌调制乳、发酵乳、含乳饮料，共69个品种。常温奶包括灭菌乳、灭菌调制乳、灭菌含乳饮料、巴氏杀菌热处理风味发酵乳、植物蛋白饮料，共26个品种。液体乳总销量中低温奶占43%。

二是自动化程度不断提高。2007年以来，公司累计投入约4亿元，进行技术改造、升级，新建了乳品一厂活性乳酸菌饮料生产线、搅拌酸奶生产线、利乐冠包装饮用型酸奶生产线，新建乳品二厂自动化常温奶车间、自动化立体仓库、常温酸奶生产线等自动化生产线。

三是关键设备质量可靠。常温奶生产使用的灭菌机、无菌罐，均采用利乐、斯必克、基伊埃等国际知名品牌的产品，灌装均采用利乐或康美包公司的灌装机。低温奶生产使用的杀菌机、灌装机，均为国内外知名品牌，如斯必克、基伊埃、利乐、唯绿、四国、中亚、南华。通过提高设备配置，从系统上提高产品质量保证能力。

四是注重对牛奶中营养成分的保护。天友乳业实施了“优质乳工程”，将巴氏杀菌乳的杀菌温度从85℃降低到80℃，减少热处理对牛奶中活性成分的破坏。采用无菌罐，取消了灭菌机的回流，避免部分产品循环加热，减少了常温奶的蒸煮味和糠氨酸含量。

五是注重节能降耗。通过开展节能降耗活动，常温产品吨耗水从4.8t降低到4t，吨耗天然气从27m^3 降到25.5m^3；低温产品吨耗水从8.6t降低到6.9t，吨耗天然气从37m^3 降到31m^3。

华山牧乳业。产品生产线采用国际领先的全自动化设计，其中生产环节最为重要的前处理关键环节采用瑞典利乐公司设备，通过中控室电脑就可全部完成操作；产品灌装环节现有来自德国、美国、意大利及国内一线知名品牌的灌装线7条。分别可实现无菌纸盒、超洁净PET瓶、玻璃瓶、纸塑杯、屋顶盒、HDPE瓶等多种灌装形式，满足不同市场和消费需求。

公司投资1 000多万元建有一个乳制品安全检测中心和一个乳制品研发中心。拥有先进的检测、实验设备和优秀的人员配置。检测、研发设备均采用全球行业领先品牌，包括丹麦FOSS乳成分分析仪、体细胞仪，德国耶拿原子吸收色谱仪，美国安捷伦液相色谱仪、气相色谱仪，英国SMS质构仪TA.XT Plus，德国APV实验室均质机，上海沃迪实验用酸奶冷却机等重点监测、研发设备。研发、检测人员共计26名，其中本科学历人员20人，硕士研究生6人，有效地保证了公司的研发创新能力和检测水平，同时公司也具有多年从事乳制品行业的加工和技术管理人员。

【市场消费】拥有“天友”“华山牧”两大液态奶和“恬恩”婴幼儿奶粉品牌系列产品，其中2个中国驰名商标，4个重庆市省级著名商标，产品销售区域20余个省份。2018年度，公司资产总额251 034万元，营业收入225 767万元，利润总额6 916万元。天友2018年重庆市场占有率24%，华山牧乳业2018年陕西市场占有率4%。公司产品线逐渐丰富，涵盖天友、华山牧、恬恩、奶气四大主力品牌产品，整合集团德佳“赖记”罐头、跨境电商优质产品，线上SKU达到105个，形成以乳制品为主，其他关联品类为辅的产品体系；打造互联网品牌奶气，形成酸奶、甜牛奶、乳酸菌等产品矩阵，2018年累计排产392t，产生线上评价5万+，好评率99%。

【社会责任】中垦乳业成立以来，切实履行企业社会责任。中垦乳业一直积极助力小康牛奶行动，3年共计捐赠35 000箱天友、华山牧牛奶，价值近130万元，走进重庆市、陕西省渭南市数个深度贫困乡镇，共计超过80所乡镇小学，惠及25 000多名学生。2019年7月，中垦乳业旗下天宁牧业帮扶由宁夏中宁县委、县政府负责帮扶的县内70户特困户和恩和镇政府负责帮扶的镇内42户贫困户，推进中宁县脱贫攻坚工作，帮扶时间为期三年，帮扶费用预计80万元。

【奶业大事】2019年，中垦乳山通过赞助2019重庆马拉松、2019西安马拉松，张扬“铸就国家品牌”的战略理念，实现与国际“双金”重马赛事的品牌强势绑定，同时契合当下全民健身的号召，结合不同主题、不同受众推出不同的活动方案，并通过产品、渠道、宣传等环节的贯通，“线上+线下”的联动，切实让用户感受到“让爱更美好”的理念与落地，把“天友让爱更美好”“良品华山牧、鲜活新高度”的品牌理念转化成用户实实在在感受到的存在。

2019年6月20日，中共中央政治局委员、重庆市委书记陈敏尔到天友乳业调研指导工作，公司后续借势开展消费者“零距离见证身边的新鲜好奶”系列参观活动，将“身边的新鲜好奶”概念根植于消费者心中。

2019年7月底，天友乳业与江南大学科研战略合作签约，向外界传递天友乳业“产学研用一体，科技创新担当”的企业形象，这也是公司创新创造的关键举措。

2019年9月25日，陕西省委书记胡和平到华山牧乳业调研指导工作。

2019年，中垦乳山紧跟时事热点，参与各类大型展会。重点参与第十届中国奶业大会暨2019中国奶业展览会、第十八届中国西部（重庆）国际农产品交易会、第十七届中国国际（成都）奶业展览会、第二届西洽会、2019成都糖酒会、第二届智博会等。

（中垦乳业股份有限公司，范庆伟）

附表 1 中垦乳业股份有限公司奶牛养殖场（小区）名录

序号	名称	供奶企业	养殖场	小区	全群存栏（头）	成母畜存栏（头）	奶畜品种	成母畜年单产（t）	年总产量（t）	是否参加DHI	是否应用TMR	是否国家学生饮用奶奶源基地	是否有机奶源基地	有机奶产量（t）	有机奶源认证机构	是否为布鲁氏菌病及结核净化创建场或示范场
1	重庆市天翼牧业发展有限公司	重庆市天友乳业股份有限公司	√		960	565	中国荷斯坦	10.0	5 695	√	√	√				
2	重庆市天友纵横牧业发展有限公司两江奶牛养殖场	重庆市天友乳业股份有限公司	√		495	279	中国荷斯坦/娟珊牛	8.0	2 313	√	√		√	2 300	北京中绿华夏有机食品认证中心	
3	重庆市天合牧业发展有限公司	重庆市天友乳业股份有限公司	√		621	343	中国荷斯坦	9.0	3 121	√	√	√				
4	宣汉大巴山牧业有限公司	重庆市天友乳业股份有限公司	√		1 446	773	中国荷斯坦	11.0	7 500	√	√					
5	重庆蒙揽农业开发有限责任公司	重庆市天友乳业股份有限公司	√		345	156	中国荷斯坦	8.0	1 700		√					
6	重庆市新曲奶牛养殖专业合作社	重庆市天友乳业股份有限公司	√		160	110	中国荷斯坦	7.5	600		√	√				
7	重庆市文顺奶牛养殖场	重庆市天友乳业股份有限公司	√		175	132	中国荷斯坦	7.0	630		√					
8	巫溪县文鑫农牧有限公司	重庆市天友乳业股份有限公司	√		284	199	中国荷斯坦	8.0	1 600		√					
9	云阳县林久农牧综合开发有限责任公司	重庆市天友乳业股份有限公司	√		196	68	中国荷斯坦	7.8	1 000		√					
10	重庆市渝西奶牛专业合作社	重庆市天友乳业股份有限公司	√		276	162	中国荷斯坦	7.5	900		√					
11	中垦华山牧业有限公司	中垦华山牧乳业有限公司	√		8 931	4 787	中国荷斯坦	11.0	52 900	√	√	√	√	4 500	北京中绿华夏有机食品认证中心	
12	中垦天宁牧业有限公司	中垦华山牧乳业有限公司	√		9 950	5 300	中国荷斯坦	11.0	58 950		√		√	2 819	北京中绿华夏有机食品认证中心	√

附表2 中垦乳业股份有限公司乳制品生产企业名录

序号	名称	生产许可证号码	年收购原奶量（t）	平均支付价格（元/kg）	其中：自有奶源量（t）	年乳制品产量（t）	其中：巴氏杀菌奶（t）	UHT奶（t）	酸奶（t）
1	重庆市天友乳业股份有限公司	乳品一厂：91500112450384259D 乳品二厂：91500108709413777H 黄河乳业：916405217999068578	138 757	5.23	19 184	220 614	22 589	114 131	69 814
2	中垦华山牧乳业有限公司	SC10561050101686	6 027	4.56	6 027	8 369	629	2 233	4 954

备注：本表包括在中国及海外的生产企业。自有奶源指来自自建和参建（控股、参股）牧场（小区）的原奶及长期稳定合作牧场的原奶。有机产品数量单位为“枚”指获得有机标志的数量。有机产品品类指液态奶、酸奶、奶粉、奶酪等大类。

（续）

序号	奶粉（t）	婴配粉（t）	奶油（t）	奶酪（t）	乳饮料（t）	产品销售区域	年销售收入（万元）	利润（万元）	是否为国家学生饮用奶认定企业	有机产品（枚）	有机认证机构	有机产品品类1及数量（枚）	有机产品品类2及数量（枚）	有机产品品类3及数量（枚）	有机产品品类4及数量（枚）
1	2 761	723			11 320	重庆、四川、贵州、广州、海南等	212 957	8 831	√	71 264 968	北京中绿华夏有机食品认证中心	190mL瓶装淳源有机鲜牛奶	250mL天友百特有机纯牛奶 66 590 000	200g瓶装淳源有机酸牛奶 2 418 810	250g利乐冠淳源有机酸牛奶 1 019 422
2					552	以陕西省为主，逐推进全国化布局	6 745	−8 046	√	46 728	北京中绿华夏有机食品认证中心	巴氏鲜牛奶			

河南花花牛乳业集团股份有限公司

【奶源基地】花花牛奶牛养殖企业的奶牛存栏数为3.79万头，其中成年母牛1.79万头；年鲜奶产量166 168t。经过多年发展，花花牛各养殖牧场正朝着规模化和产业化方向迅速扩张，在河南省范围内拥有13座自有奶源基地，即河南瑞亚牧业、平舆瑞亚牧业、新蔡瑞亚牧业、新蔡豫信瑞亚、鲁山瑞亚牧业、汝州瑞亚牧业、郏县发展牧业、河南伊源乳业、河南合源乳业、睢县瑞亚牧业、平舆诚信瑞亚牧业（在建）、叶县瑞亚牧业（在建）、扶沟瑞亚牧业（在建）。主要分布在河南省区域内郑州市中牟县，平顶山市宝丰县、汝州市、郏县、鲁山县，驻马店市新蔡县、平舆县、睢县等地。牧场实现了规模化养殖，其规模化和现代化程度处于先进水平。各牧场机械挤奶比例占100%。牧场积极应用奶牛福利环境控制、奶牛生产数字化管理、全混合日粮（TMR）饲养技术和奶牛生产标准化管理体系建设、繁殖育种技术等。

2018年度，花花牛养殖事业部奶业机械购置补贴已批复635万元；规模养殖场改扩建补助已批复368万元。

公司致力于加快推动粮改饲、种养结合新模式。目前，订单农业苜蓿草种植面积3 000亩，单产达到0.9t/667m^2，总产量0.27万t，订单农业青贮种植面积10万亩，单产达到2.5t/667m^2，总产量25万t。

公司遵循“预防为主，防重于治”的疫病防控方针。重点跟踪技术服务，结合实际进行综合会诊，减少淘汰牛以降低损失，提高效益；切实做好隔离、消毒、检测和免疫工作，防疫防控工作切实有效；通过加大SOP流程管控，重点落实各牧场新产牛产前、产后的保健护理，降低发病概率，死亡率控制在合理范围内；加强奶牛血清疫病检测，定期将血清样本送至上级主管部门，由上级主管部门进行检测并出具检测报告，切实推进落实“两病”净化工作。

采取干湿分离的粪污处理方式。粪污经分离机压榨后达到固液分离效果。干粪堆积发酵，发酵后一部分作为有机肥还田，另一部分作为奶牛卧床垫料。粪水经厌氧+好氧发酵后形成沼液，与周边果园种植户等进行合作，对沼液进行科学还田利用。

奶源基地鲜奶收购年均价格3 760元/t，养殖奶牛头均年毛利润34 592元，牧场头均毛利润37 592元。

平舆万亩田园综合体是结合奶牛养殖和目前国家提倡的田园综合体相互融合设计的项目，不仅是循环生态农业与田园综合体的融合实体农牧产业，也是观光示范牧场和有机奶基地的典范，该综合体项目总投资5亿元，由8 000头奶牛养殖、2 000头奶牛散养、万亩有机生态牧草循环农业种植园及观光农业等项目组成。

【乳品加工】河南花花牛乳业集团拥有3座乳品加工基地，分别是河南花花牛乳业集团股份有限公司郑州分公司、郑州花花牛乳制品有限公司及新蔡花花牛乳业有限公司（在建）。公司日加工乳制品能力达1 300t，产品涵盖低温酸奶、低温牛奶、常温酸奶、常温牛奶、乳饮料五大类百余个品种，并依托传统零售、现代商超、送奶入户、电子商务等多种渠道，形成覆盖河南全省并逐步布局全国市场的销售网络。2018年，花花牛乳制品总产量143 864t，其中巴氏杀菌奶2 577t、UHT奶15 632t、酸奶98 130t、乳饮料27 525t。

2015年以来，花花牛陆续投入近1亿元，对现有配送车辆及终端冷链进行升级改造，完成冷藏车改造300余辆，终端投放冷柜20 000台，从原奶采集、加工生产、贮存到运输、销售等环节，实现全程冷链无缝运营。企业也正是抓住了奶业消费趋势与市场发展趋势，走“新鲜”的道路，打开了中原地区低温酸奶和巴氏鲜奶市场，实现了高速增长，成为区域内排名前列的低温奶生产商。

【市场消费】花花牛以“新鲜”为品牌计划，在以郑州为中心的150km“新鲜半径”之内，产品从原奶收集到加工仅需2个小时，确保花花牛低温牛奶“新鲜每一天”。

2018年，花花牛启动“国家优质乳工程”项目，充分发挥自身奶源优势及冷链优势，重新定位产品发展方向，合理优化产品结构、重点提升产品品质、丰富产品品项。在低温产品方面，成功推出低温利乐冠系列产品及高端低温巴氏鲜奶，其采用国际最先进的低温杀菌工艺，保留牛奶的乳铁蛋白、免疫球蛋白等活性物质，满足了消费者对新鲜营养的追求，目前在河南低温市场占比约30%。同时，花花牛常温产品品项逐步丰富，新增利乐钻等高端畅销品项，促进产品销路打开。

花花牛销售区域覆盖河南全省、辐射周边7省，并已完成华东和华南市场布局，2018年实现销售额19.2亿元，利润总额9 400余万元。未来，花花牛将继续立足“新鲜”战略，强化冷链升级改造，提升科研创新能力，全力推进优质乳工程建设，深度融合线上自媒体和线下实体推广宣传，拓展家政入户、电商平台、传统店商、自动售卖机等多个渠道，搭建新零售模式，夯实省内市场、拓展省外市场，努力为消费者提供更加营养、健康、安全的乳制品，实现区域性乳业品牌向全国性乳业品牌转变，努力为中国奶业振兴贡献力量。

【国际化】近年来，在国家“一带一路”倡议的引领下，花花牛积极与国际接轨，与中东以色列等国家展开农业技术交流，研究奶业技术，推动国际产能合作，推动产业结构优化升级；同时，加快品牌推广，推动中国奶业振兴。未来，花花牛将搭载“中欧班列”，将品牌故事带到更远的地方，让“新鲜”“营养”惠及更多消费者。

【社会责任】花花牛作为省级农业龙头企业，在企业自身做大做强的同时，始终牢记自己的使命，坚定承担起企业的社会责任，积极参与小康牛奶行动、扶贫攻坚、社会公益等项目来回报社会。

2018 年，河南花花牛乳业集团股份有限公司共向河南省新蔡、驻马店、确山、封丘、泌阳、邓州、睢县、汝南、平舆等市、县贫困学生捐赠牛奶 20 875 件，价值 1 053 800 元。

为积极响应党和政府脱贫攻坚的号召，发展现代农业产业助力贫困地区脱贫致富，花花牛集团专门成立扶贫办公室，并按照“产业贴近农业、产区接近农村”的思路，将企业的发展布局融入政府的脱贫战略当中。公司拥有 6 家农业产业化重点龙头企业，在生产经营过程中，坚持生态循环农业发展模式，积极响应国家的精准扶贫号召，通过牧场建设带动周边农户发展饲草订单种植，累计帮助 20 000 多户农民实现了增收；同时，牧场直接聘用大量当地劳动力，帮助他们通过就业获得长期稳定收入，取得了良好的经济效益和社会效益，促进了企业的产业升级和经营发展。时任省委副书记、省长陈润儿，农业农村部副部长于康震，副省长武国定等领导多次莅临企业牧场进行考察调研，并对企业的精准扶贫工作表示高度认可。鲁山瑞亚牧业有限公司被当地政府认定为“精准扶贫就业基地”，2018 年，集团董事长关晓彦被先后授予河南省“脱贫攻坚奖·奉献奖”和“改革开放 40 年——卓越贡献企业家”等荣誉称号。

【奶业大事】2018 年 6 月 28 日，第九届中国奶业大会暨 2018 中国奶业展览会在成都开幕。河南花花牛乳业集团关晓彦董事长荣获“2018 年优秀奶业工作者荣誉称号·功勋人物”，河南花花牛乳业集团荣获杰出企业及最具影响力品牌企业奖。

2018 年 8 月 25 日，中国乳制品工业协会年度颁奖典礼在西安举行，河南花花牛乳业集团荣获“乳品质量安全管理优秀企业”奖。

2018 年 9 月 28 日，花花牛亮相中国奶业 20 强呼伦贝尔峰会，共话中国奶业振兴。

2018 年 10 月 17 日，时任省委副书记、省长陈润儿莅临鲁山瑞亚牧场视察调研。

2018 年 10 月 18 日，河南省农村农业厅党组书记、厅长宋虎振，省畜牧局局长王承启等领导组成的农牧业产业扶贫工作观摩团莅临花花牛乳业集团鲁山瑞亚牧业有限公司调研参观。

2018 年 10 月 24 日，中原地区首个荷兰奶业技术中心在河南花花牛乳业集团中牟瑞亚牧场正式挂牌。

为提升品牌知名度，增强企业竞争力，也为企业快速优质发展，花花牛决定走上市之路。经过一个时期的上市辅导，花花牛经营管理更加规范，已经于 2018 年 12 月 19 日取得河南省证监局辅导备案，上市准备工作正在有条不紊地进行中。

2018 年 12 月 22 日，河南省奶业振兴推进会在驻马店平舆县召开，副省长武国定、省政府副秘书长朱良才等领导一行莅临河南花花牛乳业集团股份有限公司平舆瑞亚牧场调研指导工作。

（河南花花牛乳业集团股份有限公司，杨永）

附表1　河南花花牛乳业集团股份有限公司奶牛养殖场（小区）名录

序号	名称	地址	养殖场	小区	全群存栏（头）	成母畜存栏（头）	奶畜品种	成母畜年单产（t）	年总产量（t）	是否参加DHI	是否应用TMR	是否国家学生饮用奶奶源基地	是否有机奶源基地	有机奶产量(t)	有机奶源认证机构	是否为布鲁氏菌病及结核净化创建场或示范场
1	河南合源乳业有限公司	河南省宝丰县闹店镇洼里村	√		2 110	1 088	奶牛	9.0	9 880	√	√	√				
2	郏县发展牧业有限公司	河南省郏县王集乡雨霖头村	√		2 021	770	奶牛	9.6	7 415	√	√					
3	汝州瑞亚牧业有限公司	河南省汝州市纸坊乡赵东村	√		2 924	1 249	奶牛	9.2	11 465	√	√					
4	鲁山瑞亚牧业有限公司	河南省鲁山县辛集乡清水营村	√		3 954	1 878	奶牛	9.7	18 311	√	√	√				国家级
5	平舆瑞亚牧业有限公司	河南省平舆县辛店乡黄寨村	√		6 617	2 273	奶牛	9.1	20 630	√	√	√				
6	河南伊源乳业有限公司	河南省叶县田庄乡东李村	√		1 584（后备牛场）		奶牛			√	√	√				国家级
7	河南瑞亚牧业有限公司	河南省郑州市中牟县官渡镇石井村南	√		4 553	1 819	奶牛	9.8	17 815	√	√	√				省级
8	新蔡瑞亚牧业有限公司	河南省新蔡县黄楼镇黄楼村	√		6 178	2 890	奶牛	8.9	25 742	√	√					
9	睢县瑞亚牧业有限公司		√		3 000	2 000	奶牛	9.2	18 340		√					
10	新蔡豫信瑞亚牧业有限公司		√		5 000	4 000	奶牛	9.1	36 520		√					

备注：本表所指奶畜包括奶山羊、奶绵羊、奶水牛、牦牛、骆驼、驴等产商品奶家畜。本表奶畜养殖场指企业在中国及海外自建和参建（控股、参股）牧场（小区）。请在养殖场或小区列中选择打勾；如参加 DHI、为学生奶奶源基地、认证为有机奶源基地等，请在相应表格中打勾。布鲁氏菌病、结核净化示范场或创建场请标明疫病净化具体级别。

附表 2　河南花花牛乳业集团股份有限公司乳制品生产企业名录

序号	名称	生产地点	生产许可证号码	年收购原奶量（t）	平均支付价格（元/kg）	其中：自有奶源量（t）	年乳制品产量（t）	其中：巴氏杀菌奶（t）	UHT奶（t）	酸奶（t）
1	河南花花牛乳业集团股份有限公司	河南省郑州市	SC10541010300077 SC10541018400354	150 000	3.60	105 000	143 864	2 577	15 632	98 130

（续）

序号	奶粉（t）	婴配粉（t）	奶油（t）	奶酪（t）	乳饮料（t）	产品销售区域	年销售收入（万元）	利润（万元）	是否为国家学生饮用奶认定企业	有机产品（枚）	有机认证机构	有机产品品类1及数量（枚）	有机产品品类2及数量（枚）	有机产品品类3及数量（枚）
1					27 525	华北、华中、华东及东南等地区	192 000	9 347	√					

备注：本表包括在中国及海外的生产企业。自有奶源指来自自建和参建（控股、参股）牧场（小区）的原奶及长期稳定合作牧场的原奶。有机产品数量单位为“枚”指获得有机标志的数量。有机产品品类指液态奶、酸奶、奶粉、奶酪等大类。

南京卫岗乳业有限公司

【奶源基地】 卫岗乳业自有奶牛全群存栏 1.85 万头，其中成母牛 0.87 万头，2018 年牛奶产量 8.6 万 t。牧场主要分布在苏皖鲁地区，规模化养殖程度达 100%。其中 1 000~1 999 头规模占比 35%，2 000~2 999 头规模占比 30%，3 000 头以上规模占比 35%。

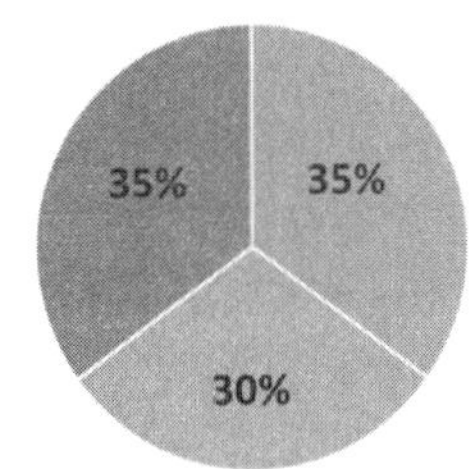

图 5-1　卫岗乳业规模化养殖分布

牧场机械化挤奶比例达 100%，挤奶设备主要分全自动转盘式及并列式两种挤奶机。奶牛养殖采用全混合日粮（TMR）饲喂技术，以满足牛群不同生长发育和泌乳阶段的营养需求与营养均衡。

牧场持续开展奶牛种质创新及繁育新技术研究，现有奶牛已全部参与生产性能测定（DHI），有效改善了奶牛生产效率、提高原料奶质量，实现牛奶质量全程可追溯。

卫岗乳业充分利用地域资源，全面对接行业标准，推动规模化养殖与牧草种植一体化科学发展，围绕牧场周边种草场，现可利用草地 333.3hm²，青贮年总产量 1.4 万 t。

牧场秉持种养结合、草畜一体发展，重视动物福利。牧场按季度全面开展免疫防疫保健工作，饲喂保健实行统一准入、统一饲料、统一兽药、统一评估，饲料和兽药受控率已达 100%。采用自动清粪、固液分离、厌氧发酵、分级沉淀、有机肥加工等粪水处理工艺，实现了牧场粪水生态化处理，资源循环化利用。

奶源收购方面，各区域采用按质论价方式，2018 年度平均收购价格 4.20 元 /kg。

【乳品加工】 卫岗乳业现有 3 处生产企业，分别为南京卫岗乳业有限公司、徐州卫岗乳品有限公司、泰州卫岗乳品有限公司。主要生产乳制品有鲜奶、调制乳、乳饮料、发酵乳等几大类产品。2018 年乳品总产量 232 732.28t，其中巴氏杀菌奶 96 918.46t，UHT 奶 41 884.59t，酸奶 72 973.40t，乳饮料 20 955.82t。

企业推广应用新技术、新设备、新工艺、不断丰富产品组合，拥有瓶装奶系列、纸盒屋型奶系列、新鲜杯系列、袋奶系列、利乐枕系列、利乐砖系列、果汁饮料、塑瓶八大系列 200 多个品种，满足了不同年龄消费者的不同营养需要。

在生产端，企业依据技术能力、生产能力、产能布局，实现柔性化生产和快速的客户需求达成。拥有信息化、智能化生产车间，实现数据信息交互，生产设备运行状态数据采集、记录、分析均通过中央控制系统完成，做到了实时记录、实时查询。中控系统对生产设备的实时监控，中央控制室在线自动监测前处理所有生产设备运行状态、运行数据，当监测数据与设定数据出现偏离时，自动报警并记录报警出现偏离情况，根据记录数据自动分析。公司以 JIT、TPM 精益生产、卓越运营的管理方式构建优质高效的供应链管理体系，达到“产、供、销”平衡，降低综合管理成本，达到锻造高效精益的供应链，提升企业核心竞争力的目的。

2018 年，卫岗乳业坚守“新鲜”战略，深耕低温巴氏鲜奶，不断升级产品品类，形成从覆盖年轻群体到中老年群体的完整产品谱系，满足消费者的个性化需求，并于年底通过优质乳工程验收，正式开启“鲜活时代”。

【市场消费】 2018 年，卫岗乳业销售收入为 244 280.35 万元，利润为 8 942.25 万元。其中，低温液态奶销售收入占比最大，占总销售收入的 44%，低温酸奶占 32%，常温液态奶占 19%，常温乳饮料占 5%。

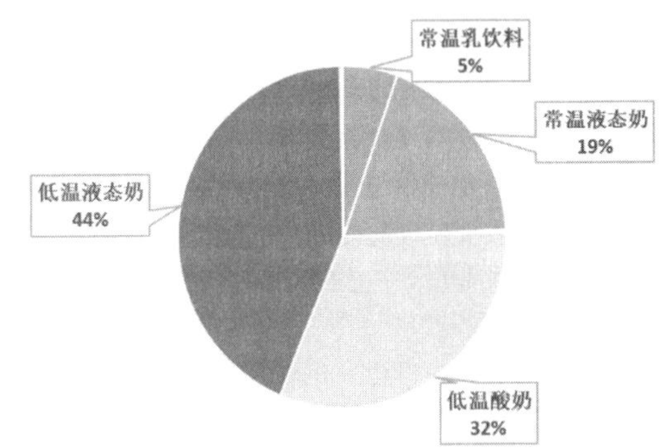

图 5-2　卫岗乳业 2018 年度各品类占有率

卫岗乳业是全国首批荣获“中华老字号”称号的乳品企业，始于 1928 年，前身是爱国人士宋氏姐妹建立的国民革命军遗族学校实验牧场。历经 90 多年发展，卫岗乳业在激烈的市场竞争中不断发展壮大，现已成为民族乳企的骄傲。在发展道路上，企业开辟出一条属于自己的品牌创新之道——“品质＋创新”双驱动。

品质升级。2018 年 5 月，卫岗乳业携手江苏省农业科学院打造“江苏奶业产业研究院”，实现产学研一体化；同月，卫岗乳业盱眙牧场正式启动江苏省农业标准化试点项目——奶牛精准养殖标准化试点；9 月，携手江苏省气象局、江苏省气象服务中心合作共建国内首家应用气象研究院，为传统农业赋能，以现代化服务体系助力现代奶业建设；11 月 11 日，卫岗乳业通过“国家优质乳工程”验收，意味着卫岗乳业巴氏鲜奶已达到国际优质乳营养品质和卫生安全水平，卫岗屋顶鲜奶全面开启“鲜活时代”；12月，携手山东农业大学建立教学研究实践基地，借力顶尖技术及人才，为全产业链品质安全保驾护航。

品牌创新活动。2018年，企业与江苏电视台城市频道联手打造了“新鲜一课，经典传承”大型诗歌朗诵真人秀活动；赞助冠名了由南京台湾青创学院发起的两岸青年创新创意大赛的首发活动——“卫岗杯：恋恋奶香，创意好young”乳品包装创意设计大赛。

【国际化】南京卫岗乳业前瞻性布局全球优质奶源，引进澳大利亚的优质奶源，将国际好奶带给中国消费者。

2018年，南京卫岗乳业与澳大利亚联邦科学与工业研究组织（CSIRO）旗下食品创新研发中心签署了战略合作协议，针对乳制品中组分的性质，以及中国市场的应用实例展开合作交流。

【社会责任】密切种养殖利益联结，发挥企业社会责任。公司每年以合同形式收购生奶；通过股份合作、承包租赁、托管经营等多元合作方式，合理联结公司与奶农的生产利益，实现奶农收益保障；开设牧草收购站点，与牧场周边大户签订粮食秸秆收购协议，带动牧场周边种粮大户共同发展。

重点扶持规模养殖小区。在全省重点扶持3~4个规模500头以上奶牛养殖小区，通过技术输出、管理输出、服务输出，实现牧场平均单产提升2kg以上。

建立全国首家奶牛大数据平台、应用气象大数据平台。开放大数据平台实现产业链上下游信息共享，改变种植、养殖户“望天吃饭”的传统模式，通过大数据精准预测，增强农业抗灾防疫能力，从源头上加强食品安全监督，实现农业增效、农村增绿、农民增收，切实服务“三农”。

支援乡村教育，打造乡村教育基地。一是建设江宁横溪街道上范村“牛牛的家”，开展乡村妇女职业培训、农村儿童教育特色公益项目；二是参与江宁“阳光追梦”同心公益行动，推进湖熟街道绿杨社区“农村家庭亲子阅读推广项目”；三是在江宁周岗学校、允公小学设立“乡村教育服务站”。此三项共计投入约50万元。

2017年，卫岗乳业投入500万元成立“同心·贻芳行”慈善基金会，用于资助贫困学生，帮扶留守儿童、残疾儿童；支持扶贫济困、救孤助学、助医助残等公益组织及相关公益项目。

2018年，企业在民进南京市委的指导下，以民进江宁总支的名义持续开展“奖教”活动，对江宁区内外优秀教师奖励，鼓励“双岗”建功；同时持续资助江宁区内多名品学兼优的学生完成学业，自2011年开展，累计投入150余万元。

2018年，企业前去江宁区特殊教育学校看望慰问学校师生，并捐赠5 000元助学资金及若干牛奶。自2012年与江宁区特殊教育学校共建成立“学生手工作坊”以来，企业已持续6年开展助学慰问活动。

截至2018年年底，企业在小康牛奶活动中共捐赠液态奶22 000余箱，价值150余万元。

2018年，企业积极响应江苏希望工程“童享阳光”公益计划，向江苏省青少年发展基金会无偿捐赠100万元，帮助6~16岁“事实孤儿”群体健康成长。截至2018年年底，企业为各地慈善基金会共捐赠750万余元。

2018年，企业积极响应民进江苏省委、民进南京市委的号召，为“穿越2 000公里的爱——为山区娃娃捐赠一双球鞋”爱心公益行动提供运输支持。该活动自2014年开始，截至2018年年底，企业已援助云南省永胜县十余次，累计投入约60万元。

【奶业大事】2018年2月，卫岗乳业获第七届中国公益节年度责任品牌奖。

2018年4月，卫岗乳业作为独家赞助商，赞助举办2018年春季牛首山国际马拉松比赛。

2018年4月25日，卫岗乳业与江苏电视台城市频道联手打造的“新鲜一课，经典传承”大型传统文化公益活动正式启动。

2018年5月，卫岗乳业盱眙牧场正式启动江苏省农业标准化试点项目——奶牛精准养殖标准化试点。

2018年5月，卫岗乳业与江苏省农业科学院携手，成立“奶业产业研究院”。

2018年6月8日，卫岗乳业冠名赞助由南京台湾青创学院发起的两岸青年创新创意大赛的首发活动——“卫岗杯：恋恋奶香，创新好young”乳品包装创意设计大赛正式上线。

2018年6月28日，卫岗乳业受邀参加第九届中国奶业大会暨2018年中国奶业展览会，并荣获“杰出企业”称号，董事长白元龙荣获“功勋人物”称号。

2018年9月14日，卫岗乳业携手江苏省气象局共创国内首个应用气象研究院。

2018年9月29日，卫岗乳业“新鲜一课，经典传承”荣获第25届中国国际广告节活动营销金案。

2018年11月11日，卫岗乳业通过“国家优质乳工程”验收。

2018年11月15日，全国新农民新技术创业创新博览会在南京召开，卫岗乳业领跑“国家优质乳工程”。

2018年11月20日，卫岗乳业黄金钙奶荣获“2018中国营养健康产业十大影响力产品”。

2018年12月26日，卫岗乳业90周年庆典在南京举行，90年新鲜优选品质生活联盟发布。

（南京卫岗乳业有限公司）

附表 1　南京卫岗乳业有限公司奶牛养殖场（小区）名录

序号	名称	地址	养殖场	小区	全群存栏（头）	成母畜存栏（头）	奶畜品种	成母畜年单产（t）	年总产量（t）	是否参加DHI	是否应用TMR	是否国家学生饮用奶奶源基地	是否有机奶源基地	有机奶产量（t）	有机奶源认证机构	是否为布鲁氏菌病及结核净化创建场或示范场
1	鲜纯牧场	山东省日照市岚山区碑廓镇马家岭村	√		3 160	1 489	荷斯坦	10.0	14 890	√	√	√				省级
2	润生牧场	山东省日照市岚山区巨峰镇肖家峪村	√		3 035	1 675	荷斯坦	9.8	16 415	√	√	√				省级
3	泗洪牧场	江苏省泗洪县上塘镇上东村	√		3 081	1 586	荷斯坦	9.6	15 226	√	√	√				
4	盱眙牧场	江苏省盱眙县仇集镇工业集中区	√		2 080	946	荷斯坦	11.1	10 501	√	√	√				
5	杰隆牧场	江苏省淮安市淮安区丁集镇丁集村	√		2 043	919	荷斯坦	10.2	9 374	√	√					
6	新沂牧场	江苏省新沂市北沟镇长江路	√		1 058	568	荷斯坦	9.8	5 566	√	√					
7	兴旺牧场	江苏省泗洪县魏营镇涧圩村	√		1 455	559	荷斯坦	10.0	5 590	√	√					
8	沭阳牧场	江苏省沭阳县刘集镇工业园北区	√		486		荷斯坦			√	√					
9	邳州牧场	江苏省邳州市陈楼镇工业园区	√		1 130	504	荷斯坦	9.4	4 738	√	√					
10	滁州牧场	安徽省滁州市南谯区章广镇太平集村	√		986	460	荷斯坦	9.2	4 232	√	√					
11	临沂市高都奶牛养殖基地	山东省临沂市罗庄区高都街道北茶棚村西	√		260	130	荷斯坦	6.0	780		√					
12	连云港立旺牧业有限公司	江苏省赣榆县门河镇苘湖村村东	√		750	450	荷斯坦	7.3	3 500		√					
13	临沭县翔源奶牛场	山东省临沭县玉山镇前胡子村	√		530	200	荷斯坦	7.0	2 300		√					
14	罗庄区兆营养殖专业合作社	山东省临沂市罗庄区罗庄街道办事处沟东村	√		520	370	荷斯坦	5.5	1 000		√					
15	新沂市康华奶牛养殖场	江苏省新沂市新安镇官庄村	√		160	118	荷斯坦	5.0	500		√					
16	新沂市江海奶牛养殖场	江苏省新沂市双塘镇段宅村四组	√		178	73	荷斯坦	5.0	490		√					
17	临沂优源牧业有限公司	山东省临沂市罗庄区高都街道北茶棚村西北角	√		550	300	荷斯坦	5.0	1 700		√					
18	临沭县齐力奶牛养殖场	山东省临沭县临沭街道侯高湖村南 700 米		√	200	115	荷斯坦	4.0	1 400		√					
19	临沂农丰畜牧发展有限公司	山东省临沂高新区罗西街道办事处西石埠村	√		1 170	700	荷斯坦	8.5	3 570	√	√					
20	日照市岚山澳兰德奶牛养殖专业合作社	山东省日照市岚山区碑廓镇三朱曹村	√		385	200	荷斯坦	6.5	1 500		√					
21	费县恒发奶牛场	山东省费县胡阳镇养马庄村城立庄村	√		620	300	荷斯坦	8.0	1 700	√	√					
22	莒县东辰牧业有限公司	山东省日照市莒县峤山镇东桥村	√		600	343	荷斯坦	6.2	1 600		√					
23	临沂绿科养殖有限公司	山东省临沂市临沭县临沭苍隆居	√		537	270	荷斯坦	7.8	1 300	√	√					
24	连云港东旺养殖有限公司	江苏省连云港市连云区东辛农场东滩分场九十六大队	√		4 076	1 960	荷斯坦	9.4	1 8400	√	√					
25	山东银香伟业集团有限公司	山东曹县五里墩	√		12 000	6 500	荷斯坦 / 娟姗	9.0	58 400	√	√		√	17 000	南京国环	
26	现代牧业五河有限公司	安徽省五河县朱顶镇	√		37 600	22 300	荷斯坦	10.0	223 000		√					

（续）

序号	名称	地址	养殖场	小区	全群存栏（头）	成母畜存栏（头）	奶畜品种	成母畜年单产（t）	年总产量（t）	是否参加DHI	是否应用TMR	是否国家学生饮用奶奶源基地	是否有机奶源基地	有机奶产量（t）	有机奶源认证机构	是否为布鲁氏菌病及结核净化创建场或示范场
27	南京市六合区卫竹牧场	南京市六合区竹镇金磁村	√		228	110	荷斯坦	5.2	570							
28	泗洪后宅奶牛养殖有限公司	江苏省泗洪县车门乡团结村	√		830	410	荷斯坦	8.5	3 480		√					
29	淮安鑫隆牧业有限公司	江苏省淮安盱眙县仇集镇	√		487	250	荷斯坦	9.4	2 340	√	√					
30	泰州市宏星奶牛养殖专业合作社	江苏省泰州市姜堰区白米镇曹新村	√		960	490	荷斯坦	9.0	4 400	√	√					
31	兴化市忠鑫奶牛专业合作社	江苏省兴化市竹泓镇一村	√		420	185	荷斯坦	9.7	1 800	√						
32	泰兴市马甸苏余奶牛场	江苏省泰兴市马甸镇马甸苏余村	√		230	120	荷斯坦	8.3	990		√					
33	泰州市牧源荣奶奶专业合作社	江苏省泰州市姜堰区张甸镇西网村	√		120	76	荷斯坦	7.6	580							
34	泰兴东建乳业专业合作社旭日奶牛场	江苏省泰兴市刘陈镇	√		260	126	荷斯坦	7.9	1 000		√					

备注：本表所指奶畜包括奶山羊、奶绵羊、奶水牛、牦牛、骆驼、驴等产商品奶家畜。本表奶畜养殖场指企业在中国及海外自建和参建（控股、参股）牧场（小区）。请在养殖场或小区列中选择打勾；如参加 DHI、为学生奶奶源基地、认证为有机奶源基地等，请在相应表格中打勾。布鲁氏菌病、结核净化示范场或创建场请标明疫病净化具体级别。

附表 2　南京卫岗乳业有限公司乳制品生产企业名录

序号	名称	生产地点	生产许可证号码	年收购原奶量（t）	平均支付价格（元/kg）	其中：自有奶源量(t)	年乳制品产量（t）	其中：巴氏杀菌奶(t)	UHT 奶（t）	酸奶（t）
1	南京卫岗乳业有限公司	南京市江宁区将军大道 139 号	SC10532011500380	67 536	4.09	33 863	140 527	87 316		49 374
2	徐州卫岗乳品有限公司	江苏省新沂市无锡新沂工业园大桥东路 218 号	SC10532038100142	19 704	3.74	9 832	68 195	1 258	41 885	7 934
3	泰州卫岗乳品有限公司	江苏省泰州市海陵区凤凰东路 80 号	SC10632120200061	10 929	3.81	5 622	24 010	8 345		15 665

（续）

序号	奶粉（t）	婴配粉（t）	奶油（t）	奶酪（t）	乳饮料（t）	产品销售区域	年销售收入（万元）	利润（万元）	是否为国家学生饮用奶认定企业	有机产品（枚）	有机认证机构	有机产品品类1及数量（枚）	有机产品品类2及数量（枚）	有机产品品类3及数量（枚）
1					3 838		187 053	7 202	√					
2					17 118		38 010	399	√					
3							19 217	1 342						

备注：本表包括在中国及海外的生产企业。自有奶源指来自自建和参建（控股、参股）牧场（小区）的原奶及长期稳定合作牧场的原奶。有机产品数量单位为“枚”指获得有机标志的数量。有机产品品类指液态奶、酸奶、奶粉、奶酪等大类。

贝因美婴童食品股份有限公司

【奶源基地】公司奶源基地以引进纯种荷斯坦牛为主，通过采用冻精配种、性控配种手段促进牛改良。现存栏量达到 10 000 头，其中成母牛 6 931 头，全年牛奶产量 39 680 t。奶牛养殖分布于国际公认的中温带季风气候优质奶牛饲养带(北纬 45°)的中国“黄金奶源带”的黑龙江省安达市及大庆周边地区。每头奶牛都有完整的奶牛健康档案，以保证生乳品质。

公司奶源基地规模养殖水平不断提升，目前都已达到标准化养殖场要求。其中存栏 1 000 头及以上牛场占 15%，500~999 头占 39%，300~499 头占 23%，300 头以下占 23%。

基地牧场机械挤奶比例达到 100%，其中自动脱杯达到 60%，已有多家采用先进的挤奶台、真空系统、挤奶器和速冷等设备，有效提高了生产效率、生乳品质和安全保障。奶源基地所辖所有牧场都采用全混合日粮（TMR）饲喂技术，进行精细化的饲喂管理。

目前奶源基地 70% 牧场参与生产性能测定（DHI）数据检测。生产性能测定技术应用水平已有很大程度的提升。

所辖养殖场在 2013 年接受榨乳设备补贴（30%），2015 年接受种养结合 50% 的机械购置补贴。

所辖养殖场享受黑龙江省 1 200 头现代奶牛示范项目补贴的共 4 家，享受黑龙江省“两牛一猪”项目补贴的共 5 家。两次政府补贴对规模养殖场的扩建起到了积极的推动作用。

2018 年，公司青贮玉米种植面积 41 240 hm^2，单产 3.5 t/ hm^2，总产量达到 14.43t。

牧场采用综合防控技术，实行封闭性管理，执行严格、有效的消毒管理制度，完善的防疫检疫管理体系，以保证牧场环境卫生。全年口蹄疫苗免疫接种 3 次，着重强调对牛布鲁氏杆菌病、牛结核病等的实时监测和净化，确保牧场无疫情发生。加强组织人员进行防治技术培训工作，完善消毒、防疫制度，实现了奶牛养殖场疫病的有效预防和控制。

粪污处理方面，牧场牛舍内全部采用荷兰 JOZ 刮粪板、美国 US 自动粪污处理系统，将牛舍内粪污进行二次筛分，固体进行有机堆肥或作牛床垫料，液体厌氧发酵达标后还田改良草场。通过科学饲养、高效挤奶、粪污处理等先进技术的应用，实现奶牛养殖的规模化、集约化及标准化。

2018 年生乳平均收购价格为 3.63 元 /kg。泌乳牛年头均盈利额度约 3 000 元。但由于每个养殖场的牛群情况不一，所以奶业养殖头均年净收入很难准确计算。由于牧场投入及养殖水平的不一致，整体奶牛场净收入为 30 万 ~ 300 万元。

【乳品加工】贝因美目前在国内外拥有黑龙江安达、杭州母婴、广西北海、湖北宜昌、爱尔兰子公司五大现代化产业基地。公司 2018 年乳制品产量为 20 540.24t。

公司乳品加工以自主生产为主要模式，少量产品通过委外加工、OEM 模式生产。自主生产模式的生产按照“市场预测”和“订单方式”相结合的模式进行组织。公司主导产品婴幼儿配方奶粉主要由全资子公司 / 控股子公司贝因美（黑龙江）乳业、贝因美母婴、宜昌贝因美等工厂生产。公司目前在国内外拥有多家工厂，技术先进，管理成熟，产能强大。通过海内外的布局，构建了全球领先的集奶源建设、生产加工和销售运营为一体的完整产业链。通过与全球多家著名供应商（如爱尔兰 kerry 集团、新西兰恒天然集团等）合作，不仅使公司掌握了全球乳业发展的重要优质战略资源，还为产品销售提供了坚实的产业基础。

【市场消费】公司主营婴幼儿配方奶粉产品市场占有率为 5% 左右，为婴配奶粉市场中的领跑品牌。公司 2018 年实现销售收入 24.91 亿元，净利润 4 111 万元。

作为中国婴儿配方粉市场的重要品牌，27 年来，公司始终围绕“国际品质、华人配方”的经营理念，通过构建强大的品质、研发和智能制造体系来持续推动品牌战略的实施。公司建立了完善的全球奶源供应链，从原料源头出发来保障产品品质。在“史上最严奶粉注册制新政”背景下，公司共计完成了婴幼儿配方奶粉 17 个系列 51 个配方的注册。其中所申报的“特殊医学用途婴儿配方食品无乳糖配方”更是一举打破了洋品牌特配粉对国内市场的垄断地位，极大地提升了品牌的竞争力。

2018 年，公司签约游泳运动员孙杨作为全球品牌形象大使来塑造公司新品牌形象。在品牌推广上，还积极借力热门网络综艺节目（如“妈妈咪呀”等）和网络直播等方式，来寻求 90 后妈妈消费群体的情感共鸣、互动，来提升品牌传播度。

【国际化】公司一直致力于全球化布局和国际化战略，来打造和完善全球产业链。

国际化的股东结构。贝因美婴童食品股份有限公司从一家地方企业开始，逐步壮大、变成一家拥有民营股东（贝因美集团，持股 29%）、外资股东（恒天然，持股 18%）和国资股东（长城国融，持股 5%）背景的上市公司。多元国际化的股东结构，为贝因美的国际化奠定了良好的基础。

国际化的产业战略布局。贝因美不仅在国内外拥有五大现代化产业基地，同时还与全球最大的乳制品出口企业恒天然集团、Kerry 集团建立了战略合作关系，进行国际化产业布局。2017 年 4 月，贝因美联手一致行动人全资收购美国 SCL 公司，进一步推进全球化布局。

海外研发合作。在研发合作上，公司与以色列施耐德医学中心等机构开展项目合作，充分利用国外优秀研发机构的能力，在创新中不断提升与超越，进一步为国际化提供研发和技术支撑。

公司与爱尔兰百年工厂 Kerry 合作生产了绿爱和红爱婴幼儿系列奶粉产品。该产品严格执行欧盟、爱尔兰标准，并顺利通过了中国奶粉配方注册。2014 年 11 月，爱尔兰政府授信贝因美“绿爱 +”为一款“真正代表爱尔兰品质的婴幼儿配方奶粉”。该两款产品原装原罐进口后销往国内市场，深受国内消费者的喜爱。2017-2018 年，绿爱共计销售 2.62 亿元，红爱共计销售 1.45 亿元。

【社会责任】贝因美将积极履行社会责任融入公司核心经营理念，主张“生命因爱而生，世界因爱而美”。多年来，公司通过成立的公益基金大力推动公益事业开展，并积极响应号召参与扶贫帮扶活动。公司不仅被民政部评选为“中华慈善奖——最具爱心企业”，还多次获得中国扶贫基金会颁发的“扶贫爱心奖”。

参与小康牛奶行动。2017 年，公司向黑龙江省兰西县捐赠贝因美高钙配方奶粉共 2 750 箱，价值 132 万元，惠及学生 1 万余人，学校 50 所。

2018 年，公司向黑龙江省安达市捐赠赢领恬睡配方奶粉（800 克系列）1 588 箱，价值 100 万元，惠及学生近 1 万人，学校 40 所。

扶贫项目。2006 年 1 月，“关注未来母亲，知识改变命运贝因美·贫困女大学生能力提升与资助计划”启动仪式在云南楚雄顺利召开。

2007 年 11 月，贝因美投入专项资助及相关配套资金近 40 万元，再次助力“关注未来母亲，知识改变命运”贝因美提高贫困女大学生个人能力与素质资助计划。

2016 年 5 月，贝因美号召旗下经销商向中国扶贫基金会捐赠款物 2 000 万元。

组织奶农培训。奶源基地制定了财务、技术、管理等方面的全方位培训计划，邀请专家就挤奶、繁育、保健、饲养、设备管理、青贮制作以及牧场经营等方面传授技术实践指导，并宣贯国家发展畜牧业、奶业的方针政策。共计组织了 20 多场牧场管理专项培训和专题讲座，进行了 40 余次牧场现场技术指导，培训学员 600 人次。

【奶业大事】重要战略部署。

在生产加工方面，公司除了在国内外建立了完善的现代化产业基地和全球产业链，与恒天然集团、Kerry 集团建立了战略合作关系外，还建立了六大奶源基地，包括新西兰、爱尔兰、瑞士、芬兰、澳洲和黑龙江安达，从源头出发保障了产品品质。

在智能制造方面，公司在行业内率先建立了从原料采购到产品销售整个过程的信息化、自动化、智能化的追踪追溯系统，形成了以“科学配方 + 智造技术 + 国际化标准体系”为核心的“小贝智造方程式”。该追溯系统获得工信部认定。

在产品研发方面，贝因美研究院建有浙江省高新技术研究开发中心、浙江省企业研究院、国家级博士后工作站等省部级以上研发机构，与以色列施耐德医学中心、上海儿童医学中心、浙江大学等尖端科研机构、高校开展广泛的项目合作。

重大会议、活动。

2007 年 11 月，“中国儿童少年基金会——贝因美母婴关爱基金”成立暨捐赠仪式在北京举行，贝因美与中国少年儿童基金会联手共同设立了 1 000 万元“贝因美母婴关爱基金”，并于当天拨善款 100 万元作为启动资金，用于捐助留守女童。

2008 年 11 月，贝因美发布中国婴童行业首部企业社会责任（CSR）绿皮书，借此向全球申明自己“用爱心、专心和责任心为孩子提供放心食品”的坚定立场，阐明了贝因美“生命因爱而生，世界因爱而美”的企业社会责任大爱观。

2009 年 2 月，贝因美在北京贝因美婴童生活馆全球概念店公开发布《亲子文化蓝皮书》，正式向全社会发出了重塑亲子文化的信号。

2009 年 11 月，贝因美成功生养教高峰论坛暨科学养教观主题研讨会在上海成功举行，与会专家呼吁关注情感教育。

2009 年 11 月，贝因美向中国红基会捐赠暨幸福天使基金启动仪式在北京人民大会堂隆重举行。贝因美向中国红基会捐赠 4 000 万元和价值 1 亿元的婴幼儿产品。

2010 年 2 月，贝因美再次向中国红十字会捐赠 1 000 万元，成为上海世博会国际红十字与红新月馆战略合作伙伴。

2015 年 7 月，贝因美荣获 2015 年度乳制品行业大会“优秀企业奖”，“母乳微营养及婴幼儿配方奶粉母乳化共性关键技术研究与应用”项目获“技术进步奖特等奖”，经典优选系列婴幼儿配方奶粉荣获“优秀新产品奖”。

2016 年 8 月，贝因美在中国乳制品工业协会第 22 次年会上获三项大奖。“年产 5 万吨婴幼儿配方奶粉生产关键技术创新与应用”项目荣获“2016 年度技术进步特等奖”、《贝因美成功妈咪系列配方奶粉》荣获“2016 年度优秀新产品奖”、贝因美婴童食品股份有限公司荣获“质量管理优秀企业奖”。

2016 年 8 月，贝因美获由国际食品科技联盟主办的世界食品科技大会“致力于促进食品安全特别奖”。

2018 年 7 月，由黑龙江安达市人民政府主办，贝因美参与协办的首届国际乳业文化节在安达隆重开幕。中国乳制品工业协会授予安达市“中国奶酪之乡”荣誉称号。贝因美子品牌贝佳满（安达）乳业集团成立，并发布“为爱佳满”全新系列产品。

重大项目建设。

2004 年 10 月，贝因美广西北海工厂在北海市工业园区投资的国际婴童产业园正式启动。2005 年 10 月，广西北海生产基地正式破土动工。

2005 年 8 月，湖北宜昌贝因美婴童产业园在宜昌开发区东山园区内正式破土动工。2007 年 6 月，宜昌生产基地一期投产。

2005年8月，贝因美黑龙江安达乳品基地于动工。2014年4月，贝因美安达三期工程竣工，实现年产10万t世界级配方奶粉产业基地的目标。

2009年2月，贝因美总投资近3亿元引进全球领先工艺设备、年产6万吨配方奶粉工厂在杭州国际婴童产业园破土动工。2010年7月，贝因美杭州塘栖工厂作为全国最大的母婴营养品专门工厂建成投产，年运营吞吐能力300亿元现代化物流配送中心落成。

企业上市。

2011年4月12日，浙江贝因美科工贸股份有限公司在深交所正式挂牌交易。

2014年2月，公司由“浙江贝因美科工贸股份有限公司”更名为“贝因美婴童食品股份有限公司”，全力打造“婴童食品第一品牌”。

领导人视察。

2010年6月，黑龙江贝因美乳业有限公司在安达市举行婴幼儿配方奶粉二期工程竣工暨三期工程奠基仪式。时任黑龙江省委副书记、省长栗战书出席仪式并致辞。

2013年5月，时任黑龙江省委书记王宪魁，时任省委副书记、代省长陆昊率领黑龙江省党政代表团到贝因美考察。

2016年8月，时任黑龙江省委副书记、省长陆昊莅临安达基地参观指导。

其他大事要事。

2010年11月，贝因美港版奶粉在香港上市。

2012年12月“贝因美BEINGMATE”注册商标被国家工商行政管理总局商标局认定为中国驰名商标。

2015年4月，贝因美“母乳微营养及婴幼儿配方奶粉母乳化共性关键技术研究与应用”和“快消品供应链全程溯源与质量控制关键技术及应用”项目在浙江省科学技术奖励大会荣获浙江省2014年度科技进步奖二等奖。

2015年7月，贝因美被人民日报社授予中国品牌领袖联盟理事长单位。

2017年2月，贝因美入选哈佛商学院新兴市场典型企业案例。

2017年4月，贝因美入围首批“CCTV中国品牌榜”。

2017年8月，贝因美爱加奶粉、超冠宝奶粉、经典优选奶粉、臻爱奶粉获国家首批奶粉配方注册殊荣，爱加奶粉注册号“国食注字YP20170001”。

2017年12月，贝因美在中国乳制品工业协会主办的中国乳业国家品牌建设论坛上荣获2017年度中国乳业领军品牌。

2018年2月，贝因美旗下特殊医学用途婴儿配方食品无乳糖配方通过国家特殊医学用途婴儿配方食品注册，注册号：国食注字TY20180001。

2018年6月，贝因美获第九届中国奶业大会“杰出企业”荣誉称号。

（贝因美股份有限公司）

附表 1　贝因美婴童食品股份有限公司奶牛养殖场（小区）名录

序号	名称	地址	养殖场	小区	全群存栏（头）	成母畜存栏（头）	奶畜品种	成母畜年单产（t）	年总产量（t）	是否参加DHI	是否应用TMR	是否国家学生饮用奶奶源基地	是否有机奶源基地	有机奶产量（t）	有机奶源认证机构	是否为布鲁氏菌病及结核净化创建场或示范场
1	安达市德信奶牛养殖专业合作社	黑龙江省安达市先源乡	√		430	170	荷斯坦	6.6	1 400	√	√					
2	安达市兴盛牧业养殖有限责任公司	黑龙江省安达市火石山乡	√		322	150	荷斯坦	8.1	1 500	√	√					
3	黑龙江元中园牧业有限公司	黑龙江省安达市先源乡	√		1 081	478	荷斯坦	9.0	5 100	√	√					
4	安达市红星牧场	黑龙江省安达市先源乡	√		358	264	荷斯坦	4.5	1 300	√	√					
5	青冈县山东屯荷斯坦奶牛繁育场	黑龙江省青冈县新村乡新村	√		813	287	荷斯坦	11.4	4 500	√	√					
6	安达市昌盛养殖有限公司	黑龙江省安达市昌德村	√		278	135	荷斯坦	6.6	900	√	√					
7	安达市洪喜奶牛养殖专业合作社	黑龙江省安达市先源乡	√		608	242	荷斯坦	6.6	2 400	√	√					
8	肇州县大华养殖场	黑龙江省肇州县二井镇实现村	√		251	128	荷斯坦	7.8	1 200		√					
9	巨浪牧场业兴奶牛养殖场	黑龙江省林甸县巨浪牧场	√		760	210	荷斯坦	5.1	1 200		√					
10	安达市安青奶牛养殖专业合作社	黑龙江省安达市任民镇	√		650	150	荷斯坦	6.0	780	√	√					
11	黑龙江康贝牧业有限公司	黑龙江省安达市先源乡	√		3 573	1 045	荷斯坦	8.7	16 000	√	√					
12	安达市山河养殖场	黑龙江省安达市先源乡	√		253	110	荷斯坦	8.4	1 400		√					
13	安达市鑫宝牧业有限责任公司	黑龙江省安达市先锋乡	√		524	192	荷斯坦	7.8	2 000		√					

备注：本表所指奶畜包括奶山羊、奶绵羊、奶水牛、牦牛、骆驼、驴等产商品奶家畜。本表奶畜养殖场指企业在中国及海外自建和参建（控股、参股）牧场（小区）。请在养殖场或小区列中选择打勾；如参加 DHI、为学生奶奶源基地、认证为有机奶源基地等，请在相应表格中打勾。布鲁氏菌病、结核净化示范场或创建场请标明疫病净化具体级别。

附表 2　贝因美婴童食品股份有限公司乳制品生产企业名录

序号	名称	生产地点	生产许可证号码	年收购原奶量（t）	平均支付价格（元/kg）	其中：自有奶源量(t)	年乳制品产量（t）	其中：巴氏杀菌奶(t)	UHT 奶（t）	酸奶（t）
1	黑龙江贝因美乳业有限公司	黑龙江省安达市经济开发区安发大道 6 号	SC10523128150184	40 000	3.63	10 000	20 528			
2	杭州贝因美母婴营养品有限公司	浙江省杭州市钱江经济开发区顺风路 512 号	SC10533011000281				6 979			
3	北海贝因美营养食品有限公司	广西北海市北海大道工业园区 11 号	SC12945050200028				2 481			
4	宜昌贝因美食品科技有限公司	湖北省宜昌市高新区生物产业园桔乡路 581 号	JY14205100009150				7 641			
5	吉林贝因美乳业有限公司	吉林省敦化经济开发区工业园区	SC12922240302651				1 514			

（续）

序号	奶粉（t）	婴配粉（t）	奶油（t）	奶酪（t）	乳饮料（t）	产品销售区域	年销售收入(万元)	利润(万元)	是否为国家学生饮用奶认定企业	有机产品(枚)	有机认证机构	有机产品品类1及数量(枚)	有机产品品类2及数量(枚)	有机产品品类3及数量(枚)
1	1 649	18 879				全国	47 365	145						
2	1102（特配＋成人粉）	5 877				全国	54 337	−1 053						
3	109	2 372				全国	17 371	444						
4	700（调制乳粉）	69 41				全国	39 255	2 244						
5	86	1 429				全国	8 915	2 826						

备注：本表包括在中国及海外的生产企业。自有奶源指来自自建和参建（控股、参股）牧场（小区）的原奶及长期稳定合作牧场的原奶。有机产品数量单位为“枚”指获得有机标志的数量。有机产品品类指液态奶、酸奶、奶粉、奶酪等大类。

广东燕塘乳业股份有限公司

【奶源基地】2018 年，公司进一步推进自有牧场的现代化、专业化、集约化建设，各牧场继续推行循环经济种养模式，管理更趋规范科学，饲养水平持续提升，产奶量和原奶质量保持较高水平。公司响应市场对高品质乳制品的呼唤，率先申报并于 2018 年上半年成为华南地区首批通过“国家优质乳工程”验收的企业，进一步强化“标准提升品质、品质铸就品牌、品牌赢得信心”的发展模式。继阳江牧场之后，澳新牧业也顺利通过原奶出口资格验收，获得了生鲜乳出口食品生产企业备案证明。阳江牧场被评为“优质乳工程示范牧场”，并与澳新牧业同时被广东省农业厅评为省“菜篮子”基地，公司自有奶源基地建设获得进一步肯定。

与此同时，公司继续加深对合作牧场的战略关系维护，在设施、种牛、防疫、养殖、品质等方面进行重点把控，不定期进行人员培训和技术输出，将其日常管理和奶源保证作为公司内部控制的延伸。2018 年，在公司全方位指导下，有多家战略合作牧场成功通过国家学生奶奶源基地认证并取得正式证书，公司与战略合作牧场的“共赢”认识加深，有效保障了公司原奶供应的安全、优质与稳定。

2018 年生鲜乳收购量约 10 万 t，其中广东省内（以下简称省内）占比约 74%，广东省外（以下简称省外）占比约 26%。年总产量的提高主要得益于单产和奶牛存栏量的提高。由于对牛群数量和结构调整得当，同时改进养殖技术，成母牛平均年单产已超过 8t，其中，燕塘乳业自有牧场更是超过了 9t。另外，2018 年省内全群存栏数较上年明显增加，达到 21 600 头。与省内和省外生鲜乳收购量占比相似的是，成母牛在全群存栏中的占比也分别为省内 74%，省外 26%（图 5–3）。

2014—2018 年，公司在对生鲜乳进行收购时，其价格呈现逐年下滑的总体趋势，从 2014 年的 5 978 元 /t，降至 2018 年的 5 300 元 /t，降幅达 11.3%（图 5–4）。虽然 2017 年收购价格略有抬升，但依然与 2014 年收购价相差甚远。由此看来，近 4 年生鲜乳价格均处于低位。

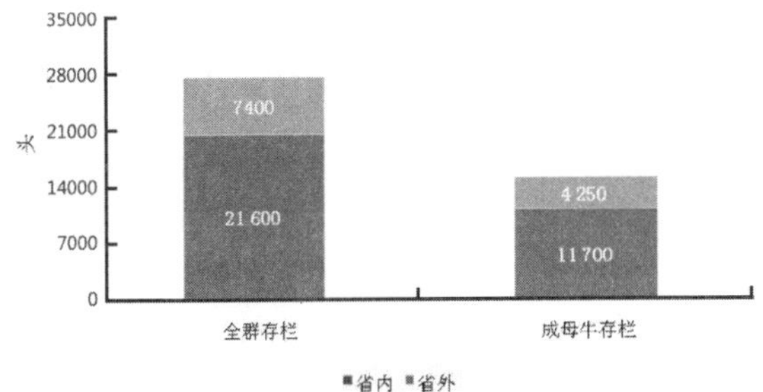

图 5–3 2018 年省内外全群存栏和成母牛存栏对比

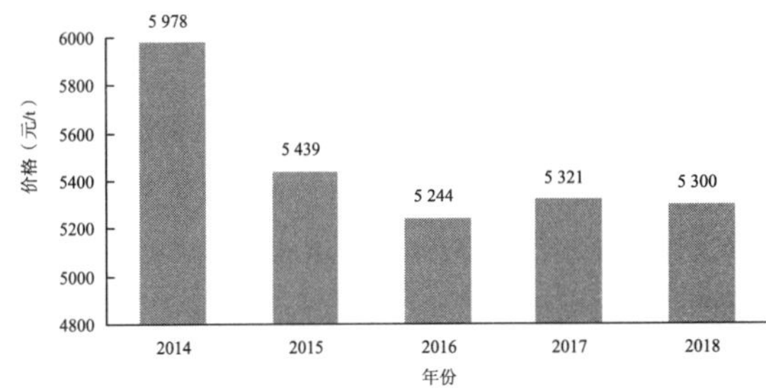

图 5–4 2014—2018 年生鲜乳收购平均价格

【乳品加工】作为华南首家智能化乳品生产基地，公司位于广州市黄埔区的新工厂自动化、集约化程度高，区位条件与天河区工厂差异较大。公司在老工厂搬迁安排和新工厂投产计划中，将人员、设备、流程磨合问题作为工作重点，通过强化人员培训、加快人机磨合、调节生产排班、调配仓储资源、优化配送线路、加强客户沟通等措施，对生产、仓储、运输、销售等关键环节进行了经营链重塑。目前公司经营链运作日趋协调，运营进入正轨，生产效益逐步凸显。此外，公司还致力于提升新工厂的精细化管理水平，有针对性地实施了划线管理，同步制定并完善各项管理制度，塑造更加符合现代化厂区规范的管理模式。

2018 年，燕塘乳业乳品产量同比增长 23%。分品类来看，除了调制乳同比略微下降外，其余品类均有不同程度的增长。其中，增加量最大的是乳酸菌乳饮料，同比增加 1.2 万 t，其贡献率为 41%，而增长率最高的是灭菌乳，同比增长 133%，其贡献率为 32%（图 5–5）。

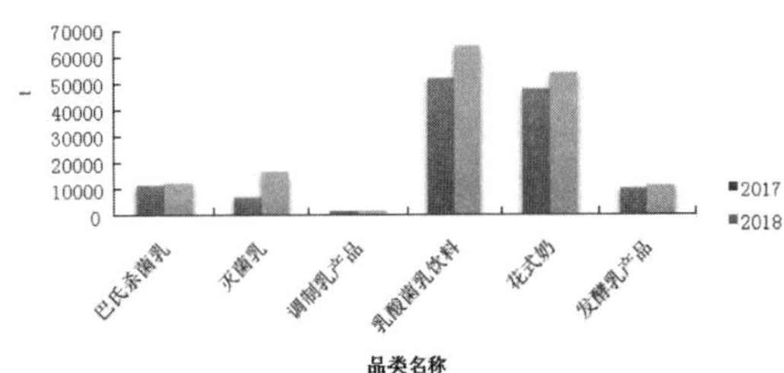

图 5–5 2017—2018 年各类乳品产量对比

【市场消费】市场营销方面，公司继续以“精耕”与“开拓”为策略开展活动，在做足延展营销终端、深化市场辅导、升级服务内涵、加强通路维护等传统渠道精耕动作的同时，公司不断探索新型营销策略与模式，加强单系列产品的重点推广，通过自媒体传播矩阵，线上线下联动，进行高效自主营销，个别单品受益于精准营销实现了销量倍增。年内，公司推出了海盐芝士咸味酸酪乳、谷元（燕麦、黑米）牛奶饮品、透明袋小白奶等多款液态奶新品及 6 个口味、9 种包装规格的冰淇淋新品，并为电商平台研发推出渠道专属产品“甜小酸”系列酸奶饮品，实现差异化营销。2018 年，公司在电商自运营渠道实现的营收显著提升。

【社会责任】一直以来，公司热心投入公益事业，在创造经济价值的同时，真诚回馈社会，身体力行践行社会责任，以实际行动促进社会进步。2018年春运期间，公司组织员工积极参加广州市文明办、春运办、共青团广州市委员会联合主办的“冬日暖阳，志愿关爱”春运志愿服务活动，设立“志愿者服务加油站”，为各志愿服务队提供支持与关怀，并荣获“2018广州春运志愿服务爱心伙伴”称号。作为学生奶定点生产企业，公司秉承“关爱少年儿童成长”的理念，向多家特殊教育学校进行爱心捐赠，扶残助残，传播正能量。6月30日，公司联同广州市南沙区禁毒办、南沙区团委等，举办“健康人生·绿色无毒”南沙新区第三届粤港澳青少年千人公益潮跑活动，吸引了近千名粤港澳青少年参加，将“健康生活”的企业价值倡导融入到该活动中，用积极健康的生活态度影响更多的青少年，并被评为“2018年度南沙区青少年禁毒宣传预防教育公益支持单位”。

【奶业大事】2018年1月19日，由中国奶业协协会主办，广东农垦集团、燕塘乳业承办的“新时代中国奶业发展论坛”在广州燕岭大厦召开。中国奶业协会会长高鸿宾，广东省农垦集团公司党组副书记、董事温金荣出席开幕式并致辞，农业部畜牧业司副司长王俊勋、工信部消费品司副司长王小青作专题报告。

2018年3月28日，燕塘乳业与法国特拉－拉克塔（Terra Lacta）集团在广州签署合作意向书。广东省农垦总局党组成员、副局长叶长江，法国特拉－拉克塔集团总裁何塞·帕诺，燕塘乳业董事长、总裁黄宣等领导和嘉宾出席了仪式。

2018年4月22日，国家奶业科技创新联盟召开新闻发布会，宣布华南地区优质乳工程验收结果——燕塘乳业以优异成绩成功通过验收，成为华南地区首家国家优质乳工程认证上市企业。

2018年5月7日，时任广东省副省长叶贞琴一行到广东农垦旗下的燕塘乳业开展调研，实地考察了燕塘乳业广州开发区旗舰工厂，详细听取了燕塘乳业发展情况汇报。

2018年5月8日，食品放心工程示范基地——燕塘乳业广州开发区旗舰工厂落成暨国际战略合作签约仪式在广东燕隆乳业科技有限公司隆重举行。

2018年5月12日，省人大常委会副主任罗娟率调研组莅临燕塘乳业广州开发区旗舰工厂调研指导工作。

2018年5月16日，农业农村部财务司司长陶怀颖一行，在省农垦集团公司（总局）党组副书记、总经理（副局长）支光南的陪同下，莅临燕塘乳业广州开发区旗舰工厂开展实地调研。

2018年6月28日，第九届全国奶业大会暨2018年奶业展览会在四川成都盛大开幕。同期，大会举行了“一带一路世界奶业新动能·奶业颁奖盛典”，燕塘乳业获评中国奶业“最具影响力品牌企业”，公司党委书记、董事长黄宣被授予“功勋人物”称号，湛江燕塘澳新牧业总经理陈六生被评为“突出贡献人才”，成为广东省获奖数量最多、层次最高的乳制品企业。

2018年7月2日，深圳证券交易所（下称深交所）公布深市上市公司2017年度信息披露考核结果。燕塘乳业自2014年12月在深交所中小板挂牌上市以来，连续三年（2015—2017年度）获得最高级别的A级评价，是深交所上市公司中迄今唯一获得该项评级的乳制品企业。

2018年8月14日，第二届中国奶业D20企业联盟成员遴选结果正式公布，燕塘乳业名列其中，跻身中国奶业20强，是华南地区首家且目前唯一一家D20上市公司。

2018年9月6日，2018年质量月启动仪式暨广州市“四十年·四十品”质量品牌发布盛典在广州国际媒体港隆重举行。燕塘乳业获评“四十年·四十品”质量品牌企业，成为唯一一家获此殊荣的乳制品上市企业。

2018年9月21日，农业农村部办公厅公布2018年新增国家农产品加工技术研发专业中心名单，广东农垦旗下燕塘乳业成功入选，被评为“国家乳制品加工技术研发专业中心”，成为本次名单中获得该项殊荣的唯一一家乳制品企业。

2018年9月29日，由农业农村部倡议、中国奶业D20企业联盟主办的2018中国奶业20强（D20）峰会在内蒙古呼伦贝尔市盛大召开。燕塘乳业作为华南地区首个且目前唯一一家跻身中国奶业D20的企业代表出席大会。

2018年10月23日，广东省人民政府副秘书长郑伟仪一行，在省农垦集团公司（农垦总局）党组书记、董事长（局长）陈少平，党组副书记、总经理（副局长）支光南的陪同下，来到燕塘乳业广州开发区旗舰工厂实地调研，并与燕塘乳业有关负责人召开座谈会。

2018年10月31日，经人力资源和社会保障部、全国博士后管委会批准，燕塘乳业成功通过设立博士后科研工作站的申请，成为华南地区首家且目前唯一一家获准设立博士后科研工作站的乳制品企业。

（广东燕塘乳业股份有限公司，吴代锚、翁子帅、庞思源）

附表 1　广东燕塘乳业股份有限公司奶牛养殖场（小区）名录

序号	名称	地址	养殖场	小区	全群存栏（头）	成母畜存栏（头）	奶畜品种	成母畜年单产（t）	年总产量（t）	是否参加DHI	是否应用TMR	是否国家学生饮用奶奶源基地	是否有机奶源基地	有机奶产量（t）	有机奶源认证机构	是否为布鲁氏菌病及结核净化创建场或示范场
1	广东燕塘乳业股份有限公司红五月良种奶牛场分公司	广东省阳江市阳东区红五月农场 17 队	√		4 400	2 250	荷斯坦 娟姗	9.0	19 200	√	√	√				
2	湛江燕塘澳新牧业有限公司	广东省湛江市遂溪县草潭镇草潭大村对面岭	√		4 700	2 500	荷斯坦 娟姗	9.0	20 600	√	√	√				
3	陆丰市新澳良种奶牛养殖有限公司	广东省陆丰市铜锣湖农场西南管区三连队新点 1 号	√		2 400	1 300	荷斯坦 娟姗	8.5	10 400	√	√					
4	钟山温氏乳业有限公司	广西钟山县钟山镇龙井村	√		4 400	2 600	荷斯坦	8.0	18 500	√	√					
5	肇庆市鼎湖温氏畜牧有限公司	广东省肇庆市鼎湖区莲花镇大坜村蛇岗布	√		4 000	2 300	荷斯坦	8.0	15 500	√	√					
6	肇庆市鼎湖温氏乳业有限公司鱼湾奶牛场	广东省英德市东华镇鱼湾青石塘	√		4 800	2 600	荷斯坦	8.0	18 000	√	√					
7	南平市福延牧业有限公司	福建省南平市来舟镇王富村	√		1 400	800	荷斯坦	9.0	6 500	√	√	√				
8	广州市从化鳌头燕龙奶牛场	广东省广州市从化鳌头镇龙聚村盐田社	√		400	250	荷斯坦	7.5	1 650	√	√	√				
9	开平市粤顺牧业有限公司	广东省开平市马冈镇黄屋村民委员会陈田新村	√		900	500	荷斯坦	8.5	3 600	√	√	√				
10	南平市富益牧业有限公司	福建省南平市延平区大横镇大横村白沙尾	√		1 600	850	荷斯坦	8.5	6 000	√	√	√				

备注：本表所指奶畜包括奶山羊、奶绵羊、奶水牛、牦牛、骆驼、驴等产商品奶家畜。本表奶畜养殖场指企业在中国及海外自建和参建（控股、参股）牧场（小区）。请在养殖场或小区列中选择打勾；如参加 DHI、为学生奶奶源基地、认证为有机奶源基地等，请在相应表格中打勾。布鲁氏菌病、结核净化示范场或创建场请标明疫病净化具体级别。

附表 2　广东燕塘乳业股份有限公司乳制品生产企业名录

序号	名称	生产地点	生产许可证号码	年收购原奶量（t）	平均支付价格（元/kg）	其中：自有奶源量(t)	年乳制品产量（t）	其中：巴氏杀菌奶(t)	UHT 奶（t）	酸奶（t）
1	广东燕塘乳业股份有限公司	广州市黄埔区	SC10544011200503	101 000	5 300		161 488	17 189	20 113	16 687

备注: 本表包括在中国及海外的生产企业。自有奶源指来自自建和参建(控股、参股)牧场(小区)的原奶及长期稳定合作牧场的原奶。有机产品数量单位为“枚”指获得有机标志的数量。有机产品品类指液态奶、酸奶、奶粉、奶酪等大类。

（续）

序号	奶粉（t）	婴配粉（t）	奶油（t）	奶酪（t）	乳饮料（t）	产品销售区域	年销售收入（万元）	利润（万元）	是否为国家学生饮用奶认定企业	有机产品（枚）	有机认证机构	有机产品品类1及数量（枚）	有机产品品类2及数量（枚）	有机产品品类3及数量(枚）
1					107 498		175 330	10 539	√					

新疆天润乳业股份有限公司

【奶源基地】天润乳业自有6家养殖公司、16个牧场，可繁母畜存栏共计22 839头，其中成母牛1 1094头，占全群的48.57%。6家养殖公司分别分布在乌鲁木齐、兵团农七师（奎屯市）各团场、塔城地区沙湾县、农十二师（阜康市）222团、五家渠市芳草湖总场、兵团农一师（阿克苏）五团沙河镇。公司有3个牧场的奶牛单产超过10t，整体平均单产达到8.5t，超过了全国同行业的平均水平。2018年，公司自有奶源基地总产奶量8.69万t，占公司原料奶的54.34%。

天润乳业建立了标准的疫病防控体系，每年进行两次疫苗注射、"两病"检疫，建立了企业初级疫病监测实验室，实施主动免疫、主动检疫、动态实时监测抗体，确保了牧场的防疫安全，保证了牛群健康。传统养殖牧场通过机械清粪进行堆积发酵后腐熟还田，挤奶厅粪水采取固液分离和氧化塘集中氧化后还田；现代化的养殖牧场采取刮粪系统进行自动化清粪，水冲式管道集中收集后进行固液分离，实施牛床垫料再生系统，牛粪经过发酵消毒后直接作为牛床垫料，液态粪水进行氧化塘氧化还田。

2018年天润乳业下属各个牧业公司生鲜乳收购年均价格为3.66元/kg。

公司下属牧场奶牛养殖日趋现代化、规模化和集体化。机械挤奶比例达100%，均为现代化挤奶厅进行集中挤奶，实现自动脱杯、电导率监测，奶量自动采集等功能。其中芳草天润、天润烽火台采取60~80位转盘式挤奶厅。牧场采用全混合日粮（TMR）饲喂技术，统一进行精准营养配方，配备了红外线快速检测仪，对牧场的全部饲草料进行实时检测，建立了营养数据库，同时牧业事业部建立了Dairy One营养检测中心。对饲草料和TMR进行检测，实现数据化可衡量的科学精准营养饲喂。

天润乳业权属牧场在TMR车、大马力拖拉机方面积极申报兵团农机补贴，在牧场改扩建方面积极申报兵团农业产业化资金和粪污资源化项目等方面的项目资金支持。2018年到位规模养殖场改扩建补贴资金130万元。

【乳品加工】天润生产的乳制品包括巴氏杀菌乳、调制乳、灭菌乳、发酵乳、奶酪、含乳饮料六大系列。2018年生产乳制品总产量162 179.29t，其中巴氏杀菌乳3 055.12t，灭菌乳59 103.61 t，发酵乳87 134.40 t，乳饮料（奶啤）12 868.19t，奶酪17.97 t。

公司实施差异化产品发展战略，按照"研发一代、储备一代、生产一代"产品创新思路，以发酵乳和功能性乳品为重点，发挥自身优势，引进新技术，打造新品类，突出市场需求导向，推出新品种19款。引进了GEA公司、乐和爱克林等技术和设备，推进技术升级和设备更新。同时建立质量管控体系，把质量检测融于生产环节，落实在线品控。建立质量追溯体系和追责问责机制，全年无产品质量事故，被中国乳制品工业协会评为全国质量安全管理优秀企业。

天润乳业有7个牧场通过学生饮用奶原料奶基地认证。2016经中国奶业协会评审，向天润乳业核发了国家学生饮用奶生产企业证书。

【市场消费】2018年，公司组建专业销售公司，确立了以乌鲁木齐为核心、新疆为基础、内地为重点的全国市场规划，成立了北疆、南疆、华南、江南、江北五大营销中心，全国市场网络和销售体系基本形成。

疆内县级市场覆盖率100%，总销量达到168 067t。其中疆内市场销量112 763t，疆内市场占有率达到35%以上；疆外市场销量达到55 304t，占公司总销量的33%，巩固和发展了新疆市场的主体地位。2018年，公司营业收入共计146 202.64万元，实现净利润11 803.21万元。

【社会责任】公司对口帮扶地处和田的农十四师47团和喀什的叶城二牧场，结合当地实际制定畜牧养殖、林果业等帮扶计划。与吉林长春博瑞农牧集团、新疆浩祥饲料公司合作，在农三师图木舒克市51团共同组建新疆博润农牧有限公司，实施对农三师疆南牧业的管理，完成了企业布局南疆的产业规划，带动当地产业结构的调整，为南疆聚集人口、安置就业、培育税源、发展经济和脱贫致富提供产业支撑。

2018年，公司完成了煤改气工程，完成了污水处理扩建项目，解决能源问题和污染源排放处理；完成了沙湾天润牧场、烽火台牧场等粪污系统建设项目，严格按照国家和当地政府管理部门的要求，关停了乌鲁木齐五一农场奶牛养殖场，强化环保风险意识和责任意识。

【奶业大事】2018年，天润乳业跻身中国奶业20强企业联盟(D20)成员单位。获"中国奶业脊梁企业""全国最具影响力品牌企业"殊荣。

2018年，公司完成了天润北亭、芳草天润和天润烽火台3个规模化牧场建设，当年完成投资2.25亿元。实现牧业养殖、乳业加工和市场服务三大产业协调发展、相互匹配，可持续发展能力得到提高。

2018年，企业投入1 000多万元资金，在全面导入阿米巴管理模式的基础上，在牧场导入丰顿系统，建立了牧场信息化管理平台，实现养殖、育种、防疫、生产等领域实时动态信息化管理；在乳业板块建立了MES生产智能化管理平台，使车间管理可视化、智能化；在营销系统把订单管理、分销系统、客户管理、销售管理纳入信息化、平台化管理，打造从牧场到餐桌的场景数据化、数据信息化、信息网络化、网络智能化的持续迭代升级的创新模式，实现从自动化向信息化转型升级。

2018年，公司完成了对地处阿克苏的兵团第十一师代管五团的3个规模化奶牛养殖场、5 942头奶牛进行收购重组，设立天润建融牧业公司，完成了天润乳业南疆养殖产业的布局。

2018 年 8 月 18~19 日，国家奶牛产业技术体系协同国际奶业战略技术研究中心和奶牛“金钥匙”技术服务联盟走进天润，对公司权属牧场进行技术指导，解决生产技术的问题和难题。

2018 年，公司引进光明牧业的管理团队，学习借鉴光明牧业的管理模式和经验，对芳草天润规模化牧场进行全面经营管理，提高了养殖业的经营管理水平。

（新疆天润乳业股份有限公司，刘西宏）

福建长富乳品有限公司

【奶源基地】2018年长富共有奶源基地13个，存栏荷斯坦奶牛17 639头，年产原料乳9.55万t。奶源基地主要分布在福建省南平市，其中延平区7个，建阳区2个，建瓯市3个，顺昌县1个。奶源基地全部为千头以上的规模化牧场，其中存栏1 000~1 499头的有10个，占全部牧场77%；1 500~1 999头的有1个，占8%；2 000头及以上的有2个，占15%。2018年成乳牛平均年单产9.67t，有5个牧场突破10t。牧场全部采用机械化挤奶，其中采用转盘式挤奶机11个，并列式挤奶机1个，管道式挤奶机1个。目前牧场全部应用TMR饲喂技术。主要粗饲料为裹包青贮、苜蓿干草、燕麦干草。裹包青贮主要是外购，产地为安徽、河北、河南、天津；苜宿干草主要从西班牙、美国进口；燕麦干草主要来自澳洲。

公司下属牧场全年未发生传染性疫病，2018年有两家牧场通过福建省奶牛布鲁氏菌病非免疫净化场认证，有一家通过国家级布鲁氏菌病净化示范场和牛结核病净化示范场认证。牧场采用固液分离粪污处理方式，固体牛粪发酵作卧床垫料或有机肥，液体厌氧发酵无害化后还田利用，以种养结合的方式消纳利用畜禽养殖废弃物。2018年区域鲜乳收购年均4.76元/kg，奶牛养殖头均年净收入5 000元。

【乳品加工】2018年长富乳制品总产量93 100.37t，其中巴氏杀菌奶70 157.45 t，UHT奶13 071.32 t，酸奶6 185.86 t，乳饮料3 685.74 t。

公司主要以低温冷链产品为主，其中巴氏杀菌乳占比达到60%以上，巴氏杀菌温度和时间分别控制在（80±0.25）℃、15s，同时使用低温脱气罐，保留了牛奶天然甘甜的口感。通过巴氏杀菌，最大限度保留了牛奶中的天然活性物质，如乳铁蛋白、α-乳白蛋白和β-乳球蛋白，以及活性肽等。

随着我国消费结构的优化，将为乳制品加工企业在低温领域提供新的发展契机。区域性乳企相比全国性乳企，专注于特定区域的渠道和消费者口感需求，在低温领域形成较为显著的本地品牌优势。未来借助消费驱动，区域性乳企在低温领域发力，具备长期高速可持续性增长潜力。

【市场消费】2018年公司销售总收入为13.22亿元，利润为10 065万元。长富巴氏杀菌奶在入户和商超的市场占有率在福建省为90%左右。

长富开创“先奶源、后市场”产业模式，依托武夷优质生态牧场，走出了一条适度规模养殖、全产业一体化发展之路。始终专注巴氏鲜奶等低温产品，建立具有国际水平的冷链管控流程，坚持每日配送、每日新鲜，最大化保留牛奶的天然营养和生物活性。

作为全国首家通过中国优质乳工程“四全”（全牧场、全巴杀线、全品巴杀奶、全冷链）复评审的乳企，长富将继续坚守产业初心定位，致力于发展本土优质奶，坚持为消费者提供优质、安全、富含天然活性营养的好牛奶。

【社会责任】小康牛奶行动。2017—2018年，在“中国小康牛奶行动”中，长富公司共向南平市延平区16个乡镇的18所学校捐赠牛奶30 000提，总价值195万元，惠及学生30 000多人。

扶贫项目。长富牧场每年带动农户7 000多户，种植牧草6万多亩，实现农业增效，农民增收。

组织奶农培训。2018年共组织各类牧场技术培训7场，参加人数达到288人次。培训内容主要涉及牧场生产管理、繁殖育种、饲养管理、热应激防控、疫病防控及牛奶卫生质量管控等方面。

【奶业大事】2018年8月，长富成功举办了第二届中国优质乳工程巴氏鲜奶发展论坛，成为全国首家通过中国优质乳工程“四全”复评审的乳制品生产企业。

2018年，公司实施了奶源评级管理，取得较好效果。制定了牧场评级办法，每季度根据过程管理评分、配件更换及时性等，采取现场清点、标记旧配件的形式和关键因素一票否决的评价方式，加大牧场考核力度。

2018年，公司加大科技创新力度，多项研发成果申请了国家专利。“一种具有果酱纹路的酸奶及其制作方法和设备”申请了发明专利；“一种具有果酱纹路的酸奶的混合灌装设备”和“PE膜除尘装置”申请了实用新型专利。

（福建长富乳品有限公司，何水双、蓝珍妹）

附表 1 福建长富乳品有限公司奶牛养殖场（小区）名录

序号	名称	供奶企业	养殖场	小区	全群存栏（头）	成母畜存栏（头）	奶畜品种	成母畜年单产（t）	年总产量（t）	是否参加DHI	是否应用TMR	是否国家学生饮用奶奶源基地	是否有机奶源基地	有机奶产量（t）	有机奶源认证机构	是否为布鲁氏菌病及结核净化创建场或示范场
1	南平市长源牧业有限公司	福建长富乳品有限公司	√		1 492	850	荷斯坦	10.0	8 295		√					福建省奶牛布鲁氏菌病非免疫净化场
2	南平市丰旺畜牧养殖有限公司	福建长富乳品有限公司	√		1 003	588	荷斯坦	9.7	5 113		√					
3	建瓯市富雅饲草饲料有限公司	福建长富乳品有限公司	√		1 072	543	荷斯坦	9.6	6 074		√					
4	南平市绿盛牧业有限公司	福建长富乳品有限公司	√		1 093	614	荷斯坦	8.8	5 409		√					国家牛结核病净化示范场、牛布鲁氏菌病净化示范场
5	建瓯市小雅牧业有限公司	福建长富乳品有限公司	√		1 434	809	荷斯坦	8.5	6 297		√					
6	顺昌县富泉农业发展有限公司	福建长富乳品有限公司	√		2 038	1 187	荷斯坦	10.3	12 149		√					
7	南平市富洋牧业有限公司	福建长富乳品有限公司	√		1 211	658	荷斯坦	9.5	6 070		√					福建省奶牛布鲁氏菌病非免疫净化场
8	福建南平禾原牧业有限公司	福建长富乳品有限公司	√		1 560	841	荷斯坦	10.5	10 307		√					
9	福建省南平市南山生态园有限公司	福建长富乳品有限公司	√		1 078	586	荷斯坦	10.4	7 227		√					
10	福建省南平市荣发牧业有限公司	福建长富乳品有限公司	√		1 150	461	荷斯坦	9.1	5 667		√					
11	建瓯市东源生态牧业有限公司	福建长富乳品有限公司	√		1 067	550	荷斯坦	9.6	5 353		√					
12	南平市建阳区嘉远生态农业科技有限公司	福建长富乳品有限公司	√		1 403	794	荷斯坦	8.4	7 300		√					
13	南平市建阳区吉翔牧业有限公司	福建长富乳品有限公司	√		2 038	974	荷斯坦	10.4	10 430		√					

备注：本表所指奶畜包括奶山羊、奶绵羊、奶水牛、牦牛、骆驼、驴等产商品奶家畜。请在养殖场或小区列中选择打勾；如参加 DHI、为学生奶奶源基地、认证为有机奶源基地等，请在相应表格中打勾。布鲁氏菌病、结核净化示范场或创建场请标明疫病净化具体级别。

附表2 福建长富乳品有限公司乳制品生产企业名录

序号	名称	生产许可证号码	年收购原奶量（t）	平均支付价格（元/kg）	其中：自有奶源量（t）	年乳制品产量（t）	其中：巴氏杀菌奶（t）	UHT奶（t）	酸奶（t）
1	福建长富乳品有限公司	SC10635070200033	95 488	4.78	91 373	93 102	70 158	13 071	6 186

备注：自有奶源指来自自建和参建（控股、参股）牧场（小区）的原奶。有机产品数量单位为“枚”指获得有机标志的数量。有机产品品类指液态奶、酸奶、奶粉、奶酪等大类。

（续）

序号	奶粉（t）	婴配粉（t）	奶油（t）	奶酪（t）	乳饮料（t）	产品销售区域	年销售收入（万元）	利润（万元）	是否为国家学生饮用奶认定企业	有机产品（枚）	有机认证机构	有机产品品类1及数量（枚）	有机产品品类2及数量（枚）	有机产品品类3及数量（枚）
1					3 686	福建省及江西省、浙江省部分地区	132 200	10 065						

【观察员企业】

辽宁辉山乳业集团有限公司

【奶源基地】截至2018年年底，辉山乳业自建牧场荷斯坦牛存栏16.42万头。近80座自营牧场全部采用机械挤奶，应用TMR饲喂系统，实现全天候喂养。2018年公司生鲜乳总量达700 000t，荷斯坦牛年单产达8t。

辉山乳业先后投资200多亿元，在辽宁省沈阳、锦州、阜新、抚顺、铁岭等地投资建设了良种奶牛繁育及乳品加工产业集群项目。经过多年布局，企业逐步形成了以饲草、牧草种植，精饲料加工，良种奶牛饲养繁育，全品类乳制品加工，乳品研发和质量管控及清洁能源等为一体的全产业链发展模式，成为乳品行业全产业链践行者。在国内率先实现以100%自营牧场生产的原奶满足自有品牌液态奶生产及奶粉生产所需原奶，真正从源头上保证了产品质量。

辉山乳业精选加拿大驯鹿、美国金皇后等优质苜蓿品种，率先在国内乳企中开展大面积苜蓿草种植，在沈阳市沈北新区、法库县、康平县，铁岭市西丰县，锦州市义县等地共流转土地近400 000 hm^2，各大作业区均采用进口大型农机设备，实行全程机械化、规模化和现代化的农业耕种模式。

同时，辉山乳业拥有处于国内技术前沿的奶牛专用精饲料生产线，确保原料的充足供给和成品的安全存储。辉山乳业凭借饲料种植作物的多样性，为奶牛日粮配方的经济化改进提供了更多可能性，为降低奶牛饲喂成本创造了更多空间，率先实现了“草畜一体化”的养殖模式。

辉山开发了专有ERP系统保存完整的牧群记录，包括家族史、血统、繁殖记录、疫苗接种史和健康记录，严控奶牛健康状况，确保奶源品质。

辉山将产业链延伸至沼气、压缩天然气、有机肥等再生能源领域。实现了有机肥还田，改变了土壤被污染的现状，发展循环经济。同时发展光牧结合的生态养殖新能源太阳能发电项目，将牧场资源集约、综合、高效利用，提高常规太阳能发电的盈利能力。

【乳品加工】辉山乳业现代化乳品加工生产基地先后从法国、德国、美国、瑞典等国引进先进的乳品生产设备和加工工艺。依托产业一体化发展模式实现了“从田间到餐桌”的全程信息追溯体系建设，全面推行ISO9001、ISO14001、HACCP、GB/T28001管理体系，对包括苜蓿草与辅助饲料的种植与加工、精饲料加工、奶牛养殖、挤奶至原料奶加工、液态奶加工、奶粉产品以及乳品原料生产在内的整个生产过程，原材料及产品储存和运输等乳业产业链的所有关键环节，实行严格的质量控制和食品安全监控体系。

【市场消费】依托自营牧场和全产业链发展模式，辉山乳业产品矩阵涵盖婴幼儿配方奶粉、成人奶粉、灭菌乳、巴氏杀菌乳、发酵乳和乳饮料等多个产品品类。

辉山液态奶产品囊括灭菌乳、巴氏杀菌乳等多个产品品类，其中不乏杰茜牧场、鲜博士巴氏奶、十天酸奶等市场占有率高、美誉度好的特色产品。

2013年以来，辉山乳业先后推出辉山玛瑞、初品、星恩等多个系列的婴幼儿配方奶粉产品。玛瑞选用娟姗牛奶源，并根据宝宝不同成长阶段定制不同配方；初品科学配方，全面补充宝宝成长所需营养；星恩采用自营牧场生牛乳，鲜奶配方好品质。

同时，辉山乳业也是国内第一家具备脱盐乳清粉商业化生产资格的企业和国内第一家低温纯乳脂长保质期淡奶油的制造商。

【社会责任】“社会责任是企业成长的基石”，辉山乳业一直以来都秉持这样的观念，把社会责任放在企业发展的重要位置，以正直、诚实、负责任的品德为公众提供安全、优质的乳制品。多年来辉山乳业不断完善全产业链模式、打造生态环保的循环经济，践行始终如一的质量安全承诺，对公益事业也保持着一如既往的支持。并以“辉山在你身边”为主题，发起了关爱少年儿童的健康成长、关爱老人、支持特奥等公益活动。

2017年6月21日，在“辉山奶粉，伴我成长”的捐赠活动上，辉山乳业携手中国红十字会、味道网向湖北十堰市竹山县捐赠360箱婴幼儿奶粉，价值45.7万元。

2017年9月27日，辉山乳业以“66年品质如一感恩一路有你”为主题，在大连开展“牛奶助学”活动，向瓦房店两所希望小学捐助了价值10 080元的沃灵卡常温酸奶350提。

【奶业大事】2009年，辽宁辉山（控股）集团有限公司成立，同年在法库县建立奶牛繁育基地及乳品加工产业集群项目。

2010年11月9日，辽宁辉山（控股）集团乳品产业集群义县百亿元产值项目竣工投产仪式在锦州义县七里河公寓园区举行，为建设乳制品产业化企业集群提供了先进的模式。

2011年，辉山乳业彰武县投资项目奠基 。

2012年，辉山法库工厂落成投产，位于沈阳法库的奶粉生产基地建成，成为辽宁省第一家婴幼儿配方奶粉生产基地。

2014年1月22日，辉山乳业入选奶粉“国家队”。辉山乳业是辽宁首家也是唯一一家获得新版乳粉生产许可证的企业。

2015年4月，辉山乳业沈北乳品城正式投入使用，整个项目计划投资100亿元，占地面积1 150亩。其中一期液态奶工厂总投资超过13亿元，日产奶量可达1 750t。

2015年6月，在第十二届世界品牌大会上，辉山乳业入选“中国最具价值品牌 500”榜单。

2015 年 10 月 25 日，荷兰国王威廉 – 亚历山大和王后马克西玛出席“中国食品安全与乳品营养高峰论坛”。辉山乳业宣布将加入荷兰奶业技术中心，并与荷兰思腾教育集团子公司思腾中国就“辉山领导力远航项目”签署战略合作协议。

2015 年，辉山乳业产业一体化迈出新步伐，开始发展光牧结合的生态养殖新能源太阳能发电项目。同时，辉山乳业以牛粪转化为天然气，并在法库完成建设首座压缩天然气沼气厂。

2017 年 3 月，辉山乳业成为全国首批、东北首家通过优质乳工程验收的乳企。

（辽宁辉山乳业集团有限公司，侯忠岩）

皇氏集团股份有限公司

【奶源基地】皇氏集团股份有限公司畜牧板块奶牛养殖业务主要由畜牧公司负责。目前广西区内直属管理规模牧场9个，其中奶水牛规模牧场3个，分别为来宾市兴宾区宏礼奶水牛养殖场、皇氏集团横县摩拉菲尔奶水牛场、灵山县本菲拉奶水牛养殖专业合作社；荷斯坦牛牧场6个，分别为广西来宾绿建牧业有限公司、广西皇氏甲天下奶水牛开发有限公司、上思皇氏乳业畜牧发展有限公司、广西皇氏甲天下畜牧有限公司。云南有2个牧场，分别为巍山县巍山牧场、剑川县剑川好方向牧场。

公司自营和合作牧场奶牛存栏总数55 215头，其中奶水牛存栏5 592头，荷斯坦牛存栏49 623头；奶水牛年均单产2 029kg，荷斯坦牛年均单产7 908kg，其中云南剑川牧场奶牛年均单产9 100kg。目前所有牧场全部实现机械化挤奶，其中云南剑川牧场采用60~80头位转盘式挤奶机挤奶，其他牧场采用鱼骨式挤奶机进行挤奶，每天实行三班次挤奶。

所有牧场在饲喂模式上采用TMR饲喂技术，实现奶牛日粮配方电脑化、饲料加工机械化、投喂饲料自动化。采用垫料卧床和发酵床饲养模式，不但保证了奶牛躺卧舒适度，还减少了污水排放量，解决了养殖场粪污环保处理问题。所有牧场奶牛通过和科研单位合作，参与了DHI测定，为牛群优化选育提供了科学依据，使得牛群生产性能得到逐步提高。

在饲料组织来源上，为达到饲料采购保证质量、稳定供应、价格合理的目的，有效降低饲养成本，一是抓好青贮玉米当家饲料的保质稳定供应，各牧场实现就近解决，降低了粗饲料的交易运输成本；二是充分利用部分基地配套土地优势，通过对土地有效改良进行机械化作业，提高种植效率，实现玉米青贮全自行解决，降低生产成本；三是加强对青贮玉米从选种、种植、收割、储备等一系列过程的规范操作和管理，确保青贮饲料的优质供应。

各牧场成立以场长为第一责任人的防疫责任制度，制定严格的奶牛年度疫苗免疫接种计划，督促各牧场按流程进行免疫注射，并对牛群进行疫苗注射后抗体水平检测监控，确保牛只处在有效抗体保护之下。同时配合牧场所在地疫控中心做好每年的“两病”检疫净化工作，目前所有牧场全部达到“两病”净化标准。

各牧场全部实现雨污分流，污粪处理方面，一是通过改造牧场饲养方式，加盖防雨淋运动场，雨污分离水沟来减少污水的产生；二是通过干湿分离处理技术实现粪渣堆肥或晾晒重复用于牛床垫料；三是通过污水发酵用作施肥灌溉种植地使用。

根据数据显示，2018年广西荷斯坦牛鲜奶平均价格为5.2元/kg；水牛奶平均价格为10.5元/kg。奶牛养殖头均年净收入可达5 000元。

【乳品加工】皇氏集团有6个乳制品加工厂，乳制品总产量15.18万t，其中巴氏杀菌奶1.56万t，UHT奶5.61万t，酸奶5.97万t，乳饮料2.03万t，奶酪0.01万t。产品销售以广西及云南、湖南、贵州等周边省为主。皇氏集团还是国家学生饮用奶定点生产企业，企业及产品通过HACCP、ISO9001、GMP等多体系认证，是农业产业化国家重点龙头企业。企业一直在调整和优化产品结构，聚焦大品类和优势产品，大力发展水牛奶和低温酸奶、特色果奶等，裸酸奶、爱特浓系列、摩拉菲尔饱养代餐酸奶、小爱酸奶系列等新产品深受消费者喜爱。在营销渠道拓展上，公司加快多点布局新鲜屋与皇家小白自动贩卖机的步伐，进一步拓宽皇氏产品与消费者直接沟通的渠道。

【市场消费】公司乳制品主要有UHT奶、巴氏杀菌奶、酸奶和含乳饮料四大类，销售渠道有经销商、市内流通、商超、送奶入户，团购及学生奶等，入户产品以巴氏杀菌奶为主，南宁市场占有率80%以上，进入商超的产品包括全品项。2018年乳制品销售收入12.76亿元，利润51.37万元。

【国际化】皇氏集团在爱尔兰投资成立控股乳制品加工厂，主要以产品代工为主，未来皇氏集团将引入爱尔兰优质奶源和先进的生产加工工艺、产品质量安全的管控方式等，以提升技术含量、创新研发能力和管理水平，把更多爱尔兰纯净高品质乳品带给中国消费者。

【社会责任】多年来，皇氏集团在营养扶贫、牛奶公益的道路上从未停止脚步。2014年参与“第一书记”献爱心活动，向三江县良口乡产口村捐赠价值5万元的善款和牛奶；2015年春节向上思县农村困难群众捐赠牛奶与慰问物资；2016年春节向上林县澄泰乡高顶村“五保”户、孤寡老人、留守儿童捐赠慰问金和爱心奶；2017年向雅安地震灾区捐赠价值12万元的牛奶；2018年举办“真情回馈 大爱无疆”爱心公益活动，为河池凤山县的小学生们送去1 888件牛奶（价值12.3万元）；参加“推普脱贫乡村行”公益活动，为忻城县上浪村的孩子们送去牛奶，携手广西电台新闻910，联合开展公益扶贫助学活动，分别向上林县镇圩瑶族乡怀因小学、东罗小学、正万小学、洋造小学、龙贵小学送去牛奶及数量不等的书包等爱心物资，受邀参与南宁市2018“流动人口关怀关爱健康行——走进园博园”服务活动，为农民工友们献上爱心牛奶，真情关爱流动人口，携手共促社会和谐。

2017年，公司向广西大学捐赠100万元助优奖学金；先后为云南省80多所山区小学捐助300多万元的财物，为学子的求学之路贡献爱心。

2018年5月18日，公司捐资50万元兴建的第一所希望小学——南丹皇氏希望小学落成。

另外，公司通过结对帮扶，在广西大化县七百弄弄呈村建设奶羊示范点羊圈、草地，修建水柜；为河池天峨县八腊瑶族乡五福村平里片区安装太阳能路灯，帮助贫困地区改善基础设施。皇氏集团坚持不懈地践行一个优秀企业应有的社会责任。

【奶业大事】2018 年，皇氏集团年产 20 万 t 乳制品的华南中央工厂全面投产，作为西南片区自动化程度最高的单体乳制品加工厂，成功入选首批 25 家广西智能工厂示范企业之一；子公司云南皇氏来思尔年产 20 万 t 云南高原特色乳制品智能化工厂建设项目正式开工奠基。

（皇氏集团股份有限公司）

附表 1　皇氏集团股份有限公司奶牛养殖场（小区）名录

序号	名称	地址	养殖场	小区	全群存栏（头）	成母畜存栏（头）	奶畜品种	成母畜年单产（t）	年总产量（t）	是否参加DHI	是否应用TMR	是否国家学生饮用奶奶源基地	是否有机奶源基地	有机奶产量（t）	有机奶源认证机构	是否为布鲁氏菌病及结核净化创建场或示范场
1	巍山县巍山牧场	云南巍山县	√		705	357	荷斯坦	8.4	2 735	√	√	√				
2	剑川县剑川好方向牧场	云南剑川县	√		328	220	荷斯坦	9.1	1 900		√					
3	感通养殖场	云南省大理州大理市七里桥镇	√		260	170	荷斯坦	8.5	1 533		√	√				
4	吉峰养殖场	云南省大理市下关镇	√		98	56	荷斯坦	5.4	224							
5	嵩明金国养殖小区	云南嵩明县		√	1 160	360	荷斯坦	5.5	2 007							
6	恒天然（应县）牧场有限公司	山西省朔州市应县杏寨乡	√		33 000	16 500	荷斯坦	11.0	136 700		√					
7	大理州家畜繁育指导站（奶水牛）	云南大理州	√		72	42	奶水牛	1.0	33	√						
8	上思皇氏乳业畜牧发展有限公司	广西防城港市上思县那琴乡龙楼圩	√		789	512	荷斯坦	8.2	4 200	√	√					
9	广西皇氏甲天下畜牧有限公司	广西南宁江南区根竹坡	√		562	365	荷斯坦	7.5	2 730	√	√					
10	广西皇氏甲天下奶水牛开发有限公司	广西桂平市蒙圩镇龙门食品工业集中区	√		541	351	荷斯坦	7.2	2 520	√	√					
11	广西来宾绿建牧业有限公司	广西来宾市兴宾区桥巩乡	√		1 350	877	荷斯坦	8.0	7 020	√	√	√				
12	广西农垦金光乳业有限公司	广西南宁市西乡塘区坛洛镇金光乳业公司	√		850	552	荷斯坦	7.1	3 920	√	√	√				
13	甘肃前进牧业科技有限责任公司	甘肃省张掖市甘州区石岗墩开发区	√		9 980	6 487	荷斯坦	9.0	58 380	√	√					
14	灵山县本菲拉奶水牛养殖专业合作社	广西灵山县文利镇文利新城区	√		3 600	1 260	奶水牛	2.1	2 640							
15	灵山县陆屋镇丰顺育畜水奶牛场	广西钦州市灵山县陆屋镇新光农场	√		280	98	奶水牛	2.3	230							
16	来宾市兴宾区宏礼奶水牛养殖场	广西来宾市兴宾区桥巩镇峦山村	√		380	133	奶水牛	2.4	320							
17	北流市梁显奶水牛养殖专业合作社	广西北流市城西一路三里 51 号	√		320	112	奶水牛	2.2	250							
18	广西横县兴云牧业有限公司	广西横县横州镇长寨村委东屯村禾塘底	√		520	182	奶水牛	2.3	420							
19	皇氏集团横县摩拉菲尔奶水牛场	广西横县云表镇旺庄村委武寨经联社	√		420	147	奶水牛	1.9	280							

备注：本表所指奶畜包括奶山羊、奶绵羊、奶水牛、牦牛、骆驼、驴等产商品奶家畜。请在养殖场或小区列中选择打勾；如参加 DHI、为学生奶奶源基地、认证为有机奶源基地等，请在相应表格中打勾。布鲁氏菌病、结核净化示范场或创建场请标明疫病净化具体级别。

附表 2　皇氏集团股份有限公司乳制品生产企业名录

序号	名称	生产许可证号码	年收购原奶量（t）	平均支付价格（元/kg）	其中：自有奶源量（t）	年乳制品产量（t）	其中：巴氏杀菌奶（t）	UHT 奶（t）	酸奶（t）
1	皇氏集团股份有限公司	SC10553290101054 SC10645011100087	114 726	4.80	19 094	151 835	15 641	56 139	59 714

（续）

序号	奶粉（t）	婴配粉（t）	奶油（t）	奶酪（t）	乳饮料（t）	产品销售区域	年销售收入（万元）	利润（万元）	是否为国家学生饮用奶认定企业	有机产品（枚）	有机认证机构	有机产品品类1及数量（枚）	有机产品品类2及数量（枚）	有机产品品类3及数量（枚）
1				9	20 332	广西、云南、四川、重庆、贵州、广东、湖南	127 579	5 137	√					

备注：自有奶源指来自自建和参建（控股、参股）牧场（小区）的原奶。有机产品数量单位为“枚”指获得有机标志的数量。有机产品品类指液态奶、酸奶、奶粉、奶酪等大类。

山东得益乳业股份有限公司

【奶源基地】得益乳业在北纬 37° 的黄河三角洲湿地，建立了一二三产业融合生态循环奶业基地，奶牛存栏量 3.5 万头，并配套建立 2 万 hm^2 高蛋白美国紫花苜蓿和玉米青贮种植基地。基地先后从澳大利亚引进 7 000 头纯种荷斯坦青年奶牛，目前已繁育至万头规模。基地采用世界先进的集约化养殖方式，率先在国内提出六个 100% 牧场经营管理体系，实现了 100% 青贮全覆盖、100% 进口冻精繁育、100% 全自动 TMR 喂养、100% 全自动清粪、100% 全自动挤奶及 100% 全自动粪污处理，在饲草种植、奶牛品种、养殖规模、设施配置、养殖技术、牧业管理等方面均达到了国际先进水平。

得益乳业奶源采取自有牧场和社会化牧场共同发展的模式，目前自有牧场存栏 1.2 万头，成母牛年均单产 11t，并全部参加 DHI 检测；社会化牧场 40 余处，存栏量 1.1 万头，成母牛年均单产 7.5t，全部采用机械化奶厅挤奶、TMR 日粮饲喂，利用公司信息化平台实现奶牛养殖的信息化管理。

原奶从牧场到工厂 1 小时内低温送达，通过开发智慧养殖系统平台，引入互联网、物联网和大数据信息化技术，实现从草料药采购、配料、繁育、饲喂、疾病防控、挤奶到原奶销售产业链信息化控制，保证原奶品质。优质原奶乳蛋白含量达到 3.5g/100g、菌落总数控制在 1 万 CFU/mL 以下、体细胞数控制在 20 万个 /mL 以下，指标媲美国、欧盟标准。

得益乳业一二三产业融合生态循环奶业基地项目依照国际高标准建设，以种养结合为特色，发挥得益“种养加售一体化”战略优势，实现农牧生态可持续发展。该项目在 2018 年被列为山东省重点项目。

【乳品加工】得益乳业专注于国际流行的低温奶生产加工与研发，主营巴氏鲜奶、低温酸奶、低温乳酸菌饮料等系列共 90 多个产品。目前产品已涵盖儿童、青年、中年、老年等所有人群，满足了不同年龄层次人群的营养需求。多年来，得益为 100 万户订户提供送奶到家的服务，赢得了千万家庭的共同信赖。

低温优质巴氏奶。得益乳业已通过中国优质乳工程认证，通过与中国奶业创新团队合作，实现专线生产、精准控制、工艺创新。公司不断优化巴氏奶杀菌工艺，进行优质乳生产线整线梳理，管路对接，将牛奶杀菌温度波动控制在 ±0.2℃以内，保留了牛奶的天然活性营养物质，产品中的乳铁蛋白含量高达 30 mg/L 以上。

得益专利功能益生菌风味发酵乳。得益乳业与中国农业大学合作对中国本土的益生菌进行筛选获得 1 株乳双歧杆菌，菌种具有优异的耐酸性和耐氧性，通过使用严苛的随机双盲测试证明具有润肠通便的效果。公司对研制菌种命名 IU-100 益生菌，并完成专利菌种保藏（No. CGMCC 12942）；上市 IU100 益生菌风味发酵乳，专利菌种的润肠通便效果比市面同功能型产品效果更优，有效提升了产品的口感、品质和技术差异化，同时通过自主掌握酸奶中核心的菌种技术确保了产品开发的自主性以及产品的稳定性。

【市场消费】得益乳业销售覆盖山东全省，辐射北京、上海、天津、江苏、安徽、河北、河南、山西等周边省份，市场占有率达 16% 以上。现已建成社区、商超、代理流通、直营零售、连锁、特通、团购、电商八大渠道，核心围绕社区、学区建设功能融合的规模性连锁门店，融合线上线下，集品牌宣传、客户服务、零售、投递、即时配送、店内休闲、体验为一体，并开发门店周围 3~5km 范围内网点，形成以门店为核心、合作网点为辅助的业务网覆盖周围 3~5km 范围，同时与 KA 卖场、流通网点等渠道形成联动，全覆盖市场消费人群并满足饮奶需求。现已覆盖大型商超 1 100 余家、三星级以上酒店 300 多个，建设益家订服务中心 500 多个、社区服务网点 5 000 多个。

【国际化】得益乳业技术中心与意大利帕尔马大学和维罗纳大学共同创建了中国 - 意大利乳品科学技术研发中心。意大利维罗纳大学的 Dellaglio 教授荣获山东省淄博市高新区成立以来第一个国际科学技术合作奖。得益乳业积极开展对外合作，开放性引进国际先进技术，先后与瓦赫宁根大学、澳大利亚联邦科工组织、哥本哈根大学、中国农业大学等在内的 10 余所国内外著名院校、研究机构进行合作交流和项目转化，不断强化自主科研能力。目前拥有有效专利 103 项，其中授权发明专利 6 项，实用新型专利 6 项；拥有自有专利菌种 3 株；拥有省级企业技术中心、山东省功能性乳制品工程技术研究中心两个省级研发平台。

【社会责任】2018 年得益乳业积极践行“振兴乡村 牛奶先行”中国小康牛奶行动公益活动，走进山东乡村学校，活动已覆盖 15 所乡村小学，捐赠价值 100 万元牛奶。

得益乳业与 3 个农机专业合作社合作，采用“龙头企业 + 合作社 + 农民”的合作模式，将机械作业、田间管理、安全防护承包给合作社，合作社将承包作业分包至社员，带动高青县青城镇大于村、刘茹村、刘公顺村，木李镇常家坊村、结网刘村等当地 200 户农户年均增收 4 万元。截至目前，已实现周边 12 000 余户农民增收致富，基地通过“粮改饲”优化高青县周边种植结构的土地达 8.4 万亩，增加当地农民收入 500 余万元。

【奶业大事】2018 年，得益乳业充分发挥和利用高青县的区位及农业环境优势，在北纬 37° 的黄河三角洲湿地，投资建设一二三产业融合、种养加结合生态循环奶业基地，包含现代规模养殖、现代品牌农业、农牧文化观光、饲料加工四个核心板块。项目通过奶牛养殖板块的有机肥料还田，改善土壤墒情，确保农业种植板块生产出高品质饲料用于养殖奶牛，饲料加工板块以带动周边农业种植模式转型为主，整体形成园区“种养加”闭环，有利于加快构建现代农业产业体系、生产体系、经营体系，实现了传统产业提质增效，成为了山东由农业大省向农业强省转变的齐鲁样板。得益乳业在一二三产业融合、种养加结合生态循环奶业基地周边，通过流转木李镇、青城镇2万亩种植用地，统一规划饲草饲料种植基地、农产品加工基地、有机蔬菜基地，实施规模化、机械化作业，着力打造乡村振兴农业高质量发展、融合发展、绿色发展的齐鲁特色样板，走出了一条现代化高效农业带动乡村振兴的新道路。

（山东得益乳业股份有限公司，赵林杰）

附表 1　山东得益乳业股份有限公司奶牛养殖场（小区）名录

序号	名称	地址	养殖场	小区	全群存栏（头）	成母畜存栏（头）	奶畜品种	成母畜年单产（t）	年总产量（t）	是否参加 DHI	是否应用 TMR	是否国家学生饮用奶奶源基地	是否有机奶源基地	有机奶产量（t）	有机奶源认证机构	是否为布鲁氏菌病及结核净化创建场或示范场
1	高青牧场	山东省高青县	√		13 847	7 658		10.5	80 409	√	√					

备注：本表所指奶畜包括奶山羊、奶绵羊、奶水牛、牦牛、骆驼、驴等产商品奶家畜。本表奶畜养殖场指企业在中国及海外自建和参建（控股、参股）牧场（小区）。请在养殖场或小区列中选择打勾；如参加 DHI、为学生奶奶源基地、认证为有机奶源基地等，请在相应表格中打勾。布鲁氏菌病、结核净化示范场或创建场请标明疫病净化具体级别。

附表2　山东得益乳业股份有限公司乳制品生产企业名录

序号	企业名称	许可证号码	年收购原奶量（t）	平均支付价格（元/kg）	其中：自有奶源量（t）	年乳制品产量（t）	其中：巴氏杀菌奶（t）	UHT奶（t）	酸奶（t）
1	山东得益乳业股份有限公司	SC10637039913023	190 708	3.62	80 925	197 786	71 453	4 848	118 976

备注：自有奶源指来自自建和参建（控股、参股）牧场（小区）的原奶。有机产品数量单位为“枚”指获得有机标志的数量。有机产品品类指液态奶、酸奶、奶粉、奶酪等大类。

（续）

序号	奶粉（t）	婴配粉（t）	奶油（t）	奶酪（t）	乳饮料（t）	整体设计加工能力（t/年）	产品销售区域	年销售收入（万元）	利润（万元）	是否为国家学生饮用奶认定企业	有机产品（枚）	有机认证机构	有机产品品类1及数量（枚）	有机产品品类2及数量（枚）	有机产品品类3及数量（枚）
1				88	2 421		山东、山西、河北、江苏	106 481	5 830	√					

新疆西域春乳业有限责任公司

【奶源基地】全群奶牛存栏28 000头，其中成母牛11 280头，生鲜乳总产量10.5万t。奶牛养殖主要分布于昌吉回族自治州，主要产区在呼图壁县。公司下属牧场采取规模化、标准化、集体化养殖模式，机械挤奶比例100%，均采用全混合日粮（TMR）饲喂技术，牧场全部参加自治区乳品质量监测中心的生产性能测定（DHI）。奶业机械购置补贴100%，主要是挤奶机、拖拉机和TMR搅拌车。规模养殖场改扩建补助已享受1 000头以上规模补贴170万元。苜蓿种植面积3.5万亩，单产900kg/亩，总产量3.15万t；青贮玉米种植面积5万亩，单产3.5t/亩，总产量17.5万t。牧场强化疫病防控工作，“两病”检疫每年2次。粪污处理方面，主要采用刮粪板清理，并集中送往中广核呼图壁生物能源有限公司。本区域生鲜乳收购年均价格4.0元/kg，养殖泌乳牛年头均净收入5 000元。

【乳品加工】新疆西域春乳业有限责任公司为饲草料种植、饲料加工、奶牛养殖、乳制品加工与销售为一体的全产业链畜牧龙头企业。公司生产的“西域春”牌乳制品包括巴氏杀菌乳、调制乳、灭菌乳、发酵乳、乳粉、含乳饮料六大系列。2018年乳制品总产量75 000t，其中巴氏杀菌乳4 500t，灭菌乳3 8241t，发酵乳32 254t。

2017年西域春乳业经中国奶业协会现场审验，核发了中国学生饮用奶生产企业标志许注册文号。

【市场消费】西域春乳业作为新疆60年品牌企业，在市场销售中占有主导地位。其中本品牌发酵乳、超高温灭菌、巴氏杀菌奶等产品处于领先地位。由于巴氏杀菌奶受储存条件的影响，在传统渠道销售较少，主要分布在呼图壁、昌吉、乌鲁木齐等周边城市的商超。近几年企业加大了对鲜奶消费的宣传引导，利用“亲子游”“红色研学”等活动，提高居民对奶牛养殖场、牛奶加工流程认识感，增强品牌信任感和安全感。2018年主营业务收入6.5亿元。

【社会责任】在新疆奶业协会的协助和当地教育主管部门的大力支持下，2018年西域春乳业分别向呼图壁县、昌吉州、阜康市、农九师、裕民县等重点区域中小学生捐赠了价值1 887 996元的西域春学生奶，共42 909箱、94.3 998万盒，惠及近4万余名青少年贫困学生。

【奶业大事】2018年3月7日，和田西域春乳业有限公司乳品加工厂奠基仪式暨3 000头核心群高产奶牛示范养殖场，在和田地区洛浦县北京工业园区举行。两个项目建成后将在种植、养殖、加工、终端销售等方面发挥龙头企业的职能带动作用，助力和田脱贫攻坚。

（新疆西域春乳业有限责任公司，葛建军、何玉婷）

附表 1　新疆西域春乳业有限责任公司奶牛养殖场（小区）名录

序号	名称	地址	养殖场	小区	全群存栏（头）	成母畜存栏（头）	奶畜品种	成母畜年单产（t）	年总产量（t）	是否参加 DHI	是否应用 TMR	是否国家学生饮用奶奶源基地	是否有机奶源基地	有机奶产量（t）	有机奶源认证机构	是否为布鲁氏菌病及结核净化创建场或示范场
1	新疆呼图壁种牛场有限公司	新疆昌吉呼图壁县东郊	√		28 000	11 280	荷斯坦、西门塔尔	10.0 / 7.0	10.5 万	√	√	√				

备注：本表所指奶畜包括奶山羊、奶绵羊、奶水牛、牦牛、骆驼、驴等产商品奶家畜。本表奶畜养殖场指企业在中国及海外自建和参建（控股、参股）牧场（小区）。请在养殖场或小区列中选择打勾；如参加 DHI、为学生奶奶源基地、认证为有机奶源基地等，请在相应表格中打勾。布鲁氏菌病、结核净化示范场或创建场请标明疫病净化具体级别。

附表2　新疆西域春乳业有限责任公司乳制品生产企业名录

序号	名称	生产地点	生产许可证号码	年收购原奶量（t）	平均支付价格（元/kg）	其中：自有奶源量（t）	年乳制品产量（t）	其中：巴氏杀菌奶（t）	UHT奶（t）
1	新疆西域春乳业有限责任公司	新疆昌吉州呼图壁县东郊种牛场	916523237760661622	79 577	4.50	79 577	75 000	4 500	38 241

备注：本表包括在中国及海外的生产企业。自有奶源指来自自建和参建（控股、参股）牧场（小区）的原奶及长期稳定合作牧场的原奶。有机产品数量单位为“枚”指获得有机标志的数量。有机产品品类指液态奶、酸奶、奶粉、奶酪等大类。

（续）

酸奶(t)	奶粉(t)	婴配粉(t)	奶油(t)	奶酪(t)	乳饮料(t)	产品销售区域	年销售收入(万元)	利润(万元)	是否为国家学生饮用奶认定企业	有机产品(枚)	有机认证机构	有机产品品类1及数量(枚)	有机产品品类2及数量(枚)	有机产品品类3及数量(枚)
32 254							64 002	2 682	√					

天津嘉立荷牧业集团有限公司

【奶源基地】截至2018年年底，嘉立荷牧业奶牛混合群存栏33 453头，其中成母牛存栏16 931头，全年上市生鲜乳产量17.6万t，成母牛头均年产奶量10 930kg。

公司所属奶牛场集中分布在天津市宝坻区、滨海新区、静海区、宁河区以及山东省乐陵市。其中万头牛场1个，奶牛存栏占比30%；5 000~9 999头牛场1个，牛群占比15%；存栏2 000~4 999头牛场5个，牛群占比35%；存栏2 000头以下牛场7个，牛群占比20%。

嘉立荷牧业各奶牛场分公司全部采用机械化挤奶，并根据牧场规模大小配备相应挤奶厅。现拥有4个转盘式挤奶厅，多个24位和12位并列式挤奶厅。公司牛群日粮全部采用全混合日粮（TMR）分阶段饲喂技术，分别配有卧式或立式搅拌机，同时使用精准饲喂系统进行投喂，真正做到精细化管理。嘉立荷牧业托管企业奶牛发展中心每月为公司所属奶牛场开展生产性能测定（DHI），每年进行两次遗传线性鉴定工作。

2018年天津市现代都市型奶牛场建设项目总投资1 217.35万元，其中市级财政补贴400万元，该项目内容主要包括后备牛舍扩建、后备牛舍粪污收集系统改造，干奶牛舍改造及排水沟及防疫沟清淤等。项目建成后，牛群福利整体提升，头均年单产可达11 500kg，新增产奶量1 800t，全年新增销售收入657万元；沼气替代燃煤，每天生产沼气约4 500m^3，每年减少使用燃煤730 t，大大减少了燃煤对大气的污染。

嘉立荷牧业公司苜蓿种植面积达到120hm^2，平均单产9 000kg/hm^2，年产量1 080t。青贮玉米种植面积近240hm^2，平均单产31 500kg/hm^2，年产量7 560t。

嘉立荷牧业设有独立的天津市奶牛营养代谢病实验室和天津市企业技术中心，实验中心分为饲料化验室、微生物实验室和细胞室三部分，拥有国际先进水平的近红外、乳成分分析仪、液相色谱等仪器设备。饲料化验室现承接饲料粗蛋白、灰分、水分、脂肪、钙、磷、纤维、霉菌毒素等常规成分化验，为奶牛科学饲料配方提供了强有力的技术支持；微生物实验室主要开展病原微生物分离鉴定、乳房炎诊断、药敏试验等，为奶牛疾病的防治提供了基础数据和解决方法；通过对IBR、BVD、口蹄疫等传染病血清学检测，为预防奶牛传染病提供了科学指导作用。

嘉立荷牧业奶牛场粪污全部通过固液分离、厌氧发酵、氧化塘三级氧化、沼液还田的方式妥善处理，真正实现种养结合，绿色发展。

天津市宝坻区、滨海新区生鲜乳收购年均价格3.57元/kg，静海区3.75元/kg，宁河区3.7元/kg；山东乐陵市3.79元/kg。

【奶业大事】2018年嘉立荷牧业计划新建万头奶牛场项目，该项目预计总投资4.15亿元。截至2018年年底，已经完成工艺方案考察及论证，项目初步建设方案，可行性研究报告，环评、招标代理、造价咨询公司的招标，项目实施申报等部分前期工作。

（天津嘉立荷牧业集团有限公司，狄婷婷、全春兰、刘小雨、祁敏丽、 任妮、周雪、于圳）

附表 1　天津嘉立荷牧业集团有限公司奶牛养殖场（小区）名录

序号	名称	地址	养殖场	小区	全群存栏（头）	成母畜存栏（头）	奶畜品种	成母畜年单产（t）	年总产量（t）	是否参加 DHI	是否应用 TMR	是否国家学生饮用奶奶源基地	是否有机奶源基地	有机奶产量（t）	有机奶源认证机构	是否为布鲁氏菌病及结核净化创建场或示范场
1	天津嘉立荷示范奶牛场	天津市宝坻区大钟庄镇	√		4 875	2 745	中国荷斯坦	11.1		√	√					
2	天津嘉立荷第五奶牛场	天津市静海区开发区北区	√		3 056	1 083	中国荷斯坦	10.9		√	√					
3	天津嘉立荷第六奶牛场	天津市宝坻区大钟庄镇	√		442	276	中国荷斯坦	11.8		√	√					
4	天津嘉立荷第七奶牛场	天津市宁河区潘庄农场	√		2 849	1 399	中国荷斯坦	11.2		√	√					
5	天津嘉立荷第八奶牛场	天津市宝坻区里自沽农场	√		1 061	508	中国荷斯坦	11.9		√	√					
6	天津嘉立荷第九奶牛场	天津市宝坻区里自沽农场	√		998	510	中国荷斯坦	11.2		√	√					
7	天津嘉立荷第十奶牛场	天津市滨海新区小王庄镇	√		2 099	1 082	中国荷斯坦	11.1		√	√					
8	天津嘉立荷第十一奶牛场	天津市滨海新区小王庄镇	√		2 116	1 094	中国荷斯坦	11.9		√	√					
9	天津嘉立荷第十二牛场	天津市宝坻区新安镇	√		753	496	中国荷斯坦	11.8		√	√					
10	天津嘉立荷第十四奶牛场	天津市滨海新区小王庄镇	√		2 451	1 200	中国荷斯坦	12.1		√	√					
11	天津嘉立荷第十五奶牛场	天津市宝坻区林亭口镇	√		683	472	中国荷斯坦	11.6		√	√					
12	天津嘉立荷第十六奶牛场	天津市宝坻区黄庄镇	√		711	507	中国荷斯坦	11.2		√	√					
13	嘉立荷（山东）牧业有限公司	山东省乐陵市大孙乡	√		10 454	5 090	中国荷斯坦	10.3		√	√					

备注：本表所指奶畜包括奶山羊、奶绵羊、奶水牛、牦牛、骆驼、驴等产商品奶家畜。本表奶畜养殖场指企业在中国及海外自建和参建（控股、参股）牧场（小区）。请在养殖场或小区列中选择打勾；如参加 DHI、为学生奶奶源基地、认证为有机奶源基地等，请在相应表格中打勾。布鲁氏菌病、结核净化示范场或创建场请标明疫病净化具体级别。

六、政策法规

ZHENGCE FAGUI

【国家发布】

中华人民共和国进出口商品检验法

（1989年2月21日第七届全国人民代表大会常务委员会第六次会议通过　根据2002年4月28日第九届全国人民代表大会常务委员会第二十七次会议《关于修改〈中华人民共和国进出口商品检验法〉的决定》第一次修正　根据2013年6月29日第十二届全国人民代表大会常务委员会第三次会议《关于修改〈中华人民共和国文物保护法〉等十二部法律的决定》第二次修正　根据2018年4月27日第十三届全国人民代表大会常务委员会第二次会议《关于修改〈中华人民共和国国境卫生检疫法〉等六部法律的决定》第三次修正　根据2018年12月29日第十三届全国人民代表大会常务委员会第七次会议《关于修改〈中华人民共和国产品质量法〉等五部法律的决定》第四次修正）

目　录

第一章　总　则

第一条　为了加强进出口商品检验工作，规范进出口商品检验行为，维护社会公共利益和进出口贸易有关各方的合法权益，促进对外经济贸易关系的顺利发展，制定本法。

第二条　国务院设立进出口商品检验部门（以下简称国家商检部门），主管全国进出口商品检验工作。国家商检部门设在各地的进出口商品检验机构（以下简称商检机构）管理所辖地区的进出口商品检验工作。

第三条　商检机构和经国家商检部门许可的检验机构，依法对进出口商品实施检验。

第四条　进出口商品检验应当根据保护人类健康和安全、保护动物或者植物的生命和健康、保护环境、防止欺诈行为、维护国家安全的原则，由国家商检部门制定、调整必须实施检验的进出口商品目录（以下简称目录）并公布实施。

第五条　列入目录的进出口商品，由商检机构实施检验。

前款规定的进口商品未经检验的，不准销售、使用；前款规定的出口商品未经检验合格的，不准出口。

本条第一款规定的进出口商品，其中符合国家规定的免予检验条件的，由收货人或者发货人申请，经国家商检部门审查批准，可以免予检验。

第六条　必须实施的进出口商品检验，是指确定列入目录的进出口商品是否符合国家技术规范的强制性要求的合格评定活动。

合格评定程序包括：抽样、检验和检查；评估、验证和合格保证；注册、认可和批准以及各项的组合。

第七条　列入目录的进出口商品，按照国家技术规范的强制性要求进行检验；尚未制定国家技术规范的强制性要求的，应当依法及时制定，未制定之前，可以参照国家商检部门指定的国外有关标准进行检验。

第八条　经国家商检部门许可的检验机构，可以接受对外贸易关系人或者外国检验机构的委托，办理进出口商品检验鉴定业务。

第九条　法律、行政法规规定由其他检验机构实施检验的进出口商品或者检验项目，依照有关法律、行政法规的规定办理。

第十条　国家商检部门和商检机构应当及时收集和向有关方面提供进出口商品检验方面的信息。

国家商检部门和商检机构的工作人员在履行进出口商品检验的职责中，对所知悉的商业秘密负有保密义务。

第二章　进口商品的检验

第十一条　本法规定必须经商检机构检验的进口商品的收货人或者其代理人，应当向报关地的商检机构报检。

第十二条　本法规定必须经商检机构检验的进口

商品的收货人或者其代理人，应当在商检机构规定的地点和期限内，接受商检机构对进口商品的检验。商检机构应当在国家商检部门统一规定的期限内检验完毕，并出具检验证单。

第十三条 本法规定必须经商检机构检验的进口商品以外的进口商品的收货人，发现进口商品质量不合格或者残损短缺，需要由商检机构出证索赔的，应当向商检机构申请检验出证。

第十四条 对重要的进口商品和大型的成套设备，收货人应当依据对外贸易合同约定在出口国装运前进行预检验、监造或者监装，主管部门应当加强监督；商检机构根据需要可以派出检验人员参加。

第三章 出口商品的检验

第十五条 本法规定必须经商检机构检验的出口商品的发货人或者其代理人，应当在商检机构规定的地点和期限内，向商检机构报检。商检机构应当在国家商检部门统一规定的期限内检验完毕，并出具检验证单。

第十六条 经商检机构检验合格发给检验证单的出口商品，应当在商检机构规定的期限内报关出口；超过期限的，应当重新报检。

第十七条 为出口危险货物生产包装容器的企业，必须申请商检机构进行包装容器的性能鉴定。生产出口危险货物的企业，必须申请商检机构进行包装容器的使用鉴定。使用未经鉴定合格的包装容器的危险货物，不准出口。

第十八条 对装运出口易腐烂变质食品的船舱和集装箱，承运人或者装箱单位必须在装货前申请检验。未经检验合格的，不准装运。

第四章 监督管理

第十九条 商检机构对本法规定必须经商检机构检验的进出口商品以外的进出口商品，根据国家规定实施抽查检验。

国家商检部门可以公布抽查检验结果或者向有关部门通报抽查检验情况。

第二十条 商检机构根据便利对外贸易的需要，可以按照国家规定对列入目录的出口商品进行出厂前的质量监督管理和检验。

第二十一条 为进出口货物的收发货人办理报检手续的代理人办理报检手续时应当向商检机构提交授权委托书。

第二十二条 国家商检部门可以按照国家有关规定，通过考核，许可符合条件的国内外检验机构承担委托的进出口商品检验鉴定业务。

第二十三条 国家商检部门和商检机构依法对经国家商检部门许可的检验机构的进出口商品检验鉴定业务活动进行监督，可以对其检验的商品抽查检验。

第二十四条 国务院认证认可监督管理部门根据国家统一的认证制度，对有关的进出口商品实施认证管理。

第二十五条 认证机构可以根据国务院认证认可监督管理部门同外国有关机构签订的协议或者接受外国有关机构的委托进行进出口商品质量认证工作，准许在认证合格的进出口商品上使用质量认证标志。

第二十六条 商检机构依照本法对实施许可制度的进出口商品实行验证管理，查验单证，核对证货是否相符。

第二十七条 商检机构根据需要，对检验合格的进出口商品，可以加施商检标志或者封识。

第二十八条 进出口商品的报检人对商检机构作出的检验结果有异议的，可以向原商检机构或者其上级商检机构以至国家商检部门申请复验，由受理复验的商检机构或者国家商检部门及时作出复验结论。

第二十九条 当事人对商检机构、国家商检部门作出的复验结论不服或者对商检机构作出的处罚决定不服的，可以依法申请行政复议，也可以依法向人民法院提起诉讼。

第三十条 国家商检部门和商检机构履行职责，必须遵守法律，维护国家利益，依照法定职权和法定程序严格执法，接受监督。

国家商检部门和商检机构应当根据依法履行职责的需要，加强队伍建设，使商检工作人员具有良好的政治、业务素质。商检工作人员应当定期接受业务培训和考核，经考核合格，方可上岗执行职务。

商检工作人员必须忠于职守，文明服务，遵守职业道德，不得滥用职权，谋取私利。

第三十一条 国家商检部门和商检机构应当建立健全内部监督制度，对其工作人员的执法活动进行监督检查。

商检机构内部负责受理报检、检验、出证放行等主要岗位的职责权限应当明确，并相互分离、相互制约。

第三十二条 任何单位和个人均有权对国家商检部门、商检机构及其工作人员的违法、违纪行为进行控告、检举。收到控告、检举的机关应当依法按照职责分工及时查处，并为控告人、检举人保密。

第五章 法律责任

第三十三条 违反本法规定，将必须经商检机构检验的进口商品未报经检验而擅自销售或者使用的，或者将必须经商检机构检验的出口商品未报经检验合格而擅自出口的，由商检机构没收违法所得，并处货值金额百分之五以上百分之二十以下的罚款；构成犯罪的，依法追究刑事责任。

第三十四条 违反本法规定，未经国家商检部门许可，擅自从事进出口商品检验鉴定业务的，由商检机构责令停止非法经营，没收违法所得，并处违法所得一倍以上三倍以下的罚款。

第三十五条 进口或者出口属于掺杂掺假、以假充真、以次充好的商品或者以不合格进出口商品冒充合格进出口商品的，由商检机构责令停止进口或者出口，没收违法所得，并处货值金额百分之五十以上三倍以下的罚款；构成犯罪的，依法追究刑事责任。

第三十六条 伪造、变造、买卖或者盗窃商检单证、印章、标志、封识、质量认证标志的，依法追究刑事责任；尚不够刑事处罚的，由商检机构、认证认可监督管理部门依据各自职责责令改正，没收违法所得，并处货值金额等值以下的罚款。

第三十七条 国家商检部门、商检机构的工作人员违反本法规定，泄露所知悉的商业秘密的，依法给予行政处分，有违法所得的，没收违法所得；构成犯罪的，依法追究刑事责任。

第三十八条 国家商检部门、商检机构的工作人员滥用职权，故意刁难的，徇私舞弊，伪造检验结果的，或者玩忽职守，延误检验出证的，依法给予行政处分；构成犯罪的，依法追究刑事责任。

第六章 附 则

第三十九条 商检机构和其他检验机构依照本法的规定实施检验和办理检验鉴定业务，依照国家有关规定收取费用。

第四十条 国务院根据本法制定实施条例。

第四十一条 本法自1989年8月1日起施行。

中华人民共和国食品安全法

（2009年2月28日第十一届全国人民代表大会常务委员会第七次会议通过　2015年4月24日第十二届全国人民代表大会常务委员会第十四次会议修订　根据2018年12月29日第十三届全国人民代表大会常务委员会第七次会议《关于修改〈中华人民共和国产品质量法〉等五部法律的决定》修正）

目　录

第一章　总　则

第一条　为了保证食品安全，保障公众身体健康和生命安全，制定本法。

第二条　在中华人民共和国境内从事下列活动，应当遵守本法：

（一）食品生产和加工（以下称食品生产），食品销售和餐饮服务（以下称食品经营）；

（二）食品添加剂的生产经营；

（三）用于食品的包装材料、容器、洗涤剂、消毒剂和用于食品生产经营的工具、设备（以下称食品相关产品）的生产经营；

（四）食品生产经营者使用食品添加剂、食品相关产品；

（五）食品的贮存和运输；

（六）对食品、食品添加剂、食品相关产品的安全管理。

供食用的源于农业的初级产品（以下称食用农产品）的质量安全管理，遵守《中华人民共和国农产品质量安全法》的规定。但是，食用农产品的市场销售、有关质量安全标准的制定、有关安全信息的公布和本法对农业投入品作出规定的，应当遵守本法的规定。

第三条　食品安全工作实行预防为主、风险管理、全程控制、社会共治，建立科学、严格的监督管理制度。

第四条　食品生产经营者对其生产经营食品的安全负责。

食品生产经营者应当依照法律、法规和食品安全标准从事生产经营活动，保证食品安全，诚信自律，对社会和公众负责，接受社会监督，承担社会责任。

第五条　国务院设立食品安全委员会，其职责由国务院规定。

国务院食品安全监督管理部门依照本法和国务院规定的职责，对食品生产经营活动实施监督管理。

国务院卫生行政部门依照本法和国务院规定的职责，组织开展食品安全风险监测和风险评估，会同国务院食品安全监督管理部门制定并公布食品安全国家标准。

国务院其他有关部门依照本法和国务院规定的职责，承担有关食品安全工作。

第六条　县级以上地方人民政府对本行政区域的食品安全监督管理工作负责，统一领导、组织、协调本行政区域的食品安全监督管理工作以及食品安全突发事件应对工作，建立健全食品安全全程监督管理工作机制和信息共享机制。

县级以上地方人民政府依照本法和国务院的规定，确定本级食品安全监督管理、卫生行政部门和其他有关部门的职责。有关部门在各自职责范围内负责本行政区域的食品安全监督管理工作。

县级人民政府食品安全监督管理部门可以在乡镇或者特定区域设立派出机构。

第七条　县级以上地方人民政府实行食品安全监督管理责任制。上级人民政府负责对下一级人民政府的食品安全监督管理工作进行评议、考核。县级以上地方人民政府负责对本级食品安全监督管理部门和其他有关部门的食品安全监督管理工作进行评议、考核。

第八条　县级以上人民政府应当将食品安全工作纳入本级国民经济和社会发展规划，将食品安全工作经费列入本级政府财政预算，加强食品安全监督管理能力建设，为食品安全工作提供保障。

县级以上人民政府食品安全监督管理部门和其他

有关部门应当加强沟通、密切配合，按照各自职责分工，依法行使职权，承担责任。

第九条 食品行业协会应当加强行业自律，按照章程建立健全行业规范和奖惩机制，提供食品安全信息、技术等服务，引导和督促食品生产经营者依法生产经营，推动行业诚信建设，宣传、普及食品安全知识。

消费者协会和其他消费者组织对违反本法规定，损害消费者合法权益的行为，依法进行社会监督。

第十条 各级人民政府应当加强食品安全的宣传教育，普及食品安全知识，鼓励社会组织、基层群众性自治组织、食品生产经营者开展食品安全法律、法规以及食品安全标准和知识的普及工作，倡导健康的饮食方式，增强消费者食品安全意识和自我保护能力。

新闻媒体应当开展食品安全法律、法规以及食品安全标准和知识的公益宣传，并对食品安全违法行为进行舆论监督。有关食品安全的宣传报道应当真实、公正。

第十一条 国家鼓励和支持开展与食品安全有关的基础研究、应用研究，鼓励和支持食品生产经营者为提高食品安全水平采用先进技术和先进管理规范。

国家对农药的使用实行严格的管理制度，加快淘汰剧毒、高毒、高残留农药，推动替代产品的研发和应用，鼓励使用高效低毒低残留农药。

第十二条 任何组织或者个人有权举报食品安全违法行为，依法向有关部门了解食品安全信息，对食品安全监督管理工作提出意见和建议。

第十三条 对在食品安全工作中做出突出贡献的单位和个人，按照国家有关规定给予表彰、奖励。

第二章　食品安全风险监测和评估

第十四条 国家建立食品安全风险监测制度，对食源性疾病、食品污染以及食品中的有害因素进行监测。

国务院卫生行政部门会同国务院食品安全监督管理等部门，制定、实施国家食品安全风险监测计划。

国务院食品安全监督管理部门和其他有关部门获知有关食品安全风险信息后，应当立即核实并向国务院卫生行政部门通报。对有关部门通报的食品安全风险信息以及医疗机构报告的食源性疾病等有关疾病信息，国务院卫生行政部门应当会同国务院有关部门分析研究，认为必要的，及时调整国家食品安全风险监测计划。

省、自治区、直辖市人民政府卫生行政部门会同同级食品安全监督管理等部门，根据国家食品安全风险监测计划，结合本行政区域的具体情况，制定、调整本行政区域的食品安全风险监测方案，报国务院卫生行政部门备案并实施。

第十五条 承担食品安全风险监测工作的技术机构应当根据食品安全风险监测计划和监测方案开展监测工作，保证监测数据真实、准确，并按照食品安全风险监测计划和监测方案的要求报送监测数据和分析结果。

食品安全风险监测工作人员有权进入相关食用农产品种植养殖、食品生产经营场所采集样品、收集相关数据。采集样品应当按照市场价格支付费用。

第十六条 食品安全风险监测结果表明可能存在食品安全隐患的，县级以上人民政府卫生行政部门应当及时将相关信息通报同级食品安全监督管理等部门，并报告本级人民政府和上级人民政府卫生行政部门。食品安全监督管理等部门应当组织开展进一步调查。

第十七条 国家建立食品安全风险评估制度，运用科学方法，根据食品安全风险监测信息、科学数据以及有关信息，对食品、食品添加剂、食品相关产品中生物性、化学性和物理性危害因素进行风险评估。

国务院卫生行政部门负责组织食品安全风险评估工作，成立由医学、农业、食品、营养、生物、环境等方面的专家组成的食品安全风险评估专家委员会进行食品安全风险评估。食品安全风险评估结果由国务院卫生行政部门公布。

对农药、肥料、兽药、饲料和饲料添加剂等的安全性评估，应当有食品安全风险评估专家委员会的专家参加。

食品安全风险评估不得向生产经营者收取费用，采集样品应当按照市场价格支付费用。

第十八条 有下列情形之一的，应当进行食品安全风险评估：

（一）通过食品安全风险监测或者接到举报发现食品、食品添加剂、食品相关产品可能存在安全隐患的；

（二）为制定或者修订食品安全国家标准提供科学依据需要进行风险评估的；

（三）为确定监督管理的重点领域、重点品种需要进行风险评估的；

（四）发现新的可能危害食品安全因素的；

（五）需要判断某一因素是否构成食品安全隐患的；

（六）国务院卫生行政部门认为需要进行风险评估的其他情形。

第十九条 国务院食品安全监督管理、农业行政等部门在监督管理工作中发现需要进行食品安全风险评估的，应当向国务院卫生行政部门提出食品安全风险评估的建议，并提供风险来源、相关检验数据和结论等信息、资料。属于本法第十八条规定情形的，国务院卫生行政部门应当及时进行食品安全风险评估，并向国务院有关部门通报评估结果。

第二十条 省级以上人民政府卫生行政、农业行政部门应当及时相互通报食品、食用农产品安全风险监测信息。

国务院卫生行政、农业行政部门应当及时相互通报食品、食用农产品安全风险评估结果等信息。

第二十一条 食品安全风险评估结果是制定、修订食品安全标准和实施食品安全监督管理的科学依据。

经食品安全风险评估，得出食品、食品添加剂、食品相关产品不安全结论的，国务院食品安全监督管理等部门应当依据各自职责立即向社会公告，告知消费者停止食用或者使用，并采取相应措施，确保该食品、食品添加剂、食品相关产品停止生产经营；需要制定、修订相关食品安全国家标准的，国务院卫生行政部门应当会同国务院食品安全监督管理部门立即制定、修订。

第二十二条 国务院食品安全监督管理部门应当会同国务院有关部门，根据食品安全风险评估结果、食品安全监督管理信息，对食品安全状况进行综合分析。对经综合分析表明可能具有较高程度安全风险的食品，国务院食品安全监督管理部门应当及时提出食品安全风险警示，并向社会公布。

第二十三条 县级以上人民政府食品安全监督管理部门和其他有关部门、食品安全风险评估专家委员会及其技术机构，应当按照科学、客观、及时、公开的原则，组织食品生产经营者、食品检验机构、认证机构、食品行业协会、消费者协会以及新闻媒体等，就食品安全风险评估信息和食品安全监督管理信息进行交流沟通。

第三章　食品安全标准

第二十四条 制定食品安全标准，应当以保障公众身体健康为宗旨，做到科学合理、安全可靠。

第二十五条 食品安全标准是强制执行的标准。除食品安全标准外，不得制定其他食品强制性标准。

第二十六条 食品安全标准应当包括下列内容：

（一）食品、食品添加剂、食品相关产品中的致病性微生物，农药残留、兽药残留、生物毒素、重金属等污染物质以及其他危害人体健康物质的限量规定；

（二）食品添加剂的品种、使用范围、用量；

（三）专供婴幼儿和其他特定人群的主辅食品的营养成分要求；

（四）对与卫生、营养等食品安全要求有关的标签、标志、说明书的要求；

（五）食品生产经营过程的卫生要求；

（六）与食品安全有关的质量要求；

（七）与食品安全有关的食品检验方法与规程；

（八）其他需要制定为食品安全标准的内容。

第二十七条 食品安全国家标准由国务院卫生行政部门会同国务院食品安全监督管理部门制定、公布，国务院标准化行政部门提供国家标准编号。

食品中农药残留、兽药残留的限量规定及其检验方法与规程由国务院卫生行政部门、国务院农业行政部门会同国务院食品安全监督管理部门制定。

屠宰畜、禽的检验规程由国务院农业行政部门会同国务院卫生行政部门制定。

第二十八条 制定食品安全国家标准，应当依据食品安全风险评估结果并充分考虑食用农产品安全风险评估结果，参照相关的国际标准和国际食品安全风险评估结果，并将食品安全国家标准草案向社会公布，广泛听取食品生产经营者、消费者、有关部门等方面的意见。

食品安全国家标准应当经国务院卫生行政部门组织的食品安全国家标准审评委员会审查通过。食品安全国家标准审评委员会由医学、农业、食品、营养、生物、环境等方面的专家以及国务院有关部门、食品行业协会、消费者协会的代表组成，对食品安全国家标准草案的科学性和实用性等进行审查。

第二十九条 对地方特色食品，没有食品安全国家标准的，省、自治区、直辖市人民政府卫生行政部门可以制定并公布食品安全地方标准，报国务院卫生行政部门备案。食品安全国家标准制定后，该地方标准即行废止。

第三十条 国家鼓励食品生产企业制定严于食品安全国家标准或者地方标准的企业标准，在本企业适用，并报省、自治区、直辖市人民政府卫生行政部门备案。

第三十一条 省级以上人民政府卫生行政部门应当在其网站上公布制定和备案的食品安全国家标准、地方标准和企业标准，供公众免费查阅、下载。

对食品安全标准执行过程中的问题，县级以上人民政府卫生行政部门应当会同有关部门及时给予指导、解答。

第三十二条 省级以上人民政府卫生行政部门应当会同同级食品安全监督管理、农业行政等部门，分别对食品安全国家标准和地方标准的执行情况进行跟踪评价，并根据评价结果及时修订食品安全标准。

省级以上人民政府食品安全监督管理、农业行政等部门应当对食品安全标准执行中存在的问题进行收集、汇总，并及时向同级卫生行政部门通报。

食品生产经营者、食品行业协会发现食品安全标准在执行中存在问题的，应当立即向卫生行政部门报告。

第四章　食品生产经营

第一节　一般规定

第三十三条 食品生产经营应当符合食品安全标准，并符合下列要求：

（一）具有与生产经营的食品品种、数量相适应的食品原料处理和食品加工、包装、贮存等场所，保持该场所环境整洁，并与有毒、有害场所以及其他污染源保持规定的距离；

（二）具有与生产经营的食品品种、数量相适应的生产经营设备或者设施，有相应的消毒、更衣、盥洗、采光、照明、通风、防腐、防尘、防蝇、防鼠、防虫、洗涤以及处理废水、存放垃圾和废弃物的设备或者设施；

（三）有专职或者兼职的食品安全专业技术人员、食品安全管理人员和保证食品安全的规章制度；

（四）具有合理的设备布局和工艺流程，防止待加工食品与直接入口食品、原料与成品交叉污染，避免食品接触有毒物、不洁物；

（五）餐具、饮具和盛放直接入口食品的容器，使用前应当洗净、消毒，炊具、用具用后应当洗净，保持清洁；

（六）贮存、运输和装卸食品的容器、工具和设备应当安全、无害，保持清洁，防止食品污染，并符合保证食品安全所需的温度、湿度等特殊要求，不得将食品与有毒、有害物品一同贮存、运输；

（七）直接入口的食品应当使用无毒、清洁的包装材料、餐具、饮具和容器；

（八）食品生产经营人员应当保持个人卫生，生产经营食品时，应当将手洗净，穿戴清洁的工作衣、帽等；销售无包装的直接入口食品时，应当使用无毒、清洁的容器、售货工具和设备；

（九）用水应当符合国家规定的生活饮用水卫生标准；

（十）使用的洗涤剂、消毒剂应当对人体安全、无害；

（十一）法律、法规规定的其他要求。

非食品生产经营者从事食品贮存、运输和装卸的，应当符合前款第六项的规定。

第三十四条 禁止生产经营下列食品、食品添加剂、食品相关产品：

（一）用非食品原料生产的食品或者添加食品添加剂以外的化学物质和其他可能危害人体健康物质的食品，或者用回收食品作为原料生产的食品；

（二）致病性微生物，农药残留、兽药残留、生物毒素、重金属等污染物质以及其他危害人体健康的物质含量超过食品安全标准限量的食品、食品添加剂、食品相关产品；

（三）用超过保质期的食品原料、食品添加剂生产的食品、食品添加剂；

（四）超范围、超限量使用食品添加剂的食品；

（五）营养成分不符合食品安全标准的专供婴幼儿和其他特定人群的主辅食品；

（六）腐败变质、油脂酸败、霉变生虫、污秽不洁、混有异物、掺假掺杂或者感官性状异常的食品、食品添加剂；

（七）病死、毒死或者死因不明的禽、畜、兽、水产动物肉类及其制品；

（八）未按规定进行检疫或者检疫不合格的肉类，或者未经检验或者检验不合格的肉类制品；

（九）被包装材料、容器、运输工具等污染的食品、食品添加剂；

（十）标注虚假生产日期、保质期或者超过保质期的食品、食品添加剂；

（十一）无标签的预包装食品、食品添加剂；

（十二）国家为防病等特殊需要明令禁止生产经营的食品；

（十三）其他不符合法律、法规或者食品安全标准的食品、食品添加剂、食品相关产品。

第三十五条 国家对食品生产经营实行许可制度。从事食品生产、食品销售、餐饮服务，应当依法取得许可。但是，销售食用农产品，不需要取得许可。

县级以上地方人民政府食品安全监督管理部门应当依照《中华人民共和国行政许可法》的规定，审核申请人提交的本法第三十三条第一款第一项至第四项规定要求的相关资料，必要时对申请人的生产经营场所进行现场核查；对符合规定条件的，准予许可；对不符合规定条件的，不予许可并书面说明理由。

第三十六条 食品生产加工小作坊和食品摊贩等从事食品生产经营活动，应当符合本法规定的与其生产经营规模、条件相适应的食品安全要求，保证所生产经营的食品卫生、无毒、无害，食品安全监督管理部门应当对其加强监督管理。

县级以上地方人民政府应当对食品生产加工小作坊、食品摊贩等进行综合治理，加强服务和统一规划，改善其生产经营环境，鼓励和支持其改进生产经营条件，进入集中交易市场、店铺等固定场所经营，或者在指定的临时经营区域、时段经营。

食品生产加工小作坊和食品摊贩等的具体管理办法由省、自治区、直辖市制定。

第三十七条 利用新的食品原料生产食品，或者生产食品添加剂新品种、食品相关产品新品种，应当向国务院卫生行政部门提交相关产品的安全性评估材料。国务院卫生行政部门应当自收到申请之日起六十日内组织审查；对符合食品安全要求的，准予许可并公布；对不符合食品安全要求的，不予许可并书面说明理由。

第三十八条 生产经营的食品中不得添加药品，但是可以添加按照传统既是食品又是中药材的物质。按照传统既是食品又是中药材的物质目录由国务院卫生行政部门会同国务院食品安全监督管理部门制定、公布。

第三十九条 国家对食品添加剂生产实行许可制度。从事食品添加剂生产，应当具有与所生产食品添加剂品种相适应的场所、生产设备或者设施、专业技术人员和管理制度，并依照本法第三十五条第二款规定的程序，取得食品添加剂生产许可。

生产食品添加剂应当符合法律、法规和食品安全国家标准。

第四十条 食品添加剂应当在技术上确有必要且经过风险评估证明安全可靠，方可列入允许使用的范围；有关食品安全国家标准应当根据技术必要性和食品安全风险评估结果及时修订。

食品生产经营者应当按照食品安全国家标准使用食品添加剂。

第四十一条 生产食品相关产品应当符合法律、法规和食品安全国家标准。对直接接触食品的包装材料等具有较高风险的食品相关产品，按照国家有关工业产品生产许可证管理的规定实施生产许可。食品安全监督管理部门应当加强对食品相关产品生产活动的监督管理。

第四十二条 国家建立食品安全全程追溯制度。

食品生产经营者应当依照本法的规定，建立食品安全追溯体系，保证食品可追溯。国家鼓励食品生产经营者采用信息化手段采集、留存生产经营信息，建立食品安全追溯体系。

国务院食品安全监督管理部门会同国务院农业行

政等有关部门建立食品安全全程追溯协作机制。

第四十三条 地方各级人民政府应当采取措施鼓励食品规模化生产和连锁经营、配送。

国家鼓励食品生产经营企业参加食品安全责任保险。

第二节 生产经营过程控制

第四十四条 食品生产经营企业应当建立健全食品安全管理制度，对职工进行食品安全知识培训，加强食品检验工作，依法从事生产经营活动。

食品生产经营企业的主要负责人应当落实企业食品安全管理制度，对本企业的食品安全工作全面负责。

食品生产经营企业应当配备食品安全管理人员，加强对其培训和考核。经考核不具备食品安全管理能力的，不得上岗。食品安全监督管理部门应当对企业食品安全管理人员随机进行监督抽查考核并公布考核情况。监督抽查考核不得收取费用。

第四十五条 食品生产经营者应当建立并执行从业人员健康管理制度。患有国务院卫生行政部门规定的有碍食品安全疾病的人员，不得从事接触直接入口食品的工作。

从事接触直接入口食品工作的食品生产经营人员应当每年进行健康检查，取得健康证明后方可上岗工作。

第四十六条 食品生产企业应当就下列事项制定并实施控制要求，保证所生产的食品符合食品安全标准：

（一）原料采购、原料验收、投料等原料控制；

（二）生产工序、设备、贮存、包装等生产关键环节控制；

（三）原料检验、半成品检验、成品出厂检验等检验控制；

（四）运输和交付控制。

第四十七条 食品生产经营者应当建立食品安全自查制度，定期对食品安全状况进行检查评价。生产经营条件发生变化，不再符合食品安全要求的，食品生产经营者应当立即采取整改措施；有发生食品安全事故潜在风险的，应当立即停止食品生产经营活动，并向所在地县级人民政府食品安全监督管理部门报告。

第四十八条 国家鼓励食品生产经营企业符合良好生产规范要求，实施危害分析与关键控制点体系，提高食品安全管理水平。

对通过良好生产规范、危害分析与关键控制点体系认证的食品生产经营企业，认证机构应当依法实施跟踪调查；对不再符合认证要求的企业，应当依法撤销认证，及时向县级以上人民政府食品安全监督管理部门通报，并向社会公布。认证机构实施跟踪调查不得收取费用。

第四十九条 食用农产品生产者应当按照食品安全标准和国家有关规定使用农药、肥料、兽药、饲料和饲料添加剂等农业投入品，严格执行农业投入品使用安全间隔期或者休药期的规定，不得使用国家明令禁止的农业投入品。禁止将剧毒、高毒农药用于蔬菜、瓜果、茶叶和中草药材等国家规定的农作物。

食用农产品的生产企业和农民专业合作经济组织应当建立农业投入品使用记录制度。

县级以上人民政府农业行政部门应当加强对农业投入品使用的监督管理和指导，建立健全农业投入品安全使用制度。

第五十条 食品生产者采购食品原料、食品添加剂、食品相关产品，应当查验供货者的许可证和产品合格证明；对无法提供合格证明的食品原料，应当按照食品安全标准进行检验；不得采购或者使用不符合食品安全标准的食品原料、食品添加剂、食品相关产品。

食品生产企业应当建立食品原料、食品添加剂、食品相关产品进货查验记录制度，如实记录食品原料、食品添加剂、食品相关产品的名称、规格、数量、生产日期或者生产批号、保质期、进货日期以及供货者名称、地址、联系方式等内容，并保存相关凭证。记录和凭证保存期限不得少于产品保质期满后六个月；没有明确保质期的，保存期限不得少于二年。

第五十一条 食品生产企业应当建立食品出厂检验记录制度，查验出厂食品的检验合格证和安全状况，如实记录食品的名称、规格、数量、生产日期或者生产批号、保质期、检验合格证号、销售日期以及购货者名称、地址、联系方式等内容，并保存相关凭证。记录和凭证保存期限应当符合本法第五十条第二款的规定。

第五十二条 食品、食品添加剂、食品相关产品的生产者，应当按照食品安全标准对所生产的食品、食品添加剂、食品相关产品进行检验，检验合格后方可出厂或者销售。

第五十三条 食品经营者采购食品，应当查验供货者的许可证和食品出厂检验合格证或者其他合格证明（以下称合格证明文件）。

食品经营企业应当建立食品进货查验记录制度，如实记录食品的名称、规格、数量、生产日期或者生产批号、保质期、进货日期以及供货者名称、地址、联系方式等内容，并保存相关凭证。记录和凭证保存期限应当符合本法第五十条第二款的规定。

实行统一配送经营方式的食品经营企业，可以由企业总部统一查验供货者的许可证和食品合格证明文件，进行食品进货查验记录。

从事食品批发业务的经营企业应当建立食品销售记录制度，如实记录批发食品的名称、规格、数量、生产日期或者生产批号、保质期、销售日期以及购货者名称、地址、联系方式等内容，并保存相关凭证。记录和凭证保存期限应当符合本法第五十条第二款的规定。

第五十四条 食品经营者应当按照保证食品安全的要求贮存食品，定期检查库存食品，及时清理变质或者超过保质期的食品。

食品经营者贮存散装食品，应当在贮存位置标明食品的名称、生产日期或者生产批号、保质期、生产者名称及联系方式等内容。

第五十五条 餐饮服务提供者应当制定并实施原

料控制要求，不得采购不符合食品安全标准的食品原料。倡导餐饮服务提供者公开加工过程，公示食品原料及其来源等信息。

餐饮服务提供者在加工过程中应当检查待加工的食品及原料，发现有本法第三十四条第六项规定情形的，不得加工或者使用。

第五十六条 餐饮服务提供者应当定期维护食品加工、贮存、陈列等设施、设备；定期清洗、校验保温设施及冷藏、冷冻设施。

餐饮服务提供者应当按照要求对餐具、饮具进行清洗消毒，不得使用未经清洗消毒的餐具、饮具；餐饮服务提供者委托清洗消毒餐具、饮具的，应当委托符合本法规定条件的餐具、饮具集中消毒服务单位。

第五十七条 学校、托幼机构、养老机构、建筑工地等集中用餐单位的食堂应当严格遵守法律、法规和食品安全标准；从供餐单位订餐的，应当从取得食品生产经营许可的企业订购，并按照要求对订购的食品进行查验。供餐单位应当严格遵守法律、法规和食品安全标准，当餐加工，确保食品安全。

学校、托幼机构、养老机构、建筑工地等集中用餐单位的主管部门应当加强对集中用餐单位的食品安全教育和日常管理，降低食品安全风险，及时消除食品安全隐患。

第五十八条 餐具、饮具集中消毒服务单位应当具备相应的作业场所、清洗消毒设备或者设施，用水和使用的洗涤剂、消毒剂应当符合相关食品安全国家标准和其他国家标准、卫生规范。

餐具、饮具集中消毒服务单位应当对消毒餐具、饮具进行逐批检验，检验合格后方可出厂，并应当随附消毒合格证明。消毒后的餐具、饮具应当在独立包装上标注单位名称、地址、联系方式、消毒日期以及使用期限等内容。

第五十九条 食品添加剂生产者应当建立食品添加剂出厂检验记录制度，查验出厂产品的检验合格证和安全状况，如实记录食品添加剂的名称、规格、数量、生产日期或者生产批号、保质期、检验合格证号、销售日期以及购货者名称、地址、联系方式等相关内容，并保存相关凭证。记录和凭证保存期限应当符合本法第五十条第二款的规定。

第六十条 食品添加剂经营者采购食品添加剂，应当依法查验供货者的许可证和产品合格证明文件，如实记录食品添加剂的名称、规格、数量、生产日期或者生产批号、保质期、进货日期以及供货者名称、地址、联系方式等内容，并保存相关凭证。记录和凭证保存期限应当符合本法第五十条第二款的规定。

第六十一条 集中交易市场的开办者、柜台出租者和展销会举办者，应当依法审查入场食品经营者的许可证，明确其食品安全管理责任，定期对其经营环境和条件进行检查，发现其有违反本法规定行为的，应当及时制止并立即报告所在地县级人民政府食品安全监督管理部门。

第六十二条 网络食品交易第三方平台提供者应当对入网食品经营者进行实名登记，明确其食品安全管理责任；依法应当取得许可证的，还应当审查其许可证。

网络食品交易第三方平台提供者发现入网食品经营者有违反本法规定行为的，应当及时制止并立即报告所在地县级人民政府食品安全监督管理部门；发现严重违法行为的，应当立即停止提供网络交易平台服务。

第六十三条 国家建立食品召回制度。食品生产者发现其生产的食品不符合食品安全标准或者有证据证明可能危害人体健康的，应当立即停止生产，召回已经上市销售的食品，通知相关生产经营者和消费者，并记录召回和通知情况。

食品经营者发现其经营的食品有前款规定情形的，应当立即停止经营，通知相关生产经营者和消费者，并记录停止经营和通知情况。食品生产者认为应当召回的，应当立即召回。由于食品经营者的原因造成其经营的食品有前款规定情形的，食品经营者应当召回。

食品生产经营者应当对召回的食品采取无害化处理、销毁等措施，防止其再次流入市场。但是，对因标签、标志或者说明书不符合食品安全标准而被召回的食品，食品生产者在采取补救措施且能保证食品安全的情况下可以继续销售；销售时应当向消费者明示补救措施。

食品生产经营者应当将食品召回和处理情况向所在地县级人民政府食品安全监督管理部门报告；需要对召回的食品进行无害化处理、销毁的，应当提前报告时间、地点。食品安全监督管理部门认为必要的，可以实施现场监督。

食品生产经营者未依照本条规定召回或者停止经营的，县级以上人民政府食品安全监督管理部门可以责令其召回或者停止经营。

第六十四条 食用农产品批发市场应当配备检验设备和检验人员或者委托符合本法规定的食品检验机构，对进入该批发市场销售的食用农产品进行抽样检验；发现不符合食品安全标准的，应当要求销售者立即停止销售，并向食品安全监督管理部门报告。

第六十五条 食用农产品销售者应当建立食用农产品进货查验记录制度，如实记录食用农产品的名称、数量、进货日期以及供货者名称、地址、联系方式等内容，并保存相关凭证。记录和凭证保存期限不得少于六个月。

第六十六条 进入市场销售的食用农产品在包装、保鲜、贮存、运输中使用保鲜剂、防腐剂等食品添加剂和包装材料等食品相关产品，应当符合食品安全国家标准。

第三节 标签、说明书和广告

第六十七条 预包装食品的包装上应当有标签。标签应当标明下列事项：

（一）名称、规格、净含量、生产日期；

（二）成分或者配料表；

（三）生产者的名称、地址、联系方式；

（四）保质期；

（五）产品标准代号；

（六）贮存条件；

（七）所使用的食品添加剂在国家标准中的通用名称；

（八）生产许可证编号；

（九）法律、法规或者食品安全标准规定应当标明的其他事项。

专供婴幼儿和其他特定人群的主辅食品，其标签还应当标明主要营养成分及其含量。

食品安全国家标准对标签标注事项另有规定的，从其规定。

第六十八条 食品经营者销售散装食品，应当在散装食品的容器、外包装上标明食品的名称、生产日期或者生产批号、保质期以及生产经营者名称、地址、联系方式等内容。

第六十九条 生产经营转基因食品应当按照规定显著标示。

第七十条 食品添加剂应当有标签、说明书和包装。标签、说明书应当载明本法第六十七条第一款第一项至第六项、第八项、第九项规定的事项，以及食品添加剂的使用范围、用量、使用方法，并在标签上载明“食品添加剂”字样。

第七十一条 食品和食品添加剂的标签、说明书，不得含有虚假内容，不得涉及疾病预防、治疗功能。生产经营者对其提供的标签、说明书的内容负责。

食品和食品添加剂的标签、说明书应当清楚、明显，生产日期、保质期等事项应当显著标注，容易辨识。

食品和食品添加剂与其标签、说明书的内容不符的，不得上市销售。

第七十二条 食品经营者应当按照食品标签标示的警示标志、警示说明或者注意事项的要求销售食品。

第七十三条 食品广告的内容应当真实合法，不得含有虚假内容，不得涉及疾病预防、治疗功能。食品生产经营者对食品广告内容的真实性、合法性负责。

县级以上人民政府食品安全监督管理部门和其他有关部门以及食品检验机构、食品行业协会不得以广告或者其他形式向消费者推荐食品。消费者组织不得以收取费用或者其他牟取利益的方式向消费者推荐食品。

第四节 特殊食品

第七十四条 国家对保健食品、特殊医学用途配方食品和婴幼儿配方食品等特殊食品实行严格监督管理。

第七十五条 保健食品声称保健功能，应当具有科学依据，不得对人体产生急性、亚急性或者慢性危害。

保健食品原料目录和允许保健食品声称的保健功能目录，由国务院食品安全监督管理部门会同国务院卫生行政部门、国家中医药管理部门制定、调整并公布。

保健食品原料目录应当包括原料名称、用量及其对应的功效；列入保健食品原料目录的原料只能用于保健食品生产，不得用于其他食品生产。

第七十六条 使用保健食品原料目录以外原料的保健食品和首次进口的保健食品应当经国务院食品安全监督管理部门注册。但是，首次进口的保健食品中属于补充维生素、矿物质等营养物质的，应当报国务院食品安全监督管理部门备案。其他保健食品应当报省、自治区、直辖市人民政府食品安全监督管理部门备案。

进口的保健食品应当是出口国（地区）主管部门准许上市销售的产品。

第七十七条 依法应当注册的保健食品，注册时应当提交保健食品的研发报告、产品配方、生产工艺、安全性和保健功能评价、标签、说明书等材料及样品，并提供相关证明文件。国务院食品安全监督管理部门经组织技术审评，对符合安全和功能声称要求的，准予注册；对不符合要求的，不予注册并书面说明理由。对使用保健食品原料目录以外原料的保健食品作出准予注册决定的，应当及时将该原料纳入保健食品原料目录。

依法应当备案的保健食品，备案时应当提交产品配方、生产工艺、标签、说明书以及表明产品安全性和保健功能的材料。

第七十八条 保健食品的标签、说明书不得涉及疾病预防、治疗功能，内容应当真实，与注册或者备案的内容相一致，载明适宜人群、不适宜人群、功效成分或者标志性成分及其含量等，并声明“本品不能代替药物”。保健食品的功能和成分应当与标签、说明书相一致。

第七十九条 保健食品广告除应当符合本法第七十三条第一款的规定外，还应当声明“本品不能代替药物”；其内容应当经生产企业所在地省、自治区、直辖市人民政府食品安全监督管理部门审查批准，取得保健食品广告批准文件。省、自治区、直辖市人民政府食品安全监督管理部门应当公布并及时更新已经批准的保健食品广告目录以及批准的广告内容。

第八十条 特殊医学用途配方食品应当经国务院食品安全监督管理部门注册。注册时，应当提交产品配方、生产工艺、标签、说明书以及表明产品安全性、营养充足性和特殊医学用途临床效果的材料。

特殊医学用途配方食品广告适用《中华人民共和国广告法》和其他法律、行政法规关于药品广告管理的规定。

第八十一条 婴幼儿配方食品生产企业应当实施从原料进厂到成品出厂的全过程质量控制，对出厂的婴幼儿配方食品实施逐批检验，保证食品安全。

生产婴幼儿配方食品使用的生鲜乳、辅料等食品原料、食品添加剂等，应当符合法律、行政法规的规定和食品安全国家标准，保证婴幼儿生长发育所需的营养成分。

婴幼儿配方食品生产企业应当将食品原料、食品添加剂、产品配方及标签等事项向省、自治区、直辖市人民政府食品安全监督管理部门备案。

婴幼儿配方乳粉的产品配方应当经国务院食品安全

全监督管理部门注册。注册时，应当提交配方研发报告和其他表明配方科学性、安全性的材料。

不得以分装方式生产婴幼儿配方乳粉，同一企业不得用同一配方生产不同品牌的婴幼儿配方乳粉。

第八十二条 保健食品、特殊医学用途配方食品、婴幼儿配方乳粉的注册人或者备案人应当对其提交材料的真实性负责。

省级以上人民政府食品安全监督管理部门应当及时公布注册或者备案的保健食品、特殊医学用途配方食品、婴幼儿配方乳粉目录，并对注册或者备案中获知的企业商业秘密予以保密。

保健食品、特殊医学用途配方食品、婴幼儿配方乳粉生产企业应当按照注册或者备案的产品配方、生产工艺等技术要求组织生产。

第八十三条 生产保健食品，特殊医学用途配方食品、婴幼儿配方食品和其他专供特定人群的主辅食品的企业，应当按照良好生产规范的要求建立与所生产食品相适应的生产质量管理体系，定期对该体系的运行情况进行自查，保证其有效运行，并向所在地县级人民政府食品安全监督管理部门提交自查报告。

第五章 食品检验

第八十四条 食品检验机构按照国家有关认证认可的规定取得资质认定后，方可从事食品检验活动。但是，法律另有规定的除外。

食品检验机构的资质认定条件和检验规范，由国务院食品安全监督管理部门规定。

符合本法规定的食品检验机构出具的检验报告具有同等效力。

县级以上人民政府应当整合食品检验资源，实现资源共享。

第八十五条 食品检验由食品检验机构指定的检验人独立进行。

检验人应当依照有关法律、法规的规定，并按照食品安全标准和检验规范对食品进行检验，尊重科学，恪守职业道德，保证出具的检验数据和结论客观、公正，不得出具虚假检验报告。

第八十六条 食品检验实行食品检验机构与检验人负责制。食品检验报告应当加盖食品检验机构公章，并有检验人的签名或者盖章。食品检验机构和检验人对出具的食品检验报告负责。

第八十七条 县级以上人民政府食品安全监督管理部门应当对食品进行定期或者不定期的抽样检验，并依据有关规定公布检验结果，不得免检。进行抽样检验，应当购买抽取的样品，委托符合本法规定的食品检验机构进行检验，并支付相关费用；不得向食品生产经营者收取检验费和其他费用。

第八十八条 对依照本法规定实施的检验结论有异议的，食品生产经营者可以自收到检验结论之日起七个工作日内向实施抽样检验的食品安全监督管理部门或者其上一级食品安全监督管理部门提出复检申请，由受理复检申请的食品安全监督管理部门在公布的复检机构名录中随机确定复检机构进行复检。复检机构出具的复检结论为最终检验结论。复检机构与初检机构不得为同一机构。复检机构名录由国务院认证认可监督管理、食品安全监督管理、卫生行政、农业行政等部门共同公布。

采用国家规定的快速检测方法对食用农产品进行抽查检测，被抽查人对检测结果有异议的，可以自收到检测结果时起四小时内申请复检。复检不得采用快速检测方法。

第八十九条 食品生产企业可以自行对所生产的食品进行检验，也可以委托符合本法规定的食品检验机构进行检验。

食品行业协会和消费者协会等组织、消费者需要委托食品检验机构对食品进行检验的，应当委托符合本法规定的食品检验机构进行。

第九十条 食品添加剂的检验，适用本法有关食品检验的规定。

第六章 食品进出口

第九十一条 国家出入境检验检疫部门对进出口食品安全实施监督管理。

第九十二条 进口的食品、食品添加剂、食品相关产品应当符合我国食品安全国家标准。

进口的食品、食品添加剂应当经出入境检验检疫机构依照进出口商品检验相关法律、行政法规的规定检验合格。

进口的食品、食品添加剂应当按照国家出入境检验检疫部门的要求随附合格证明材料。

第九十三条 进口尚无食品安全国家标准的食品，由境外出口商、境外生产企业或者其委托的进口商向国务院卫生行政部门提交所执行的相关国家（地区）标准或者国际标准。国务院卫生行政部门对相关标准进行审查，认为符合食品安全要求的，决定暂予适用，并及时制定相应的食品安全国家标准。进口利用新的食品原料生产的食品或者进口食品添加剂新品种、食品相关产品新品种，依照本法第三十七条的规定办理。

出入境检验检疫机构按照国务院卫生行政部门的要求，对前款规定的食品、食品添加剂、食品相关产品进行检验。检验结果应当公开。

第九十四条 境外出口商、境外生产企业应当保证向我国出口的食品、食品添加剂、食品相关产品符合本法以及我国其他有关法律、行政法规的规定和食品安全国家标准的要求，并对标签、说明书的内容负责。

进口商应当建立境外出口商、境外生产企业审核制度，重点审核前款规定的内容；审核不合格的，不得进口。

发现进口食品不符合我国食品安全国家标准或者有证据证明可能危害人体健康的，进口商应当立即停止进口，并依照本法第六十三条的规定召回。

第九十五条 境外发生的食品安全事件可能对我

国境内造成影响，或者在进口食品、食品添加剂、食品相关产品中发现严重食品安全问题的，国家出入境检验检疫部门应当及时采取风险预警或者控制措施，并向国务院食品安全监督管理、卫生行政、农业行政部门通报。接到通报的部门应当及时采取相应措施。

县级以上人民政府食品安全监督管理部门对国内市场上销售的进口食品、食品添加剂实施监督管理。发现存在严重食品安全问题的，国务院食品安全监督管理部门应当及时向国家出入境检验检疫部门通报。国家出入境检验检疫部门应当及时采取相应措施。

第九十六条 向我国境内出口食品的境外出口商或者代理商、进口食品的进口商应当向国家出入境检验检疫部门备案。向我国境内出口食品的境外食品生产企业应当经国家出入境检验检疫部门注册。已经注册的境外食品生产企业提供虚假材料，或者因其自身的原因致使进口食品发生重大食品安全事故的，国家出入境检验检疫部门应当撤销注册并公告。

国家出入境检验检疫部门应当定期公布已经备案的境外出口商、代理商、进口商和已经注册的境外食品生产企业名单。

第九十七条 进口的预包装食品、食品添加剂应当有中文标签；依法应当有说明书的，还应当有中文说明书。标签、说明书应当符合本法以及我国其他有关法律、行政法规的规定和食品安全国家标准的要求，并载明食品的原产地以及境内代理商的名称、地址、联系方式。预包装食品没有中文标签、中文说明书或者标签、说明书不符合本条规定的，不得进口。

第九十八条 进口商应当建立食品、食品添加剂进口和销售记录制度，如实记录食品、食品添加剂的名称、规格、数量、生产日期、生产或者进口批号、保质期、境外出口商和购货者名称、地址及联系方式、交货日期等内容，并保存相关凭证。记录和凭证保存期限应当符合本法第五十条第二款的规定。

第九十九条 出口食品生产企业应当保证其出口食品符合进口国（地区）的标准或者合同要求。

出口食品生产企业和出口食品原料种植、养殖场应当向国家出入境检验检疫部门备案。

第一百条 国家出入境检验检疫部门应当收集、汇总下列进出口食品安全信息，并及时通报相关部门、机构和企业：

（一）出入境检验检疫机构对进出口食品实施检验检疫发现的食品安全信息；

（二）食品行业协会和消费者协会等组织、消费者反映的进口食品安全信息；

（三）国际组织、境外政府机构发布的风险预警信息及其他食品安全信息，以及境外食品行业协会等组织、消费者反映的食品安全信息；

（四）其他食品安全信息。

国家出入境检验检疫部门应当对进出口食品的进口商、出口商和出口食品生产企业实施信用管理，建立信用记录，并依法向社会公布。对有不良记录的进口商、出口商和出口食品生产企业，应当加强对其进出口食品的检验检疫。

第一百零一条 国家出入境检验检疫部门可以对向我国境内出口食品的国家（地区）的食品安全管理体系和食品安全状况进行评估和审查，并根据评估和审查结果，确定相应检验检疫要求。

第七章　食品安全事故处置

第一百零二条 国务院组织制定国家食品安全事故应急预案。

县级以上地方人民政府应当根据有关法律、法规的规定和上级人民政府的食品安全事故应急预案以及本行政区域的实际情况，制定本行政区域的食品安全事故应急预案，并报上一级人民政府备案。

食品安全事故应急预案应当对食品安全事故分级、事故处置组织指挥体系与职责、预防预警机制、处置程序、应急保障措施等作出规定。

食品生产经营企业应当制定食品安全事故处置方案，定期检查本企业各项食品安全防范措施的落实情况，及时消除事故隐患。

第一百零三条 发生食品安全事故的单位应当立即采取措施，防止事故扩大。事故单位和接收病人进行治疗的单位应当及时向事故发生地县级人民政府食品安全监督管理、卫生行政部门报告。

县级以上人民政府农业行政等部门在日常监督管理中发现食品安全事故或者接到事故举报，应当立即向同级食品安全监督管理部门通报。

发生食品安全事故，接到报告的县级人民政府食品安全监督管理部门应当按照应急预案的规定向本级人民政府和上级人民政府食品安全监督管理部门报告。县级人民政府和上级人民政府食品安全监督管理部门应当按照应急预案的规定上报。

任何单位和个人不得对食品安全事故隐瞒、谎报、缓报，不得隐匿、伪造、毁灭有关证据。

第一百零四条 医疗机构发现其接收的病人属于食源性疾病病人或者疑似病人的，应当按照规定及时将相关信息向所在地县级人民政府卫生行政部门报告。县级人民政府卫生行政部门认为与食品安全有关的，应当及时通报同级食品安全监督管理部门。

县级以上人民政府卫生行政部门在调查处理传染病或者其他突发公共卫生事件中发现与食品安全相关的信息，应当及时通报同级食品安全监督管理部门。

第一百零五条 县级以上人民政府食品安全监督管理部门接到食品安全事故的报告后，应当立即会同同级卫生行政、农业行政等部门进行调查处理，并采取下列措施，防止或者减轻社会危害：

（一）开展应急救援工作，组织救治因食品安全事故导致人身伤害的人员；

（二）封存可能导致食品安全事故的食品及其原

料，并立即进行检验；对确认属于被污染的食品及其原料，责令食品生产经营者依照本法第六十三条的规定召回或者停止经营；

（三）封存被污染的食品相关产品，并责令进行清洗消毒；

（四）做好信息发布工作，依法对食品安全事故及其处理情况进行发布，并对可能产生的危害加以解释、说明。

发生食品安全事故需要启动应急预案的，县级以上人民政府应当立即成立事故处置指挥机构，启动应急预案，依照前款和应急预案的规定进行处置。

发生食品安全事故，县级以上疾病预防控制机构应当对事故现场进行卫生处理，并对与事故有关的因素开展流行病学调查，有关部门应当予以协助。县级以上疾病预防控制机构应当向同级食品安全监督管理、卫生行政部门提交流行病学调查报告。

第一百零六条 发生食品安全事故，设区的市级以上人民政府食品安全监督管理部门应当立即会同有关部门进行事故责任调查，督促有关部门履行职责，向本级人民政府和上一级人民政府食品安全监督管理部门提出事故责任调查处理报告。

涉及两个以上省、自治区、直辖市的重大食品安全事故由国务院食品安全监督管理部门依照前款规定组织事故责任调查。

第一百零七条 调查食品安全事故，应当坚持实事求是、尊重科学的原则，及时、准确查清事故性质和原因，认定事故责任，提出整改措施。

调查食品安全事故，除了查明事故单位的责任，还应当查明有关监督管理部门、食品检验机构、认证机构及其工作人员的责任。

第一百零八条 食品安全事故调查部门有权向有关单位和个人了解与事故有关的情况，并要求提供相关资料和样品。有关单位和个人应当予以配合，按照要求提供相关资料和样品，不得拒绝。

任何单位和个人不得阻挠、干涉食品安全事故的调查处理。

第八章 监督管理

第一百零九条 县级以上人民政府食品安全监督管理部门根据食品安全风险监测、风险评估结果和食品安全状况等，确定监督管理的重点、方式和频次，实施风险分级管理。

县级以上地方人民政府组织本级食品安全监督管理、农业行政等部门制定本行政区域的食品安全年度监督管理计划，向社会公布并组织实施。

食品安全年度监督管理计划应当将下列事项作为监督管理的重点：

（一）专供婴幼儿和其他特定人群的主辅食品；

（二）保健食品生产过程中的添加行为和按照注册或者备案的技术要求组织生产的情况，保健食品标签、说明书以及宣传材料中有关功能宣传的情况；

（三）发生食品安全事故风险较高的食品生产经营者；

（四）食品安全风险监测结果表明可能存在食品安全隐患的事项。

第一百一十条 县级以上人民政府食品安全监督管理部门履行食品安全监督管理职责，有权采取下列措施，对生产经营者遵守本法的情况进行监督检查：

（一）进入生产经营场所实施现场检查；

（二）对生产经营的食品、食品添加剂、食品相关产品进行抽样检验；

（三）查阅、复制有关合同、票据、账簿以及其他有关资料；

（四）查封、扣押有证据证明不符合食品安全标准或者有证据证明存在安全隐患以及用于违法生产经营的食品、食品添加剂、食品相关产品；

（五）查封违法从事生产经营活动的场所。

第一百一十一条 对食品安全风险评估结果证明食品存在安全隐患，需要制定、修订食品安全标准的，在制定、修订食品安全标准前，国务院卫生行政部门应当及时会同国务院有关部门规定食品中有害物质的临时限量值和临时检验方法，作为生产经营和监督管理的依据。

第一百一十二条 县级以上人民政府食品安全监督管理部门在食品安全监督管理工作中可以采用国家规定的快速检测方法对食品进行抽查检测。

对抽查检测结果表明可能不符合食品安全标准的食品，应当依照本法第八十七条的规定进行检验。抽查检测结果确定有关食品不符合食品安全标准的，可以作为行政处罚的依据。

第一百一十三条 县级以上人民政府食品安全监督管理部门应当建立食品生产经营者食品安全信用档案，记录许可颁发、日常监督检查结果、违法行为查处等情况，依法向社会公布并实时更新；对有不良信用记录的食品生产经营者增加监督检查频次，对违法行为情节严重的食品生产经营者，可以通报投资主管部门、证券监督管理机构和有关的金融机构。

第一百一十四条 食品生产经营过程中存在食品安全隐患，未及时采取措施消除的，县级以上人民政府食品安全监督管理部门可以对食品生产经营者的法定代表人或者主要负责人进行责任约谈。食品生产经营者应当立即采取措施，进行整改，消除隐患。责任约谈情况和整改情况应当纳入食品生产经营者食品安全信用档案。

第一百一十五条 县级以上人民政府食品安全监督管理等部门应当公布本部门的电子邮件地址或者电话，接受咨询、投诉、举报。接到咨询、投诉、举报，对属于本部门职责的，应当受理并在法定期限内及时答复、核实、处理；对不属于本部门职责的，应当移交有权处理的部门并书面通知咨询、投诉、举报人。有权处理的部门应当在法定期限内及时处理，不得推诿。对查证属实的举报，给予举报人奖励。

有关部门应当对举报人的信息予以保密，保护举报人的合法权益。举报人举报所在企业的，该企业不得以解除、变更劳动合同或者其他方式对举报人进行打击报复。

第一百一十六条 县级以上人民政府食品安全监督管理等部门应当加强对执法人员食品安全法律、法规、标准和专业知识与执法能力等的培训，并组织考核。不具备相应知识和能力的，不得从事食品安全执法工作。

食品生产经营者、食品行业协会、消费者协会等发现食品安全执法人员在执法过程中有违反法律、法规规定的行为以及不规范执法行为的，可以向本级或者上级人民政府食品安全监督管理等部门或者监察机关投诉、举报。接到投诉、举报的部门或者机关应当进行核实，并将经核实的情况向食品安全执法人员所在部门通报；涉嫌违法违纪的，按照本法和有关规定处理。

第一百一十七条 县级以上人民政府食品安全监督管理等部门未及时发现食品安全系统性风险，未及时消除监督管理区域内的食品安全隐患的，本级人民政府可以对其主要负责人进行责任约谈。

地方人民政府未履行食品安全职责，未及时消除区域性重大食品安全隐患的，上级人民政府可以对其主要负责人进行责任约谈。

被约谈的食品安全监督管理等部门、地方人民政府应当立即采取措施，对食品安全监督管理工作进行整改。

责任约谈情况和整改情况应当纳入地方人民政府和有关部门食品安全监督管理工作评议、考核记录。

第一百一十八条 国家建立统一的食品安全信息平台，实行食品安全信息统一公布制度。国家食品安全总体情况、食品安全风险警示信息、重大食品安全事故及其调查处理信息和国务院确定需要统一公布的其他信息由国务院食品安全监督管理部门统一公布。食品安全风险警示信息和重大食品安全事故及其调查处理信息的影响限于特定区域的，也可以由有关省、自治区、直辖市人民政府食品安全监督管理部门公布。未经授权不得发布上述信息。

县级以上人民政府食品安全监督管理、农业行政部门依据各自职责公布食品安全日常监督管理信息。

公布食品安全信息，应当做到准确、及时，并进行必要的解释说明，避免误导消费者和社会舆论。

第一百一十九条 县级以上地方人民政府食品安全监督管理、卫生行政、农业行政部门获知本法规定需要统一公布的信息，应当向上级主管部门报告，由上级主管部门立即报告国务院食品安全监督管理部门；必要时，可以直接向国务院食品安全监督管理部门报告。

县级以上人民政府食品安全监督管理、卫生行政、农业行政部门应当相互通报获知的食品安全信息。

第一百二十条 任何单位和个人不得编造、散布虚假食品安全信息。

县级以上人民政府食品安全监督管理部门发现可能误导消费者和社会舆论的食品安全信息，应当立即组织有关部门、专业机构、相关食品生产经营者等进行核实、分析，并及时公布结果。

第一百二十一条 县级以上人民政府食品安全监督管理等部门发现涉嫌食品安全犯罪的，应当按照有关规定及时将案件移送公安机关。对移送的案件，公安机关应当及时审查；认为有犯罪事实需要追究刑事责任的，应当立案侦查。

公安机关在食品安全犯罪案件侦查过程中认为没有犯罪事实，或者犯罪事实显著轻微，不需要追究刑事责任，但依法应当追究行政责任的，应当及时将案件移送食品安全监督管理等部门和监察机关，有关部门应当依法处理。

公安机关商请食品安全监督管理、生态环境等部门提供检验结论、认定意见以及对涉案物品进行无害化处理等协助的，有关部门应当及时提供，予以协助。

第九章 法律责任

第一百二十二条 违反本法规定，未取得食品生产经营许可从事食品生产经营活动，或者未取得食品添加剂生产许可从事食品添加剂生产活动的，由县级以上人民政府食品安全监督管理部门没收违法所得和违法生产经营的食品、食品添加剂以及用于违法生产经营的工具、设备、原料等物品；违法生产经营的食品、食品添加剂货值金额不足一万元的，并处五万元以上十万元以下罚款；货值金额一万元以上的，并处货值金额十倍以上二十倍以下罚款。

明知从事前款规定的违法行为，仍为其提供生产经营场所或者其他条件的，由县级以上人民政府食品安全监督管理部门责令停止违法行为，没收违法所得，并处五万元以上十万元以下罚款；使消费者的合法权益受到损害的，应当与食品、食品添加剂生产经营者承担连带责任。

第一百二十三条 违反本法规定，有下列情形之一，尚不构成犯罪的，由县级以上人民政府食品安全监督管理部门没收违法所得和违法生产经营的食品，并可以没收用于违法生产经营的工具、设备、原料等物品；违法生产经营的食品货值金额不足一万元的，并处十万元以上十五万元以下罚款；货值金额一万元以上的，并处货值金额十五倍以上三十倍以下罚款；情节严重的，吊销许可证，并可以由公安机关对其直接负责的主管人员和其他直接责任人员处五日以上十五日以下拘留：

（一）用非食品原料生产食品、在食品中添加食品添加剂以外的化学物质和其他可能危害人体健康的物质，或者用回收食品作为原料生产食品，或者经营上述食品；

（二）生产经营营养成分不符合食品安全标准的专供婴幼儿和其他特定人群的主辅食品；

（三）经营病死、毒死或者死因不明的禽、畜、兽、水产动物肉类，或者生产经营其制品；

（四）经营未按规定进行检疫或者检疫不合格的肉类，或者生产经营未经检验或者检验不合格的肉类制品；

（五）生产经营国家为防病等特殊需要明令禁止生产经营的食品；

（六）生产经营添加药品的食品。

明知从事前款规定的违法行为，仍为其提供生产经营场所或者其他条件的，由县级以上人民政府食品安全监督管理部门责令停止违法行为，没收违法所得，并处十万元以上二十万元以下罚款；使消费者的合法权益受到损害的，应当与食品生产经营者承担连带责任。

违法使用剧毒、高毒农药的，除依照有关法律、法规规定给予处罚外，可以由公安机关依照第一款规定给予拘留。

第一百二十四条 违反本法规定，有下列情形之一，尚不构成犯罪的，由县级以上人民政府食品安全监督管理部门没收违法所得和违法生产经营的食品、食品添加剂，并可以没收用于违法生产经营的工具、设备、原料等物品；违法生产经营的食品、食品添加剂货值金额不足一万元的，并处五万元以上十万元以下罚款；货值金额一万元以上的，并处货值金额十倍以上二十倍以下罚款；情节严重的，吊销许可证：

（一）生产经营致病性微生物，农药残留、兽药残留、生物毒素、重金属等污染物质以及其他危害人体健康的物质含量超过食品安全标准限量的食品、食品添加剂；

（二）用超过保质期的食品原料、食品添加剂生产食品、食品添加剂，或者经营上述食品、食品添加剂；

（三）生产经营超范围、超限量使用食品添加剂的食品；

（四）生产经营腐败变质、油脂酸败、霉变生虫、污秽不洁、混有异物、掺假掺杂或者感官性状异常的食品、食品添加剂；

（五）生产经营标注虚假生产日期、保质期或者超过保质期的食品、食品添加剂；

（六）生产经营未按规定注册的保健食品、特殊医学用途配方食品、婴幼儿配方乳粉，或者未按注册的产品配方、生产工艺等技术要求组织生产；

（七）以分装方式生产婴幼儿配方乳粉，或者同一企业以同一配方生产不同品牌的婴幼儿配方乳粉；

（八）利用新的食品原料生产食品，或者生产食品添加剂新品种，未通过安全性评估；

（九）食品生产经营者在食品安全监督管理部门责令其召回或者停止经营后，仍拒不召回或者停止经营。

除前款和本法第一百二十三条、第一百二十五条规定的情形外，生产经营不符合法律、法规或者食品安全标准的食品、食品添加剂的，依照前款规定给予处罚。

生产食品相关产品新品种，未通过安全性评估，或者生产不符合食品安全标准的食品相关产品的，由县级以上人民政府食品安全监督管理部门依照第一款规定给予处罚。

第一百二十五条 违反本法规定，有下列情形之一的，由县级以上人民政府食品安全监督管理部门没收违法所得和违法生产经营的食品、食品添加剂，并可以没收用于违法生产经营的工具、设备、原料等物品；违法生产经营的食品、食品添加剂货值金额不足一万元的，并处五千元以上五万元以下罚款；货值金额一万元以上的，并处货值金额五倍以上十倍以下罚款；情节严重的，责令停产停业，直至吊销许可证：

（一）生产经营被包装材料、容器、运输工具等污染的食品、食品添加剂；

（二）生产经营无标签的预包装食品、食品添加剂或者标签、说明书不符合本法规定的食品、食品添加剂；

（三）生产经营转基因食品未按规定进行标示；

（四）食品生产经营者采购或者使用不符合食品安全标准的食品原料、食品添加剂、食品相关产品。

生产经营的食品、食品添加剂的标签、说明书存在瑕疵但不影响食品安全且不会对消费者造成误导的，由县级以上人民政府食品安全监督管理部门责令改正；拒不改正的，处二千元以下罚款。

第一百二十六条 违反本法规定，有下列情形之一的，由县级以上人民政府食品安全监督管理部门责令改正，给予警告；拒不改正的，处五千元以上五万元以下罚款；情节严重的，责令停产停业，直至吊销许可证：

（一）食品、食品添加剂生产者未按规定对采购的食品原料和生产的食品、食品添加剂进行检验；

（二）食品生产经营企业未按规定建立食品安全管理制度，或者未按规定配备或者培训、考核食品安全管理人员；

（三）食品、食品添加剂生产经营者进货时未查验许可证和相关证明文件，或者未按规定建立并遵守进货查验记录、出厂检验记录和销售记录制度；

（四）食品生产经营企业未制定食品安全事故处置方案；

（五）餐具、饮具和盛放直接入口食品的容器，使用前未经洗净、消毒或者清洗消毒不合格，或者餐饮服务设施、设备未按规定定期维护、清洗、校验；

（六）食品生产经营者安排未取得健康证明或者患有国务院卫生行政部门规定的有碍食品安全疾病的人员从事接触直接入口食品的工作；

（七）食品经营者未按规定要求销售食品；

（八）保健食品生产企业未按规定向食品安全监督管理部门备案，或者未按备案的产品配方、生产工艺等技术要求组织生产；

（九）婴幼儿配方食品生产企业未将食品原料、食品添加剂、产品配方、标签等向食品安全监督管理部门备案；

（十）特殊食品生产企业未按规定建立生产质量管理体系并有效运行，或者未定期提交自查报告；

（十一）食品生产经营者未定期对食品安全状况进

行检查评价，或者生产经营条件发生变化，未按规定处理；

（十二）学校、托幼机构、养老机构、建筑工地等集中用餐单位未按规定履行食品安全管理责任；

（十三）食品生产企业、餐饮服务提供者未按规定制定、实施生产经营过程控制要求。

餐具、饮具集中消毒服务单位违反本法规定用水，使用洗涤剂、消毒剂，或者出厂的餐具、饮具未按规定检验合格并随附消毒合格证明，或者未按规定在独立包装上标注相关内容的，由县级以上人民政府卫生行政部门依照前款规定给予处罚。

食品相关产品生产者未按规定对生产的食品相关产品进行检验的，由县级以上人民政府食品安全监督管理部门依照第一款规定给予处罚。

食用农产品销售者违反本法第六十五条规定的，由县级以上人民政府食品安全监督管理部门依照第一款规定给予处罚。

第一百二十七条 对食品生产加工小作坊、食品摊贩等的违法行为的处罚，依照省、自治区、直辖市制定的具体管理办法执行。

第一百二十八条 违反本法规定，事故单位在发生食品安全事故后未进行处置、报告的，由有关主管部门按照各自职责分工责令改正，给予警告；隐匿、伪造、毁灭有关证据的，责令停产停业，没收违法所得，并处十万元以上五十万元以下罚款；造成严重后果的，吊销许可证。

第一百二十九条 违反本法规定，有下列情形之一的，由出入境检验检疫机构依照本法第一百二十四条的规定给予处罚：

（一）提供虚假材料，进口不符合我国食品安全国家标准的食品、食品添加剂、食品相关产品；

（二）进口尚无食品安全国家标准的食品，未提交所执行的标准并经国务院卫生行政部门审查，或者进口利用新的食品原料生产的食品或者进口食品添加剂新品种、食品相关产品新品种，未通过安全性评估；

（三）未遵守本法的规定出口食品；

（四）进口商在有关主管部门责令其依照本法规定召回进口的食品后，仍拒不召回。

违反本法规定，进口商未建立并遵守食品、食品添加剂进口和销售记录制度、境外出口商或者生产企业审核制度的，由出入境检验检疫机构依照本法第一百二十六条的规定给予处罚。

第一百三十条 违反本法规定，集中交易市场的开办者、柜台出租者、展销会的举办者允许未依法取得许可的食品经营者进入市场销售食品，或者未履行检查、报告等义务的，由县级以上人民政府食品安全监督管理部门责令改正，没收违法所得，并处五万元以上二十万元以下罚款；造成严重后果的，责令停业，直至由原发证部门吊销许可证；使消费者的合法权益受到损害的，应当与食品经营者承担连带责任。

食用农产品批发市场违反本法第六十四条规定的，依照前款规定承担责任。

第一百三十一条 违反本法规定，网络食品交易第三方平台提供者未对入网食品经营者进行实名登记、审查许可证，或者未履行报告、停止提供网络交易平台服务等义务的，由县级以上人民政府食品安全监督管理部门责令改正，没收违法所得，并处五万元以上二十万元以下罚款；造成严重后果的，责令停业，直至由原发证部门吊销许可证；使消费者的合法权益受到损害的，应当与食品经营者承担连带责任。

消费者通过网络食品交易第三方平台购买食品，其合法权益受到损害的，可以向入网食品经营者或者食品生产者要求赔偿。网络食品交易第三方平台提供者不能提供入网食品经营者的真实名称、地址和有效联系方式的，由网络食品交易第三方平台提供者赔偿。网络食品交易第三方平台提供者赔偿后，有权向入网食品经营者或者食品生产者追偿。网络食品交易第三方平台提供者作出更有利于消费者承诺的，应当履行其承诺。

第一百三十二条 违反本法规定，未按要求进行食品贮存、运输和装卸的，由县级以上人民政府食品安全监督管理等部门按照各自职责分工责令改正，给予警告；拒不改正的，责令停产停业，并处一万元以上五万元以下罚款；情节严重的，吊销许可证。

第一百三十三条 违反本法规定，拒绝、阻挠、干涉有关部门、机构及其工作人员依法开展食品安全监督检查、事故调查处理、风险监测和风险评估的，由有关主管部门按照各自职责分工责令停产停业，并处二千元以上五万元以下罚款；情节严重的，吊销许可证；构成违反治安管理行为的，由公安机关依法给予治安管理处罚。

违反本法规定，对举报人以解除、变更劳动合同或者其他方式打击报复的，应当依照有关法律的规定承担责任。

第一百三十四条 食品生产经营者在一年内累计三次因违反本法规定受到责令停产停业、吊销许可证以外处罚的，由食品安全监督管理部门责令停产停业，直至吊销许可证。

第一百三十五条 被吊销许可证的食品生产经营者及其法定代表人、直接负责的主管人员和其他直接责任人员自处罚决定作出之日起五年内不得申请食品生产经营许可，或者从事食品生产经营管理工作、担任食品生产经营企业食品安全管理人员。

因食品安全犯罪被判处有期徒刑以上刑罚的，终身不得从事食品生产经营管理工作，也不得担任食品生产经营企业食品安全管理人员。

食品生产经营者聘用人员违反前两款规定的，由县级以上人民政府食品安全监督管理部门吊销许可证。

第一百三十六条 食品经营者履行了本法规定的进货查验等义务，有充分证据证明其不知道所采购的食品不符合食品安全标准，并能如实说明其进货来源的，可以免予处罚，但应当依法没收其不符合食品安全标准的食品；造成人身、财产或者其他损害的，依法承担赔偿责任。

第一百三十七条 违反本法规定，承担食品安全风险监测、风险评估工作的技术机构、技术人员提供虚假监测、评估信息的，依法对技术机构直接负责的主管人员和技术人员给予撤职、开除处分；有执业资格的，由授予其资格的主管部门吊销执业证书。

第一百三十八条 违反本法规定，食品检验机构、食品检验人员出具虚假检验报告的，由授予其资质的主管部门或者机构撤销该食品检验机构的检验资质，没收所收取的检验费用，并处检验费用五倍以上十倍以下罚款，检验费用不足一万元的，并处五万元以上十万元以下罚款；依法对食品检验机构直接负责的主管人员和食品检验人员给予撤职或者开除处分；导致发生重大食品安全事故的，对直接负责的主管人员和食品检验人员给予开除处分。

违反本法规定，受到开除处分的食品检验机构人员，自处分决定作出之日起十年内不得从事食品检验工作；因食品安全违法行为受到刑事处罚或者因出具虚假检验报告导致发生重大食品安全事故受到开除处分的食品检验机构人员，终身不得从事食品检验工作。食品检验机构聘用不得从事食品检验工作的人员的，由授予其资质的主管部门或者机构撤销该食品检验机构的检验资质。

食品检验机构出具虚假检验报告，使消费者的合法权益受到损害的，应当与食品生产经营者承担连带责任。

第一百三十九条 违反本法规定，认证机构出具虚假认证结论，由认证认可监督管理部门没收所收取的认证费用，并处认证费用五倍以上十倍以下罚款，认证费用不足一万元的，并处五万元以上十万元以下罚款；情节严重的，责令停业，直至撤销认证机构批准文件，并向社会公布；对直接负责的主管人员和负有直接责任的认证人员，撤销其执业资格。

认证机构出具虚假认证结论，使消费者的合法权益受到损害的，应当与食品生产经营者承担连带责任。

第一百四十条 违反本法规定，在广告中对食品作虚假宣传，欺骗消费者，或者发布未取得批准文件、广告内容与批准文件不一致的保健食品广告的，依照《中华人民共和国广告法》的规定给予处罚。

广告经营者、发布者设计、制作、发布虚假食品广告，使消费者的合法权益受到损害的，应当与食品生产经营者承担连带责任。

社会团体或者其他组织、个人在虚假广告或者其他虚假宣传中向消费者推荐食品，使消费者的合法权益受到损害的，应当与食品生产经营者承担连带责任。

违反本法规定，食品安全监督管理等部门、食品检验机构、食品行业协会以广告或者其他形式向消费者推荐食品，消费者组织以收取费用或者其他牟取利益的方式向消费者推荐食品的，由有关主管部门没收违法所得，依法对直接负责的主管人员和其他直接责任人员给予记大过、降级或者撤职处分；情节严重的，给予开除处分。

对食品作虚假宣传且情节严重的，由省级以上人民政府食品安全监督管理部门决定暂停销售该食品，并向社会公布；仍然销售该食品的，由县级以上人民政府食品安全监督管理部门没收违法所得和违法销售的食品，并处二万元以上五万元以下罚款。

第一百四十一条 违反本法规定，编造、散布虚假食品安全信息，构成违反治安管理行为的，由公安机关依法给予治安管理处罚。

媒体编造、散布虚假食品安全信息的，由有关主管部门依法给予处罚，并对直接负责的主管人员和其他直接责任人员给予处分；使公民、法人或者其他组织的合法权益受到损害的，依法承担消除影响、恢复名誉、赔偿损失、赔礼道歉等民事责任。

第一百四十二条 违反本法规定，县级以上地方人民政府有下列行为之一的，对直接负责的主管人员和其他直接责任人员给予记大过处分；情节较重的，给予降级或者撤职处分；情节严重的，给予开除处分；造成严重后果的，其主要负责人还应当引咎辞职：

（一）对发生在本行政区域内的食品安全事故，未及时组织协调有关部门开展有效处置，造成不良影响或者损失；

（二）对本行政区域内涉及多环节的区域性食品安全问题，未及时组织整治，造成不良影响或者损失；

（三）隐瞒、谎报、缓报食品安全事故；

（四）本行政区域内发生特别重大食品安全事故，或者连续发生重大食品安全事故。

第一百四十三条 违反本法规定，县级以上地方人民政府有下列行为之一的，对直接负责的主管人员和其他直接责任人员给予警告、记过或者记大过处分；造成严重后果的，给予降级或者撤职处分：

（一）未确定有关部门的食品安全监督管理职责，未建立健全食品安全全程监督管理工作机制和信息共享机制，未落实食品安全监督管理责任制；

（二）未制定本行政区域的食品安全事故应急预案，或者发生食品安全事故后未按规定立即成立事故处置指挥机构、启动应急预案。

第一百四十四条 违反本法规定，县级以上人民政府食品安全监督管理、卫生行政、农业行政等部门有下列行为之一的，对直接负责的主管人员和其他直接责任人员给予记大过处分；情节较重的，给予降级或者撤职处分；情节严重的，给予开除处分；造成严重后果的，其主要负责人还应当引咎辞职：

（一）隐瞒、谎报、缓报食品安全事故；

（二）未按规定查处食品安全事故，或者接到食品安全事故报告未及时处理，造成事故扩大或者蔓延；

（三）经食品安全风险评估得出食品、食品添加剂、食品相关产品不安全结论后，未及时采取相应措施，造成食品安全事故或者不良社会影响；

（四）对不符合条件的申请人准予许可，或者超越法定职权准予许可；

（五）不履行食品安全监督管理职责，导致发生食品安全事故。

第一百四十五条 违反本法规定，县级以上人民政府食品安全监督管理、卫生行政、农业行政等部门有下列行为之一，造成不良后果的，对直接负责的主管人员和其他直接责任人员给予警告、记过或者记大过处分；情节较重的，给予降级或者撤职处分；情节严重的，给予开除处分：

（一）在获知有关食品安全信息后，未按规定向上级主管部门和本级人民政府报告，或者未按规定相互通报；

（二）未按规定公布食品安全信息；

（三）不履行法定职责，对查处食品安全违法行为不配合，或者滥用职权、玩忽职守、徇私舞弊。

第一百四十六条 食品安全监督管理等部门在履行食品安全监督管理职责过程中，违法实施检查、强制等执法措施，给生产经营者造成损失的，应当依法予以赔偿，对直接负责的主管人员和其他直接责任人员依法给予处分。

第一百四十七条 违反本法规定，造成人身、财产或者其他损害的，依法承担赔偿责任。生产经营者财产不足以同时承担民事赔偿责任和缴纳罚款、罚金时，先承担民事赔偿责任。

第一百四十八条 消费者因不符合食品安全标准的食品受到损害的，可以向经营者要求赔偿损失，也可以向生产者要求赔偿损失。接到消费者赔偿要求的生产经营者，应当实行首负责任制，先行赔付，不得推诿；属于生产者责任的，经营者赔偿后有权向生产者追偿；属于经营者责任的，生产者赔偿后有权向经营者追偿。

生产不符合食品安全标准的食品或者经营明知是不符合食品安全标准的食品，消费者除要求赔偿损失外，还可以向生产者或者经营者要求支付价款十倍或者损失三倍的赔偿金；增加赔偿的金额不足一千元的，为一千元。但是，食品的标签、说明书存在不影响食品安全且不会对消费者造成误导的瑕疵的除外。

第一百四十九条 违反本法规定，构成犯罪的，依法追究刑事责任。

第十章　附　则

第一百五十条 本法下列用语的含义：

食品，指各种供人食用或者饮用的成品和原料以及按照传统既是食品又是中药材的物品，但是不包括以治疗为目的的物品。

食品安全，指食品无毒、无害，符合应当有的营养要求，对人体健康不造成任何急性、亚急性或者慢性危害。

预包装食品，指预先定量包装或者制作在包装材料、容器中的食品。

食品添加剂，指为改善食品品质和色、香、味以及为防腐、保鲜和加工工艺的需要而加入食品中的人工合成或者天然物质，包括营养强化剂。

用于食品的包装材料和容器，指包装、盛放食品或者食品添加剂用的纸、竹、木、金属、搪瓷、陶瓷、塑料、橡胶、天然纤维、化学纤维、玻璃等制品和直接接触食品或者食品添加剂的涂料。

用于食品生产经营的工具、设备，指在食品或者食品添加剂生产、销售、使用过程中直接接触食品或者食品添加剂的机械、管道、传送带、容器、用具、餐具等。

用于食品的洗涤剂、消毒剂，指直接用于洗涤或者消毒食品、餐具、饮具以及直接接触食品的工具、设备或者食品包装材料和容器的物质。

食品保质期，指食品在标明的贮存条件下保持品质的期限。

食源性疾病，指食品中致病因素进入人体引起的感染性、中毒性等疾病，包括食物中毒。

食品安全事故，指食源性疾病、食品污染等源于食品，对人体健康有危害或者可能有危害的事故。

第一百五十一条 转基因食品和食盐的食品安全管理，本法未作规定的，适用其他法律、行政法规的规定。

第一百五十二条 铁路、民航运营中食品安全的管理办法由国务院食品安全监督管理部门会同国务院有关部门依照本法制定。

保健食品的具体管理办法由国务院食品安全监督管理部门依照本法制定。

食品相关产品生产活动的具体管理办法由国务院食品安全监督管理部门依照本法制定。

国境口岸食品的监督管理由出入境检验检疫机构依照本法以及有关法律、行政法规的规定实施。

军队专用食品和自供食品的食品安全管理办法由中央军事委员会依照本法制定。

第一百五十三条 国务院根据实际需要，可以对食品安全监督管理体制作出调整。

第一百五十四条 本法自2015年10月1日起施行。

中华人民共和国进出口商品检验法实施条例

（2005年8月31日中华人民共和国国务院令第447号公布　根据2013年7月18日《国务院关于废止和修改部分行政法规的决定》第一次修订　根据2016年2月6日《国务院关于修改部分行政法规的决定》第二次修订　根据2017年3月1日《国务院关于修改和废止部分行政法规的决定》第三次修订　根据2019年3月2日《国务院关于修改和废止部分行政法规的决定》第四次修订）

第一章　总　则

第一条　根据《中华人民共和国进出口商品检验法》（以下简称商检法）的规定，制定本条例。

第二条　海关总署主管全国进出口商品检验工作。

海关总署设在省、自治区、直辖市以及进出口商品的口岸、集散地的出入境检验检疫机构，管理所负责地区的进出口商品检验工作。

第三条　海关总署应当依照商检法第四条规定，制定、调整必须实施检验的进出口商品目录（以下简称目录）并公布实施。

目录应当至少在实施之日30日前公布；在紧急情况下，应当不迟于实施之日公布。

海关总署制定、调整目录时，应当征求国务院对外贸易主管部门等有关方面的意见。

第四条　出入境检验检疫机构对列入目录的进出口商品以及法律、行政法规规定须经出入境检验检疫机构检验的其他进出口商品实施检验（以下称法定检验）。

出入境检验检疫机构对法定检验以外的进出口商品，根据国家规定实施抽查检验。

第五条　进出口药品的质量检验、计量器具的量值检定、锅炉压力容器的安全监督检验、船舶（包括海上平台、主要船用设备及材料）和集装箱的规范检验、飞机（包括飞机发动机、机载设备）的适航检验以及核承压设备的安全检验等项目，由有关法律、行政法规规定的机构实施检验。

第六条　进出境的样品、礼品、暂时进出境的货物以及其他非贸易性物品，免予检验。但是，法律、行政法规另有规定的除外。

列入目录的进出口商品符合国家规定的免予检验条件的，由收货人、发货人或者生产企业申请，经海关总署审查批准，出入境检验检疫机构免予检验。

免予检验的具体办法，由海关总署商有关部门制定。

第七条　法定检验的进出口商品，由出入境检验检疫机构依照商检法第七条规定实施检验。

海关总署根据进出口商品检验工作的实际需要和国际标准，可以制定进出口商品检验方法的技术规范和标准。

进出口商品检验依照或者参照的技术规范、标准以及检验方法的技术规范和标准，应当至少在实施之日6个月前公布；在紧急情况下，应当不迟于实施之日公布。

第八条　出入境检验检疫机构根据便利对外贸易的需要，对进出口企业实施分类管理，并按照根据国际通行的合格评定程序确定的检验监管方式，对进出口商品实施检验。

第九条　出入境检验检疫机构对进出口商品实施检验的内容，包括是否符合安全、卫生、健康、环境保护、防止欺诈等要求以及相关的品质、数量、重量等项目。

第十条　出入境检验检疫机构依照商检法的规定，对实施许可制度和国家规定必须经过认证的进出口商品实行验证管理，查验单证，核对证货是否相符。

实行验证管理的进出口商品目录，由海关总署商有关部门后制定、调整并公布。

第十一条　进出口商品的收货人或者发货人可以自行办理报检手续，也可以委托代理报检企业办理报检手续；采用快件方式进出口商品的，收货人或者发货人应当委托出入境快件运营企业办理报检手续。

第十二条　进出口商品的收货人或者发货人办理报检手续，应当依法向出入境检验检疫机构备案。

第十三条　代理报检企业接受进出口商品的收货人或者发货人的委托，以委托人的名义办理报检手续的，应当向出入境检验检疫机构提交授权委托书，遵守本条例对委托人的各项规定；以自己的名义办理报检手续的，应当承担与收货人或者发货人相同的法律责任。

出入境快件运营企业接受进出口商品的收货人或者发货人的委托，应当以自己的名义办理报检手续，承担与收货人或者发货人相同的法律责任。

委托人委托代理报检企业、出入境快件运营企业办理报检手续的，应当向代理报检企业、出入境快件运营企业提供所委托报检事项的真实情况；代理报检企业、出入境快件运营企业接受委托人的委托办理报检手续的，应当对委托人所提供情况的真实性进行合理审查。

第十四条　海关总署建立进出口商品风险预警机

制，通过收集进出口商品检验方面的信息，进行风险评估，确定风险的类型，采取相应的风险预警措施及快速反应措施。

海关总署和出入境检验检疫机构应当及时向有关方面提供进出口商品检验方面的信息。

第十五条 出入境检验检疫机构工作人员依法执行职务，有关单位和个人应当予以配合，任何单位和个人不得非法干预和阻挠。

第二章 进口商品的检验

第十六条 法定检验的进口商品的收货人应当持合同、发票、装箱单、提单等必要的凭证和相关批准文件，向报关地的出入境检验检疫机构报检；通关放行后20日内，收货人应当依照本条例第十八条的规定，向出入境检验检疫机构申请检验。法定检验的进口商品未经检验的，不准销售，不准使用。

进口实行验证管理的商品，收货人应当向报关地的出入境检验检疫机构申请验证。出入境检验检疫机构按照海关总署的规定实施验证。

第十七条 法定检验的进口商品、实行验证管理的进口商品，海关按照规定办理海关通关手续。

第十八条 法定检验的进口商品应当在收货人报检时申报的目的地检验。

大宗散装商品、易腐烂变质商品、可用作原料的固体废物以及已发生残损、短缺的商品，应当在卸货口岸检验。

对前两款规定的进口商品，海关总署可以根据便利对外贸易和进出口商品检验工作的需要，指定在其他地点检验。

第十九条 除法律、行政法规另有规定外，法定检验的进口商品经检验，涉及人身财产安全、健康、环境保护项目不合格的，由出入境检验检疫机构责令当事人销毁，或者出具退货处理通知单，办理退运手续；其他项目不合格的，可以在出入境检验检疫机构的监督下进行技术处理，经重新检验合格的，方可销售或者使用。当事人申请出入境检验检疫机构出证的，出入境检验检疫机构应当及时出证。

出入境检验检疫机构对检验不合格的进口成套设备及其材料，签发不准安装使用通知书。经技术处理，并经出入境检验检疫机构重新检验合格的，方可安装使用。

第二十条 法定检验以外的进口商品，经出入境检验检疫机构抽查检验不合格的，依照本条例第十九条的规定处理。

实行验证管理的进口商品，经出入境检验检疫机构验证不合格的，参照本条例第十九条的规定处理或者移交有关部门处理。

法定检验以外的进口商品的收货人，发现进口商品质量不合格或者残损、短缺，申请出证的，出入境检验检疫机构或者其他检验机构应当在检验后及时出证。

第二十一条 对属于法定检验范围内的关系国计民生、价值较高、技术复杂的以及其他重要的进口商品和大型成套设备，应当按照对外贸易合同约定监造、装运前检验或者监装。收货人保留到货后最终检验和索赔的权利。

出入境检验检疫机构可以根据需要派出检验人员参加或者组织实施监造、装运前检验或者监装。

第二十二条 国家对进口可用作原料的固体废物的国外供货商、国内收货人实行注册登记制度，国外供货商、国内收货人在签订对外贸易合同前，应当取得海关总署或者出入境检验检疫机构的注册登记。国家对进口可用作原料的固体废物实行装运前检验制度，进口时，收货人应当提供出入境检验检疫机构或者检验机构出具的装运前检验证书。

对价值较高，涉及人身财产安全、健康、环境保护项目的高风险进口旧机电产品，应当依照国家有关规定实施装运前检验，进口时，收货人应当提供出入境检验检疫机构或者检验机构出具的装运前检验证书。

进口可用作原料的固体废物、国家允许进口的旧机电产品到货后，由出入境检验检疫机构依法实施检验。

第二十三条 进口机动车辆到货后，收货人凭出入境检验检疫机构签发的进口机动车辆检验证单以及有关部门签发的其他单证向车辆管理机关申领行车牌证。在使用过程中发现有涉及人身财产安全的质量缺陷的，出入境检验检疫机构应当及时作出相应处理。

第三章 出口商品的检验

第二十四条 法定检验的出口商品的发货人应当在海关总署统一规定的地点和期限内，持合同等必要的凭证和相关批准文件向出入境检验检疫机构报检。法定检验的出口商品未经检验或者经检验不合格的，不准出口。

出口商品应当在商品的生产地检验。海关总署可以根据便利对外贸易和进出口商品检验工作的需要，指定在其他地点检验。

出口实行验证管理的商品，发货人应当向出入境检验检疫机构申请验证。出入境检验检疫机构按照海关总署的规定实施验证。

第二十五条 在商品生产地检验的出口商品需要在口岸换证出口的，由商品生产地的出入境检验检疫机构按照规定签发检验换证凭单。发货人应当在规定的期限内持检验换证凭单和必要的凭证，向口岸出入境检验检疫机构申请查验。经查验合格的，由口岸出入境检验检疫机构签发货物通关单。

第二十六条 法定检验的出口商品、实行验证管理的出口商品，海关凭按照规定办理海关通关手续。

第二十七条 法定检验的出口商品经出入境检验检疫机构检验或者经口岸出入境检验检疫机构查验不合格的，可以在出入境检验检疫机构的监督下进行技术处理，经重新检验合格的，方准出口；不能进行技术处理或者技术处理后重新检验仍不合格的，不准出口。

第二十八条 法定检验以外的出口商品，经出入境检验检疫机构抽查检验不合格的，依照本条例第二十七条的规定处理。

实行验证管理的出口商品，经出入境检验检疫机构验证不合格的，参照本条例第二十七条的规定处理或者移交有关部门处理。

第二十九条 出口危险货物包装容器的生产企业，应当向出入境检验检疫机构申请包装容器的性能鉴定。包装容器经出入境检验检疫机构鉴定合格并取得性能鉴定证书的，方可用于包装危险货物。

出口危险货物的生产企业，应当向出入境检验检疫机构申请危险货物包装容器的使用鉴定。使用未经鉴定或者经鉴定不合格的包装容器的危险货物，不准出口。

第三十条 对装运出口的易腐烂变质食品、冷冻品的集装箱、船舱、飞机、车辆等运载工具，承运人、装箱单位或者其代理人应当在装运前向出入境检验检疫机构申请清洁、卫生、冷藏、密固等适载检验。未经检验或者经检验不合格的，不准装运。

第四章　监督管理

第三十一条 出入境检验检疫机构根据便利对外贸易的需要，可以对列入目录的出口商品进行出厂前的质量监督管理和检验。

出入境检验检疫机构进行出厂前的质量监督管理和检验的内容，包括对生产企业的质量保证工作进行监督检查，对出口商品进行出厂前的检验。

第三十二条 国家对进出口食品生产企业实施卫生注册登记管理。获得卫生注册登记的出口食品生产企业，方可生产、加工、储存出口食品。获得卫生注册登记的进出口食品生产企业生产的食品，方可进口或者出口。

实施卫生注册登记管理的进口食品生产企业，应当按照规定向海关总署申请卫生注册登记。

实施卫生注册登记管理的出口食品生产企业，应当按照规定向出入境检验检疫机构申请卫生注册登记。

出口食品生产企业需要在国外卫生注册的，依照本条第三款规定进行卫生注册登记后，由海关总署统一对外办理。

第三十三条 出入境检验检疫机构根据需要，对检验合格的进出口商品加施商检标志，对检验合格的以及其他需要加施封识的进出口商品加施封识。具体办法由海关总署制定。

第三十四条 出入境检验检疫机构按照有关规定对检验的进出口商品抽取样品。验余的样品，出入境检验检疫机构应当通知有关单位在规定的期限内领回；逾期不领回的，由出入境检验检疫机构处理。

第三十五条 进出口商品的报检人对出入境检验检疫机构作出的检验结果有异议的，可以自收到检验结果之日起15日内，向作出检验结果的出入境检验检疫机构或者其上级出入境检验检疫机构以至海关总署申请复验，受理复验的出入境检验检疫机构或者海关总署应当自收到复验申请之日起60日内作出复验结论。技术复杂，不能在规定期限内作出复验结论的，经本机构负责人批准，可以适当延长，但是延长期限最多不超过30日。

第三十六条 海关总署或者出入境检验检疫机构根据进出口商品检验工作的需要，可以指定符合规定资质条件的国内外检测机构承担出入境检验检疫机构委托的进出口商品检测。被指定的检测机构经检查不符合规定要求的，海关总署或者出入境检验检疫机构可以取消指定。

第三十七条 在中华人民共和国境内设立从事进出口商品检验鉴定业务的检验机构，应当依法办理工商登记，并符合有关法律、行政法规、规章规定的注册资本、技术能力等条件，经海关总署和有关主管部门审核批准，获得许可，方可接受委托办理进出口商品检验鉴定业务。

第三十八条 对检验机构的检验鉴定业务活动有异议的，可以向海关总署或者出入境检验检疫机构投诉。

第三十九条 海关总署、出入境检验检疫机构实施监督管理或者对涉嫌违反进出口商品检验法律、行政法规的行为进行调查，有权查阅、复制当事人的有关合同、发票、账簿以及其他有关资料。出入境检验检疫机构对有根据认为涉及人身财产安全、健康、环境保护项目不合格的进出口商品，经本机构负责人批准，可以查封或者扣押。

第四十条 海关总署、出入境检验检疫机构应当根据便利对外贸易的需要，采取有效措施，简化程序，方便进出口。

办理进出口商品报检、检验、鉴定等手续，符合条件的，可以采用电子数据文件的形式。

第四十一条 出入境检验检疫机构依照有关法律、行政法规的规定，签发出口货物普惠制原产地证明、区域性优惠原产地证明、专用原产地证明。

出口货物一般原产地证明的签发，依照有关法律、行政法规的规定执行。

第四十二条 出入境检验检疫机构对进出保税区、出口加工区等海关特殊监管区域的货物以及边境小额贸易进出口商品的检验管理，由海关总署另行制定办法。

第五章　法律责任

第四十三条 擅自销售、使用未报检或者未经检验的属于法定检验的进口商品，或者擅自销售、使用应当申请进口验证而未申请的进口商品的，由出入境检验检疫机构没收违法所得，并处商品货值金额5%以上20%以下罚款；构成犯罪的，依法追究刑事责任。

第四十四条 擅自出口未报检或者未经检验的属于法定检验的出口商品，或者擅自出口应当申请出口验证而未申请的出口商品的，由出入境检验检疫机构没收违法所得，并处商品货值金额 5% 以上 20% 以下罚款；构成犯罪的，依法追究刑事责任。

第四十五条 销售、使用经法定检验、抽查检验或者验证不合格的进口商品，或者出口经法定检验、抽查检验或者验证不合格的商品的，由出入境检验检疫机构责令停止销售、使用或者出口，没收违法所得和违法销售、使用或者出口的商品，并处违法销售、使用或者出口的商品货值金额等值以上 3 倍以下罚款；构成犯罪的，依法追究刑事责任。

第四十六条 进出口商品的收货人、发货人、代理报检企业或者出入境快件运营企业、报检人员不如实提供进出口商品的真实情况，取得出入境检验检疫机构的有关证单，或者对法定检验的进出口商品不予报检，逃避进出口商品检验的，由出入境检验检疫机构没收违法所得，并处商品货值金额 5% 以上 20% 以下罚款。

进出口商品的收货人或者发货人委托代理报检企业、出入境快件运营企业办理报检手续，未按照规定向代理报检企业、出入境快件运营企业提供所委托报检事项的真实情况，取得出入境检验检疫机构的有关证单的，对委托人依照前款规定予以处罚。

代理报检企业、出入境快件运营企业、报检人员对委托人所提供情况的真实性未进行合理审查或者因工作疏忽，导致骗取出入境检验检疫机构有关证单的结果的，由出入境检验检疫机构对代理报检企业、出入境快件运营企业处 2 万元以上 20 万元以下罚款。

第四十七条 伪造、变造、买卖或者盗窃检验证单、印章、标志、封识、货物通关单或者使用伪造、变造的检验证单、印章、标志、封识、货物通关单，构成犯罪的，依法追究刑事责任；尚不够刑事处罚的，由出入境检验检疫机构责令改正，没收违法所得，并处商品货值金额等值以下罚款。

第四十八条 擅自调换出入境检验检疫机构抽取的样品或者出入境检验检疫机构检验合格的进出口商品的，由出入境检验检疫机构责令改正，给予警告；情节严重的，并处商品货值金额 10% 以上 50% 以下罚款。

第四十九条 进口或者出口国家实行卫生注册登记管理而未获得卫生注册登记的生产企业生产的食品的，由出入境检验检疫机构责令停止进口或者出口，没收违法所得，并处商品货值金额 10% 以上 50% 以下罚款。

已获得卫生注册登记的进出口食品生产企业，经检查不符合规定要求的，由海关总署或者出入境检验检疫机构责令限期整改；整改仍未达到规定要求或者有其他违法行为，情节严重的，吊销其卫生注册登记证书。

第五十条 进口可用作原料的固体废物，国外供货商、国内收货人未取得注册登记，或者未进行装运前检验的，按照国家有关规定责令退货；情节严重的，由出入境检验检疫机构并处10万元以上100万元以下罚款。

已获得注册登记的可用作原料的固体废物的国外供货商、国内收货人违反国家有关规定，情节严重的，由出入境检验检疫机构撤销其注册登记。

进口国家允许进口的旧机电产品未按照规定进行装运前检验的，按照国家有关规定予以退货；情节严重的，由出入境检验检疫机构并处 100 万元以下罚款。

第五十一条 提供或者使用未经出入境检验检疫机构鉴定的出口危险货物包装容器的，由出入境检验检疫机构处 10 万元以下罚款。

提供或者使用经出入境检验检疫机构鉴定不合格的包装容器装运出口危险货物的，由出入境检验检疫机构处 20 万元以下罚款。

第五十二条 提供或者使用未经出入境检验检疫机构适载检验的集装箱、船舱、飞机、车辆等运载工具装运易腐烂变质食品、冷冻品出口的，由出入境检验检疫机构处 10 万元以下罚款。

提供或者使用经出入境检验检疫机构检验不合格的集装箱、船舱、飞机、车辆等运载工具装运易腐烂变质食品、冷冻品出口的，由出入境检验检疫机构处 20 万元以下罚款。

第五十三条 擅自调换、损毁出入境检验检疫机构加施的商检标志、封识的，由出入境检验检疫机构处 5 万元以下罚款。

第五十四条 从事进出口商品检验鉴定业务的检验机构超出其业务范围，或者违反国家有关规定，扰乱检验鉴定秩序的，由出入境检验检疫机构责令改正，没收违法所得，可以并处 10 万元以下罚款，海关总署或者出入境检验检疫机构可以暂停其 6 个月以内检验鉴定业务；情节严重的，由海关总署吊销其检验鉴定资格证书。

第五十五条 代理报检企业、出入境快件运营企业违反国家有关规定，扰乱报检秩序的，由出入境检验检疫机构责令改正，没收违法所得，可以处 10 万元以下罚款，海关总署或者出入境检验检疫机构可以暂停其 6 个月以内代理报检业务。

第五十六条 出入境检验检疫机构的工作人员滥用职权，故意刁难当事人的，徇私舞弊，伪造检验结果的，或者玩忽职守，延误检验出证的，依法给予行政处分；违反有关法律、行政法规规定签发出口货物原产地证明的，依法给予行政处分，没收违法所得；构成犯罪的，依法追究刑事责任。

第五十七条 出入境检验检疫机构对没收的商品依法予以处理所得价款、没收的违法所得、收缴的罚款，全部上缴国库。

第六章　附　则

第五十八条 当事人对出入境检验检疫机构、海关总署作出的复验结论不服、处罚决定不服的，可以依法申请行政复议，也可以依法向人民法院提起诉讼。

当事人逾期不履行处罚决定，又不申请行政复议或者向人民法院提起诉讼的，作出处罚决定的机构可以申请人民法院强制执行。

第五十九条 出入境检验检疫机构实施法定检验、经许可的检验机构办理检验鉴定业务，按照国家有关规定收取费用。

第六十条 本条例自2005年12月1日起施行。1992年10月7日国务院批准、1992年10月23日原国家进出口商品检验局发布的《中华人民共和国进出口商品检验法实施条例》同时废止。

中华人民共和国食品安全法实施条例

（2009年7月20日中华人民共和国国务院令第557号公布 根据2016年2月6日《国务院关于修改部分行政法规的决定》修订 2019年3月26日国务院第42次常务会议修订通过）

第一章 总 则

第一条 根据《中华人民共和国食品安全法》（以下简称食品安全法），制定本条例。

第二条 食品生产经营者应当依照法律、法规和食品安全标准从事生产经营活动，建立健全食品安全管理制度，采取有效措施预防和控制食品安全风险，保证食品安全。

第三条 国务院食品安全委员会负责分析食品安全形势，研究部署、统筹指导食品安全工作，提出食品安全监督管理的重大政策措施，督促落实食品安全监督管理责任。县级以上地方人民政府食品安全委员会按照本级人民政府规定的职责开展工作。

第四条 县级以上人民政府建立统一权威的食品安全监督管理体制，加强食品安全监督管理能力建设。

县级以上人民政府食品安全监督管理部门和其他有关部门应当依法履行职责，加强协调配合，做好食品安全监督管理工作。

乡镇人民政府和街道办事处应当支持、协助县级人民政府食品安全监督管理部门及其派出机构依法开展食品安全监督管理工作。

第五条 国家将食品安全知识纳入国民素质教育内容，普及食品安全科学常识和法律知识，提高全社会的食品安全意识。

第二章 食品安全风险监测和评估

第六条 县级以上人民政府卫生行政部门会同同级食品安全监督管理等部门建立食品安全风险监测会商机制，汇总、分析风险监测数据，研判食品安全风险，形成食品安全风险监测分析报告，报本级人民政府；县级以上地方人民政府卫生行政部门还应当将食品安全风险监测分析报告同时报上一级人民政府卫生行政部门。食品安全风险监测会商的具体办法由国务院卫生行政部门会同国务院食品安全监督管理等部门制定。

第七条 食品安全风险监测结果表明存在食品安全隐患，食品安全监督管理等部门经进一步调查确认有必要通知相关食品生产经营者的，应当及时通知。

接到通知的食品生产经营者应当立即进行自查，发现食品不符合食品安全标准或者有证据证明可能危害人体健康的，应当依照食品安全法第六十三条的规定停止生产、经营，实施食品召回，并报告相关情况。

第八条 国务院卫生行政、食品安全监督管理等部门发现需要对农药、肥料、兽药、饲料和饲料添加剂等进行安全性评估的，应当向国务院农业行政部门提出安全性评估建议。国务院农业行政部门应当及时组织评估，并向国务院有关部门通报评估结果。

第九条 国务院食品安全监督管理部门和其他有关部门建立食品安全风险信息交流机制，明确食品安全风险信息交流的内容、程序和要求。

第三章 食品安全标准

第十条 国务院卫生行政部门会同国务院食品安全监督管理、农业行政等部门制定食品安全国家标准规划及其年度实施计划。国务院卫生行政部门应当在其网站上公布食品安全国家标准规划及其年度实施计划的草案，公开征求意见。

第十一条 省、自治区、直辖市人民政府卫生行政部门依照食品安全法第二十九条的规定制定食品安全地方标准，应当公开征求意见。省、自治区、直辖市人民政府卫生行政部门应当自食品安全地方标准公布之日起30个工作日内，将地方标准报国务院卫生行政部门备案。国务院卫生行政部门发现备案的食品安全地方标准违反法律、法规或者食品安全国家标准的，应当及时予以纠正。

食品安全地方标准依法废止的，省、自治区、直辖市人民政府卫生行政部门应当及时在其网站上公布废止情况。

第十二条 保健食品、特殊医学用途配方食品、婴幼儿配方食品等特殊食品不属于地方特色食品，不得对其制定食品安全地方标准。

第十三条 食品安全标准公布后，食品生产经营者可以在食品安全标准规定的实施日期之前实施并公开提前实施情况。

第十四条 食品生产企业不得制定低于食品安全国家标准或者地方标准要求的企业标准。食品生产企业制定食品安全指标严于食品安全国家标准或者地方标准的企业标准的，应当报省、自治区、直辖市人民政府卫生行政部门备案。

食品生产企业制定企业标准的，应当公开，供公众免费查阅。

第四章　食品生产经营

第十五条　食品生产经营许可的有效期为5年。

食品生产经营者的生产经营条件发生变化，不再符合食品生产经营要求的，食品生产经营者应当立即采取整改措施；需要重新办理许可手续的，应当依法办理。

第十六条　国务院卫生行政部门应当及时公布新的食品原料、食品添加剂新品种和食品相关产品新品种目录以及所适用的食品安全国家标准。

对按照传统既是食品又是中药材的物质目录，国务院卫生行政部门会同国务院食品安全监督管理部门应当及时更新。

第十七条　国务院食品安全监督管理部门会同国务院农业行政等有关部门明确食品安全全程追溯基本要求，指导食品生产经营者通过信息化手段建立、完善食品安全追溯体系。

食品安全监督管理等部门应当将婴幼儿配方食品等针对特定人群的食品以及其他食品安全风险较高或者销售量大的食品的追溯体系建设作为监督检查的重点。

第十八条　食品生产经营者应当建立食品安全追溯体系，依照食品安全法的规定如实记录并保存进货查验、出厂检验、食品销售等信息，保证食品可追溯。

第十九条　食品生产经营企业的主要负责人对本企业的食品安全工作全面负责，建立并落实本企业的食品安全责任制，加强供货者管理、进货查验和出厂检验、生产经营过程控制、食品安全自查等工作。食品生产经营企业的食品安全管理人员应当协助企业主要负责人做好食品安全管理工作。

第二十条　食品生产经营企业应当加强对食品安全管理人员的培训和考核。食品安全管理人员应当掌握与其岗位相适应的食品安全法律、法规、标准和专业知识，具备食品安全管理能力。食品安全监督管理部门应当对企业食品安全管理人员进行随机监督抽查考核。考核指南由国务院食品安全监督管理部门制定、公布。

第二十一条　食品、食品添加剂生产经营者委托生产食品、食品添加剂的，应当委托取得食品生产许可、食品添加剂生产许可的生产者生产，并对其生产行为进行监督，对委托生产的食品、食品添加剂的安全负责。受托方应当依照法律、法规、食品安全标准以及合同约定进行生产，对生产行为负责，并接受委托方的监督。

第二十二条　食品生产经营者不得在食品生产、加工场所贮存依照本条例第六十三条规定制定的名录中的物质。

第二十三条　对食品进行辐照加工，应当遵守食品安全国家标准，并按照食品安全国家标准的要求对辐照加工食品进行检验和标注。

第二十四条　贮存、运输对温度、湿度等有特殊要求的食品，应当具备保温、冷藏或者冷冻等设备设施，并保持有效运行。

第二十五条　食品生产经营者委托贮存、运输食品的，应当对受托方的食品安全保障能力进行审核，并监督受托方按照保证食品安全的要求贮存、运输食品。受托方应当保证食品贮存、运输条件符合食品安全的要求，加强食品贮存、运输过程管理。

接受食品生产经营者委托贮存、运输食品的，应当如实记录委托方和收货方的名称、地址、联系方式等内容。记录保存期限不得少于贮存、运输结束后2年。

非食品生产经营者从事对温度、湿度等有特殊要求的食品贮存业务的，应当自取得营业执照之日起30个工作日内向所在地县级人民政府食品安全监督管理部门备案。

第二十六条　餐饮服务提供者委托餐具饮具集中消毒服务单位提供清洗消毒服务的，应当查验、留存餐具饮具集中消毒服务单位的营业执照复印件和消毒合格证明。保存期限不得少于消毒餐具饮具使用期限到期后6个月。

第二十七条　餐具饮具集中消毒服务单位应当建立餐具饮具出厂检验记录制度，如实记录出厂餐具饮具的数量、消毒日期和批号、使用期限、出厂日期以及委托方名称、地址、联系方式等内容。出厂检验记录保存期限不得少于消毒餐具饮具使用期限到期后6个月。消毒后的餐具饮具应当在独立包装上标注单位名称、地址、联系方式、消毒日期和批号以及使用期限等内容。

第二十八条　学校、托幼机构、养老机构、建筑工地等集中用餐单位的食堂应当执行原料控制、餐具饮具清洗消毒、食品留样等制度，并依照食品安全法第四十七条的规定定期开展食堂食品安全自查。

承包经营集中用餐单位食堂的，应当依法取得食品经营许可，并对食堂的食品安全负责。集中用餐单位应当督促承包方落实食品安全管理制度，承担管理责任。

第二十九条　食品生产经营者应当对变质、超过保质期或者回收的食品进行显著标示或者单独存放在有明确标志的场所，及时采取无害化处理、销毁等措施并如实记录。

食品安全法所称回收食品，是指已经售出，因违反法律、法规、食品安全标准或者超过保质期等原因，被召回或者退回的食品，不包括依照食品安全法第六十三条第三款的规定可以继续销售的食品。

第三十条　县级以上地方人民政府根据需要建设必要的食品无害化处理和销毁设施。食品生产经营者可以按照规定使用政府建设的设施对食品进行无害化处理或者予以销毁。

第三十一条　食品集中交易市场的开办者、食品展销会的举办者应当在市场开业或者展销会举办前向所在地县级人民政府食品安全监督管理部门报告。

第三十二条　网络食品交易第三方平台提供者应

当妥善保存入网食品经营者的登记信息和交易信息。县级以上人民政府食品安全监督管理部门开展食品安全监督检查、食品安全案件调查处理、食品安全事故处置确需了解有关信息的，经其负责人批准，可以要求网络食品交易第三方平台提供者提供，网络食品交易第三方平台提供者应当按照要求提供。县级以上人民政府食品安全监督管理部门及其工作人员对网络食品交易第三方平台提供者提供的信息依法负有保密义务。

第三十三条 生产经营转基因食品应当显著标示，标示办法由国务院食品安全监督管理部门会同国务院农业行政部门制定。

第三十四条 禁止利用包括会议、讲座、健康咨询在内的任何方式对食品进行虚假宣传。食品安全监督管理部门发现虚假宣传行为的，应当依法及时处理。

第三十五条 保健食品生产工艺有原料提取、纯化等前处理工序的，生产企业应当具备相应的原料前处理能力。

第三十六条 特殊医学用途配方食品生产企业应当按照食品安全国家标准规定的检验项目对出厂产品实施逐批检验。

特殊医学用途配方食品中的特定全营养配方食品应当通过医疗机构或者药品零售企业向消费者销售。医疗机构、药品零售企业销售特定全营养配方食品的，不需要取得食品经营许可，但是应当遵守食品安全法和本条例关于食品销售的规定。

第三十七条 特殊医学用途配方食品中的特定全营养配方食品广告按照处方药广告管理，其他类别的特殊医学用途配方食品广告按照非处方药广告管理。

第三十八条 对保健食品之外的其他食品，不得声称具有保健功能。

对添加食品安全国家标准规定的选择性添加物质的婴幼儿配方食品，不得以选择性添加物质命名。

第三十九条 特殊食品的标签、说明书内容应当与注册或者备案的标签、说明书一致。销售特殊食品，应当核对食品标签、说明书内容是否与注册或者备案的标签、说明书一致，不一致的不得销售。省级以上人民政府食品安全监督管理部门应当在其网站上公布注册或者备案的特殊食品的标签、说明书。

特殊食品不得与普通食品或者药品混放销售。

第五章　食品检验

第四十条 对食品进行抽样检验，应当按照食品安全标准、注册或者备案的特殊食品的产品技术要求以及国家有关规定确定的检验项目和检验方法进行。

第四十一条 对可能掺杂掺假的食品，按照现有食品安全标准规定的检验项目和检验方法以及依照食品安全法第一百一十一条和本条例第六十三条规定制定的检验项目和检验方法无法检验的，国务院食品安全监督管理部门可以制定补充检验项目和检验方法，用于对食品的抽样检验、食品安全案件调查处理和食品安全事故处置。

第四十二条 依照食品安全法第八十八条的规定申请复检的，申请人应当向复检机构先行支付复检费用。复检结论表明食品不合格的，复检费用由复检申请人承担；复检结论表明食品合格的，复检费用由实施抽样检验的食品安全监督管理部门承担。

复检机构无正当理由不得拒绝承担复检任务。

第四十三条 任何单位和个人不得发布未依法取得资质认定的食品检验机构出具的食品检验信息，不得利用上述检验信息对食品、食品生产经营者进行等级评定，欺骗、误导消费者。

第六章　食品进出口

第四十四条 进口商进口食品、食品添加剂，应当按照规定向出入境检验检疫机构报检，如实申报产品相关信息，并随附法律、行政法规规定的合格证明材料。

第四十五条 进口食品运达口岸后，应当存放在出入境检验检疫机构指定或者认可的场所；需要移动的，应当按照出入境检验检疫机构的要求采取必要的安全防护措施。大宗散装进口食品应当在卸货口岸进行检验。

第四十六条 国家出入境检验检疫部门根据风险管理需要，可以对部分食品实行指定口岸进口。

第四十七条 国务院卫生行政部门依照食品安全法第九十三条的规定对境外出口商、境外生产企业或者其委托的进口商提交的相关国家（地区）标准或者国际标准进行审查，认为符合食品安全要求的，决定暂予适用并予以公布；暂予适用的标准公布前，不得进口尚无食品安全国家标准的食品。

食品安全国家标准中通用标准已经涵盖的食品不属于食品安全法第九十三条规定的尚无食品安全国家标准的食品。

第四十八条 进口商应当建立境外出口商、境外生产企业审核制度，重点审核境外出口商、境外生产企业制定和执行食品安全风险控制措施的情况以及向我国出口的食品是否符合食品安全法、本条例和其他有关法律、行政法规的规定以及食品安全国家标准的要求。

第四十九条 进口商依照食品安全法第九十四条第三款的规定召回进口食品的，应当将食品召回和处理情况向所在地县级人民政府食品安全监督管理部门和所在地出入境检验检疫机构报告。

第五十条 国家出入境检验检疫部门发现已经注册的境外食品生产企业不再符合注册要求的，应当责令其在规定期限内整改，整改期间暂停进口其生产的食品；经整改仍不符合注册要求的，国家出入境检验检疫部门应当撤销境外食品生产企业注册并公告。

第五十一条 对通过我国良好生产规范、危害分析与关键控制点体系认证的境外生产企业，认证机构应当依法实施跟踪调查。对不再符合认证要求的企业，认证机构应当依法撤销认证并向社会公布。

第五十二条 境外发生的食品安全事件可能对我

国境内造成影响，或者在进口食品、食品添加剂、食品相关产品中发现严重食品安全问题的，国家出入境检验检疫部门应当及时进行风险预警，并可以对相关的食品、食品添加剂、食品相关产品采取下列控制措施：

（一）退货或者销毁处理；

（二）有条件地限制进口；

（三）暂停或者禁止进口。

第五十三条 出口食品、食品添加剂的生产企业应当保证其出口食品、食品添加剂符合进口国家（地区）的标准或者合同要求；我国缔结或者参加的国际条约、协定有要求的，还应当符合国际条约、协定的要求。

第七章 食品安全事故处置

第五十四条 食品安全事故按照国家食品安全事故应急预案实行分级管理。县级以上人民政府食品安全监督管理部门会同同级有关部门负责食品安全事故调查处理。

县级以上人民政府应当根据实际情况及时修改、完善食品安全事故应急预案。

第五十五条 县级以上人民政府应当完善食品安全事故应急管理机制，改善应急装备，做好应急物资储备和应急队伍建设，加强应急培训、演练。

第五十六条 发生食品安全事故的单位应当对导致或者可能导致食品安全事故的食品及原料、工具、设备、设施等，立即采取封存等控制措施。

第五十七条 县级以上人民政府食品安全监督管理部门接到食品安全事故报告后，应当立即会同同级卫生行政、农业行政等部门依照食品安全法第一百零五条的规定进行调查处理。食品安全监督管理部门应当对事故单位封存的食品及原料、工具、设备、设施等予以保护，需要封存而事故单位尚未封存的应当直接封存或者责令事故单位立即封存，并通知疾病预防控制机构对与事故有关的因素开展流行病学调查。

疾病预防控制机构应当在调查结束后向同级食品安全监督管理、卫生行政部门同时提交流行病学调查报告。

任何单位和个人不得拒绝、阻挠疾病预防控制机构开展流行病学调查。有关部门应当对疾病预防控制机构开展流行病学调查予以协助。

第五十八条 国务院食品安全监督管理部门会同国务院卫生行政、农业行政等部门定期对全国食品安全事故情况进行分析，完善食品安全监督管理措施，预防和减少事故的发生。

第八章 监督管理

第五十九条 设区的市级以上人民政府食品安全监督管理部门根据监督管理工作需要，可以对由下级人民政府食品安全监督管理部门负责日常监督管理的食品生产经营者实施随机监督检查，也可以组织下级人民政府食品安全监督管理部门对食品生产经营者实施异地监督检查。

设区的市级以上人民政府食品安全监督管理部门认为必要的，可以直接调查处理下级人民政府食品安全监督管理部门管辖的食品安全违法案件，也可以指定其他下级人民政府食品安全监督管理部门调查处理。

第六十条 国家建立食品安全检查员制度，依托现有资源加强职业化检查员队伍建设，强化考核培训，提高检查员专业化水平。

第六十一条 县级以上人民政府食品安全监督管理部门依照食品安全法第一百一十条的规定实施查封、扣押措施，查封、扣押的期限不得超过30日；情况复杂的，经实施查封、扣押措施的食品安全监督管理部门负责人批准，可以延长，延长期限不得超过45日。

第六十二条 网络食品交易第三方平台多次出现入网食品经营者违法经营或者入网食品经营者的违法经营行为造成严重后果的，县级以上人民政府食品安全监督管理部门可以对网络食品交易第三方平台提供者的法定代表人或者主要负责人进行责任约谈。

第六十三条 国务院食品安全监督管理部门会同国务院卫生行政等部门根据食源性疾病信息、食品安全风险监测信息和监督管理信息等，对发现的添加或者可能添加到食品中的非食品用化学物质和其他可能危害人体健康的物质，制定名录及检测方法并予以公布。

第六十四条 县级以上地方人民政府卫生行政部门应当对餐具饮具集中消毒服务单位进行监督检查，发现不符合法律、法规、国家相关标准以及相关卫生规范等要求的，应当及时调查处理。监督检查的结果应当向社会公布。

第六十五条 国家实行食品安全违法行为举报奖励制度，对查证属实的举报，给予举报人奖励。举报人举报所在企业食品安全重大违法犯罪行为的，应当加大奖励力度。有关部门应当对举报人的信息予以保密，保护举报人的合法权益。食品安全违法行为举报奖励办法由国务院食品安全监督管理部门会同国务院财政等有关部门制定。

食品安全违法行为举报奖励资金纳入各级人民政府预算。

第六十六条 国务院食品安全监督管理部门应当会同国务院有关部门建立守信联合激励和失信联合惩戒机制，结合食品生产经营者信用档案，建立严重违法生产经营者黑名单制度，将食品安全信用状况与准入、融资、信贷、征信等相衔接，及时向社会公布。

第九章 法律责任

第六十七条 有下列情形之一的，属于食品安全法第一百二十三条至第一百二十六条、第一百三十二条以及本条例第七十二条、第七十三条规定的情节严重情形：

（一）违法行为涉及的产品货值金额2万元以上或者违法行为持续时间3个月以上；

（二）造成食源性疾病并出现死亡病例，或者造成

30人以上食源性疾病但未出现死亡病例；

（三）故意提供虚假信息或者隐瞒真实情况；

（四）拒绝、逃避监督检查；

（五）因违反食品安全法律、法规受到行政处罚后1年内又实施同一性质的食品安全违法行为，或者因违反食品安全法律、法规受到刑事处罚后又实施食品安全违法行为；

（六）其他情节严重的情形。

对情节严重的违法行为处以罚款时，应当依法从重从严。

第六十八条 有下列情形之一的，依照食品安全法第一百二十五条第一款、本条例第七十五条的规定给予处罚：

（一）在食品生产、加工场所贮存依照本条例第六十三条规定制定的名录中的物质；

（二）生产经营的保健食品之外的食品的标签、说明书声称具有保健功能；

（三）以食品安全国家标准规定的选择性添加物质命名婴幼儿配方食品；

（四）生产经营的特殊食品的标签、说明书内容与注册或者备案的标签、说明书不一致。

第六十九条 有下列情形之一的，依照食品安全法第一百二十六条第一款、本条例第七十五条的规定给予处罚：

（一）接受食品生产经营者委托贮存、运输食品，未按照规定记录保存信息；

（二）餐饮服务提供者未查验、留存餐具饮具集中消毒服务单位的营业执照复印件和消毒合格证明；

（三）食品生产经营者未按照规定对变质、超过保质期或者回收的食品进行标示或者存放，或者未及时对上述食品采取无害化处理、销毁等措施并如实记录；

（四）医疗机构和药品零售企业之外的单位或者个人向消费者销售特殊医学用途配方食品中的特定全营养配方食品；

（五）将特殊食品与普通食品或者药品混放销售。

第七十条 除食品安全法第一百二十五条第一款、第一百二十六条规定的情形外，食品生产经营者的生产经营行为不符合食品安全法第三十三条第一款第五项、第七项至第十项的规定，或者不符合有关食品生产经营过程要求的食品安全国家标准的，依照食品安全法第一百二十六条第一款、本条例第七十五条的规定给予处罚。

第七十一条 餐具饮具集中消毒服务单位未按照规定建立并遵守出厂检验记录制度的，由县级以上人民政府卫生行政部门依照食品安全法第一百二十六条第一款、本条例第七十五条的规定给予处罚。

第七十二条 从事对温度、湿度等有特殊要求的食品贮存业务的非食品生产经营者，食品集中交易市场的开办者、食品展销会的举办者，未按照规定备案或者报告的，由县级以上人民政府食品安全监督管理部门责令改正，给予警告；拒不改正的，处1万元以上5万元以下罚款；情节严重的，责令停产停业，并处5万元以上20万元以下罚款。

第七十三条 利用会议、讲座、健康咨询等方式对食品进行虚假宣传的，由县级以上人民政府食品安全监督管理部门责令消除影响，有违法所得的，没收违法所得；情节严重的，依照食品安全法第一百四十条第五款的规定进行处罚；属于单位违法的，还应当依照本条例第七十五条的规定对单位的法定代表人、主要负责人、直接负责的主管人员和其他直接责任人员给予处罚。

第七十四条 食品生产经营者生产经营的食品符合食品安全标准但不符合食品所标注的企业标准规定的食品安全指标的，由县级以上人民政府食品安全监督管理部门给予警告，并责令食品经营者停止经营该食品，责令食品生产企业改正；拒不停止经营或者改正的，没收不符合企业标准规定的食品安全指标的食品，货值金额不足1万元的，并处1万元以上5万元以下罚款，货值金额1万元以上的，并处货值金额5倍以上10倍以下罚款。

第七十五条 食品生产经营企业等单位有食品安全法规定的违法情形，除依照食品安全法的规定给予处罚外，有下列情形之一的，对单位的法定代表人、主要负责人、直接负责的主管人员和其他直接责任人员处以其上一年度从本单位取得收入的1倍以上10倍以下罚款：

（一）故意实施违法行为；

（二）违法行为性质恶劣；

（三）违法行为造成严重后果。

属于食品安全法第一百二十五条第二款规定情形的，不适用前款规定。

第七十六条 食品生产经营者依照食品安全法第六十三条第一款、第二款的规定停止生产、经营，实施食品召回，或者采取其他有效措施减轻或者消除食品安全风险，未造成危害后果的，可以从轻或者减轻处罚。

第七十七条 县级以上地方人民政府食品安全监督管理等部门对有食品安全法第一百二十三条规定的违法情形且情节严重，可能需要行政拘留的，应当及时将案件及有关材料移送同级公安机关。公安机关认为需要补充材料的，食品安全监督管理等部门应当及时提供。公安机关经审查认为不符合行政拘留条件的，应当及时将案件及有关材料退回移送的食品安全监督管理等部门。

第七十八条 公安机关对发现的食品安全违法行为，经审查没有犯罪事实或者立案侦查后认为不需要追究刑事责任，但依法应当予以行政拘留的，应当及时作出行政拘留的处罚决定；不需要予以行政拘留但依法应当追究其他行政责任的，应当及时将案件及有关材料移送同级食品安全监督管理等部门。

第七十九条 复检机构无正当理由拒绝承担复检任务的，由县级以上人民政府食品安全监督管理部门给予警告，无正当理由1年内2次拒绝承担复检任务的，由国务院有关部门撤销其复检机构资质并向社会公布。

第八十条 发布未依法取得资质认定的食品检验机构出具的食品检验信息，或者利用上述检验信息对食品、食品生产经营者进行等级评定，欺骗、误导消费者的，由县级以上人民政府食品安全监督管理部门责令改正，有违法所得的，没收违法所得，并处10万元以上50万元以下罚款；拒不改正的，处50万元以上100万元以下罚款；构成违反治安管理行为的，由公安机关依法给予治安管理处罚。

第八十一条 食品安全监督管理部门依照食品安全法、本条例对违法单位或者个人处以30万元以上罚款的，由设区的市级以上人民政府食品安全监督管理部门决定。罚款具体处罚权限由国务院食品安全监督管理部门规定。

第八十二条 阻碍食品安全监督管理等部门工作人员依法执行职务，构成违反治安管理行为的，由公安机关依法给予治安管理处罚。

第八十三条 县级以上人民政府食品安全监督管理等部门发现单位或者个人违反食品安全法第一百二十条第一款规定，编造、散布虚假食品安全信息，涉嫌构成违反治安管理行为的，应当将相关情况通报同级公安机关。

第八十四条 县级以上人民政府食品安全监督管理部门及其工作人员违法向他人提供网络食品交易第三方平台提供者提供的信息的，依照食品安全法第一百四十五条的规定给予处分。

第八十五条 违反本条例规定，构成犯罪的，依法追究刑事责任。

第十章 附 则

第八十六条 本条例自2019年12月1日起施行。

国务院关于实施健康中国行动的意见

国发〔2019〕13号

各省、自治区、直辖市人民政府，国务院各部委、各直属机构：

人民健康是民族昌盛和国家富强的重要标志，预防是最经济最有效的健康策略。党中央、国务院发布《“健康中国2030”规划纲要》，提出了健康中国建设的目标和任务。党的十九大作出实施健康中国战略的重大决策部署，强调坚持预防为主，倡导健康文明生活方式，预防控制重大疾病。为加快推动从以治病为中心转变为以人民健康为中心，动员全社会落实预防为主方针，实施健康中国行动，提高全民健康水平，现提出以下意见。

一、行动背景

新中国成立后特别是改革开放以来，我国卫生健康事业获得了长足发展，居民主要健康指标总体优于中高收入国家平均水平。随着工业化、城镇化、人口老龄化进程加快，我国居民生产生活方式和疾病谱不断发生变化。心脑血管疾病、癌症、慢性呼吸系统疾病、糖尿病等慢性非传染性疾病导致的死亡人数占总死亡人数的88%，导致的疾病负担占疾病总负担的70%以上。居民健康知识知晓率偏低，吸烟、过量饮酒、缺乏锻炼、不合理膳食等不健康生活方式比较普遍，由此引起的疾病问题日益突出。肝炎、结核病、艾滋病等重大传染病防控形势仍然严峻，精神卫生、职业健康、地方病等方面问题不容忽视。

为坚持预防为主，把预防摆在更加突出的位置，积极有效应对当前突出健康问题，必须关口前移，采取有效干预措施，细化落实《“健康中国2030”规划纲要》对普及健康生活、优化健康服务、建设健康环境等部署，聚焦当前和今后一段时期内影响人民健康的重大疾病和突出问题，实施疾病预防和健康促进的中长期行动，健全全社会落实预防为主的制度体系，持之以恒加以推进，努力使群众不生病、少生病，提高生活质量。

二、总体要求

（一）指导思想

以习近平新时代中国特色社会主义思想为指导，全面贯彻党的十九大和十九届二中、三中全会精神，坚持以人民为中心的发展思想，坚持改革创新，贯彻新时代卫生与健康工作方针，强化政府、社会、个人责任，加快推动卫生健康工作理念、服务方式从以治病为中心转变为以人民健康为中心，建立健全健康教育体系，普及健康知识，引导群众建立正确健康观，加强早期干预，形成有利于健康的生活方式、生态环境和社会环境，延长健康寿命，为全方位全周期保障人民健康、建设健康中国奠定坚实基础。

（二）基本原则

普及知识、提升素养。把提升健康素养作为增进全民健康的前提，根据不同人群特点有针对性地加强健康教育与促进，让健康知识、行为和技能成为全民普遍具备的素质和能力，实现健康素养人人有。

自主自律、健康生活。倡导每个人是自己健康第一责任人的理念，激发居民热爱健康、追求健康的热情，养成符合自身和家庭特点的健康生活方式，合理膳食、科学运动、戒烟限酒、心理平衡，实现健康生活少生病。

早期干预、完善服务。对主要健康问题及影响因素尽早采取有效干预措施，完善防治策略，推动健康服务供给侧结构性改革，提供系统连续的预防、治疗、康复、健康促进一体化服务，加强医疗保障政策与健康服务的衔接，实现早诊早治早康复。

全民参与、共建共享。强化跨部门协作，鼓励和引导单位、社区（村）、家庭和个人行动起来，形成政府积极主导、社会广泛动员、人人尽责尽力的良好局面，实现健康中国行动齐参与。

（三）总体目标

到2022年，健康促进政策体系基本建立，全民健康素养水平稳步提高，健康生活方式加快推广，重大慢性病发病率上升趋势得到遏制，重点传染病、严重精神障碍、地方病、职业病得到有效防控，致残和死亡风险逐步降低，重点人群健康状况显著改善。

到2030年，全民健康素养水平大幅提升，健康生活方式基本普及，居民主要健康影响因素得到有效控制，因重大慢性病导致的过早死亡率明显降低，人均健康预期寿命得到较大提高，居民主要健康指标水平进入高收入国家行列，健康公平基本实现。

三、主要任务

（一）全方位干预健康影响因素

1. 实施健康知识普及行动。维护健康需要掌握健康知识。面向家庭和个人普及预防疾病、早期发现、紧急救援、及时就医、合理用药等维护健康的知识与技能。建立并完善健康科普专家库和资源库，构建健康科普知识发布和传播机制。强化医疗卫生机构和医务人员开展健康促进与教育的激励约束。鼓励各级电台电视台和其他媒体开办优质健康科普节目。到2022年和2030年，全国居民健康素养水平分别不低于22%和30%。

2. 实施合理膳食行动。合理膳食是健康的基础。针对一般人群、特定人群和家庭，聚焦食堂、餐厅等场所，加强营养和膳食指导。鼓励全社会参与减盐、减油、减糖，研究完善盐、油、糖包装标准。修订预包装食品营养标签通则，推进食品营养标准体系建设。实施贫困地区重点人群营养干预。到2022年和2030年，成人肥胖增长率持续减缓，5岁以下儿童生长迟缓率分别低于7%和5%。

3. 实施全民健身行动。生命在于运动，运动需要科学。为不同人群提供针对性的运动健身方案或运动指导服务。努力打造百姓身边健身组织和“15分钟健身圈”。推进公共体育设施免费或低收费开放。推动形成体医结合的疾病管理和健康服务模式。把高校学生体质健康状况纳入对高校的考核评价。到2022年和2030年，城乡居民达到《国民体质测定标准》合格以上的人数比例分别不少于90.86%和92.17%，经常参加体育锻炼人数比例达到37%及以上和40%及以上。

4. 实施控烟行动。吸烟严重危害人民健康。推动个人和家庭充分了解吸烟和二手烟暴露的严重危害。鼓励领导干部、医务人员和教师发挥控烟引领作用。把各级党政机关建设成无烟机关。研究利用税收、价格调节等综合手段，提高控烟成效。完善卷烟包装烟草危害警示内容和形式。到2022年和2030年，全面无烟法规保护的人口比例分别达到30%及以上和80%及以上。

5. 实施心理健康促进行动。心理健康是健康的重要组成部分。通过心理健康教育、咨询、治疗、危机干预等方式，引导公众科学缓解压力，正确认识和应对常见精神障碍及心理行为问题。健全社会心理服务网络，加强心理健康人才培养。建立精神卫生综合管理机制，完善精神障碍社区康复服务。到2022年和2030年，居民心理健康素养水平提升到20%和30%，心理相关疾病发生的上升趋势减缓。

6. 实施健康环境促进行动。良好的环境是健康的保障。向公众、家庭、单位（企业）普及环境与健康相关的防护和应对知识。推进大气、水、土壤污染防治。推进健康城市、健康村镇建设。建立环境与健康的调查、监测和风险评估制度。采取有效措施预防控制环境污染相关疾病、道路交通伤害、消费品质量安全事故等。到2022年和2030年，居民饮用水水质达标情况明显改善，并持续改善。

（二）维护全生命周期健康

7. 实施妇幼健康促进行动。孕产期和婴幼儿时期是生命的起点。针对婚前、孕前、孕期、儿童等阶段特点，积极引导家庭科学孕育和养育健康新生命，健全出生缺陷防治体系。加强儿童早期发展服务，完善婴幼儿照护服务和残疾儿童康复救助制度。促进生殖健康，推进农村妇女宫颈癌和乳腺癌检查。到2022年和2030年，婴儿死亡率分别控制在7.5‰及以下和5‰及以下，孕产妇死亡率分别下降到18/10万及以下和12/10万及以下。

8. 实施中小学健康促进行动。中小学生处于成长发育的关键阶段。动员家庭、学校和社会共同维护中小学生身心健康。引导学生从小养成健康生活习惯，锻炼健康体魄，预防近视、肥胖等疾病。中小学校按规定开齐开足体育与健康课程。把学生体质健康状况纳入对学校的绩效考核，结合学生年龄特点，以多种方式对学生健康知识进行考试考查，将体育纳入高中学业水平测试。到2022年和2030年，国家学生体质健康标准达标优良率分别达到50%及以上和60%及以上，全国儿童青少年总体近视率力争每年降低0.5个百分点以上，新发近视率明显下降。

9. 实施职业健康保护行动。劳动者依法享有职业健康保护的权利。针对不同职业人群，倡导健康工作方式，落实用人单位主体责任和政府监管责任，预防和控制职业病危害。完善职业病防治法规标准体系。鼓励用人单位开展职工健康管理。加强尘肺病等职业病救治保障。到2022年和2030年，接尘工龄不足5年的劳动者新发尘肺病报告例数占年度报告总例数的比例实现明显下降，并持续下降。

10. 实施老年健康促进行动。老年人健康快乐是社会文明进步的重要标志。面向老年人普及膳食营养、体育锻炼、定期体检、健康管理、心理健康以及合理用药等知识。健全老年健康服务体系，完善居家和社区养老政策，推进医养结合，探索长期护理保险制度，打造老年宜居环境，实现健康老龄化。到2022年和2030年，65至74岁老年人失能发生率有所下降，65岁及以上人群老年期痴呆患病率增速下降。

（三）防控重大疾病

11. 实施心脑血管疾病防治行动。心脑血管疾病是我国居民第一位死亡原因。引导居民学习掌握心肺复苏等自救互救知识技能。对高危人群和患者开展生活方式指导。全面落实35岁以上人群首诊测血压制度，加强高血压、高血糖、血脂异常的规范管理。提高院前急救、静脉溶栓、动脉取栓等应急处置能力。到2022年和2030年，心脑血管疾病死亡率分别下降到209.7/10万及以下和190.7/10万及以下。

12. 实施癌症防治行动。癌症严重影响人民健康。倡导积极预防癌症，推进早筛查、早诊断、早治疗，降低癌症发病率和死亡率，提高患者生存质量。有序扩大癌症筛查范围。推广应用常见癌症诊疗规范。提升中西部地区及基层癌症诊疗能力。加强癌症防治科技攻关。加快临床急需药物审评审批。到2022年和2030年，总体癌症5年生存率分别不低于43.3%和46.6%。

13. 实施慢性呼吸系统疾病防治行动。慢性呼吸系统疾病严重影响患者生活质量。引导重点人群早期发现疾病，控制危险因素，预防疾病发生发展。探索高危人群首诊测量肺功能、40岁及以上人群体检检测肺功能。加强慢阻肺患者健康管理，提高基层医疗卫生机构肺功能检查能力。到2022年和2030年，70岁及以下人群慢性呼吸系统疾病死亡率下降到9/10万及以下和8.1/10万及以下。

14. 实施糖尿病防治行动。我国是糖尿病患病率增长最快的国家之一。提示居民关注血糖水平，引导糖尿病前期人群科学降低发病风险，指导糖尿病患者加强健康管理，延迟或预防糖尿病的发生发展。加强对糖尿病患者和高危人群的健康管理，促进基层糖尿病及并发症筛查标准化和诊疗规范化。到2022年和2030年，糖尿病患者规范管理率分别达到60%及以上和70%及以上。

15. 实施传染病及地方病防控行动。传染病和地方病是重大公共卫生问题。引导居民提高自我防范意识，讲究个人卫生，预防疾病。充分认识疫苗对预防疾病的重要作用。倡导高危人群在流感流行季节前接种流感疫苗。加强艾滋病、病毒性肝炎、结核病等重大传染病防控，努力控制和降低传染病流行水平。强化寄生虫病、饮水型燃煤型氟砷中毒、大骨节病、氟骨症等地方病防治，控制和消除重点地方病。到2022年和2030年，以乡（镇、街道）为单位，适龄儿童免疫规划疫苗接种率保持在90%以上。

四、组织实施

（一）加强组织领导

国家层面成立健康中国行动推进委员会，制定印发《健康中国行动（2019—2030年）》，细化上述15个专项行动的目标、指标、任务和职责分工，统筹指导各地区各相关部门加强协作，研究疾病的综合防治策略，做好监测考核。要根据医学进步和相关技术发展等情况，适时组织修订完善《健康中国行动（2019—2030年）》内容。各地区要结合实际健全领导推进工作机制，研究制定实施方案，逐项抓好任务落实。各相关部门要按照职责分工，将预防为主、防病在先融入各项政策举措中，研究具体政策措施，推动落实重点任务。

（二）动员各方广泛参与

凝聚全社会力量，形成健康促进的强大合力。鼓励个人和家庭积极参与健康中国行动，落实个人健康责任，养成健康生活方式。各单位特别是各学校、各社区（村）要充分挖掘和利用自身资源，积极开展健康细胞工程建设，创造健康支持性环境。鼓励企业研发生产符合健康需求的产品，增加健康产品供给，国有企业特别是中央企业要作出表率。鼓励社会捐资，依托社会力量依法成立健康中国行动基金会，形成资金来源多元化的保障机制。鼓励金融机构创新健康类产品和服务。卫生健康相关行业学会、协会和群团组织以及其他社会组织要充分发挥作用，指导、组织健康促进和健康科普工作。

（三）健全支撑体系

加强公共卫生体系建设和人才培养，提高疾病防治和应急处置能力。加强财政支持，强化资金统筹，优化资源配置，提高基本公共卫生服务项目、重大公共卫生服务项目资金使用的针对性和有效性。加强科技支撑，开展一批影响健康因素和疑难重症诊疗攻关重大课题研究，国家科技重大专项、重点研发计划要给予支持。完善相关法律法规体系，开展健康政策审查，保障各项任务落实和目标实现。强化信息支撑，推动部门和区域间共享健康相关信息。

（四）注重宣传引导

采取多种形式，强化舆论宣传，及时发布政策解读，回应社会关切。设立健康中国行动专题网站，大力宣传实施健康中国行动、促进全民健康的重大意义、目标任务和重大举措。编制群众喜闻乐见的解读材料和文艺作品，以有效方式引导群众了解和掌握必备健康知识，践行健康生活方式。加强科学引导和典型报道，增强社会的普遍认知，营造良好的社会氛围。

国务院

2019年6月24日

国务院办公厅关于有效发挥政府性融资担保基金作用切实支持小微企业和“三农”发展的指导意见

国办发〔2019〕6号

各省、自治区、直辖市人民政府，国务院各部委、各直属机构：

近年来，各地区、各部门认真贯彻落实《国务院关于促进融资担保行业加快发展的意见》（国发〔2015〕43号），按照全国金融工作会议关于设立国家和地方融资担保基金、完善政府性融资担保和再担保体系等要求，进行了积极探索，推动政府性融资担保基金（机构）不断发展壮大。但融资担保行业还存在业务聚焦不够、担保能力不强、银担合作不畅、风险分担补偿机制有待健全等问题。为进一步发挥政府性融资担保基金作用，引导更多金融资源支持小微企业和“三农”发展，经国务院同意，现提出以下意见：

一、总体要求

（一）指导思想。以习近平新时代中国特色社会主义思想为指导，全面贯彻党的十九大和十九届二中、三中全会精神，坚持和加强党的全面领导，坚持稳中求进工作总基调，坚持新发展理念，紧扣我国社会主要矛盾变化，按照高质量发展要求，紧紧围绕统筹推进“五位一体”总体布局和协调推进“四个全面”战略布局，坚持以供给侧结构性改革为主线，规范政府性融资担保基金运作，坚守政府性融资担保机构的准公共定位，弥补市场不足，降低担保服务门槛，着力缓解小微企业、“三农”等普惠领域融资难、融资贵，支持发展战略性新兴产业，促进大众创业、万众创新。

（二）基本原则。聚焦支小支农主业。政府性融资担保、再担保机构要严格以小微企业和“三农”融资担保业务为主业，支持符合条件的战略性新兴产业项目，不断提高支小支农担保业务规模和占比，服务大众创业、万众创新，不得偏离主业盲目扩大业务范围，不得为政府债券发行提供担保，不得为政府融资平台融资提供增信，不得向非融资担保机构进行股权投资。

坚持保本微利运行。政府性融资担保、再担保机构不以营利为目的，在可持续经营的前提下，保持较低费率水平，切实有效降低小微企业和“三农”综合融资成本。

落实风险分担补偿。构建政府性融资担保机构和银行业金融机构共同参与、合理分险的银担合作机制。优化政府支持、正向激励的资金补充和风险补偿机制。

凝聚担保机构合力。加强各级政府性融资担保、再担保机构业务合作和资源共享，不断增强资本实力和业务拓展能力，聚力引导金融机构不断加大支小支农贷款投放。

二、坚持聚焦支小支农融资担保业务

（三）明确支持范围。各级政府性融资担保、再担保机构要合理界定服务对象范围，聚焦小微企业、个体工商户、农户、新型农业经营主体等小微企业和“三农”主体，以及符合条件的战略性新兴产业企业。其中，小微企业认定标准按照中小企业划型标准有关规定执行，农户认定标准按照支持小微企业融资税收政策有关规定执行。

（四）聚焦重点对象。各级政府性融资担保、再担保机构要重点支持单户担保金额500万元及以下的小微企业和“三农”主体，优先为贷款信用记录和有效抵质押品不足但产品有市场、项目有前景、技术有竞争力的小微企业和“三农”主体融资提供担保增信。

（五）回归担保主业。各级政府性融资担保、再担保机构要坚守支小支农融资担保主业，主动剥离政府债券发行和政府融资平台融资担保业务，严格控制闲置资金运作规模和风险，不得向非融资担保机构进行股权投资，逐步压缩大中型企业担保业务规模，确保支小支农担保业务占比达到80%以上。

（六）加强业务引导。国家融资担保基金和省级担保、再担保基金（机构）要合理设置合作机构准入条件，带动合作机构逐步提高支小支农担保业务规模和占比。合作机构支小支农担保金额占全部担保金额的比例不得低于80%，其中单户担保金额500万元及以下的占比不得低于50%。

（七）发挥再担保功能。国家融资担保基金和省级担保、再担保基金（机构）要积极为符合条件的融资担保业务提供再担保，向符合条件的担保、再担保机构注资，充分发挥增信分险作用。不得为防止资金闲置而降低合作条件标准，不得为追求稳定回报而偏离主业。

三、切实降低小微企业和“三农”综合融资成本

（八）引导降费让利。各级政府性融资担保、再担保机构要在可持续经营的前提下，适时调降再担保费率，引导合作机构逐步将平均担保费率降至1%以下。其中，对单户担保金额500万元及以下的小微企业和“三农”主体收取的担保费率原则上不超过1%，对单户担保金额500万元以上的小微企业和“三农”主体收取的担保费率原则上不超过1.5%。

（九）实行差别费率。国家融资担保基金再担保业务收费一般不高于省级担保、再担保基金（机构），单户担保金额500万元以上的再担保业务收费，原则上不高于承担风险责任的0.5%，单户担保金额500万元及以下的再担保业务收费，原则上不高于承担风险责任的0.3%。优先与费率较低的融资担保、再担保机构开展合作。对于担保业务规模增长较快、代偿率较低的合作机构，可以适当返还再担保费。

（十）清理规范收费。规范银行业金融机构和融资担保、再担保机构的收费行为，除贷款利息和担保费外，不得以保证金、承诺费、咨询费、顾问费、注册费、资料费等名义收取不合理费用，避免加重企业负担。

四、完善银担合作机制

（十一）明确风险分担比例。银担合作各方要协商确定融资担保业务风险分担比例。原则上国家融资担保基金和银行业金融机构承担的风险责任比例均不低于20%，省级担保、再担保基金（机构）承担的风险责任比例不低于国家融资担保基金承担的比例。对于贷款规模增长快、小微企业和“三农”主体户数占比大的银行业金融机构，国家和地方融资担保基金可以提高自身承担的风险责任比例或扩大合作贷款规模。

（十二）加强“总对总”合作。国家融资担保基金要推动与全国性银行业金融机构的“总对总”合作，引导银行业金融机构扩大分支机构审批权限并在授信额度、担保放大倍数、利率水平、续贷条件等方面提供更多优惠。省级担保、再担保基金（机构）要推动辖内融资担保机构与银行业金融机构的“总对总”合作，落实银担合作条件，夯实银担合作基础。

（十三）落实银担责任。银担合作各方要细化业务准入和担保代偿条件，明确代偿追偿责任，强化担保贷款风险识别与防控。银行业金融机构要按照勤勉尽职原则，落实贷前审查和贷中贷后管理责任。各级政府性融资担保机构要按照“先代偿、后分险”原则，落实代偿和分险责任。

（十四）实施跟踪评估。各级政府性融资担保机构要对合作银行业金融机构进行定期评估，重点关注其推荐担保业务的数量和规模、担保对象存活率、代偿率以及贷款风险管理等情况，作为开展银担合作的重要参考。

五、强化财税正向激励

（十五）加大奖补支持力度。中央财政要对扩大实体经济领域小微企业融资担保业务规模、降低小微企业融资担保费率等工作成效明显的地方予以奖补激励。有条件的地方可对单户担保金额500万元及以下、平均担保费率不超过1%的担保业务给予适当担保费补贴，提升融资担保机构可持续经营能力。

（十六）完善资金补充机制。探索建立政府、金融机构、企业、社会团体和个人广泛参与，出资入股与无偿捐资相结合的多元化资金补充机制。中央财政要根据国家融资担保基金的业务拓展、担保代偿和绩效考核等情况，适时对其进行资金补充。鼓励地方政府和参与银担合作的银行业金融机构根据融资担保、再担保机构支小支农业务拓展和放大倍数等情况，适时向符合条件的机构注资、捐资。鼓励各类主体对政府性融资担保、再担保机构进行捐赠。

（十七）探索风险补偿机制。鼓励有条件的地方探索建立风险补偿机制，对支小支农担保业务占比较高，在保余额、户数增长较快，代偿率控制在合理区间的融资担保、再担保机构，给予一定比例的代偿补偿。

（十八）落实扶持政策。国家融资担保基金，省级担保、再担保基金（机构）以及融资担保、再担保机构的代偿损失核销，参照金融企业呆账核销管理办法有关规定执行。符合条件的融资担保、再担保机构的担保赔偿准备金和未到期责任准备金企业所得税税前扣除，按照中小企业融资（信用）担保机构准备金企业所得税税前扣除政策执行。

六、构建上下联动机制

（十九）推进机构建设。国家融资担保基金要充分依托现有政府性融资担保机构开展业务，主要通过再担保、股权投资等方式与省、市、县融资担保、再担保机构开展合作，避免层层下设机构。鼓励通过政府注资、兼并重组等方式加快培育省级担保、再担保基金（机构），原则上每个省（自治区、直辖市）培育一家在资本实力、业务规模和风险管控等方面优势突出的龙头机构。加快发展市、县两级融资担保机构，争取三年内实现政府性融资担保业务市级全覆盖，并向经济相对发达、小微企业和“三农”主体融资需求旺盛的县（区）延伸。

（二十）加强协同配合。国家融资担保基金和省级担保、再担保基金（机构）要加强对市、县融资担保机构的业务培训和技术支持，提升辅导企业发展能力，推行统一的业务标准和管理要求，促进业务合作和资源共享。市、县融资担保机构要主动强化与国家融资担保基金和省级担保、再担保基金（机构）的对标，提高业务对接效率，做实资本、做强机构、做精业务、严控风险，不断提升规范运作水平。

七、逐级放大增信效应

（二十一）营造发展环境。县级以上地方人民政府要落实政府性融资担保、再担保机构的属地管理责任和出资人职责，推进社会信用体系建设，强化守信激励和失信惩戒，严厉打击逃废债行为，为小微企业和“三农”主体融资营造良好信用环境。要维护政府性融资担保、再担保机构的独立市场主体地位，不得干预其日常经营决策。完善风险预警和应急处置机制，切实加强区域风险防控。

（二十二）简化担保要求。国家融资担保基金和省级担保、再担保基金（机构）要引导融资担保机构加快完善信用评价和风险防控体系，逐步减少、取消反担保要求，简化审核手续，提供续保便利，降低小微企业和“三农”主体融资门槛。

（二十三）防止风险转嫁。各级政府性融资担保机构要严格审核有银行贷款记录的小微企业和“三农”主体的担保申请，防止银行业金融机构将应由自身承担的贷款风险转由融资担保、再担保机构承担，避免占用有限的担保资源、增加小微企业和“三农”主体综合融资成本。

（二十四）提升服务能力。各级政府性融资担保、再担保机构要充分发挥信用中介作用，针对小微企业和“三农”主体的信用状况和个性化融资需求，提供融资规划、贷款申请、担保手续等方面的专业辅导，并加强经验总结和案例宣传，不断增强融资服务能力，提高小微企业和“三农”主体融资便利度。

八、优化监管考核机制

（二十五）实施差异化监管措施。金融管理部门要对银行业金融机构和融资担保、再担保机构的支小支农业务实施差异化监管，引导加大支小支农信贷供给。加强对支小支农业务贷款利率和担保费率的跟踪监测，对贷款利率和担保费率保持较低水平或降幅较大的机构给予考核加分，鼓励进一步降费让利。对政府性融资担保、再担保机构提供担保的贷款，结合银行业金融机构实际承担的风险责任比例，合理确定贷款风险权重。适当提高对担保代偿损失的监管容忍度，完善支小支农担保贷款监管政策。

（二十六）健全内部考核激励机制。银行业金融机构和融资担保、再担保机构要优化支小支农业务内部考核激励机制。提高支小支农业务考核指标权重，重点考核业务规模、户数及其占比、增量等指标，降低或取消相应利润考核要求。对已按规定妥善履行授信审批和担保审核职责的业务人员实行尽职免责。银行业金融机构要对支小支农业务实行内部资金转移优惠定价。

（二十七）完善绩效评价体系。各级财政部门要会同有关方面研究制定对政府性融资担保、再担保机构的绩效考核办法，合理使用外部信用评级，落实考核结果与资金补充、风险补偿、薪酬待遇等直接挂钩的激励约束机制，激发其开展支小支农担保业务的内生动力。

各地区、各部门要充分认识规范政府性融资担保机构运作的重要意义，把思想、认识和行动统一到党中央、国务院决策部署上来，强化责任担当，加大工作力度，完善配套措施，抓好组织实施，推动政府性融资担保机构发挥应有作用。财政部要会同发展改革委、工业和信息化部、农业农村部、银保监会等部门，加强统筹协调，对本意见执行情况进行督促检查和跟踪分析，重大事项及时向国务院报告。

国务院办公厅

2019年1月22日

（此件公开发布）

国务院关税税则委员会关于第一批对美加征关税商品第一次排除清单的公告

税委会公告〔2019〕6号

根据《国务院关税税则委员会关于试行开展对美加征关税商品排除工作的公告》(税委会公告〔2019〕2号)，国务院关税税则委员会组织对申请主体提出的有效申请进行审核，并按程序决定，对第一批对美加征关税商品，第一次排除部分商品，分两个清单实施排除措施。有关事项公告如下：

对清单一所列商品，自2019年9月17日至2020年9月16日（一年），不再加征我为反制美301措施所加征的关税。对已加征的关税税款予以退还，相关进口企业应自排除清单公布之日起6个月内按规定向海关申请办理。

对清单二所列商品，自2019年9月17日至2020年9月16日（一年），不再加征我为反制美301措施所加征的关税。已加征的关税税款不予退还。

国务院关税税则委员会将继续开展对美加征关税商品排除工作，适时公布后续批次排除清单。

附件：

1. 第一批对美加征关税商品第一次排除清单一
2. 第一批对美加征关税商品第一次排除清单二

国务院关税税则委员会

2019年9月11日

附件1

第一批对美加征关税商品第一次排除清单一

序号	EX①	税则号列②	商品名称
1		03063610	其他小虾及对虾种苗
2		12141000	紫苜蓿粗粉及团粒
3	ex	12149000	其他紫苜蓿（粗粉及团粒除外）
4		23012010	饲料用鱼粉
5		27101991	润滑油
6		27101992	润滑脂
7	ex	29349990	环线威、杀虫环、杀虫钉、多噻烷等（包括甲基硫环磷、噻嗪酮、恶虫酮、茚虫威）
8	ex	29349990	地西他滨、氟脲苷、环磷酰胺、吉非替尼、卡培他滨、雷替曲塞、磷酸氟达拉滨、替加氟、盐酸阿糖胞苷、盐酸吉西他滨、盐酸埃克替尼、异环磷酰胺
9		34021300	非离子型有机表面活性剂
10		34031900	矿物油 < 70%的润滑剂
11		34039900	不含石油或从沥青矿物提取油类的润滑剂
12	ex	90221400	医用直线加速器

注：① ex表示排除商品为在该税则号列相应的税目项下，以“商品名称”为准。
② 为《中华人民共和国进出口税则（2019）》的税则号列。

附件2

第一批对美加征关税商品第一次排除清单二

序号	EX①	税则号列②	商品名称
1	ex	04041000	饲料用乳清（按重量计蛋白含量2%~7%，乳糖含量76%~88%）
2	ex	27101299	脱模剂（按重量计石油及从沥青提取的油≥70%）
3	ex	27101919	异构烷烃溶剂(初沸点225℃，闪点92℃，密度0.79g/cm3，粘度3.57mm²/s)
4	ex	27101993	润滑油基础油（产品粘度100摄氏度时37–47，粘度指数80及以上，颜色实测2.0左右，倾点实测–8摄氏度左右）

注：① ex表示排除商品为在该税则号列相应的税目项下，以“商品名称”为准。
② 为《中华人民共和国进出口税则（2019）》的税则号列。

【农业农村部发布】

中华人民共和国农业农村部公告

第 141 号

根据《中华人民共和国种子法》、《中华人民共和国草原法》和《草种管理办法》等有关规定，我部批准发放北京绿冠草业股份有限公司《草种经营许可证》。

特此公告。

附件：《草种经营许可证》单位名单（第二十二批）（略）

农业农村部

2019 年 2 月 15 日

中华人民共和国农业农村部公告

第 163 号

依据《饲料和饲料添加剂管理条例》，我部组织全国饲料评审委员会对亚太兴牧（北京）科技有限公司申报的扩大 N- 氨甲酰谷氨酸适用范围事项进行评审，决定将 N- 氨甲酰谷氨酸的适用范围扩大至花鲈、泌乳奶牛。在花鲈配合饲料中的推荐添加量为 240~360 mg/kg，最高限量为 360mg/kg（以干物质含量为 88% 的配合饲料为基础）。在泌乳奶牛全混合日粮中的推荐添加量为 880mg/kg，最高限量为 880mg/kg（以干物质含量为 88% 的饲料为基础）。

上述修订意见自本公告发布之日起执行。各级饲料管理部门在办理 N- 氨甲酰谷氨酸的行政审批、监督执法事项时，以本公告为准。

农业农村部

2019 年 4 月 16 日

中华人民共和国农业农村部公告

第 181 号

根据《中华人民共和国种子法》《中华人民共和国草原法》和《草种管理办法》等有关规定，我部批准发放苏州沃洲农业科技有限公司等 2 家企业《草种经营许可证》。

特此公告。

附件：《草种经营许可证》单位名单（第二十三批）

农业农村部

2019 年 6 月 3 日

附件

《草种经营许可证》单位名单（第二十三批）

序号	单位名称	住所	法定代表人	经营范围	经营方式	有效区域	许可证编号	有效期	备注
1	苏州沃洲农业科技有限公司	昆山市玉山镇昆太路 756 号 A1 幢 201-B 室	韦东利	草种	批发、零售、进出口	全国	（农）草种经许字（2019）第 002 号	至 2024 年 6 月 2 日	期满重新申请
2	河南省锄禾园林草业服务有限公司	郑州市惠济区江山路与开元路交叉口双桥花卉基地园林区 4、5、6、7 号	杨作运	草种	批发、零售、进出口	全国	（农）草种经许字（2019）第 003 号	至 2024 年 6 月 2 日	期满重新申请

中华人民共和国农业农村部公告

第 194 号

根据《兽药管理条例》《饲料和饲料添加剂管理条例》有关规定，按照《遏制细菌耐药国家行动计划（2016—2020 年）》和《全国遏制动物源细菌耐药行动计划（2017—2020 年）》部署，为维护我国动物源性食品安全和公共卫生安全，我部决定停止生产、进口、经营、使用部分药物饲料添加剂，并对相关管理政策作出调整。现就有关事项公告如下。

一、自 2020 年 1 月 1 日起，退出除中药外的所有促生长类药物饲料添加剂品种，兽药生产企业停止生产、进口兽药代理商停止进口相应兽药产品，同时注销相应的兽药产品批准文号和进口兽药注册证书。此前已生产、进口的相应兽药产品可流通至 2020 年 6 月 30 日。

二、自 2020 年 7 月 1 日起，饲料生产企业停止生产含有促生长类药物饲料添加剂（中药类除外）的商品饲料。此前已生产的商品饲料可流通使用至 2020 年 12 月 31 日。

三、2020 年 1 月 1 日前，我部组织完成既有促生长又有防治用途品种的质量标准修订工作，删除促生长用途，仅保留防治用途。

四、改变抗球虫和中药类药物饲料添加剂管理方式，不再核发“兽药添字”批准文号，改为“兽药字”批准文号，可在商品饲料和养殖过程中使用。2020 年 1 月 1 日前，我部组织完成抗球虫和中药类药物饲料添加剂品种质量标准和标签说明书修订工作。

五、2020 年 7 月 1 日前，完成相应兽药产品“兽药添字”转为“兽药字”批准文号变更工作。

六、自 2020 年 7 月 1 日起，原农业部公告第 168 号和第 220 号废止。

农业农村部

2019 年 7 月 9 日

中华人民共和国农业农村部公告

第 202 号

根据《中华人民共和国种子法》《中华人民共和国草原法》和《草种管理办法》等有关规定，我部批准发放克劳沃（北京）生态科技有限公司、北京禾木青科技有限责任公司等 2 家企业《草种经营许可证》。

特此公告。

附件：《草种经营许可证》单位名单（第二十四批）

农业农村部

2019 年 8 月 14 日

附件

《草种经营许可证》单位名单（第二十四批）

序号	单位名称	住所	法定代表人	经营范围	经营方式	有效区域	许可证编号	有效期	备注
1	克劳沃(北京)生态科技有限公司	北京市朝阳区望京新兴产业区利泽中园二区208 号 1305A	孙　玉	草种	批发、零售、进出口	全国	（农）草种经许字（2019）第 004 号	至 2024 年 8 月 13 日	期满重新申请
2	北京禾木青科技有限责任公司	北京市昌平区立汤路 186 号甲龙德紫金 2 号楼 406 号	黄亚彬	草种	批发、零售、进出口	全国	（农）草种经许字（2019）第 005 号	至 2024 年 8 月 13 日	期满重新申请

中华人民共和国农业农村部公告

第 235 号

根据《中华人民共和国种子法》《中华人民共和国草原法》和《草种管理办法》等有关规定，我部批准发放甘肃厚生草业有限责任公司《草种经营许可证》。

特此公告。

附件：《草种经营许可证》单位名单（第二十五批）

农业农村部

2019 年 11 月 19 日

附件

《草种经营许可证》单位名单（第二十五批）

序号	单位名称	住所	法定代表人	经营范围	经营方式	有效区域	许可证编号	有效期	备注
1	甘肃厚生草业有限责任公司	甘肃省兰州市城关区雁滩乡天庆嘉园 15-2-502 号	何　文	草种	批发、零售、进出口	全国	（农）草种经许字（2019）第 006 号	至 2024 年 11 月 18 日	期满重新申请

中华人民共和国农业农村部公告

第 237 号

为贯彻落实《国家防治动物疫病中长期规划（2012—2020年）》，进一步加强国家兽医实验室体系建设，强化牛瘟、牛传染性胸膜肺炎病毒保藏等技术支撑及国际合作，根据《国家兽医参考实验室管理办法》《农业部关于进一步加强国家兽医参考实验室管理的通知》（农医发〔2016〕13号），在原农业部2002年11月发布国家兽医参考实验室名单（第一批）通知基础上，我部指定中国兽医药品监察所相关实验室为国家牛瘟参考实验室；指定中国农业科学院哈尔滨兽医研究所相关实验室为国家牛传染性胸膜肺炎参考实验室。上述实验室要严格按照有关法律法规和农业农村部相关规定开展有关实验工作。

现予以公告。

附件：国家牛瘟参考实验室和国家牛传染性胸膜肺炎参考实验室名单

农业农村部

2019 年 11 月 29 日

附件

国家牛瘟参考实验室和国家牛传染性胸膜肺炎参考实验室名单

一、国家牛瘟参考实验室

所在单位：中国兽医药品监察所

地　址：北京市海淀区中关村南大街 8 号

邮　编：100081

二、国家牛传染性胸膜肺炎参考实验室

所在单位：中国农业科学院哈尔滨兽医研究所

地　址：黑龙江省哈尔滨市香坊区哈平路 678 号

邮　编：150069

中华人民共和国农业农村部公告

第238号

根据《兽药管理条例》和《兽药注册办法》规定，经审查，批准美国艾伯维公司生产的多杀霉素米尔贝肟咀嚼片在我国注册，核发《进口兽药注册证书》，并发布产品质量标准、说明书和标签，自发布之日起执行。

批准硕腾公司美国卡拉玛祖生产厂等3家公司生产的盐酸头孢噻呋乳房注入剂（泌乳期）等3种兽药产品在我国再注册，核发《进口兽药注册证书》，并发布修订后的产品质量标准、说明书和标签，自发布之日起执行。此前发布的前述产品兽药质量标准、说明书和标签同时废止。

批准法瑞瓦公司法国生产厂等2家公司生产的枸橼酸马罗匹坦注射液等2种兽药产品在我国变更注册。

特此公告。

附件：1. 进口兽药注册目录

2. 质量标准（略）

3. 说明书和标签（略）

农业农村部

2019年12月3日

附件

进口兽药注册目录

兽药名称	生产厂名称	国别	进口兽药注册证书号	有效期限	备注
多杀霉素米尔贝肟咀嚼片（多杀霉素140mg+米尔贝肟2.3mg）Spinosad and Milbemycin Oxime Chewable Tablets（Spinosad140mg+Milbemycin2.3mg）	美国艾伯维公司 Abb Vie Inc.	美国	（2019）外兽药证字86号	2019.12.03–2024.12.02	注册
多杀霉素米尔贝肟咀嚼片（多杀霉素270mg+米尔贝肟4.5mg）Spinosad and Milbemycin Oxime Chewable Tablets（Spinosad270mg+Milbemycin4.5mg）			（2019）外兽药证字87号		
多杀霉素米尔贝肟咀嚼片（多杀霉素560mg+米尔贝肟9.3mg）Spinosad and Milbemycin Oxime Chewable Tablets（Spinosad560mg+Milbemycin9.3mg）			（2019）外兽药证字88号		
多杀霉素米尔贝肟咀嚼片（多杀霉素810mg+米尔贝肟13.5mg）Spinosad and Milbemycin Oxime Chewable Tablets（Spinosad810mg+Milbemycin13.5mg）			（2019）外兽药证字89号		

（续）

兽药名称	生产厂名称	国 别	进口兽药注册证书号	有效期限	备注
多杀霉素米尔贝肟咀嚼片（多杀霉素 1620mg+ 米尔贝肟 27mg）Spinosad and Milbemycin Oxime Chewable Tablets（Spinosad1620mg+Milbemycin27mg）	美国艾伯维公司 Abb Vie Inc.	美国	（2019）外兽药证字 90 号	2019.12.03 – 2024.12.02	注册
盐酸头孢噻呋乳房注入剂（泌乳期）Ceftiofur Hydrochloride Intramammary Infusion (Lactating Cow)	硕腾公司美国卡拉玛祖生产厂 Zoetis LLC.,Kalamazoo,USA	美国	（2019）外兽药证字 91 号	2019.12.03 – 2024.12.02	再注册
鸡传染性支气管炎病毒 ELISA 抗体检测试剂盒 Infectious Bronchitis Virus ELISA Antibody Test Kit	美国爱德士生物科技有限公司 IDEXX Laboratories, Inc.		（2019）外兽药证字 92 号	2019.12.03 – 2024.12.02	再注册
复方季铵盐戊二醛溶液 Compound Quaternary Ammonium salts and Glutaral Solution	禧欧公司 THESEO		（2019）外兽药证字 93 号	2019.12.03 – 2024.12.02	再注册
枸橼酸马罗匹坦注射液 Maropitant Citrate Injection	法瑞瓦公司法国生产厂 Fareva Amboise		（2016）外兽药证字 20 号	2016.05.13 – 2021.05.12	变更注册：有效期由 24 个月增加到 36 个月。
鸡传染性法氏囊病活疫苗（LC75 株）Infectious Bursal Disease Vaccine, Live (Strain LC75)	德国罗曼动物保健有限公司 Lohmann Animal Health GmbH	德国	（2019）外兽药证字 04 号	2019.01.08 – 2024.01.07	变更注册：企业名称由“美国礼来公司（Eli Lilly and Company U.S.A.）”变更为“美国礼蓝动物保健有限公司 (Elanco Animal HealthIncorporated)”

中华人民共和国农业农村部公告

第 241 号

根据《草种管理办法》《草品种审定管理规定》，2019 年全国草品种审定委员会审定通过了 25 个草品种（见附件），现予公告。

附件：2019 年全国草品种审定委员会审定通过草品种名录

农业农村部

2019 年 12 月 12 日

附件：2019 年审定通过品种目录 .xlsx(详见以下网址)

http://www.moa.gov.cn/gk/tzgg_1/gg/201912/t20191218_6333438.htm

中华人民共和国农业农村部公告

第 250 号

为进一步规范养殖用药行为，保障动物源性食品安全，根据《兽药管理条例》有关规定，我部修订了食品动物中禁止使用的药品及其他化合物清单，现予以发布，自发布之日起施行。食品动物中禁止使用的药品及其他化合物以本清单为准，原农业部公告第 193 号、235 号、560 号等文件中的相关内容同时废止。

附件：食品动物中禁止使用的药品及其他化合物清单

农业农村部

2019 年 12 月 27 日

附件

食品动物中禁止使用的药品及其他化合物清单

序号	药品及其他化合物名称
1	酒石酸锑钾（Antimony potassium tartrate）
2	β－兴奋剂（β－agonists) 类及其盐、酯
3	汞制剂：氯化亚汞（甘汞）（Calomel）、醋酸汞（Mercurous acetate）、硝酸亚汞（Mercurous nitrate）、吡啶基醋酸汞（Pyridyl mercurous acetate）
4	毒杀芬（氯化烯）（Camahechlor）
5	卡巴氧（Carbadox）及其盐、酯
6	呋喃丹（克百威）（Carbofuran）
7	氯霉素（Chloramphenicol）及其盐、酯
8	杀虫脒（克死螨）（Chlordimeform）
9	氨苯砜（Dapsone）
10	硝基呋喃类：呋喃西林（Furacilinum）、呋喃妥因（Furadantin）、呋喃它酮（Furaltadone）、呋喃唑酮（Furazolidone）、呋喃苯烯酸钠（Nifurstyrenate sodium）
11	林丹（Lindane）
12	孔雀石绿（Malachite green）

（续）

序号	药品及其他化合物名称
13	类固醇激素：醋酸美仑孕酮（Melengestrol Acetate）、甲基睾丸酮（Methyltestosterone）、群勃龙（去甲雄三烯醇酮）（Trenbolone）、玉米赤霉醇（Zeranal）
14	安眠酮（Methaqualone）
15	硝呋烯腙（Nitrovin）
16	五氯酚酸钠（Pentachlorophenol sodium）
17	硝基咪唑类：洛硝达唑（Ronidazole）、替硝唑（Tinidazole）
18	硝基酚钠（Sodium nitrophenolate）
19	己二烯雌酚（Dienoestrol）、己烯雌酚（Diethylstilbestrol）、己烷雌酚（Hexoestrol）及其盐、酯
20	锥虫砷胺（Tryparsamile）
21	万古霉素（Vancomycin）及其盐、酯

农业农村部关于印发《2019 年国家动物疫病强制免疫计划》的通知

农牧发〔2019〕4 号

各省、自治区、直辖市及计划单列市畜牧兽医（农业农村、农牧）厅（局、委、办），新疆生产建设兵团畜牧兽医局，部属有关事业单位：

为认真贯彻《国家中长期动物疫病防治规划（2012—2020 年）》，切实做好 2019 年全国动物疫病强制免疫工作，根据《中华人民共和国动物防疫法》等法律法规规定，我部组织制定了《2019 年国家动物疫病强制免疫计划》。现印发给你们，请遵照执行。

农业农村部

2019 年 1 月 15 日

2019 年国家动物疫病强制免疫计划

一、总体要求

（一）免疫病种

高致病性禽流感、口蹄疫、小反刍兽疫、布鲁氏菌病、包虫病。

（二）免疫要求

对高致病性禽流感、口蹄疫、小反刍兽疫、布鲁氏菌病、包虫病，群体免疫密度应常年保持在 90% 以上，其中应免畜禽免疫密度应达到 100%。高致病性禽流感、口蹄疫和小反刍兽疫免疫抗体合格率全年保持在 70% 以上。

（三）免疫动物种类和区域

高致病性禽流感：对全国所有鸡、水禽（鸭、鹅）、人工饲养的鹌鹑、鸽子等，进行 H5 亚型和 H7 亚型高致病性禽流感免疫。供研究和疫苗生产用的家禽、进口国（地区）明确要求不得实施高致病性禽流感免疫的出口家禽，有关企业报省级畜牧兽医主管部门批准后，可以不实施免疫。

口蹄疫：对全国所有猪、牛、羊、骆驼、鹿进行 O 型口蹄疫免疫；对所有奶牛和种公牛进行 A 型口蹄疫免疫。此外，内蒙古、云南、西藏、新疆和新疆生产建设兵团对所有牛和边境地区的羊、骆驼、鹿进行 A 型口蹄疫免疫；广西对边境地区牛羊进行 A 型口蹄疫免疫，吉林、青海、宁夏对所有牛进行 A 型口蹄疫免疫，辽宁、四川对重点地区的牛进行 A 型口蹄疫免疫。除上述规定外，各省根据评估结果自行确定是否对其他动物实施 A 型口蹄疫免疫，并报农业农村部。

小反刍兽疫：对全国所有羊进行小反刍兽疫免疫。各省级畜牧兽医主管部门按照《全国小反刍兽疫消灭计划（2016—2020 年）》要求，在开展小反刍兽疫非免疫无疫区建设的区域，可不实施免疫，并报农业农村部。

布鲁氏菌病：在布鲁氏菌病一类地区，对除种畜外的牛羊进行布鲁氏菌病免疫；种畜禁止免疫；各省根据评估结果，自行确定奶畜是否免疫，确需免疫的，养殖场可向当地县级以上兽医主管部门提出免疫申请，经县级以上兽医主管部门报省级兽医主管部门备案后，以场群为单位采取免疫措施。在布鲁氏菌病二类地区，原则上禁止对牛羊免疫；牛的个体检测阳性率≥ 1% 或羊的个体检测阳性率≥ 0.5% 的养殖场，需采取免疫措施的，养殖场可向当地县级以上兽医主管部门提出免疫申请，经县级以上兽医主管部门报省级兽医主管部门批准后，以场群为单位采取免疫措施。

包虫病：在包虫病流行区，对种羊进行程序化免疫，对新生羔羊、补栏羊及时进行免疫。

猪瘟、高致病性猪蓝耳病：各地应按照国家防治指导意见执行。

二、疫苗种类

经国家批准使用的 H5+H7 亚型高致病性禽流感（三价灭活疫苗）、口蹄疫、小反刍兽疫、布鲁氏菌病、包虫病疫苗。疫苗产品具体信息可在中国兽药信息网“国家兽药基础信息查询”平台“兽药产品批准文号数据”中查询。

三、免疫主体

饲养动物的单位和个人是强制免疫主体，依据《动物防疫法》承担强制免疫主体责任，切实履行强制免疫义务，自主实施免疫接种，做好免疫记录，建立免疫档案。

四、职责分工

根据国务院有关文件规定，地方各级人民政府对辖区内动物防疫工作负总责，组织有关部门按照职责分工，落实强制免疫计划。

各级畜牧兽医主管部门具体组织实施强制免疫计划，负责组织强制免疫疫苗的调拨、保存和使用监管。各级动物疫病预防控制机构、相关国家兽医参考实验室负责开展使用环节强制免疫效果评价。各级动物卫生监督工作机构负责对养殖场户履行强制免疫义务情况的监督检查。

省级畜牧兽医部门会同省级财政部门做好强制免疫疫苗的采购工作。

各级畜牧兽医部门要积极协调同级财政部门，确保强制免疫补助经费（包括疫苗采购费用及器械耗材、劳务、人员防护、免疫效果监测评价、免疫副反应处置等经费）落实到位。加强经费使用监管，确保经费专款专用，规范合理使用。

其他有关部门依法配合做好强制免疫计划实施工作。

五、组织实施

（一）制定实施方案。各地应按照本计划要求，结合本地实际，及时制定本省（自治区、直辖市）强制免疫计划实施方案和技术方案。规模养殖场应主动实施程序化免疫；对散养动物，采用春秋两季集中免疫与定期补免相结合的方式进行，有条件的地方可实施程序化免疫。

（二）规范疫苗采购和使用管理。各省级畜牧兽医主管部门要会同省级财政部门，切实加强疫苗采购工作的监督管理，规范疫苗供应，有效防范和化解廉政风险。各地应建立健全本部门疫苗采购制度，完善内部管控体系，严格规范疫苗采购活动。疫苗采购应以质量、免疫效果、价格和售后服务等综合指标为评判标准，并自觉接受纪检监察和社会监督。禁止疫苗企业恶意竞标、以低于成本的价格参与竞标、超出使用范围宣传。应建立健全疫苗计划、供应、监督管理制度，实行专人专户专账管理。进一步完善疫苗使用台账制度，建立健全疫苗报废和无害化处理制度，规范疫苗使用管理。

（三）推进“先打后补”。各地要结合工作实际，明确强制免疫“先打后补”时间表、路线图，积极推进有关工作，确保辖区内规模养殖场在2020年全面实现“先打后补”。各地对符合条件的养殖场户实行“先打后补”，实现养殖场户自主采购、财政直补；对目前不符合条件的养殖场户，可暂实施省级疫苗集中采购，并探索以政府购买服务的形式，有序引导社会力量参与强制免疫工作。

（四）组织技术培训。中国动物疫病预防控制中心在春季集中免疫工作开展前组织省级免疫技术师资培训。各地要组织好乡镇及村级防疫员免疫技术培训。

（五）规范免疫操作。免疫时应按照要求更换注射针头，做好各项消毒工作和个人防护。同时，要及时制定实施疫苗配送计划，加强疫苗的运输和保存管理，实行全程冷链运输，确保疫苗质量和供应量。

（六）完善免疫记录。养殖场户对畜禽存栏、出栏、免疫等情况进行详细记录，尤其是疫苗种类、生产厂家、生产批号等。切实做到乡镇畜牧兽医机构、村级防疫员、养殖场户有免疫记录，免疫记录与畜禽标识相符。

（七）落实报告制度。对疫苗采购和免疫情况实行月报告制度，在春秋两季集中免疫期间，对免疫进展实行周报告制度。出现突发重大动物疫情时，对紧急免疫情况实行日报告制度。各地要明确专人负责收集统计免疫信息，按时报送中国动物疫病预防控制中心，并及时报告免疫过程中发现的问题。

（八）评估免疫效果。各级畜牧兽医部门要加强免疫效果监测与评价工作，实行常规监测与随机抽检相结合，对畜禽群体抗体合格率未达到规定要求的，及时组织开展补免；对开展强制免疫“先打后补”的养殖场户，要及时组织开展免疫效果抽查，确保免疫效果；对辖区内的动物疫病免疫副反应发生情况、免疫抗体水平不达标情况和免疫失败情况应及时进行调查处理。农业农村部将组织两次定期检查，视情况组织随机抽检，并通报抽检结果。

六、监督管理

对拒不履行强制免疫义务、因免疫不到位引发动物疫情的养殖单位和个人，动物卫生监督机构要依法处理，追究相关单位和人员的责任。

各地要加强对辖区内强制免疫疫苗生产企业的监督检查，严格执行兽药GMP有关规定，进一步规范疫苗生产行为。全面实施兽药“二维码”管理制度，加强疫苗质量追踪和全程质量监管，严厉打击制售假劣疫苗行为。

中国兽医药品监察所具体实施疫苗质量监管工作，对疫苗质量进行监督检验，对生产企业实行督导检查，必要时实行驻厂监督。进一步强化强制免疫疫苗采购、使用环节的质量监督检测，对监测结果不合格的产品及其企业，依法进行查处，及时向社会发布。

七、经费支持

按照《农业部 财政部关于调整完善动物疫病防控支持政策的通知》（农医发〔2016〕35号）要求，对国家确定的强制免疫病种，中央财政按照国家统计局公布的畜禽统计数量和疫苗补助标准等因素测算中央财政强制免疫补助规模，切块下达各省级财政，对重大动物疫病强制免疫疫苗经费、免疫效果监测评价和人员防护等相关防控工作，以及对组织落实强制免疫政策、实施强制免疫计划、购买防疫服务等予以补助。

各省级财政部门根据疫苗实际招标价格和需求数量，结合中央财政安排的疫苗补助资金，据实安排省级财政补助资金。

八、其 他

各省级畜牧兽医主管部门可根据本辖区内动物疫病流行情况增加实施强制免疫的动物疫病病种和区域，报本级人民政府批准后执行。

中央农村工作领导小组办公室　农业农村部关于做好2019年农业农村工作的实施意见

中农发〔2019〕1号

各省、自治区、直辖市及计划单列市党委农办，农业农村、农牧、农机、畜牧、兽医、农垦、农产品加工、渔业厅（局、委、办），新疆生产建设兵团党委农办、农业局，机关各司局、派出机构、部直属各单位：

为深入贯彻落实中央经济工作会议、中央农村工作会议和《中共中央 国务院关于坚持农业农村优先发展 做好“三农”工作的若干意见》精神，现就扎实做好2019年农业农村工作提出以下意见，请结合实际，认真抓好落实。

2018年，各级农业农村部门以习近平新时代中国特色社会主义思想为指导，坚决贯彻落实党中央、国务院决策部署，统筹实施乡村振兴战略，扎实做好农业农村工作，圆满完成各项任务，农业农村发展稳中有进，农业再获丰收，乡村振兴开局良好，为经济社会发展大局提供了有力支撑。

2019年是新中国成立70周年，是全面建成小康社会关键之年，巩固发展农业农村好形势，具有特殊重要意义。2019年农业农村工作要以习近平新时代中国特色社会主义思想为指导，全面贯彻党的十九大和十九届二中、三中全会及中央经济工作会议、中央农村工作会议精神，坚持稳中求进工作总基调，落实高质量发展要求，坚持农业农村优先发展总方针，以实现农业农村现代化为总目标，以实施乡村振兴战略为总抓手，对标全面建成小康社会“三农”工作必须完成的硬任务，适应新形势新任务新要求，立足全局抓重点，担当作为抓落实，围绕“巩固、增强、提升、畅通”深化农业供给侧结构性改革，加大脱贫攻坚力度，提升农业发展质量，稳定粮食生产，保障重要农产品供给，发展壮大乡村产业，促进农民持续增收，抓好农村人居环境整治，全面深化农村改革，加强文明乡风建设，健全乡村治理体系，充分发挥农村基层党组织战斗堡垒作用，全面推进乡村振兴，确保到2020年承诺的农村改革发展目标任务如期推进，以优异成绩庆祝新中国成立70周年。

一、围绕全局抓大事要事，坚决完成关系全局的硬任务

1. 不折不扣完成脱贫攻坚任务。指导督促落实好打赢脱贫攻坚战三年行动，巩固和扩大脱贫攻坚成果。聚焦“三区三州”等深度贫困地区和特殊贫困群体，牵头抓好产业扶贫，帮助做大做强长效扶贫产业。强化主体培育，引导龙头企业到贫困地区投资兴业，创新完善联贫带贫机制。强化科技人才服务，建立贫困县产业技术专家组和产业发展指导员制度，组织开展农产品产销对接行动。及早研究谋划脱贫攻坚与乡村振兴相衔接的有效措施和办法。扎实做好定点扶贫、环京津农业扶贫工作，统筹推进大兴安岭南麓片区扶贫和农业援疆、援藏。

2. 坚持不懈稳定粮食生产。推动藏粮于地、藏粮于技落实落地，确保粮食播种面积稳定在16.5亿亩。将稻谷、小麦作为必保品种，稳定玉米生产，确保谷物基本自给、口粮绝对安全。完善稻谷、小麦最低收购价政策和玉米生产者补贴，完善粮食主产区利益补偿机制，健全产粮大县奖补政策。加强灾情和病虫害监测预警，深入推进绿色优质高效行动，鼓励粮食规模化生产，培育农业社会化服务组织，增强风险防范能力。严守耕地保护红线，全面落实永久基本农田特殊保护制度，确保永久基本农田保持在15.46亿亩以上。强化粮食安全省长责任制考核。

3. 扎实推进农村人居环境整治三年行动。以学习推广浙江“千村示范、万村整治”工程经验为引领，推动农村人居环境整治工作从典型示范转向面上推开。推进农村“厕所革命”专项行动，科学编制改厕方案，总结推介一批农村改厕技术产品，加强后续使用维护服务和厕所粪污处理。实施村庄清洁行动，重点清理农村生活垃圾、清理村内塘沟、清理畜禽粪污等农业生产废弃物，改变不良习惯，逐步提升村容村貌。发挥好牵头抓总、统筹协调作用，会同相关职能部门扎实推进农村生活垃圾治理专项行动、农村生活污水治理专项行动等。推动建立地方为主、中央补助的政府投入机制，中央财政对农村厕所革命整村推进等给予补助，对农村人居环境整治先进县给予奖励。配合组织好国务院大检查。注重农村人居环境整治工作实效，防止做表面文章。统筹推进农村污染治理和生态环境保护工作。

4. 按时保质完成“大棚房”问题专项清理整治行动。全面排查“大棚房”问题，摸清底数，建立台账，依法依规整治整改。重点清查在各类农业园区内占用耕地或直接在耕地上借建农业设施之名违法违规搞非农业

建设，在农业大棚内违法违规占用耕地进行非农业建设，以及农业大棚看护房严重超标准建设，甚至违法违规改变性质用途，进行住宅类经营性开发和建设餐饮设施等，严守耕地保护红线，坚决遏制农地非农化乱象。

5. 有力有效做好非洲猪瘟等重大动物疫病防控工作。压实属地责任，严格落实防控措施，严防疫情蔓延成势。探索建立分区防控制度，建立省际联席会议制度和运行协调监督机制。全面加强生猪承运车辆备案管理，严格实施生猪及产品调运监管。推动建立餐厨剩余物全链条管理机制，严格落实禁止使用餐厨剩余物喂猪措施。推进生猪屠宰标准化建设，强化产销对接，保障肉品市场供给。健全动物防疫和监督管理体系，稳定基层兽医机构和队伍，加快非洲猪瘟疫苗和诊断试剂研发进程。统筹抓好口蹄疫、高致病性禽流感、布鲁氏菌病等优先病种防治。

二、推进农业高质量发展，提高农业供给体系的保障能力和质量效率

6. 调整优化农业结构。推进农业供给侧结构性改革往深里做、往细里做，增加紧缺和绿色优质农产品供给。巩固非优势产区玉米结构调整成果，适当调减低质低效区水稻、小麦种植。研究制定加强油料生产保障供给的意见，组织实施大豆振兴计划，推进大豆良种增产增效行动，完善大豆生产者补贴政策，扩大东北、黄淮海地区大豆面积。大力发展长江流域油菜生产，推进新品种新技术示范推广和全程机械化。继续推进粮改饲，大力发展青贮玉米、苜蓿等优质饲草料生产，促进草食畜牧业发展。继续开展畜禽养殖标准化示范创建，优化生猪产业和屠宰产能布局，主产区形成与出栏量相匹配的屠宰能力。推动出台水产养殖绿色发展意见，发布实施养殖水域滩涂规划，合理确定内陆水域养殖规模，压减近海、湖库过密网箱养殖。新创建水产健康养殖示范场500个以上，推进海洋牧场建设，大力发展稻渔综合种养、大水面生态养殖和深远海养殖。降低江河湖泊和近海渔业捕捞强度，规范有序发展远洋渔业。推进渔港综合管理改革。

7. 实施奶业振兴行动。加强优质奶源基地建设，升级改造中小奶牛养殖场。积极发展奶牛家庭牧场，培育壮大奶农合作组织，支持和指导有条件的奶农发展乳制品加工。实施振兴奶业苜蓿发展行动，支持优势产区大规模种植苜蓿。支持奶牛养殖社会化服务体系建设，探索建立地（市）级生鲜乳收购第三方质量检测中心，完善生鲜乳收购站、运输车监管监测信息系统。实施婴幼儿配方奶粉提升行动，推广国家学生饮用奶计划。

8. 大力推进高标准农田建设。全年新增高标准农田8000万亩以上，新增高效节水灌溉面积2000万亩以上。加强资金整合，创新投融资模式，建立多元筹资机制。编制《全国高标准农田建设规划（2019—2022年）》，形成统一规划布局、建设标准、组织实施、验收考核、上图入库的农田建设管理体系。实施区域化整体建设，推进田水林路电综合配套，统筹发展高效节水灌溉。恢复启动新疆优质棉生产基地建设，将糖料蔗“双高”基地建设范围覆盖到划定的所有保护区。完成10.58亿亩粮食生产功能区和重要农产品生产保护区划定任务，高标准农田建设和农田水利项目优先向“两区”安排。实施耕地质量保护提升行动，健全管护机制，加强耕地质量调查评价与监测。支持丘陵山区“宜机化”农田改造。

9. 持续推进农业绿色发展。继续实施农业绿色发展五大行动，加大农业面源污染治理力度。大力实施畜禽粪污资源化利用整县推进项目，实现畜牧大县全覆盖，推动大型规模养殖场粪污处理设施装备配套率达到100%，同步推进中小养殖场和散养户粪污治理。耕地轮作休耕制度试点保持在3000万亩以上。持续推进农药化肥减量增效，将果菜茶有机肥替代化肥试点扩大到175个县，开展农药化肥包装废弃物回收。推进兽用抗菌药使用减量化行动试点工作。在100个县开展农膜回收示范行动。建设一批秸秆综合利用整县推进试点，创设区域性补偿制度。强化耕地土壤污染管控与修复，推进耕地土壤环境质量类别划分，严格管控重污染耕地，安全利用中轻度污染耕地。强化渔业资源养护，持续打击电鱼、涉渔“三无”船舶和绝户网等非法捕捞行为。加快推动长江流域重点水域渔民退捕上岸，全面实施长江水生生物保护区禁捕。完善海洋伏季休渔制度，启动实施海河、辽河、松花江流域禁渔期制度。

10. 提升农产品质量安全水平。实施农产品质量安全保障工程，健全监管体系、监测体系、追溯体系。实施国家质量兴农战略规划。健全农兽药残留标准，整建制推行标准化生产，鼓励龙头企业、农民合作社、家庭农场等新型经营主体按标生产。推动建立农产品生产经营主体信用档案。加大农产品质量安全抽检监测力度，开展重点产品突出问题专项整治。再创建100个国家农产品质量安全县，鼓励有条件的地区开展整市整省创建。加强国家农产品质量安全追溯平台推广应用，落实追溯管理与创建认定、产品认证等挂钩机制，推进产地准出及食用农产品合格证管理，建立准出准入衔接机制。

11. 强化农业科技创新推广。实施乡村振兴科技支撑行动，加强国家现代农业产业技术体系和现代农业产业科技创新中心建设，适时再启动建设1～2个创新中心，完善国家农业科技创新联盟运行机制，推动国家热带农业科学中心建设。着力在生物种业、现代农机、智慧农业、绿色投入品等领域，加快关键核心技术攻关与装备创制应用。实施农业重大技术协同推广计划、农技推广服务特聘计划，建设一批国家农业科技示范展示基地，建设100个农业科技强镇和1000个科技引领示范村（镇）。深化农业科技成果产权改革试点，抓好12个中央级农业科研机构绩效评价改革试点，赋予科研人员科技成果所有权，完善人才评价和流动保障机制，落实兼职兼薪、成果权益分配等政策。

12. 推进农机化转型升级。贯彻落实国务院《关于加快推进农业机械化和农机装备产业转型升级的指导意

见》，深入开展主要农作物生产全程机械化推进行动，再创建100个全程机械化示范县，重点补齐水稻机种、甘蔗机收等短板环节。推动丘陵山区和畜牧水产、特色产业适用农机装备研发推广。稳定完善农机购置补贴政策，改进农机试验鉴定办法，加强农机安全监管。大力发展农机合作社等新型农机服务组织，推广“全程机械化+综合农事服务”等社会化服务模式，实施深松深翻1.4亿亩以上。

13.加快发展现代种业。加强农作物种质资源和畜禽水产遗传资源保护，建立健全资源保护管理与监测体系。实施现代种业提升工程，组织开展良种联合攻关，加快培育一批高产稳产、优质专用、绿色生态、适宜机械化轻简化新品种。实施畜禽种业振兴行动，以生猪、奶牛、肉牛、肉羊、肉鸡等为重点，推进畜禽品种联合攻关和遗传改良。高标准落实南繁科研育种基地建设规划，加快推进配套服务区建设，打造“南繁硅谷”。

14.实施数字乡村战略。印发实施国家数字农业农村发展规划，加强农村网络宽带设施和农业农村基础数据资源体系建设。推动农业农村大数据平台和重要农产品全产业链大数据中心建设，扩大农业物联网示范应用。深入实施信息进村入户工程，加快益农信息社建设，健全完善市场化运营机制，2019年底覆盖50%以上的行政村。组织实施“互联网+”农产品出村进城工程，推进优质特色农产品网络销售。继续做好农民手机应用培训。

15.推进农业走出去。加大境外农业合作示范区和农业对外合作试验区建设力度。引导企业到“一带一路”共建国家和地区建设农产品生产、加工、仓储、物流基地。实施特色优势农产品出口促进行动，加大对蔬菜、水果、水产品等优势农产品出口加工企业国际营销促销和申请认证认可的支持力度。做大农药、化肥、良种、农机等境外市场。扩大国内紧缺农产品进口，拓展多元化进口渠道，支持发展跨国农业企业集团。

三、发展壮大乡村产业，拓宽农民增收渠道

16.加快发展现代农产品加工业。实施农产品加工业提升行动，支持农户和农民合作社建设储藏、保鲜、烘干、清选分级、包装等设施装备，发展农产品初加工，支持主产区依托县域形成农产品加工产业集群，发展农产品精深加工，形成一批农产品专业村镇和加工强县，建设一批全国农产品精深加工示范基地，认定一批农业产业化国家重点龙头企业。在优势产区和特色产区建成一批全国性产地示范市场、田头示范市场。支持农产品物流骨干网络和冷链物流体系建设。

17.加快发展乡村特色产业和新型服务业。新创建一批农业产业强镇，认定100个产业融合发展先导区。创新发展具有民族和地域特色的乡村手工业，发掘农村能工巧匠，培育一批家庭工场、手工作坊、乡村车间。因地制宜发展多样性特色农业，倡导“一村一品”“一县一业”，积极发展果菜茶、食用菌、杂粮杂豆、薯类、中药材、特色养殖等产业。发展农村电商、共享农庄、创意农业、餐饮民宿、文化体验、健康养生、养老服务等新产业新业态，推介培育一批乡村休闲旅游精品和美丽乡村。

18.加快发展农业生产性服务业。大力培育新型服务主体，创新组织方式，提高农业生产薄弱环节和关键领域服务水平。通过政府购买服务、以奖代补、先服务后补助等方式，支持农业服务企业、农民合作社等开展农技推广、土地托管、代耕代种、烘干收储等面向小农户的生产性服务。加强规范管理，完善服务标准，总结推广典型服务模式。

19.深入推进品牌强农。加强农业品牌创建、培育和保护。实施中国农业品牌目录制度，建立分类别多层级的中国农业品牌目录体系，建立健全支持农业品牌的政策体系和管理制度。制定中国农业品牌评价标准，建立区域公用品牌、企业品牌和产品品牌评价标准体系。创新品牌营销推介，塑强一批国家级农业品牌，创响一批“土字号”“乡字号”特色产品品牌。强化农业品牌监管，重点抓好质量安全、诚信建设等关键环节，加强对国家级农业品牌动态管理。加快中国农业品牌“走出去”步伐。

20.大力推进乡村创新创业。深入推进农业农村领域“放管服”改革，完善乡村双创政策支持体系，重点解决信贷、技术、用地、用电等方面困难。加大双创人才培训力度，开展带头人培育行动。建设一批双创园区，认定一批实训孵化基地，吸引外出农民工、高校毕业生、退伍军人、科技人员和城市各类人才，返乡下乡创新创业。加强双创典型推介。

四、加快补齐农村发展短板，提升乡村建设和治理水平

21.推进村庄规划编制。指导督促以县为单位做好村庄布局规划制定或修编工作，实现规划管理全覆盖。与相关部门紧密配合，高质量编制多规合一的实用性村庄规划，有条件的村实现应编尽编。推进各类资源要素优先用于已编制规划的村庄。

22.推动提升农村基础设施建设和公共服务水平。推动实施村庄基础设施建设工程，配合有关部门，实施农村饮水安全巩固提升工程，推进“四好”农村路和村内道路建设。推动完成新一轮农村电网改造。支持产地建设农产品贮藏保鲜、分级包装等设施。推动农村科教文卫体等社会事业全面发展，提升社保、养老等服务水平，推动公共资源向农村倾斜，促进完善基本公共服务标准。引导政府管理服务向农村基层倾斜，构建线上线下相结合的乡村便民服务体系。推动健全完善村庄基础设施建管长效机制，明确各方管护责任，鼓励地方将管护费用纳入财政预算。

23.推动加强农村基层组织建设。会同组织等部门，持续加强农村基层党组织体系建设，发挥好农村党支部战斗堡垒作用。实施村党组织带头人整体优化提升行动，

选派优秀干部到贫困村、软弱涣散村和乡村振兴重点（示范）村任第一书记。以县为单位“一村一策”逐个整顿软弱涣散村党组织。加强和改善村党组织对村级各类组织领导。推动健全以财政投入为主的稳定的村级组织运转经费保障制度，增强村级组织服务农民能力，保障村级公共服务运行维护等必要支出。

24. 推进文明乡风建设。推动出台推进文明乡风建设的指导文件，配合做好农村精神文明建设示范县和文明村镇创建活动。引导农民践行社会主义核心价值观。大力推进移风易俗，充分发挥村规民约的作用，采取群众认可的约束性措施有效遏制婚丧陋习、天价彩礼、孝道式微、老无所养等不良社会风气。研究制定国家重要农业文化遗产保护传承指导意见，组织开展第五批中国重要农业文化遗产认定，做好全球农业重要文化遗产申报工作。办好庆祝新中国成立70周年相关文化、体育活动和中国农民丰收节。

25. 推进乡村治理。推动出台加强和改进乡村治理的政策文件，建立健全党组织领导的自治、法治、德治相结合的领导体制和工作机制。组织开展乡村治理体系建设试点和乡村治理示范村镇创建。配合有关部门加强自治组织规范化制度化建设，健全村级议事协商制度，加强村级权力有效监督。深入治理涉农乱收费，加强筹资筹劳使用监管。推进农村基层依法治理，配合做好扫黑除恶工作，推进平安乡镇、平安村庄建设，确保农村社会和谐稳定。

五、深化农村改革，激发农业农村发展活力

26. 深化农村承包地“三权分置”改革。研究提出保持农村土地承包关系稳定并长久不变的配套政策建议，贯彻实施《农村土地承包法》，指导地方研究提出第二轮土地承包到期后延包的具体办法，选择10个县组织开展承包期再延长30年试点。完善落实集体所有权、稳定农户承包权、放活土地经营权的政策体系，发展多种形式农业适度规模经营。制定和推广使用全国土地流转合同示范文本。加强对工商企业租赁农地监管，指导地方建立健全资格审查、项目审核和风险防范制度。做好农村承包地确权登记颁证收尾工作，组织开展“回头看”，妥善解决各类纠纷，将土地承包经营权证书发到农户手中。加快国家级确权登记数据库和信息平台建设运营。

27. 全面加强农村集体资产管理。按期完成农村集体资产清产核资，加快监督管理平台建设，建立健全集体资产管理制度。指导农村集体经济组织在民主协商基础上，做好成员身份确认，注重保护外嫁女等特殊群体合法权利，扩大农村集体产权制度改革试点范围，再选择10个左右省份、30个左右地市整建制开展改革试点，鼓励地方自主扩大试点。做好新成立集体经济组织登记赋码工作，开展集体经济发展壮大试点示范。指导健全完善农村产权流转交易市场，推动农村各类产权流转交易公开规范运行。推动研究完善适合农村集体经济组织特点的税收优惠政策。

28. 稳慎推进农村宅基地制度改革。围绕完善宅基地“三权分置”制度设计，再选择一批县开展改革试点，丰富试点内容，完善制度设计，探索落实宅基地集体所有权、保障宅基地农户资格权和农民房屋所有权、适度放活宅基地和农民房屋使用权等。探索盘活利用闲置宅基地和农房的办法路径。推动开展闲置宅基地复垦试点。抓紧制定出台加强宅基地管理的政策文件，建立相应工作体系和工作机制，规范宅基地管理工作。组织开展全国宅基地和农房调查。加快推进宅基地使用权确权登记颁证工作。

29. 以家庭农场、农民合作社为重点培育各类新型经营主体。启动家庭农场培育计划，加大支持力度，深入推进示范家庭农场创建和宣传推介，完善管理服务机制，引导和鼓励有稳定务农意愿和经营能力的农户创办家庭农场。研究制定促进农民合作社规范发展的政策文件，开展农民合作社规范提升行动，将农民合作社质量提升整县推进试点扩大到150个。开展农民合作社专项清理行动。支持创建一批农业产业化联合体。落实扶持小农户和现代农业发展有机衔接的政策，完善“农户+合作社”“农户+公司”利益联结机制。引导龙头企业与合作社、农户建立股权式契约式利益分享机制。

30. 大力培育新型职业农民。持续实施新型职业农民培育工程，再培育100万以上新型职业农民，支持新型经营主体承担培训任务。大力发展面向乡村振兴实际需求的农业职业教育，推动高等院校加强涉农专业建设，依托农业中高等院校和社会主体培训培养更多农业科技和农村实用人才。

31. 深化农垦改革发展。持续推进农垦垦区集团化、农场企业化改革。创新完善农垦农业经营管理体制，深化办社会职能改革，妥善化解遗留的机构人员和资产债务问题。巩固农垦国有土地使用权确权登记发证成果，确保确权发证应发尽发。积极稳妥推进农垦土地资源资产化和资本化。

32. 优化农业投资管理。统筹各类资金，清理整合重复交叉项目，积极推动项目资金聚焦重点，打捆使用。加快推进农业农村投资领域简政放权、简化流程，中央层面重点抓政策设计、规划任务、标准规范和绩效评价，地方结合实际组织实施，全面提高农业投资绩效。

33. 完善农业支持保护政策体系。巩固完善强农惠农富农政策体系，研究制定完善农业支持保护政策的意见，强化高质量绿色发展导向，加快构建新型农业补贴政策体系。按照世贸组织规则要求，调整改进“黄箱”政策，扩大“绿箱”政策使用范围，完善“蓝箱”政策。制定引导社会资本支持乡村振兴的指导性意见，做大乡村振兴投入总量。

34. 提升现代农业产业园和各类试验示范区建设水平。会同财政部制定出台加快现代农业产业园建设意见，再创建和认定一批国家现代农业产业园。制定印发加强特色农产品优势区管理的具体办法，创设支持政策体系。

建设一批农业绿色发展先行区，在长江经济带开展整区域、整建制创建。支持农村改革试验区拓展试验领域，延伸试验内容，集成试验成果。

六、落实农业农村优先发展总方针，推动完善乡村振兴制度保障

35. 推动五级书记抓乡村振兴落实到位。推动形成中央统筹、省负总责、市县乡抓落实的农村工作机制，制定落实五级书记抓乡村振兴责任的实施细则。推动各省（自治区、直辖市）党委出台市县党政领导班子和领导干部推进乡村振兴战略的实绩考核意见，制定可量化的指标，以督查压实地方责任。完善落实农业农村优先发展的顶层设计，抓紧研究出台指导意见和具体实施办法。

36. 推动多渠道增加乡村振兴投入。推动公共财政更大力度向“三农”倾斜，调整完善土地出让收入使用范围，提高农业农村投入比例，重点支持农村人居环境整治、村庄基础设施和高标准农田建设等。落实好新增耕地指标和城乡建设用地增减挂钩节余指标跨省域调剂使用政策，调剂收益全部用于巩固脱贫攻坚成果和支持乡村振兴。配合落实金融服务乡村振兴政策，推动建立县域银行业金融机构服务“三农”的激励约束机制，县域新增贷款主要用于支持乡村振兴。推动把地方政府债券资金更多用于农业农村重点领域。健全农业信贷担保费率补助和以奖代补机制，推动农业信贷担保体系降低服务门槛、下沉服务重心，扩大担保业务。推动出台农业保险高质量发展的指导意见，做好农业大灾保险、“保险＋期货”、三大粮食作物完全成本保险和收入保险等试点，开展对地方优势特色农产品保险以奖代补试点。完善生猪保险。

37. 强化乡村振兴法治建设。推动加快《乡村振兴促进法》等法律法规立法进程，开展农村集体经济组织、宅基地管理立法调研。推动制修订《农产品质量安全法》《渔业法》《动物防疫法》《生猪屠宰管理条例》《农作物病虫害防治条例》等，完善《农村土地承包法》配套规章。贯彻落实《关于深化农业综合行政执法指导意见》，全面整合农业农村部门执法队伍和执法职能，构建农业综合执法体系。加大农业执法力度，严厉打击、依法查处各类坑农害农违法行为。广泛开展农业农村法律法规普及宣传教育，建立健全公共法律服务体系。

立足新形势新职能新任务，各级农业农村部门要提高政治站位，认清使命责任，转变思想观念，担当作为开创工作新局面。要深入学习贯彻习近平新时代中国特色社会主义思想，特别是习近平总书记关于做好“三农”工作的重要论述，坚持用以武装头脑、指导实践、推动工作。突出加强党对“三农”工作的集中统一领导，抓好党委农办工作机构建设，提升决策参谋、统筹协调、政策指导、推动落实、督导检查能力水平。加强工作统筹协调，充分发挥农办作用，加强组织领导和沟通协调，形成各部门各方面共同推动乡村振兴的工作格局。加强系统机构队伍建设，培养造就“一懂两爱”的“三农”工作队伍，重点抓好农业综合执法、基层经管、基层动物防疫、农技推广等队伍建设。加强干部思想政治、能力作风建设，树牢“四个意识”，坚定“四个自信”，坚决做到“两个维护”；大力开展调查研究，坚决反对形式主义、官僚主义；加强全面从严治党，深化党风廉政建设和反腐败工作，推进乡村振兴不断取得新成效，为决胜全面建成小康社会作出新的更大贡献！

中央农村工作领导小组办公室
农业农村部
2019 年 1 月 21 日

农业农村部关于印发《2019 年动物源细菌耐药性监测计划》的通知

农牧发〔2019〕11 号

各省、自治区、直辖市农业农村(农牧、畜牧兽医)厅(局、委),新疆生产建设兵团畜牧兽医局,中国兽医药品监察所,各监测任务承担单位:

为贯彻落实《遏制细菌耐药国家行动计划(2016—2020 年)》《全国遏制动物源细菌耐药行动计划(2017-2020 年)》,进一步加强动物源细菌耐药性监测工作,促进养殖环节科学合理用药,保障动物源性食品安全和公共卫生安全,我部制定了《2019 年动物源细菌耐药性监测计划》,现印发给你们,请遵照执行。

农业农村部

2019 年 3 月 26 日

2019 年动物源细菌耐药性监测计划

根据《兽药管理条例》规定,为做好 2019 年动物源细菌耐药性监测工作,充分发挥监测工作的支撑作用,促进养殖环节科学合理用药,制定本计划。

一、监测范围

北京、天津、河北、山西、内蒙古、辽宁、吉林、黑龙江、上海、江苏、浙江、安徽、福建、江西、山东、河南、湖北、湖南、广东、广西、海南、重庆、四川、贵州、云南、陕西、甘肃、青海、宁夏、新疆等 30 个省(区、市)和新疆生产建设兵团。

二、监测对象

实行定点监测与随机监测相结合的原则。从 2019 年开始将“全国兽用抗菌药使用减量化行动试点养殖场”(养殖场名录见附件 1)作为长期定点监测场;除对长期定点监测场进行跟踪监测外,每个监测省份还须随机监测至少 3 个地市,每个地市随机监测至少 3 家养殖场或屠宰场开展监测。

三、职责任务

(一)农业农村部畜牧兽医局

负责组织开展全国动物源细菌耐药性监测工作,制定发布监测计划,分析和应用监测结果。

(二)中国兽医药品监察所(以下简称“中监所”)

负责全国动物源细菌耐药性监测的技术指导、数据库建设与维护工作,药敏试验板的设计与质量控制、监测结果的汇总分析。

(三)省级畜牧兽医行政管理部门

负责协助完成国家监测计划相关任务,协助监测任务承担单位做好采样工作。有条件的省份应积极争取财政支持,制定并组织实施本辖区动物源细菌耐药性监测计划。

(四)监测任务承担单位

农业农村部部属有关单位,可承接政府购买服务的高等院校、科研院所、省级兽药检验机构和第三方检测机构等,共同承担动物源细菌耐药性监测任务,负责实施耐药性监测工作。监测省份和监测数量见附件 2。

(五)菌株保藏与鉴定单位

中监所负责对各地耐药性监测实验室分离的大肠杆菌和人畜共患病原菌(沙门氏菌、金黄色葡萄球菌和弯曲杆菌)菌种的保存,并指导各任务承担单位进行沙门氏菌血清分型,承担沙门氏菌、金黄色葡萄球菌和弯曲杆菌罕见耐药表型菌株的确认、收集和保存以及耐药机制的鉴定。

有关高等院校负责肠球菌、大肠杆菌、副猪嗜血杆菌、魏氏梭菌、伪结核棒状杆菌罕见耐药表型菌株的确认、收集和保存以及耐药机制的鉴定。

四、监测内容

(一)监测大肠杆菌、沙门氏菌和副猪嗜血杆菌等 3 种细菌对氨苄西林、阿莫西林/克拉维酸、庆大霉素、大观霉素、四环素、氟苯尼考、磺胺异噁唑、甲氧苄啶/磺胺甲噁唑、头孢噻呋、头孢他啶、恩诺沙星、氧氟沙星、美罗培南、安普霉素、黏菌素、乙酰甲喹等

16 种抗菌药的耐药性。

（二）监测肠球菌、金黄色葡萄球菌、魏氏梭菌和伪结核棒状杆菌等 4 种细菌对青霉素、阿莫西林 / 克拉维酸、红霉素、克林霉素、恩诺沙星、氧氟沙星、头孢噻呋、头孢西丁、磺胺异噁唑、甲氧苄啶 / 磺胺甲噁唑、万古霉素、多西环素、氟苯尼考、苯唑西林、庆大霉素、泰妙菌素、替米考星、利奈唑胺等 18 种抗菌药的耐药性。

（三）监测弯曲杆菌对阿奇霉素、环丙沙星、红霉素、庆大霉素、四环素、氟苯尼考、萘啶酸、泰利霉素、克林霉素等 9 种抗菌药的耐药性。

（四）监测肠球菌和魏氏梭菌对四环素、吉他霉素、黄霉素、恩拉霉素、喹烯酮、那西肽、阿维拉霉素、维吉尼亚霉素、杆菌肽等 9 种抗菌药的耐药性。

五、监测要求

（一）各监测任务承担单位要按照《2019 年度动物源细菌耐药性监测采样和检测技术要点》（见附件 2）开展采样、细菌分离和鉴定、耐药性检测和结果上报等工作。

（二）样品应从养殖场（包括养鸡场、养鸭场、养猪场、养羊场、奶牛场）或屠宰场抽取。其中，规模化养殖场和小型养殖场应各占 50%。

（三）采样时应做好养殖场用药情况和饲料来源调查，认真填写《采样记录表》（见附件 3）。对同一养殖场用药情况不同的动物群，应分别填写采样表。

（四）细菌的分离和鉴定按照《动物源细菌分离和鉴定方法》（见附件 4）执行。

（五）各任务承担单位进行药敏试验时应使用经过质量认证的检测板。2019 年继续监测肠球菌和魏氏梭菌对促生长用抗菌药物的耐药性。药敏试验检测试剂盒（MIC 测定）使用方法见附件 5。

六、结果报送

（一）各监测任务承担单位登录中国兽药信息网（www.ivdc.org.cn），在中国兽药数据库下选择“兽药耐药性监测数据库系统”，输入本单位用户名和密码，上传耐药性监测数据，经实验室相关负责人审核通过后进入数据分析库，并进行总结分析。

（二）按照任务分工，各监测任务承担单位的电子版总结在 11 月 25 日前报中监所。12 月 31 日前，中监所完成汇总报我部畜牧兽医局。

附件：

1.2019 年度动物源细菌耐药性监测采样和检测技术要点（略）

2.2019 年动物源细菌耐药性监测数量（略）

3. 采样记录表（略）

4. 动物源细菌分离和鉴定方法（略）

5. 药敏试验检测试剂盒（MIC 测定）使用方法（略）

6. 敏感性检测结果统计表（略）

农业农村部关于印发《2019年动物及动物产品兽药残留监控计划》的通知

农牧发〔2019〕13号

为加强兽药残留监控，促进养殖环节科学安全合理用药，保障动物源性食品安全，我部制定了2019年动物及动物产品兽药残留监控计划（见附件1，以下简称《监控计划》），现印发给你们，请认真组织实施。有关事项通知如下。

一、组织实施

农业农村部畜牧兽医局主管全国动物及动物产品兽药残留监控工作。

各省级畜牧兽医行政管理部门负责组织实施辖区畜禽产品兽药残留监控工作，在配合完成国家监控计划的同时，应制定并组织实施辖区兽药残留监控计划，监控数量不得低于国家计划的20%。

农业农村部部属有关事业单位、可承接政府购买服务的部分省级兽药检验机构和第三方检测机构，按照《监控计划》承担相关检测任务。

二、抽检要求

（一）各省级畜牧兽医行政管理部门要指导相关市县畜牧兽医行政管理部门，安排官方兽医进行采样，并在抽样单上签字；相关检测机构根据需要赴采样现场协助官方兽医开展采样。

（二）抽检活动严格执行《官方取样程序》和《2019年动物及动物产品兽药残留抽样和检测技术操作要点》（附件2，以下简称《操作要点》），并按要求填报抽样信息（见附件3）。

（三）畜禽产品样品应从动物养殖和屠宰环节抽取。牛奶样品从奶牛养殖场（户）、生鲜乳收购站抽取。开展鸡肉、鸡肝以及鸡蛋中违规用药检测的，从养殖场抽取的样品数量应超过抽样总数的三分之一。

（四）科学确定抽样方式。全年均匀抽样，不得在某一时段集中抽样。除后续跟踪抽样外，不应对同一采样点重复抽样。

（五）兽药残留检测按照《2019年度动物及动物产品兽药残留检测方法及残留限量》（附件4）执行，确证方法按照农业农村部发布的方法或参照国际公认的方法执行。

各检测机构不得擅自变更检测方法和检测限。确需调整本计划确定的检测限、检测方法的，应事先向全国兽药残留和耐药性控制专家委员会办公室（以下简称“残留办”）提交申请材料，经核准后再进行检测。

（六）对于已发布过确证方法并以筛选方法或定量方法检测出的阳性样品，应进一步进行确证检测，以确证检测结果作为上报数据。

（七）各检测机构要严格执行检测结果报告制度，按要求填报检测结果汇总表（见附件3）。

（八）各检测机构要严格执行阳性（超标）样品报告制度。在检测出阳性样品后的10个工作日内将检测报告送抽样单位（官方兽医所在单位）及其所在地省级及市县畜牧兽医行政管理部门。省级畜牧兽医行政管理部门及时启动后续跟踪抽样、检测程序，抽样比例为1：5，即每发现一份阳性样品，对被抽样单位连续跟踪抽样2次，每次5份样品。后续跟踪抽样检测样品数列入辖区残留监控计划，获得结果后按要求填报表格（见附件3）。

三、结果处理

各地要进一步强化超标产品的后续处理，省级畜牧兽医行政管理部门要做好跟踪督办，样品来源所在地畜牧兽医行政管理部门接到农业农村部门、海关部门反馈的残留超标检测报告后，按《中华人民共和国动物及动物源食品中残留物质监控计划》（农牧发〔1999〕8号）启动追溯程序。

（一）根据残留超标样品反馈信息溯源动物养殖场，对养殖场用药情况进行核查，重点检查兽医处方、用药记录和库存兽药产品。

（二）发现养殖用药不规范，未执行休药期等问题要及时提出改正措施，并监督整改。依据《兽药管理条例》有关规定，对使用了禁用药物及其他化合物的动物及其产品要监督养殖场和屠宰企业进行无害化处理。

（三）发现假劣、禁用药物及其他化合物要清缴销毁，及时报告本地省级畜牧兽医行政管理部门，同时通报标称兽药生产企业所在地省级畜牧兽医行政管理部门，依法严肃查处违法违规行为。对符合农业农村部公告第97号从重处罚的情形，应依法对相关兽药经营企业、生产企业予以从重处罚。

（四）超标样品处理结果要及时报本地省级畜牧兽医行政管理部门，并做好调查处理记录，记录存档 2 年以上。对海关部门超标检测报告的处理结果按原渠道及时反馈。

四、工作要求

（一）承担抽样和检测任务的单位要密切配合，及时沟通情况，按照《操作要点》完成检测样品的抽样、登记、保存、交接和检测工作。

（二）承担检测任务单位于 2019 年 5 月底、7 月底、9 月 20 日和 11 月底前将检测结果分析报告和相关表格的纸质材料和电子版分次报残留办。

（三）残留办负责兽药残留检测结果汇总和监控计划执行情况的总结上报工作。阶段性工作总结和全年工作总结分别于 2019 年 7 月 15 日和 12 月 10 日前报我部畜牧兽医局。

（四）我部将每半年度对畜禽及畜禽产品、蜂产品兽药残留监测情况进行通报，并对及时报送监测阳性样品、实施追溯以及处理处罚情况的省份予以通报表扬。

（五）各地要将工作中存在的问题和建议及时反馈我部畜牧兽医局和残留办。

附件：1.2019 年动物及动物产品兽药残留监控计划（略）

2.2019 年动物及动物产品兽药残留抽样和检测技术操作要点（略）

3.2019 年动物及动物产品抽样情况、检测结果和跟踪检测结果汇总表（略）

4.2019 年度动物及动物产品兽药残留检测方法及残留限量（略）

农业农村部

2019 年 4 月 3 日

农业农村部关于印发《全国草地贪夜蛾防控方案》的通知

农发〔2019〕3号

各省、自治区、直辖市及计划单列市农业农村(农牧)厅(委、局),新疆生产建设兵团农业农村局,黑龙江省农垦总局:

为全力抓好草地贪夜蛾防控工作,严防虫害暴发成灾,避免对粮食和农业生产造成不利影响,我部根据《中华人民共和国农业法》《国家突发公共事件总体应急预案》等法律法规规定和国务院要求,组织制定了《全国草地贪夜蛾防控方案》。现印发你们,请遵照执行。

农业农村部

2019年6月21日

全国草地贪夜蛾防控方案

今年1月,草地贪夜蛾从东南亚首次迁飞入侵我国云南,快速向江南、江淮地区扩散蔓延,并进一步向北方地区扩散,对我国粮食及农业生产构成严重威胁。为有效防控草地贪夜蛾暴发危害,保障粮食及农业生产安全,根据《中华人民共和国农业法》《国家突发公共事件总体应急预案》等有关规定,制定本方案。

一、总体要求

贯彻落实习近平总书记重要指示和李克强总理等中央领导同志批示精神,按照国务院常务会部署要求,提高政治站位,迅速把思想和行动统一到党中央、国务院决策部署上来,进一步落实粮食安全省长责任制,建立部门指导、省负总责、县抓落实的防控机制,坚持统防统治、群防群治、联防联控,全面监测、全力扑杀,标本兼治、务求实效,坚决遏制草地贪夜蛾暴发成灾,赢得全年粮食和农业丰收主动权。

二、防控目标任务

按照严密监测、全面扑杀、分区施策、防治结合的要求,对害虫适生区特别是玉米主产区,全面准确监测预警,及时有效防控处置,确保草地贪夜蛾不大规模迁飞危害,确保玉米不大面积连片成灾,最大限度减轻灾害损失。根据目前掌握的草地贪夜蛾发生规律和危害特点,划分三大区域落实防控任务。

(一)周年繁殖区。位于海南、广东、广西、云南、福建、四川、贵州、西藏等省(区)的热带和南亚热带气候分布区。重点控制当地危害损失,减少迁出虫源数量,实施周年监测发生动态,全力扑杀境外迁入虫源,遏制当地孳生繁殖,减轻迁飞过渡区防控压力。

(二)迁飞过渡区。位于福建、湖南、江西、湖北、江苏、安徽、浙江、上海、重庆、四川、贵州、陕西等省(区、市)的中亚热带和北亚热带气候分布区。重点减轻当地危害、压低过境虫源繁殖基数,4—10月份全面监测害虫发生动态,诱杀成虫,扑杀幼虫,遏制迁出虫口数量,减轻北方玉米主产区防控压力。

(三)重点防范区。位于河南、山东、河北、山西、天津、北京、内蒙古、辽宁、吉林、黑龙江、安徽、陕西、甘肃、宁夏、新疆、青海等省(区、市)的温带气候区。重点保护玉米生产,降低危害损失率,5—9月份全面监测虫情发生动态,诱杀迁入成虫,主攻低龄幼虫防治,将危害损失控制在最低限度。

三、监测与防控措施

(一)监测预警

按照早发现、早报告、早预警的要求,组织植保专业技术人员鉴定确认草地贪夜蛾虫情,按照统一标准和方法开展联合监测,全面掌握草地贪夜蛾发生发展动态,及时发布预报预警。

1.虫情确认与报告。任何单位和个人一旦发现疑似草地贪夜蛾,应当及时向当地农业农村主管部门或所属植保植检机构报告。县级以上植保机构接到报告后,应当及时调查核实或送检,并做好记录备查。对首次发生的县或省份,应当报省级及以上植保植检机构组织专家确认。虫情确定后,应当及时上报,同时报送本级农业行政主管部门，并纳入重大病虫监测内容。

2. 虫情调查监测。重点在西南华南边境地区、迁飞扩散通道，以及玉米、甘蔗、高粱等易害作物种植区域，增设测报网点，加密布设监测工具，每日诱集调查草地贪夜蛾成虫数量，观测雌蛾卵巢发育进度，系统掌握成虫发生动态。在玉米等作物生长期，定点定人，开展田间系统观测，重点调查产卵量、幼虫密度、发育龄期、被害株率。根据系统观测结果，及时开展大田普查，确定防治区域及时间。同时密切关注该虫在其他植物上的发生为害情况。

3. 虫情预测预报。根据虫情监测结果，结合气候、作物生长等因素综合分析，及时预报成虫盛发期、产卵盛期、3 龄以下幼虫发生盛期及发生程度，提出最佳防治时期和防治区域，通过病虫情报、电视、广播、网络等渠道发布。发生程度重、面积大的要及时发出预警，并向毗邻地区农业农村部门和植保机构通报。

（二）防治处置

按照“治早治小、全力扑杀”的要求，以保幼苗、保心叶、保产量为目标，因地制宜采取以下综合防治措施。

1. 诱杀成虫。在成虫发生高峰期，集中连片使用灯诱、性诱、食诱和迷向等措施，诱杀迁入成虫、干扰交配繁殖、减少产卵数量，压低发生基数，控制迁出虫量。

2. 扑杀幼虫。抓住草地贪夜蛾 1—3 龄的最佳用药窗口期，选择在清晨或傍晚，对作物主要被害部位施药。高密度发生区采取高效化学药剂兼治虫卵，快速扑杀幼虫；低密度发生区采取生物制剂和天敌控害。连片发生区，组织社会化服务组织实施统防统治和群防群控；分散或点状发生区，组织农民实施带药侦查、点杀点治。

3. 虫源地治理。对草地贪夜蛾周年繁殖的虫源地，因地制宜采取间作套种、轮作改种、调整播期等农业措施，种植驱避诱集植物，改造害虫适生环境，保护利用自然天敌和生物多样性，增强自然控制能力，逐步实现草地贪夜蛾可持续治理。

4. 科学用药。各地农业农村部门根据草地贪夜蛾防治需要，按照农业农村部推荐用药目录，结合实际指导农民科学选药、轮换用药、交替用药，延缓抗药性产生。开展抗药性监测，及时更换抗性高、防效差的药剂。严格按照农药安全使用间隔期，既要有效控制草地贪夜蛾危害，更要确保农产品质量安全。

（三）体系建设

按照落实好草地贪夜蛾监测预警、防控指导和应急处置等工作的要求，建立健全四个体系。

1. 完善监测预警体系。按照全面监测、准确预报的要求，完善国家、省、市、县四级病虫监测网络体系。各地要增设虫情测报网点，配备监测工具、信息传输设备和虫情调查交通工具。根据虫情调查工作需要，配齐配足植保专业人员，确保虫情调查全面开展，摸清发生动态，为预测预报提供基础数据。

2. 完善应急防治体系。按照提升草地贪夜蛾应急防控能力的要求，完善国家、省、市、县四级防控指挥调度机制。在西南华南边境地区、江南江淮重点迁飞通道和北方重点防范区，组建培育应急防治服务组织，配备高效施药器械和安全防护用品。抓住关键防治时期大力开展专业化统防统治和群防群治。对发生毗邻地区，强化区域协作联防，提高整体防控效果。

3. 完善技术支撑体系。组建国家级和省级草地贪夜蛾监测防控专家指导组。对草地贪夜蛾发生规律、迁飞路径、监测防治技术开展联合攻关研究。关键时期深入一线，开展巡回指导和技术培训。确保发生草地贪夜蛾的每个省（区、市）有一批指导专家，每个县（市、区）有一批技术骨干，每个村、每个专业防治组织有一名技术明白人。

4. 完善物资保障体系。各级农业农村部门要根据草地贪夜蛾防控的实际需要，指导农药、药械生产经营企业做好对路农药和器械的生产储备，确保市场供应充足、价格稳定。加大农药市场监督抽查力度，坚决打击假冒伪劣农药坑农害农，确保农民用上放心药。要多渠道争取财政资金支持，落实草地贪夜蛾防控补助政策措施，根据应急防控工作需要，创新方式、简化手续，及时采购物资、购买服务，确保监测防控措施落实到位。

四、工作要求

防治草地贪夜蛾是一项系统性的防灾减灾工作，技术要求高、涉及面广，时间紧、任务重，必须采取上下联动、多部门协作配合。为确保各项防控措施落实落地，需要切实强化以下工作力度。

（一）强化指挥协调。农业农村部成立草地贪夜蛾防控指挥部，由部领导任指挥长，统一指挥调度全国防控工作，组织研究提出防控措施，督导各地落实防控任务和要求。指挥部办公室设在种植业管理司，承担日常工作。各地要相应成立防控指挥协调机构，统筹协调和督促落实辖区内防控工作。

（二）强化属地责任。根据相关法律法规和国务院要求，应对外来突发重大生物灾害，建立“分级负责、属地管理”的应急防控机制，将草地贪夜蛾防控纳入粮食安全省长负责制考核内容，省级人民政府对本辖区防控工作负总责，省级政府建立健全分管领导牵头负责的组织领导机制和部门协调的投入保障机制，抓好目标确定、组织动员、统筹资源、监测防治、督导检查等工作。县级政府承担防控主体责任，统筹协调当地人力物力，强化植保队伍建设，组织动员各乡镇和社会力量做好防控工作。

（三）强化联防协作。应对跨区域、迁飞性害虫，必须构建上下联动、部门协作、区域联防的联防联控机制。农业系统内部，上下协调行动，加强信息互联互通，及时通报虫情，实现信息共享。部门之间，密切协作，统筹协调防控设施建设、资金安排和人员调配。毗邻地区，开展联合监测、联防联控，防止漏查漏治。推进国际交流与合作，与草地贪夜蛾发生的周边国家开展信息交换、技术交流和防控协作。

（四）强化信息调度。各级植保植检机构和监测站点明确专人负责，按照信息报送制度，通过全国农作物重大病虫害监测平台及时准确填报虫情，确保信息畅通、实时共享。首次发现当日报告，在查见并核实后立即填报，重点填报发现时间、虫龄虫态、发生面积和被害作物等。发生防治信息一周两报，每周一、周四中午前完成填报，填报新增发生、防治面积，以及培训人员、资金投入等，并实时报送防治进展，通报重大活动及存在问题。

（五）强化督导检查。各级农业农村部门要强化草地贪夜蛾防控工作的督查指导，适时组派有专家参加的督导检查组，赴各地督促检查监测防控措施落实和救灾资金到位等情况，评估防治效果，总结防治经验，分析存在的问题。对监测防控措施不到位、工作不力，造成严重损失的，严肃追责问责。

（六）强化宣传普及。组织电视、广播、报刊、网络等媒体，客观报道发生危害情况，及时宣传各地草地贪夜蛾防控经验和做法。组织专家开展科普讲座，编印识别挂图和防治手册，下发到发生区域乡村和农药经营门店，让基层干部群众了解害虫的发生危害习性、防治基本知识，增强可防可控信心。正确引导舆论，消除社会恐慌。

附件：1. 草地贪夜蛾测报调查规范（试行）（略）
2. 草地贪夜蛾防治技术要求（略）
3. 草地贪夜蛾应急防治用药推荐名单（略）

农业农村部办公厅关于
开展2019年畜禽养殖标准化示范创建活动的通知

农办牧〔2019〕17号

各省、自治区、直辖市农业农村（农牧、畜牧兽医）厅（局、委、办），新疆生产建设兵团畜牧兽医局，黑龙江省农垦总局：

为做好畜禽养殖标准化示范创建工作，加快推进畜牧业高质量发展，在总结前期经验基础上，根据《畜禽养殖标准化示范创建活动工作方案（2018—2025年）》要求，现将2019年畜禽养殖标准化示范创建工作有关事项通知如下。

一、指标分配

根据各省（区、市）畜牧业生产及2018年标准化示范场创建情况，2019年畜禽养殖标准化示范场（以下简称示范场）创建指标分配见附件。创建畜种包含生猪、家禽（含水禽）、牛、羊和特色畜禽，各省根据实际情况在畜种间进行分配。

二、时间安排

（一）组织申报。4月底前，省级畜牧兽医主管部门完成本省（区、市）实施方案制定和组织申报工作。

（二）遴选考核。5—7月，各级畜牧兽医主管部门按程序组织对申请养殖场进行材料审查和现场考核验收。7月底前，省级畜牧兽医主管部门将本省示范场申请材料报送至农业农村部畜牧兽医局畜牧处。

（三）审查确定。8—10月，农业农村部按程序组织对各地申报养殖场进行材料审查、现场抽查和专家评审等。10月底前，公示并发布示范场名单。

（四）工作总结。12月底前，省级畜牧兽医主管部门组织对本年度畜禽养殖标准化示范创建工作进行总结，并将工作总结报送至农业农村部畜牧兽医局畜牧处。

三、有关要求

（一）地方各级畜牧兽医主管部门应严格按照《畜禽养殖标准化示范创建活动工作方案（2018—2025年）》要求，组织好本区域范围内示范场创建工作，强化各项保障措施，确保创建工作按时高质完成。

（二）本年度的创建活动在对标创建验收要求的基础上，要更加突出养殖场生物安全设施装备水平、畜禽废弃物处理和资源化利用水平，可通过调整分值或设置加分项体现。

（三）省级畜牧兽医主管部门要积极创造条件，鼓励和支持有条件的贫困地区创建一批符合当地实际的示范场，带动贫困户增收。创建标准由各省（区、市）结合贫困地区实际适当调整。贫困地区创建的示范场不受分配指标限制，可在本省分配指标基础上增加50%（向上取整）。

附件：2019年畜禽养殖标准化示范场创建指标分配表（略）

农业农村部办公厅

2019年2月13日

农业农村部办公厅关于做好草地贪夜蛾应急防治用药有关工作的通知

农办（2019）13号

各省、自治区、直辖市农业农村（农牧）厅（委、局），新疆生产建设兵团农业农村局：

草地贪夜蛾是联合国粮农组织全球预警的跨国界迁飞性农业重大害虫，主要危害玉米、甘蔗、高粱等作物，已在近100个国家发生。2019年1月由东南亚侵入我国云南、广西，目前已在18个省（区、市）发现，严重威胁我国农业及粮食生产安全。鉴于目前我国无防治该虫的登记农药，根据《农药管理条例》有关规定，我部在专家论证的基础上，提出如下应急用药防治措施。

一、明确应急用药产品范围。本着防控用药的有效性、安全性、经济性原则，专家组在充分论证的基础上，提出了25种应急使用的农药产品（详见附件）。各地农业农村部门要结合当地实际情况选择推荐药剂，推荐给农民使用。

二、加强应急用药监督管理。各地农业农村部门要督促企业、经营单位建立生产销售台账，加大监督抽检力度，并依法严肃查处涉嫌假冒伪劣行为，确保农药产品质量。

三、强化应急用药指导服务。各地农业农村部门要加强草地贪夜蛾监测预警，加大培训力度，深入田间地头指导农民因地制宜选择用药产品，科学确定使用时期、使用剂量和使用方法，严格按照安全间隔期用药，严防长残留农药造成农残超标。加强使用安全风险和药效监测，一旦发现作物药害、使用效果不佳等情况，要及时采取措施并报我部。

四、限定应急用药使用时间。根据草地贪夜蛾的发生规律和防控实际需要，暂定应急用药时间至2020年12月31日。

各省（区、市）农业农村部门在组织草地贪夜蛾防治技术研究与试验中，若发现其它经济安全有效的药剂，可及时向我部推荐。

附件：草地贪夜蛾应急防治用药推荐名单

农业农村部办公厅

2019年6月3日

农业农村部办公厅关于印发《奶业品牌提升实施方案》的通知

农办牧〔2019〕29号

各省、自治区、直辖市农业农村（农牧、畜牧兽医）厅（局、委），新疆生产建设兵团农业农村局，中国奶业协会：

为贯彻落实《国务院办公厅关于推进奶业振兴保障乳品质量安全的意见》和农业农村部等9部委《关于进一步促进奶业振兴的若干意见》，提升奶业品牌化水平，我部制定了《奶业品牌提升实施方案》。现予印发，请结合实际，抓好落实。

农业农村部办公厅

2019年3月22日

奶业品牌提升实施方案

为提升奶业品牌化水平，引领奶业高质量发展，增强奶业竞争力，促进我国奶业全面振兴，特制定本实施方案。

一、总体要求和主要目标

以习近平新时代中国特色社会主义思想为指导，贯彻落实《国务院办公厅关于推进奶业振兴保障乳品质量安全的意见》和农业农村部等9部委《关于进一步促进奶业振兴的若干意见》，按照农业农村部《关于加快推进品牌强农的意见》要求，紧扣奶业高质量发展主题，以推进供给侧结构性改革为主线，以提质增效为目标，坚持市场导向，注重科技支撑，狠抓品牌塑造，加强宣传推介，激发企业品牌创建的积极性和创造性，培育一批奶业知名品牌，不断提高奶业发展质量效益和竞争力，推动我国从奶业大国向奶业强国转变。

力争到2025年，我国奶业品牌化水平显著提高，品牌市场占有率、消费者信任度明显提升，品牌带动产业发展和效益提升作用明显增强。奶业品牌建设与奶业振兴发展紧密结合，形成创品牌、推品牌、护品牌的品牌发展机制，培育出一批具有影响力的产品品牌、企业品牌和区域公用品牌，使国产奶业品牌深入人心。

二、重点任务

（一）强化质量安全铸就品牌

将质量作为奶业品牌发展的第一要义，落实“四个最严”的要求，构建覆盖全产业链的质量监管体系和高效安全的生产体系，确保生产出的产品安全优质、经得起消费者检验。修订生乳国家标准，提高营养标准，严格卫生标准。强化源头生产管理，严格奶牛养殖环节饲料、兽药等投入品使用管理，提升养殖标准化水平。完善乳品检测指标和检测方法标准，健全乳品质量安全风险评估制度，及时发现并消除风险隐患。

（二）推动创新发展培育品牌

把创新作为满足消费者需求、提升品牌竞争力的关键，全面推进产品创新、技术创新、经营理念和模式创新，形成奶业核心竞争力。推进规模化、标准化、绿色化生产，将绿色生态融入品牌价值。优化乳制品结构，增加产品品种、提升产品品质，增强发展活力。创新产业组织方式，推行“奶农 + 合作社 + 公司”的奶业发展模式，鼓励和支持奶农生产加工巴氏杀菌乳、发酵乳、奶酪等乳制品，推动奶牛养殖向乳品加工流通拓展。完善《休闲观光牧场推介标准》，继续推介休闲观光奶牛场，组织交流互鉴活动，培育奶业发展新业态。开拓“互联网 +”、体验消费等新型乳制品营销模式，推动线上线下互动发展。鼓励奶业企业以“一带一路”倡议深入推进为契机，整合市场、技术、管理、资金等资源，优化境外布局，加强宣传推介，增强中国奶业品牌国际竞争力。

（三）加强诚信建设维护品牌

牢固树立诚信是奶业品牌命脉的理念，开展奶业企业诚信建设活动。推动奶业企业善待同行，严格行业自律，与同行公平竞争，遵守市场规范，重合同、守信用；

善待消费者，提高产品质量和服务能力，杜绝产品虚假宣传，及时跟踪和回应客户诉求。推动建立企业诚信档案，实现乳品企业信用信息共享。建立乳品企业“黑名单”制度和市场退出机制，形成各方面联合约束和惩戒。依托行业协会，构建法律服务平台，为营造公平的市场环境提供法律支持。

（四）扩大宣传引导唱响品牌

组织举办中国奶业20强（D20）峰会，打造D20联盟品牌，发挥骨干企业品牌建设引领作用。发布年度《中国奶业质量报告》，发行《奶业科普百问》《动动奶酪又何妨》等乳制品消费科普书籍，持续上线推送奶业公益宣传广告。继续开展中国小康牛奶行动，推进“国家学生饮用奶计划”，培养和扩大消费群体，助力建成全面小康社会。通过行业协会等第三方组织，建立奶业品牌推介平台，规范品牌推介活动，充分利用媒体和展会推介优质品牌，树立中国奶业品牌良好形象。

三、保障措施

（一）强化组织领导。各地要深刻认识奶业品牌提升对促进奶业振兴的重要意义，结合实际制定实施方案，强化分工协作，提升服务水平，充分激发畜牧兽医技术推广、奶牛养殖企业、乳品加工企业、科研院校、行业协会、品牌营销等方面的积极性、创造性，形成“政府推动、部门联动、企业主动、市场拉动”的工作格局，共同推进奶业品牌建设。

（二）加大政策支持。加大在投融资、生产要素供给、政策扶持等方面的优惠力度，鼓励社会资本参与，支持奶业品牌建设。完善标准体系，鼓励具备条件的企业制定执行更高的产品标准，增强品牌市场竞争力。加强部门协作，形成监管合力，严厉打击山寨仿冒产品，加大奶业品牌保护力度。

（三）加强技术指导。依托奶牛养殖、乳品加工、产业融合、市场营销等领域专家，开展品牌创建技术咨询和现场指导等工作，提高奶业企业品牌化经营水平。开展奶业竞争力提升科技行动，围绕养殖、加工、质量控制、设施装备升级等关键环节，加大创新研发推广，夯实奶业品牌提升的科技支撑。

农业农村部办公厅关于印发
畜禽养殖废弃物资源化利用2019年工作要点的通知

农办牧〔2019〕33号

为贯彻《国务院办公厅关于加快推进畜禽养殖废弃物资源化利用的意见》，加快推进畜禽粪污资源化利用工作，确保如期完成各项既定目标任务，我部组织制定了《畜禽养殖废弃物资源化利用2019年工作要点》，现印发你们，请遵照执行。各省、自治区、直辖市和新疆生产建设兵团农业农村部门要认真履行职能，分解任务、落实责任，确保畜禽粪污资源化利用工作有力有序推进。

农业农村部办公厅

2019年3月25日

畜禽养殖废弃物资源化利用2019年工作要点

2019年是新中国成立70周年，是决胜全面建成小康社会的关键之年，是农村人居环境整治的关键之年。畜禽养殖废弃物资源化利用工作思路是，以习近平新时代中国特色社会主义思想为指引，进一步树牢“四个意识”，坚定“四个自信”，坚决做到“两个维护”，认真贯彻党中央、国务院关于坚决打好污染防治攻坚战和改善农村人居环境的决策部署，认真落实《国务院办公厅关于加快推进畜禽养殖废弃物资源化利用的意见》，坚持源头减量、过程控制、末端利用的治理途径，以畜禽粪污肥料化和能源化利用为方向，聚焦扩大终端产品利用途径，完善工作思路，突出工作重点，全面开展畜牧大县整县治理，扎实深入推进各项工作，确保各项关键任务如期完成。2019年，规模养殖场粪污处理设施装备配套率达到80%，大型规模养殖场粪污处理设施装备配套率达到100%；整省推进省（市）畜禽粪污综合利用率达到75%以上，规模养殖场粪污处理设施装备配套率达到95%以上。

一、着力强化责任落实

进一步突出绩效考核的导向作用，修改完善《畜禽养殖废弃物资源化利用工作考核办法》，组织对2018年工作进行考核，以畜牧大县和规模养殖场为重点，组织开展第三方评估，层层传导压力，强化地方政府属地管理责任落实。落实大型规模养殖场主体责任，推行“一场一策”，建立定期调度制度，及时通报进展情况，督促履行主体责任。落实北京、天津、上海、江苏、浙江、福建、山东七省整省（市）推进畜禽粪污资源化利用协议，确保提前一年完成目标任务。加快推进规模养殖场实时监控试点，完善视频采集和运输车轨迹监控等功能，实现监测监管一体化。研究建立大型规模养殖场畜禽粪污资源化利用信息公开制度。统筹畜产品供给和畜禽粪污资源化利用，落实“菜篮子”市长负责制，指导南方地区和大中城市稳定养殖规模，保证一定的自给率。（畜牧兽医局牵头，畜禽养殖废弃物资源化利用领导小组各成员单位参加）

二、着力推动大县治理

继续支持整县推进畜禽粪污资源化利用，加大项目实施力度，实现畜牧大县全覆盖。加强项目监督管理，制定项目管理办法，组织开展绩效评价，定期调度项目实施进展，开展项目县培训，规范项目实施和考核工作，引导畜牧大县建立部门协同工作机制和畜禽粪污资源化利用机制。推行受益者付费制度，培育社会化服务组织，探索市场化治理模式。（畜牧兽医局、计划财务司牵头，发展规划司、科技教育司、种植业管理司、农业农村部农业生态与资源保护总站、全国畜牧总站参加）强化农机购置补贴政策导向作用，加快畜禽养殖废弃物资源化利用机具鉴定步伐，进一步扩展补贴机具种类范围，优化补贴分类分档，加大农机支持力度。（农业机械化管理司牵头，畜牧兽医局、计划财务司、农业农村部农业机械试验鉴定总站、农业农村部农业机械化技术开发推广总站参加）

三、着力促进种养结合

突出肥料化利用的基础作用，研究制定有效对接种养两端需求的政策和举措，建立健全畜禽粪污肥料化利用的市场机制，打通畜禽粪肥还田利用“最后一公里”。整合畜牧、种植、区划、土肥、农机等多领域专家资源，推动开展种养结合全链条研究，联合有关部门印发种养结合指导意见。推动相关资金在县级整合，统筹推进各项工作。稳步扩大果菜茶有机肥替代化肥试点范围，重点向畜牧大县倾斜。落实黑土地保护利用中央财政资金支持，以畜禽粪污资源化利用推动黑土地保护工作。探索支持以畜禽粪便为原料，低成本、腐熟好的堆肥的施用，适当增加重点地区示范区数量，扩大试点示范带动效果。推动完善畜禽养殖设施用地政策，研究制定设施用地标准，提高畜禽粪污资源化用地比重和规模上限。健全畜禽粪污还田利用和检测标准体系，制定畜禽粪水、沼渣沼液相关标准，制定畜禽养殖废水还田利用技术规范，修订《肥料登记管理办法》和《肥料登记资料要求》，修订《有机肥料》行业标准，指导严格按照生产规程加工处理畜禽粪污，指导种植户科学合理施用。以大型规模养殖场为重点，借鉴国外经验，探索建立适合我国国情的种养结合制度，推进区域内养分平衡管理。（畜牧兽医局、种植业管理司牵头，发展规划司、计划财务司、科技教育司、农产品质量安全监管司、农业机械化管理司、农田建设管理司、农业农村部农业生态与资源保护总站、全国畜牧总站、全国农业技术推广服务中心参加）

四、着力推进能源化利用

加快推进沼气上网发电和生物天然气发展，推动粪污资源化利用终端产品利用政策落实。推动落实沼气发电上网标杆电价和上网电量全额保障性收购政策。推动燃气管网经营企业接收符合城市燃气入网技术标准的生物天然气。利用畜禽粪污资源化项目资金，加大生物天然气发展支持力度，充分发挥农村沼气在处理畜禽粪污中的作用。督促地方按照属地管理和谁立项、谁拥有、谁负责的原则，强化农村沼气工程安全监管。（科技教育司、发展规划司、畜牧兽医局牵头，计划财务司、农业农村部农业生态与资源保护总站参加）

五、着力做好技术支撑

严格规范饲料添加剂和兽药的生产和使用，推广低蛋白日粮技术标准，推进铜、锌等矿物质微量元素类饲料添加剂减量使用，制定药物饲料添加剂退出方案，推进兽用抗菌药使用减量化行动试点，指导养殖场户科学使用消毒药物等，降低粪污还田风险。发挥好国家畜禽养殖废弃物资源化利用等科技创新联盟作用，开展畜禽粪污资源化利用技术集成攻关与模式示范，加强重点实验室能力建设，围绕源头减量、过程控制、末端利用等关键环节，研究提出经济适用、实用管用、综合配套技术，提高粪污资源化利用效率。探索中小养殖场和散养户粪污治理有效路径，总结推广成本低、可复制、能推广的典型模式，破解粪污治理难题。推动成立畜禽养殖废弃物资源化利用技术指导委员会。继续开展畜禽粪污重金属监测，全面摸清底数，为科学确定限量值提供依据。落实“打赢蓝天保卫战三年行动计划”，组织专家加大畜禽养殖场臭气防控技术研究，拟定臭气减排技术指导意见，加快技术示范推广进程，科学指导养殖场户减少臭气排放。（畜牧兽医局、科技教育司牵头，计划财务司、农产品质量安全监管局、种植业管理司、农业农村部农业生态与资源保护总站、全国畜牧总站参加）

六、着力突出示范引导

组织召开全国畜禽养殖废弃物资源化利用现场会议，进行再动员再部署。举办第二届畜牧环保专题展和2019畜禽粪污资源化利用高峰论坛，推介新理念、新技术、新成果。组织开展种养结合试点，以长江经济带等南方水网地区为重点，促进粪污全量就近就地低成本还田利用，着力推进种养结合农牧循环发展。组织开展畜禽养殖标准化示范创建活动，继续创建100家全国畜禽养殖标准化示范场，总结推广畜禽清洁养殖工艺和实用技术。在全国范围内遴选畜禽粪污能源化利用的沼气工程典型项目，组织召开现场观摩会，开展相关技术培训，为畜禽粪污资源化利用提供成功模式和经验，提升行业建设管理水平。加强正面引导，通过专题采访、新闻发布会、重大会议活动深度报道等方式，聚焦重大政策和关键技术，在主流媒体和行业媒体协同进行宣传，更好发挥新媒体作用，扩大宣传范围和受众。（畜牧兽医局、种植业管理司、科技教育司牵头，办公厅、计划财务司、农业农村部农业生态与资源保护总站、全国畜牧总站、全国农业技术推广服务中心参加）

农业农村部办公厅关于切实加强重大动物疫病强制免疫疫苗监管工作的通知

农办牧〔2019〕35号

强制免疫是重大动物疫病防控的重要基础性工作。为进一步加强重大动物疫病强制免疫疫苗监管工作，确保疫苗质量，构筑有效免疫屏障，根据《中华人民共和国动物防疫法》《兽药管理条例》等法律法规要求，现就有关事项通知如下。

一、切实加强疫苗生产管理

各级畜牧兽医主管部门要加强辖区内疫苗生产企业监管，抓好疫苗生产供应工作。重大动物疫病疫苗生产企业是疫苗质量安全的第一责任人，要加强自律，诚信经营，严格履行疫苗质量安全主体责任。各企业要严格按照兽药GMP要求、我部批准的产品规程、已核定的生产工艺、产品配方和质量标准组织生产检验。对产品规程中未明确固定的工艺参数、产品配方，要结合本企业相关产品具体生产情况予以明确固定，在申报兽药产品批准文号时申请核准，确保同一企业同一个文号的产品配方相同、质量合格、免疫效果确定，不得以同一规程同一文号生产不同质量水平的产品。

二、切实加强疫苗经营使用管理

各级畜牧兽医主管部门要严格执行国家动物疫病强制免疫计划，会同财政等有关部门，切实加强强制免疫疫苗招标采购管理，规范疫苗供应。疫苗招标采购应以疫苗质量、售后服务和价格等综合指标为评判标准，不得单纯采用询价方式采购。各疫苗企业不得采取恶意方式竞标，严禁围标串标活动。凡各疫苗企业同一文号生产的产品，参与政府招标采购的与供养殖场自主采购的，其质量不得有差异。各企业要严格按有关规定组织销售，认真遵守兽药标签和说明书管理规定，严禁进行虚假、误导宣传，不得以所谓“高端苗”“高效苗”等名义对养殖场自主采购疫苗进行夸大宣传，不得以任何理由故意贬低政府采购疫苗质量，干扰国家动物疫病强制免疫工作。各疫苗生产企业要切实加强疫苗售后服务，有效指导养殖者科学、规范、合理使用疫苗，保证免疫效果。自主采购强制免疫疫苗的养殖企业，要严格按照有关规定向符合要求的疫苗生产企业购买强制免疫疫苗，对发现疫苗生产企业进行虚假夸大宣传的，以及疫苗质量存在问题的，要及时向有关部门报告。

三、切实加强疫苗审批管理

在兽药注册评审中，要进一步加强对生产工艺、规程、质量标准的审查，对主要生产工艺参数不固化、产品配方不确定、试验产品质量不稳定的，不予批准注册。在兽药产品批准文号审批中，要进一步细化审查标准，严格按照生产规程审查生产工艺和配方，避免或降低人为因素导致批间差异，提高疫苗质量批间稳定性。对未明确主要生产工艺参数、控制指标和配方的，不予核发兽药产品批准文号。

四、切实抓好疫苗质量监管工作

各地要进一步整顿和规范疫苗市场秩序，加强对市场上有关疫苗产品标签和说明书的监督检查，对发现涉嫌虚假夸大宣传的，要及时通报疫苗企业所在地畜牧兽医主管部门，情节严重的要及时报我部。对广告及宣传材料等涉及虚假夸大宣传的，要及时通报市场监管部门。各地要加强对疫苗生产企业的监督检查，严格落实批签发、监督抽检、飞行检查、行政处罚等管理制度，强化检打联动。对监督抽检不合格的产品及相关企业，以及生产销售假劣疫苗、走私疫苗等违法行为，要根据兽药管理有关规定依法查处，符合从重处罚情形的，从严从重处罚。

联系人：农业农村部畜牧兽医局药政药械处 蔺东 冯梁

电话：010-59192819　59191430

传真：010-59191652

农业农村部办公厅

2019年4月10日

农业农村部办公厅关于公布2019年全国兽用抗菌药使用减量化行动试点养殖场名单的通知

农办牧〔2019〕48号

根据农业农村部办公厅《关于开展兽用抗菌药使用减量化行动试点工作的通知》（农办医〔2018〕13号）要求，在养殖场自愿报名、各省级畜牧兽医行政管理部门初审和推荐的基础上，经审核，我部共确定104家养殖场为2019年全国兽用抗菌药使用减量化行动试点养殖场，现予公布。请各省级畜牧兽医行政管理部门组织试点养殖场按要求切实做好兽用抗菌药使用减量化相关工作。

附件：2019年全国兽用抗菌药使用减量化行动试点养殖场名单

农业农村部办公厅

2019年5月23日

附件

2019年全国兽用抗菌药使用减量化行动试点养殖场名单

序号	省份（数量）	参加试点养殖场	地址	畜禽种类
1	北京市（2）	北京首农畜牧发展有限公司金银岛牧场	北京市大兴区旧宫镇德茂庄德裕街5号	奶牛
2		北京德青源农业科技股份有限公司	北京市海淀区丰秀中路3号	蛋鸡
3	天津市（2）	天津市锦河畜禽养殖有限公司	天津市北辰区双口镇安光村	蛋鸡
4		天津市今日健康乳业有限公司	北辰区双口镇立新园林场院内	奶牛
5	河北省（5）	唐山汉沽兴业奶牛养殖有限公司	唐山汉沽管理区十队中心路东测	奶牛
6		河北美客多食品集团股份有限公司	河北省遵化市工业园（黄庄子村邦宽路南）	肉鸡
7		北粮农业股份有限公司	唐山市芦台经济开发区二社区	蛋鸡
8		大成食品（河北）有限公司大高台自养场	沧州市孟村县高寨镇大高台	肉鸡
9		三河鑫隆奶牛养殖有限公司	河北省廊坊市三河鑫隆奶牛养殖有限公司	奶牛
10	山西省（4）	山西省晋龙养殖股份有限公司	山西省稷山县峪镇吴嘱村东	蛋鸡
11		临汾市九里香养殖有限公司	临汾市尧都县底镇许村	蛋鸡
12		山西如亮饲料有限责任公司	山西省原平市闫庄镇西常村	蛋鸡
13		山西凯永养殖有限公司	山西凯永养殖有限公司	生猪
14	内蒙古自治区（6）	内蒙古富源牧业（兴安盟）有限责任公司	内蒙古兴安盟科尔沁右翼前旗额尔格图镇白音浩特嘎查南2公里	奶牛
15		扎赉特旗杜美牧业养殖场	内蒙古兴安盟扎赉特旗巴彦高勒镇八一牧场所在地	肉羊
16		内蒙古开鲁牧原有限公司	开鲁县开鲁镇体育场街	生猪
17		乌兰浩特市鸿辉蛋鸡养殖专业合作社	乌兰浩特市乌兰哈达东白音	蛋鸡
18		通辽洪泰农业发展有限公司	通辽市开兽县义和塔拉镇	肉牛
19		赤峰安泰清洁肉鸭养殖有限公司	赤峰市宁城县汐子镇柏林村	肉鸭
20	辽宁省（3）	大连洪家畜牧有限公司	大连市旅顺口区三涧堡街道洪家村	蛋鸡
21		盘锦兴牧养殖有限公司一分公司	盘锦市盘山县古城子镇	肉鸡
22		阜新和康畜牧发展有限公司	阜新市阜蒙县扎兰营子镇木	肉鸡
23	吉林省（3）	长春永旭牧业有限公司同太养殖场	吉林省德惠市同太乡刁家村	蛋鸡
24		吉林阔源牧业有限公司	吉林省德惠市夏家店镇2814渔厂	生猪
25		开心农业长春有限公司	吉林省长春市九台区上河湾镇干沟村	肉鸭

（续）

序号	省份（数量）	参加试点养殖场	地址	畜禽种类
26	黑龙江省（3）	黑龙江中农兴和生物科技股份有限公司	黑龙江省大庆市肇州县经济开发区	蛋鸡
27		巴彦县大东北牧业集团有限公司	巴彦县黑山镇明山村姜保店屯	生猪
28		肇东市长青畜牧有限公司	黑龙江省绥化市肇东市海城乡海城村	奶牛
29	上海市（2）	上海恒健农牧科技有限公司	上海市嘉定区南翔东开发区静唐路188号	生猪
30		上海沁依牧业科技有限公司种猪一场	上海市崇明区东平镇东瑞路575号	生猪
31	江苏省（5）	南通新康德禽业有限公司	海安市高新区隆政村30组	蛋鸡
32		江苏徐鸿飞生态农业有限公司	如东县大豫镇九龙村21组	蛋鸡
33		江苏申牛牧业有限公司申丰牧场	盐城市大丰区海丰农场五大队民丰路	奶牛
34		华夏畜牧兴化有限公司	兴华市千垛镇黄花村	奶牛
35		正大食品（宿迁）有限公司皂河二场	宿迁市湖滨新区皂河镇闫南村	肉鸡
36	浙江省（4）	湖州怡辉生态农业有限公司（肉羊）	湖州市吴兴区塘红村谭家湾	肉羊
37		桐乡第崇福玉香家庭农场	桐乡市崇福镇上市村陆家木桥	蛋鸡
38		浙江绿园禽业有限公司	丽水是天宁工业区天宁街881号	肉鸡
39		泰顺县一鸣生态农业有限公司	浙江省温州是泰顺县墩头村高场坪	奶牛
40	安徽省（4）	安徽圣迪乐村生态食品有限公司	安徽省铜陵市义安区农业循环经济试验区	蛋鸡
41		安徽隐山畜牧业开发有限公司	安徽省池州市东至县泥溪镇	蛋鸡
42		安徽牧翔禽业有限公司	安徽省六安市霍邱县石店	肉鸡
43		安徽省东江禽业有限责任公司	安徽省望江县高士镇武昌村	蛋鸡
44	福建省（4）	福建省大丰山禽业发展有限公司	福建省三明市清流县赖坊镇寨下村	蛋鸡
45		福建阳光生态农业集团有限公司	福建平潭综合实验区城关镇翠园小区40号	生猪
46		南平市南山生态园有限公司	南平市延平区南山镇村尾村	奶牛
47		长泰明德蛋鸡养殖有限公司	福建省漳州市长泰县陈巷镇古农村西山	蛋鸡
48	江西省（4）	抚州市临川龙鑫生态养殖有限公司	江西省抚州市临川区嵩湖乡江下村	肉鸡
49		高安市裕丰农牧有限公司	江西省高安市村前镇江头村高安市裕丰农牧有限公司	肉牛
50		丰城圣迪乐村生态食品有限公司	丰城市梅林镇低山村	蛋鸡
51		江西省清河畜牧科技实业有限公司	萍乡市芦溪县银河镇何家圳村	生猪
52	山东省（5）	山东正邦生态农业发展有限公司孙集分公司	山东省济南市商河县孙集镇政府往北两公里	生猪
53		青岛田瑞生态科技有限公司	青岛市即墨区金口镇青威路456号	蛋鸡
54		高密南洋养殖有限公司第十二养殖场	山东省潍坊市高密市平日路东侧（夏庄镇王家官庄西侧）	肉鸡
55		泰安金兰奶牛养殖有限公司	泰安市岱岳区满庄镇泥沟村	奶牛
56		日照金鑫生态农业科技有限公司	莒县陵阳镇东汪头村	蛋鸡
57	河南省（6）	叶县双汇牧业有限公司15万头商品猪场	河南省平顶山市叶县保安镇杨令庄村叶县双汇牧业有限公司	生猪
58		西华牧原农牧有限公司	西华县西夏镇东	生猪
59		河南华英农业发展股份有限公司出口二场	河南省潢川魏岗乡毛围子村	肉鸭
60		商丘爱格禽业有限公司	商丘市睢阳区包公庙郑庄村	蛋鸡
61		河南益生源农牧发展有限公司	河南省博爱县孝敬镇孝敬村北	蛋鸡
62		河南丰源和普农牧有限公司	西平县京港澳高速西平站西500米	生猪
63	湖北省（4）	宜昌市昌伟农贸股份有限公司	湖北省宜昌市夷陵区鸦鹊岭镇梅林村（青岛工业园）	蛋鸡
64		湖北荷香水美生态农业有限公司	湖北省浠水县清泉镇月山村十三组	蛋鸡
65		湖北金林原种畜牧有限公司	湖北省武汉市江夏区乌龙泉街杨湖村特1号	生猪
66		湖北金旭农业发展股份有限公司	湖北省武汉市东湖新技术开发区关山一路1号光谷软件园5栋6层506	生猪
67	湖南省（5）	湘潭立华牧业有限公司	湘潭县中路铺镇凤形村创业园	肉鸡
68		浏阳市生旺种养专业合作社	湖南省浏阳市大瑶镇端里村建新组128号	蛋鸡
69		长沙县隆广生态农业科技有限公司	长沙县黄兴镇万龙村团山坡组	蛋鸡

（续）

序号	省份（数量）	参加试点养殖场	地址	畜禽种类
70		湖南芭颉生态农牧有限公司	怀化市鹤城区黄金坳镇尽远	蛋鸡
71		湘村高科农业股份有限公司	娄底市娄星区新星南路1542号	生猪
72	广东省（5）	广东三天鲜畜牧有限公司	广州市从化区鳌头镇务丰村北闸山地	蛋鸡
73		广州华美牛奶有限公司	广州市从化区鳌头镇横江村	奶牛
74		中山市白石鸡场有限公司	中山市三乡镇白石村白石鸡场有限公司	肉鸡
75		广东阳江广三保畜牧有限公司	广东省阳江市江城区双捷镇白鹤朗垌	生猪
76		阳江市阳东区宝骏畜禽养殖有限公司	广东省阳江市阳东区北惯镇三宝垌村木蛟龙	生猪
77	广西壮族自治区（3）	广西农垦永新畜牧集团新兴有限公司	广西柳州市柳江区柳石路15公里处	生猪
78		广西农贝贝农牧科技有限公司	广西玉林市西聚路16号	蛋鸡
79		广西参皇养殖集团有限公司	广西玉林市城西塘步岭工业区	肉鸡
80	海南省（1）	海南传味番鸭养殖有限公司养鸭场	海南省琼海市塔洋镇群良村委会边新坡	肉鸭
81	重庆市（4）	重庆大正畜牧科技有限公司云门山种猪场	重庆市合川区云门山大正公司	生猪
82		桂林大发养殖有限公司重庆分公司	璧山区碧泉街道双狮社区	肉鸡
83		重庆美健达农业开发有限公司	重庆市忠县拔山镇新花路542号	生猪
84		重庆市武隆区琪丽玉农业开发有限公司	重庆市武隆区港口镇芙蓉西路16号	生猪
85	四川省（3）	成都心连心农业有限公司	崇州市白头镇三洞村12组8号	蛋鸡
86		四川省鱼凫部落生态农业开发有限公司	成都市彭州市桂花镇三圣村三组	蛋鸡
87		四川柠刚牧业有限公司	资阳市安岳县通贤镇金刚村七组	奶牛
88	贵州省（2）	贵阳富之源农业科技有限公司	贵州省贵阳市修文县谷堡乡谷堡村	生猪
89		贵州奇垦农业开发有限公司	贵州省赤水市延安路1号	肉鸡
90	云南省（4）	昆明东辉农牧有限公司	云南省昆明市石林县鹿阜街道办事处乃古石林岔口	肉鸡
91		石林温氏畜牧有限公司	云南省昆明市石林县鹿阜街道办事处生态工业集中区	肉鸡
92		云南云岭广大峪口禽业有限公司	云南省红河州开远市乐百道办事处乍黑甸村	蛋鸡
93		云南牛牛牧业股份有限公司	云南省红河州泸西县白水镇大无浪村云南牛牛牧业股份有限公司	奶牛
94	陕西省（3）	西安鑫龙门农林科技有限公司奶山羊良种场	陕西省西安市蓝田县三官庙镇龙门村	奶山羊
95		大荔牧原农牧有限公司	陕西省渭南市大荔县官池镇工业园区晨光路	生猪
96		现代牧业（宝鸡）有限公司	陕西省宝鸡市眉县横渠镇曹梁村	奶牛
97	甘肃省（2）	甘肃三洋金源农牧股份有限公司	永昌县水源镇西大滩金武公路以东	肉羊
98		甘肃顶乐农牧有限公司	甘肃省武威市古浪县黄花滩镇绿洲移民区	肉牛
99	青海省（2）	大通录明养殖专业合作社	大通录明养殖专业合作社	蛋鸡
100		湟源金润养鸡场	湟源金润养鸡场	蛋鸡
101	宁夏回族自治区（2）	银川湖城万头养殖有限公司	银川市兴庆区新世纪冷链15-4	生猪
102		盐池县冯记沟乡新村滩羊养殖专业合作社	盐池县冯记沟乡冯记沟村王冲庄自然村	肉羊
103	新疆维吾尔自治区（1）	新疆天莱养殖有限责任公司	新疆博州博乐市阿热托勒海牧场牧业三队	肉牛
104	新疆生产建设兵团（1）	石河子市泉旺牧业有限责任公司	新疆石河子石总场朱家庄二小区85栋一号	奶牛

农业农村部办公厅关于公布 2019 年畜禽养殖标准化示范场名单的通知

农办牧〔2019〕35 号

各省、自治区、直辖市及青岛市农业农村（农牧、畜牧兽医）厅（局、委），黑龙江省农垦总局：

根据《农业农村部办公厅关于开展 2019 年畜禽养殖标准化示范创建活动的通知》（农办牧〔2019〕17 号）要求，各地围绕“生产高效、环境友好、产品安全、管理先进”四个方面，积极组织开展畜禽养殖标准化示范场创建活动。经养殖场自愿申请、省级遴选、部级专家审查及评审，现确定河北乐源牧业有限公司等 127 家企业为 2019 年农业农村部畜禽养殖标准化示范场。请各地按照要求颁发标牌，强化对标准化示范场的监管与指导，切实发挥示范带动效应，全面提升畜牧业质量效益竞争力，加快推进畜牧业现代化。

附件：2019 年农业农村部畜禽养殖标准化示范场名单

农业农村部办公厅

2019 年 11 月 18 日

附件：农办牧〔2019〕75 号 .ceb

农业农村部办公厅关于成立农业农村部动物病原微生物实验室生物安全评审专家委员会的通知

农办牧〔2019〕81 号

各省、自治区、直辖市及计划单列市农业农村（农牧、畜牧兽医）厅（局、委），新疆生产建设兵团农业农村局，中国动物疫病预防控制中心、中国兽医药品监察所、中国动物卫生与流行病学中心，各有关单位：

为加强动物病原微生物实验室生物安全管理工作，2009 年 1 月我部成立了动物病原微生物实验室生物安全评审专家库（以下简称“专家库”）。专家库成立以来，在推动实验室生物安全管理技术标准规范制修订、实验活动生物安全技术评审、支持动物疫病防控及其技术研发、有效防范和化解实验室生物安全风险等方面发挥了重要作用。为进一步加强实验室生物安全管理，我部决定成立农业农村部动物病原微生物实验室生物安全评审专家委员会（以下简称“委员会”），并按程序确定了委员会章程及委员会委员名单，现予以公布。

附件：1. 农业农村部动物病原微生物实验室生物安全评审专家委员会章程

2. 农业农村部动物病原微生物实验室生物安全评审专家委员会委员名单

农业农村部办公厅

2019 年 12 月 6 日

附件

农业农村部动物病原微生物实验室生物安全评审专家委员会章程

第一章 总 则

第一条 为加强动物病原微生物实验室生物安全管理工作，根据《病原微生物实验室生物安全管理条例》《高致病性动物病原微生物实验室生物安全管理审批办法》等法规规定，成立农业农村部动物病原微生物实验室生物安全评审专家委员会（以下简称“委员会”）。

第二条 为规范委员会工作，确保委员会评审等活动的公平、公正、规范，特制定本章程。

第三条 本章程适用于委员会的组织、运行和管理。

第二章 组织机构

第四条 委员会设主任委员1名，副主任委员3名，委员若干名。

第五条 委员会下设办公室作为日常工作机构。委员会办公室挂靠在中国动物疫病预防控制中心，承担委员会日常工作。

委员会办公室主任由中国动物疫病预防控制中心分管实验室生物安全管理的副主任兼任。

第三章 职 责

第六条 委员会主要职责：

（一）承担农业农村部动物病原微生物实验室生物安全技术评审工作；

（二）参与动物病原微生物实验室生物安全监督检查、生物安全培训等工作；

（三）参与研究和制订动物病原微生物实验室生物安全评审的相关管理规定和技术策略；

（四）参与相关国际专业组织学术交流与合作；

（五）了解、掌握和研究动物病原微生物实验室生物安全技术发展动态，及时向农业农村部提供相关信息和工作建议；

（六）承担农业农村部委托的其他动物病原微生物实验室生物安全相关工作。

第七条 委员会办公室主要职责：

（一）承担委员会日常工作，拟订评审工作规范和年度计划，起草年度工作报告；

（二）组织筹办评审有关会议、调研、咨询等活动；

（三）起草委员会有关文件、会议纪要，承办委员会换届工作；

（四）组织起草技术规范；

（五）承担委员会交办的其他动物病原微生物实验室生物安全相关工作。

第四章 委 员

第八条 委员会主任委员、副主任委员和委员均由农业农村部聘任。

第九条 委员由与动物病原微生物实验室生物安全工作有关的专业技术人员组成，专业应满足动物病原微生物实验室生物安全评审、检查及专业领域要求。

第十条 专家入选委员会，由单位推荐或行业专家推荐，委员会办公室审核，农业农村部遴选聘任。采取推荐方式的，应当事先征得被推荐人同意。

第十一条 入选委员会的专家，应当具备下列条件：

（一）中国公民，具有本科以上学历和中级以上技术职称；

（二）具有五年及以上从事动物病原微生物实验室生物安全管理及相关专业领域工作经历，熟悉本专业或者本行业的国内外情况和动态；

（三）熟悉国家有关法律、法规和政策，掌握动物病原微生物实验室生物安全评审技术规范和要求，熟悉动物病原微生物实验室生物安全技术和管理工作；

（四）认真、诚实、公正、廉洁，具有良好的职业道德；

（五）年龄原则上不超过60周岁（院士除外），身体健康。

第十二条 委员享有以下权利：

（一）对国家动物病原微生物实验室生物安全评审工作计划和政策，以及对委员会形成的各项决定提出意见和建议；

（二）在参与评审过程中充分发表个人意见和建议；

（三）可自愿退出委员会。

第十三条 委员应履行下列义务：

（一）严格遵守国家有关法律法规；

（二）遵守农业农村部有关规定，特别是有关公正性和保密的规定。如与所委托的工作存在利害关系的，应主动提出回避，并说明理由；

（三）接受农业农村部委托的工作任务，并严格按照规定的程序和计划完成所负责的工作；

（四）除接受委员会委托工作以外，未经许可不得以委员会名义作个人宣传。

第十四条 入选委员会的委员有下列情形之一的，由农业农村部予以警告；情节严重的，取消其委员资格，并予以公告：

（一）不负责任，弄虚作假，或者其他不客观公正履行评审和检查职责的；

（二）与被评审机构存在利益关系，可能影响评审公正，未主动提出回避的；

（三）未经委员会许可，以委员会或委员的名义开展活动的；

（四）收受他人财物或者其他好处的，影响客观、公正履行评审职责的。

有前款规定情形，违反国家有关法律、行政法规的，依法追究法律责任。

第十五条 委员每届任期五年，可以连续聘任，到期未续聘者自行解聘。委员聘期内要求退出委员会或因身体状况等其他原因不能坚持正常工作的，经本人申请，由委员会办公室报主任委员同意，报农业农村部批准后解聘。

第十六条 根据工作需要，由委员会办公室提名，经主任委员同意，报农业农村部批准后可以增补或调整委员名单。

第五章 工作机制

第十七条 每届委员会召开 1—2 次全体会议，由主任委员或委托副主任委员主持召开。全体会议应有全体委员半数（含）以上出席。

全体委员会负责讨论决定动物病原微生物实验室生物安全评审方面的重大事项，包括审议修订委员会章程、工作计划，研究和制订动物病原微生物实验室生物安全评审的相关管理规定和技术策略、指南等规范性技术文件。

第十八条 全体委员会会议方式可采用现场开会、通讯会议等方式召开。全体委员会会议对有关事项进行表决时，应有全体委员人数三分之二（含）以上通过方为有效。会议形成的重大事项结论、报告和意见由委员会办公室以委员会的名义报送农业农村部。

第十九条 委员会办公室根据工作任务组建专家评审组，承担相关评审工作。从委员会中随机抽取专家组建专家评审组，必要时也可由其他委员或聘请相关专家参加。

评审专家组实行回避制，评审工作实行组长负责制，评审组长由委员会办公室指定。

第二十条 专家评审组通过现场评审、专题会议、专题调研等形式开展工作。对于紧急需要评审的事项或开展的工作，可采用通讯会议、电子邮件或信函等方式组织，专家评审组形成的评审意见经委员会办公室审核后，报送至农业农村部畜牧兽医局。

第二十一条 委员因特殊原因不能出席委员会有关会议或活动时，应向委员会办公室请假。

第六章 附 则

第二十二条 本章程自公布之日起试行。

第二十三条 本章程由委员会办公室负责解释。

农业农村部办公厅关于成立第三届全国动物卫生风险评估专家委员会的通知

农办牧〔2019〕80号

各省、自治区、直辖市及计划单列市农业农村（农牧、畜牧兽医）厅（局、委），新疆生产建设兵团农业农村局，中国农业科学院，全国畜牧总站、中国动物疫病预防控制中心、中国兽医药品监察所、中国动物卫生与流行病学中心，各有关单位：

第二届全国动物卫生风险评估专家委员会（以下简称“委员会”）自成立以来，在推动动物卫生风险评估水平和风险管理能力提升，支持动物疫病防控，保障动物及动物产品质量安全与国际贸易安全等方面发挥了重要作用。为进一步加强动物卫生风险评估工作，经研究，我部决定成立第三届委员会，并按程序确定了新的委员会章程及委员会委员名单，现予以公布。

附件：1. 全国动物卫生风险评估专家委员会章程

2. 第三届全国动物卫生风险评估专家委员会委员名单

3. 第三届全国动物卫生风险评估专家委员会执行委员名单

农业农村部办公厅

2019年12月12日

附件1

全国动物卫生风险评估专家委员会章程

第一章　总　则

第一条　为规范全国动物卫生风险评估专家委员会（以下简称“委员会”）工作，制定本章程。

第二条　委员会在农业农村部领导下依法开展动物卫生风险评估，为国家动物卫生风险管理提供决策咨询和技术支撑。

第三条　委员会由农业农村部负责组建和管理。

第四条　委员会坚持科学、客观、公正的原则依法开展工作。

第二章　组织机构

第五条　委员会设主任委员1名，副主任委员4—5名，委员和执行委员若干名。

第六条　委员会主任委员由农业农村部主管副部长担任。副主任委员由农业农村部总畜牧师、国家首席兽医师，畜牧兽医局和中国动物卫生与流行病学中心主要负责同志担任。

第七条　主任委员、副主任委员、委员、执行委员均由农业农村部聘任。

第八条　委员会主要职责

（一）审议修订委员会章程，审查委员会工作报告；

（二）审议全国动物卫生风险评估工作计划，提出动物卫生风险评估原则、政策、措施、建议；

（三）审定动物卫生风险评估准则、指南等规范性技术文件；

（四）承担重大动物疫病、外来动物疫病和新发动物疫病等动物卫生状况风险评估；

（五）承担进境动物及动物产品动物卫生风险评估，无规定动物疫病区、无规定动物疫病小区评估，兽医体系效能评估以及动物产品卫生安全风险评估等工作；

（六）开展职能相关领域的科学研究、学术交流与国际合作工作，研究有关国际组织相关标准、准则，并提出政策建议；

（七）负责职能相关领域的技术指导和培训工作；

（八）完成农业农村部交办的其他事项。

第九条　委员会下设办公室，作为委员会常设办事机构。办公室设在中国动物卫生与流行病学中心，该中心为办公室提供必要的工作条件，配备工作人员。

办公室设主任1名，副主任2—3名。

第十条 委员会办公室主要职责

（一）承担委员会日常工作，管理委员会工作经费；

（二）组织实施委员会的有关决定；

（三）筹备各类会议；

（四）协调组织委员及专家完成评估任务；

（五）负责管理委员会印章和委员会办公室印章；

（六）承担委员会交办的其他工作。

第三章 委 员

第十一条 委员会委员应由兽医、畜牧（含水产）、食品、医疗卫生和生物安全等方面的专家组成。

第十二条 委员基本条件

（一）具有良好的学术道德素质，工作作风严谨、客观、公正；

（二）在动物卫生管理及学术研究等领域具有较高的学术地位和业务水平，了解和掌握动物卫生风险评估及相关学科的发展前沿和趋势，在动物卫生风险评估方面有扎实的理论基础和丰富的管理、实践经验；

（三）热心动物卫生风险评估事业，能积极参加委员会的各项活动；

（四）能够履行委员的权利和义务，承担相应的职责和任务，完成委员会安排的工作；

（五）年龄不超过60周岁（院士除外），身体健康；

（六）所在单位同意其参加委员会相关活动。

第十三条 委员的权利义务

（一）对国家动物卫生风险评估工作政策、计划，以及对委员会形成的各项决定，有提出意见和建议的权利；

（二）可自愿退出委员会；

（三）遵守国家有关法律法规；

（四）按时参加委员会组织的会议及活动，承担委员会交办的任务；

（五）对有关涉密工作履行保密义务，由于泄密造成不良后果的，承担相关责任；

（六）除委员会许可和委托工作外，不得以全国动物卫生风险评估专家委员会名义开展工作。

第十四条 执行委员

遴选部分中青年委员作为执行委员。在全体委员会议休会期间，执行日常具体工作任务，通过召开执行委员会议，研究与审议有关风险评估具体事项。

遴选应综合考虑年龄、专业结构、学术背景和工作经历，并兼顾部门和地区代表性；能够积极参加执行委员会议。

第十五条 委员每届任期五年。委员本人聘期内要求退出委员会或其他原因不能坚持正常工作的，经本人申请，经委员会办公室报主任委员批准，由农业农村部解聘。

第十六条 对不能履行工作职责、不能遵守本章程或因工作变动及其他原因不宜继续担任委员的，经委员会办公室报主任委员批准，由农业农村部解聘。

第十七条 根据工作需要，由委员会办公室提名，经主任委员批准，可以增补或调整执行委员。

第四章 工作机制

第十八条 每届委员会召开1—2次全体会议，由主任委员或委托副主任委员主持召开。全体会议应有全体委员半数（含）以上出席。

全体会议负责研讨决定动物卫生风险评估方面的有关重大事项，包括审议修订委员会章程及工作报告，制订与审议全国动物卫生风险评估工作计划，审定动物卫生风险评估准则、指南等规范性技术文件等。全体会议形成的重大事项结论、报告和意见由委员会办公室报送农业农村部批准。

第十九条 执行委员会议负责审议动物卫生风险评估报告，包括进境动物及动物产品动物卫生风险评估报告、无规定动物疫病区和无规定动物疫病小区评估报告；研究有关问题，提出解决意见和建议。执行委员会议可由副主任委员或办公室主任主持召开。必要时，可邀请非执行委员或相关专家参加。

第二十条 全体委员会议或执行委员会议对有关事项进行表决时，应有委员或执行委员人数的三分之二（含）以上通过方为有效。

第二十一条 会议方式可采用网络会议、电子邮件或信函等方式召开。对有关事项进行表决时，应有征求意见人数的三分之二（含）以上通过方为有效。

第二十二条 委员会办公室根据工作任务协助组建评估专家组，承担相关评估工作。从相关执行委员名单中随机抽取专家组成评估专家组，必要时也可由其他委员或聘请相关专家参加。评估专家组专家实行回避制。评估专家组形成的评估结果、报告和意见经执行委员会议审议后，以委员会办公室的名义报送农业农村部。

第五章 经费管理

第二十三条 委员会工作经费主要用于以下方面。

（一）组织召开委员会相关会议；

（二）委员会办公室日常运转；

（三）参与国内外学术及技术交流；

（四）与履行职责相关的其他费用。

委员会办公室所在单位应加强对工作经费的管理。

第二十四条 委员会办公室按照财务规定管理和使用经费。

第六章 附 则

第二十五条 全国动物卫生风险评估专家委员会英文名称：China Committee for Animal Health Risk Analysis。

第二十六条 本章程经委员会全体会议或执行委员会议审议通过，报农业农村部批准后生效。

第二十七条 本章程由委员会办公室负责解释。

附件2

第三届全国动物卫生风险评估专家委员会委员名单
（共77名）

序号	姓名	单位	委员会职务
1	于康震	农业农村部	主任委员
2	马有祥	农业农村部	副主任委员
3	李金祥	农业农村部	
4	杨振海	农业农村部畜牧兽医局	
5	马洪超	中国动物卫生与流行病学中心	
6	夏咸柱	军事医学科学院生物工程研究所	委 员
7	刘秀梵	扬州大学	
8	金宁一	军事医学科学院军事兽医研究所	
9	张改平	河南农业大学	
10	沈建忠	中国农业大学	
11	陈化兰	中国农业科学院哈尔滨兽医研究所	
12	陈国胜	农业农村部畜牧兽医局	
13	林典生	农业农村部畜牧兽医局	
14	窦树龙	海关总署动植检疫司	
15	张惠才	国家市场监督管理总局认可监测司	
16	殷文武	中国疾病预防控制中心	
17	初　冬	国家林草局森林和草原病虫害防治总站	
18	杨劲松	全国畜牧总站	
19	王志刚	全国畜牧总站	
20	陈伟生	中国动物疫病预防控制中心	
21	翟新验	中国动物疫病预防控制中心	
22	马世春	中国动物疫病预防控制中心	
23	张　杰	中国动物疫病预防控制中心	
24	徐　一	中国动物疫病预防控制中心	
25	高盛普	中国动物疫病预防控制中心	
26	刘玉良	中国动物疫病预防控制中心	
27	刘　伟	中国动物疫病预防控制中心	
28	李　明	中国兽医药品监察所	
29	张存帅	中国兽医药品监察所	
30	刘业兵	中国兽医药品监察所	
31	徐士新	中国兽医药品监察所	
32	郑增忍	中国动物卫生与流行病学中心	
33	蒋正军	中国动物卫生与流行病学中心	
34	蔡丽娟	中国动物卫生与流行病学中心	
35	康京丽	中国动物卫生与流行病学中心	
36	吴晓东	中国动物卫生与流行病学中心	
37	王幼明	中国动物卫生与流行病学中心	
38	滕翔雁	中国动物卫生与流行病学中心	

（续）

序号	姓名	单位	委员会职务
39	路　平	中国动物卫生与流行病学中心	
40	范钦磊	中国动物卫生与流行病学中心	
41	王　栋	中国动物卫生与流行病学中心	
42	张庆利	中国水产科学院黄海水产研究所	
43	刘湘涛	中国农业科学院兰州兽医研究所	
44	张　强	中国农业科学院兰州兽医研究所	
45	王秀荣	中国农业科学院哈尔滨兽医研究所	
46	王晓钧	中国农业科学院哈尔滨兽医研究所	
47	浦　华	中国农业科学院北京畜牧兽医研究所	
48	王济民	中国农业科学院农业经济与发展研究所	
49	徐书法	中国农业科学院蜜蜂研究所	
50	王　滨	北京市农业农村局	
51	陈东来	河北省农业农村厅	
52	包玉山	内蒙古自治区农牧厅	
53	郭洪军	辽宁省农业技术发展服务中心	
54	程文军	吉林省畜牧业管理局	
55	孙　刚	黑龙江省动物疫病预防控制中心	
56	刘建晖	山东省畜牧兽医局	
57	王　光	安徽省农业农村厅	
58	徐　辉	浙江省动物疫病预防控制中心	委　员
59	陆敬刚	江苏省动物卫生监督所	
60	王　冉	江苏省农业科学院	
61	夏永高	上海市动物卫生监督所	
62	陈少渠	河南省动物卫生监督所	
63	刘道新	湖南省动物疫病预防控制中心	
64	蒋文泓	广东省农业农村厅	
65	牟登育	四川省动物卫生监督所	
66	郑　轶	海南省农业农村厅	
67	汤　明	重庆市农业农村委员会	
68	周建国	云南省动物疫病预防控制中心	
69	李有斌	甘肃省畜牧兽医局	
70	马睿麟	青海省农牧厅兽医局	
71	刘炎东	香港渔农自然护理署	
72	由　轩	齐齐哈尔海关	
73	刘　莛	深圳海关	
74	廖　明	华南农业大学	
75	刘永杰	南京农业大学	
76	杨增歧	西北农林科技大学	
77	何启盖	华中农业大学	

附件3

第三届全国动物卫生风险评估专家委员会执行委员名单
（共27名）

序号	姓名	单位
1	翟新验	中国动物疫病预防控制中心
2	高盛普	中国动物疫病预防控制中心
3	刘业兵	中国兽医药品监察所
4	郑增忍	中国动物卫生与流行病学中心
5	蒋正军	中国动物卫生与流行病学中心
6	蔡丽娟	中国动物卫生与流行病学中心
7	康京丽	中国动物卫生与流行病学中心
8	初　冬	国家林草局森林和草原病虫害防治总站
9	刘湘涛	中国农业科学院兰州兽医研究所
10	张　强	中国农业科学院兰州兽医研究所
11	王秀荣	中国农业科学院哈尔滨兽医研究所
12	王　滨	北京市农业农村局
13	陈东来	河北省农业农村厅
14	郭洪军	辽宁省农业技术发展服务中心
15	程文军	吉林省畜牧业管理局
16	孙　刚	黑龙江省动物疫病预防控制中心
17	刘建晖	山东省畜牧兽医局
18	徐　辉	浙江省动物疫病预防控制中心
19	夏永高	上海市动物卫生监督所
20	刘道新	湖南省动物疫病预防控制中心
21	汤　明	重庆市农业农村委员会
22	周建国	云南省动物疫病预防控制中心
23	李有斌	甘肃省畜牧兽医局
24	马睿麟	青海省农牧厅兽医局
25	刘　荭	深圳海关
26	杨增歧	西北农林科技大学
27	何启盖	华中农业大学

农业农村部关于2016—2018年度全国农牧渔业丰收奖获奖情况的通报

为深入贯彻落实《中华人民共和国农业技术推广法》，表彰奖励在农业技术推广工作中作出贡献的单位和个人，我部组织完成了2016—2018年度全国农牧渔业丰收奖评审工作，现予公布：

授予“绿色优质农产品（三品）质量安全控制技术应用与推广”等80个项目为“2016—2018年度全国农牧渔业丰收奖”（以下简称丰收奖）成果奖一等奖，“畜禽规模化养殖节能减排关键技术推广应用”等160个项目为丰收奖成果奖二等奖，“设施蔬菜灾害性天气综合防御技术推广”等159个项目为丰收奖成果奖三等奖；授予北京市昌平区农业技术推广站齐长红等500名同志丰收奖贡献奖；授予“奶牛保姆行动的创建与推广应用”等20个项目为丰收奖合作奖（获奖名单详见附件）。

获奖单位、个人以及广大农业科技工作者要继续发扬面向基层、服务产业、甘于奉献的精神，不断提升农业科技服务能力和水平，加快推进科技成果转化落地，为深入实施创新驱动发展和乡村振兴战略作出更大贡献。

附件：2016—2018年度全国农牧渔业丰收奖获奖名单

农业农村部

2019年12月14日

附件

2016—2018年度全国农牧渔业丰收奖丰收奖获奖名单

一、农业技术推广成果奖一等奖名单

12	奶牛高效生产综合配套技术的推广	黑龙江省乳业发展中心	朱赫	朱赫，周景明，郭光成，胡海彦，韩鹏，岳鹏飞，卞志伟，项志华，井彦强，王秀霞，刘俊，王森，刘海东，宋顺强，成栓之，李迎春，毕思文，张宪帮，孙连荣，刘宝娟，曲杰来，李峰，金振库，张凤梅，董雪艳
47	云南边境动物跨境流动与口蹄疫传入风险监测	云南省畜牧兽医科学院	李华春	李华春，苗海生，廖德芳，李乐，寇美玲，高翔，杨静竹，鲁富有，王健，邹建华，岩坎仑，张忠伟，钟璐，张娟南，赵四海，王琼，岩锐，钏鹏，陈林，钱永胜，郭维湘，梁秀芳，沈忠新，扎科，许盛江
53	青海高原奶牛肉牛良种繁育体系建设及配套技术示范与推广	青海省家畜改良中心	冯宇诚	冯宇诚，薛晓蓉，谭建宁，赵志刚，莫延新，王国仓，张楠，扈添琴，陈永祥，池胜刚，马元龙，刘文先，李永坚，切环，陈志禄，哈连贵，喇成庆，冯守林，辛有昌，张永明，杨永奎，李国平，乔雄，陈龙，扎西东智
65	基于“金钥匙”创新平台的奶牛场提质增效科技示范与推广	中国农业大学	李胜利	李胜利，杨敦启，王雅晶，曹志军，李竞前，孟庆江，李锡智，温永平，赵杰军，陈红波，周磊，彭传文，张福龙，刘高飞，程晓飞，任彦宇，赵遵阳，郭志刚，苏昊，李爱琴，邹旸，申跃宇，王消消，仇普斌，王富伟
74	规模化奶牛场优质高效安全体系与关键技术推广	全国畜牧总站	韩广文	韩广文，张书义，马金星，李艳华，钟景田，麻柱，曲永利，黄勇，薛泽冰，吕小青，于长平，李纪平，葛建军，张忠国，王国明，红海，李姣，赵华，杭孝，沙里金，韩雪，楚康康，杨超，李文森，任沙沙

二、农业技术推广成果奖二等奖名单

5	黑龙江省奶公犊牛综合利用技术的应用推广	黑龙江省畜牧兽医信息中心	王宏光	王宏光，孙晓玉，韩永胜，李伟，刘清风，司巍，李志强，夏伟，孙庆华，祝大鹏，娄欣建，王有权，安宪全，周丽丽，胡彦辉，纪政利，李淑红，赵平辉，于海艳，吴永亮，李海，王道银，赵利军，赵兵，李达
36	现代畜牧机械设备在奶牛标准化规模生产中的推广	黑龙江省畜牧总站	叶建敏	叶建敏，张闯，戚长秋，李平，孙福忱，李刚，刘晓宁，常忠忱，白洁，孙静华，纪彦风，孙月强，彭宇辉，刘铁男，张忠梅，车秋爽，王希发，马英，黄斌龙，田贵林，黄华，赵艳红，唐连涛，齐兴军，吴学友
96	基于大数据的互联网＋奶牛提质增效关键技术集成与推广	河南省奶牛生产性能测定中心	张震	张震，赖登明，闫磊，闫跃飞，汪聪勇，田全召，苏银池，任小丽，靳军阳，刘恒，李静茹，李淼，皇超英，白雪利，薛永康，王利宁，冯光宝，张芬芬，朱利平，胡玲玲，刘小提，高金海，王建设，胡选浩，王姜飞
120	西南地区奶牛健康养殖关键技术创新集成与示范推广	四川省畜牧科学研究院	谢晶	谢晶，康润敏，陈天宝，欧志国，叶勇刚，于吉锋，曹芸，付敏，李远忠，彭彰，王容，廖志敏，戴益明，刘昌俊，邵辉，彭玉清，赵卫，吴泽川，陈正荣，黎丹，欧钟明

三、农业技术推广成果奖三等奖名单

2	奶牛高效养殖与环境控制技术推广	承德市畜牧研究所	郭久林	郭久林，冯曼，王亚男，王晓芳，刘力，张静，张洪军，许翊冉，张彤，张久德，王建涛，孔祥霞，董云，赵青松，于永华，庞起升，靳朝晖，郑国龙，孙涛，黄志刚，张文达，代英慧，任丽燕，魏晓巍，张贵云
26	生鲜乳质量安全检测技术的推广应用	黑龙江省兽药饲料监察所	郭昭林	郭昭林，郭文欣，金慧然，李蕊，陶娅，江淼，关向晖，王忠，魏立才，李明志，马德成，郭子军，朱海东，董清平，王丽华，黄显晔，何焕学，辛华锋，高远，董浩江，刘建平，王鑫麟，卢德福，于海滨，王宪华
89	重庆市牛羊布鲁氏菌病综合防控技术集成与推广	重庆市动物疫病预防控制中心	梁望旺	梁望旺，谢建华，陈忠琼，杨泽林，董春霞，蔺露，张利，徐斌，封林，冉宇生，唐颜林，陈霞，廖天利，黄春华，邱引，吕瑶，蒋涛，崔旭，周友才，罗红秀，冉莉，王启帆，杨浩，邹兴东，黄大香

四、农业技术推广贡献奖名单（略）

五、农业技术推广合作奖名单

序号	项目名称	第一完成单位	主要完成人
1	“奶牛保姆行动”的创建与推广应用	北京市畜牧总站	路永强，李秀波，郭江鹏，任康，杨宇泽，王俊，张建伟，刘国世，王天坤，刘彦，丁双阳，倪和民，侯引绪，刘芳，陈历俊，刘林，王九峰，王栋，马慧，赵春颖，付瑶，王瑜，王艳，姜小平，董晓霞，刘义明，徐飞，常卓，王瑞，刘继超，陈孝杰，郭雨佳，李冰心，唐宇，李辉
3	奶牛健康高产配套技术集成与示范	河北省畜牧良种工作站	马亚宾，李彤，蒋桂娥，王茂森，利凯，刘建辉，郭建军，王桂柱，刘泽，薄玉琨，杨晨东，李英超，郭健，赵福琴，田莉，宋真，赵伍祥，李建明，白飞英，史国翠，丁贵江，张秀丽，李林，张艳舫，梁剑峰，赵敏，徐明举，李春芳，徐彤，刘永刚，宣国彦，于金波，刘贵巧，朱雪冬，潘金龙
18	奶牛绿色提质增效技术集成生产模式研究与示范推广	中国农业科学院北京畜牧兽医研究所	张军民，卜登攀，马莹，卫喜明，赵连生，温万，赵青余，陶雅，马露，姚军虎，周庆民，史同瑞，吴宏达，王建华，亓美玉，邢海云，甘文平，邵怀峰，刘开东，柴士名，王伟，陈丽丽，高艳霞，牛岩，高慧军，王典，杨库，何举，王俊贤，赵勐，谷巍，王军，赵学军，陈雅坤，刘仕军

农业农村部关于调整动物防疫条件审查有关规定的通知

农牧发〔2019〕42号

各省、自治区、直辖市及计划单列市农业农村（农牧）厅（局、委）、畜牧兽医局，新疆生产建设兵团农业农村局：

为优化动物防疫条件审查工作，促进生猪等畜禽养殖业健康发展，按照“放管服”改革要求，现就有关要求通知如下。

自本通知印发之日起，暂停执行关于兴办动物饲养场、养殖小区、动物隔离场所、动物屠宰加工场所以及动物和动物产品无害化处理场所的选址距离规定。

《动物防疫条件合格证》发证机关要组织开展兴办上述所列场所选址风险评估，依据场所周边的天然屏障、人工屏障、行政区划、饲养环境、动物分布等情况，以及动物疫病的发生、流行状况等因素实施风险评估，根据评估结果确认选址。具体评估办法由省、自治区、直辖市人民政府兽医主管部门制定。

农业农村部

2019年12月18日

农业农村部关于印发《2020年国家动物疫病强制免疫计划》的通知

各省、自治区、直辖市及计划单列市农业农村（农牧、畜牧兽医）厅（局、委），新疆生产建设兵团农业农村局，部属有关事业单位：

为贯彻落实《国家中长期动物疫病防治规划(2012—2020年)》，切实做好2020年全国动物疫病强制免疫工作，我部根据《中华人民共和国动物防疫法》等法律法规规定，组织制定了《2020年国家动物疫病强制免疫计划》。现印发你们，请遵照执行。

农业农村部

2019年12月26日

2020年国家动物疫病强制免疫计划

一、免疫病种及要求

（一）免疫病种

高致病性禽流感、口蹄疫、小反刍兽疫、布鲁氏菌病、包虫病。

（二）免疫要求

高致病性禽流感、口蹄疫、小反刍兽疫、布鲁氏菌病、包虫病的群体免疫密度应常年保持在90%以上，其中应免畜禽免疫密度应达到100%。高致病性禽流感、口蹄疫和小反刍兽疫免疫抗体合格率应常年保持在70%以上。

（三）免疫动物种类和区域

高致病性禽流感：对全国所有鸡、鸭、鹅、鹌鹑等人工饲养的禽类，进行H5亚型和H7亚型高致病性禽流感免疫。对供研究和疫苗生产用的家禽、进口国(地区)明确要求不得实施高致病性禽流感免疫的出口家禽以及因其他特殊原因不免疫的，有关企业按规定逐级报省级畜牧兽医主管部门批准后，可不实施免疫。

口蹄疫：对全国所有猪、牛、羊、骆驼、鹿进行O型口蹄疫免疫；对全国所有奶牛和种公牛进行A型口蹄疫免疫。此外，内蒙古、云南、西藏、新疆和新疆生产建设兵团对所有牛和边境地区的羊、骆驼、鹿进行A型口蹄疫免疫，广西对边境地区牛羊进行A型口蹄疫免疫，吉林、青海、宁夏对所有牛进行A型口蹄疫免疫，辽宁、四川对重点地区的牛进行A型口蹄疫免疫。除上述规定外，各省可根据评估结果，自行确定A型口蹄疫免疫动物种类。

小反刍兽疫：对全国所有羊进行小反刍兽疫免疫。开展小反刍兽疫非免疫无疫区建设或已退出免疫的省份，可不实施免疫。

布鲁氏菌病：在布鲁氏菌病一类地区，对除种畜外的牛羊进行布鲁氏菌病免疫，种畜禁止免疫；各省根据评估结果，自行确定是否对奶畜免疫，确需免疫的，养殖场可向当地县级以上畜牧兽医主管部门提出申请，逐级报省级畜牧兽医主管部门备案后，以场群为单位采取免疫措施。在布鲁氏菌病二类地区，原则上禁止对牛羊实施免疫，需免疫的，养殖场可向当地县级以上畜牧兽医主管部门提出申请，逐级报省级畜牧兽医主管部门批准后，以场群为单位进行免疫。

包虫病：在包虫病流行区，对种羊进行程序化免疫，对新生羔羊、补栏羊及时进行免疫。

猪瘟、高致病性猪蓝耳病：各地应执行国家防治指导意见有关要求。

二、疫苗种类

经国家批准使用的H5+H7亚型高致病性禽流感、口蹄疫、小反刍兽疫、布鲁氏菌病、包虫病疫苗(见附件)。

三、免疫主体

饲养动物的单位和个人是强制免疫主体，依据《动物防疫法》承担强制免疫主体责任，切实履行强制免疫义务，自主实施免疫接种，建立免疫档案，做好免疫记录，并接受畜牧兽医机构的监督检查。

四、职责分工

根据国务院有关文件规定，地方各级人民政府对辖区内动物防疫工作负总责，组织有关部门按照职责分工，落实强制免疫计划。

各级畜牧兽医主管部门具体组织实施强制免疫计划，负责组织强制免疫疫苗的调拨、保存和使用监管。各级动物疫病预防控制机构、相关的国家兽医参考实验室负责开展使用环节强制免疫效果评价。各级动物卫生监督机构负责监督检查养殖场(户)履行强制免疫义务情况。

省级畜牧兽医主管部门会同省级财政主管部门组织做好强制免疫疫苗的采购工作。

各级畜牧兽医部门要协调同级财政部门，确保强制免疫补助经费(包括疫苗采购费用，以及器械耗材、培训、劳务、人员防护、免疫效果监测评价、免疫副反应处置等经费)落实到位。加强经费使用监管，确保经费专款专用，规范合理使用。其他有关部门依法配合做好强制免疫计划实施工作。

五、组织实施

(一)制定实施方案。各地应按照本计划要求，结合防控实际，及时制定本省(区、市)强制免疫计划实施方案。对散养动物，采取春秋两季集中免疫与定期补免相结合的方式进行，规模养殖场及有条件的地方实施程序化免疫。

(二)规范疫苗采购和使用管理。省级畜牧兽医主管部门要会同省级财政主管部门，加强疫苗采购工作的监督管理。各地应建立健全本部门疫苗采购制度，完善内部管控体系，严格规范疫苗采购活动。疫苗采购应以质量、免疫效果、价格和售后服务等综合指标为评判标准。禁止疫苗企业恶意竞标、以低于成本的价格参与竞标和超出使用范围宣传等行为，一经发现，将相关违规企业列入黑名单。应建立健全疫苗采购供应、监督管理、报废和无害化处理制度，制定实施疫苗配送计划，加强疫苗运输和保存管理，实行全程冷链运输。

(三)组织开展免疫技术培训。在春季集中免疫工作开展前，中国动物疫病预防控制中心应组织开展省级免疫技术师资培训。各级畜牧兽医机构要组织做好乡镇及村级防疫员免疫技术培训。疫苗及诊断试剂供应企业要做好培训、技术服务等工作。免疫时应按照要求及时更换注射针头，做好消毒和个人防护。

(四)完善免疫记录。乡镇畜牧兽医机构、村级防疫员、养殖场(户)要做好免疫记录，确保免疫记录与畜禽标识相符。养殖场(户)要详细记录畜禽存栏、出栏、免疫等情况，特别是疫苗种类、生产厂家、生产批号等信息。

(五)落实报告制度。省级畜牧兽医机构按月报告疫苗采购情况，各级畜牧兽医机构按月报告免疫情况。在春秋两季集中免疫期间，对免疫进展实行周报告制度。发生突发重大动物疫情时，对紧急免疫情况实行日报告制度。各地要明确专人负责收集、统计免疫信息，按时报中国动物疫病预防控制中心，并及时报告免疫过程中发现的问题。

(六)推进“先打后补”。各地要加快推进“先打后补”，结合实际制定细化实施方案，力争在2020年实现规模养殖场全覆盖。强化信息手段支撑，借鉴青岛市“先打后补”信息化管理试点的经验做法，推进强制免疫补助在线申请、自动审核及“一卡通”发放系统开发建设，以规模养殖场线上填报的畜禽饲养量、疫苗使用量（疫苗二维码、疫苗包装瓶照片）为依据，结合国家兽药产品追溯信息系统数据，核算发放补助资金。对目前不符合"先打后补"条件的养殖场可暂实施省级疫苗集中采购，并探索以政府购买服务形式，有序引导社会力量参与强制免疫工作。

（七）评估免疫效果。各级畜牧兽医机构要加强免疫效果监测与评价工作，实行常规监测与随机抽检相结合，对畜禽群体抗体合格率未达到规定要求的，及时组织开展补免；对开展强制免疫"先打后补"的养殖场（户），要组织开展免疫效果抽查，确保免疫效果；对辖区内的免疫副反应发生情况、免疫抗体水平不达标情况和免疫失败情况，应及时进行调查处理。农业农村部将组织开展两次定期检查，视情况组织随机抽检，并通报检查结果。

六、监督管理

对拒不履行强制免疫义务、因免疫不到位引发动物疫情的养殖单位和个人，要依法处理并追究相关单位和人员的责任。

各级畜牧兽医机构要加强对辖区内强制免疫疫苗生产企业的监督检查，严格执行兽药生产质量管理规范(GMP)有关规定，进一步规范疫苗生产行为。全面实施兽药"二维码"管理制度，加强疫苗追踪和全程质量监管，严厉打击制售假劣疫苗行为。

中国兽医药品监察所组织实施疫苗质量监管工作，对疫苗质量进行监督检验，对生产企业实行督导检查；进一步强化强制免疫疫苗采购、使用环节的质量监督检验。

七、经费支持

按照《农业部 财政部关于调整完善动物疫病防控支持政策的通知》（农医发〔2016〕35号）要求，对国家确定的强制免疫病种，中央财政按照国家统计局公布的畜禽统计数量和疫苗补助标准等因素，测算中央财政强制免疫补助规模，切块下达各省级财政，对重大动物疫病强制免疫疫苗经费、免疫效果监测评价和人员防护等相关防控工作，以及对组织落实强制免疫政策、实施强制免疫计划、购买防疫服务等予以补助。

省级财政部门根据疫苗实际招标价格和需求数量，结合中央财政安排的疫苗补助资金，据实安排省级财政补助资金。

八、其　他

省级畜牧兽医主管部门可根据本辖区内动物疫病流行情况，增加实施强制免疫的动物疫病病种和区域，报省级人民政府批准后执行。

附件：国家批准使用的有关疫苗目录

附件

国家批准使用的有关疫苗目录

一、高致病性禽流感

1. 重组禽流感病毒(H5+H7)三价灭活疫苗(H5N1 Re-11株+Re-12株+H7N9 H7-Re-2株)；

2. 重组禽流感病毒(H5+H7)三价灭活疫苗（细胞源，H5N1 Re-11株+Re-12株+H7N9 H7-Re-2株）；

3. 重组禽流感病毒(H5+H7)三价灭活疫苗(H5N2 rSD57株+rFJ56株，H7N9 rGD76株)。

二、口蹄疫

1. 口蹄疫O型灭活疫苗；
2. 口蹄疫O型合成肽疫苗；
3. 口蹄疫A型灭活疫苗；
4. 口蹄疫O型-A型二价灭活疫苗；
5. 口蹄疫O型-A型二价合成肽疫苗。

三、小反刍兽疫

小反刍兽疫活疫苗。

四、布鲁氏菌病

1. 布病活疫苗A19株；
2. 布病活疫苗M5株；
3. 布病活疫苗M5-90株；
4. 布病活疫苗S2株。

五、包虫病

羊棘球蚴病基因工程苗。

【海关总署发布】

关于2019年进口原产于新西兰的固状和浓缩非固状乳及奶油实施特殊保障措施的公告

海关总署公告2019年第4号

根据《中华人民共和国政府和新西兰政府自由贸易协定》（以下简称《协定》），中国对原产于新西兰的12个税号农产品实施特殊保障措施。截至2019年1月2日，实施特殊保障措施管理的固状和浓缩非状乳及奶油（税则号列：04021000、04022100、04022900、04029100）进口申报数量已达到215 575.021吨，超过2019年162 482吨的特殊保障措施触发标准。

自2019年1月3日起，对《协定》项下进口的、原产于新西兰的固状和浓缩非固状乳及奶油，恢复按最惠国税率征收进口关税。

特此公告。

海关总署

2019年1月2日

关于2019年自澳大利亚进口两大类农产品进口触发水平数量的公告

海关总署公告2019年第7号

根据《中华人民共和国政府和澳大利亚政府自由贸易协定》和海关总署公告2015年第66号，我国对自澳大利亚进口的两大类8个税号农产品（以下简称两大类农产品）实施特殊保障管理措施。现将2018年度两大类农产品适用协定税率进口数量和2019年度进口触发水平数量予以公布（详见附件）。

两大类农产品进口时仍按照海关总署公告2015年第66号的规定办理相关手续。

特此公告。

附件：2018年度两大类农产品适用协定税率进口数量和2019年度进口触发水平数量情况表

海关总署

2019年1月2日

附件

2018年度两大类农产品适用协定税率进口数量和2019年度进口触发水平数量情况表

单位：t

分类	税号	产品描述	2018年度适用协定税率进口数量			2019年度适用协定税率可进口数量	
			本年度触发水平数量	累计进口数量	以在途方式进口数量	本年度触发水平数量	本年度实际可进口的触发水平数量
牛肉	02011000	整头及半头鲜、冷牛肉	170 000	172 876	2 876	174 454	171 578
	02012000	鲜、冷的带骨牛肉					
	02013000	鲜、冷的去骨牛肉					
	02021000	冻的整头及半头牛肉					
	02022000	冻的带骨牛肉					
	02023000	冻的去骨牛肉					
奶粉	04022100	脂肪量>1.5%未加糖或其他甜物质固状乳及奶油	20 258	9 532		21 271	21 271
	04022900	脂肪量>1.5%的加糖或其他甜物质固状乳及奶油					

说明：1. 协定指《中华人民共和国政府和澳大利亚政府自由贸易协定》；

2.2019年度实际可进口的触发水平数量=2019年度协定所规定年度触发水平数量－2018年度以在途方式进口数量

关于2019年进口原产于新西兰的黄油和其他脂和油实施特殊保障措施的公告

海关总署公告2019年第8号

根据《中华人民共和国政府和新西兰政府自由贸易协定》（以下简称《协定》），中国对原产于新西兰的12个税号农产品实施特殊保障措施。截至2019年1月3日，实施特殊保障措施管理的黄油和其他脂和油（税则号列：04051000、04059000）进口申报数量已达到16 719.972吨，超过《协定》规定的2019年16 077吨的特殊保障措施触发标准。

自2019年1月4日起，对《协定》项下进口的、原产于新西兰的黄油和其他脂和油，恢复按最惠国税率征收进口关税。

特此公告。

海关总署

2019年1月3日

关于停止出具2019年度原产于新西兰的固状和浓缩非固状乳及奶油在途证明的公告

海关总署公告2019年第10号

根据《中华人民共和国政府和新西兰政府自由贸易协定》（以下简称《协定》），中国对原产于新西兰的12个税号农产品实施特殊保障措施。截至2019年1月8日，2019年度已适用协定税率进口的固状和浓缩非固状乳及奶油（税则号列：04021000、04022100、04022900、04029100）数量及上述农产品《进口在途产品关税税率适用证明》（以下简称《在途证明》）上载明的数量之和，扣除2019年度触发水平数量后达到185 616.941 8吨，超过《协定》规定的2020年度170 606吨的触发水平数量。

自2019年1月9日起，海关停止出具2019年申报进口的固状和浓缩非固状乳及奶油《在途证明》。

特此公告。

海关总署
2019年1月8日

关于解除哈萨克斯坦牛结节性皮肤病风险警示的公告

海关总署公告2019年第23号

根据风险分析结果，自本公告发布之日起，解除原质检总局发布的《质检总局关于塞尔维亚等国家发生牛结节性皮肤病的风险警示通告》（2016年15号）中因哈萨克斯坦牛结节性皮肤病对该国牛及其相关产品的输华限制，有关产品准入检疫措施另行制定。

特此公告。

海关总署
2019年1月29日

关于中俄乳品双向贸易检验检疫要求的公告

海关总署公告2019年第44号

根据中国和俄罗斯相关法律法规以及中俄两国政府主管部门签署的《中俄乳品双向贸易的兽医和公共卫生条件议定书》，准予符合《中俄乳品双向贸易检验检疫要求》（见附件）的中国及俄罗斯乳品相互开展贸易。

本公告内容自公布之日起实施。

附件：中俄乳品双向贸易检验检疫要求.doc

海关总署

2019年3月13日

关于进口意大利苜蓿草植物检疫要求的公告

海关总署公告2019年第51号

根据我国相关法律法规和《中华人民共和国海关总署与意大利共和国农业、食品、林业政策与旅游部关于意大利苜蓿草输华安全卫生条件的议定书》，现将《进口意大利苜蓿草植物检疫要求》予以公布，符合上述要求的意大利苜蓿草允许进口。

本公告自发布之日起实施。

特此公告。

附件：进口意大利苜蓿草植物检疫要求（略）

海关总署

2019年3月25日

关于进口立陶宛青贮饲草植物检疫要求的公告

海关总署公告2019年第52号

根据我国相关法律法规和《中华人民共和国海关总署与立陶宛共和国农业部、食品兽医局关于立陶宛青贮饲草输华卫生与植物卫生条件的议定书》，现将《进口立陶宛青贮饲草植物检疫要求》予以公布，符合上述要求的立陶宛青贮饲草允许进口。

本公告自发布之日起实施。

特此公告。

附件：进口立陶宛青贮饲草植物检疫要求（略）

海关总署

2019年3月25日

关于解除蒙古国部分地区小反刍兽疫风险警示的公告

海关总署公告2019年第59号

根据风险分析结果，自本公告发布之日起，解除对蒙古国东戈壁省扎门乌德市部分区域与小反刍兽疫相关的牛、羊及其产品的限制。该区域为北纬43°49′34.01″、东经111°44′59.19″；北纬43°29′06″、东经111°42′14.14″；北纬43°29′59.15″、东经111°44′5.53″；北纬43°51′3.89″、东经111°43′7.81″四点连线所确定的范围。

特此公告。

海关总署

2019年3月27日

关于进出口预包装食品标签检验监督管理有关事宜的公告

海关总署公告2019年第70号

为贯彻落实国务院深化“放管服”改革要求，进一步提高口岸通关效率，依据《中华人民共和国食品安全法》及其实施条例、《中华人民共和国进出口商品检验法》及其实施条例等法律法规规定，现就进出口预包装食品标签检验监督管理有关事宜公告如下：

一、自2019年10月1日起，取消首次进口预包装食品标签备案要求。进口预包装食品标签作为食品检验项目之一，由海关依照食品安全和进出口商品检验相关法律、行政法规的规定检验。

二、进口商应当负责审核其进口预包装食品的中文标签是否符合我国相关法律、行政法规规定和食品安全国家标准要求。审核不合格的，不得进口。

三、进口预包装食品被抽中现场查验或实验室检验的，进口商应当向海关人员提交其合格证明材料、进口预包装食品的标签原件和翻译件、中文标签样张及其他证明材料。

四、海关收到有关部门通报、消费者举报进口预包装食品标签涉嫌违反有关规定的，应当进行核实，一经确认，依法进行处置。

五、入境展示、样品、免税经营（离岛免税除外）、使领馆自用、旅客携带以及通过邮寄、快件、跨境电子商务等形式入境的预包装食品标签监管，按有关规定执行。

六、出口预包装食品生产企业应当保证其出口的预包装食品标签符合进口国（地区）的标准或者合同要求。

七、《关于调整进出口食品、化妆品标签审核制度的公告》（原质检总局2006年第44号公告）、《关于运行进口预包装食品标签管理系统的公告》（原质检总局2011年第59号公告）、《关于实施〈进出口预包装食品标签检验监督管理规定〉的公告》（原质检总局2012年第27号公告）自2019年10月1日起废止，此前已备案的进口预包装食品标签信息同时作废。

特此公告。

海关总署

2019年4月22日

关于解除俄罗斯部分地区口蹄疫风险警示的公告

海关总署公告2019年第99号

根据风险分析结果，自本公告发布之日起，认可俄罗斯阿尔汉格尔斯克州等48个地区（州、边疆区、共和国）（名单附后）为非免疫无口蹄疫地区，允许符合中国法律法规要求的偶蹄动物及其相关产品入境。原质检总局风险警示通告2017年第6号对上述地区的相关规定同时废止。

特此公告。

附件：获得认可的俄罗斯非免疫无口蹄疫地区（州、边疆区、共和国）名单

海关总署

2019年5月30日

附件

获得认可的俄罗斯非免疫无口蹄疫地区（州、边疆区、共和国）名单

1. 阿尔汉格尔斯克州 Arkhangelsk Oblast
2. 别尔哥罗德州 Belgorod Oblast
3. 布良斯克州 Bryansk Oblast
4. 沃洛格达州 Vologda Oblast
5. 沃罗涅日州 Voronezh Oblast
6. 伊万诺沃州 Ivanovo Oblast
7. 伊尔库茨克州 Irkutsk Oblast
8. 加里宁格勒州 Kaliningrad Oblast
9. 卡卢加州 Kaluga Oblast
10. 堪察加边疆区 Kamchatka Krai
11. 克麦罗沃州 Kemerovo Oblast
12. 基洛夫州 Kirov Oblast
13. 科斯特罗马州 Kostroma Oblast
14. 克拉斯诺亚尔斯克边疆区 Krasnoyarsk Krai
15. 库尔斯克州 Kursk Oblast
16. 列宁格勒州 Leningrad Oblast
17. 利佩茨克州 Lipetsk Oblast
18. 马加丹州 Magadan Oblast
19. 莫斯科州 Moscow Oblast
20. 摩尔曼斯克州 Murmansk Oblast
21. 涅涅茨自治区 Nenets Autonomous Okrug
22. 下诺夫哥罗德州 Nizhny Novgorod Oblast
23. 诺夫哥罗德州 Novgorod Oblast
24. 奥廖尔州 Oryol Oblast
25. 奔萨州 Penza Oblast
26. 彼尔姆边疆区 Perm Krai
27. 普斯科夫州 Pskov Oblast
28. 卡累利阿共和国 Republic of Karelia
29. 科米共和国 Republic of Komi
30. 马里埃尔共和国 Republic of Mari El
31. 莫尔多瓦共和国 Republic of Mordovia
32. 萨哈共和国（雅库特）Republic of Sakha (Yakutia)
33. 鞑靼斯坦共和国 Republic of Tatarstan
34. 乌德穆尔特共和国 Republic of Udmurtia
35. 哈卡斯共和国 Republic of Khakassia
36. 楚瓦什共和国 Republic of Chuvash
37. 梁赞州 Ryazan Oblast
38. 斯维尔德洛夫斯克州 Sverdlovsk Oblast
39. 斯摩棱斯克州 Smolensk Oblast
40. 坦波夫州 Tambov Oblast
41. 特维尔州 Tver Oblast
42. 托木斯克州 Tomsk Oblast
43. 图拉州 Tula Oblast
44. 乌里扬诺夫斯克州 Ulyanovsk Oblast
45. 汉特曼西自治区 Khanty-Mansijsk Autonomous Okrug
46. 楚科奇自治区 Chukotka Autonomous Okrug
47. 亚马尔－涅涅茨自治区 Yamalo-Nenets Autonomous Okrug
48. 雅罗斯拉夫尔州 Yaroslavl Oblast

关于允许进口保加利亚葵花籽粕的公告

海关总署公告2019年第119号

根据我国相关法律法规和《中华人民共和国海关总署与保加利亚共和国农业、食品和林业部关于保加利亚葵花籽粕输华卫生与植物卫生条件议定书》的规定，自本公告发布之日起，允许符合相关检验检疫要求的保加利亚葵花籽粕进口。现将《进口保加利亚葵花籽粕检验检疫要求》予以公布。

特此公告。

附件：进口保加利亚葵花籽粕检验检疫要求

海关总署

2019年7月4日

附件：《进口保加利亚葵花籽粕检验检疫要求》

详见如下链接：

http://www.customs.gov.cn/customs/302249/302266/302267/2556879/index.html

关于进口印度辣椒粕检验检疫要求的公告

海关总署公告2019年第131号

根据我国相关法律法规和《中华人民共和国海关总署与印度共和国商业与工业部出口检验委员会关于印度辣椒粕输华卫生与植物卫生条件议定书》规定，自本公告发布之日起，允许符合相关检验检疫要求的印度辣椒粕进口。现将《进口印度辣椒粕检验检疫要求》（见附件）予以公布。

特此公告。

附件：进口印度辣椒粕检验检疫要求.docx

海关总署

2019年7月29日

附件：《进口印度辣椒粕检验检疫要求》详见如下链接：

http://www.customs.gov.cn/customs/302249/302266/302267/2570820/20190820165403111181.docx

关于2019年进口原产于澳大利亚的牛肉实施特殊保障措施的公告

海关总署公告2019年第135号

根据《中华人民共和国政府和澳大利亚政府自由贸易协定》（以下简称《协定》），中国对原产于澳大利亚的8个税号农产品实施特殊保障措施。截至2019年8月15日，实施特殊保障措施管理的牛肉（税则号列：02011000、02012000、02013000、02021000、02022000、02023000）的进口申报数量已达到172 411吨，超过2019年实际可进口的触发数量。自2019年8月17日起，对《协定》项下进口的原产于澳大利亚上述牛肉恢复按最惠国税率征收关税。

对于2019年8月17日（不含）前签订合同且已运往中国的相关牛肉，在2019年8月17日（含）后申报进口的，进口货物收货人或其代理人可按照海关总署公告2015年第66号规定，在申报进口前向进口地直属海关提出适用协定税率的申请并提交相关单证。海关在178 854吨范围内签发《进口在途农产品关税税率适用证明》（以下简称《在途证明》）。《在途证明》仅限签发当年使用。

对于2019年8月17日至2019年12月31日期间从境外首次申报进入海关特殊监管区域（场所）的相关牛肉，除在途牛肉外，不论当年或者跨年度申报出海关特殊监管区域（场所）时，均不能适用协定税率。

特此公告。

海关总署

2019年8月16日

关于进口俄罗斯甜菜粕、大豆粕（饼）、油菜籽粕（饼）、葵花籽粕（饼）检验检疫要求的公告

海关总署公告2019年第141号

根据我国相关法律法规和《中华人民共和国海关总署与俄罗斯联邦兽医和植物检疫监督局关于俄罗斯甜菜粕输华卫生与植物卫生要求议定书》《中华人民共和国海关总署与俄罗斯联邦兽医和植物检疫监督局关于俄罗斯大豆粕（饼）、油菜籽粕（饼）、葵花籽粕（饼）输华卫生与植物卫生要求议定书》规定，自本公告发布之日起，允许符合相关要求的俄罗斯甜菜粕、大豆粕（饼）、油菜籽粕（饼）、葵花籽粕（饼）进口。现将具体检验检疫要求予以公布（见附件）。

特此公告。

海关总署

2019年9月2日

附件 《进口俄罗斯甜菜粕、大豆粕（饼）、油菜籽粕（饼）、葵花籽粕（饼）检验检疫要求》详见如下链接：

http://www.customs.gov.cn/customs/302249/302266/302267/2604183/index.html

关于进口阿根廷豆粕检验检疫要求的公告

海关总署公告2019年第146号

根据我国相关法律法规和《中华人民共和国海关总署与阿根廷共和国农牧渔业部关于阿根廷豆粕输华卫生与植物卫生要求议定书》规定，自本公告发布之日起，允许符合相关要求的阿根廷豆粕进口。现将具体检验检疫要求予以公布（见附件）。

特此公告。

附件：进口阿根廷豆粕检验检疫要求.doc

海关总署

2019年9月17日

附件：《进口阿根廷豆粕检验检疫要求》详见如下链接：http://www.customs.gov.cn/customs/302249/302266/302267/2605933/2019092410354512348.doc

关于进口白俄罗斯甜菜粕检验检疫要求的公告

海关总署公告2019年第148号

根据我国相关法律法规和《中华人民共和国海关总署与白俄罗斯农业和食品部关于白俄罗斯甜菜粕输华卫生与植物卫生要求议定书》规定，自本公告发布之日起，允许符合相关要求的白俄罗斯甜菜粕进口。现将具体检验检疫要求予以公布（见附件）。

特此公告。

附件：进口白俄罗斯甜菜粕检验检疫要求.doc

海关总署

2019年9月19日

附件：《进口白俄罗斯甜菜粕检验检疫要求》详见如下链接：http://www.customs.gov.cn/customs/302249/302266/2480148/2602739/2019092014231845007.doc

关于进口越南乳品检验检疫要求的公告

海关总署公告2019年第156号

根据中国相关法律法规以及《中华人民共和国海关总署和越南社会主义共和国农业与农村发展部关于越南社会主义共和国输华乳品动物卫生和公共卫生条件议定书》，自本公告发布之日起，准许越南乳品进口。越南进口乳品应符合《越南输华乳品检验检疫要求》(见附件)。

特此公告。

附件：越南输华乳品检验检疫要求

海关总署

2019年10月16日

附件

越南输华乳品检验检疫要求

一、检验检疫依据

（一）《中华人民共和国食品安全法》《中华人民共和国动植物检疫法》。

（二）《中华人民共和国海关总署和越南社会主义共和国农业与农村发展部关于越南社会主义共和国输华乳品动物卫生和公共卫生条件议定书》。

（三）《进出口乳品检验检疫监督管理办法》。

二、准予贸易的乳制品范围

越南输华乳品是指以经过加热处理的牛乳为主要原料加工而成的食品，包括巴氏杀菌乳、灭菌乳、调制乳、发酵乳、干酪及再制干酪、稀奶油、奶油、无水奶油、炼乳、乳粉、乳清粉、乳清蛋白粉、牛初乳粉、酪蛋白、乳矿物盐、乳基婴幼儿配方食品及其预混料（或基粉）等。

三、加工企业注册要求

越南输华乳品生产企业应当经越南官方批准，并获得中国海关总署注册，相关企业名单可在海关总署网站查询。

四、检疫审批要求

进口越南巴氏杀菌乳和以巴氏杀菌工艺生产的调制乳，应事先办理检疫审批，获得《进境动植物检疫许可证》。

五、证书要求

越南输华乳品应随附越南官方签发的卫生证书。

六、包装和标识要求

越南输华乳品必须用符合中国相关标准的全新材料包装，外包装要用中文及英文标明规格、产地（具体到州/省/市）、目的地、品名、重量、生产厂名称、注册编号、生产批号、储存条件、生产日期和保质期。

内包装须符合中国相关规定，标签上应注明原产国、品名、企业注册号、生产企业名称地址和联系方式、生产日期和保质期、生产批号。

七、存放和运输要求

越南输华乳品的存放、运输的全过程，均应符合卫生条件，防止受有毒有害物质的污染。货物装入集装箱后，应加施封识，封识号须在卫生证书中注明。运输过程中不得拆开及更换包装。

关于进口巴西棉籽粕检验检疫要求的公告

海关总署公告2019年第173号

根据我国相关法律法规和《中华人民共和国海关总署与巴西联邦共和国农牧业和食品供应部关于巴西棉籽粕输华卫生与植物卫生要求议定书》规定，自本公告发布之日起，允许符合相关要求的巴西棉籽粕进口。现将具体检验检疫要求予以公布（见附件）。

特此公告。

附件：进口巴西棉籽粕检验检疫要求.doc

海关总署

2019年11月10日

附件

进口巴西棉籽粕检验检疫要求

一、检验检疫依据

（一）《中华人民共和国进出境动植物检疫法》及其实施条例、《中华人民共和国食品安全法》及其实施条例、《中华人民共和国进出口商品检验法》及其实施条例；

（二）《农业转基因生物安全管理条例》；

（三）《进出口饲料和饲料添加剂检验检疫监督管理办法》；

（四）《中华人民共和国海关总署与巴西联邦共和国农牧业和食品供应部关于巴西棉籽粕输华卫生与植物卫生要求议定书》。

二、允许进口商品名称

棉籽粕（Cottonseed meal）是指在巴西境内种植的棉籽经压榨、浸提等工艺分离油脂后而生产的副产品。

三、出口、仓储企业的批准

输华棉籽粕应来自注册登记的加工厂。加工厂由巴西农牧业和食品供应部（以下简称MAPA）向中华人民共和国海关总署（以下简称GACC）推荐，由GACC文件审查或必要时进行实地检查后予以注册登记。获准注册登记的加工厂名单可在GACC的网站查询。

四、检疫性有害生物

输华棉籽粕不得携带以下中方关注的检疫性有害生物：

1. 墨西哥棉铃象 Anthonomus grandis
2. 咖啡黑长蠹 Apate monachus
3. 大谷蠹 Prostephanus truncatus
4. 红火蚁 Solenopsis invicta
5. 油棕猝倒病菌 Pythium splendens

五、产品生产和出口要求

（一）包装、储藏及运输。

1. 巴西输华棉籽粕可以散装或包装形式运输，并在运输过程中防止发生撒漏。包装应首次使用，且干净卫生，不得带有有害生物及有毒有害物质；用于运输棉籽粕的工具应彻底清扫干净，必要时须进行消毒。

2. 运输棉籽粕的集装箱或者船舶的舱（如散装船运）内应至少有一个包装标识，注明加工厂名称、注册登记号码以及“巴西棉籽粕输往中华人民共和国”中文和英文字样；MAPA应要求加工厂确保每批输华棉籽粕的产品标签符合中国国家标准《饲料标签》（GB 10648）的要求。

（二）离境前检疫和证书要求。

1. MAPA应在出口前对输华棉籽粕实施检验检疫，不得带本要求第四条所列的中方关注的检疫性有害生物、其他检疫性有害生物、植物种子、动物粪便、动物尸体和禽类羽毛、土壤和未经中国官方批准的转基因成分，符合中国饲料安全卫生标准（GB 13078）的要求。

2. 每批输华棉籽粕应随附MAPA出具的符合国际

植物检疫措施标准第12号要求的植物检疫证书。植物检疫证书应注明加工厂名称和注册登记号码、集装箱或运输工具号码等信息。出口前或运输途中经除害处理的，应注明除害处理方式及处理指标等信息。

3. 植物检疫证书的“附加声明”应注明：“This consignment complies with the requirements described in the protocol of sanitary and phytosanitary requirements for the export of cottonseed meal from the Federative Republic of Brazil to the People´s Republic of China .”（该批货物符合《中华人民共和国海关总署与巴西联邦共和国农牧业和食品供应部关于巴西棉籽粕输华卫生与植物卫生要求议定书》的要求。）

六、进境检验检疫

（一）证书核查。

1. 核查MAPA出具的“植物检疫证书”和国际卫生证书是否与样本相符。

2. 核查是否来自注册登记企业。

（二）货物检查。

根据有关法律、行政法规、规章等规定，结合本要求第四条、第五条，对进口棉籽粕实施检验检疫。经检验检疫合格的，准予入境。

七、不符合情况处理

进口棉籽粕发生以下不符合情况时，按以下规定处理：

（一）无有效的植物检疫证书或安全卫生声明，作退回或销毁处理。

（二）来自未经注册登记的企业，货物作退回或销毁处理。

（三）发现活的中方关注的检疫性有害生物和其他检疫性有害生物，作除害、退回或销毁处理。

（四）发现土壤、未经中国官方批准的转基因成分，作退回或销毁处理。

（五）发现动物粪便、动物尸体、禽类羽毛、植物种子或不符合中国饲料相关卫生标准，按照相关法律法规作无害化处理、退回或销毁处理。经无害化处理合格的，准予进境。

（六）发现不符合第五条第一款第2项的要求，作补正、退回或销毁处理。

发现上述违规情况，GACC将向MAPA通报，并根据违规情况的严重程度采取暂停相关加工厂输华等措施。

关于进口哈萨克斯坦饲用小麦粉检验检疫要求的公告

海关总署公告2019年第179号

根据我国相关法律法规和《中华人民共和国海关总署和哈萨克斯坦共和国农业部关于哈萨克斯坦饲用小麦粉输华植物检疫要求议定书》规定，自本公告发布之日起，允许符合相关要求的哈萨克斯坦饲用小麦粉进口。现将具体检验检疫要求予以公布（见附件）。

特此公告。

附件：进口哈萨克斯坦饲用小麦粉检验检疫要求

海关总署

2019年11月21日

附件

进口哈萨克斯坦饲用小麦粉检验检疫要求

一、检验检疫依据

（一）《中华人民共和国进出境动植物检疫法》及其实施条例、《中华人民共和国食品安全法》及其实施条例、《中华人民共和国进出口商品检验法》及其实施条例；

（二）《进出口饲料和饲料添加剂检验检疫监督管理办法》；

（三）《中华人民共和国海关总署和哈萨克斯坦共和国农业部关于哈萨克斯坦饲用小麦粉输华植物检疫要求议定书》。

二、允许进口商品名称

饲用小麦粉是指在哈萨克斯坦（以下简称哈方）生产的春小麦经加工而获得的精细粉状饲料原料（小麦全粉，含麸皮）。

三、原料要求

用于生产输华饲用小麦粉的小麦应当符合2015年12月14日签署的《中华人民共和国国家质量监督检验检疫总局和哈萨克斯坦共和国农业部关于哈萨克斯坦小麦输华植物检疫要求议定书》要求，并来自注册登记的仓储企业。

四、企业注册

输华饲用小麦粉的加工、仓储企业应当经中方注册登记，确保饲用小麦粉加工、仓储满足中国检验检疫的相关要求。哈方应提前向中方提交出口、加工、仓储企业名单。

五、植物检疫要求

（一）输华饲用小麦粉不得带有下列中方关注的检疫性有害生物：小麦矮腥黑穗病菌（Tilletia controversa K ü hn）、小麦印度腥黑穗病菌（Tilletia indica Mitra)、小麦叶疫病菌(Alternaria triticina)、阔鼻谷象[Caulophilus oryzae （Gyllenhal）]、谷斑皮蠹（Trogoderma granarium Everts）、花斑皮蠹（Trogoderma variabile）。

（二)输华饲用小麦粉不得含有杂草籽、活体昆虫、其他谷物杂质、植物残体、土壤等检疫性有害生物、其他检疫物或其他外来杂质。

（三）输华饲用小麦粉颗粒度应小于1.2毫米，不得与冬小麦粉或疫区小麦粉混存混运。运输工具必须仔细检查。

六、产品生产和出口要求

输华饲用小麦粉应符合中国植物检疫法律法规和饲料卫生安全标准。

（一）包装要求。

输华饲用小麦粉应使用干净、卫生、透气、新的材料包装。

每一包装应以清晰的中文字样标注“本产品输往中华人民共和国”，以及加工厂和出口商的名称和地址、原料小麦产区等可追溯信息。

（二）离境前检疫和证书要求。

饲用小麦粉向中国出口前，哈方应对其进行检验检疫，并对每批符合议定书要求的饲用小麦粉出具植物检疫证书，注明原料小麦产区，并在附加声明栏中使用中文或英文注明："该植物检疫证书所证明的饲用小麦粉符合中哈双方于2019年11月4日签署的《中华人民共和国海关总署与哈萨克斯坦共和国农业部关于哈萨克斯坦饲用小麦粉输华植物检疫要求议定书》列明的要求"（The wheat flour for feed covered by this phytosanitary certificate complies with the requirements of the Protocol between General Administration of Customs of People's Republic of China and Ministry of Agriculture of the Republic of Kazakhstan on Phytosanitary Requirements for The Export of wheat flour for feed From The Republic of Kazakhstan to The People's Republic of China, on November 4, 2019.）。植物检疫证书的格式应由双方事先核实。

七、不符合情况处理

进口饲用小麦粉发现小麦矮腥黑穗病菌或小麦印度腥黑穗病菌，作退回或销毁处理，中方将通知哈方，并暂停饲用小麦粉输华；发现其他不符合情况时，按照中国相关法律法规规定处理。

关于进口乌克兰油菜籽粕（饼）检验检疫要求的公告

海关总署公告2019年第188号

海关总署关于进口乌克兰油菜籽粕（饼）检验检疫要求的公告根据我国相关法律法规和《中华人民共和国海关总署与乌克兰国家食品安全和消费者保护局关于乌克兰油菜籽粕（饼）输华卫生与植物卫生要求议定书》规定，自本公告发布之日起，允许符合相关要求的乌克兰油菜籽粕（饼）进口。现将具体检验检疫要求予以公布（见附件）。

特此公告。

附件：进口乌克兰油菜籽粕（饼）检验检疫要求.doc

海关总署

2019年12月9日

《进口乌克兰油菜籽粕（饼）检验检疫要求》详见如下链接

http://www.customs.gov.cn/customs/302249/302266/302267/2746143/2019121016275031551.doc

关于进口泰国米糠粕（饼）、棕榈仁粕（饼）检验检疫要求的公告

海关总署公告2019年第189号

根据我国相关法律法规和《中华人民共和国海关总署与泰王国农业与合作社部关于泰国米糠粕（饼）、棕榈仁粕（饼）输华卫生与植物卫生要求议定书》规定，自本公告发布之日起，允许符合相关要求的泰国米糠粕（饼）、棕榈仁粕（饼）进口。现将特此公告。

附件：进口泰国米糠粕（饼）、棕榈仁粕（饼）检验检疫要求 .doc

海关总署

2019年12月9日

附件

进口泰国米糠粕（饼）、棕榈仁粕（饼）检验检疫要求

一、检验检疫依据

（一）《中华人民共和国进出境动植物检疫法》及其实施条例、《中华人民共和国食品安全法》及其实施条例、《中华人民共和国进出口商品检验法》及其实施条例；

（二）《农业转基因生物安全管理条例》；

（三）《进出口饲料和饲料添加剂检验检疫监督管理办法》；

（四）《中华人民共和国海关总署与泰王国农业与合作社部关于泰国米糠粕（饼）、棕榈仁粕（饼）输华卫生与植物卫生要求议定书》。

二、允许进口商品名称

米糠粕（饼）（Rice Bran meal/cake）、棕榈仁粕（饼）（Plam Kernel meal/cake）是指原产于泰国的米糠和棕榈仁，经过榨油工艺后生产的副产品。

三、企业批准

泰王国农业与合作社部（以下简称“MOAC”）应确保输华米糠粕（饼）、棕榈仁粕（饼）来自其考核批准的加工企业。加工企业由MOAC向中华人民共和国海关总署（以下简称“GACC”）推荐，GACC对推荐文件进行核查，必要时，将派遣专家进行实地检查。企业获得GACC批准注册登记后方可输华。

获准向中国出口米糠粕（饼）、棕榈仁粕（饼）的加工企业名单可在GACC网站查询。

四、检疫性有害生物

输华米糠粕（饼）不得带有中方关注的检疫性有害生物：水稻茎线虫（Ditylenchus angustus）。

输华棕榈仁粕（饼）不得带有中方关注的检疫性有害生物：薇甘菊（Mikania micrantha）。

五、产品生产和出口要求

（一）包装、储藏及运输。

1. 输华米糠粕（饼）、棕榈仁粕（饼）可以散装或包装形式运输，在运输过程中应防止发生撒漏。用于运输的工具应彻底清扫干净，必要时须进行消毒。如使用袋装运输，包装袋应首次使用，且干净卫生，不得带有有毒有害物质。

2. 装载输华米糠粕（饼）、棕榈仁粕（饼）的集装箱或者船舶的舱（如散装船运）内应至少有一个包装标识，注明加工厂名称、注册登记号码以及“泰国米糠粕（饼）输往中华人民共和国”或“棕榈仁粕（饼）输往中华人民共和国”中文和英文字样。每批输华米糠粕（饼）、棕榈仁粕（饼）标签符合中国国家标准《饲料标签》（GB 10648）的要求。

（二）离境前检疫和证书要求。

1. MOAC应对加工企业加强生产加工、成品、运输等环节的卫生控制，避免产品被土壤、动物尸体、动

物粪便、植物或动物残留物、有毒有害物质和其他动物源性成分等物质的污染。输华米糠粕（饼）、棕榈仁粕（饼）应独立存放于干净密封的仓库中。

2. 每批输华米糠粕（饼）、棕榈仁粕（饼）应随附 MOAC 出具的符合国际植物检疫措施标准第 12 号要求的植物检疫证书。植物检疫证书应注明加工企业名称和注册登记号码、集装箱或运输工具号码等信息。输出前或运输途中经除害处理的，应注明除害处理方式及处理指标等信息。

3. 植物检疫证书的附加声明应注明："The consignment complies with the requirements described in the Protocol of Sanitary and Phytosanitary Requirements of Importing Thailand Rice Bran Meal/Cake and Palm Kernel Meal/Cake between the General Administration of Customs of the People′s Republic of China and the Ministry of Agriculture and Cooperatives of the Kingdom of Thailand."（该批货物符合《中华人民共和国海关总署与泰王国农业与合作社部关于泰国米糠粕（饼）、棕榈仁粕（饼）输华卫生与植物卫生要求议定书》要求。）

4. MOAC 应提供植物检疫证书样本，供 GACC 备案核查。

六、进境检验检疫

（一）证书核查。

1. 核查植物检疫证书是否真实有效。

2. 核查是否来自注册登记企业。

（二）货物检查。

根据有关法律、行政法规、规章等规定，结合本要求第四条、第五条，对进口米糠粕（饼）、棕榈仁粕（饼）实施检验检疫。经检验检疫合格的，准予入境。

七、不符合情况处理

（一）无有效的植物检疫证书，作退回或销毁处理。

（二）来自未经注册登记的企业，作退回或销毁处理。

（三）发现活的检疫性有害生物或其他活的有害生物，作除害、退回或销毁处理。

（四）发现土壤或未经中国官方批准的转基因成分，作退回或销毁处理。

（五）发现动物粪便、动物尸体、禽类羽毛、植物种子，或者不符合中国饲料相关安全卫生标准，按照相关法律法规作无害化处理、退回或销毁处理。

（六）发现不符合第五条第一款第 2 项的要求，作补正、退回或销毁处理。

发现上述违规情况，GACC 将向 MOAC 通报，并根据违规情况的严重程度采取暂停相关出口企业甚至暂停泰国相关产品输华等措施。

关于公布准予延续注册的进口婴幼儿配方乳品境外生产企业名单的公告

海关总署公告2019年第208号

根据《中华人民共和国食品安全法》、《进口食品境外生产企业注册管理规定》（原质检总局令第145号发布，海关总署令第243号修订），海关总署对注册有效期截至2019年底的10家进口婴幼儿配方乳品境外生产企业开展延续注册工作。经审核，9家企业满足延续注册条件，决定准予延续注册（企业名单见附件1）。

截至2019年底，注册有效期届满，主动提出注销注册资格的生产企业1家，其注册资格予以注销（企业名单见附件2）。注销注册资格的进口婴幼儿配方乳品境外生产企业，其2020年1月1日及以后生产的产品不得进口，2020年1月1日前生产的产品，报关时保质期不足3个月的不得进口。

特此公告。

附件：1. 婴幼儿配方乳品生产企业延续注册名单.xls

2. 注销注册资格的婴幼儿配方乳品生产企业名单.xls

海关总署

2019年12月23日

附件1

婴幼儿配方乳品生产企业延续注册名单

序号 NO.	国家 State	注册编号 ApprovalNO.	企业名称 Name	注册地址 Address	州/省/属地 Province	城市 City	注册类型 Type	注册产品 Product for approval	备注 Remark
1	新西兰	8114	Alpha Laboratories (NZ) Limited	48 Crooks Road, East Tamaki, Auckland, Auckland, New Zealand	Auckland	Auckland	PP	婴幼儿配方乳粉 infant formula milk powder	自2020年1月1日起，批准延续注册。
2	新西兰	595	Blue River Dairy LP	111 Nith Street	Southland	Invercargill	PP,DS	婴幼儿配方乳粉 infant formula milk powder	自2020年1月1日起，批准延续注册。
3	新西兰	1688	Yashili New Zealand Dairy Co., Limited	1 Yashili Drive	Waikato	Pokeno	PP,DS	婴幼儿配方乳粉 infant formula milk powder	自2020年1月1日起，批准延续注册。
4	澳大利亚	1179	Camperdown Powder Pty Ltd	10 Phoenix Court	Victoria	Braeside	PP	婴幼儿配方乳粉 infant formula milk powder	自2020年1月1日起，批准延续注册。
5	澳大利亚	1933	FARMLAND DAIRY PTY LTD	UNIT 1, 360 CHISHOLM ROAD	NEW SOUTH WALES	AUBURN	PP,DS	婴幼儿配方乳粉 infant formula milk powder	自2020年1月1日起，批准延续注册。
6	法国	FR85.133.001CE	UNION LAITIERE VENISE VERTE	LA GARENNE	85420	MAILLEZAIS	PP	婴幼儿配方乳粉 infant formula milk powder	自2020年1月1日起，批准延续注册。
7	美国	2122612	Maple Island Inc.	25 North Main Street, Wanamingo，MN 55983			PP	婴幼儿配方乳粉 infant formula milk powder	自2020年1月1日起，批准延续注册。

（续）

序号 NO.	国家 State	注册编号 ApprovalNO.	企业名称 Name	注册地址 Address	州/省/属地 Province	城市 City	注册类型 Type	注册产品 Product for approval	备注 Remark
8	美国	1815692	Abbott Laboratories	901 N Centerville Rd	MI	Sturgis	PP	婴幼儿配方乳粉 infant formula milk powder	自 2020 年 1 月 1 日起，批准延续注册。
9	荷兰	NLZ0480EC	Industriële Diensten Heino B.V.	Zwolseweg 33, 8141 EB	/	Heino	PP	婴幼儿配方乳粉 infant formula milk powder	自 2020 年 1 月 1 日起，批准延续注册。

附件 2

注销注册资格的婴幼儿配方乳品生产企业名单

序号 NO.	国家 State	注册编号 Approval NO.	企业名称 Name	注册地址 Address	州/省/属地 Province	城市 City	注册类型 Type	注册产品 Product for approval	备注 Remark
1	美国	3010179925	Abbott Nutrition, Abbott Laboratories.	1 Abbott Park Way, Tipp City, OH, USA 45371			PP	婴幼儿配方液态乳 infant formula liquid milk	自 2020 年 1 月 1 日起，注销注册资格。

关于2020年度自新西兰进口有关农产品触发水平数量的公告

海关总署公告2019年第215号

根据《中华人民共和国政府和新西兰政府自由贸易协定》，我国对自新西兰进口的四大类12个税号农产品（以下简称四大类农产品）实施特殊保障措施。现将2019年度四大类农产品适用协定税率进口数量和2020年度进口触发水平数量予以公布（详见附件）。其中，2019年我国以在途方式进口的原产于新西兰的第一类农产品（税则号列04012000、04014000、04015000）和第二类农产品（税则号列04021000、04022100、04022900、04029100）均已超过2020年度进口触发水平数量，因此2020年度进口新西兰第一类和第二类农产品不能适用协定税率。

四大类农产品进口时按照海关总署公告2019年第207号的规定办理相关手续。

特此公告。

附件：2019年度四大类农产品适用协定税率进口数量和2020年度进口触发水平数量情况表.doc

海关总署

2019年12月24日

附件

2019年度四大类农产品适用协定税率进口数量和2020年度进口触发水平数量情况表

分类	税号	产品描述	2019年度适用协定税率进口数量			2020年度适用协定税率可进口数量	
			本年度触发水平数量	累计进口数量	以在途方式进口数量	本年度触发水平数量	本年度实际可进口的触发水平数量
1	04012000	脂肪含量＞1%但≤6%未浓缩及未加糖的乳及奶油	2 223	5 143.786	2 920.786	2 335	0
	04014000	脂肪含量＞6%但≤10%未浓缩及未加糖的乳及奶油					
	04015000	脂肪含量＞10%未浓缩及未加糖的乳及奶油					
2	04021000	脂肪含量≤1.5%固状乳及奶油	162 482	341 710.906	179 228.906	170 606	0
	04022100	脂肪含量＞1.5%未加糖固状乳及奶油					
	04022900	脂肪含量＞1.5%加糖固状乳及奶油					
	04029100	浓缩但未加糖的非固状乳及奶油					
3	04051000	黄油	16 077	22 625.288	6 548.288	16 881	10 332.712
	04059000	其他从乳中提取的脂和油					
4	04061000	鲜乳酪（未熟化或未固化的）	6 157	8 678.323	2 521.323	6 465	3 943.677
	04063000	经加工的乳酪，但磨碎或粉化的除外					
	04069000	其他乳酪					

说明：

1. 协定指《中华人民共和国政府和新西兰政府自由贸易协定》；
2. 2019年度适用协定税率累计进口数量=2019年度适用协定税率实际进口数量+2018年度以在途方式进口数量；
3. 2019年度以在途方式进口数量=2019年度适用协定税率累计进口数量－2019年度触发水平数量；
4. 2020年度实际可进口的触发水平数量=协定所规定2020年度触发水平数量－2019年度以在途方式进口数量。

关于发布《牛结节疹病毒荧光定量PCR操作规程》等52项出入境检验检疫行业标准的公告

海关总署公告2019年第222号

现发布《牛结节疹病毒荧光定量PCR操作规程》等52项出入境检验检疫行业标准（标准目录见附件）。《出口水果和蔬菜中克百威残留量检验方法》（SN 0337—1995）等10项被代替标准自本批标准实施之日起废止。

本批发布的标准文本可通过中国技术性贸易措施网站（http://www.tbtsps.cn）“标准”栏目查阅。

特此公告。

海关总署

2019年12月27日

附件：《牛结节疹病毒荧光定量PCR操作规程》等52项（详见如下链接：http://www.customs.gov.cn/customs/302249/302266/302267/2811926/2020010210423478631.xls）

关于进口吉尔吉斯共和国乳品检验检疫要求的公告

海关总署公告2019年第228号

根据我国相关法律法规和《中华人民共和国海关总署和吉尔吉斯共和国政府兽医和植物卫生安全检验局关于吉尔吉斯共和国输华乳品检验检疫要求议定书》规定，自本公告发布之日起，允许符合相关要求的吉尔吉斯乳品进口。现将进口吉尔吉斯乳品检验检疫要求予以公布（见附件）。

特此公告。

附件：进口吉尔吉斯乳品检验检疫要求 .doc

海关总署

2019年12月30日

附件

进口吉尔吉斯乳品检验检疫要求

一、检验检疫依据

（一）《中华人民共和国进出境动植物检疫法》《中华人民共和国进出境动植物检疫法实施条例》《中华人民共和国进出口商品检验法》《中华人民共和国进出口商品检验法实施条例》《中华人民共和国食品安全法》《中华人民共和国食品安全法实施条例》。

（二）《进出口食品安全管理办法》。

（三）《中华人民共和国海关总署和吉尔吉斯共和国政府兽医和植物卫生安全检验局关于吉尔吉斯共和国输华乳品检验检疫要求议定书》。

二、允许进口产品

吉尔吉斯输华乳品仅包括牛乳来源的脱脂乳粉和干酪。

三、生产设施要求

吉尔吉斯输华乳品生产企业应经吉尔吉斯官方批准，并获得中方注册。

四、证书要求

吉尔吉斯输华乳品应随附吉尔吉斯官方签发的卫生证书。

五、食品安全要求

吉尔吉斯输华乳品应符合中国食品安全国家标准。

六、包装和标识要求

吉尔吉斯输华乳品必须用符合中国相关标准的全新材料包装，外包装要用中文及英文标明规格、产地（具体到州/省/市）、目的地、品名、重量、生产厂名称、注册编号、生产批号、储存条件、生产日期和保质期。

内包装须符合中国相关规定，标签上应注明原产国、品名、企业注册号、生产企业名称地址和联系方式、生产日期和保质期、生产批号。

七、存放和运输要求

吉尔吉斯输华乳品的存放、运输的全过程，均应符合卫生条件，防止受有毒有害物质的污染。货物装入集装箱后，应加施封识，封识号须在卫生证书中注明。运输过程中不得拆开及更换包装。

八、其他

获得注册的吉尔吉斯乳品企业名单、输华乳品卫生证书样本，请访问海关总署网站查询。

【国家市场监督管理总局发布】

国家市场监督管理总局令

第 15 号

《食品安全抽样检验管理办法》已于 2019 年 7 月 30 日经国家市场监督管理总局 2019 年第 11 次局务会议审议通过，现予公布，自 2019 年 10 月 1 日起施行。

局长 肖亚庆

2019 年 8 月 8 日

食品安全抽样检验管理办法

第一章 总 则

第一条 为规范食品安全抽样检验工作，加强食品安全监督管理，保障公众身体健康和生命安全，根据《中华人民共和国食品安全法》等法律法规，制定本办法。

第二条 市场监督管理部门组织实施的食品安全监督抽检和风险监测的抽样检验工作，适用本办法。

第三条 国家市场监督管理总局负责组织开展全国性食品安全抽样检验工作，监督指导地方市场监督管理部门组织实施食品安全抽样检验工作。

县级以上地方市场监督管理部门负责组织开展本级食品安全抽样检验工作，并按照规定实施上级市场监督管理部门组织的食品安全抽样检验工作。

第四条 市场监督管理部门应当按照科学、公开、公平、公正的原则，以发现和查处食品安全问题为导向，依法对食品生产经营活动全过程组织开展食品安全抽样检验工作。

食品生产经营者是食品安全第一责任人，应当依法配合市场监督管理部门组织实施的食品安全抽样检验工作。

第五条 市场监督管理部门应当与承担食品安全抽样、检验任务的技术机构（以下简称承检机构）签订委托协议，明确双方权利和义务。

承检机构应当依照有关法律、法规规定取得资质认定后方可从事检验活动。承检机构进行检验，应当尊重科学，恪守职业道德，保证出具的检验数据和结论客观、公正，不得出具虚假检验报告。

市场监督管理部门应当对承检机构的抽样检验工作进行监督检查，发现存在检验能力缺陷或者有重大检验质量问题等情形的，应当按照有关规定及时处理。

第六条 国家市场监督管理总局建立国家食品安全抽样检验信息系统，定期分析食品安全抽样检验数据，加强食品安全风险预警，完善并督促落实相关监督管理制度。

县级以上地方市场监督管理部门应当按照规定通过国家食品安全抽样检验信息系统，及时报送并汇总分析食品安全抽样检验数据。

第七条 国家市场监督管理总局负责组织制定食品安全抽样检验指导规范。

开展食品安全抽样检验工作应当遵守食品安全抽样检验指导规范。

第二章 计 划

第八条 国家市场监督管理总局根据食品安全监管工作的需要，制定全国性食品安全抽样检验年度计划。

县级以上地方市场监督管理部门应当根据上级市场监督管理部门制定的抽样检验年度计划并结合实际情况，制定本行政区域的食品安全抽样检验工作方案。

市场监督管理部门可以根据工作需要不定期开展食品安全抽样检验工作。

第九条 食品安全抽样检验工作计划和工作方案应当包括下列内容：

（一）抽样检验的食品品种；

（二）抽样环节、抽样方法、抽样数量等抽样工作要求；

（三）检验项目、检验方法、判定依据等检验工作要求；

（四）抽检结果及汇总分析的报送方式和时限；

（五）法律、法规、规章和食品安全标准规定的其他内容。

第十条 下列食品应当作为食品安全抽样检验工作计划的重点：

（一）风险程度高以及污染水平呈上升趋势的食品；

（二）流通范围广、消费量大、消费者投诉举报多的食品；

（三）风险监测、监督检查、专项整治、案件稽查、事故调查、应急处置等工作表明存在较大隐患的食品；

（四）专供婴幼儿和其他特定人群的主辅食品；

（五）学校和托幼机构食堂以及旅游景区餐饮服务单位、中央厨房、集体用餐配送单位经营的食品；

（六）有关部门公布的可能违法添加非食用物质的食品；

（七）已在境外造成健康危害并有证据表明可能在国内产生危害的食品；

（八）其他应当作为抽样检验工作重点的食品。

第三章 抽 样

第十一条 市场监督管理部门可以自行抽样或者委托承检机构抽样。食品安全抽样工作应当遵守随机选取抽样对象、随机确定抽样人员的要求。

县级以上地方市场监督管理部门应当按照上级市场监督管理部门的要求，配合做好食品安全抽样工作。

第十二条 食品安全抽样检验应当支付样品费用。

第十三条 抽样单位应当建立食品抽样管理制度，明确岗位职责、抽样流程和工作纪律，加强对抽样人员的培训和指导，保证抽样工作质量。

抽样人员应当熟悉食品安全法律、法规、规章和食品安全标准等的相关规定。

第十四条 抽样人员执行现场抽样任务时不得少于2人，并向被抽样食品生产经营者出示抽样检验告知书及有效身份证明文件。由承检机构执行抽样任务的，还应当出示任务委托书。

案件稽查、事故调查中的食品安全抽样活动，应当由食品安全行政执法人员进行或者陪同。

承担食品安全抽样检验任务的抽样单位和相关人员不得提前通知被抽样食品生产经营者。

第十五条 抽样人员现场抽样时，应当记录被抽样食品生产经营者的营业执照、许可证等可追溯信息。

抽样人员可以从食品经营者的经营场所、仓库以及食品生产者的成品库待销产品中随机抽取样品，不得由食品生产经营者自行提供样品。

抽样数量原则上应当满足检验和复检的要求。

第十六条 风险监测、案件稽查、事故调查、应急处置中的抽样，不受抽样数量、抽样地点、被抽样单位是否具备合法资质等限制。

第十七条 食品安全监督抽检中的样品分为检验样品和复检备份样品。

现场抽样的，抽样人员应当采取有效的防拆封措施，对检验样品和复检备份样品分别封样，并由抽样人员和被抽样食品生产经营者签字或者盖章确认。

抽样人员应当保存购物票据，并对抽样场所、贮存环境、样品信息等通过拍照或者录像等方式留存证据。

第十八条 市场监督管理部门开展网络食品安全抽样检验时，应当记录买样人员以及付款账户、注册账号、收货地址、联系方式等信息。买样人员应当通过截图、拍照或者录像等方式记录被抽样网络食品生产经营者信息、样品网页展示信息，以及订单信息、支付记录等。

抽样人员收到样品后，应当通过拍照或者录像等方式记录拆封过程，对递送包装、样品包装、样品储运条件等进行查验，并对检验样品和复检备份样品分别封样。

第十九条 抽样人员应当使用规范的抽样文书，详细记录抽样信息。记录保存期限不得少于2年。

现场抽样时，抽样人员应当书面告知被抽样食品生产经营者依法享有的权利和应当承担的义务。被抽样食品生产经营者应当在食品安全抽样文书上签字或者盖章，不得拒绝或者阻挠食品安全抽样工作。

第二十条 现场抽样时，样品、抽样文书以及相关资料应当由抽样人员于5个工作日内携带或者寄送至承检机构，不得由被抽样食品生产经营者自行送样和寄送文书。因客观原因需要延长送样期限的，应当经组织抽样检验的市场监督管理部门同意。

对有特殊贮存和运输要求的样品，抽样人员应当采取相应措施，保证样品贮存、运输过程符合国家相关规定和包装标示的要求，不发生影响检验结论的变化。

第二十一条 抽样人员发现食品生产经营者涉嫌违法、生产经营的食品及原料没有合法来源或者无正当理由拒绝接受食品安全抽样的，应当报告有管辖权的市场监督管理部门进行处理。

第四章 检验与结果报送

第二十二条 食品安全抽样检验的样品由承检机构保存。

承检机构接收样品时，应当查验、记录样品的外观、状态、封条有无破损以及其他可能对检验结论产生影响的情况，并核对样品与抽样文书信息，将检验样品和复检备份样品分别加贴相应标识后，按照要求入库存放。

对抽样不规范的样品，承检机构应当拒绝接收并书面说明理由，及时向组织或者实施食品安全抽样检验的市场监督管理部门报告。

第二十三条 食品安全监督抽检应当采用食品安全标准规定的检验项目和检验方法。没有食品安全标准的，应当采用依照法律法规制定的临时限量值、临时检验方法或者补充检验方法。

风险监测、案件稽查、事故调查、应急处置等工作中，在没有前款规定的检验方法的情况下，可以采用其他检验方法分析查找食品安全问题的原因。所采用的方法应当遵循技术手段先进的原则，并取得国家或者省级市场监督管理部门同意。

第二十四条 食品安全抽样检验实行承检机构与检验人负责制。承检机构出具的食品安全检验报告应当加盖机构公章，并有检验人的签名或者盖章。承检机构和检验人对出具的食品安全检验报告负责。

承检机构应当自收到样品之日起20个工作日内出具检验报告。市场监督管理部门与承检机构另有约定的，从其约定。

未经组织实施抽样检验任务的市场监督管理部门同意，承检机构不得分包或者转包检验任务。

第二十五条 食品安全监督抽检的检验结论合格的，承检机构应当自检验结论作出之日起3个月内妥善保存复检备份样品。复检备份样品剩余保质期不足3个月的，应当保存至保质期结束。

检验结论不合格的，承检机构应当自检验结论作出之日起6个月内妥善保存复检备份样品。复检备份样品剩余保质期不足6个月的，应当保存至保质期结束。

第二十六条 食品安全监督抽检的检验结论合格的，承检机构应当在检验结论作出后7个工作日内将检验结论报送组织或者委托实施抽样检验的市场监督管理部门。

抽样检验结论不合格的，承检机构应当在检验结论作出后2个工作日内报告组织或者委托实施抽样检验的市场监督管理部门。

第二十七条 国家市场监督管理总局组织的食品安全监督抽检的检验结论不合格的，承检机构除按照相关要求报告外，还应当通过食品安全抽样检验信息系统及时通报抽样地以及标称的食品生产者住所地市场监督管理部门。

地方市场监督管理部门组织或者实施食品安全监督抽检的检验结论不合格的，抽样地与标称食品生产者住所地不在同一省级行政区域的，抽样地市场监督管理部门应当在收到不合格检验结论后通过食品安全抽样检验信息系统及时通报标称的食品生产者住所地同级市场监督管理部门。同一省级行政区域内不合格检验结论的通报按照抽检地省级市场监督管理部门规定的程序和时限通报。

通过网络食品交易第三方平台抽样的，除按照前两款的规定通报外，还应当同时通报网络食品交易第三方平台提供者住所地市场监督管理部门。

第二十八条 食品安全监督抽检的抽样检验结论表明不合格食品可能对身体健康和生命安全造成严重危害的，市场监督管理部门和承检机构应当按照规定立即报告或者通报。

案件稽查、事故调查、应急处置中的检验结论的通报和报告，不受本办法规定时限限制。

第二十九条 县级以上地方市场监督管理部门收到监督抽检不合格检验结论后，应当按照省级以上市场监督管理部门的规定，在5个工作日内将检验报告和抽样检验结果通知书送达被抽样食品生产经营者、食品集中交易市场开办者、网络食品交易第三方平台提供者，并告知其依法享有的权利和应当承担的义务。

第五章 复检和异议

第三十条 食品生产经营者对依照本办法规定实施的监督抽检检验结论有异议的，可以自收到检验结论之日起7个工作日内，向实施监督抽检的市场监督管理部门或者其上一级市场监督管理部门提出书面复检申请。向国家市场监督管理总局提出复检申请的，国家市场监督管理总局可以委托复检申请人住所地省级市场监督管理部门负责办理。逾期未提出的，不予受理。

第三十一条 有下列情形之一的，不予复检：

（一）检验结论为微生物指标不合格的；

（二）复检备份样品超过保质期的；

（三）逾期提出复检申请的；

（四）其他原因导致备份样品无法实现复检目的的；

（五）法律、法规、规章以及食品安全标准规定的不予复检的其他情形。

第三十二条 市场监督管理部门应当自收到复检申请材料之日起5个工作日内，出具受理或者不予受理通知书。不予受理的，应当书面说明理由。

市场监督管理部门应当自出具受理通知书之日起5个工作日内，在公布的复检机构名录中，遵循便捷高效原则，随机确定复检机构进行复检。复检机构不得与初检机构为同一机构。因客观原因不能及时确定复检机构的，可以延长5个工作日，并向申请人说明理由。

复检机构无正当理由不得拒绝复检任务，确实无法承担复检任务的，应当在2个工作日内向相关市场监督管理部门作出书面说明。

复检机构与复检申请人存在日常检验业务委托等利害关系的，不得接受复检申请。

第三十三条 初检机构应当自复检机构确定后3个工作日内，将备份样品移交至复检机构。因客观原因不能按时移交的，经受理复检的市场监督管理部门同意，可以延长3个工作日。复检样品的递送方式由初检机构和申请人协商确定。

复检机构接到备份样品后，应当通过拍照或者录像等方式对备份样品外包装、封条等完整性进行确认，并做好样品接收记录。复检备份样品封条、包装破坏，或者出现其他对结果判定产生影响的情况，复检机构应当及时书面报告市场监督管理部门。

第三十四条 复检机构实施复检，应当使用与初检机构一致的检验方法。实施复检时，食品安全标准对检验方法有新的规定的，从其规定。

初检机构可以派员观察复检机构的复检实施过程，复检机构应当予以配合。初检机构不得干扰复检工作。

第三十五条 复检机构应当自收到备份样品之日起10个工作日内，向市场监督管理部门提交复检结论。

市场监督管理部门与复检机构对时限另有约定的，从其约定。复检机构出具的复检结论为最终检验结论。

市场监督管理部门应当自收到复检结论之日起5个工作日内，将复检结论通知申请人，并通报不合格食品生产经营者住所地市场监督管理部门。

第三十六条 复检申请人应当向复检机构先行支付复检费用。复检结论与初检结论一致的，复检费用由复检申请人承担。复检结论与初检结论不一致的，复检费用由实施监督抽检的市场监督管理部门承担。

复检费用包括检验费用和样品递送产生的相关费用。

第三十七条 在食品安全监督抽检工作中，食品生产经营者可以对其生产经营食品的抽样过程、样品真实性、检验方法、标准适用等事项依法提出异议处理申请。

对抽样过程有异议的，申请人应当在抽样完成后7个工作日内，向实施监督抽检的市场监督管理部门提出书面申请，并提交相关证明材料。

对样品真实性、检验方法、标准适用等事项有异议的，申请人应当自收到不合格结论通知之日起7个工作日内，向组织实施监督抽检的市场监督管理部门提出书面申请，并提交相关证明材料。

向国家市场监督管理总局提出异议申请的，国家市场监督管理总局可以委托申请人住所地省级市场监督管理部门负责办理。

第三十八条 异议申请材料不符合要求或者证明材料不齐全的，市场监督管理部门应当当场或者在5个工作日内一次告知申请人需要补正的全部内容。

市场监督管理部门应当自收到申请材料之日起5个工作日内，出具受理或者不予受理通知书。不予受理的，应当书面说明理由。

第三十九条 异议审核需要其他市场监督管理部门协助的，相关市场监督管理部门应当积极配合。

对抽样过程有异议的，市场监督管理部门应当自受理之日起20个工作日内，完成异议审核，并将审核结论书面告知申请人。

对样品真实性、检验方法、标准适用等事项有异议的，市场监督管理部门应当自受理之日起30个工作日内，完成异议审核，并将审核结论书面告知申请人。需商请有关部门明确检验以及判定依据相关要求的，所需时间不计算在内。

市场监督管理部门应当根据异议核查实际情况依法进行处理，并及时将异议处理申请受理情况及审核结论，通报不合格食品生产经营者住所地市场监督管理部门。

第六章 核查处置及信息发布

第四十条 食品生产经营者收到监督抽检不合格检验结论后，应当立即采取封存不合格食品，暂停生产、经营不合格食品，通知相关生产经营者和消费者，召回已上市销售的不合格食品等风险控制措施，排查不合格原因并进行整改，及时向住所地市场监督管理部门报告处理情况，积极配合市场监督管理部门的调查处理，不得拒绝、逃避。

在复检和异议期间，食品生产经营者不得停止履行前款规定的义务。食品生产经营者未主动履行的，市场监督管理部门应当责令其履行。

在国家利益、公共利益需要时，或者为处置重大食品安全突发事件，经省级以上市场监督管理部门同意，可以由省级以上市场监督管理部门组织调查分析或者再次抽样检验，查明不合格原因。

第四十一条 食品安全风险监测结果表明存在食品安全隐患的，省级以上市场监督管理部门应当组织相关领域专家进一步调查和分析研判，确认有必要通知相关食品生产经营者的，应当及时通知。

接到通知的食品生产经营者应当立即进行自查，发现食品不符合食品安全标准或者有证据证明可能危害人体健康的，应当依照食品安全法第六十三条的规定停止生产、经营，实施食品召回，并报告相关情况。

食品生产经营者未主动履行前款规定义务的，市场监督管理部门应当责令其履行，并可以对食品生产经营者的法定代表人或者主要负责人进行责任约谈。

第四十二条 食品经营者收到监督抽检不合格检验结论后，应当按照国家市场监督管理总局的规定在被抽检经营场所显著位置公示相关不合格产品信息。

第四十三条 市场监督管理部门收到监督抽检不合格检验结论后，应当及时启动核查处置工作，督促食品生产经营者履行法定义务，依法开展调查处理。必要时，上级市场监督管理部门可以直接组织调查处理。

县级以上地方市场监督管理部门组织的监督抽检，检验结论表明不合格食品含有违法添加的非食用物质，或者存在致病性微生物、农药残留、兽药残留、生物毒素、重金属以及其他危害人体健康的物质严重超出标准限量等情形的，应当依法及时处理并逐级报告至国家市场监督管理总局。

第四十四条 调查中发现涉及其他部门职责的，应当将有关信息通报相关职能部门。有委托生产情形的，受托方食品生产者住所地市场监督管理部门在开展核查处置的同时，还应当通报委托方食品生产经营者住所地市场监督管理部门。

第四十五条 市场监督管理部门应当在90日内完成不合格食品的核查处置工作。需要延长办理期限的，应当书面报请负责核查处置的市场监督管理部门负责人批准。

第四十六条 市场监督管理部门应当通过政府网站等媒体及时向社会公开监督抽检结果和不合格食品核查处置的相关信息，并按照要求将相关信息记入食品生产经营者信用档案。市场监督管理部门公布食品安全监督抽检不合格信息，包括被抽检食品名称、规格、商标、生产日期或者批号、不合格项目，标称的生产者名称、地址，以及被抽样单位名称、地址等。

可能对公共利益产生重大影响的食品安全监督抽检信息，市场监督管理部门应当在信息公布前加强分析研判，科学、准确公布信息，必要时，应当通报相关部门并报告同级人民政府或者上级市场监督管理部门。

任何单位和个人不得擅自发布、泄露市场监督管理部门组织的食品安全监督抽检信息。

第七章 法律责任

第四十七条 食品生产经营者违反本办法的规定，无正当理由拒绝、阻挠或者干涉食品安全抽样检验、风险监测和调查处理的，由县级以上人民政府市场监督管理部门依照食品安全法第一百三十三条第一款的规定处罚；违反治安管理处罚法有关规定的，由市场监督管理部门依法移交公安机关处理。

食品生产经营者违反本办法第三十七条的规定，提供虚假证明材料的，由市场监督管理部门给予警告，并处1万元以上3万元以下罚款。

违反本办法第四十二条的规定，食品经营者未按规定公示相关不合格产品信息的，由市场监督管理部门责令改正；拒不改正的，给予警告，并处2 000元以上3万元以下罚款。

第四十八条 违反本办法第四十条、第四十一条的规定，经市场监督管理部门责令履行后，食品生产经营者仍拒不召回或者停止经营的，由县级以上人民政府市场监督管理部门依照食品安全法第一百二十四条第一款的规定处罚。

第四十九条 市场监督管理部门应当依法将食品生产经营者受到的行政处罚等信息归集至国家企业信用信息公示系统，记于食品生产经营者名下并向社会公示。对存在严重违法失信行为的，按照规定实施联合惩戒。

第五十条 有下列情形之一的，市场监督管理部门应当按照有关规定依法处理并向社会公布；构成犯罪的，依法移送司法机关处理。

（一）调换样品、伪造检验数据或者出具虚假检验报告的；

（二）利用抽样检验工作之便牟取不正当利益的；

（三）违反规定事先通知被抽检食品生产经营者的；

（四）擅自发布食品安全抽样检验信息的；

（五）未按照规定的时限和程序报告不合格检验结论，造成严重后果的；

（六）有其他违法行为的。

有前款规定的第（一）项情形的，市场监督管理部门终身不得委托其承担抽样检验任务；有前款规定的第（一）项以外其他情形的，市场监督管理部门五年内不得委托其承担抽样检验任务。

复检机构有第一款规定的情形，或者无正当理由拒绝承担复检任务的，由县级以上人民政府市场监督管理部门给予警告；无正当理由1年内2次拒绝承担复检任务的，由国务院市场监督管理部门商有关部门撤销其复检机构资质并向社会公布。

第五十一条 市场监督管理部门及其工作人员有违反法律、法规以及本办法规定和有关纪律要求的，应当依据食品安全法和相关规定，对直接负责的主管人员和其他直接责任人员，给予相应的处分；构成犯罪的，依法移送司法机关处理。

第八章 附 则

第五十二条 本办法所称监督抽检是指市场监督管理部门按照法定程序和食品安全标准等规定，以排查风险为目的，对食品组织的抽样、检验、复检、处理等活动。

本办法所称风险监测是指市场监督管理部门对没有食品安全标准的风险因素，开展监测、分析、处理的活动。

第五十三条 市场监督管理部门可以参照本办法的有关规定组织开展评价性抽检。

评价性抽检是指依据法定程序和食品安全标准等规定开展抽样检验，对市场上食品总体安全状况进行评估的活动。

第五十四条 食品添加剂的检验，适用本办法有关食品检验的规定。

餐饮食品、食用农产品进入食品生产经营环节的抽样检验以及保质期短的食品、节令性食品的抽样检验，参照本办法执行。

市场监督管理部门可以参照本办法关于网络食品安全监督抽检的规定对自动售卖机、无人超市等没有实际经营人员的食品经营者组织实施抽样检验。

第五十五条 承检机构制作的电子检验报告与出具的书面检验报告具有同等法律效力。

第五十六条 本办法自2019年10月1日起施行。

国家市场监督管理总局令

第17号

《规范商标申请注册行为若干规定》已于2019年10月10日经国家市场监督管理总局2019年第13次局务会议审议通过，现予公布，自2019年12月1日起施行。

局长 肖亚庆

2019年10月11日

规范商标申请注册行为若干规定

第一条 为了规范商标申请注册行为，规制恶意商标申请，维护商标注册管理秩序，保护社会公共利益，根据《中华人民共和国商标法》（以下简称商标法）和《中华人民共和国商标法实施条例》（以下简称商标法实施条例），制定本规定。

第二条 申请商标注册，应当遵守法律、行政法规和部门规章的规定，具有取得商标专用权的实际需要。

第三条 申请商标注册应当遵循诚实信用原则。不得有下列行为：

（一）属于商标法第四条规定的不以使用为目的恶意申请商标注册的；

（二）属于商标法第十三条规定，复制、摹仿或者翻译他人驰名商标的；

（三）属于商标法第十五条规定，代理人、代表人未经授权申请注册被代理人或者被代表人商标的；基于合同、业务往来关系或者其他关系明知他人在先使用的商标存在而申请注册该商标的；

（四）属于商标法第三十二条规定，损害他人现有的在先权利或者以不正当手段抢先注册他人已经使用并有一定影响的商标的；

（五）以欺骗或者其他不正当手段申请商标注册的；

（六）其他违反诚实信用原则，违背公序良俗，或者有其他不良影响的。

第四条 商标代理机构应当遵循诚实信用原则。知道或者应当知道委托人申请商标注册属于下列情形之一的，不得接受其委托：

（一）属于商标法第四条规定的不以使用为目的恶意申请商标注册的；

（二）属于商标法第十五条规定的；

（三）属于商标法第三十二条规定的。

商标代理机构除对其代理服务申请商标注册外，不得申请注册其他商标，不得以不正当手段扰乱商标代理市场秩序。

第五条 对申请注册的商标，商标注册部门发现属于违反商标法第四条规定的不以使用为目的的恶意商标注册申请，应当依法驳回，不予公告。

具体审查规程由商标注册部门根据商标法和商标法实施条例另行制定。

第六条 对初步审定公告的商标，在公告期内，因违反本规定的理由被提出异议的，商标注册部门经审查认为异议理由成立，应当依法作出不予注册决定。

对申请驳回复审和不予注册复审的商标，商标注册部门经审理认为属于违反本规定情形的，应当依法作出驳回或者不予注册的决定。

第七条 对已注册的商标，因违反本规定的理由，在法定期限内被提出宣告注册商标无效申请的，商标注册部门经审理认为宣告无效理由成立，应当依法作出宣告注册商标无效的裁定。

对已注册的商标，商标注册部门发现属于违反本规定情形的，应当依据商标法第四十四条规定，宣告该注册商标无效。

第八条 商标注册部门在判断商标注册申请是否属于违反商标法第四条规定时，可以综合考虑以下因素：

（一）申请人或者与其存在关联关系的自然人、法人、其他组织申请注册商标数量、指定使用的类别、商标交易情况等；

（二）申请人所在行业、经营状况等；

（三）申请人被已生效的行政决定或者裁定、司法判决认定曾从事商标恶意注册行为、侵犯他人注册商标专用权行为的情况；

（四）申请注册的商标与他人有一定知名度的商标相同或者近似的情况；

（五）申请注册的商标与知名人物姓名、企业字号、企业名称简称或者其他商业标识等相同或者近似的情况；

（六）商标注册部门认为应当考虑的其他因素。

第九条 商标转让情况不影响商标注册部门对违反本规定第三条情形的认定。

第十条 注册商标没有正当理由连续三年不使用的，任何单位或者个人可以向商标注册部门申请撤销该注册商标。商标注册部门受理后应当通知商标注册人，限其自收到通知之日起两个月内提交该商标在撤销申请提出前使用的证据材料或者说明不使用的正当理由；期满未提供使用的证据材料或者证据材料无效并没有正当理由的，由商标注册部门撤销其注册商标。

第十一条 商标注册部门作出本规定第五条、第六条、第七条所述决定或者裁定后，予以公布。

第十二条 对违反本规定第三条恶意申请商标注册的申请人，依据商标法第六十八条第四款的规定，由申请人所在地或者违法行为发生地县级以上市场监督管理部门根据情节给予警告、罚款等行政处罚。有违法所得的，可以处违法所得三倍最高不超过三万元的罚款；没有违法所得的，可以处一万元以下的罚款。

第十三条 对违反本规定第四条的商标代理机构，依据商标法第六十八条的规定，由行为人所在地或者违法行为发生地县级以上市场监督管理部门责令限期改正，给予警告，处一万元以上十万元以下的罚款；对直接负责的主管人员和其他直接责任人员给予警告，处五千元以上五万元以下的罚款；构成犯罪的，依法追究刑事责任。情节严重的，知识产权管理部门可以决定停止受理该商标代理机构办理商标代理业务，予以公告。

第十四条 作出行政处罚决定的政府部门应当依法将处罚信息通过国家企业信用信息公示系统向社会公示。

第十五条 对违反本规定第四条的商标代理机构，由知识产权管理部门对其负责人进行整改约谈。

第十六条 知识产权管理部门、市场监督管理部门应当积极引导申请人依法申请商标注册、商标代理机构依法从事商标代理业务，规范生产经营活动中使用注册商标的行为。

知识产权管理部门应当进一步畅通商标申请渠道、优化商标注册流程，提升商标公共服务水平，为申请人直接申请注册商标提供便利化服务。

第十七条 知识产权管理部门应当健全内部监督制度，对从事商标注册工作的国家机关工作人员执行法律、行政法规和遵守纪律的情况加强监督检查。

从事商标注册工作的国家机关工作人员玩忽职守、滥用职权、徇私舞弊，违法办理商标注册事项，收受当事人财物，牟取不正当利益的，应当依法给予处分；构成犯罪的，依法追究刑事责任。

第十八条 商标代理行业组织应当完善行业自律规范，加强行业自律，对违反行业自律规范的会员实行惩戒，并及时向社会公布。

第十九条 本规定自 2019 年 12 月 1 日起施行。

市场监管总局关于发布《特殊医学用途配方食品生产许可审查细则》的公告

2019年第5号

为规范特殊医学用途配方食品生产许可活动，加强特殊医学用途配方食品安全监管，根据《中华人民共和国食品安全法》《食品生产许可管理办法》和食品安全国家标准的规定，市场监管总局组织制定了《特殊医学用途配方食品生产许可审查细则》，现予发布，自发布之日起施行。

特此公告。

市场监管总局

2019年1月29日

特殊医学用途配方食品生产许可审查细则

细则内容详见如下链接：

http://gkml.samr.gov.cn/nsjg/bgt/201902/t20190216_288672.html

市场监管总局关于调整《食品经营许可证》式样部分内容的公告

2019年第14号

根据《食品安全法》等法律法规和地方市场监管机构改革进程，市场监管总局决定自2019年6月1日起调整《食品经营许可证》式样部分内容。现将有关事项公告如下：

一、调整监制部门。《食品经营许可证》式样正本、副本中的监制部门由“国家食品药品监督管理总局”调整为“国家市场监督管理总局”。

二、修改格式说明。《食品经营许可证》式样副本格式说明内容中第5条修改为“食品经营者应当接受市场监督管理部门的监督管理”。

三、更改投诉举报电话。将《食品经营许可证》式样正本、副本中的投诉举报电话内容修改为“12315”。

四、食品经营者在2019年6月1日前已经取得的原式样《食品经营许可证》在有效期内继续有效。

特此公告。

附件：《食品经营许可证》式样调整内容

市场监管总局

2019年3月21日

市场监管总局关于发布《绿色产品标识使用管理办法》的公告

2019年第20号

为贯彻落实中共中央、国务院印发的《生态文明体制改革总体方案》（中发〔2015〕25号）和《国务院办公厅关于建立统一的绿色产品标准、认证、标识体系的意见》（国办发〔2016〕86号）相关任务要求，推动绿色产品标识整合，配合绿色产品认证工作开展，市场监管总局制定了《绿色产品标识使用管理办法》，现予以公告。

市场监管总局

2019年5月5日

绿色产品标识使用管理办法

第一章　总　则

第一条　为加快推进生态文明体制建设，规范绿色产品标识使用，依据国家有关法律、行政法规以及《生态文明体制改革总体方案》（中发〔2015〕25号）、《国务院办公厅关于建立统一的绿色产品标准、认证、标识体系的意见》（国办发〔2016〕86号）的相关要求，按照“市场导向、开放共享、社会共治”的原则，制定本办法。

第二条　市场监管总局统一发布绿色产品标识，建设和管理绿色产品标识信息平台（以下简称信息平台），并对绿色产品标识使用实施监督管理。

结合绿色产品认证制度建立实际情况，相关认证机构、获证企业根据需要自愿使用绿色产品标识。使用绿色产品标识时，应遵守本办法所规定相关要求。

第三条　绿色产品标识适用范围。

（一）认证活动一：认证机构对列入国家统一的绿色产品认证目录的产品，依据绿色产品评价标准清单中的标准，按照市场监管总局统一制定发布的绿色产品认证规则开展的认证活动；

（二）认证活动二：市场监管总局联合国务院有关部门共同推行统一的涉及资源、能源、环境、品质等绿色属性（如环保、节能、节水、循环、低碳、再生、有机、有害物质限制使用等，以下简称绿色属性）的认证制度，认证机构按照相关制度明确的认证规则及评价依据开展的认证活动；

（三）市场监管总局联合国务院有关部门共同推行的涉及绿色属性的自我声明等合格评定活动（以下简称其他绿色属性合格评定活动）。

第二章　绿色产品标识的样式

第四条　绿色产品标识的基本图案如下所示。

获得认证的产品或其随附文件使用本标识时，应同时在绿色产品标识右侧标注发证机构标志；同一产品获得两家及以上认证机构颁发的绿色属性认证证书时，标注相应全部发证机构标志。

认证活动一的绿色产品标识样式为：

认证活动二的绿色产品标识样式为：

对认证活动二，若需要在基本图案上标注其他识别信息的，须在相应制度方案中予以明确。

其他绿色属性合格评定活动如使用绿色产品标识的，样式在相应制度方案中予以明确。

第五条 绿色产品标识基本图案的矢量图可在信息平台自行下载。绿色产品标识可按比例放大或缩小，标注后应清晰可识。

第三章 绿色产品标识的使用

第六条 除相关制度方案或认证机构另行要求外，企业可自主选择任意制作工艺（如印制、模压等）在产品本体、铭牌、包装、随附文件（如说明书、合格证等）、操作系统、电子销售平台等位置使用或展示绿色产品标识。

绿色产品标识的颜色应选用白色底版、绿色图案。

第七条 从事本办法所述认证活动一、认证活动二的认证机构应经市场监管总局批准，并在批准范围内从事认证活动、使用绿色产品标识。

获得批准的认证机构应结合本办法要求，制定并公布本机构绿色产品标识使用管理要求。认证机构授权获证企业使用绿色产品标识时，应在信息平台（www.chinagreenproduct.cn）上完成认证信息报送，所报送内容包括产品及企业信息、认证模式、认证/检验检测机构信息、获证证书信息及产品绿色属性的评价依据、评价项目、限值指标等。

第八条 对同一产品获得两家及以上认证机构颁发的绿色属性认证证书的，信息平台通过企业数据及产品型号对该产品所涉及全部绿色属性认证信息予以整合发布。

第九条 完成认证信息报送后，信息平台将生成含有对应产品全部绿色属性信息的二维码并提供下载链接，企业可自愿将二维码标注在所对应产品的适当位置（如：产品本体、铭牌、包装、随附文件、操作系统、电子销售平台等），以供政策采信或消费识别选择。

第十条 其他绿色属性合格评定活动如使用绿色产品标识的，具体使用方式及符合性信息报送要求须在相应制度方案中予以明确。

第四章 绿色产品标识的监督管理

第十一条 绿色产品标识使用方（认证机构、获证企业等）应建立具体管理措施，确保绿色产品标识依据本办法正确使用和标注。

第十二条 认证及自我声明等合格评定活动中存在的绿色产品标识违规使用相关情况，依据有关法律法规进行处罚。对涉企行政处罚信息，将通过国家企业信用信息公示系统依法向社会公示。

第五章 附 则

第十三条 本办法由市场监管总局负责解释。

第十四条 本办法自2019年6月1日起实施。

市场监管总局关于调整特殊医学用途配方食品产品通用名称的公告

2019年第26号

为进一步规范特殊医学用途配方食品的产品通用名称，便于消费者识记，避免产生误导，现对特殊医学用途配方食品的产品通用名称进行调整（通用名称调整前后对照表见附件），并就有关事项公告如下：

一、自公告发布之日起，申请人按调整后的通用名称申请特殊医学用途配方食品产品注册。

二、已获得产品注册的生产企业无需提交变更注册申请，由市场监管总局食品审评中心直接调整其产品的通用名称并通知企业换领注册证书；在审的注册申请（含变更申请），申请人无须补正，由市场监管总局食品审评中心在审评时予以调整。

三、已获得产品注册的生产企业，可在公告发布之日起的12个月内完成新旧标签、说明书的更替。使用旧版标签、说明书的产品，可销售至保质期结束。

特此公告。

附件：特殊医学用途配方食品产品通用名称调整前后对照表

市场监管总局

2019年5月28日

附件

特殊医学用途配方食品产品通用名称调整前后对照表

调整前通用名称	调整后通用名称
特殊医学用途婴儿配方食品无乳糖配方	特殊医学用途婴儿无乳糖配方食品
特殊医学用途婴儿配方食品低乳糖配方	特殊医学用途婴儿低乳糖配方食品
特殊医学用途婴儿配方食品乳蛋白部分水解配方	特殊医学用途婴儿乳蛋白部分水解配方食品
特殊医学用途婴儿配方食品乳蛋白深度水解配方	特殊医学用途婴儿乳蛋白深度水解配方食品
特殊医学用途婴儿配方食品氨基酸配方	特殊医学用途婴儿氨基酸配方食品
特殊医学用途婴儿配方食品早产/低出生体重婴儿配方	特殊医学用途早产/低出生体重婴儿配方食品
特殊医学用途婴儿配方食品母乳营养补充剂	特殊医学用途婴儿营养补充剂
特殊医学用途婴儿配方食品氨基酸代谢障碍配方	特殊医学用途婴儿氨基酸代谢障碍配方食品
特殊医学用途配方食品全营养配方	特殊医学用途全营养配方食品
特殊医学用途非全营养配方食品营养素组件	特殊医学用途营养素组件配方食品
特殊医学用途非全营养配方食品电解质配方	特殊医学用途电解质配方食品
特殊医学用途非全营养配方食品增稠组件	特殊医学用途增稠组件配方食品
特殊医学用途非全营养配方食品流质配方	特殊医学用途流质配方食品
特殊医学用途非全营养配方食品氨基酸代谢障碍配方	特殊医学用途氨基酸代谢障碍配方食品
特殊医学用途配方食品XX病特定全营养配方	特殊医学用途XX病全营养配方食品

市场监管总局
关于发布《保健食品中西地那非和他达拉非的快速检测 胶体金免疫层析法》等13项食品快速检测方法的公告

2019年第41号

根据《中华人民共和国食品安全法》有关规定，市场监管总局批准发布《保健食品中西地那非和他达拉非的快速检测 胶体金免疫层析法》等13项食品快速检测方法。

特此公告。

附件：1. 保健食品中西地那非和他达拉非的快速检测 胶体金免疫层析法（KJ201901）

2. 保健食品中罗格列酮和格列苯脲的快速检测 胶体金免疫层析法（KJ201902）

3. 保健食品中巴比妥类化学成分的快速检测 胶体金免疫层析法（KJ201903）

4. 水发产品中甲醛的快速检测（KJ201904）

5. 水产品中氯霉素的快速检测 胶体金免疫层析法（KJ201905）

6. 动物源性食品中喹诺酮类物质的快速检测 胶体金免疫层析法（KJ201906）

7. 液体乳中三聚氰胺的快速检测 胶体金免疫层析法（KJ201907）

8. 液体乳中三聚氰胺的快速检测 拉曼光谱法（KJ201908）

9. 食品中硼酸的快速检测 姜黄素比色法（KJ201909）

10. 食用油中苯并（a）芘的快速检测 胶体金免疫层析法（KJ201910）

11. 食用植物油酸价、过氧化值的快速检测（KJ201911）

12. 白酒中甲醇的快速检测（KJ201912）

13. 食品中玉米赤霉烯酮的快速检测 胶体金免疫层析法（KJ201913）

市场监管总局

2019年9月27日

有关附件链接如下：

7. 液体乳中三聚氰胺的快速检测 胶体金免疫层析法（KJ201907）http://gkml.samr.gov.cn/nsjg/spcjs/201910/W020191012316481174556.doc

8. 液体乳中三聚氰胺的快速检测 拉曼光谱法（KJ201908）http://gkml.samr.gov.cn/nsjg/spcjs/201910/W020191012316481180212.doc

市场监管总局关于发布《食品中柑橘红 2 号的测定》等 4 项食品补充检验方法的公告

2019 年第 45 号

按照《食品补充检验方法工作规定》有关要求，《食品中柑橘红 2 号的测定》、《食品中辛基酚等 5 种酚类物质的测定》、《茶叶中氯噻啉的测定》、《含乳饮料及其乳原料中酪蛋白含量的测定》4 项食品补充检验方法已经市场监管总局批准，现予发布。

特此公告。

附件：1. 食品中柑橘红 2 号的测定（BJS 201912）（略）

2. 食品中辛基酚等 5 种酚类物质的测定（BJS 201913）（略）

3. 茶叶中氯噻啉的测定 液相色谱串联质谱法（BJS 201914）（略）

4. 含乳饮料及其乳原料中酪蛋白含量的测定（BJS 201915）

市场监管总局

2019 年 10 月 17 日

4. 含乳饮料及其乳原料中酪蛋白含量的测定（BJS 201915）详见以下链接：

http://gkml.samr.gov.cn/nsjg/spcjs/201910/W020191024435205138694.doc

市场监管总局关于发布《保健食品备案产品可用辅料及其使用规定（2019 年版）》的公告

依据《中华人民共和国食品安全法》《保健食品注册与备案管理办法》等有关法律法规，市场监管总局制定了《保健食品备案产品可用辅料及其使用规定（2019 年版）》，自 2019 年 12 月 1 日起施行。以往公布的有关规定与本版本不一致的，以本版本为准。

附件：保健食品备案产品可用辅料及其使用规定（2019 年版）

市场监管总局

2019 年 10 月 31 日

公告及附件网址链接：http://gkml.samr.gov.cn/nsjg/tssps/201911/t20191106_308220.html

市场监管总局关于印发《企业登记申请文书规范》《企业登记提交材料规范》的通知

国市监注〔2019〕2号

各省、自治区、直辖市及计划单列市、副省级城市市场监管局（厅、委），新疆生产建设兵团市场监管局：

为进一步深化商事制度改革，推进企业登记规范化、便利化建设，市场监管总局对现行《企业登记申请文书规范》《企业登记提交材料规范》（以下简称《文书规范》《材料规范》）进行了修订，现将《文书规范》《材料规范》印发，并就有关工作要求通知如下：

一、整合、优化申请材料，进一步推进登记注册便利化

全面梳理整合优化《文书规范》《材料规范》，进一步精简文书表格，减少填报事项。合并内、外资公司登记（备案）申请书，合并各类分公司、非法人分支机构、营业单位登记（备案）申请书，合并公司、非公司企业法人、合伙企业、个人独资企业注销登记申请书，合并股权出质设立、变更、注销、撤销登记申请书。整合有限责任公司与股份有限公司设立登记提交材料规范，整合公司合并、分立提交材料规范，整合外商投资公司和非公司外商投资企业提交材料规范。为方便申请人填写，将表格中的部分“填写项”修改为标准化表述的“勾选项”。

二、清理删减申请材料，取消无法律法规依据的证明文件

根据《国务院办公厅关于做好证明事项清理工作的通知》（国办发〔2018〕47号）要求，对各类提交材料事项进行全面清理，优化市场主体准入和退出机制。对没有法律法规依据或国务院已经明确取消的登记事项涉及的文书、材料规范不再保留。企业申请注销登记无需提交清算组成员《备案通知书》、清算报告的确认文件、清算公告报纸样张等文件。分公司被依法责令关闭、吊销营业执照申请注销登记的，不再提交责令关闭的文件或公司登记机关吊销营业执照的决定。

三、推进网上登记注册，优化网上提交材料方式

积极推行“互联网+政务服务”，为申请人提供渠道多样、业务全面、简便易用的企业登记服务。充分利用电子化、网络化的优势，简化登记手续，整合优化填报内容，通过网上传输电子数据进行无纸化登记，降低企业办事成本。对通过全程电子化方式申请登记注册的，申请人提交的主体资格证明、身份证明、批准证书等文件材料，通过全程电子化登记系统提交原件影像（印）件；提交章程、章程修正案、决议、决定等文件材料的，由系统通过格式规范生成或通过全程电子化登记系统传送经签名的原件影像（印）件。

四、落实取消企业集团登记、分支机构备案要求，删除相关文书、材料规范

根据《国务院关于取消一批行政许可等事项的决定》（国发〔2018〕28号）要求，切实做好取消企业集团登记等涉及市场监管职能的行政许可等事项的衔接工作，进一步减少审批事项，提升审批效率，为企业减负担、增便利。修订后的《文书规范》《材料规范》删除了企业集团登记、设立分公司备案和外商投资合伙企业设立、变更、注销分支机构备案等相关文书、材料规范。

五、加强培训宣传，做好保障工作

修订后的《文书规范》《材料规范》是登记机关依法履行职责的基础性规范文件，各地市场监管部门要严格执行，强化对登记人员业务培训，确保登记人员熟练掌握和运用。要加大宣传力度，让社会公众切实感受到改革成果；要加强政策解读和办事指导，让服务对象及时获知、理解申请文书材料规范调整内容，方便群众办事，让市场准入更加公正、透明和便捷。此次调整涉及到全程电子化登记系统改造等相关配套工作，各地市场监管部门要精心组织，注重落实，保障经费，做好信息化系统改造工作，确保修订后的《文书规范》《材料规范》与具体登记业务工作有效衔接。

本通知自2019年3月1日起实施，市场监管总局相关文件规定与本通知不符的，以本通知为准。各地市场监管部门要按照总局要求，全面完成有关文书、

材料规范的换用和系统改造工作。在执行中遇到的新情况、新问题，要注意收集汇总，及时报告总局登记注册局。

附件：1. 企业登记申请文书规范

2. 企业登记提交材料规范

市场监管总局

2019 年 1 月 2 日

企业登记申请文书规范

详细内容见如下链接：

http://gkml.samr.gov.cn/nsjg/bgt/201901/W020191125373225484013.zip

企业登记提交材料规范

详细内容见如下链接：

http://gkml.samr.gov.cn/nsjg/bgt/201901/W020191125373225492987.zip

市场监管总局关于贯彻落实《外商投资法》做好外商投资企业登记注册工作的通知

国市监注〔2019〕247号

各省、自治区、直辖市及新疆生产建设兵团市场监管局（厅、委）：

《中华人民共和国外商投资法》（以下简称《外商投资法》）、《中华人民共和国外商投资法实施条例》（以下简称《外商投资法实施条例》）将于2020年1月1日起施行。为贯彻执行《外商投资法》《外商投资法实施条例》规定，落实外商投资准入前国民待遇加负面清单管理制度，现就依法做好外商投资企业登记注册工作有关事项通知如下：

一、规范外商投资企业登记程序

1. 规范申请程序。申请人应当通过企业登记系统申请外商投资企业登记注册。在申请外商投资企业设立或者变更登记时，投资人应当承诺是否符合《外商投资准入特别管理措施（负面清单）》（以下简称《负面清单》）要求，并根据实际情况如实勾选涉及《负面清单》的行业领域。法律、行政法规规定企业设立、变更、注销登记前须经行业主管部门许可的，还应当向登记机关提交有关批准文件。

2. 规范审查程序。登记机关对相关申请材料进行形式审查。外国投资者或者外商投资企业在《负面清单》以外的领域投资的，按照内外资一致的原则进行登记注册。外国投资者或者外商投资企业投资《负面清单》内对出资比例、法定代表人（主要负责人）国籍等有限制性规定的领域，对于符合准入特别管理措施规定条件的，依法予以登记注册；行业主管部门在登记注册前已经依法核准相关涉企经营许可事项的，登记机关无需就是否符合准入特别管理措施规定条件进行重复审查。外国投资者或者外商投资企业在《负面清单》禁止投资的领域投资的，不予登记注册。登记机关要将登记信息推送至省级共享平台（省级信用信息共享交换平台、政务信息平台、部门间数据接口等），实现与有关政府职能部门的信息互联共享。

二、落实外商投资信息报告制度

3. 配合商务部门落实外商投资信息报告制度。自2020年1月1日起，不再执行外商投资企业设立商务备案与工商登记“一口办理”。在申请外商投资企业设立、变更登记时，申请人应当填写外商投资初始报告、变更报告。提交外商投资信息报告不是办理外商投资企业登记注册的必要条件。登记机关不对外商投资信息报告进行审查。申请人提交企业登记申请后，可以继续填写外商投资信息报告信息。外国投资者或者外商投资企业应当通过国家企业信用信息公示系统报送“多报合一”年报。各地市场监管部门应当依法保护登记过程中知悉的外国投资者、外商投资企业商业秘密、投资信息。

4. 做好系统改造工作。各地市场监管部门要按照《外商投资信息报告办法》和《外商投资信息报告登记系统改造技术方案》（以下简称《技术方案》）要求，及时改造完善企业登记系统和国家企业信用信息公示系统。外商投资企业的初始、变更、注销报告以及年度报告信息，要通过数据中心及时汇总归集至总局。由总局向商务部推送共享范围内的外商投资信息报告信息。

三、明确外商投资企业材料规范

5. 明确外国投资者主体资格证明。在申请外商投资企业登记时，申请人向登记机关提交的外国投资者的主体资格证明或者身份证明应当经所在国家公证机关公证并经中国驻该国使（领）馆认证。如其本国与中国没有外交关系，则应当经与中国有外交关系的第三国驻该国使（领）馆认证，再由中国驻该第三国使（领）馆认证。某些国家的海外属地出具的文书，应当在该属地办妥公证，再经该国外交机构认证，最后由中国驻该国使（领）馆认证。中国与有关国家缔结或者共同参加的国际条约对认证另有规定的除外。外国自然人来华投资设立企业，提交的身份证明文件为中华人民共和国外国人永久居留身份证的，无需公证。

6. 明确港澳台投资者主体资格证明。香港特别行政区、澳门特别行政区和台湾地区投资者的主体资格证明或者身份证明应当按照专项规定或者协议，依法提供当地公证机构的公证文件。香港特别行政区、澳门特别行政区自然人投资者的身份证明为当地永久性居民身份证、特别行政区护照或者内地公安部门颁发的港澳居民居住证、内地出入境管理部门颁发的往来内地通行证；提交港澳居民居住证或者往来内地通行证的，无需公证。大陆公安部门颁发的台湾居民居住证、大陆出入境管理部门颁发的台湾居民往来大陆通行证，可作为台湾地区自然人投资者的身份证明且无需公证。香港特别行政区、澳门特别行政区自然人使用往来内地通行证、定居在国外的中国公民（华侨）使用护照申请登记注册的，可以通过全国企业登记身份管理实名验证系统进行实名验证，无需线下核实相关证件。

7. 明确法律文件送达。申请外商投资企业设立登记的，应当向登记机关提交外国投资者（授权人）与境内法律文件送达接受人（被授权人）签署的《法律文件送达授权委托书》（填表即可）。被授权人可以是外国投资者在境内设立的分支机构、拟设立的外商投资企业（被授权人为拟设立的企业的，企业设立后委托生效）或者其他境内有关单位或者个人。外商投资企业增加新的境外投资者的，也应当向登记机关提交上述文件。外国投资者（授权人）变更境内法律文件送达接受人（被授权人）或者被授权人名称、地址等事项发生变更的，应当及时向登记机关申请更新相关信息（填表即可）。登记机关在企业登记档案中予以记载。

四、完善外商投资企业登记事项

8. 明确注册资本（出资数额）币种表示。外商投资企业的注册资本（出资数额）可以用人民币表示，也可以用其他可自由兑换的外币表示。作为注册资本（出资数额）的外币与人民币或者外币与外币之间的折算，应按发生（缴款）当日中国人民银行公布的汇率的中间价计算，法律、行政法规或者国务院决定另有规定的，适用其规定。

9. 明确企业类型登记规则。登记机关应当根据申请，按照内资企业类型分别登记为“有限责任公司”“股份有限公司”“合伙企业”，并应当标明外商投资或者港澳台投资。现有中外合资经营企业、中外合作经营企业申请组织形式、组织机构变更登记前，按照原有企业类型加注规则执行。各地市场监管部门要根据《技术方案》要求，同步调整“多证合一”“证照分离”等改革中涉及的企业类型、证件类型等码表，并做好与有关政府职能部门的衔接。

五、做好过渡期内外商投资企业登记工作

10. 做好组织形式变更登记。2020 年 1 月 1 日以前依法设立的外商投资的公司、外商投资合伙企业无须办理企业组织形式变更登记。依照《中华人民共和国中外合作经营企业法实施细则》或者《中华人民共和国外资企业法实施细则》设立的不具有法人资格的外商投资企业，可以在《外商投资法》实施后五年内申请改制为合伙制企业，并按照《中华人民共和国合伙企业法》（以下简称《合伙企业法》）《中华人民共和国合伙企业登记管理办法》等法律法规规定的设立条件，向登记机关申请变更登记，并依法提交有关材料。隶属企业变更组织形式后，分支机构应当及时申请变更登记。

11. 做好组织机构等变更（备案）登记。2020 年 1 月 1 日以前设立的外商投资的公司，在《外商投资法》实施后五年内调整最高权力机构、法定代表人或者董事产生方式、议事表决机制等与《中华人民共和国公司法》（以下简称《公司法》）强制性规定不符事项的，应当修订公司章程，并依法向登记机关申请办理变更登记、章程备案或者董事备案等手续。

12. 做好其他登记事项变更登记。2020 年 1 月 1 日以前依法设立的外商投资企业，在《外商投资法》实施后五年内申请调整组织形式、组织机构前（时），根据调整前的组织形式、组织机构以及议事表决机制申请变更（备案）或者注销登记的，登记机关应当予以受理。

13. 做好过渡期后的衔接工作。现有中外合资经营企业、中外合作经营企业的组织形式、组织机构等依法调整后，在合同有效期内申请股东变更登记时，除全体股东重新约定外，有关股权转让办法执行合同约定条件的，登记机关应当予以受理。自 2025 年 1 月 1 日起，外商投资企业的组织形式、组织机构等不符合《公司法》《合伙企业法》强制性规定，且未依法申请变更登记、章程备案或者董事备案的，登记机关不予办理该企业其他登记事项的变更登记或者备案等事宜，并将相关情形予以公示。

六、实行外资授权登记管理

14. 落实外商投资企业授权登记管理体制。总局授权的地方市场监管部门是外商投资企业的登记机关，负责本辖区内的外商投资企业登记管理。符合外商投资企业授权登记条件的地方市场监管部门可以向总局申请授予外商投资企业登记管理权。总局将定期公布外资被授权市场监管部门名单。

本通知自 2020 年 1 月 1 日起实施。香港特别行政区、澳门特别行政区和台湾地区的投资者、定居在国外的中国公民（华侨）投资设立的企业，以及外商投资的投资性公司、外商投资的创业投资公司、以投资为主要业务的外商投资合伙企业境内投资设立的企业，其登记注册参照适用本通知。

各地市场监管部门要不断优化注册流程、提升服务效能；切实加强对过渡期内外商投资企业登记注册的政策指导，及时解决在实施过程中发现的新问题，并向总局报告。

市场监管总局

2019 年 12 月 28 日

市场监管总局关于贯彻落实《优化营商环境条例》的意见

国市监注〔2019〕249号

各省、自治区、直辖市及新疆生产建设兵团市场监管局（厅、委）、总局各司局：

为深入贯彻习近平新时代中国特色社会主义思想，全面贯彻党的十九大和十九届二中、三中、四中全会精神，加快建立统一开放、竞争有序的现代市场体系，推动高质量发展，落实党中央、国务院关于优化营商环境的决策部署，持续深化“放管服”改革，现就市场监管部门贯彻落实《优化营商环境条例》提出以下意见。

一、深化商事制度改革，营造宽松便捷的市场准入环境

1. 提升企业开办规范化水平。在全国推广企业开办全程网上办，压减企业开办环节，企业开办时间不超过国家规定时限。大力推进统一市场主体登记注册业务规范、数据标准和服务平台接口建设，不断提高企业开办的规范化、制度化、信息化水平，形成办理程序统一、审查规则统一、文书材料统一的市场主体登记注册机制。探索推进商事登记立法，健全完善统一规范便利高效的高质量市场主体登记注册制度。

2. 有序推进“证照分离”改革。在自贸试验区开展“证照分离”改革全覆盖试点，对涉企经营许可事项实行清单管理，并不断滚动优化，推动照后减证和简化审批。对市场监管领域所有涉企经营许可事项实施分类改革，逐项细化出台具体改革举措和事中事后监管措施。评估试点情况，适时在全国推开。对审批改为备案的事项，按照“多证合一”的要求在企业登记注册环节一并办理，由市场监管部门及时将备案信息推送至有关主管部门。

3. 平等对待内外资企业。认真贯彻落实《外商投资法》和《外商投资法实施条例》规定，严格执行准入前国民待遇加负面清单管理制度，便利外商投资企业登记注册，落实外商投资信息报告制度，推动规则、规制、管理、标准等制度型开放。

4. 深化产品准入改革。对于继续实施工业产品生产许可证管理的产品，推动“转、减、放”改革，推进工业产品生产许可证管理产品聚焦到涉及公共安全、经济安全等产品上，推动将审批权限逐步下放到省级市场监管部门。

5. 建立多元化的市场主体退出制度。优化普通注销制度，完善注销“一网”平台功能，加强与相关部门的协同联动。完善简易注销制度，坚持诚信推定和背信严惩，推动简易注销程序制度化、规范化。建立健全市场主体强制退出制度，对因经营异常、违法失信而被吊销营业执照、责令关闭的市场主体，依法实施强制退出。

二、依法平等保护各类市场主体，营造公平有序的市场竞争环境

6. 强化竞争政策基础地位。充分发挥竞争政策在结构性改革中的重要作用，全面实施公平竞争审查制度，加快构建全面覆盖、规则完备、权责明确、运行高效、监督有力的审查制度体系。建立面向各类市场主体的有违公平竞争问题的投诉举报和处理回应机制并及时向社会公布处理情况。

7. 加大反垄断和反不正当竞争执法力度。加强对垄断协议、滥用市场支配地位行为和滥用行政权力排除、限制竞争行为的调查，加强经营者集中反垄断审查。对社会关注、群众关切的重点领域、重点行业存在的市场混淆、商业贿赂、虚假宣传、商业诋毁、侵犯商业秘密、不正当有奖销售、互联网不正当竞争行为，加大监管执法力度。

8. 严厉打击知识产权侵权假冒行为。组织开展商标、专利、地理标志侵权假冒专项执法，加大对侵权假冒重点区域、重点市场的案件查办和督查督办力度，推动跨区域执法协作。

9. 加强违规涉企收费治理。做好行政机关、事业单位、行业协会、中介机构、商业银行等领域涉企收费抽查工作，进一步推进涉企收费事项公开，强化收费公示及明码标价，会同有关部门加强收费监管立法、第三方评估等长效机制建设。

10. 依法规范公共服务。组织制定供水、供电、供气、供热等公用企事业单位服务质量信息公开规范，指导有关单位向社会公开服务质量信息并作出质量承诺。

加快探索服务质量抽查评价制度，完善公共服务质量监测机制，对公用企事业单位服务质量承诺执行情况实施监督。推进质量认证体系建设，按照市场规则开展社会通用的认证活动，推动认证结果广泛采信。

三、完善新型监管机制，提高市场监管效能

11. 健全制度化监管规则。结合监管职能制定全国统一的市场监管规则和标准，明确监管主体、监管对象、监管措施、设定依据、处理方式等内容，提升监管规范化、标准化水平。

12. 完善信用监管机制。制定出台深入推进市场监管部门信用体系建设指导意见，构筑完善信用监管平台。积极推进信用修复机制建设，推动出台企业信用修复等信用标准，有力支撑信用体系建设。

13. 创新监管方式。将“双随机、一公开”监管与企业信用风险分类结果有机结合，科学分配监管资源。完善工作制度和业务流程，实现市场监管领域相关部门“双随机、一公开”监管全覆盖，地方各级人民政府相关部门在市场监管领域联合“双随机、一公开”监管常态化，推动“进一次门、查多项事”，建立监管效果评价机制。推进“智慧市场监管”，利用互联网、大数据提升监管精准化、智能化水平。

14. 加强重点领域监管。加强食品药品监管，对食品药品等涉及人民群众生命健康等特殊重点领域，依法依规实行全覆盖的重点监管。加强质量监管，完善缺陷产品召回制度，加大缺陷信息收集、缺陷调查、行政约谈、召回监督等工作力度。加强特种设备监管，对公众聚集场所、事故多发和问题反映集中的特种设备，实施重点监督检查。

15. 提高综合行政执法水平。深入推进市场监管综合行政执法改革，全面整合市场监管职能，加强执法队伍建设，规范和提高执法办案水平，建立统一、权威、高效的市场监管综合执法体制。统筹区域间执法协作，明确协查组织、方式和时限，推进行政执法和刑事司法有机衔接。完善市场监管领域重大违法行为举报奖励机制，推动社会共治。

四、增强服务意识，提供规范便利高效的政务服务

16. 推进市场监管部门行政许可规范化。建立完善市场监管体系内各项行政许可工作规范化、统一化的管理制度，严格行政许可清单管理。推动市场监管部门行政许可事项“一网办理”，以市场主体电子营业执照为基础，加强市场监管系统各项涉企证照的电子化应用。编制市场监管部门规章、规范性文件等设定的证明事项保留清单，建立健全证明事项清理长效机制。

17. 强化标准引领作用。进一步优化国家标准、行业标准以及地方标准供给结构，不断提升市场标准在微观经济活动中的主体作用。完善企业标准自我声明公开和监督制度，推动企业公开标准实现便利化、信息化。开展一批营商环境标准化试点，推动营商环境相关标准实施应用，为各类市场主体提供公平可及、优质高效的政务服务。

18. 清理、整合、规范现有认证事项。凡建立国家统一认证制度的，不再设立类似的合格评定项目。面向社会的第三方技术评价活动应遵循通用准则和标准，逐步向国家统一的认证制度转变。鼓励检验检测机构、认证机构为企业提供检验检测认证“一站式”服务。

19. 提升动产抵押登记服务效能。推动建立动产和权利担保统一登记法律体系，在法律规定的范围内探索建立统一的动产和权利担保登记公示系统。依托全国市场监管动产抵押登记业务系统，在线受理动产抵押登记的设立、变更、注销，便捷当事人办理相关业务，提升动产抵押登记公示效果。

20. 加强基础服务。充分发挥计量、标准、认证认可、检验检测等作用，加大对市场主体的技术服务。加快国家产业计量测试中心建设，为市场主体提供更加全面、高效优质的计量测试服务。发挥强制性认证“保安全底线”和自愿性认证“拉质量高线”作用，引导产品、服务提质升级。深化小微企业名录建设与应用，加强对高校毕业生、退役军人、残疾人等创业就业的帮扶指导，服务民营经济健康发展。

五、完善制度体系，强化市场监管法治保障

21. 健全市场监管规划体系和监管机制。健全完善市场监管领域规划体系，编制“十四五”市场监管现代化规划等市场监管领域专项规划，推进市场监管体系和监管能力现代化。推动形成流转顺畅、运行高效、执行有力的运行机制，构建协同高效的市场监管体制机制。

22. 夯实市场监管法治基础。围绕深化“放管服”改革、促进营商环境优化，依照法定权限和程序统筹推进立法项目，及时推动适应实践发展的改革举措上升至立法层面，做好各监管环节和监管领域法律制度的协调衔接。

23. 增强法规政策制定实施的透明度和科学性。制定与市场主体生产经营活动密切相关的规章、行政规范性文件，应当充分听取市场主体、行业协会商会等的意见，建立健全意见采纳情况反馈机制。加强法治宣传教育，为市场主体留出必要的适应调整期，强化政策效果评估。严格把好规范性文件合法性审核关，提高合法性审核工作的效率和质量。

24. 完善纠纷解决机制。完善行政复议工作机制，优化审理程序、证据审查、复议监督机制，严把程序关、法律关、证据关，提高行政复议工作效能，为市场主体提供高效、便捷的纠纷解决途径。

25. 强化执法监督。进一步健全执法监督体制机制，创新监督举措。建立健全行政处罚裁量基准制度，细化、量化行政处罚裁量标准。注重对涉及营商环境的重要

制度制定和落实情况开展评议，对行政处罚、行政许可等行政执法案卷开展评查，促进严格公正文明执法。

各级市场监管部门要高度重视《优化营商环境条例》贯彻落实工作，按照职责分工，结合各地实际进一步细化实化政策举措，加强协同配合，形成工作合力，为各类市场主体投资兴业营造稳定、公平、透明、可预期的营商环境。

市场监管总局
2019年12月30日

市场监管总局对婴幼儿配方乳粉产品配方注册变更后配方及标签更替问题的答复意见

国市监特食函〔2019〕167号

上海市市场监管局：

你局《关于婴幼儿配方乳粉产品配方注册变更后新旧版标签更替时限的请示》（沪市监特食〔2019〕132号）收悉。经研究，现回复如下：

根据《食品安全法》《婴幼儿配方乳粉产品配方注册管理办法》有关规定，在保障婴幼儿配方乳粉产品配方科学性、安全性的前提下，为节约资源、避免不必要的浪费，产品配方（含标签）变更注册批准后，申请人应当自批准之日起3个月内完成产品配方和标签更替。产品配方和标签更替后，申请人应当停用原配方和标签，并将有关情况向所在地市场监管部门报告。产品配方和标签更替前生产的产品可以销售至保质期结束。

市场监管总局
2019年5月28日

【国家卫生健康委员会发布】

国家卫生健康委
关于弯曲乳杆菌等24种“三新食品”的公告

2019年第2号

根据《食品安全法》规定，审评机构组织专家对弯曲乳杆菌等3种新食品原料、硫酸镁等15种食品相关产品新品种、L-γ-谷氨酰-L-缬氨酰-甘氨酸等6种食品添加剂新品种安全性评估材料进行审查并通过。

特此公告。

附件：1. 弯曲乳杆菌等3种新食品原料（略）

2. 硫酸镁等15种食品相关产品新品种（略）

3.L-γ-谷氨酰-L-缬氨酰-甘氨酸等6种食品添加剂新品种（略）

国家卫生健康委

2019年5月20日

附件网址链接：

http://www.nhc.gov.cn/sps/s7890/201905/618e2e835b9041579aced23d735545a8.shtml

相关链接：

解读《关于弯曲乳杆菌等24种“三新食品”的公告》

一、新食品原料

（一）弯曲乳杆菌

弯曲乳杆菌（Lactobacillus curvatus）属于乳杆菌属，从传统发酵肉制品中分离得到。该菌种已列入欧洲食品安全局资格认定（QPS）名单的推荐生物制剂列表中，并列入国际乳品联合会公报（Bulletin of the IDF 455/2012）的“在发酵食品中有技术必要性的微生物品种目录”中，在丹麦列入“用于食品的微生物列表”，用于肉制品、乳制品和鱼类制品的加工。含有弯曲乳杆菌的发酵肉制品已在欧美多国销售多年。此次申报的弯曲乳杆菌拟用于发酵肉制品、发酵乳及乳制品，但不包括婴幼儿食品。

根据《食品安全法》和《新食品原料安全性审查管理办法》规定，审评机构依照法定程序，组织专家对弯曲乳杆菌的安全性评估材料进行审查并通过。新食品原料生产和使用应当符合公告内容以及食品安全相关法规要求。鉴于弯曲乳杆菌在婴幼儿人群的食用安全性资料不足，从风险预防原则考虑，婴幼儿不宜食用，标签及说明书中应当标注不适宜人群。食品安全指标应当符合我国相关标准。

（二）明日叶

明日叶（Angelica keiskei）是一种原产于日本的伞形科当归属多年生草本植物，已在日本、韩国及我国台湾地区作为食品原料使用。有资料证明，我国部分地区自2008年开始引种明日叶，现已在山东、海南、江苏、四川、贵州、云南、广东、辽宁等多省种植。民间通常用其嫩茎叶凉拌、炒食、榨汁、氽汤，或以炒茶、干磨粉的方式食用。此次申报的新食品原料为明日叶的茎和叶，鲜品推荐食用量为≤50克/天，干品推荐食用量以鲜品折算。

根据《食品安全法》和《新食品原料安全性审查管理办法》规定，审评机构依照法定程序，组织专家对明日叶的安全性评估材料进行审查并通过。新食品原料生产和使用应当符合公告内容以及食品安全相关法规要求。鉴于明日叶在婴幼儿、孕妇及哺乳期妇女人群中的食用安全性资料不足，从风险预防原则考虑，上述人群不宜食用，标签及说明书中应当标注不适宜人群。

该原料的食品安全指标按照我国现行食品安全国家标准中有关蔬菜的规定执行。

（三）枇杷花

枇杷花为蔷薇科枇杷属植物枇杷（Eriobotrya japonica (Thunb.) Lindl.）的花，在我国浙江、上海、福建、广东、江苏、江西、湖南、四川、广西、云南等省（区、市）有广泛种植。枇杷花在我国上海、福建、广东、浙江等省（市）局部地区有食用历史，以煲汤、熬粥、炖菜及泡饮等方式食用。本次申报的新食品原料为枇杷花经去梗、清洗、烘干等工艺制成的干品，推荐食用量为≤8克/天。

根据《食品安全法》和《新食品原料安全性审查管理办法》，审评机构依照法定程序，组织专家对枇杷花的安全性评估材料进行审查并通过。新食品原料生产和使用应当符合公告内容以及食品安全相关法规要求。鉴于枇杷花在婴幼儿、孕妇及哺乳期妇女人群中的食用安全性资料不足，从风险预防原则考虑，上述人群不宜食用，标签及说明书中应当标注不适宜人群。

该原料的食品安全指标按照我国现行食品安全国家标准中有关干制蔬菜（叶类蔬菜）的规定执行。

二、食品相关产品新品种

（一）硫酸镁

1. 背景资料。该物质是硫酸的镁盐，易溶于水。《食品安全国家标准 食品添加剂使用标准》（GB 2760-2014）批准其作为食品添加剂使用；《食品安全国家标准 食品接触材料及制品用添加剂使用标准》（GB 9685-2016）批准其作为添加剂用于纸中，最大使用量为按生产需要适量使用。本次申请将其使用范围扩大至丙烯腈-丁二烯-苯乙烯共聚物（ABS）塑料。美国食品药品管理局和欧盟委员会均允许其用于食品接触用ABS塑料材料及制品。

2. 工艺必要性。该物质是ABS乳液聚合过程中的一种沉淀剂。与其他同类功能的添加剂相比，其可以减少或替代加工过程中酸或腐蚀性盐的使用，从而降低腐蚀的风险。

（二）1 3:2,4-双-O-[(3,4-二甲基苯基)亚甲基]-D-葡糖醇

1. 背景资料。该物质在室温下为固体。GB 9685-2016批准其作为添加剂用于聚乙烯（PE）和聚丙烯（PP）塑料中，本次申请将其使用范围扩大至聚1-丁烯（PB-1）塑料。欧盟委员会和南方共同市场均允许其用于食品接触用PB-1塑料材料及制品。

2. 工艺必要性。该物质是一种澄清剂。添加了该物质的PB-1具有较高的澄清度和较低的雾度。

（三）芥酸酰胺

1. 背景资料。该物质在室温下为固体。GB 9685-2016批准其作为添加剂用于粘合剂、纸，以及聚乙烯（PE）、聚丙烯（PP）和聚偏二氯乙烯（PVDC）等多种塑料中。本次申请将其使用范围扩大至聚1-丁烯（PB-1）塑料。美国食品药品管理局和欧盟委员会均允许其用于食品接触用PB-1塑料材料及制品。

2. 工艺必要性。该物质是一种润滑剂，可以减小PB-1材料间的摩擦力。此外，该物质还具有较好的耐热性，可在较高的加工温度下使用。

（四）硬脂酸钙

1. 背景资料。该物质是硬脂酸（十八烷酸）的钙盐，常温下为白色粉末，不溶于水。GB 2760-2014批准其作为食品添加剂使用； GB 9685-2016批准其作为添加剂用于橡胶、粘合剂、纸，以及聚乙烯（PE）、聚丙烯（PP）、聚苯乙烯（PS）和丙烯腈-苯乙烯共聚物（AS）等多种塑料中。本次申请将其使用范围扩大至聚1-丁烯（PB-1）塑料。美国食品药品管理局和欧盟委员会均允许其用于食品接触用PB-1塑料材料及制品。

2. 工艺必要性。该物质作为抗粘结剂用于PB-1，防止PB-1材料在储存过程中粘结，使其容易分离。

（五）硬脂酸锌

1. 背景资料。该物质在常温下为白色粉末。GB 9685-2016批准其作为添加剂用于聚乙烯（PE）、聚丙烯（PP）、聚苯乙烯（PS）和丙烯腈-苯乙烯共聚物（AS）等多种塑料中。本次申请将其使用范围扩大至聚4-甲基-1-戊烯（PMP）塑料。美国食品药品管理局和欧盟委员会均允许其用于食品接触用PMP塑料材料及制品。

2. 工艺必要性。该物质作为抗氧剂，可增强PMP树脂在热加工过程中的稳定性。

（六）四[3-(3,5-二叔丁基-4-羟基苯基)丙酸]季戊四醇酯

1. 背景资料。该物质在常温常压下为白色固体粉末。GB 9685-2016批准其作为添加剂用于橡胶、涂料及涂层、粘合剂，以及聚乙烯（PE）、聚丙烯（PP）、聚苯乙烯（PS）和丙烯腈-苯乙烯共聚物（AS）等多种塑料中。本次申请将其使用范围扩大至聚4-甲基-1-戊烯（PMP）塑料。美国食品药品管理局和欧盟委员会均允许其用于食品接触用PMP塑料材料及制品。

2. 工艺必要性。该物质作为抗氧剂，可增强PMP树脂在热加工过程中的稳定性。

（七）三(2,4-二叔丁基苯基)亚磷酸酯

1. 背景资料。该物质常温下为白色结晶粉末。GB 9685-2016批准其作为添加剂用于橡胶、涂料及涂层、粘合剂、纸和纸板，以及聚乙烯（PE）、聚丙烯（PP）、聚苯乙烯（PS）和乙烯-乙酸乙烯酯共聚物（EVA）等多种塑料中。本次申请将其使用范围扩大至聚4-甲基-1-戊烯（PMP）塑料。美国食品药品管理局和欧盟委员会均允许其用于食品接触用PMP塑料材料及制品。

2. 工艺必要性。该物质作为辅助抗氧剂，与主抗氧剂发挥协同作用，改善PMP树脂在热加工过程中的稳定性。

（八）2-丙烯酸丁酯与2-丙烯酸-2-乙基己基酯的聚合物

1. 背景资料。该物质是一种食品接触材料及制品用添加剂，常温下为清澈到浅黄色液体，不溶于水，易溶

于有机溶剂。GB 9685-2016 批准其作为添加剂用于油墨。本次申请将其使用范围扩大至涂料及涂层。美国食品药品管理局和欧洲委员会均允许其用于食品接触用涂料及涂层。

2. 工艺必要性。该物质在涂料中用作流平剂，有助于形成光滑平整的涂层。

（九）N,N' – 二（十八酰基）– 乙二胺与氮杂环十三烷 -2- 酮的均聚物和 1- 异氰酸根合十八碳烷的反应产物

1. 背景资料。该物质是一种食品接触材料及制品用添加剂，不溶于水。美国食品药品管理局和欧洲委员会均允许其用于食品接触用涂料及涂层。

2. 工艺必要性。该物质一般添加在热固性金属涂料中，用于改善其柔韧性，同时也可提高涂膜的抗划伤和耐磨性。

（十）1,4- 苯二甲酸与己二酸、1,4- 丁二醇和偏苯三甲酸酐的聚合物

1. 背景资料。该物质是一种食品接触材料及制品用基础树脂，不溶于水。美国食品药品管理局和欧洲委员会均允许其用于食品接触用涂料及涂层。

2. 工艺必要性。该物质用在粉末涂料中，可以提高粉末涂料在成膜后的柔韧性。

（十一）氯甲基环氧乙烷与 4,4' – 亚甲基双（2,6- 二甲基酚）和对苯二酚的聚合物

1. 背景资料。该物质是一种食品接触材料及制品用基础树脂，可溶于水。美国食品药品管理局以及荷兰卫生、福利和体育部均允许其用于食品接触用涂料及涂层。

2. 工艺必要性。该物质能够使涂层具有较好的延展性和耐化学性。

（十二）二甲基乙醇胺部分中和的缩水甘油封端双酚 A/ 环氧氯丙烷共聚物与苯乙烯、甲基丙烯酸甲酯、丙烯酸 2- 乙基己酯、丙烯酸和甲基丙烯酸的反应产物

1. 背景资料。该物质是一种食品接触材料及制品用基础树脂，不溶于水。美国食品药品管理局和欧洲委员会均允许其用于食品接触用涂料及涂层。

2. 工艺必要性。该物质能够使涂层具有较好的延展性和耐化学性。

（十三）1,3- 苯二甲酸与 1,4- 苯二甲酸、1,4- 丁二醇、1,2- 乙二醇和己二酸的聚合物

1. 背景资料。该物质是一种食品接触材料及制品用基础树脂，不溶于水。美国食品药品管理局和欧洲委员会允许其用于食品接触用涂料及涂层。

2. 工艺必要性。该物质作为流平剂用于粉末涂料中，协助均匀固化薄膜。

（十四）5- 异氰酸根合 -1-(异氰酸根合甲基)-1,3,3- 三甲基环己烷的均聚物与 2,2- 二甲基 -1,3- 丙二醇、二甘醇、1,4- 二（羟甲基）环己烷、1,3- 苯二甲酸、氢化二聚 C18 不饱和脂肪酸和 ε – 己内酰胺的反应产物

1. 背景资料。该物质是一种食品接触材料及制品用基础树脂，不溶于水。美国食品药品管理局和欧洲委员会均允许其用于食品接触用涂料及涂层。

2. 工艺必要性。该物质易于形成较高密度的交联网络，有较好的耐化学性能。

（十五）1,3- 苯二甲酸与 1,4- 苯二甲酸、1,3- 二氢 -1,3- 二氧代 -5- 异苯并呋喃羧酸、己二酸、2- 甲基 -1,3- 丙二醇和 2,2' – 氧双［乙醇］的聚合物

1. 背景资料。该物质是一种食品接触材料及制品用基础树脂，为无色到浅黄色液体，不溶于水。美国食品药品管理局和欧洲委员会均允许其用于食品接触用涂料及涂层。

2. 工艺必要性。该物质有较好的耐酸耐蒸煮能力、附着力和柔韧性。

三、食品添加剂新品种

（一）L– γ – 谷氨酰 –L– 缬氨酰 – 甘氨酸

1. 背景资料。L– γ – 谷氨酰 –L– 缬氨酰 – 甘氨酸的分子式是 C12H21N3O6。联合国粮农组织 / 世界卫生组织食品添加剂联合专家委员会、美国食用香料和提取物制造者协会、国际食品用香料香精工业组织等允许其作为食品用香料在各类食品中按生产需要适量使用。

2. 工艺必要性。该物质配制成食品用香精后用于各类食品（《食品安全国家标准 食品添加剂使用标准》<GB 2760> 表 B.1 食品类别除外），改善食品的味道。该物质的质量规格按照公告的相关内容执行。

（二）二氧化硅

1. 背景资料。二氧化硅作为食品添加剂已列入《食品安全国家标准 食品添加剂使用标准》（GB 2760），允许用于乳粉（包括加糖乳粉）和奶油粉及其调制产品、固体饮料等食品类别。本次申请使用范围扩大到其他特殊膳食用食品（仅限 1 ～ 10 岁特殊医学用途配方食品）（食品类别 13.05）。国际食品法典委员会、欧盟委员会、美国食品药品管理局、澳大利亚和新西兰食品标准局等允许其作为抗结剂用于特殊医学用途配方食品。根据联合国粮农组织 / 世界卫生组织食品添加剂联合专家委员会评估结果，该物质的每日允许摄入量为“不需要限定”。

2. 工艺必要性。该物质作为抗结剂用于其他特殊膳食用食品（仅限 1 ～ 10 岁特殊医学用途配方食品）（食品类别 13.05），防止产品结块。其质量规格应执行《食品添加剂 二氧化硅》（GB 25576-2010）。

（三）β – 环状糊精

1. 背景资料。β – 环状糊精作为食品添加剂已列入《食品安全国家标准 食品添加剂使用标准》（GB 2760），允许用于方便米面制品、预制肉制品、熟肉制品等食品类别，本次申请扩大使用范围到腌渍的蔬菜（食品类别 04.02.02.03）。国际食品法典委员会、欧盟委员会、日本厚生劳动省等允许其作为食品添加剂用于食品。根据联合国粮农组织 / 世界卫生组织食品添加剂联合专家委员会评估结果，该物质的每日允许摄入量为 5mg/kg bw。

2. 工艺必要性。该物质用于腌渍的蔬菜（食品类别 04.02.02.03），防止加工过程中风味降解和损失。其质量规格应当执行《食品添加剂 β－环状糊精》（GB 1886.180–2016）。

（四）硫磺

1. 背景资料。硫磺作为食品添加剂已列入《食品安全国家标准 食品添加剂使用标准》（GB 2760），允许用于水果干类、蜜饯凉果、干制蔬菜等食品类别，本次申请使用范围扩大到香辛料及粉（仅限八角）（食品类别 12.09.01）。硫磺通过熏蒸产生二氧化硫从而发挥防腐作用，国际食品法典委员会、欧盟委员会等允许亚硫酸盐类物质作为二氧化硫来源用于香辛料的防腐。

2. 工艺必要性。该物质作为防腐剂用于香辛料及粉（仅限八角）（食品类别 12.09.01），防止八角霉变。其质量规格执行《食品添加剂 硫磺》（GB 3150–2010）。

（五）半乳甘露聚糖

1. 背景资料。半乳甘露聚糖作为食品添加剂已列入《食品安全国家标准 食品添加剂使用标准》（GB 2760）中表 A.2，允许在各类食品按生产需要适量使用（表 A.3 食品类别除外），本次申请作为食品营养强化剂用于特殊医学用途配方食品（13.01 中涉及品种除外）（食品类别 13.03）。欧盟委员会、美国食品药品管理局等允许其作为食品原料用于食品。

2. 工艺必要性。该物质作为食品营养强化剂用于特殊医学用途配方食品（13.01 中涉及品种除外）（食品类别 13.03），提供膳食纤维。其质量规格执行《食品添加剂 半乳甘露聚糖》（GB 1886.301–2018）。

（六）富硒酵母

1. 背景资料。富硒酵母作为食品营养强化剂已列入《食品安全国家标准 食品营养强化剂使用标准》（GB 14880），允许用于含乳饮料等食品类别，本次申请使用范围扩大到特殊医学用途配方食品（13.01 中涉及品种除外）（食品类别 13.03）。欧盟委员会、美国食品药品管理局等允许其用于特殊医学用途配方食品。

2. 工艺必要性。该物质作为食品营养强化剂用于特殊医学用途配方食品（13.01 中涉及品种除外）（食品类别 13.03），补充硒元素。其质量规格执行《食品营养强化剂 富硒酵母》（GB 1903.21–2016）。

国家卫生健康委
关于可溶性大豆多糖等19种“三新食品”的公告

2019年第4号

根据《食品安全法》规定，审评机构组织专家对可溶性大豆多糖等11种食品添加剂新品种、乙酸钠等8种食品相关产品新品种的安全性评估材料审查并通过。

特此公告。

附件：1. 可溶性大豆多糖等11种食品添加剂新品种

2. 乙酸钠等8种食品相关产品新品种

国家卫生健康委

2019年7月11日

附件1

可溶性大豆多糖等11种食品添加剂新品种

一、食品添加剂扩大使用范围

序号	名称	功能	食品分类号	食品名称	最大使用量	备注
1	可溶性大豆多糖	抗结剂	06.03.02.01	生湿面制品（如面条、饺子皮、馄饨皮、烧麦皮）	5.0g/kg	—
2	焦糖色（加氨生产）	着色剂	15.01.07	其他蒸馏酒（仅限龙舌兰酒）	1.0g/L	—
3	焦糖色（普通法）	着色剂	15.01.07	其他蒸馏酒（仅限龙舌兰酒）	1.0g/L	—
4	聚甘油蓖麻醇酸酯（PGPR）	乳化剂	05.04	装饰糖果（如工艺造型，或用于蛋糕装饰）、顶饰（非水果材料）和甜汁（仅限巧克力涂层）	5.0g/kg	—
5	辣椒红	着色剂	04.04.01.05	新型豆制品（大豆蛋白及其膨化食品、大豆素肉等）	按生产需要适量使用	—
			12.09.02	香辛料油		
6	辣椒油树脂	增味剂、着色剂	08.02.01	调理肉制品（生肉添加调理料）	按生产需要适量使用	—
			08.02.02	腌腊肉制品类（如咸肉、腊肉、板鸭、中式火腿、腊肠）		
			08.03.01.02	酱卤肉类		
			12.09.02	香辛料油	10.0g/kg	
7	维生素E（dl-α-生育酚，d-α-生育酚，混合生育酚浓缩物）	抗氧化剂	02.02	水油状脂肪乳化制品	0.5g/kg	—
			02.03	02.02类以外的脂肪乳化制品，包括混合的和（或）调味的脂肪乳化制品		

二、食品工业用加工助剂扩大使用范围

序号	中文名称	英文名称	功能	使用范围
1	甲酸钠	sodium formate	发酵用营养物质	发酵工艺
2	丙酸及其钠盐、钙盐	propionic acid, sodium propionate, calcium propionate	发酵用营养物质	酵母的生产工艺，残留量≤ 0.1 g/kg

三、食品营养强化剂扩大使用范围

序号	名称	功能	食品分类号	食品名称	使用量	备注
1	低聚半乳糖（乳清滤出液来源）	营养强化剂	01.03.02	调制乳粉（仅限儿童用乳粉）	不超过64.5 g/kg	—

四、食品工业用酶制剂新品种

序号	名称	来源	供体
1	葡糖氧化酶 Glucose oxidase	产黄青霉 Penicillium chrysogenum	—

葡糖氧化酶的质量规格要求应当符合《食品安全国家标准 食品添加剂 食品工业用酶制剂》（GB 1886.174）的规定。

附件 2

乙酸钠等 8 种食品相关产品新品种

一、食品接触材料及制品用添加剂扩大使用范围

（一）乙酸钠

产品名称	中文	乙酸钠
	英文	Sodium acetate
CAS 号		127-09-3
使用范围		塑料：乙烯－乙烯醇共聚物（EVOH）
最大使用量 / %		按生产需要适量使用
特定迁移限量（SML）/（mg/kg）		—
最大残留量（QM）/（mg/kg）		—
备注		—

（二）磷酸

产品名称	中文	磷酸
	英文	Phosphoric acid
CAS 号		7664-38-2
使用范围		塑料：乙烯－乙烯醇共聚物（EVOH）
最大使用量 / %		按生产需要适量使用
特定迁移限量（SML）/（mg/kg）		—
最大残留量（QM）/（mg/kg）		—
备注		—

（三）磷酸二氢钾

产品名称	中文	磷酸二氢钾
	英文	Potassium dihydrogen phosphate
CAS 号		7778-77-0
使用范围		塑料：乙烯－乙烯醇共聚物（EVOH）
最大使用量 / %		按生产需要适量使用
特定迁移限量（SML）/（mg/kg）		—
最大残留量（QM）/（mg/kg）		—
备注		—

二、食品接触材料及制品用添加剂新品种

（一）4, 4' - 亚甲基双（2, 6- 二甲基酚）与氯甲基环氧乙烷的聚合物

产品名称	中文	4,4' - 亚甲基双（2,6- 二甲基酚）与氯甲基环氧乙烷的聚合物
	英文	Oxirane, (chloromethyl)-, polymer with 4,4' -methylenebis[2,6-dimethylphenol]
CAS 号		113693-69-9
使用范围		涂料及涂层
最大使用量 / %		按生产需要适量使用
特定迁移限量（SML）/（mg/kg）		0.2[以 4,4' - 亚甲基双（2,6- 二甲基酚）、4,4' - 亚甲基双（2,6- 二甲基酚）与氯甲基环氧乙烷的聚合物（TMBPF-DGE）、TMBPF-DGE · H_2O 和 TMBPF-DGE · $2H_2O$ 之和计]；0.05（以 TMBPF-DGE · HCl、TMBPF-DGE · 2HCl 和 TMBPF-DGE · HCl · H_2O 之和计）
最大残留量（QM）/（mg/kg）		—
备注		添加了该物质的食品接触用涂料及涂层不得用于接触婴幼儿食品与母乳

三、食品接触材料及制品用树脂新品种

（一）甲醛与 2- 甲基苯酚、3- 甲基苯酚和 4- 甲基苯酚的聚合物的丁基醚

产品名称	中文	甲醛与 2- 甲基苯酚、3- 甲基苯酚和 4- 甲基苯酚的聚合物的丁基醚
	英文	Formaldehyde, polymer with 2-methylphenol, 3-methylphenol, 4-methylphenol, butyl ether
CAS 号		298689-79-9
使用范围		涂料及涂层
最大使用量 / %		5
特定迁移限量（SML）/（mg/kg）		15（以甲醛计）
最大残留量（QM）/（mg/kg）		—
备注		以该物质为原料生产的食品接触用涂料及涂层使用温度不得超过 121℃

（二）氯乙烯 - 乙酸乙烯 - 马来酸三元共聚物

产品名称	中文	氯乙烯 - 乙酸乙烯 - 马来酸三元共聚物
	英文	Vinyl chloride- vinyl acetate- maleic acid terpolymer
CAS 号		9005-09-8
使用范围		涂料及涂层
最大使用量 / %		4.5
特定迁移限量（SML）/（mg/kg）		ND（氯乙烯，DL=0.01mg/kg）；12（乙酸乙烯酯）；30（以马来酸计）
最大残留量（QM）/（mg/kg）		1（氯乙烯）
备注		—

（三）1,4- 环己二甲醇与 3- 羟甲基丙烷、2,2- 二甲基 -1,3- 丙二醇、己二酸、1,3- 苯二甲酸和马来酸酐的共聚物

产品名称	中文	1,4- 环己二甲醇与 3- 羟甲基丙烷、2,2- 二甲基 -1,3- 丙二醇、己二酸、1,3- 苯二甲酸和马来酸酐的共聚物
	英文	1,4-cyclohexamedimethanol polymer with trimethylol propane, neopentyl glycol, adipic acid, isop hthalic acid and maleic anhydride
CAS 号		—
使用范围		涂料及涂层
最大使用量 / %		65
特定迁移限量（SML）/（mg/kg）		6（3- 羟甲基丙烷）；5（以 1,3- 苯二甲酸计）；0.05（2,2- 二甲基 -1,3- 丙二醇）；30（以马来酸计）
最大残留量（QM）/（mg/kg）		—
备注		以该物质为原料生产的食品接触用涂料及涂层仅用于接触乙醇含量不超过 8% 的食品，使用温度不得超过 121℃

（四）4, 4' - 异亚丙基苯酚与甲醛的聚合物

产品名称	中文	4,4' - 异亚丙基苯酚与甲醛的聚合物
	英文	Formaldehyde, polymer with 4,4' -(1-methylethylidene)bis[phenol]
CAS 号		25085-75-0
使用范围		涂料及涂层
最大使用量 / %		10
特定迁移限量（SML）/（mg/kg）		15（以甲醛计）；0.6（4,4' - 异亚丙基苯酚）
最大残留量（QM）/（mg/kg）		—
备注		以该物质为原料生产的食品接触用涂料及涂层不得用于接触婴幼儿食品与母乳

相关链接：

解读《关于可溶性大豆多糖等 19 种“三新食品”公告》

一、食品添加剂新品种

（一）可溶性大豆多糖

1. 背景资料。可溶性大豆多糖作为食品添加剂已列入《食品安全国家标准 食品添加剂使用标准》（GB 2760），允许用于大米制品、小麦粉制品、淀粉制品、方便米面制品、冷冻米面制品等食品类别，本次申请其使用范围扩大到生湿面制品（如面条、饺子皮、馄饨皮、烧麦皮）（食品类别 06.03.02.01）。日本厚生劳动省允许其作为食品或食品添加剂使用。

2. 工艺必要性。该物质作为抗结剂用于生湿面制品（如面条、饺子皮、馄饨皮、烧麦皮）（食品类别 06.03.02.01），防止产品黏连。其质量规格执行《可溶性大豆多糖》（LS/T 3301）。

（二）焦糖色（加氨生产）

1. 背景资料。焦糖色（加氨生产）作为食品添加剂已列入《食品安全国家标准 食品添加剂使用标准》（GB 2760），允许用于白兰地、威士忌、朗姆酒、配制酒、调香葡萄酒、黄酒、啤酒和麦芽饮料等食品类别。本次申请用于其他蒸馏酒（仅限龙舌兰酒）（食品类别 15.01.07）。国际食品法典委员会、欧盟委员会、美国食品药品管理局、澳大利亚和新西兰食品标准局等允许其作为着色剂用于酒类。联合国粮农组织 / 世界卫生组织食品添加剂联合专家委员会评估结果，该物质的每日允许摄入量不超过 200 mg/kg bw。

2. 工艺必要性。该物质作为着色剂用于其他蒸馏酒（仅限龙舌兰酒）（食品类别 15.01.07），调节产品色泽。其质量规格执行《食品添加剂 焦糖色》（GB 1886.64）。

（三）焦糖色（普通法）

1. 背景资料。焦糖色（普通法）作为食品添加剂已列入《食品安全国家标准 食品添加剂使用标准》（GB 2760），允许用于白兰地、威士忌、朗姆酒、配制酒、调香葡萄酒、黄酒、啤酒和麦芽饮料等食品类别。本次申请用于其他蒸馏酒（仅限龙舌兰酒）（食品类别 15.01.07）。国际食品法典委员会、欧盟委员会、美国食品药品管理局、澳大利亚和新西兰食品标准局等允许其作为着色剂用于酒类。联合国粮农组织 / 世界卫生组织食品添加剂联合专家委员会评估结果，该物质的每日允许摄入量为不需要限定。

2. 工艺必要性。该物质作为着色剂用于其他蒸馏酒（仅限龙舌兰酒）（食品类别 15.01.07），调节产品色泽。其质量规格执行《食品添加剂 焦糖色》（GB 1886.64）。

（四）聚甘油蓖麻醇酸酯（PGPR）

1. 背景资料。聚甘油蓖麻醇酸酯（PGPR）作为食品添加剂已列入《食品安全国家标准 食品添加剂使用标准》（GB 2760），允许用于可可制品、巧克力和巧克力制品，包括代可可脂巧克力及制品、糖果和巧克力制品包衣等食品类别。本次申请用于装饰糖果（如工艺造型，或用于蛋糕装饰）、顶饰（非水果材料）和甜汁（仅限巧克力涂层）（食品类别 05.04）。国际食品法典委员会、欧盟委员会等允许其作为乳化剂用于装饰糖果、顶饰或可可和巧克力制品。联合国粮农组织 / 世界卫生组织食品添加剂联合专家委员会评估结果，该物质的每日允许摄入量为 7.5 mg/kg bw。

2. 工艺必要性。该物质作为乳化剂用于装饰糖果（如工艺造型，或用于蛋糕装饰）、顶饰（非水果材料）和甜汁（仅限巧克力涂层）（食品类别 05.04），改善巧克力涂层的涂布性。其质量规格执行《食品添加剂 聚甘油蓖麻醇酸酯（PGPR）》（GB 1886.95）。

（五）辣椒红

1. 背景资料。辣椒红作为食品添加剂，已列入《食品安全国家标准 食品添加剂使用标准》（GB 2760），允许用于腌渍的蔬菜、方便米面制品、糕点、饼干等食品类别，本次申请其使用范围扩大到新型豆制品（大豆蛋白及其膨化食品、大豆素肉等）（食品类别04.04.01.05）和香辛料油（食品类别 12.09.02）。日本厚生劳动省允许其作为食品添加剂使用。

2. 工艺必要性。该物质作为着色剂用于新型豆制品（大豆蛋白及其膨化食品、大豆素肉等）（食品类别 04.04.01.05）和香辛料油（食品类别 12.09.02），改善产品色泽。其质量规格执行《食品添加剂 辣椒红》（GB 1886.34）。

（六）辣椒油树脂

1. 背景资料。辣椒油树脂作为食品添加剂，已列入《食品安全国家标准 食品添加剂使用标准》（GB 2760），允许用于腌渍的蔬菜、腌渍的食用菌和藻类、复合调味料等食品类别，本次申请其使用范围扩大到调理肉制品（生肉添加调理料）（食品类别 08.02.01）、腌腊肉制品类（如咸肉、腊肉、板鸭、中式火腿、腊肠）（食品类别 08.02.02）、酱卤肉类（食品类别 08.03.01.02）和香辛料油（食品类别 12.09.02）。欧盟委员会、日本厚生劳动省等允许其作为食品添加剂使用。根据联合国粮农组织 / 世界卫生组织食品添加剂联合专家委员会评估结果，该物质的每日允许摄入量为不需要限定。

2. 工艺必要性。该物质作为增味剂、着色剂用于调理肉制品（生肉添加调理料）（食品类别 08.02.01）、腌腊肉制品类（如咸肉、腊肉、板鸭、中式火腿、腊肠）（食品类别 08.02.02）、酱卤肉类（食品类别 08.03.01.02）和香辛料油（食品类别 12.09.02），改善产品的口感和色泽。其质量规格执行《食品添加剂 辣椒油树脂》（GB 28314）。

（七）维生素 E（dl-α-生育酚，d-α-生育酚，混合生育酚浓缩物）

1. 背景资料。维生素 E 作为食品添加剂已列入《食品安全国家标准 食品添加剂使用标准》（GB 2760），允许用于基本不含水的脂肪和油、油炸面制品等食品类别。本次申请其使用范围扩大到水油状脂肪乳化制品（食品类别 02.02）和 02.02 类以外的脂肪乳化制品，包括混合的和（或）调味的脂肪乳化制品（食品类别 02.03）。国际食品法典委员会、欧盟委员会、澳大利亚和新西兰食品标准局等允许其作为抗氧化剂用于脂肪和油及其制品。联合国粮农组织 / 世界卫生组织食品添加剂联合专家委员会评估结果，该物质的每日允许摄入量不超过 2 mg/kg bw。

2. 工艺必要性。该物质作为抗氧化剂用于水油状脂肪乳化制品（食品类别 02.02）和 02.02 类以外的脂肪乳化制品，包括混合的和（或）调味的脂肪乳化制品（食品类别 02.03），延缓油脂氧化。其质量规格执行《食品添加剂 维生素 E》（GB 1886.233）。

（八）甲酸钠

1. 背景资料。甲酸钠作为食品用香料已列入《食品安全国家标准 食品添加剂使用标准》（GB 2760），本次申请其扩大使用范围，作为发酵用营养物质用于发酵工艺。澳大利亚和新西兰食品标准局、美国食品药品管理局等允许其作为加工助剂用于食品。根据联合国粮农组织 / 世界卫生组织食品添加剂联合专家委员会评估结果，该物质的每日允许摄入量为 3 mg/kg bw。

2. 工艺必要性。该物质作为发酵用营养物质用于发酵工艺，促进微生物繁殖。

（九）丙酸及其钠盐、钙盐

1. 背景资料。丙酸及其钠盐、钙盐作为食品添加剂已列入《食品安全国家标准 食品添加剂使用标准》（GB 2760），允许用于面包、糕点等食品类别，本次申请作为食品工业用加工助剂用于酵母的生产工艺。国际食品法典委员会、欧盟委员会、美国食品药品管理局、澳大利亚和新西兰食品标准局等允许其作为食品添加剂或食品工业用加工助剂用于食品。联合国粮农组织 / 世界卫生组织食品添加剂联合专家委员会评估结果，该物质的每日允许摄入量不需要限定。

2. 工艺必要性。该物质作为食品工业用加工助剂用于酵母的生产，用于改善酵母使用在含有丙酸及其钠盐、钙盐等食品发酵过程中的适应性。其质量规格执行《食品添加剂 丙酸》（GB 1886.210）、《食品添加剂 丙酸钙》（GB 25548）或《食品添加剂 丙酸钠》（GB 25549）。

（十）低聚半乳糖（乳清滤出液来源）

1. 背景资料。低聚半乳糖（乳清滤出液来源）于 2017 年第 8 号公告批准作为食品营养强化剂新品种，允许用于婴幼儿配方食品、婴幼儿谷类辅助食品等食品类别，本次申请其使用范围扩大到调制乳粉（仅限儿童用乳粉）（食品类别 01.03.02）。欧盟委员会、澳大利亚和新西兰食品标准局等批准其作为食品营养强化剂用于儿童用乳粉。

2. 工艺必要性。该物质作为食品营养强化剂用于调制乳粉（仅限儿童用乳粉）（食品类别 01.03.02），增加产品中低聚糖含量。其质量规格按照 2017 年第 8 号公告执行。

（十一）葡糖氧化酶

1. 背景资料。产黄青霉（Penicillium chrysogenum）来源的葡糖氧化酶申请用为食品工业用酶制剂新品种。欧盟委员会、美国食品药品管理局、日本厚生劳动省等允许该来源的葡糖氧化酶作为食品工业用酶制剂使用。

2. 工艺必要性。该物质作为食品工业用酶制剂，除去食品中残余的葡萄糖，防止由美拉德反应导致的非酶褐变。其质量规格应执行《食品安全国家标准 食品添加剂 食品工业用酶制剂》（GB 1886.174）。

二、食品相关产品新品种

（一）乙酸钠

1. 背景资料。该物质为白色结晶粉末或块状，无臭，易溶于水。《食品安全国家标准 食品添加剂使用标准》（GB 2760-2014）批准其作为食品添加剂使用；《食品安全国家标准 食品接触材料及制品用添加剂使用标准》（GB 9685-2016）批准其作为添加剂用于聚对苯二甲酸乙二醇酯（PET）塑料、涂料、油墨、粘合剂和纸中。本次申请将其使用范围扩大至乙烯－乙烯醇共聚物（EVOH）塑料。美国食品药品管理局和欧盟委员会均允许该物质用于食品接触用EVOH塑料材料及制品。

2. 工艺必要性。该物质用于EVOH塑料中，用于增加 EVOH 和粘合剂之间的粘合强度。

（二）磷酸

1. 背景资料。该物质为白色固体或黏稠液体，易溶于水。《食品安全国家标准 食品添加剂使用标准》（GB 2760-2014）批准其作为食品添加剂使用；《食品安全国家标准 食品接触材料及制品用添加剂使用标准》（GB 9685-2016）批准其作为添加剂用于聚乙烯（PE）、聚丙烯（PP）等多种塑料，涂料，油墨，粘合剂和纸中。本次申请将其使用范围扩大至乙烯－乙烯醇共聚物（EVOH）塑料。美国食品药品管理局和欧盟委员会均允许该物质用于食品接触用EVOH塑料材料及制品。

2. 工艺必要性。该物质用于EVOH塑料，可防止EVOH塑料在加工过程中泛黄。

（三）磷酸二氢钾

1. 背景资料。该物质是磷酸的一种酸式盐，常温下为白色晶状粉末或颗粒，溶于水，不溶于乙醇。《食品安全国家标准 食品添加剂使用标准》（GB 2760-2014）批准其作为食品添加剂使用；《食品安全国家标准 食品接触材料及制品用添加剂使用标准》（GB 9685-2016）批准其作为添加剂用于聚乙烯（PE）、聚丙烯（PP）等多种塑料、涂料、油墨、粘合剂和纸中。本次申请将其使用范围扩大至乙烯－乙烯醇共聚物（EVOH）塑料。美国食品药品管理局和欧盟委员会均允许该物质用于食品接触用EVOH塑料材料及制品。

2. 工艺必要性。该物质添加到EVOH中，用于增加 EVOH 和粘合剂之间的粘合强度。

（四）4,4'－亚甲基双（2,6-二甲基酚）与氯甲基环氧乙烷的聚合物

1. 背景资料。该物质是一种食品接触材料及制品用添加剂，常温下为液态，溶于水。美国食品药品管理局与荷兰卫生、福利和体育部均允许该物质用于食品接触用涂料及涂层。

2. 工艺必要性。该物质作为添加剂使用在涂料中，有利于形成光滑涂面，改善涂料的弹性。

（五）甲醛与2-甲基苯酚、3-甲基苯酚和4-甲基苯酚的聚合物的丁基醚

1. 背景资料。该物质是一种食品接触材料及制品用基础树脂，不溶于水，可溶于醇类、酯类和酮类。美国食品药品管理局和欧洲委员会均允许该物质用于食品接触用涂料及涂层。

2. 工艺必要性。该物质用在涂料中，与环氧树脂结合，有良好的附着力、硬度和柔韧性。

（六）氯乙烯－乙酸乙烯－马来酸三元共聚物

1. 背景资料。该物质是一种食品接触材料及制品用基础树脂，不溶于水。美国食品药品管理局和欧洲委员会均允许该物质用于食品接触用涂料及涂层。

2. 工艺必要性。该物质用在涂料中，可以改善涂料性能，增强涂料的附着力、柔韧性、硬度和耐化学性。

（七）1,4-环己二甲醇与3-羟甲基丙烷、2,2-二甲基-1,3-丙二醇、己二酸、1,3-苯二甲酸和马来酸酐的共聚物

1. 背景资料。该物质是一种食品接触材料及制品用基础树脂，不溶于水。美国食品药品管理局和欧洲委员会均允许该物质用于食品接触用涂料及涂层。

2. 工艺必要性。该物质作为涂料的主要成膜物质，可以提高涂层的耐化学性。

（八）4,4'－异亚丙基苯酚与甲醛的聚合物

1. 背景资料。该物质是一种食品接触材料及制品用基础树脂，不溶于水。美国食品药品管理局和欧洲委员会均允许该物质用于食品接触用涂料及涂层。

2. 工艺必要性。该物质是一种酚醛树脂，可以提高涂层的柔韧性和耐化学性。

国家卫生健康委关于葡糖淀粉酶等28种“三新食品”的公告

2019年第6号

根据《食品安全法》规定，审评机构组织专家对葡糖淀粉酶等11种食品添加剂新品种、聚环辛烯等17种食品相关产品新品种的安全性评估材料审查并通过。

特此公告。

国家卫生健康委

2019年12月2日

附件：葡糖淀粉酶等11种食品添加剂新品种、聚环辛烯等17种食品相关产品新品种公告文本

公告文本链接如下：http://www.nhc.gov.cn/sps/s7890/201912/96d9e2d87670426cb8af0610fad590fa/files/06d28ea4e955485db0bee5004f375567.doc

相关链接：

解读《关于葡糖淀粉酶等28种“三新食品”的公告》

一、食品添加剂新品种

（一）葡糖淀粉酶

1. 背景资料。李氏木霉 (Trichoderma reesei) 来源的葡糖淀粉酶申请作为食品工业用酶制剂新品种。美国、丹麦等允许其作为食品工业用酶制剂使用。

2. 工艺必要性。该物质作为食品工业用酶制剂，用于糖化工艺。其质量规格执行《食品添加剂 食品工业用酶制剂》（GB 1886.174）。

（二）(1R,2S,5R)–N–(4–甲氧苯基)–5–甲基–2–(1–甲基乙基)环己基甲酰胺

1. 背景资料。(1R,2S,5R)–N–(4–甲氧苯基)–5–甲基–2–(1–甲基乙基)环己基甲酰胺的分子式是C18H27NO2。联合国粮农组织/世界卫生组织食品添加剂联合专家委员会、欧盟委员会、美国食用香料和提取物制造者协会、国际食品用香料香精工业组织等允许其作为食品用香料使用。

2. 工艺必要性。该物质配制成食品用香精后用于各类食品（《食品安全国家标准 食品添加剂使用标准》<GB 2760>表B.1食品类别除外），改善食品的味道。该物质的质量规格按照公告的相关内容执行。

（三）2–（4–甲基苯氧基）–N–（1H–吡唑–3–基）–N–（噻吩–2–基甲基）乙酰胺

1. 背景资料。2–（4–甲基苯氧基）–N–（1H–吡唑–3–基）–N–（噻吩–2–基甲基）乙酰胺的分子式是C17H17N3O2S。联合国粮农组织/世界卫生组织食品添加剂联合专家委员会、美国食用香料和提取物制造者协会、国际食品用香料香精工业组织等允许其作为食品用香料使用。

2. 工艺必要性。该物质配制成食品用香精后用于各类食品（《食品安全国家标准 食品添加剂使用标准》<GB 2760>表B.1食品类别除外），改善食品的味道。该物质的质量规格按照公告的相关内容执行。

（四）维生素K2（合成法）

1. 背景资料。维生素K作为食品营养强化剂已列入《食品安全国家标准 食品营养强化剂使用标准》（GB 14880），允许用于调制乳粉（仅限儿童用乳粉和孕产妇用乳粉），本次申请的维生素K2（合成法）是维生素K的一种化合物来源，用于调制乳粉（仅限儿童用乳粉和孕产妇用乳粉）（食品类别01.03.02）。美国食品药品管理局允许其作为食品营养强化剂用于乳制品。

2. 工艺必要性。该物质作为食品营养强化剂用于调制乳粉（仅限儿童用乳粉和孕产妇用乳粉）（食品类别01.03.02），强化食品中的维生素K。其质量规格按照公告的相关内容执行。

（五）丙酸钙

1. 背景资料。丙酸及其钠盐、钙盐作为食品添加剂已列入《食品安全国家标准 食品添加剂使用标准》（GB 2760），允许用于面包、糕点等食品类别。本次申请用于调理肉制品（食品类别08.02.01）和熏、烧、烤肉类（食品类别08.03.02）。国际食品法典委员会、澳大利亚和新西兰食品标准局等允许其作为防腐剂用于肉制品。联合国粮农组织/世界卫生组织食品添加剂联合专家委员会评估结果，该物质的每日允许摄入量不需要限定。

2. 工艺必要性。该物质作为防腐剂用于调理肉制品（食品类别08.02.01）和熏、烧、烤肉类（食品类别08.03.02），抑制微生物生长、延长产品保质期。其质量规格执行《食品添加剂 丙酸钙》（GB 25548）。

（六）红曲黄色素

1. 背景资料。红曲黄色素作为食品添加剂已列入《食品安全国家标准 食品添加剂使用标准》（GB 2760），允许用于糕点、熟肉制品等食品类别，本次申请用于鸡精、鸡粉（食品类别12.10.01.02）。韩国食品药品管理局允许其作为着色剂用于调味料。

2. 工艺必要性。该物质作为着色剂用于鸡精、鸡粉（食品类别12.10.01.02），调节产品色泽。其质量规格执行《食品添加剂 红曲黄色素》（GB 1886.66）。

（七）焦糖色（亚硫酸铵法）

1. 背景资料。焦糖色（亚硫酸铵法）作为食品添加剂已列入《食品安全国家标准 食品添加剂使用标准》（GB 2760），允许用于白兰地、威士忌、朗姆酒、配制酒等食品类别。本次申请用于其他蒸馏酒（仅限龙舌兰酒）（食品类别15.01.07）。国际食品法典委员会、欧盟委员会、美国食品药品管理局、澳大利亚和新西兰食品标准局等允许其作为着色剂用于酒类。联合国粮农组织/世界卫生组织食品添加剂联合专家委员会评估结果，该物质的每日允许摄入量为200 mg/kg bw。

2. 工艺必要性。该物质作为着色剂用于其他蒸馏酒（仅限龙舌兰酒）（食品类别15.01.07），调节产品色泽。其质量规格执行《食品添加剂 焦糖色》（GB 1886.64）。

（八）ε－聚赖氨酸盐酸盐

1. 背景资料。ε－聚赖氨酸盐酸盐作为食品添加剂已列入《食品安全国家标准 食品添加剂使用标准》（GB 2760），允许用于肉及肉制品、饮料类等食品类别，本次申请用于卤蛋（食品类别10.02.01）。美国食品药品管理局、日本厚生劳动省等允许其作为防腐剂用于蛋制品。

2. 工艺必要性。该物质作为防腐剂用于卤蛋（食品类别10.02.01），延长产品保质期。其质量规格执行国家卫生健康委员会（原国家卫生和计划生育委员会）2014年第5号公告。

（九）辣椒红

1. 背景资料。辣椒红作为食品添加剂已列入《食品安全国家标准 食品添加剂使用标准》（GB 2760），允许用于腌渍的蔬菜、方便米面制品、糕点、饼干等食品类别，本次申请其使用范围扩大到豆干再制品（食品类别04.04.01.03）和熟制水产品（可直接食用）（食品类别09.04）。日本厚生劳动省允许其作为着色剂用于食品。

2. 工艺必要性。该物质作为着色剂用于豆干再制品（食品类别04.04.01.03）和熟制水产品（可直接食用）（食品类别09.04），调节产品色泽。其质量规格执行《食品添加剂 辣椒红》（GB 1886.34）。

（十）硬脂酰乳酸钠

1. 背景资料。硬脂酰乳酸钠作为食品添加剂已列入《食品安全国家标准 食品添加剂使用标准》（GB 2760），允许用于植物油脂、水油状乳化制品、其他油脂或油脂制品（仅限植脂末）。本次申请用于其他油脂或油脂制品（仅限粉末油脂）（食品类别02.05）。国际食品法典委员会、欧盟委员会、美国食品药品管理局等允许其作为乳化剂、稳定剂用于脂肪和油脂类产品。联合国粮农组织/世界卫生组织食品添加剂联合专家委员会评估结果，该物质的每日允许摄入量为20 mg/kg bw。

2. 工艺必要性。该物质作为乳化剂、稳定剂用于其他油脂或油脂制品（仅限粉末油脂）（食品类别02.05），改善产品的乳化、稳定性。其质量规格执行《食品添加剂 硬脂酰乳酸钠》（GB 1886.92）。

（十一）植物炭黑

1. 背景资料。植物炭黑作为食品添加剂已列入《食品安全国家标准 食品添加剂使用标准》（GB 2760），允许用于冷冻饮品、糕点、饼干等食品类别，本次申请用于豆干类（食品类别04.04.01.02）和加工坚果与籽类（食品类别04.05.02）。欧盟委员会、日本厚生劳动省、澳大利亚和新西兰食品标准局等允许其作为着色剂用于加工坚果等食品类别。

2. 工艺必要性。该物质作为着色剂用于豆干类（食品类别04.04.01.02）和加工坚果与籽类（食品类别04.05.02），调节产品颜色。其质量规格执行《食品添加剂 植物炭黑》（GB 28308）。

二、食品相关产品新品种

（一）聚环辛烯

1. 背景资料。该物质是环辛烯聚合反应生成的高分子聚合物，由线性和环状结构组成，不溶于水。美国食品药品管理局和欧盟委员会均允许其用于食品接触用塑料材料及制品。

2. 工艺必要性。该物质添加到乙烯－乙烯醇共聚物（EVOH）中，用于多层食品接触材料及制品，可增强其机械性能（例如抗拉强度），也可用于除氧系统，达到延长产品保质期的目的。

（二）甲醛与 3- 甲基苯酚的聚合物的丁醚

1. 背景资料。该物质不溶于水，可溶于 1- 丁醇。欧洲委员会和瑞士联邦政府均允许该物质用于食品接触用涂料及涂层。

2. 工艺必要性。该物质为涂料的交联固化剂，能提高涂膜的硬化性能。

（三）丙烯酰胺与二烯丙基二甲基氯化铵、衣康酸和丙烯酸的共聚物

1. 背景资料。该物质为无色透明至微白色粘稠液体。美国食品药品管理局和加拿大卫生部均允许该物质用于食品接触用纸和纸板材料及制品。

2. 工艺必要性。该物质用作纸的干强剂，可提高纸和纸板的拉伸强度、粘合强度、耐破强度和压缩强度，改善纸张的性能。

（四）丙烯酸和丙烯酸丁酯的聚合物与 N,N- 二乙基乙胺的化合物

1. 背景资料。该物质为无色透明液体，不溶于水。美国食品药品管理局和欧洲委员会均允许该物质用于食品接触用涂料及涂层。

2. 工艺必要性。该物质可以减少涂料成膜后缩孔等表面缺陷。

（五）三聚氰胺与甲醛的聚合物的异丁基化醚

1. 背景资料。该物质不溶于水。美国食品药品管理局和欧洲委员会均允许该物质用于食品接触用涂料及涂层，且可接触婴幼儿食品和母乳。

2. 工艺必要性。该物质可增强涂层在金属表面的附着力，减少涂料喷涂过程中的表面缺陷。

（六）1,3- 二氢 -1,3- 二氧代 -5- 异苯并呋喃羧酸与 2- 乙基 -2-(羟甲基)-1,3- 丙二醇、1,2- 丙二醇和 1,2,3- 丙三醇的聚合物

1. 背景资料。该物质不溶于水。美国食品药品管理局和欧洲委员会均允许该物质用于食品接触用涂料及涂层。

2. 工艺必要性。该物质可以增强涂层对高锡含量的马口铁基材的附着力。

（七）2- 羟基 - 苯甲酸与甲醛和 2,4- 二氨基 -6- 苯基 -1,3,5- 三嗪的乙基化甲基化聚合物

1. 背景资料。该物质不溶于水。美国食品药品管理局和欧洲委员会均允许该物质用于食品接触用涂料及涂层。

2. 工艺必要性。该物质可以增大涂料涂膜与金属基材的附着力，同时增强涂层的耐腐蚀性。

（八）微晶石蜡和烃蜡

1. 背景资料。该物质是衍生自石油的固体烃类混合物。《食品安全国家标准 食品添加剂 胶基及其配料》（GB 29987-2014）批准其用作胶基的配料。《食品安全国家标准 食品接触材料及制品用添加剂使用标准》（GB 9685-2016）批准其作为添加剂用于聚乙烯（PE）塑料、聚丙烯（PP）塑料、涂料及涂层以及纸和纸板中，按生产需要适量使用。本次申请将其使用范围扩大至聚苯乙烯（PS）塑料，最大使用量 0.5%。美国食品药品管理局和欧盟委员会均允许该物质用于 PS 食品接触材料及制品。

2. 工艺必要性。该物质用作 PS 塑料中的抗粘连剂。添加了该物质的 PS 塑料具有较高的硬度、抗拉强度，且具有较低的熔点，更便于塑料加工。

（九）C14-C18 和 C16-C18- 不饱和脂肪酸

1. 背景资料。该物质在常温下为固体，不溶于水。《食品安全国家标准 食品接触材料及制品用添加剂使用标准》（GB 9685-2016）批准其作为添加剂用于纸和纸板。本次申请将其使用范围扩大至丙烯腈 - 丁二烯 - 苯乙烯（ABS）塑料。美国食品药品管理局和欧盟委员会均允许该物质用于 ABS 食品接触材料及制品。

2. 工艺必要性。该物质用作 ABS 塑料中的乳化剂，有较好的稳定作用。

（十）甲醛与苯酚、对叔丁基苯酚和正丁醇的聚合物

1. 背景资料。该物质是一种不溶于水的基础树脂。美国食品药品管理局和欧洲委员会均允许该物质用于食品接触用涂料及涂层。

2. 工艺必要性。该物质为一种酚醛树脂类交联剂，用在聚酯涂料中，可提高涂层的抗机械变形能力以及耐化学性。

（十一）甲醛与正丁醇和苯酚的反应产物

1. 背景资料。该物质是一种不溶于水的基础树脂。美国食品药品管理局和欧洲委员会均允许该物质用于食品接触用涂料及涂层。2. 工艺必要性。该物质用在涂料中，形成的涂层固化性能和柔韧性较好，能够抵抗机械变形。

（十二）1,3- 苯二甲酸与 1,4- 苯二甲酸、1,4- 丁二醇、丙二醇和己二酸的共聚物

1. 背景资料。该物质是一种不溶于水的基础树脂。美国食品药品管理局和欧洲委员会均允许该物质用于食品接触用涂料及涂层。2. 工艺必要性。该物质作为涂料附着力促进剂，可增加涂料涂膜对金属罐焊缝的附着力。

（十三）1,3- 苯二甲酸与 1,4- 苯二甲酸、癸二酸、2,2- 二甲基 -1,3- 丙二醇和 1,2- 乙二醇的聚合物

1. 背景资料。该物质在常温下为白色或淡黄色透明颗粒。美国食品药品管理局和欧洲委员会均允许该物质用于食品接触用涂料及涂层。

2. 工艺必要性。该物质用作涂料的成膜物质。以该物质为原料生产的聚酯涂料具有较强的柔韧性，在遭受机械外力的情况下，可较好地保证涂层的完整性。

（十四）1,3- 苯二甲酸与 1,4- 苯二甲酸、1,4- 环己烷二甲醇、2,2- 二甲基 -1,3- 丙二醇和 1,2- 乙二醇的聚合物

1. 背景资料。该物质在常温下为白色或淡黄色透明颗粒。美国食品药品管理局和欧洲委员会均允许该物质用于食品接触用涂料及涂层。

2. 工艺必要性。该物质用作涂料的成膜物质。以该物质为原料生产的涂料具有较好的耐化学性，可接触所有类型食品。

（十五）1,3- 苯二甲酸与癸二酸、1,4- 苯二甲酸 -1,4- 二甲酯、2,2- 二甲基 -1,3- 丙二醇和 1,2- 乙二醇的聚合物

1. 背景资料。该物质在常温下为白色或淡黄色透明颗粒。美国食品药品管理局和欧洲委员会均允许该物质用于食品接触用涂料及涂层。

2. 工艺必要性。该物质用作涂料的成膜物质，以该物质为原料生产的涂料具有较强的柔韧性，在遭受机械外力的情况下，可较好地保持涂层的完整性。

（十六）甲醛与三混甲酚的聚合物

1. 背景资料。该物质是一种不溶于水的基础树脂。美国食品药品管理局和欧洲委员会均允许该物质用于食品接触用涂料及涂层。

2. 工艺必要性。该物质是金属罐内壁涂层的基础成分，与环氧树脂或者聚酯树脂进行交联反应后可提高涂层的硬度、抗化学性和耐腐蚀性。

（十七）甲醛与 4,4'-(1- 甲基亚乙基) 双 [苯酚]、3- 甲基苯酚和 4- 甲基苯酚聚合物的丁基醚

1. 背景资料。该物质是一种不溶于水的基础树脂。美国食品药品管理局和欧洲委员会均允许该物质用于食品接触用涂料及涂层。

2. 工艺必要性。该物质是一种酚醛树脂类交联剂，可以提高涂层的柔韧性和耐化学性。

国家卫生健康委关于印发食源性疾病监测报告工作规范（试行）的通知

国卫食品发〔2019〕59号

各省、自治区、直辖市及新疆生产建设兵团卫生健康委，中国疾病预防控制中心、国家食品安全风险评估中心：

为规范卫生健康系统食源性疾病监测报告工作，根据《中华人民共和国食品安全法》第十四条、第一百零三条、第一百零四条等规定，我委组织制定了《食源性疾病监测报告工作规范（试行）》（可从国家卫生健康委网站下载）。现印发给你们，请遵照执行。

国家卫生健康委

2019年10月17日

食源性疾病监测报告工作规范（试行）

第一章 总 则

第一条 为规范食源性疾病监测报告工作，及时控制食源性疾病危害，保护公众身体健康，依据《中华人民共和国食品安全法》，制定本规范。

第二条 本规范适用于各级卫生健康行政部门、疾病预防控制机构、医疗机构开展食源性疾病的报告、监测、通报、管理等工作。

第三条 食源性疾病监测报告工作实行属地管理、分级负责的原则。县级以上地方卫生健康行政部门负责辖区内食源性疾病监测报告的组织管理工作。

第二章 监测报告

第四条 医疗机构应当建立食源性疾病监测报告工作制度，指定具体部门和人员负责食源性疾病监测报告工作，组织本单位相关医务人员接受食源性疾病监测报告培训，做好食源性疾病信息的登记、审核检查、网络报告等管理工作，协助疾病预防控制机构核实食源性疾病监测报告信息。

第五条 医疗机构在诊疗过程中发现《食源性疾病报告名录》规定的食源性疾病病例，应当在诊断后2个工作日内通过食源性疾病监测报告系统报送信息。

第六条 医疗机构发现食源性聚集性病例时，应当在1个工作日内向县级卫生健康行政部门报告。对可疑构成食品安全事故的，应当按照当地食品安全事故应急预案的要求报告。

第七条 承担食源性疾病主动监测任务的哨点医院应当按照国家食源性疾病监测计划的要求，对特定食源性疾病开展主动监测。

第八条 县级以上疾病预防控制机构负责确定本单位食源性疾病监测报告工作的部门及人员，建立食源性疾病监测报告管理制度，对辖区内医疗机构食源性疾病监测报告工作进行培训和指导。

第九条 县级疾病预防控制机构应当每个工作日审核、汇总、分析辖区内食源性疾病病例和聚集性病例信息，对聚集性病例进行核实，经核实认为可能与食品生产经营有关的，应当在核实结束后及时向县级卫生健康行政部门和地市级疾病预防控制机构报告。

第十条 省、地市级疾病预防控制机构应当每个工作日审核、汇总、分析辖区内食源性疾病病例信息，发现跨所辖行政区域的聚集性病例时应当进行核实，经核实认为可能与食品生产经营有关的，应当在核实结束后及时向同级卫生健康行政部门和上一级疾病预防控制机构报告（其中，省级疾病预防控制机构向国家食品安全风险评估中心报告）。

第十一条 国家食品安全风险评估中心应当每个工作日对全国报告的食源性疾病病例信息进行审核、汇总、分析，发现跨省级行政区域的聚集性病例应当进行核实。经核实认为可能与食品生产经营有关的，应当在核实结束后及时向国家卫生健康委报告。

第十二条 县级以上疾病预防控制机构开展流行病学调查后，调查结果为食源性疾病暴发的，应当在7个工作日内通过全国食源性疾病暴发监测系统报告流行病学调查信息。

第十三条 县级以上疾病预防控制机构在调查处

理传染病或者其他突发公共卫生事件中发现与食品安全相关的信息，应当将食源性疾病或者食品安全风险信息及时报告同级卫生健康行政部门。属于食源性疾病的，按照本规范第十二条规定进行报告。

第十四条 国家食品安全风险评估中心和地方各级疾病预防控制机构应当定期对辖区食源性疾病监测报告信息进行综合分析，向同级卫生健康行政部门报送监测情况报告。

第三章 信息通报

第十五条 县级以上卫生健康行政部门接到医疗机构或疾病预防控制机构报告的食源性疾病信息，应当组织研判，认为与食品安全有关的，应当及时通报同级食品安全监管部门，并向本级人民政府和上级卫生健康行政部门报告。

第十六条 县级以上卫生健康行政部门应当根据辖区食源性疾病发病状况，向社会公布影响公众健康的主要食源性疾病及其预防知识，积极开展风险交流。

第十七条 未经卫生健康行政部门同意，承担食源性疾病监测报告的机构和个人不得擅自发布食源性疾病监测信息。

第四章 组织保障

第十八条 国务院卫生健康行政部门负责制定和公布《食源性疾病报告名录》，并适时对该名录进行调整。省级卫生健康行政部门根据本区域疾病预防控制工作的需要，可增加食源性疾病报告病种和监测内容。

第十九条 县级以上卫生健康行政部门负责建立完善辖区食源性疾病监测报告工作体系，明确相关机构职责与工作要求，协调提供相应的条件保障。对食源性疾病监测报告工作中作出突出贡献的单位和个人，按照食品安全法有关规定给予表彰和奖励。对隐瞒、缓报、谎报或者授意他人隐瞒、缓报、谎报的单位和个人进行通报批评。

第五章 附 则

第二十条 名词解释

食源性聚集性病例：具有类似临床表现，在时间或地点分布上具有关联，且有可疑共同食品暴露史，发病可能与食品有关的食源性疾病病例。

食源性疾病暴发：2 例及以上具有类似临床表现，经流行病学调查确认有共同食品暴露史，且发病与食品有关的食源性疾病病例。

第二十一条 本规范自 2020 年 1 月 1 日起施行。

附件

食源性疾病报告名录

序号	食源性疾病名称	序号	食源性疾病名称
	细菌性		化学性
1	非伤寒沙门氏菌病	19	农药中毒（有机磷、氨基甲酸酯）
2	致泻性大肠埃希氏菌病	20	亚硝酸盐中毒
3	肉毒毒素中毒	21	瘦肉精中毒
4	葡萄球菌肠毒素中毒	22	甲醇中毒
5	副溶血性弧菌病	23	杀鼠剂中毒（抗凝血性、致惊厥性）
6	米酵菌酸中毒		有毒动植物性
7	蜡样芽胞杆菌病	24	菜豆中毒
8	弯曲菌病	25	桐油中毒
9	单核细胞增生李斯特菌病	26	发芽马铃薯中毒
10	克罗诺杆菌病	27	河鲀毒素中毒
11	志贺氏菌病	28	贝类毒素中毒
12	产气荚膜梭菌病	29	组胺中毒
	病毒性	30	乌头碱中毒
13	诺如病毒病		真菌性
	寄生虫性	31	毒蘑菇中毒
14	广州管圆线虫病	32	霉变甘蔗中毒
15	旋毛虫病	33	脱氧雪腐镰刀菌烯醇中毒
16	华支睾吸虫病（肝吸虫病）		其他
17	并殖吸虫病（肺吸虫病）	34	医疗机构认为需要报告的其他食源性疾病
18	绦虫病	35	食源性聚集性病例（包括但不限于以上病种）

国家卫生健康委关于印发食品安全国家标准审评委员会章程的函

国卫食品函〔2019〕168号

各省、自治区、直辖市及新疆生产建设兵团卫生健康委，工业和信息化部、农业农村部、海关总署、市场监管总局，粮食和储备局、标准委、认监委，中国消费者协会：

《食品安全国家标准审评委员会章程》已由第二届食品安全国家标准审评委员会审议通过。现予公布，自公布之日起施行。

国家卫生健康委

2019年7月23日

食品安全国家标准审评委员会章程

第一章　总　则

第一条　为维护健康，保障食品安全标准审查工作顺利进行，根据《中华人民共和国食品安全法》及相关法规和部门规章，制定本章程。

第二条　食品安全国家标准审评委员会（以下简称 委员会）的职责是：

（一）审评食品安全国家标准年度立项计划；

（二）审评食品安全国家标准；

（三）提出实施食品安全国家标准的意见建议；

（四）研究解决食品安全国家标准实施中的重大问题；

（五）承担国家卫生健康委委托的食品安全国家标准其他工作。

第三条　委员会以维护健康和生命安全为宗旨，以食品安全风险评估结果为基础，坚持科学性、实用性原则，立足我国国情构建“最严谨的标准”体系，促进食品安全标准与经济社会和贸易协调发展。

委员会坚持发扬民主、协商一致的工作原则。

第二章　组织机构

第四条　委员会设主任委员、常务副主任委员、副主任委员、技术总师、秘书长、副秘书长，下设专业委员会、委员、秘书处和秘书处办公室。

委员会以主任会议、秘书长会议、技术总师会议和专业委员会会议的形式议事。

第五条　主任委员由国家卫生健康委主任担任。常务副主任委员由国家卫生健康委分管副主任担任。副主任委员由农业农村部、市场监管总局分管负责同志担任。

主任委员负责委员会全面工作，常务副主任委员负责委员会日常工作。农业农村部副主任委员负责审核农药残留、兽药残留标准。市场监管总局副主任委员负责食品安全监管与标准工作的衔接。

委员会的日常行政管理工作由国家卫生健康委食品安全标准与监测评估司负责。受国家卫生健康委委托，委员会的日常专业技术管理工作由国家食品安全风险评估中心（以下简称食品评估中心）负责。

第六条　技术总师原则上由食品安全领域两院院士担任，负责食品安全国家标准的技术把关。

第七条　秘书长由国家卫生健康委主管司局主要负责同志担任，副秘书长由国家卫生健康委、农业农村部、市场监管总局相关司局负责同志和食品评估中心主要负责同志担任。

秘书长负责组织食品安全国家标准的行政把关，为主任会议提供保障。农业农村部、市场监管总局副秘书长在秘书长协调下，落实本单位副主任委员工作部署。

秘书处办公室设在食品评估中心，该中心主要负责同志担任秘书处办公室主任，负责为委员会各项会议和日常工作提供专业技术保障。

第八条　委员由医学、农业、食品、营养、生物、环境等方面的专家组成。国家卫生健康委对国务院有关部门和相关机构推荐的专家进行遴选并向社会公示后聘任。委员实行任期制，每届任期5年。

国务院有关部门、中国消费者协会的代表为单位委员，单位委员不指定具体人员。

第九条 专业委员会负责本专业领域食品安全国家标准审查工作，各专业委员会中的委员原则上不超过30名（单位委员除外）。专业委员会包括：

（一）污染物专业委员会；

（二）微生物专业委员会；

（三）食品添加剂专业委员会；

（四）农药残留专业委员会；

（五）兽药残留专业委员会；

（六）食品中放射性物质专业委员会；

（七）食品产品专业委员会；

（八）营养与特殊膳食食品专业委员会；

（九）食品相关产品专业委员会；

（十）标签专业委员会；

（十一）生产经营规范专业委员会；

（十二）理化检验方法与规程专业委员会；

（十三）微生物检验方法与规程专业委员会；

（十四）毒理学评价程序与方法专业委员会。

根据工作需要，委员会可临时组建特别工作组。特别工作组的设立和职责由主任会议确定。

第十条 委员会设合法性审查工作组，由行政管理、标准、法律、传媒等领域的资深专家组成，负责食品安全国家标准的合法性审查，审议社会稳定风险评估意见。

第十一条 委员会设专家顾问组，聘请相关领域的两院院士、国际权威专家（含香港、澳门特别行政区和国际组织）组成，提供食品安全国家标准的专业技术咨询和风险交流等。

第十二条 主任会议由主任委员或常务副主任委员主持，副主任委员、技术总师、秘书长、副秘书长等参加。

主任会议的职责是：

（一）审定秘书长会议提请审议的食品安全国家标准；

（二）研究贯彻落实国家食品安全标准工作的重要举措；

（三）审议和修订委员会章程；

（四）研究其他重要事项。

第十三条 技术总师会议由技术总师主持，有关专业委员会主任委员、副主任委员参加。

技术总师会议的职责是：

（一）负责食品安全国家标准的总体技术审查，审议各

专业委员会对食品安全国家标准的审查意见；

（二）审查待审标准与其他食品安全国家标准内容之间的协调和衔接。

第十四条 秘书长会议由秘书长主持，副秘书长、合法性审查工作组成员参加。

秘书长会议的职责是：

（一）审议食品安全国家标准年度立项计划；

（二）负责食品安全国家标准的行政审查和合法性审查，协调相关部门意见；

（三）审查食品安全国家标准的社会稳定风险评估报告；

（四）审议委员会年度工作安排，根据需要提请召开主任会议；

（五）落实委员会有关工作。

第十五条 专业委员会会议由专业委员会主任委员主持，本专业委员会全体委员（包括单位委员）参加。

专业委员会的职责是：

（一）审查本专业食品安全国家标准年度立项计划；

（二）负责食品安全国家标准的专业技术审查，审查涉及本专业领域食品安全国家标准送审稿的科学性、实用性、合规性以及与其他食品安全标准、相关标准的协调性等；

（三）提出实施食品安全国家标准的意见建议，协助提出食品安全国家标准解释的咨询建议；

（四）落实委员会有关工作。

第十六条 秘书处办公室记录委员会决定事项、对标准的修改意见及标准审查结论，并形成会议纪要。受主任委员委托，主任会议纪要由常务副主任委员签发。秘书长会议纪要由秘书长签发。技术总师会议和专业委员会会议纪要经会议主持人审核后，由秘书处办公室主任签发。

第三章 委员管理

第十七条 委员应当符合以下条件：

（一）以习近平新时代中国特色社会主义思想为指导，拥护党的路线、方针、政策，坚持新发展理念，遵循“四个最严”要求，社会责任感强，具有严谨、科学、端正的工作作风和工作能力，廉洁自律；

（二）从事食品安全标准、食品安全相关专业领域工作；在本领域具有较高的造诣，了解和掌握国内外食品安全标准前沿信息；

（三）具有副高级以上（含副高级）职称或同等专业资历，年龄在65岁以下（院士除外），身体健康；

（四）检验方法与规程专业委员会委员应当从事实验室检测5年以上，且目前从事检测工作；

（五）勤奋敬业，参加委员会活动，主动承担并完成委员会交给的各项工作，履行委员义务，承担相应的责任；

（六）不在食品、食品添加剂、食品相关产品、检验设备及耗材生产（经营）企业，以及非政府举办的第三方检测机构担任或兼任职务。

第十八条 专业委员会主任委员、副主任委员除符合第十七条外，还应当符合以下条件：

（一）长期从事食品安全工作，原则上具有正高级职称，为所在专业领域的权威专家；具有主持专业委员会会议所需的组织管理能力；

（二）有承担食品安全国家标准项目工作的经验，

熟悉委员会各项程序、规则及食品安全国家标准工作要求；

（三）熟悉本领域国内外标准动态和最新进展，具有参与国际食品标准工作经验；

（四）按时主持专业委员会活动。

第十九条 委员应当履行以下职责和义务：

（一）按照《食品安全法》及其实施条例、《食品安全标准管理办法》要求，审查食品安全国家标准；

（二）提出所在专业委员会相关食品安全国家标准工作建议；

（三）对主任委员、副主任委员、技术总师及秘书长工作，提出意见建议；

（四）遵守国家法律法规和本章程，执行委员会决议；

（五）履行委员义务，按时参加委员会会议和活动，依法、科学、公正、明确地提出意见建议；

（六）承担委员会交办的任务；

（七）履行相关保密义务。

委员享有表决权，有获得相关资料和文件的权利。

第二十条 委员任期五年，符合条件的可以连聘连任，到期不续聘者自动失去委员资格。任期内出现下列情形之一的，由国家卫生健康委予以解聘并予公示。

（一）担任委员期间违反国家法律法规和相关纪律，或违反章程从事与委员身份不符的活动；

（二）委员所在单位或个人因机构或职责调整不再从事食品安全相关工作；

（三）因个人原因无法履行委员职责；

（四）在履职期间，因未能履行相关职责，造成标准出现重大技术性错误；

（五）委员在担任委员期间收到委员会会议通知后累计三次无法参加会议的；

（六）委员所在单位不能支持委员履行委员义务，如不能保证参加委员会活动的时间和经费；

（七）不再适合担任委员职务的其他原因。

第二十一条 秘书处或专业委员会根据工作需要，可提出增补或调整委员人选的建议，按本章程规定聘任。

第四章　标准审查

第二十二条 委员会按照以下程序审查食品安全国家标准：

（一）秘书处办公室初审；

（二）专业委员会会议审查；

（三）公开征求意见；

（四）专业委员会会议再审；

（五）技术总师会议审查；

（六）秘书长会议审查；

（七）根据需要，秘书长会议可提请召开主任会议。

第二十三条 秘书处办公室对食品安全国家标准草案进行初审时，对标准草案及各相关文档的完整性、书写规范性、与立项要求的一致性、与相关标准的协调性等进行审查。初审不符合要求的，退回起草单位修改。

第二十四条 秘书处办公室初审通过后，提交专业委员会会议审查。专业委员会审查通过，形成食品安全国家标准征求意见稿，由秘书处公开征求意见，并向世界贸易组织成员通报。

征求意见后修改完善形成食品安全国家标准送审稿，再次提交专业委员会审查。

秘书处办公室在专业委员会会议召开前，将拟审查的食品安全国家标准提交专业委员会委员。

第二十五条 专业委员会审查标准的技术内容涉及其他专业委员会工作时，应当书面征求其他专业委员会意见，邀请相关专业委员会主任委员、副主任委员参加。必要时可由相关专业委员会共同审查。

第二十六条 各专业委员会审查标准时，三分之二以上（含三分之二）委员（不含单位委员）参会为有效。

专业委员会可以邀请其他专业委员会委员、相关领域专家参加会议，为标准审查提供咨询意见，但不计入出席人数。相关专业委员会共同审查时，各专业委员会分别统计出席人数。

第二十七条 专业委员会在审查食品安全国家标准送审稿时，应当以协商一致的方式作出审查结论。专业委员会主任委员可确定若干名委员为每项标准的主审委员。

专业委员会无法以协商一致的方式形成审查结论，且需要对待审查的食品安全国家标准送审稿作出审查结论时，由专业委员会主任委员决定采用投票的方式作出审查结论。由参加会议本专业委员会委员的四分之三（含四分之三）以上委员同意的审查结论作为会议审查结论。单位委员所提意见应当与本单位意见一致，单位委员不参加投票。

专业委员会审议通过的标准送审稿提交技术总师会议审查。

第二十八条 技术总师按照本章程第十三条规定召开技术总师会议，技术总师会议审议通过的标准送审稿提交秘书长会议审查。

第二十九条 秘书长按照本章程第十四条规定召开秘书长会议，秘书长会议审查通过后，形成标准公告报批稿，提交副主任委员、常务副主任委员审签，必要时提请召开主任会议审议。

第三十条 主任会议对秘书长会议提请审议的食品安全国家标准作出审议结论。

第三十一条 根据标准审查工作需要，委员会各类会议可以邀请专家顾问组成员、相关领域专家参加会议，为委员会提供咨询意见，但不计入投票人数。

第三十二条 食品安全国家标准修改单经秘书处办公室初审、专业委员会会议审查、公开征求意见、专业委员会会议再审后，报请技术总师技术把关。必要时召开技术总师会议和秘书长会议审查。

第五章 经费管理及附则

第三十三条 委员会的工作经费纳入国家卫生健康委部门预算管理，主要用于以下方面：

（一）委员会会议；

（二）食品安全国家标准审评；

（三）秘书处办公室日常事务；

（四）标准草案编审和印刷费用；

（五）与委员会履行职责相关的其他必要支出。

第三十四条 委员会工作经费支出与资产管理要严格按照国家财经法律法规执行。

第三十五条 委员会的审查工作应当符合国家法律、法规和国家卫生健康委的相关规定。

第三十六条 委员会秘书处印章按有关规定制发、使用。

第三十七条 农药残留专业委员会、兽药残留专业委员会由农业农村部负责组建，参照本章程管理。

第三十八条 本章程经委员会审议通过，由国家卫生健康委公布施行。

【多部委联合发布】

中华人民共和国教育部
中华人民共和国国家市场监督管理总局
中华人民共和国国家卫生健康委员会令

第 45 号

《学校食品安全与营养健康管理规定》已经 2018 年 8 月 20 日教育部第 20 次部务会议、2018 年 12 月 18 日国家市场监督管理总局第 9 次局务会议和 2019 年 2 月 2 日国家卫生健康委员会第 12 次委主任会议审议通过，现予公布，自 2019 年 4 月 1 日起施行。

教育部部长 陈宝生

国家市场监督管理总局局长 张茅

国家卫生健康委员会主任 马晓伟

2019 年 2 月 20 日

学校食品安全与营养健康管理规定

详细内容见如下链接：

http://www.moe.gov.cn/srcsite/A02/s5911/moe_621/201903/t20190311_372925.html

生态环境部　卫生健康委关于发布《有毒有害大气污染物名录（2018 年）》的公告

2019 年 第 4 号

根据《中华人民共和国大气污染防治法》有关规定，生态环境部会同卫生健康委制定了《有毒有害大气污染物名录（2018 年）》（见附件），现予公布。

附件：有毒有害大气污染物名录（2018 年）

生态环境部

卫生健康委

2019 年 1 月 23 日

附件

有毒有害大气污染物名录（2018 年）

序号	污染物	序号	污染物
1	二氯甲烷	7	镉及其化合物
2	甲醛	8	铬及其化合物
3	三氯甲烷	9	汞及其化合物
4	三氯乙烯	10	铅及其化合物
5	四氯乙烯	11	砷及其化合物
6	乙醛		

海关总署　农业农村部
关于解除蒙古国部分地区口蹄疫疫情禁令的公告

2019 年第 24 号

根据风险分析结果，自本公告发布之日起，解除蒙古国东戈壁省扎门乌德市部分区域口蹄疫疫情禁令。区域位于地理坐标北纬 43°49′34.01″、东经 111°44′59.19″；北纬 43°29′06″、东经 111°42′14.14″；北纬 43°29′59.15″、东经 111°44′5.53″；北纬 43°51′3.89″、东经 111°43′7.81″ 四点连线所在范围内。

原质检总局和农业部 2013 年联合公告第 104 号对有关蒙古国上述区域的禁令同时解除。

特此公告。

海关总署　农业农村部
2019 年 1 月 28 日

海关总署　农业农村部
关于防止南非口蹄疫传入我国的公告

2019 年第 34 号

近日，南非官方向世界动物卫生组织（OIE）紧急通报，该国林波波省（Limpopo）发生SAT2型口蹄疫疫情，疫点位于此前我国认可的口蹄疫非免疫无疫区内。为保护我国畜牧业安全，防止疫情传入，根据《中华人民共和国海关法》《中华人民共和国进出境动植物检疫法》等有关法律法规的规定，现公告如下：

一、禁止直接或间接从南非输入偶蹄动物及其相关产品，停止签发从南非输入偶蹄动物及其相关产品的《进境动植物检疫许可证》。

二、自本公告发布之日起启运的来自南非的偶蹄动物及其相关产品，一律作退回或销毁处理。本公告发布之日前启运的来自南非的偶蹄动物及其相关产品要加强检疫，经检疫合格后方可放行。

三、禁止寄递或旅客携带来自南非的偶蹄动物及其相关产品入境，一经发现，一律作退回或销毁处理。

四、在途经我国或在我国停留的进境船舶、航空器和铁路列车等运输工具上，如发现有来自南非的偶蹄动物及其相关产品，一律作封存处理，且在我国境内停留或者运行期间，未经海关许可，不得启封动用。其废弃物、泔水等，一律在海关的监督下做无害化处理，不得擅自抛弃。

五、对边防等部门截获的非法入境的来自南非的偶蹄动物及其相关产品，一律在海关的监督下作销毁处理。

六、凡违反上述规定者，由海关依照《中华人民共和国海关法》《中华人民共和国进出境动植物检疫法》及其实施条例有关规定处理。

七、各级海关、动物疫病预防控制机构及动物卫生监督机构要分别按照《中华人民共和国进出境动植物检疫法》和《中华人民共和国动物防疫法》等有关规定，密切配合，做好检疫、防疫和监督工作。

本公告内容自发布之日起实施。

特此公告。

海关总署　农业农村部
2019 年 2 月 21 日

海关总署　农业农村部
关于防止哈萨克斯坦绵羊痘和山羊痘传入我国的公告

2019年第97号

2019年5月4日，哈萨克斯坦官方向世界动物卫生组织（OIE）通报，该国曼格斯套州（Mangystauskaya）发生1起绵羊痘和山羊痘疫情。为保护我国畜牧业安全，防止疫情传入，根据《中华人民共和国海关法》《中华人民共和国进出境动植物检疫法》等有关法律法规的规定，现公告如下：

一、禁止直接或间接从哈萨克斯坦输入绵羊、山羊及其产品。

二、禁止寄递或旅客携带来自哈萨克斯坦的绵羊、山羊及其产品入境。一经发现，一律作退回或销毁处理。

三、进境船舶、航空器、公路车辆和铁路列车等运输工具上，如发现有来自哈萨克斯坦的绵羊、山羊及其产品，一律作封存处理，且在我国境内停留或者运行期间，未经海关许可，不得启封动用。其废弃物、泔水等，一律在海关的监督下做无害化处理，不得擅自抛弃。

四、对边防等部门截获的非法入境的来自哈萨克斯坦的绵羊、山羊及其产品，一律在海关的监督下作销毁处理。

五、凡违反上述规定者，由海关依照《中华人民共和国海关法》《中华人民共和国进出境动植物检疫法》及其实施条例有关规定处理。

六、各海关、各级动物疫病预防控制机构及动物卫生监督机构要分别按照《中华人民共和国海关法》《中华人民共和国进出境动植物检疫法》和《中华人民共和国动物防疫法》等有关规定，密切配合，做好检疫、防疫和监督工作。

本公告内容自发布之日起实施。

特此公告。

海关总署　农业农村部

2019年5月24日

国家卫生健康委　农业农村部　市场监管总局
关于印发食品中农药最大残留限量标准的公告

根据《中华人民共和国食品安全法》规定，经食品安全国家标准审评委员会审查通过，现发布《食品安全国家标准 食品中农药最大残留限量》（GB 2763—2019，代替GB 2763—2016和GB 2763.1—2018）等3项食品安全国家标准。其编号和名称如下：

GB 2763—2019 食品安全国家标准 食品中农药最大残留限量

GB 23200.116—2019 食品安全国家标准 植物源性食品中90种有机磷类农药及其代谢物残留量的测定 气相色谱法

GB 23200.117—2019 食品安全国家标准 植物源性食品中喹啉铜残留量的测定 高效液相色谱法

以上标准自发布之日起6个月正式实施。标准文本可在中国农产品质量安全网（http://www.aqsc.org）查阅下载。标准文本内容由农业农村部负责解释。

特此公告。

国家卫生健康委

农业农村部

市场监管总局

2019年8月15日

商务部　市场监管总局　外汇局
关于开展2019年度外商投资信息报告年度报告的公告

商务部公告2019年第72号

为贯彻落实党中央、国务院扩大对外开放、促进外商投资的决策部署，保障《外商投资法》顺利实施，落实外商投资信息报告制度，深化“放管服”改革，优化营商环境，商务部、市场监管总局、外汇局自2020年1月1日起，依据《外商投资信息报告办法》和《关于外商投资信息报告有关事项的公告》，联合开展外商投资信息报告年度报告。现就2019年度外商投资信息报告年度报告具体事项公告如下：

一、2019年12月31日前在我国境内依法设立并登记注册的外商投资企业，应于2020年1月1日至6月30日期间，登录国家企业信用信息公示系统（网址：www.gsxt.gov.cn）报送年度报告。相关数据信息将在商务、市场监管、外汇部门间实现共享。

2020年1月1日后设立的外商投资企业，自下一年起报送年度报告。

二、年度报告内容，参见《关于外商投资信息报告有关事项的公告》（商务部公告2019年第62号）。

三、参加年度报告的外商投资企业所填报的投资经营信息，根据《企业信息公示暂行条例》（国务院令第654号）应向社会公示或企业同意公示的，将通过外商投资信息报告系统的公示平台（网址：wzxxbg.mofcom.gov.cn/gspt）和国家企业信用信息公示系统（网址：www.gsxt.gov.cn）向社会公示。

四、外商投资企业可以在通过国家企业信用信息公示系统完成年度报告报送之日起7日后，登录外商投资信息报告系统的公示平台查询商务主管部门接收企业年度报告的状态。若发现该平台未公示年度报告信息，应向所在地商务主管部门反映。

五、2020年6月30日前，年度报告存在错报、漏报的，外商投资企业应通过国家企业信用信息公示系统进行补报或更正；2020年7月1日起，年度报告存在未报、错报、漏报的，外商投资企业应向商务主管部门申请，通过外商投资信息报告管理系统（网址：wzxxbg.mofcom.gov.cn）进行补报或更正。因未履行年度报告义务被列入经营异常名录的，还应根据《企业信息公示暂行条例》的规定办理相关手续。

六、外国（地区）企业在中国境内从事生产经营活动，外商投资性公司、创业投资企业、以投资为主要业务的外商投资合伙企业在中国境内投资设立的企业等，参照外商投资企业报送年度报告。

七、外商投资企业在中国境内投资（含多层次投资）设立的企业仍根据《企业信息公示暂行条例》进行年度报告，相关信息由市场监管部门向商务主管部门共享，企业无需另行报送。

八、本公告自2020年1月1日起生效。

商务部
市场监管总局
外汇局
2019年12月31日

海关总署　农业农村部
关于解除南非部分区域口蹄疫禁令的公告

2019 年第 122 号

根据风险分析结果，自本公告发布之日起，解除南非境内除林波波省（Limpopo）、普马兰加省（Mpumalanga）EHLANZENI 地区和夸祖鲁那塔尔省（KwaZulu-Natal）UMKHANYAKUDE 地区以外区域的口蹄疫疫情禁令（区划图见附件）。海关总署和农业农村部 2019 年第 34 号公告关于从南非上述地区以外区域输入偶蹄动物及其相关产品的禁止性规定同时废止。

特此公告。

附件：南非部分区域口蹄疫解禁区划图（略）

海关总署　农业农村部
2019 年 7 月 23 日

海关总署　农业农村部
关于防止印度牛结节性皮肤病传入我国的公告

2019 年第 192 号

2019 年 11 月 18 日，印度官方向世界动物卫生组织（OIE）通报，该国境内近期发生 3 起牛结节性皮肤病疫情。为保护我国畜牧业安全，防止疫情传入，根据《中华人民共和国海关法》《中华人民共和国进出境动植物检疫法》等有关法律法规的规定，现公告如下：

一、禁止直接或间接从印度输入牛及其相关产品（源于牛未经加工或者虽经加工但仍有可能传播疫病的产品）。

二、禁止寄递或携带来自印度的牛及其相关产品。一经发现一律作退回或销毁处理。

三、进境船舶、航空器、公路车辆和铁路列车等运输工具上，如发现有来自印度的牛及其相关产品，一律作封存处理，且在我国境内停留或者运行期间，未经海关许可，不得启封动用。其废弃物、泔水等，一律在海关的监督下做无害化处理，不得擅自抛弃。

四、对边防等部门截获的非法入境的来自印度的牛及其相关产品，一律在海关的监督下作销毁处理。

五、凡违反上述规定者，由海关依照《中华人民共和国海关法》《中华人民共和国进出境动植物检疫法》及其实施条例有关规定处理。

六、各海关单位要按照《中华人民共和国海关法》《中华人民共和国进出境动植物检疫法》等有关规定，密切配合，做好检疫、防疫和监督工作。

本公告内容自发布之日起实施。

特此公告。

海关总署　农业农村部
2019 年 12 月 6 日

海关总署　农业农村部
关于解除日本口蹄疫禁令的公告

2019 年第 200 号

根据风险评估结果，自本公告发布之日起，解除日本口蹄疫禁令，允许符合要求的日本偶蹄动物及其产品输华。原质检总局、原农业部 2010 年第 45 号联合公告同时废止。

特此公告。

海关总署　农业农村部
2019 年 12 月 19 日

海关总署　农业农村部
关于解除日本疯牛病禁令的公告

2019 年第 202 号

根据风险评估结果，自本公告发布之日起，解除原国家出入境检验检疫总局、原农业部联合公告 2001 年第 143 号对日本 30 月龄以下剔骨牛肉的禁令。

日本 30 月龄以下剔骨牛肉输华检验检疫要求另行制定。

特此公告。

海关总署　农业农村部
2019 年 12 月 19 日

农业农村部　财政部关于做好2019年畜禽粪污资源化利用项目实施工作的通知

农牧发〔2019〕14号

为贯彻党中央、国务院关于坚决打好污染防治攻坚战和改善农村人居环境的决策部署，落实《国务院办公厅关于加快推进畜禽养殖废弃物资源化利用的意见》，2019年中央财政继续支持畜禽粪污资源化利用工作。为确保政策落实，提高资金使用效益，现将有关事项通知如下。

一、提高认识，明确政策实施要求

深入贯彻新发展理念，紧紧围绕党中央、国务院确定的目标任务，坚持政府支持、企业主体、市场化运作的方针，坚持源头减量、过程控制、末端利用的治理路径，以畜禽粪污肥料化和能源化利用为方向，聚焦扩大终端产品利用路径，完善工作思路，突出工作重点，全面开展畜牧大县整县治理，扎实推进畜禽粪污资源化利用各项工作。

2019年中央一号文件明确要求实现畜牧养殖大县粪污资源化利用整县治理全覆盖。项目完成后，县域内规模养殖场粪污处理设施装备水平要得到全面提升，畜禽粪肥田间贮存和利用设施要得到全面完善，规模以下养殖场户畜禽粪污处理和利用逐步规范，粪肥还田利用渠道畅通，项目县畜禽粪污综合利用率达到90%以上，规模养殖场粪污处理设施装备配套率达到100%；整省、整市推进畜禽粪污资源化利用的地区，2019年畜禽粪污综合利用率达到75%以上，规模养殖场粪污处理设施装备配套率达到95%以上。要建立项目县政府统一领导下的畜牧兽医、土肥、能源、环保等部门协同工作机制，落实乡镇政府和基层组织责任。要按照以种定养、以养肥地、种养对接、就地消纳的原则，合理布局新建畜禽规模养殖场，引导畜禽养殖与种植基地有效对接，支持畜禽养殖场将沼液和经无害化处理的养殖废水作为肥料还田利用，构建起种养结合、农牧循环的农业可持续发展机制，有机肥替代化肥的比例不断提高。要完善受益者付费机制，加快培育社会化服务组织，建立畜禽粪肥和沼气等终端产品使用政策支持体系，推动形成粪污收集、贮存、处理、运输、利用市场机制，提高终端产品竞争力。

二、创新机制，提高资金使用效益

（一）支持范围。支持范围为农业农村部确定的畜牧大县，其中生猪调出大县以2018年生猪调出大县为准，已开展过整县治理的畜牧大县不再重复支持。农业农村部、财政部确定2019年项目县分省控制数量指标（详见附件），省级农业农村（畜牧）部门、财政部门要严格按照农业农村部、财政部确定的项目县控制数量指标，在全国畜牧大县名单范围内确定项目县。

（二）支持内容。重点支持两方面内容：一是以农用有机肥和农村能源为重点，支持第三方处理主体粪污收集、贮存、处理、利用设施建设，推行专业化、市场化运行模式，促进畜禽粪污转化增值。二是支持规模养殖场特别是中小规模养殖场改进节水养殖工艺和设备，建设粪污资源化利用配套设施，按照种养匹配的原则配套粪污消纳用地，或者委托第三方进行处理，落实规模养殖场主体责任。

（三）支持标准。中央财政奖补资金，原则上对猪当量（以生猪、牛存栏量折算猪当量，1头牛相当于5头猪）为50万头以下的项目县，累计补助上限为3 500万元；猪当量为51万~70万头的项目县，累计补助上限为4 000万元；猪当量为71万~99万头的项目县，累计补助上限为4 500万元；猪当量为100万头以上的项目县，累计补助上限为5 000万元。

（四）支持方式。中央财政奖补资金分省下达。为体现激励约束，强化地方政府和市场主体责任，中央财政奖补资金分年度安排。对于2019年新启动项目，2019年安排部分资金，2020年根据绩效评价结果安排后续资金；对于2018年启动实施的项目，2019年安排剩余资金。各地可根据中央财政奖补资金规模，结合本地畜禽粪污资源化利用实际情况，自主确定补助方式、对象和标准，总体上要兼顾平衡、突出重点、集中投入。

三、强化监管，确保政策取得实效

省级农业农村（畜牧）部门、财政部门要切实加强协作配合，指导督促项目县全面扎实做好畜禽粪污资源化利用工作，对项目实施负总责。县级政府负责项目实施统筹，组织有关部门抓好落实。

（一）制定实施方案。省级农业农村（畜牧）、财政部门要根据本通知要求，及时制定省级总体工作方案。项目县要制定整县推进项目实施方案，包括总体思路、畜禽粪污利用现状、规模养殖场粪污资源化利用设施建设现状、粪肥还田利用和沼气使用路径、粪污收集机制建立、促进种养对接措施、环保执法监管措施、资金使用方向和地方扶持政策等方面内容，经县级人民政府审定后，报省级农业农村（畜牧）、财政部门审查。省级农业农村（畜牧）、财政部门应于5月28日前将省级总体工作方案及整县推进项目实施方案上报至农业农村部、财政部审查备案。对项目实施方案明显不符合要求的项目县，直接取消其奖补资格，且不再递补。

（二）强化支持保障。地方各级政府要落实好沼气发电上网、生物天然气并入城市管网、税收、用地用电、农机购置补贴政策。要按照以地定养的原则，科学布局畜禽规模养殖。要落实农业设施用地政策，保障畜禽粪污资源化利用用地需求。要按规定统筹整合畜牧业、种植业、农村能源等相关资金，支持规模养殖场和第三方机构粪污处理设施建设，鼓励开展粪污收贮运社会化服务，引导农民使用畜禽粪肥，开拓沼气和生物天然气应用渠道，形成合力支持畜禽粪污资源化利用的良好局面。

（三）创新投入机制。各地要发挥奖补资金的引导作用，创新投入机制，通过政府与社会资本合作（PPP）、政府购买服务等方式，撬动金融和社会资本参与畜禽粪污资源化利用，加快建立有效的可持续运营长效机制。在确保中央财政奖补资金安全的前提下，可通过贷款贴息、设立基金等方式支持畜禽粪污处理基础设施建设。整省、整市推进的地区要切实加大财政投入力度，做到畜牧大县和非畜牧大县同步治理，2019年实现“十三五”畜禽粪污资源化利用目标任务。

（四）严格评估监管。农业农村部、财政部建立激励约束机制，组织开展对各省项目实施情况进行绩效评估，评估结果作为畜禽粪污资源化利用绩效考核重要内容。省级农业农村（畜牧）、财政部门要加强对各县的绩效评估，督促落实各项措施要求。为压实属地管理责任，省级农业农村（畜牧）部门要与项目县政府签订畜禽粪污资源化利用协议，对项目实施提出明确要求，以项目实施带动粪污资源化利用工作的全面推进。县级农业农村（畜牧）、财政部门要加强对项目实施的指导，推行台账管理，加强粪肥还田利用全链条监管，组织对单体项目进行竣工验收。各级农业农村（畜牧）部门要加强项目实施日常监管，及时掌握项目实施进度，解决项目实施中的问题，有关情况按季度通过规模养殖场直联直报信息系统报送。

（五）注重宣传总结。各级农业农村（畜牧）、财政部门要加强政策实施培训，指导项目县准确把握政策要求，确保政策落实不出偏差。要加强宣传引导，及时主动释放政策信号，营造全社会协同推动畜禽粪污资源化利用的良好氛围。要注意总结行之有效的典型案例，结合农业农村部重点推广的畜禽粪污资源化利用模式，按照不同畜种和区域特点因地制宜确定本地区的主推模式。要于2020年1月15日前将工作总结报送农业农村部、财政部。

附件：2019年畜禽粪污资源化利用项目县控制数量指标（略）

农业农村部　财政部

2019年4月24日

农业农村部办公厅　财政部办公厅 关于公布2019年畜禽粪污资源化利用项目 备案情况的通知

农办牧〔2019〕58号

有关省、自治区、直辖市以及计划单列市农业农村（农牧、畜牧兽医）厅（局、委）、财政厅（局），黑龙江省农垦总局：

按照《农业农村部 财政部关于做好2019年畜禽粪污资源化利用项目实施工作的通知》（农牧发〔2019〕14号）要求，农业农村部会同财政部对有关省（自治区、直辖市）报送的项目实施方案进行了审查。总体来看，项目实施方案契合畜禽粪污资源化利用方向，科学性、操作性较强，基本符合项目实施要求，原则上予以备案。

现将备案情况予以公布。请省级农业农村、财政部门组织项目县进一步完善细化项目实施方案，抓好项目落实，确保项目执行进度和实施效果。要强化项目信息报送，及时将辖区所有项目县全口径项目计划提交到规模养殖场直联直报信息系统，并按季度报送项目进度。项目实施过程中，如因特殊原因确需变更实施方案的，应按程序审查并向农业农村部和财政部备案。

附件：2019年畜禽粪污资源化利用项目备案情况表（略）

农业农村部办公厅　财政部办公厅

2019年9月18日

全国爱卫办 国家卫生健康委 工业和信息化部 生态环境部 全国总工会 共青团中央 全国妇联 关于推进健康企业建设的通知

全爱卫办发〔2019〕3号

各省、自治区、直辖市及新疆生产建设兵团爱卫办、卫生健康委、工信委（经信委、厅）、生态环境厅（局）、工会、团委、妇联，中国疾病预防控制中心：

为贯彻党的十九大和十九届二中、三中全会及全国卫生与健康大会精神，落实《中华人民共和国职业病防治法》《“健康中国2030”规划纲要》《关于实施健康中国行动的意见》《关于开展健康城市健康村镇建设的指导意见》等要求，深入开展健康城市健康村镇建设，促进健康“细胞”建设广泛开展，我们组织制定了《健康企业建设规范（试行）》，现印发给你们，请结合实际参照执行。同时，就做好有关工作提出如下要求：

一、加强组织领导

健康企业建设坚持党委政府领导、部门统筹协调、企业负责、专业机构指导、全员共建共享的指导方针，按照属地化管理、自愿参与的原则，面向全国各级各类企业开展，具体管理办法由各省级爱卫会结合本地实际研究制订。地方各级爱卫会要充分发挥政府议事协调机构的统筹协调作用，把健康企业建设纳入健康城市健康村镇建设的总体部署，确定推进本地健康企业建设的具体工作举措，明确有关部门职责分工，加强协调配合，形成工作合力。各级爱卫会办公室具体承担好部门协调、信息沟通、指导检查等工作。卫生健康部门负责做好卫生与健康服务技术指导，开展职业病防治和职业健康有关工作，加强健康教育和健康知识普及。工业和信息化部门要发挥行业管理作用，促进企业积极参与。生态环境部门负责监督管理影响劳动者健康的生态环境问题。工会要积极配合有关部门，宣传健康企业理念，倡导劳动者积极参与，维护劳动者相关权益，促进健康文化，和谐劳动关系。共青团、妇联要维护好团员、青年和妇女等劳动者的健康权益。

二、强化技术支撑

各地要充分发挥专业技术机构和专家作用，为健康企业建设的政策制定、标准研制、师资培训、考核评估、经验总结等提供专业技术支撑。全国爱卫办委托中国疾病预防控制中心职业卫生与中毒控制所作为全国健康企业建设技术指导单位。各地要结合实际，委托符合条件的专业技术机构承担健康企业建设的技术指导工作，参照《健康企业建设规范（试行）》要求，定期对建设效果进行评估，不断完善健康企业建设的举措。

三、广泛宣传动员

各地爱卫办要会同有关部门，充分利用电视、报纸等传统媒体和微博、微信等新媒体，加强对健康企业建设工作的政策宣传，对健康企业建设的好做法、好经验进行总结和报道，推动全社会关心、关注、支持健康企业建设。全国爱卫办将会同有关部门，对各地健康企业建设的示范典型进行经验推广和交流，带动全国健康企业建设工作全面深入开展。

附件：健康企业建设规范（试行）

全国爱卫办 国家卫生健康委
工业和信息化部 生态环境部
全国总工会 共青团中央
全国妇联
2019年10月21日

附件

健康企业建设规范（试行）

健康企业是健康“细胞”的重要组成之一，通过不断完善企业管理制度，有效改善企业环境，提升健康管理和服务水平，打造企业健康文化，满足企业员工健康需求，实现企业建设与人的健康协调发展。健康企业建设坚持党委政府领导、部门统筹协调、企业负责、专业机构指导、全员共建共享的指导方针，按照属地化管理、自愿参与的原则，面向全国各级各类企业开展。

第一章　建立健全管理制度

第一条　企业成立健康企业建设工作领导小组。制定健康企业工作计划，明确部门职责并设专兼职人员负责健康企业建设工作。鼓励企业设立健康企业建设专项工作经费，专款专用。

第二条　结合企业性质、作业内容、劳动者健康需求和健康影响因素等，建立完善与劳动者健康相关的各项规章制度，如劳动用工制度、职业病防治制度、建设项目职业病防护设施“三同时”管理制度、定期体检制度、健康促进与教育制度等。保障各项法律法规、标准规范的贯彻执行。

第三条　规范企业劳动用工管理，依法与劳动者签订劳动合同，明确劳动条件、劳动保护和职业病危害防护措施等内容，按时足额缴纳工伤保险保费。鼓励企业为员工投保大病保险。

第四条　完善政府、工会、企业共同参与的协商协调机制，构建和谐劳动关系。采取多种措施，发动员工积极参与健康企业建设。

第二章　建设健康环境

第五条　完善企业基础设施，按照有关标准和要求，为劳动者提供布局合理、设施完善、整洁卫生、绿色环保、舒适优美和人性化的工作生产环境，无卫生死角。

第六条　废气、废水、固体废物排放和贮存、运输、处理符合国家、地方相关标准和要求。

第七条　开展病媒生物防制，鼠、蚊、蝇、蟑螂等病媒生物密度得到有效控制，符合国家卫生标准和要求。

第八条　工作及作业环境、设备设施应当符合工效学要求和健康需求。工作场所采光、照明、通风、保温、隔热、隔声、污染物控制等方面符合国家、地方相关标准和要求。

第九条　全面开展控烟工作，打造无烟环境。积极推动室内工作场所及公共场所等全面禁烟，设置显著标识，企业内无烟草广告和促销。

第十条　加强水质卫生管理，确保生活饮用水安全。

第十一条　企业内部设置的食堂应当符合《食品安全法》相关规定要求，达到食品安全管理等级B级以上；未设置食堂的，就餐场所不能与存在职业性有害因素的工作场所相毗邻，并应当设置足够数量的洗手设施。

第十二条　厕所设置布局合理、管理规范、干净整洁。

第十三条　落实建设项目职业病防护设施“三同时”（同时设计、同时施工、同时投入生产和使用）制度，做好职业病危害预评价、职业病防护设施设计及竣工验收、职业病危害控制效果评价。

第三章　提供健康管理与服务

第十四条　鼓励依据有关标准设立医务室、紧急救援站等，配备急救箱等设备。企业要为员工提供免费测量血压、体重、腰围等健康指标的场所和设施。

第十五条　建立企业全员健康管理服务体系，建立健康检查制度，制定员工年度健康检查计划，建立员工健康档案。设立健康指导人员或委托属地医疗卫生机构开展员工健康评估。

第十六条　根据健康评估结果，实施人群分类健康管理和指导，降低职业病及肥胖、高血压、糖尿病、高脂血症等慢性病患病风险。

第十七条　制订防控传染病、食源性疾病等健康危害事件的应急预案，采取切实可行措施，防止疾病传播流行。

第十八条　鼓励设立心理健康辅导室。制订并实施员工心理援助计划，提供心理评估、心理咨询、教育培训等服务。

第十九条　组织开展适合不同工作场所或工作方式特点的健身活动。完善员工健身场地及设施，开展工间操、眼保健操等工作期间劳逸结合的健康运动。

第二十条　落实《女职工劳动保护特别规定》，加强对怀孕和哺乳期女职工的关爱和照顾。积极开展婚前、孕前和孕期保健，避免孕前、孕期、哺乳期妇女接触有毒有害物质和放射线。将妇科和乳腺检查项目纳入女职工健康检查。企业应当根据女职工的需要按规定建立女职工卫生室、孕妇休息室、哺乳室、母婴室等设施。

第二十一条　企业主要负责人和职业卫生管理人员应当遵守职业病防治法律、法规，依法组织本单位的职业病防治工作。建立健全职业卫生管理制度、操作规程、职业卫生档案和工作场所职业病危害因素监测及评价制度，实施工作场所职业病危害因素日常监测和定期检测、评价。

第二十二条 对存在或者产生职业病危害的工作场所设置警示标识和中文警示说明。对产生严重职业病危害的工作岗位，应当设置职业病危害告知卡。对可能导致急性职业损伤的有毒、有害工作场所，应当设置报警装置，配置现场急救用品、冲洗设备、应急撤离通道和必要的泄险区。建立、健全职业病危害事故应急救援预案。

第二十三条 建立完善职业健康监护制度，对从事接触职业病危害作业的劳动者进行上岗前、在岗期间和离岗时的职业健康检查。规范建立职业健康监护档案并定期评估，配合做好职业病诊断与鉴定工作。妥善安置有职业禁忌、职业相关健康损害和患有职业病的员工，保护其合法权益。依法依规安排职业病病人进行治疗、康复和定期检查。对从事接触职业病危害的作业的劳动者，给予适当岗位津贴。

第二十四条 优先采用有利于防治职业病和保护劳动者健康的新技术、新工艺、新设备、新材料，逐步替代职业病危害严重的技术、工艺、设备、材料。

第二十五条 企业主要负责人、职业卫生管理人员接受职业卫生培训。对劳动者进行上岗前的职业卫生培训和在岗期间的定期职业卫生培训，普及职业卫生知识，增强职业病防范意识和能力。

第四章　营造健康文化

第二十六条 通过多种传播方式，广泛开展健康知识普及，倡导企业员工主动践行合理膳食、适量运动、戒烟限酒等健康生活方式。积极传播健康先进理念和文化，鼓励员工率先树立健康形象，鼓励评选“健康达人”，并给予奖励。

第二十七条 定期组织开展传染病、慢性病和职业病防治及心理健康等内容的健康教育活动，提高员工健康素养。

第二十八条 定期对食堂管理和从业人员开展营养、平衡膳食和食品安全相关培训。

第二十九条 关爱员工身心健康，构建和谐、平等、信任、宽容的人文环境。采取积极有效措施预防和制止工作场所暴力、歧视和性骚扰等。

第三十条 切实履行社会责任，积极参与无偿献血等社会公益活动。

市场监管总局办公厅　教育部办公厅
国家卫生健康委办公厅　公安部办公厅
关于落实主体责任强化校园食品安全管理的指导意见

各省、自治区、直辖市及新疆生产建设兵团市场监管局（厅、委）、教育厅（委、局）、卫生健康委、公安厅（局）：

为深入贯彻党中央、国务院决策部署和《中共中央国务院关于深化改革加强食品安全工作的意见》精神，严格落实食品安全法及其实施条例和学校食品安全与营养健康管理规定，按照市场监管总局、公安部、教育部、农业农村部《关于在“不忘初心、牢记使命”主题教育中开展整治食品安全问题联合行动的通知》要求，切实解决学校及幼儿园（以下统称学校）食品安全主体责任不落实和食品安全问题，加快构建长效机制，现提出如下指导意见。

一、全面落实主体责任

（一）供餐单位要落实食品安全主体责任。一是依法取得食品经营许可证，具有健全的食品安全管理制度、食品安全管理机构、专职食品安全管理人员。二是从业人员要保持个人卫生良好，定期参加食品安全培训考核，每周进行一次集中学习，掌握食品安全法律法规要求。三是生熟食品分开存放，烧熟煮透食品，食品的保存条件和期限符合要求，餐饮具清洗消毒严格执行有关规定，餐食的配送温度和时间符合规定。四是每周开展食品安全自查，发现食品安全问题和隐患，立即采取整改措施，确保整改到位，并向属地市场监管部门报告。五是建立检验检测室，对大宗食品原料、加工制作环境、成品等进行检验检测。六是实施危害分析和关键控制点（HACCP）体系，逐步通过体系认证。七是根据产能情况，投保相应额度的食品安全责任险。

（二）学校要落实食品安全校长（园长）负责制。一是校长（园长）要定期组织召开会议研究和部署食品安全工作，参加食品安全检查，研究重大隐患整改措施，下达隐患整改任务并跟踪落实，严格遵守当地市场监管部门规定的学校食堂和供餐单位不得加工制作和提供的食品品种规定。二是中小学和幼儿园应明确陪餐人员职责，制定陪餐计划。陪餐人员负责对饭菜进行客观评价，对食堂环境卫生、从业人员工作情况等进行监督，做好陪餐记录。对陪餐中发现的和学生反映的食品安全问题及风险隐患，督促立即整改，并对整改结果进行复核。三是具备条件的中小学、幼儿园食堂原则上采用自营方式供餐，不再引入社会力量承包或者委托经营食堂，不再签订新的承包或者委托经营合同。四是学校要加强食堂食品安全管理，对造成食物中毒事故、存在食品安全问题且拒不整改或连续整改不到位的承包方或者受委托经营方，学校应及时终止承包或委托经营行为。五是非寄宿制中小学、幼儿园原则上不得在校内设置食品小卖部、超市，已经设置的，要逐步退出。寄宿制中小学确需设置食品小卖部、超市的，应依法取得许可，原则上只售卖纯净水、矿泉水、预包装面包、牛奶等食品。六是采用食堂方式供餐的，依实际公开食品原料、食品添加剂和食品相关产品的采购品种、规格、供货者的名称和经营资质等。采用供餐单位方式供餐的，要公开供餐单位的名称、地址、食品经营许可证等资质、食品安全等级等。七是对学校周边用房有管理权限的学校，不得将周边用房租借给无证无照从事食品生产经营活动的个人或单位。

（三）供餐单位和学校要严格执行食品原料进货查验制度。一是明确食品原料进货查验负责人。负责人应遵纪守法、责任心强、工作细致、为人正派，掌握食品原料进货查验相关规定，具有辨别食品原料感官性状是否符合食品安全要求的能力。二是确定可以采购和使用的食品、食品添加剂、食品相关产品的品种及接收要求。不得采购法律法规明令禁止生产经营的食品、食品添加剂、食品相关产品及亚硝酸盐，不得采购四季豆、鲜黄花菜、野生蘑菇、发芽土豆等。三是加强对食品原料供货商的监督，存在食品安全问题的，该督促整改的要坚决督促整改，该撤换的要坚决撤换，并将相关工作情况报告教育行政部门和市场监管部门。四是鼓励采用信息化手段，采集、留存食品原料采购及食品贮存、食品加工制作、分餐或售卖、餐用具清洗消毒、食品留样、从业人员健康体检和食品安全培训、食品安全自查等信息。

二、进一步强化管理责任

（四）市场监管部门要压实学校及周边食品安全监管责任。一是加大对供餐单位、学校食堂及校园周边小食品店、小餐饮店等的监督检查力度。重点检查食品经营者是否取得食品生产经营许可，从业人员是否持有健康证明，售卖或贮存、使用的食品是否为“三无食品”、超过保质期限食品、腐败变质食品，以及不得向中小学和幼儿园提供的食品品种等。二是严肃查处学校及周边食品安全违法违规行为，严厉打击校园周边无证无照从事食品生产经营等行为。三是接到疑似食源性疾病报告后，依法依职责迅速核查处置，科学、规范进行调查和采样送检，按规定进行报告和通报。四是对引发食源性疾病暴发的食品经营者，要重点检查食品经营者是否存在食品安全违法违规行为，是否隐瞒、谎报、缓报，是否隐匿、伪造、毁灭、转移有关证据。五是对引发食源性疾病暴发，且查明存在违法违规行为的食品经营者，要依法严惩重处。六是属地市场监管部门接到食源性疾病事件报告后，未及时依法依规查处，造成事件扩大或者蔓延，及隐瞒、谎报、缓报的，依法依规对负责的主管人员和其他直接责任人员给予政纪处分。七是强化行政执法与刑事司法衔接，及时向公安机关移送涉嫌犯罪的食品安全案件。

（五）教育行政部门要指导督促学校落实食品安全校长（园长）负责制。一是指导、督促学校建立健全食品安全管理制度。二是指导、监督学校加强食品安全日常管理，落实集中用餐陪餐制度、集中用餐信息公开制度等，实施“明厨亮灶”。三是指导、督促学校提高食源性疾病防控意识和能力；定期开展食品安全自查自纠，及时消除事故隐患。四是督促学校在发生疑似食源性疾病事件后，立即采取措施，及时报告属地市场监管、卫生健康部门，并配合做好相关工作。五是学校发生食品安全事故，擅离职守或者不按规定报告、不采取措施处置或者处置不力的，对学校食品安全的相关工作人员、相关负责人给予警告或者记过处分；情节较重的，给予降低岗位等级或撤职；情节严重的，给予开除处分；构成犯罪的，依法移送司法机关处理。

（六）相关部门要依法依职责做好学校食品安全相关工作。卫生健康部门要指导学校开展食源性疾病预防和营养健康的知识教育；接到食源性聚集性病例信息后，及时通报同级市场监管部门，督促疾病预防控制机构依法开展流行病学调查并向同级市场监管部门提交流行病学调查报告；属地卫生健康部门隐瞒、谎报、缓报食源性疾病的，依法依规对负责的主管人员和其他直接责任人员给予政纪处分。公安机关要严厉打击学校及周边食品安全犯罪行为。

三、大力推进社会共治

（七）充分发挥“明厨亮灶”作用。一是具备条件的学校要积极借助“明厨亮灶+互联网”，公开本校食堂食品加工制作过程，公布查看方式和渠道，供家长委员会代表查看。二是市场监管、教育行政部门要积极借助“明厨亮灶+互联网”，随机抽查供餐单位和学校食堂的食品安全状况，主动查找、发现供餐单位和学校食堂的食品安全问题及风险隐患。三是市场监管部门要对未实现“明厨亮灶”的供餐单位和学校食堂，加大监督检查力度和频次。

（八）大力开展食品安全和营养健康科普宣教。一是学校要将食品安全与营养健康知识纳入健康教育教学内容。通过主题班会、课外实践等形式，每学期至少开展一次食品安全宣传教育活动，提升学生食品安全防范能力。二是学校要结合不同年龄学生的特点，重点宣传普及合理膳食理念和集中就餐安全知识，提醒学生常见的食品安全误区，帮助学生养成良好个人卫生习惯，提升学生食品安全意识和健康素养。三是市场监管、教育行政部门要积极开发使用多种形式科普宣传载体，包括编写和发放书面材料，制作和展示H5、海报、展板等，编制和播放公益广告、短视频、微电影、动漫等。

（九）有序组织家长委员会代表参与检查。一是具备条件的中小学和幼儿园应建立完善家长委员会代表参与学校食品安全例行检查等制度，明确检查内容、检查频次等。二是家长委员会推选遵纪守法、责任心强、工作细致、为人公正的家长代表参与检查。三是家长委员会代表要熟悉食品安全法律法规要求。四是学校根据实际情况确定家长委员会代表参与例行检查的频次和具体日期。五是学校对家长委员会代表检查时发现的食品安全问题或风险隐患，条件具备的，立整立改；条件不具备的，作出合理解释，抓紧制定整改方案并逐项落实。

四、以担当负责的精神抓好落实

（十）提高政治站位。各地区、各有关部门要坚持以人民为中心的发展思想，进一步增强责任感、紧迫感、使命感，以强烈的政治担当、坚决的斗争精神，切实抓好学校食品安全工作。

（十一）加强督导检查。各地区市场监管、教育、卫生健康、公安等部门要联合对校园食品安全工作开展督导检查，重点督导发生过学校食物中毒或食品安全事件的地区和学校。对态度不积极、工作不主动、虚于应付，该督促的督促，该提醒的提醒，该约谈的约谈，该问责的问责。

七、科学技术

KEXUE JISHU

国家奶牛产业技术体系工作总结

国家奶牛产业技术体系（以下简称奶牛体系）建设依托单位是中国农业大学，李胜利教授为首席科学家。"十三五"期间，奶牛体系下设31位岗位科学家（114名团队成员）、21个综合试验站（84名团队成员）；综合试验站涵盖115个示范县、210个示范辐射牛场、345名技术推广骨干。

2018年，根据农业农村部部署，奶牛体系紧紧围绕奶牛高产高效生态养殖技术研究与集成示范、奶牛重要疾病防控关键技术研究与示范推广等主要体系任务，以及扶贫任务等全面落实推进各项工作。

一、2018年度工作总体完成情况

2018年，奶牛体系在科学研究、服务产业、推动农业供给侧结构性改革、农业绿色发展等全面推进，引领奶业科技创新，推动产业提质增效，技术支撑政府决策。其中，取得新技术27项，新规程27项，新工艺9项，新设备9项，新产品18项，5项国家标准（报批），9项行业标准（报批），4项地方标准（获批），计算机软件14项，专利72项，论文230篇、其中SCI 65篇，著作17部，8人入选省部级人才，获得省部级奖励8项，举办培训班262场，培训15 000多人次，推广主推品种5项、主推技术49项，进行各种技术咨询和应急服务118次。

二、针对农业生产技术需求开展的科研工作成效

（一）DHI测定工作稳步推进，成效显著

2018年是农业农村部实施全国奶牛生产性能测定项目的第10年，在全国畜牧总站和中国奶业协会的支持下，奶牛体系协助开展全国奶牛生产性能测定项目，使全国奶牛生产性能测定工作无论是参测规模和数据质量，还是在测定水平和牧场服务方面均有大幅提高。2018年共收集到全国1 674个参测奶牛场的125.8万头中国荷斯坦牛的生产性能测定数据，特别是通过推行标准化测定技术规范，使奶牛测定数据质量逐年提高，参测率从2010年的76%提高到2018年的89%，提高了13个百分点。

（二）建立成熟的活体采卵－体外胚胎生产产业化技术

制定了活体采卵－体外受精操作标准规范流程，并为山东两个大型规模化牧场服务。利用各自牧场单产前5%的母牛（年产奶量15t）作为供体生产胚胎，并移植到低产牛群中，使低产牛怀高产牛基因的后代，"一步到位"改良牛群。当前已规模化生产胚胎160枚，并成功移植。该技术对奶牛养殖，尤其是对高产牛群突破群体再创新高具有不可替代的作用，进而持续推动奶业提质增效。

（三）奶牛繁殖关键技术创新与推广应用

针对遗传和环境是影响奶牛繁殖的主要因素，综合利用分子生物学、生殖内分泌学、动物营养学、环境卫生学等领域的科学原理和先进技术，从提高种公牛精液产量和品质，提高种母牛胚胎产量和质量，提高生产母牛受配率、受胎率和胚胎及犊牛成活率等方面，研究开发了一系列提高奶牛繁殖率的关键技术。成果除在湖北省推广应用外，还在内蒙古、河北、河南等奶牛养殖大省推广应用。胚胎生产相关技术在全国的推广应用率超过80%，精液生产相关技术的推广应用率在全国约占10%。该成果获2018年湖北省科技进步一等奖。

（四）定制具有自主知识产权的芯片助力核心群选择

定制具有自主知识产权的芯片，在遗传缺陷筛查、特色乳成分选择和乳房炎及热应激抗性选育方向利用分子育种手段助力核心群选择和种公牛自主培育。形成了同时检测奶牛8种常见遗传缺陷基因位点的小芯片及检测试剂盒，实现多个位点同时检测。结合长期以来在影响奶牛泌乳和常规乳成分、各乳脂肪酸含量等方面的分子育种技术，定制了服务于特殊育种目的的小芯片，为将来特色遗传物质选育奠定基础。结合长期以来在奶牛抗病力（尤其是抗乳房炎/隐性乳房炎）和热应激抗性方面的研究成果，定制了服务于特殊育种目的的小芯片——华牛Ⅰ号、华牛Ⅱ号，为选育更平衡、适应范围更广的种牛服务。

（五）建立奶牛饲料和营养大数据平台

不断补充完善饲料营养价值数据库：补充可发酵

有机物（FOM）、淀粉等指标；评价了3类13种19个奶牛主要粗饲料的营养成分及其瘤胃降解特性；对奶牛14种主要粗饲料的主要阴阳离子与日粮中DCAD进行研究，发现优质粗饲料阴阳离子差（DCAD）值：苜蓿>燕麦草>羊草>全株玉米青贮，低质粗饲料DCAD值：谷子秸秆>稻草>莜麦秸秆>青稞>糜子秸秆>小麦秸秆>花生秧。开发的“牛人配方”在线配方软件系统，2018年已在线免费试推广1年，不断完善关键参数，优化页面，已注册用户200余人。

调研整理了来源于19个省（自治区、直辖市）的244家牧场的76万条后备奶牛数据，形成国家标准《后备奶牛饲养技术规范（GB/T 37116-2018）》和农业部主推技术《优质后备奶牛培育综合配套技术》（农科办2014第9号）等，发布了《中国后备奶牛培育现状研究报告2.0》，摸清产业参数，指导产业生产。

（六）非常规饲料资源开发、提质和营养评价

完成了山蕗叶、大麦头、杂交构树、桑叶青贮、苇草的营养价值评定及提质；完成了酿酒酵母培养物、甘蔗饲料、发酵黄酒糟、花生秧、小麦秸秆、甜叶菊和互花米草的开发利用研究，发现其可应用于奶牛饲料，在降低饲料成本的同时对生产性能不会造成不良影响。

（七）奶牛淀粉需要量研究

在日粮淀粉水平23%~26%进行饲料原料的合理搭配，可制作出经济效益最高的日粮配方，通过精准饲养等技术可提高奶牛饲料的转化效率。当高产牛日粮中中性洗涤纤维（NDF）/淀粉比例为1.32~1.39，中低产牛日粮中NDF/淀粉比例为1.40~1.59，新产牛日粮中NDF/淀粉比例为1.85~1.94，围产前期牛日粮中NDF/淀粉比例为2.18~2.57时，奶牛在满足自身健康需要的同时，生产性能最佳。

（八）奶牛蛋白质和氨基酸营养需要量研究

蛋白质需要量研究方面，发现犊牛哺乳期开食料粗蛋白以21%为宜，断奶后以20%为宜；提高犊牛液态奶饲喂量有益于犊牛生长发育，并有延后效应。此外，3~4月龄犊牛蛋白质需要量相关试验正在进行中。氨基酸方面发现N-乙酰-L-蛋氨酸可改善泌乳中期奶牛的生产性能；N-氨甲酰谷氨酸可调节氨基酸代谢，提高奶牛泌乳持续力，提高乳品质量。

（九）奶牛主要繁殖病诊断技术和病原检测方法研究与示范

分离鉴定牛支原体等菌（毒）16株。发现牛传染性鼻气管炎病毒（IBRV）可导致病毒性卵巢炎，进而引起繁殖障碍。熟化开放期副结核诊断技术，建立牛乳沙门氏菌和牛鼻支原体分离鉴定方法。优化牛支原体培养技术，研发牛支原体灭活疫苗。监测口蹄疫疫苗抗体效价，开展牛流行热等5种传染病病例检测，为100余家牧场检测样品9 191份，通过一对一指导，牧场的发病率、流产率和死淘率下降明显，惠及牛群20万头，经济效益显著。

（十）奶牛场重要细菌病防控技术研究及“两病”监测净化技术优化推广

在16个省份37个点开展布鲁氏菌病专项调查，涉及347个牛羊场和289个自然村，采集牛血清样品10 500份，发现牛个体阳性率4.08%和群体阳性率31.49%，有多型病原并存和跨种传播。在35个点78个牛场调查结核，发现个体阳性率19.9%和群体阳性率57.7%。研发天然半抗原-琼脂扩散试验、布病胶体金抗体鉴别检测试纸和布病荧光微球抗体鉴别检测试纸3个产品；优化牛结核病快速PCR诊断方法，敏感性显著提高。

（十一）牛奶中兽药及其他有害物残留检测技术研究

调查牛奶中潜在有害化合物种类及残留污染现状，建立牛奶有害化合物风险监测预警技术平台。制备出美洛昔康等非甾体抗炎药和双酚A、双酚F等环境激素单克隆抗体。开发上市氟尼辛葡甲胺和磺胺增效剂-甲氧苄啶快速检测试纸条2种，建立奶产品中5-羟基氟尼辛、头孢氨苄残留检测超高效液相色谱串联质谱法。完成辽宁等12个省份共计15个大型奶牛场的乳房炎病原调查和药敏特征分析，初步建成“奶牛乳房炎病原菌耐药性数据库系统”。

（十二）研发功能膜覆盖绿色好氧堆肥新技术装备

针对节能环保高效以及绿色发展的产业需求，研发了功能膜覆盖好氧堆肥清洁生产新技术和成套装备，并形成了完整的自主知识产权，提升了适应复杂物料、减少温室气体排放的工厂化好氧堆肥装备水平。2018年经农业农村部批准，将功能膜覆盖工厂化好氧堆肥成套技术装备首次列入河北省农机购置补贴目录；通过校企合作，功能膜覆盖好氧堆肥清洁生产新技术已在全国24个省（直辖市）的47个地市推广，年处理养殖粪污上千万吨，减排、节能效果显著，对引领畜禽粪污肥料化清洁利用，推动农业绿色发展发挥了重要作用。

（十三）建立优质乳标准化技术体系

“优质乳标准化技术”入选中国农学会和中国农业科技管理研究会“2017中国农业农村十大新技术之一”；该技术突破了生鲜乳分级、低碳加工工艺、优质乳评价三大关键技术难点。其中优级生鲜乳实现菌落总数低于10万CUF/mL，体细胞数低于40万个/mL；绿色低碳加工工艺使得巴氏杀菌乳加工温度从95 ℃下降到75 ℃；构建了以活性酶类、活性蛋白和糠氨酸为核心的优质乳品质三维评价方法。集成创建的优质乳标准化技术，乳铁蛋白等活性物质含量提高了50%以上，降低加工成本15%以上，显著减少水汽清洗剂用量。组装集成为“优质乳工程技术体系”，在全国23个省份44家乳制品企业示范应用，示范企业优质巴氏杀菌乳产品已占全国巴氏杀菌乳的61.02%，在推动奶业供给侧结构性改革方面取得了显著成效。

（十四）研发风机性能优化与不同环境下通风技术

北方寒区冬季保温和除湿问题突出，纵向通风技术虽可以降低舍内湿度，但热损失量大，易造成牛舍低温甚至结冰，导致冷应激的发生；针对以上问题提出了利用烟囱风机的置换式通风系统来解决这一难题。但市场上已有烟囱风机风量和能效比小，需要结合牛舍的具体情况对烟囱风机性能进行优化；通过 CFD 数值模拟，就风机的内径、出口段扩散角度以及扩散深度等性能参数的优化，形成了适于北方地区牛舍的烟囱风机产品，并进行了批量生产，为奶牛场冬季通风技术更好地应用奠定了理论基础。产品已形成发明专利 1 项、实用新型专利 1 项；并在吉林白城牛场安装试用。

（十五）继续开展乳酸菌分离鉴定及保存

继续开展乳酸菌分离鉴定及保存工作，从中国、蒙古、摩洛哥地区采集自然发酵乳制品，采集酸粥、泡菜等传统发酵食品和母乳、肠道样品 637 份，分离乳酸菌和双歧杆菌 7 096 株，使资源库保藏乳酸菌和双歧杆菌数达 14 341 株。以 347 株植物乳杆菌为研究对象，采用琼脂扩散法筛选出对 5 株肠道原致病菌具有优良光谱拮抗作用的 L. plantarum IMAU80087，并对菌株抑菌成分、热稳定性和发酵条件进行研究。对 140 株瑞士乳杆菌的功能基因分析发现，不同分离源的瑞士乳杆菌有其特有的蛋白水解系统，推测这是瑞士乳杆菌发酵乳制品产 ACE 抑制肽能力不同的原因之一。通过 GWAS 以及微进化分析发现，某些参与蛋白水解的关键功能基因遗传多样性较高，推测其在进化过程中可能经历了平衡选择。

（十六）干酪加工用乳酸菌的筛选及发酵剂的研制

利用具有脂肪酶水解功能的益生菌株 R2-8 作为辅助发酵剂开展干酪品质改良技术研究，改善了干酪品质，丰富了干酪风味，开发干酪新产品 1 种。利用不同成熟时间的切达奶酪及辅料（草莓果酱）开发半硬质再制干酪新产品 1 种。从干酪中筛选出具有优良发酵特性并具有产双乙酰性能的乳酸乳球菌 KC-8，并以该株乳酸乳球菌为辅助发酵剂生产切达干酪，检测自主开发的主发酵剂的性能。

三、在农业生产中的培训服务情况

2018 年，奶牛体系全面贯彻落实体系任务书以及提升奶业竞争力要求，继续深入推进农业科技快速进村、入养殖场，采取现场指导、技术示范、座谈走访、小型培训以及大型培训班等多形式、多样化的培训方式，开展了奶牛场高级人才研修班、金钥匙现场示范会、牛精英计划（学生培养项目）以及基层骨干农技人员和养殖场（大户）培训活动。2018 年，奶牛体系 31 位岗位科学家和 21 个综合试验站共计培训 262 场，培训岗位人员 15 000 余人次。

（一）金钥匙培训成为国内奶业科技示范和培训的知名品牌

2018 年在奶牛体系 21 个试验站的 200 多家辐射牛场进行了技术示范。借助培训平台在奶业主产省份如内蒙古、黑龙江、河北、山东、新疆、河南、辽宁等，开展了各类技术培训和现场服务会。其中进行了 10 期奶牛“金钥匙”技术示范培训，培训累计指导了 25 家牛场，开展技术报告 70 个，培训人数 1 400 余人次。

奶牛体系 21 家试验站和辐射带动的 190 家示范场（辐射场）集成示范“测奶配方”与奶牛生产性能测定（DHI）技术、奶牛母子一体化养殖技术、奶牛常见疾病诊断和检测技术等，使示范牛场的单产和生鲜乳质量逐年提高，成本大幅降低。

（二）奶牛场高级人才研修班逐步创建中国奶业的“黄埔军校”

2018 年共举办三期研修班，累计开展 17 期，培训 263 人次。研修班立足奶牛产业发展对高级管理人才的需要，沿着奶业产业链，从奶牛繁育、饲料生产、营养调控、疾病防控、挤奶操作、生产管理、牛舍设计、粪污处理等 8 个方面开展奶业关键技术示范、培训与推广。培训设计四个模块：第一模块为专业知识梳理；第二模块为派驻现场实训；第三模块为返校案例教学；第四模块为专业能力考试和答辩考核。研修班的举办引起社会各界的高度关注，为培训企业和规模化奶牛场的可持续发展培养合格的场长和后备场长。

（三）继续开展牛精英计划，培养学生实践动手能力

牛精英联盟致力于培养未来中国牛产业的高级人才，在“践行总书记实践育人教育思想，培养与祖国同行的畜牧业精英”战略目标的带领下，牛精英开创性地探索出以“双螺旋四阶递进”人才培养模式和三级升华的“情怀驱动机制”。中国农业大学会同全国 42 所涉农高校实施“牛精英计划”，搭建“校内外、业内外、国内外”协同育人大平台，打破区域之间、学校之间、学科专业之间的壁垒，建立 157 个企业实习基地、11 个海外实习基地，促进教育资源共享，形成畜牧教育资源区块链。通过输送高质量人才、转化高水平技术成果，为产业发展提供支撑保障。2018 年，牛精英联盟国内国际影响力大幅提升，继续“走出去，请进来”，组织康奈尔大学访华项目，赴美国嘉吉事业部交流，赴以色列考察，接待来访美国考察团，组织牛精英挑战赛以及国际后备牛大会，通过多种方式加强学生和国际国内的交流合作。

（四）岗位科学家和试验站加强实用技术推广

体系岗位科学家和站长与示范基地建立固定对接关系，定期走访、小型座谈、大型培训、现场指导，加强与示范基地的紧密联系，推进岗位科学家和试验站新技术的示范应用和推广。岗位科学家杨宏军团队基于依托单位已建立的奶牛疾病“120”检测平台，坚持服务奶牛生产一线，帮助贫困地区的奶牛养殖户开展免费的疾病检测服务。2018 年体系功能研究室、岗位科学家和站长组织和参加的培训会和现场指导 200 多次，培训人数超过 14 000 人次。

四、农业生产应急服务和决策咨询情况

（一）应对低温对奶业的影响并提出应对措施

2018年年初，全国大部分地区受大雪寒潮袭击，普遍气温低于往年，局部地区甚至出现极寒天气，给人们生活和生产均造成影响。针对上述情况，奶牛体系首席科学家办公室特组织体系21个综合试验站对200余家辐射牛场进行电话调研或实地走访，了解降温对奶业养殖的影响并提出应对措施。

（二）积极参加奶业行业会议，提供行业发展与技术咨询

2018年积极参与农业农村部举行的各种行业形势分析会议，配合完成各种调研活动，向行业主管部门提供国内饲料资源利用情况、奶牛养殖情况、奶业发展现状和趋势以及国际贸易情况，为主管领导了解国内和国际奶业动态、把握全国局势提供了第一手资料和数据，深受好评。同时，奶牛体系首席科学家办公室每月都整理分析奶业发展动态，增加了领导及公众对当前我国奶业形势的了解，加大了奶牛体系的宣传力度。

作为农业部奶办和中国奶协的技术支持单位，积极配合完成各项行业咨询，2018年完成《农业农村科技改革创新与农业农村现代化》《“苜蓿几问”回答与建议》《贸易战对苜蓿利用的影响》《我国不同规模牛场养殖成本、收益数据分析》《中国奶类自给率战略研究报告》《畜牧业品牌研究报告》《乡村振兴战略重点政策研究》《中国奶牛养殖业全要素生产率测算和预测报告》《品牌强牧战略研究》《质量兴牧战略研究》等报告，上报行业主管部门。

五、行业宣传和对外交流

（一）定期发行奶业知识和形势分析期刊，加强宣传

奶牛体系产业经济研究室定期编辑和发行《中国奶业经济月刊》（12期）、《中国奶业贸易月刊》（12期）、《国际奶业市场动态周报（双周）（24期）、《中国奶业经济调查研究》，主要收集国内外奶业生产、加工及行业发展动态、奶业国际贸易、政策和趋势等相关信息，目前已成为农业农村部、各奶业优势省份主管领导、企业家和学者了解我国奶业和国际奶业发展、贸易情况的案头参考资料，受到政府、协会、企业界的广泛赞誉，电子版发行量逐期增加。

（二）通过网络、微信、纸媒、电视节目进行宣传

2018年，一方面利用电视、纸媒等传统媒体进行体系培训等报道，另一方面继续利用“国家奶牛产业技术体系”和“奶牛金钥匙”等新媒体公众号平台以及各岗位和试验站的地方宣传平台等开展工作和技术宣传，及对外交流信息。

（三）积极加强与国内外奶业的交流与合作

2018年，体系积极加强同国内养殖企业、乳品加工企业以及高校和其他地方体系的交流合作，共同探讨在全球奶业低迷的情况下，研究中国奶业产业竞争力提升技术，找寻奶业振兴的有效措施。

2018年，团队成员先后考察了荷兰、东欧、澳大利亚等国家奶业，并和这些国家奶业方面的政府官员和专家进行了交流和座谈，商讨了在奶业领域开展具体合作的内容和方案，加深了相互了解，增强了与这些国家的交流与合作。

2018年6月，在中国奶业大会分会场举办了中荷奶业发展论坛，来自国内大型企业、奶牛体系和荷兰的专家做了奶业发展和问题的专业报告，加强了两国的交流。在中国奶业大会融合创新共发展“一带一路”奶业合作高峰论坛暨国家奶牛产业技术体系分会场，来自中国、美国、荷兰、印度的专家分享交流了奶业最新研究进展和行业形势。

六、扶贫工作情况

根据农业部2016年工作部署，奶牛体系参加的特困区扶贫任务包含地区有西藏及四省藏区、新疆南疆四地州、六盘山区、大兴安岭南麓山区、燕山－太行山区、大别山区。其中，燕山－太行山区总协调人之一为奶牛体系首席科学家。2018年主要负责燕山－太行山区，乌蒙山片区，大兴安岭地区，大别山连片特困区，黑龙江省贫困区，河北省承德、张家口、石家庄、保定特困区，以及西藏拉萨等地区奶业扶贫工作。

（一）建立典型扶贫模式

在贫困区主要应用行业知识进行科技帮扶，主要内容涉及奶牛养殖的繁殖育种、疾病防控、环境控制、营养饲料、牧草种植、饲料调制、经营管理等。岗位科学家针对不同的贫困地区形成了几种典型的扶贫模式：综合试验站的联农带农模式（土地种植带动模式、奶牛养殖托管带动、解决农村剩余劳动力方式）、课堂集中培训模式（课堂短期培训、轮岗培训模式）、现场技术培训、实物捐赠模式及与其他模式相结合方式（与山东“第一书记”帮扶相结合、与新疆“访汇聚”项目结合）等，取得了非常好的效果。

（二）精准扶贫

主要通过精准对接扶贫地区当地企业，带动周边农牧民就业和增收。首席科学家李胜利教授从2016年响应号召，开始对西藏拉萨市城关区奶业开展全方位的技术支持工作。2018年依托于成立的拉萨试验站，继续支持当地奶牛养殖基地和加工产业链的发展，针对当地引进奶牛高原病问题派遣博士生开展试验研究，提出日粮添加NCG降低高原病死亡率的解决方案；技术支持拉萨市城关区规模养殖发展到了2 000头，新建一座现代化的乳品加工厂。疫病岗位科学家共赴9个国家级贫困县（山西省灵丘县、五台县，吉林省大安市，河北省围场县、张北县，甘肃省定西市安定区、天水市麦积区，新疆察布查尔县，宁县盐池县）的27个村（场）开展布鲁氏菌病、牛结核病调查工作，对当地“两病”防控问题的监测提出建议。首席科学家李胜利在兰考县开展

杂交构树营养价值评定工作，并对饲喂方法做了技术培训报告。营养研究室主任刘建新与广西靖西县鑫晟茧丝绸科技有限公司就桑枝资源的奶牛饲料化利用达成合作协议，共同帮扶农民脱贫。

七、提升奶业产业竞争力

（一）竞争力提升实施方案

针对奶牛生产成本高、竞争力不强、优质牧草不足、资源约束趋紧、产业组织化程度不高、利益联结不紧密、养殖加工“两张皮”、饲养方式相对落后、单产较低、国内乳制品消费信心不足等制约奶业生产的产业和技术问题，根据2016年全国农业工作会议“实施农业竞争力提升科技行动”工作部署和我国奶业面临的主要产业及技术问题，奶牛体系联合部分D20联盟企业开展了“提升奶牛养殖竞争力科技行动”。

结合重点任务，2018年奶牛体系主要在北京市大兴区、天津市北辰区、河北省定州市和张家口市塞北管理区、辽宁省海城市、内蒙古自治区土默特左旗、新疆维吾尔自治区呼图壁县、上海市崇明区、宁夏回族自治区贺兰县、四川省洪雅县围绕提高奶牛饲料转化效率研究与应用、后备牛标准化养殖技术研究与应用、节能减排的营养调控技术研发、我国生鲜乳低成本高效检测方法研发、奶牛常见疾病诊断技术和检测方法研究等方面开展了相关工作，节本增效效果显著。

（二）竞争力提升成效

2018年，奶牛体系不断集成和整合奶业提质增效多项技术，以点带面，通过在体系试验站和200家辐射场开展推广应用，借助奶牛“金钥匙”等技术推广平台，培训产业优秀人才，实现奶牛养殖效益大幅提升。2018年成母牛单产比2017年提升0.08t，比2016年提高了0.51t；生鲜乳细菌数比2017年大幅下降22.6%，体细胞数下降2.2%；实施供给侧改革，满足消费者对乳制品质量不断提高的需求；生产成本连续三年下降，从2016年的3.40元/kg下降到2018年的3.31元/kg，下降2.6%，产业竞争力不断提高。

八、对接龙头企业工作情况

奶牛体系自成立以来，除了通过试验站以及辐射场加强示范推广的同时，与大型养殖集团开展战略合作，集成和整合奶业提质增效多项技术，借助奶牛“金钥匙”等技术推广平台，培训产业优秀人才，实现奶牛养殖产业素质和竞争力逐年提升。

与奶业D20企业如蒙牛、现代牧业、君乐宝、中地等合作开展的“金钥匙”专场活动，覆盖800家大、中、小型牧场，平均单产提升1kg，平均成本降低0.1元/kg，为牧场提升效益1亿多元，活动得到当地政府部门高度好评及大力支持。

奶牛体系与多个大型养殖集团如现代牧业、天润等开展战略合作，推动了养殖企业节本增效，提升竞争力。现代牧业蚌埠牧场执行饲料转化效率核定采食量，严控成本，部分牛舍剩料率从8%降低到5%，每年可节约近1 000万元，2018年饲料成本为1.89元/kg，比上年减少0.1元/kg。

2018年度国家奶牛产业技术体系人员名单

首席科学家：李胜利

国家奶牛产业技术研发中心人员：曹志军、杨敦启、王雅晶、姚琨、夏建民、都文

岗位科学家

研究室名称	岗位专家	岗位名称	所在单位
营养与饲料研究室	刘建新（主任）	泌乳生理与调控	浙江大学
	李胜利	泌乳牛饲养管理	中国农业大学
	李建国	营养需求与饲养标准	河北农业大学
	高　民	粗饲料资源开发与利用	内蒙古自治区农牧业科学院
	张永根	饲料营养价值评定	东北农业大学
	王中华	饲料安全监测	山东农业大学
	高腾云	奶牛环境营养	河南农业大学
	蒋永清	后备牛饲养管理	浙江省农业科学院
	赵国琦	饲料配制与工艺	扬州大学
疾病防控研究室	李建喜（主任）	传统中兽医兽药防治	中国农业科学院兰州畜牧与兽药研究所
	高明春	病毒性传染病防控	东北农业大学
	范伟兴	细菌性传染病防控	中国动物卫生与流行病学中心
	吴文学	奶牛场生物安全与综合防控	中国农业大学
	杨宏军	繁殖病防控	山东省农业科学院奶牛研究中心
	沈建忠	兽药残留检测	中国农业大学
生产与环境控制研究室	王加启（主任）	生鲜乳质量控制与安全检测	中国农业科学院北京畜牧兽医研究所
	施正香	牛舍设计与养殖装备	中国农业大学
	余　雄	环境控制与奶牛福利	新疆农业大学
	韩鲁佳	粪污处理与利用（肥料化）	中国农业大学
遗传改良研究室	张胜利（主任）	后裔测定与遗传评估	中国农业大学
	王雅春	育种规划与核心群建立	中国农业大学
	孟庆勇	育种技术与方法	中国农业大学
	史远刚	奶牛品种资源评价	宁夏大学
	杨利国	繁殖技术	华中农业大学
	朱化彬	胚胎工程	中国农业科学院水产畜牧兽医研究所
	仲跻峰	良种扩繁与生产技术	山东省农业科学院
加工研究室	张和平（主任）	乳酸菌及发酵乳加工	内蒙古农业大学
	张列兵	乳粉及液态奶加工	中国农业大学
	李盛钰	干酪加工	吉林省农业科学院农产品加工研究所
	郑楠	质量安全与营养品质评价	中国农业科学院北京畜牧兽医研究所
产业经济研究室	刘长全（主任）	产业经济	中国社会科学院农村发展研究所

综合试验站

试验站名称	站长	所在省份	所在单位
哈尔滨综合试验站	张维银	黑龙江	黑龙江省奶业协会
齐齐哈尔综合试验站	王永信	黑龙江	黑龙江克东瑞信达原生态牧业股份有限公司
鞍山综合试验站	谢振全	辽宁	鞍山市恒利奶牛场
保定综合试验站	孙凤莉	河北	河北省畜牧兽医研究所
石家庄综合试验站	张新同	河北	河北省农林科学院
济南综合试验站	赵 鲲	山东	济南佳宝乳业有限公司
大同综合试验站	马腾	山西	山西省大同市良种奶牛有限责任公司
呼图壁综合试验站	葛建军	新疆	新疆呼图壁种牛场有限公司
克拉玛依综合试验站	邹阿玲	新疆	克拉玛依绿成农业开发有限责任公司
西安综合试验站	党东河	陕西	西安现代农业综合开发总公司
银川综合试验站	赵国丽	宁夏	宁夏正鑫牧业科技发展有限公司
三元综合试验站	李锡智	北京	北京首农畜牧发展有限公司
延庆综合试验站	任师喜	北京	北京市归原农业生态有限公司
北辰综合试验站	于 静	天津	天津市梦得牧业发展有限公司
武清综合试验站	贾春涛	天津	天津市武清区海林养殖场
上海综合试验站	袁耀明	上海	光明牧业有限公司
伊利综合试验站	韩吉雨	内蒙古	内蒙古伊利实业集团股份有限公司
奶联社综合试验站	李兆林	内蒙古	内蒙古自治区奶联科技有限公司
哈尔滨农垦综合试验站	甘文平	黑龙江	黑龙江省农垦科学院畜牧兽医研究所
大理综合试验站	张克强	云南	农业部环境保护科研监测所
拉萨综合试验站	尼玛穷达	西藏	西藏自治区拉萨市城关区净土农业发展有限公司

奶牛体系岗位的设置综合考虑了成员研究领域、知识层次、年龄结构以及奶牛场示范辐射效应，基本保证了我国奶业研究的主要大学和科研单位都有岗位科学家，优势产区设有试验站的布局，为构建国家奶牛科研与推广的产业技术体系打下了坚实基础。其主要机构及组成情况如下：

1. 奶牛产业技术研发中心由6个功能研究室组成。每个功能研究室设研究室主任1名和岗位成员若干：遗传改良研究室（7名）、营养与饲料研究室（9名）、疾病防控研究室（6名）、生产与环境控制研究室（4名）、加工研究室（4名）、产业经济研究室（1名），共计31位岗位科学家和112名团队成员。

2. 奶牛产业技术研发中心下设21个综合试验站，每个综合试验站设站长1名（84名团队成员）。综合试验站涵盖115个示范县、210个示范辐射牛场、345名技术推广骨干。

3. 体系还设立了由体系首席科学家、岗位科学家和试验站站长代表共13人组成的执行专家组，以及由知名专家组成的咨询专家组（4人）和首席科学家办公室（6人）。

优质乳工程初见成效，国产优质奶赢得信任

2008 年三聚氰胺事件以后，进口液态奶大举进军我国市场。面对进口冲击的严峻局面，农业农村部以振兴国产奶业为使命，组建了产学研一体化的国家奶业科技创新联盟（以下简称奶业联盟）。奶业联盟不等不靠，扎实推进实施“优质乳工程”，取得初步成效。

一、坚持问题导向，科学回答消费关切

2007 年我国进口液态奶仅 0.5 万 t，2016 年猛增到 65.5 万 t，10 年间年均进口增速高达 72.0%，是造成国内生鲜乳收购出现压价、限收，甚至倒奶现象的重要原因之一，奶牛养殖业承受了巨大冲击。

进口液态奶直接抢占国内消费市场，品牌众多（图 7–1），对消费者的影响很大。国产奶企业面对进口冲击被动挨打，缺乏核心竞争力，难以扭转困局。

消费者最关切的问题：国产奶与进口奶，到底哪种牛奶好？

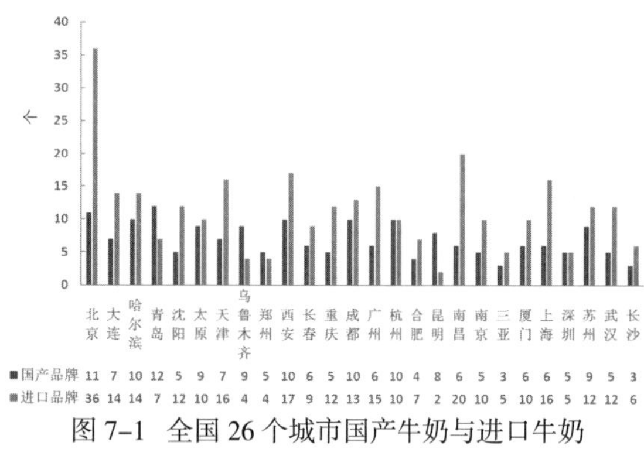

	北京	大连	哈尔滨	青岛	沈阳	太原	天津	乌鲁木齐	郑州	西安	长春	重庆	成都	广州	杭州	合肥	昆明	南昌	南京	三亚	厦门	上海	深圳	苏州	武汉	长沙
■国产品牌	11	7	10	12	5	9	7	9	5	10	6	5	10	6	10	4	8	6	5	3	6	6	5	9	5	3
■进口品牌	36	14	14	7	12	10	16	4	4	17	9	12	13	15	10	7	2	20	10	5	10	16	5	12	12	6

图 7–1　全国 26 个城市国产牛奶与进口牛奶品牌数量比较

数据来源：农业农村部奶产品质量安全风险评估实验室（北京）

在中国农业科学院科技创新工程支持下，奶业联盟依托农业农村部奶产品质量安全风险评估实验室（北京），对进口与国产液态奶进行系统评估，结果表明，国产奶与进口奶安全指标都符合国家标准，但是在乳铁蛋白、α–乳白蛋白、β–乳球蛋白等重要活性营养因子方面，国产优质液态奶的品质全面优于进口液态奶。进一步分析发现，进口奶普遍存在运输距离远、保质期长或过度加热等问题，导致品质大幅度下降。因此，奶业联盟首次明确提出“优质奶产自本土奶”的科学理念，既科学回答了消费关切，也已经成为国产奶有效应对进口冲击、立于不败之地的根本所在。

二、机制创新筑平台，技术创新提品质

奶业联盟依托中国农业科学院等单位数十年积累的奶业科技成果，集成创新了生鲜乳用途分级技术、绿色低碳加工工艺、奶类品质评价技术和优质乳标识技术 4 项核心技术，初步构建了优质乳工程的科学理念和技术体系，把养殖和加工企业牢牢吸引在联盟平台之上，形成强大凝聚力，始终引领产业发展方向。

2018 年，奶业联盟已经有 23 个省份的 45 家企业自愿实施优质乳工程，成效显著。生鲜乳用途分级技术在光明乳业应用后，加工企业主动寻找优质奶源，在全国奶价普遍偏低的情况下，优质生鲜乳收购价上涨 0.15 元 /kg，每头成母牛每年增收 686 元，正向引导奶业利益分配，破解了长期以来奶农与乳品企业之间利益分配不平衡的难题，切实保护了奶农利益。

绿色低碳加工工艺引领加工企业去掉传统加工工艺中的预巴杀和闪蒸工序，加工温度由原来的 95℃下降到 75℃，示范企业每加工 1t 巴氏杀菌奶节约 48.55 元，加工成本降低 15% 以上。

奶类品质评价技术指导示范企业充分挖掘本土奶源的鲜活优势，生产的优质巴氏杀菌奶中乳铁蛋白和 β–乳球蛋白含量分别是进口巴氏杀菌奶的 8 倍和 10 倍。示范企业开发出安全健康、绿色低碳、营养鲜活的优质奶产品，核心竞争力显著提升，面对进口冲击时充满信心，应对从容。

从 2014 年优质乳工程技术开始示范，到 2017 年奶业联盟有 10 家企业通过优质乳工程验收，向市场供应优质巴氏杀菌奶 6.4 万 t，2018 年 27 家企业通过优质乳工程验收，向市场供应优质巴氏杀菌奶 31.7 万 t，深受消费者喜爱，优质乳品牌已经形成较大市场影响力。

三、进口液态奶下降，国产优质奶赢得信任

奶业联盟认真落实《国务院办公厅关于推进奶业振兴 保障乳品质量安全的意见》和农业农村部等九部委《关于进一步促进奶业振兴的若干意见》，始终把加强优质奶源基地建设、做强做优乳制品加工业和培育优质品牌引导消费作为优质乳工程的重点任务，充分发挥奶业联盟的机制创新优势，与国家、地方和全行业的奶业振兴政策形成合力，在提升对进口液态奶的竞争力方面

取得初步成效。

据海关数据，2007—2016 年，我国进口液态奶年均增长率 72.0%，2017 年进口 70.2 万 t，同比增速下降到 7.2%；2018 年进口 70.0 万 t，增速为 -0.3%，12 年来液态奶进口量首次出现下降（图 7-2）。与此同时，2018 年我国奶类生产恢复增长，奶类总产量同比增长 1.2%，液态奶产量同比增长 4.3%。

国产液态奶增长与进口液态奶下降，传递了三个明确信息：一是我国奶业依靠全产业链品质升级，正在不断提升产业竞争力，开启优质发展模式；二是国产液态奶企业以供给侧结构性改革为突破口，不断开发出安全健康、绿色低碳、营养鲜活的优质奶产品，显著增强了市场竞争力，面对进口冲击时充满信心，应对从容；三是消费引导初见成效，“优质奶产自本土奶”的科学理念得到认可，消费者不再盲目迷信进口奶，逐渐回归理性消费。

在振兴国产奶业过程中，奶业联盟真正实现了产学研一体化，充分发挥机制引领、技术引领和品质引领的重大作用，把原来单一的、零散的科技成果汇聚在联盟平台上集成放大，由量变到质变，为推动奶业供给侧结构性改革闯出一条优质绿色发展之路。

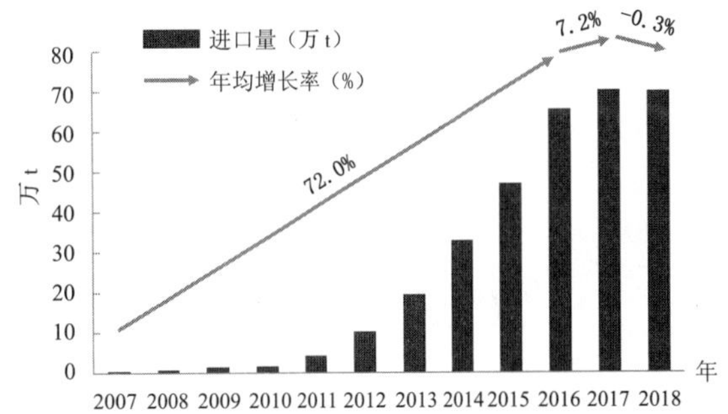

图 7-2 2007—2018 年液态奶进口量和增长率变化情况

注：依据中国海关数据计算

（国家奶业科技创新联盟）

2018年度国家牧草产业技术体系建设情况

一、总体情况

（一）引领农业科技创新方面

2018年，国家牧草产业技术体系（以下简称牧草体系）深入贯彻党的十九大和2018年中央1号文件精神，紧紧围绕乡村振兴战略、农业供给侧结构性改革、脱贫攻坚战略部署，准确把握新形势下农业科技创新的新需求和新任务，充分发挥创新作为引领发展第一动力的作用，提供高质量科技供给，加快构建符合国情的现代牧草科技创新体系。本年度体系在引领农业科技创新方面取得了较大突破，提升了草牧业技术水平。

1. 牧草种质资源创新和品种选育取得新突破

一是“紫花苜蓿三系配套系选育技术”的重大突破，标志着我国进入苜蓿杂交种选育时代，为加速我国苜蓿新品种培育和规模化生产奠定了坚实基础。二是成功选育出8个国审饲草品种和7个省审饲草品种，引进、收集牧草种质资源1 379份，为乡村振兴、供给侧结构性改革以及“粮改饲”和牧草产业发展提供了适宜的优良品种和技术支撑。

2. 牧草栽培与草地管理有了新支撑

一是基于控水和低温试验的根系生理指标和代谢产物的系统分析，揭示了适度干旱提高紫花苜蓿抗寒能力的机理，为我国北方地区苜蓿越冬管理技术提供了理论支撑。二是完善、细化了全国“粮改饲”区域布局及六大区域玉米种植分布区划，配套了230个适宜草种资源信息及“粮改饲”生态-生产评价基础数据1套，为粮改饲建设提供了理论依据。三是形成的适宜黄淮海、青藏高原、南方区、西北干旱区的平作紫花苜蓿夏季套作青贮玉米间套作系统高产高效模式、青稞-箭筈豌豆轮作模式、燕麦-箭筈豌豆混播模式、甜高粱+拉巴豆间作模式、青贮玉米与杂交狼尾草间作模式、草粮兼顾型生态农业模式及其配套水肥管理技术等模式，为转型期区域农业产业结构调整及国家“粮改饲”政策的科学实施提供科技支撑。四是建立了混播人工草地全草型集约化肉羊放牧育肥新模式，实现了羔羊平均日增重200g，放牧季增重30kg的生产目标，该模式育肥的羔羊每只增收1 080元，每亩地增收3 240元，为草地高效利用提供了新途径。

3. 草地病虫草害防控取得新进展

一是确定了华北地区苜蓿草地衰退的主要原因是世界新病害苜蓿异茎点霉根腐病发病率随年份增加，在内蒙古赤峰第3年时发病率高达69%。二是通过苜蓿病虫害发生与分布、流行规律、为害特征及防治技术的系统研究，出版了《苜蓿病虫害识别与防治技术》一书；三是完成了我国苜蓿产业带的杂草调研，初步摸清了我国苜蓿田春季、夏季到秋季的杂草发生种类和动态规律。这些进展为区域优质苜蓿种植病虫草害预防提供了理论依据。

4. 牧草机械研制与草产品加工利用有了新成果

一是研制出集破茬、开沟、播种、覆土、镇压、铺平等联合作业为一体的专用退化草原改良施肥补播机，解决了呼伦贝尔草原区补播混播苜蓿、无芒雀麦的难题。二是研制出5TMZ-160型和5TMZ-280型苜蓿种子脱粒机，解决了科研及农户小规模种子脱粒和清选的难题。三是研发出纤维降解型基因工程乳酸菌，在苜蓿半干青贮饲料中作为添加剂使用取得了显著效果，开发了新鲜苜蓿直接调制全混合日粮的青贮技术；四是研发出仔猪苜蓿型颗粒饲料配方及产品，建立了其配套的标准化制作工艺流程，拓展了苜蓿的应用领域，丰富了饲草产品。

2018年牧草体系形成牧草新技术、新工艺24套，研制新设备3套，开发草产品相关软件24项；通过新产品的研发共申请发明专利172件，实用新型专利120件，发明专利52件；获得获得奖励9项；出版专11部；发表论文263篇，其中SCI论文80篇，牧草科技创新大幅度提升了草牧业科技水平，为我国牧草产业发展提供了重要的科技引领和技术支撑。

（二）推动农业提质增效方面

1. 提升了苜蓿种子生产水平，支撑了国家苜蓿良种扩繁建设

种子扩繁岗位与披碱草无芒雀麦品种改良专家应用苜蓿种子田覆膜宽窄行穴播建植、高效灌溉、授粉等技术，建成中苜4号紫花苜蓿示范种子田400亩，联合华澳大地乳业有限公司在山东东营建立中苜3号种子生产示范基地3 000亩，在新疆呼图壁、石河子、塔城等地推广3 560亩，苜蓿繁种田平均种子产量达到841.05kg/hm^2。盐池站在宁夏农垦茂盛草业公司、固原荟峰农副产品公司、内蒙古鄂托克苜蓿品种改良岗位及宁夏绿洲草业公司4个苜蓿种子生产基地开展了苜蓿切叶蜂授粉技术示范430亩，优质种子率同比提高53.78个百分点，赛乌素蜂茧回收率达到187%，并为宁夏千

叶青草业公司建立1 000亩甘农9号种子扩繁基地提供技术支持和服务，成功申报了国家良种扩繁基地建设项目。

2. 筛选出各区域牧草主推品种，解决了粮改饲急需的适宜品种

系统开展了不同牧草区域苜蓿、燕麦、高粱、无芒雀麦、青贮玉米等牧草品种的引选试验示范，筛选出适宜西南、西北、华北、东北等16个区域种植的燕麦品种各3~6个，为推动粮改饲建设提供了品种支持。呼伦贝尔站示范应用无芒雀麦新品种及配套种植技术2 000亩，草产量提高15%~20%，增收230~350元/亩。衡水站强化苜蓿、青贮玉米、高丹草、饲用小黑麦牧草新品种及配套栽培、机械收获及饲喂技术集成示范，建立综合示范基地15 900亩。盐池站继续推出宁夏不同区域种植的苜蓿、燕麦、饲用高粱、青贮玉米主推品种，示范推广苜蓿主推品种4.5万亩，推动国家优质高产苜蓿示范基地种植主推苜蓿品种面积由2014年的18%上升到2018年的77%。齐齐哈尔站在黑龙江省绿色草原牧场、富裕县马岗牧草种植合作社建立龙牧系列苜蓿品种及其配套栽培技术集成示范基地3个，示范面积15万亩。恩施站分别在荆门华中农业有限公司和十堰市郧阳区壮硕养殖专业合作社转化推广鄂牧2号白三叶和鄂牧5号红三叶两项成果，建立核心示范区200亩，辐射推广面积4 000余亩。

3. 新技术集成示范应用，凸显了牧草体系的引领与支撑

各试验站积极创新科企合作和成果转化模式，开展牧草新技术集成示范应用，助推企业提质升级。赤峰站在核心区阿鲁科尔沁旗达布希绿业有限责任公司等集成示范4个苜蓿主推品种，基于不同GDD下的越年生苜蓿刈割制度、适宜末茬刈割时间安全越冬技术，建立苜蓿越冬高产示范基地5 000余亩，示范区苜蓿越冬率提高13.9个百分点，亩增产52kg。盐池站通过在宁夏农垦茂盛草业公司、固原荟峰农副产品公司等核心示范基地引领，集成示范推广苜蓿新品种、苜蓿测土配方施肥、牧草虫害防治、苜蓿种子生产和黄土丘陵区苜蓿机械化生产等技术，面积达16.94万亩。同时，积极创新技术服务新模式，与宁夏千叶青科技公司公司达成"高产优质苜蓿标准化生产技术成果"转让服务合同，转让费20万元，首次实现了技术成果的有偿转让。云阳站研究总结出"甜高粱+拉巴豆间作模式""青贮玉米与杂交狼尾草间作模式"等牧草种植模式，不仅形成了稳定的高产优质饲草供应系统，还使单位面积的饲草产量得到大幅提升。

4. 加大苜蓿青贮技术示范力度，有效降低自然风险危害

盐池站与青贮技术岗位在宁夏农垦茂盛草业公司继续开展苜蓿裹包青贮技术示范，2018年推动公司加工2~3茬苜蓿裹包青贮6 000余t，占全年草产品加工量的20%左右，有效降低了降雨频繁的灾害风险。东营站指导汶上3 000亩苜蓿种植基地开展裹包青贮技术示范实现半干苜蓿青贮商品化供应。

5、推进"互联网+农业"，优化草产品商业化模式

放牧草地与草畜平衡岗位整合河北省沽源县现有电商条件、平台建设等方面的资源，构建以生产者为起点的草原畜牧业全产业链线上销售模式，推进"互联网+农业"成为草牧业提质增效、转型升级的重要手段。沽源县已成功获批国家第四批电子商务进农村综合改革示范县，"特色馆–沽源馆"已在苏宁易购网站上线运行。

（三）推动农业绿色发展方面

牧草体系深入贯彻党的十九大关于推动绿色发展的精神，将绿水青山就是金山银山的理念落实在草牧业科研创新工作中，推进草牧业绿色发展。

1. 人工种草和草地改良技术推广应用使天然草地得以有效恢复

赤峰站示范推广科尔沁沙地节水灌溉混播人工草牧场划区轮牧技术，面积达3.55万亩。示范区草地亩产由50kg提高到450kg，实现了每户建设1亩节水灌溉混播人工草牧场可以使10亩退化草场得以休养生息，草地载畜量提高了10倍的成效。德宏站在保山市龙陵县乌木山牧场、勐蚌牧场建植非洲狗尾草、东非狼尾草、伏生臂形草人工草地9 000余亩，鲜草产量2 950kg/亩，达到了耐重牧、长利用，有效缓解天然草地放牧压力的效果。白城站在洮北区青山草场集成示范深松混播恢复植被关键技术8 484.87亩，当年产草量由50kg/亩提高到187kg/亩，草场植被覆盖度达到70%以上，在促进退化植被恢复的同时兼顾了经济效益。

2. 新型生物肥料产品的应用，实现了化肥减量和土壤环境改善

草田轮作岗位研发的基于促生菌肥和根瘤菌剂系列复合功能牧草专用菌肥产品，在甘肃鸿远生物科技有限公司示范推广20万亩，达到显著改善土壤环境和培肥地力的作用。沧州站与青县福林农业开发有限公司合作，建设了奶牛粪便无害化与资源化利用平台，实现了养殖场奶牛粪便100%肥料化利用，公司4 500亩牧草地化肥平均减施15%左右。资阳站推行"冬季多花黑麦草+夏季青贮玉米"的"粮改饲"牧草轮作模式，配合沼液灌溉等栽培措施，使区域内饲草种植每亩每年减少化肥投入25%以上。

3. 有害生物生态防控技术的推广，助力农药减施和环境改善

虫害防控岗位示范推广以绿僵菌、白僵菌为主的草原蝗虫、苜蓿蓟马、苜蓿蚜虫、地下害虫生物防治技术，面积达50万亩，减少化学农药用量15t。盐池站在苜蓿虫害系统监测的基础上，指导茂盛公司、千叶青公司、军霞合作社开展了苜蓿蚜虫、蓟马生物防治技术示范1.2万亩，防治效果达到85%以上；指导西吉、彭阳县"一棵草"示范区生物防治燕麦白粉病和蚜虫、高粱蚜虫和黏虫200亩。草地改良岗位应运"灭鼠+地面翻耕+草种补播+肥料追施+围栏封育"鼠荒地植被恢复技术模式，在四川省色达建立鼠荒地治理及植被恢复技术示范区 1 500 亩，示范区植被盖度从 2017 年的 5%~50% 提高到 2018 年的 85% 以上，鲜草产量由 2017 年平均亩产 260kg 增加到 2 000~2 500kg。

（四）促进农民增产增收方面

农民增产增收是“三农”协调发展的基本内涵。2018 年牧草体系各岗位及试验站以降低牧草种植与加工成本、增加效益为突破口，大力推进科技成果转化及推广应用，建立示范基地，示范推广体系研发的新品种、新技术、新机械。同时，本年度体系各技术岗位和综合试验站针对区域牧草产业发展的重大技术需求和难点，依托示范基地强化了科技服务力度。通过理论授课、专题讲座、座谈讨论、现场答疑、观摩考察、实践操作、发放技术手册等多种形式，累计开展各种类型的科技服务工作 565 次，培训基层农业技术研究与推广人员、企业技术人员、农牧民 15 609 人次，促进了体系科技成果转化和农民增产增收，提高了基层技术人员和农牧民的牧草技术水平。

放牧草地与草畜平衡岗位针对呼伦贝尔地区冬季漫长寒冷、饲草料供给不足、繁殖母羊营养摄入水平差、羔羊成活率低等问题，通过研究攻关，提出了以草定畜、年际间中期和晚期休牧交替进行的放牧制度。相比传统的持续放牧制度，中期和晚期休牧交替进行的放牧制度使单位公顷绵羊的体增重提高了 18.3%，体增重提高了 17.8kg/hm^2，直接经济效益提高了 391.6 元 /hm^2（活重按 22 元 /kg 计算）。同时还可以保证补播无芒雀麦草地的可持续利用，具有较高的经济和生态效益。补饲紫花苜蓿使母羊的产羔率提高了 11.5%，羔羊的初生重提高了 0.8kg，平均多产羔羊 30 只 / 户（以每户 300 只基础母羊计），新增直接经济效益 12 000 元 / 户（羔羊售价 400 元 / 头）。

沧州站在 8.1 万亩区域示范应用盐碱旱地苜蓿保苗全苗壮苗高效播种、青贮玉米 - 饲用小黑麦轮作、饲用燕麦 - 青贮玉米轮作等 10 项关键技术，实现亩均增效 225 元，总增收 1 800 余万元；推广优质干草、优质青贮饲草生产模式及肉羊日粮体系，带动农户户均增收 13 000 余元。2018 年沧州站被沧州市畜牧技术推广站、黄骅市畜牧局授予“科技服务先进单位”称号。

白城站通过在种植户及合作企业集成示范“粮改饲”青贮玉米高效种植技术与高质量青贮技术，使种植户及合作企业青贮玉米单位面积产量提高了 17%，青贮玉米收贮利润达 230 元 /t。种植户青贮玉米因产量的提高平均增收 55.6 元 /t，青贮技术的集成可为种植户获得 345.6 元 /t 的收入。

德宏站通过研发热区旱地和水浇地“粮改饲”青贮玉米高效种植模式及配套技术，引导和推动当地玉米种植从收获籽实向收获全株玉米制作优质青贮饲料转变，种植户种植青贮玉米平均亩产 4.5t，每亩收入 1 350 元，较种植籽粒玉米多收入 470 多元。示范区勐弄乡大寨村肉牛养殖户种植饲草料亩均收入比籽粒玉米或水稻收入提高 5%，养殖饲料成本降低 5%。

黔南站指导当地农户种植杂交狼尾草、青贮玉米等高产饲料作物，引导公司订单收购，收购加工青贮饲料 6 500 余 t，惠及农户 128 户，户均增收 3 000 元以上。

资阳站集成示范多花黑麦草 + 青贮玉米 / 高丹草”轮作技术，青贮玉米平均亩产 4.2t 以上，较传统种植收入增加近 200 元 / 亩，在洪雅县通过示范带动十余个乡镇 126 户种植大户规模化种植青贮玉米 1.52 万亩，亩收入 1 700 元左右。

（五）支撑政府决策方面

依托体系科技力量，通过各种方式积极向国家及地方政府建言献策，为政府部门在草牧业发展方面的决策和政策制定提供科学依据，凸显了牧草产业技术体系在推进农业现代化建设和发展方面的重要作用。2018 年牧草体系共提交政策建议报告 7 份。

1. 国家层面

（1）产业经济岗位受农业农村部委托，完成了我国畜牧业新业态研究，提交了《我国畜牧业新产业、新业态、新发展模式研究》总报告和《浙江省畜牧业新业态发展调研报告》；参与农业农村部委派的《国家质量兴农战略规划（2018-2022 年）》调研及撰写；跟踪草产品和牛羊肉贸易情况，分析我国草产品和牛羊肉贸易情况，并通过牧草体系微信平台进行发布，共发布产业动态 6 篇。

（2）盐池站根据前期研究结果和苜蓿切叶蜂授粉特点，从技术、应用和蜂茧来源三个方面向农业农村部提交了《苜蓿切叶蜂研究进展及应用建议》。

（3）人工草地生态评价岗位针对天然打草场植被和土壤退化问题，从半干旱牧区天然打草场的战略地位、天然打草场分布及退化状况和天然打草场生产及改良潜力方面，提出《关于改良建设半干旱牧区天然打草场促进牧区畜牧业现代化发展的建议》，得到十二届全国人大常委会副委员长张宝文的批示。

（4）草田轮作岗位完成《关于西部生态脆弱地区国家重点生态功能区生态修复的意见》建议稿得到了财政部的回复；根据九三学社中央主席武维华院士甘肃省调研情况，向国家林业和草原局提交《对青藏高原黄河源草原生态修复的长效机制和对策建议》；向农业农村部起草了《农区发展人工草地的建议》。

（5）病害防控岗位参加全国畜牧总站组织的《全国人工草地病虫鼠害和杂草防治项目建议书》撰写工作，上报农业农村部作为栽培草地有害生物防治面积与经费支持的依据。虫害防控岗位和盐池站站长张蓉为 2018 年全国草原生物灾害预警提供建议。

（6）举全体系之力整理并进行体系十年工作总结——《牧草体系建设理论与实践》专辑编写，此项工作对我国草牧业发展发挥重要的推进作用。多名专家继续配合全国畜牧总站参与《草业生产技术》专著的修订和续集编撰工作。

（7）为落实习近平主席 2017 年 3 月 17 日对密克

罗尼西亚总统的农业援助承诺，柱花草品种改良岗位于2018年两次前往密克罗尼西亚开展农业产业发展规划，举办农业技术培训4期，培训学员100多人，推进体系研究成果国际化。

2. 地区层面

（1）受宁夏固原市委、市政府邀请，首席科学家张英俊教授、草田轮作岗位专家师尚礼教授及盐池站站长张蓉助力宁夏固原市“四个一”工程建设和草牧业发展，通过调研，应用体系研究成果为固原市“一棵草”牧草示范区进行了功能定位和整体规划，盐池站负责了原州区徐河和侯磨、彭阳县乃河的三个“一棵草”示范区的技术示范和指导工作，针对性举办牧草技术培训班3次。

（2）九三学社宁夏区委会联合盐池站调研宁夏草原生态建设与草畜产业发展情况，完成了《宁夏牧草产业发展现状及政策建议》报告并提交自治区政协。

（3）放牧草地与草畜平衡岗位根据河北沽源县地理优势、生态资源特点、产业发展现状以及发展需求等方面，协助制定《沽源县十三五扶贫开发规划》，为沽源扶贫攻坚蓝图的绘制提供支持。

（4）毒杂草防控岗位联合产业经济、人工草地生态评价岗位，向山东省政协领导汇报《山东省粮改饲工作进展及建议》。

（5）产业经济岗位在各试验站的配合下，持续开展了10省（自治区）23个区域“粮改饲”、草牧业、草畜结合典型模式的调研工作，累计完成10个县的牧草产业发展政策建议指导。

（6）衡水站牵头积极建议谋划，推动河北省现代农业产业技术体系草业创新团队2018年正式启动。

（六）管理机制创新方面

牧草体系创新了首席科学家组织领导、执行专家组协调管理、研究室主任统筹规划、技术负责人组织落实的管理体制，切实加强岗站对接，积极推进站企结合，保证了技术研发、集成示范及科技服务工作的顺利落实，充分发挥了体系在国家草牧业发展中的重要作用。

1. 强化体系管理和任务落实

在首席科学家的统一领导下，体系各研究室任务技术负责人分别在海口、兰州、北京组织召开了2018年任务讨论和交流会，明确了研究目标，落实了分工和任务，讨论了存在的问题和解决方案；体系重点任务“粮改饲”轮作模式关键技术研究与示范（CARS-35-01A）的技术负责人提出了分区管理的新机制，统一规范了研究方案。上述管理工作创新为本年度体系任务的顺利完成与运行机制顺畅打下了坚实的基础。

2. 加强体系内的协同攻关

围绕牧草产业全产业链创新，加强了体系内合作和岗站对接，保证了共性技术的实用性和区域草牧业发展的支撑能力。放牧草地与草畜平衡岗位联合播种机械化岗位、饲草加工岗位等专家，在呼伦贝尔地区开展了以免耕补播机械、人工草地建植、饲草料加工为主的“草畜平衡牧民致富”十项核心技术研究与推广示范工作。人工草地生态评价岗位联合青藏高原牧草栽培、病害防控岗位及绥化、齐齐哈尔、赤峰、张家口、盐池、朔州、榆林、东营、恩施、石河子、昌吉等试验站开展了“粮改饲”区域布局区划、人工草地生态评价样地选取和数据采集测定工作，完成了“粮改饲”区域布局及报告，建立了草种资源信息库。病虫草防控室组织昌吉、绥化、赤峰、盐池、沧州、榆林和德宏7个试验站统一建立了35个苜蓿品种抗性鉴定圃进行抗病虫性综合评价，以期筛选出各地区的高抗苜蓿品种，监测重要牧草病虫草害发生规律。

3. 推进体系间的合作与交流

牧草体系联合肉牛牦牛体系、肉羊体系等合作开展养殖设施配套建设和家畜营养调控等技术研发，并对呼伦贝尔地区农牧民开展技术推广、示范等工作；产业经济岗位积极与肉羊、绒毛羊、肉牛、奶牛产业经济岗位专家开展学术交流。

4. 促进产学研和站企的深度合作

为推进以企业为主体、市场为导向、产学研相结合技术创新体系的建设，促进体系与企业的深层次融合，2018年牧草体系在8家合作企业建立了体系示范基地，在合作企业大庆绿色草原牧场开展了草地豆科苜蓿、无芒雀麦补播混播技术及专用退化草原改良施肥补播机示范1 000亩；在黄骅市丰茂盛园农业科技有限公司开展了苜蓿干草捆、草颗粒、宠物饲料的加工技术示范。产学研和站企的深度合作，有力促进了牧草体系成果转化，提升了企业的科技实力和综合效益。

5. 突出区域性“草堂行”的特色培训

依据各区域的苜蓿生产关键技术需求及草畜结合需求，2018年牧草体系在黑龙江大庆、云南寻甸、内蒙古呼伦贝尔举办了三期“草堂行”，有针对性地安排了不同研究领域的专家进行了集中授课。如“草堂-呼伦贝尔行培训会”上专家分别从呼伦贝尔草牧业关键技术研究、呼伦贝尔草地利用研究进展、智慧牧场技术与实践、裹包青贮调制及其产品流通、天然草地干草调制贮藏技术研究、呼伦贝尔牧草产业发展现状等方面进行了培训，对呼伦贝尔市的牧草产业技术体系的建设和农业现代化发展具有重要意义。

二、重要科技进展

（一）“三叶草特异挖掘与新品种选育”技术成果

该技术成果培育出国内首个红三叶育成品种鄂牧5号，其牧草产量比对照品种增产1.28%~67.9%，平均增产15.5%，2016年被推选为农业主导品种；培育的新品种鄂牧2号白三叶牧草产量比对照增产1.22%~37.51%，平均增产10.7%，在云南、贵州、四川、湖北、北京5个试验点连续三年均表现为增产。项目还获得红花白三叶种质材料，其花瓣红色色素（矢车菊）含量是普通白三叶的11.14倍；并率先利用转录组学和代谢组学研究其花色形成机理，明确了花瓣颜色主要由矢车菊素和飞燕草素含量的不同比例控制，筛选出参与调控花青素合成关键基因 8 个，获得白三叶转录组数据 1 套；申请发明专利 1 项；建立了白三叶和红三叶高产栽培及混播草地建设技术体系，形成技术规程 3 项。

该技术成果针对国内三叶草种质资源开发利用不足，优良品种缺乏的问题，以三叶草种质资源收集与评价为基础，开展种质创新、新品种培育和配套栽培技术研究，对于三叶草种质资源开发利用提供技术支撑。

（二）研发专用退化草原改良施肥补播机

围绕我国草原生产力提升、资源高效利用和生态建设的重大需求，针对天然草原补播混播苜蓿、无芒雀麦的难题，研发专用退化草原改良施肥补播机。目前完成第一轮样机试制。样机在黑龙江大庆绿色草原牧场、呼伦贝尔草原进行了 2 年试验，取得很大成功。补播机采用正压式气流外槽轮排种装置强制排种，不受种子外形尺寸和重力等物理特性的影响，播种均匀，可实现高速单粒体排种。它可以同时完成破茬、开沟、播种、覆土、镇压、铺平等联合作业，该机配套动力 90 kW 以上的拖拉机。适合播种人工种植草场、天然草场的免耕补播和各类大田作物种子的免耕条播等。

该机配套 2 个种箱、1 个肥箱，免耕补播不仅可以实现单品种补播施肥作业，也可以实现禾本科、豆科等多品种同行混播、隔行混播或交叉混播作业。

（三）苜蓿不落地青贮（窖贮）技术

为解决半干青贮技术收获和安全贮藏的问题，沧州综合试验站通过近 10 年的研究，2018 年完善形成了一套完整的苜蓿不落地青贮（窖贮）技术，即高水分苜蓿混合青贮（窖贮）技术，实现了苜蓿刈割、切碎、运输、装窖一体进行，解决了苜蓿半干青贮存在落地晾晒、雨淋、落叶等问题。

核心内容包括：（1）苜蓿适宜刈割期。原料以初花期刈割最佳，即植株含水量为 70% ~ 75%；（2）饲料枣粉、玉米粉、麸皮等饲料原料添加。饲料枣粉、玉米粉、麸皮适宜添加量为苜蓿原料重的 8% ~ 10%；（3）压实密度。压实密度控制在压实密度控制在 550 ~ 650kg/m^3。

该技术没有原料晾晒和捡拾环节，明显缩短了青贮调制时间，减少了落叶损失。与干草调制相比，干物质损失减少了 70% 以上；与苜蓿半干青贮相比，苜蓿不落地青贮每茬青贮饲料制作成本较半干青贮可以节约 15 元 / 亩，每年按 4 茬计算，苜蓿不落地青贮较半干青贮每年可以节约成本 60 元 / 亩。

目前，该技术已获得发明专利 3 项：《一种通过添加饲用枣粉改善高水分苜蓿青贮饲料的方法》（专利号：ZL 2013 1 0491565.X）；《一种高水分苜蓿青贮菌剂》（专利号：ZL 2013 1 02660497）；《一种高水分苜蓿青贮菌剂》（专利号：ZL 2013 102660035）。同时依托本技术，编制完成了《紫花苜蓿高水分青贮技术规程》河北省地方标准初稿，并计划 2018 年年底完成标准审定。

2018 年该技术在河北省沧州市进行了规模化生产示范，累计示范规模 55 000 吨，苜蓿亩均节本增效 116 元，累计节本增效 638 万元，取得了良好的示范效果。

图 7-4　苜蓿不落地青贮原料收获

三、扶贫工作情况

为落实党的十九大提出的关于“坚决打赢脱贫攻坚战”“实施健康中国战略”等新部署、新要求，把扶贫摆在更加突出的位置，集中力量攻坚克难，加大扶贫工作力度。2018 年 9 月 11~13 日，牧草体系在呼伦贝尔组织召开“国家牧草产业技术体系 2018 年扶贫工作总结会暨草堂 - 呼伦贝尔行培训会”。会议分为两部分，分别是“体系 2018 年扶贫工作总结会”和“草堂行培训会”。在扶贫工作总结会上，各岗位、试验站交流了 2018 年所开展的扶贫工作进展及问题，旨在为体系下一步扶贫工作指明方向。

结合体系各岗位和试验站的人才优势、资源优势、技术优势，形成攻坚力量，体系各岗位、试验站也在内蒙古、山东、吉林、四川、青海、海南、云南、甘肃、河北、宁夏、西藏等全国十几个省份因地制宜地制定帮扶措施，通过提供新品种、新技术，开展科技培训与精准扶贫，现场指导等多种形式对当地的贫困县进行扶贫，取得了一定的成效。

四、存在的问题

2018 年，牧草体系在农业农村部指导下，在各岗位科学家、各功能研究室、各试验站通力协作、共同努力下，体系工作有序开展，通过汇总分析，仍存在以下问题。

（一）任务方面

1. 品种育种面临的问题

由于牧草育种耗时较长，近两年选育出的优异新品系少。种子生产技术研究受区域气候和牧草种植年限的影响，年度间田间试验数据存在不确定性，需要3年以上的数据资料才能进行分析，从而获得较为准确的研究结果，因此，在研究技术指导企业生产实践过程中，需要同企业建立持续长期的合作关系。

2. 牧草科技面临的问题

牧草科学基础仍相对薄弱，还不能支撑解决产业中的部分技术难题。上下游产业耦合研究薄弱，草与作物、草与家畜、草产业与作物种植业的耦合，即粮草系统、草畜系统研究不深入，系统性不强。草业全产业链精准的流程性技术体系还未建立，流程性技术体系未形成。生物安全、生态安全问题仍有待加强。牧草种植规模较小，规模化程度低。栽培管理不规范，技术人员缺乏。集约化、规模化种植程度低，配套技术不完善。草业产业化程度低，竞争力不足。国产饲草加工机械生产效率及性能存在问题较突出，与国外同类产品相比还有较大差距。产业发展方面，可示范推广的技术偏少；基础研究方面，现有牧草品种抗倒伏能力不足，特别是几个主推青贮玉米品种虽然有一定的抗倒伏能力，但是在狂风大雨的灾害性天气时仍然会发生倒伏，造成收割困难、产量降低、品质下降。

3. 成果转化面临的问题

优良品种的成果转化力度及种子生产能力有待加强。国产牧草品种种子产业化问题突出，生产中的品种尤其是苜蓿品种几乎被国外垄断。在牧草产业的一些领域，科技成果应用性不强，不能真正起到服务生产的作用。部分地区生态建设及畜牧业发展对优良品种的需求量较大，种子缺口很大，种子质量不高，混杂较为严重，其中一个问题是品种转化力度不大，公司企业等参与度不高，相关投入不够。试验站在体系成果推广和转化方面存在不足，应加强与地方相关企业、种植大户和合作社合作，加快体系成果推广和转化效率，更好地为农牧民服务。

（二）交流合作方面

试验站与示范区及上一级草原站、当地政府等联系不够紧密。部分试验站迫切需求相关领域的专家到站开展试验，以提升试验站研究水平。各团队虽然与试验站、企业合作较多，但具有试验区域小等局限性。需要加强政府、企业、农户与岗位专家、试验站的沟通合作。应加强牧草体系与畜牧体系之间的协作，促进畜牧业协调发展，更好地为畜牧生产服务。部分项目中缺少其他方面技术支持，缺少相关技术人员，需要进一步加强和与其他高校、企业的合作。对政府及管理部门的参谋、技术支撑作用发挥不够，有待进一步主动与相关部门沟通汇报，为政府及相关部门建言献策，进行服务，提供技术支撑。试验站可能会遭受倒春寒等气象灾害，对正在开展的栽培、育种试验影响较大，需要加强岗站对接，分工协作，共同完成科研任务。

（三）扶贫方面

体系扶贫工作还有待提高，其主要限制原因：一是资金严重缺乏，新技术、新模式、新品种规模化示范推广受到限制；二是新型经营主体和农业产业化龙头企业缺乏，农民一家一户生产造成组织效率低、对接市场难；三是农民接受性差，新技术、新模式、新品种示范应用时滞性明显，具有一定局限性。牧草体系在扶贫中的支撑作用体现不够，有待进一步加强，科技脱贫与地方脱贫工程的有效衔接还存在一定距离。各试验站利用自身技术优势，积极融入地方产业扶贫，技术帮扶、示范推广和培训的重点是有一定基础的龙头企业、合作社和种养大户，但对数量较多的分散种养户则在科技支撑力度等方面还存在短板；同时科技脱贫侧重于对种植企业、种植户进行品种推荐、测土配方施肥和病虫害防治技术示范、小型收获机械推广、培育龙头企业成立收获加工机械专业组织和技术培训等，其只是体现了产业扶贫的一个内容，与地方政府开展的“一村一品”“一县一业”等重点脱贫工程有效衔接上还存在不足，与地方政府对牧草产业在脱贫工作上的期待还有距离。

五、2019年工作计划

一是任务方面，继续开展相关合同任务的研究工作，解决任务执行过程中遇到的困难，如现代化农业机械的研发，并对任务内容进行拓展和深入，在完成研究任务的同时，各项工作从点到面均能有较大程度的提升。

二是进一步开展体系内、体系间、体系外的联合协作，进行资源整合，加快技术集成示范和成果转化应用速度。体系内加强人员间交流合作，加强岗站对接力度，扩大合作范围；体系间加强与其他体系的合作，通过饲草与养殖结合，提升优质饲草供给能力和双方产业综合竞争力从而加快草牧业一体化进程，促进草牧全面发展和转型升级；体系外加强企业及地方政府合作，促进体系成果快速转化，提升牧草产业竞争力。

三是扶贫方面，进一步深化科技扶贫工作，将体系任务与精准扶贫工作实现有效对接。加强体系对地方的技术支撑作用，以科技服务助推精准扶贫。遵循“授之于鱼不如授之于渔”原则，以增强贫困户的自身造血功能，让他们以自立自强、生产自救为目标，脱贫致富。

四是其他方面，加强知识产权产出与人才培养，提升团队科技创新水平；强化科技服务能力，加强技术培训和技术指导，加强基层与种养企业技术人员培训，提升草产业生产水平与市场竞争力；积极配合上级分配的各项工作，做好应急性工作。

（国家牧草产业技术体系首席科学家　张英俊）

2017年度牧草体系人员名单

序号	岗位	负责人
1	放牧草地管理与草畜平衡	张英俊
2	种质资源收集与评价	王赟
3	苜蓿品种改良	杨青川
4	羊草品种改良	徐安凯
5	披碱草无芒雀麦品种改良	张博
6	黑麦草三叶草品种改良	张新全
7	狼尾草柱花草品种改良	刘国道
8	青藏高原牧草育种	周青平
9	种子扩繁与生产技术	毛培胜
10	栽培生理与高产栽培	孙启忠
11	草地改良	刘刚
12	土壤改良与产地环境治理	肖燕
13	养分管理	李向林
14	草田轮作	师尚礼
15	人工草地生态评价	辛晓平
16	牧区混播栽培	宝音陶格涛
17	青藏高原牧草栽培	沈禹颖
18	病害防控	南志标
19	虫害防控	张泽华
20	毒杂草防控	孙娟
21	播种机械化	刘贵林
22	青贮机械化	王德成
23	干草生产机械化	布库
24	青贮技术	玉柱
25	干草调制贮藏	格根图
26	成型草产品加工利用	史莹华
27	质量安全与营养品质评价	张福金
28	产业经济	王明利

（续）

序号	岗位	负责人
29	沧州综合试验站	刘忠宽
30	衡水综合试验站	刘贵波
31	张家口综合试验站	刘贵河
32	朔州综合试验站	石永红
33	呼伦贝尔综合试验站	徐丽君
34	乌兰察布综合试验站	殷国梅
35	鄂尔多斯综合试验站	王育青
36	赤峰综合试验站	梁庆伟
37	白城综合试验站	赖宪明
38	绥化综合试验站	陈积山
39	齐齐哈尔综合试验站	刘学峰
40	东营综合试验站	王国良
41	恩施综合试验站	刘洋
42	云阳综合试验站	张健
43	阿坝综合试验站	白史且
44	资阳综合试验站	林超文
45	黔南综合试验站	莫本田
46	德宏综合试验站	薛世明
47	拉萨综合试验站	多吉顿珠
48	榆林综合试验站	杨培志
49	海北综合试验站	刘文辉
50	盐池综合试验站	张蓉
51	昌吉综合试验站	李学森
52	石河子综合试验站	马春晖

八、国际奶业

GUOJI NAIYE

【国际概况】

2018年全球奶业形势

一、奶类生产

（一）概况

2018年，在亚洲和其他新兴乳业地区（非传统乳业产区）的共同推动下，全球奶类产量连续第二年表现增长，欧盟、大洋洲和美国的牛奶产量增长表现一般。2018年，全球奶类总产量比上年增长2.4%，高于2.2%的历史平均水平。另一点值得注意的是结构上的转变，水牛奶和山羊奶产量的增长率超过了牛奶。在绝对数量上，每年牛奶的增量仍是最大的，但水牛奶和山羊奶的增长速度表明，其他动物奶越来越受到人们的青睐。

在整个供应格局中可以看出，印度作为全球奶类产量最大的国家，其重要性与日俱增，不容忽视。这一点可以通过减掉该国2018年牛奶和水牛奶的增长量得以证明，如果把这些从全球奶类总增长量中剔除，2018年全球的增长率将从2.4%降至1.1%。

（二）牛奶

2018年，全球主要的牛奶出口地区产量表现不佳。新西兰表现同比3%的小幅增长，但澳大利亚由于受干旱影响导致牛奶产量缩减，因此大洋洲地区的牛奶总产量有所下降。欧盟的牛奶产量比上年增长了0.7%，但各成员国之间的差异很大。爱尔兰、波兰、丹麦和比利时的产量增长表现为正值，从而抵消了荷兰、英国和法国在2018年的疲软表现。

美国小型农场的牛只转出趋势仍在持续。2018年年初，许多优质奶牛一直被迁入较大型农场，使得奶牛数量持平或出现小幅增长。2018年下半年，较大型农场的吸引力逐渐下降。至2018年年底，小型农场的退出速度加快，使美国的奶牛总数减少。因而，牛奶产量仅比上年增长了1%。

印度是近年来全球牛奶产量增长的主要驱动力。2018年，牛奶产量比上年增长7.8%，大大超过6.5%的历史平均水平。亚洲其他国家，如土耳其和巴基斯坦也对亚洲4.8%的可观增长率做出了重要贡献。2018年，中国的牛奶产量增速仍然缓慢，仅比上年增长了1.2%。大规模养殖场设法提高了产量，但小规模农场的退出使中国的整体增长放缓。中国2018—2019年面临的主要挑战是对低成本饲料的需求，由于中美贸易摩擦加剧，传统上大规模进口美国大豆已面临危机。

肯尼亚、南非和坦桑尼亚的强劲增长率使非洲表现出1.5%的增长率，但仍低于历史平均水平，原因是阿尔及利亚的牛奶产量比上年下降了6.3%。阿尔及利亚当地产量的持续下降增加了其对欧盟进口产品的依赖。

南美洲从2017年的困境中有所恢复，但巴西表现不佳的0.5%的增长率使该大陆在2018年仅比上年增长了1.7%。鉴于阿根廷严峻的财政状况，2019年该地区可能再次面临挑战。

（三）水牛奶

作为主要的水牛奶生产国，印度和巴基斯坦水牛奶产量增长势头强劲，使得2018年该地区的同比增长率达到4.5%，高于3.8%的历史平均水平。这两个国家的水牛奶产量占全球总产量的95%以上。

（四）绵羊奶、山羊奶及其他动物奶

山羊奶在世界各地越来越受欢迎。2018年山羊奶产量比上年增长了2.7%，大大超过了2005—2018年1.6%的平均水平。在婴幼儿配方奶粉中，山羊奶品牌位列高端市场，其盈利机会备受瞩目，在养殖领域也是如此，促使西方国家的农场主从奶牛养殖转向奶山羊养殖。相比之下，其他物种的奶类产量表现一般。绵羊奶产量仍保持了1.1%的增长，低于2005—2018年1.3%的平均水平，但其他物种的奶类产量几乎没有变化。

（五）2019年奶类生产趋势及展望

2018年和2019年，全球奶类产量增长与全球需求增长趋势基本保持一致。因此，奶价维持在盈亏平衡点附近小幅波动。在高效的以放牧为基础的系统中，农场主仍能获得丰厚的利润，但其他大多数奶业地区的农民缺乏动力提高奶类产量。另一方面，奶价已经足以让大多数农民养家糊口，所以情况会比2015—2016年艰难的时期有所好转。在经历了2007—2017年奶价剧烈波动的十年后，目前奶价稳定对各国农民来说可能是一个可喜的变化。然而展望未来，平衡将成为一种“新常态”，

还是2018—2019时期仅为乳制品市场整体动荡中的一个平稳中间期，这仍是未知数。

目前，奶类价格和奶类产量预计都将保持在2019年年中的水平。由于奶类产量增长不足以推动奶价继续下跌，而且欧盟的黄油和脱脂奶粉库存也阻碍了奶价上涨，这意味着，目前全球市场的稳定局势可能会持续到2020年，因为能够推动奶类增长的更有利奶价还没有出现。

贸易争端和区域性政治紧张局势将继续影响市场和价格。贸易流动将受到影响并发生变化，进出口地区的价格也可能受到暂时性的影响。然而，目前还没有迹象表明会出现2015年欧盟配额制结束或俄罗斯贸易禁令那样导致市场颠覆的大规模混乱。

二、乳品加工

（一）牛奶供应

2018年全球牛奶供应量同比增长了1.3%，相比上年和过去8年的年平均增长率（均为1.7%）明显放缓。2018年下半年，主要出口国的供应量增长速度明显放缓，在过去几个月出现同比下降。

2018年，除大洋洲外，大部分地区的牛奶供应量都有所增长。由于受到严重干旱的影响，澳大利亚的牛奶供应量同比下降了8.0%，大大抵消了新西兰2.3%的增幅。

欧盟的同比增长率（增长0.9%）仅为2017年及近8年增速（增长1.7%）的一半左右。这种整体放缓是欧盟成员国内部表现不同的结果。一方面，由于荷兰对土壤磷含量的限制导致牛群存栏减少，供应量同比缩减了2.9%，而且法国（减少了0.3%）和一些波罗的海以及北欧国家由于遭受夏季干旱产量也有所下降。另一方面，欧盟最大的生产国德国保持了同比1.5%的稳定增长，而波兰、爱尔兰、比利时等国家表现较大增长（分别增长了2.7%、4.3%、3.9%）。

在其他欧洲国家，俄罗斯牛奶供应量连续第二年取得大幅增长，而在实施农产品进口禁令之前，其表现颇为低迷。相反，乌克兰的供应量在2017年回暖后，2018年又出现大幅下降。

北美洲在奶牛单产增长不足和牛群小幅缩减的情况下，美国的牛奶供应量也显示出小幅增长（与8年来平均1.6%的年增长率相比，2018年增长了1.0%）。另一方面，墨西哥和加拿大的供应量表现稳步增长。

在南美洲，阿根廷和乌拉圭的牛奶供应量在经历前两年困境后有所回暖，但该地区最大的生产国——巴西的增速明显放缓，相比于2010—2018年平均3.2%的增长率，2018年仅增长了0.5%。

在亚洲，尽管日本和韩国的供应量十分稳定，但该地区总供应量也表现出小幅增长。土耳其乳业部门由于财政激励政策和限制价格波动的新法规，在2017年略有下降之后，2018年的供应量恢复强劲增长（增速10.7%）至1 000万t以上。

2019年年初，大多数主要出口国的牛奶供应量出现下降，延续了2018年年底的趋势。在一些地区，气候条件仍然是具有挑战性的因素，而且奶价还不足以促进供应量增加。因此，2019年全球总供应量可能将保持稳定，预计增长率低于1%。

（二）乳制品产量概况

这里的乳制品产量数据是根据国家汇总统计得出的，至少能够反映全球总产量的75%~90%。新鲜乳制品除外，因为很大一部分鲜乳产品通过非正规市场生产和销售，而且通常被官方统计数据排除在外。

由于2018年牛奶产量增长有限，与长期的发展趋势相比，乳制品总产量表现出小幅增长。但不同产品类别之间表现差异很大。总体而言，加工商更优选黄油和无水奶油、奶酪和发酵产品。液态奶和奶油的产量与上年相比变化不大，而牛奶和乳清粉的产量则显示出一定增长。

1. 液态奶和鲜乳制品

2018年全球包装奶的产量保持稳定，自2010年以来的年平均增长率为1.8%。中国产量仍然保持增长（增长了4.3%），巩固了其作为第二大液态奶生产国的地位，位列欧盟之后，但领先于美国。印度合作社的液态奶产量增长率降至1.2%，而其自2010年以来的平均增长率为6.1%。2018年俄罗斯的液态奶产量连续两年实现增长（增长了3.7%）。

然而，西方国家的液态奶产量有所下降，欧盟产量同比下降了2.6%。原因是消费者饮食结构的改变导致人均消费量降低，使欧洲各国的消费量有所下降。美国的情况与此类似（下降了2.0%），加拿大的情况稍好一些（下降了0.6%），这也是由于消费量下降所致。尽管原料奶产量减少，但澳大利亚的液态奶产量基本稳定（下降了0.3%）。阿根廷的液态奶产量保持稳定，但拉丁美洲其他一些国家则出现大幅下降如墨西哥（下降了10.8%）、智利（下降了6.5%）、乌拉圭（下降了7.7%）、巴西（下降了2.5%），由此结束了自2010年以来的增长趋势（平均每年增长2.8%）。

发酵产品的发展形势则令人满意，自2010年以来的全球年平均增长率约为3.6%，2018年为2.1%。2018年第一大生产地区欧盟产量稳定增长0.3%，而中国作为第二大生产国同比增长了4.9%，这主要得益于国内对此类产品的消费量持续增长。另一个显著的增长来自印度合作社，2018年其产量同比增长了30.7%。

在发展中国家，液态奶和鲜乳制品的产量预计将持续增长。

2. 黄油和其他乳脂肪

全球每年生产超过1 000万t的黄油和其他乳脂，例如无水奶油和酥油（以黄油当量表示）。2018年，产量比上年增长2.5%，相比2010年以来2.9%的平均增长率有所放缓。

乳脂肪市场主要由印度主导，其产量占全球乳脂肪产量的近一半（48%），在15年前就超过了欧洲，而且产量比15年前增加了一倍多，达到560万t。2018年，印度黄油和酥油产量比上年增长了3.7%。欧盟作为全球第二大黄油生产地区，其黄油产量比印度低50%以上。2018年，欧洲黄油产量比上年增长了0.8%，略高于2017年（增长0.6%），使得脂肪价格的紧张形势有所缓解。美国经过5年的相对稳定期之后，黄油产量再次增长了2.4%。新西兰是目前黄油和无水奶油的主要出口国，其产量增长了3.5%，保持了之前长期的增长速度。由于收奶量下降，加上加工商专注于其他产品，澳大利亚的乳脂肪产量表现出大幅下降（降低了18.6%）。

3. 奶酪

全球奶酪总产量估计超过2 300万t(为了避免重复计算,不包括加工奶酪),到2019年年底将接近2 400万t。本章节内容中是指天然牛奶奶酪，占天然奶酪总产量的近90%。其余的奶酪包括其他物种(水牛、山羊和绵羊)，以及没有出现在国家统计数据中的家庭自制奶酪和小作坊加工奶酪。2017年，奶酪产量同比增长了2.1%，基本上与2010年以来2.2%的年平均增长率持平。

全球前两大奶酪生产国是欧盟和美国，欧盟的原料奶主要用于奶酪生产，产量占全球总产量的44%，美国产量占全球总产量的27%。2018年，欧盟奶酪产量增长了1.4%，美国增长了3.0%。在欧盟内部成员国，爱尔兰、意大利、波兰的奶酪产量增长强劲(分别增长了14.2%、4.6%、3.1%)，德国、荷兰和丹麦增幅较小(分别增长了1.5%、0.6%、1.1%)，法国则下降了0.8%。其他主要生产国，如巴西、土耳其和阿根廷位列靠后，年产量为57.9万~75.5万t。俄罗斯在经历了2014年和2015年的产量激增后，为了应对2014年实施的进口禁令，其奶酪产量增长恢复到1.9%的正常增长率。

土耳其是当前全球第四大奶酪生产国，2018年的奶酪产量表现出9.6%的强劲增长，保持了自2010年以来的年均增长水平，而巴西2018年奶酪产量较2017年的高位下降了2.1%。

4. 奶粉

2018年全球全脂和半脱脂奶粉产量比上年略有增加，达到485万t（增长0.4%）。第一大生产国新西兰的产量增长了4.3%。中国引领着全球需求量，2018年继续进口更多的全脂奶粉，但其产量下降了2.9%。排在第三位的欧盟产量保持稳定（仅下降0.1%），但各成员国之间的发展差异很大。荷兰的全脂奶粉产量（下降12.4%）和法国（下降12.3%）均大幅下降，而法国两年前已经退出全脂奶粉市场。相反，德国的产量增长了12.3%。南美洲的形势有所不同，巴西和墨西哥的产量有所下降（分别降低1.8%和11.8%），而乌拉圭的产量则大幅增长了21.8%。

2018年，全球脱脂奶粉产量比上年下降0.7%，为4 900万t。欧盟连续第二年减产（下降了2.1%），原因是脱脂奶粉的价格较低，而且欧盟委员会管控下的库存量大。美国2018年脱脂奶粉的产量下降了0.9%，也导致国际价格走低。印度脱脂奶粉的产量持续增长(增长5.3%)，接近2010年以来的平均增长率(5.9%)。新西兰和澳大利亚的脱脂奶粉产量也有所上升(分别增长2%和9%)，尽管其在2018年的出口表现不佳，导致了库存积压。

到2019年，随着欧洲国家库存的清理和年初脱脂奶粉价格的回升，脱脂奶粉的加工可能会得到加强。

5. 炼乳

据估计，2018年全球炼乳和淡奶产量将超过500万t，在过去三年总体呈下降趋势。该市场由美国和欧盟主导，占全球产量的近一半。但这两个主要生产国近几年的产量大幅下降，2017年美国下降7.1%，2016年欧盟下降10.1%，并持续保持负增长趋势。其他重要的生产国是巴西、秘鲁和俄罗斯，中国产量占比很小。

6. 乳清产品

液体乳清主要是生产奶酪的副产品（超过80%，其余来自酪蛋白生产）。因此主要产自奶酪主产国，如欧盟和美国。欧盟目前是全球最大的乳清粉生产地区，其产量为210万t。2018年，由于奶酪产量增长，美国的乳清产品产量增长了2.5%。土耳其的凝乳和乳清粉产量上升了24.8%，这也是奶酪产量增加的结果。在阿根廷，尽管奶酪产量稳定，但乳清产品加工量却增长了10.7%。

乳清加工成乳清衍生物（乳清浓缩蛋白和乳清分离蛋白）的趋势也有所加强。由于与婴儿配方奶粉、营养食品和医疗用途关系紧密，乳清原料将成为一个不断增长的全球市场。然而，自2018年年底以来，中国的非洲猪瘟导致生猪数量显著减少，对动物饲料用乳清粉出口带来重大影响，而且在2019年仍将持续影响。这将导致出口国乳清产品减产，尤其是欧盟和美国。

三、乳品产业

（一）2018年世界奶业巨头

2018年，大多数总部位于欧盟的奶业巨头以美元表示的营业额都有所增加。这是美元相对于欧元贬值的结果，一年之内美元兑欧元贬值近5%。在世界其他地区，当地货币兑美元汇率并未发生巨大变动。因此，对于总部设在这些地区的奶业巨头来说，营业额的可能变化与货币汇率之间的关系不大。

由于2017年美国牛奶价格大幅下跌，美国大型乳业集团DFA的营业额同比下降了7%。美国液态奶领军企业迪安食品（Dean Foods）的业绩下滑得到了缓和（下降1%）。中国的伊利和蒙牛再次保持了两位数的增长，这与过去几年的情况一致。除了中国以外，墨西哥的Lala（增长17%）和加拿大的萨普托公司（Saputo）（增长15%）营业额均显著增加。2017年的收购推动了这两个集团营业额的增长。Lala在2017年夏季收购了巴西Vigor公司，并在年内首次合并了其巴西子公司的业务；萨普托公司（Saputo）于2017年10月对澳大利亚迈高乳业（Murray Goulburn）的收购大大推动了集团在截至2018年3月财年最后几个月的全球业务活动。

（二）2018年和2019年初的主要合作与并购

1. 大洋洲

2018年，总部位于中国的澳优乳业（Ausnutria Dairy）以1 700万美元的价格将其对澳大利亚澳美滋（Ozfarm）的持股比例从50%增加到100%。贝格奶酪公司（Bega Cheese）以1.87亿美元的价格收购了科罗伊特的萨普托（Saputo）乳品厂。在2019年上半年，总部位于中国的贝因美以9 000万美元的价格将其在达纳姆的婴配粉工厂51%的股份出售给了达纳姆公园有限公司(Darnum Park Pty Ltd)。澳大利亚婴配粉公司握乐康（Wattle Health）以3 400万美元的价格将其在墨尔本乳品加工和包装工厂Blend and Pack的持股从5%增加到51%。婴儿配方奶粉制造商贝儿（Bubs）宣布以2 600万美元收购Deloraine Dairy。总部位于中国的健康与幸福国际控股有限公司（Health & Happiness International Holdings）收购了悉尼的Farmland Dairy工厂，以合生元（Biostime）品牌生产山羊奶婴儿配方奶粉。加拿大萨普托（Saputo）公司以2.1亿美元的价格收购了Lion-Dairy & Drinks Pty Ltd的专业奶酪业务，其中包括位于塔斯马尼亚州的两个加工厂。新加坡丰益国际（Wilmar International）以1.8亿美元收购了澳大利亚Goodman Fielder剩余的50%的股权。

在新西兰，法国达能集团以2.2亿美元收购了雅士利49%的股份。A2 Milk公司以1.12亿美元的价格从日本三井集团（Mitsui）手中收购了Synlait 8.2%的股份，使其对该公司的持股比例增至17.3%。Synlait以大约2 500万美元的价格收购了Talbot Forest的奶酪业务。2019年前几个月还发生了几笔交易。恒天然将其农场养殖业务出售给了Carrfields，然后将其Tip Top冰淇淋业务以2.6亿美元的价格出售给了英国的Froneri；中国伊利以4.05亿美元的价格收购了Westland的资产。

2. 欧洲

在2019年的前6个月，在奥地利的瑞士艾美(Emmi)收购了有机绵羊和山羊奶专家Leeb Biomilch 66%的股份。在比利时，法国乳品合作社Laitnaa收购了Solarec 3%的股份。

在法国，Cloche d' Or控股了山羊奶酪制造商Fromagerie Huchet。总部位于瑞士的艾美（Emmi）将其对Ambrosi France的持股比例从51%增至85%。投资基金Gimv收购了法国兴业银行。同时，2019年上半年也发生了几笔其他交易。比利时的Vache Bleue收购了Sengele公司，该公司主营磨碎、包装和分销埃门塔尔奶酪业务。Isigny Sainte Mere乳品合作社收购了太妃糖制造商Caramels d' lsigny。索地雅（Sodiaal）从圣元手中接管了位于卡尔哈伊的婴儿配方奶粉工厂的一部分业务。达能将其对Michel et Augustin的持股比例提高到95%。萨文西亚（Savencia）收购了罗克弗特的生产商帕比隆（Papillon）。在德国，DMK持股51%的Fude+Serrahn收购了奶酪制造商Poelmeyer 50%的股份。

Arla Foods将其在桑托芬的工厂出售给Allgauer Hof-Milch，果汁生产商Glockengold Fruchtsaft收购了位于巴特比布拉的DMK奶酪工厂，法国合作社Eurial收购了奶酪专业公司Rotkappchen Peter Juhlich，而拉克塔利斯集团（Lactalis）则收购了奶酪分销商routier Weber，后者也在希腊拥有一家菲塔奶酪工厂。最近，在2019年上半年，比利时的Vache Bleue购买了Arla Foods在巴特沃里斯霍芬的一家奶酪工厂。DMK购买了婴儿配方奶粉品牌Alete的注册商标，同时好沃德（Hochwald）接管了Almil。

在希腊，伊庇鲁斯（Epirus）收购了奶酪制造商Domokos。2019年上半年，德国Hochland收购了希腊羊乳酪生产商希腊家庭农场（Greek Family Farm）25%的股份。

最近，爱尔兰的几家乳品合作社进行了合并重组。North Cork Co-op Creameries 和 FB & HB Co op 于2018年合并，FB & HB的股东成为North Cork Co-op的正式成员。另外，North Cork Co-op宣布了与新镇桑德乳品合作社（Newtownsandes）的一个新合并项目。同时，LacPatrick Dairies和Lakeland Dairies于2019年4月1日正式完成合并。新公司冠名Lakeland Dairies Cooperative Society。

在意大利，撒丁岛的乳业公司Arborea收购了酸奶生产商Trentinalatte，从而占据欧洲市场。法国拉克塔利斯集团（Lactalis）投资3.87亿美元将其对帕玛拉特（Parmalat）的持股比例增至95.8%。2019年上半年，拉克塔利斯（Lactalis）以3.2亿美元的价格收购了纽瓦卡斯特利（Nueva Castelli）；葛兰纳诺(Granarolo)将其对奶酪制造商Venchiaredo的资本比例从24%提高至57.5%；瑞士的Emmi则接管了甜点制造商Pasticceria Quadrifoglio。

在荷兰，总部位于瑞士的艾美（Emmi）将其对AVH乳品贸易公司的持股比例从75%提高到90%。在2019年的前6个月，皇家菲仕兰出售了子公司Creamy Creation，同时收购了一家奶酪切割和包装专家Bakker Kaashandel。范德特尔（Vandersterre）从比利时乳品集团米尔科贝尔（Milcobel）手中收购了其子公司DupontCheese Nederland。

在波兰，沙特乳业集团Sadafco投资3 200万美元收购了Mlekoma 76%的股份。在2019年上半年，Polmlek参股了Lacpol。

在罗马尼亚，联合利华（Unilever）收购了最大的独立冰淇淋制造商Betty Ice。在2019年上半年，德国米勒集团将其在当地的子公司出售给了以色列饮料集团Central Bottling公司。

在俄罗斯，德国乳制品合作公司DMK收购了伊卡姆控股公司（Ikam Holding）40%的股份，使DMK对该公司完全控股。伊卡姆控股公司（Ikam Holding）控股了奶酪生产商RichArt。在2019年上半年，EkoNiva收购了卡卢加地区的几家农场，其中包括一家名为

Detchinskoye 的大型农业企业。

在西班牙，Covap 收购了葡萄牙 Lactogal 公司位于卢戈的液态奶工厂。TGT 投资 700 万美元收购了两家奶酪制造商 Alimentos Ruta Xacobea 和 Lacteos Perez。荷兰皇家菲仕兰收购了奶酪包装和分销商 Millaan Vicente。2019 年夏季，Queserias Entreprinares 接管了 PDO Manchego 奶酪制造商 Lordi。

在瑞士，霍赫多夫（Hochdorf）收购了婴配粉制造商 Bimbosan，并获得了 Thur Milch Ring 的大部分股权。在 2019 年夏季，Froneri 公司收购了雀巢公司的子公司 Noga Ice Creams。

在乌克兰，百事公司于 2019 年夏季出售了位于哈尔科夫地区的乳品厂。

在英国，Arla Foods 公司购买了 Yeo Valley 品牌牛奶和奶酪产品的生产许可。Meadow Foods 收购了乳制品生产商 Roil Foods。意大利葛兰纳诺（Granarolo）接管了冷冻食品分销商 Midland foods。在 2019 年前几个月，另一家意大利 Ambrosi 收购了奶酪和高档食品分销商安东尼·罗克利夫（Anthony Rowcliffe）。加拿大萨普托（Saputo）以 13.1 亿美元收购了 Dairy Crest。在收购恒天然 51% 的股份后，First Milk 成为乳清加工商 Fast Forward 的唯一股东。McQueens 奶场收购了位于基尔布莱德东部的 Muller 工厂。

3. 亚洲

在中国，荷兰皇家菲仕兰以 200 万美元收购了前合作伙伴辉山乳业投资有限公司 50% 的股份，获得了菲仕兰辉山乳业的全部所有权。雀巢将其位于呼伦贝尔的一家乳品厂 95% 的股份出售给了宁夏赛尚乳业。蒙牛以 2 000 万美元收购了圣牧高科 51% 的股份。2019 年夏季，蒙牛以 6.05 亿美元出售了其在婴儿配方奶粉制造商君乐宝 51% 的股份，而新希望乳业投资 1.57 亿美元将其对现代牧业的持股比例增加到 9.3%。

在印度，Parag Milk 以 400 万美元收购了达能在哈瓦纳的奶制品加工厂。美国卡夫亨氏集团以 6.75 亿美元向 Zydus Wellness Ltd 出售了一系列业务，包括儿童牛奶饮品 Complan 和 Sampriti 黄油。在 2019 年上半年，拉克塔利斯集团（Lactalis）以 2.5 亿美元从 Prabhat 手中收购了其乳制品业务，而达能成为了酸奶生产商 Epigamia 的股东。

在日本，达能以 15.8 亿美元出售了对益力多（Yakult）14.68% 的持股。

在老挝，Vinamilk 斥资 2 000 万美元收购了 Lao-Jagro Development Xiengkhouang 公司 51% 的股份。

在黎巴嫩，法国拉克塔利斯集团（Lactalis）接管了食品分销商 Hanilor。

在马来西亚，拉克塔利斯（Lactalis）以 4 100 万美元收购了雀巢的低温乳制品业务。

在泰国，中国乳业巨头伊利收购了最大的冰淇淋生产商 Chomthana 96.5% 的股份。

在乌兹别克斯坦，雀巢于 2019 年夏季将其乳制品和饮用水业务出售给了拉克塔利斯（Lactalis）。

在越南，Vinamilk 收购了 GTN 46.7% 的股份，该公司拥有一家名为 Moc Chau 的乳品公司。

4. 拉丁美洲

在阿根廷，SanCor 出售了几项资产：以 3 300 万美元将其对乳清加工企业 Afisa 的股份出售给 Arla Foods，使后者成为该公司的唯一股东；将其对低温乳制品生产商 Arsa 持有的 10% 股份出售给 Vicentin，后者目前完全控股其子公司；以 4 500 万美元将其位于 Morteros 和 Chivilcoy 的两家工厂出售给 Adecoagro。在 2019 年上半年，Arcor 投资了 1 200 万美元将其对 Mastellone Hermanos 的持股比例增加到 47.5%。

在巴西，巴西食品公司（Brazil Foods）将其黄油和人造黄油加工厂 Danica 以 5 000 万美元出售给了阿根廷贝尔川集团。总部位于美国的 Leprino 对 Lactojara Industria 的持股比例又增加了 21%，至 70%。在 2019 年上半年，总部位于瑞士的艾美（Emmi）将其在阿雷格里港 Laticinios 的股权从 40% 提高到 70%。

在哥伦比亚，投资基金 Mesoamerica 在 2019 年上半年收购了 Alqueria 35% 的股份。

在委内瑞拉，恒天然在 2019 年 3 月以 1 100 万美元将其 Inlaca 的资产出售给了米罗纳集团（Mirona）。

5. 北美洲

在加拿大，萨普托（Saputo）以 7 500 万美元收购了羊奶酪和酸奶生产商 Shepherd Gourmet，并以 1.6 亿美元将其位于温哥华附近伯纳比的牛奶厂出售给房地产集团彼得森（Peterson）。

在美国，法国拉克塔利斯集团（Lactalis）以 12.5 亿美元收购了卡夫公司的天然奶酪业务，从而稳固了公司地位。法国 Savencia 集团收购了蓝纹奶酪制造商 Rogue Creamery。萨普托（Saputo）以 8 500 万美元收购了拥有两家奶酪工厂的 F&A 乳制品公司。Sovos Brands 收购了酸奶生产商 Noosa。荷兰皇家菲仕兰收购了两个奶酪分销商，Jana Foods 和 Best cheese Corporation。DFA 收购了 Agropur 的 Maplewood 工厂。Norvegian group Tine 投资 2 800 万美元将其在奶酪进口商 Lotito 的持股从 33% 增至 90%。Foremost Farms 将其乳糖制药业务出售给了爱尔兰克里集团（Kerry）。法国拉克塔利斯集团（Lactalis）以 3.7 亿美元收购了冰岛风格 skyr 酸奶的制造商西格吉公司（Siggi’s）。

2019 年前几个月，美国还发生了几笔交易。瑞士的艾美（Emmi）从五大湖奶酪公司收购了西摩的蓝奶酪工厂。百事公司收购了运动和健康产品制造商 Muscle Milk。上州尼亚加拉合作社收购了卡夫亨氏在坎贝尔的奶酪工厂。克罗格（Kroger）将经营着 38 家食品制造厂（包括 19 家乳制品厂）的土耳其丘陵食品公司出售给了投资基金 Peak Rock Capital。加利福尼亚乳业公司收购了 Hilmar 奶酪公司在特洛克的奶粉工厂。法国集团拉克塔利斯（Lactalis）收购了埃尔曼（Ehrmann）的酸奶业务，其中包括两家生产厂。2019 年 8 月，投资基金博格曼资本（Borgman Capital）收购了加工奶酪制造商吉尔曼奶酪公司（Gilman Cheese）。

6. 非洲

在安哥拉，刚果民主共和国的 Webcor 集团在 2019 年上半年收购了 Lactiangol。

在埃及，法国拉克塔利斯集团（Lactalis）于 2019 年初收购了奶酪制造商绿地公司（Green Land）。2019 年夏天，荷兰合作社皇家菲仕兰正就收购阿拉伯乳品（Arab Dairy）拟定协议。

在埃塞俄比亚，皇家菲仕兰收购了荷兰乳业埃塞俄比亚公司的少部分股权。

在马达加斯加，投资基金 Adenia 在 2019 年上半年出售了其在乳制品公司 Socolait 的股份。

在尼日利亚，已经持有 Chi Ltd40% 股份的可口可乐在 2019 年成为了该公司的大股东。

在斯威士兰，Eswatini 乳业收购了 Swazi Milk 公司。

在南非，Sundale Free Range Dairy 从 Dairybelle 手中收购了 Cookhouse Creamery。海鲜公司 Sea Harvest Group 以 4 000 万美元收购了 Ladismith Cheese。拉克塔利斯集团（Lactalis）以 9.8 亿美元收购了阿斯彭医药公司（Aspen Pharmacare）的婴配粉业务。

在突尼斯，法国乳业集团 Savencia 将其对 Compagnie Fromagere 的持股比例从 42.5% 增至 50%，瑞士的艾美（Emmi）将其在 Vitalait 的持股比例从 45.4% 增至 54.7%。

四、消　费

本章节中所讲到的牛奶和乳制品消费量是一种表观消费量。在全球范围内，还没有关于基于实际购买消费习惯的研究。此外，非正式市场占据了全球乳制品市场的很大一部分。因此，总消费量只能通过基于贸易调整后的产量和可能获得的库存量变化数据来估算。

（一）全球乳制品消费

尽管 2018 年的气候情况喜忧参半，但全球牛奶产量稳步增长，约达到 8.64 亿 t，比 2017 年增长 2.4%。黄油和奶粉经过连续几年的囤积库存，2018 年的库存出现了大幅下降。由于价格回暖，欧盟最终处理掉了 2016 年和 2017 年积压的大部分脱脂奶粉库存。这种库存的减少突显出表观消费量的增长。

2018 年世界人口增长 8 500 多万人，达到 76 亿人。这意味着带来近 1 亿人的潜在新牛奶消费者。全球乳制品人均消费量为 113.7kg 牛奶当量（计算中的库存变动是根据非脂肪固体含量牛奶当量方法计算的），较上年增长 1.3%。从 2005 年到 2018 年，人均牛奶消费量增加了约 12kg，在此期间实现了 10% 增长。

（二）各地区乳制品消费

全球每年人均消费 113.7kg 当量牛奶的数据不能清晰地反映消费形态的区域性差异。其中一个主要原因与人均收入有关，不同区域人们的偏好也是一个重要因素。根据联合国粮农组织对区域乳制品总产出和贸易的计算，非洲人均年消费量为 45kg，而欧洲和北美洲能达到 270kg。

亚洲是世界主要的乳制品消费地区，占全球乳制品消费总量的 46%，但人均年消费量仅为 85kg。尽管自 2015 年以来每年增加近 7kg，但这一数字仍远低于北美、欧洲和大洋洲等西方国家。大洋洲是全球主要的乳制品出口地区，但其消费量仅占全球总消费量的 1%。

（三）单项产品的消费

全球近 50% 的牛奶生产不是通过工业化渠道进行的，而是来自小规模和非正式的经营者。这种非正式的生产——无论是未经许可和不受监管意义上的生产，还是被排除在官方统计数据之外的简单生产——均没有被统计在内。粮农组织预计，这些可以占发展中国家乳制品产量的 80% 以上。因此，很难得到实际送达最终消费者手中的乳制品确切数量和种类。

《世界乳业形势报告》中提供的牛奶产量和加工量占牛奶总产量的 54%。基于干物质含量的牛奶当量计算能够对全球牛奶消费形式建立一个较为合理的分类。这个计算不包括非正式渠道的牛奶产量；这些产量也可以这样分类，估计占全球牛奶总产量的 46%。在世界范围内，牛奶主要以新鲜产品的形式消费，即液态奶和发酵奶、酸奶、奶油等（17%），以后依次为黄油（15%）、奶酪（14%）和奶粉。

在本报告中，各国的总消费量和人均消费量是根据国家机构提供的液态奶、黄油和奶酪统计数据计算的。根据报告中所列的国家生产、加工和贸易数据，能够推算出他们的消费数据。应该注意到，除了液态奶、黄油和奶酪之外，各国数据不包括乳制品类别。在某些国家，数据还不包括非正式渠道生产的乳制品，这可能大大低估了消费水平。

从液态奶、黄油和酥油以及奶酪的人均消费量分布情况来看，澳大利亚和新西兰以及一些北欧国家的液态奶年消费量最高（人均超过 100kg）；其次是北美，人均约 70kg。欧洲国家的黄油年消费量最大，法国和德国分别高达 8kg 和 6kg，其次是大洋洲和印度。全球领先的奶酪消费国是北美、以色列和欧洲。在很多欧洲国家，年人均奶酪消费量都超过 20kg。

（四）未来消费趋势

根据经合组织－联合国粮农组织发布的《2019—2028 年农业展望》，由于人口的持续增长（美国人口咨询局预测到 2050 年将达到 98 亿人）、收入增加和饮食结构的变化，全球乳制品的需求将继续增长。虽然过去几年的预测稍微乐观一些，但经合组织－联合国粮农组织仍然预计，2015—2028 年，乳制品消费总量（以牛奶和乳蛋白固体含量法计算的牛奶当量）将大幅增长 24%。这相当于平均每年增长 1.7%。发展中国家更将持续增长（增长 2.3%），与这些国家的人口增长情况相一致。

鲜奶产品在全球消费中所占份额预计在未来几年将有所增加，尤其是在发展中国家。由于在发展中国家的消费量增加，全球的消费量将以1.9%的速率增长。

五、世界乳品贸易

（一）世界贸易复苏，长期增速提升

2018年，世界乳品贸易（不包括欧盟内部贸易）形势发展良好，主要原因在于大多数主要乳品出口国的牛奶供应基本稳定，而且全球经济形势积极向好，从而满足了国际市场的需求，特别是来自非洲和亚洲（即中国）等牛奶供应不足地区的需求。

因此，世界贸易乳品同比大幅增长了5%，达到约7 780万吨的牛奶当量。与此同时，这个增长速度相比长期平均年增长率有所提升，2010—2018年年均增长率为4.4%。因此全球贸易量自2010年以来增长了40%。这相当于2 200万t的牛奶当量。更直观地说，这大约相当于新西兰的年度牛奶产量。

2018年，乳业市场形势很大程度上是极低的蛋白质价格造成的。在欧洲，脱脂奶粉（SMP）的价格水平持续波动，这受到欧盟干预奶粉大量库存可能减少的影响。与此同时，尽管乳脂价格波动范围仍远高于长期的平均水平，但未达到2017年的高位。因此，2018年整年的平均价格水平低于2017年。从逻辑上讲，市场上蛋白和脂肪之间一直以来的价格差在一定程度上也决定了全球乳品公司的产量和贸易重点。

总体而言，目前世界乳品贸易占全球牛奶生产量的约9%。这一不大的数字表明，全球牛奶的绝大部分是在当地消费的，没有跨地区。

尽管如此，国际贸易对全球牛奶经济仍然至关重要。这是因为，尽管世界各国都在积极发展乳业，但贸易在解决乳制品生产和消费区域不平衡方面仍发挥着必要的作用。

（二）欧盟和新西兰继续领先，美国呈现实际增长

世界乳业贸易的稳步增长体现在所有主要产品类别的贸易量变化上。脱脂奶粉、黄油和无水奶油的贸易增幅最大，奶粉、牛奶和奶油等其他类别的增幅也很大。奶酪的增长较为缓和。

总体上欧盟仍是全球最大的乳制品出口地区，占全球贸易的28%。其中近一半的贸易量是来自荷兰、德国和法国的出口。新西兰紧随其后，占据25%的市场份额。近年来其略有下滑的市场份额反映出国内原料奶产量增长不足，这两大巨头的出口份额都有所下降。

美国以15%的市场份额位居第三，是近年来发展最繁荣的国家，2018年出口量比上年增长了13%。其出口繁荣得益于国内奶类产量的增加和在国际市场的地位增强。总贸易量的增加主要依靠脱脂奶粉出口，但也包括其他产品。

与此同时，澳大利亚的出口国地位不断下滑，反映出其近年来原料奶产量的缩减。南美洲的主要牛奶生产国在2017年贸易量表现疲软之后，2018年的出口量出现大幅增长，反映出这些地区的牛奶生产出现复苏。

2018年的总体形势再次证明，国际乳业市场的供应仍然比较集中，因此存在不稳定性，全球前五大乳业出口国贸易量占全球出口总量的近80%。但与此同时，需求仍较为分散。

乳业市场的增长机会越来越多地来自中国和中东、非洲等地区的发展，特别是中国的需求变化对国际市场至关重要。但与此同时，2018年全球对亚洲其他国家、中东和非洲地区的出口得到进一步发展，原因在于这些国家经济的发展和国际价格水平下降。

（三）不同产品类别的发展

1. 奶酪

2018年，全球奶酪贸易量增至250万t以上（增长了1.1%）。除新西兰以外，大多数主要奶酪出口国的出口量也随之增长，而新西兰却连续下降。

目前欧盟仍是全球市场最大的奶酪供应地，其出口份额超过33%。2018年，欧盟的奶酪出口增速放缓至1%以下。欧盟对几个主要出口目的地（如美国、韩国和沙特阿拉伯）的销量下降，但对第二大出口市场日本的出口量大幅增加，在新签署的《经济伙伴协定》（EPA）下，未来可能有进一步的发展。值得注意的是，由于俄罗斯持续实施禁令，欧盟奶酪出口主要市场俄罗斯的地位从必须降到了可有可无。

美国的出口量仅增长了1.6%，从而拉低了长期的增长率。尽管对墨西哥主要市场的出口不受报复性关税的影响保持稳定，但对中东和东亚、东南亚地区（尤其是韩国和马来西亚）的出口增长最为显著。

与此同时，由于上半年的产量增长不足和出口产品类别的转变，新西兰是唯一出口量下降（减少了5.6%）的主要奶酪出口国。

白俄罗斯从上一年的出口疲软中恢复过来，重新确立了对俄罗斯主要供应国的地位。2018年白俄罗斯94%的奶酪都出口到这个邻国市场。因此，白俄罗斯提供了全球对俄罗斯83%的出口总量。

奶酪仍然是澳大利亚出口的重点产品。尽管牛奶供应量进一步减少，但2018年的奶酪出口量恢复到2016年的水平，这得益于其对关键市场日本出口量的强劲增长。

尽管俄罗斯市场仍禁止从一些传统供应国进口奶酪，但总体上仍是国际奶酪贸易的主要进口国，与日本、美国、韩国和墨西哥并列。尽管中国的奶酪进口增长面临暂时性挫折，但在经历了多年的稳步增长后，中国在2018年成为第六大出口市场。鉴于中国市场的潜在规模，中国仍是前景光明的出口目的国。

2. 黄油和无水奶油

2018年，黄油和无水奶油的全球贸易总量达96.2万t黄油当量，同比增长7.1%。

国际乳脂供应的特点是集中度高，前10大出口国贸易量占世界贸易总量的95%以上。

对全球贸易量总体增长贡献最大的是新西兰，成为目前全球最大的乳脂供应国，主导出口市场近52%的份额。新西兰有超过1/5的乳脂出口到中国市场，2018

年出口量增长了 18%。

其他主要同比出口国印度、美国和白俄罗斯的出口量也大幅增加。印度的出口量增加了一倍多，埃及是其主要进口国。此外，美国出口增长幅度可观 (35%)，主要是由于对墨西哥市场的出口量增加了三倍。与哈萨克斯坦的贸易是白俄罗斯出口增长的主要原因 (增长 11%)，而主要出口目的国俄罗斯的进口量明显减少 (下降 25%)。

与此同时，欧盟的黄油和白黄油出口量同比下降了 6%。这是由于对中国和中东多个地区的出口量减少。尽管如此，欧盟仍然是全球第二大黄油脂肪供应国。

黄油 (脂肪) 产品通常出口到许多国家，其中主要是亚洲、北非。中国已发展成为一个关键市场。自 2017 年以来，中国已经取代俄罗斯成为黄油（脂肪）的主要国际进口市场。2018 年，全球对中国的出口量同比增长了 14%。新西兰占出口总量的 86%。近年来俄罗斯国内供应的增加在一定程度上降低了对进口黄油脂肪的依赖，但俄罗斯仍是国际市场上的一个重要进口国，传统上大部分进口都来自邻国白俄罗斯。2018 年，白俄罗斯所占的出口份额为 69%。

3. 全脂奶粉

2018 年，全球全脂奶粉贸易增量同比超过 4%，将近 250 万 t，原因在于几个关键市场 (中国、阿尔及利亚) 需求的回升。全球 55% 的全脂奶粉贸易由公认的市场领导者新西兰提供。

中国、阿尔及利亚和一些的海湾国家传统上是全球全脂奶粉贸易的焦点。这些市场共占全球需求量的 45%。虽然中国和阿尔及利亚的需求量回升，但对多数海湾国家的出口量下降。

中国需求的回升对国际贸易的增长至关重要。全球对中国出口量同比增长 12%，达到近 60 万 t，占全球贸易的 24%。中国进口贸易的增长主要得益于新西兰。2018 年，新西兰全脂奶粉在中国市场所占份额为 87%，出口到中国的全脂奶粉占其出口量的 37%。其他一些出口国也积极通过扩大出口以抢占不断增长的中国市场，特别是美国和乌拉圭。

对美国来说，中国市场的机会似乎更符合美国最近针对亚洲地区大力发展全脂奶粉出口的战略。乌拉圭 2018 年的奶类产量有所回升，全脂奶粉出口量强劲反弹，中国新成为一个受欢迎的出口目的国，但是乌拉圭与巴西的贸易再次受挫。

乌拉圭也向其他一些关键市场，例如古巴、俄罗斯和阿尔及利亚出口全脂奶粉。在阿尔及利亚市场，南美供应国（乌拉圭和阿根廷）通过赢得一些关键的出口招标明确竞争地位，从而打压了欧盟出口国的出口量。2018 年，欧盟出口国在国际市场上普遍缺乏竞争力，部分原因是乳脂在欧盟市场上的价格一直相对较高。

因此，欧盟的全脂奶粉出口量大幅减少（下降了 15%），对其大多主要出口目的国的出口量出现负增长。尽管如此，欧盟仍是全球第二大出口国，遥遥领先于乌拉圭和阿根廷。

4. 脱脂奶粉

2018 年，全球脱脂奶粉的贸易量同比大幅增长 10.6%，超过 260 万 t。这源于黄油产量增加导致产品供应充足（例如在欧盟和美国）、价格下降，再加上黄油脂肪价格一直相对较高，也助推了脱脂奶粉在再加工中的使用。

欧盟和美国一直主导全球的脱脂奶粉贸易，共占约 60% 的市场份额。此外，其他前 10 大出口国也表现出了显著的增长，尤其是墨西哥、印度和白俄罗斯。

墨西哥出口增长完全与供应委内瑞拉有关，墨西哥产品在委内瑞拉政府的粮食救济计划中发挥了关键作用。在印度，国内牛奶市场的价格下跌压力和脱脂奶粉的高库存使政府更关注刺激出口，带动了该地区多个贸易伙伴的蓬勃发展。在欧洲，白俄罗斯的出口量在经历了几年的疲软后反弹了 10%，与此同时，出口目的国也变得多样化，虽然对其主要市场俄罗斯的出口量下降了 31%，但对哈萨克斯坦、吉尔吉斯斯坦和中国的出口量却大幅增长。

与此同时，欧盟仍是全球最大的脱脂奶粉出口国，占出口总量的 1/3。其中超过一半的出口量来自比利时、德国和法国。欧盟出口的主要目的地是北非、亚洲，包括中国在内的大多数主要目的国的进口量都有所增长。

2018 年，美国的出口量超过 70 万 t，创下历史新高。其中近一半出口到不断增长的墨西哥市场，贸易量大幅增长了 25%。此外，美国对亚洲几个主要目的地（中国除外）的出口量也有所增加。

由于原料奶产量增长乏力，加之加工中较低的优先级别，导致澳大利亚和新西兰的脱脂奶粉出口量分别呈现出稳定和减少的态势。

5. 牛奶和奶油

鉴于产品的性质，传统上牛奶和奶油贸易的重点更多地集中在本地区层面，大多数与全球范围内的 (长途) 贸易联系不大。然而，随着市场动态变化，以及牛奶加工技术和物流的发展，长距离的牛奶运输越来越参与到世界贸易中。

2018 年，包括地区贸易在内的全球牛奶和奶油贸易总量接近 290 万 t，较上年小幅增长 0.9%。因此，牛奶和奶油这一类别产品也加入世界贸易的增长中。

欧盟是这一类别中出口份额最大的国家，占世界贸易的 1/3 左右。随后，依次是新西兰、白俄罗斯、澳大利亚和沙特阿拉伯。欧盟、新西兰和澳大利亚将很大一部分产品出口到距离较远的目的地，特别是亚洲中国和和中东一些国家，而白俄罗斯和沙特阿拉伯的出口更具区域性，前者主要针对俄罗斯，后者向海湾地区的邻国供应产品。

牛奶和奶油类产品的出口增长迅速，尤其是在过去 5 年里，这与中国市场需求的急剧增长密切相关。2010–2017 年，中国的进口量翻了一番，之后在 2018 年稳定下来 (下降 4%)。尽管如此，中国在 2018 年仍进口了近70万t产品，其中50%来自欧盟，主要来自德国和法国。

近年来，该品类产品的贸易蓬勃发展，尤其是在中国，其产品利润吸引了很多供应国，尤其是大洋洲国家。因此，供应国更加多样化，欧盟供应国逐渐失去了一些市场份额，其中大部分由新西兰抢占，小部分为澳大利亚所得。

（四）2019年及未来趋势

包括欧盟28国在内的40个主要乳制品类国家的出口变化趋势表明，2019年前6个月，世界贸易总体发展取得了适度增长(3.8%)。尽管不同产品类别和各个国家的发展情况有所不同，但所有主要乳制品类别(奶酪、黄油/无水奶油、脱脂奶粉、全脂奶粉和牛奶与奶油)的产量都出现了积极增长，反映出了整体的增长。

2019年上半年全球需求持续增长，尤其是来自中国和东南亚国家的需求带来了乳品贸易的整体增长。因此，2019年全球贸易量预计将达到8 010万t牛奶当量，比上年增长3.0%。总体贸易增长率预计将低于2018年和长期平均水平(自2010年以来年均为4.2%)，但仍将保持一个合理的增长水平。

从供求平衡来看，2019年中期乳业市场的基本情况保持上行，牛奶供应紧张，库存量减少，价格稳定在相对合理的水平。然而，对于未来的发展，仍然应该保持谨慎的乐观。在欧洲，英国脱欧成为影响乳品市场的潜在因素。此外，当前影响中美等世界主要经济体之间贸易关系的政治紧张局势如果持续下去，可能会影响全球宏观经济环境，从而阻碍乳品需求的积极发展。

在2019年前6个月中，各主要出口国的贸易发展差异很大。主要国家欧盟和新西兰的出口量大幅增长，而美国、澳大利亚和阿根廷的出口量却有所下降。目前，新西兰对贸易总量增长的贡献最大，在绝大部分主要类别中均表现出增长，特别是在中国需求回升的推动下，促进了全脂奶粉出口量的增长。在下降趋势方面最显著的表现是美国脱脂奶粉出口量减少。

根据6个主要出口国的出口量评估不同产品类别，牛奶和奶油类别的贸易增长相对强劲，实现两位数增长（21%），出口量增长16万t，这主要来自欧盟，其次是新西兰和澳大利亚。

在相同的基础上，脱脂奶粉的出口量增长了4%。这主要是由于欧盟和新西兰出口的强劲增长，而美国出口量有所减少。就全脂奶粉而言，新西兰继续巩固其主导地位，出口量大幅增加了14.5万t，使增长率达到7%，主要出口到中国市场。与此同时，由于产品供应不足（阿根廷）或缺乏竞争力（欧盟），其他主要贸易参与国家的全脂奶粉出口量均有减少。

全球黄油出口增长速度较为缓和（增长4%），新西兰是主要贡献者。这些主要国家的奶酪出口量总体呈小幅增长（2%）。其中主要出口国欧盟的出口量保持稳定，新西兰的出口有所回暖，美国的出口量进一步扩大。

经合组织和联合国粮农组织在其《2019-2028年农业展望》年度报告中表示，未来10年，乳业贸易预计将持续增长。不同产品类别之间的增长率将有所不同：未来10年黄油、奶酪、脱脂奶粉和全脂奶粉贸易的年平均增长率将在1.3%~1.9%的中等速度之间浮动。对于全脂奶粉和脱脂奶粉来说，这意味着与过去10年的增长速度相比，将大幅缩减。到2028年，欧盟、新西兰、美国和澳大利亚四大出口国预计将在这几种基本产品类别贸易中占据75%~81%的份额。但如果印度和巴基斯坦等国家能够在贸易中争取到更多的参与机会，也会对国际市场产生重大影响。此外，贸易协定的签署或更改仍将是影响乳制品需求和贸易流动的关键因素。

六、价　格

（一）乳业市场价格

1. 2018年的趋势

2018年之前，乳业市场经历了几年的混乱发展。在两年半的供应过剩和价格下跌之后，2017年集中在乳脂产品上显示出部分复苏。由于需求旺盛，尤其是在西方国家对动物脂肪树立科学饮食观念后，乳脂价格飞涨。而非脂乳固体的价格并非如此，未表现出相同的需求增长。这导致在欧盟脱脂奶粉库存量高（到2016年年底滞销库存多达42万t），其次是美国（估计有高达14.5万t的商业库存）。这些库存给脱脂奶粉的价格带来了巨大压力。

2018年，牛奶供应量明显增加，但主要出口地区的增长逐渐放缓。1~5月乳制品价格持续上涨，然后到年底一直回落。与2017年相比，平均价格略有下降，但市场形态变得更加健康，全球库存经过4年的增长后预计减少了200多万t。大洋洲黄油和切达奶酪的年平均价格分别下降了9%和5%，分别为4 900美元/t和3 650美元/t，而脱脂奶粉和全脂奶粉的价格分别下降了2%和3%，分别为2 000美元/t和3 000美元/t。

乳脂和乳蛋白产品之间的价格差在2017年达到前所未有的峰值，并持续到2018年全年，但一直低于2017年最高点，原因是动态需求导致黄油价格一直居高不下，而且脱脂奶粉价格也没有回升。

与2017年一样，由于市场需求旺盛和新西兰的牛奶产量下降，促使买家迅速抢占货源以满足需求，黄油价格在2018年年初大幅上涨。但由于加工商都想从高价中获利，从而增加产量，价格增长有所放缓。黄油价格在5~6月达到顶峰，然后随着新西兰新产奶季的开始以及8月以来牛奶产量显著增加，到年底价格一直大幅下降。欧洲的黄油价格上涨幅度更大，反映出欧洲市场需求旺盛，原因是2017年年底的干旱影响了2018年的牛奶产量，致使黄油产量增长有限。在最高点时，欧洲的黄油价格超过了7 000美元/t，而大洋洲的价格大约是5 700美元/t。之后到年底，二者价格均下跌了接近2 000美元/t(分别下降30%和34%)。巨大的价格差持续存在，影响了欧洲的出口竞争力。

2018年年初，脱脂奶粉价格较2017年年底的低位略有上涨，但最高分别为2 000美元/t(大洋洲离岸价格)和1 850美元/t(欧洲离岸价格)。国际需求一直强劲，而且贸易增加，但由于库存量高，价格上行空间有限。然而，由于产量受到控制以及2018年欧洲牛奶产量下降，这些库存得以逐步释放。从4月开始，在欧盟委员会的裁决下，加工商以稍高但仍然很低的价格收购了大量的脱脂奶粉。到2018年年底，3/4的欧洲干预库存奶粉已被消化。

2018年，国际全脂奶粉和奶酪的价格一直处于黄油和脱脂奶粉的价格之间，在5月之前有一定幅度的上涨，但在5月之后到年底又有一定幅度的下跌。事实上，由于全脂奶粉和奶酪含有大量的乳脂肪和其他乳固体，它们的市场受到了乳脂肪市场起伏和蛋白质市场萧条的影响。根据欧洲牛奶市场观察站的数据，2~11月，欧洲奶酪的价格略有上涨，与2017年相比，Edam和豪达奶酪的平均价格分别下降了9%和6%。

2018年，由于奶酪产量有限，而且食品加工(婴儿配方奶粉和其他营养产品)需求旺盛，乳清粉的价格逐渐回升。但在年底时又有所下降，这是由于非洲猪瘟在中国爆发导致猪群大批死亡，导致饲料需求下降。欧洲离岸价格从10月的1 010美元/t下降到12月的950美元/t。

2. 2019年趋势

在2019年前6个月，由于受到2018年干旱影响，欧洲部分地区饲料库存不足；大洋洲和南美洲恶劣天气条件以及美国经济回暖不佳，主要乳品出口地区的牛奶供应量有所下降。国际货币基金组织预测，2019年全球经济增长将再次放缓，尤其是发达经济体的增长。然而，乳制品需求将持续增长，而且贸易量也会增加，除了乳清粉会受非洲猪瘟导致的中国需求量下降的影响外，欧洲干预的脱脂奶粉库存在2019年前几个月已被清空。

与2018年一样，随着新年的到来，国际乳制品价格出现了反弹，在接下来的几个月里有所上升。1~5月，粮农组织乳制品价格指数上升了44点，5~7下降了33点。除黄油外，其他乳制品价格在8月又恢复上升态势。

大洋洲的黄油价格在2019年1~4月上涨了33%，达到了2018年的峰值水平。欧洲的黄油价格没有达到峰值。由于受到国内消费不足和欧洲黄油产量增加，以及全脂奶粉产量大幅下降的影响，黄油价格逐渐下降到3 925美元/t(相比1月下降了21%)，这是2016年以来的最低水平。

国际切达奶酪价格(大洋洲离岸价格)在5月达到4 630美元/t的峰值(与1月相比上涨了33%)，这是自2014年以来的最高水平，主要原因是对原料奶酪的需求旺盛。随后由于受到黄油价格下跌的负面影响，奶酪价格下跌至3 870美元/t，但因为需求仍然强劲，而且供应有限，价格在8月又出现反弹。根据欧洲牛奶市场观察，Edam和Gouda的价格在2019年前几个月保持稳定，分别比2018年同期平均水平高出6%和3%。

大洋洲的全脂奶粉价格在4月达到3 300美元/t的水平(与1月相比上涨34%)，然后在7月回落到3 070美元/t。国际脱脂奶粉需求依然强劲，而且随着欧洲库存的清空，加上出口国牛奶产量的下降，使得该价格在2019年年初得以回升(同比上涨了29%)，之前在大洋洲离岸价格一直稳定在2 600美元/t左右。欧洲的价格较低，约为2 300美元/吨(较年初上涨14%)，这反映出市场销售的大量干预性库存脱脂奶粉价格高于“新鲜”脱脂奶粉。

乳脂肪和其他乳固体的价格差有所缩小，但仍高于历史水平。2019年前几个月，1吨黄油与1吨脱脂奶粉(大洋洲离岸价格)的价格比率为1.7，而这一比率在2017年平均为2.6，在2018年为2.5，而在2010—2015年从没有超过1.1。

目前国际需求依然强劲，但供应是有限的，这将取决于大洋洲未来几个月的奶类生产发展，该地区在2019年年底会达到季节性高峰。澳大利亚的前景仍然不乐观，但随着厄尔尼诺现象的减弱，新西兰可能会从这一有利条件中获利。美国与中国之间的贸易摩擦以及英国脱欧可能会进一步影响国际市场的稳定。

3. 中期展望

乳品行业最近几年一直面临挑战，而且价格走势不清晰。国际价格的频繁波动成为影响乳品市场的一个新结构性因素。它会影响各国市场，尽管影响程度非常不同，这与贸易在乳制品生产、消费中所占份额以及国家政策的干预和保护程度有关。

大部分业内人士都没有预料到乳脂价格和其他乳固体价格之间的脱节。这使乳品企业的管理和战略制定以及乳品市场的分析和预测变得十分复杂。目前仍不清楚需求和价格差距是否一直存在下去，并将持续到何种程度。

专家们达成一致的是，尽管在2015—2016年危机之后，乳制品市场在未来10年的前景依然良好(或许黄油除外)，但到2028年，乳制品价格不太可能达到2013年和2014年的高位。预计全球经济在2020—2030年将以较低的速度增长，但新兴市场和发展中经济体仍将分别以每年近3%和4%的速度增长。因此，不断增长的全球需求将继续推高乳制品价格。

经合组织和联合国粮农组织在其2019年出版物《2019—2028年农业展望》中认为，在正常的气候、环境、政策和经济条件下，乳制品的价格趋势在未来十年内将保持积极增长。他们认为，乳脂价格与其他乳固体价格之间的差距将继续存在，因为黄油的前景要好于脱脂奶粉。对照之前所述，黄油和全脂奶粉的预测更为乐观，而奶酪和脱脂奶粉的预测前景一般。

人们应该意识到，对未来的预期必须持谨慎态度。全球乳业行业积极增长伴随着剧烈的价格波动，高低起伏。除了不可避免的供应影响之外，还有许多因素可以影响价格的发展，如消费趋势、政策变化(对农业、粮食或贸易）以及更普遍的宏观经济形势。

（二）农场收奶价格

1. LTO 农场收奶价格

LTO 国际牛奶价格比较网站 (www.milkprices.nl) 提供了对欧盟、美国和新西兰农场收奶价的分析。LTO 欧盟的价格是基于欧洲 17 家大型乳业公司对农场的平均收奶价格。美国和新西兰的价格分别基于美国农业部 (USDA) 的 3 级价格，即全球最大的乳制品出口商恒天然支付的价格。LTO 的价格是以 4.2% 的脂肪和 3.4% 的蛋白质进行标准化之后。

2. 2018 年牛奶价格

经过 2017 年的大幅上涨之后，欧盟牛奶价格在 2018 年再次下跌。欧盟乳品公司的平均收奶价较上年下跌 1.19 欧元 /100kg(下跌 3.4%)，至 34.23 欧元 /100kg。这使得对于欧洲奶农而言，2018 年成为了奶价平均年。

美国三级牛奶的平均价格从 2017 年的 16.17 美元 /100lb 降至 2018 年的 14.61 美元 /100lb。自 2014 年以来，美国奶农不得不面对相对较低的奶价。这与恒天然在过去几年支付的农场收奶价形成了对比，包括 2018/2019 年度每 t 奶固体（脂肪和蛋白质）的暂定价格 6 475 新西兰元。

3. 2019 年上半年的发展

2019 年上半年，欧盟农场交奶的平均价格与上年同期持平。自 1 月起，美国三级牛奶的价格持续上涨，达到 2019 年 6 月的 16.27 美元 / 百磅。2019/2020 新季度恒天然宣布公开的收奶价（股息除外）范围为每 kg 奶固体 6.25~7.25 新西兰元。尽管这一奶价的波动范围更大，但与 2018/2019 年度预期价格每 kg 奶固体 6.30~6.40 新西兰元相差不多。

4. 牛奶加工的可持续性和差异性

所有欧盟乳品企业都实施可持续发展计划，并对养殖领域提出要求。大多数乳品公司都向他们的交奶奶农进行奖励。如果在可持续性方面的各种得分满足要求或者在可接受的范围波动，奶价就是一个固定费用。这些可持续性奖励的目的是可持续地生产所有牛奶。除了这些常规方案外，乳品公司还开发出越来越多的特定牛奶加工方向，以满足特定的市场需求，从而分类收集和加工原料奶。例如使用无转基因饲料（或 VLOG 牛奶）和放牧牛奶。符合标准的奶农奶可获得 1 欧元 /100kg 或以上的奖励。为了满足 VLOG 牛奶的需求，特别是在德国消费市场上，越来越多的欧盟乳品厂（不仅仅是德国乳品厂）生产 VLOG 产品。荷兰的奶农如果每年放牧 120 天以上，每天放牧 6 个小时以上，就能获得户外放牧奖励。80% 以上的奶农都能获得这一奖金。尽管经过认证的放牧奶占有很高的市场份额，但生产放牧奶更多的是一种许可证，而不是满足消费者的需求。

虽然这是一个有趣的发展趋势，但应该指出的是，乳品公司将牛奶加工分类并不新鲜。这包括，例如十多年以来的有机牛奶以及英国连锁超市和奶农之间的特定合同。

九、奶业大事记

NAIYE DASHIJI

2019年奶业大事记

1月

3日　光明乳业召开“领时代，鲜未来”领鲜成果发布会。光明乳业董事长濮韶华向中国女排主教练郎平授予“领鲜先锋”称号。同日，光明乳业聘任唐新仁为副总经理，唐新仁为现任光明牧业董事长。

同日　皇氏集团股份有限公司第五届董事会第一次会议召开。会议审议并以记名投票的方式表决通过了如下决议：推选黄嘉棣先生为公司第五届董事会董事长、何海晏先生为公司第五届董事会副董事长。

4日　证监会按法定程序核准了新希望乳业股份有限公司的首发申请。这也意味着，新希望乳业即将正式登陆A股。按照之前的计划，新希望乳业将于深交所上市。

同日　国内炼乳品牌之一的熊猫乳品发布公告称，公司拟与瑞安百好乳品厂共同出资设立合资公司，其中熊猫乳品出资553.85万元，持股51%。

7日　蒙牛乳业公告称，马建平因工作调动，已辞任董事会主席、提名委员会主席、战略及发展委员会主席。中粮集团总裁于旭波自2019年1月7日起担任蒙牛乳业非执行董事及董事会主席。

同日　雅士利国际宣布，公司全资附属公司欧世蒙牛与商河签定供应协议。有关供应协议项下拟进行交易的年度上限预期为人民币900万元。商河为现代牧业间接附属公司，而现代牧业由蒙牛乳业拥有60.77%权益。

8日　中共中央、国务院在北京隆重举行2018年度国家科学技术奖励大会。光明乳业与江南大学联合开发的“耐胁迫植物乳杆菌定向选育及发酵关键技术”，荣获国家技术发明奖二等奖。

同日　第十一届健康中国论坛在北京举行。中国乳业龙头伊利集团因其在推动国民健康事业发展方面的杰出成绩，荣膺“2018年度杰出贡献奖”。

同日　中国首届“气候领袖企业”颁奖典礼在北京举行，经过中外专家严格评审，蒙牛获得了“气候领袖企业”荣誉称号，成为国内乳品行业中首家获此殊荣的企业。

10日　河北省科学技术奖励暨科技创新大会在石家庄举行，君乐宝乳业集团荣获河北省科学技术进步奖（企业技术创新奖）一等奖。

同日　网易考拉宣布与雅培在杭州达成战略合作协议，双方将实现深度资源共享及优势互补。

11日　由人民日报《国家人文历史》杂志社和北京师范大学中国公益研究院共同主办的第五届“CSR中国文化奖”颁奖盛典暨首届中国文化公益论坛在北京举办。明一集团凭借“关爱中国行”系列公益活动，荣获“最佳影响力奖”。

同日　中国奶业协会专业委员会工作会议在福建厦门召开，中国奶业协会副会长兼秘书长刘亚清出席会议并讲话。此次会议由中国奶业协会副秘书长张智山主持。来自各专业委员会的主任、副主任，以及秘书处代表20余人参加了会议。

12日　中国奶业协会第七届理事会二次会议在福建厦门召开。原农业部常务副部长、中国奶业协会原会长刘成果，原农业部党组成员、中国奶业协会战略发展委员会常务副主任毕美家，全国畜牧总站原站长、中国奶业协会原秘书长谷继承，中国政法大学管理干部学院校友会常务副会长王升贵等出席。清华大学经济管理学院、中国产业发展研究中心主任焦捷，中国传媒大学广告学院教授卫五名，中国政法大学国际法学院教授冯霞分别作专题报告。刘亚清和王升贵分别代表中国奶业协会与中国政法大学管理干部学院校友会签署战略合作协议。“中国奶业协会会员之家”法律服务平台首先启动运行。会议宣布中国奶业协会国际奶业专业委员会正式成立，主任由中国农业科学院北京畜牧兽医研究所卜登攀研究员兼任。会议选举产生4位副会长及5位常务理事，并通过有关人事任免事项。

同日　经中国奶业协会第七届理事会二次会议审议，通过《中国奶业协会五年工作规划（2019—2023年）》

13日　得益乳业引进澳大利亚3 000头优质荷斯坦牛。

14日　由中国广告协会、中国商务广告协会和中国广告主协会共同举办的中国广告40年纪念大会在北京国家会议中心举办。蒙牛获评中国广告40年纪念代表单位，成为乳品行业唯一获此殊荣的企业。

同日　内蒙古伊利实业集团股份有限公司与吉林省延边州安图县人民政府开发矿泉水项目签约仪式在安图

县举行。

15日 奶牛育种自主创新联盟年会在北京召开。农业农村部种业管理司品种创新处处长马志强，全国畜牧总站奶业与畜产品加工处处长马金星，中国奶业协会副秘书长陈绍祜，北京市科委农村处处长马金旺，北京市畜牧总站党委书记、北京奶业技术体系首席科学家路永强及其团队，联盟专家委员会专家，联盟成员单位北京奶牛中心、北京首农畜牧发展有限公司、中地牧业科技集团、内蒙古优然牧业有限责任公司、宁夏农垦贺兰山奶业有限公司、中鼎牧业有限公司、上海荷斯坦奶牛科技有限公司领导和技术岗位负责人近60人参会。

同日 现代牧业发布公告称，现年42岁的蒙牛助理副总裁兼奶源事业部总经理赵杰军接替温永平，出任公司非执行董事职务。

16日 在深圳举办的2018“金港股”上市公司评选颁奖典礼上，中国现代牧业控股有限公司荣膺“最具价值中小市值股公司”称号。

同日 中国圣牧发布公告称，邵根伙辞任公司代理首席执行官，继续担任非执行董事兼董事长，由张家旺担任首席执行官。

18日 由新浪财经、人民日报（客户端）、吴晓波频道联合举办，主题为“致敬时代驱动力”的2018“十大经济年度人物”颁奖典礼在北京举行。飞鹤乳业董事长冷友斌荣膺2018十大经济年度人物。

19日 甘肃省委书记、省人大常委会主任林铎，甘肃省委副书记、省长唐仁健在兰州会见伊利集团董事长、总裁潘刚一行。会见之前，武威市、凉州区和伊利集团举行了日产1 800t液态奶武威生产基地项目签约仪式。据悉，该项目总投资约21亿元，建成后年产值可达67亿元。甘肃省委副书记孙伟及省领导宋亮、王嘉毅参加会见或出席签约仪式。

19-20日 中国绿色农业发展年会暨《中国绿色农业发展报告（2018）》蓝皮书首发仪式在北京举行。完达山乳业荣获“2018全国绿色农业十佳示范企业”称号。

21日 民营企业家迎春座谈会在北京召开，中共中央政治局常委、全国政协主席汪洋出席会议并讲话。中共中央书记处书记、中央统战部部长尤权主持会议，全国政协副主席、全国工商联主席高云龙出席会议。君乐宝乳业集团总裁魏立华作为全国工商联中国民间商会副会长、改革开放40年百名杰出民营企业家参会。

22日 英国知名品牌价值评定机构Brand Finance在达沃斯公布《2019年全球品牌价值500强》榜单。伊利、蒙牛代表中国食品品牌入选2019年全球最具价值品牌500强，伊利的名次较上一年上升27位，排在总榜第258位，蒙牛居总榜第410位。

同日 农业农村部畜牧兽医局印发关于推荐第三批奶牛休闲观光牧场的通知。

23日 中央农村工作领导小组办公室、农业农村部印发《关于做好2019年农业农村工作的实施意见》（中农发〔2019〕1号）。其中实施奶业振兴行动内容：加强优质奶源基地建设，升级改造中小奶牛养殖场；积极发展奶牛家庭牧场，培育壮大奶农合作组织，支持和指导有条件的奶农发展乳制品加工；实施振兴奶业苜蓿发展行动，支持优势产区大规模种植苜蓿；支持奶牛养殖社会化服务体系建设，探索建立地（市）级生鲜乳收购第三方质量检测中心，完善生鲜乳收购站、运输车监管监测信息系统；实施婴幼儿配方奶粉提升行动，推广国家学生饮用奶计划。

同日 贝因美宣布，其所持的澳大利亚达润工厂51%资产已正式转让给恒天然集团。

同日 由重庆市奶业协会、中共重庆市奶业协会党支部、重庆市学生饮用奶领导小组协调办公室联合举办的2018年总结会议在重庆市农委召开。会议通过举手表决方式推选重庆市天友乳业股份有限公司董事长费睿为下一届重庆市奶业协会会长。

22-25日 世界经济论坛2019年年会在瑞士达沃斯举行，蒙牛集团与世界经济论坛建立战略伙伴关系，并作为中国乳业唯一代表出席论坛。

25日 新希望乳业股份有限公司在深交所挂牌上市。股票代码002946，发行价格为5.45元/股。成为新希望集团旗下继新希望六和（000876）、华创阳安（600155）之后的第三家上市公司。

26日 第19届中国（上海）快消品高层年会在上海举行。光明乳业莫斯利安的甄选果粒系列常温酸奶荣获“2018年消费金品”奖。

28日 在商务部、文化和旅游部、山东省人民政府支持下，北京故宫博物院、山东省商务厅主办的“中华老字号故宫过大年”活动在故宫慈宁宫花园和慈宁门外广场开幕。卫岗乳业作为首批“中华老字号”乳企，受邀参加此次展会。

30日 农业农村部办公厅关于印发《2019年畜牧兽医工作要点》的通知（农办牧〔2019〕14号），明确2019年要加强优质奶源基地建设，发展奶牛家庭牧场和奶农合作组织。推广“奶农+合作社+公司”发展模式，支持和指导奶农发展乳制品加工。探索开展生鲜乳目标价格保险试点，将符合条件的中小牧场纳入全国农业信贷担保体系予以支持。实施振兴奶业苜蓿发展行动，提升奶牛生产性能测定中心服务能力，启动牧场主和业务骨干培训计划。整顿生鲜乳收购秩序，建立生鲜乳价格协商机制，推动依法查处不履行购销合同及强推强卖投入品的行为。举办中国奶业20强峰会，推广国家学生饮用奶计划，实施小康牛奶行动，推介第三批全国奶牛休闲观光牧场。

同日 飞鹤乳业总裁蔡方良带队到访苏宁总部，与苏宁零售集团副总裁卞农、苏宁零售集团红孩子公司总裁钱家祥等高管团队签署战略合作协议。

31日 蒙牛集团奶源事业部与中鼎联合牧业战略合作签约仪式在内蒙古呼和浩特市和林格尔县蒙牛集团总部举行。蒙牛集团助理副总裁、奶源事业部总经理赵杰军与中鼎牧业总裁孙国强代表双方签署战略合作协议。

同日 庄园牧场（002910）发布A股可转换公司债券预案，公司拟公开发行总额不超过4亿元（含4亿元）可转换公司债券，其中2亿元募集资金拟用于日加工600t液体奶改扩建项目，2亿元用于甘肃瑞嘉牧业有限公司金川区万头奶牛养殖循环产业园项目。

2月

1-2日 陕西省和西安市分别举行2019年迎春团拜会，西安银桥乳业集团党委书记、董事长刘华国作为第二届全国道德模范和优秀民营企业家代表受邀参加了迎春团拜会。

8日 辽宁辉山乳业集团有限公司发布公告，首次披露重整计划，将剥离83家附属公司资产。

11日 俄罗斯卫星通讯社莫斯科电 俄罗斯农业部副部长奥克萨娜•卢特在莫斯科举行的第26届国际食品、饮料及食品原材料展览会期间表示，俄罗斯乳制品生产商准备进入中国市场，预计2019年年底前开始出口。

同日 光明冷饮官微发布，莫斯利安酸奶冰淇淋将在各大超市卖场、便利店等传统渠道正式上线，之后也会相应推出线上购买平台。

13日《人民日报》要闻6版刊发新春走基层《哈尔滨乳业设备技术检测员谢璟玙——“电话铃声是‘紧修令’”》一文，将黑龙江省完达山乳业双城分公司设备工程师谢璟玙作为典型代表进行报道，展现了完达山人新年新气象，撸起袖子加油干，争做“追梦人”的气势。

13-16日 第三十届BIOFACH2019国际有机产品博览会在德国纽伦堡盛大召开，特仑苏作为本次博览会中国代表团唯一乳品代表，携手旗下有机奶250ml梦幻盖新装亮相，并连续7年斩获金奖。

19日《中共中央 国务院关于坚持农业农村优先发展做好“三农”工作的若干意见》发布，明确提出：“实施奶业振兴行动，加强优质奶源基地建设，升级改造中小奶牛养殖场，实施婴幼儿配方奶粉提升行动。合理调整粮经饲结构，发展青贮玉米、苜蓿等优质饲料生产。”

20日 国务院新闻办公室就《中共中央 国务院关于坚持农业农村优先发展做好“三农”工作的若干意见》举行新闻发布会。中央农村工作领导小组副组长、中央农办主任、农业农村部部长韩长赋参加发布会介绍有关情况，并回答记者提问。

同日 作为探月工程重大专项领导小组办公室向首家“中国探月工程质量保障对标合作企业”——光明乳业送上感谢信。“嫦娥之父”欧阳自远院士还给光明乳业送来了寄语。

21日 中国奶业协会副会长李胜利在接受新京报记者专访时表示，影响中国奶业良性发展的问题很多，最突出的是全产业链利益不平衡。和国内乳企业绩走高不同，下游养殖业效益普遍较差，大多处于亏损状态。李胜利提出，“加工企业要给奶农让一些利润。可以通过利益联结机制、价格协调机制、多方定价机制等加以协调，让上游养殖业和下游加工业都可以获得合理利润，这个行业才是健康的。”

同日 博瑞集团联合大连和实生物技术应用有限公司主办的“首届青贮科学研讨会”在长春博瑞集团总部召开。山东省、辽宁省、黑龙江省、河南省、内蒙古自治区、天津市、河北省等7个省（自治区、直辖市）奶业协会及行业相关负责人参加。研讨会上，大连和实生物公司董事长、维尔塔宁青贮研究中心首席科学家杨建介绍了维尔塔宁青贮科学研究中心的研发方向和技术成果。

同日 三元股份宣布，其控股子公司法国St Hubert拟投资400万欧元设立中国子公司，从事进出口贸易、产品销售及日常运营，子公司名称暂定为“上海圣尤蓓商贸有限公司”。

22日 新希望乳业波士顿科研创新中心正式揭牌，新希望乳业董事长席刚、新希望乳业总裁朱川、新希望集团首席科学家曹宏博士、美国农业部营养研究中心营养与基因组学实验室主任José Ordovás博士、塔夫斯大学生物医学教授孔栋博士、哈佛大学医学院教授周金荣博士、环特生物科技公司总裁李春启博士等出席揭牌仪式。

同日 河北省知识产权工作会议公布，石家庄君乐宝乳业有限公司的“干酪乳杆菌N1115免疫调节作用及应用”项目荣获第二十届中国专利优秀奖。

26日 根据中共中央组织部办公厅《关于印发第四批国家“万人计划”入选人员名单的通知》，飞鹤乳业董事长冷友斌入选“万人计划”科技创新领军人才。

同日 北京市奶业协会第七届会员代表大会第三次会议暨理事会第四次会议在北京召开。协会会长常毅首先向大会报告了2018年北京市奶业基本情况。中国奶协副秘书长张智山，国家奶牛产业体系首席科学家、中国农大李胜利教授，中国农大张胜利教授，北京奶协、北京农学院、三元集团有关负责人，以及北京有关养殖企业、加工企业，各区县相关主管部门的会员代表共计100余人参加会议。会议由北京奶协秘书长廖晨星主持。

26-27日 2019年中国粗饲料大会在北京举行，来自政府管理部门、种子企业、饲料企业、奶业、青贮机械、种养植企业以及科研机构等方面总计500余位代表参会。中国种子协会副会长兼秘书长蒋协新主持开幕式。中国奶业协会副会长兼秘书长刘亚清、农业农村部种业管理司副司长吴晓玲、美国驻中国大使Terry E.Branstad、科迪华农业科技大中华区总裁黄田强先后致辞。全国畜牧总站饲料处处长刘海良做《立足粮改饲和草牧业发展与服务 推进农业供给侧改革》主题演讲。中国种子协会青贮玉米分会会长丁光省、国家牧草产业技术体系首席科学家张英俊、美国知名专家Bill Power-Smith、农业农村部玉米专家组组长赵久然研究员等中外专家作主题报告。

27日 亚洲乳业发布的2018年度报告，报告期内伊利实现营业总收入近800亿元，同比增长16.89%；营收较上年实现百亿级增长（增长高达115亿元），创历年来最大增幅；净利润64.52亿元，扣非净利润同比增长10.32%，再创亚洲乳业新高，其中加权平均净资产收益率24.33%，持续稳居全球乳业第一位。

28日 《2018年国民经济和社会发展统计公报》发布。公报显示，2018年全国牛奶产量3 075万t，与2017年相比，仅增长1.2%。根据历年数据，预计奶类产量为3 186.5万t，同比增长1.2%，低于行业预期，国内牛奶供应趋紧的局面没有得到明显改善。

3月

4日 美国密歇根州兰辛市开发局招商副局长基思、州开发厅国际商务办公室主任雷切尔以及州中国办公室商务经理林赛等访问中国奶业协会。中国奶业协会战略发展委员会常务副秘书长刘琳介绍了中国奶业协会及中国奶业行业现状及发展趋势。美国代表团对中国奶业的发展表示赞赏并对中国巨大的消费市场十分感兴趣，代表团也介绍了密歇根州奶业的总体情况，尤其是奶业方面的优势和吸引外资的优惠政策。

6日 王加启科研团队的“优质乳生产的品质提升与绿色低碳工艺关键技术”项目研究成果获得2018年长城食品安全科学技术奖特等奖。

13日 海关总署发布《关于中俄乳品双向贸易检验检疫要求的公告》2019年第44号。

20日 国家市场监督管理总局公开征求《益生菌类保健食品申报与审评规定（征求意见稿）》意见。

21日 原农业部副部长、中国奶业协会名誉会长高鸿宾，中国奶业协会副秘书长李栋到中地乳业廊坊牧场调研，中地乳业董事长张建设、副董事长张开展陪同调研。

同日 由中国奶业协会与蒙牛乳业集团联合举办的2019奶业研讨会在北京召开。中国奶业协会副会长兼秘书长刘亚清、奶业战略发展委员会常务副秘书长刘琳，蒙牛乳业集团副总裁李鹏程，国务院发展研究中心农村经济研究部研究员程郁，中国林牧渔业经济学会常务副理事长、中国社会科学院农村发展研究所研究员刘玉满，农业农村部畜牧兽医局奶业处孙永健等出席研讨会。

同日 2019年伊利集团可持续发展委员会全体会议召开。集团董事长潘刚签署发布了《伊利集团可持续发展行动纲领（十条）》，将联合国可持续发展中17个目标中的9个目标作为深度对标及落实的内容。潘刚提出，让可持续发展成为企业的深刻自觉，让每个员工自发自觉地去落实。

同日 昆明雪兰牛奶有限责任公司与西南林业大学化学工程学院达成合作协议，共同创办教学科研就业实习基地。

22日 农业农村部发布《奶业品牌提升实施方案》。

同日 雀巢（中国）有限公司联合育学园、阿里母婴共同发起的“婴幼儿防敏教育计划”启动。

23–25日 中国发展高层论坛2019年会在北京钓鱼台国宾馆举行，伊利集团执行总裁张剑秋就“知识产权保护和开放式创新”，蒙牛集团总裁卢敏就“构建全球乳业共同体 助力世界粮食安全”分别发表演讲。

26日 农业农村部办公厅印发《奶业品牌提升实施方案》（农办牧〔2019〕29号）。

27日“第二届反刍动物大会暨2019年规模化牧场可持续发展高峰论坛”在山东济南开幕。中国奶业协会副秘书长邵明君、中国畜牧业协会副秘书长刘强德主持开幕式。中国畜牧业协会秘书长何新天、中国农科院北京畜牧兽医研究所副所长张军民、中国畜牧业协会秘书长助理于洁、海关总署统计分析司处长于晓军、国家饲料质量监督检验中心副主任王培龙、海关总署动植物检疫司/重庆海关副处长江红旗、山东省畜牧兽医局总畜牧师鲍霞、北京市畜牧总站党总支书记路永强、山东省畜牧总站站长曲绪仙、山东省农科院畜牧兽医研究所副所长万发春等。此外还有来自美国、荷兰、澳大利亚及其相关组织、机构和院校的专家学者、全国各地相关牧场负责人等，共计800余人参加论坛。

同日 前来参加第13届内蒙古乳业博览会暨高峰论坛的加拿大驻华使馆农业参赞白乔及农业商务专员原萍，专程到内蒙古自治区畜牧工作站商谈奶业合作相关项目，并初步达成奶牛育种繁育技术交流和种子资源的引进、奶酪等民族奶食品开发和标准化生产技术的合作意向。

28日 广东省人民政府发布《关于颁发2018年度广东省科学技术奖的通报》（粤府〔2019〕26号），燕塘乳业与华南理工大学等单位联合开展的研究项目“蛋白乳浊体系稳定化及高品质乳制品产业化关键技术”，被授予科技进步奖一等奖，成为本土首家且唯一一家获此殊荣的乳品企业。

29日 2019“一带一路”奶业对话会于在北京首次召开。中国奶业协会副会长兼秘书长刘亚清发表主旨演讲。新西兰驻华大使馆农业参赞、新西兰初级产业部官员史皓文，“一带一路”奶业联盟首轮轮值理事长、内蒙古伊利实业集团股份有限公司副总裁刘春喜分别致辞。海关总署进出口食品安全监督管理局处长韩奕、国家市场监督管理总局特殊食品监督管理司处长李晓瑜先后作专题报告。参会人员包括“一带一路”奶业联盟16家成员单位负责人及相关管理人员，其他已经或有意在“一带一路”沿线国家拓展奶业业务的企业相关负责人共80余人。中国社会科学院、中国畜牧业协会等单位也受邀参加会议。

31日 由国务院扶贫办社会扶贫司、中国社会责任百人论坛联合主办的首届“中国企业精准扶贫优秀案例（2018）发布会”在京召开。内蒙古蒙牛乳业（集团）股份有限公司的《“产业扶贫+营养扶贫+定点扶贫”助力精准扶贫》、内蒙古伊利实业集团股份有限公司的《伊利营养2020精准扶贫》及红原牦牛乳业有限责任公司的《龙头带动八方联动产业扶贫》入选中国企业精准扶贫50佳案例。

4 月

16 日　农业农村部、财政部发布 2019 年重点强农惠农政策。针对奶业振兴行动，重点支持制约奶业发展的优质饲草种植、家庭牧场和奶业合作社发展。加快发展草牧业，积极推进粮改饲，大力发展苜蓿、青贮玉米、燕麦草等优质饲草料生产，促进鲜奶产量增加、品质提升。将奶农发展家庭牧场、奶业合作社等纳入新型经营主体培育工程进行优先重点支持，支持建设优质奶源基地。承担任务的相关省份从中央财政下达预算中统筹安排予以支持。

20 日　山东省农业科学院奶牛中心、东营神州澳亚现代牧场有限公司与山东奥克斯畜牧种业有限公司联合召开奶牛体外胚胎产业化技术成果发布会，正式发布"试管奶牛"成果。2018 年 10 月，山东奥克斯畜牧种业公司消息称，该公司首批通过胚胎工程技术培养的"试管奶牛"顺利诞生，标志着公司拥有了集奶牛活体采卵、性别控制、体外受精、胚胎发育及胚胎移植等先进技术于一体的体外胚胎生产（OPU–IVP）技术体系，其中胚胎移植成功受胎率达到 42%，达到国际先进水平。

23 日　2019 年庆祝"五一"国际劳动节暨全国五一劳动奖和全国工人先锋号表彰大会在北京人民大会堂举行。飞鹤乳业荣获"全国五一劳动奖状"，成为唯一获此殊荣的婴幼儿奶粉企业。阿拉尔新农乳业有限责任公司灌装车间荣获"全国工人先锋号"称号。三元食品北京工业园检验室主任张双荣获"全国五一劳动奖章"。

同日　中国奶业协会在呼和浩特召开秘书长委员会和专业委员会工作会。中国奶业协会副会长兼秘书长刘亚清出席并讲话，中国奶业协会副秘书长张智山主持会议。会议通报了第十届中国奶业大会暨 2019 中国奶业展览会相关事宜及《中国奶业协会专业委员会管理办法》等。26 个省（自治区、直辖市）奶协会长及秘书长、8 个专业委员会主任、4 个专业委员会副主任和中国奶业协会各副秘书长参会。会议邀请各省（自治区、直辖市）奶业协会秘书长和中国奶业协会各专业委员会主任出席"跨越危机　励志蜕变　振兴奶业　谱写新篇"党建共建暨"五四"运动 100 周年奶业青年企业家座谈会。

24 日　以"跨越危机　励志蜕变　振兴奶业　谱写新篇"为主题的 100 周年奶业青年企业家座谈会在呼和浩特举办。活动由中国奶业协会主办、伊利集团承办，中国奶业协会副会长兼秘书长刘亚清主持会议。原农业部副部长、中国奶业协会名誉会长高鸿宾作主旨演讲，原农业部党组成员、中国奶业协会战略发展委员会常务副主任毕美家致欢迎辞，内蒙古自治区人民政府副主席李秉荣，伊利集团执行总裁张剑秋出席会议。

中国奶业协会副秘书长李栋、伊利集团副总裁徐克代表双方单位签署了党建共建促发展战略合作协议。中国奶业协会副秘书长周振峰带领伊利集团、蒙牛集团、君乐宝乳业、飞鹤乳业、三元食品、圣牧高科、现代牧业、花花牛乳业、燕塘乳业、辉山乳业、海河乳业、南山牧业、国科诚泰等 13 位优秀企业家代表，向全体奶业青年发出倡议。有关专家进行专题讲座；部分优秀企业家代表作大会发言交流。中国奶业协会副会长、国家奶牛产业技术体系首席科学家李胜利教授主持了交流活动。中国奶业协会各专业委员会主任、各省奶业协会会长及秘书长，以及来自奶业养殖企业、乳品加工企业、奶业供应商的优秀青年企业家代表共计 100 余人参会。

25 日　第二届"一带一路"国际合作高峰论坛首次举办企业家大会。蒙牛集团总裁卢敏放与中国—印度尼西亚经贸合作区有限公司董事、总经理 LUSY SETIAWATI RUSTAM 签署建设印度尼西亚乳品工厂合作协议。

26 日　安捷伦科技公司全球副总裁 Lez Cunningham 一行到访中国奶业协会，参观奶业技术联合实验室和中国奶牛数据中心，交流双方下一步的合作方向。中国奶业协会副会长兼秘书长刘亚清出席座谈会，副秘书长周振峰、李栋、陈绍祜等一并参加。

同日　伊利集团在厦门举行了 2019 年全球合作伙伴大会，同时伊利可持续发展供应链全球网络在此次会议上正式启动。

同日　2019 京津冀食品企业家峰会暨河北省食品领军品牌、河北省特色食品品牌发布会在石家庄召开。石家庄君乐宝乳业有限公司荣获"河北省食品领军品牌"称号。

29 日　在港上市的蒙牛乳业宣布，陈朗获委任公司非执行董事、董事会主席，提名委员会主席及战略及发展委员会主席，于旭波辞任。

30 日　蒙牛集团奶源事业部、北京首农畜牧发展有限公司、北京奶牛中心三方全面合作伙伴及奶源牛群优化改良与繁育提升计划合作协议签约仪式在蒙牛集团总部举行。蒙牛集团助理副总裁、奶源事业部总经理赵杰军，北京首农畜牧发展有限公司董事长、总裁乔绿，首农畜牧副总裁、北京奶牛中心主任麻柱分别代表三方共同签署合作协议。

5 月

3–5 日　由中国农业科学院北京畜牧兽医研究所、美国奶业科学学会、新西兰初级产业部和中国奶业协会共同主办的第六届奶牛营养与牛奶质量国际研讨会在北京召开。中国农科院党组书记张合成、新西兰驻华大使傅恩莱、农业农村部农产品质量安全监管司司长肖放、农业农村部畜牧兽医局副局长王俊勋、中国奶业协会副会长兼秘书长刘亚清、美国奶业科学学会主席杰夫•达尔、中国农科院北京畜牧兽医研究所所长秦玉昌等领导和专家出席大会开幕式并致辞。本届会议以"振兴奶业，优质发展"为主题，设有"研究生论坛""奶牛营养与牛奶品质""牛奶质量安全与法规标准""新西兰优质乳创新"等专场，邀请来自美国、澳大利亚、加拿大、英国、荷兰等国家的 30 余位国际知名专家，围绕奶牛营养学、微生物组学、细胞生物学、牛奶风险评估、活性物质评价等主题作了学术报告。中国农科院副院长李金祥、北京大学朱作言院士、新西兰皇家科学院奈吉尔·法郎士院士出席开幕式。开幕式由北京畜牧兽医研究所王加启研究员主持。来自高校、科研院所、企业和质检中心等单位的540余人参加会议。

5日 2019第二届河北国际奶业博览会暨青贮文化节在石家庄正定国际会展中心举行。中国奶业协会副会长兼秘书长刘亚清、河北省农业农村厅畜牧兽医局副局长顾传学、河北省奶业协会理事长魏立华等出席会议，河北省奶业协会秘书长袁运生主持开幕式。

6日 WPP携手凯度共同发布了“BrandZ™ 2019最具价值中国品牌100强”排行榜。伊利以90.68亿美元（同比增长19%）的品牌价值，居最具价值中国品牌榜第22位，蝉联食品和乳品行业第一位，实现“七连冠”，并成功荣获BrandZ™“最体贴消费者中国品牌”奖；蒙牛乳业以67.6亿美元（同比增长26%）的品牌价值，居最具价值中国品牌榜第27位，连续5年蝉联前100强，并且摘取了“最引领潮流中国品牌”奖，这也是中国品牌首次荣膺该奖项。

9日 全国品牌传播发展大会暨中国（中原）自主品牌发展论坛在河南郑州举行。活动由中国科技新闻学会品牌传播专业委员会主办，河南省自主品牌研究院、自主品牌发展联盟、全球豫商成长中心等联合承办。河南花花牛乳业集团股份有限公司作为中原地区知名品牌应邀参会，并获得“自主品牌十大影响力企业”荣誉、董事长关晓彦荣获“新时代十大影响力品牌企业家”称号。

同日 “健康中原行——花花牛小康牛奶公益助学活动捐赠仪式”在河南驻马店平舆思源实验学校举行，平舆县有关领导、河南花花牛乳业集团副总裁关绍峰及近千名学校师生出席捐赠仪式。当日，花花牛乳业集团向平舆县教育事业捐赠7.2万盒价值18万元的爱心牛奶。

10日 由国家统计局中国统计信息服务中心、工业和信息化部工业文化发展中心、首页大数据等机构联合发起的中国品牌口碑年会在北京召开，三元奶粉荣登2018年度中国婴幼儿奶粉口碑榜榜首，实现中国好口碑九连冠，并荣获“金口碑”殊荣。

同日 “温暖向阳，大爱无疆”——2019飞鹤乳业“中国小康牛奶行动”爱心助学健康扶贫公益行动正式启动，第一站在环京津贫困地区河北省张北县开启，中国奶业协会期刊总编辑杨秀文、张家口市有关部门以及飞鹤乳业等领导出席。据悉，此次公益行动飞鹤将捐赠2.4万盒价值132万元的学生奶粉，惠及“三区三州”和环京津等贫困地区中小学。

13日 全国畜牧总站印发《关于开展2019年种畜禽质量安全监督检查工作的函》。涉及对380头进口种公牛冷冻精液和870头国产种公牛冷冻精液进行质量检测，检测牛品种：荷斯坦牛、西门塔尔牛、娟珊牛、夏洛来牛、安格斯牛、利木赞牛、三河牛、褐牛、奶水牛和牦牛等。

14日 中国农业科学院北京畜牧兽医研究所、爱尔兰国立都柏林大学和爱尔兰农业食品发展研究院在北京共同签署了《中爱奶业可持续发展中心合作协议》，农业农村部长韩长赋，爱尔兰农业食品与海事部部长迈克尔·格烈特会见了中爱中心代表。中国农业科学院北京畜牧兽医研究所所长秦玉昌、党委书记马莹，中爱中心主任卜登攀研究员等参加了签约仪式。

同日 贝因美公告称，拟以自有资金或自筹资金，以不超过7.5元/股回购公司股份，预计回购总额不低于2.5亿元且不超过5亿元。

15日 2019辽宁奶业振兴大会暨现代奶业发展高峰论坛在沈阳举行。中国奶业协会副会长兼秘书长刘亚清、全国畜牧总站原总畜牧师石有龙、辽宁省农业农村厅副厅长敖凤玲、辽宁省奶业协会会长徐环宇等出席并讲话。辽宁省奶业协会秘书长佟艳主持开幕式。

同日 中国奶业协会向各有关会员单位发出《关于请报送对美加征关税商品排除工作相关材料的函》（中奶协【2019】33号）。

同日 西安银桥乳业集团与中国牧工商集团战略合作协议签约仪式在银桥临潼中心工厂行政大楼举行。

16日 福布斯发布了2019年度“全球上市公司2000强”榜单。本次上榜公司分布在61个国家与地区，中国内地及中国香港有309家公司上榜，其中伊利股份、温氏股份、中国旺旺三家企业涉及乳制品生产与销售。

同日 爱尔兰农业、食品及海事部部长迈克尔·克里德率爱尔兰政府和食品企业代表团分别访问伊利集团和蒙牛集团，爱尔兰驻华大使李修文陪同访问。

16–17日 由中国农业科学院北京畜牧兽医研究所、宁夏畜牧工作站、宁夏伊康元生物科技有限公司共同举办“优质青贮行动计划（GEAF）培训会暨苜蓿青贮生产技术培训会”在宁夏举办，邀请中外技术专家进行技术讲座，并进行现场培训和观摩。来自宁夏农垦、现代牧业、优然牧业、中地乳业、富源牧业、圣牧高科、天宁牧业、金宇浩星等规模化牧场的技术人员80余人参会，会议由中国农业科学院北京畜牧兽医研究所赵连生博士主持。

17日 泰国亲王蒙銮乐察妲拉信公主殿下、泰国政府前劳工部副部长诺素万嘉楞上将、泰国皇家陆军采购中心布瓦能那隆功中将副主任等一行到访陕西圣唐乳业有限公司并商谈深度合作事宜，圣唐乳业总裁武壮田等陪同。

18日 首届国际奶牛生产性能测定高峰论坛暨牛奶成份和奶牛生物标记检测新技术及其应用国际研讨会在武汉召开。华中农业大学副校长杨少波、湖北省畜牧兽医局副局长何年华、比利时列日大学尼克罗斯教授分别致辞，中国奶业协会副会长兼秘书长刘亚清视频致辞。中国奶业协会副秘书长陈绍祜主持会议。中国农业大学教授张沅、李胜利、张胜利，华中农业大学教授张淑君以及外籍、外企专家作专题报告。全国畜牧总站奶牛生产性能测定标准物质制备实验室主任李丽丽，湖北省畜禽育种中心主任熊明清，湖北省牛奶行业协会会长杨利国、秘书长蔡正雄等，以及来自国内外的专家学者、各地奶牛生产性能测定牧场、DHI测定中心、育种机构及其他相关单位代表200余人参加了会议。

19日 首届中国奶农节暨奶牛金钥匙十周年大会在北京举行。中国科学技术协会农村专业技术协会理事长柯炳生，中国奶业协会会长、中国工程院院士、中国农业大学教授李德发，农业农村部畜牧兽医局奶业处处长邓兴照出席大会并致辞。中国科学技术协会农村专业技术协会副理事长张建华，中国奶业协会副会长兼秘书长刘亚清等出席大会。国家奶牛产业技术体系首席科学家、奶牛金钥匙发起人、中国奶业协会副会长、中国农业大学教授李胜利作了题为《奶牛“金钥匙”十周年工作总结》的演讲。北京、天津、河北、山东、云南、黑龙江等省份奶业体系首席科学家，以及国家奶牛体系岗位科学家和综合试验站站长、D20企业及大型牧场集团、供应链企业及金钥匙合作伙伴等近500人参会。

同日，中国奶业协会联合中国学生营养与健康促进会、中国营养学会在湖北省宜昌市共同主办“5·20中国学生营养主题宣传教育日”活动。原卫生部副部长何界生、原国家卫生和计划生育委员会副主任陈啸宏、中国营养餐产业技术创新战略联盟理事长陈伟力、国家体育总局冬季运动管理中心副主任洪平、湖北省卫生健康委员会副主任朱惠民等出席活动。中国奶业协会副秘书长李栋宣读《关于批准命名74所国家学生饮用奶计划推广标准学校的决定》，宜昌市副市长刘洪福、中国学生营养与健康促进会会长兼秘书长陈永祥、国家卫生和健康委员会食品安全标准与监测评估司副司长张志强、国家体育总局青少年体育司副巡视员朱英、教育部体卫艺司原巡视员廖文科等为获得命名的学校授牌。

20日 伊利集团凭“全产业链质量人才赋能”项目斩获国际人才发展最高荣誉“全球人才发展卓越实践奖”，是国内唯一获得该荣誉的中国健康食品企业。该奖项由国际人才发展协会颁发，被誉为全球人才发展奥斯卡奖。

同日 由中国妇女杂志社、人民日报社《健康时报》、中国关心下一代工作委员会儿童发展研究中心共同发起的“金领冠守护母乳力量 金色母爱联盟”启动仪式在北京国家会议中心举行。

同日 中国圣牧发布公告称，就此前向蒙牛出售圣牧高科奶业51%股权，股份购买协议下所有先决条件已获达成（或以其他方式获豁免），股份购买协议根据协议的条款及条件于5月20日落实完成。

21日 农业农村部公布现行有效规章和规范性文件目录。其中直接涉及奶及奶业的文件有5个。

22日 生态环境部与江西省人民政府在南昌共同举办“5•22国际生物多样性日”宣传活动，伊利集团受邀出席并发布《2018生物多样性保护报告》，同时签署《中国企业与生物多样性伙伴关系宣言》。

22–24日 由中国食品科学技术学会主办的益生菌与健康国际研讨会在杭州召开。伊利创新中心益生菌研究中心专家在会上展示了伊利多年在益生菌领域的功能性研究与创新成果——自主研发的专属菌株“乳双歧杆菌BL-99”，获得了与会专家、学者的高度评价。

23日 农业农村部畜牧兽医局发布《关于推介奶业休闲观光牧场的通知》（农牧便函〔2019〕501号），推介辽宁佳鑫牧场等11家牧场为第三批全国奶业休闲观光牧场。同时，对2017年和2018年推介的北京归原奶庄等20家休闲观光牧场进行了重新审核，一并予以公布。

24日 2019年国际企业社会责任论坛在台湾省台北市落幕。论坛颁奖典礼上，蒙牛“营养普惠计划”项目获2019亚洲企业社会责任–社会公益发展奖。这是蒙牛连续3年获该奖项。

27日 央视财经频道播出《奶酪消费市场观察》，中国奶业协会副秘书长张智山接受央视财经频道记者采访，从奶业工作者、乳品消费者、乳品消费倡导者的角度，详细介绍了我国奶酪消费增长的原因、我国奶酪产业现状和未来市场前景以及自主品牌如何发力等内容。

28日 由中国奶业协会主办、奶酪企业代表妙可蓝多承办的2019奶酪发展高峰论坛在北京举办。农业农村部副部长于康震出席论坛并作主旨演讲，中国奶业协会会长、中国工程院院士李德发致辞，妙可蓝多董事长柴琇分享了妙可蓝多十多年来在中国市场上探索和实践奶酪之路的心得体会。工业和信息化部、中央网信办、发展改革委、教育部、科技部、商务部、卫生健康委、海关总署、市场监管总局等部门相关司局负责人，奶业主产省份及京津沪滇农业农村部门负责人，地方奶业协会负责人，中国奶业20强企业及地区性骨干企业代表参加论坛。中国奶酪产业迈入全新征程的“启航仪式”同时举行。北京大学公共卫生学院马冠生教授、北京工商大学食品学院杨贞耐教授、全国畜牧总站张书义研究员在高峰论坛上分别就拓宽渠道增加奶制品消费促进居民健康、奶酪的加工技术与应用、奶酪文化与产业发展进行了精彩演讲。

同日 飞鹤乳业携手中国奶业协会、中国乳制品工业协会联合40余家权威媒体及合作伙伴等，在中国儿童少年基金会的支持下，以“陪伴，是更适合的爱”为主题，在北京世贸天阶举行了一场活泼、童趣的公益活动。飞鹤乳业品牌形象大使章子怡现场分享“陪伴经”，中国儿童少年基金会秘书长朱锡生、中国奶业协会副秘书长张智山、中国乳制品工业协会副理事长兼秘书长刘美菊、飞鹤乳业副总裁魏静分别致辞。

同日 蒙牛百亿产业集群年产36万t乳制品及饮料四期项目奠基仪式在河南焦作举行。

29日 天猫“新国货 心品质”国产奶粉品质联盟盛典在北京召开，国产奶粉巨头飞鹤、君乐宝、伊利、贝因美等品牌悉数到场。第一财经商业数据中心发布《2019线上国产奶粉行业发展趋势》报告，并由

CBNData副总经理郑礼顺对报告进行解读。中国奶业协会副秘书长李栋、天猫母婴行业总监杜宏出席。

同日 由中国营养学会主办，蒙牛乳业承办的“健康中国营养+联盟”启动仪式在北京举行。蒙牛特别联合今日头条发布《2019国民肠道健康趋势发现报告》。

6月

1日 “2019健康中原——牛奶伴您行”之“鲜动中原”活动在河南郑州启动。

3日 君乐宝旗帜婴幼儿配方奶粉第三次蝉联世界食品品质评鉴大会特别金奖，并被授予国际高质量奖杯。

10日 贝因美发布《关于成立合资牧业公司、整合公司黑龙江奶业资源的公告》，公司全资子公司贝因美（安达）奶业有限公司及全资孙公司黑龙江贝因美现代牧业有限公司拟与河北康宏牧业有限公司开展战略合作，成立黑龙江康贝牧业有限公司，共同经营安达奶业旗下的现代牧场和中本牧场。

10–12日 博鳌亚洲论坛全球健康论坛首届大会在青岛举行。作为企业界代表，伊利集团执行总裁张剑秋在开幕式发表演讲，具体阐述了伊利构建“全球健康生态圈”的理念以及推动创新的相关举措。

11日 凯度消费者指数发布了2019年亚洲品牌足迹报告。报告显示，伊利各项指标的数据在榜单中领先于其他品牌，成为中国消费者选择最多的品牌，荣登中国快速消费品品牌榜榜首，持续领跑中国快消品市场。

12日 2019年蒙牛集团奶源客户年会暨中丹乳品技术合作中心七周年庆典在内蒙古呼和浩特市举行，蒙牛正式公布奶业振兴“136”工程，展示中丹乳品技术合作中心七周年成果。中国奶业协会副会长兼秘书长刘亚清、农业农村部畜牧兽医局局长助理陈利音、丹麦驻华大使馆公使Helle Meinertz、内蒙古农牧厅副厅长刘永志、内蒙古人民政府外事办公室副主任田占标、呼和浩特市政府副市长等出席并发表讲话。700多位行业专家、牧场主代表及媒体人员参会。

12–15日 第八届苜蓿发展大会在宁夏回族自治区固原市召开。农业农村部总畜牧师马有祥，宁夏回族自治区农业农村厅党组书记、厅长王刚，中国奶业协会副秘书长张智山，中国畜牧业协会会长李希荣，宁夏回族自治区党委常委、固原市委书记张柱分别致辞。中国草学会名誉理事长、原宁夏回族自治区主席马启智，原农业部总畜牧师王智才，农业农村部畜牧兽医局副局长王俊勋，全国畜牧总站站长王宗礼，宁夏农林科学院党委书记周东宁等出席会议。国家草产业科技创新联盟理事长、中国畜牧业协会草业分会会长卢欣石教授作主旨报告。中国畜牧业协会秘书长何新天主持大会。同期举行的草产品展览交易会有40余家企业参展，展览面积约2 000 m²，参会代表600余人。

14日 内蒙古伊利实业集团股份有限公司与中国电信集团有限公司在北京举行战略合作签约仪式。伊利集团董事长潘刚、中国电信董事长柯瑞文等出席签约仪式。

同日 蒙牛集团冀东百亿乳制品产业集群三期项目签约仪式在河北唐山举行。蒙牛在唐山已拥有两座工厂，分别位于丰润区和滦南县，两座工厂的年产值接近50亿元。唐山市委常委、常务副市长付振波，副市长张月仙，蒙牛集团副总裁高飞等出席签约仪式。

17–23日 四川宜宾长宁县、珙县共发生三起地震。伊利、蒙牛、飞鹤、新希望、卫岗乳业等几乎同时第一时间赶赴灾区。伊利第一批物资20日运抵灾区，22日专门设立流动母婴服务站，一次性提供12万盒价值50万元的伊利纯牛奶和奶粉。蒙牛捐赠10万多包牛奶。飞鹤乳业在了解到灾区急需婴幼儿奶粉、中老年成人奶粉、饮用水等物资时，以最快速度调配资源，并在现场设立安置点。新希望携带1 900件牛奶、卫岗乳业携带价值约15万元的学生奶送到灾区。

18日 农业农村部总畜牧师马有祥一行考察现代牧业蚌埠牧场，就现代畜牧业发展情况进行调研。蚌埠市委常委、副市长郭鹏，现代牧业集团总裁高丽娜等陪同调研。

19日 在新疆维吾尔自治区政府、喀什地区行政公署、中国红十字基金会等单位有关领导见证下，伊利集团与华润万家在新疆喀什成功启动“公益战略联盟”，共同向中国红十字基金会捐赠首批价值25万元的爱心产品，用于喀什地区的公益项目。

21日 河南花花牛乳业集团股份有限公司召开优质乳工程现场验收会议，河南省农业农村厅奶业管理处处长赵玲，国家奶业科技创新联盟副理事长、首席专家顾佳升，国家奶业科技创新联盟秘书长张养东，花花牛乳业集团总裁董硕峰、副总裁杨永出席验收会议。花花牛乳业集团正式成为河南首家通过优质乳工程验收的企业。

22日 国家奶业科技创新联盟和花花牛乳业集团在河南郑州召开以“优鲜品质·轻盈未来”为主题的轻觉上市暨优质乳工程认证发布会。河南省畜牧局局长王承启，国家奶业科技创新联盟理事长王加启、副理事长顾佳升、秘书长张养东，河南省农业农村厅奶业管理处处长赵玲，中国奶业协会副秘书长李栋，省奶协秘书长茹宝瑞、副秘书长陈华杰，郑州市营养协会会长冯梓恒出席发布会。花花牛乳业集团董事长关晓彦、总裁董硕峰先后致辞。20余家知名媒体平台，花花牛乳业集团领导、合作客户以及各大经销商约300余人参会。

同日 沂南中地生态牧场建设项目开工奠基仪式在山东沂南举行。沂南县委书记姜宁、县长孙德士与中地乳业集团董事长张建设、副董事长张开展等共同为项目培土奠基，沂南县有关部门领导、中地乳业集团中高层管理团队代表等上百人参加。项目投资10亿元，在沂南县13个自然村流转土地800 hm²，拟建设万头生态牧场和一座年产饲料30万t的饲料加工厂。

24日 美国蓝德雷有限公司和荷兰皇家农业集团宣布，在中国建立奶牛饲料合资企业——安阁雷饲料（天津）有限公司。

26日 全国畜牧总站站长王宗礼带队的现代畜牧业发展调研组一行赴富源国际和林牧场就现代畜牧业发展情况进行调研。内蒙古自治区农牧厅畜牧局局长白音，自治区畜牧工作站副站长康凤祥，呼和浩特市农牧局局长刘月平、副局长郝志勋、总畜牧师白梅花等陪同调研，富源国际执行总裁宋宁娜、和林牧场总经理格日乐图汇报企业开拓国际市场、布局百年乳业产业链的基本情况。

同日 国家市场监督管理总局就《婴幼儿配方乳粉产品配方注册管理办法（征求意见稿）》公开征求意见。

同日 由世界品牌实验室主办的第十六届世界品牌大会发布了2019年《中国500最具价值品牌》分析报告。伊利、蒙牛、娃哈哈、光明、飞鹤、完达山、明一、三元、旺旺、合生元、维维、圣元等12家乳企入选《中国500最具价值品牌》榜单。

同日 第13届全球乳制品大会在葡萄牙里斯本举行，会上颁发了“2019世界乳品创新奖”，君乐宝乐铂K2儿童成长配方奶粉和“悦鲜活”牛奶凭借其在保护儿童视力和生产工艺创新方面的卓越表现，分获“最佳儿童乳品奖”和“最佳工艺创新奖”两项大奖。

27-28日 农业农村部畜牧兽医局在河北石家庄举办2019年全国奶业生产与生鲜乳质量安全监管培训班，农业农村部畜牧兽医局副局长王俊勋出席开班式并讲话。培训班分析奶业生产形势，交流生鲜乳质量安全监管工作，学习典型经验和做法，深入推进国务院办公厅奶业振兴意见贯彻落实。

28日 由中国物流与采购联合会、全球冷链联盟联合主办的2019（第十一届）全球冷链峰会暨“一带一路”贸易与冷链合作论坛在青岛闭幕。大会公布了“2018中国物流企业百强榜”，卫岗乳业天天订公司荣获“中国冷链物流百强企业”称号，进入排行榜TOP10。

30日 中国工程院院士朱蓓薇一行专程赴黑龙江齐齐哈尔飞鹤乳业全产业链基地参访调研，就当前飞鹤乳业乳品工程院士工作站的阶段性研究成果及未来工作开展进行深入探讨，齐齐哈尔市科技局领导、飞鹤乳业董事长冷友斌等陪同调研。

7月

1日 蒙牛乳业发布公告称，将以40.11亿元将子公司石家庄君乐宝乳业有限公司51%的股权，出让给鹏海基金及君乾管理。交易后，蒙牛乳业将不再拥有任何石家庄君乐宝乳业有限公司的股权。

4日 得益乳业7 000头澳洲纯种荷斯坦牛入场仪式在得益乳业第二牧场举行。中国奶业协会副会长兼秘书长刘亚清出席并讲话，高青县副县长赵学致辞。中国奶业协会副秘书长周振峰、李栋，淄博市农业农村局调研员朱卫东，木李镇镇长周亮以及得益乳业董事长兼总裁王培亮等出席活动。

12日 2019中国奶业白皮书发布暨“一带一路”奶业论坛在天津梅江会议中心举行。来自亚洲、欧洲、美洲、澳洲等多国驻华使馆官员出席。原农业部副部长、中国奶业协会名誉会长刘成果出席大会并致辞，中国奶业协会副会长兼秘书长刘亚清到会祝贺，中国奶业协会奶业战略发展委员会常务副秘书长刘琳发布2019中国奶业白皮书。新西兰初级产业部副部长涂珂豪、爱尔兰驻华大使李修文、泰国驻华公使孟功、荷兰驻华大使馆农业参赞武田富、乌拉圭驻华大使馆一等秘书费得里科·拉赫、蒙牛乳业集团副总裁李鹏程分别发言。

12-14日 第十届中国奶业大会暨2019中国奶业展览会在天津举行。中国奶业协会副会长兼秘书长刘亚清全程主持大会。13日大会举行开幕式，中国奶业协会名誉会长高鸿宾宣布大会开幕，中国工程院院士、中国奶业协会会长李德发致欢迎辞，农业农村部副部长于康震作主旨演讲。天津市人民政府副市长李树起、工业和信息化部消费品工业司司长高延敏、国家市场监督管理总局食品生产安全监督管理司司长马纯良分别致辞。内蒙古伊利实业集团股份有限公司执行总裁张剑秋、内蒙古蒙牛乳业（集团）股份有限公司总裁卢敏放等出席。

出席开幕式的领导和嘉宾还有农业农村部总畜牧师马有祥，原农业部常务副部长、中国奶业协会原会长刘成果，原农业部党组成员、中国奶业协会战略发展委员会常务副主任毕美家，中国农业科学院原党组书记、国家食物与营养咨询专家委员会主任陈萌山，爱尔兰驻华使馆大使李修文，以及其他国家驻华使馆和国际组织官员。刘成果、陈萌山、毕美家、张剑秋、卢敏放、濮韶华、魏立华、冷友斌、高丽娜、常毅、王加启、李胜利、张胜利等领导和专家上台参加了大会启动仪式。农业农村部有关部门负责人，国内外专家学者，各地畜牧（奶业）主管部门、事业单位、科研院校负责人，各省（自治区、直辖市）及地方奶（乳）业协会负责人，各相关单位人员，中央、地方有关媒体等2 000余人参加开幕式。人民日报、新华社、新华网等近百家媒体全程报道。

大会精心策划和组织“我和我的祖国——奶业篇”系列活动6项，全面展示奶业70年光辉成就。包括中国奶业70年大型宣传片展播、企业（人物）风采展示、中国奶业70年专题展览、致敬祖国70华诞文艺汇演、16场奶业全产业链高端论坛。展览会参展企业495家、展位面积5.6万平方米，涵盖奶牛养殖、乳品加工等奶业产业链各个环节。中国奶业20强企业悉数参展，境外企业50余家，涉外企业283家，国际化程度高达67%，行业观众首次突破10万人次。中国奶业协会组织会员单位自编自导自演“致敬祖国70华诞”文艺汇演和会前《中国奶业70年风华录》大型宣传片，为本次大会增姿添彩，为奶业振兴助力喝彩。

18日 中国现代牧业控股有限公司宣布，现代牧业将向新希望乳业股份有限公司配售约2.76亿股现代牧业股票，并处置持有的质押股票约3.19亿股，作价为每股1.353 5元港币（1.192 0元人民币），预期配售及处置质押所得金额合约7.09亿元人民币，占比现代牧业总股份9.28%。

19日 农业农村部总畜牧师马有祥一行到中国奶业协会调研，参观中国奶牛数据中心，与奶协员工进行座谈交流。中国奶业协会副秘书长张智山受会长李德发及副会长兼秘书长刘亚清委托，向马有祥一行进行了工作汇报。马有祥对奶协工作给予充分肯定和赞许，尤其对第十届中国奶业大会暨2019中国奶业展览会的成功举办给予高度评价，对奶协支持农业农村部工作表示感谢。马有祥还就做好第五届D20会议组织筹备工作、联合做好宣传引导工作、促进乳品消费、协助做好奶业发展顶层设计、积极开展奶业战略研究等方面对奶协提出殷切期望。陪同马有祥一起调研的有农业农村部畜牧兽医局副局长王俊勋、奶业处处长邓兴照和综合处杨广越等。奶协期刊总编辑杨秀文、副秘书长李栋、周振峰、邵明君、陈绍祜和奶协各部门相关负责同志参加了座谈。

22日 国家奶业科技创新联盟和花花牛乳业集团在河南郑州召开以"优鲜品质•轻盈未来"为主题的轻觉上市暨优质乳工程认证发布会。河南省畜牧局局长王承启，国家奶业科技创新联盟理事长王加启、副理事长顾佳升、秘书长张养东，中国奶业协会副秘书长李栋，河南省畜牧局奶业管理处处长赵玲，省奶协秘书长茹宝瑞、副秘书长陈华杰，郑州市营养协会会长冯梓恒，20余家知名媒体平台，花花牛乳业合作客户、集团领导班子以及各大经销商约300余人参会。

23日 首批奶牛顺利入驻首农畜牧兰考首座万头牧场。牧场位于河南省开封市兰考县许河乡，总占地面积66.67hm^2，设计奶牛总存栏10 000头。该项目于2018年3月开工建设，得到河南省畜牧局、河南省奶业管理办公室的高度重视，开封市委常委、兰考县委书记蔡松涛多次亲临工地调研督导。

23日 巴西农业部宣布，中国授权24个巴西厂家对华出口乳制品，包括奶粉、奶酪、酸奶、炼乳等。据悉，这是中国乳制品市场首次向巴西开放。

24日 以"解码活性蛋白，探索健康未来"为主题的伊利第一届YMINI母乳研究高峰论坛在上海举行。来自海内外近百位母婴营养研究专家一起，共同交流母乳研究前沿成果。

25日 辽宁省奶业协会组织省内具有代表性的地方乳制品加工企业、规模化牧场等会员单位在锦州益多乐乳业举办观光牧场学习经验交流活动。辽宁省奶业协会会长徐环宇就日前赴全国优秀观光牧场考察学习情况与参会代表交流分享。

25-26日 农业农村部畜牧兽医局在宁夏回族自治区吴忠市召开全国奶业振兴工作推进会议，总结交流奶业振兴工作情况，分析奶业生产形势，参观学习奶牛养殖、牧草种植、合作社发展和乳制品加工典型，部署下一步重点工作。来自各省（自治区、直辖市）以及新疆生产建设兵团农业农村部门的代表共50余人参加了会议。

26日 在国家有关部门及内蒙古自治区领导的见证下，我国首架纯国产支线"伊利"号喷气客机ARJ21在呼和浩特白塔机场助跑升空，瞬息划破天际，圆满完成首航任务。

同日 由河南省奶业协会主办的"2019健康中原—牛奶伴您行"之"鲜动中原直播季"第二期严选加工保质量探访活动，在河南蒙牛乳业（焦作）有限公司举行，并进行多机位新媒体直播。直播中，主办方还邀请到国家奶业科技创新联盟、中国奶业协会乳品工业委员会顾佳升，中国农业大学教授李胜利，两位奶业专家为大家科普牛奶知识。

同日 在新疆证监局指导下，新疆上市公司协会联合全景网络组织开展了"互动感受诚信 沟通创造价值—— 2019年新疆辖区上市公司投资者集体接待日"活动。本次网上交流环节中，天润乳业、西部牧业、麦趣尔、新农开发4家乳制品生产企业就投资者所关心的问题进行了回答与交流，涵盖公司治理、发展战略、经营状况、可持续发展等多个方面。

27日 在海南博鳌举行的第三届博鳌企业论坛暨2019博鳌女性论坛上，现代牧业（集团）有限公司荣获"中国十大领军品牌"大奖，总裁高丽娜荣获"中国经济十大影响力女性"大奖。

28日 由中国奶业协会主办的2019第二季度奶牛生产性能测定数据交流活动在郑州举办。河南省农业农村厅奶业管理处处长赵玲，河南省种牛遗传性能测定中心主任赖登明，全国畜牧总站奶牛生产性能测定标物制备中心刘婷婷、马学升，丹麦FOSS全球服务中心副总裁赵武善出席本次交流活动。此次活动由中国奶业协会副秘书长陈绍祜主持，来自全国各地奶牛生产性能测定中心代表80余人参加了此次活动。

同日 乌拉圭驻华大使费尔南多•卢格里斯、乌拉圭驻华大使馆商务专员一等秘书费德里科•拉赫、科拿公司中华区首席代表田文静一行三人访问了位于呼和浩特市的中国乳业龙头伊利集团总部。呼和浩特市副市长毕国臣与伊利集团董事长潘刚、执行总裁张剑秋等共同接待了大使一行，双方共同参观了伊利工厂并进行了亲切务实的座谈交流。科拿公司应邀加入由伊利发起的"可持续发展供应链全球网络"，成为成员企业。

29日，河南首届"一带一路"奶牛肉牛性能测定国际论坛暨河南省奶牛产业技术创新战略联盟成立大会在郑州举行。全国畜牧总站奶业与畜产品加工处处长马金星、中国奶业协会副秘书长陈绍祜、河南省畜牧局副局长周辰良、河南省科技厅农村处处长刘彦斌、河南省农业农村厅奶业管理处处长赵玲、河南省畜牧总站党总支书记徐泽君、河南牧业经济学院副校长张卫宪以及国内外奶牛肉牛产业专家、技术人员和行业企业代表等参加此次会议。

31日 在河南省洛阳高新区拓博尔铁路设备有限公司的厂房内，国内首台挤奶机器人下线生产。这是一款拥有自主知识产权的双目立体视觉系统。在此之前，国内挤奶机器人的这项技术全靠引进，是一项外国垄断的技术。

8 月

1 日　伊利集团在新西兰奥克兰举办交割仪式，宣布旗下全资子公司香港金港商贸控股有限公司正式完成对新西兰第二大乳业合作社 Westland 的收购。

6 日　蒙牛·圣牧高科有机之旅奶业研讨会在圣牧高科二十七牧场召开。奶业研讨会由乳业时报总编赵敏主持，内蒙古奶业协会陈巴特尔致欢迎辞，中国奶业协会副秘书长陈绍祜等在研讨会上为奶业振兴纷纷建言。来自全国各地奶协的会长、秘书长和农牧业部门的政府管理者 40 多人参加研讨会。

7 日　“营养健康 70 年——2019 中国国际健康产业峰会”在北京人民大会堂召开。内蒙古自治区党委常委、常务副主席马学军，北京冬奥组委专职副主席、秘书长韩子荣，内蒙古自治区呼和浩特市副市长毕国臣，伊利集团董事长潘刚，中国工程院院士、国家动物健康与食品安全创新联盟理事长沈建忠，中国食品科学技术学会理事长孟素荷，中国奶业协会副会长兼秘书长刘亚清，中国乳制品工业协会秘书长刘美菊出席峰会并讲话。本次峰会上，伊利集团联合 20 多家来自全球的食品业相关企业共同成立了“全球健康合作伙伴发展联盟”。峰会现场，北京市副市长、北京冬奥组委执行副主席张建东向潘刚授牌，伊利集团成为北京 2022 年冬奥会合作伙伴俱乐部轮值主席单位，董事长潘刚正式担任北京 2022 年冬奥会合作伙伴俱乐部轮值主席。当天峰会上，还举行了第七届世界军人运动会官方乳制品授牌仪式，伊利集团执行总裁张剑秋从第七届世界军人运动会执委会副秘书长王沈顺手中接过了授牌。

8 日　农业农村部科技教育司近日公布了 2019 年十大引领性农业技术，中国农科院北京畜牧兽医研究所“优质乳生产的奶牛营养调控与规范化饲养技术”入选。

9 日　2019 全球乳业 20 强出炉，中国乳品企业伊利（112 亿美元）和蒙牛（103 亿美元）稳居全球前十名的第一阵营。其中伊利超越了 Saputo，再次跃升一位，重回第八位；蒙牛保持第十位。

12 日　为推动河北省实施国产婴幼儿配方乳粉“品质提升、产业升级、品牌培育”三大行动计划，河北省发改委、省工信厅、省农业农村厅等 7 部门联合印发《河北省实施国产婴幼儿配方乳粉三大行动计划工作方案》。

同日　2019 年河北省营养改善计划暨君乐宝学生奶“千校安全大行动”培训活动在秦皇岛顺利启动。

同日　新希望乳业联姻澳牛乳业签约仪式在福州举行，新希望乳业宣布完成对澳牛乳业 55% 股权的收购。

12–16 日　国家市场监督管理总局食品审评中心副主任聂大可一行四人，对陕西省婴幼儿配方乳粉生产企业及自建自控奶源基地进行调研，陕西省市场监督管理局副局长姜敏、特殊食品监管处处长马生学及相关市、县区政府主要领导、市场监管局负责同志陪同调研。

13–14 日　第二十届光明牧业论坛暨第十二届长三角奶业大会乌鲁木齐举办。中国奶业协会副会长兼秘书长刘亚清，上海市农业农村委员会副主任王国忠，新疆奶业协会会长余雄，光明牧业党委书记、董事长、总经理王赞等出席开幕式并致辞。光明乳业股份有限公司副总裁唐新仁出席论坛。国家奶业科技创新联盟理事长、农业农村部食物与营养发展研究所所长王加启研究员，国家奶牛产业技术体系首席科学家、中国农业大学李胜利教授为论坛作主题报告。论坛由上海奶业行业协会秘书长朱从余主持。来自奶业全产业链百家知名企业负责人、技术专家、科研院校负责人、行业媒体以及国内外有关专业人士参加会议。

15 日　中国检验检测创新联合体选派评审专家组对君乐宝乳业集团中心实验室开展实验室分级评定现场评审工作。经评审，评审组专家认为君乐宝中心实验室质量管理成熟规范，检测设备配置精良，检测人员综合能力优秀；实验室在乳品及婴幼儿食品领域检测综合能力达到中国检验检测创新联合体 A 级实验室标准，这也是国内首家获得 A 级的企业实验室。

16 日　农业农村部畜牧兽医局发布《关于清理拖欠奶款保障奶农合法权益的通知》（农牧便函〔2019〕798 号）。

17 日　中粮集团副总裁、蒙牛集团董事长陈朗赴现代牧业马鞍山牧场视考察工作，现代牧业集团总裁高丽娜、副总裁陈红波等陪同。

18 日　《人民日报》头版头条刊发“牢记嘱托，奔跑追梦——收到总书记回信之后”系列报道《“万企帮万村”行动中受表彰的民营企业家：心无旁骛创新创造，踏踏实实办好企业》，介绍飞鹤乳业创新创造实践成果。

20 日　“奶牛绿色发展技术集成模式研究与示范”项目观摩会在内蒙古自治区呼和浩特市召开，中国农业科学院副院长冯忠武、农业农村部畜牧兽医局副局长孔亮、全国畜牧总站站长王宗礼、内蒙古自治区农牧厅副厅长刘永志、中国农业科学院北京畜牧兽医研究所所长秦玉昌、中国农业科学院草原研究所党委书记王育青、中国奶业协会副秘书长张智山、内蒙古农业大学纪委书记哈斯巴根等 40 余位领导、专家出席了观摩会。

同日　第三届中国优质乳工程巴氏鲜奶发展论坛在福建武夷山市召开，全国 50 家乳企联合发布了《新时代中国优质乳发展共同行动纲领》。国家奶业科技创新联盟理事长王加启作主旨报告。福建长富乳品有限公司被国家奶业科技创新联盟授予“优质乳工程标杆示范企业”和“优质乳工程标杆示范牧场”两项殊荣。

20–22 日，第十一届联合国全球契约中日韩网络圆桌会议在山东济南举行，来自联合国全球契约、中日韩三国代表、相关研究机构的 150 余名嘉宾就可持续发展、企业社会责任和生物多样性保护等议题展开交流探讨。作为第一家签署《企业与生物多样性承诺书》的中国企业，伊利集团受邀参加此次会议，并在会上发布了《2018 年生物多样性保护报告》。

21 日　2019 年国际奶牛新技术大会暨粮改饲和奶牛绿色发展技术集成模式研究与示范项目大会在内蒙古

呼和浩特市举行。中国农业科学院副院长冯忠武，农业农村部畜牧兽医局副局长孔亮，全国畜牧总站站长王宗礼，内蒙古自治区农牧厅副厅长刘永志，中国农业科学院北京畜牧兽医研究所所长秦玉昌、副所长张军民，中国奶业协会副秘书长张智山，内蒙古农业大学副校长塔娜，美国奶业科学学会主席 Geoffrey Dahl，NRC《奶牛营养需要》第八版修订委员会共同主席、美国俄亥俄州立大学教授 Bill Weiss，全国畜牧总站饲料行业指导处处长刘海良，奶牛产业技术体系北京市创新团队首席专家路永强，内蒙古自治区农牧厅畜牧局局长白音等嘉宾以及国内外专家、全国牧场、饲料企业、供应商和媒体代表共计 600 余人参会。会议由中国农业科学院北京畜牧兽医研究所反刍动物营养创新团队首席研究员卜登攀主持。

同日 2019 中国食品饮料百强榜发布，伊利、蒙牛分获第二名和第四名。另有光明、君乐宝、飞鹤、三元、澳优、现代牧业、新希望、圣牧、贝因美等 9 家乳企均金榜题名。

23 日 2019 国际奶牛乳房炎防控高峰论坛在北京国家会议中心举办。中国奶业协会副秘书长周振峰，国家奶牛产业技术体系北京市创新团队首席专家路永强，中国农业科学院国家饲料药物基准实验室主任李秀波研究员，中国农业大学动物医学院高级兽医师马翀博士，中牧实业股份有限公司副总经理张正海，以及来自行业内的专家、同仁 200 余人参加了会议。

23-25 日 2019 国际奶牛疾病大会暨美国乳房炎协会（NMC）区域会在北京国家会议中心召开。农业农村部李金祥总兽医师（官）、中国农业科学院副院长吴孔明院士、中国农业大学常务副书记张东军、中国农业大学动物医学院院长沈建忠院士、NMC 协会轮值主席 Mario Lopez、NMC 协会第一副主席 Sarn Pale De Vliegher 教授、中国奶业协会副会长兼秘书长刘亚清、北京市农业农村局副局长马荣才等出席开幕式。开幕式由中国农业科学院饲料研究所所长戴小枫主持。来自美国、瑞典、英国、智利、比利时等国家及国内权威专家、研究机构、兽药企业以及各级牧场等 700 余名代表参会。开幕式上，同时启动了我国首个“国际奶牛疾病防治技术研究中心”。

24 日 “2019 中国（黑龙江）黑土地论坛”在哈尔滨举行。黑龙江省工商联领导及相关部门领导，农业农村部食物与营养发展研究所所长王加启，飞鹤乳业董事长冷友斌，分众传媒创始人兼董事长江南春，腾讯集团副总裁马斌等出席论坛。黑龙江地处世界四大黑土带之一，同时也是世界公认的“黄金玉米带”和“黄金奶源带”，全国每生产 6 杯牛奶就有 1 杯来自黑龙江。

25 日 “新国货，心品质——身边的国货，看得见的溯源”品质溯源行业盛典在钓鱼台国宾馆隆重召开，此次活动由伊利金领冠与天猫母婴联合发起，国货奶粉品牌代表、电商行业嘉宾以及世界冠军运动员韩天宇、张虹联袂出席。活动当天，天猫母婴、伊利金领冠、乐友孕婴童以及其他国货奶粉品牌共同开启了“国货奶粉正品溯源 2.0 时代”。

同日 蒙牛高端成人奶粉品牌“悠瑞”针对中老年群体发布了 4 款新品：富硒高钙羊奶粉、骨宜中老年奶粉、顺宜中老年奶粉、怡添中老年奶粉。国家一级演员李建义成为“悠瑞”新品牌代言人。

26 日 “中国最大的上游乳企”现代牧业公布 2019 中期业绩显示，受惠于与控股股东蒙牛在上下游的协同效应，其上半年销售收入为 25.7 亿元，同比增长 4.1%；净利润为 1.25 亿元，正式扭亏为盈。

27 日 农业农村部对政协十三届全国委员会第二次会议李秉荣委员提案进行答复，李秉荣第 2286 号提案内容主要是引进和繁育良种奶牛、奶牛种源基地建设、奶农发展标准化规模养殖、饲草料基地建设、奶业社会化服务体系建设、发展牛奶加工和物流运输。

27-28 日 中国奶业协会繁殖专业委员会第 33 次繁殖技术学术研讨会在江苏苏州市召开。研讨会由中国奶业协会繁殖专业委员会、国家奶牛产业技术体系主办，苏州素仕生物科技有限公司和华中农业大学动物科技学院承办，来自荷兰和国内 10 多个省份奶业协会、科研院所、相关企业的 130 余位代表参会。中国奶业协会期刊总编辑杨秀文代表协会致辞。

28 日 蒙牛乳业在香港发布 2019 年中报，取得营收增长 15.6%、净利润增长 33.0% 的好成绩。同时正式提出“振兴奶业五大倡议与三项落地举措”。

29 日 第五届全国非公有制经济人士优秀中国特色社会主义事业建设者表彰大会在北京举行，中共中央政治局常委、全国政协主席汪洋出席大会并讲话。大会表彰 100 名非公有制经济人士和新的社会阶层人士为“优秀中国特色社会主义事业建设者”，君乐宝乳业集团总裁魏立华、飞鹤乳业董事长冷友斌受到表彰。

同日《中国食物与营养发展纲要(2021—2035 年)》研究编制启动会在北京召开。纲要编制由农业农村部和国家卫生健康委牵头组织。农业农村部部长韩长赋出席会议并讲话。

同日 利乐公司、利拉伐公司与中国农业大学共同举行 2020—2024 年《中瑞奶业合作提质增效项目合作协议》签约仪式。原农业部副部长、中国奶业协会名誉会长、奶业战略发展委员会主任高鸿宾，中国农业大学副校长龚元石，瑞典驻华大使馆临时代办、公使衔参赞安凯福，农业农村部畜牧兽医局奶业处处长邓兴照等出席活动。

30 日 农业农村部对十三届全国人大二次会议代表冯玉臻、刘海玲、史玉东、徐启方的建议进行集中答复。冯玉臻第 6729 号建议内容主要是奶牛布鲁氏菌病、结核病的防控；奶牛养殖业环保问题；建设优质奶源基地；密切养殖加工利益联结机制；支持种养协同发展问题。刘海玲第 4427 号建议内容主要是中小奶牛场发展；奶农与乳企合理的利益分配；养殖企业发展乳制品加工问题。史玉东第 2180 号建议内容主要是内蒙古现代种源基地建设；内蒙古奶牛饲草料保障能力建设；内蒙古以奶农为主的适度规模养殖发展；内蒙古奶牛养殖粪污处理利用设施建设；内蒙古奶牛健康管理；内蒙古奶业社会化服务体系建设；内蒙古发展奶农办乳制品加工问题。徐启方第6223号建议内容主要是陕西奶山羊产业发展。

同日 农业农村部对十三届全国人大二次会议代表魏立华、杨先农、李翠枝、于旭波的建议进行集中答复。魏立华第5584号建议内容主要是促进奶业全产业链均衡发展，进一步推动奶业振兴。杨先农第6455号建议内容主要是支持乳品企业参加公益行动；加大资金投入支持社会组织参与社会服务；支持慈善事业和慈善组织发展；引导和动员社会组织参与脱贫攻坚。李翠枝第2911号建议内容主要是支持乳企开展种养殖技术研究推广工作；支持龙头企业发展产业链金融；支持龙头企业开展精准脱贫与产业兴农；发挥龙头企业带动产业发展作用。于旭波第2282号建议内容主要是加强生鲜乳生产源头的兽药监管；调整监管措施；调整政府部门监管职责。

同日 农业农村部对十三届全国人大二次会议第4105号“生鲜乳抽检及结果公示；乳制品抽检及结果公示；营造良好的食品行业发展舆论环境”建议进行了答复。

同日 农业农村部对政协十三届全国委员会第二次会议刘永好委员提案进行答复，刘永好第2244号提案内容主要是增强对种养结合与规模化饲养奶牛的土地资源支持；加大对种养结合与规模化饲养奶牛的资金支持。

同日 蒙牛董事会及雅士利董事会宣布，雅士利（香港）及买方 Danone AsiaPacific Holdings Pte. Ltd. 已书面同意终止股份购买协议，即时生效。

9月

1日 中国企业联合会、中国企业家协会发布了2019年中国企业500强、中国制造业企业500强、中国服务业企业500强名单及其分析报告。中粮集团有限公司、光明食品（集团）有限公司、新希望集团有限公司、北京首农食品集团有限公司、内蒙古伊利实业集团股份有限公司、黑龙江飞鹤乳业有限公司入围三榜榜单。

3日 国家市场监管总局副局长孙梅君赴新疆兵团农十二师调研乳品生产质量管理，实地考察了新疆天润乳业股份有限责任公司乳制品生产情况。兵团党委常委钟波，兵团市场监管局党组书记、局长段建国，十二师党委常委、副师长罗贵宝，十二师市场监督管理局副局长王德胜，天润乳业党委书记、董事长刘让，天润乳业党委副书记、总经理胡刚等陪同调研。

同日 由河南省工商业联合会、河南省商会主办，省政府新闻办、省工信厅、省市场监管局、省地方金融监管局、河南日报报业集团支持的2019河南民营企业百强发布会在郑州举行。河南花花牛乳业集团股份有限公司分别名列2019河南民营企业制造业100强、2019河南民营企业现代农业100强、2019河南民营企业社会责任100强三大榜单。

同日 由山东省委宣传部、省政府新闻办、省农业农村厅主办，中国山东网承办的“乡村振兴齐鲁行——‘开放的山东’全媒体采访活动”走进位于淄博市高青县木李镇得益乳业第二牧场。通过看牧场、品鲜奶，进行集体采访，加深对得益品牌的再认识，加强宣传力度，提振得益品牌的影响力。

同日 中国农业科学院水牛研究所与皇氏集团在水牛研究所签署协议，双方将在奶水牛养殖基地及技术优化、科研合作、人才引进等方面深化合作，并在皇氏集团奶水牛养殖及科研合作示范基地及成果转化示范基地举办了揭幕仪式。

3–4日 中国奶业协会在北京奶牛中心延庆基地举办2019中国奶牛体型鉴定员培训班，同期开展了中国奶牛体型鉴定员考试，20人通过考试并获得了奶牛体型鉴定员证书。来自全国基层单位的150余人参加了此次培训。

3–5日 陕西省政府国际高级经济顾问会议第十届会议在西安召开，来自18个国家和地区的65家顾问单位共赴盛会，伊利集团董事长潘刚作为食品行业唯一的代表，被新聘为高级经济顾问。

4–6日 在第五届东方经济论坛期间，中鼎牧业、蒙牛集团共同出席活动并签署合作协议。蒙牛集团副总裁赵杰军和中鼎牧业总裁孙国强在“俄罗斯—中国”商务对话中分别发言。中俄两国地方政府及企业就中俄牧场建设、生鲜乳供应及乳制品合作项目签署合作协议，俄罗斯联邦政府副总理兼总统驻远东联邦区全权代表特鲁特涅夫鉴签。中方签约代表为牡丹江市市长王文力、蒙牛集团副总裁赵杰军、中鼎牧业总裁孙国强；俄方签约代表为俄罗斯滨海边疆区州长科热梅克、远东发展部吸引投资和出口支持部部长佩图霍夫、远东发展集团总经理卡努科耶夫、俄罗斯草原·奶公司总经理乌兹杰诺夫。

4日 一辆载有中鼎俄罗斯牧场4.9t巴氏杀菌乳的散装奶罐车顺利通过黑龙江东宁口岸进入中国境内，中俄两国海关检验各项指标符合国际原奶标准及乳品厂收购标准，生鲜乳拉运至蒙牛黑龙江尚志工厂进行加工生产。

同日 飞鹤乳业与中国检验检疫科学研究院签署战略合作协议。

同日 首农食品集团召开北京二商肉类食品集团有限公司、北京京粮生物科技集团有限公司和北京首农食品集团有限公司乳业事业部成立大会，首批3家子集团（事业部）正式成立。新成立的北京首农食品集团有限公司乳业事业部主要管理北京三元食品股份有限公司和北京三元种业股份有限公司。

8日 由新疆维吾尔自治区科学技术协会、新疆维吾尔自治区奶业协会、乌鲁木齐市奶业协会主办，乳业时报承办的“集优凝新 助力新疆奶业高峰论坛”在乌鲁木齐举行。为期两天的2019新疆国际奶业展览会也同时拉开帷幕。

同日 上交所发布公告，澳优（AUSNUTRIA）正式进入沪港通，并自9月9日起生效。

9日 中国现代牧业控股有限公司（1117.HK）获纳入深圳与香港股票市场互联互通计划（“深港通”）合资格股份，意味着内地投资者可以通过“深港通”途径购买现代牧业的股票。

同日 蒙牛集团与黑龙江省大庆市政府在哈尔滨签定乳制品百亿产业集群项目战略合作框架协议。

10日 中共中央政治局常委、中央纪委书记赵乐际在河北调研期间到君乐宝乳业集团考察，对君乐宝在科研创新、质量管理方面取得的成绩给予肯定，勉励企业“在快速增长期间，特别要保证质量，稳扎稳打”。君乐宝乳业集团总裁魏立华进行了详细汇报。

11日 国务院关税税则委员会发布公告，明确从2019年9月17日开始，对第一批对美加征关税商品第一次排除部分商品，其中包括紫花苜蓿和饲料用乳清。

同日 内蒙古自治区农牧厅消息，内蒙古自治区将依托地处“黄金奶源带”和全国奶业主产区的优势，鼓励民族乳制品特色化发展，支持牧区开办民族特色乳制品工厂化生产试点，促进奶业全面振兴。

同日 宁夏银川市人民政府与蒙牛乳业（集团）股份有限公司签定西北奶业全产业链高质量发展百亿产业集群项目战略合作框架协议。蒙牛集团将投资16亿元，计划在灵武市临港产业区新建一座日处理奶量2 000t的高端乳制品加工厂。

同日 贝因美公告称，贝因美拟将公司名称由“贝因美婴童食品股份有限公司”变更为“贝因美股份有限公司”。

12日 美国天然有机食品博览会开幕，伊利金领冠作为唯一受邀参展的中国婴幼儿奶粉品牌，携旗下有机新品塞纳牧、珍护、睿护系列一同亮相。

13日 新莱特乳业有限公司全资的新莱特商务咨询（上海）有限公司在上海举行开业仪式，正式入驻上海。光明乳业董事长濮韶华、新西兰驻上海总领事Andrew Robinson、商务领事Damon Paling、新莱特乳业董事及高管等出席仪式。

14日 新农·爱自然品牌定制新品发布会在北京举办。中国奶业协会副秘书长张智山，中国乳制品工业协会副秘书长刘超，新疆塔里木农业综合开发股份有限公司党委书记、董事长白宏本，新农乳业公司董事长张春疆，北京市新疆商会会长谢吉良，北京天下星农创始人、CEO胡海卿，以及乳品渠道商、社区社群和媒体人员参加了此次发布会。

16日 蒙牛集团在香港发布公告，宣布拟收购澳大利亚有机婴幼儿食品和配方奶粉企业贝拉米（Bellamy's Organic），双方已于9月15日签署了协议。

同日 伊利旗下风味奶品牌味可滋官宣，推出一款名为“冷萃奶茶”的新品，在苏宁全渠道独家首发。

17日 新希望乳业第七届新鲜盛典在青岛举行，中国奶业协会名誉会长高鸿宾、副会长兼秘书长刘亚清出席。新希望乳业、现代牧业、光明、完达山、嘉立荷、天友、中垦、卫岗、燕塘、长富、海河、佳宝、得益、三联、君乐宝、银桥、绿雪、风行、西域春、麦趣尔、好一多、香满楼、雪顿、澳牛乳业等近30家鲜奶生产企业代表发出倡仪并为“中国好鲜奶”代言。

同日 北京2022年冬奥会和冬残奥会吉祥物正式发布，该吉祥物分别以呆萌可爱的熊猫和红灯笼为形象，分别名为“冰墩墩”和“雪容融”。作为北京2022年冬奥会和冬残奥会官方乳制品合作伙伴，伊利与官方发布仪式同一时间正式推出北京冬奥会吉祥物的定制款乳制品产品——“冬奥吉祥物珍藏礼盒”，成为面向公众的第一款吉祥物周边产品。

同日 蒙牛集团在革命老区安徽省六安市金寨县开展“中国小康牛奶行动”和“蒙牛营养普惠计划”活动，为金寨县槐树湾实验学校的孩子们送去了蒙牛学生饮用奶。中国奶业协会期刊总编辑杨秀文、农业农村部畜牧兽医局奶业处吕中旺博士、金寨县人民政府副县长郑国珍出席捐赠仪式并讲话。蒙牛集团全国学生奶业务部总经理刘永胜介绍蒙牛在全国开展的捐赠情况，蒙牛集团常温事业部安徽大区总经理吕明授捐赠书。

18日 《冷链物流分类与基本要求》《食品冷链物流交接规范》两项国家标准研讨会在南京卫岗乳业公司召开。中国物流与采购联合会冷链物流专业委员会执行副秘书长李胜、交通运输部科学研究院副主任张宇，北京物资学院、厦门市标准化研究院、标准起草单位企业以及冷链企业代表参会。研讨会由中国物流与采购联合会冷链物流专业委员会执行副秘书长李胜主持。卫岗乳业生产物流副总经理卜贤松致欢迎辞，卫岗乳业董事长白元龙作总结讲话。

18日 2019年度中国食品科学技术学会科技创新奖评审结果揭晓公示。光明乳业研究院院长刘振民博士喜获2019度中国食品科学技术学会科技创新奖杰出青年奖。

18–20日 第四届亚洲质量功能展开与创新研讨会暨第五届中国质量功能展开与创新案例大赛在浙江杭州召开。新加坡国立大学医院、中车株洲电力机车、台湾欧莱德及君乐宝乳业集团4家单位获“亚洲质量创新奖”。君乐宝是亚洲食品行业首家获得该奖项的企业。

19日 2019世界农场动物福利大会在青岛举行，农业农村部总畜牧师马有祥、中国农业国际合作促进会会长翟虎渠、联合国粮农组织驻中国和朝鲜代表Vincent Martin分别致辞。伊利连续第二年被联合国粮食及农业组织驻华代表处、中国农业国际合作促进会授予“企业社会责任公益典范”称号。

同日 圣元国际集团收购哈尔滨艾倍特乳业有限公司签约仪式在青岛举行。圣元国际集团生产总裁李克、艾倍特乳业总经理张荣滨一行，相聚圣元国际集团青岛工厂，如期完成对艾倍特乳业的收购。

同日 海关总署发布了9月18日更新的进口乳制品（婴幼儿配方乳品除外）境外生产企业注册名单。此次名单更新共涉及13个国家，分别为意大利、瑞典、葡萄牙、立陶宛、法国、俄罗斯、德国、波兰、奥地利、爱尔兰、泰国、马来西亚、韩国。

20日 由中荷奶业发展中心与南京卫岗乳业共同成立的荷兰奶业技术中心在卫岗工业园举行揭牌仪式。中荷奶业发展中心主任李胜利、中荷奶业发展中心执委会主席Kees、荷兰皇家菲仕兰全球乳业拓展总监Atze、中荷奶业发展中心会员单位代表及卫岗乳业董事长白元龙等出席揭牌仪式。

同日 新希望乳业股份有限公司认购现代牧业9.28%股权完成交割，成为现代牧业第二大股东。

21日 由全国人大环境与资源委员会、北京市人民政府支持举办的2019世界经济与环境大会在北京召开。伊利集团代表受邀出席，伊利集团副总裁赵昕分享了伊利在绿色可持续发展方面的成果及思路，受到了与会者的广泛认可及好评。

同日 越南农业与农村发展部农产品加工与市场开发局、湖南省商务厅在2019中国国际食品餐饮博览会上召开新闻发布会，宣布越南乳制品进入中国市场。

23日 国家市场监管总局党组书记、局长肖亚庆到西安银桥乳业集团调研，了解乳制品安全工作。陕西省副省长徐大彤、西安市市长李明远等陪同，银桥乳业集团董事长刘华国、银桥贝多公司总经理王建东作详细汇报。

24日 第二届龙江振兴发展论坛暨2019年龙江百强企业年会在双鸭山市举行，黑龙江省企业联合会经济技术专家委员会主任万志强作2019黑龙江100强企业发布。飞鹤乳业列黑龙江百强企业第26位、黑龙江省民营企业第4位、黑龙江省制造业企业第16位。

27日 促进家庭农场和农民合作社高质量发展工作推进会在河北省邢台市召开。中共中央政治局委员、国务院副总理胡春华出席会议并讲话。他强调，要深入贯彻习近平总书记重要指示精神，落实李克强总理批示要求，加大对家庭农场和农民合作社扶持力度，增强发展活力和服务带动能力，为加快农业农村现代化提供有力支撑。

同日 “慈善光明行”飞鹤公益活动龙江站暨中国志愿医生黑龙江龙江站启动会在龙江县第一人民医院举行。齐齐哈尔市委常委、龙江县委书记王兆宪，副市长刘艳芳，中国志愿医生公益组织发起人之一凌锋，慈善光明行总领队赵培泉，飞鹤乳业集团党委书记朱天龙，飞鹤乳业副总裁魏静出席启动会。

28日 新疆生产兵团重大建设项目集中开工活动举行。天润乳业唐王城乳品加工项目，作为重大建设项目在新疆图木舒克市的永安坝工业园区开工。天润乳业党委书记、董事长刘让等参加图木舒克市分会场开工仪式。

10月

8日 由中国质量检验协会举办的2019年全国“质量月”企业质量诚信倡议专题活动，河南花花牛乳业集团股份有限公司共摘得5项大奖，分别为全国质量诚信先进企业、全国质量信用优秀企业、全国乳品行业质量领先品牌、全国乳品行业质量领先企业、全国质量信得过产品。

9日 商务部网站消息，宁夏灵武市21家奶牛养殖企业在白土岗乡成立灵武市奶牛养殖协会，以市场为导向抱团发展。

11日 由工业和信息化部、河北省人民政府联合主办的2019中国数字经济博览会在石家庄（正定）国际会展中心举行。君乐宝乳业集团凭借“婴幼儿奶粉及液态奶智能制造试点示范”项目成功入围工信部颁布的智能制造试点示范项目名单。

同日 海关总署公布2019年8月全国各直属海关检出未准入境食品信息。其中三款国外进口的调制乳、乳饮料、全脂乳粉未准入境，原因包括未按要求提供证书或合格证明材料、霉菌计数超标等。未准入境食品均已在口岸做退运或销毁处理。

15日 亚太质量组织（APQO）第25届国际会议暨2019年全球卓越绩效奖颁奖典礼在印度尼西亚举行。光明乳业股份有限公司凭借全产业链、全过程、全方位、全员卓越质量管理，获2019年度“全球卓越绩效奖”。

16日 国家市场监管总局在北京举办“提升乳品质量 企业公开承诺”活动。市场监管总局党组书记、局长肖亚庆出席活动并讲话，总局党组成员、副局长孙梅君主持活动。伊利、蒙牛等12家大型乳企负责人分别向全社会作出郑重承诺。

同日 海关总署发布公告，自本日起准许越南乳品进口。

17日 民政部社会组织管理局号召并组织了全国性粮农类社会组织产业扶贫对接活动。中国奶业协会、中国饲料工业协会、中国畜牧业协会、中国粮食行业协会等20多家协会、商会参加。

同日 澳优在北京四季酒店举行上市10周年庆典暨品牌战略合作发布会。澳优行政总裁Bartle van der Meer致欢迎辞，澳优董事会主席颜卫彬作主旨演讲。中国乳制品工业协会会长吴秋林，中国奶业协会副秘书长张智山，湘江新区管委会副主任、长沙望城区委书记孔玉成，澳大利亚驻华使馆农业参赞孟本屹分别致辞。澳优副董事长施亮、执行董事吴少虹、非执行董事乔百君、刘俊辉等董事会成员、历任董事、公司管理层和股东、员工代表，来自国内外投资机构、政府、行业协会、媒体，专家、学者、澳优合作伙伴等近300名嘉宾出席庆典。

同日 2019世界智能制造大会在南京开幕，会上正式对外发布了第一批“智能制造标杆企业”榜单，内蒙古蒙牛乳业（集团）股份有限公司位列其中。

同日 2019年黑龙江省脱贫攻坚奖评选结果日前揭

晓，原生态牧业董事长赵洪亮荣获“2019年全省脱贫攻坚贡献奖”。原生态牧业现有8家现代化奶牛养殖场，奶牛总存栏6.6万余头，其中成母牛3万余头，日产生鲜乳1 000余t，年产优质鲜奶40万t，企业经营各项指标均处于国内同行业前列。

17–19日，山东省奶业协会、中国鲜奶吧联盟在山东潍坊联合举办第二届中国奶吧发展论坛暨高级研修班。原农业部总畜牧师王智才，中国社科院研究员、中国林牧渔业经济研究会常务副会长兼秘书长刘玉满，全国畜牧总站原站长、中国奶业协会原秘书长谷继承应邀出席论坛开幕式。中国奶业协会副会长兼秘书长刘亚清、山东省畜牧兽医局副局长戴文超分别讲话，山东畜牧兽医职业学院党委书记郑立森、山东奶业协会会长张志民分别致辞。开幕式由山东省奶业协会秘书长汪玲莉主持。来自北京、天津、黑龙江、吉林、辽宁、河北、河南、湖北、四川、甘肃、内蒙古、广西、海南、山东等10多个省份的300余名代表参加了论坛。

18日　第七届世界军人运动会开幕，本届军运会官方乳制品供应方伊利携旗下全线产品助力军运会，为来自109个国家的9 308名运动员和代表团官员提供营养支持。

22日　以“股权投资、共谋发展”为主题的中鼎牧业与战略伙伴合作签约仪式在北京举行，来自中粮集团、首农畜牧、中商艾享、冀中药业等20余家战略伙伴及中鼎股东代表、管理人员共同出席了签约仪式。

23日　内蒙古自治区奶业振兴工作推进会在呼和浩特召开。自治区党委副书记、自治区主席布小林主持会议并讲话，强调要贯彻落实好习近平总书记关于奶业振兴的重要指示精神和党中央、国务院决策部署，率先实现奶业振兴，为国家奶业振兴作出应有贡献。自治区副主席李秉荣作了具体工作部署，企业代表和相关部门、盟市负责人先后发言。

24日，第二届中国乳业资本论坛在北京举行。经济日报社副总编辑郑波致辞，证券日报社社长陈剑夫出席会议。中国奶业协会副秘书长周振峰、伊利集团副总裁赵昕、蒙牛集团事务副总裁黄忻、凯度消费者指数北方区总经理赵晖分别发表演讲。贝因美总经理包秀飞、新希望乳业董事长席刚、三元股份副总经理陈历俊等作为嘉宾参与论坛环节。

25日　卫岗乳业与数十位中华老字号的掌门人齐聚故宫博物院，在中华老字号文化创新发展研讨会上共同探讨中华老字号的文化传承与创新发展。南京卫岗乳业有限公司总裁谭玲表示，中华老字号想要基业长青，应该实现口味创新、品牌创新、渠道创新、传播方式创新，获得更多年轻消费者的喜爱。

26–27日　首届山东奶业文化艺术节在第34届（2019）山东畜牧业博览会期间举行。出席博览会的有山东省人民政府副省长于国安，省委省直机关工委副书记魏春明，山东省农业农村厅副厅长、党组书记崔建海，山东省畜牧兽医局党组书记、局长唐建俊等。新希望琴牌乳业奶源总监王昌亮在首届山东奶业文化艺术节开幕式上致辞。奶业文化艺术节主要内容有摄影比赛、美味牛奶速饮比赛，乳企图片展，才艺表演等。新希望琴牌出品的活润风味发酵乳、学生饮用奶纯牛奶、初心减蔗糖50%风味发酵乳被授予第34届（2019）山东畜牧博览会优质产品食品类金奖。

27日　由中国广告协会主办，中广协广告信息文化传播有限责任公司承办的第26届中国国际广告节长城奖征集活动在江西南昌发布长城奖优秀作品，其中，光明乳业上榜。光明莫斯利安酸奶、光明优倍鲜牛奶、光明致优娟姗鲜牛奶，均获得优秀作品奖项。

28日　上海市市场监管局为参加第二届中国国际进口博览会的达能、雅士利、新莱特等企业颁发了21张“进博会”婴幼儿配方乳粉产品临时许可证书。

29日　粤港澳大湾区奶业发展论坛在广州举行。中国奶业协会副会长兼秘书长刘亚清、中国农业科学院副院长冯忠武、广东省农业农村厅副厅长郑惠典、广东省农垦集团公司总经理支光南、广东省食品医药行业联合党委书记张俊修、广东燕塘乳业股份有限公司董事长黄宣、农业农村部科技教育司体制改革处处长窦鹏辉等出席论坛开幕式并讲话。农业农村部食物与营养发展研究所所长王加启、国家奶牛产业技术体系首席科学家李胜利、香港食品科技协会会长袁仲安等作专题报告。来自全国各地的专家学者、乳品企业代表，以及美国、德国及以色列等国的行业代表等近300人参加论坛。

同日　北京学者座谈会在北京召开，北京三元食品股份有限公司常务副总经理陈历俊凭借卓越的科研成果和对中国乳业做出的杰出贡献荣获“北京学者”称号。作为新入选的14名北京学者之一，经过191位院士和442名专家三轮评审、市人才工作领导小组审定等程序，历时8个月，最终从全市204名有效候选人中脱颖而出。

同日　十一届全国政协副主席李兆焯到君乐宝乳业集团参观考察，对君乐宝在产品研发、质量提升、品牌创建等关键环节取得的成绩表示肯定，原河北省政协副主席、党组成员姜德果陪同考察。君乐宝乳业集团总裁魏立华、副总裁仲岩接待李兆焯一行。

30日　中国奶业协会副会长兼秘书长刘亚清，副秘书长周振峰、李栋一行在黑龙江省奶业协会会长张维银的陪同下到完达山乳业参观考察。完达山乳业总经理侯雪坤、副总经理严利陪同考察。刘亚清对公司先进的生产工艺和现代化的管理模式给予高度评价，希望完达山乳业能够在区域化发展上发挥优势，在创新求变、协同共建的格局中有所作为。

11月

1日　全国奶牛育种大数据和遗传评估平台调研启动会在北京举行。中国奶业协会副会长兼秘书长刘亚清、中国奶业协会育种专业委员会主任张胜利分别讲话。中国农业大学教授张沅、刘剑峰、孙东晓、王雅春，中国奶业协会副秘书长周振峰、陈绍祜，中国奶业协会秘书长助理兼《中国奶牛》杂志主编丁芳，南京卫岗乳业有限公司副总裁助理田雨，北京中科中投智慧城市科技有限公司总经理王力烽，以及中国奶业协会各部门主任、全国各地方DHI测定中心和育种机构的专家积极讨论，共同商议，最后形成了全面的可实施的具体调研方案。

4日 乌拉圭农牧渔业部部长恩佐·贝内奇率领乌拉圭乳业高访团参观了光明乳业华东中心工厂。期间，南美最大的乳品出口公司——乌拉圭乳企科拿（CONAPROLE）与光明乳业签署了深化商务合作的框架协议。乌拉圭是仅次于新西兰的全球最重要的全脂奶粉出口商之一。科拿公司董事Gabriel Fernandez与光明乳业董事长濮韶华出席并见证此次签约。

6日 “聚焦健康 创新求变 谋划未来”国家“学生饮用奶计划”推广工作会在杭州举办。原农业部党组成员、中国奶业协会战略发展委员会常务副主任毕美家，中国奶业协会副会长兼秘书长刘亚清，国家市场监督管理总局食品安全生产监管司处长王丹丹，浙江省农业农村厅畜牧农机发展中心党委书记、主任陈良伟，浙江省农业农村厅畜牧农机发展中心副主任黄立诚等出席会议。中国奶业协会学生饮用奶推广工作负责人、各省份学生饮用奶推广机构负责人、国家“学生饮用奶计划”专家代表、各学生饮用奶生产企业负责人、供应商企业家代表及新闻媒体代表等，共计200多人参会。中国奶业协会副秘书长张智山主持会议。中国奶业协会副秘书长李栋宣读了《增加学生饮用奶产品种类试点工作决定》。9位试点企业负责人介绍了学生饮用奶推广工作的典型经验。

同日 第二届中国国际进口博览会期间，伊利集团与全球领先的食品原料供应商法国罗盖特公司达成战略合作协议，伊利集团董事长兼总裁潘刚和罗盖特集团董事长爱德华·罗盖特作为双方代表签署合约。

8日 上海进博会期间，由蒙牛集团承办的第二届全球乳业合作论坛成功举办，商务部部长助理李成钢、丹麦外交部国务秘书SusanneHyldelund、新西兰初级产业部副部长TimKnox、中国奶业协会战略发展委员会副秘书长刘琳、美国乳品出口协会执行副总裁MarcBeck、丹麦阿拉福兹中国区副总裁刘新为、蒙牛集团副总裁罗彦、蒙牛集团副总裁李鹏程、有关国家驻华使领馆、国内外乳制品行业组织等300余名代表出席活动。论坛上，爱氏晨曦进行了奶酪新品发布，宣布2019年将在中国市场推出儿童奶酪杯、单体快速冷冻（IQF）马苏里拉奶酪丝两款新品，均为100%欧洲原装进口。

10日 “伊利现代智慧健康谷”项目启动仪式在内蒙古呼和浩特举行。自治区党委书记石泰峰，自治区党委副书记、自治区主席布小林出席。自治区党委常委、呼和浩特市委书记王莉霞，自治区党委常委、秘书长张韶春，乌拉圭驻华大使费尔南多·卢格里斯及部分国际友人出席。自治区副主席艾丽华，伊利集团董事长、总裁潘刚分别致辞。呼和浩特市委副书记、市长冯玉臻主持启动仪式。

13日 农业农村部举行新闻发布会，介绍奶业振兴成效有关情况，并回答记者提问。农业农村部畜牧兽医局二级巡视员王俊勋、中国奶业协会副会长兼秘书长刘亚清、农业农村部奶及奶制品质量监督检验测试中心主任王加启、宁夏吴忠市义明黄沙窝奶牛养殖合作社理事长吴义明出席此次新闻发布会。农业农村部办公厅副主任宁启文主持发布会。

同日 中国飞鹤有限公司（股票代码06186.HK）正式在港交所挂牌交易。飞鹤以发行价计市值超过670亿港元，成为港交所历史上首发市值最大的乳品企业。

14日 新西兰当地时间，在蒙牛乳业总裁、雅士利董事会主席卢敏放陪同下，国家市场监督管理总局局长肖亚庆一行到蒙牛乳业雅士利新西兰工厂参观生产车间，并与工厂管理团队进行座谈，了解工厂建设运营、乳品质量管控等情况，对于工厂已发展成为当地技术最先进的婴配乳粉生产基地，产品出口到中国和欧洲、东南亚多个国家表示赞许。

同日，第12届荷斯坦奶农俱乐部年会在桂林召开。原农业部副部长刘成果、中国奶业协会副会长兼秘书长刘亚清应邀出席年会。

15日 新一代鲜牛奶君乐宝“悦鲜活”新品发布会在北京举行，君乐宝乳业首次推出鲜奶产品。中国奶业协会副会长兼秘书长刘亚清出席新品发布会并致辞，君乐宝乳业集团总裁魏立华携跳水皇后、“悦鲜活”体验官郭晶晶以及行业专家、30余家大型零售商代表共同点亮“鲜活计划”。

同日 澳大利亚有机奶粉品牌方贝拉米发布公告称，蒙牛对其的股权收购计划已获得澳大利亚外国投资审查委员会（FIRB）审批通过。

17日 第一届黑龙江省奶牛产业技术协同创新推广体系工作会议在东北农业大学召开。

18日 伊利集团董事长潘刚与苏宁控股董事长张近东进行会谈。未来，双方将围绕全渠道、全产品协同、智慧零售核心能力开放共享及体育营销等方面展开深入合作。

同日 河北省奶业协会第七届会员代表大会在石家庄召开。君乐宝乳业集团总裁魏立华连任第七届河北省奶业协会会长；袁运生当选副会长、连任秘书长。协会会员、理事、常务理事、副会长、会长单位代表近300人参加了大会。大会同期举办了河北奶协学生奶工作委员会工作会议暨成立大会，君乐宝乳业集团副总裁陈君担任学生奶工作委员会首任轮值主任。

19日 光明乳业股份有限公司与阿里云计算有限公司达成战略合作协议。光明乳业副总裁罗海和阿里云智能通用行业事业部总裁任庚分别代表公司签约。光明乳业董事长濮韶华和阿里巴巴集团董事局主席兼首席执行官张勇见证签约。

20日 2019（第二届）中国营养健康产业企业家年会暨中国营养健康品牌影响力论坛在杭州举办，南京卫岗乳业荣获2019营养健康消费品牌影响力百强企业奖，董事长白元龙荣获“2019营养健康行业百强人物”称号。

21-22日 2019年度奶牛生产性能测定数据交流活动在江苏苏州举办。中国奶业协会副秘书长陈绍祜主持交流活动。来自全国各地奶牛生产性能测定实验室的主要负责人及相关技术人员参加了此次交流活动。

22日 中国工程院公布2019年院士增选结果：共选举产生75位院士和29位外籍院士。中国奶业协会副会长兼乳品工业专业委员会主任任发政增选为中国工程院院士。

23日 合肥伊利工业园举行“2019营养中国行·走进伊利”活动，国家食物与营养咨询委员会主任陈萌山、国家食物与营养咨询委员会办公室主任孙君茂、中国奶业协会常务副秘书长张智山、北京大学公共卫生学院教授马冠生、伊利集团副总裁刘春喜等出席当天活动。活动当天，国家食物与营养咨询委员会向伊利授牌“国家食物营养教育示范基地”。

26日 首届中国奶业新鲜峰会在上海召开。农业农村部畜牧兽医局二级巡视员王俊勋，江南大学副校长、中国工程院院士陈卫，中国农科院副院长梅旭荣，中国奶业协会副会长兼秘书长刘亚清，中国乳制品工业协会名誉理事长宋昆冈，中国检验检疫科学研究院副院长、总工程师陈颖，东北农业大学校党委常委、国家乳业工程技术研究中心主任李翠霞，中国检验检疫学会副会长周琦，AOAC中国委员会主席梁成珠，农业农村部科技教育司政策体系处、农垦局农业处、畜牧兽医局奶业处，中国农垦乳业联盟，国家奶业科技创新联盟，光明乳业负责人与全国媒体齐聚上海，共商振兴新鲜巴氏乳重要议题。与会专家及乳企代表共同发布《首届中国奶业新鲜峰会》上海宣言。

26日 新疆奶业协会和内地多家特色乳企业联合发出倡议，进一步规范新疆特色乳业市场，打造本土行业品牌，增强新疆特色乳行业影响力。乌鲁木齐奶业协会副秘书长何晓瑞表示，依照《新疆食品安全地方标准生驼乳》标准，今后，如果发现新疆特色乳企生产的调制驼乳粉中的驼奶粉含量低于70%，将被视为不合格产品。

27日 2019中国奶业D20峰会在上海举办，农业农村部于康震副部长发表主旨演讲，农业农村部总畜牧师马有祥出席峰会。中国奶业协会会长、中国工程院院士李德发，工业和信息化部消费品司二级巡视员张军，国家市场监管总局食品生产司市场稽查专员毕玉安，上海市农业农村委副主任王国忠，乳品企业代表轮值承办单位光明乳业董事长濮韶华在峰会发言。中国奶业协会副会长兼秘书长刘亚清、农业农村部奶及奶制品质检中心主任王加启共同发布《2019中国奶业质量报告》。国家卫生健康委、海关总署等部门相关司局负责人出席会议。中国奶业协会及各省奶协，各省农牧部门负责人、D20企业及观察员、行业专家和地区性骨干奶业企业代表500余人参加会议。

同日 2019第六届中国婴幼儿发展论坛在北京举办。凭借在“母婴健康万里行”项目中的卓越贡献，澳优旗下羊奶粉品牌佳贝艾特在本届论坛上荣获“中国母婴企业公益行动杰出贡献奖”。

28日 光明牧业有限公司与长春博瑞农牧集团股份有限公司战略合作签约仪式在光明乳业股份有限公司举行。长春博瑞农牧集团股份有限公司董事长孙武文、总裁郭运库，光明乳业股份有限公司董事长濮韶华、副总裁罗海，光明牧业有限公司董事长、总经理王赞等出席签约仪式。

29日 光明乳业迎来了一群特殊的参观者。由光明优倍高品质鲜奶赞助的上海人民广播电台《直通990》节目“为好人点赞”版块的30位幸运听众在节目主持人一野的带领下，共同走进光明乳业华东中心工厂，领略光明牛奶从杀菌到罐装出厂的神奇之旅。

12月

1-2日 由新华网、新华社新闻信息中心、中国经济信息社、新华社新媒体中心、新华每日电讯共同主办的2019中国企业家博鳌论坛在海南博鳌举行。伊利集团连获“‘金箸奖’2019年度食品标杆企业”“中国食品七星创新奖”两项殊荣。蒙牛集团荣获“中国食品企业七星责任奖”。

3日 在阿里云峰会广州站上，雅士利分享与阿里云的合作，借助数据中台实现新零售改造。

同日 合生元可贝思羊奶粉借助京东超级新品日登场，在京东超级新品日期间，合生元可贝思羊奶粉的销量环比增加高达10倍。

4日 国家市场监督管理总局党组成员、副局长秦宜智率国家市场监督管理总局计量司司长谢军、中国计量科学研究院副院长宋淑英一行，在陕西省市场监督管理局党组副书记、副局长潘洁等陪同下，赴红星美羚调研。红星美羚董事长王宝印陪同调研。

同日 由中国轻工业联合会主办的“轻工业消费升级与高质量发展”新闻发布会在北京人民大会堂举行。三元衡安堂166酸奶被选为本次大会发布的消费升级重点产品中的唯一食品。

5日 中国会展品牌发展大会在北京国家会议中心举办，大会对全国各行业会展项目进行了表彰并颁奖。由中国奶业协会主办的“中国奶业大会暨中国奶业展览会”荣获“2019中国会展品牌大奖 年度（奶业）行业最具影响力会展项目”。

同日 2020年伊利全球合作伙伴大会在海南三亚召开。伊利重奖杰出贡献合作伙伴，同时正式进军矿泉水行业，国内首款乳矿饮品“伊然”亮相客户大会。

同日 澳大利亚有机婴幼儿奶粉生产商贝拉米股东同意中国蒙牛集团每股13.25澳元的收购报价，蒙牛在有机奶粉领域再添一员。

同日 京东超市&澳优乳业2020年战略合作暨Puredo国际版全球首发仪式在京东集团总部举行。

6日 中荷奶业发展论坛及中荷奶业发展中心（SDDDC）六周年年会在郑州举行。农业农村部总畜牧师马有祥、中国奶业协会名誉会长高鸿宾、荷兰驻华使馆公使浦乐施（Bas Pulles）等出席论坛，河南省副省长武国定代表省政府致辞。中国农业大学副校长龚元石，SDDDC主任、中国农业大学教授李胜利，中国乳制品工业协会副理事长兼秘书长刘美菊，河南省畜牧局局长王承启，农业农村部国际合作司欧亚处处长赵立军，SDDDC监事会主席、荷兰皇家菲仕兰中国区总裁陈戈，河南花花牛乳业集团股份有限公司董事长关晓彦、总裁董硕峰，瓦赫宁根大学及研究中心董事会成员马丁•思高腾，以及SDDDC合作伙伴的代表参加论坛。论坛还举行了新合作伙伴签约仪式，广东燕塘乳业正式加入中荷奶业发展中心。

同日 中国现代牧业股份有限公司于蚌埠牧场举行2019年第二次反向路演活动。51个国内外知名投资机构56名投资者与分析员出席此次活动。现代牧业总裁高丽娜、CFO苏建功以及品牌奶负责人费理华与投资者进行了深入的交流。

10日 全球首款自有牧场全产业链A2型奶牛奶粉——君乐宝至臻A2奶粉上市发布会在石家庄举行。中国奶业协会名誉会长高鸿宾、中国工程院院士任发政、国家奶牛产业技术体系首席科学家李胜利、河北省农业农村厅副巡视员顾传学与君乐宝乳业集团董事长兼总裁魏立华等共同启动君乐宝至臻A2奶粉正式上市。

12日 俄罗斯联邦第三届社会和商业奖“远东之星”颁奖盛典在莫斯科举行，在与日本、印度、澳大利亚等国数百家参评企业竞争中，中国企业中鼎牧业脱颖而出，作为唯一一家被评选为“最佳投资者”的中国企业受到嘉奖。

同日 乳制品科普宣传与市场消费分析专题会在昆明举办。中国奶业协会副秘书长李栋、中国农业大学食品科学与营养工程学院教授毛学英、荷兰皇家菲仕兰中国乳制品总经理曾德铭等出席会议。来自全国各地的乳品生产、销售、餐饮和贸易人士80余人参会。

15日 由中央广播电视总台主办的“2019中国品牌强国盛典”在北京举办。伊利、蒙牛、君乐宝入选“2019中国品牌强国盛典榜样100品牌”榜单，同时君乐宝还荣登“2019中国品牌强国盛典十大年度新锐品牌”榜单。

16日 中国奶业协会国际奶业专业委员会工作会议在北京召开。中国奶业协会名誉会长高鸿宾，中国农业科学院北京畜牧兽医研究所所长秦玉昌，农业农村部畜牧兽医局二级巡视员王俊勋、奶业处处长邓兴照分别致辞，来自全国畜牧总站、澳大利亚使馆、爱尔兰使馆、乌拉圭使馆，伊利、蒙牛、君乐宝、三元乳业、天津梦得集团、澳亚牧场等中国乳业及行业企业代表50余人出席会议，会议由中国农业科学院北京畜牧兽医研究所党委书记马莹主持。全球奶业平台执行董事唐纳德•摩尔通过远程视频作全球奶业形势报告，中国奶业协会国际奶业专业委员会主任卜登攀研究员就中国奶业协会国际奶业专业委员会专委会章程及2020年工作计划作了汇报。

18日 由人民日报社主办的第五届中国品牌论坛在北京举行。论坛发布了“中国品牌发展指数”，100家企业品牌入围“中国品牌发展（企业）指数”榜。其中伊利、蒙牛、光明乳业分别以第23名、62名、96名的名次荣登榜单。

19日 四川省第一次生鲜乳价格协调会在四川省农业农村厅召开。省农业农村厅、省成本调查监审局、省畜牧总站、省奶业协会有关领导，奶业专家代表、奶农代表、乳品加工企业代表参加了本次会议。根据四川牧场成本调研数据、生鲜乳市场行情分析讨论，奶农代表与乳企代表协商，达成2020年1~6月四川省生鲜乳最低收购保护价格。

20–21日 中国青年企业家协会第十二届会员代表大会在北京召开。第十一届中国青年企业家协会会长、伊利集团董事长潘刚全票获得连任，当选第十二届中国青年企业家协会会长。协会会员代表、中央和国家机关有关方面400余人参加会议。

21日 中国营养学会第十四届营养科研基金2019年度评审结果发布会在北京召开。“不同体质久坐人群的运动营养干预研究”“生命早期喂养方式对成都地区新生儿肠道菌群建立影响的研究”等5个项目获中国营养学会 飞鹤体质营养与健康研究基金资助。

同日 第十三届新华高峰会暨全球视野下的苏企新作为大会在南京举行，南京奶业集团董事长白元龙荣膺“2019新华日报年度经济封面人物”称号。

22日 内蒙古兴安盟行政公署、科尔沁右翼前旗人民政府、伊利集团绿色健康产业创新示范区项目战略合作协议在阿尔山正式签约。

23日 健合集团旗下合生元可贝思婴幼儿配方羊奶粉爱婴室渠道上市发布开启。爱婴室将正式发售合生元可贝思羊奶粉，并在爱婴室全国近300家门店全新上线。

同日 伊利与北京冬奥组委在崇礼举办“活力冬奥共筑冰雪梦——北京冬奥会合作伙伴俱乐部2019–2020雪季主题活动”。同时“活力冬奥学院3.0暨奥运战略深度合作联盟”正式成立。

24日 光明乳业发布公告称，2019年12月23~24日，其参与竞拍辉山乳业发展（江苏）有限公司及辉山牧业发展（江苏）有限公司相关资产，并最终以7.51亿元的成交价格中标。

同日 贝拉米发布公告，蒙牛集团收购贝拉米股权完成交割，贝拉米正式成为蒙牛的全资子公司。

同日 新希望集团旗下新希望乳业与滴普科技在成都举办“鲜活GO平台”项目启动仪式。

25日 蒙牛集团与宁夏农垦集团签署战略合作协议。宁夏自治区国资委巡视员白华、灵武市人民政府副市长王继良、银川市农业农村局副局长刘战武，宁夏农垦集团公司董事长金生平、总经理徐军，蒙牛奶源西部大区总经理王永华，蒙牛集团常温银川工厂总经理吴建勋共同见证了协议签署。

同日 伊利股份公告，公司及控股子公司拟共同出资6.7亿元设立风险投资基金，该风险投资基金主要围绕健康食品、健康相关及其他有投资价值的领域，对具有高发展潜力的初创期和成长期企业进行投资。

26日 农业农村部印发《2020年国家动物疫病强制免疫计划》的通知。

同日 蒙牛集团（大庆）乳制品百亿产业集群及配套现代化牧场项目签约仪式在呼和浩特举行。

同日 上海奶业行业协会公布，2020年上半年上海地区生鲜乳收购基础价为3.92元/kg，原有的优质优价、分级奖励、乳脂率、乳蛋白率封顶、两病检测和原牧场分级奖励标准与奶价挂钩等方案保持不变。菌落总数每车次检测。继续执行上海地区生鲜乳收购增加嗜冷菌指标考核及奖罚办法。生鲜乳价格执行期为2020年1月1日至2020年6月30日。

27日 2019央视财经论坛在香港举行，蒙牛集团总裁卢敏放受邀出席论坛并做主旨发言。

28日 国家奶牛疾病防治科技创新联盟成立大会在北京举办。国家首席兽医师（官）李金祥、中国农业科学院副院长刘现武、中国奶业协会副会长兼秘书长刘亚清、中国兽药协会常务副秘书长耿玉婷、中国农业科学院饲料研究所所长戴小枫等出席成立大会。联盟成员集体审议并表决通过了联盟章程，选举产生了首届理事、常务理事、副理事长、理事长。中国农业科学院饲料研究所国家饲料药物基准实验室主任李秀波研究员当选为理事长。

同日 伊利集团与内蒙古巴彦淖尔市政府在呼和浩特举行高端有机乳产业集群样板项目签约仪式。伊利集团党委书记、董事长、总裁潘刚，内蒙古自治区副主席李秉荣，内蒙古自治区政府副秘书长李阔等出席签约仪式。项目总投资300亿元，一期总投资100亿元，规划建设3.67万hm^2种养一体化示范基地、5座万头奶牛智能化牧场和1座万头肉牛养殖牧场以及全球先进的智能乳品加工厂。

同日 国家奶牛产业技术体系总结会在河北省召开。农业农村部畜牧兽医局奶业处处长邓兴照在会上发表讲话，就2019年奶业的工作与形势、体系的工作、产业发展面临的形势以及2020年的工作进行了总结和展望。

同日 2019“质量之光”公众评选活动和质量盛典在北京举行，伊利集团获“年度创新标准”大奖。

29日 “宜品奶粉号”和“爱尼可有机奶粉号”高铁冠名列车首发仪式在北京西站和上海虹桥站同时举行，标志着宜品乳业集团“百站千车，高铁计划”正式启航。农业农村部原党组织成员、中国奶业协会战略发展委员会常务副主任毕美家，中国航天基金会发展部部长杨爱民，中国乳制品工业协会名誉理事长宋昆冈，华铁传媒总裁路立明，宜品集团总裁牟善波共同出席首发仪式。

同日 蒙牛集团（灵武）西北奶业全产业链高质量发展百亿集群项目投资协议签约活动在宁夏灵武市举行。项目计划先期投资10.1亿元，在灵武市建设日处理鲜奶2 000t的高端液奶加工厂1座，建设生产线15条，主要生产特仑苏等高附加值产品。

同日 “推进新治理 培育新动能 共享新机遇——2019陕西经济年会”在西安古都文化大酒店召开。银桥乳业作为陕西省著名企业和知名品牌，获“2019陕西重点推广品牌”荣誉称号，银桥集团董事长刘华国获“共和国70周年——陕西经济十大贡献企业家”荣誉称号。

30日 “风生物起，国货来潮”2019新国货盛典在厦门国际会展中心开场，卫岗乳业在本次盛典中荣获优秀品牌奖。

同日 中国圣牧（01432）公布该公司间接全资附属公司圣牧高科已就该集团出售生鲜乳与内蒙古蒙牛订立生鲜乳供应框架协议，自2020年1月1日起，至2022年12月31日，为期3年。

31日 陕西秦龙乳业集团公司公司秦龙乳业旅游园被评为国家AAA级旅游景区，这也是陕西省首家成功获批国家AAA级景区的婴幼儿配方羊奶粉生产企业。

十、行业统计

HANGYE TONGJI

【奶业发展趋势走势图】

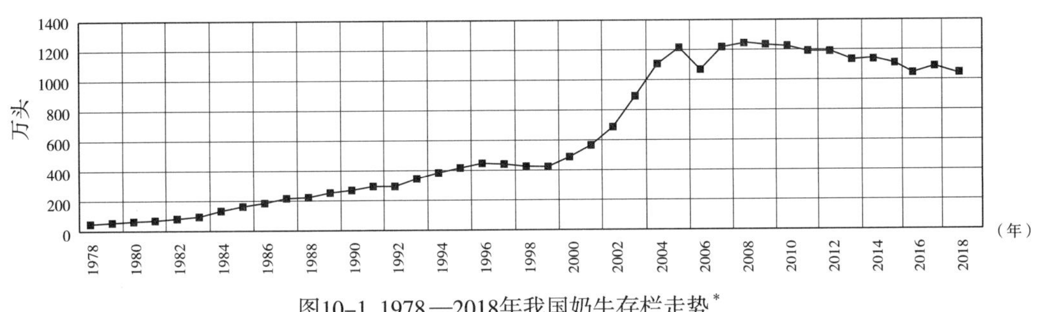

图10-1 1978—2018年我国奶牛存栏走势*

数据来源：国家统计局。

注：本图2016-2018年数据为根据第三次全国农业普查情况做相应修正。

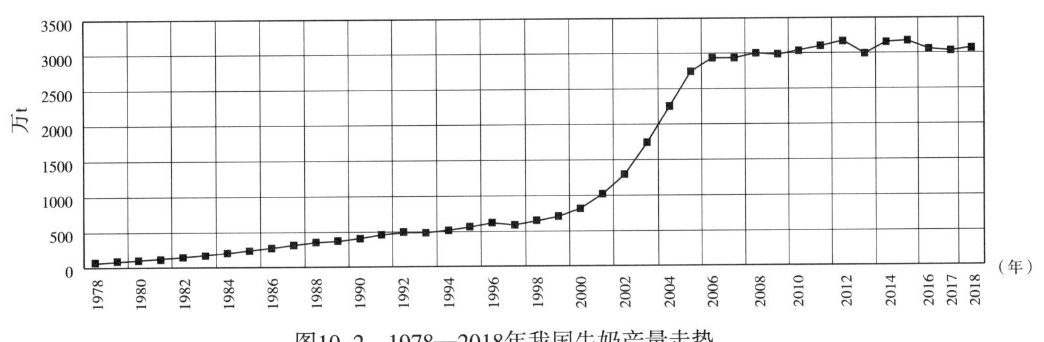

图10-2 1978—2018年我国牛奶产量走势

数据来源：国家统计局。

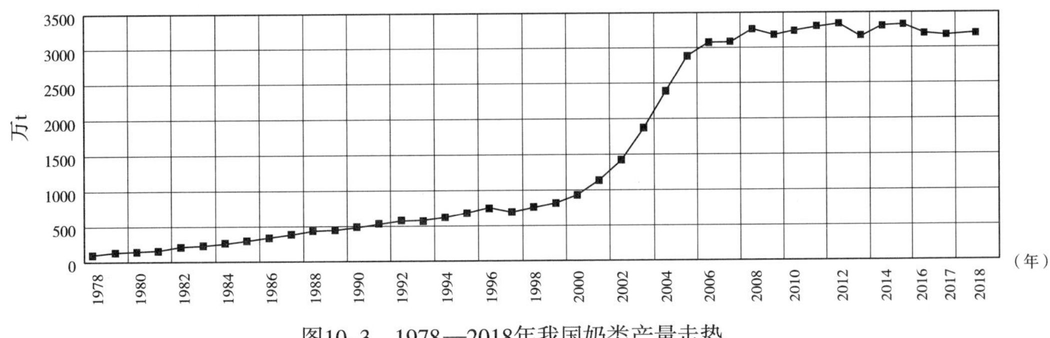

图10-3 1978—2018年我国奶类产量走势

数据来源：国家统计局。

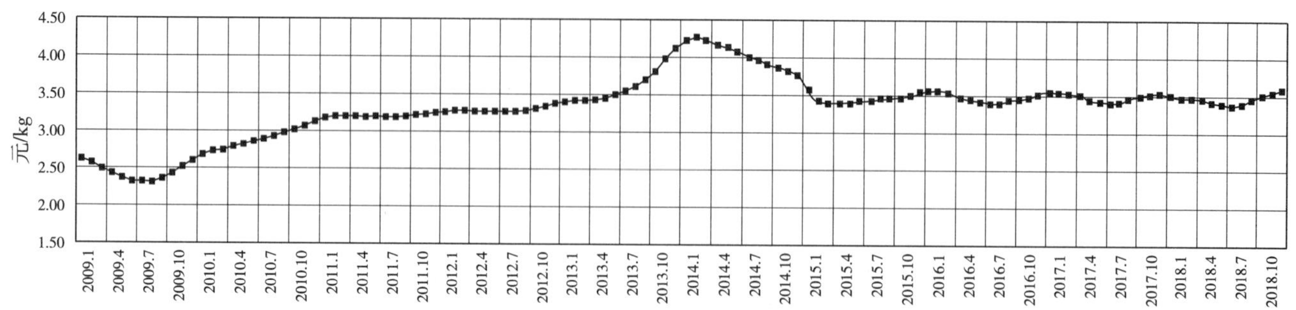

图10-4　2009—2018年全国主产省份生鲜乳价格情况

数据来源：农业农村部。

注：生鲜乳主产省份统计范围为河北、山西、内蒙古、辽宁、黑龙江、山东、河南、陕西、宁夏、新疆。

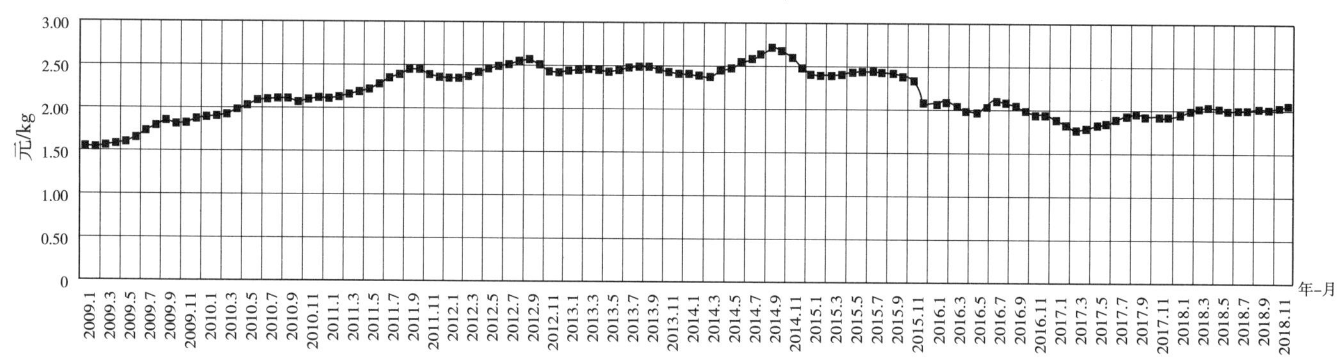

图10-5　2009—2018 年全国玉米价格变动情况

数据来源：农业农村部。

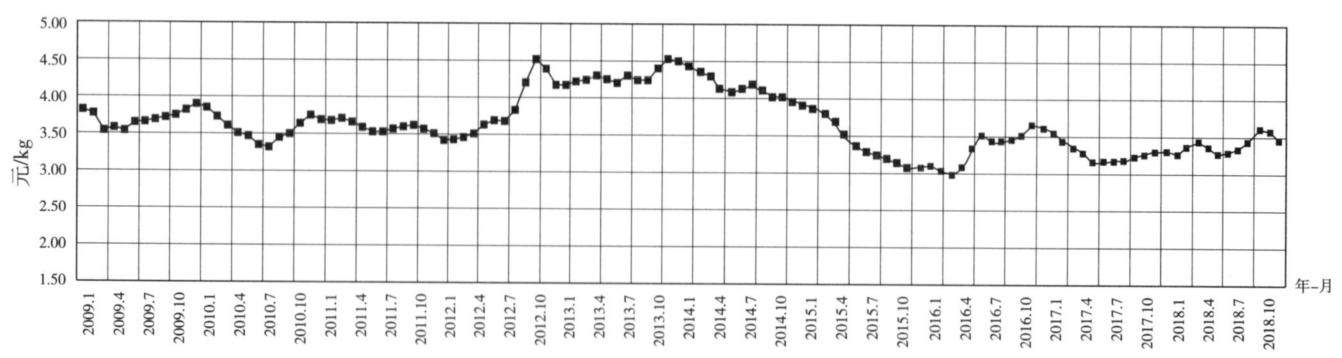

图10-6　2009—2018 年全国豆粕价格变动情况

数据来源：农业农村部。

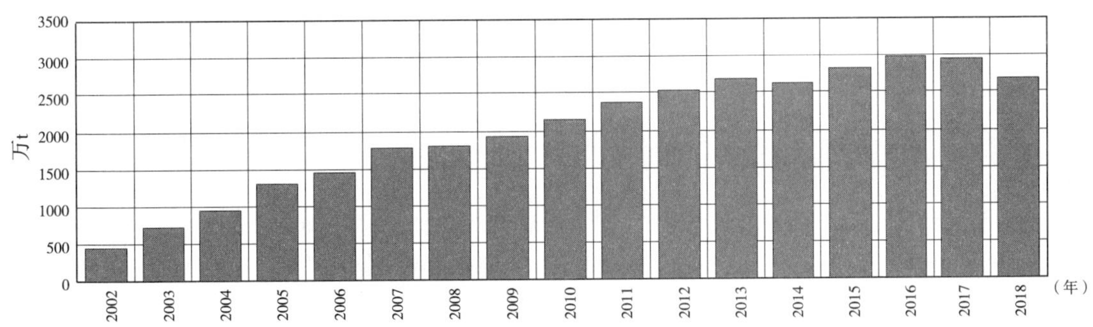

图10-7　2002—2018年我国乳制品产量

数据来源：国家统计局。

注：统计口径为规模以上乳企。

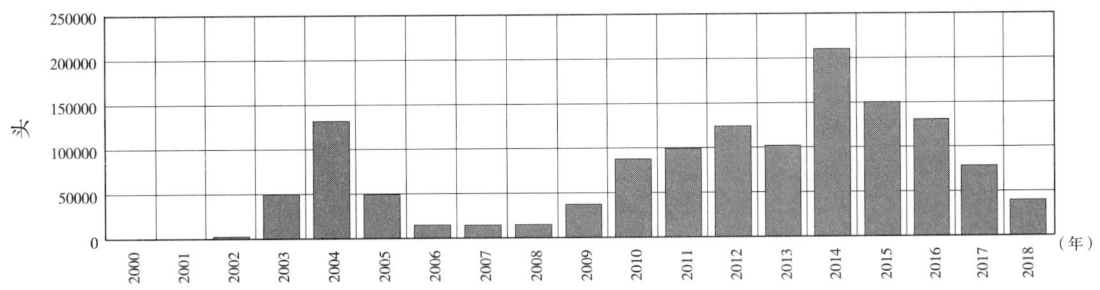

图10-8　2000—2018年我国改良种用牛进口数量

数据来源：海关总署。

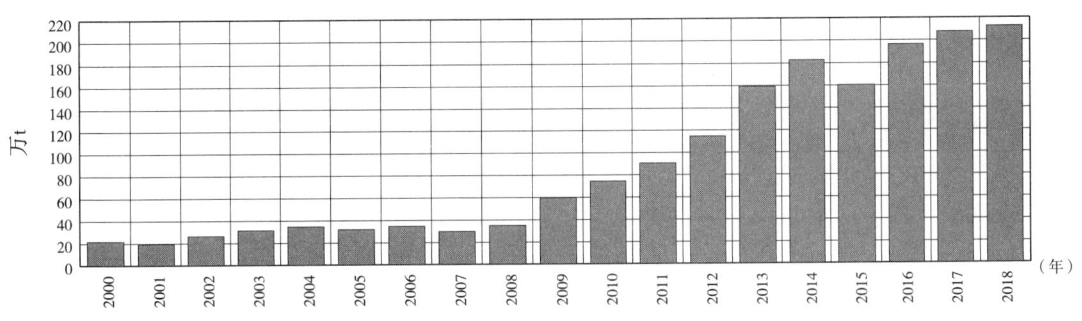

图10-9　2000—2018年我国乳制品进口数量

数据来源：海关总署。

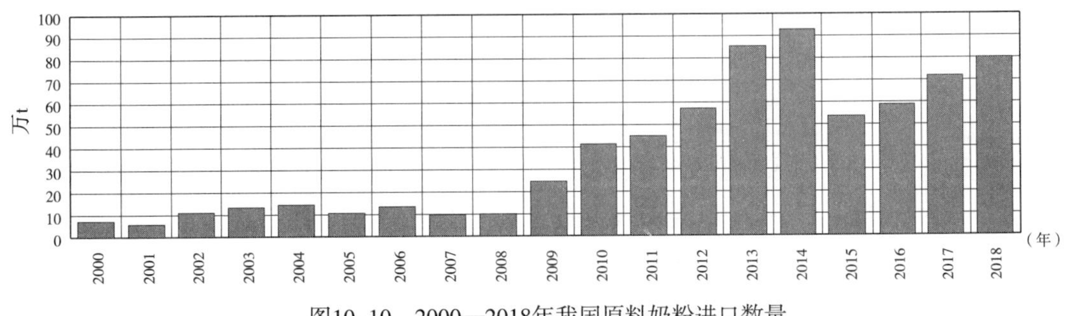

图10-10　2000—2018年我国原料奶粉进口数量

数据来源：海关总署。

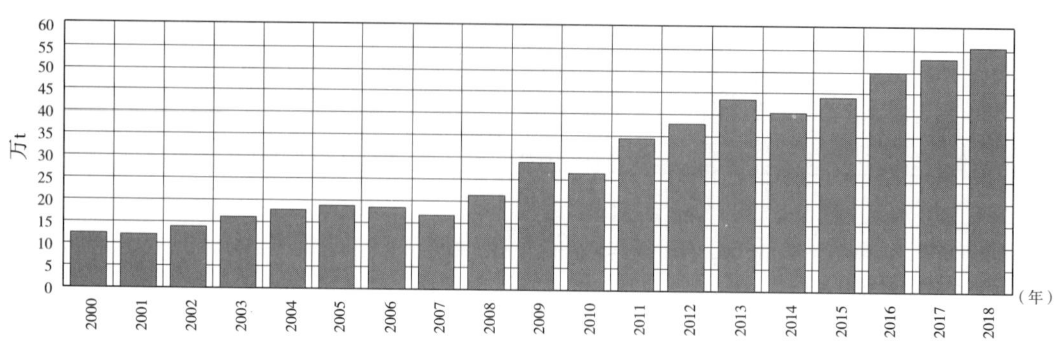

图10-11 2000—2018年我国乳清进口数量

数据来源：海关总署。

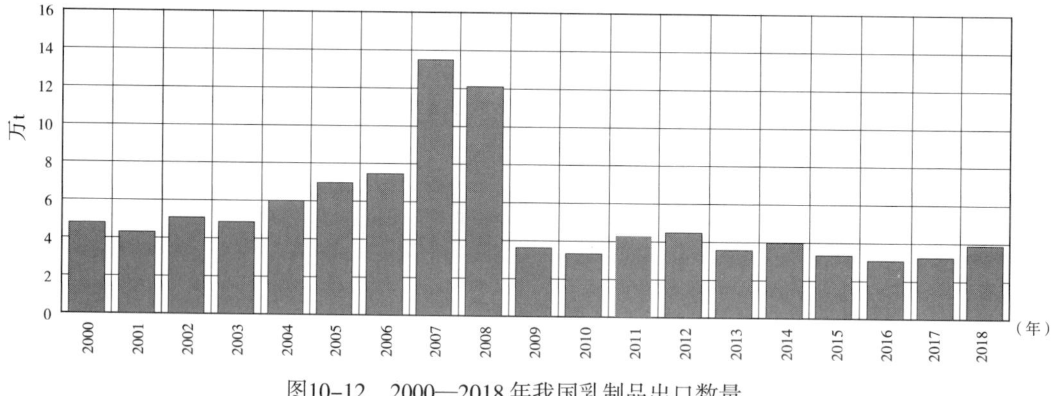

图10-12 2000—2018 年我国乳制品出口数量

数据来源：海关总署。

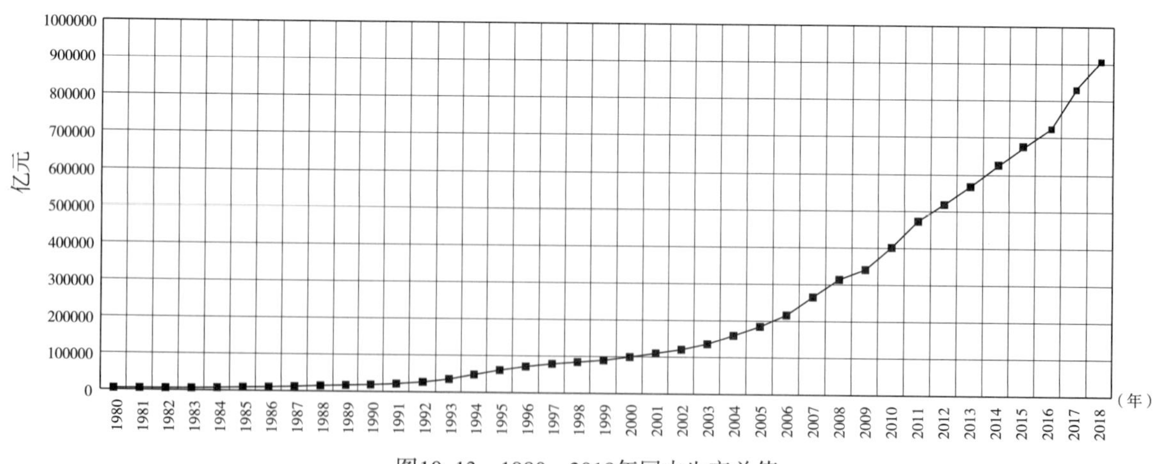

图10-13 1980—2018年国内生产总值

数据来源：国家统计局。

【综合情况】

中国奶业基本情况[①]

项 目	单位	2014 年	2015 年	2016 年	2017 年	2018 年
奶畜资源						
奶牛存栏数	万头	1 127.8	1 099.4	1 037.0	1 079.8	1 037.7
原料奶产量						
奶类产量	万 t	3 276.5	3 295.5	3 173.9	3 148.6	3 176.8
牛奶产量	万 t	3 159.9	3 179.8	3 064.0	3 038.6	3 074.6
乳制品加工						
乳制品产量	万 t	2 652	2 783	2 993	2 935	2 687
其中：液态奶产量	万 t	2 400	2 521	2 737	2 692	2 506
乳制品进出口						
其中：进口						
液奶	t	320 206	460 084	634 096	667 557	673 294
酸奶	t	8 691	10 316	20 940	34 156	30 859
奶粉	t	923 357	547 243	604 209	717 399	801 489
炼乳	t	9 176	10 908	20 013	25 648	27 523
乳清	t	404 706	435 752	497 340	529 629	557 245
黄油	t	80 405	71 259	81 865	91 566	87 190
干酪	t	65 973	75 581	97 177	108 035	108 278
其中：出口						
液奶	t	25 731	24 582	22 825	23 162	27 123
酸奶	t	588	516	844	2 161	2 850
奶粉	t	8 125	4 869	3 530	2 843	3 135
炼乳	t	2 410	1 805	2 342	2 341	2 757
乳清	t	57	27	90	184	592
黄油	t	2 842	1 379	1 052	1 721	1 380
干酪	t	140	146	133	156	190
奶畜进口						
改良种用牛	头	215 405	153 309	133 177	79 410	40 951

数据来源：海关总署、国家统计局。下同。

①本栏表格根据第三次全国农业普查情况作相应修正。下同。

2014—2018年全国各地区奶业概况——北京

项 目	单位	2014年	2015年	2016年	2017年	2018年
地区概况						
人口总数	万人	2 151.6	2 170.5	2 173.0	2 170.7	2 154.0
其中：城镇常住人口数	万人	1 857.9	1 877.5	1 879.6	1 877.7	1 863.0
农村常住人口数	万人	293.7	293.0	293.4	293.0	291.0
社会消费品零售总额	亿元	9 638.0	10 338.0	11 005.1	11 575.4	11 747.7
地区生产总值	亿元	21 330.8	23 014.6	25 669.1	28 014.9	30 320.0
奶畜资源						
奶牛存栏数	万头	13.8	12.4	9.9	8.4	7.5
原料奶产量						
奶类产量	万t	59.5	57.2	45.7	37.4	31.1
牛奶产量	万t	59.5	57.2	45.7	37.4	31.1
乳制品加工						
乳制品产量	万t	60.6	62.1	62.2	59.7	56.0
其中：液态奶产量	万t	57.2	58.7	59.0	56.8	53.6
乳制品进口						
液态奶	t	53 522.3	75 487.3	86 467.2	93 363.4	75 327.3
干乳制品	t	105 883.4	124 338.2	147 682.1	167 015.2	144 411.9
其中：奶粉	t	24 465.2	21 018.6	30 548.3	50 505.4	46 609.1
乳清	t	61 481.5	80 657.1	92 829.5	94 098.3	75 947.7
奶畜进口						
改良种用牛	头	7 595	6 454	800	3 088	1 016

2014—2018 年全国各地区奶业概况——天津

项 目	单位	2014 年	2015 年	2016 年	2017 年	2018 年
地区概况						
人口总数	万人	1 516.8	1 547.0	1 562.0	1 557.0	1 560.0
其中：城镇常住人口数	万人	1 247.9	1 278.4	1 295.4	1 291.2	1 297.0
农村常住人口数	万人	268.9	268.6	266.6	265.8	263.0
社会消费品零售总额	亿元	4 738.7	5 257.3	5 635.8	5 729.7	5 533.0
地区生产总值	亿元	15 726.9	16 538.2	17 885.4	18 549.2	18 809.6
奶畜资源						
奶牛存栏数	万头	15.7	14.9	10.7	11.9	11.3
原料奶产量						
奶类产量	万 t	57.3	50.0	50.0	52.1	48.0
牛奶产量	万 t	57.3	50.0	50.0	52.1	48.0
乳制品加工						
乳制品产量	万 t	76.8	81.3	62.8	60.1	57.6
其中：液态奶产量	万 t	31.6	32.8	30.9	30.6	50.4
乳制品进口						
液态奶	t	12 088.6	24 909.1	32 058.0	34 418.1	41 566.8
干乳制品	t	428 413.8	210 701.5	177 831.0	209 865.3	317 820.7
其中：奶粉	t	309 186.9	113 308.0	87 075.3	116 542.8	182 194.9
乳清	t	90 403.1	75 418.3	68 368.1	72 194.6	108 991.6
奶畜进口						
改良种用牛	头	824		3 702	3 702	1 968

2014—2018年全国各地区奶业概况——河北

项 目	单位	2014年	2015年	2016年	2017年	2018年
地区概况						
人口总数	万人	7 383.8	7 424.9	7 470.0	7 519.5	7 556.0
其中：城镇常住人口数	万人	3 642.4	3 811.2	3 983.0	4 136.5	4 264.0
农村常住人口数	万人	3 741.3	3 613.7	3 487.0	3 383.0	3 292.0
社会消费品零售总额	亿元	11 820.5	12 990.7	14 364.7	15 907.6	16 537.1
地区生产总值	亿元	29 421.2	29 806.1	32 070.5	34 016.3	36 010.3
奶畜资源						
奶牛存栏数	万头	198.1	196.3	119.8	124.6	105.9
原料奶产量						
奶类产量	万t	414.0	401.3	373.9	388.3	391.1
牛奶产量	万t	405.7	393.5	366.4	381.0	384.8
乳制品加工						
乳制品产量	万t	328.9	346.0	371.3	372.9	365.3
其中：液态奶产量	万t	323.1	335.4	361.2	362.0	357.4
乳制品进口						
液态奶	t	181.4	40.0	51.4	147.8	
干乳制品	t	9 016.9	4 703.5	6 939.1	7 595.1	6 517.2
其中：奶粉	t	8 427.5	3 814.3	6 611.9	5 036.2	4 527.2
乳清	t	500.4	735.6	151.5	2 376.5	1 844.5
奶畜进口						
改良种用牛	头	36 645	27 908	28 960	6 912	2 088

2014—2018年全国各地区奶业概况——山西

项 目	单位	2014年	2015年	2016年	2017年	2018年
地区概况						
人口总数	万人	3 648.0	3 664.1	3 682.0	3 702.0	3 718.0
其中：城镇常住人口数	万人	1 962.2	2 016.4	2 069.7	2 122.7	2 172.0
农村常住人口数	万人	1 685.7	1 647.8	1 612.3	1 579.3	1 546.0
社会消费品零售总额	亿元	5 717.9	6 033.7	6 480.5	6 918.1	7 338.5
地区生产总值	亿元	12 761.5	12 766.5	13 050.4	15 528.4	16 818.1
奶畜资源						
奶牛存栏数	万头	34.7	34.6	26.6	32.9	31.7
原料奶产量						
奶类产量	万t	97.2	92.7	79.4	78.1	81.7
牛奶产量	万t	96.2	91.9	78.6	77.4	81.1
乳制品加工						
乳制品产量	万t	48.1	47.9	57.4	47.2	45.5
其中：液态奶产量	万t	45.2	45.0	56.0	46.9	45.2
乳制品进口						
液态奶	t			0.1		
干乳制品	t					
其中：奶粉	t					
乳清	t					
奶畜进口						
改良种用牛	头	16 561	10 802	2 958	2 503	

2014—2018年全国各地区奶业概况——内蒙古

项目	单位	2014年	2015年	2016年	2017年	2018年
地区概况						
人口总数	万人	2 504.8	2 511.0	2 520.0	2 529.0	2 534.0
其中：城镇常住人口数	万人	1 490.6	1 514.2	1 542.0	1 568.5	1 589.0
农村常住人口数	万人	1 014.2	996.9	978.0	960.5	945.0
社会消费品零售总额	亿元	5 657.6	6 107.7	6 700.8	7 160.2	7 311.1
地区生产总值	亿元	17 770.2	17 831.5	18 128.1	16 096.2	17 289.2
奶畜资源						
奶牛存栏数	万头	231.2	237.2	120.5	123.4	120.8
原料奶产量						
奶类产量	万t	797.1	812.2	592.9	559.6	571.8
牛奶产量	万t	788.0	803.2	585.7	552.9	565.6
乳制品加工						
乳制品产量	万t	269.8	293.6	336.5	263.4	254.8
其中：液态奶产量	万t	246.5	276.4	313.8	246.8	237.1
乳制品进口						
液态奶	t		21.0		187.2	
干乳制品	t	68 440.1	50 013.2	56 707.6	46 187.1	36 475.6
其中：奶粉	t	58 536.0	42 956.0	50 603.5	41 896.6	33 090.8
乳清	t	6 647.5	7 057.2	6 002.8	4 056.3	3 300.8
奶畜进口						
改良种用牛	头	8 151	18 086	35 869	13 600	10 320

2014—2018年全国各地区奶业概况——辽宁

项 目	单位	2014年	2015年	2016年	2017年	2018年
地区概况						
人口总数	万人	4 391.0	4 382.4	4 378.0	4 369.0	4 359.0
其中：城镇常住人口数	万人	2 944.2	2 951.5	2 949.5	2 948.6	2 968.0
农村常住人口数	万人	1 446.8	1 430.9	1 428.5	1 420.4	1 391.0
社会消费品零售总额	亿元	11 857.0	12 787.2	13 414.1	13 807.2	14 142.8
地区生产总值	亿元	28 626.6	28 669.0	22 246.9	23 409.2	25 315.4
奶畜资源						
奶牛存栏数	万头	31.6	33.6	24.7	27.5	29.2
原料奶产量						
奶类产量	万吨	115.4	122.1	123.4	120.7	132.6
牛奶产量	万吨	112.1	119.8	122.2	119.7	131.8
乳制品加工						
乳制品产量	万t	87.5	92.8	85.0	75.2	74.9
其中：液态奶产量	万t	87.4	90.7	84.0	72.3	73.0
乳制品进口						
液态奶	t	3 586.5	6 298.6	6 088.1	3 743.5	2 868.8
干乳制品	t	66 414.5	64 866.1	69 285.2	62 158.4	60 867.8
其中：奶粉	t	16 116.4	12 685.0	8 688.1	10 295.0	12 701.3
乳清	t	47 786.0	49 003.9	56 788.3	49 565.0	46 424.8
奶畜进口						
改良种用牛	头	20 330	13 829	2 960		4 077

2014—2018年全国各地区奶业概况——吉林

项 目	单位	2014年	2015年	2016年	2017年	2018年
地区概况						
人口总数	万人	2 752.4	2 753.3	2 733.0	2 717.0	2 704.0
其中：城镇常住人口数	万人	1 508.6	1 522.9	1 529.7	1 539.2	1 556.0
农村常住人口数	万人	1 243.8	1 230.5	1 203.3	1 177.8	1 148.0
社会消费品零售总额	亿元	6 080.9	6 651.9	7 310.4	7 855.8	7 520.4
地区生产总值	亿元	13 803.1	14 063.1	14 776.8	14 944.5	15 074.6
奶畜资源						
奶牛存栏数	万头	24.5	26.2	9.1	14.0	15.1
原料奶产量						
奶类产量	万t	49.8	36.2	36.6	34.4	39.0
牛奶产量	万t	49.3	35.7	36.0	34.0	38.8
乳制品加工						
乳制品产量	万t	15.7	17.6	16.7	16.2	17.1
其中：液态奶产量	万t	12.9	14.4	12.4	11.5	16.1
乳制品进口						
液态奶	t	23.0		12.4	2.9	45.7
干乳制品	t	405.9	69.7	69.8		253.7
其中：奶粉	t	405.6	50.4	12.5		1.7
乳清	t		19.1	57.4		
奶畜进口						
改良种用牛	头			145	2 593	

2014—2018 年全国各地区奶业概况——黑龙江

项 目	单位	2014 年	2015 年	2016 年	2017 年	2018 年
地区概况						
人口总数	万人	3 833.0	3 811.7	3 799.0	3 788.7	3 773.0
其中：城镇常住人口数	万人	2 223.5	2 241.3	2 249.0	2 250.5	2 268.0
农村常住人口数	万人	1 609.5	1 570.4	1 550.0	1 538.2	1 505.0
社会消费品零售总额	亿元	7 015.3	7 640.2	8 402.5	9 099.2	9 317.4
地区生产总值	亿元	15 039.4	15 083.7	15 386.1	15 902.7	16 361.6
奶畜资源						
奶牛存栏数	万头	152.4	144.7	128.1	124.1	105.0
原料奶产量						
奶类产量	万 t	483.5	495.8	473.4	468.4	458.5
牛奶产量	万 t	479.9	491.9	470.7	465.2	455.9
乳制品加工						
乳制品产量	万 t	195.4	191.4	196.1	158.6	155.3
其中：液态奶产量	万 t	141.1	140.7	140.3	114.1	118.0
乳制品进口						
液态奶	t		13.6	48.1		23.2
干乳制品	t	15 700.8	11 010.1	13 588.9	30 524.1	30 963.2
其中：奶粉	t	5 779.5	6 164.8	9 214.3	12 796.0	14 199.4
乳清	t	9 921.2	4 845.3	4 369.8	17 726.4	16 753.1
奶畜进口						
改良种用牛	头		21 040	10 273	13 568	1 317

2014—2018年全国各地区奶业概况——上海

项目	单位	2014年	2015年	2016年	2017年	2018年
地区概况						
人口总数	万人	2 425.7	2 415.3	2 420.0	2 418.0	2 424.0
其中：城镇常住人口数	万人	2 173.4	2 115.8	2 127.2	2 120.6	2 136.0
农村常住人口数	万人	252.3	299.5	292.8	297.4	288.0
社会消费品零售总额	亿元	9 303.5	10 131.5	10 946.6	11 830.3	12 668.7
地区生产总值	亿元	23 567.7	25 123.5	28 178.7	30 633.0	32 679.9
奶畜资源						
奶牛存栏数	万头	5.8	5.8	7.9	6.5	5.6
原料奶产量						
奶类产量	万t	27.1	27.7	36.0	36.4	33.4
牛奶产量	万t	27.1	27.7	36.0	36.4	33.4
乳制品加工						
乳制品产量	万t	53.7	50.0	46.5	44.6	44.6
其中：液态奶产量	万t	51.5	48.5	45.5	43.7	43.6
乳制品进口						
液态奶	t	187 473.1	247 525.3	289 295.9	295 774.5	337 035.9
干乳制品	t	242 898.0	210 217.1	241 686.2	285 128.3	351 620.8
其中：奶粉	t	136 792.7	91 208.0	107 549.9	143 003.6	181 980.6
乳清	t	58 197.6	65 964.7	73 054.2	89 765.6	100 045.8
奶畜进口						
改良种用牛	头					

2014—2018 年全国各地区奶业概况——江苏

项 目	单位	2014 年	2015 年	2016 年	2017 年	2018 年
地区概况						
人口总数	万人	7 960.1	7 976.3	7 999.0	8 029.3	8 051.0
其中：城镇常住人口数	万人	5 190.8	5 305.8	5 416.9	5 520.9	5 604.0
农村常住人口数	万人	2 769.3	2 670.5	2 582.1	2 508.4	2 447.0
社会消费品零售总额	亿元	23 458.1	25 876.8	28 707.1	31 737.4	33 230.4
地区生产总值	亿元	65 088.3	70 116.4	77 388.3	85 869.8	92 595.4
奶畜资源						
奶牛存栏数	万头	20.5	20.0	12.7	13.9	13.4
原料奶产量						
奶类产量	万 t	60.7	59.6	48.3	49.0	50.0
牛奶产量	万 t	60.7	59.6	48.3	49.0	50.0
乳制品加工						
乳制品产量	万 t	141.9	154.4	160.2	161.2	158.0
其中：液态奶产量	万 t	128.3	141.3	148.5	145.4	155.2
乳制品进口						
液态奶	t	4 568.6	10 759.9	29 880.5	13 366.7	12 831.9
干乳制品	t	35 248.4	29 834.9	37 276.7	45 241.6	44 655.6
其中：奶粉	t	28 373.5	23 400.4	27 845.9	34 976.3	35 628.9
乳清	t	5 366.3	5 455.5	8 053.6	8 882.1	7 873.9
奶畜进口						
改良种用牛	头	15 205	9 899	600	4 000	1 323

2014—2018年全国各地区奶业概况——浙江

项 目	单位	2014年	2015年	2016年	2017年	2018年
地区概况						
人口总数	万人	5 508.0	5 539.0	5 590.0	5 657.0	5 737.0
其中：城镇常住人口数	万人	3 573.0	3 644.7	3 745.3	3 846.8	3 953.0
农村常住人口数	万人	1 935.0	1 894.3	1 844.7	1 810.2	1 784.0
社会消费品零售总额	亿元	17 835.3	19 784.7	21 970.8	24 308.5	25 007.9
地区生产总值	亿元	40 173.0	42 886.5	47 251.4	51 768.3	56 197.2
奶畜资源						
奶牛存栏数	万头	4.4	4.1	3.7	3.3	3.2
原料奶产量						
奶类产量	万t	15.4	16.0	14.8	14.3	15.8
牛奶产量	万t	15.4	16.0	14.8	14.3	15.7
乳制品加工						
乳制品产量	万t	49.7	49.8	62.5	69.6	66.7
其中：液态奶产量	万t	41.4	43.1	56.7	63.9	61.7
乳制品进口						
液态奶	t	12 457.3	18 240.2	33 528.4	29 222.9	31 735.4
干乳制品	t	138 961.6	80 934.8	119 220.8	117 463.3	82 216.5
其中：奶粉	t	119 794.1	63 071.6	100 647.8	101 148.9	65 990.5
乳清	t	15 168.5	13 100.3	11 655.3	12 367.2	12 083.1
奶畜进口						
改良种用牛	头	400			295	

2014—2018年全国各地区奶业概况——安徽

项 目	单位	2014年	2015年	2016年	2017年	2018年
地区概况						
人口总数	万人	6 082.9	6 143.6	6 196.0	6 255.0	6 324.0
其中：城镇常住人口数	万人	2 989.7	3 102.5	3 221.3	3 345.8	3 459.0
农村常住人口数	万人	3 093.2	3 041.1	2 974.7	2 909.2	2 865.0
社会消费品零售总额	亿元	7 957.0	8 908.0	10 000.2	11 192.6	12 100.1
地区生产总值	亿元	20 848.7	22 005.6	24 407.6	27 018.0	30 006.8
奶畜资源						
奶牛存栏数	万头	11.7	13.0	11.4	12.9	12.8
原料奶产量						
奶类产量	万t	27.9	30.6	30.5	29.8	30.8
牛奶产量	万t	27.9	30.6	30.5	29.8	30.8
乳制品加工						
乳制品产量	万t	108.2	94.4	106.2	105.1	113.8
其中：液态奶产量	万t	103.3	88.1	101.2	98.3	107.4
乳制品进口						
液态奶	t	1 733.1	6 510.1	3 242.7	65.1	9 924.9
干乳制品	t	11 935.2	17 759.0	20 543.6	32 019.2	35 241.7
其中：奶粉	t	5 544.4	10 323.0	9 177.0	12 265.4	13 509.4
乳清	t	5 981.8	7 370.0	11 228.9	19 382.0	21 633.1
奶畜进口						
改良种用牛	头	6 252		917		

2014—2018年全国各地区奶业概况——福建

项 目	单位	2014年	2015年	2016年	2017年	2018年
地区概况						
人口总数	万人	3 806.0	3 839.0	3 874.0	3 911.0	3 941.0
其中：城镇常住人口数	万人	2 352.1	2 403.2	2 463.9	2 534.3	2 594.0
农村常住人口数	万人	1 453.9	1 435.8	1 410.1	1 376.7	1 347.0
社会消费品零售总额	亿元	9 346.7	10 505.9	11 674.5	13 013.0	14 317.4
地区生产总值	亿元	24 055.8	25 979.8	28 810.6	32 182.1	35 804.0
奶畜资源						
奶牛存栏数	万头	5.1	5.0	3.4	3.9	4.1
原料奶产量						
奶类产量	万t	15.4	15.4	13.4	13.5	14.3
牛奶产量	万t	15.0	15.0	12.9	13.1	13.8
乳制品加工						
乳制品产量	万t	20.4	16.3	19.1	17.6	18.4
其中：液态奶产量	万t	15.9	10.1	12.4	12.7	17.5
乳制品进口						
液态奶	t	2 092.0	4 332.9	8 426.0	47 337.6	17 146.5
干乳制品	t	40 543.6	49 661.9	65 115.9	93 378.8	69 887.8
其中：奶粉	t	11 183.4	13 414.1	14 771.5	14 134.6	15 031.1
乳清	t	25 227.1	31 674.2	38 671.8	39 527.5	32 973.7
奶畜进口						
改良种用牛	头				2 743	1 439

2014—2018年全国各地区奶业概况——江西

项 目	单位	2014年	2015年	2016年	2017年	2018年
地区概况						
人口总数	万人	4 542.2	4 565.6	4 592.0	4 622.0	4 648.0
其中：城镇常住人口数	万人	2 281.1	2 356.8	2 438.4	2 523.6	2 604.0
农村常住人口数	万人	2 261.1	2 208.9	2 153.6	2 098.4	2 044.0
社会消费品零售总额	亿元	5 292.6	5 925.5	6 634.6	7 448.1	7 566.4
地区生产总值	亿元	15 714.6	16 723.8	18 499.0	20 006.3	21 984.8
奶畜资源						
奶牛存栏数	万头	7.1	7.2	3.4	3.2	3.7
原料奶产量						
奶类产量	万t	12.9	13.0	10.0	9.5	9.6
牛奶产量	万t	12.9	13.0	10.0	9.5	9.6
乳制品加工						
乳制品产量	万t	33.2	33.2	20.7	23.6	17.5
其中：液态奶产量	万t	29.2	29.7	16.6	18.8	17.2
乳制品进口						
液态奶	t			24.4		
干乳制品	t	889.8	1 414.1	1 714.5	1 820.6	1 784.1
其中：奶粉	t	889.8	1 414.1	1 454.8	1 352.6	1 784.1
乳清	t			259.8	468.0	0.0
奶畜进口						
改良种用牛	头					

2014—2018年全国各地区奶业概况——山东

项 目	单位	2014年	2015年	2016年	2017年	2018年
地区概况						
人口总数	万人	9 789.4	9 847.2	9 947.0	10 005.8	10 047.0
其中：城镇常住人口数	万人	5 385.2	5 613.9	5 870.7	6 061.5	6 147.0
农村常住人口数	万人	4 404.3	4 233.3	4 076.3	3 944.3	3 900.0
社会消费品零售总额	亿元	25 111.5	27 761.4	30 645.8	33 649.0	33 605.0
地区生产总值	亿元	59 426.6	63 002.3	68 024.5	72 634.1	76 469.7
奶畜资源						
奶牛存栏数	万头	139.7	133.4	87.8	93.1	91.4
原料奶产量						
奶类产量	万t	289.6	284.9	233.8	231.3	232.5
牛奶产量	万t	279.6	275.4	225.3	223.5	225.1
乳制品加工						
乳制品产量	万t	212.8	250.9	259.9	251.1	204.4
其中：液态奶产量	万t	203.0	242.2	243.6	243.3	197.2
乳制品进口						
液态奶	t	11 000.1	11 706.3	50 709.3	37 771.5	18 896.5
干乳制品	t	60 327.1	61 123.5	50 592.8	70 257.3	60 611.2
其中：奶粉	t	27 798.2	32 675.6	20 557.3	32 006.2	27 065.7
乳清	t	24 724.1	20 780.8	20 184.4	24 133.9	20 913.8
奶畜进口						
改良种用牛	头	19 114	14 981	11 200	6 696	3 956

2014—2018年全国各地区奶业概况——河南

项 目	单位	2014年	2015年	2016年	2017年	2018年
地区概况						
人口总数	万人	9 436.0	9 480.0	9 532.0	9 559.1	9 605.0
其中：城镇常住人口数	万人	4 265.1	4 441.4	4 623.0	4 794.9	4 967.0
农村常住人口数	万人	5 170.9	5 038.6	4 909.0	4 764.3	4 638.0
社会消费品零售总额	亿元	14 005.0	15 740.4	17 618.4	19 666.8	20 594.7
地区生产总值	亿元	34 938.2	37 002.2	40 471.8	44 552.8	48 055.9
奶畜资源						
奶牛存栏数	万头	40.1	37.2	30.4	33.7	34.3
原料奶产量						
奶类产量	万t	227.3	233.7	223.3	212.9	208.9
牛奶产量	万t	216.9	223.6	213.5	202.9	202.7
乳制品加工						
乳制品产量	万t	220.8	236.9	306.5	351.4	251.6
其中：液态奶产量	万t	220.2	236.3	305.9	350.7	251.6
乳制品进口						
液态奶	t	331.2	1 337.2	984.9	1 671.0	3 158.3
干乳制品	t	90.2	827.7	2 720.4	1 245.1	2 038.7
其中：奶粉	t	4.5	501.6	553.7	1 177.1	1 008.0
乳清	t	5.1	186.2	2 093.4	3.1	999.2
奶畜进口						
改良种用牛	头	511	6 933	335	1 299	3 549

2014—2018年全国各地区奶业概况——湖北

项 目	单位	2014年	2015年	2016年	2017年	2018年
地区概况						
人口总数	万人	5 816.0	5 851.5	5 885.0	5 902.0	5 917.0
其中：城镇常住人口数	万人	3 237.8	3 326.6	3 419.2	3 499.9	3 568.0
农村常住人口数	万人	2 578.2	2 524.9	2 465.8	2 402.1	2 349.0
社会消费品零售总额	亿元	12 449.3	14 003.2	15 649.2	17 394.1	18 333.6
地区生产总值	亿元	27 379.2	29 550.2	32 665.4	35 478.1	39 366.6
奶畜资源						
奶牛存栏数	万头	6.5	6.9	4.0	4.5	4.5
原料奶产量						
奶类产量	万t	16.4	16.9	13.4	12.8	12.8
牛奶产量	万t	16.1	16.9	13.4	12.8	12.8
乳制品加工						
乳制品产量	万t	87.1	102.6	114.0	109.4	103.7
其中：液态奶产量	万t	86.0	99.6	112.5	108.2	101.8
乳制品进口						
液态奶	t	816.9	46.0	1 172.6	3 108.1	3 821.3
干乳制品	t	4 623.8	972.2	295.0	619.5	1 869.8
其中：奶粉	t	3 151.9	308.1			1 216.0
乳清	t	1 080.0	495.0			
奶畜进口						
改良种用牛	头	20	1 551	755		

2014—2018 年全国各地区奶业概况——湖南

项 目	单位	2014 年	2015 年	2016 年	2017 年	2018 年
地区概况						
人口总数	万人	6 737.2	6 783.0	6 822.0	6 860.2	6 899.0
其中：城镇常住人口数	万人	3 320.1	3 451.9	3 598.6	3 747.0	3 865.0
农村常住人口数	万人	3 417.1	3 331.1	3 223.4	3 113.1	3 034.0
社会消费品零售总额	亿元	10 723.5	12 024.0	13 436.5	14 854.9	15 638.3
地区生产总值	亿元	27 037.3	28 902.2	31 551.4	33 903.0	36 425.8
奶畜资源						
奶牛存栏数	万头	14.8	15.5	3.7	5.7	5.8
原料奶产量						
奶类产量	万 t	9.3	9.7	6.4	6.1	6.2
牛奶产量	万 t	9.3	9.7	6.4	6.1	6.2
乳制品加工						
乳制品产量	万 t	36.4	29.5	28.1	28.2	28.8
其中：液态奶产量	万 t	31.8	24.4	22.1	22.7	23.0
乳制品进口						
液态奶	t	162.0	354.4	672.6	324.9	191.8
干乳制品	t	3 243.7	9 862.6	17 843.7	15 716.8	18 019.5
其中：奶粉	t	908.3	5 959.0	5 615.6	7 169.9	14 353.2
乳清	t	2 302.0	3 607.9	11 645.5	8 531.4	3 666.3
奶畜进口						
改良种用牛	头			4		

2014—2018年全国各地区奶业概况——广东

项 目	单位	2014年	2015年	2016年	2017年	2018年
地区概况						
人口总数	万人	10 724.0	10 849.0	10 999.0	11 169.0	11 346.0
其中：城镇常住人口数	万人	7 292.3	7 454.3	7 611.3	7 801.5	8 022.0
农村常住人口数	万人	3 431.7	3 394.7	3 387.7	3 367.5	3 324.0
社会消费品零售总额	亿元	28 471.1	31 517.6	34 739.1	38 200.1	39 501.1
地区生产总值	亿元	67 809.9	72 812.6	80 854.9	89 705.2	97 277.8
奶畜资源						
奶牛存栏数	万头	5.4	5.3	5.9	6.0	6.0
原料奶产量						
奶类产量	万t	13.8	12.9	13.6	13.9	13.9
牛奶产量	万t	13.5	12.9	13.6	13.9	13.9
乳制品加工						
乳制品产量	万t	57.0	66.4	69.1	77.3	91.7
其中：液态奶产量	万t	39.4	45.7	49.2	59.4	62.6
乳制品进口						
液态奶	t	38 595.3	59 423.2	109 724.9	138 620.4	144 836.5
干乳制品	t	244 755.0	205 501.8	249 535.3	265 390.3	301 542.4
其中：奶粉	t	165 869.8	102 231.4	108 433.3	117 013.3	126 892.9
乳清	t	44 280.5	65 259.7	87 995.8	83 213.1	100 287.6
奶畜进口						
改良种用牛	头	1 972	3 016	765	465	

2014—2018 年全国各地区奶业概况——广西

项 目	单位	2014 年	2015 年	2016 年	2017 年	2018 年
地区概况						
人口总数	万人	4 754.0	4 796.0	4 838.0	4 885.0	4 926.0
其中：城镇常住人口数	万人	2 187.3	2 257.0	2 326.1	2 403.9	2 474.0
农村常住人口数	万人	2 566.7	2 539.0	2 511.9	2 481.1	2 452.0
社会消费品零售总额	亿元	5 772.8	6 348.1	7 027.3	7 813.0	8 291.6
地区生产总值	亿元	15 672.9	16 803.1	18 317.6	18 523.3	20 352.5
奶畜资源						
奶牛存栏数	万头	4.8	5.2	3.1	5.0	5.1
原料奶产量						
奶类产量	万 t	9.7	10.1	7.8	8.1	8.9
牛奶产量	万 t	9.7	10.1	7.8	8.1	8.9
乳制品加工						
乳制品产量	万 t	37.6	37.7	43.4	45.9	34.8
其中：液态奶产量	万 t	37.3	37.6	43.3	45.5	32.5
乳制品进口						
液态奶	t		2.6		43.4	183.1
干乳制品	t		200.0	103.6		258.0
其中：奶粉	t		200.0	8.6		37.6
乳清	t			95.0		220.2
奶畜进口						
改良种用牛	头		1 585	69		

2014—2018年全国各地区奶业概况——海南

项 目	单位	2014年	2015年	2016年	2017年	2018年
地区概况						
人口总数	万人	903.5	910.8	917.0	926.0	934.0
其中：城镇常住人口数	万人	485.7	502.0	520.7	537.5	552.0
农村常住人口数	万人	417.8	408.8	396.3	388.5	382.0
社会消费品零售总额	亿元	1 224.5	1 325.1	1 453.7	1 618.8	1 717.1
地区生产总值	亿元	3 500.7	3 702.8	4 053.2	4 462.5	4 832.1
奶畜资源						
奶牛存栏数	万头	0.1	0.1	0.3	0.1	0.1
原料奶产量						
奶类产量	万t	0.2	0.2	0.4	0.5	0.2
牛奶产量	万t	0.2	0.2	0.4	0.5	0.2
乳制品加工						
乳制品产量	万t	0.5	0.5	0.4	0.3	0.2
其中：液态奶产量	万t	0.5	0.4	0.3	0.3	0.2
乳制品进口						
液态奶	t					84.8
干乳制品	t	25.8	76.0	241.2	278.2	846.0
其中：奶粉	t	25.8	76.0	204.0	132.5	171.8
乳清	t					
奶畜进口						
改良种用牛	头					1 994

2014—2018年全国各地区奶业概况——重庆

项　目	单位	2014年	2015年	2016年	2017年	2018年
地区概况						
人口总数	万人	2 991.4	3 016.6	3 048.0	3 075.2	3 102.0
其中：城镇常住人口数	万人	1 782.9	1 838.3	1 908.0	1 970.6	2 032.0
农村常住人口数	万人	1 208.5	1 178.3	1 140.0	1 104.6	1 070.0
社会消费品零售总额	亿元	5 710.7	6 424.0	7 271.4	8 067.7	7 977.0
地区生产总值	亿元	14 262.6	15 717.3	17 740.6	19 424.7	20 363.2
奶畜资源						
奶牛存栏数	万头	1.9	1.8	1.5	1.5	1.2
原料奶产量						
奶类产量	万t	5.7	5.4	5.2	5.1	4.9
牛奶产量	万t	5.7	5.4	5.2	5.1	4.9
乳制品加工						
乳制品产量	万t	14.8	20.5	24.7	22.9	21.2
其中：液态奶产量	万t	14.8	19.5	24.7	22.9	21.2
乳制品进口						
液态奶	t	1.5	812.9	934.1	1 323.3	1 926.4
干乳制品	t	261.5	2 493.5	999.4	335.2	4 237.2
其中：奶粉	t	1.4	1 251.6	37.2	332.7	4 050.0
乳清	t	260.1	1 241.7	962.1	0.4	176.1
奶畜进口						
改良种用牛	头					

2014—2018年全国各地区奶业概况——四川

项　目	单位	2014年	2015年	2016年	2017年	2018年
地区概况						
人口总数	万人	8 140.2	8 204.0	8 262.0	8 302.0	8 341.0
其中：城镇常住人口数	万人	3 768.9	3 912.5	4 065.7	4 216.6	4 362.0
农村常住人口数	万人	4 371.3	4 291.5	4 196.3	4 085.4	3 979.0
社会消费品零售总额	亿元	12 393.0	13 877.7	15 601.9	17 480.5	18 254.5
地区生产总值	亿元	28 536.7	30 053.1	32 934.5	36 980.2	40 678.1
奶畜资源						
奶牛存栏数	万头	19.3	17.8	80.3	79.0	76.9
原料奶产量						
奶类产量	万t	71.3	67.5	62.8	63.8	64.3
牛奶产量	万t	70.8	67.5	62.8	63.7	64.2
乳制品加工						
乳制品产量	万t	102.7	104.9	123.4	146.2	110.4
其中：液态奶产量	万t	95.1	95.5	109.7	128.0	101.4
乳制品进口						
液态奶	t	213.8	1 848.4	749.1	281.7	553.6
干乳制品	t	1 255.4	4 058.1	18 919.4	17 808.5	21 010.3
其中：奶粉	t	55.5	1 378.7	13 691.4	14 534.7	18 698.5
乳清	t	1 199.9	2 679.4	2 759.9	2 953.4	1 501.7
奶畜进口						
改良种用牛	头	1 900		808		42

2014—2018 年全国各地区奶业概况——贵州

项　目	单位	2014 年	2015 年	2016 年	2017 年	2018 年
地区概况						
人口总数	万人	3 508.0	3 529.5	3 555.0	3 580.0	3 600.0
其中：城镇常住人口数	万人	1 403.6	1 482.7	1 569.5	1 647.5	1 711.0
农村常住人口数	万人	2 104.5	2 046.8	1 985.5	1 932.5	1 889.0
社会消费品零售总额	亿元	2 936.9	3 283.0	3 709.0	4 154.0	3 971.2
地区生产总值	亿元	9 266.4	10 502.6	11 776.7	13 540.8	14 806.5
奶畜资源						
奶牛存栏数	万头	5.6	6.1	2.0	5.9	6.0
原料奶产量						
奶类产量	万 t	5.7	6.2	4.3	4.4	4.6
牛奶产量	万 t	5.7	6.2	4.3	4.4	4.6
乳制品加工						
乳制品产量	万 t	7.9	8.2	10.6	11.1	11.3
其中：液态奶产量	万 t	7.9	8.2	10.6	11.1	11.3
乳制品进口						
液态奶	t			102.3	76.8	33.8
干乳制品	t			1 275.4	2 056.0	
其中：奶粉	t			700.3	1 345.5	
乳清	t			88.3	113.5	
奶畜进口						
改良种用牛	头		712	4 000		569

2014—2018年全国各地区奶业概况——云南

项 目	单位	2014年	2015年	2016年	2017年	2018年
地区概况						
人口总数	万人	4 713.9	4 741.8	4 771.0	4 800.5	4 830.0
其中：城镇常住人口数	万人	1 967.1	2 054.6	2 148.4	2 241.4	2 309.0
农村常住人口数	万人	2 746.8	2 687.2	2 622.6	2 559.1	2 521.0
社会消费品零售总额	亿元	4 632.9	5 103.2	5 722.9	6 423.1	6 826.0
地区生产总值	亿元	12 814.6	13 619.2	14 788.4	16 376.3	17 881.1
奶畜资源						
奶牛存栏数	万头	17.3	17.1	15.9	16.1	16.5
原料奶产量						
奶类产量	万t	64.6	62.5	61.2	64.5	65.7
牛奶产量	万t	58.2	55.0	54.0	56.8	58.2
乳制品加工						
乳制品产量	万t	52.7	57.5	66.4	63.2	67.3
其中：液态奶产量	万t	52.1	56.8	65.8	62.8	67.0
乳制品进口						
液态奶	t					
干乳制品	t	3 977.4				
其中：奶粉	t					
乳清	t	3 977.4				
奶畜进口						
改良种用牛	头	2 791	900	600	106	

2014—2018年全国各地区奶业概况——西藏

项 目	单位	2014年	2015年	2016年	2017年	2018年
地区概况						
人口总数	万人	317.6	324.0	331.0	337.0	344.0
其中：城镇常住人口数	万人	81.8	89.9	97.8	104.1	107.0
农村常住人口数	万人	235.8	234.1	233.2	232.9	237.0
社会消费品零售总额	亿元	364.5	408.5	459.4	523.3	597.6
地区生产总值	亿元	920.8	1 026.4	1 151.4	1 310.9	1 477.6
奶畜资源						
奶牛存栏数	万头	37.2	37.6	37.2	38.0	42.3
原料奶产量						
奶类产量	万t	34.3	35.0	38.4	42.0	40.8
牛奶产量	万t	29.0	30.0	33.4	37.1	36.4
乳制品加工						
乳制品产量	万t	0.6	0.9	1.0	1.0	1.3
其中：液态奶产量	万t	0.5	0.8	0.9	0.9	1.1
乳制品进口						
液态奶	t					
干乳制品	t					
其中：奶粉	t					
乳清	t					
奶畜进口						
改良种用牛	头		190	42	955	

2014—2018 年全国各地区奶业概况——陕西

项 目	单位	2014 年	2015 年	2016 年	2017 年	2018 年
地区概况						
人口总数	万人	3 775.1	3 793.0	3 813.0	3 835.0	3 864.0
其中：城镇常住人口数	万人	1 984.6	2 045.2	2 110.1	2 177.9	2 246.0
农村常住人口数	万人	1 790.5	1 747.8	1 702.9	1 657.1	1 618.0
社会消费品零售总额	亿元	5 918.7	6 578.1	7 367.6	8 236.4	8 938.3
地区生产总值	亿元	17 689.9	18 021.9	19 399.6	21 898.8	24 438.3
奶畜资源						
奶牛存栏数	万头	45.5	43.5	25.9	28.4	27.9
原料奶产量						
奶类产量	万 t	192.3	189.9	160.5	156.9	159.7
牛奶产量	万 t	144.7	141.2	156.9	107.3	109.7
乳制品加工						
乳制品产量	万 t	161.3	161.7	143.7	143.4	106.8
其中：液态奶产量	万 t	137.3	134.7	120.7	113.5	84.2
乳制品进口						
液态奶	t	50.5	754.1	855.8	853.5	425.4
干乳制品	t	304.9	103.6	416.9	527.0	797.5
其中：奶粉	t	46.4	33.1	206.6	437.0	596.0
乳清	t	196.0		25.0		99.9
奶畜进口						
改良种用牛	头	9 508	1 400	367		

2014—2018 年全国各地区奶业概况——甘肃

项 目	单位	2014 年	2015 年	2016 年	2017 年	2018 年
地区概况						
人口总数	万人	2 590.8	2 599.6	2 610.0	2 626.0	2 637.0
其中：城镇常住人口数	万人	1 079.8	1 122.7	1 166.4	1 218.2	1 258.0
农村常住人口数	万人	1 510.9	1 476.8	1 443.6	1 407.8	1 379.0
社会消费品零售总额	亿元	2 668.3	2 907.2	3 184.4	3 426.6	3 428.3
地区生产总值	亿元	6 836.8	6 790.3	7 200.4	7 459.9	8 246.1
奶畜资源						
奶牛存栏数	万头	30.2	30.0	27.1	29.8	29.9
原料奶产量						
奶类产量	万 t	40.3	39.9	41.0	41.0	41.1
牛奶产量	万 t	39.6	39.3	40.3	40.4	40.5
乳制品加工						
乳制品产量	万 t	33.5	33.3	34.2	36.0	32.5
其中：液态奶产量	万 t	31.5	31.4	32.1	33.3	30.6
乳制品进口						
液态奶	t					
干乳制品	t					
其中：奶粉	t					
乳清	t					
奶畜进口						
改良种用牛	头	13 203	2 659	4 527	1 000	829

2014—2018年全国各地区奶业概况——青海

项 目	单位	2014年	2015年	2016年	2017年	2018年
地区概况						
人口总数	万人	583.4	588.4	593.0	598.0	603.0
其中：城镇常住人口数	万人	290.4	296.0	306.2	317.4	328.0
农村常住人口数	万人	293.0	292.4	286.8	280.6	275.0
社会消费品零售总额	亿元	620.8	691.0	767.3	839.0	835.6
地区生产总值	亿元	2 303.3	2 417.1	2 572.5	2 624.8	2 865.2
奶畜资源						
奶牛存栏数	万头	25.8	25.6	23.7	24.7	22.4
原料奶产量						
奶类产量	万t	31.3	32.7	32.9	33.2	33.5
牛奶产量	万t	30.5	31.5	31.7	32.4	32.6
乳制品加工						
乳制品产量	万t	19.0	19.8	19.4	16.0	8.6
其中：液态奶产量	万t	19.0	19.8	19.4	16.0	8.5
乳制品进口						
液态奶	t					
干乳制品	t					
其中：奶粉	t					
乳清	t					
奶畜进口						
改良种用牛	头		3 193		5 069	152

2014—2018年全国各地区奶业概况——宁夏

项 目	单位	2014年	2015年	2016年	2017年	2018年
地区概况						
人口总数	万人	661.5	667.9	675.0	682.0	688.0
其中：城镇常住人口数	万人	354.7	368.9	380.0	395.4	405.0
农村常住人口数	万人	306.9	299.0	295.0	286.6	283.0
社会消费品零售总额	亿元	737.2	789.6	850.1	930.4	935.8
地区生产总值	亿元	2 752.1	2 911.8	3 168.6	3 443.6	3 705.2
奶畜资源						
奶牛存栏数	万头	37.4	35.4	39.8	40.8	40.1
原料奶产量						
奶类产量	万t	141.7	142.5	145.6	160.1	169.4
牛奶产量	万t	141.7	142.5	145.6	160.1	168.3
乳制品加工						
乳制品产量	万t	75.2	77.3	92.5	95.9	117.4
其中：液态奶产量	万t	71.1	72.7	87.8	90.4	109.9
乳制品进口						
液态奶	t					
干乳制品	t					
其中：奶粉	t					
乳清	t					
奶畜进口						
改良种用牛	头	16 817	987	14 959	4 020	6 314

2014—2018年全国各地区奶业概况——新疆

项 目	单位	2014年	2015年	2016年	2017年	2018年
地区概况						
人口总数	万人	2 298.5	2 359.7	2 398.0	2 445.0	2 487.0
其中：城镇常住人口数	万人	1 058.9	1 114.5	1 159.4	1 207.3	1 266.0
农村常住人口数	万人	1 239.6	1 245.2	1 238.6	1 237.7	1 221.0
社会消费品零售总额	亿元	2 436.5	2 606.0	2 825.9	3 044.6	3 187.0
地区生产总值	亿元	9 273.5	9 324.8	9 649.7	10 882.0	12 199.1
奶畜资源						
奶牛存栏数	万头	203.0	214.0	156.6	157.1	158.0
原料奶产量						
奶类产量	万t	155.6	163.8	195.0	200.3	201.7
牛奶产量	万t	147.5	155.8	186.7	191.9	194.9
乳制品加工						
乳制品产量	万t	42.0	43.2	52.7	60.8	49.4
其中：液态奶产量	万t	38.2	40.6	50.1	58.8	48.1
乳制品进口						
液态奶	t			6.6		1 535.1
干乳制品	t				264.0	1 658.0
其中：奶粉	t					150.0
乳清	t				264.0	1 508.0
奶畜进口						
改良种用牛	头	13 008	7 184	7 562	6 796	

【奶牛养殖】

奶 牛 存 栏

1978—2018 年我国奶牛存栏、奶类产量、牛奶产量①

年 份	奶牛存栏（万头）	奶类产量（万 t）	牛奶产量（万 t）
1978	47.5	97.1	88.3
1979	55.7	130.2	106.5
1980	64.1	136.7	114.1
1981	69.8	154.9	129.1
1982	81.7	195.9	161.8
1983	95.1	221.9	184.5
1984	133.6	259.6	218.6
1985	162.7	289.4	249.9
1986	184.6	332.9	289.9
1987	216.4	378.8	330.1
1988	222.2	418.9	366.0
1989	252.6	435.8	381.3
1990	269.1	475.1	415.7
1991	294.6	524.3	464.6
1992	294.2	563.9	503.1
1993	345.1	563.7	498.6
1994	384.3	608.9	528.8
1995	417.3	672.8	576.4
1996	447.0	735.9	629.4
1997	442.0	681.1	601.1
1998	426.5	745.4	662.9
1999	424.1	806.7	717.6
2000	489.0	918.9	827.4
2001	566.2	1 122.6	1 025.5
2002	687.5	1 400.4	1 299.8
2003	893.2	1 848.6	1 746.3
2004	1 108.0	2 368.4	2 260.6
2005	1 216.1	2 864.8	2 753.4
2006	1 068.9	3 051.6	2 944.6
2007	1 213.1	3 055.2	2 947.1
2008	1 230.5	3 236.2	3 010.6
2009	1 220.8	3 153.9	2 995.1
2010	1 210.8	3 211.3	3 038.9
2011	1 178.1	3 262.8	3 109.9
2012	1 178.8	3 306.7	3 174.9
2013	1 122.9	3 118.9	3 000.8
2014	1 127.8	3 276.5	3 159.9
2015	1 099.4	3 295.5	3 179.8
2016	1 037.0	3 173.9	3 064.0
2017	1 079.8	3 148.6	3 038.6
2018	1 037.7	3 176.8	3 074.6

数据来源：国家统计局。

①本栏表格根据第三次全国农业普查情况作相应修正。

2014—2018年全国各地区奶牛存栏数①

单位：万头

地　区	2014年	2015年	2016年	2017年	2018年
全　国	1 127.8	1 099.4	1 037.0	1 079.8	1 037.7
北　京	13.8	12.4	9.9	8.4	7.5
天　津	15.7	14.9	10.7	11.9	11.3
河　北	198.1	196.3	119.8	124.6	105.9
山　西	34.7	34.6	26.6	32.9	31.7
内蒙古	231.2	237.2	120.5	123.4	120.8
辽　宁	31.6	33.6	24.7	27.5	29.2
吉　林	24.5	26.2	9.1	14.0	15.1
黑龙江	152.4	144.7	128.1	124.1	105.0
上　海	5.8	5.8	7.9	6.5	5.6
江　苏	20.5	20.0	12.7	13.9	13.4
浙　江	4.4	4.1	3.7	3.3	3.2
安　徽	11.7	13.0	11.4	12.9	12.8
福　建	5.1	5.0	3.4	3.9	4.1
江　西	7.1	7.2	3.4	3.2	3.7
山　东	139.7	133.4	87.8	93.1	91.4
河　南	40.1	37.2	30.4	33.7	34.3
湖　北	6.5	6.9	4.0	4.5	4.5
湖　南	14.8	15.5	3.7	5.7	5.8
广　东	5.4	5.3	5.9	6.0	6.0
广　西	4.8	5.2	3.1	5.0	5.1
海　南	0.1	0.1	0.3	0.1	0.1
重　庆	1.9	1.8	1.5	1.5	1.2
四　川	19.3	17.8	80.3	79.0	76.9
贵　州	5.6	6.1	2.0	5.9	6.0
云　南	17.3	17.1	15.9	16.1	16.5
西　藏	37.2	37.6	37.2	38.0	42.3
陕　西	45.5	43.5	25.9	28.4	27.9
甘　肃	30.2	30.0	27.1	29.8	29.9
青　海	25.8	25.6	23.7	24.7	22.4
宁　夏	37.4	35.4	39.8	40.8	40.1
新　疆	203.0	214.0	156.6	157.1	158.0

数据来源：国家统计局及各省统计年鉴。

①根据第三次农业普查结果，国家统计局修订了2014—2016年的全国奶牛存栏数据，但并未公布分地区数据。

2014—2018年全国各地区奶类产量

单位：万t

地　区	2014年	2015年	2016年	2017年	2018年
全　国	3 276.5	3 295.5	3 173.9	3 148.6	3 176.8
北　京	59.5	57.2	45.7	37.4	31.1
天　津	57.3	50.0	50.0	52.1	48.0
河　北	414.0	401.3	373.9	388.3	391.1
山　西	97.2	92.7	79.4	78.1	81.7
内蒙古	797.1	812.2	592.9	559.6	571.8
辽　宁	115.4	122.1	123.4	120.7	132.6
吉　林	49.8	36.2	36.6	34.4	39.0
黑龙江	483.5	495.8	473.4	468.4	458.5
上　海	27.1	27.7	36.0	36.4	33.4
江　苏	60.7	59.6	48.3	49.0	50.0
浙　江	15.4	16.0	14.8	14.3	15.8
安　徽	27.9	30.6	30.5	29.8	30.8
福　建	15.4	15.4	13.4	13.5	14.3
江　西	12.9	13.0	10.0	9.5	9.6
山　东	244.7	240.7	233.8	231.3	232.5
河　南	227.3	233.7	223.3	212.9	208.9
湖　北	16.4	16.9	13.4	12.8	12.8
湖　南	9.3	9.7	6.4	6.1	6.2
广　东	13.8	12.9	13.6	13.9	13.9
广　西	9.7	10.1	7.8	8.1	8.9
海　南	0.2	0.2	0.4	0.5	0.2
重　庆	5.7	5.4	5.2	5.1	4.9
四　川	71.3	67.5	62.8	63.8	64.3
贵　州	5.7	6.2	4.3	4.4	4.6
云　南	64.6	62.5	61.2	64.5	65.7
西　藏	34.3	35.0	38.4	42.0	40.8
陕　西	192.3	189.9	160.5	156.9	159.7
甘　肃	40.3	39.9	41.0	41.0	41.1
青　海	31.3	32.7	32.9	33.2	33.5
宁　夏	141.7	142.5	145.6	160.1	169.4
新　疆	155.6	163.8	195.0	200.3	201.7

数据来源：国家统计局及各省统计年鉴。

2014—2018年全国各地区牛奶产量

单位：万t

地　区	2014年	2015年	2016年	2017年	2018年
全　国	3 159.9	3 179.8	3 064.0	3 038.6	3 074.6
北　京	59.5	57.2	45.7	37.4	31.1
天　津	57.3	50.0	50.0	52.1	48.0
河　北	405.7	393.5	366.4	381.0	384.8
山　西	96.2	91.9	78.6	77.4	81.1
内蒙古	788.0	803.2	585.7	552.9	565.6
辽　宁	112.1	119.8	122.2	119.7	131.8
吉　林	49.3	35.7	36.0	34.0	38.8
黑龙江	479.9	491.9	470.7	465.2	455.9
上　海	27.1	27.7	36.0	36.4	33.4
江　苏	60.7	59.6	48.33	49.0	50.0
浙　江	15.4	16.0	14.8	14.3	15.7
安　徽	27.9	30.6	30.5	29.8	30.8
福　建	15.0	15.0	12.9	13.1	13.8
江　西	12.9	13.0	10.0	9.5	9.6
山　东	279.6	275.4	225.3	223.5	225.1
河　南	216.9	223.6	213.5	202.9	202.7
湖　北	16.1	16.9	13.4	12.8	12.8
湖　南	9.3	9.7	6.4	6.1	6.2
广　东	13.5	12.9	13.6	13.9	13.9
广　西	9.7	10.1	7.8	8.1	8.9
海　南	0.2	0.2	0.4	0.5	0.2
重　庆	5.7	5.4	5.2	5.1	4.9
四　川	70.8	67.5	62.8	63.7	64.2
贵　州	5.7	6.2	4.3	4.4	4.6
云　南	58.2	55.0	54.0	56.8	58.2
西　藏	29.0	30.0	33.4	37.1	36.4
陕　西	144.7	141.2	111.6	107.3	109.7
甘　肃	39.6	39.3	40.3	40.4	40.5
青　海	30.5	31.5	31.7	32.4	32.6
宁　夏	141.7	142.5	145.6	160.1	168.3
新　疆	147.5	155.8	186.7	191.9	194.9

数据来源：国家统计局及各省统计年鉴。

1985—2018年我国人均牛奶产量

单位：kg

年 份	牛 奶	年 份	牛 奶
1985	2.4	2010	22.7
1990	3.7	2011	23.1
1995	4.8	2012	23.5
2000	6.6	2013	22.2
2005	21.1	2014	23.2
2006	22.5	2015	23.2
2007	22.4	2016	22.2
2008	22.7	2017	21.9
2009	22.5	2018	22.1

数据来源：国家统计局。

2018年全国各地区人均牛奶产量

单位：kg

地 区	牛 奶	地 区	牛 奶
北 京	14.4	湖 北	2.2
天 津	30.8	湖 南	0.9
河 北	51.0	广 东	1.2
山 西	21.8	广 西	1.8
内蒙古	223.4	海 南	0.2
辽 宁	30.2	重 庆	1.6
吉 林	14.3	四 川	7.7
黑龙江	120.6	贵 州	1.3
上 海	13.8	云 南	12.1
江 苏	6.2	西 藏	107.0
浙 江	2.8	陕 西	28.5
安 徽	4.9	甘 肃	15.4
福 建	3.5	青 海	54.2
江 西	2.1	宁 夏	245.7
山 东	22.5	新 疆	79.0
河 南	21.1		

2004—2018年奶牛规模养殖情况表

养殖规模	2004年	2005年	2006年	2007年	2008年	2009年	2010年	2011年	2012年	2013年	2014年	2015年	2016年	2017年	2018年
年存栏1~4头	47.0%	45.6%	42.8%	39.7%	32.4%	28.1%	26.4%	24.0%	22.5%	21.8%	20.8%	20.3%	19.0%		
年存栏5头以上	53.0%	54.4%	57.2%	60.3%	67.6%	71.9%	73.6%	76.0%	77.5%	78.2%	79.2%	79.7%	80.8%		
年存栏20头以上	25.2%	27.7%	28.8%	26.1%	36.1%	42.6%	46.5%	51.1%	55.7%	57.0%	59.9%	62.5%	65.6%		
年存栏50头以上														64.8%	66.9%
年存栏100头以上	11.2%	11.2%	13.1%	16.4%	19.5%	26.8%	30.6%	32.9%	37.3%	41.1%	45.2%	48.3%	52.3%	58.3%	61.4%
年存栏200头以上	7.7%	7.9%	9.3%	12.1%	15.5%	22.9%	26.5%	28.4%	32.3%	35.3%	38.8%	42.3%	46.6%	54.4%	59.6%
年存栏300头以上															
年存栏500头以上	4.9%	4.8%	5.6%	7.5%	10.1%	16.0%	19.4%	20.8%	25.0%	27.7%	30.7%	34.0%	38.5%	45.7%	51.0%
年存栏1 000头以上	2.7%	2.3%	3.0%	3.9%	5.5%	8.3%	10.4%	12.1%	15.4%	17.8%	20.2%	23.6%	28.1%	34.3%	39.1%
年存栏2 000头以上														23.3%	27.9%
年存栏5 000头以上														11.4%	14.4%

数据来源：农业农村部。

注：此表比重指不同规模年存栏数占全部存栏数比重。

（本章节以上表格由中国奶业协会国际部陈兵汇总整理）

奶 牛 育 种

2014 年全国各地区生产性能测定奶牛场性能概况

地 区	牛场数（个）	奶牛头数（头）	测定日平均产奶量（kg）	测定日平均乳脂肪率（%）	测定日平均蛋白率（%）	测定日平均体细胞数（万个 /mL）
总计 / 平均	1 178	723 636	25.8	3.78	3.28	38.7
北 京	62	44 881	31.2	3.69	3.16	26.9
天 津	32	22 956	31.2	3.91	3.31	22.1
河 北	165	82 886	24.7	3.94	3.31	31.6
山 西	74	25 576	23.8	3.58	3.27	50.9
内蒙古	39	48 588	28.1	4.03	3.38	44.4
辽 宁	38	40 294	23.3	3.97	3.38	23.9
吉 林	5	749	35.6	4.35	3.74	11.6
黑龙江	97	114 379	23.4	3.73	3.34	58.1
上 海	99	50 829	28.3	3.71	3.22	40.2
江 苏	13	6 286	26.6	3.72	3.29	45.4
浙 江	4	2 892	24.6	3.97	3.29	44.8
安 徽	3	1 231	24.2	3.73	3.23	48.3
福 建	6	5 118	25.6	3.81	3.3	64.4
山 东	137	57 660	26.3	3.74	3.32	37.9
河 南	167	74 483	23.0	3.57	3.18	35.1
湖 北	20	17 603	26.7	3.44	3.31	29.0
湖 南	16	6 358	18.1	3.54	3.18	17.1
广 东	5	6 389	25.4	3.91	3.31	27.3
广 西	3	1 615	21.0	3.91	3.26	49.4
重 庆	3	1 154	23.4	3.78	3.31	36.7
云 南	39	12 188	19.6	3.57	3.20	49.9
陕 西	51	29 529	25.5	3.94	3.36	29.9
宁 夏	50	33 994	29.1	3.88	3.21	33.7
新 疆	50	35 998	25.4	3.80	3.19	37.8

数据来源：中国奶业协会。

2015年全国各地区生产性能测定奶牛场性能概况

地　区	牛场数（个）	奶牛头数（头）	测定日平均产奶量（kg）	测定日平均乳脂肪率（%）	测定日平均蛋白率（%）	测定日平均体细胞数（万个/mL）
总计/平均	1 302	794 969	27.1	3.76	3.23	34.3
北　京	72	49 434	31.5	3.77	3.12	26.7
天　津	34	24 631	31.9	3.78	3.21	23.1
河　北	171	89 601	26.8	3.89	3.25	24.4
山　西	66	25 135	25.1	3.62	3.24	37.0
内蒙古	33	58 656	28.8	3.99	3.29	37.0
辽　宁	31	36 447	23.3	3.79	3.27	21.4
吉　林	5	3 900	34.1	4.44	3.79	27.1
黑龙江	108	110 120	27.6	3.73	3.34	52.9
上　海	110	52 639	30.0	3.67	3.14	34.8
江　苏	20	9 911	28.6	3.62	3.25	42.9
浙　江	8	4 120	25.2	4.01	3.19	41.5
安　徽	3	1 369	27.0	3.73	3.17	41.3
福　建	11	8 196	27.0	3.84	3.29	57.4
山　东	194	79 342	27.2	3.68	3.27	33.5
河　南	203	91 508	23.6	3.68	3.13	32.5
湖　北	19	13 854	27.2	3.47	3.21	27.7
湖　南	18	7 650	18.6	3.54	3.19	27.5
广　东	5	6 197	23.6	4.08	3.36	28.9
广　西	2	890	20.9	3.84	3.27	46.8
重　庆	1	369	21.1	3.54	3.37	58.5
四　川	4	2 968	26.6	3.76	3.22	24.5
云　南	36	11 607	20.0	3.44	3.13	52.5
陕　西	50	31 810	25.7	4.00	3.20	27.1
宁　夏	45	40 147	31.1	3.69	3.15	24.5
新　疆	53	34 468	25.1	3.75	3.19	38.5

数据来源：中国奶业协会。

2016年全国各地区生产性能测定奶牛场性能概况

地　区	牛场数（个）	奶牛头数（头）	测定日平均产奶量（kg）	测定日平均乳脂肪率（%）	测定日平均蛋白率（%）	测定日平均体细胞数（万个/mL）
总计/平均	1 543	1 005 496	28.1	3.83	3.30	29.6
北　京	63	43 205	32.3	3.88	3.22	29.3
天　津	39	28 514	31.8	3.61	3.27	20.5
河　北	313	139 869	27.3	3.88	3.31	25.8
山　西	66	29 083	27.5	3.64	3.33	29.1
内蒙古	61	110 968	29.8	3.98	3.40	41.4
辽　宁	33	31 506	24.2	4.03	3.25	22.8
吉　林	6	6 223	37.7	4.66	4.12	6.4
黑龙江	115	157 035	28.3	3.80	3.35	33.8
上　海	98	42 444	31.2	3.56	3.18	27.4
江　苏	29	27 011	31.4	3.70	3.21	29.3
浙　江	10	4 923	29.2	3.84	3.24	36.6
安　徽	10	4 949	29.3	3.08	3.30	33.2
福　建	13	11 585	30.1	3.73	3.27	34.5
山　东	202	83 476	27.1	3.74	3.33	25.3
河　南	249	114 916	25.9	4.02	3.28	29.1
湖　北	24	16 253	28.2	3.66	3.33	23.2
湖　南	19	7 588	19.4	3.54	3.26	50.5
广　东	5	6 298	24.7	3.78	3.25	24.6
广　西	3	3 425	25.1	3.75	3.23	39.3
四　川	4	3 805	27.7	3.78	3.20	20.3
贵　州	1	768	22.4	3.77	3.24	35.6
云　南	28	13 791	24.4	3.74	3.22	24.0
陕　西	46	22 673	27.3	3.97	3.33	22.4
宁　夏	43	40 720	31.9	3.73	3.29	22.7
新　疆	63	54 468	25.4	3.68	3.23	36.8

数据来源：中国奶业协会。

2017年全国各地区生产性能测定奶牛场性能概况

地 区	牛场数（个）	奶牛头数（头）	测定日平均产奶量(kg)	测定日平均乳脂肪率（%）	测定日平均蛋白率（%）	测定日平均体细胞数（万个/mL）
总计/平均	1 611	1 220 498	29.0	3.89	3.35	28.7
北 京	62	45 072	32.5	3.91	3.30	32.3
天 津	42	31 347	31.8	3.69	3.29	23.4
河 北	368	194 914	28.3	3.92	3.35	34.2
山 西	76	45 518	29.1	4.08	3.47	32.6
内蒙古	68	144 074	31.3	3.75	3.44	22.0
辽 宁	43	40 800	25.4	4.02	3.27	25.6
吉 林	7	5 756	31.7	3.66	3.40	63.2
黑龙江	119	160 671	28.4	3.88	3.33	33.5
上 海	73	38 231	31.5	3.63	3.23	25.8
江 苏	36	37 068	32.0	3.84	3.26	29.5
浙 江	11	5 550	29.3	3.74	3.30	35.7
安 徽	10	7 210	28.8	3.43	3.43	51.8
福 建	14	12 897	30.9	3.86	3.32	37.0
山 东	177	106 203	29.8	3.84	3.38	25.2
河 南	249	124 199	26.9	4.22	3.34	30.8
湖 北	22	15 692	28.5	3.86	3.32	22.9
湖 南	20	8 021	20.0	3.53	3.24	46.5
广 东	8	10 631	25.1	3.79	3.32	31.2
广 西	4	4 410	25.7	3.82	3.24	34.5
重 庆	3	1 365	29.2	4.04	3.27	21.8
四 川	7	5 483	29.0	4.03	3.29	20.0
贵 州	1	1 853	23.9	3.98	3.26	33.9
云 南	28	15 798	25.0	3.73	3.26	32.8
陕 西	52	30 701	29.5	4.11	3.43	26.6
甘 肃	1	233	33.3	4.16	3.64	11.7
宁 夏	46	61 889	31.9	3.89	3.37	20.2
新 疆	64	64 912	25.9	3.74	3.28	21.3

数据来源：中国奶业协会。

2018 年全国各地区生产性能测定奶牛场性能概况

地　区	牛场数（个）	奶牛头数（头）	测定日平均产奶量（kg）	测定日平均乳脂肪率（%）	测定日平均蛋白率（%）	测定日平均体细胞数（万个/mL）
总　计	1 454	1 237 660	30.0	3.94	3.36	26.2
北　京	53	39 351	32.5	4.09	3.33	22.8
天　津	57	41 786	31.8	3.94	3.36	23.2
河　北	344	215 842	29.8	3.97	3.38	30.1
山　西	61	45 635	29.8	4.13	3.49	27.2
内蒙古	62	163 827	30.9	3.90	3.43	21.2
辽　宁	30	35 288	25.3	3.96	3.29	24.1
黑龙江	129	176 999	29.3	3.92	3.35	29.7
上　海	51	32 913	31.3	3.64	3.21	25.2
江　苏	36	43 238	33.0	3.82	3.22	24.9
浙　江	13	6 944	29.7	3.79	3.26	31.4
安　徽	8	7 635	29.4	3.57	3.40	52.7
福　建	6	4 611	30.8	3.83	3.30	28.2
江　西	1	371	24.7	3.89	3.25	61.9
山　东	154	109 135	31.0	3.91	3.36	23.3
河　南	211	109 570	27.7	4.12	3.35	27.1
湖　北	18	14 536	28.3	3.88	3.35	21.1
湖　南	22	7 355	23.3	3.77	3.31	48.3
广　东	11	11 406	26.8	3.93	3.34	29.2
广　西	8	6 021	25.8	3.87	3.26	44.9
重　庆	3	1 553	26.6	4.14	3.33	24.9
四　川	10	7 720	29.2	3.74	3.32	34.5
贵　州	3	5 368	24.4	4.43	3.49	45.2
云　南	26	14 738	27.8	3.82	3.29	23.6
陕　西	40	30 576	29.8	4.14	3.41	24.2
宁　夏	41	62 650	33.1	3.87	3.35	20.5
新　疆	56	42 592	26.1	3.81	3.26	29.8

数据来源：中国奶业协会。

2013年全国各地区不同规模生产性能测定奶牛场性能概况

规 模 （奶牛存栏）	牛场数 （个）	测定日 平均产奶量 （kg）	测定日 平均乳脂肪率 （%）	测定日 平均蛋白率 （%）	测定日 平均体细胞数 （万个/mL）
＜50	24	13.6	3.70	3.65	57.3
50~99	59	20.7	3.50	3.29	55.1
100~199	217	21.2	3.65	3.27	49.7
200~499	429	22.9	3.69	3.26	46.2
500~999	176	25.2	3.72	3.27	41.5
≥1 000	131	25.2	3.86	3.32	37.3

数据来源：中国奶业协会。

2014年全国各地区不同规模生产性能测定奶牛场性能概况

规 模 （奶牛存栏）	牛场数 （个）	测定日 平均产奶量 （kg）	测定日 平均乳脂肪率 （%）	测定日 平均蛋白率 （%）	测定日 平均体细胞数 （万个/mL）
＜50	34	16.4	3.86	3.38	49.2
50~99	76	21.4	3.54	3.24	49.0
100~199	214	22.1	3.63	3.29	48.0
200~499	411	24.0	3.71	3.26	41.3
500~999	264	25.6	3.72	3.23	36.2
≥1 000	179	26.9	3.85	3.32	38.2

数据来源：中国奶业协会。

2015年全国各地区不同规模生产性能测定奶牛场性能概况

规 模 （奶牛存栏）	牛场数 （个）	测定日 平均产奶量 （kg）	测定日 平均乳脂肪率 （%）	测定日 平均蛋白率 （%）	测定日 平均体细胞数 （万个/mL）
＜50	23	16.3	3.57	3.24	54.3
50~99	63	21.1	3.42	3.14	40.4
100~199	232	23.5	3.58	3.22	39.4
200~499	486	25.0	3.65	3.20	34.0
500~999	320	27.0	3.76	3.19	33.8
≥1 000	178	28.5	3.82	3.26	34.3

数据来源：中国奶业协会。

2016 年全国各地区不同规模生产性能测定奶牛场性能概况

规 模（奶牛存栏）	牛场数（个）	测定日平均产奶量（kg）	测定日平均乳脂肪率（%）	测定日平均蛋白率（%）	测定日平均体细胞数（万个 /mL）
＜ 50	14	20.7	3.26	3.32	30.9
50~99	62	22.3	3.37	3.31	35.9
100~199	277	24.8	3.55	3.32	31.3
200~499	593	26.2	3.70	3.29	29.8
500~999	360	28.1	3.88	3.27	28.1
≥ 1 000	237	29.0	3.87	3.33	30.1

数据来源：中国奶业协会。

2017 年全国各地区不同规模生产性能测定奶牛场性能概况

规 模（奶牛存栏）	牛场数（个）	测定日平均产奶量（kg）	测定日平均乳脂肪率（%）	测定日平均蛋白率（%）	测定日平均体细胞数（万个 /mL）
＜ 50	19	20.2	3.79	3.31	35.6
50~99	36	22.6	3.69	3.33	42.9
100~199	234	24.9	3.70	3.38	40.0
200~499	609	27.1	3.81	3.34	35.1
500~999	417	28.4	4.01	3.33	31.5
≥ 1 000	296	29.9	3.87	3.36	25.4

数据来源：中国奶业协会。

2018 年全国各地区不同规模生产性能测定奶牛场性能概况

规 模（奶牛存栏）	牛场数（个）	测定日平均产奶量（kg）	测定日平均乳脂肪率（%）	测定日平均蛋白率（%）	测定日平均体细胞数（万个 /mL）
＜ 50	6	22.3	3.71	3.37	50.6
50~99	35	24.6	3.72	3.45	40.8
100~199	171	25.0	3.79	3.40	37.3
200~499	546	27.8	3.88	3.35	31.6
500~999	387	29.1	4.01	3.34	29.5
≥ 1 000	309	30.9	3.93	3.37	23.7

数据来源：中国奶业协会。

（“奶牛育种”表格由中国奶业协会养殖业发展部闫青霞汇总整理）

成 本

2018年各地区散养

项 目	单 位	平 均	山 西	吉 林	河 南
每头					
主产品产量	kg	5 400.91	5 779.91	5 189.33	4 459.05
产值合计	元	22 823.08	32 426.17	17 585.34	15 047.37
主产品产值	元	20 585.63	30 088.01	16 036.67	12 999.69
副产品产值	元	2 237.45	2 338.16	1 548.67	2 047.68
总成本	元	17 159.37	18 628.33	14 589.96	16 512.36
生产成本	元	17 118.12	18 628.33	14 589.96	16 512.36
物质与服务费用	元	13 051.93	14 381.29	9 553.18	11 520.83
人工成本	元	4 066.19	4 247.04	5 036.78	4 991.53
家庭用工折价	元	4 003.16	3 951.04	5 036.78	4 991.53
雇工费用	元	63.03	296.00		
土地成本	元	41.25			
净利润	元	5 663.71	13 797.84	2 995.38	−1 464.99
成本利润率	%	33.01	74.07	20.53	−8.87
每50kg主产品					
平均出售价格	元	190.58	260.28	154.52	145.77
总成本	元	143.29	149.53	128.20	159.96
生产成本	元	142.94	149.53	128.20	159.96
净利润	元	47.29	110.75	26.32	−14.19
附：					
每头用工数量	日	47.72	49.28	59.33	58.80
平均饲养天数	日	365.00	365.00	365.00	365.00

数据来源：国家发展和改革委员会价格司。

注：年成本收益表中散养、小规模、中规模、大规模分别指10头以下（含10头）、10头以上50头以下（含50头）、50头以上

收　益

奶牛成本收益情况

湖南	广西	贵州	陕西	新疆
4 402.59	5 750.51	5 292.33	6 016.44	6 317.09
17 458.23	33 179.42	20 486.15	25 840.67	20 561.33
15 409.05	29 716.30	18 786.12	23 782.67	17 866.56
2 049.18	3 463.12	1 700.03	2 058.00	2 694.77
14 677.06	21 945.23	19 204.78	18 141.33	13 575.86
14 632.21	21 693.10	19 204.78	18 141.33	13 542.83
12 014.63	17 396.39	15 667.67	13 064.91	10 816.42
2 617.58	4 296.71	3 537.11	5 076.42	2 726.41
2 617.58	4 296.71	3 537.11	5 076.42	2 518.18
				208.23
44.85	252.13			33.03
2 781.17	11 234.19	1 281.37	7 699.34	6 985.47
18.95	51.19	6.67	42.44	51.46
175.00	258.38	177.48	197.65	141.41
147.12	170.90	166.38	138.76	93.37
146.67	168.93	166.38	138.76	93.14
27.88	87.48	11.10	58.89	48.04
30.84	50.62	41.67	59.80	31.41
365.00	365.00	365.00	365.00	365.00

500头以下（含500头）、500头以上。

2018年各地区散养奶牛

项　　目	单 位	平均	山 西	吉 林	河 南
一、每头物质与服务费用	元	13 051.93	14 381.29	9 553.18	11 520.83
（一）直接费用	元	10 855.99	11 828.66	8 334.18	9 577.04
1. 仔畜费	元				
2. 精饲料费	元	7 858.99	9 014.94	7 000.00	6 256.45
3. 青粗饲料费	元	2 367.53	2 111.04	1 078.33	2 697.38
4. 饲料加工费	元	39.71	59.26	21.77	51.55
5. 水费	元	33.72	50.89	15.98	41.05
6. 燃料动力费	元	115.69	127.07	22.84	142.57
电费	元	70.26	110.26	10.74	97.34
煤费	元	31.86	16.81	12.10	45.23
其他燃料动力费	元	13.57			
7. 医疗防疫费	元	162.88	154.30	21.56	170.23
8. 死亡损失费	元	92.08	86.00	10.69	23.60
9. 技术服务费	元	11.56		10.88	
10. 工具材料费	元	37.30	54.09	9.88	27.23
11. 修理维护费	元	29.28	34.66	8.25	30.40
12. 其他直接费用	元	107.25	136.41	134.00	136.58
（二）间接费用	元	2 195.94	2 552.63	1 219.00	1 943.79
1. 固定资产折旧	元	2 068.73	2 397.85	1 219.00	1 897.22
2. 保险费	元	50.00			
3. 管理费	元	8.15			
4. 财务费	元				
5. 销售费	元	69.06	154.78		46.57
二、每头人工成本	元	4 066.19	4 247.04	5 036.78	4 991.53
1. 家庭用工折价	元	4 003.16	3 951.04	5 036.78	4 991.53
家庭用工天数	日	47.16	46.54	59.33	58.80
劳动日工价	元	84.89	84.89	84.89	84.89
2. 雇工费用	元	63.03	296.00		
雇工天数	日	0.56	2.74		
雇工工价	元	112.55	108.03	110.00	82.60
三、附					
1. 仔畜重量	kg				
2. 精饲料数量	kg	2 850.76	3 223.05	2 583.00	2 334.81
3. 耗粮数量	kg	2 051.25	2 312.09	1 808.10	1 634.37

数据来源：国家发展和改革委员会价格司。

费用和用工情况

湖 南	广 西	贵 州	陕 西	新 疆
12 014.63	17 396.39	15 667.67	13 064.91	10 816.42
10 127.60	14 041.62	13 202.07	9 830.35	9 906.28
7 332.00	9 656.36	10 212.00	7 047.11	6 353.07
2 474.50	3 246.71	2 100.00	2 100.33	3 131.92
			63.56	121.57
32.25	49.87	22.41	38.22	19.09
43.59	103.26	279.68	181.78	24.68
32.29	79.74	178.06	44.22	9.41
11.30	23.52		137.56	8.36
		101.62		6.91
35.00	525.61	200.00	175.22	21.11
100.00	192.35	200.00	46.50	77.47
29.14	28.22		18.72	5.50
27.50	101.71	29.18	23.51	25.33
16.12	45.98	38.80	30.20	29.79
37.50	91.55	120.00	105.20	96.75
1 887.03	3 354.77	2 465.60	3 234.56	910.14
1 298.12	3 135.32	2 465.60	3 234.56	902.14
400.00				
	65.21			
188.91	154.24			8.00
2 617.58	4 296.71	3 537.11	5 076.42	2 726.41
2 617.58	4 296.71	3 537.11	5 076.42	2 518.18
30.84	50.62	41.67	59.80	29.66
84.89	84.89	84.89	84.89	84.89
				208.23
				1.75
120.00	90.00	120.00	95.00	118.99
2 300.00	3 335.34	3 403.83	2 900.00	2 726.04
2 012.50	2 235.00	2 382.68	2 117.00	1 908.23

2018年各地区小规模

项　　目	单 位	平 均	河 北	山 西	内蒙古	辽 宁	吉 林
每头							
主产品产量	kg	5 619.26	6 173.28	5 340.00	7 627.50	5 510.06	5 099.17
产值合计	元	23 193.32	23 931.93	21 270.88	22 055.50	24 159.96	21 928.12
主产品产值	元	20 715.68	20 886.53	19 453.38	18 378.00	21 680.94	20 197.09
副产品产值	元	2 477.64	3 045.40	1 817.50	3 677.50	2 479.02	1 731.03
总成本	元	16 923.09	17 788.44	16 226.50	17 862.40	18 457.30	14 376.74
生产成本	元	16 867.06	17 755.00	16 209.00	17 802.40	18 457.30	14 362.98
物质与服务费用	元	13 666.74	15 641.00	12 515.75	14 831.25	14 218.37	10 829.09
人工成本	元	3 200.32	2 114.00	3 693.25	2 971.15	4 238.93	3 533.89
家庭用工折价	元	2 943.90	1 809.85	2 313.25	2 971.15	3 446.28	3 533.89
雇工费用	元	256.42	304.15	1 380.00		792.65	
土地成本	元	56.03	33.44	17.50	60.00		13.76
净利润	元	6 270.23	6 143.49	5 044.38	4 193.10	5 702.66	7 551.38
成本利润率	%	37.05	34.54	31.09	23.47	30.90	52.53
每50kg主产品							
平均出售价格	元	184.33	169.17	182.15	120.47	196.74	198.04
总成本	元	134.50	125.74	138.95	97.57	150.30	129.84
生产成本	元	134.05	125.51	138.80	97.24	150.30	129.72
净利润	元	49.83	43.43	43.20	22.90	46.44	68.20
附：							
每头用工数量	日	37.21	24.54	39.25	35.00	48.68	41.63
平均饲养天数	日	365.00	365.00	365.00	365.00	365.00	365.00

数据来源：国家发展和改革委员会价格司。

奶牛成本收益情况

黑龙江	福 建	山 东	河 南	湖 南	广 西	云 南	宁 夏
5 761.64	5 023.75	6 213.75	5 192.07	4 512.06	6 094.28	5 003.12	5 499.67
20 166.52	41 032.00	18 180.38	17 228.14	19 228.85	36 435.42	16 104.82	19 790.75
18 270.19	38 619.00	15 472.63	15 144.57	16 792.18	32 780.95	13 983.68	17 644.75
1 896.33	2 413.00	2 707.75	2 083.57	2 436.67	3 654.47	2 121.14	2 146.00
15 026.80	20 232.45	18 861.39	15 857.23	14 754.22	22 417.52	12 916.75	15 222.62
15 017.86	20 192.05	18 839.64	15 817.82	14 661.58	22 186.12	12 760.62	15 209.57
12 450.14	15 947.55	16 105.10	12 483.26	12 463.10	17 947.31	9 848.72	12 386.98
2 567.72	4 244.50	2 734.54	3 334.56	2 198.48	4 238.81	2 911.90	2 822.59
2 214.19	4 244.50	2 328.96	3 334.56	2 198.48	4 238.81	2 814.36	2 822.59
353.53		405.58				97.54	
8.94	40.40	21.75	39.41	92.64	231.40	156.13	13.05
5 139.72	20 799.55	−681.01	1 370.91	4 474.63	14 017.90	3 188.07	4 568.13
34.20	102.80	−3.61	8.65	30.33	62.53	24.68	30.01
158.55	384.36	124.50	145.84	186.08	268.95	139.75	160.42
118.14	189.52	129.16	134.23	142.78	165.48	112.09	123.39
118.07	189.15	129.01	133.90	141.88	163.77	110.73	123.29
40.41	194.84	−4.66	11.61	43.30	103.47	27.66	37.03
29.92	50.00	32.01	39.28	25.90	49.93	34.29	33.25
365.00	365.00	365.00	365.00	365.00	365.00	365.00	365.00

2018年各地区小规模

项　　目	单 位	平均	河 北	山 西	内蒙古	辽 宁	吉 林
一、每头物质与服务费用	元	13 666.74	15 641.00	12 515.75	14 831.25	14 218.37	10 829.09
（一）直接费用	元	11 513.00	13 128.15	10 618.25	13 190.00	11 919.37	8 867.91
1. 仔畜费	元						
2. 精饲料费	元	8 317.57	10 970.96	8 191.00	9 452.25	9 167.58	6 941.17
3. 青粗饲料费	元	2 585.72	1 785.46	1 855.00	3 143.25	2 053.00	1 492.42
4. 饲料加工费	元	28.23		63.75	42.25	91.49	16.17
5. 水费	元	37.96	28.64	53.00	39.50	23.31	31.42
6. 燃料动力费	元	114.03	64.01	98.25	146.25	169.79	92.29
电费	元	80.58	64.01	55.75	40.25	112.16	63.54
煤费	元	28.07		42.50	76.00	57.63	28.75
其他燃料动力费	元	5.38			30.00		
7. 医疗防疫费	元	155.33	140.12	62.75	82.00	84.74	62.09
8. 死亡损失费	元	71.78		67.25		135.53	26.09
9. 技术服务费	元	10.23		23.00	20.00	1.78	
10. 工具材料费	元	39.14	26.50	61.00	46.50	36.18	21.17
11. 修理维护费	元	31.27	17.08	37.00	54.25	24.21	38.92
12. 其他直接费用	元	121.74	95.38	106.25	163.75	131.76	146.17
（二）间接费用	元	2 153.74	2 512.85	1 897.50	1 641.25	2 299.00	1 961.18
1. 固定资产折旧	元	1 986.92	2 475.90	1 830.00	1 641.25	2 168.46	1 440.09
2. 保险费	元	37.11	12.00				
3. 管理费	元	14.29	24.95	45.00			
4. 财务费	元	0.23					0.83
5. 销售费	元	115.19		22.50		130.54	520.26
二、每头人工成本	元	3 200.32	2 114.00	3 693.25	2 971.15	4 238.93	3 533.89
1. 家庭用工折价	元	2 943.90	1 809.85	2 313.25	2 971.15	3 446.28	3 533.89
家庭用工天数	日	34.68	21.32	27.25	35.00	40.60	41.63
劳动日工价	元	84.89	84.89	84.89	84.89	84.89	84.89
2. 雇工费用	元	256.42	304.15	1 380.00		792.65	
雇工天数	日	2.53	3.22	12.00		8.08	
雇工工价	元	101.35	94.46	115.00	100.00	98.10	105.00
三、附							
1. 仔畜重量	kg						
2. 精饲料数量	kg	2 825.97	3 553.98	2 817.50	3 330.00	2 996.64	2 623.50
3. 耗粮数量	kg	2 094.90	2 527.20	2 035.55	2 528.78	2 097.65	1 836.45

数据来源：国家发展和改革委员会价格司。

奶牛费用和用工情况

黑龙江	福 建	山 东	河 南	湖 南	广 西	云 南	宁 夏
12 450.14	15 947.55	16 105.10	12 483.26	12 463.10	17 947.31	9 848.72	12 386.98
10 489.82	12 824.40	14 068.95	10 677.35	10 656.34	14 508.10	7 996.07	10 724.20
6 808.17	9 156.50	9 540.00	7 382.61	8 312.89	10 215.16	4 231.91	7 758.17
3 165.47	2 975.00	3 558.75	2 619.38	2 126.89	3 285.29	2 958.55	2 595.84
47.59			36.88			44.00	24.85
19.49	99.50	28.60	33.54	30.88	56.79	29.91	18.87
61.00	113.75	255.70	150.13	50.02	125.47	128.02	27.65
45.44	113.75	249.00	98.77	40.67	94.64	46.02	23.48
15.56		6.70	51.36	9.35	30.83	42.00	4.17
						40.00	
123.13	191.50	292.50	211.50	30.66	362.39	225.91	149.99
71.39	77.30	63.00	49.74		223.00	219.90	
3.45			6.39	29.96	29.73	18.67	
14.89	31.50	76.15	33.51	13.71	86.74	34.37	26.65
22.05	4.35	54.25	28.92	26.33	41.63	35.36	22.18
153.19	175.00	200.00	124.75	35.00	81.90	69.47	100.00
1 960.32	3 123.15	2 036.15	1 805.91	1 806.76	3 439.21	1 852.65	1 662.78
1 922.65	2 603.50	2 023.65	1 746.63	1 333.68	3 200.94	1 832.58	1 610.69
21.78				400.00		12.67	36.00
10.20	12.65		32.36		57.70	2.87	
						2.20	
5.69	507.00	12.50	26.92	73.08	180.57	2.33	16.09
2 567.72	4 244.50	2 734.54	3 334.56	2 198.48	4 238.81	2 911.90	2 822.59
2 214.19	4 244.50	2 328.96	3 334.56	2 198.48	4 238.81	2 814.36	2 822.59
26.08	50.00	27.44	39.28	25.90	49.93	33.15	33.25
84.89	84.89	84.89	84.89	84.89	84.89	84.89	84.89
353.53		405.58				97.54	
3.84		4.57				1.14	
92.07	130.00	88.75	84.74	120.00	90.00	85.56	100.00
2 447.92	2 930.00	2 775.30	2 627.52	2 658.44	3 291.73	1 705.16	2 979.92
1 898.82	2 431.90	1 998.22	1 859.95	2 326.14	2 260.51	1 346.63	2 085.94

2018 年各地区中规模

项　　目	单位	平均	北京	天津	河北	山西	内蒙古	辽宁	吉林	黑龙江	上海	江苏
每头												
主产品产量	kg	6 318.31	5 500.00	7 726.50	6 126.04	5 962.00	6 438.48	6 180.10	5 621.00	6 190.11	10 185.00	5 825.36
产值合计	元	27 758.11	22 360.00	28 802.71	25 746.04	24 240.58	23 689.00	23 424.83	27 595.47	22 210.62	45 104.10	25 057.68
主产品产值	元	25 277.17	19 860.00	26 475.88	22 670.04	22 315.58	20 263.98	20 722.33	25 013.00	20 313.34	43 293.90	23 301.44
副产品产值	元	2 480.94	2 500.00	2 326.83	3 076.00	1 925.00	3 425.02	2 702.50	2 582.47	1 897.28	1 810.20	1 756.24
总成本	元	21 097.78	17 133.35	21 230.06	17 257.57	15 004.45	21 364.30	20 024.34	14 017.26	16 641.73	39 043.70	17 784.13
生产成本	元	21 017.23	17 133.35	21 183.28	17 220.33	14 988.58	21 326.77	19 996.84	13 982.26	16 629.08	38 827.00	17 700.43
物质与服务费用	元	17 851.54	14 870.00	18 776.06	15 212.68	12 679.13	18 064.61	16 068.24	11 882.26	13 559.60	34 111.10	15 004.80
人工成本	元	3 165.69	2 263.35	2 407.22	2 007.65	2 309.45	3 262.16	3 928.60	2 100.00	3 069.48	4 715.90	2 695.63
家庭用工折价	元	550.43	1 273.35	613.08	2 007.65	233.45	767.58			450.85		
雇工费用	元	2 615.26	990.00	1 794.14		2 076.00	2 494.58	3 928.60	2 100.00	2 618.63	4 715.90	2 695.63
土地成本	元	80.55		46.78	37.24	15.87	37.53	27.50	35.00	12.65	216.70	83.70
净利润	元	6 660.33	5 226.65	7 572.65	8 488.47	9 236.13	2 324.70	3 400.49	13 578.21	5 568.89	6 060.40	7 273.55
成本利润率	%	31.57	30.51	35.67	49.19	61.56	10.88	16.98	96.87	33.46	15.52	40.90
每 50kg 主产品												
平均出售价格	元	200.03	180.55	171.33	185.03	187.15	157.37	167.65	222.50	164.08	212.54	200.00
总成本	元	152.03	138.35	126.28	124.03	115.84	141.93	143.31	113.02	122.94	183.98	141.95
生产成本	元	151.45	138.35	126.01	123.76	115.72	141.68	143.12	112.74	122.85	182.96	141.28
净利润	元	48.00	42.20	45.05	61.00	71.31	15.44	24.34	109.48	41.14	28.56	58.05
附：												
每头用工数量	日	30.77	21.00	20.70	23.65	21.70	33.77	41.08	21.00	31.10	36.20	35.26
平均饲养天数	日	365.00	365.00	365.00	365.00	365.00	365.00	365.00	365.00	365.00	365.00	365.00

数据来源：国家发展和改革委员会价格司。

奶牛成本收益情况

浙江	安徽	福建	山东	河南	广西	重庆	四川	云南	陕西	甘肃	宁夏	新疆
6 569.00	6 000.00	4 817.00	5 671.55	5 740.30	2 618.00	5 612.98	8 235.00	5 800.00	6 018.50	7 023.10	5 861.22	9 600.00
31 641.00	25 965.00	40 558.60	18 832.78	20 146.49	28 805.10	29 574.70	36 913.95	25 980.00	23 975.00	29 064.55	24 328.18	34 420.00
28 512.00	22 800.00	37 572.60	16 628.83	17 967.08	24 514.80	27 298.35	34 998.75	23 780.00	21 997.50	26 266.39	21 689.07	33 120.00
3 129.00	3 165.00	2 986.00	2 203.95	2 179.41	4 290.30	2 276.35	1 915.20	2 200.00	1 977.50	2 798.16	2 639.11	1 300.00
27 713.30	18 408.15	19 902.89	16 602.94	16 857.94	15 459.59	25 263.86	35 064.00	20 779.00	21 255.15	23 393.39	17 702.38	27 346.50
27 648.30	18 174.15	19 859.69	16 591.29	16 813.38	15 459.59	25 136.39	34 704.00	20 579.00	21 222.15	23 218.97	17 656.05	27 346.50
22 685.30	16 049.15	15 530.30	14 434.37	13 705.77	13 319.99	21 844.80	29 504.00	17 159.00	15 947.15	20 824.08	14 606.65	24 746.50
4 963.00	2 125.00	4 329.39	2 156.92	3 107.61	2 139.60	3 291.59	5 200.00	3 420.00	5 275.00	2 394.89	3 049.40	2 600.00
		4 329.39	831.92	186.76							1 966.73	
4 963.00	2 125.00		1 325.00	2 920.85	2 139.60	3 291.59	5 200.00	3 420.00	5 275.00	2 394.89	1 082.67	2 600.00
65.00	234.00	43.20	11.65	44.56		127.47	360.00	200.00	33.00	174.42	46.33	
3 927.70	7 556.85	20 655.71	2 229.84	3 288.55	13 345.51	4 310.84	1 849.95	5 201.00	2 719.85	5 671.16	6 625.80	7 073.50
14.17	41.05	103.78	13.43	19.51	86.33	17.06	5.28	25.03	12.80	24.24	37.43	25.87
217.02	190.00	390.00	146.60	156.50	468.20	243.17	212.50	205.00	182.75	187.00	185.02	172.50
190.08	134.70	191.38	129.24	130.95	251.28	207.73	201.85	163.96	162.02	150.51	134.63	137.05
189.63	132.99	190.97	129.15	130.61	251.28	206.68	199.78	162.38	161.77	149.39	134.28	137.05
26.94	55.30	198.62	17.36	25.55	216.92	35.44	10.65	41.04	20.73	36.49	50.39	35.45
37.00	25.00	51.00	20.70	36.44	28.36	26.74	40.00	38.00	45.90	17.79	35.44	20.00
365.00	365.00	365.00	365.00	365.00	365.00	365.00	365.00	365.00	365.00	365.00	365.00	365.00

2018年各地区中规模

项　　目	单位	平均	北京	天津	河北	山西	内蒙古	辽宁	吉林	黑龙江	上海	江苏
一、每头物质与服务费用	元	17 851.54	14 870.00	18 776.06	15 212.68	12 679.13	18 064.61	16 068.24	11 882.26	13 559.60	34 111.10	15 004.80
（一）直接费用	元	14 588.67	12 970.00	16 537.06	12 314.99	10 792.38	15 043.91	13 218.49	9 291.55	11 347.60	31 041.80	12 822.62
1.仔畜费	元											
2.精饲料费	元	9 080.75	7 800.00	11 789.24	10 128.26	8 315.13	9 165.21	8 976.73	7 119.29	7 204.49	15 102.90	7 241.25
3.青粗饲料费	元	4 515.75	4 400.00	4 130.92	1 835.76	1 894.00	5 148.19	3 208.15	1 537.00	3 573.49	13 616.90	4 782.35
4.饲料加工费	元	34.43	30.00	0.33		25.00	11.01	117.35		25.65		8.95
5.水费	元	73.24	20.00	51.83	21.84	43.50	42.32	61.23	50.00	23.42	330.60	34.88
6.燃料动力费	元	263.26	180.00	186.90	55.42	135.00	196.22	221.03	190.00	70.13	608.60	181.67
电费	元	181.02	90.00	180.50	55.42	74.75	105.51	141.83	110.00	53.02	608.60	148.55
煤费	元	38.52	70.00	6.40		60.25	54.87	79.20	80.00	17.11		33.12
其他燃料动力费	元	43.72	20.00				35.84					
7.医疗防疫费	元	233.97	180.00	126.98	153.59	82.75	140.62	115.25	54.82	134.51	442.50	259.12
8.死亡损失费	元	68.49	60.00	43.83		80.50	32.17	206.25	65.00	87.99	117.90	45.65
9.技术服务费	元	42.50	100.00			24.00	4.17	53.25		7.52	37.40	128.52
10.工具材料费	元	65.30	40.00	28.95	22.52	49.75	31.15	64.50	89.00	34.97	259.20	42.21
11.修理维护费	元	65.05	20.00	23.00	10.72	54.00	121.81	37.00	36.44	34.99	241.60	49.55
12.其他直接费用	元	145.93	140.00	155.08	86.88	88.75	151.04	157.75	150.00	150.44	284.20	48.47
（二）间接费用	元	3 262.87	1 900.00	2 239.00	2 897.69	1 886.75	3 020.70	2 849.75	2 590.71	2 212.00	3 069.30	2 182.18
1.固定资产折旧	元	2 717.13	1 500.00	2 115.67	2 817.50	1 803.50	2 477.95	2 660.00	1 897.00	2 093.78	2 020.30	1 965.24
2.保险费	元	134.57	60.00		59.50		325.00	30.00		38.87	134.60	55.25
3.管理费	元	194.21	150.00	42.50	20.69	44.00	17.28	120.00	54.67	17.53	880.70	75.31
4.财务费	元	96.96		13.33			35.83		25.00	3.82	33.70	21.14
5.销售费	元	120.00	190.00	67.50		39.25	164.64	39.75	614.04	58.00		65.24
二、每头人工成本	元	3 165.69	2 263.35	2 407.22	2 007.65	2 309.45	3 262.16	3 928.60	2 100.00	3 069.48	4 715.90	2 695.63
1.家庭用工折价	元	550.43	1 273.35	613.08	2 007.65	233.45	767.58			450.85		
家庭用工天数	日	6.48	15.00	7.22	23.65	2.75	9.04			5.31		
劳动日工价	元	84.89	84.89	84.89	84.89	84.89	84.89	84.89	84.89	84.89	84.89	84.89
2.雇工费用	元	2 615.26	990.00	1 794.14		2 076.00	2 494.58	3 928.60	2 100.00	2 618.63	4 715.90	2 695.63
雇工天数	日	24.29	6.00	13.48		18.95	24.73	41.08	21.00	25.79	36.20	35.26
雇工工价	元	107.67	165.00	133.10	87.50	109.55	100.87	95.63	100.00	101.54	130.27	76.45
三、附												
1.仔畜重量	kg											
2.精饲料数量	kg	3 215.94	2 300.00	4 157.83	3 534.87	2 930.00	3 457.34	3 241.08	2 738.19	2 618.90	4 887.70	2 988.56
3.耗粮数量	kg	2 321.92	1 610.00	2 882.28	2 474.42	2 138.60	2 488.66	2 268.75	1 916.73	2 019.39	3 421.39	2 121.88

数据来源：国家发展和改革委员会价格司。

奶牛费用和用工情况

浙 江	安 徽	福 建	山 东	河 南	广 西	重 庆	四 川	云 南	陕 西	甘 肃	宁 夏	新 疆
22 685.30	16 049.15	15 530.30	14 434.37	13 705.77	13 319.99	21 844.80	29 504.00	17 159.00	15 947.15	20 824.08	14 606.65	24 746.50
16 560.30	11 590.15	12 139.80	11 716.52	11 774.75	10 431.69	15 968.22	23 318.00	14 459.00	12 840.55	17 123.61	11 948.37	20 288.00
8 325.00	8 537.65	8 897.00	6 992.37	8 222.19	1 748.00	9 347.35	13 169.20	9 869.00	9 227.00	10 623.69	8 656.24	12 400.00
5 585.00	2 448.50	2 500.00	4 005.15	2 804.66	8 006.00	5 758.93	7 650.00	3 800.00	2 764.00	5 715.37	2 712.96	5 985.00
60.30				48.46			360.00		58.40		46.41	
305.00		153.20	27.90	56.23		39.81	73.00	150.00	59.00	74.09	45.64	21.00
712.00	234.00	150.60	189.05	149.63	135.54	138.14	600.00	100.00	266.00	136.09	107.05	1 112.00
712.00	208.00	150.60	189.05	98.60	135.54	104.36	360.00	100.00	184.00	136.09	55.00	162.00
				51.03					82.00		52.05	300.00
	26.00					33.78	240.00					650.00
580.00	80.00	163.00	337.05	199.41	50.85	83.52	1 008.00	250.00	195.50	255.93	200.93	287.00
30.00		72.50		59.26	148.80	55.87	84.80	120.00	60.00	104.65		100.00
	20.00			19.65	18.00	321.95	100.00					143.00
250.00	80.00	33.50	9.85	28.58	90.00	83.16	60.00	30.00	55.65	16.72	42.12	60.00
172.00	65.00		5.15	28.07	189.00	44.49	113.00	60.00	66.50	7.07	36.80	80.00
541.00	125.00	170.00	150.00	158.61	45.50	95.00	100.00	80.00	88.50	190.00	100.22	100.00
6 125.00	4 459.00	3 390.50	2 717.85	1 931.02	2 888.30	5 876.58	6 186.00	2 700.00	3 106.60	3 700.47	2 658.28	4 458.50
5 200.00	3 543.00	2 890.30	2 717.85	1 858.61	2 570.00	4 653.66	4 464.00	2 200.00	2 631.00	2 174.23	2 440.45	3 800.00
225.00	360.00					500.00	60.00	500.00	82.50	300.00	36.00	328.50
500.00	230.00	30.20		42.63	312.30	404.43	709.00		350.00	424.42	41.12	
200.00	326.00					318.49	473.00		43.10	330.89	105.87	300.00
		470.00		29.78	6.00		480.00			470.93	34.84	30.00
4 963.00	2 125.00	4 329.39	2 156.92	3 107.61	2 139.60	3 291.59	5 200.00	3 420.00	5 275.00	2 394.89	3 049.40	2 600.00
		4 329.39	831.92	186.76							1 966.73	
		51.00	9.80	2.20							23.17	
84.89	84.89	84.89	84.89	84.89	84.89	84.89	84.89	84.89	84.89	84.89	84.89	84.89
4 963.00	2 125.00		1 325.00	2 920.85	2 139.60	3 291.59	5 200.00	3 420.00	5 275.00	2 394.89	1 082.67	2 600.00
37.00	25.00		10.90	34.24	28.36	26.74	40.00	38.00	45.90	17.79	12.27	20.00
134.14	85.00	130.00	121.56	85.31	75.44	123.10	130.00	90.00	114.92	134.62	88.24	130.00
3 025.00	3 283.71	2 870.00	2 639.60	2 905.63	622.00	3 188.82	4 015.00	3 550.00	3 797.00	3 613.50	3 001.95	4 600.00
2 117.50	2 298.60	2 382.10	2 006.10	2 072.71	435.40	2 654.10	2 810.50	2 662.50	2 771.81	2 529.45	2 101.36	3 220.00

2018 年各地区大规模

项　　目	单 位	平 均	北 京	天 津	河 北	山 西	内蒙古	辽 宁	黑龙江
每头									
主产品产量	kg	7 703.78	8 977.54	7 320.00	7 603.84	6 127.50	7 537.76	5 504.00	6 686.32
产值合计	元	32 681.94	34 904.39	28 737.89	30 731.17	23 040.49	29 643.78	24 637.00	24 373.90
主产品产值	元	29 827.13	31 200.98	25 620.00	28 073.25	21 139.05	26 220.21	22 493.00	22 291.65
副产品产值	元	2 854.81	3 703.41	3 117.89	2 657.92	1 901.44	3 423.57	2 144.00	2 082.25
总成本	元	25 717.43	28 920.94	22 301.37	21 159.53	15 529.92	23 777.74	19 741.35	18 801.22
生产成本	元	25 632.03	28 885.94	22 269.37	21 116.53	15 514.24	23 738.45	19 688.85	18 775.14
物质与服务费用	元	22 524.11	24 926.19	20 015.17	18 133.42	13 068.10	20 554.42	17 358.85	15 841.39
人工成本	元	3 107.92	3 959.75	2 254.20	2 983.11	2 446.14	3 184.03	2 330.00	2 933.75
家庭用工折价	元	106.88	629.63		1 014.44		24.87		65.11
雇工费用	元	3 001.04	3 330.12	2 254.20	1 968.67	2 446.14	3 159.16	2 330.00	2 868.64
土地成本	元	85.40	35.00	32.00	43.00	15.68	39.29	52.50	26.08
净利润	元	6 964.51	5 983.45	6 436.52	9 571.64	7 510.57	5 866.04	4 895.65	5 572.68
成本利润率	%	27.08	20.69	28.86	45.24	48.36	24.67	24.80	29.64
每 50kg 主产品									
平均出售价格	元	193.59	173.77	175.00	184.60	172.49	173.93	204.33	166.70
总成本	元	152.34	143.98	135.80	127.10	116.26	139.51	163.73	128.59
生产成本	元	151.83	143.81	135.61	126.85	116.15	139.28	163.29	128.41
净利润	元	41.25	29.79	39.20	57.50	56.23	34.42	40.60	38.11
附:									
每头用工数量	日	26.96	18.89	17.34	26.41	19.16	27.30	22.20	28.68
平均饲养天数	日	365.00	365.00	365.00	365.00	365.00	365.00	365.00	365.00

数据来源：国家发展和改革委员会价格司。

奶牛成本收益情况

上海	江苏	浙江	安徽	福建	山东	河南	湖北	广东	甘肃	青海	新疆
8 936.70	8 052.28	8 375.00	8 974.26	9 137.00	8 560.00	6 039.28	9 300.00	5 180.00	9 732.72	5 186.31	9 141.25
40 780.06	34 032.14	39 882.00	41 412.06	44 840.50	30 645.42	23 684.78	40 030.00	30 452.00	37 880.00	23 870.57	37 378.61
38 162.88	32 209.13	35 459.00	38 301.89	42 149.00	26 029.87	21 305.97	38 130.00	27 972.00	34 453.83	19 707.99	35 795.76
2 617.18	1 823.01	4 423.00	3 110.17	2 691.50	4 615.55	2 378.81	1 900.00	2 480.00	3 426.17	4 162.58	1 582.85
35 968.61	29 421.85	37 554.90	34 646.15	35 166.84	28 398.96	18 437.53	22 237.00	21 775.30	26 433.88	23 648.65	24 709.62
35 785.67	28 873.23	37 504.90	34 399.84	35 146.84	28 348.96	18 383.78	22 057.00	21 749.00	26 433.88	23 627.58	24 709.62
31 321.04	26 860.08	31 983.90	30 484.65	32 845.96	26 255.71	15 056.51	18 657.00	18 029.00	23 865.50	20 968.83	21 732.11
4 464.63	2 013.15	5 521.00	3 915.19	2 300.88	2 093.25	3 327.27	3 400.00	3 720.00	2 568.38	2 658.75	2 977.51
											297.12
4 464.63	2 013.15	5 521.00	3 915.19	2 300.88	2 093.25	3 327.27	3 400.00	3 720.00	2 568.38	2 658.75	2 680.39
182.94	548.62	50.00	246.31	20.00	50.00	53.75	180.00	26.30		21.07	
4 811.45	4 610.29	2 327.10	6 765.91	9 673.66	2 246.46	5 247.25	17 793.00	8 676.70	11 446.12	221.92	12 669.00
13.38	15.67	6.20	19.53	27.51	7.91	28.46	80.02	39.85	43.30	0.94	51.27
213.52	200.00	211.70	213.40	230.65	152.04	176.39	205.00	270.00	177.00	190.00	195.79
188.33	172.91	199.35	178.53	180.89	140.89	137.31	113.88	193.07	123.52	188.23	129.43
187.37	169.68	199.08	177.27	180.79	140.65	136.91	112.96	192.84	123.52	188.07	129.43
25.19	27.09	12.35	34.87	49.76	11.15	39.08	91.12	76.93	53.48	1.77	66.36
32.32	42.50	38.00	27.88	25.00	25.00	39.64	30.00	30.20	17.01	21.16	23.49
365.00	365.00	365.00	365.00	365.00	365.00	365.00	365.00	365.00	365.00	365.00	365.00

2018年各地区大规模

项　　目	单位	平均	北京	天津	河北	山西	内蒙古	辽宁	黑龙江
一、每头物质与服务费用	元	22 524.11	24 926.19	20 015.17	18 133.42	13 068.10	20 554.42	17 358.85	15 841.39
（一）直接费用	元	18 844.84	19 922.05	17 475.84	15 470.19	10 973.80	16 993.53	13 663.35	13 302.92
1. 仔畜费	元								
2. 精饲料费	元	10 607.27	10 247.04	10 602.00	11 852.78	8 494.98	11 030.27	7 778.50	8 119.38
3. 青粗饲料费	元	6 417.59	6 744.45	6 249.00	3 177.41	1 883.39	5 026.41	5 095.00	4 401.42
4. 饲料加工费	元	27.15	17.50	16.67		15.00	12.70	73.00	12.50
5. 水费	元	92.46	30.05	45.00	28.22	58.36	47.23	98.50	22.05
6. 燃料动力费	元	459.70	621.87	225.00	61.89	138.03	244.94	156.70	176.97
电费	元	349.53	449.16	225.00	61.89	83.89	133.46	126.00	119.89
煤费	元	49.33	35.00			54.14	74.95	30.70	57.08
其他燃料动力费	元	60.84	137.71				36.53		
7. 医疗防疫费	元	427.76	629.05	107.50	173.09	82.79	157.88	135.50	169.92
8. 死亡损失费	元	166.15	290.52	34.00		77.78	71.81	126.50	106.30
9. 技术服务费	元	21.92				34.78	15.78		30.13
10. 工具材料费	元	204.89	109.58	25.00	24.79	49.33	48.38	54.25	45.68
11. 修理维护费	元	137.69	332.82	21.67	20.47	44.61	145.88	29.90	39.57
12. 其他直接费用	元	282.26	899.17	150.00	131.54	94.75	192.25	115.50	179.00
（二）间接费用	元	3 679.27	5 004.14	2 539.33	2 663.23	2 094.30	3 560.89	3 695.50	2 538.47
1. 固定资产折旧	元	2 989.55	4 082.54	2 342.14	2 579.00	1 981.39	2 906.22	3 376.50	2 263.75
2. 保险费	元	84.18	45.00		66.17		376.67		25.00
3. 管理费	元	414.41	159.17	17.19	18.06	55.31	43.80	196.50	154.83
4. 财务费	元	95.70		180.00		15.68	54.11	52.00	3.33
5. 销售费	元	95.43	717.43			41.92	180.09	70.50	91.56
二、每头人工成本	元	3 107.92	3 959.75	2 254.20	2 983.11	2 446.14	3 184.03	2 330.00	2 933.75
1. 家庭用工折价	元	106.88	629.63		1 014.44		24.87		65.11
家庭用工天数	日	1.26	7.42		11.95		0.29		0.77
劳动日工价	元	84.89	84.89	84.89	84.89	84.89	84.89	84.89	84.89
2. 雇工费用	元	3 001.04	3 330.12	2 254.20	1 968.67	2 446.14	3 159.16	2 330.00	2 868.64
雇工天数	日	25.70	11.47	17.34	14.46	19.16	27.01	22.20	27.91
雇工工价	元	116.77	290.33	130.00	136.15	127.67	116.96	104.96	102.78
三、附									
1. 仔畜重量	kg								
2. 精饲料数量	kg	3 635.72	3 309.70	3 800.00	3 963.17	3 122.19	3 880.68	3 067.50	2 871.83
3. 耗粮数量	kg	2 614.10	2 316.79	2 660.00	2 774.22	2 281.58	2 963.18	2 147.25	2 200.40

数据来源：国家发展和改革委员会价格司。

奶牛费用和用工情况

上海	江苏	浙江	安徽	福建	山东	河南	湖北	广东	甘肃	青海	新疆
31 321.04	26 860.08	31 983.90	30 484.65	32 845.96	26 255.71	15 056.51	18 657.00	18 029.00	23 865.50	20 968.83	21 732.11
27 447.86	22 925.38	25 520.90	24 745.53	28 715.21	21 670.59	12 724.60	15 441.00	16 566.00	19 740.32	16 615.41	18 137.26
13 020.82	9 467.73	11 625.32	14 398.35	13 595.10	10 567.79	8 728.67	11 000.00	10 443.00	11 377.30	6 584.89	12 604.24
11 833.95	10 762.96	10 919.00	8 320.17	10 766.33	7 343.40	3 152.48	2 700.00	4 210.00	7 289.01	7 965.24	4 094.50
		73.58	53.00	40.50		51.37	150.00				
229.04	130.66	590.00	35.26	8.00	23.48	52.50	60.00	105.00	88.02	1.46	103.82
707.27	704.45	689.00	495.60	1 012.25	1 050.61	190.76	535.00	720.00	223.56	409.48	371.01
707.27	267.69	689.00	479.10	1 012.25	787.35	114.80	360.00	680.00	180.36	54.97	109.08
	331.09		16.50			75.96					261.93
	105.67				263.26		175.00	40.00	43.20	354.51	
648.50	365.48	682.00	418.69	1 645.85	787.35	231.93	315.00	478.00	211.38	491.31	396.23
261.05		10.00	251.16	200.50	375.78	70.84	190.00	262.00	108.37	647.95	72.22
31.00	220.00			32.25		17.50	10.00	25.00			
293.53	560.57	312.00	292.96	793.55	480.83	33.71	240.00	135.00	101.37	183.77	108.63
210.80	233.89	200.00	176.19	283.88	386.47	35.82	139.00	98.00	47.82	68.57	100.67
211.90	479.64	420.00	304.15	337.00	654.88	159.02	102.00	90.00	293.49	262.74	285.94
3 873.18	3 934.70	6 463.00	5 739.12	4 130.75	4 585.12	2 331.91	3 216.00	1 463.00	4 125.18	4 353.42	3 594.85
2 578.99	2 876.20	6 174.00	4 594.54	2 055.00	4 057.30	2 180.47	2 100.00	1 142.00	3 115.05	3 713.00	2 683.31
161.66		225.00	360.00		54.00		36.00	45.00		205.01	
1 040.86	1 058.50	34.00	717.99	1 021.20	459.78	59.24	980.00	245.00	668.09	435.41	508.77
91.67		30.00	34.09	1 042.50		53.11	100.00	15.00			146.74
			32.50	12.05	14.04	39.09		16.00	342.04		256.03
4 464.63	2 013.15	5 521.00	3 915.19	2 300.88	2 093.25	3 327.27	3 400.00	3 720.00	2 568.38	2 658.75	2 977.51
											297.12
											3.50
84.89	84.89	84.89	84.89	84.89	84.89	84.89	84.89	84.89	84.89	84.89	84.89
4 464.63	2 013.15	5 521.00	3 915.19	2 300.88	2 093.25	3 327.27	3 400.00	3 720.00	2 568.38	2 658.75	2 680.39
32.32	42.50	38.00	27.88	25.00	25.00	39.64	30.00	30.20	17.01	21.16	19.99
138.14	47.37	145.29	140.43	92.04	83.73	83.94	113.33	123.18	150.99	125.65	134.09
4 200.25	3 727.45	3 367.00	4 482.75	4 958.00	3 790.00	3 077.02	3 650.00	2 761.00	4 013.01	2 592.48	4 444.69
2 940.18	2 609.22	2 356.90	3 137.92	3 966.40	2 577.20	2 193.29	2 737.50	2 070.75	2 809.11	1 814.74	3 111.29

生 产 价 格

2012—2018年我国奶类生产价格指数

上年=100

季 度	2012年	2013年	2014年	2015年	2016年	2017年	2018年
第一季度	103.69	107.70	118.40	90.30	95.40	102.30	101.00
第二季度	102.90	108.10	122.10	91.80	95.30	99.20	100.00
第三季度	103.66	111.20	103.70	92.60	95.60	101.60	100.80
第四季度	105.30	114.30	96.80	94.40	98.90	100.00	102.40

2008—2018年全国生鲜乳各月收购价格

单位：元/kg

年 份	1月	2月	3月	4月	5月	6月	7月	8月	9月	10月	11月	12月
2008	2.77	2.90	2.93	2.86	2.85	2.85	2.77	2.76	2.76	2.69	2.69	2.68
2009	2.62	2.57	2.49	2.43	2.37	2.32	2.32	2.31	2.36	2.43	2.52	2.60
2010	2.68	2.73	2.74	2.79	2.82	2.86	2.89	2.93	2.98	3.02	3.07	3.13
2011	3.18	3.20	3.20	3.20	3.19	3.20	3.19	3.19	3.20	3.22	3.23	3.25
2012	3.26	3.28	3.28	3.27	3.27	3.27	3.27	3.27	3.28	3.31	3.34	3.38
2013	3.40	3.42	3.42	3.43	3.45	3.50	3.55	3.61	3.70	3.81	3.98	4.12
2014	4.23	4.26	4.23	4.21	4.16	4.08	4.00	3.95	3.92	3.90	3.84	3.79
2015	3.56	3.44	3.42	3.40	3.40	3.41	3.41	3.41	3.44	3.47	3.50	3.54
2016	3.56	3.56	3.54	3.47	3.46	3.42	3.40	3.39	3.44	3.45	3.47	3.52
2017	3.54	3.54	3.53	3.50	3.45	3.42	3.41	3.41	3.46	3.48	3.50	3.52
2018	3.49	3.47	3.46	3.45	3.41	3.39	3.37	3.39	3.45	3.51	3.55	3.59

【饲料工业】

行 业 情 况

2014—2018 年全国饲料加工业基本经营情况

分 项	单位	2014 年	2015 年	2016 年	2017 年	2018 年
企业数量	个	3 842	4 117	4 232	4 296	4 354
亏损企业数	个	330	411	524	561	802
主营业务收入	亿元	10 813.9	11 052.8	11 533.6	11 244.2	9 405.2
利润总额	亿元	508.0	536.2	560.3	555.3	441.9
资产总额	亿元	3 846.5	4 250.5	4 679.0	5 317.5	5 138.0
负债总额	亿元	1 845.1	1 929.3	2 159.3	2 618.8	2 700.4

数据来源：国家统计局。

2011—2015 年全国各地区配合、混合饲料合计产量

单位：万 t

地 区	2011 年	2012 年	2013 年	2014 年	2015 年
全 国	15 304.19	17 957.69	19 813.05	21 791.64	22 120.64
北 京	169.80	165.68	162.61	166.69	142.77
天 津	171.56	117.33	157.96	181.21	140.54
河 北	946.43	926.33	1 013.12	1 119.37	1 183.17
山 西	180.64	203.30	213.00	258.56	244.45
内蒙古	463.39	419.15	389.28	441.10	427.45
辽 宁	1 387.10	1 573.35	1 663.14	1 648.13	1 453.12
吉 林	622.51	637.28	644.20	707.84	708.66
黑龙江	118.37	196.91	263.18	259.50	298.13
上 海	92.14	98.74	92.57	103.44	104.35
江 苏	317.83	872.95	478.66	614.56	653.34
浙 江	362.24	423.70	439.09	412.37	345.97
安 徽	350.03	395.62	429.31	459.34	482.96
福 建	549.23	602.96	748.85	826.31	910.72
江 西	865.40	1 053.95	1 272.87	1 340.52	1 401.27
山 东	1 689.11	2 488.62	2 678.47	2 915.02	2 757.29
河 南	1 168.72	1 186.94	1 409.40	1 551.02	1 611.62
湖 北	438.39	730.23	950.29	1 215.79	1 327.57
湖 南	1 179.03	1 202.29	1 302.40	1 329.51	1 333.57
广 东	1 425.10	1 457.80	1 694.63	1 969.20	2 087.87
广 西	943.25	1 143.54	1 330.69	1 445.60	1 558.49
海 南	139.45	158.98	179.95	167.58	172.65
重 庆	157.22	196.33	235.19	258.13	270.51
四 川	937.28	921.54	1 091.22	1 247.84	1 201.35
贵 州	82.76	69.56	91.42	115.81	118.67
云 南	146.28	201.43	238.86	267.62	326.03
西 藏			0.74	2.80	0.87
陕 西	162.95	210.83	258.75	348.65	374.90
甘 肃	86.92	115.38	141.54	135.51	150.11
青 海	0.40	3.11	3.36	4.16	4.00
宁 夏	29.35	31.60	32.38	37.52	34.55
新 疆	121.30	152.25	205.90	240.95	293.69

数据来源：国家统计局。

2016年全国及各地区饲料、配合饲料、混合饲料产量

单位：万t

地　区	饲料	配合饲料	混合饲料
全　国	**29 051.57**	**16 350.21**	**6 397.33**
北　京	166.02	86.03	58.19
天　津	374.91	132.53	10.12
河　北	1 345.91	664.80	519.58
山　西	284.36	136.54	118.31
内蒙古	527.09	157.95	309.41
辽　宁	1 082.41	441.41	374.84
吉　林	765.95	340.48	314.85
黑龙江	513.83	220.51	123.11
上　海	175.08	83.79	15.69
江　苏	976.78	518.41	187.35
浙　江	399.23	320.49	22.55
安　徽	1 021.45	417.01	118.53
福　建	1 416.13	1 001.04	68.38
江　西	1 809.42	1 059.34	395.15
山　东	3 275.14	2 160.62	633.86
河　南	2 268.09	1 083.91	499.46
湖　北	2 000.41	1 174.66	332.83
湖　南	1 819.69	965.04	467.59
广　东	2 929.18	1 928.71	457.02
广　西	1 931.67	1 377.88	336.13
海　南	226.83	162.07	34.98
重　庆	488.37	244.80	58.86
四　川	1 568.45	859.51	351.30
贵　州	164.55	98.56	45.22
云　南	394.08	269.74	88.61
西　藏	2.76	1.99	0.77
陕　西	469.00	183.43	153.83
甘　肃	185.59	103.92	59.24
青　海	18.71	7.77	
宁　夏	41.54	22.72	13.51
新　疆	408.94	124.57	228.06

数据来源：国家统计局。

2017年全国及各地区饲料、配合饲料、混合饲料产量

单位：万t

地　区	饲料	配合饲料	混合饲料
全　国	28 465.46	15 879.88	5 977.54
北　京	168.93	81.06	62.43
天　津	323.86	108.86	8.96
河　北	1 386.21	656.81	533.14
山　西	278.20	109.29	127.61
内蒙古	269.66	68.81	97.16
辽　宁	1 163.55	452.04	398.24
吉　林	821.10	371.96	320.01
黑龙江	420.71	167.23	115.14
上　海	146.59	71.19	10.96
江　苏	1 083.50	599.61	187.95
浙　江	360.74	278.35	22.79
安　徽	846.26	357.18	92.88
福　建	1 515.75	1 038.16	57.77
江　西	2 016.64	1 200.84	424.88
山　东	2 923.05	1 786.50	607.30
河　南	2 486.75	1 164.62	452.41
湖　北	1 716.17	922.93	275.70
湖　南	1 717.12	985.99	375.81
广　东	2 826.22	1 895.55	466.66
广　西	2 076.02	1 421.82	356.58
海　南	253.54	186.47	33.54
重　庆	482.56	280.02	61.64
四　川	1 582.36	875.85	346.52
贵　州	182.70	116.47	50.12
云　南	398.59	272.23	78.88
西　藏	2.72	1.98	0.74
陕　西	452.82	191.28	139.56
甘　肃	126.88	55.73	49.31
青　海	11.04	4.78	
宁　夏	42.91	21.42	15.01
新　疆	382.35	134.81	207.83

数据来源：国家统计局。

2018年全国及各地区饲料、配合饲料、混合饲料产量

单位：万 t

地 区	饲料	配合饲料	混合饲料
全 国	24 213.26	13 517.16	4 144.25
北 京	140.57	69.18	46.75
天 津	592.22	97.19	11.37
河 北	709.10	424.50	112.47
山 西	274.46	130.68	110.09
内蒙古	181.19	58.33	99.97
辽 宁	1 214.97	486.36	409.01
吉 林	511.06	214.98	159.49
黑龙江	372.32	114.38	84.35
上 海	111.96	54.73	7.14
江 苏	862.39	348.95	110.83
浙 江	307.24	213.93	19.66
安 徽	699.52	379.70	85.39
福 建	1 322.13	818.73	82.13
江 西	2 005.33	1 088.05	540.65
山 东	2 289.89	1 469.14	255.19
河 南	1 274.56	531.26	183.50
湖 北	1 399.38	696.61	236.96
湖 南	1 577.24	1 000.30	262.29
广 东	2 896.48	2 139.01	282.51
广 西	1 779.76	1 228.15	218.09
海 南	272.19	167.20	34.50
重 庆	459.19	245.87	68.80
四 川	1 492.01	803.13	272.90
贵 州	151.98	110.53	15.07
云 南	394.02	261.48	78.41
西 藏	1.66	1.49	0.17
陕 西	385.73	172.52	124.41
甘 肃	112.63	34.44	43.76
青 海	5.75	2.38	
宁 夏	49.79	22.32	19.80
新 疆	366.55	131.63	168.58

数据来源：国家统计局。

2014—2018年全国饲料生产量（月度）

单位：万t

月份	2014年		2015年		2016年		2017年		2018年	
	配合饲料	混合饲料	配合饲料	混合饲料	配合饲料	混合饲料	配合饲料	混合饲料	配合饲料	混合饲料
1~2	1 994.72	835.45	2 070.72	873.61	2 169.17	867.20	2 341.94	905.38	2 024.11	760.99
3	1 164.63	487.42	1 204.02	494.85	1 262.66	506.89	1 372.88	521.72	1 181.37	430.80
4	1 092.61	468.50	1 144.62	488.43	1 235.29	499.80	1 291.31	512.12	1 128.57	375.24
5	1 181.85	518.83	1 209.66	512.20	1 340.75	533.21	1 399.63	536.82	1 155.27	353.92
6	1 312.54	586.55	1 356.25	574.22	1 436.15	571.15	1 492.23	564.82	1 205.41	384.33
7	1 273.57	541.85	1 327.19	552.01	1 378.33	521.83	1 406.16	534.57	1 181.90	360.58
8	1 323.17	537.15	1 366.05	566.97	1 454.95	538.34	1 469.80	546.79	1 293.34	380.19
9	1 407.43	590.70	1 433.89	615.91	1 547.48	582.07	1 567.05	585.68	1 262.30	393.07
10	1 407.90	622.78	1 449.64	597.27	1 475.65	587.99	1 526.43	603.11	1 261.28	412.47
11	1 375.08	608.47	1 403.03	609.87	1 499.79	597.19	1 424.92	572.25	1 183.53	386.44
12	1 379.70	606.98	1 511.04	591.57	1 490.51	604.88	1 364.00	578.95	1 213.80	385.48

数据来源：国家统计局。

饲 料 价 格

2014—2018 年全国玉米、豆粕收购价格（月度）

单位：元 /kg

月 份	2014 年		2015 年		2016 年		2017 年		2018 年	
	玉米	豆粕	玉米	豆粕	玉米	豆粕	玉米	豆粕	玉米	豆粕
1	2.40	4.30	2.43	3.73	2.10	3.08	1.90	3.64	1.98	3.33
2	2.38	4.25	2.41	3.60	2.09	3.10	1.86	3.56	2.01	3.31
3	2.37	4.12	2.42	3.59	2.04	3.03	1.83	3.47	2.05	3.39
4	2.36	4.05	2.44	3.54	1.98	2.98	1.85	3.39	2.07	3.46
5	2.41	4.13	2.46	3.47	1.97	3.08	1.88	3.33	2.04	3.39
6	2.47	4.17	2.47	3.33	2.03	3.35	1.90	3.21	2.02	3.31
7	2.56	4.11	2.47	3.31	2.11	3.54	1.94	3.22	2.03	3.33
8	2.65	4.05	2.46	3.30	2.08	3.45	1.96	3.23	2.03	3.37
9	2.70	4.01	2.37	3.25	2.04	3.44	1.97	3.23	2.04	3.46
10	2.61	3.94	2.23	3.24	1.95	3.47	1.95	3.27	2.04	3.63
11	2.51	3.93	2.13	3.18	1.94	3.53	1.94	3.30	2.06	3.60
12	2.47	3.86	2.14	3.10	1.95	3.68	1.95	3.34	2.08	3.48

数据来源：农业农村部。

【乳品加工】

行业情况

2014—2018年全国液体乳及乳制品制造业基本经营情况

分项	单位	2014年	2015年	2016年	2017年	2018年
企业数量*	个	631	638	627	611	587
亏损企业数	个	100	103	104	110	121
资产总额	亿元	2 321.2	2 565.0	2 792.0	2 972.5	3 145.8
负债总额	亿元	1 241.3	1 314.2	1 388.7	1 540.0	1 576.4
主营业务收入	亿元	3 297.7	3 328.5	3 503.9	3 590.4	3 398.9
利润总额	亿元	225.3	241.7	259.9	244.9	230.4

* 指规模以上企业数量

数据来源：国家统计局。

乳制品产量

2009—2018年度全国乳制品产量

单位：万t，%

年份	乳制品		其中		
			液态奶		干乳制品
	产量	同比	产量	同比	产量
2009	1 935.1	12.9	1 641.7	13.5	293.5
2010	2 159.4	11.2	1 845.6	11.1	313.8
2011	2 387.5	14.0	2 060.8	13.5	326.7
2012	2 545.2	8.1	2 146.6	8.1	398.6
2013	2 698.0	5.2	2 336.0	7.0	362.1
2014	2 651.8	−1.2	2 400.1	−0.9	251.7
2015	2 782.5	4.6	2 521.0	4.7	261.5
2016	2 993.2	7.7	2 737.2	8.5	256.1
2017	2 935.0	4.2	2 691.7	4.5	243.4
2018	2 687.1	4.4	2 505.6	4.3	181.5

数据来源：国家统计局。

2014—2018 年全国各地区乳制品产量

单位：万 t

地　区	2014 年	2015 年	2016 年	2017 年	2018 年
全　国	2 651.81	2 782.53	2 993.23	2 935.04	2 687.10
北　京	60.62	62.13	62.19	59.67	56.00
天　津	76.80	81.26	62.76	60.13	57.62
河　北	328.95	346.00	371.27	372.85	365.29
山　西	48.08	47.91	57.40	47.24	45.48
内蒙古	269.83	293.55	336.52	263.41	254.82
辽　宁	87.48	92.85	85.01	75.22	74.92
吉　林	15.71	17.58	16.72	16.15	17.05
黑龙江	195.38	191.40	196.08	158.57	155.34
上　海	53.72	49.97	46.50	44.65	44.64
江　苏	141.95	154.39	160.21	161.16	158.01
浙　江	49.74	49.82	62.54	69.61	66.74
安　徽	108.17	94.37	106.17	105.14	113.79
福　建	20.37	16.32	19.06	17.58	18.45
江　西	33.16	33.24	20.71	23.59	17.49
山　东	212.75	250.90	259.87	251.11	204.37
河　南	220.79	236.87	306.54	351.37	251.62
湖　北	87.10	102.60	113.99	109.43	103.68
湖　南	36.42	29.52	28.13	28.21	28.84
广　东	57.00	66.43	69.13	77.29	91.72
广　西	37.58	37.72	43.35	45.95	34.79
海　南	0.48	0.49	0.42	0.28	0.24
重　庆	14.78	20.45	24.74	22.91	21.18
四　川	102.71	104.90	123.42	146.24	110.44
贵　州	7.87	8.18	10.57	11.07	11.26
云　南	52.70	57.47	66.41	63.22	67.30
西　藏	0.63	0.94	1.02	0.99	1.25
陕　西	161.34	161.66	143.73	143.42	106.78
甘　肃	33.55	33.28	34.22	35.96	32.52
青　海	19.00	19.80	19.38	15.95	8.58
宁　夏	75.21	77.28	92.51	95.88	117.42
新　疆	41.96	43.23	52.67	60.78	49.44

数据来源：国家统计局。

2014—2018年全国各地区液体乳产量

单位：万t

地　区	2014年	2015年	2016年	2017年	2018年
全　国	2 400.12	2 521.00	2 737.17	2 691.66	2 505.59
北　京	57.16	58.71	58.98	56.76	53.59
天　津	31.59	32.81	30.87	30.62	50.38
河　北	323.06	335.44	361.18	362.03	357.42
山　西	45.15	45.01	56.01	46.88	45.15
内蒙古	246.47	276.37	313.84	246.79	237.10
辽　宁	87.35	90.70	84.00	72.25	73.00
吉　林	12.90	14.37	12.39	11.47	16.13
黑龙江	141.09	140.73	140.30	114.05	118.01
上　海	51.54	48.49	45.48	43.70	43.65
江　苏	128.33	141.26	148.52	145.40	155.19
浙　江	41.44	43.14	56.69	63.95	61.72
安　徽	103.32	88.06	101.15	98.35	107.44
福　建	15.94	10.06	12.41	12.72	17.47
江　西	29.15	29.68	16.55	18.84	17.17
山　东	202.99	242.17	243.60	243.30	197.23
河　南	220.23	236.29	305.89	350.71	251.57
湖　北	85.96	99.57	112.54	108.25	101.75
湖　南	31.84	24.36	22.13	22.74	22.99
广　东	39.44	45.72	49.25	59.39	62.56
广　西	37.29	37.55	43.34	45.53	32.54
海　南	0.48	0.42	0.34	0.28	0.24
重　庆	14.78	19.48	24.74	22.91	21.18
四　川	95.08	95.54	109.69	128.03	101.40
贵　州	7.87	8.18	10.57	11.07	11.26
云　南	52.09	56.78	65.77	62.77	67.00
西　藏	0.52	0.85	0.90	0.88	1.14
陕　西	137.26	134.72	120.71	113.50	84.20
甘　肃	31.46	31.44	32.08	33.30	30.59
青　海	19.00	19.80	19.38	15.95	8.54
宁　夏	71.09	72.67	87.78	90.44	109.86
新　疆	38.25	40.63	50.11	58.78	48.10

数据来源：国家统计局。

2012—2018 年全国乳制品生产量（月度）

单位：万 t

月 份	2012 年	2013 年	2014 年	2015 年	2016 年	2017 年	2018 年
1~2	347.38	403.70	402.82	409.41	423.50	591.66	430.22
3	196.40	214.70	204.55	213.33	236.38	246.95	208.86
4	190.82	213.78	208.80	213.74	233.45	233.77	216.16
5	199.15	224.79	222.04	228.53	242.89	253.03	225.03
6	215.16	247.60	242.00	248.81	299.79	290.09	236.28
7	209.33	217.60	222.95	228.03	255.60	258.68	235.98
8	213.04	219.40	217.58	236.91	255.07	265.40	235.80
9	247.39	233.60	226.02	254.28	270.66	287.42	236.02
10	225.86	229.70	233.13	246.46	265.42	266.44	221.51
11	245.81	232.50	234.10	241.55	269.81	251.98	212.36
12	260.81	246.06	232.44	251.07	279.77	254.47	232.82

数据来源：国家统计局。

2012—2018 年全国液态奶生产量（月度）

单位：万 t

月 份	2012 年	2013 年	2014 年	2015 年	2016 年	2017 年	2018 年
1~2	290.74	332.70	354.37	366.59	383.96	553.48	399.14
3	163.87	180.88	179.69	188.20	213.89	223.22	192.68
4	158.95	186.20	185.38	190.74	212.25	211.92	197.12
5	167.50	194.28	198.70	205.04	219.30	230.68	208.80
6	180.91	206.65	216.76	224.27	275.30	263.67	219.83
7	178.93	185.22	199.74	206.48	234.17	237.96	220.84
8	182.05	188.63	197.24	215.27	235.95	243.80	221.10
9	212.53	198.27	203.19	231.00	249.68	265.41	220.99
10	193.38	196.72	211.33	224.29	241.98	245.11	206.64
11	200.98	200.42	211.31	218.01	245.77	230.74	197.94
12	220.69	212.02	208.98	224.77	254.03	232.08	216.40

数据来源：国家统计局。

2012—2018年全国奶粉生产量（月度）

单位：万t

月 份	2012年	2013年	2014年	2015年	2016年	2017年	2018年
1~2	20.40	19.53	20.28	19.68	20.38	17.72	16.73
3	12.20	14.40	11.33	10.28	10.93	10.85	8.35
4	10.40	12.00	10.41	10.12	10.51	9.95	8.32
5	11.50	12.98	12.00	11.12	11.30	10.50	8.24
6	13.40	17.89	13.78	12.18	12.99	12.27	8.39
7	10.90	14.53	12.77	11.47	12.29	10.35	7.51
8	10.50	12.33	12.76	11.44	10.58	11.37	7.79
9	11.10	14.68	13.21	13.07	12.12	11.96	8.18
10	12.60	14.32	13.66	12.89	12.61	12.15	8.11
11	13.30	13.77	14.81	14.07	13.94	11.92	8.25
12	14.00	13.32	15.70	15.84	16.13	12.69	9.80

数据来源：国家统计局。

奶 业 贸 易

2013—2018年全国改良种用牛进口量值（来源地）

单位：头、万美元

来源地	2013年		2014年		2015年		2016年		2017年		2018年	
	进口量	进口额	进口量	进口额	进口量	进口额	进口量	进口额	进口量	进口额	进口量	进口额
国家合计	102 243	26 666.7	215 405	61 780.9	153 309	38 265.5	133 177	24 155.3	79 410	16 099.5	40 951	7 394.8
澳大利亚	66 950	17 089.8	101 821	27 406.5	102 876	24 835.3	95 516	16 712.3	42 316	7 992.0	29 882	5 417.2
新西兰	31 271	8 390.4	79 775	24 524.2	23 819	6 787.0	37 661	7 443.0	27 166	6 375.3	11 069	1 977.6
智利					22 817	5 699.7			9 628	1 678.2		
乌拉圭	4 022	1 186.5	33 809	9 850.1	3 797	943.6			300	54.0		

数据来源：海关总署。

2014—2018年全国改良种用牛进口量（进口地区）

单位：头

进口地区	2014年	2015年	2016年	2017年	2018年
全国合计	215 405	153 309	133 177	79 410	40 951
北　京	7 595	6 454	800	3 088	1 016
天　津	824		3 702	3 702	1 968
河　北	36 645	27 908	28 960	6 912	2 088
山　西	16 561	10 802	2 958	2 503	
内蒙古	8 151	18 086	35 869	13 600	10 320
辽　宁	20 330	13 829	2 960		4 077
吉　林			145	2 593	
黑龙江	24 598	21 040	10 273	13 568	1 317
上　海					
江　苏	15 205	9 899	600	4 000	1 323
浙　江	400			295	
安　徽	6 252		917		
福　建				2 743	1 439
山　东	19 114	14 981	11 200	6 696	3 956
河　南	511	6 933	335	1 299	3 549
湖　北	20	1 551	755		
湖　南			4		
广　东	1 972	3 016	765	465	
广　西		1 585	69		
海　南					1 994
重　庆					
四　川	1 900		808		42
贵　州		712	4 000		569
云　南	2 791	900	600	106	
西　藏		190	42	955	
陕　西	9 508	1 400	367		
甘　肃	13 203	2 659	4 527	1 000	829
青　海		3 193		5 069	152
宁　夏	16 817	987	14 959	4 020	6 314
新　疆	13 008	7 184	7 562	6 796	

数据来源：海关总署。

2014—2018年全国改良种用牛进口量值（月度）

单位：头、万美元

月份	2014年		2015年		2016年		2017年		2018年	
	进口量	进口额	进口量	进口额	进口量	进口额	进口量	进口额	进口量	进口额
合计	215 405	61 781	153 309	38 266	133 177	24 155	79 410	16 099	40 951	7 395
1	8 511	1 901	32 633	10 081	2 566	486	8 294	1 491	3 015	619
2	3 000	740	8 058	2 291	3 290	536	12 812	2 214	1 471	340
3	9 576	2 744	6 474	2 133	12 791	2 132	1 020	183	4 086	778
4	9 824	2 791	11 082	3 101	26 459	4 940	12 012	2 468	3 300	611
5	25 165	6 554	5 900	1 683	628	127	3 156	539	1 601	294
6	11 270	2 889	171	82	12 553	2 164			2 068	357
7	28 834	7 076	9 281	2 304	9 486	1 603	11 002	2 154	5 343	911
8	27 729	8 481	20 938	4 364	15 143	3 560	12 699	3 650	450	101
9	33 392	10 641	22 092	5 296	14 269	2 260	4 200	739	7 950	1 447
10	20 256	5 939	7 485	1 336	3 000	1 039	6 345	1 055	3 862	649
11	22 797	7 398	7 588	1 407	8 163	1 345	6 290	1 258	5 799	968
12	15 051	4 627	21 607	4 187	24 829	3 965	1 580	348	2 006	320

数据来源：海关总署。

2017—2018年我国进口奶牛数量（月度）

单位：头

日期	澳大利亚	新西兰	乌拉圭	智利	合计
2017年01月					
2017年02月	9 405	4 362		2 939	16 706
2017年03月					
2017年04月	10 878				10 878
2017年05月		3 151			3 151
2017年06月	3 615				3 615
2017年07月	19 179				19 179
2017年08月		12 731	6 704		19 435
2017年09月		4 200		6 345	10 545
2017年10月					
2017年11月	9 004				9 004
2017年12月	3 043			3 959	7 002
2018年01月	12 801				12 801
2018年02月		2 449			2 449
2018年03月	6 286				6 286
2018年04月	5 728	3 300			9 028
2018年05月	6 269				6 269
2018年06月	6 518		4 070		10 588
2018年07月	6 417	3 678	9 265		19 360
2018年08月	7 680				7 680
2018年09月	20 181				20 181
2018年10月	3 411		4 119		7 530
2018年11月	9 633	3 810			13 443
2018年12月	11 982	3 671			15 653
2017年合计	55 124	24 444	6 704	13 243	99 515
2018年合计	96 906	16 908	17 454		131 268
2017—2018年合计	152 030	41 352	24 158	13 243	230 783

数据来源：海关总署。

牧 草 国 际 贸 易

2008—2018 年我国苜蓿干草进口量值

单位：t、万美元、美元 /t

年 份	进口量	进口额	进口单价
2008	17 613	513	291
2009	74 185	2 003	270
2010	218 058	5 906	271
2011	275 564	9 960	361
2012	442 696	17 416	393
2013	755 598	28 060	371
2014	884 513	34 249	387
2015	1 210 030	46 859	387
2016	1 387 775	44 613	321
2017	1 399 125	42 363	303
2018	1 383 388	44 626	323

数据来源：海关总署。

2011—2018年我国苜蓿干草进口量值（分月）

单位：t、万美元

月份	2011年		2012年		2013年		2014年		2015年		2016年		2017年		2018年	
	进口量	进口额	进口量	进口额	进口量	进口额	进口量	进口额	进口量	进口额	进口量	进口额	进口量	进口额	进口量	进口额
1	18 463	525.2	24 570	1 009.6	58 026	2 223.3	66 126	2 409.0	78 796	3 179.1	102 548	3 489.9	108 608	3 250.4	131 825	4 133.2
2	7 467	215.5	32 542	1 343.3	26 779	1 027.9	33 235	1 213.2	60 758	2 442.1	52 775	1 852.5	94 524	2 798.8	77 562	2 464.6
3	21 148	623.9	33 687	1 419.7	61 514	2 362.5	72 150	2 626.2	71 213	2 929.3	125 908	4 378.7	138 138	4 077.0	144 852	4 626.6
4	14 597	436.8	33 630	1 402.1	58 634	2 233.4	89 345	3 276.4	112 501	4 572.4	103 980	3 525.7	127 783	3 800.6	121 062	3 874.8
5	18 679	577.2	38 668	1 614.3	65 380	2 482.4	82 499	3 075.8	112 892	4 635.8	121 581	3 923.3	154 414	4 547.1	156 267	5 020.5
6	14 024	459.2	33 611	1 371.1	49 176	1 830.6	62 218	2 362.7	131 343	5 287.7	115 040	3 625.2	144 831	4 384.3	121 384	3 963.7
7	9 696	335.5	37 815	1 490.6	52 898	1 937.6	73 543	2 903.1	124 568	4 863.0	136 280	4 299.3	119 819	3 665.5	115 722	3 893.4
8	19 911	761.5	38 508	1 449.5	63 422	2 297.9	70 676	2 831.4	115 793	4 369.3	156 947	4 972.8	110 739	3 381.4	108 738	3 734.6
9	38 321	1 501.4	52 052	1 922.8	83 531	3 029.5	89 653	3 606.1	126 558	4 744.0	134 744	4 265.8	103 741	3 230.8	116 846	3 832.7
10	31 194	1 228.4	44 827	1 662.4	87 043	3 170.6	79 122	3 253.7	83 366	3 031.1	105 619	3 295.6	86 126	2 656.2	119 676	3 775.0
11	45 681	1 826.1	39 733	1 482.4	71 847	2 626.3	72 176	2 929.5	100 098	3 541.0	107 472	3 270.4	110 994	3 468.1	82 238	2 572.2
12	36 381	1 469.3	33 053	1 248.8	77 349	2 838.0	93 771	3 762.1	92 145	3 264.6	124 882	3 713.4	99 410	3 103.1	87 215	2 734.9

数据来源：海关总署。

2008—2018年我国燕麦干草进口量值

单位：t、万美元、美元/t

年 份	进口量	进口额	进口单价
2008	1 546	48	314
2009	1 448	37	257
2010	8 991	240	267
2011	12 726	395	310
2012	17 525	620	354
2013	42 812	1 581	369
2014	120 953	4 064	336
2015	151 490	5 280	349
2016	222 688	7 307	328
2017	307 922	8 623	280
2018	293 641	7 973	272

数据来源：海关总署。

2011—2018年我国燕麦干草进口量值（分月）

单位：t、万美元

月份	2011年		2012年		2013年		2014年		2015年		2016年		2017年		2018年	
	进口量	进口额	进口量	进口额	进口量	进口额	进口量	进口额	进口量	进口额	进口量	进口额	进口量	进口额	进口量	进口额
1	391	11.7	679	23.6	951	33.9	4 337	148.2	10 187	341.2	20 064	663.6	18 103	528.9	28 841	776.1
2			1 109	37.8	74	2.4	3 639	123.5	8 749	309.7	12 421	409.2	21 219	607.5	7 823	212.7
3	1 278	38.0	1 577	55.5	1 156	43.7	8 588	292.1	15 042	529.6	20 924	692.8	26 048	733.0	24 892	661.2
4	1 297	39.6	1 459	52.8	2 411	95.0	8 321	281.4	11 470	404.1	19 291	640.7	22 040	642.9	21 780	577.5
5	1 167	35.1	2 083	73.0	3 737	146.6	10 186	349.1	14 432	503.1	17 916	599.1	24 361	678.7	24 977	660.1
6	1 168	36.2	2 301	81.8	3 249	125.5	10 394	355.9	14 521	505.9	18 051	598.7	30 983	865.9	23 033	616.3
7	1 014	34.8	1 794	65.2	3 962	157.3	11 299	384.4	16 271	576.9	17 362	576.7	27 918	784.2	21 533	583.1
8	2 428	71.4	1 985	71.1	3 475	132.4	13 648	462.6	11 666	414.1	22 435	742.5	27 817	784.5	26 750	700.3
9	1 191	38.8	2 117	75.4	8 026	289.2	13 955	460.1	12 836	452.6	19 757	650.5	28 890	810.6	32 725	877.3
10	1 645	53.0	437	14.8	4 609	162.5	12 597	408.0	9 818	344.2	15 196	499.3	26 230	707.5	33 121	912.4
11	1 018	32.2	694	24.8	4 676	167.4	14 265	474.5	9 048	314.3	15 234	493.4	31 464	852.2	30 136	855.0
12	129	4.3	1 290	44.7	6 486	224.9	9 723	323.8	17 451	584.4	24 038	741.0	22 849	627.0	18 030	540.7

数据来源：海关总署。

乳制品贸易

2014—2018年全国乳制品进口情况

单位：t、万美元、美元/t

品种	2014年			2015年			2016年			2017年			2018年		
	进口量	进口额	平均单价	进口量	进口额	平均单价	进口量	进口额	平均单价	进口量	进口额	平均单价	进口量	进口额	平均单价
乳制品	1 812 514	641 292	3 538	1 611 166	318 145	1 975	1 955 640	337 125	1 724	2 173 991	481 857	2 216	2 312 017	529 424	2 290
液态奶	328 897	44 475	1 352	470 423	51 336	1 091	655 036	68 180	1 041	701 713	94 623	1 348	704 153	97 347	1 382
液奶	320 206	40 824	1 275	460 107	48 560	1 055	634 096	63 971	1 009	667 557	87 935	1 317	673 294	91 269	1 356
酸奶	8 691	3 651	4 200	10 316	2 776	2 691	20 940	4 208	2 010	34 156	6 688	1 958	30 859	6 078	1 970
干乳制品	1 483 617	596 817	4 023	1 140 743	266 809	2 339	1 300 605	268 945	2 068	1 472 278	387 234	2 630	1 607 864	432 078	2 687
奶粉	923 357	443 761	4 806	547 243	150 690	2 754	604 209	147 843	2 447	717 399	216 175	3 013	801 489	242 866	3 030
炼乳	9 176	2 146	2 338	10 908	2 240	2 053	20 013	3 645	1 821	25 648	4 635	1 807	27 523	4 867	1 768
乳清	404 706	78 866	1 949	435 752	52 534	1 206	497 340	45 206	909	529 629	66 635	1 258	557 245	63 334	1 137
黄油	80 405	37 801	4 701	71 259	26 548	3 726	81 865	30 315	3 703	91 566	50 016	5 462	113 330	69 691	6 149
奶酪	65 973	34 243	5 190	75 581	34 796	4 604	97 177	41 936	4 315	108 035	49 772	4 607	108 278	51 319	4 740
婴幼儿配方奶粉	121 366	154 870	12 761	175 976	247 120	14 043	221 326	301 014	13 600	296 014	398 008	13 446	323 096	474 976	14 701
其他相关制品	116 161	50 870	4 379	127 909	41 313	3 230	127 736	33 432	2 617	129 606	44 145	3 406	171 087	51 178	2 991
乳糖	84 855	12 565	1 481	89 527	8 357	933	87 080	7 026	807	87 870	9 348	1 064	117 236	9 858	841
酪蛋白	15 449	18 313	11 854	21 152	17 216	8 139	21 071	13 534	6 423	18 651	14 542	7 797	24 499	17 834	7 279
白蛋白	15 858	19 991	12 606	17 229	15 740	9 135	19 585	12 872	6 572	23 084	20 255	8 774	29 351	23 486	8 002

数据来源：海关总署。

2012—2018年全国乳制品出口情况

单位：t、万美元、美元/t

品种	2012年			2013年			2014年			2015年			2016年			2017年			2018年		
	出口量	出口额	平均单价	出口量	出口额	平均单价	出口量	出口额	平均单价	出口量	出口额	平均单价	出口量	出口额	平均单价	出口量	出口额	平均单价	出口量	出口额	平均单价
乳制品	44 896	8 236	1 834	36 052	5 702	1 582	39 865	7 511	1 884	33 324	4 508	1 353	30 815	4 735	1 537	32 569	4 784	1 469	38 786	5 669	1 462
液态奶	27 801	2 362	850	26 475	2 415	912	26 319	2 650	1 007	25 099	2 463	981	23 669	2 155	910	25 323	2 436	962	29 973	3 107	1 037
液奶	27 275	2 312	848	25 960	2 365	911	25 731	2 589	1 006	24 582	2 406	979	22 825	2 020	885	23 162	2 065	892	27 123	2 504	923
酸奶	526	50	945	515	50	974	588	61	1 035	516	57	1 102	844	135	1 597	2 161	371	1 716	2 850	603	2 117
干乳制品	17 095	5 874	3 436	9 576	3 286	3 432	13 546	4 861	3 589	8 225	2 045	2 486	7 146	2 580	3 611	7 246	2 348	3 241	8 813	2 562	2 907
奶粉	9 703	3 984	4 106	3 318	1 622	4 889	8 124	3 224	3 968	4 869	1 098	2 255	3 530	1 605	4 547	2 843	948	3 333	3 135	982	3 134
炼乳	3 723	720	1 934	4 477	947	2 116	2 384	622	2 608	1 805	443	2 453	2 342	512	2 188	2 341	478	2 042	2 757	468	1 698
乳清	702	143	2 039	839	355	4 230	57	6	1 129	27	6	2 086	90	19	2 099	184	38	2 063	592	144	2 432
黄油	2 567	801	3 120	825	277	3 354	2 842	900	3 168	1 379	400	2 899	1 052	358	3 408	1 721	761	4 423	2 139	848	3 963
奶酪	400	226	5 643	119	85	7 211	140	109	7 791	146	99	6 788	133	86	6 480	156	123	7 894	190	120	6 299
婴幼儿配方奶粉													1 913	2 914	15 227	4 574	7 362	16 095	14 688	29 084	19 801

数据来源：海关总署。

2012—2018年全国液奶进口量值（来源地）

单位：t、万美元

来源地	2012年		2013年		2014年		2015年		2016年		2017年		2018年	
	进口量	进口额	进口量	进口额	进口量	进口额	进口量	进口额	进口量	进口额	进口量	进口额	进口量	进口额
合计	93 781	11 874.9	184 507	23 445.6	320 206	40 824.5	460 084	48 558.4	634 096	63 971.5	667 555	87 935.4	673 294	91 268.5
日本														
马来西亚											2	0.3		
韩国	1 924	353.3	4 639	885.3	7 728	1 565.8	8 870	1 737.0	8 693	1 623.7	7 793	1 415.2	8 876.3	1 618.1
泰国	120	12.9	279	30.5	43	6.0	521	87.9			117	20.8	232.2	38.3
中国台湾	57	9.9	219	33.9	179	25.7	111	15.5	170	17.9	127	15.3	87.8	15.3
埃及					2	0.2								
比利时	262	21.8	1 806	219.9	8 100	869.8	5 072	468.3	9 215	832.4	9 164	846.0	12 276.2	1 362.9
丹麦			295	48.1	1 279	199.1	4 533	544.7	2 770	329.1	2 584	432.9	1 163.1	257.7
英国	594	117.7	1 874	363.6	9 097	1 202.1	12 263	1 424.5	16 440	2 234.4	16 091	3 315.3	16 156.1	4 097.1
德国	37 700	3 022.6	77 392	7 225.5	125 655	12 542.2	204 613	15 202.4	221 310	15 818.7	195 458	15 406.8	174 955.8	14 746.6
法国	10 257	1 725.5	26 677	4 587.2	38 519	7 079.1	36 221	6 798.3	107 154	12 997.5	91 873	16 436.8	68 106.4	15 897.0
爱尔兰	11	2.8	95	25.1	197	27.1	1 494	169.4	6 413	560.5	6 661	685.1	9 542.2	1 459.4
意大利	319	31.7	921	119.8	4 852	533.9	12 669	1 335.1	6 338	739.5	3 384	453.7	3 783.4	412.9
卢森堡					77	9.4	596	59.4	314	26.8	41	3.2	0.8	0.1
荷兰	201	16.6	924	65.1	3 216	338.0	3 878	314.4	4 757	396.5	7 573	757.1	8 402.3	830.7
希腊											1	0.8	6.0	3.2
葡萄牙							384	31.1	381	40.1	195	15.8	276.0	24.8
西班牙	36	3.7	177	12.5	3 240	229.4	5 414	345.0	10 948	664.8	9 260	1 330.1	5 847.6	1 419.5
奥地利	142	33.1	416	68.3	1 308	153.0	3 138	253.3	6 086	430.7	5 869	368.4	9 854.1	626.8
波兰	279	29.5	2 912	235.0	7 461	602.1	11 713	747.1	19 417	1 078.7	18 273	1 214.9	32 276.1	2 287.3
瑞士	434	48.4	3 088	403.1	2 116	299.7	2 685	301.0	1 770	198.2	1 283	147.6	1 077.0	139.3
白俄罗斯							93	5.7	427	26.9	1 386	99.8	2 330.2	169.2
俄罗斯联邦														
乌克兰														
捷克					39	3.2	29	2.4	252	18.4	246	15.9	164.4	15.0
阿根廷			41	2.9	35	2.7	45	3.3						
智利	200	20.2	356	34.2	861	90.8	684	77.5	1 137	127.2	923	64.0	259.0	18.1
哥斯达黎加			21	2.1	562	49.0								
乌拉圭	818	57.5	3 392	232.8	11 052	820.7	6 193	420.2	3 211	161.3	1 017	56.7	1 173.3	73.0
加拿大	50	5.1	135	11.8	718	56.4	619	42.3	1 237	84.0	979	70.6	621.4	49.2
美国	2 747	358.2	3 900	536.2	6 108	879.0	1 108	179.2	359	71.5	144	27.6	213.3	45.6
澳大利亚	12 981	1 462.0	21 736	2 498.5	42 546	4 942.5	62 402	6 479.5	73 163	6 618.0	76 185	6 909.1	81 121.2	8 070.4
新西兰	24 650	4 542.3	33 214	5 804.1	45 217	8 297.7	74 735	11 514.1	131 792	18 845.5	209 962	37 762.2	232 994.7	37 460.3

数据来源：海关总署。

2012—2018年全国液奶进口量值（进口地区）

单位：t、万美元

地区	2012年		2013年		2014年		2015年		2016年		2017年		2018年	
	进口量	进口额	进口量	进口额	进口量	进口额	进口量	进口额	进口量	进口额	进口量	进口额	进口量	进口额
全国合计	93 781	11 874.9	184 507	23 445.6	320 206	40 824.5	460 084	48 558.4	634 096	63 971.5	667 555	87 935.4	673 294	91 268.5
北京	7 965	1 369.1	29 571	3 940.7	55 587	6 748.1	90 289	8 588.9	82 964	8 452.7	87 406	9 876.2	70 876	8 966.2
天津	468	92.5	1 124	195.8	1 743	306.4	11 108	835.0	31 638	3 779.1	32 833	3 192.4	40 547	5 057.3
河北	80	10.7	76	8.9	190	20.1	40	4.1	51	3.4	148	9.1		
内蒙古					33	5.4								
辽宁	1 107	79.2	2 986	298.2	6 041	655.1	11 909	1 060.3	6 039	751.3	3 448	311.6	2 667	180.1
黑龙江					27	2.2	14	1.0	39	1.8			23	1.8
上海	72 161	8 319.1	128 751	15 562.0	192 474	24 458.2	242 513	26 286.6	277 862	27 546.8	276 296	30 032.3	320 021	41 936.5
江苏	739	99.3	890	88.0	11 617	1 184.9	17 352	1 449.0	29 800	2 386.5	12 630	1 785.8	11 985	1 944.8
浙江	918	199.2	3 745	487.8	12 773	1 306.8	17 754	1 705.8	33 142	2 925.3	27 797	2 497.6	30 471	2 749.9
安徽			63	17.2	1 871	273.5	6 534	727.9	3 243	388.6	65	8.3	9 925	1 383.7
福建	2 016	399.5	2 412	567.1	2 049	363.2	10 174	1 066.8	8 418	2 304.4	47 288	16 524.8	17 114	5 620.9
山东	2 164	371.7	6 105	993.5	10 756	1 878.7	12 070	1 978.8	50 341	3 925.5	37 340	3 610.5	18 632	2 173.3
河南			181	15.1	331	31.7	1 333	124.0	934	64.6	1 575	118.6	2 864	243.7
湖北			126	11.5	82	10.3	47	4.5	1 173	185.8	3 108	598.5	3 821	579.5
湖南					384	28.4	121	9.3	673	175.5	325	25.7	192	27.8
广东	6 052	925.3	8 398	1 253.0	23 878	3 520.7	35 216	4 427.2	105 204	10 843.8	134 617	19 131.2	139 374	19 987.6
广西	43	2.8	19	1.8			1	0.1			43	4.6	183	18.4
重庆	68	6.5	60	5.0	1	0.6	786	82.2	934	70.9	1 312	91.3	1 926	193.2
四川	1	0.1			214	17.8	2 071	140.3	749	79.4	282	32.9	550	60.4
陕西					155	12.3	754	66.4	856	81.5	854	60.0	423	30.2

数据来源：海关总署。

2012—2018 年全国酸奶进口量值（来源地）

单位：t、万美元

来源地	2012 年		2013 年		2014 年		2015 年		2016 年		2017 年		2018 年	
	进口量	进口额	进口量	进口额	进口量	进口额	进口量	进口额	进口量	进口额	进口量	进口额	进口量	进口额
合计	7 897	2 488.3	10 241	4 014.4	8 691	3 650.5	10 316	2 784.7	20 940	4 208.4	34 149	6 683.0	30 859	6 078.1
塞浦路斯														
中国香港														
日本												0.3	17	2.9
马来西亚		0.1									9	1.2	30	3.9
韩国	60	17.1	89	28.5	53	16.7	171	60.2	453	149.6	167	51.1	108	32.3
泰国	205	28.4	261	33.6			14	1.1	268	16.1	21	1.9	32	4.5
越南			16	1.4										
中国台湾	439	105.5	281	64.7	562	128.1	772	160.2	934	109.4	93	10.5	11	1.0
比利时	2	1.4	3	2.2	2	1.5	25	5.3	50	10.3	813	111.0	288	43.5
丹麦														
英国		0.1					24	6.0	2	3.2	1	1.1	2	1.8
德国	1 213	273.0	711	178.6	918	226.8	2 507	455.0	10 632	1 765.6	23 114	4 130.9	21 313	3 883.1
法国	485	159.5	226	91.5	195	67.2	192	74.9	164	69.4	699	178.2	889	278.9
爱尔兰			2	1.0	1	0.8		0.2	8	4.8	23	14.0	24	17.0
意大利	2	1.5	4	4.4	1	0.6	4	4.1	10	6.5	20	8.8	4	2.5
荷兰	52	25.3	101	43.5			122	14.9	40	4.9	4	1.0	2	0.5
希腊	30	29.0	34	35.2	16	16.1	10	6.5	32	24.2	28	24.4	42	35.2
西班牙	462	97.3	1 063	236.5	1 429	332.1	1 908	397.8	1 596	344.2	1 397	297.2	1 461	349.6
奥地利			19	8.6	16	7.5	16	7.8	210	25.6	778	97.4	2 108	289.4
芬兰														
波兰			69	13.4	69	26.5	140	41.5	258	45.2	1 052	121.3	830	114.2
瑞典														
瑞士	316	130.8	372	156.5	373	173.5	740	338.9	667	302.4	580	248.6	358	157.4
智利														
乌拉圭			50	15.9										
加拿大							3	1.8						0.1
美国	74	18.6	55	16.2	334	125.1	269	68.1	623	136.3	599	123.2	248	68.4
澳大利亚	253	146.0	326	202.4	456	227.5	453	185.0	415	174.0	428	182.2	428	204.4
新西兰	4 304	1 454.9	6 558	2 880.0	4 266	2 300.5	2 947	955.6	4 571	1 016.4	4 324	1 078.6	2 665	586.8

数据来源：海关总署。

2012—2018 年全国酸奶进口量值（进口地区）

单位：t、万美元

地区	2012 年		2013 年		2014 年		2015 年		2016 年		2017 年		2018 年	
	进口量	进口额	进口量	进口额	进口量	进口额	进口量	进口额	进口量	进口额	进口量	进口额	进口量	进口额
全国合计	7 897	2 488.3	10 241	4 014.4	8 691	3 650.5	10 316	2 784.7	20 940	4 208.4	34 149	6 683.0	30 859	6 078.4
北京	896	305.0	259	143.5	340	154.4	751	175.7	3 503	666.5	5 958	1 142.6	4 452	916.9
天津	241	82.1	197	81.3	367	183.7	124	38.8	420	98.9	1 585	292.7	1 020	217.9
河北			39	38.1	5	5.9								
内蒙古														
辽宁	2	2.2	16	2.9	1	0.2	17	2.8	49	7.5	295	51.7	201	39.6
吉林								0.1	1	0.3				
黑龙江			7	7.0					10	1.6				
上海	2 258	673.9	1 851	727.0	2 393	830.2	4 227	1 301.1	11 434	2 356.5	19 479	3 730.6	17 015	3 320.8
江苏	481	102.1	1 075	239.9	1 470	345.4	1 876	386.5	80	17.1	737	139.9	847	162.0
浙江	165	133.6	210	126.6	340	290.0	606	223.5	387	70.5	1 426	273.8	1 265	217.4
安徽					32	16.3								
福建			59	25.1			7	1.1	8	7.6	49	10.4	32	5.4
山东	132	34.6	188	109.0	162	59.2	246	78.4	368	118.4	432	100.3	264	79.9
河南							2	5.2	51	23.7	96	40.0	294	49.5
广东	3 722	1 154.8	6 332	2 506.3	3 581	1 765.1	2 456	564.3	4 521	822.5	4 004	876.4	5 462	1 065.2
广西							1	0.4						0.1
重庆			8	7.5			6	6.8		0.1	11	10.0	1	0.6

数据来源：海关总署。

2012—2018 年全国奶粉进口量值（来源地）

单位：t、万美元

来源地	2012 年		2013 年		2014 年		2015 年		2016 年		2017 年		2018 年	
	进口量	进口额	进口量	进口额	进口量	进口额	进口量	进口额	进口量	进口额	进口量	进口额	进口量	进口额
合计	572 875	192 738.6	854 416	358 472.8	923 307	443 711.4	547 243	150 690.2	604 209	147 843.2	718 102	216 834.8	801 488	242 866.2
缅甸														
中国香港											9	4.2		0.1
印度														
日本									1	1.1	3	5.6	37	51.2
老挝														
马来西亚	954	522.9	1 100	356.6	25	9.7	2	2.7			1	0.8	2	1.8
菲律宾	224	116.8	122	67.5										
新加坡	2 706	845.5	5 521	2 156.4	2 293	1 046.4	635	170.6	774	206.0	684	266.3	172	78.9
韩国							13	4.2	12	5.9	11	7.7	24	20.4
泰国	27	2.9									1	0.4		0.2
土耳其														
中国（大陆）	78	26.6	23	8.0			1	0.3	28	19.4			1	0.7
中国台湾	321	210.0	488	312.8	334	217.2	135	99.1	485	264.8	51	42.0	80	56.9
埃及		0.2		0.4		0.4		0.4		0.3		0.3	1	0.6
肯尼亚						0.1								
比利时	923	305.4	3 470	1 690.0	2 964	1 327.9	337	88.3	24	10.2	550	163.4	1 495	306.6
丹麦	4 285	1 456.4	5 141	2 191.9	7 652	3 162.3	2 011	492.5	1 810	403.2	3 780	1 016.3	8 185	1 684.8
英国			1 775	895.8	1 746	834.5	697	170.8	4	4.2	332	107.3	229	53.0
德国	11 910	3 977.2	16 142	6 563.8	17 397	7 812.2	14 129	3 553.5	11 735	2 699.6	24 239	5 677.8	20 685	4 131.8
法国	11 139	3 773.7	9 173	3 831.0	17 972	8 245.3	11 953	3 179.8	13 441	3 531.2	22 186	7 027.0	18 689	6 316.9
爱尔兰	1 559	531.4	5 117	2 148.8	7 212	3 253.6	4 802	1 372.1	4 167	959.2	4 854	1 274.7	9 259	2 003.3
意大利					118	110.4	231	194.6	326	281.3	96	49.7	12	7.1
荷兰	328	115.7	2 609	1 277.1	2 577	1 420.1	3 054	1 655.4	4 865	2 232.7	7 670	3 473.2	11 905	5 039.8
西班牙	20	14.8	24	17.9			100	88.9	1 272	1 000.3	753	552.9	3 224	2 678.1
奥地利							51	24.8	159	55.7	667	394.4	912	505.3

数据来源：海关总署。

（续）

来源地	2012年		2013年		2014年		2015年		2016年		2017年		2018年	
	进口量	进口额	进口量	进口额	进口量	进口额	进口量	进口额	进口量	进口额	进口量	进口额	进口量	进口额
芬兰	1 215	390.3	2 601	1 074.7	5 737	2 383.9	4 657	1 073.1	7 695	1 512.0	9 763	2 241.1	12 034	2 195.6
匈牙利														
波兰	384	111.6	1 500	621.4	8 307	3 615.1	2 252	508.6	2 412	525.0	3 692	932.4	4 733	991.8
瑞典	2 396	688.2	6 495	2 731.3	5 439	2 618.2	3 297	797.1	4 601	922.0	7 516	1 774.1	9 569	1 795.3
瑞士	850	264.0	55	30.4	299	146.1	655	159.9	110	31.4	9	9.4	2 753	516.4
白俄罗斯											695	194.1	16 110	3 465.0
乌克兰			425	162.1							100	19.2	1 950	349.2
捷克	550	182.4			16	7.6								
阿根廷	600	219.2	8 965	4 100.0	12 589	6 110.1	653	179.1	302	69.6	554	140.4	1 208	253.5
智利	1 504	539.2	3 403	1 604.8	6 825	3 473.0	600	151.6	241	62.2			300	83.3
哥斯达黎加					41	20.3	480	210.2						
墨西哥									1	0.6				
乌拉圭	521	200.4	10 300	4 852.5	12 800	6 286.7	602	150.4	3 300	777.4	200	62.1	9 126	2 750.3
加拿大							1	3.8	2	1.9	2	2.6	37	31.9
美国	18 602	5 778.2	55 412	22 317.3	49 847	21 683.8	21 528	5 938.7	16 195	3 772.9	33 801	8 303.2	28 195	6 473.7
澳大利亚	16 497	5 659.9	28 030	12 493.2	32 994	16 180.6	26 610	10 671.2	26 687	12 095.5	45 961	17 927.1	52 766	22 752.1
新西兰	495 281	166 805.4	686 523	286 967.2	728 123	353 745.9	447 758	119 748.4	503 562	116 397.5	549 822	165 143.3	587 775	178 255.7

数据来源：海关总署。

2013—2018 年全国奶粉进口量值（进口地区）

单位：t、万美元

地区	2013 年		2014 年		2015 年		2016 年		2017 年		2018 年	
	进口量	进口额	进口量	进口额	进口量	进口额	进口量	进口额	进口量	进口额	进口量	进口额
全国合计	854 416	358 472.8	923 307	443 711.4	547 243	150 690.2	604 209	147 843.2	718 102	216 834.8	801 489	242 866
北京	42 975	17 298.0	37 384	17 560.2	26 545	7 222.0	30 548	7 071.6	50 505	14 436.3	46 609	12 955.1
天津	220 152	91 525.5	256 893	120 763.6	90 299	22 851.1	87 075	19 319.2	116 543	32 158.6	182 195	52 610.3
河北	5 919	2 516.5	8 428	4 616.5	3 979	1 291.5	6 612	1 699.6	5 036	1 742.1	4 527	1 698.8
内蒙古	61 632	26 826.8	57 209	27 420.8	53 830	14 196.2	50 603	11 869.2	41 897	12 028.7	33 091	9 696.9
辽宁	2 286	1 155.0	8 944	2 758.2	7 336	2 060.2	8 688	1 779.1	10 295	2 410.4	12 701	2 450.6
黑龙江	4 357	1 870.2	7 161	3 387.8	6 265	1 720.7	9 214	1 892.2	12 796	3 086.6	14 199	3 326.5
上海	136 881	57 888.8	137 713	66 326.7	91 087	24 353.3	107 550	25 827.1	143 004	42 160.2	181 981	51 583.4
江苏	23 433	10 137.8	28 454	13 773.2	23 899	6 877.1	27 846	6 699.4	34 976	11 289.4	35 629	10 981.4
浙江	116 591	48 854.2	126 830	62 633.6	66 795	19 003.1	100 648	27 087.5	101 149	32 435.9	65 991	22 692.2
安徽	20 766	8 412.7	17 600	7 957.0	20 630	5 144.0	9 177	2 273.9	12 265	3 569.0	13 509	4 110.9
福建	19 896	8 173.9	15 259	7 516.7	16 654	4 591.2	14 772	3 546.3	14 135	4 031.0	15 031	4 411.8
江西	1 026	438.2	890	430.9	1 362	397.7	1 455	361.8	1 353	468.3	1 784	600.0
山东	21 844	8 828.5	27 748	13 635.2	32 676	9 020.2	20 557	6 666.9	32 006	12 026.3	27 066	11 059.6
河南	250	122.4	5	5.0	502	453.2	554	519.6	1 177	989.7	1 008	838.7
湖北	2	1.7			1	0.4					1 216	253.1
湖南	3 283	1 158.4	907	418.6	5 959	1 697.5	5 616	1 453.6	7 170	2 417.2	14 353	5 157.6
广东	142 303	60 851.7	164 356	80 533.5	88 187	26 831.8	108 433	26 496.1	117 013	36 291.7	126 893	41 254.4
广西							9	4.4			38	53.4
海南	21	11.3	26	14.9	76	19.6	204	45.3	133	113.1	172	116.9
重庆			1	2.3	1 252	445.3	37	24.1	333	261.2	4 050	975.9
四川	30 799	12 401.2	27 454	13 915.0	9 900	2 508.0	13 691	2 905.3	14 535	4 219.0	18 699	5 470.8
贵州							700	153.4	1 346	359.6		
陕西			46	41.7	12	6.3	207	143.3	437	340.5	596	507.7

数据来源：海关总署。

2013—2018 年全国炼乳进口量值（来源地）

单位：t、万美元

来源地	2013 年		2014 年		2015 年		2016 年		2017 年		2018 年	
	进口量	进口额	进口量	进口额	进口量	进口额	进口量	进口额	进口量	进口额	进口量	进口额
合计	9 254	2 086.9	9 176	2 145.5	10 908	2 240.0	20 013	3 644.9	25 565	4 624.4	27 523	4 866.7
日本						0.1		0.4				0.2
科威特												
老挝												
马来西亚							71	8.7	343	39.8	1 402	168.3
沙特阿拉伯												
新加坡							16	4.1	16	4.0	16	2.5
韩国	73	12.1	147	26.7	26	7.6		0.2	2	0.2		0.1
泰国	416	60.5	42	8.9	20	2.8	98	8.3	2	0.3	55	8.7
中国（大陆）	1 355	274.6	255	59.9	36	8.5	243	57.1				
中国台湾	36	21.8	34	8.7	90	22.0	134	21.2	91	19.5	107	23.9
比利时			5	0.4		0.1	239	26.9	121	25.7	42	17.3
丹麦	27	13.3	70	26.2	622	141.5	741	162.2	267	77.8		
英国		0.4		0.4		0.2		0.3	5	5.9	16	2.9
德国	1 836	558.7	2 004	616.5	1 019	167.5	1 226	190.1	2 503	450.6	1 779	318.4
法国	576	172.6	497	158.3	289	81.9	9	6.5	10	7.6	3	2.3
爱尔兰		0.0		0.1								
意大利	13	1.8	6	0.9		0.2	2	0.1		0.1	17	5.8
卢森堡					57	13.0	185	41.4	644	170.5	172	53.9
荷兰	4 379	800.7	5 432	1 062.0	8 050	1 613.1	12 019	2 322.6	12 921	2 474.6	13 709	2 675.1
希腊									2	0.8	7	3.4
西班牙	20	6.1	2	0.6			45	9.6	23	6.3	209	52.1
奥地利		0.1			74	9.4	42	5.6				
挪威						0.1		0.3				
波兰	146	33.2	59	22.5	16	4.7	1	0.1	53	13.2	66	13.7
瑞典								0.1				
瑞士	11	4.6										
捷克					3	0.5	187	29.5	290	45.3	18	3.3
智利	8	1.9										
加拿大												
美国	175	42.1	16	5.1	69	22.6	44	18.3	32	9.4	12	3.3
澳大利亚	178	78.3	294	79.5	538	144.3	4 711	731.1	7 820	1 202.3	9 658	1 469.7
新西兰	4	4.2	312	68.9					3	4.1	1	2.5

数据来源：海关总署。

2012—2018 年全国炼乳进口量值（进口地区）

单位：t、万美元

地区	2012 年		2013 年		2014 年		2015 年		2016 年		2017 年		2018 年	
	进口量	进口额	进口量	进口额	进口量	进口额	进口量	进口额	进口量	进口额	进口量	进口额	进口量	进口额
合计	5 515	1 259.6	9 254	2 086.9	9 176	2 145.5	10 908	2 240.0	20 013	3 644.9	25 565	4 624.4	27 523	4 866.9
北京	1 028	304.4	1 790	548.7	2 005	594.3	1 133	236.5	1 008	214.4	445	133.9	325	76.3
天津			1	0.2	31	6.4	4	2.3	19	4.6	90	22.0	251	45.0
辽宁					12	2.2	57	13.0	209	43.4	863	195.1	1 083	143.2
吉林														
上海	1 719	428.6	2 290	510.2	2 865	645.9	4 620	968.3	6 953	1 359.4	6 215	1 297.4	7 223	1 523.9
江苏	38	14.7									23	20.1	11	13.6
浙江			158	39.9	59	22.6	93	21.3	281	55.6	93	19.1	5	1.1
安徽			43	10.3	80	19.9	40	8.3			90	14.5		
福建	9	2.7	6	1.5	54	11.1	43	6.9	75	7.1	153	25.9	30	4.1
山东	2	0.2	73	12.1	116	20.3	33	4.9	220	22.3	39	4.3		0.1
河南					3	0.6	9	11.2		0.6	1	1.6		
湖北													96	17.0
广东	2 719	509.0	4 892	964.0	3 951	822.3	4 877	966.8	11 209	1 930.8	17 405	2 861.5	17 823	2 905.4
广西														0.1
海南									37	6.1	146	25.2	674	134.3
重庆						0.1		0.4		0.4	2	3.8	1	2.7
四川														0.1

数据来源：海关总署。

2012—2018年全国乳清进口量值（来源地）

单位：t、万美元

来源地	2012年		2013年		2014年		2015年		2016年		2017年		2018年	
	进口量	进口额	进口量	进口额	进口量	进口额	进口量	进口额	进口量	进口额	进口量	进口额	进口量	进口额
合计	378 279	74 700.7	434 026	85 063.6	404 406	78 817.2	435 752	52 533.7	497 340	45 206.2	529 622	66 621.4	557 245	63 334.4
中国香港													13	7.0
印度														
日本												0.1		0.2
马来西亚							1	0.4			2	0.4	89	10.5
蒙古														
新加坡			285	52.9	50	15.9			48	13.4	14	2.0	280	58.5
韩国						0.1			1	0.8			223	120.9
泰国					2	0.3								0.1
中国台湾	61	10.4	27	7.1	29	4.9	13	2.4	102	13.3	95	10.1	58	10.5
埃及					2	0.2								
南非														
比利时	3 748	963.0			82	14.5	25	5.5			275	36.6	2 851	430.4
丹麦	435	334.9	416	409.9	727	725.4	1 272	1 060.5	1 143	918.6	1 603	1 295.4	1 613	1 493.2
英国	2 286	646.5	462	160.3	2 314	887.3	631	193.6	164	22.8	222	44.2	2 466	283.4
德国	23 049	6 308.5	20 629	5 429.9	22 454	5 778.3	23 894	4 030.1	20 094	2 592.9	16 151	3 409.0	21 119	3 785.7
法国	54 873	13 186.0	60 574	15 601.1	64 426	15 927.2	49 602	8 808.1	53 607	7 773.0	61 547	11 313.7	63 020	10 735.0
爱尔兰	14 851	3 939.3	13 930	4 119.7	11 609	3 265.3	16 828	3 076.2	16 149	2 412.9	18 066	2 815.5	19 164	3 328.7
意大利	505	66.9	1 898	260.1			591	70.7	2 191	275.7	3 354	742.0	3 273	826.8
卢森堡					7	2.7	88	13.7						
荷兰	25 225	6 422.3	27 964	8 692.7	22 158	7 132.9	23 572	4 149.5	32 251	3 697.3	40 805	6 433.9	49 907	6 749.0
希腊	40	19.0												
葡萄牙							100	10.7						
西班牙	3 172	468.1	3 422	506.8	2 602	404.0	2 714	322.9	1 600	121.0	1 132	107.6	504	41.1

（续）

来源地	2012 年		2013 年		2014 年		2015 年		2016 年		2017 年		2018 年	
	进口量	进口额	进口量	进口额	进口量	进口额	进口量	进口额	进口量	进口额	进口量	进口额	进口量	进口额
奥地利	2 698	859.8	3 526	1 035.4	2 994	790.8	1 625	418.2	757	301.2	1 374	1 057.0	1 787	1 500.9
芬兰	15 320	4 768.8	14 900	4 772.6	15 825	4 287.3	11 725	2 128.9	10 048	1 415.5	10 934	1 597.6	12 314	1 780.2
挪威														
波兰	11 124	1 564.5	16 779	2 367.4	16 534	2 287.8	29 404	3 073.7	27 648	1 950.2	30 740	3 070.5	33 009	2 835.6
瑞士											52	41.6	20	15.4
拉脱维亚							25	3.7	89	11.3	67	7.7		
立陶宛			25	7.0							218	23.8	124	19.4
白俄罗斯	1 120	167.6	4 331	598.2	2 125	279.3	450	42.3	800	57.5	5 250	425.1	25 218	1 888.6
俄罗斯联邦					75	10.4								
乌克兰	550	71.6	1 625	231.1			925	51.6	3 700	229.6	13 600	1 253.4	16 376	1 324.2
斯洛文尼亚			48	14.6			145	26.6						
捷克	4 800	1 029.3	2 825	689.9	500	125.8	45	3.8	234	23.0	238	31.5	1 033	116.3
阿根廷	23 556	5 696.1	37 259	7 431.9	22 058	4 583.0	28 107	3 400.0	24 838	2 060.9	15 092	1 629.5	22 977	2 130.4
智利	575	79.1	275	38.8	1 250	168.6	1 436	106.5	3 675	241.3	3 900	380.1	4 825	411.0
乌拉圭	4 275	629.1	6 350	932.6	2 500	387.5	4 725	637.0	3 850	330.1	3 475	410.9	3 300	310.3
加拿大	468	104.7	83	25.8	687	132.0	53	19.4	4	26.5	325	29.3	201	15.8
美国	173 615	21 132.8	207 006	26 826.2	208 353	29 389.3	229 373	18 149.6	283 885	18 619.5	290 499	28 072.7	261 938	20 555.9
澳大利亚	6 192	1 704.7	4 820	1 387.2	3 617	1 187.3	5 243	1 293.7	7 406	731.8	7 162	950.7	5 267	713.8
新西兰	5 741	4 527.8	4 568	3 464.6	1 427	1 029.4	3 141	1 434.5	3 056	1 366.2	3 297	1 416.4	3 697	1 453.0

数据来源：海关总署。

2012—2018年全国乳清进口量值（进口地区）

单位：t、万美元

地区	2012年		2013年		2014年		2015年		2016年		2017年		2018年	
	进口量	进口额	进口量	进口额	进口量	进口额	进口量	进口额	进口量	进口额	进口量	进口额	进口量	进口额
全国合计	378 279	74 700.7	434 026	85 063.6	404 406	78 817.2	435 752	52 533.7	497 340	45 206.2	529 622	66 621.4	557 245	63 334.4
北京	67 504	8 387.9	102 651	14 380.4	106 601	15 380.3	131 258	12 722.5	92 829	7 573.1	94 098	10 206.3	75 948	7 579.5
天津	41 704	10 940.1	50 558	13 706.0	50 393	13 276.8	40 873	7 497.3	68 368	7 494.5	72 195	10 651.0	108 992	15 739.0
河北	268	62.7			29	6.0	25	5.3	152	12.4	2 377	256.6	1 845	198.0
内蒙古	5 906	1 619.2	2 731	874.6	6 648	1 886.3	6 953	1 394.3	6 003	895.9	4 056	1 154.7	3 301	1 210.6
辽宁	11 634	2 486.8	17 761	4 009.1	18 685	3 895.5	12 159	1 861.3	56 788	6 462.0	49 565	6 086.9	46 425	4 961.7
吉林			38	5.7	38	5.7	115	15.2	57	6.4				
黑龙江	8 200	2 343.5	13 309	3 967.1	12 364	3 191.9	13 249	2 471.0	4 370	604.4	17 726	2 934.2	16 753	3 198.9
上海	68 534	15 112.4	80 573	18 020.6	72 550	16 227.0	68 024	9 509.4	73 054	6 883.7	89 766	11 150.6	100 046	11 079.6
江苏	9 110	1 799.4	9 244	1 465.1	6 418	1 399.4	7 864	1 311.0	8 054	1 213.7	8 882	2 099.0	7 874	1 509.6
浙江	39 110	10 471.5	33 720	8 787.0	24 040	7 064.2	24 938	3 243.5	11 655	1 817.1	12 367	3 530.9	12 083	1 362.3
安徽	19 304	2 944.8	19 978	3 289.5	23 872	3 135.7	31 843	2 313.3	11 229	647.3	19 382	1 603.9	21 633	1 599.0
福建	44 750	5 729.6	44 891	5 192.8	32 253	3 856.5	38 621	3 215.0	38 672	2 308.8	39 528	3 481.7	32 974	2 455.0
江西			900	88.2	1 056	97.1			260	15.8	468	48.1		
山东	22 769	5 423.9	17 362	4 352.5	22 009	5 050.9	18 253	2 905.5	20 184	2 461.2	24 134	4 939.0	20 914	3 901.3
河南				0.1	5	2.5	186	18.9	2 093	137.4	3	2.4	999	70.2
湖北														
湖南					737	61.5	3 224	174.9	11 646	672.1	8 531	655.8	3 666	221.4
广东	28 153	6 095.5	30 261	5 951.5	20 630	3 693.1	32 380	3 433.5	87 996	5 708.1	83 213	7 526.0	100 288	7 962.9
广西							200	10.6	95	4.6			220	15.3
重庆					260	26.3	1 043	98.0	962	77.3		2.0	176	14.6
四川	3 540	454.3	3 515	407.0	2 641	276.9	4 543	333.3	2 760	183.0	2 953	253.9	1 502	121.1
云南	7 792	829.2	6 534	566.5	3 177	283.7								
陕西									25	20.9			100	14.5

数据来源：海关总署。

2012—2018 年全国黄油进口量值（来源地）

单位：t、万美元

来源地	2012 年		2013 年		2014 年		2015 年		2016 年		2017 年		2018 年	
	进口量	进口额	进口量	进口额	进口量	进口额	进口量	进口额	进口量	进口额	进口量	进口额	进口量	进口额
合计	48 326	19 566.2	52 238	22 583.8	80 385	37 791.7	71 259	26 548.3	81 865	30 315.2	91 603	50 015.8	113 330	69 691.1
柬埔寨														
日本								0.1					1	0.3
马来西亚														
菲律宾														
新加坡	25	11.3	151	92.8			34	17.1	97	47.9	45	22.0		
韩国		0.1			44	25.2	4	2.9	2	5.2	3	8.0	20	3.6
泰国		0.1												
中国台湾	3	1.6	14	7.6	25	11.8	20	9.8						
比利时	653	395.5	1 227	752.4	1 147	788.4	1 811	948.8	2 153	1 072.4	2 305	1 595.1	1 852	1 576.2
丹麦	294	238.1	237	180.9	226	153.6	678	337.8	332	151.5	199	124.9	315	248.9
英国			1	2.0	2	2.8	4	6.4	3	4.2	141	70.2	7	7.6
德国	150	75.6	86	49.0					338	159.3	374	267.8	542	381.2
法国	882	562.0	1 369	937.0	1 672	1 299.1	3 250	1 987.8	4 336	2 431.2	5 625	3 898.9	5 019	4 027.8
爱尔兰	78	48.4	91	66.4	107	66.3	138	72.3	163	66.5	222	108.6	271	164.8
意大利	1	0.2	9	5.7	38	23.6	212	99.1	238	100.7	129	81.7	191	144.3
荷兰	155	70.3	155	83.6	633	349.6	568	251.4	896	373.8	1 323	791.1	1 135	770.9
西班牙			11	8.4	40	22.6	92	47.1	6	3.1	6	4.6	6	6.7
奥地利					2	1.8								
芬兰													200	86.7
波兰							16	5.9						
阿根廷	438	171.6	308	123.3	331	182.2	872	382.2	475	196.1	197	116.9	391	239.2
智利								0.3			100	47.0		
哥斯达黎加			120	42.8	118	43.5								
乌拉圭	75	25.9	226	68.4					12	3.6	65	34.6	70	36.3
加拿大			18	10.9										
美国	152	80.8	719	371.2	1 556	875.7	18	8.2	10	4.9	57	47.8	60	48.4
澳大利亚	2 265	901.9	1 827	823.6	1 492	772.0	2 613	1 108.8	1 996	830.7	1 956	1 069.7	1 965	1 256.8
新西兰	43 155	16 982.7	45 670	18 957.6	72 951	33 173.6	60 929	21 262.6	70 807	24 864.2	78 837	41 715.4	100 444	60 326.0

数据来源：海关总署。

2012—2018年全国黄油进口量值（进口地区）

单位：t、万美元

地区	2012年		2013年		2014年		2015年		2016年		2017年		2018年	
	进口量	进口额	进口量	进口额	进口量	进口额	进口量	进口额	进口量	进口额	进口量	进口额	进口量	进口额
全国合计	48 326	19 566.2	52 238	22 583.8	80 385	37 791.7	71 259	26 548.3	81 865	30 315.2	91 603	50 015.8	113 330	69 691.3
北京	5 775	2 430.4	7 437	3 404.4	7 745	3 810.3	7 374	3 083.5	6 491	2 853.9	4 436	2 742.6	4 317	2 851.1
天津	6 852	2 820.7	6 670	2 727.5	16 434	7 939.3	3 736	1 275.9	8 951	3 082.5	8 078	3 823.1	10 084	5 969.3
河北	43	23.8	88	46.7	89	53.3	176	77.3	176	71.0	182	95.3	146	87.5
内蒙古	23	14.2	903	356.8	3 305	1 373.2	195	99.5	101	29.2	226	107.7	84	53.8
辽宁	60	21.2	60	23.0	20	9.4	398	141.0	861	311.8	126	105.7	301	118.6
吉林														
黑龙江													10	11.6
上海	20 093	8 354.8	19 240	8 605.4	26 892	12 594.4	27 430	10 242.6	23 645	8 792.9	18 947	10 564.5	28 417	17 903.6
江苏	509	189.7	615	257.6	941	442.9	701	264.4	1 314	527.2	1 257	672.6	1 134	712.9
浙江	2 284	847.3	2 986	1 173.8	3 071	1 466.5	3 533	1 265.6	5 702	1 968.6	3 650	2 173.3	3 856	2 517.9
安徽	199	64.2	274	107.0	512	252.8	69	27.7	11	6.5				
福建	740	271.0	563	245.0	1 279	557.6	1 497	529.3	3 903	1 614.1	19 958	10 597.3	21 853	13 155.8
山东	3 995	1 463.2	4 537	1 977.9	5 640	2 754.1	5 353	2 023.3	7 651	2 913.7	13 163	7 844.1	11 050	7 081.9
河南														
湖北			34	14.8	50	23.9	118	42.5	210	80.8	505	267.8	501	325.3
广东	7 752	3 065.4	8 831	3 643.9	14 405	6 513.9	16 405	5 876.7	19 687	7 181.1	20 225	10 590.9	30 810	18 409.2
广西		0.1												
海南														
四川							4 276	1 599.2	2 443	639.3	310	183.8	762	487.5

数据来源：海关总署。

2012—2018 年全国奶酪进口量值（来源地）

单位：t、万美元

来源地	2012 年		2013 年		2014 年		2015 年		2016 年		2017 年		2018 年	
	进口量	进口额	进口量	进口额	进口量	进口额	进口量	进口额	进口量	进口额	进口量	进口额	进口量	进口额
合计	38 806	18 655.1	47 331	23 109.0	65 973	34 242.8	75 581	34 796.3	97 177	41 935.9	108 002	49 749.6	108 278	51 319.0
文莱														
塞浦路斯														
香港														
印度尼西亚														
日本							1	6.1						0.6
马来西亚														
卡塔尔														
新加坡	99	75.9	63	50.3	126	100.2	172	137.1	88	68.9	176	139.8	218	168.0
韩国		0.5	1	0.7	12	8.0	10	8.2	49	55.1	57	87.4	49	55.0
泰国											11	7.9	47	32.2
土耳其														
中国台湾	38	22.6	99	62.0	122	80.7	166	124.5	147	109.5	196	146.6	176	144.9
比利时	1	1.2	1	0.9	1	0.9	19	6.2	33	8.7	123	45.0	65	25.3
丹麦	497	456.6	678	563.0	1 084	895.4	2 427	1 264.9	3 103	1 471.1	4 095	2 097.9	4 487	2 360.1
英国	4	4.8	15	16.7	48	50.5	49	44.0	575	234.4	786	359.0	1 056	482.9
德国	562	253.9	586	286.5	855	470.3	1 486	645.6	2 460	881.2	2 032	905.9	1 922	912.4
法国	877	774.2	1 354	1 083.6	1 915	1 577.3	1 889	1 392.7	3 493	2 103.1	3 150	2 233.4	3 108	2 356.7
爱尔兰	90	66.0	90	61.9	196	132.4	211	126.2	245	114.1	346	162.4	538	266.6
意大利	722	598.7	1 122	958.0	1 458	1 166.6	1 899	1 282.0	2 585	1 564.0	3 281	2 032.1	3 777	2 402.8
卢森堡														
荷兰	603	351.8	412	288.4	491	337.5	881	468.7	611	341.6	865	545.9	874	577.4
希腊	17	18.3	29	29.2	9	9.8	23	21.2	29	26.2	27	27.3	40	38.3
葡萄牙						0.1		0.8	10	8.7		0.2	1	1.2
西班牙	9	14.3	39	37.6	55	56.7	69	59.4	160	106.5	282	174.9	480	300.8

（续）

来源地	2012年		2013年		2014年		2015年		2016年		2017年		2018年	
	进口量	进口额	进口量	进口额	进口量	进口额	进口量	进口额	进口量	进口额	进口量	进口额	进口量	进口额
奥地利	224	102.1	222	102.8	383	195.9	542	232.9	529	230.5	732	317.7	658	350.0
芬兰														
波兰	32	33.1	54	59.8	95	93.6	194	120.4	200	118.1	153	98.7	168	111.0
瑞典					3	1.7			1	0.8			3	2.7
瑞士	60	74.1	77	100.9	69	98.4	88	116.0	71	99.9	279	204.5	726	411.3
爱沙尼亚														
拉脱维亚	8	4.3	8	7.2						0.1				
立陶宛	10	5.2									25	10.8	609	251.9
俄罗斯联邦								0.2						
斯洛文尼亚														
捷克					48	23.2	45	15.6	45	12.1	46	18.6	152	55.5
斯洛伐克														
阿根廷	594	248.5	368	157.8	717	351.3	724	297.1	763	259.1	842	333.8	516	195.8
智利							46	23.9	338	133.2	746	314.1	445	184.7
格林纳达														
乌拉圭	340	143.5	906	386.0	491	223.7	925	412.5	1 600	558.5	875	336.0	1 475	596.8
美国	8 954	3 880.8	10 010	4 300.5	11 635	5 564.4	11 658	5 341.3	8 956	4 097.6	12 905	6 023.5	12 018	5 581.6
澳大利亚	8 059	3 907.1	11 167	5 267.6	17 336	8 142.5	15 277	6 477.3	19 968	7 692.9	21 074	8 699.7	19 696	8 670.2
新西兰	17 005	7 617.6	20 030	9 287.6	28 825	14 661.7	36 779	16 171.5	51 116	21 639.2	54 887	24 424.1	54 975	24 781.8

数据来源：海关总署。

2012—2018 年全国奶酪进口量值（进口地区）

单位：t、万美元

地区	2012 年		2013 年		2014 年		2015 年		2016 年		2017 年		2018 年	
	进口量	进口额	进口量	进口额	进口量	进口额	进口量	进口额	进口量	进口额	进口量	进口额	进口量	进口额
全国合计	38 806	18 655.1	47 331	23 109.0	65 973	34 242.8	75 581	34 796.3	97 177	41 935.9	108 002	49 749.6	108 278	51 319.2
北京	6 391	3 129.0	9 317	4 826.9	13 087	7 327.1	15 524	7 269.5	16 804	7 304.4	17 530	7 981.3	17 214	8 198.4
天津	2 374	1 027.3	1 673	732.9	3 634	1 707.8	3 821	1 497.1	13 417	5 313.8	12 959	5 238.1	16 299	6 871.9
内蒙古	324	135.2	206	89.5					1	0.8	8	2.1		
辽宁	547	259.8	482	231.7	319	166.4	1 852	863.8	2 739	1 200.1	1 310	575.1	358	154.1
吉林								0.2					252	105.8
黑龙江	39	14.3							5	2.9	1	1.7	1	0.5
上海	19 212	9 409.4	23 374	11 267.5	30 551	15 574.0	33 506	15 489.0	30 484	13 434.7	27 197	13 399.4	33 955	17 097.1
江苏	541	332.8	636	425.3	568	508.7	278	257.8	64	22.1	103	75.1	7	11.9
浙江	488	231.0	658	328.0	868	458.1	1 137	531.6	935	406.4	204	89.0	282	154.4
安徽	18	6.3	169	76.3	526	251.2	236	124.6	127	54.3	282	115.9	99	57.5
福建	3 762	1 614.0	4 666	2 072.5	5 734	2 836.1	7 811	3 483.0	7 694	3 470.4	19 605	9 064.6	12 260	5 828.8
山东	440	190.6	338	159.5	215	106.0	136	79.6	1 980	818.9	915	472.7	1 581	810.1
河南	27	19.7	24	18.0	77	59.3	131	104.3	73	53.8	64	45.3	32	20.8
湖北				0.7	1	1.2	1	2.0	85	26.4	114	33.7	56	13.5
广东	4 582	2 235.7	5 734	2 831.6	10 332	5 195.6	10 429	4 811.6	22 209	9 566.7	27 534	12 568.8	25 729	11 893.2
广西														
重庆													5	7.4
四川							648	235.3	25	8.0	11	5.0	48	20.2
陕西	59	50.1	54	48.7	62	51.4	71	47.0	129	70.4	90	53.8	102	73.6

数据来源：海关总署。

2018年全国乳制品进口量（月度）

单位：t

月 份	乳制品	液态奶			干乳制品						婴幼儿配方乳粉
		合计	液奶	酸奶	合计	奶粉	炼乳	乳清	黄油	奶酪	
合 计	2 635 113	704 153	673 294	30 859	1 930 961	801 489	27 523	557 245	113 330	108 278	323 096
1	358 760	69 543	65 653	3 891	289 217	185 660	2 627	50 025	16 576	14 304	20 024
2	169 467	36 827	35 094	1 733	132 640	66 278	399	37 181	5 231	5 446	18 107
3	196 472	58 218	55 642	2 576	138 254	46 068	2 817	49 571	9 374	6 971	23 453
4	187 823	48 874	46 513	2 361	138 949	50 265	2 189	45 844	10 788	8 599	21 266
5	232 021	57 808	55 488	2 320	174 213	58 988	1 772	56 383	13 623	11 778	31 670
6	204 301	53 118	50 013	3 105	151 182	49 348	1 770	52 367	9 590	8 071	30 037
7	214 710	53 612	51 551	2 061	161 098	64 917	2 578	44 483	14 615	8 944	25 560
8	235 706	61 786	58 908	2 878	173 920	65 164	2 386	47 249	15 964	12 097	31 060
9	179 166	53 897	51 129	2 769	125 269	39 889	2 397	45 353	4 263	5 409	27 958
10	189 567	61 802	59 166	2 636	127 765	42 491	2 368	38 956	4 562	7 155	32 233
11	240 684	74 843	72 683	2 159	165 841	70 996	3 449	45 357	5 733	9 574	30 732
12	226 438	73 825	71 454	2 371	152 613	61 427	2 771	44 477	3 012	9 930	30 996

数据来源：海关总署。

2018年全国乳制品进口额（月度）

单位：万美元

月份	乳制品	液态奶			干乳制品						婴幼儿配方乳粉
		合计	液奶	酸奶	合计	奶粉	炼乳	乳清	黄油	奶酪	
合计	1 004 398	97 346	91 269	6 077	907 052	242 867	4 867	63 333	69 692	51 318	474 975
1	117 314	8 311	7 555	756	109 003	56 769	471	5 517	10 583	6 759	28 904
2	61 825	5 321	4 972	349	56 504	19 460	94	3 904	3 357	2 588	27 101
3	70 753	7 714	7 191	523	63 039	13 899	521	5 075	5 760	3 373	34 411
4	69 670	6 780	6 308	472	62 890	15 367	390	5 048	6 505	4 246	31 334
5	96 658	7 722	7 244	478	88 936	18 833	314	5 830	8 060	5 405	50 494
6	85 619	7 682	7 084	598	77 937	15 059	356	5 619	5 873	3 870	47 160
7	83 092	7 878	7 462	416	75 214	19 736	461	5 426	8 892	4 236	36 463
8	95 311	9 018	8 471	547	86 293	20 943	393	5 481	9 843	5 576	44 057
9	71 456	8 009	7 480	529	63 447	12 121	405	5 300	2 757	2 668	40 196
10	80 720	9 299	8 747	552	71 421	12 726	396	4 683	2 810	3 431	47 375
11	87 733	10 094	9 669	425	77 639	20 023	581	6 090	3 427	4 515	43 003
12	84 247	9 518	9 086	432	74 729	17 931	485	5 360	1 825	4 651	44 477

数据来源：海关总署。

2018年全国乳制品出口量（月度）

单位：t

月 份	乳制品	液态奶			干乳制品						婴幼儿配方乳粉
		合计	液奶	酸奶	合计	奶粉	炼乳	乳清	奶油	奶酪	
合 计	53 475	29 973	27 123	2 850	23 502	3 135	2 758	592	2 139	190	14 688
1	3 584	1 850	1 718	132	1 734	208	221		152	18	1 135
2	2 862	2 115	1 953	163	747	112	128	4	107	15	381
3	3 825	2 378	2 132	246	1 448	245	171	49	178	5	800
4	3 872	2 459	2 190	269	1 413	161	345	160	185	16	546
5	4 101	2 561	2 259	302	1 540	502	226	66	132	31	582
6	4 810	2 498	2 206	292	2 312	394	350	30	221	13	1 305
7	4 782	2 878	2 615	263	1 904	164	187	107	281	15	1 152
8	4 823	2 653	2 372	281	2 171	399	208	117	190	5	1 251
9	4 623	2 584	2 345	239	2 039	239	186		275	30	1 309
10	5 886	2 482	2 311	171	3 404	278	235		144	21	2 726
11	4 601	2 549	2 296	254	2 052	174	244	7	138	5	1 485
12	5 705	2 966	2 727	240	2 738	260	257	52	137	16	2 017

数据来源：海关总署。

2018年全国乳制品出口额（月度）

单位：万美元

月 份	乳制品	液态奶			干乳制品						婴幼儿配方乳粉
		合计	液奶	酸奶	合计	奶粉	炼乳	乳清	奶油	干酪	
合 计	34 753	3 108	2 504	604	31 645	983	471	142	846	120	29 083
1	2 503	192	166	26	2 311	70	38		61	11	2 131
2	994	219	184	35	775	32	26	2	41	10	664
3	1 927	253	204	49	1 674	68	34	8	66	3	1 495
4	1 525	266	209	57	1 259	63	59	45	78	11	1 003
5	1 603	282	220	62	1 321	135	29	12	56	20	1 069
6	2 665	275	208	67	2 390	109	58	5	85	7	2 126
7	3 550	293	239	54	3 257	65	35	39	113	8	2 997
8	3 981	281	218	63	3 700	119	33	20	78	3	3 447
9	3 384	259	210	49	3 125	88	32		108	18	2 879
10	5 539	241	202	39	5 298	81	38		57	15	5 107
11	3 064	255	203	52	2 809	36	41	1	50	3	2 678
12	4 018	292	241	51	3 726	117	48	10	53	11	3 487

数据来源：海关总署。

2011—2018 年全国原料奶粉进口量值表

单位：t、万美元、美元/t

年份	奶粉			其中：脱脂奶粉			其中：全脂淡奶粉			其中：全脂甜奶粉		
	数量	金额	单价	数量	金额	单价	数量	金额	单价	数量	金额	单价
2011	449 542	164 544	3 660	129 805	45 564	3 510	318 049	117 848	3 705	1 687	1 132	6 710
2012	572 875	192 739	3 364	167 593	55 397	3 305	402 387	135 490	3 367	2 896	1 852	6 396
2013	854 416	358 473	4 196	235 019	95 850	4 078	617 798	261 485	4 233	1 599	1 137	7 111
2014	923 697	443 686	4 803	252 840	112 520	4 450	670 043	330 630	4 934	814	535	6 574
2015	547 243	150 690	2 754	200 220	51 717	2 583	342 620	95 238	2 780	4 403	3 735	8 483
2016	604 217	147 817	2 446	184 469	39 619	2 148	415 724	105 354	2 534	4 024	2 844	7 067
2017	717 399	216 175	3 013	247 304	60 043	2 428	463 408	149 407	3 224	6 688	4 871	7 284
2018	801 489	242 866	3 030	280 488	60 931	2 172	512 641	174 667	3 407	8 360	7 268	8 694

数据来源：海关总署。

2011—2018 年全国原料奶粉出口量值表

单位：t、万美元、美元/t

年份	奶粉			其中：脱脂奶粉			其中：全脂淡奶粉			其中：全脂甜奶粉		
	数量	金额	单价	数量	金额	单价	数量	金额	单价	数量	金额	单价
2011	9 327	3 711	398	199	91	4 569	6 562	2 360	360	2 566	1 260	4 909
2012	9 703	3 984	4 106	345	166	4 816	5 999	2 076	4 106	3 359	1 742	5 185
2013	3 318	1 622	4 889	359	149	4 148	1 000	347	3 473	1 958	1 126	5 749
2014	8 125	3 228	3 973	2 356	826	3 507	4 931	1 868	3 788	838	534	6 372
2015	4 869	1 098	2 255	1 178	246	2 086	3 030	455	1 502	661	397	6 008
2016	3 530	1 605	4 547	655	196	2 986	1 383	563	4 073	1 491	846	5 672
2017	2 843	948	3 333	1 047	233	2 222	1 271	392	3 086	524	323	6 151
2018	3 135	982	3 133	1 375	334	2 429	1 350	399	2 955	411	250	6 082

数据来源：海关总署。

【乳品消费】

2014—2018年居民人均奶类消费量

单位：kg

指标	2014年	2015年	2016年	2017年	2018年
全国居民	12.6	12.1	12.0	12.1	12.2
城镇居民	18.1	17.1	16.5	16.5	16.5
农村居民	6.4	6.3	6.6	6.9	6.9

1990—2012年城镇居民人均鲜奶消费量

单位：kg

指标	1990年	1995年	2000年	2005年	2010年	2011年	2012年
鲜 奶	4.6	4.6	9.9	17.9	14.0	13.7	14.0

1990—2012年农村居民人均奶及奶制品消费量

单位：kg

指标	1990年	1995年	2000年	2005年	2010年	2011年	2012年
奶及奶制品	1.1	0.6	1.1	2.9	3.6	5.2	5.3

注：2012年及以前数据来源于国家统计局农村住户调查。

2018年分地区居民家庭人均奶类消费量

单位：千克

地区	居民	城镇居民	农村居民
全 国	12.2	16.5	6.9
北 京	26.0	27.6	16.0
天 津	18.6	20.2	11.0
河 北	14.4	21.5	7.5
山 西	15.7	19.7	11.0
内蒙古	22.2	28.8	12.5
辽 宁	14.9	19.8	5.2
吉 林	10.0	14.1	5.0
黑龙江	10.4	14.3	4.9
上 海	20.8	21.7	12.8
江 苏	15.1	17.3	11.0
浙 江	13.2	15.1	9.5
安 徽	11.7	14.3	9.2
福 建	11.7	14.5	7.5
江 西	10.8	15.7	5.9
山 东	16.4	21.0	10.7
河 南	12.5	19.3	7.0
湖 北	6.8	8.9	4.2
湖 南	6.7	10.1	3.3
广 东	8.6	10.8	4.0
广 西	5.6	9.2	2.6
海 南	4.7	7.1	1.7
重 庆	12.6	15.9	7.8
四 川	12.5	17.4	8.3
贵 州	4.4	8.0	2.0
云 南	5.1	9.3	2.2
西 藏	14.3	21.0	12.0
陕 西	13.8	20.3	6.9
甘 肃	13.6	24.2	6.3
青 海	17.6	22.9	12.5
宁 夏	13.5	18.0	8.5
新 疆	19.9	30.2	11.1

2015—2018 年分地区居民人均可支配收入

单位：元

地 区	2015 年	2016 年	2017 年	2018 年
全 国	21 966.2	23 821.0	25 973.8	28 228.0
北 京	48 458.0	52 530.4	57 229.8	62 361.2
天 津	31 291.4	34 074.5	37 022.3	39 506.1
河 北	18 118.1	19 725.4	21 484.1	23 445.7
山 西	17 853.7	19 048.9	20 420.0	21 990.1
内蒙古	22 310.1	24 126.6	26 212.2	28 375.7
辽 宁	24 575.6	26 039.7	27 835.4	29 701.4
吉 林	18 683.7	19 967.0	21 368.3	22 798.4
黑龙江	18 592.7	19 838.5	21 205.8	22 725.8
上 海	49 867.2	54 305.3	58 988.0	64 182.6
江 苏	29 538.9	32 070.1	35 024.1	38 095.8
浙 江	35 537.1	38 529.0	42 045.7	45 839.8
安 徽	18 362.6	19 998.1	21 863.3	23 983.6
福 建	25 404.4	27 607.9	30 047.7	32 643.9
江 西	18 437.1	20 109.6	22 031.4	24 079.7
山 东	22 703.2	24 685.3	26 929.9	29 204.6
河 南	17 124.8	18 443.1	20 170.0	21 963.5
湖 北	20 025.6	21 786.6	23 757.2	25 814.5
湖 南	19 317.5	21 114.8	23 102.7	25 240.7
广 东	27 858.9	30 295.8	33 003.3	35 809.9
广 西	16 873.4	18 305.1	19 904.8	21 485.0
海 南	18 979.0	20 653.4	22 553.2	24 579.0
重 庆	20 110.1	22 034.1	24 153.0	26 385.8
四 川	17 221.0	18 808.3	20 579.8	22 460.6
贵 州	13 696.6	15 121.1	16 703.6	18 430.2
云 南	15 222.6	16 719.9	18 348.3	20 084.2
西 藏	12 254.3	13 639.2	15 457.3	17 286.1
陕 西	17 395.0	18 873.7	20 635.2	22 528.3
甘 肃	13 466.6	14 670.3	16 011.0	17 488.4
青 海	15 812.7	17 301.8	19 001.0	20 757.3
宁 夏	17 329.1	18 832.3	20 561.7	22 400.4
新 疆	16 859.1	18 354.7	19 975.1	21 500.2

注：数据来源于国家统计局开展的城乡一体化住户收支与生活状况调查。

2015—2018年分地区居民人均消费支出

单位：元

地区	2015年	2016年	2017年	2018年
全国	15 712.4	17 110.7	18 322.1	19 853.1
北京	33 802.8	35 415.7	37 425.3	39 842.7
天津	24 162.5	26 129.3	27 841.4	29 902.9
河北	13 030.7	14 247.5	15 437.0	16 722.0
山西	11 729.1	12 682.9	13 664.4	14 810.1
内蒙古	17 178.5	18 072.3	18 945.5	19 665.2
辽宁	17 199.8	19 852.8	20 463.4	21 398.3
吉林	13 763.9	14 772.6	15 631.9	17 200.4
黑龙江	13 402.5	14 445.8	15 577.5	16 994.0
上海	34 783.6	37 458.3	39 791.9	43 351.3
江苏	20 555.6	22 129.9	23 468.6	25 007.4
浙江	24 116.9	25 526.6	27 079.1	29 470.7
安徽	12 840.1	14 711.5	15 751.7	17 044.6
福建	18 850.2	20 167.5	21 249.3	22 996.0
江西	12 403.4	13 258.6	14 459.0	15 792.0
山东	14 578.4	15 926.4	17 280.7	18 779.8
河南	11 835.1	12 712.3	13 729.6	15 168.5
湖北	14 316.5	15 888.7	16 937.6	19 537.8
湖南	14 267.3	15 750.5	17 160.4	18 807.9
广东	20 975.7	23 448.4	24 819.6	26 054.0
广西	11 401.0	12 295.2	13 423.7	14 934.8
海南	13 575.0	14 275.4	15 402.7	17 528.4
重庆	15 139.5	16 384.8	17 898.1	19 248.5
四川	13 632.1	14 838.5	16 179.9	17 663.6
贵州	10 413.8	11 931.6	12 969.6	13 798.1
云南	11 005.4	11 768.8	12 658.1	14 249.9
西藏	8 245.8	9 318.7	10 320.1	11 520.2
陕西	13 087.2	13 943.0	14 899.7	16 159.7
甘肃	10 950.8	12 254.2	13 120.1	14 624.0
青海	13 611.3	14 774.7	15 503.1	16 557.2
宁夏	13 815.6	14 965.4	15 350.3	16 715.1
新疆	12 867.4	14 066.5	15 087.3	16 189.1

2015—2018年分地区城镇居民人均可支配收入

单位：元

地 区	2015年	2016年	2017年	2018年
全 国	31 194.8	33 616.2	36 396.2	39 250.8
北 京	52 859.2	57 275.3	62 406.3	67 989.9
天 津	34 101.3	37 109.6	40 277.5	42 976.3
河 北	26 152.2	28 249.4	30 547.8	32 977.2
山 西	25 827.7	27 352.3	29 131.8	31 034.8
内蒙古	30 594.1	32 974.9	35 670.0	38 304.7
辽 宁	31 125.7	32 876.1	34 993.4	37 341.9
吉 林	24 900.9	26 530.4	28 318.7	30 171.9
黑龙江	24 202.6	25 736.4	27 446.0	29 191.3
上 海	52 961.9	57 691.7	62 595.7	68 033.6
江 苏	37 173.5	40 151.6	43 621.8	47 200.0
浙 江	43 714.5	47 237.2	51 260.7	55 574.3
安 徽	26 935.8	29 156.0	31 640.3	34 393.1
福 建	33 275.3	36 014.3	39 001.4	42 121.3
江 西	26 500.1	28 673.3	31 198.1	33 819.4
山 东	31 545.3	34 012.1	36 789.4	39 549.4
河 南	25 575.6	27 232.9	29 557.9	31 874.2
湖 北	27 051.5	29 385.8	31 889.4	34 454.6
湖 南	28 838.1	31 283.9	33 947.9	36 698.3
广 东	34 757.2	37 684.3	40 975.1	44 341.0
广 西	26 415.9	28 324.4	30 502.1	32 436.1
海 南	26 356.4	28 453.5	30 817.4	33 348.7
重 庆	27 238.8	29 610.0	32 193.2	34 889.3
四 川	26 205.3	28 335.3	30 726.9	33 215.9
贵 州	24 579.6	26 742.6	29 079.8	31 591.9
云 南	26 373.2	28 610.6	30 995.9	33 487.9
西 藏	25 456.6	27 802.4	30 671.1	33 797.4
陕 西	26 420.2	28 440.1	30 810.3	33 319.3
甘 肃	23 767.1	25 693.5	27 763.4	29 957.0
青 海	24 542.3	26 757.4	29 168.9	31 514.5
宁 夏	25 186.0	27 153.0	29 472.3	31 895.2
新 疆	26 274.7	28 463.4	30 774.8	32 763.5

2015—2018年分地区城镇居民人均消费支出

单位：元

地 区	2015年	2016年	2017年	2018年
全 国	21 392.4	23 078.9	24 445.0	26 112.3
北 京	36 642.0	38 255.5	40 346.3	42 925.6
天 津	26 229.5	28 344.6	30 283.6	32 655.1
河 北	17 586.6	19 105.9	20 600.3	22 127.4
山 西	15 818.6	16 992.8	18 404.0	19 789.8
内蒙古	21 876.5	22 744.5	23 637.8	24 437.1
辽 宁	21 556.7	24 995.9	25 379.4	26 447.9
吉 林	17 972.6	19 166.4	20 051.2	22 393.7
黑龙江	17 152.1	18 145.2	19 269.8	21 035.5
上 海	36 946.1	39 856.8	42 304.3	46 015.2
江 苏	24 966.0	26 432.9	27 726.3	29 461.9
浙 江	28 661.3	30 067.7	31 924.2	34 597.9
安 徽	17 233.5	19 606.2	20 740.2	21 522.7
福 建	23 520.2	25 005.5	25 980.5	28 145.1
江 西	16 731.8	17 695.6	19 244.5	20 760.0
山 东	19 853.8	21 495.3	23 072.1	24 798.4
河 南	17 154.3	18 087.8	19 422.3	20 989.2
湖 北	18 192.3	20 040.0	21 275.6	23 995.9
湖 南	19 501.4	21 420.0	23 162.6	25 064.2
广 东	25 673.1	28 613.3	30 197.9	30 924.3
广 西	16 321.2	17 268.5	18 348.6	20 159.4
海 南	18 448.4	19 015.5	20 371.9	22 971.2
重 庆	19 742.3	21 030.9	22 759.2	24 154.2
四 川	19 276.8	20 659.8	21 990.6	23 483.9
贵 州	16 914.2	19 201.7	20 347.8	20 787.9
云 南	17 675.0	18 622.4	19 559.7	21 626.4
西 藏	17 022.0	19 440.5	21 087.5	23 029.4
陕 西	18 463.9	19 368.9	20 388.2	21 966.4
甘 肃	17 450.9	19 539.2	20 659.4	22 606.0
青 海	19 200.6	20 853.2	21 473.0	22 997.5
宁 夏	18 983.9	20 364.2	20 219.5	21 976.7
新 疆	19 414.7	21 228.5	22 796.9	24 191.4

2015—2018年分地区农村居民人均可支配收入

单位：元

地 区	2015年	2016年	2017年	2018年
全 国	**11 421.7**	**12 363.4**	**13 432.4**	**14 617.0**
北 京	20 568.7	22 309.5	24 240.5	26 490.3
天 津	18 481.6	20 075.6	21 753.7	23 065.2
河 北	11 050.5	11 919.4	12 880.9	14 030.9
山 西	9 453.9	10 082.5	10 787.5	11 750.0
内蒙古	10 775.9	11 609.0	12 584.3	13 802.6
辽 宁	12 056.9	12 880.7	13 746.8	14 656.3
吉 林	11 326.2	12 122.9	12 950.4	13 748.2
黑龙江	11 095.2	11 831.9	12 664.8	13 803.7
上 海	23 205.2	25 520.4	27 825.0	30 374.7
江 苏	16 256.7	17 605.6	19 158.0	20 845.1
浙 江	21 125.0	22 866.1	24 955.8	27 302.4
安 徽	10 820.7	11 720.5	12 758.2	13 996.0
福 建	13 792.7	14 999.2	16 334.8	17 821.2
江 西	11 139.1	12 137.7	13 241.8	14 459.9
山 东	12 930.4	13 954.1	15 117.5	16 297.0
河 南	10 852.9	11 696.7	12 719.2	13 830.7
湖 北	11 843.9	12 725.0	13 812.1	14 977.8
湖 南	10 992.5	11 930.4	12 935.8	14 092.5
广 东	13 360.4	14 512.2	15 779.7	17 167.7
广 西	9 466.6	10 359.5	11 325.5	12 434.8
海 南	10 857.6	11 842.9	12 901.8	13 988.9
重 庆	10 504.7	11 548.8	12 637.9	13 781.2
四 川	10 247.4	11 203.1	12 226.9	13 331.4
贵 州	7 386.9	8 090.3	8 869.1	9 716.1
云 南	8 242.1	9 019.8	9 862.2	10 767.9
西 藏	8 243.7	9 093.8	10 330.2	11 449.8
陕 西	8 688.9	9 396.4	10 264.5	11 212.8
甘 肃	6 936.2	7 456.9	8 076.1	8 804.1
青 海	7 933.4	8 664.4	9 462.3	10 393.3
宁 夏	9 118.7	9 851.6	10 737.9	11 707.6
新 疆	9 425.1	10 183.2	11 045.3	11 974.5

2015—2018年分地区农村居民人均消费支出

单位：元

地　区	2015年	2016年	2017年	2018年
全　国	9 222.6	10 129.8	10 954.5	12 124.3
北　京	15 811.2	17 329.0	18 810.5	20 195.3
天　津	14 739.4	15 912.1	16 385.9	16 863.3
河　北	9 022.8	9 798.3	10 535.9	11 382.8
山　西	7 421.2	8 028.8	8 424.0	9 172.2
内蒙古	10 637.4	11 462.6	12 184.4	12 661.5
辽　宁	8 872.8	9 953.1	10 787.3	11 455.0
吉　林	8 783.3	9 521.4	10 279.4	10 826.2
黑龙江	8 391.5	9 423.8	10 523.9	11 416.8
上　海	16 152.3	17 070.8	18 089.8	19 964.7
江　苏	12 882.5	14 428.2	15 611.5	16 567.0
浙　江	16 107.7	17 358.9	18 093.4	19 706.8
安　徽	8 975.2	10 287.3	11 106.1	12 748.1
福　建	11 960.8	12 910.8	14 003.4	14 942.8
江　西	8 485.6	9 128.3	9 870.4	10 885.2
山　东	8 747.6	9 518.9	10 342.1	11 270.1
河　南	7 887.4	8 586.6	9 211.5	10 392.0
湖　北	9 803.1	10 938.3	11 632.5	13 946.3
湖　南	9 690.6	10 629.9	11 533.6	12 720.5
广　东	11 103.0	12 414.8	13 199.6	15 411.3
广　西	7 582.0	8 351.2	9 436.6	10 617.0
海　南	8 210.3	8 921.2	9 599.4	10 955.8
重　庆	8 937.7	9 954.4	10 936.1	11 976.8
四　川	9 250.6	10 191.6	11 396.7	12 723.2
贵　州	6 644.9	7 533.3	8 299.0	9 170.2
云　南	6 830.1	7 330.5	8 027.3	9 122.9
西　藏	5 579.7	6 070.3	6 691.5	7 452.1
陕　西	7 900.7	8 567.7	9 305.6	10 070.8
甘　肃	6 829.8	7 487.0	8 029.7	9 064.6
青　海	8 566.5	9 222.2	9 902.7	10 352.4
宁　夏	8 414.9	9 138.4	9 982.1	10 789.6
新　疆	7 697.9	8 277.0	8 712.6	9 421.3

1978—2018年居民消费水平

年份	绝对数（元）			城乡消费水平对比（农村居民=1）	指数（上年=100）			指数（1978=100）		
	全体居民	城镇居民	农村居民		全体居民	城镇居民	农村居民	全体居民	城镇居民	农村居民
1978	184	405	138	2.9	104.1	103.3	104.3	100.0	100.0	100.0
1980	238	490	178	2.7	109.1	107.3	108.6	116.8	110.4	115.7
1985	440	750	346	2.2	112.7	107.4	114.4	181.3	137.4	192.5
1990	831	1 404	627	2.2	102.8	101.4	103.4	227.5	163.6	240.4
1995	2 330	4 769	1 344	3.5	108.3	109.5	105.0	339.8	285.6	288.8
2000	3 721	6 999	1 917	3.7	110.6	109.7	106.6	493.1	382.9	377.6
2001	3 987	7 324	2 032	3.6	106.1	103.8	104.6	523.2	397.4	395.2
2002	4 301	7 745	2 157	3.6	108.4	106.3	106.6	567.3	422.5	421.1
2003	4 606	8 104	2 292	3.5	105.8	103.5	104.6	600.0	437.2	440.5
2004	5 138	8 880	2 521	3.5	107.2	106.0	103.9	643.0	463.3	457.8
2005	5 771	9 832	2 784	3.5	109.7	108.5	106.8	705.4	502.6	488.9
2006	6 416	10 739	3 066	3.5	108.4	106.6	107.3	765.0	535.6	524.7
2007	7 572	12 480	3 538	3.5	112.8	111.6	108.7	862.6	597.6	570.4
2008	8 707	14 061	4 065	3.5	108.3	106.5	107.0	934.3	636.4	610.3
2009	9 514	15 127	4 402	3.4	109.8	108.0	109.3	1 026.1	687.1	666.9
2010	10 919	17 104	4 941	3.5	109.6	107.9	107.4	1 124.5	741.2	716.0
2011	13 134	19 912	6 187	3.2	111.0	108.2	112.9	1 248.6	802.1	808.6
2012	14 699	21 861	6 964	3.1	109.1	107.2	108.9	1 362.0	859.9	880.4
2013	16 190	23 609	7 773	3.0	107.3	105.3	108.6	1 462.0	905.4	955.8
2014	17 778	25 424	8 711	2.9	107.7	105.6	109.9	1 574.6	956.3	1 050.4
2015	19 397	27 210	9 679	2.8	107.5	105.4	109.5	1 692.6	1 008.1	1 150.6
2016	21 285	29 295	10 783	2.7	107.6	105.5	109.3	1 820.5	1 063.5	1 258.1
2017	22 935	31 098	11 691	2.7	106.0	104.3	107.1	1 930.0	1 109.6	1 346.9
2018	25 002	33 282	13 062	2.5	106.7	104.8	109.5	2 060.2	1 162.7	1 474.4

注：1. 城乡消费水平对比没有剔除城乡价格不可比的因素（相关表同）。

2. 居民消费水平指按常住人口计算的人均居民消费支出（相关表同）。

2018年分地区居民消费价格分类指数

(上年=100)

地区	总指数	食品烟酒	食品	奶类
全国	102.1	101.9	101.8	101.4
北京	102.5	103.1	102.9	100.8
天津	102.0	103.1	103.4	99.9
河北	102.4	102.0	102.2	100.6
山西	101.8	101.7	102.0	99.6
内蒙古	101.8	102.0	102.3	100.2
辽宁	102.5	102.2	102.3	101.3
吉林	102.1	101.4	101.2	102.7
黑龙江	102.0	100.9	100.7	101.9
上海	101.6	102.3	102.5	101.3
江苏	102.3	102.3	102.2	103.1
浙江	102.3	102.6	102.6	102.3
安徽	102.0	102.1	102.1	101.8
福建	101.5	101.7	101.7	100.8
江西	102.1	101.0	100.6	102.1
山东	102.5	102.3	102.4	101.0
河南	102.3	101.5	101.2	100.1
湖北	101.9	101.8	101.6	102.3
湖南	102.0	100.8	100.8	101.7
广东	102.2	102.1	101.8	101.8
广西	102.3	101.0	100.4	102.1
海南	102.5	101.2	100.9	104.5
重庆	102.0	101.4	101.4	100.3
四川	101.7	101.3	101.3	100.5
贵州	101.8	100.7	100.3	102.1
云南	101.6	100.5	100.2	101.5
西藏	101.7	102.3	101.7	102.6
陕西	102.1	102.0	101.9	102.4
甘肃	102.0	100.9	100.9	102.2
青海	102.5	102.7	103.3	100.6
宁夏	102.3	102.5	103.3	101.7
新疆	102.0	103.1	102.8	99.7

2018年分地区居民家庭人均主要食品消费量——奶类

单位：kg

地 区	平均	城镇	农村
全国平均	12.2	16.5	6.9
北 京	26.0	27.6	16.0
天 津	18.6	20.2	11.0
河 北	14.4	21.5	7.5
山 西	15.7	19.7	11.0
内蒙古	22.2	28.8	12.5
辽 宁	14.9	19.8	5.2
吉 林	10.0	14.1	5.0
黑龙江	10.4	14.3	4.9
上 海	20.8	21.7	12.8
江 苏	15.1	17.3	11.0
浙 江	13.2	15.1	9.5
安 徽	11.7	14.3	9.2
福 建	11.7	14.5	7.5
江 西	10.8	15.7	5.9
山 东	16.4	21.0	10.7
河 南	12.5	19.3	7.0
湖 北	6.8	8.9	4.2
湖 南	6.7	10.1	3.3
广 东	8.6	10.8	4.0
广 西	5.6	9.2	2.6
海 南	4.7	7.1	1.7
重 庆	12.6	15.9	7.8
四 川	12.5	17.4	8.3
贵 州	4.4	8.0	2.0
云 南	5.1	9.3	2.2
西 藏	14.3	21.0	12.0
陕 西	13.8	20.3	6.9
甘 肃	13.6	24.2	6.3
青 海	17.6	22.9	12.5
宁 夏	13.5	18.0	8.5
新 疆	19.9	30.2	11.1

2017年全国各地区零售鲜奶平均价格（纯牛奶 利乐枕240mL 月度）

单位：元

地区	1月	2月	3月	4月	5月	6月	7月	8月	9月	10月	11月	12月
北京	2.54	2.54	2.54	2.54	2.54	2.54	2.54	2.46	2.36	2.49	2.49	2.49
天津	1.98	1.97	1.96	2.04	2.06	1.99	1.84	2.03	1.97	2.09	1.80	2.05
河北	2.11	2.08	2.07	2.03	2.05	2.04	2.03	2.04	2.08	2.13	2.06	2.06
山西	2.49	2.49	2.49	2.50	2.52	2.52	2.52	2.52	2.52	2.52	2.52	2.56
内蒙古	2.54	2.53	2.53	2.53	2.54	2.53	2.53	2.53	2.54	2.53	2.53	2.52
辽宁	2.30	2.32	2.32	2.32	2.32	2.30	2.30	2.30	2.30	2.29	2.29	2.30
吉林	2.56	2.56	2.56	2.56	2.56	2.56	2.56	2.56	2.56	2.56	2.56	2.56
黑龙江	2.17	2.17	2.15	2.15	2.15	2.15	2.15	2.15	2.15	2.14	2.15	2.19
上海	2.75	2.83	2.89	2.89	2.69	2.69	2.69	2.69	2.69	2.79	2.72	2.72
江苏	2.43	2.43	2.42	2.42	2.42	2.38	2.39	2.40	2.48	2.40	2.40	2.40
浙江	2.17	2.16	2.15	2.17	2.14	2.14	2.13	2.14	2.15	2.15	2.15	2.16
安徽	2.46	2.46	2.46	2.45	2.45	2.45	2.45	2.45	2.45	2.48	2.50	2.48
福建												
江西	2.33	2.33	2.33	2.33	2.33	2.33	2.33	2.33	2.37	2.47	2.50	2.55
山东	2.55	2.55	2.55	2.55	2.55	2.55	2.55	2.55	2.55	2.55	2.55	2.55
河南	2.40	2.40	2.40	2.41	2.41	2.41	2.41	2.41	2.41	2.41	2.41	2.41
湖北	2.41	2.41	2.41	2.41	2.41	2.41	2.41	2.41	2.41	2.40	2.41	2.45
湖南	2.44	2.44	2.44	2.44	2.44	2.44	2.44	2.44	2.44	2.44	2.44	2.44
广东	2.65	2.53	2.53	2.58	2.62	2.68	2.70	2.65	2.78	2.77	2.68	2.65
广西	2.71	2.74	2.82	2.76	2.76	2.73	2.71	2.64	2.63	2.66	2.67	2.65
海南	2.86	2.84	2.82	2.83	2.87	2.87	2.87	2.96	2.96	2.91	2.86	2.86
重庆	2.32	2.32	2.32	2.32	2.32	2.32	2.32	2.32	2.32	2.32	2.32	2.32
四川	2.48	2.48	2.49	2.48	2.48	2.49	2.49	2.50	2.50	2.50	2.50	2.50
贵州	2.36	2.36	2.33	2.39	2.43	2.45	2.52	2.53	2.52	2.58	2.45	2.48
云南	2.70	2.70	2.74	2.78	2.75	2.69	2.70	2.70	2.70	2.70	2.70	2.70
西藏												
陕西	1.99	1.99	1.99	2.03	2.06	2.01	2.05	2.11	2.14	2.11	2.12	2.02
甘肃	2.45	2.46	2.46	2.46	2.50	2.50	2.50	2.50	2.48	2.40	2.40	2.39
青海	2.22	2.17	2.20	2.20	2.20	2.20	2.20	2.25	2.25	2.25	2.25	2.25
宁夏	2.23	2.23	2.23	2.23	2.23	2.24	2.24	2.24	2.24	2.24	2.24	2.24
新疆	2.14	2.15	2.14	2.12	2.12	2.12	2.12	2.12	2.12	2.13	2.14	2.13

数据来源：国家发改委。

2017年全国各地区零售鲜奶平均价格（纯牛奶 盒装250mL 月度）

单位：元

地　区	1月	2月	3月	4月	5月	6月	7月	8月	9月	10月	11月	12月
北　京	2.95	2.82	2.74	2.74	2.73	2.73	2.73	2.86	2.92	2.98	3.01	3.01
天　津	2.56	2.72	2.67	2.92	2.56	2.47	2.25	2.25	2.50	2.63	2.39	2.40
河　北	2.89	2.88	2.90	2.90	2.88	2.78	2.77	2.76	2.76	2.79	2.78	2.78
山　西	2.67	2.67	2.67	2.74	2.78	2.78	2.78	2.78	2.78	2.78	2.78	2.80
内蒙古	3.62	3.69	3.75	3.73	3.75	3.71	3.70	3.70	3.72	3.70	3.75	3.72
辽　宁	2.78	2.79	2.79	2.78	2.76	2.74	2.74	2.74	2.72	2.77	2.77	2.77
吉　林	3.18	3.18	3.18	3.18	3.18	3.18	3.18	3.18	3.18	3.18	3.18	3.18
黑龙江	2.70	2.70	2.70	2.70	2.70	2.70	2.70	2.70	2.69	2.64	2.67	2.70
上　海	3.46	3.45	3.44	3.48	3.48	3.43	3.43	3.45	3.45	3.46	3.45	3.46
江　苏	3.35	3.35	3.34	3.37	3.37	3.30	3.30	3.29	3.27	3.30	3.28	3.30
浙　江	2.78	2.77	2.77	2.74	2.76	2.76	2.74	2.73	2.73	2.73	2.73	2.74
安　徽	2.76	2.76	2.76	2.73	2.71	2.71	2.71	2.71	2.71	2.70	2.69	2.66
福　建	2.74	2.78	2.79	2.76	2.78	2.77	2.76	2.74	2.78	2.87	2.90	2.90
江　西	3.00	3.00	3.00	3.00	3.00	3.00	3.00	3.00	3.04	3.16	3.21	3.27
山　东	2.93	2.93	2.93	2.93	2.93	2.93	2.93	2.93	2.93	2.93	2.93	2.93
河　南	2.79	2.79	2.79	2.79	2.79	2.79	2.79	2.79	2.79	2.79	2.79	2.79
湖　北	2.83	2.83	2.83	2.83	2.84	2.83	2.83	2.82	2.83	2.83	2.83	2.82
湖　南	2.55	2.55	2.55	2.55	2.55	2.55	2.55	2.55	2.55	2.55	2.55	2.55
广　东	2.66	2.62	2.64	2.69	2.71	2.72	2.77	2.77	2.80	2.78	2.77	2.79
广　西	2.71	2.76	2.82	2.76	2.75	2.73	2.77	2.81	2.81	2.81	2.78	2.77
海　南	2.77	2.82	2.85	2.84	2.86	2.86	2.86	2.82	2.79	2.86	2.79	2.76
重　庆	3.18	3.18	3.18	3.18	3.18	3.18	3.18	3.18	3.18	3.18	3.18	3.18
四　川	2.70	2.70	2.74	2.76	2.76	2.75	2.73	2.72	2.71	2.69	2.69	2.69
贵　州	2.65	2.61	2.66	2.61	2.59	2.69	2.69	2.68	2.69	2.69	2.67	2.72
云　南	3.03	3.03	3.03	3.03	3.02	3.02	3.02	3.02	3.00	3.01	3.01	3.01
西　藏	3.50	3.50	3.50	3.50	3.50	3.50	3.50	3.50	3.50	3.50	3.50	3.50
陕　西	2.63	2.63	2.63	2.64	2.62	2.66	2.62	2.62	2.58	2.63	2.62	2.61
甘　肃	3.34	3.34	3.34	3.34	3.20	3.13	3.13	3.13	3.12	3.09	3.16	3.28
青　海	3.10	3.18	3.06	2.84	3.05	3.23	3.25	3.25	3.25	3.25	3.25	3.25
宁　夏	2.85	2.85	2.85	2.85	2.85	2.86	2.86	2.86	2.86	2.86	2.86	2.86
新　疆	2.79	2.79	2.79	2.63	2.54	2.54	2.54	2.54	2.54	2.53	2.53	2.53

数据来源：国家发改委。

2017年全国各地区零售盒装婴幼儿配方乳粉平均价格（国产三段400g 月度）

单位：元

地区	1月	2月	3月	4月	5月	6月	7月	8月	9月	10月	11月	12月
北京	52.50	52.50	52.50	52.50	52.17	52.11	52.00	51.78	51.67	51.56	51.53	51.70
天津	61.59	60.67	60.84	56.75	61.84	61.84	61.84	59.16	61.84	61.62	61.84	61.84
河北	69.67	69.75	69.65	69.60	69.60	69.60	69.60	69.60	69.60	69.60	69.60	69.70
山西	68.77	68.77	68.77	68.77	68.77	68.77	68.77	68.77	68.77	68.77	68.77	68.75
内蒙古	54.46	54.46	54.46	54.46	54.46	54.46	54.46	54.46	54.46	54.46	54.46	54.46
辽宁	62.79	62.58	62.58	62.58	62.58	62.58	62.58	62.58	62.58	62.88	62.88	62.88
吉林	64.50	64.50	64.50	64.50	64.50	64.50	64.50	64.50	64.50	64.50	64.50	64.50
黑龙江	70.90	70.90	70.90	70.90	70.90	70.90	70.90	70.90	70.90	70.90	70.90	70.90
上海	52.50	52.50	52.50	52.50	52.50	52.50	52.50	50.30	52.50	52.50	52.50	52.50
江苏	59.02	59.02	59.00	61.29	62.19	63.09	63.22	62.94	62.12	62.62	63.15	63.44
浙江	65.97	65.97	65.96	65.93	65.93	65.93	86.46	97.35	97.88	97.88	97.95	98.09
安徽	56.51	56.51	56.51	58.77	60.36	59.50	59.50	59.50	59.50	59.39	59.34	59.01
福建	55.78	55.78	55.80	56.53	56.53	56.35	55.97	55.97	55.97	55.97	56.53	56.53
江西	61.09	61.09	61.09	61.09	61.09	61.09	61.09	61.09	60.97	60.56	60.23	59.64
山东	59.24	59.24	59.24	59.24	59.24	59.24	59.24	59.24	59.24	59.24	59.24	59.24
河南	65.01	65.01	65.01	74.41	93.29	93.29	64.91	64.91	64.91	65.10	66.03	66.99
湖北	63.24	63.38	63.42	62.85	62.69	62.74	62.77	62.85	62.93	62.93	62.91	62.91
湖南	54.57	54.57	54.57	54.57	54.57	54.57	54.57	54.57	54.57	54.57	54.57	54.57
广东	58.43	59.36	59.03	60.14	63.19	63.44	63.16	63.01	62.99	63.14	63.45	63.17
广西	68.36	68.36	68.33	68.25	68.11	67.99	67.71	67.69	67.72	67.72	67.72	67.81
海南	72.79	72.79	72.62	72.62	72.54	72.54	72.74	72.74	72.79	72.79	72.79	72.93
重庆	64.84	64.84	64.84	64.84	64.84	64.84	64.84	64.84	64.84	64.84	64.84	64.84
四川	61.63	62.41	62.41	62.41	62.41	62.41	62.41	62.41	62.41	62.41	62.41	62.41
贵州	70.44	72.62	72.62	72.62	72.62	72.94	75.78	75.78	75.78	75.78	72.75	72.75
云南	88.64	88.55	88.62	88.62	88.62	88.62	88.62	88.70	88.87	88.87	88.74	88.57
西藏	76.65	76.65	76.65	76.65	76.65	76.65	76.65	76.65	76.65	76.65	76.65	76.65
陕西	72.00	72.00	72.00	72.94	72.94	72.34	72.71	72.38	72.99	73.02	73.07	73.59
甘肃	100.56	100.56	100.56	100.56	100.56	102.97	102.97	102.97	102.97	102.97	102.97	102.97
青海	42.50	42.50	42.50	42.50	42.50	42.50	42.50	42.50	42.50	42.50	42.50	42.50
宁夏	82.45	82.45	83.20	83.20	83.20	83.20	83.20	83.20	83.14	83.03	83.03	83.03
新疆	76.07	76.49	77.07	76.95	77.10	77.10	77.10	77.10	77.10	77.17	77.83	77.83

数据来源：国家发改委。

2017年全国各地区零售盒装婴幼儿配方乳粉平均价格(进口三段400g月度)

单位：元

地区	1月	2月	3月	4月	5月	6月	7月	8月	9月	10月	11月	12月
北京	74.56	74.56	74.56	74.56	74.39	74.28	74.06	74.23	74.12	74.34	74.00	73.84
天津	90.59	91.70	92.25	92.25	92.25	91.29	91.29	91.29	91.28	91.25	91.25	91.89
河北	79.89	79.89	79.89	79.89	79.89	79.89	79.89	79.89	79.89	79.89	79.89	80.72
山西	80.96	80.96	80.96	80.96	80.96	80.96	80.96	80.96	80.96	80.96	80.96	80.96
内蒙古	100.37	100.37	100.37	100.37	100.37	100.37	100.37	100.37	100.37	100.37	100.37	100.37
辽宁	76.99	76.74	76.74	76.74	77.02	77.59	77.59	77.59	77.59	77.70	77.70	77.70
吉林	72.25	72.25	72.25	72.25	72.25	72.25	72.25	72.25	72.25	72.25	72.25	72.25
黑龙江	89.67	89.67	89.67	89.67	89.67	89.67	89.67	89.67	89.67	89.67	89.39	89.39
上海	75.68	76.20	76.20	76.20	76.20	76.20	76.20	76.20	76.20	76.20	76.20	76.20
江苏	72.36	72.36	71.99	70.08	69.44	69.81	70.43	69.74	69.57	69.31	70.17	70.57
浙江	92.15	92.15	92.14	92.25	93.09	93.09	118.27	129.36	130.92	130.92	131.05	131.33
安徽	77.18	77.18	77.18	82.70	86.62	82.99	82.99	82.99	82.99	82.99	82.99	83.24
福建	73.46	73.33	73.33	73.31	73.08	72.44	73.37	73.42	73.05	72.87	72.15	72.07
江西	72.90	72.90	72.90	72.90	72.90	72.90	72.90	72.90	72.81	72.38	72.17	71.58
山东	73.15	73.15	73.15	73.15	73.15	73.15	73.15	73.15	73.15	73.15	73.15	73.15
河南	81.20	81.20	81.20	83.85	85.56	85.56	85.56	85.56	85.56	85.73	86.62	86.89
湖北	81.14	81.14	81.14	81.14	81.79	81.79	81.65	81.58	81.79	81.79	81.79	81.79
湖南	70.11	70.11	70.11	70.11	70.11	70.11	70.11	70.11	70.11	70.11	70.11	70.11
广东	74.58	74.79	74.90	74.90	75.77	75.77	75.67	75.77	75.69	75.77	76.26	75.84
广西	96.23	94.98	94.98	95.53	96.75	96.74	96.74	96.83	96.80	96.80	96.72	96.90
海南	74.94	75.34	75.93	75.34	74.68	74.68	75.25	75.25	75.25	75.25	75.30	75.20
重庆	87.96	87.96	87.96	87.96	87.96	87.96	87.96	87.96	87.96	87.96	87.96	87.96
四川	72.09	72.20	72.20	72.20	72.20	73.20	73.20	73.20	73.20	73.20	73.20	73.20
贵州	106.58	111.50	111.67	114.50	114.50	114.50	114.50	114.50	114.50	114.50	114.50	113.50
云南	156.79	156.79	156.79	156.79	156.54	156.54	156.54	156.54	156.54	156.54	156.54	156.54
西藏	141.20	141.20	141.20	141.20	141.20	141.20	141.20	141.20	141.20	141.20	141.20	141.20
陕西	95.61	95.61	95.61	94.77	95.03	95.40	95.40	95.41	95.42	95.42	94.91	94.28
甘肃	137.67	137.67	137.67	137.67	137.67	137.67	137.67	137.67	137.67	137.67	137.67	137.67
青海	57.71	59.18	59.18	59.18	59.18	59.18	59.18	59.18	59.18	59.18	59.18	59.18
宁夏	130.39	130.39	131.39	131.39	131.39	131.39	131.39	131.39	131.83	132.72	132.72	132.72
新疆	101.70	99.35	105.71	105.71	105.71	104.75	104.96	106.02	105.04	105.79	105.67	105.67

数据来源：国家发改委。

2018 年全国各地区零售鲜奶平均价格（纯牛奶 利乐枕 240mL 月度）

单位：元

地 区	1月	2月	3月	4月	5月	6月	7月	8月	9月	10月	11月	12月
北 京	2.49	2.49	2.49	2.49	2.36	2.40	2.36	2.36	2.29	2.29	2.31	2.33
天 津	2.09	2.08	1.90	1.88	1.83	1.86	1.86	1.96	1.77	1.89	1.98	2.03
河 北	2.12	2.11	2.09	2.10	2.08	2.04	2.04	2.07	2.14	2.20	2.22	2.23
山 西	2.59	2.58	2.58	2.64	2.62	2.57	2.53	2.53	2.53	2.53	2.53	2.53
内蒙古	2.52	2.52	2.52	2.52	2.53	2.53	2.53	2.52	2.54	2.54	2.58	2.60
辽 宁	2.30	2.30	2.30	2.32	2.35	2.35	2.35	2.34	2.34	2.35	2.36	2.36
吉 林	2.56	2.56	2.56	2.56	2.56	2.56	2.57	2.54	2.54	2.57	2.57	2.57
黑龙江	2.19	2.19	2.21	2.18	2.18	2.17	2.19	2.19	2.17	2.17	2.16	2.15
上 海	2.72	2.72	2.72	2.78	2.72	2.72	2.67	2.64	2.67	2.72	2.77	2.77
江 苏	2.36	2.39	2.39	2.42	2.43	2.43	2.43	2.43	2.43	2.42	2.41	2.41
浙 江	2.16	2.16	2.15	2.15	2.20	2.15	2.13	2.15	2.15	2.11	2.07	2.04
安 徽	2.49	2.48	2.48	2.49	2.49	2.49	2.49	2.49	2.48	2.48	2.49	2.48
福 建												
江 西	2.60	2.61	2.62	2.53	2.78	2.79	2.90	2.97	2.97	2.92	2.83	2.83
山 东	2.55	2.55	2.55	2.55	2.54	2.54	2.54	2.54	2.54	2.54	2.53	2.54
河 南	2.41	2.41	2.41	2.41	2.40	2.39	2.39	2.39	2.39	2.39	2.39	2.39
湖 北	2.45	2.46	2.46	2.46	2.46	2.46	2.46	2.49	2.50	2.57	2.58	2.58
湖 南	2.45	2.45	2.45	2.45	2.55	2.56	2.56	2.54	2.53	2.54	2.54	2.54
广 东	2.85	2.95	2.72	2.42	2.38	2.52	2.73	2.32	2.20	2.20	2.20	2.23
广 西	2.69	2.62	2.69	2.72	2.68	2.73	2.72	2.70	2.70	2.72	2.66	2.64
海 南	2.90	2.87	2.87	2.89	2.86	2.86	2.86	2.86	2.86	2.90	2.96	2.96
重 庆	2.32	2.32	2.32	2.32	2.32	2.32	2.32	2.32	2.32	2.32	2.32	2.32
四 川	2.50	2.53	2.53	2.53	2.53	2.53	2.53	2.53	2.53	2.53	2.53	2.53
贵 州	2.54	2.59	2.55	2.56	2.53	2.49	2.47	2.47	2.47	2.47	2.48	2.51
云 南	2.70	2.71	2.70	2.71	2.73	2.84	2.86	2.83	2.83	2.83	2.83	2.83
西 藏												
陕 西	2.01	2.01	2.01	2.01	1.97	1.97	1.99	1.99	1.98	2.05	2.05	2.05
甘 肃	2.46	2.47	2.43	2.44	2.45	2.46	2.46	2.45	2.51	2.53	2.51	2.49
青 海	2.25	2.25	2.25	2.28	2.28	2.26	2.26	2.19	2.25	2.25	2.25	2.25
宁 夏	2.24	2.24	2.24	2.23	2.23	2.23	2.23	2.20	2.20	2.20	2.19	2.18
新 疆	2.14	2.14	2.15	2.17	2.20	2.18	2.18	2.19	2.19	2.16	2.16	2.16

数据来源：国家发改委。

2018年全国各地区零售鲜奶平均价格（纯牛奶 盒装250mL 月度）

单位：元

地 区	1月	2月	3月	4月	5月	6月	7月	8月	9月	10月	11月	12月
北 京	3.44	3.44	3.44	3.42	3.39	3.39	3.26	3.26	3.14	3.14	3.01	3.01
天 津	2.67	2.92	2.68	2.96	2.84	2.77	2.65	2.71	2.60	2.64	2.82	2.59
河 北	2.62	2.66	2.68	2.75	2.75	2.70	2.72	2.75	2.76	2.79	2.87	2.87
山 西	2.81	2.81	2.81	2.83	2.80	2.79	2.79	2.79	2.79	2.79	2.79	2.79
内蒙古	3.69	3.63	3.63	3.65	3.66	3.68	3.66	3.66	3.63	3.65	3.68	3.68
辽 宁	2.77	2.77	2.77	2.77	2.77	2.77	2.77	2.81	2.81	2.82	2.83	2.83
吉 林	3.18	3.18	3.18	3.18	3.18	3.18	3.18	3.18	3.18	3.18	3.18	3.18
黑龙江	2.70	2.71	2.68	2.71	2.69	2.69	2.69	2.69	2.71	2.71	2.73	2.73
上 海	3.46	3.49	3.48	3.46	3.49	3.48	3.48	3.48	3.49	3.50	3.49	3.49
江 苏	3.32	3.32	3.31	3.36	3.35	3.40	3.40	3.40	3.41	3.40	3.40	3.49
浙 江	2.75	2.79	2.79	2.79	2.80	2.80	2.79	2.84	2.87	2.88	2.91	2.88
安 徽	2.62	2.65	2.65	2.66	2.66	2.66	2.66	2.66	2.67	2.67	2.67	2.69
福 建	2.86	2.85	2.82	2.79	2.77	2.82	2.84	2.88	2.92	2.93	2.93	2.93
江 西	3.31	3.33	3.34	3.45	3.18	3.17	3.05	2.99	2.99	2.99	2.99	2.99
山 东	2.93	2.93	2.93	2.93	2.93	2.93	2.93	2.94	2.96	2.96	2.96	2.96
河 南	2.79	2.79	2.79	2.79	2.78	2.77	2.77	2.77	2.78	2.79	2.79	2.79
湖 北	2.83	2.83	2.79	2.84	2.84	2.84	2.84	2.84	2.85	2.84	2.85	2.85
湖 南	2.56	2.56	2.56	2.56	2.56	2.57	2.58	2.58	2.58	2.58	2.58	2.58
广 东	2.76	2.78	2.78	2.71	2.61	2.57	2.61	2.65	2.65	2.70	2.70	2.73
广 西	2.81	2.73	2.78	2.85	2.81	2.87	2.86	2.84	2.82	2.85	2.87	2.88
海 南	2.89	2.96	2.96	3.03	3.03	3.02	3.05	3.04	3.04	3.04	3.02	3.02
重 庆	3.16	3.13	3.13	3.13	3.13	3.13	3.10	3.10	3.10	3.13	3.15	3.15
四 川	2.69	2.69	2.69	2.69	2.69	2.69	2.69	2.69	2.69	2.69	2.69	2.69
贵 州	2.69	2.67	2.68	2.78	2.80	2.74	2.74	2.74	2.74	2.74	2.74	2.74
云 南	3.02	3.02	3.02	3.02	3.00	3.46	3.25	3.18	3.18	3.18	3.18	3.18
西 藏	3.50	3.50	3.50	3.50	3.50	3.50	3.50	3.50	3.50	3.50	3.50	3.50
陕 西	2.54	2.52	2.55	2.52	2.51	2.55	2.54	2.53	2.55	2.55	2.55	2.55
甘 肃	3.32	3.31	3.35	3.35	3.25	3.21	3.22	3.31	3.28	3.30	3.30	3.30
青 海	3.25	3.10	3.18	3.25	3.25	3.25	3.25	3.24	3.23	3.23	3.23	3.23
宁 夏	2.86	2.86	2.86	2.86	2.86	2.86	2.86	2.74	2.74	2.70	2.69	2.68
新 疆	2.53	2.53	2.58	2.55	2.55	2.55	2.55	2.56	2.56	2.58	2.58	2.58

数据来源：国家发改委。

2018年全国各地区零售盒装婴幼儿配方乳粉平均价格（国产三段 400g 月度）

单位：元

地区	1月	2月	3月	4月	5月	6月	7月	8月	9月	10月	11月	12月
北京	51.81	51.70	51.81	51.70	51.92	51.56	51.37	51.09	50.92	52.42	53.17	53.17
天津	61.84	61.45	61.84	62.81	61.84	61.84	61.84	61.84	61.84	61.84	61.84	61.11
河北	69.75	69.75	69.75	69.75	69.00	65.00	66.80	65.00	65.00	65.00	65.00	65.00
山西	68.75	68.75	68.75	68.75	68.75	68.75	68.75	68.75	68.75	68.75	68.75	68.75
内蒙古	55.29	55.63	55.85	55.96	55.96	55.96	56.90	57.13	57.29	57.29	57.29	57.29
辽宁	62.92	63.12	63.21	63.21	63.21	63.21	63.21	63.41	63.41	63.41	63.41	63.71
吉林	64.50	64.50	64.50	64.50	64.50	64.50	64.50	64.50	64.50	64.50	64.50	64.50
黑龙江	70.96	70.96	70.96	70.96	71.17	71.27	71.27	71.27	71.67	72.48	72.77	72.92
上海	52.50	52.50	52.50	52.50	52.50	52.50	52.50	52.50	52.50	52.50	52.50	52.50
江苏	63.55	66.79	72.14	72.88	73.22	74.58	74.58	74.53	73.97	74.98	74.60	74.79
浙江	98.09	97.84	98.26	98.26	92.00	91.13	90.90	90.55	90.55	90.71	90.60	90.55
安徽	58.20	59.48	60.46	60.37	60.37	60.37	60.37	60.31	60.18	59.32	58.87	58.87
福建	56.56	56.62	55.96	54.18	54.06	54.10	55.30	54.17	54.12	54.27	54.55	54.27
江西	60.44	61.91	63.31	71.24	72.68	72.09	69.45	63.58	63.58	63.58	63.58	63.58
山东	59.24	59.24	59.24	59.24	59.24	59.24	59.24	59.31	59.50	59.81	60.36	60.36
河南	67.33	67.33	67.96	68.28	69.73	70.57	70.57	70.57	70.57	70.57	70.57	70.57
湖北	62.99	63.11	63.11	62.77	62.65	62.65	62.65	63.74	64.82	64.96	65.24	65.51
湖南	54.57	54.57	54.57	54.57	54.64	54.68	54.68	54.74	54.75	54.75	54.75	54.75
广东	63.45	63.45	63.42	63.45	63.84	63.59	63.59	63.59	63.59	63.59	63.59	63.61
广西	67.86	67.47	67.85	67.97	67.88	67.86	67.86	67.86	67.86	68.04	68.01	67.96
海南	72.79	72.79	72.79	72.79	72.79	72.79	72.79	72.79	72.79	72.79	72.79	72.79
重庆	64.84	64.84	64.84	64.84	64.84	64.84	64.84	64.84	64.84	64.84	64.84	64.84
四川	62.41	62.60	62.99	62.99	62.99	63.16	63.10	62.99	62.99	63.24	63.24	63.24
贵州	71.20	71.48	72.07	71.14	70.44	70.99	71.77	72.21	71.87	71.21	71.87	71.84
云南	91.99	80.73	80.75	80.75	80.75	73.25	71.26	81.39	81.39	82.10	82.10	82.36
西藏	76.65	76.65	76.65	78.98	83.65	83.65	83.65	83.65	83.65	83.65	83.65	83.65
陕西	73.32	72.98	74.06	73.06	73.00	72.98	72.78	72.93	72.93	72.78	73.17	73.85
甘肃	95.10	89.40	80.84	80.84	102.11	102.11	102.11	102.11	100.62	101.09	101.09	103.50
青海	42.50	42.50	42.50	42.50	42.50	42.50	42.50	45.17	46.50	46.50	46.50	44.20
宁夏	83.03	84.87	84.59	84.03	84.03	84.03	84.03	84.03	84.03	84.03	84.09	84.20
新疆	78.33	78.91	79.08	79.20	79.35	79.33	78.58	99.03	140.18	142.49	142.49	142.49

数据来源：国家发改委。

2018年全国各地区零售盒装婴幼儿配方乳粉平均价格(进口三段 400g 月度)

单位:元

地 区	1月	2月	3月	4月	5月	6月	7月	8月	9月	10月	11月	12月
北 京	73.84	73.84	73.67	73.62	73.73	73.84	73.95	73.56	73.56	73.56	73.56	73.56
天 津	78.60	73.23	73.23	73.23	73.46	73.93	73.93	73.93	73.93	73.93	73.93	73.93
河 北	82.39	82.39	82.39	82.39	81.83	81.55	81.46	81.55	81.55	81.55	81.55	81.55
山 西	80.96	80.96	80.96	80.96	80.96	80.96	80.96	80.96	80.96	80.96	80.96	80.96
内蒙古	100.37	100.37	100.37	100.37	100.37	100.37	100.37	100.37	100.37	100.37	100.37	100.37
辽 宁	77.74	77.94	78.03	78.03	78.03	78.03	78.03	79.03	79.03	79.06	79.13	79.63
吉 林	72.25	72.25	72.25	72.25	72.25	72.25	72.25	72.25	72.25	72.25	72.25	72.25
黑龙江	88.76	88.75	88.72	88.72	88.72	88.72	88.72	88.72	88.72	88.75	88.76	88.76
上 海	76.20	76.20	76.20	76.20	72.75	71.90	71.90	71.90	71.90	71.90	71.90	71.90
江 苏	70.84	70.22	71.22	71.96	72.91	73.89	74.66	74.52	74.56	74.77	74.56	74.56
浙 江	131.33	131.36	131.54	131.60	123.01	121.67	121.67	119.04	119.04	119.05	118.39	118.17
安 徽	83.87	83.14	92.18	96.84	96.84	96.84	96.84	97.04	97.44	99.31	100.33	100.56
福 建	72.18	72.11	73.20	73.32	73.33	74.65	74.50	74.93	74.42	74.54	74.54	74.47
江 西	72.77	74.79	76.08	81.71	96.05	95.55	93.35	86.31	86.31	86.31	86.31	86.31
山 东	73.15	73.15	73.15	73.15	73.13	73.12	73.12	73.23	73.63	76.32	81.51	81.51
河 南	87.16	87.70	87.85	87.92	92.85	95.31	95.31	95.31	95.31	95.31	95.31	95.31
湖 北	81.96	82.38	82.69	82.16	82.16	82.16	81.89	83.46	83.89	84.08	83.96	83.96
湖 南	70.11	70.11	70.11	70.11	70.11	70.11	70.11	70.11	70.11	70.11	70.83	70.93
广 东	75.80	75.91	76.09	75.88	76.67	76.21	76.90	76.90	76.90	76.90	76.90	77.04
广 西	96.62	96.80	100.51	100.27	100.40	100.47	100.40	100.47	100.47	100.40	100.47	100.52
海 南	75.68	75.39	75.12	75.09	75.33	75.87	76.09	76.28	76.28	76.40	78.59	79.48
重 庆	87.96	87.96	87.96	87.96	87.96	87.96	87.96	87.96	87.96	87.96	87.96	87.96
四 川	73.20	73.35	73.42	73.42	73.31	73.09	73.09	73.09	73.09	72.75	72.75	72.75
贵 州	114.50	114.50	113.72	112.17	112.17	114.56	114.50	114.50	114.50	114.50	114.50	114.50
云 南	158.04	161.79	161.79	161.79	161.79	137.50	130.72	162.21	162.21	163.59	163.67	165.57
西 藏	141.20	141.20	141.20	141.20	141.20	141.20	141.20	141.20	141.20	141.20	141.20	141.20
陕 西	95.08	95.44	95.57	95.54	95.54	95.55	95.43	95.52	95.44	94.52	94.64	95.07
甘 肃	140.31	140.81	137.35	137.49	153.32	153.32	153.32	153.32	153.32	153.32	153.32	153.32
青 海	59.18	59.18	59.18	57.23	57.23	57.23	57.23	57.23	57.23	57.23	57.23	57.23
宁 夏	132.72	132.72	133.61	141.28	145.22	145.22	145.22	133.39	133.39	133.39	133.39	133.39
新 疆	105.67	105.67	103.47	102.37	104.46	103.47	105.67	122.60	154.63	153.71	156.46	154.63

数据来源:国家发改委。

【含乳饮料和植物蛋白饮料制造业】

2011—2018 年全国含乳饮料和植物蛋白饮料制造业基本经营情况

分 项	单位	2011 年	2012 年	2013 年	2014 年	2015 年	2016 年	2017 年	2018 年
企业数量	个	184	202	211	246	265	286	297	293
亏损企业数	个	10	15	11	13	15	14	20	40
资产总额	亿元	335.6	439.4	570.8	658.2	741.6	817.4	798.2	859.5
负债总额	亿元	154.7	177.2	242.5	261.6	306.8	370.5	335.4	327.4
主营业务收入	亿元	620.9	748.9	895.2	1 039.2	1 132.9	1 147.9	1 164.7	978.3
利润总额	亿元	66.8	100.7	125.4	126.3	149.6	159.3	133.6	116.7

资料来源：国家统计局。

【社会经济综合指标】

1978—2018年国内生产总值

单位：亿元

年 份	国民总收入	国内生产总值	按产业分				人均国内生产总值（元）	人均国民总收入（元）
			第一产业	第二产业	第三产业	农林牧渔业		
1978	3 678.7	3 678.7	1 018.5	1 755.2	905.1	1 027.5	385	385
1979	4 100.5	4 100.5	1 259.0	1 925.4	916.1	1 270.2	423	423
1980	4 587.6	4 587.6	1 359.5	2 204.7	1 023.4	1 371.6	468	468
1981	4 933.7	4 935.8	1 545.7	2 269.1	1 121.1	1 559.4	497	496
1982	5 380.5	5 373.4	1 761.7	2 397.7	1 214.0	1 777.3	533	533
1983	6 043.8	6 020.9	1 960.9	2 663.0	1 397.0	1 978.3	588	591
1984	7 314.2	7 278.5	2 295.6	3 124.8	1 858.1	2 316.0	702	705
1985	9 123.6	9 098.9	2 541.7	3 886.5	2 670.7	2 564.3	866	868
1986	10 375.4	10 376.2	2 764.1	4 515.2	3 096.9	2 788.6	973	973
1987	12 166.6	12 174.6	3 204.5	5 274.0	3 696.2	3 232.9	1 123	1 122
1988	15 174.4	15 180.4	3 831.2	6 607.4	4 741.8	3 865.2	1 378	1 377
1989	17 188.4	17 179.7	4 228.2	7 300.9	5 650.6	4 265.8	1 536	1 537
1990	18 923.3	18 872.9	5 017.2	7 744.3	6 111.4	5 061.8	1 663	1 667
1991	22 050.3	22 005.6	5 288.8	9 129.8	7 587.0	5 341.9	1 912	1 916
1992	27 208.2	27 194.5	5 800.3	11 725.3	9 668.9	5 866.2	2 334	2 336
1993	35 599.2	35 673.2	6 887.6	16 473.1	12 312.6	6 963.3	3 027	3 021
1994	48 548.2	48 637.5	9 471.8	22 453.1	16 712.5	9 572.1	4 081	4 073
1995	60 356.6	61 339.9	12 020.5	28 677.5	20 641.9	12 135.1	5 091	5 009
1996	70 779.6	71 813.6	13 878.3	33 828.1	24 107.2	14 014.7	5 898	5 813
1997	78 802.9	79 715.0	14 265.2	37 546.0	27 903.8	14 440.8	6 481	6 406
1998	83 817.6	85 195.5	14 618.7	39 018.5	31 558.3	14 816.4	6 860	6 749
1999	89 366.5	90 564.4	14 549.0	41 080.9	34 934.5	14 768.7	7 229	7 134
2000	99 066.1	100 280.1	14 717.4	45 664.8	39 897.9	14 943.6	7 942	7 846
2001	109 276.2	110 863.1	15 502.5	49 660.7	45 700.0	15 780.0	8 717	8 592
2002	120 480.4	121 717.4	16 190.2	54 105.5	51 421.7	16 535.7	9 506	9 410
2003	136 576.3	137 422.0	16 970.2	62 697.4	57 754.4	17 380.6	10 666	10 600
2004	161 415.4	161 840.2	20 904.3	74 286.9	66 648.9	21 410.7	12 487	12 454
2005	185 998.9	187 318.9	21 806.7	88 084.4	77 427.8	22 416.2	14 368	14 267
2006	219 028.5	219 438.5	23 317.0	104 361.8	91 759.7	24 036.4	16 738	16 707
2007	270 704.0	270 092.3	27 674.1	126 633.6	115 784.6	28 483.7	20 494	20 541
2008	321 229.5	319 244.6	32 464.1	149 956.6	136 823.9	33 428.1	24 100	24 250
2009	347 934.9	348 517.7	33 583.8	160 171.7	154 762.2	34 659.7	26 180	26 136
2010	410 354.1	412 119.3	38 430.8	191 629.8	182 058.6	39 619.0	30 808	30 676
2011	483 392.8	487 940.2	44 781.4	227 038.8	216 120.0	46 122.6	36 302	35 963
2012	537 329.0	538 580.0	49 084.5	244 643.3	244 852.2	50 581.2	39 874	39 782
2013	588 141.2	592 963.2	53 028.1	261 956.1	277 979.1	54 692.4	43 684	43 329
2014	642 097.6	641 280.6	55 626.3	277 571.8	308 082.5	57 472.2	47 005	47 065
2015	683 390.5	685 992.9	57 774.6	282 040.3	346 178.0	59 852.6	50 028	49 838
2016	737 074.0	740 060.8	60 139.2	296 547.7	383 373.9	62 451.0	53 680	53 463
2017	820 099.5	820 754.3	62 099.5	332 742.7	425 912.1	64 660.0	59 201	59 153
2018	896 915.6	900 309.5	64 734.0	366 000.9	469 574.6	67 538.0	64 644	64 400

注：1980年以后国民总收入（原称国民生产总值）与国内生产总值的差额为国外净要素收入。

1978—2018年我国农林牧渔业总产值及指数

单位：亿元

年 份	绝对数（亿元）					指 数（上年=100）				
	农林牧渔业总产值	农业	林业	牧业	渔业	农林牧渔业总产值	农业	林业	牧业	渔业
1978	1 397.0	1 117.5	48.1	209.3	22.1					
1980	1 922.6	1 454.1	81.4	354.2	32.9	101.4	99.7	112.2	107.0	107.7
1985	3 619.5	2 506.4	188.7	798.3	126.1	103.4	99.8	104.5	117.2	118.9
1990	7 662.1	4 954.3	330.3	1 967.0	410.6	107.6	108.0	103.1	107.0	110.0
1995	20 340.9	11 884.6	709.9	6 045.0	1 701.3	110.9	107.9	105.0	114.8	119.4
2000	24 915.8	13 873.6	936.5	7 393.1	2 712.6	103.6	101.4	105.4	106.3	106.5
2005	39 450.9	19 613.4	1 425.5	13 310.8	4 016.1	105.7	104.1	103.2	107.8	106.5
2006	40 810.8	21 522.3	1 610.8	12 083.9	3 970.5	105.4	105.4	105.6	105.0	106.0
2007	48 651.8	24 444.7	1 889.9	16 068.6	4 427.9	103.9	103.7	109.8	103.2	104.0
2008	57 420.8	27 679.9	2 180.3	20 354.2	5 137.5	105.6	104.6	108.0	106.7	105.8
2009	59 311.3	29 983.8	2 324.4	19 184.6	5 514.7	104.6	103.4	106.7	105.5	105.6
2010	67 763.1	35 909.1	2 575.0	20 461.1	6 263.4	104.4	104.3	103.5	104.2	105.4
2011	78 837.0	40 339.6	3 092.4	25 194.2	7 337.4	104.4	105.6	107.6	101.7	104.1
2012	86 342.2	44 845.7	3 407.0	26 491.2	8 403.9	104.9	104.3	106.7	105.2	105.0
2013	93 173.7	48 943.9	3 847.4	27 572.4	9 254.5	104.0	104.4	107.4	102.0	105.1
2014	97 822.5	51 851.1	4 190.0	27 963.4	9 877.5	104.3	104.9	106.4	102.6	104.0
2015	101 893.5	54 205.3	4 358.4	28 649.3	10 339.1	104.0	105.4	106.1	100.5	104.3
2016	106 478.7	55 659.9	4 635.9	30 461.2	10 892.9	103.5	104.2	108.2	101.1	102.9
2017	109 331.7	58 059.8	4 980.6	29 361.2	11 577.1	104.0	104.7	106.9	102.1	102.8
2018	113 579.5	61 452.6	5 432.6	28 697.4	12 131.5	103.5	103.9	106.5	101.7	102.7

注：本表绝对数按当年价格计算，指数按可比价格计算。2003年起总产值包括农林牧渔服务业产值。

2018 年全国各地区农林牧渔业总产值及指数

单位：亿元

地区	绝对数（亿元）					指数（上年=100）				
	农林牧渔业总产值	农业	林业	牧业	渔业	农林牧渔业总产值	农业	林业	牧业	渔业
北 京	296.8	114.7	95.1	72.0	6.1	94.0	81.1	161.7	73.6	66.0
天 津	390.5	197.2	12.7	95.8	71.1	100.9	99.1	141.8	94.8	107.7
河 北	5 707.0	3 085.9	186.6	1 813.8	207.5	103.0	102.0	99.0	104.2	101.3
山 西	1 460.6	894.9	99.9	361.5	6.9	102.2	101.5	104.1	102.7	98.8
内蒙古	2 985.3	1 512.5	100.3	1 294.3	29.2	103.0	103.9	100.8	102.2	97.6
辽 宁	4 061.9	1 749.4	149.5	1 346.2	628.5	102.6	102.4	104.3	103.4	103.8
吉 林	2 184.3	993.0	73.3	1 001.6	39.0	102.2	102.8	92.3	102.7	95.7
黑龙江	5 624.3	3 635.0	186.4	1 542.4	105.7	103.5	104.5	105.8	100.6	107.4
上 海	289.6	150.1	15.8	48.3	56.2	97.7	100.7	96.6	82.6	93.0
江 苏	7 192.5	3 735.0	147.3	1 091.3	1 707.9	100.9	100.8	105.5	97.2	102.4
浙 江	3 157.3	1 518.0	177.0	331.8	1 043.3	101.7	102.9	105.9	92.0	102.1
安 徽	4 672.7	2 253.7	332.9	1 315.8	505.7	102.6	102.1	103.1	101.9	103.2
福 建	4 229.5	1 653.4	389.0	718.4	1 318.2	103.5	104.7	104.1	97.9	105.1
江 西	3 148.6	1 549.2	319.6	672.2	473.9	103.5	104.2	106.0	100.8	102.4
山 东	9 397.4	4 678.3	181.6	2 432.7	1 425.9	103.0	103.9	109.3	99.9	100.8
河 南	7 757.9	4 973.7	129.0	2 067.7	122.7	103.9	103.6	107.4	102.4	106.0
湖 北	6 207.8	3 033.8	235.2	1 386.5	1 106.0	103.4	103.8	109.1	102.5	99.8
湖 南	5 361.6	2 664.3	387.1	1 464.6	417.2	103.6	103.2	109.4	101.1	107.5
广 东	6 318.1	3 089.6	390.6	1 184.7	1 383.8	104.2	105.1	106.5	101.1	103.7
广 西	4 909.2	2 717.5	379.9	1 072.3	504.3	105.6	106.8	106.3	102.7	104.8
海 南	1 535.7	729.5	110.4	245.3	387.4	104.1	105.1	105.4	103.9	101.2
重 庆	2 052.4	1 292.7	101.1	520.1	100.4	102.5	102.2	100.1	104.7	97.4
四 川	7 195.6	4 153.7	358.7	2 246.1	247.9	103.9	104.6	101.7	102.4	104.9
贵 州	3 619.5	2 288.7	253.3	846.3	54.8	107.0	108.4	108.4	104.5	95.2
云 南	4 108.9	2 234.7	396.9	1 237.1	98.3	106.3	106.8	109.9	104.2	109.8
西 藏	195.5	88.1	3.2	98.4	0.3	105.5	108.0	104.3	102.7	102.1
陕 西	3 240.0	2 245.0	104.6	682.8	29.8	103.3	103.2	117.3	101.0	105.7
甘 肃	1 659.4	1 166.1	33.1	318.9	2.0	103.7	105.4	104.8	102.4	96.1
青 海	405.9	169.2	10.4	216.0	3.6	104.6	103.7	115.2	104.8	105.8
宁 夏	575.8	344.6	9.2	176.1	19.7	104.0	104.2	94.7	104.8	99.9
新 疆	3 637.8	2 541.2	62.7	796.4	28.1	105.1	105.3	108.5	103.3	109.5

1978—2018年全国社会消费品零售总额

单位：亿元

年 份	社会消费品零售总额	市	县	县以下
1978	1 558.6	505.2	380.4	673.0
1979	1 800.0	584.7	347.5	867.8
1980	2 140.0	733.6	399.4	1 007.0
1981	2 350.0	843.3	431.9	1 074.8
1982	2 570.0	920.5	471.3	1 178.2
1983	2 849.4	1 057.3	520.8	1 271.2
1984	3 376.4	1 348.7	586.4	1 441.3
1985	4 305.0	1 874.5	737.2	1 693.3
1986	4 950.0	2 018.0	902.0	2 030.0
1987	5 820.0	2 427.0	1 030.0	2 363.0
1988	7 440.0	3 260.8	1 264.3	2 914.9
1989	8 101.4	3 666.8	1 329.5	3 105.1
1990	8 300.1	3 888.6	1 337.4	3 074.1
1991	9 415.6	4 529.8	1 491.2	3 394.6
1992	10 993.7	5 470.3	1 689.8	3 833.6
1993	14 270.4	7 138.1	2 090.1	5 042.2
1994	18 622.9	9 387.8	2 558.7	6 676.4
1995	23 613.8	12 979.4	3 366.3	7 268.1
1996	28 360.2	16 199.2	3 759.7	8 401.3
1997	31 252.9	18 499.5	4 011.6	8 741.8
1998	33 378.1	20 294.1	4 220.2	8 863.8
1999	35 647.9	22 201.8	4 460.8	8 985.3
2000	39 105.7	24 555.2	4 831.1	9 719.4
2001	43 055.4	27 379.1	5 251.4	10 424.9
2002	48 135.9	31 376.5	5 566.5	11 192.9
2003	52 516.3	34 608.3	6 011.8	11 896.2
2004	59 501.0	39 695.7	6 636.0	13 169.3
2005	67 176.6	45 094.3	7 485.4	14 596.9
2006	76 410.0	51 542.6	8 477.9	16 389.5
2007	89 210.0	60 410.7	9 943.8	18 855.5
2008	114 830.1	73 734.9	12 212.8	22 540.0
2009	132 678.4	85 133.0		
2010	156 998.4			
2011	183 918.6			
2012	210 307.0			
2013	242 842.8			
2014	271 896.1			
2015	300 930.8			
2016	332 316.3			
2017	366 261.6			
2018	380 986.9			

数据来源：国家统计局。

2014—2018年全国各地区社会消费品零售总额

单位：亿元、%

地 区	2014年	2015年	2016年	2017年	2018年	同比增长[①]
全 国	271 896.1	300 930.8	332 316.3	366 261.6	380 986.9	9.0
北 京	9 638.0	10 338.0	11 005.1	11 575.4	11 747.7	2.7
天 津	4 738.7	5 257.3	5 635.8	5 729.7	5 533.0	1.7
河 北	11 820.5	12 990.7	14 364.7	15 907.6	16 537.1	9.0
山 西	5 717.9	6 033.7	6 480.5	6 918.1	7 338.5	8.2
内蒙古	5 657.6	6 107.7	6 700.8	7 160.2	7 311.1	6.3
辽 宁	11 857.0	12 787.2	13 414.1	13 807.2	14 142.8	6.7
吉 林	6 080.9	6 651.9	7 310.4	7 855.8	7 520.4	4.8
黑龙江	7 015.3	7 640.2	8 402.5	9 099.2	9 317.4	6.3
上 海	9 303.5	10 131.5	10 946.6	11 830.3	12 668.7	7.9
江 苏	23 458.1	25 876.8	28 707.1	31 737.4	33 230.4	7.9
浙 江	17 835.3	19 784.7	21 970.8	24 308.5	25 007.9	9.0
安 徽	7 957.0	8 908.0	10 000.2	11 192.6	12 100.1	11.6
福 建	9 346.7	10 505.9	11 674.5	13 013.0	14 317.4	10.8
江 西	5 292.6	5 925.5	6 634.6	7 448.1	7 566.4	11.0
山 东	25 111.5	27 761.4	30 645.8	33 649.0	33 605.0	8.8
河 南	14 005.0	15 740.4	17 618.4	19 666.8	20 594.7	10.3
湖 北	12 449.3	14 003.2	15 649.2	17 394.1	18 333.6	10.9
湖 南	10 723.5	12 024.0	13 436.5	14 854.9	15 638.3	10.0
广 东	28 471.1	31 517.6	34 739.1	38 200.1	39 501.1	8.8
广 西	5 772.8	6 348.1	7 027.3	7 813.0	8 291.6	9.3
海 南	1 224.5	1 325.1	1 453.7	1 618.8	1 717.1	6.8
重 庆	5 710.7	6 424.0	7 271.4	8 067.7	7 977.0	8.7
四 川	12 393.0	13 877.7	15 601.9	17 480.5	18 254.5	11.1
贵 州	2 936.9	3 283.0	3 709.0	4 154.0	3 971.2	8.2
云 南	4 632.9	5 103.2	5 722.9	6 423.1	6 826.0	11.1
西 藏	364.5	408.5	459.4	523.3	597.6	14.2
陕 西	5 918.7	6 578.1	7 367.6	8 236.4	8 938.3	10.2
甘 肃	2 668.3	2 907.2	3 184.4	3 426.6	3 428.3	7.4
青 海	620.8	691.0	767.3	839.0	835.6	6.7
宁 夏	737.2	789.6	850.1	930.4	935.8	4.8
新 疆	2 436.5	2 606.0	2 825.9	3 044.6	3 187.0	5.2

数据来源：国家统计局。

①2018年增进计算使用的上年社会消费品零售总额根据第三次全国农业普查结果及有关制度规定进行了修订，增速按可比口径计算。

1978—2018 年全国城乡人口数及比重

单位：万人、%

年份	年末人口数	城镇人口数	比重	乡村人口数	比重
1978	96 259	17 245	17.92	79 014	82.08
1979	97 542	18 495	18.96	79 047	81.04
1980	98 705	19 140	19.39	79 565	80.61
1981	100 072	20 171	20.16	79 901	79.84
1982	101 654	21 480	21.13	80 174	78.87
1983	103 008	22 274	21.62	80 734	78.38
1984	104 357	24 017	23.01	80 340	76.99
1985	105 851	25 094	23.71	80 757	76.29
1986	107 507	26 366	24.52	81 141	75.48
1987	109 300	27 674	25.32	81 626	74.68
1988	111 026	28 661	25.81	82 365	74.19
1989	112 704	29 540	26.21	83 164	73.79
1990	114 333	30 195	26.41	84 138	73.59
1991	115 823	31 203	26.94	84 620	73.06
1992	117 171	32 175	27.46	84 996	72.54
1993	118 517	33 173	27.99	85 344	72.01
1994	119 850	34 169	28.51	85 681	71.49
1995	121 121	35 174	29.04	85 947	70.96
1996	122 389	37 304	30.48	85 085	69.52
1997	123 626	39 449	31.91	84 177	68.09
1998	124 761	41 608	33.35	83 153	66.65
1999	125 786	43 748	34.78	82 038	65.22
2000	126 743	45 906	36.22	80 837	63.78
2001	127 627	48 064	37.66	79 563	62.34
2002	128 453	50 212	39.09	78 241	60.91
2003	129 227	52 376	40.53	76 851	59.47
2004	129 988	54 283	41.76	75 705	58.24
2005	130 756	56 212	42.99	74 544	57.01
2006	131 448	58 288	44.34	73 160	55.66
2007	132 129	60 633	45.89	71 496	54.11
2008	132 802	62 403	46.99	70 399	53.01
2009	133 450	64 512	48.34	68 938	51.66
2010	134 091	66 978	49.95	67 113	50.05
2011	134 735	69 079	51.27	65 656	48.73
2012	135 404	71 182	52.57	64 222	47.43
2013	136 072	73 111	53.73	62 961	46.27
2014	136 782	74 916	54.77	61 866	45.23
2015	137 462	77 116	56.10	60 346	43.90
2016	138 271	79 298	57.35	58 973	42.65
2017	139 008	81 347	58.52	57 661	41.48
2018	139 538	83 137	59.58	56 401	40.42

数据来源：国家统计局。

2010—2018年分地区年末城镇人口比重

单位：%

地 区	2010	2011	2012	2013	2014	2015	2016	2017	2018
全 国	**49.95**	**51.27**	**52.57**	**53.73**	**54.77**	**56.10**	**57.35**	**58.52**	**59.58**
北 京	85.96	86.20	86.20	86.30	86.35	86.50	86.50	86.50	86.50
天 津	79.55	80.50	81.55	82.01	82.27	82.64	82.93	82.93	83.15
河 北	44.50	45.60	46.80	48.12	49.33	51.33	53.32	55.01	56.43
山 西	48.05	49.68	51.26	52.56	53.79	55.03	56.21	57.34	58.41
内蒙古	55.50	56.62	57.74	58.71	59.51	60.30	61.19	62.02	62.71
辽 宁	62.10	64.05	65.65	66.45	67.05	67.35	67.37	67.49	68.10
吉 林	53.35	53.40	53.70	54.20	54.81	55.31	55.97	56.65	57.53
黑龙江	55.66	56.50	56.90	57.40	58.01	58.80	59.20	59.40	60.10
上 海	89.30	89.30	89.30	89.60	89.60	87.60	87.90	87.70	88.10
江 苏	60.58	61.90	63.00	64.11	65.21	66.52	67.72	68.76	69.61
浙 江	61.62	62.30	63.20	64.00	64.87	65.80	67.00	68.00	68.90
安 徽	43.01	44.80	46.50	47.86	49.15	50.50	51.99	53.49	54.69
福 建	57.10	58.10	59.60	60.77	61.80	62.60	63.60	64.80	65.82
江 西	44.06	45.70	47.51	48.87	50.22	51.62	53.10	54.60	56.02
山 东	49.70	50.95	52.43	53.75	55.01	57.01	59.02	60.58	61.18
河 南	38.50	40.57	42.43	43.80	45.20	46.85	48.50	50.16	51.71
湖 北	49.70	51.83	53.50	54.51	55.67	56.85	58.10	59.30	60.30
湖 南	43.30	45.10	46.65	47.96	49.28	50.89	52.75	54.62	56.02
广 东	66.18	66.50	67.40	67.76	68.00	68.71	69.20	69.85	70.70
广 西	40.00	41.80	43.53	44.81	46.01	47.06	48.08	49.21	50.22
海 南	49.80	50.50	51.60	52.74	53.76	55.12	56.78	58.04	59.06
重 庆	53.02	55.02	56.98	58.34	59.60	60.94	62.60	64.08	65.50
四 川	40.18	41.83	43.53	44.90	46.30	47.69	49.21	50.79	52.29
贵 州	33.81	34.96	36.41	37.83	40.01	42.01	44.15	46.02	47.52
云 南	34.70	36.80	39.31	40.48	41.73	43.33	45.03	46.69	47.81
西 藏	22.67	22.71	22.75	23.71	25.75	27.74	29.56	30.89	31.14
陕 西	45.76	47.30	50.02	51.31	52.57	53.92	55.34	56.79	58.13
甘 肃	36.12	37.15	38.75	40.13	41.68	43.19	44.69	46.39	47.69
青 海	44.72	46.22	47.44	48.51	49.78	50.30	51.63	53.07	54.47
宁 夏	47.90	49.82	50.67	52.01	53.61	55.23	56.29	57.98	58.88
新 疆	43.01	43.54	43.98	44.47	46.07	47.23	48.35	49.38	50.91

注：2010年数据为当年人口普查数据推算数；其余年份数据为年度人口抽样调查推算数据，部分省份2006—2009年数据根据2010年普查数据进行了修订。

【国际奶业】

2005—2018年全球原料奶产量

单位：万t

原料奶种类	2005年	2010年	2015年	2017年	2018年	2018年增长率	2005—2018年复合年均增长率
牛奶	54 898.4	60 028.8	67 051.2	68 921.1	70 371.0	2.1%	1.9%
水牛奶	7 950.1	9 315.4	10 876.3	12 050.8	12 591.0	4.5%	3.6%
山羊奶	1 630.5	1 664.5	1 819.7	1 943.7	1 995.9	2.7%	1.6%
绵羊奶	904.3	993.9	1 021.6	1 055.5	1 067.4	1.1%	1.3%
其他	290.3	380.1	378.9	383.8	384.9	0.3%	2.2%
全球总产量	65 673.5	72 382.7	81 147.8	84 354.9	86 410.1	2.4%	2.1%

数据来源：IDF.

2005—2018年全球各地区牛奶产量

单位：万t

地区	2005年	2010年	2015年	2017年	2018年	2018年增长率	2005—2018年复合年均增长率
亚洲	13 089.7	15 816.7	19 324.4	20 784.1	21 784.1	4.80%	4.00%
欧盟（28国）	14 972.9	14 924.4	16 314.0	16 542.8	16 660.8	0.70%	0.80%
北美和中美	10 301.2	11 207.7	12 065.9	12 517.0	12 677.4	1.30%	1.60%
南美洲	5 049.5	6 052.1	6 706.8	6 382.2	6 490.0	1.70%	2.00%
其他欧洲国家	5 983.0	5 906.2	5 731.3	5 761.8	5 779.6	0.30%	–0.30%
非洲	2 943.5	3 452.4	3 745.7	3 818.4	3 876.4	1.50%	2.10%
大洋洲	2 562.2	2 669.2	3 163.2	3 114.7	3 102.7	–0.40%	1.50%
全 球	54 898.2	60 028.8	67 051.2	68 921.1	70 371.0	2.10%	1.90%

数据来源：IDF.

2005—2018年世界主要国家奶牛存栏数

单位：万头

国家	2005年	2010年	2015年	2017年	2018年	2018年增长率	2005—2018年复合年均增长率
印度	3 658.6	4 275.5	4 716.5	5 095.5	5 262.4	3.3%	2.80%
日本	105.5	96.4	87.0	85.2	84.7	–0.6%	–1.7%
韩国	27.4	24.5	25.0	24.2	24.2	0.1%	–1.0%
巴西	2 062.6	2 292.5	2 111.1	1 706.0	1 574.3	–7.7%	–2.1%
阿根廷	188.5	174.9	177.0	172.0	172.6	0.3%	–0.7%
欧盟（28国）	2 528.6	2 326.0	2 326.2	2 312.5	2 273.3	–1.7%	–0.8%
德国	416.4	418.2	428.5	419.9	410.1	–2.3%	–0.1%
法国	395.8	371.2	365.8	359.7	355.2	–1.2%	–0.8%
波兰	279.5	252.9	213.4	215.3	221.4	2.8%	–1.8%
英国	200.7	184.7	190.1	189.8	188.1	–0.9%	–0.5%
意大利	184.2	174.6	182.6	179.1	164.0	–8.4%	–0.9%
荷兰	143.3	147.9	162.2	169.4	162.2	–4.2%	1.0%
爱尔兰	112.2	100.7	124.0	134.3	136.9	1.9%	1.5%
西班牙	111.3	84.5	85.3	85.8	84.9	–1.0%	–2.1%
丹麦	55.8	57.3	57.0	57.5	57.0	–0.9%	0.2%
美国	904.3	911.9	931.4	940.6	939.9	–0.1%	0.3%
墨西哥	219.7	237.5	245.8	250.6	250.6	0.0%	1.0%
加拿大	102.5	96.6	94.8	95.7	97.0	1.4%	–0.4%
俄罗斯	964.7	884.4	837.9	822.5	794.0	–3.5%	–1.5%
乌克兰	378.1	255.7	216.7	201.8	191.9	–4.9%	–5.1%
新西兰	410.0	440.0	501.8	486.1	499.3	2.7%	1.5%
澳大利亚	188.0	158.9	156.2	156.1	142.1	–9.0%	–2.1%
全球	23 586.6	25 892.1	27 439.0	27 546.4	27 572.8	0.1%	1.2%

数据来源：IDF.

2005—2018年世界主要国家牛奶产量

单位：万t

国家	2005年	2010年	2015年	2017年	2018年	2018年增长率	2005—2018年复合年均增长率
印度①	3 975.9	5 490.3	7 364.5	8 372.2	9 024.5	7.8%	6.5%
日本	828.5	772.1	737.9	727.7	728.9	0.2%	-1.0%
韩国	223.0	207.3	216.8	205.8	204.1	-0.8%	-0.7%
欧盟（28国）	14 972.9	14 924.4	16 314.0	16 542.8	16 660.8	0.7%	0.8%
德国	2 845.3	2 962.9	3 268.5	3 259.8	3 306.5	1.4%	1.2%
法国	2 488.5	2 401.0	2 580.0	2 505.5	2 505.5	0.0%	0.1%
英国	1 447.0	1 385.2	1 545.7	1 540.9	1 545.4	0.3%	0.5%
荷兰	1 083.6	1 182.9	1 352.2	1 450.1	1 409.0	-2.8%	2.0%
波兰	1 190.1	1 227.9	1 323.6	1 372.1	1 417.0	3.3%	1.4%
意大利	1 089.7	1 100.5	1 154.9	1 228.0	1 230.0	0.2%	0.9%
西班牙	655.3	635.7	702.9	722.9	732.1	1.3%	0.9%
爱尔兰	510.0	535.0	660.4	749.9	782.3	4.3%	3.3%
丹麦	458.4	490.9	535.6	555.7	569.0	2.4%	1.7%
美国	8 025.4	8 747.4	9 461.8	9 776.1	9 869.0	1.0%	1.6%
墨西哥	1 016.4	1 099.7	1 173.7	1 212.1	1 236.8	2.0%	1.5%
加拿大	824.1	843.4	901.2	990.2	1 017.6	2.8%	1.6%
巴西	2 535.9	3 163.7	3 564.8	3 449.6	3 466.1	0.5%	2.4%
阿根廷	977.8	1 061.7	1 242.3	1 040.0	1 084.3	4.3%	0.8%
俄罗斯	3 089.3	3 150.8	2 988.8	3 018.5	3 061.1	1.4%	-0.1%
乌克兰②	1 342.4	1 097.7	1 035.9	1 028.1	1 006.4	-2.1%	-2.2%
新西兰③	1 516.3	1 716.9	2 159.3	2 151.0	2 215.5	3.0%	3.0%
澳大利亚④	1 039.2	945.5	997.0	956.8	880.2	-8.0%	-1.3%
全球	54 898.4	60 028.8	67 051.2	68 921.1	70 371.0	2.1%	1.9%

注：① 奶业年度为4月1日至次年3月31日；
② 2015年、2017年、2018年不包括属地数据；
③ 2005年数据为2005/2006奶业年度（6月1日至次年5月31日）数据；
④ 奶业年度为7月1日至次年6月30日。

（以上表格由中国奶业协会国际部陈兵汇总整理）

十一、索　引

SUOYIN

说　明

一、本索引采用分析索引方法，按英文字母顺序的汉语拼音排列，汉语拼音同音字按声调排列。

二、“奶业大事记”“行业统计”未作索引，可结合目录检索。

三、索引采用数字和字母表示，数字表示该内容所在的页码，字母（a、b）表示该页自左至右的栏别。单独数字（没有字母组合的），表示为该内容在本页的通栏中或左右栏中都有。

J

K

L

M

N

O

P

Q

R

S

Z

2019 2019 2019